生物信息学

BIOINFORMATICS

生物信息学

BIOINFORMATICS

"101计划"核心教材
生物科学领域

主　编　陈　铭　吕　晖

副主编　宁　康　张　勇　张子丁

编　委（以姓氏拼音为序）

曹志伟　陈　超　陈迪俊　陈　铭
窦岩梅　高　歌　何顺民　胡德华
黄佳良　黄　涛　纪志梁　蒋杭进
蒋绪恺　李　婧　李兴旺　廖明帜
鲁　志　吕　晖　马　闯　宁　康
瞿　昆　石铁流　孙宝发　田卫东
王明钰　王　涛　王　勇　王　卓
徐　娟　杨建华　余光创　袁　猛
张强锋　张延晓　张　勇　张子丁
章　张　周　宇　朱　峰

中国教育出版传媒集团
高等教育出版社・北京

内容简介

生物信息学是一门新兴的交叉学科，在生命科学领域扮演着越来越重要的角色，是生物类专业本科生的必修专业基础课程。本教材是生物科学“101 计划”教材建设项目之一，着重阐述生物信息学的基本概念和关键技术，在教授生物信息学的经典和基础理论、统计方法及人工智能的同时，向读者介绍本领域的各种组学分析、应用前沿和实验基础等。本教材共分为 13 章，包括生物信息学概述、生物统计学基础、深度学习和人工智能、生物信息资源、序列比对与分析、基因组学、转录组学、转录调控和表观遗传、蛋白质组学和代谢组学、表型组学、系统生物学、生物信息学应用和生物信息学实验基础等。本书可作为各类高等院校生物科学类专业本科生的课程教材，也可供相关专业的研究生和科研人员参考使用。

新形态教材网 Abooks | 数字资源

网上数字资源围绕纸质教材知识体系设计，充分体现学科知识的广度和深度，是纸质教材的有力拓展和补充。数字资源主要包括知识拓展、教学课件、专题讲座等，内容丰富、形式多样，可供教师教学和学生参考。

使用方法

1. 电脑或移动设备访问新形态教材网。

abooks.hep.com.cn/65281

2. 注册并登录后，进入“个人中心”。
3. 刮开图书封底防伪码涂层，通过扫描二维码或手动输入 20 位密码，完成防伪码绑定。
4. 绑定成功后，即可开始学习。

如有使用问题，请点击页面下方的“疑问”按钮。

图书在版编目（CIP）数据

生物信息学 / 陈铭，吕晖主编. -- 北京：高等教育出版社，2025. 9. -- ISBN 978-7-04-065281-9

Ⅰ. Q811.4

中国国家版本馆CIP数据核字第2025U9C047号

SHENGWU XINXIXUE

策划编辑　郝真真　李　融
责任编辑　李　融　郝真真
封面设计　姜　磊　贺雅馨
版式设计　王凌波　赵　阳
责任绘图　马天驰
责任校对　刘娟娟
责任印制　张益豪

出版发行　高等教育出版社
社　　址　北京市西城区德外大街4号
邮政编码　100120
印　　刷　北京中科印刷有限公司

开　　本　889mm × 1194mm　1/16
印　　张　39
字　　数　820 千字
购书热线　010-58581118
咨询电话　400-810-0598
网　　址　http://www.hep.edu.cn
　　　　　http://www.hep.com.cn
网上订购　http://www.hepmall.com.cn
　　　　　http://www.hepmall.com
　　　　　http://www.hepmall.cn
版　　次　2025年9月第1版
印　　次　2025年10月第2次印刷
定　　价　195.00元

物 料 号　65281-00

序

博大精深的生命科学

地球 46 亿年演化至今，生物可以说是最为复杂多样的存在，并在过去半个世纪成为科学世界最被广泛关注的研究对象。2005 年，《科学》周刊根据全球科学家的反馈，提出的 125 个悬而未决的基本科学问题中有一多半与生命科学直接相关，其中遴选出的 25 个特别关注里有 15 个是生物学问题。近 20 年过去了，新的知识、理论和技术不断涌现，给生物科学领域带来了深刻变革和巨大进步，然而之前提出的那些基本问题没有一个获得最终答案，很多甚至依旧在原地踏步。

与物理、化学等学科相比，生物学有其鲜明的特点。目前阶段，生物学仍主要通过观察现象去理解机理，以实验科学和数据分析为主，还没有发展到从基本理论出发、推导结论的程度。可能也正因为如此，生物学是进入 21 世纪以来最活跃的研究领域，新问题、新突破层出不穷，也是学科交叉的汇聚焦点。面对新的机遇和挑战，如何培养能够引领未来、创造未来的拔尖人才？教育部 2023 年启动的基础学科系列“101 计划”就是为解决这一问题而实施的高校教育教学综合改革方案。

生物科学“101 计划”的专家委员会通过分析近年来生物科学各领域的深刻变革，以及社会发展对生命科学人才培养的新要求，提出了 11 门课程作为生物科学专业核心课程：普通生物学、生物化学、细胞与分子生物学、遗传学和发育生物学、生理学、微生物学、神经生物学、生物物理学、生物信息学、生态学、免疫生物学，并编写了一套具有鲜明特点的理论和实验教材。教材主编和参编者均为活跃在教学和科研第一线的学者，他们不仅在各自领域取得了出色的研究成果，而且积累了丰富的教学经验，从而保证了教材内容的准确性和教学适用性。本套教材有以下几个特点：

一是注重系统性和前沿性。全面梳理了生物学科知识模块，重构了核心知识框架；注重经典和前沿的融合，关注国际学术前沿和国家战略发展需求，突出学科交叉，更新迭代新知识、新内容。

二是注重深入浅出，启蒙创新思维。不仅清晰介绍知识点，更注重讲述科学发现背后的逻辑，力求能够激发学生的创新火花，培养科学思维、批判性思维和定量思维。

三是体现中国特色。紧密关注国家战略发展需求，充分反映国内生物学领域高水平学术成果，生动展现我国科技事业发展取得的长足进步。

四是呈现形态多元。采用纸质教材加数字资源的新形态教材出版形式，二者一体化设计、有机融合。纸质教材确保可读性和趣味性，数字资源充分展示学科知识的广度与深度，实现信息技术与教材的深度融合。

生物学是一门极富生命力的学科，问题层出不穷，发展日新月异，“授之以鱼不如授之以渔”。我们在期待这套教材能够让读者朋友们系统掌握生物科学知识体系的同时，更希望激发大家对生命科学领域的好奇心、想象力、探知欲，掌握基本的方法论，成为未来创新的主力军。

在这里，要特别感谢生物科学“101 计划”专家委员会成员、主编团队以及一起奋斗的 400 余位编委、撰稿人，没有大家的辛勤付出，不可能短时间内高质量完成这套教材的编写工作；更要感谢几十所高校的资深专家、一线老师和同学在教材编写、审读、试讲试用中提供的宝贵建议。当然，第一版教材肯定会有很多不足之处，恳请读者朋友们带着批判的态度，反馈宝贵的改进意见，我们将继续努力，力争把这套教材打造成为经典，真正走向世界。

尺寸教材，悠悠国事。衷心希望这套教材为有志于在生命科学领域有所作为的青年人带来一点启发，也助力中国科研教育工作者在全社会的持续支持下为探索未知、培养人才做出更大的贡献。

施一公

2025 年 3 月于西湖大学

序

在新时代科技迅猛发展的今天，我国高等教育事业蒸蒸日上，同时也面临着新形势、新任务，其模式、形态、内容等正在发生深刻变革。教育部基础学科系列“101 计划”的实施，为基础学科注入强大动力，推动基础学科在人才培养、科学研究和社会服务等方面不断迈向新的高度。

我国生物信息学的发展历程波澜壮阔。众多杰出科学家在不同领域深耕，贡献卓越。他们有的为生物数据科学构建平台体系，提供数据支撑；有的开发高效算法，为大规模数据分析提供利器；有的专注组学研究，揭开生命现象背后的复杂机制；还有的推动生物信息学在分子育种、精准医疗、智能药物设计等领域应用。他们以深厚造诣和前瞻性的研究，推动我国生物信息学迈向新高度。

当前，国家高度重视生物信息学的科研和教育，各高校的生物信息学专业不断成立。生物信息学在生命科学研究、精准医疗、智能药物设计和生物育种等领域发挥关键作用。加强生物信息学教育，培养跨学科创新人才，对提升我国生命科学核心竞争力至关重要。这本由陈铭、吕晖两位教授牵头，全国优秀团队编写的教材恰逢其时。教材涵盖 6 大模块、13 章内容，第 1 章、第 4 章奠定生物信息学基础与资源；第 2 章、第 3 章引入生物统计与人工智能；第 5 章、第 9 章（部分内容）、第 11 章阐释序列、结构与功能的理论基础；第 6～10 章深入组学分析；第 12 章展示应用与前沿；第 13 章夯实生物信息学实验基础。教材从基础资源到统计与人工智能，从序列结构功能理论到组学分析，再到应用前沿与实验基础，内容全面，紧扣时代需求。

相信这本教材将极大推动我国生物信息学教育的发展，为生命科学领域培养更多优秀的跨学科人才，助力我国在生物信息学领域勇攀高峰。

中国科学院院士

中国科学院生物物理研究所研究员

2025 年 3 月

前　言

生物信息学作为一门新兴的交叉学科，通过对生物学数据的计算分析来探寻规律，是实验生物学发展的必然结晶。回顾历史，它伴随着实验生物学的发展进程而兴起，凭借对生物学数据的计算分析，为探索生命奥秘开辟了全新的视野。从早期对生物基本特征的检测与数据获取，到如今运用先进的技术和算法构建复杂模型并进行预测，生物信息学正经历一段影响深远的发展旅程。它不仅能够研究生物学问题，还能独立解决数据科学中的难题。生物信息学的重要性在于能够助力我们从序列、结构、表达和功能等多个方面全方位地剖析和理解生物系统，为生物学的各个领域提供强有力的支撑。

生物信息学的关键价值不言而喻。生物世界的复杂性使得通过生物技术获取的海量检测数据必须经过专门且个性化的处理分析。我们不仅要判别生物特征，还要从多方面进行全面深入的研究以探寻内在规律，并对新数据做出精准的预测。同时，针对不同尺度、层次和维度的数据，解决质量评估、处理及计算等共性问题，以及在系统层面整合不同的数据和方法，是当前生物信息学的核心研究方向。

在大数据和人工智能技术飞速发展的时代背景下，生物信息学展现出独特的前沿交叉特性，它与数据科学、计算生物学、系统生物学等领域深度融合，为生物学研究带来了前所未有的机遇。人工智能的应用使得海量生物数据的分析更加高效精准，能够发现以往难以察觉的模式与关联，为探寻新的生物学规律和模式创造了可能。展望未来，随着科学技术的不断进步，生物信息学在生物学领域的作用将愈发关键。它将助力我们更深入地理解生命机制，为疾病的诊断和治疗提供新的思路与方法，为生物产业的创新发展注入强大的动力。

生物科学“101 计划”生物信息学核心教材的编写具有重大的里程碑意义。本教材的诞生不仅是对生物信息学教学和人才培养的有力推进，更是对整个学科发展的深入思考与前瞻性展望。我们衷心期望与所有致力于生物信息学研究和教育的同仁携手共进，共同推动这一学科的发展，为我们共同的自然家园以及人类的生命健康贡献更大的力量。

本教材的编写得益于教育部的领导、生物科学“101 计划”专家委员会的精心指导，以及参与的 30 多所高校教师的鼎力支持与无私奉献。他们的智慧与付出，为本教材的完成奠定了坚实的基础。同时也感谢孙之荣教授、罗静初教授、孙啸教授、林魁教授、王秀杰研究员提出的宝贵建议，以及蒋杭进研究员、冯聪博士在教材编写组织过程中提供的帮助，并感谢高等教育出版社对本教材出版给予的大力支持。我们深知任何学术成果都难以做到尽善尽美，本教材也难免存在疏漏和差错，诚挚地欢迎广大读者和同行不吝批评指正，以促进本教材的不断改进和完善。

2025 年 3 月

目　录

1

生物信息学概述

生物信息学作为新兴交叉学科领域，已经在生命科学研究中扮演着越来越重要的角色，目前已然深入到了生命科学的方方面面。从探索DNA 结构到多组学高通量技术的发展历程中，生物信息学显现着蓬勃的发展力，并将在未来持续为生命科学研究提供关键性的支持和引领。

本章的内容将带领读者开启一段探索之旅，共同探寻生物信息学的概念，了解它是如何成为生命科学中不可或缺的一部分。我们还将深入了解生物信息学所涵盖的广泛研究领域和内容，从基因组到表型组，直至系统生物学等多个层面，全方位展示生物信息学的研究前沿和核心应用。同时，介绍大数据与人工智能时代背景下，生物信息学与计算科学、工程技术的创新融合发展。我们还将展望生物信息学未来的发展趋势和了解它现在的机遇与挑战，从中去体验其在生命科学中的重要性和蓬勃活力。

通过这段探索之旅，我们将更深刻地理解生物信息学在推动生命科学研究、服务国家重大需求中的战略价值，为进一步深入学习生物信息学奠定坚实的基础。

由于生物信息学的重要性，国内外一直非常重视生物信息学的发展。在国际上，美国、欧洲和日本共同组成了 GenBank/ENA/DDBJ 国际核酸序列数据库。其他一些西方国家在分享网络共享资源的同时，也分别建有自己的生物信息学机构、二级或更高级的具有各自特色的专业数据库以及自己的分析技术。我国高度重视生物信息学领域的创新发展，早在 1999 年，郝柏林等老一辈科学家倡议成立了国家级生物医学信息中心，致力于生物信息学研究、数据资源的构建和管理，以及相关技术的开发与应用。2019 年，国家生物信息中心正式批准成立，它的主要职责和任务包括：生物信息资源建设与管理、生物信息学研究、数据分析和挖掘、生物信息学培训与推广、国际合作与交流。国家生物信息中心在促进中国生物信息学领域的发展、推动科研成果转化以及提供生物信息学技术支持等方面发挥着重要作用。目前，在国内外具有广泛影响力和声誉。

生物信息学的发展极为迅速，迄今已取得诸多成果。就网络资源而言，国内外的生物信息学网络资源极为丰富，从代表国家级研究机构的大型网点到代表专业实验室的小型站点，都建立了众多生物信息学网站。大型机构的网站通常提供相关新闻、数据库服务以及软件在线服务；小型科研机构大多展示自己的研究成果，部分还提供自行设计算法的在线服务。各种专业研究机构和公司如雨后春笋般不断涌现，生物科技公司和制药工业内部的生物信息学部门的数量也日益增加。

如今，随着生物信息学的蓬勃发展，生命科学的基础研究与技术开发对生物信息学的科研与人才需求也迅猛增加，传统欧美发达国家也面临着供不应求、人才匮乏的局面。因此，对生物信息学人才的培养至关重要。我国越来越多的高等院校、科研单位开展了生物信息学教育和科研工作，许多大学已经建设生物信息学相关的专业与课程，推动我国生物信息学的快速发展。

1.2 生物信息学的发展历史与趋势

生物信息学的发展大致可以分为分子生物学发展时期（1953—1975）、基因组学时期（1976—2001）、后基因组时期（2002—2012）、大数据与人工智能时期（2013 年至今）。图 1-1 简要列出了生物信息学及相关领域大事记。生物信息学各细分发展时期对应的计算机、信息技术的重要事件可参见第 13 章图 13-2。我国的生物信息学研究在老一辈科学家的带领下，取得了长足进步，尤其在创新发展时期，国内对生物信息学领域越来越重视，最近十年经历了快速发展期、新的挑战期。（更多相关内容可参见生物信息学虚拟教研室网络资料。）

博物生物学时期（1859—1952）

- **1859：** 达尔文《物种起源》出版
- **1865：** 孟德尔遗传定律
- **1869：** 首次分离得到DNA
- **1879：** 弗莱明观察到有丝分裂
- **1900：** 孟德尔遗传定律的重新发现
- **1902：** 疾病可以有序遗传、遗传的染色体理论
- **1909：** 词语“gene”的出现
- **1911：** 染色体理论在果蝇中得到验证
- **1941：** “一个基因一个酶假说”的提出
- **1943：** DNA的X射线衍射
- **1944：** DNA可以改造细胞的特性；跳跃基因的发现；薛定谔发表《生命是什么》
- **1952：** DNA构成基因

分子生物学发展时期（1953—1975）

- **1975：** DNA测序工作的开启
- **1973：** 第一个动物基因被克隆
- **1972：** 伯格发现第一个重组DNA
- **1968：** 发现第一个限制性酶
- **1965：** 中国人工合成牛胰岛素结晶
- **1961：** mRNA将信息从细胞核内传递到细胞质
- **1959：** 染色体异常致病被发现
- **1958：** 梅塞尔森和斯塔尔证实DNA的半保留复制；克里克提出中心法则
- **1956：** 血红蛋白的一个氨基酸改变可以导致镰状细胞贫血
- **1955：** 人类的46条染色体确定、DNA聚合酶的发现、第一个蛋白质序列(牛胰岛素)被测定
- **1953：** 克里克、沃森、富兰克林和威尔金斯等发现DNA双螺旋结构

基因组学时期（1976—2001）

- **1976：** 第一个遗传工程公司成立
- **1977：** 桑格研究小组完成了第一个全基因组噬菌体Φ-X174的测序；内含子的发现
- **1981：** 中国实现酵母丙氨酸转移核糖核酸的人工合成
- **1985：** 穆利斯创立PCR技术；生物信息学专业期刊（CABIOS）创刊；德国生物信息学会议（GCB）举行
- **1986：** 日本核酸序列数据库DDBJ诞生；蛋白质数据库SWISS-PROT建立
- **1988：** 美国国家生物技术信息中心（NCBI）成立
- **1990：** 国际人类基因组计划（HGP）启动
- **1993：** 中国人类基因组计划（CHGP）正式启动
HGP新5年计划；欧洲生物信息学研究所（EBI）获准成立；第一届ISMB国际会议美国国家医学图书馆（NLM）举行
- **1994：** 威尔金斯提出蛋白质组（proteome）的概念、细菌基因组计划
- **1995：** 人类基因组物理图谱完成；日本信息生物学中心（CIB）成立；流感嗜血杆菌（*Haemophilus influenzae* Rd）全基因组序列发布
- **1996：** 北京大学蛋白质工程和植物遗传学工程国家实验室加入欧洲分子生物学网络（EMBnet）；Affymetrix生产商用DNA芯片
- **1997：** 北京大学生物信息学中心（CBI）成立；中国科学院召开“DNA芯片的现状与未来”和“生物信息学”香山会议；大肠杆菌基因组完成

- **1998：** 中国人类基因组研究北方中心（北京）和南方中心（上海）成立；亚太生物信息学网络（APBioNet）成立；美国Celera遗传公司成立，开展人类基因组测序；线虫基因组完成；CABIOS期刊更名为*Bioinformatics*
- **1999：** “北京华大基因研究中心”的成立；中[illegible]加入HGP，承担1%测序工作；人类22号染色体序列完成
- **2000：** 中国科学院上海生命科学研究院生物信息中心(SIBI)成立；我国完成基因组计划的1%；德、日等国科学家宣布基本完成人类21号染色体的测序工作；果蝇基因组完成
- **2001：** 首届全国生物信息学会议（CCB）举行；中国完成籼稻基因组工作框架图；美、日、德、法、英、中6国科学家和美国Celera公司联合公布人类基因组图谱及初步分析结果

后基因组时期（2002—2012）

- **2012：** CRISPR/Cas基因编辑系统的应用；ENCODE发表阶段性研究成果；英国启动十万人基因组计划；欧洲植物表型网络、国际植物表型联盟成立
- **2010：** 外显子测序；三代测序技术出现
- **2009：** 黄瓜、高粱和两个玉米品种的基因组测序完成；汤富酬发表单细胞转录组测序技术
- **2008：** 千人基因组测序计划启动；拟南芥1001株系测序启动
- **2007：** 世界首份“个人版”基因图谱完成；人体微生物组计划（HMP）启动；澳大利亚成立第一个植物表型研究中心（APPF）
- **2006：** 中国科学家参与人类3号染色体的DNA完成序列与详尽分析；癌症基因组图谱计划（TCGA）启动
- **2005：** 大猩猩和狗基因组发表；HapMap项目完成；二代测序技术出现
- **2004：** 大鼠和鸡基因组草图完成
- **2003：** 中国科学院北京基因组研究所（现国家生物信息中心）成立；HGP完成；DNA元素百科全书（ENCODE）计划启动；人类表观基因组计划启动
- **2002：** 小鼠基因组完成；人类基因组单体型图（HapMap）计划启动

大数据与人工智能时期（2013—）

- **2013：** 人类脑计划启动
- **2014：** HMP第二期计划（iHMP/HMP2）启动
- **2015：** 人类表观基因组计划发布阶段性表观基因组图谱；精准医疗的提出
- **2016：** 深圳国家基因库CNGB正式运营；中国科学院绘制人类脑网络组图谱；空间转录组学技术发展
- **2017：** “中国十万人基因组计划”启动；人类表型组学计划启动；人类细胞图谱计划启动；首次合成包含两种人工碱基的生命体
- **2018：** 单细胞水平细胞谱系追踪技术；世界首例单条染色体真核细胞出现；小麦基因组图谱历经13年绘制完成；英国发起五百万人基因组计划
- **2019：** 国家基因组科学数据中心（NGDC）成立；北京基因组研究所加挂“国家生物信息中心”；DNA显微镜研制成功；新型人造DNA结构信息密度可加倍；HMP2发表阶段性研究成果
- **2020：** 首张人类细胞图谱公布；AlphaFold 2在在蛋白质结构预测大赛CASP14获得历史性突破；TCGA发表阶段性研究成果
- **2021：** 成功利用AlphaFold 2破译整个人类蛋白质组结构（98.5%的人类蛋白质）
- **2022：** OpenAI开发的人工智能聊天机器人程序ChatGPT正式推出；T2T Consortium填补人类基因组计划最后8%的空缺
- **2023：** 科技部启动“人工智能驱动的科学研究”专项部署工作；首次完成对人类Y染色体的完整测序
- **2024：** AlphaFold 2获得2024年诺贝尔化学奖；AlphaFold 3发布
- **2025：** DeepSeek发布

图 1-1 生物信息学及相关领域大事记

注：红色代表我国的科学贡献

1.3 生物信息学的研究领域

生物信息学的研究对象或客体（应用方面）和研究内容是不同概念。生物信息学的研究对象为生物科学及其他相关研究领域产生的数据，涵盖生命现象及其过程的各个层面，包括微观（分子水平）和宏观（群体水平），既有静态数据也有动态数据。图 1-2 展示了生物科学的研究领域与生物信息学研究对象的概览，有助于理解生物信息学与生物科学领域其他学科的关系。生物信息学的研究对象是生物组学及相关领域数据，如基因组学、转录组学、蛋白质组学和代谢组学等领域数据。生物信息学已为这些组学数据提供了科学的分析方法与技术，实现“从生物学中来，到生物学中去”的学科定位。生物信息学基于生物科学数据共性和个性方法技术的研究开发，通过深入分析与系统整合，将揭示生物系统的复杂分子机制和生物过程。这不仅会推动基础生物学的深入探索，还将在精准医学、药物设计开发、农业与环境等应用领域发挥重要作用。

1.3.1 生物学研究领域

从生物学学科领域的角度，生物信息学涉及生命科学以及其他相关研究的各个领域（推荐参阅生物科学“101 计划”其他教材）。

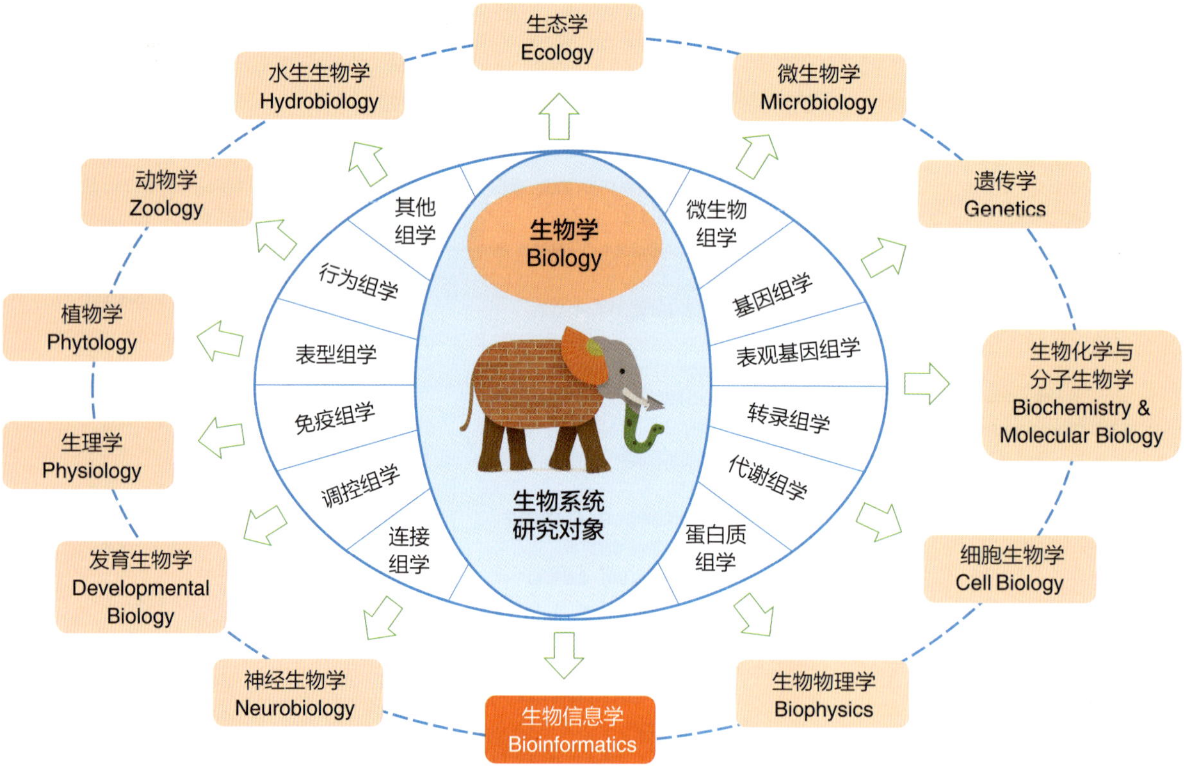

图 1-2 生物科学的研究领域与生物信息学研究对象概览图

1.3.1.1 生物化学与分子生物学

生物信息学在生物化学与分子生物学领域中发挥着关键作用。以“DNA—RNA—蛋白质”为主要对象，分析编码区和非编码区中信息结构和编码特征，挖掘其中的规律，探究理解信息调节与表达规律等。由于生物功能的主要体现者是蛋白质和其他各类生物分子，研究他们的生成过程、修饰加工、转运定位、结构变化、相互作用等活动将推动对生物分子的功能、表达和调控的理解。

1.3.1.2 细胞生物学

细胞是生物体基本的结构和功能单位，细胞的结构、功能、调控方式和相互作用蕴含着大量的生物信息。生物信息学可以利用单细胞组学数据并整合基因组、表观组、转录组、蛋白质组等多组学数据，解析细胞内的信号通路传导与基因/蛋白质相互作用以及细胞间的信号通信，探索细胞、组织、器官、系统、生物体等不同尺度下生命活动的原理和调控方式。

1.3.1.3 遗传与发育生物学

遗传学与生物信息学的协同发展已极大提高了我们对生命潜在的分子机制的理解，得以发现新的表观遗传标记，识别关键调控元件，以及更全面地了解基因组、表观基因组和环境之间的动态相互作用。未来生物信息学应用于大规模遗传学数据，有望揭示传统实验方法难以预见的复杂模式和关系。例如，一个受精卵是如何从单细胞发育、分化为大量不同类型的细胞、组织和器官，最终构成一个完整的生命体，这一直是生物学领域中一个很大的谜团。通过结合多组学分析，我们得以揭开胚胎按照精确的时间顺序发展的秘密，预测和模拟胚胎发育的潜在模式。此外，我们还能分析环境因素如何影响胚胎发展，并探讨这些影响如何在遗传水平上被传递及其对后代可能产生的效应。

1.3.1.4 生理学

在生命科学范畴中，生理学是一门起步较早的学科，研究者主要通过解剖实验探索生物体的生命活动及其内在机制。如今，单细胞测序、空间转录组等生物技术的发展，为生理学研究带来了细胞和分子层面的丰富信息。同时，高分辨率影像测量技术和控制与计算技术结合生物信息学、人工智能，能够对生物体进行计算机数学建模，帮助理解复杂的生理过程，如 3D 器官重构与动态功能模拟等。

1.3.1.5 微生物学

微生物是生物圈中活跃繁盛而极其重要的组分，与人类有着密切的联系，广泛参与人类的生产生活（如食品工程），也可能致病。现代微生物学中，生物信息学已经成为不可或缺的工具。测序、序列比对、系统发育分析、机器学习等技术以及宏基因组、微生物代谢组、16S/18S rRNA 分析等生物信息分析方法，在环境微生物学、微生物生态学、病原生物学、微生物工程等不同分支中发挥着重要作用，助力研究人员更好地理解微生物的特性和功能。

1.3.1.6 神经生物学

脑是自然界中最为复杂的物质，其功能亦呈现出自然界中最为复杂的运动形式。

长期以来，借助神经解剖、神经生理、神经病理以及临床医学研究，已获取了海量有关脑结构与功能的数据。近年来，神经生物学研究收获了众多科研成果，这些成果大多是在组织、细胞和分子层面开展的，仍需在系统及整体层面去探寻大脑活动的规律。利用先进计算工具分析数百万神经元及其群体的基因表达数据，绘制出人类大脑基因表达图谱，有助于深入认识神经系统功能及神经疾病的根本机制。神经影像技术与生物信息学的融合，为研究大脑结构和功能提供了新途径。深度学习技术与生物信息学的结合，也为理解大脑信息处理机制以及认知科学和人工智能领域提供了崭新的理论框架。

1.3.1.7 生物物理学

生物物理学作为物理学与生物学的交叉领域，是生命科学和物理学中的关键分支之一，研究的是生物的物理形态，涉及生物能学、细胞结构生物物理学、电生理学等。但这方面的生物数据获取和分析也越来越依赖于计算机的应用，如模型的建立，光谱、成像数据的分析等。结构生物学作为生物物理学的一个分支，特别关注生物分子（如蛋白质和核酸）的三维结构及其与功能的关系。定量生物学以精确的量化方法来研究生物现象，其目的是描述和预测生物系统的行为。研究中，定量生物学家通过整合从基因测序到蛋白质表达的大规模数据构建网络模型，成功揭示了细胞内多个基因和蛋白质之间的复杂关系，极大地推进了我们对生物系统的理解。因此，将人工智能方法融入生物物理学、定量生物学和结构生物学，可显著提升数据解析与模型构建的效率与准确性，进一步加深我们对复杂生命系统的理解。

1.3.1.8 生态学

分子和生态进化是另一个重要的研究对象。通过对比不同生物基因组中各类结构成分的差异，能够极大程度地提升我们对生物进化的认知。在生态进化层面，借助比较不同物种基因组，人们对生态系统的演化及多样性有了更为深刻的理解。运用群体遗传学和比较基因组学的方法，取得诸多重要发现，如对于物种形成过程中地理隔离和生态选择所起作用的理解。当深入到分子进化层面时，比较基因组学的研究通常聚焦于基因的结构与功能如何影响生物种群的适应性及演化历程。生物信息学利用大数据和计算工具，推断物种间的进化关系并构建进化树，推动人们对这些理论和实践课题的研究。

1.3.1.9 医学

人类基因组计划的重要目标之一，就是找到人类基因组中的所有基因，接着通过获取与疾病表型相关的基因信息，筛选分离出各疾病的致病基因。当前，精准医学在生物信息学的助力下正逐步变为现实。科学家能够凭借分析个体基因组数据，预测疾病风险，制定个性化治疗计划，并筛选出最为适宜的药物。例如，在肿瘤研究领域，基因组学、临床数据与生物信息学技术的联合运用，可帮助医生依据患者具体的肿瘤分型及个人情况，筛选出最合适的治疗方案。生物信息学的一个重要应用方向是在现有的生物技术和生物信息平台基础上，加快对突发性疫情和公共卫生的监控，并对致病源进行快速有效的分析与解决。在免疫学领域，生物信息学的应用同样广泛。例如，通过对免疫细胞的基因表达数据进行分析，科学家可以深入理解它们在感染、疾病和免疫治疗中的表型及功能变化。更新的人工智能模型也在开发过程中，可用于预测抗体与抗原的结合模式，从而设计出更为精确的抗原靶向治疗方法。

1.3.1.10 药学

目前，新药开发主要依靠靶标药物的发现、高通量筛选、计算机辅助药物设计、现有药物的重定向以及临床试验等关键步骤，以实现从分子研究向治疗应用的完整转化。近年来，基于 RNA-Seq 数据的转录组分析，已经在洞察药物作用以及寻找到新的药物作用靶标方面取得了显著成功。在对抗癌药物作用机制的研究中，科学家通过对比肿瘤细胞在药物作用前后的基因表达变化，发现了一系列新的潜在药物靶标，并据此设计出全新的抗癌策略。生物信息学在药物设计中涉及生成式对抗网络、自编码器、迁移学习、强化学习等深度学习模型，已被用于药物化合物的全新设计。目前，结合了药学、计算机科学、人工智能等多个领域的知识，提升了药物设计、发现和开发的效率，使得智能药学成为一个跨学科的前沿领域。

1.3.1.11 农学

生物信息学在农学领域起着至关重要的作用，智慧农学与智能育种日益兴起。首先，基因组计划加快了转基因动植物育种所需要的生物信息学研究步伐，通过比较基因组学、表达分析和功能基因组分析来识别重要基因，为培育转基因动植物以及改良动植物的质量和数量性状奠定基础，利用先进技术精准定位优良性状相关基因，提高育种效率与准确性。对于动植物、微生物遗传资源研究，生物信息学能系统性分析评估不同物种遗传资源，为种质保护和利用提供依据，借助基因组比对和进化树构建等方法理解亲缘关系、揭示进化历史，更好地管理保护遗传资源。联合宏观影像和微观分子数据分析，对大田和动植物个体的表型及状态进行监测分析，快速筛选优良种质，实现精准定位目标性状，增强育种的针对性和适应性。还可以通过结合化学信息学，在农业化合物设计方面，分析病虫害、寄生生物的信号受体和生物通路关键组分，鉴定开发潜在生物农药化合物。此外，对工业发酵菌的代谢工程研究也是重要应用方向，通过对基因的精确调控改进发酵菌的代谢，提高工业产品的产量和质量。

1.3.2 生物信息学研究内容

生物信息学研究的内容涉及序列、表达、结构、功能、调控、应用各方面的方法、技术研究，有问题驱动，也有数据驱动。以下对生物信息学研究内容及应用方向进行总体描述，具体请参阅本教材其他章节的相应内容。

1.3.2.1 序列测定与分析

生物信息学最基本操作对象主要是核酸序列和氨基酸序列。

DNA 和 RNA 测序的首次尝试主要涉及分子的化学降解或酶切，以产生可以单独分析的片段。罗伯特·霍利（Robert Holley）于 1964 年首次使用酿酒酵母的核糖核酸酶对核酸分子丙氨酸 tRNA 进行测序。同时，沃特·吉尔伯特（Walter Gilbert）和艾伦·马克西姆（Allan Maxam）开发了一种化学降解技术，可以对完整的噬菌体 PhiX174 进行测序。然而，测序技术真正的突破来自弗雷德里克·桑格（Frederick Sanger）引入的基于链终止的测序方法。该技术使用双脱氧核苷酸，可以在复制过程中终止 DNA 链的链伸长，并允许产生长达几百个核苷酸的序列读数。Sanger 测序的方法因其允许 DNA 和 RNA 的快速测序而被广泛采用，深刻影响分子生物学领域的发展。1987 年，第一台商用自动测序仪 ABI Prism 370A 使用荧光标记的双脱氧核苷酸和毛细管电泳的方法来自动化测序，显著提高了 DNA 测序的速度和准确性。这也就是人们所说的第一代测序技术的起源。在此技术上，人类基因组计划（Human Genome Project，HGP）得以组织与实施。在 HGP 进行至 1998 年时，克雷格·文特尔（Craig Venter）及其领导的塞莱拉基因组公司（Celera Genomics Corporation）提出采用鸟枪法测序（shotgun sequencing）技术对人类基因组进行测序。

塞莱拉公司提出的全基因组鸟枪法简单、高效且成本低廉，是目前通行的测序方法的雏形，在使用鸟枪法进行 DNA 测序时，完整的 DNA 链被打散为成千上万条长 600 ~ 800 个核苷酸的 DNA 片段，这些 DNA 片段的两端相互重叠，只有依照正确的顺序组合，才能还原为完整的 DNA 序列。对于较大的基因组，鸟枪法能够迅速地测定 DNA 片段的序列，但将它们组装起来的工作则相当复杂。由于现今几乎所有基因序列均由鸟枪法测定，基因重组算法是生物信息学研究的重点课题。

尽管第一代测序技术以其可达 1 000 bp 的测序读长、高准确性帮助人们完成了大量的测序工作，但其测试速度慢、成本高、通量低等方面的不足，也致使其不能得到普遍应用。第二代测序技术在此基础上允许长达数千至数百万的序列读数，与传统的 Sanger 测序不同，它们执行并行测序。第二代测序技术平台包括依赖焦磷酸测序的罗氏 454 测序技术、基于 DNA 合成过程中氢离子释放的 Ion Torrent 测序平台以及采用基于可逆染料终止子合成测序方法的 Illumina 测序平台等。这些平台实现了全基因组测序、转录组分析和靶向测序，从而在遗传变异、疾病研究和个性化医疗方面取得了突破。

第三代测序技术代表了 DNA 测序的最新进展，提供了克服前两代测序技术局限性的新方法。这些技术提供长读长测序功能，与早期方法相比，能够对更大的 DNA 片段进行测序。如 PacBio 测序，它使用荧光标记核苷酸的单分子实时（single molecule real time，SMRT）方法，能够对长达数十千碱基的 DNA 片段进行长读长测序。另一项技术是基于纳米孔技术的牛津纳米孔测序，其中单链 DNA 分子通过纳米孔，并测量电流的变化以确定 DNA 序列。该技术也有人称为第四代测序技术。

在完成基因组序列拼接后，可以获得基因组的主要 DNA 序列，甚至可能是整个基因组各条染色体的序列。这些序列中包含有许多未知序列，如基因或其他功能元件，将这些序列从基因组序列中找出来是生物信息学的一个重要任务。基于 DNA

序列的特征，开发算法并运用生物物理学、统计学等方法进行预测和识别基因。基因预测和识别可以通过检测 DNA 序列中的起始密码子和终止密码子等区域位置来进行。通过比对和序列相似性分析，将基因组 DNA 序列与利用生物实验和计算方法预测的蛋白质序列相匹配，来确定 DNA 序列中的基因或其他功能元件，并注释其生物学功能。通过序列分析识别基因调控元件，如启动子序列、转录因子结合位点、RNA 干扰和上调元件等，可以揭示基因调控过程的分子机制。

1.3.2.2 比较基因组学

越来越多物种的基因组测序的完成，为从整个基因组的角度来研究分子进化提供了条件。比较基因组学的核心内容是识别和建立不同生物体的基因或其他基因组特征的联系。利用比较基因组学方法，可研究不同物种间基因组结构的关系和功能。

分子进化指核酸、密码子和蛋白质在生物进化的漫长过程中逐渐演变，因此我们可以根据不同物种的分子序列特征构建系统发育树，分析物种间的亲缘关系以及追溯它们的共同祖先。分子钟假说假设蛋白质序列以恒定的速率进化，那么我们可以根据不同物种序列的相似性评估它们的演化距离和分歧时间。在计算进化生物学中，通过比较全基因组，还可以研究更复杂的进化事件，如基因复制、水平基因转移、物种形成等，为种群进化建立复杂的计算模型，以预测种群随时间的演化。

微生物学中，宏基因组提取环境 DNA 的总和并进行高通量测序，系统性分析一定环境内微生物的多样性和群落结构，包括可培养微生物和不可培养微生物。生物多样性数据库集合了物种的各种信息。计算模拟种群动力学过程，或计算人工培育下或濒危情况下的遗传健康状况。生物信息学在这方面一个重要前景是保存大量物种的遗传信息，可以把遗传信息保存成电子信息。为濒危物种建立“基因银行”，即将各物种的基因组信息保存下来，这样即便在将来这些物种灭绝了，人类也可能利用它们的基因组信息重新创造出它们。

1.3.2.3 转录组学

转录组学主要在 RNA 水平研究基因表达情况，包括编码 RNA 和非编码 RNA（non-coding RNA，ncRNA），编码 RNA 能够翻译为蛋白质，而 ncRNA 在细胞功能中起到复杂的调控作用。20 世纪 90 年代初，转录组研究主要依赖实验检测技术和小规模基因芯片技术。随着高通量测序技术的发展，转录组学也逐渐进入了基于大规模基因芯片和 RNA 测序分析的转录水平研究时代。目前，转录组学已成为研究生命科学中基因组功能和调控的重要工具。

基于 RNA-Seq 技术的转录组数据在经过质控、过滤、组装后，可经多种下游转录组分析流程挖掘生物学信息，包括基因识别、差异表达分析、富集分析、功能注释、RNA 编辑、可变剪接、RNA 亚型分析、调控网络分析、拟时序分析等。单细胞转录组学更是允许我们对每一个细胞的转录组进行测序：传统的 bulk 测序得到的是一群细胞基因表达的均值，但实际上这群细胞往往是不同亚群细胞的混杂；单细胞测序避免细胞异质性被掩盖，保留了大量有意义的生物学信息。自 2009 年单细胞技术首次发表以来，单细胞技术蓬勃发展，新的测序方法和分析工具不断涌现。

1.3.2.4 转录调控与表观遗传学

生物进化出一系列复杂的基因表达调控机制，利用同一套基因组形成多种不同表型的细胞，实现复杂的生长发育过程。其核心在于发生在基因启动子区的转录起始过程。通过表观遗传修饰（如启动子区 DNA 甲基化），染色质重塑暴露启动子 DNA，在启动子区装配超大分子量转录起始复合物，细胞可在复杂的转录调控信号作用下实现基因差异性表达，从而决定细胞的命运，并影响众多的生理病理过程，对上述复杂过程的分子机制研究，是重要的生命科学问题，极具挑战性。

随着生物技术的快速发展和多组学水平的研究应用，表观遗传学已从基因组区域的单一表观遗传控制的简单解析层面向更深层次的方向发展。结合转录组学分析和相关分析平台分析全基因组组蛋白修饰模式、转录因子结合谱、染色质可及性谱、三维染色体构象和 DNA 甲基化动力学，一系列研究开启了在不同的表观遗传学水平上整合多种下一代测序技术，构建多因素的表观转录图谱。这些研究工具可以揭示控制基因表达的潜在机制，以及它们对正常或病理生物学过程的影响。

1.3.2.5 蛋白质组学

蛋白质组学是结合蛋白质组实验和数据分析，从整体水平上解析蛋白质组成、结构、表达、修饰状态以及蛋白质之间的相互作用和联系的学科，它为基因组学和转录组学提供了重要的补充信息。它对于生成控制细胞增殖、分化、衰老和凋亡等主要生命活动的复杂途径、网络和分子系统的图谱是必不可少的。随着蛋白质鉴定分析实验技术的大幅提升，蛋白质组学已从免疫组织化学（immunohistochemistry，IHC）染色、蛋白质印迹（Western blot，WB）和酶联免疫吸附测定（enzyme linked immunosorbent assay，ELISA）等传统方法发展到组织微阵列（tissue microarray，TMA）、蛋白质通路阵列和质谱等高通量方法，这些高通量蛋白质组学技术不仅可以缩短分析时间，还可以提高蛋白质组覆盖的准确性和深度。

蛋白质组学的生物信息学研究包括利用质谱分析等方法进行蛋白质组的定量和鉴定；通过结合生物实验和计算模拟等方法，研究蛋白质分子的结构和功能；研究蛋白质上发生的各种化学修饰，如乙酰化、磷酸化和甲基化等，从而揭示蛋白质的功能和活性调节机制；通过鉴定和分析蛋白质与其他蛋白质之间的相互作用关系，探究蛋白质分子的组装和细胞过程中蛋白质的功能机制；通过综合利用基因组、转录组和蛋白质组学技术分析，确定潜在的靶标蛋白物质，进而进行相关的靶标验证，模拟筛选创新药物，并开展药物抗性、副作用、个体化等方面的研究等。随着生物信息学和多分析物组学技术的不断发展，蛋白质组学在揭示疾病背后的分子机制以发现新的生物标志物方面具有很大的前景，并可用作特异性诊断分析、预测预后因子和治疗靶点，以进一步提升个性化医疗质量。

1.3.2.6 代谢组学

随着蛋白质组学和基因组学等研究的快速发展，代谢组学也得到了重视。代谢组学是研究生物体系中代谢物的定量和定性变化，以及分析代谢通路的重要生物信息学领域之一，是研究生物系统被扰动后（如基因的改变或环境变化）其代谢产物

（内源性代谢物质）种类、数量及其变化规律的科学。代谢组学着重研究的是生物整体、器官或组织的内源性代谢物质的代谢途径及其所受内在或者外在因素的影响及随时间变化的规律。

质谱和核磁共振波谱是最常用于代谢组分析的技术，产生了大量的代谢组学数据。生物信息学基于生物样本的质谱数据和代谢通路的认识，通过结合生物实验和计算方法来鉴定和定量代谢物，并评估研究代谢物的结构和组成等方面的信息；基于代谢组学的各种数据，结合生物信息学和数据库技术，设计和开发代谢组学数据库和工具，以处理和分析生命科学领域中庞大和复杂的代谢组数据；将代谢物通过分析得到的代谢组数据融入代谢通路网络，实现对不同代谢通路的分析、编码和解读，以理解代谢过程的生物学意义。总之，代谢组学经过多年的发展，为生物学、医学和营养学等领域提供了重要的信息学工具和研究方法，同时这些数据也可用于生物系统中代谢过程的分析和解读，揭示代谢通路与生物过程之间的关系，发现新的生物标记物，为基于个体特征的精准医学研究提供了支持。

1.3.2.7 表型组学

1996 年，史蒂文·加兰（Steven Garan）首次提出“表型组学”一词，用以描述表型测量。表型是由基因、表观遗传学、共生微生物、饮食和环境暴露之间复杂的相互作用而产生的一系列可测量特征，包括个体和群体的物理、化学和生物特征。通过运用高通量方法，深度表型测量已在人类和模型生物的功能基因组学、药物科学、生物医学工程、系统发育和疾病基因组学研究中引起了广泛关注。随着表型组学研究在众多领域日益瞩目，越来越多高效一体化的综合表型测量设施和国际合作项目被投入进行系统的表型研究。

生物信息学在植物和动物表型组学方面的主要研究内容包括：参与开发高通量的表型测定平台，可以自动化地分析大量样本，有效地筛选和挑选具有所需特征的个体或作物。开发图像分析新方法用于分析和解读从光学成像、计算机断层扫描（computed tomography，CT）和磁共振成像（magnetic resonance imaging，MRI）等技术获得的数据，识别和量化生物体内形态、解剖和发育上的变化。利用生物信息学工具和方法分析和解读从植物或动物产生的大量基因组、转录组和其他组学数据，以识别这些表型特征之间的关系，并了解有助于这些特征的遗传和环境因素。在植物表型组学领域，分析从表型测定实验和基因表达分析生成的数据集中挖掘具有理想特征的作物品种特征的基因，包括增加产量、抗旱和吸收养分。

1.3.2.8 系统生物学

生物体是一个复杂的系统，由许多亚系统组成。系统生物学作为一个新的概念，正越来越受到生物学家的关注。勒罗伊·胡德（Leroy Hood）认为，系统生物学是确定、分析和整合生物系统在遗传或环境不同扰动下的各个内部元件之间的相互作用关系。模拟生物系统对于更好地理解生命的本质活动至关重要。系统生物学的主要研究内容包括生物网络构建、分析和可视化等方面。由于系统生物学研究关注于大规模网络的生命过程，故“网络生物学”一词也可以作为系统生物学的名称。此外，人工生命和虚拟细胞的研究致力于通过计算机模拟简单的生命形式来理解生物过程。

生物网络重建是系统生物学中生物网络研究的重要组成部分，包括代谢网络、信号转导通路、基因调控网络、蛋白质互作网络，以及其他类型网络。如基因调控网络重建需要挖掘和整合现有的调控关系数据，并开发各种计算方法以预测潜在的调控关系。蛋白质互作网络涉及如何判定蛋白质分子间的联系，而这种联系与生物化学、信号传递及各种网络密切相关。生物学的实验技术包括免疫共沉淀法、荧光共振能量转移和双分子荧光互补技术等。计算方法可以通过利用蛋白质的各种性质（如物理化学性质、初级结构和三维结构等）来预测蛋白质的相互作用等。

在建立网络关系后，我们可以对系统生物学网络的拓扑特征进行分析（如分析大规模网络系统的全局或局部物理属性）、预测路径，以及可视化相关的网络等。我们还可以进行动力学模型分析，例如，基于代谢控制原理，使用常微分方程（ordinary differential equation，ODE）来求解生物反应速率。系统生物学要求我们要用系统的眼光看待生命活动过程，而不能只关注于某些方面的数据分析而忽视联系。虚拟细胞模型就是基于系统考虑而得出的。

1.3.2.9 整合生物信息学

生物信息学数据量在大数据时代迅速增长，许多数据库的数据量已达到 PB 级别。这种飞速增长的生物学数据远远超出了传统生物信息学方法的能力范围，必须进行数据挖掘和整合分析。生物组学大数据具有多模态的特性，不同类型的生物学数据保存在文件或记录中的规则不同，导致了不同的数据格式，因此如何有效挖掘和整合分析这些不同类型的数据成了整合生物信息学面临的主要问题之一。

在面对大数据的挑战时，各种数学方法、信息技术应运而生。我们已经进入了数据密集型科学的发展阶段，不断提高的数据获取和存储能力、数学建模和计算能力、人工智能和物联网实时结合加速了生命科学和技术的变革式发展。如何整合各种计算和信息资源、发现数据背后的生物学规律，促进相应应用的开发是整合生物信息学领域面临的另一个层次的挑战。因为针对特定问题的算法无法满足所有研究对象的需求，每种方法都有其局限性，所以整合多种方法进行分析是必然的。

整合生物信息学研究可以跨越生物和技术组织的层次结构和多学科，提升生物学的综合创新能力。由于生物系统的复杂性，在整合分析过程中应该注意时空尺度和计算复杂度要素，同时还需要注意全局与局部的关系，并列与关联关系，静态与动态的关系，时空维度的模型，细胞与个体/群体的关系，算法、软件和硬件的整合等因素。

作为交叉学科，生物信息学得益于其他相关学科的不断发展和交叉。整合生物信息学将进一步促进相关学科的深度融合，建立问题驱动和数据驱动并重的多学科联动体系。未来需要发展各种整合生物信息学的新方法，如面对大数据的压缩、整合方法、各组学的融合分析方法、各场景各类深度学习方法的整合使用、人工智能＋人脑混合模型、全方位高精度分析方法等。同时还需要考虑整合生物信息学的研究结果的可重复性，从而提高其科学价值。

1.3.2.10 生物信息学资源平台建设

生物信息学资源平台是专门用于存储、管理、共享和利用生物信息学数据、信息和工具的综合性平台，如 NCBI、EBI 等综合性生物信息学资源平台。生物信息学资源平台的建设非常重要，不仅能够支持生物信息学领域的科学研究，还能够促进数据和信息共享、跨学科研究、新技术和新模式的开发和应用，提高生命科学研究的效率和质量。

生物信息学资源平台建设包括：① 构建数据库，用于存储各种类型和来源的生物数据和信息，如基因组、转录组、蛋白质组、代谢组、表型组等，还包括生物信息学工具的输出结果、研究实验数据以及专家知识等。由于生物学数据的来源和种类繁多，因此需要制定相应的数据标准，以便于将不同来源和不同类型的数据整合成一组可操作的数据进行分析。② 提供分析工具，以支持研究人员对生物数据和信息的处理和分析。支持数据和信息的开放共享，以便于研究人员和生命科学领域从业者更加方便地利用这些资源。③ 管理软件和硬件，对平台中各类生物信息学分析工具的管理，包括相应的安装及更新、配置和校对等；硬件管理主要是针对平台的服务器、存储和计算资源进行管理以保障平台的稳定和高效运行。

生物信息学资源平台是一个关键的基础设施，它推动生物信息学理论和应用的发展，同时也推动生命科学的发展，还推动国内外生物信息学研究平台开展交流和合作，成为国家科技发展的实力表现。我国的生物信息学领域的研究人员近年来在生物信息学资源平台发表的研究成果和论文已居世界之首，为国际上的生物信息学研究作出了重要贡献。国家基因组科学数据中心（National Genomics Data Center，NGDC）面向我国人口健康和社会可持续发展的重大战略需求，建立生命与健康大数据汇交存储、安全管理、开放共享与整合挖掘研究体系，研发大数据前沿交叉与转化应用的新方法和新技术，建成支撑我国生命科学发展、国际领先的基因组科学数据中心。

1.3.2.11 面向国家战略需求的研究

健康中国是我国的重要国家战略需求，也是地方政府和社会各界关注的热点问题。生物信息学的相关研究可以为实现健康中国这一战略目标作出很大的贡献。如可以促进个性化医疗的实现，通过基因组测序以及其他组学技术，研究人员可以了解个体的遗传特征和生理功能，并根据这些特征为患者提供个性化的医疗方案。可以帮助精准诊断不同类型的疾病，特别在癌症等疾病的早期发现和诊断方面，生物信息学的技术和方法具有很高的应用价值。可以加速新药研发的进展，利用基因组、蛋白质组和代谢组学等技术，更好地了解疾病发生的分子机制，为新药的研发提供基础数据和分析工具。可以分析大规模健康数据，在疾病预防和预测方面开展研究，发现生活方式、环境和遗传因素与疾病的关系，并为预防措施和治疗方案提供指导。

“加快农业现代化，促进农业强国建设”是国家农业战略目标。智慧农业和智能育种是农业科技革命的重要领域，也是现代化农业的发展方向。智慧农业的目的是通过创新技术，实现农业生产的高效、智能和可持续发展。生物信息学技术可以通过分析农业生产中的海量数据，而洞察农业生产的问题和需求，帮助农业生产管理者实现科学高效管理。例如，通过智能检测技术，利用基因组学、蛋白质组学、代谢组学等技术对种植环境、土壤、气候、作物、病虫害等多个因素进行精准分析和预测，进而实现农业生长期的智能预警、智能检测和智能精准调控。智能育种是指通过利用高通量技术、基因编辑技术和人工智能等现代生物技术手段，实现作物育种的快速、自动、高效和精准，从而提高作物产量和品质，为粮食安全提供坚实支撑。生物信息学技术可以在育种过程中对基因组数据的筛选、功能注释和遗传模拟进行精准分析和注释，进而实现种质资源的筛选和优化，以及基因组预测和变异分析。总体来说，生物信息学是实现作物精准育种、种质资源梳理、育种方案优化和杂交优质和抗性的重要手段之一，为作物的品种改良和育种提供依据和方向。

合成生物学是依据生物学、化学、物理学和工程学等原理设计优越的或新型的生物系统。合成生物学涉及许多不同的生物学研究领域，如功能基因组学、蛋白质工程、化学生物学、代谢工程、系统生物学和生物信息学，将自然科学和工程科学结合到一起的研究。由于近年来在系统生物学和 DNA 合成与测序等新技术上取得了长足的进步，合成生物学逐步形成自己的研究领域，广泛应用于医药、化学、食品和农业等行业。合成生物学通过基因调控、代谢途径重构、体系工程等多种方法，设计、构建、调节和优化生物系统的性状和功能，实现生物合成和应用领域的快速转化。在这个过程中，生物信息学的分析和应用具有举重若轻的作用，可以实现对基因表达、转录调控的精确控制，通过基因编辑技术进一步改变基因组序列，以设计和构建目标生物系统不同的表型和功能。可以对不同的代谢通路进行分析、比较和优化，进而设计出可行的代谢重构路径，并借助基因技术实现其实验验证和实际应用的推进。利用生物信息学技术，设计、构建、调节和优化生物系统的性状和功能，为生物体系工程提供了很有价值的辅助工具和方法。通过分析、处理和解析污染物、生物大分子、介观材料等多方面的高通量数据，提高生物工程制造的效率和流程品质。通过生物信息学技术的应用分析、整合和拓展，还可以从生物学现象中提取出非常有创意的思想和构思，为设计具备类似生物体系的工程系统带来了新思路。

1.4 生物信息学的算法基础

生物信息学，与众多其他自然学科一样，是一门致力于寻找规律的学科，旨在通过数据分析寻找生物体间的相似性（“同”）与差异性（“不同”），建立预测模型。**统计学习（statistical learning，SL）**和**机器学习（machine learning，ML）**是两种常见的模型构建方法，它们已广泛应用于序列比较、模式识别、表达谱聚类、生物标志物识别、生物网络关联分析、医学图像自动识别、分子分型以及人群队列疾病预测等多领域的生物学问题。

严格而言，统计学习是统计学的一个分支，其侧重点在于构建具有解释性、精度和不确定性的模型；而机器学习则属于人工智能的范畴，更注重在大规模应用和预测准确性方面的表现。随着多学科的发展和交叉，这两者之间的界限日益模糊，许多生物信息学方法兼具两者特征，应用统计学习和机器学习的强大能力，从巨量的生物数据中挖掘隐藏范式。

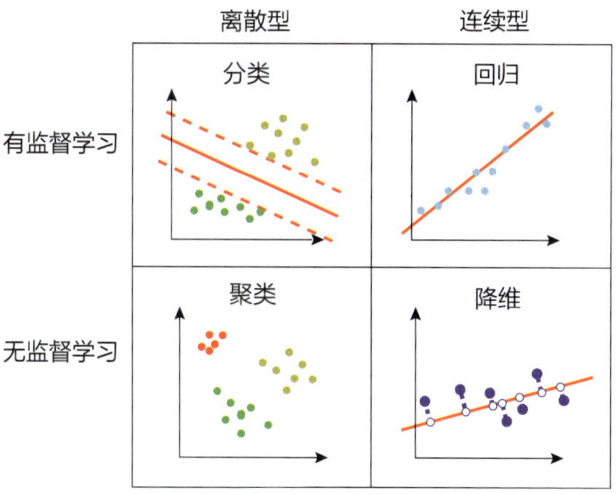

图 1–3 生物信息学基础算法的异同

生物大数据的处理涉及许多基本问题，包括数据获取与存储、数据质量评估、数据分析与挖掘，以及数据安全。这些问题在生物数据分析中扮演着关键的角色，通过解决这些问题能够帮助我们揭示生物大数据内在的模式、结构和关联，从而推动生命科学问题的研究进展。为了解决这些问题，尤其是对于数据分析与挖掘，我们需要依赖多种计算方法和技术，主要包括降维、聚类、分类、回归以及统计学习等。这些算法的异同可根据是否需要标签数据（有监督学习和无监督学习）以及输出变量的性质（离散型和连续型）进行区分（图 1–3）。有监督学习使用带标签的数据，而无监督学习则依赖算法自主发现数据中的结构或模式。离散变量是可列举的，而连续变量则可以在特定范围内取任意值。方法的选择和优化取决于具体生物问题的特点和数据的性质，不同的生物数据可能具有不同的特征和模式，需要针对性地采用适当的分析方法和技术。这些方法是我们处理生物大数据的得力助手，在处理生物大数据时发挥着重要作用，为生命科学研究提供了强大的支持，有助于我们更深入理解生物学现象，发现新的生物学规律。

以下我们对这些方法进行简单概述，以示其在生物信息学数据分析与挖掘算法研究中的必然性和重要性，更详细介绍和相关应用请参阅第 2 章和第 3 章。

1.4.1 降维算法

生物大数据常常具有多模态、高维度的特点，每个样本可能包含成百上千个特征，如转录组测序数据中的基因数量可高达数万个。这意味着数据具有复杂的结构和内在关系，数据计算和资源储存消耗巨大，可能引发维度灾难，降低模型性能；且可能包含大量的冗余和噪声，在数据分析中引入不必要的干扰，因此降维操作非常必要。

降维算法的目标是从高维数据中提取出最具代表性的特征，保留主要信息的同时减少冗余信息和噪声，以便于更精确的数据分析，提高学习算法的准确性，增强数据的可理解性。将数据降维至二维或三维还有助于直观的数据可视化，更易观察数据间的关系。

生物信息学中常用的降维方法包括以下 3 种。① 基于特征选取的方法：挑选最具信息量的特征以减少数据维度；② 基于组分因素的方法：试图找到数据中的主要成分或因素以实现降维；③ 基于映射的方法：将数据映射到新的低维空间中。

1.4.2 聚类算法

生物信息学进入大数据时代所带来的一个显著问题是高昂的数据标注成本，我们难以获得足够高质量的有标签数据集进行监督学习。聚类常用于无监督学习，按照数据内在的相似性将未标注的数据集划分为多个类别，同一类别内的数据相似度较高，不同类别的数据相似度较低。在生物信息学中，聚类可以用于基因表达谱的样本分组、蛋白质序列的家族分类等多种任务。

常见的聚类算法包括以下 5 种。① 划分聚类：将数据集划分为不同的聚簇；② 层次聚类：构建一棵聚类树来创建多层次的分层结构；③ 密度聚类：将聚簇定义为高密度区域之间的低密度区域；④ 网格聚类：将数据空间划分为网格，然后将数据分配到对应的网格中；⑤ 混合聚类：将多个聚类算法结合起来，以便更好地捕捉不同数据结构。

1.4.3 分类算法

与聚类不同，分类属于监督学习的范畴，它要求在训练过程中提供一些已知类别的样本（即有标签数据），以便计算机能够学习如何将未知类别的样本分类到预定义的类别或标签中。在生物信息学中，分类常用于疾病诊断、基因预测等任务。

以下是一些常见的分类算法，它们适用于不同类型的数据和问题，在对离散型随机变量进行建模和预测时发挥着重要作用，包括以下 7 种。① 决策树分类法：决策树通过一系列的判断和分支来将数据划分成不同的类别；② 基于规则的分类器：这类分类器使用一系列的规则来描述数据的不同类别；③ 朴素贝叶斯分类算法：基于贝叶斯定理，假设特征之间相互独立；④ 支持向量机：在高维空间中寻找能够最大化不同类别样本间隔的最优超平面；⑤ 深度学习：通过多层神经元和权重来建模数据的复杂关系，适用于处理非线性关系和大规模数据；⑥ K-最近邻法：根据样本的邻居进行分类，找到与给定未知样本最近的 k 个已知样本，根据这些样本的类别来预测未知样本的类别；⑦ 模糊分类法：模糊分类考虑数据可能属于不同类别的程度，给出样本的类别隶属度。

1.4.4 回归算法

与分类相似，回归也是监督学习的一种方法，但回归算法专注于对数值型连续随机变量进行建模和预测，产生的结果通常也是数值型的。在回归任务中，标注的数据集包含了数值型的目标变量，每个观察样本都对应着一个数值型的标注真值，用以监督算法的训练和评估。

以下是一些常见的回归算法，它们在处理连续型数值预测问题（如基因表达水平、蛋白质结构等）中具有重要意义，包括以下 4 种。① 线性回归：在特征空间中拟合一条使得目标变量的预测值与实际值的误差最小化的直线；② 回归树：将特征空间划分为多个区域，并在每个区域中拟合一个回归模型；③ 深度学习：深度学习适合多种任务；④ 最近邻算法：对于一个新的样本，最近邻算法会找到与其最相似的已知样本，并使用这些样本的目标值来进行预测。

1.4.5 统计学分析

基于统计比较的**相关分析**（**correlation analysis**）在生物信息学中被广泛应用，用于判断两个或多个变量（如基因、蛋白质等）之间是否存在相关性，及相关性的正负和强弱关系。需要注意的是，相关性不等同于因果性。这些分析有助于我们理解生物分子之间的相互作用，探究生物体系中的潜在调控路径。

在进行相关性分析时，根据变量的不同数据类型，我们可以采用不同的统计检验方法。例如，① 连续变量：常用的方法如 Pearson 相关系数，它衡量线性关系的强度和方向；② 二分类变量：使用点二列联表来计算 phi 系数或 Cramer's V 系数等，度量两个变量之间的关联性；③ 无序分类变量：可以采用卡方检验来检验两个无序分类变量间的相关性；④ 有序分类变量：可使用斯皮尔曼等级相关系数来判断变量之间的单调关系；⑤ 其他统计分析方法。

在生物数据的统计分析中，统计学显著性与生物学显著性之间的差异是一个重要的问题，采用不同的方法和标准，可能会产生不同的结果，因此需要考虑数据的特征和分布。如在差异分析中，常常使用 ***p*** **值**（***p*** **value**）来衡量观察结果是否显著；在特定任务如差异表达分析时，**倍数法**（**fold-change**）与非严格的 p 值结合使用，结果的可重复性更强，因为倍数法关注了变化的幅度。在生物学研究中，假阴性的影响可能比假阳性更为显著，因此在选择基因或变量时，需要综合考虑 p 值和倍数变化。

统计学结果的滥用是一个常见问题，只有当样本能够充分代表总体时，统计结果才能被视为可信且精确的。为了预防统计滥用，我们需要使用适当的图表和可视化工具，规避样本偏差。在生物数据分析中，更全面地评估统计显著性和生物学显著性之间的差异，需要综合考虑多种因素，包括 p 值、倍数变化、样本偏差等。通过合适的统计分析方法和有效的数据可视化，我们可以更好地理解和解释生物数据，挖掘内在的因果关系和生物学机制，从而获得更准确和可靠的研究结果。

1.5 生物信息学的机遇与挑战

近年来，生物信息学家已经取得了多项研究成果，获得了海量的生物数据，确定了数千个基因的功能，其中包括搜索碱基对序列匹配的有效方法、统计学工具、利用新的计算机工具组装整个基因组等。但生物信息学作为一个快速发展的领域，面临着许多新的机遇与挑战，迫切需要新的研究手段和研究方法。

1.5.1 生物信息学的机遇

（1）数据爆炸与生物信息学的崭新机遇

近年来，高通量测序技术的突破性进展使得生物数据的产生呈爆发式增长。这为生物信息学提供了丰富的数据资源，促使研究者可以更深入地研究基因组、蛋白质组等生物分子的功能和相互作用。不仅如此，不同组学技术的兴起，如单细胞组学和空间组学技术的应用，更进一步拓展了我们的研究视野。生物信息学可以利用大数据分析技术来深入研究生物系统，揭示更多生命的奥秘。

（2）人工智能与算法创新的催化作用

人工智能技术的不断发展，尤其是深度学习等算法的应用，使得生物信息学研究在数据挖掘、模式识别、预测分析等方面取得了突破。这些创新算法有望进一步加速生物信息学的研究进程。

（3）跨学科合作的加强

生物信息学作为多学科交叉领域，促使生物学、计算机科学、数学、统计学等学科之间的合作更加紧密。这种跨学科的合作有助于深化对生物现象的理解，同时也为其他领域的发展带来新的思路和方法。

1.5.2 生物信息学的挑战

（1）数据管理与分析的复杂性

生物信息学面临海量数据的管理和分析问题，有效处理这些数据需要高效的存储、处理和分析方法。生物数据库的建立为生物信息学研究提供了丰富的数据资源，但也面临着数据质量的问题。测量技术的局限性和操作错误导致数据库中存在错误数据是不可避免的。随着时间的推移，这些错误数据可能不断积累，而数据量的增长使得数据校验和更新变得更加困难。此外，数据来源本身的问题也会影响数据的准确性，如组学数据的测量值与实际值之间的偏差。因此，数据的质量和标准化也是一个挑战，需要确保数据的可靠性和可比性。

（2）常用工具与创新方法

多年来，生物信息学家开发了许多方法和工具，用于解决生命科学中的各种问题。然而，只有少数几种工具被广泛采用，常常是因为研究人员难以全面比较所有工具，从而选择使用常见的工具。不断增加的使用者数量促使常用工具的改进，使其易于使用并得到权威认可，从而成了经典工具。然而，这种情况也可能阻碍了更适合和更先进方法的广泛应用。我们应该鼓励尝试新的方法和工具，以推动生物信息学的创新和发展。

（3）多尺度数据的整合分析

生物学研究涉及多种尺度的数据，如基因组、蛋白质组、代谢组等，生命系统的复杂性要求我们在研究中使用假设来简化条件，以建立模型。然而，生物信息学所涉及的数据往往来自不同条件下、基于不同技术手段和假设获得，这可能导致不同假设之间的矛盾。将这些数据进行整合并进行交叉分析，需要开发更为复杂的方法和工具。如今的生物信息学家，需要同时具备数学建模能力和扎实的生物学基础，以应对日益复杂多样的生物信息数据。

1.5.3 结语

《第三次技术革命》中有这样的描述：“一场与工业革命和以计算机为基础的革命有相同影响力的变化正在开始。下一个伟大时代将是基因组革命时代，它现在处于初期阶段”。当前，生命科学与生物信息学的发展已然迈入又一个技术革命的时代——人工智能时代。生物信息学的新方法与新技术正在蓬勃发展，必将对生物学、医学、药学、农业科学等诸多领域产生极为巨大的影响，生命科学的研究范式也正在经历深刻变革。总体而言，从过去单纯的问题驱动研究，逐步转变为问题驱动与数据驱动并行的研究模式。生物信息学应始终秉持“从生物学中来到生物学中去”的理念，积极探索从“认知科学”迈向“工程创造”的有效发展路径，实现从单一理科向理工并存发展的全新转变。我们有充分的理由相信，在人工智能时代，生物信息学必定能够有力地推动各种生命现象奥秘的揭示，带动多个学科实现飞跃式发展，甚至极有可能引发一场全新的产业革命。此外，生物信息学所倡导的全球范围的资源共享，也必将对整个自然科学乃至人类社会的发展产生深远而持久的影响。

本教材共 13 章，构成 6 个内容模块（图 1-4），可以对相应章节和参考学时数进行按需优化组合和学习。

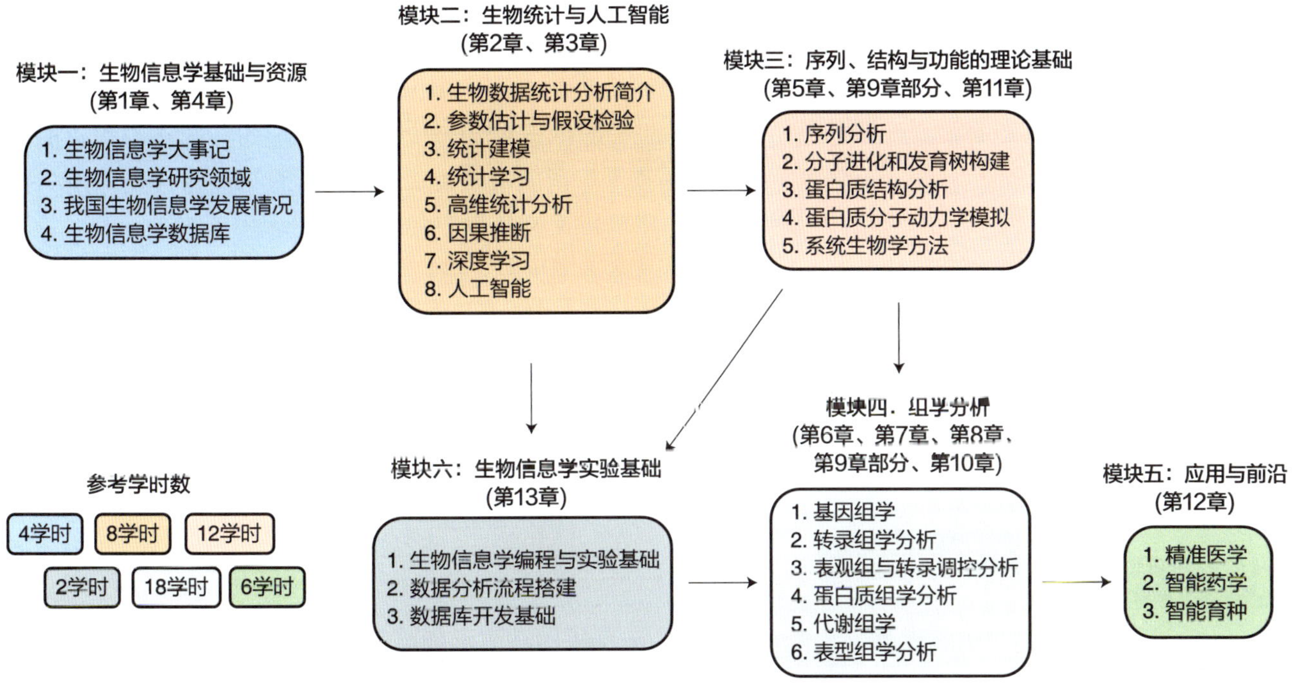

图 1-4 本教材内容总体结构框架

※ 推荐阅读

1. 生物科学领域本科教育教学改革试点工作计划工作组. 高等学校生物科学类专业人才培养战略研究报告暨核心课程体系 [M]. 北京：高等教育出版社，2025.

点评：该书综合介绍了生物科学“101 计划”专业人才培养战略研究、核心课程体系、拔尖创新人才培养典型案例、人才培养方案等内容。

2.“中国学科及前沿领域发展战略研究（2021—2035）”项目组. 中国生物信息学 2035 发展战略 [M]. 北京：科学出版社，2024.

点评：该书探讨了国际生物信息学的前沿发展趋势，深入阐述了生物信息学所涵盖的不同研究分支的发展历史、国内基础、发展态势，凝练了生物信息学的发展思路和发展方向，并提出了我国相应的发展领域和政策建议。

※ 思考与练习题

1. 简述生物信息学发展的必然性与科技史。
2. 如何理解生物信息学“从生物学中来到生物学中去”?
3. 我国科学家在生物信息学发展过程中的历史贡献有哪些?
4. 简述生物信息学的研究内容及其前沿发展趋势。

※ 讨论题

1. 生物信息学历史演进的内在逻辑与中国角色转型的战略路径：从学科发展史视角分析生物信息学诞生与迭代的必然性，结合国际竞争格局演变，探讨中国从“跟跑者”向“引领者”跃迁需要突破的核心要素。

2. 从学科交叉角度出发，探讨数学、计算机科学与生物学知识在生物信息学研究中的融合方式。以当前热点研究为例，分析多学科知识的协同机制，以及跨学科思维培养路径。

3. 生物信息学赋能国家战略的路径与青年学者的时代使命：结合“精准医疗”“生物育种”“合成生物学”等国家战略需求，探讨生物信息学在解决重大社会问题、支撑产业升级中的具体赋能路径，以及作为学习者在其中发挥的作用。

※ 参考文献

1. 陈铭. 后基因组时代的生物信息学 [J]. 生物信息学, 2004, 2 (2): 29-34.
2. 陈铭. 大数据时代的整合生物信息学 [J]. 生物信息学, 2022, 20(2): 75-83.

3. 陈铭. 人工智能时代生物信息学学科发展和人才培养模式研究 [J]. 人民论坛 · 学术前沿, 2024, 16: 4.

4. Chen R. A historic retrospective on the early bioinformatics research in China [J]. Genomics, proteomics & bioinformatics, 2023, 21(5): 897-899.

5. Chen R. Early bioinformatics research in China [J]. Quantitative biology, 2021, 9(3): 242-250.

6. Dong W, Qiang B, Yang H. The international human genome project: a milestone for life sciences and humanity: the three stages and three major impacts of the HGP, and three contributions by China [J]. Quantitative biology, 2021, 9(3): 229-241.

7. Gauthier J, Vincent A T, Charette S J, et al. A brief history of bioinformatics [J]. Briefings in bioinformatics, 20(6): 1981-1996.

8. Hogeweg P. The roots of bioinformatics in theoretical biology [J]. PLoS computational biology, 2011, 7(3): e1002021.

9. Luo J. Professor Gu Xiaocheng and the center for bioinformatics at Peking University [J]. Scientia sinica vitae, 2022, 52(10): 1555-1560.

10. Wei L, Yu J. Bioinformatics in China: a personal perspective [J]. PLoS computational biology, 2008, 4(4): e1000020.

编者：陈　铭（浙江大学）
审读：张　勇（同济大学）

2

生物统计学基础

生物信息学是处理和分析生物数据的学科，统计学是数据分析的基础学科，生物统计学则是限定于生物数据的统计学，是生物信息学的数学基础和统计基础。本章将详细介绍生物统计学的基础理论和方法、基本的统计模型、统计学习的主要思想、高维统计推断和统计因果推断，帮助读者更好地理解本书后续章节中涉及的生物数据分析方法，为自主研究生物信息学算法打好基础。

2.1 生物统计简介

在生物学领域，科研人员能够通过各种科学实验、临床试验、田野调查、仪器测量等，获得各种类型的研究数据。**统计学**（statistics）是一门研究如何有效地收集、分析和解释数据的学科，能够将数学语言引入各个学科领域，把具体的研究问题抽象为统计学问题并解决。**生物统计学**（biostatistics）是统计学在生物学领域中的应用，属于应用统计学的一个分支，它运用统计学理论和方法来收集生物学数据，并分析和解释其中的各种现象和问题。一些常见的生物统计学应用包括以下 6 方面。

① 实验设计　统计学在确定实验设计方面发挥重要作用。合理的实验设计可以减少偏倚，确保结果具有代表性和可推广性。

② 数据分析与展示　应用描述统计学方法（如均值、标准差、频率分布等），可以对数据进行总结和描述，并通过合适的图形（如箱线图、直方图、折线图等）进行数据展示。

③ 统计推断　通过区间估计和假设检验等方法，从样本数据中推断总体特征，从而评估实验结果之间的差异是否由生物学本质决定的。

④ 相关性分析　统计学方法可用于分析生物数据之间的相关性。例如，通过计算相关系数（如皮尔逊相关系数），可以确定两个变量之间的线性相关程度。

⑤ 数据建模与预测　统计学方法可以用于生物数据的建模和预测。例如，回归分析可以用于建立变量之间的关系模型，并用于预测未来的结果。

⑥ 实验结果验证与重复　统计学方法可用于验证实验结果的可靠性和重复性。通过进行重复实验和运用统计学方法，可以确定实验结果是否具有一致性，并评估结果的稳定性。

2.1.1 总体与样本

2.1.1.1 总体与个体

对于一个生物统计学问题，我们将感兴趣的所有研究对象所构成的集合称为**总体**（population），该集合的每一个元素称为**个体**（individual）。一些总体的例子如某个植物园内的所有柏树、国内所有的乳腺癌患者。

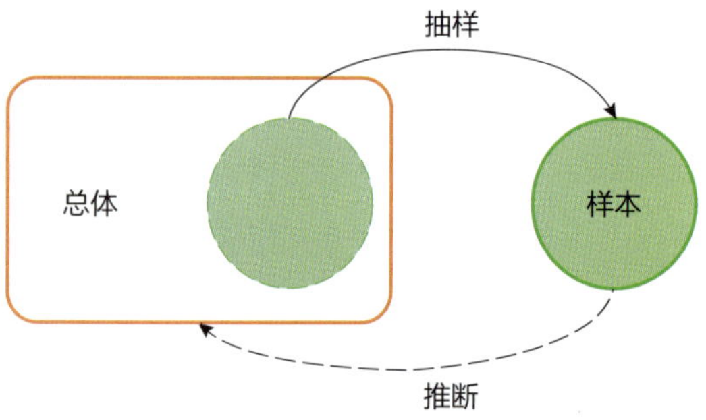

图 2-1　总体与样本的关系

2.1.1.2 样本与随机抽样

在实际研究中，由于成本、时间等限制，通常无法观测到所有个体，因此不能获得总体的所有数据，例如所有乳腺癌患者的各项生理指标和治疗效果。为了研究总体的性质，我们只能使用合适的方法从中抽取一部分个体作为总体的代表（图 2-1）。总体中抽出的若干个体所构成的集合（即构成总体的集合中的一个子集）称为**样本**（sample），包含的个体数目称为**样本容量**（sample size），通常记为 n。样本能够用于估计总体的性质，例如某个临床试验中招募的 100 位乳腺癌患者，是所有乳腺癌患者总体的一个样本（$n = 100$），能够用于研究某个药物是否对治疗乳腺癌具有显著效果。

从总体进行随机抽样的方法包括简单随机抽样、系统抽样、分层抽样、整群抽样等。其中最常用的抽样方法是**简单随机抽样**（simple random sampling），即对于容量为 n 的样本，总体中每个个体都有相同的概率被抽取入样，并且每个个体之间相互独立（即某一个体被抽取到的概率与其他个体无关）。因此简单随机抽样保证样本具有代表性和独立性，能够很好地代表总体。基于随机抽样方法得到的所有随机样本，构成**随机抽样模型**（random sampling model），它是假设检验、参数估计、相关性分析等统计学方法和模型的理论基础。

2.1.2 数据特征及描述

2.1.2.1 数据类型

数据集中包括描述或量化个体的各种属性。一个人的特点可以用身高、体重、性别等来表示，生物学数据同样包括各种与每个个体相关的信息。在统计学中，这些以数值或类型表示观测个体的属性称为**变量**（variable）。

在统计学中，**数据类型**（data type）决定了我们可以使用哪些统计方法进行分析，每个变量都属于一个数据类型，掌握数据各个变量及其数据类型有助于确定最适合的分析方法和模型。常见的数据类型如表 2-1 所示。

表 2-1 常见数据类型

数据类型		定义	示例
数值型 (numeric)	连续型 (continuous)	表示在一定范围内可以取任意数值的数据	身高、体重、温度等
	离散型 (discrete)	表示在有限或可数数值集合中取值的数据	体检次数、家庭人数等
分类型 (categorical/nominal)		表示不同类别或属性的数据，没有数值意义，只表示不同的类别	性别、血型等
顺序型 (ordinal)		表示按照一定顺序排列的数据，但不能进行精确的数值计算	肿瘤分期、烧伤程度等

2.1.2.2 数据特征

数据特征（data feature），即数据的统计特性，通常指的是描述数据分布或数据集总体特点的一些测量值。这些测量值可以帮助我们了解数据的主要特性，包括数据的集中趋势、分布形状、离散程度等。

在统计学中，样本的数据特征（均值、标准差、中位数等）可以称为**统计量**（statistic）。设 $X_1, X_2, \cdots, X_n$ 为总体 X 中抽取的样本，若某一函数 $T = T(X_1, X_2, \cdots, X_n)$

不含有未知参数，那么 T 称为统计量。

理论上，总体中的每个个体都可以视为一个数据点，有些数据点出现的次数多，有些数据点出现的次数少，当我们从中抽取样本来研究总体时，可以理解为不同的数据点被抽取到的概率不同，因此使用一个合适的概率分布来描述总体的特征是合理的。类似于样本的数据特征称为统计量，总体的数据特征称为**参数（parameter）**，一些常用的统计量和参数记号见表 2–2。

表 2–2　一些常用的统计量和参数记号

特征	样本 – 统计量	总体 – 参数
均值	$\overline{X}$	μ
中位数	$\widetilde{X}$	$\widetilde{\mu}$
方差（标准差）	$s^2(s)$	$\sigma^2(\sigma)$
比例	$\widehat{p}$	p
众数	$\widehat{Mo}$	Mo
极差	r	R
四分位距	IQR	—
变异系数	$s/\overline{X}$	σ/μ
偏度	g_1	γ
峰度	g_2	κ

进一步，总体就是一个分布，推断总体的特征就是确定总体分布的参数；样本与总体属于相同的分布，利用统计量来推断总体分布的未知参数，从而研究总体的性质是统计推断的经典任务。描述数据分布的概括性指标包括集中趋势（均值、中位数、众数等）、离散程度（极差、方差、四分位距、变异系数等）和分布形状（偏度、峰度等）。展示数据的常用图表包括频数频率表、直方图、散点图、折线图、箱线图等。

表 2–2 所示的常用样本统计量的定义如下：

（1）均值

均值（mean）是某组数据的总和除以该组数据的数量，是用来表示数据集的集中趋势的一种度量。样本均值定义为

$$\overline{X} = \frac{X_1 + X_2 + \cdots + X_n}{n} = \frac{1}{n}\sum_{i=1}^{n} X_i \tag{2–1}$$

（2）中位数

中位数（median）是将数据按照从小到大的顺序排列后，处于中间位置的数值，用于表示数据的中心位置。当数据集有奇数个数据时，中位数是排序后中间的值；当数据集有偶数个数据时，中位数是排序后中间两个数的均值。

将样本 $X_1, X_2, \cdots, X_n$ 从小到大排列后，记 X_i 表示第 i 个最小观测值，则样本的中位数定义为

$$\widetilde{X}=\begin{cases}X_{\frac{n+1}{2}} & (n\text{ 为奇数})\\ \frac{1}{2}\left(X_{\frac{n}{2}}+X_{\frac{n}{2}+1}\right) & (n\text{ 为偶数})\end{cases} \tag{2-2}$$

（3）众数

众数（mode）是数据中出现频率最高的值，代表了数据集中最常见值的集合。对于离散型数据样本，选择具有最高频数的一个或多个数值或类别作为样本的众数；对于连续型数据样本，一般将数据进行分组或分区间计算频数，选择具有最高频数的一个或多个区间作为样本的众数。

（4）极差

极差（range）是数据中最大值与最小值之间的差值，表示了数据的全局范围。计算极差的方法是将最大值减去最小值。

（5）方差

方差（variance）是每个数据点与均值之间差值的平方和除以样本量，用来衡量一组数据的离散程度。**标准差**（standard deviation）是方差的平方根。

样本的方差和标准差分别定义为

$$s^2=\frac{1}{n-1}\sum_{i=1}^{n}(X_i-\overline{X})^2,\quad s=\sqrt{s^2} \tag{2-3}$$

（6）四分位距

四分位距（interquartile range，IQR）是数据的上四分位数减去下四分位数之间的差值，其中上四分位数和下四分位数分别为数据按从小到大的顺序四等分后，较大四分之一数据的分界数值和较小四分之一数据的分界数值，分别记为 Q_3 和 Q_1（图 2-2）。

（7）变异系数

变异系数（coefficient of variation）是标准差与均值的比值的百分数表示，即 $s/\overline{X}\times100\%$，用来衡量数据相对于其均值的离散程度。变异系数较低表示数据相对于均值的离散程度较小，而较高的变异系数表示数据相对于均值的离散程度较大。

（8）偏度

衡量数据分布的不对称程度，用于测量数据分布尾部的相对长度和方向。当数据分布呈现左偏态时，尾部偏向左侧；当数据分布呈现右偏态时，尾部偏向右侧；当数据分布基本对称时，**偏度**（skewness）接近于 0。

样本的偏度定义为

$$g_1=\frac{\frac{1}{n}\sum_{i=1}^{n}\left(X_i-\overline{X}\right)^3}{\left[\frac{1}{n}\sum_{i=1}^{n}\left(X_i-\overline{X}\right)^2\right]^{3/2}} \tag{2-4}$$

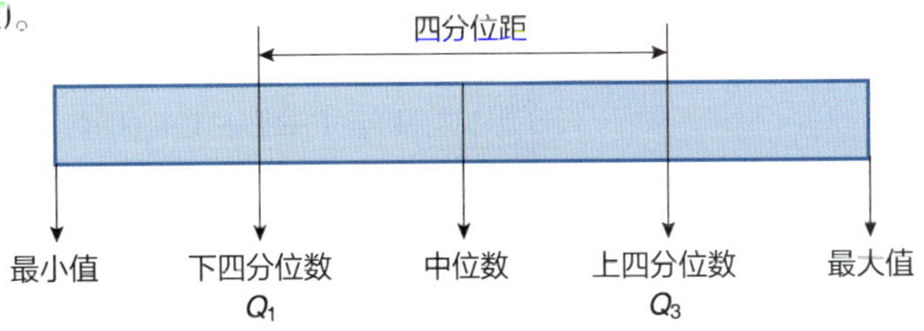

图 2-2 四分位数及四分位距示意

（9）峰度

衡量数据分布的峰态，反映数据分布的尖峭或扁平程度，以及离群值的数量。如果数据分布与正态分布的形状相同，那么**峰度（kurtosis）**为 0；如果峰度大于 0，那么数据分布比正态分布更尖峭，即数据更集中，或者说离群值更多；如果峰度小于 0，那么数据分布比正态分布更扁平，即数据更分散，或者说离群值较少。

样本的峰度定义为

$$g_2 = \frac{\frac{1}{n}\sum_{i=1}^{n}\left(X_i - \overline{X}\right)^4}{\left[\frac{1}{n}\sum_{i=1}^{n}\left(X_i - \overline{X}\right)^2\right]^2} - 3 \tag{2-5}$$

2.1.2.3　常用图表

（1）频数频率表

频数频率表（frequency and relative frequency table）是一种将数据分成不同区间或类别，然后列出每个区间内的观测频数和相对频率的表格（表 2-3）。它可以用来总结和呈现数据的分布情况，显示不同区间中的观测频数和比例，帮助了解数据的范围、集中趋势和分散程度。

表 2-3　一个频数频率表的例子

物种	A	B	C	D	总和
频数	55	38	87	20	200
频率	0.275	0.190	0.435	0.100	1.000

（2）折线图

折线图（line chart）是一种通过连接数据点来显示随时间、顺序或其他连续变量变化趋势的图形。它常用于显示连续变量的变化趋势，帮助观察数据随时间或其他变量的变化情况，探索趋势和周期性（图 2-3）。

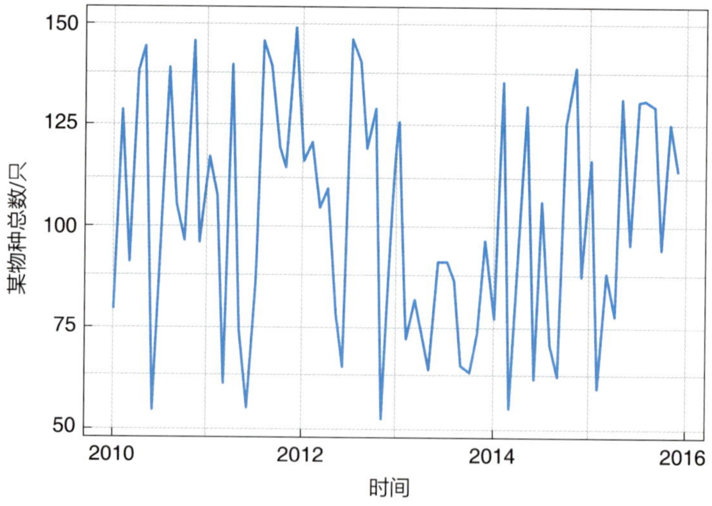

图 2-3　一个折线图的例子

（3）直方图

直方图（histogram）是一种将数据分成一系列的区间（或称为柱），绘制每个区间内的观测频数或相对频率的图形（图 2–4）。它可以更直观地显示数据的分布情况，包括数据的峰值、对称性、偏态等，帮助了解数据的分布形态以及在不同区间中的集中程度。

（4）散点图

散点图（scatter plot）是在坐标平面上绘制每个观测点来显示两个连续变量之间关系的图形（图 2–5）。它可以用于探索变量之间的关系、趋势以及可能的离群值，帮助判断两个变量是否有线性或非线性关系，以及变量之间的相关性。

（5）箱线图

箱线图（box-plot）是展示数据的中位数、四分位数、离群值和分布范围来表示数据分布情况的图形。它可以帮助了解数据的分布形态、集中趋势、离群值等，

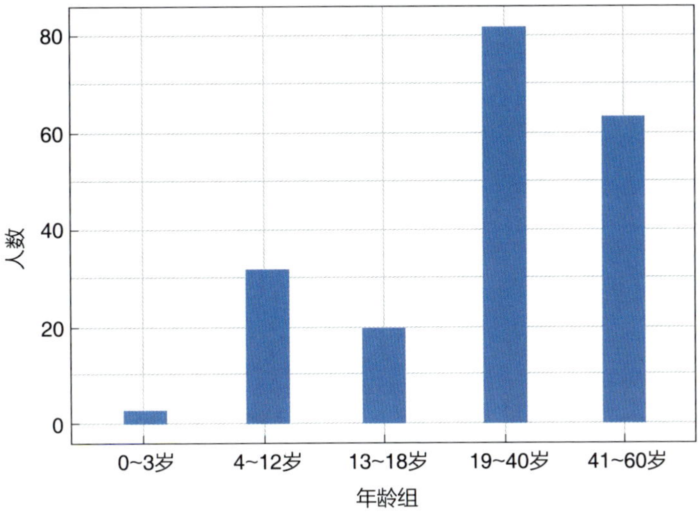

图 2–4　一个直方图的例子

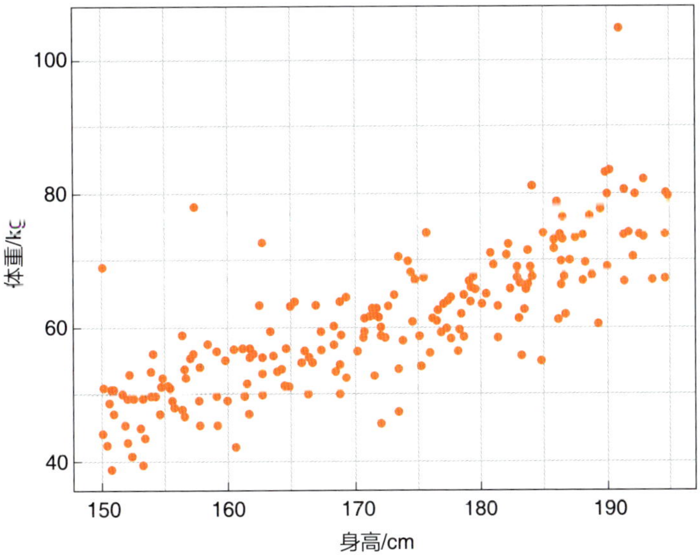

图 2–5　一个散点图的例子

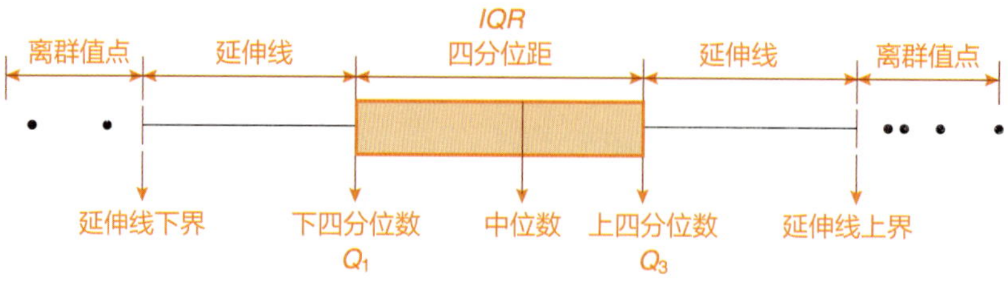

图 2-6 箱线图的基本组成

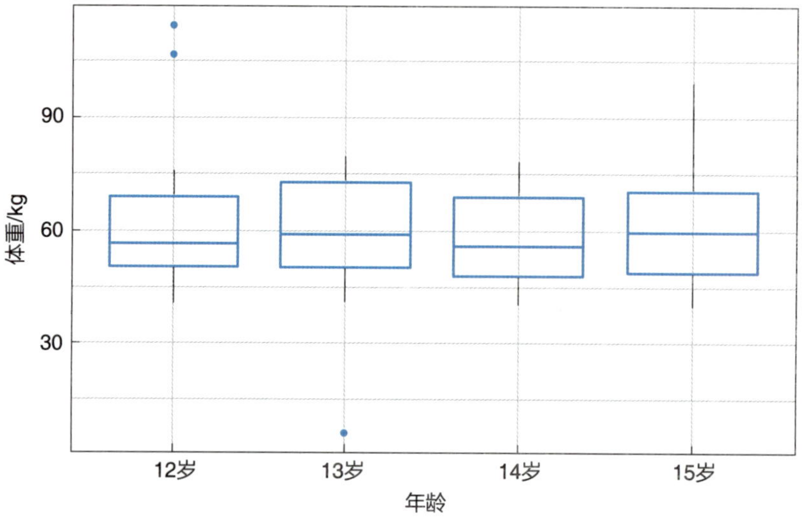

图 2-7 一个箱线图的例子

从而更好地理解数据的统计特征。箱线图包括箱体、延伸线和离群值点（图 2-6），箱体上边界和下边界分别是上四分位数 Q_3 和下四分位数 Q_1，箱体中间横线是中位数，延伸线向上延伸到 $(Q_3 + 1.5 \times IQR)$，向下延伸到 $(Q_1 - 1.5 \times IQR)$，离群值点是位于上下延伸线以外的数据点（图 2-7）。

2.2 参数估计和假设检验

统计推断（statistical inference）是根据样本信息对总体分布或总体特征进行推断。统计推断主要包括参数估计和假设检验。**参数估计**（parameter estimation）是使用样本来估计总体分布中包含的未知参数或参数函数的方法。**假设检验**（hypothesis testing）是在抽样分布和小概率原理的基础上，使用样本对总体的分布或分布中所含参数的假设进行检查的方法和过程。很多生物学问题都可以直接或者间接地转化为统计推断问题。例如，基因 X 的高表达是否会导致表型 Y 的变化，转化成统计语言就是要检验基因 X 与表型 Y 是否相关；差异表达的基因是否富集在某一条 KEGG（Kyoto Encyclopedia of Genes and Genomes）通路上，本质上就是要检验这些差异表达的基因是否与该 KEGG 通路相关。因此，充分理解生物学问题的本质是熟练运用统计学工具或方法的重要前提。

2.2.1 抽样分布

2.2.1.1 抽样分布的定义

生物统计学分析的关键在于区分数据特征是由真正的生物学本质所决定的，还是偶然效应所造成的。随机抽样模型为解决这一问题提供了理论基础，如果将得到的数据看作是来自总体的随机样本，那么偶然效应就等同于抽样误差，即样本与总体之间由于抽样的随机性带来的差异。基于样本构造统计量的分布称为**抽样分布**（**sampling distribution**）。

2.2.1.2 样本均值的分布

对于不同的数据特征（如均值、中位数等），抽样分布的形状、集中趋势和离散程度并不相同。本章中，我们关注最常用的样本均值 $\overline{X}$ 的分布（图 2–8）。

从均值为 μ，标准差为 σ 的总体中，抽取样本容量为 n 随机样本，其均值 $\overline{X}$ 的分布具有以下性质：

① $\mu_{\overline{X}}=\mu$，即 $\overline{X}$ 的均值等于总体均值。

② $\sigma_{\overline{X}}=\sigma/\sqrt{n}$，即 $\overline{X}$ 的标准差等于总体标准差除以样本容量的平方根。

③ 如果总体服从正态分布 $X\sim N(\mu,\sigma^2)$，那么 $\overline{X}\sim N(\mu,\sigma^2/n)$；如果总体不服从正态分布，依据中心极限定理，当 n 足够大时，$\overline{X}$ 也近似服从该正态分布。

2.2.2 区间估计

在统计推断中，参数估计是一个重要的任务，其目标是利用可观测的数据来估计总体的参数，并评估这些估计的准确性。

2.2.2.1 标准误差及置信区间

假设总体 X 均值为 μ，标准差为 σ，并且 $X_1,X_2,\cdots,X_n$ 是来自该总体的一个随机样本。我们已知样本均值 $\overline{X}$ 的抽样分布的均值为 μ，标准差为 $\sigma_{\overline{X}}=\sigma/\sqrt{n}$。将

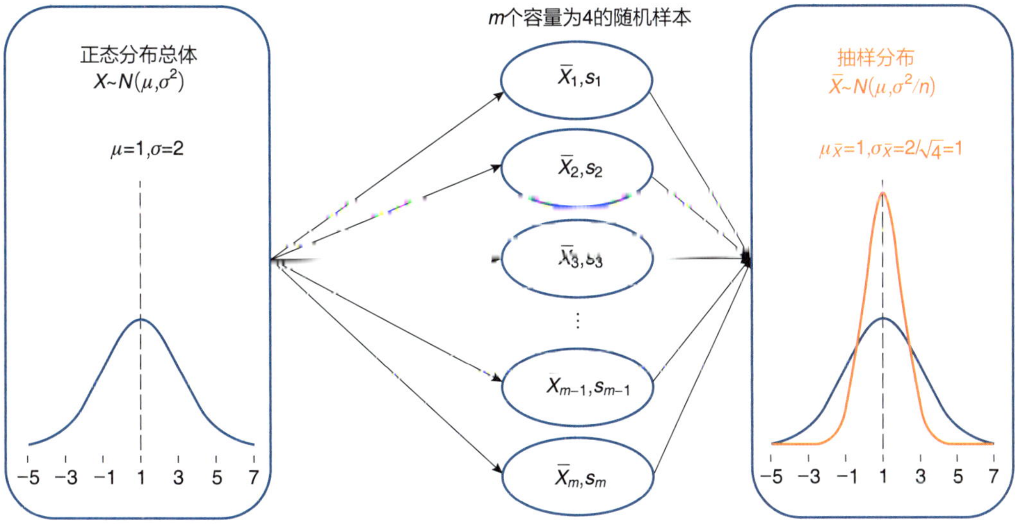

图 2–8 样本均值 $\overline{X}$ 的抽样分布示意

样本标准差 s 作为 σ 的估计值，可以得到 $\overline{X}$ 的**标准误差**（**standard error**）

$$SE_{\overline{X}}=\frac{s}{\sqrt{n}} \tag{2-6}$$

$SE_{\overline{X}}$ 作为 $\sigma_{\overline{X}}$ 的估计值描述了 $\overline{X}$ 抽样分布的离散程度。标准误差越小代表 $\overline{X}$ 的准确度越高。

置信区间（**confidence interval**）是在给定的置信水平 $1-\alpha$ 下，基于统计量构造的总体参数的一种区间估计。对于正态总体 X 的均值 μ，已知 $\sqrt{n}(\overline{X}-\mu)/\sigma$ 服从标准正态分布，故

$$P[-Z_{1-\alpha/2}<\sqrt{n}(\overline{X}-\mu)/\sigma<Z_{1-\alpha/2}]=1-\alpha \tag{2-7}$$

进而

$$P(\overline{X}-Z_{1-\alpha/2}\times\sigma/\sqrt{n}<\mu<\overline{X}+Z_{1-\alpha/2}\times\sigma/\sqrt{n})=1-\alpha \tag{2-8}$$

其中，$Z_{1-\alpha/2}$ 是标准正态分布的上 $\alpha/2$ 分位点。当标准差 σ 已知时，区间

$$\overline{X}\pm Z_{1-\alpha/2}\times\frac{\sigma}{\sqrt{n}} \tag{2-9}$$

是均值 μ 的置信水平为 $1-\alpha$ 的置信区间。通常，取 $\alpha=0.01$ 或 $\alpha=0.05$。

2.2.2.2 学生氏分布

在实际数据分析中，如果总体的标准差 σ 是未知的，可以用样本标准差 s 代替。1907 年英国人威廉 · 戈塞特（William Gosset）以笔名 Student 发表的论文中，给出了 $\sqrt{n}(\overline{X}-\mu)/s$ 的抽样分布，被人们称为**学生氏分布**（**Student distribution**）（即 t 分布）。该分布的整体形状与**自由度**（**degree of freedom，df**）有关（图 2-9）。当自由度趋近于无穷，t 分布接近于标准正态分布。

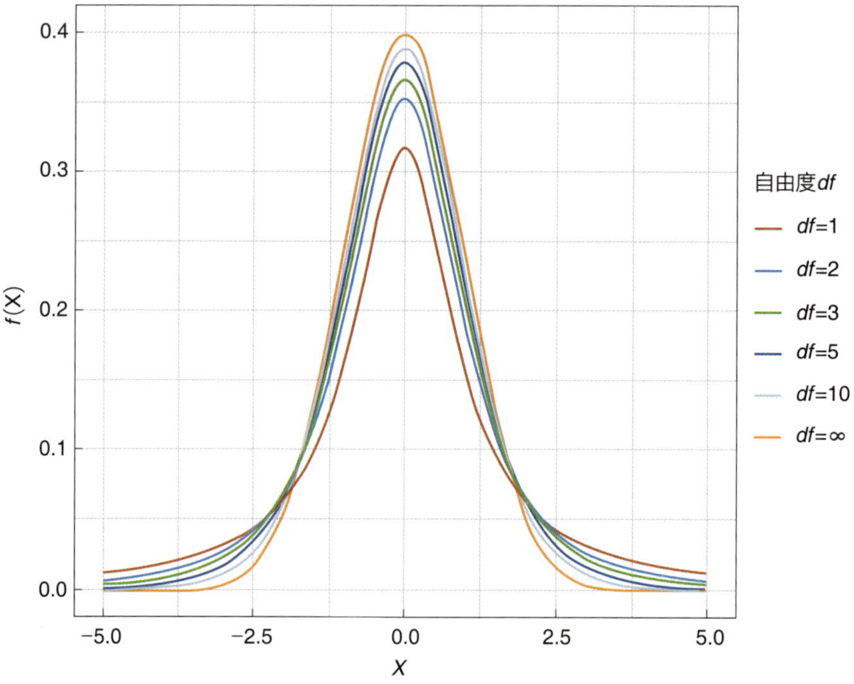

图 2-9 不同自由度下的 t 分布

t 分布在统计分析中应用广泛，其中包括置信区间的构建。当总体标准差未知时，区间

$$\overline{X} \pm t_{1-\alpha/2}(n-1) \times SE_{\overline{X}} \tag{2-10}$$

是总体均值 μ 的置信水平为 $1-\alpha$ 的置信区间。其中，$t_{1-\alpha/2}(n-1)$ 是自由度为 $n-1$ 的 t 分布的上 $\alpha/2$ 分位点。

2.2.3 假设检验

通过假设检验，我们能够区分某一数据特征的变化是由抽样的随机误差引入的，还是由真实的生物学本质决定的。

一般情况下，假设检验包括 4 个步骤。

2.2.3.1 提出假设

假设检验首先要根据实际问题提出合理的假设，一个是**原假设**（**null hypothesis**），记作 H_0；另一个是**备择假设**（**alternative hypothesis**），记作 H_A。原假设是预先设立的假设，通常是基于先前的分析或专业知识做出的初始声明，“原”就是原来就有的结论或事实。备择假设是当原假设不成立时准备接受的结论，即拒绝原假设后可供选择的假设，如认为数据特征的变化是由于样本所属总体与假定总体的参数不同所引起的。

原假设的形式是多样的，随研究内容不同而变化，但必须是有意义的，根据原假设是否成立，可以对问题作出回答。例如，考察某个总体的均值 μ 是否大于某已知常数 μ_0，即考虑以下假设检验问题，原假设和备择假设分别为

$$H_0: \mu \leqslant \mu_0 \Longleftrightarrow H_A: \mu > \mu_0$$

2.2.3.2 确定检验统计量以及拒绝域的形式

在检验一个假设时用到的统计量称为**检验统计量**（**test statistic**）。例如，上述总体均值的假设检验问题，可以使用样本均值 $\overline{X}$ 作为检验统计量。根据备择假设 H_A 的实际意义，需要寻找适当的使原假设 H_0 被拒绝的样本所在区域 D，称 D 为**拒绝域**（**rejection region**）。在常见的假设检验问题中拒绝域通常可以转化为检验统计量所处的区域，如假设检验问题的拒绝域形式为 $D=\{\overline{X}>C\}$，其中常数 C 称为**临界值**（**critical value**）。拒绝域和置信区间的关系示意图如图 2-10 所示。

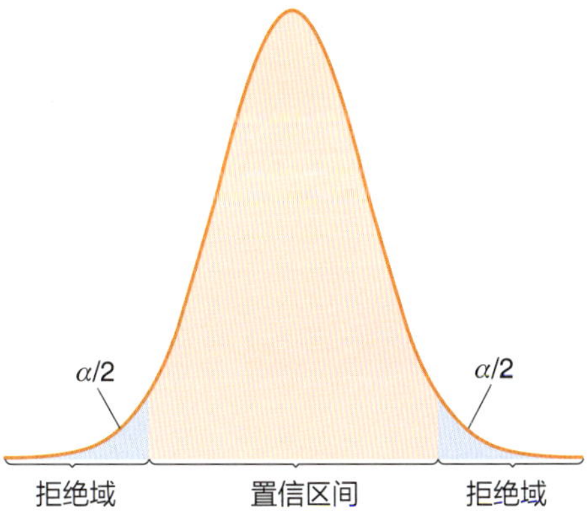

图 2-10 置信区间和拒绝域示意图

2.2.3.3 给定显著性水平，求出拒绝域

显著性水平（**significance level**）是预先人为给定的一个较小的数，用于表示检验统计量落入拒绝域的概率，通常选择 $\alpha=0.05$ 或 $\alpha=0.01$。当原假设成立时，通过控制将其错误拒绝的概率小于或等于给定的显著性水平 α，给出关于临界值的方程，解出临界值 C，这样就确定了检验的拒绝域。

2.2.3.4 推断是否拒绝原假设

通过给定的样本，可以算出检验统计量的值。若检验统计量的值落在拒绝域中，则拒绝原假设 H_0，否则不能拒绝原假设 H_0，只能被动接受原假设。除了使用拒绝域来做判断，还可以计算 **p 值（p value）**，即在观测数据下拒绝原假设的最小显著性水平。如果 p 值小于给定的显著性水平 α，则拒绝原假设 H_0，否则接受 H_0。

2.2.3.5 Ⅰ 型和 Ⅱ 型错误

由于我们是根据样本做检验，而样本具有随机性，所以进行假设检验并不能保证判断一定是正确的，根据错误情况不同，可以将错误分为 Ⅰ 型和 Ⅱ 型错误（表 2-4）。**Ⅰ 型错误（type Ⅰ error）**也称为弃真错误，指的是当 H_0 实际是正确的时候，假设检验否定了 H_0。**Ⅱ 型错误（type Ⅱ error）**也称为存伪错误，指的是当 H_0 实际是错误的时候，假设检验接受了 H_0。

表 2-4 假设检验不同推断的可能结果

观测样本	总体	
	H_0 为真	H_A 为真
接受 H_0	正确	Ⅱ 型错误
拒绝 H_0	Ⅰ 型错误	正确

记犯 Ⅰ 型错误的概率为 α，犯 Ⅱ 型错误的概率为 β。我们希望犯两类错误的概率都尽量小，但是这是不可能的。对给定的样本，要减少犯 Ⅰ 型错误的概率，必然会增加犯 Ⅱ 型错误的概率，反之亦然（图 2-11）。因此，有个谁优先的问题。J. Neyman 提出先保证犯 Ⅰ 型错误的概率不超过某个给定的很小的数，在此基础上使犯 Ⅱ 型错误的概率尽量小。如果仅仅考虑控制犯 Ⅰ 型错误的概率，而不涉及犯 Ⅱ 型错误的概率所得到的检验，称为**显著性检验（significance test）**。

2.2.4 正态总体均值的检验

对于单个正态总体均值 μ 的假设检验问题，在应用中常见的情形有以下 3 种：

① $H_0:\mu \leqslant \mu_0 \Longleftrightarrow H_A:\mu > \mu_0$

② $H_0:\mu \geqslant \mu_0 \Longleftrightarrow H_A:\mu < \mu_0$

③ $H_0:\mu = \mu_0 \Longleftrightarrow H_A:\mu \neq \mu_0$

其中，μ_0 是给定的常数。前两种检验问题称为**单侧检验（one-sided test）**，即均值 μ 是否显著地大于（或小于）给定的常数 μ_0；第三种是**双侧检验（two-sided test）**，即均值 μ 是否显著地不等于给定的常数 μ_0。

总体方差 σ^2 是否已知对检验方法的选择有影响。在已知 $\sigma^2=\sigma_0^2$ 的情况下，可以使用 Z 检验。

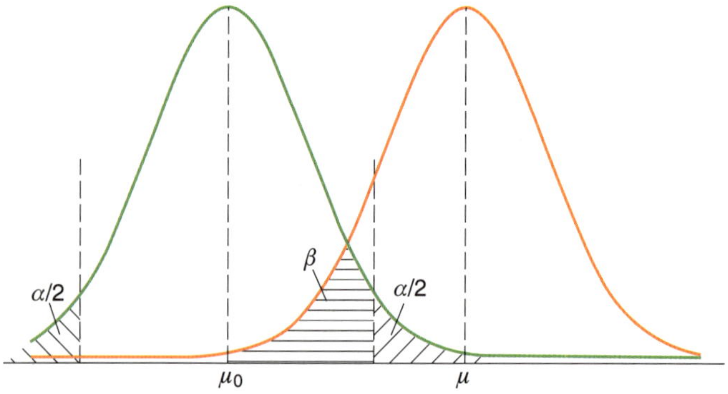

图 2-11 假设检验中两类统计错误的关系

2.2.4.1 Z 检验

Z 检验（Z-test） 是统计学中最基本的一种假设检验方法，被广泛用于比较一个总体均值与给定的常数有无显著差异。假设正态总体 X 均值为 μ，标准差为 σ，并且 $X_1, X_2, \cdots, X_n$ 是来自该总体的一个随机样本。Z 检验假定 $\sigma = \sigma_0$ 已知，对应的检验统计量为

$$Z = \frac{\overline{X} - \mu_0}{\sigma_0/\sqrt{n}} \tag{2-11}$$

在原假设 H_0 成立时，该统计量服从标准正态分布，$Z \sim N(0,1)$。根据备择假设 H_A 的具体形式，可以用 R 语言计算临界值，进而确定检验的拒绝域。

2.2.4.2 t 检验和韦尔奇 t 检验

当总体标准差未知时，Z 检验无法使用。如果将样本标准差代替总体标准差，可以得到 **t 检验（t-test）**，其检验统计量为

$$T = \frac{\overline{X} - \mu_0}{s/\sqrt{n}} \tag{2-12}$$

在原假设 H_0 成立时，该统计量服从自由度为 $n-1$ 的 t 分布，$T \sim t(n-1)$。与 Z 检验类似，根据备择假设 H_A 的具体形式，可以用 R 语言计算临界值，进而确定拒绝域。

在实际问题中，除了单样本检验，两样本检验同样具有重要的意义。假设有两个正态总体，其均值分别为 μ_1 和 μ_2，方差分别为 σ_1^2 和 σ_2^2。我们考虑以下 3 种假设检验问题：

① $H_0: \mu_1 \leqslant \mu_2 \Longleftrightarrow H_A: \mu_1 > \mu_2$

② $H_0: \mu_1 \geqslant \mu_2 \Longleftrightarrow H_A: \mu_1 < \mu_2$

③ $H_0: \mu_1 = \mu_2 \Longleftrightarrow H_A: \mu_1 \neq \mu_2$

（1）如果 σ_1^2 和 σ_2^2 均已知，可以使用两样本 Z 检验。记两个样本的均值分别为 $\overline{X}_1$ 和 $\overline{X}_2$，样本容量分别为 n_1 和 n_2，Z 检验统计量为

$$Z = \frac{\overline{X}_1 - \overline{X}_2}{\sqrt{\dfrac{\sigma_1^2}{n_1} + \dfrac{\sigma_2^2}{n_2}}} \tag{2-13}$$

它在原假设 H_0 成立时服从标准正态分布，即 $Z \sim N(0,1)$。

（2）如果 σ_1^2 和 σ_2^2 未知，但样本容量 n_1 和 n_2 足够大，仍可以使用 Z 检验。记两个样本的标准差分别为 s_1 和 s_2，Z 检验统计量为

$$Z = \frac{\overline{X}_1 - \overline{X}_2}{\sqrt{\dfrac{s_1^2}{n_1} + \dfrac{s_2^2}{n_2}}} \tag{2-14}$$

它在原假设 H_0 成立时近似服从标准正态分布。

（3）如果 σ_1^2 和 σ_2^2 未知，且样本容量较小，则需要使用两样本 t 检验。

① 当 $\sigma_1=\sigma_2$ 时，t 检验统计量为

$$T=\frac{\overline{X}_1-\overline{X}_2}{s_w\sqrt{\dfrac{1}{n_1}+\dfrac{1}{n_2}}} \tag{2-15}$$

其中

$$s_w^2=\frac{(n_1-1)s_1^2+(n_2-1)s_2^2}{n_1+n_2-2}$$

在原假设 H_0 成立时，该统计量服从自由度为 n_1+n_2-2 的 t 分布，即 $T\sim t(n_1+n_2-2)$。

② 当 $\sigma_1\neq\sigma_2$ 时，可以使用**韦尔奇 t 检验（Welch's t-test）**，其检验统计量为

$$T=\frac{\overline{X}_1-\overline{X}_2}{\sqrt{\dfrac{s_1^2}{n_1}+\dfrac{s_2^2}{n_2}}} \tag{2-16}$$

它在原假设 H_0 成立时服从自由度为 v 的 t 分布，$T\sim t(v)$，其中

$$v=\frac{\left[(s_1^2/n_1)+(s_2^2/n_2)\right]^2}{\left[\dfrac{(s_1^2/n_1)^2}{(n_1-1)}+\dfrac{(s_2^2/n_2)^2}{(n_2-1)}\right]}$$

配对数据（paired data）是两样本检验中的一种特殊情况。例如，比较同一批乳腺癌患者在使用某种治疗方案前后的癌症指标水平。在处理配对数据时，直接使用两样本检验方法可能会引入条件内部差异，而实际上希望检验的是由于条件不同而产生的差异。在这种情况下，应该使用配对样本检验。注意到，检验配对数据均值 μ_1 与 μ_2 之间的关系，等价于检验配对数据均值差 $d=\mu_1-\mu_2$ 与 0 之间的关系。此时，两样本检验问题转化为单样本检验问题，根据适用范围可选择单样本 Z 检验或 t 检验。表 2-5 总结了正态总体均值的各类假设检验方法。

例题 2-1：一家制药公司开发了一种新的降血压药物。为了测试新药的效果，他们进行了一项临床试验，随机选择了 100 名高血压患者参加试验。试验前，这些患者的平均血压为 150 mmHg，标准差为 15 mmHg。试验后，这些患者的平均血压为 140 mmHg，标准差为 10 mmHg。这个数据是否能确定新药的有效性？（显著性水平取 $\alpha=0.05$）

检验过程：由于样本容量大于 30，因此根据中心极限定理可以使用 Z 检验进行假设检验。原假设和备择假设分别为

$$H_0：\text{试验前后患者的平均血压无显著差异}\ (\mu_1=\mu_2) \Longleftrightarrow$$

$$H_A：\text{试验前后患者的平均血压有显著差异}\ (\mu_1\neq\mu_2)$$

通过计算，Z 检验统计量为

$$Z=\frac{\overline{X}_1-\overline{X}_2}{\sqrt{\dfrac{s_1^2}{n_1}+\dfrac{s_2^2}{n_2}}}=\frac{150-140}{\sqrt{\dfrac{15^2}{100}+\dfrac{10^2}{100}}}=5.547$$

表 2-5 正态总体均值的参数假设检验方法

样本情况		检验方法	原假设 H_0	备择假设 H_A	检验统计量	拒绝域
单样本（包括配对数据）	方差已知	Z 检验（$\sigma=\sigma_0$）	$\mu\leqslant\mu_0$	$\mu>\mu_0$	$Z=\dfrac{\overline{X}-\mu_0}{\sigma_0/\sqrt{n}}$	$Z\geqslant Z_{1-\alpha}$
			$\mu\geqslant\mu_0$	$\mu<\mu_0$		$Z\leqslant Z_\alpha$
			$\mu=\mu_0$	$\mu\neq\mu_0$		$\lvert Z\rvert\geqslant Z_{1-\alpha/2}$
	方差未知	t 检验	$\mu\leqslant\mu_0$	$\mu>\mu_0$	$T=\dfrac{\overline{X}-\mu_0}{s/\sqrt{n}}$	$T\geqslant t_{1-\alpha}(n-1)$
			$\mu\geqslant\mu_0$	$\mu<\mu_0$		$T\leqslant t_\alpha(n-1)$
			$\mu=\mu_0$	$\mu\neq\mu_0$		$\lvert T\rvert\geqslant t_{1-\alpha/2}(n-1)$
两样本	方差已知	Z 检验（σ_1 和 σ_2 均已知）	$\mu_1\leqslant\mu_2$	$\mu_1>\mu_2$	$Z=\dfrac{\overline{X}_1-\overline{X}_2}{\sqrt{\dfrac{\sigma_1^2}{n_1}+\dfrac{\sigma_2^2}{n_2}}}$	$Z\geqslant Z_{1-\alpha}$
			$\mu_1\geqslant\mu_2$	$\mu_1<\mu_2$		$Z\leqslant Z_\alpha$
			$\mu_1=\mu_2$	$\mu_1\neq\mu_2$		$\lvert Z\rvert\geqslant Z_{1-\alpha/2}$
	方差未知	t 检验（$\sigma_1=\sigma_2$）	$\mu_1\leqslant\mu_2$	$\mu_1>\mu_2$	$T=\dfrac{\overline{X}_1-\overline{X}_2}{s_w\sqrt{\dfrac{1}{n_1}+\dfrac{1}{n_2}}}$	$T\geqslant t_{1-\alpha}(n_1+n_2-2)$
			$\mu_1\geqslant\mu_2$	$\mu_1<\mu_2$		$T\leqslant t_\alpha(n_1+n_2-2)$
			$\mu_1=\mu_2$	$\mu_1\neq\mu_2$		$\lvert T\rvert\geqslant t_{1-\alpha/2}(n_1+n_2-2)$
		Z 检验（n_1 和 n_2 足够大）	$\mu_1\leqslant\mu_2$	$\mu_1>\mu_2$	$Z=\dfrac{\overline{X}_1-\overline{X}_2}{\sqrt{\dfrac{s_1^2}{n_1}+\dfrac{s_2^2}{n_2}}}$	$Z\geqslant Z_{1-\alpha}$
			$\mu_1\geqslant\mu_2$	$\mu_1<\mu_2$		$Z\leqslant Z_\alpha$
			$\mu_1=\mu_2$	$\mu_1\neq\mu_2$		$\lvert Z\rvert\geqslant Z_{1-\alpha/2}$
		韦尔奇 t 检验（$\sigma_1\neq\sigma_2$，n_1 和 n_2 较小）	$\mu_1\leqslant\mu_2$	$\mu_1>\mu_2$	$T=\dfrac{\overline{X}_1-\overline{X}_2}{\sqrt{\dfrac{s_1^2}{n_1}+\dfrac{s_2^2}{n_2}}}$	$T\geqslant t_{1-\alpha}(v)$
			$\mu_1\geqslant\mu_2$	$\mu_1<\mu_2$		$T\leqslant t_\alpha(v)$
			$\mu_1=\mu_2$	$\mu_1\neq\mu_2$		$\lvert T\rvert\geqslant t_{1-\alpha/2}(v)$

这是一个双侧检验，通过查表可知临界值为 $1.96<5.547$，或者统计软件计算可知 p 值小于 0.05，因此拒绝原假设，表明试验前后患者的平均血压具有显著差异。

例题 2-2：如果例题 2-1 中的临床试验患者数变为 20 名，试验前后血压数据同例题 2-1，假设数据服从正态分布且试验前后总体方差相同，如何确定新药的有效性？

检验过程：由于样本容量小于 30，且试验前后总体方差相同，因此可以使用 t 检验进行假设检验。原假设和备择假设分别为

$$H_0:\text{试验前后患者的平均血压无显著差异}\ (\mu_1=\mu_2)\Longleftrightarrow$$

$$H_A:\text{试验前后患者的平均血压有显著差异}\ (\mu_1\neq\mu_2)$$

通过计算，t 检验统计量为

$$T=\frac{\overline{X}_1-\overline{X}_2}{s_w\sqrt{\dfrac{1}{n_1}+\dfrac{1}{n_2}}}=\frac{150-140}{s_w\sqrt{\dfrac{1}{20}+\dfrac{1}{20}}}=2.48\sim t(38)$$

其中

$$s_w^2=\frac{(n_1-1)s_1^2+(n_2-1)s_2^2}{n_1+n_2-2}=162.5$$

通过查表可知 t 检验在自由度为 38 时，临界值为 $2.02 < 2.48$，或者通过统计软件计算可知 p 值为 $0.0177 < 0.05$，因此拒绝原假设，表明试验前后患者的平均血压具有显著差异。

例题 2-3：在例题 2-1 的试验中，假如有 10 名患者的试验前后数据均是可获得的，具体如表 2-6 所示。假设数据服从正态分布且试验前后总体方差相同，这个数据是否能支持确定新药的有效性？

表 2-6 10 名受试患者血压情况表

患者	试验前血压/mmHg	试验后血压/mmHg
1	152	150
2	153	135
3	155	146
4	146	142
5	166	140
6	160	150
7	141	141
8	152	129
9	151	127
10	151	137

检验过程：这是一个配对样本，由于样本容量小于 30，所以应使用配对 t 检验。原假设和备择假设分别为

$$H_0: \text{试验前后患者的平均血压无显著差异} \ (d = \mu_1 - \mu_2 = 0) \Longleftrightarrow$$

$$H_A: \text{试验前后患者的平均血压有显著差异} \ (d = \mu_1 - \mu_2 \neq 0)$$

通过计算，10 位患者试验前后血压差值为 2 mmHg、18 mmHg、9 mmHg、4 mmHg、26 mmHg、10 mmHg、0 mmHg、23 mmHg、24 mmHg、14 mmHg，均值为 $\overline{d} = 13.0$ mmHg，标准差为 $s_{\overline{d}} = 9.5$ mmHg。t 检验统计量为

$$t = \frac{\overline{d} - 0}{s_{\overline{d}}/\sqrt{n}} = \frac{13.0 - 0}{9.5/\sqrt{10}} = 4.327 \sim t(9)$$

查表可知双侧检验下，t 分布在自由度为 9 时临界值为 $2.262 < 4.327$，通过统计软件可以计算出 p 值为 $0.0019 < 0.05$，因此拒绝原假设，表明试验前后患者的平均血压具有显著差异。

2.2.5 方差分析

前文介绍的是针对一个或两个总体均值的假设检验方法。在实际应用中，我们常会遇到多个总体均值的比较问题。例如，某个药品在对照组、青少年实验组、中

年实验组和老年实验组中使用，需要比较药效在不同组间是否有差异。**方差分析**（**analysis of variance，ANOVA**）是一种用于比较多个组之间均值是否存在显著差异的统计方法。其基本原理在于通过对总体方差的分解和比较，评估不同组之间均值的差异是否超出了由随机误差引起的范围。本节主要介绍单因素方差分析和双因素方差分析。

2.2.5.1 单因素方差分析

单因素方差分析（**one-way ANOVA**）用于比较一个变量在多个组别之间的差异，其中组别之间只有一个因素（变量）不同。假设有 k 个组，其总体均值分别为 $\mu_1,\mu_2,\cdots,\mu_k$。考虑以下假设检验问题

$$H_0:\mu_1=\mu_2=\cdots=\mu_k \Longleftrightarrow H_A:\mu_j, j=1,\cdots,k\ \text{不全相等}$$

该方法将总体方差分解为**组间方差**（**variance between laboratories**）和**组内方差**（**variance within laboratory**），通过计算组间方差与组内方差的比值来判断这两种方差是否显著不同。我们称该比值为 F 统计量。如果 F 统计量很大，即组间方差显著大于组内方差，那么组间均值存在显著差异。单因素方差分析要求数据满足 3 个假设：正态性、组间方差齐性和独立性。

假设第 j 组数据有 n_j 个观测值，即 $X_{ij}, i=1,\cdots,n_j$。记 n 为总观测数据量，$\overline{X}_j$ 为第 j 组的均值，$\overline{\overline{X}}$ 为所有组的均值，即

$$n=\sum_{j=1}^{k} n_j,\quad \overline{X}_j=\frac{1}{n_j}\sum_{i=1}^{n_j} X_{ij},\quad \overline{\overline{X}}=\frac{\sum\limits_{j=1}^{k} n_j\overline{X}_j}{\sum\limits_{j=1}^{k} n_j}$$

我们可以将 X_{ij} 与 $\overline{\overline{X}}$ 之间的差异分解为组内和组间两部分，即

$$X_{ij}-\overline{\overline{X}}=\left(X_{ij}-\overline{X}_j\right)+\left(X_j-\overline{\overline{X}}\right)$$

类似地，可以将总平方和分解为组内和组间两部分，即

$$SS_T=SS_W+SS_B$$

其中

$$SS_T=\sum_{j=1}^{k}\sum_{i=1}^{n_j}\left(X_{ij}-\overline{\overline{X}}\right)^2$$

$$SS_W=\sum_{j=1}^{k}\sum_{i=1}^{n_j}\left(X_{ij}-\overline{X}_j\right)^2=\sum_{j=1}^{k}(n_j-1)s_j^2$$

$$SS_B=\sum_{j=1}^{k}\sum_{i=1}^{n_j}\left(\overline{X}_j-\overline{\overline{X}}\right)^2=\sum_{j=1}^{k}n_j\left(\overline{X}_j-\overline{\overline{X}}\right)^2$$

在组间方差齐性的假设下，可以分别计算组内方差估计和组间方差估计为

$$MS_W = \frac{SS_W}{\sum_{j=1}^{k}(n_j - 1)} = \frac{SS_W}{n-k}$$

$$MS_B = \frac{SS_B}{k-1}$$

因此，我们可以写出单因素方差分析的 F 统计量为

$$F = \frac{MS_B}{MS_W} = \frac{SS_B/(k-1)}{SS_W/(n-k)} \tag{2-17}$$

在原假设 H_0 成立时，该统计量服从自由度为 $k-1$ 和 $n-k$ 的 F 分布，即 $F \sim F(k-1, n-k)$。当 F 统计量的值落入拒绝域 $\{F : F > F_{1-\alpha}(k-1, n-k)\}$ 时，拒绝原假设，认为这 k 组数据的总体均值不全相同。一般地，我们可以使用方差分析表来展示整个计算过程，如表 2-7。

表 2-7　方差分析表

来源	平方和	自由度	均方和	F 统计量	拒绝域
组间	SS_B	$k-1$	MS_B	$F = MS_B/MS_W$	$F > F_{1-\alpha}(k-1, n-k)$
组内	SS_W	$n-k$	MS_W		
总和	SS_T	$n-1$			

2.2.5.2　双因素方差分析

当所有组别是由两个因素的组合产生时，可以使用**双因素方差分析（two-way ANOVA）**。我们称每个因素的不同取值为**水平（level）**。通过对总体方差进行分解，双因素方差分析不仅可以检验这两个因素各自对结果的影响，还可以检验它们的交互效应，即它们一起对结果的影响是否显著。双因素方差分析同样要求数据满足正态性、组间方差齐性和独立性。

下面依据每个组别下观测值是否有重复分别讨论。

首先，我们从无重复观测的情况出发，引入**随机区组（randomized block）**的概念。随机区组指的是将整个数据分为若干个不同的区组，每个区组对应两个因素各取一个水平条件下的所有观测值。这种分组是随机进行的，以确保不同组之间的差异是由因素的变化引起的，而不是其他混杂因素。例如，研究一种新药物的疗效，考虑药物剂量和患者性别两个因素，可以将患者随机分成不同的区组，每个区组对应一种剂量和性别组合，然后对每个区组的患者进行观察并记录结果。通过这种随机分组的设计，可以将性别和剂量这两个因素的影响独立地分析，以确定它们对药物疗效的影响程度。

随机区组设计下，数据可以整理成表 2-8 的形式。

表 2-8 无重复观测的随机区组设计

因素 A	因素 B				因素 A 均值
	1	2	……	b	
1	X_{11}	X_{12}	……	X_{1b}	$\overline{X}_1^{[A]}$
2	X_{21}	X_{22}	……	X_{2b}	$\overline{X}_2^{[A]}$
……	……	……	……	……	……
a	X_{a1}	X_{a2}	……	X_{ab}	$\overline{X}_a^{[A]}$
因素 B 均值	$\overline{X}_1^{[B]}$	$\overline{X}_2^{[B]}$	……	$\overline{X}_b^{[B]}$	$\overline{\overline{X}}$

总平方和可以分解为组间因素 A 平方和、组间因素 B 平方和，以及误差（组内）平方和，即

$$SS_T = SS_A + SS_B + SS_{Error}$$

其中

$$SS_T = \sum_{i=1}^{a}\sum_{j=1}^{b}\left(X_{ij} - \overline{\overline{X}}\right)^2$$

$$SS_A = b\sum_{i=1}^{a}\left(\overline{X}_i^{[A]} - \overline{\overline{X}}\right)^2$$

$$SS_B = a\sum_{j=1}^{b}\left(\overline{X}_j^{[B]} - \overline{\overline{X}}\right)^2$$

$$SS_{Error} = SS_T - SS_A - SS_B$$

进而，我们可以写出对应的方差估计值 $MS_A = SS_A/(a-1)$，$MS_B = SS_B/(b-1)$，$MS_{Error} = SS_{Error}/(n-a-b+1)$。因此，无重复观测的双因素方差分析的 F 统计量为

$$F_A = \frac{MS_A}{MS_{Error}} \tag{2-18}$$

它在原假设 H_0 成立时服从自由度为 $a-1$ 和 $n-a-b+1$ 的 F 分布，即 $F_A \sim F(a-1, n-a-b+1)$；以及

$$F_B = \frac{MS_B}{MS_{Error}} \tag{2-19}$$

它在原假设 H_0 成立时服从自由度为 $b-1$ 和 $n-a-b+1$ 的 F 分布，即 $F_B \sim F(b-1, n-a-b+1)$。

类似地，该假设检验过程可以使用一个方差分析表展示，如表 2-9。

如果我们想知道两个因素之间的交互效应对各组均值的影响是否有显著性差异，就需要考虑有重复观测的双因素方差分析。假设每个区组内重复观测 r 次，记 X_{ijk} 为因素 A 的第 i 个水平和因素 B 的第 j 个水平条件下第 k 个观测值，$\overline{X}_{ij} = \frac{1}{r}\sum_{k=1}^{r} X_{ijk}$ 为因素 A 的第 i 个水平和因素 B 的第 j 个水平条件下所有观测值的均值，则可

表 2-9 无重复观测的双因素方差分析表

来源	平方和	自由度	均方和	F 统计量	拒绝域
因素 A	SS_A	$a-1$	MS_A	$F_A=\dfrac{MS_A}{MS_{Error}}$	$F_A>F_{1-\alpha}(a-1,n-a-b+1)$
因素 B	SS_B	$b-1$	MS_B	$F_B=\dfrac{MS_B}{MS_{Error}}$	$F_B>F_{1-\alpha}(b-1,n-a-b+1)$
误差	SS_{Error}	$n-a-b+1$	MS_{Error}		
总和	SS_T	$n-1$			

以计算

$$SS_{Block}=r\sum_{i=1}^{a}\sum_{j=1}^{b}\left(\overline{X}_{ij}-\overline{\overline{X}}\right)^2$$

$$SS_A=br\sum_{i=1}^{a}\left(\overline{X}_i^{[A]}-\overline{\overline{X}}\right)^2$$

$$SS_B=ar\sum_{j=1}^{b}\left(\overline{X}_j^{[B]}-\overline{\overline{X}}\right)^2$$

$$SS_{AB}=SS_{Block}-SS_A-SS_B$$

$$SS_T=\sum_{i=1}^{a}\sum_{j=1}^{b}\sum_{k=1}^{r}\left(X_{ijk}-\overline{\overline{X}}\right)^2$$

$$SS_{Error}=SS_T-SS_{Block}$$

对应的方差分析表可见表 2-10。

表 2-10 有重复观测的双因素方差分析表

来源		平方和	自由度	均方和	F 统计量	拒绝域
区组	因素 A	SS_A	$a-1$	MS_A	$F_A=\dfrac{MS_A}{MS_{Error}}$	$F_A>F_{1-\alpha}[a-1,ab(r-1)]$
	因素 B	SS_B	$b-1$	MS_B	$F_B=\dfrac{MS_B}{MS_{Error}}$	$F_B>F_{1-\alpha}[b-1,ab(r-1)]$
	$A\times B$	SS_{AB}	$(a-1)(b-1)$	MS_{AB}	$F_{AB}=\dfrac{MS_{AB}}{MS_{Error}}$	$F_{AB}>F_{1-\alpha}[(a-1)(b-1),ab(r-1)]$
	区组和	SS_{Block}	$ab-1$			
误差		SS_{Error}	$ab(r-1)$	MS_{Error}		
总和		SS_T	$n-1$			

2.2.6 多重检验校正

在进行大量假设检验时，如果不采取措施来控制错误率，那么由于偶然性引起的错误可能会大幅增加。例如，一个由 4 组数据组成的数据集，通过单因素方差分析发现 4 组均值并不相等。此时，我们关心究竟是哪一对（或哪几对）的均值不相等。如果两两进行比较，需要进行 6 次检验。假设单次检验的显著性水平都是 α。不难发现，6 次检验累积的 I 型错误概率将大于 α。

多重检验校正（multiple test correction）是统计学中一个重要的概念，目的在于控制进行多个假设检验时由于随机性引起的错误率增加。常用的多重检验校正方法有 Bonferroni 校正和 Benjamini-Hochberg 校正。

2.2.6.1 Bonferroni 校正

Bonferroni 校正是一种非常保守的校正方法，其基本思想是将单个检验的显著性水平除以检验的总次数。例如，设定整体的显著性水平为 0.05，如果进行了 5 次检验，那么每个检验的显著性水平将变成 $0.05/5 = 0.01$（或者将每个检验的 p 值乘以总次数，称为校正后的 p 值，再与显著性水平 0.05 比较）。这种方法的优点是非常简单和直观，但缺点是当进行大量检验时，可能会过于保守，导致显著性结果的发现率降低。

2.2.6.2 Benjamini–Hochberg 校正

Benjamini-Hochberg 校正（简称 BH 校正）是一种控制**错误发现率（false discovery rate，FDR）**的方法。FDR 是指被错误地拒绝的假设（即假阳性）占被拒绝的假设总数（即所有阳性）的比例。例如，进行 100 次假设检验，其中有 6 个真实存在的效应，但我们发现了 10 个显著效应，那么其中 4 个是假阳性，FDR 就是 $4/10 = 0.4$，即发现的显著效应中有 40% 是假的。

相比于 Bonferroni 校正，BH 校正在保证统计效力的同时，也能控制假阳性的比例。其步骤如下：

① 将所有检验的 p 值从小到大排序；

② 对每一个 p 值分配一个秩次，最小的被赋予最小的秩次（$i = 1$），第二小的被赋予 $i = 2$，以此类推，最大的被赋予 $i = n$，其中 n 是检验的总次数；

③ 对每一个 p 值乘以总次数再除以位次来得到校正后的 p 值（即 $p_{adjust} = p \times n/i$）；

④ 所有校正后的 p 值小于等于显著性水平的检验被认为是显著的。

例题 2–4：一位生物学家想要研究 4 种肥料（A、B、C、D）对植物生长的影响。他在实验室里种植了 40 棵同一品种的植物，每种肥料分别用于 10 棵植物，其他条件相同。经过一段时间后，他测量了每株植物的高度（表 2–11）。

假设数据符合正态分布，该生物学家想知道 4 种肥料对植物生长的影响有无差异？如果有，是哪种肥料存在显著差异？（真实情况为肥料 C 与其他 3 种有显著差异）

检验过程：由于是 4 组样本的比较，组间仅有一个因素（肥料种类）不同，因此应使用单因素方差分析检验。原假设和备择假设分别为

$$H_0: 4\text{ 种肥料对植物生长的影响没有显著差异 } (\mu_A = \mu_B = \mu_C = \mu_D) \Longleftrightarrow$$

$$H_A: \text{至少一种肥料对植物生长的影响与其他肥料相比有显著差异}$$
$$(\mu_A, \mu_B, \mu_C, \mu_D \text{ 不全相等})$$

表 2-11 施用不同肥料植物的高度

A/cm	B/cm	C/cm	D/cm
18.3	13.0	20.9	15.3
19.3	20.4	19.1	16.5
24.7	24.4	26.0	17.2
20.2	7.3	23.3	20.9
20.4	21.1	23.3	13.0
25.1	21.5	28.1	19.0
21.4	16.1	23.1	14.3
16.2	16.3	25.0	21.8
17.9	16.2	27.1	15.5
18.7	14.5	24.2	19.7

通过计算：

$$\overline{X}_1 = 20.22,\quad \overline{X}_2 = 17.08,\quad \overline{X}_3 = 24.01,\quad \overline{X}_4 = 17.32,\quad \overline{\overline{X}} = 19.6575$$

$$SS_T = \sum_{j=1}^{4}\sum_{i=1}^{10}\left(X_{ij} - \overline{\overline{X}}\right)^2 = 753.0778$$

$$SS_B = \sum_{j=1}^{4}\sum_{i=1}^{10}\left(\overline{X}_j - \overline{\overline{X}}\right)^2 = 313.6808$$

$$SS_W = \sum_{j=1}^{4}\sum_{i=1}^{10}\left(X_{ij} - \overline{X}_j\right)^2 = 439.3970$$

查 F 分布临界值表可知在 $\alpha = 0.05$ 的显著性水平下，F 分布在自由度为 3 和 36 时临界值为 2.867，F 统计量 $8.5667 > 2.867$ 位于拒绝域，通过统计软件可以计算出 p 值为 $0.0002 < 0.05$，因此拒绝原假设，表明至少有一种肥料对植物生长的影响与其他肥料相比有显著差异（表 2-12）。

表 2-12 计算结果统计

来源	平方和	自由度	均方和	F 统计量	拒绝域
组间	313.6808	3	104.5603	$F = \dfrac{MS_B}{MS_W} = 8.5667$	$F > F_{1-\alpha}(k-1, n-k)$
组内	439.3970	36	12.2055		
总和	753.0778	39			

在此基础上，我们可以使用多重 t 检验确定有显著差异的肥料种类，校正方式分别选择 Bonferroni 校正和 BH 校正（表 2-13）。

从结果中可以看出，校正前后 A-D 检验对的 p 值由小于 0.05 转为大于 0.05。由于真实情况是只有肥料 C 与其他 3 种肥料有显著不同，因此经过校正的 p 值准确识别出 A-C、B-C、C-D 3 组具有显著差异的同时，避免了 A-D 具有显著差异的

表 2-13 多重 t 检验校正方式

检验对	原始 p 值	Bonferroni 校正	BH 校正
A-B	0.1044	0.6264 (0.1044 × 6)	0.1253 (0.1044 × 6/5)
A-C	0.0072	0.0432 (0.0072 × 6)	0.0144 (0.0072 × 6/3)
A-D	0.0380	0.2280 (0.0380 × 6)	0.0570 (0.0380 × 6/4)
B-C	0.0017	0.0102 (0.0017 × 6)	0.0051 (0.0017 × 6/2)
B-D	0.8970	1.0000 (0.8970 × 6)	0.8970 (0.8970 × 6/6)
C-D	0.00005	0.0003 (0.00005 × 6)	0.0003 (0.00005 × 6/1)

错误结论。

2.2.7 卡方检验

卡方分布（chi-square distribution）是一种常见的概率分布，用于描述 k 个独立的标准正态随机变量的平方和，记作 $\chi^2(k)$，其中 k 是自由度参数。卡方分布的自由度决定了分布的形状，当自由度较大时，卡方分布近似于正态分布（图 2-12）。卡方检验常用于验证数据是否遵循某种假设的分布，以及评估对数据的拟合程度。

2.2.7.1 拟合优度检验

拟合优度检验（goodness of fit test）是一种用于检验观测数据与理论分布之间是否存在显著差异的统计方法。假设的理论分布并不总是正态分布、泊松分布、二项分布等常见分布，也可能是与生物学本质有关的分布，例如孟德尔杂交试验中两对杂合子产生的 4 种性状，应当满足频数比例为 9:3:3:1。

拟合优度检验的基本思想是比较观测频数与期望频数之间的差异。期望频数是根据所选的理论分布以及总体参数计算出来的。通过计算观测频数与期望频数之间的差异，可以得到一个卡方统计量及拒绝域，从而判断理论分布对于观测数据偏离程度。注意该检验需要满足所有期望频数大于等于 1，且不超过 20% 的期望频数小于 5。

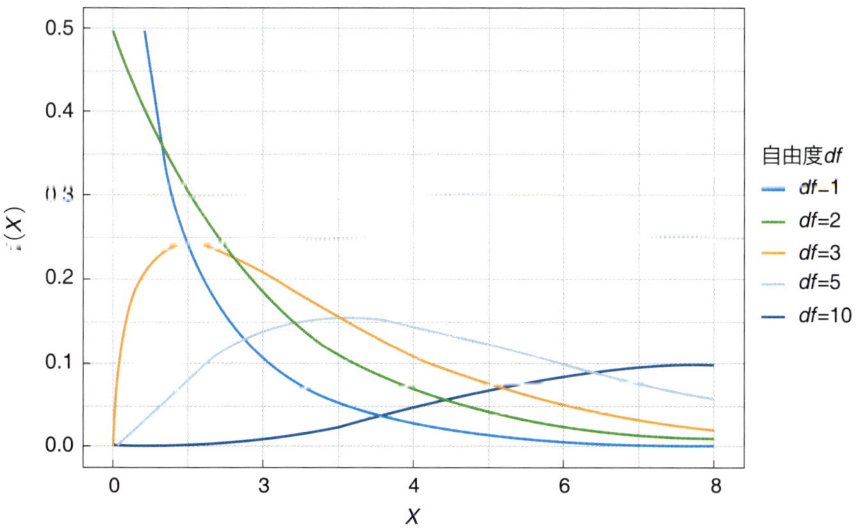

图 2-12 不同自由度下的卡方分布

考虑有 k 个类别或分组的样本，容量为 n，观测频数和期望频数分别记为 O_i 和 E_i，代表第 i 个类别或分组内的观测频数和期望频数大小。拟合优度检验的原假设和备择假设分别为

$$H_0: \text{样本数据服从假设分布} \iff H_A: \text{样本数据不服从假设分布}$$

拟合优度检验的过程为：

① 设置显著性水平 α；

② 对于每个类别或水平，计算观测数据频数 O_i；

③ 根据理论分布在不同类别或水平的概率 p_i，计算期望频数 $E_i = np_i$；

④ 计算拟合优度检验统计量

$$X^2 = \sum_{i=1}^{k} \frac{(O_i - E_i)^2}{E_i}$$

该统计量在原假设 H_0 成立时近似服从自由度为 $k-1$ 的卡方分布，即 $X^2 \sim \chi^2(k-1)$；

⑤ 查表确定 $\chi^2(k-1)$ 的下 $1-\alpha$ 分位数，进而确定检验的拒绝域。

拟合优度检验的过程可以用表 2-14 展示。

表 2-14 拟合优度检验统计量计算表

分组	1	2	……	k	总和
观测频数/O_i	O_1	O_2	……	O_k	n
期望频数/E_i	$E_1 = np_1$	$E_2 = np_2$	……	$E_k = np_k$	n
X^2	$\sum_{i=1}^{k} \frac{(O_i - E_i)^2}{E_i}$				

2.2.7.2 独立性卡方检验

独立性卡方检验（chi-square test for independence）是一种用于检验两个分类变量之间是否独立的统计方法。独立性卡方检验的原假设和备择假设分别为

$$H_0: \text{两个变量相互是独立的} \iff H_A: \text{两个变量相互是不独立的}$$

独立性卡方检验通常应用于**列联表**（contingency table）数据，其中一个变量作为行变量，另一个变量作为列变量。列联表展示了两个变量之间的交叉分布，其中每个单元格包含了两个变量特定组合下的频数。

独立性卡方检验的基本思想同样是比较观测频数与期望频数之间的差异，以评估两个变量之间的关联程度。期望频数是基于独立性假设计算得出的。通过计算观测频数与期望频数之间的差异，可以得到一个卡方统计量。然后，将该统计量与卡方分布的分位数进行比较，从而判断两个变量之间是否存在显著的关联。

考虑一个包括变量 A（m 个类别）和变量 B（k 个类别）的样本，容量为 n，观

测频数和期望频数分别记为 O_{ij} 和 E_{ij}，代表同时属于变量 A 的第 i 个类别和变量 B 的第 j 个类别的观测频数或期望频数大小。独立性卡方检验的过程为：

① 设置显著性水平 α；

② 对于变量 A 的每个类别 i 和变量 B 的每个类别 j，计算观测频数 O_{ij}，第 i 行和 $R_i=\sum_{j=1}^{k}O_{ij}$ 以及第 j 列和 $C_j=\sum_{i=1}^{m}O_{ij}$；

③ 基于原假设的独立性，计算每个单元格期望频数

$$E_{ij}=\frac{R_i\times C_j}{n}$$

④ 计算独立性卡方检验统计量：如果所有单元格 E_{ij} 均大于 5，

$$X^2=\sum_{i=1}^{m}\sum_{j=1}^{k}\frac{(O_{ij}-E_{ij})^2}{E_{ij}}$$

如果存在 E_{ij} 小于 5，那么需要进行**耶茨连续性校正**（**Yates's continuity correction**）来提高卡方检验的稳健性，此时统计量变为 $X^2=\sum_{i=1}^{m}\sum_{j=1}^{k}\frac{(|O_{ij}-E_{ij}|-0.5)^2}{E_{ij}}$。在原假设 H_0 成立时，上述统计量近似服从自由度为 $(m-1)(k-1)$ 的卡方分布，即 $X^2\sim\chi^2\{(m-1)(k-1)\}$；

⑤ 查表确定 $\chi^2\{(m-1)(k-1)\}$ 的下 $1-\alpha$ 分位数，进而确定检验的拒绝域。

独立性卡方检验的过程可以用表 2–15 展示。

表 2–15　独立性卡方检验统计量计算表

变量 A	变量 B				总和
	1	2	……	k	
1	O_{11} $(E_{11}=R_1C_1/n)$	O_{12} $(E_{12}=R_1C_2/n)$	……	O_{1k} $(E_{1k}=R_1C_k/n)$	R_1
2	O_{21} $(E_{21}=R_2C_1/n)$	O_{22} $(E_{22}=R_2C_2/n)$	……	O_{2k} $(E_{2k}=R_2C_k/n)$	R_2
……	……	……	……	……	……
m	O_{m1} $(E_{m1}=R_mC_1/n)$	O_{m2} $(E_{m2}=R_mC_2/n)$	……	O_{mk} $(E_{mk}=R_mC_k/n)$	R_m
总和	C_1	C_2	……	C_k	n
X^2	$\sum_{i=1}^{m}\sum_{j=1}^{k}\frac{(O_{ij}-E_{ij})^2}{E_{ij}}$ 或 $\sum_{i=1}^{m}\sum_{j=1}^{k}\frac{(\lvert O_{ij}-E_{ij}\rvert-0.5)^2}{E_{ij}}$（连续性校正）				

2.2.7.3 Fisher 精确性检验

对于两个二分类变量（2×2 列联表），除了独立性卡方检验外，还可以使用 **Fisher 精确检验**（**Fisher's exact test**）。该检验基于**超几何分布**（**hypergeometric distribution**），优先适用于以下两种情况之一：

① 整个 2×2 列联表总观测频数小于 20，即 $n<20$；

② 整个 2×2 列联表总观测频数介于 10 和 40 之间，并且 4 个单元格中存在至少一个观测频数小于 5，即 $10<n<40$ 且 $\min_{ij} E_{ij}<5$。Fisher 精确检验的原假设和备择假设分别为

$$H_0：\text{两个变量相互是独立的} \iff H_A：\text{两个变量相互不是独立的}$$

考虑一个 2×2 列联表，包括变量 A（2 个类别）和变量 B（2 个类别）的样本，容量为 n，如表 2-16 所示。

表 2-16 用于 Fisher 精确检验的 2×2 列联表

变量 A	变量 B		总和
	1	2	
1	a	b	$a+b$
2	c	d	$c+d$
总和	$a+c$	$b+d$	n
$P(O_{11}=a)$	$\dfrac{(a+b)!(c+d)!(a+c)!(b+d)!}{n!a!b!c!d!}$		

需要注意的是，p 值的含义是如果原假设为真，观察到当前数据或更极端数据的概率。因此计算 Fisher 精确检验的 p 值时，需要同时考虑当前数据出现的可能性以及更极端数据出现的可能性，这些可能性的总和才是最终的 p 值。

例如，对于数据 $a=1,b=9,c=10,d=4$，在保持行列总和不变的情况下，更极端数据为 $a=0,b=10,c=11,d=3$。此时，两种数据 p 值分别为

$$P(O_{11}=1)=\frac{(1+9)!(10+4)!(1+10)!(9+4)!}{24!1!9!10!4!}=0.004$$
$$P(O_{11}=0)=\frac{(0+10)!(11+3)!(0+11)!(10+3)!}{24!0!10!11!3!}=0.000\,15$$

因此，p 值为 $P(O_{11}=1)+P(O_{11}=0)=0.004\,15$。

例题 2-5：一位生物学家想要研究某植物基因型（AA, Aa, aa）是否与某种疾病的发生有关。他收集了 200 个样本，其中有的样本患有疾病，有的样本则没有。数据如下：

◇ AA 基因型：患病 38 株，未患病 12 株；

◇ Aa 基因型：患病 40 株，未患病 33 株；

◇ aa 基因型：患病 52 株，未患病 25 株。

检验过程：判断基因型与疾病是否相关可以用独立性卡方检验。原假设和备择假设分别为

$$H_0：\text{基因型与疾病无关 (独立)} \iff H_A：\text{基因型与疾病相关 (不独立)}$$

列表 2-17 计算相关数据（括号内为期望频数）：

表 2–17 基因型与疾病相关性统计数据

基因型	是否患病		总和
	是	否	
AA	$38(50\times130/200=32.5)$	$12(50\times70/200=17.5)$	50
Aa	$40(73\times130/200=47.45)$	$33(73\times70/200=25.55)$	73
aa	$52(77\times130/200=50.05)$	$25(77\times70/200=26.95)$	77
总和	130	70	200
X^2	$\sum_{i=1}^{3}\sum_{j=1}^{2}\frac{(O_{ij}-E_{ij})^2}{E_{ij}}=6.218$		

独立性卡方检验统计量为 6.218，查表可知卡方分布在自由度为 2 时分位数为 $5.991<6.218$，通过统计软件可以计算出 p 值为 $0.045<0.05$，因此拒绝原假设，表明基因型与疾病相关。

例题 2–6：生物学家想要验证孟德尔杂交试验，将红花长荚豌豆与白花短荚豌豆进行杂交。根据自由组合定律，F_2 代的红花长荚、红花短荚、白花长荚、白花短荚豌豆的比例应该是 9∶3∶3∶1。在试验中得到以下数据：

◇ 红花长荚豌豆：315

◇ 红花短荚豌豆：108

◇ 白花长荚豌豆：101

◇ 白花短荚豌豆：32

该数据是否可以验证自由组合定律?

检验过程：判断该数据是否符合自由组合定律可以用拟合优度检验。原假设和备择假设分别为

$$H_0:\ \text{该数据符合自由组合定律 (比例为 9:3:3:1)} \iff H_A:\ \text{该数据不符合自由组合定律 (比例不为 9:3:3:1)}$$

列表 2–18 计算相关数据：

表 2–18 验证孟德尔杂交试验统计数据

分组	红花长荚	红花短荚	白花长荚	白花短荚	总和
观测频数/O_i	315	108	101	32	556
期望频数/E_i	$556\times\frac{9}{16}=312.75$	$556\times\frac{3}{16}=104.25$	$556\times\frac{3}{16}=104.25$	$556\times\frac{1}{16}=34.75$	556
X^2	$\sum_{i=1}^{4}\frac{(O_i-E_i)^2}{E_i}=0.47$				

拟合优度检验统计量为 0.47，查表可知卡方分布在自由度为 3 时分位数为 $7.81>0.47$，通过统计软件可以计算出 p 值为 $0.93>0.05$，因此无法拒绝原假设，表明该数据符合比例为 9∶3∶3∶1 的自由组合定律。

2.2.8 非参数检验方法

前文介绍了几种参数检验的方法，如 Z 检验、t 检验和 F 检验等，都要求数据服从或近似服从正态分布。但是当实际数据不满足正态性要求且样本量较小，参数检验的方法将不再适用。这种情况下，我们可以使用**非参数检验**（**non-parametric test**）方法。

相比于参数检验方法，非参数检验方法不需要假设数据分布的具体形式。但是这个优点并不是“免费的午餐”，当数据满足参数检验的分布假设时，参数检验结果通常比非参数检验方法精确性高且更具统计效力。

2.2.8.1 符号秩检验

符号秩检验（**signed rank test**）是用于评估两个配对样本是否来自同一分布的非参数检验方法，与配对 t 检验对应。**秩**（**rank**）是指数据值在数据集中的从小到大的位置或顺序，最小的值秩为 1，以此类推，多个相同大小的值取相同的秩，大小为它们理论上所占秩的均值，如一组数据 $\{15, 10, 15, 5, 25\}$ 中每一个数据的秩分别为 $\{3.5, 2, 3.5, 1, 5\}$。

符号秩检验的原假设和备择假设分别为

$$H_0：\text{两个样本来自同一分布} \iff H_A：\text{两个样本来自不同分布}$$

两个样本分别记为 $X_1^{[1]}, X_2^{[1]}, \cdots, X_n^{[1]}$ 和 $X_1^{[2]}, X_2^{[2]}, \cdots, X_n^{[2]}$，那么符号秩检验的过程为：

① 设置显著性水平 α；

② 配对样本各自作差，求出每个差值 $D_i = X_i^{[1]} - X_i^{[2]}$；

③ 计算差值的绝对值 $|D_i|$ 并从小到大排序（若 $D_i = 0$，则不参与排序），得到每一个差值对应的秩 R_i；

④ 分别计算 D_i 为正值和负值的部分对应的秩之和 T^+ 和 T^-，即

$$T^+ = \sum_{i:D_i>0} R_i, \quad T^- = \sum_{i:D_i<0} R_i;$$

⑤ 选择两个秩和中最小的，作为检验统计量 $T = \min(T^+, T^-)$；

⑥ 查表确定在样本量为 n'（去除 $D_i = 0$ 的部分之后有效的样本量）下的临界值，进而确定检验的拒绝域。

2.2.8.2 秩和检验

秩和检验（**rank sum test**），又称**曼－惠特尼 U 检验**（**Mann-Whitney U test**），是用于评估两个独立样本是否来自同一分布的非参数检验方法，与两样本 t 检验对应。秩和检验的原假设和备择假设分别为

$$H_0：\text{两个样本来自同一分布} \iff H_A：\text{两个样本来自不同分布}$$

两个样本容量分别记为 n_1 和 n_2，秩和检验的过程为：

① 设置显著性水平 α；

② 将两个样本数据一起从小到大排序，得到每一个观测值对应的秩 R_i；

③ 分别计算两个样本数据的秩之和 T_1 和 T_2，即

$$T_1 = \sum_i R_i, \quad T_2 = \sum_j R_j$$

④ 如果 $n_1 = n_2$，那么检验统计量 $T = \min(|T_1|, |T_2|)$；如果 $n_1 \neq n_2$，那么检验统计量 T 选择容量小的样本对应的秩和；

⑤ 查表确定在样本量为 n_1 和 n_2 下的临界值，进而确定检验的拒绝域。

2.2.8.3 Kruskal-Wallis 检验

Kruskal-Wallis 检验（简称 KW 检验）是用于检验三组或多组独立样本是否来自同一分布的非参数检验方法，是秩和检验在多组独立样本情况下的推广。当数据不满足正态性或组内方差齐性假设时，单因素方差分析不适用，可使用 KW 检验。

考虑 k 个独立样本，样本容量为 $n_1, \cdots, n_k$，KW 检验的过程为：

① 设置显著性水平 α；

② 将 k 个样本数据一起从小到大排序，得到第 i 个样本的第 j 个观测值对应的秩 R_{ij}；

③ 样本容量总和为 $N = \sum_{i=1}^{k} n_i$，每一个样本的秩和为 $T_i = \sum_{j=1}^{n_{ij}} R_{ij}$；

④ 计算统计量

$$H = \frac{12}{N(N+1)} \times \sum_{i=1}^{k} \frac{T_i^2}{n_i} - 3(N+1)$$

⑤ 该统计量近似服从 $\chi^2(k-1)$，查表确定自由度为 $k-1$ 时 χ^2 下 $1-\alpha$ 分位数，进而确定检验的拒绝域。

例题 2-7：在例题 2-1 的试验中，假如有 10 名患者的试验前后血压数据均是可获得的（表 2-19），但是数据不符合正态分布，这个数据中试验前后是否分布相同？

表 2-19 10 名受试患者血压数据

患者	试验前血压/mmHg	试验后血压/mmHg
1	143	147
2	164	166
3	129	133
4	151	142
5	171	155
6	153	153
7	134	142
8	128	143
9	164	136
10	154	151

检验过程：这是一个配对样本，由于数据不符合正态分布，所以应使用符号秩检验（表 2-20）。原假设和备择假设分别为

$$H_0：试验前后数据属于同一分布 \iff H_A：试验前后数据不属于同一分布$$

表 2-20 符号秩检验统计数据

患者	试验前血压/mmHg	试验后血压/mmHg	差值	差值的绝对值	秩	符号
1	143	147	−4	4	3.5	−
2	164	166	−2	2	1	−
3	129	133	−4	4	3.5	−
4	151	142	9	9	6	+
5	171	155	16	16	8	+
6	153	153	0			
7	134	142	−8	8	5	−
8	128	143	−15	15	7	−
9	164	136	28	28	9	+
10	154	151	3	3	2	+

计算秩和为 $T^+=25, T^-=20$，因此符号秩检验统计量为 $T=\min(T^+,T^-)=20$。

查表可知双侧检验下，符号秩检验在样本容量为 9 时临界值为 6 和 39 ($6<20<39$)，通过统计软件可以计算出 p 值为 $0.77>0.05$，因此无法拒绝原假设，表明试验前后数据属于同一分布。

例题 2-8：假如例题 2-7 中的数据变为非配对的数据，来自 20 名患者，每 10 名患者为一组，假设数据不符合正态分布，这个数据中试验前后是否分布相同？

检验过程：这是一个非配对样本，由于数据不符合正态分布，所以应使用秩和检验（表 2-21）。原假设和备择假设分别为

$$H_0：两组数据属于同一分布 \iff H_A：两组数据不属于同一分布$$

表 2-21 秩和检验统计数据

第一组血压/mmHg	秩	第二组血压/mmHg	秩
143	8.5	147	10
164	17.5	166	19
129	2	133	3
151	11.5	142	6.5
171	20	155	16
153	13.5	153	13.5
134	4	142	6.5
128	1	143	8.5
164	17.5	136	5
154	15	151	11.5

计算秩和为 $T_1 = 110.5$, $T_2 = 99.5$，因此秩和检验统计量为 $T = \min(T_1, T_2) = 99.5$。

查表可知双侧检验下，秩和检验在样本容量为 $n_1 = 10, n_2 = 10$ 时，临界值为 78 ($99.5 > 78$)，通过统计软件可以计算出 p 值为 $0.68 > 0.05$，因此无法拒绝原假设，表明两组数据属于同一分布。

2.3 统计模型

构建变量 X 和 Y 之间的依赖关系是统计分析的一个重要目标，其目的是构建响应变量 Y 的统计预测模型 $f(X)$。这个构建变量之间具体关系的过程就称为统计建模。统计建模的目的在不同的应用场景下有所不同，例如：预测、假设检验、理解某个系统的内部机制等。

假设 $X = (X_1, \cdots, X_p)$ 是 p 维的自变量，Y 表示应变量，则 $\{X_i = (X_{i1}, \cdots, X_{ip}), y_i : i = 1, 2, \cdots, n\}$ 表示 n 个样本的观测数据。统计建模的方法因 Y 的数据类型而变。在实际应用中，Y 可以是连续变量，如身高、体重、基因的表达量等；也可以是二值变量，如是否生病、血压的高低等；也可以是类别变量，如 T 细胞、B 细胞等；还可以是有序变量，如少年、青年、中年、老年。下面我们根据 Y 的数据类型分别介绍常用的统计模型。

2.3.1 线性模型

假设应变量 Y 是连续的随机变量，自变量 X 和因变量 Y 满足以下线性关系：

$$Y = \beta_0 + \sum_{j=1}^{p} \beta_j X_j + \varepsilon \tag{2-20}$$

其中，$\beta_0, \beta_1, \cdots, \beta_p$ 是未知参数，ε 则是均值为 0，方差有限的误差项且与自变量独立。在实际应用中，通常假设 ε 服从正态分布 $N(0, \sigma^2)$。当 $p = 1$ 时，此模型称为简单的线性回归模型；当 $p > 1$ 时，则称为多元线性回归模型。据此，对新样本 X^*，可做以下预测：

$$Y^* = \beta_0 + \sum_{i=1}^{p} \beta_i X_i^* \tag{2-21}$$

然而，参数 $\beta_0, \beta_1, \cdots, \beta_p$ 是未知的，因此需要从观测数据中估计这些参数。在统计学中，通常用最小二乘法估计这些参数。根据假设，每个观测样本 (X_i, Y_i) 都满足线性模型，即

$$Y_i = \beta_0 + \sum_{j=1}^{p} \beta_j X_{ij} + \varepsilon_i \tag{2-22}$$

最小二乘法的原理是通过最小化所有样本的误差的平方和来求解模型中的未知参数，即最小化以下目标函数

$$L(y,\hat{y})=\frac{1}{n}\sum(y_i-\hat{y}_i)^2 \tag{2-23}$$

其中 $\hat{y}_i=\beta_0-\sum_{j=1}^{p}\beta_j X_{ij}, L(y,\hat{y})$ 称为用 $\hat{y}$ 预测 y 的损失函数，它是用来衡量预测或者模型准确性的标准。理论上讲，一个损失函数 $L(y,\hat{y})$ 需要满足以下两个条件：

① 对任意的 $\hat{y}$ 都有 $L(y,\hat{y})\geqslant 0$，当 $y=\hat{y}$ 时，$L(y,\hat{y})=0$；

② $L(y,\hat{y})$ 是 $\hat{y}$ 的凸函数。

这两个条件是为了保证最小化损失函数 $L(y,\hat{y})$ 存在唯一解。换句话说，满足这两个条件的函数 $L(y,\hat{y})$ 都可以作为用于估计 β 的损失函数。实际上，满足这样条件的损失函数很多，例如

$$L_q(y,\hat{y})=\frac{1}{n}\sum_{i=1}^{n}|Y_i-\beta_0-\sum_{j=1}^{p}\beta_j X_{ij}|^q \quad (q\geqslant 1) \tag{2-24}$$

当 $q=1$ 时，$L_q(y,\hat{y})$ 称为绝对损失函数；$q=2$ 则对应于常用的均方损失。在均方损失下，可以轻易地求得 β 的估计值为

$$\hat{\beta}=(Z'Z)^{-1}Z'Y \tag{2-25}$$

其中，Z 是 $n\times(1+p)$ 的矩阵，它的第 i 行为 $(1,X_i)$, $Y=(y_1,\cdots,y_n)$ 是 $n\times 1$ 的向量。在式 (2–25) 中，代入 Y 的表达式有

$$\hat{\beta}=(Z'Z)^{-1}Z'(Z\beta+\varepsilon) \tag{2-26}$$

在式 (2–26) 的两边对 ε 求数学期望，有

$$E\hat{\beta}=(Z'Z)^{-1}Z'Z\beta=\beta$$

即 $\hat{\beta}$ 是 β 的无偏估计。这意味着，在样本量 n 足够大时，可以准确地估计未知参数 β。进一步，当误差项 ε 服从正态分布时，$\varepsilon\sim N(0,\sigma^2)$，$\hat{\beta}$ 也服从正态分布，即：$\hat{\beta}\sim N(\beta,\Sigma)$，其中，$\Sigma=(Z'Z)^{-1}\sigma^2$，由此可以求得 β 的 95% 置信区间。

> **定义 2–1**
>
> **无偏估计**
>
> 假设 $\hat{\beta}$ 是参数 β 的估计，若 $E\hat{\beta}=\beta$，则称 $\hat{\beta}$ 是 β 的无偏估计。

例题 2–9：根据世界卫生组织的标准，对居住在某地区年满 21 岁、拥有皮马印第安血统的 200 位女性进行了糖尿病检测，其中包含了血糖浓度、BMI 和年龄，该数据可从 R 语言的 MASS 包中获得（Pima.tr 糖尿病数据）。将血糖浓度（glu）作为应变量，BMI 和年龄作为自变量，利用线性模型研究血糖浓度、BMI 和年龄之间的关系。结果如图 2–13 所示。

在线性回归分析中，“Residuals vs. Fitted”图是一种诊断图，显示了模型的预测值（fitted values）与残差（residuals）之间的关系。若残差随拟合值随机分布，且

在零附近均匀分布，则表明模型拟合良好。由图 2-13 中可以看出，残差在零附近均匀分布，但部分数据点的残差较大。由模型的参数估计的 p 值可以看出，血糖浓度（glu）与 BMI 和年龄是线性相关的。

	估计值	标准差	p值	Pr(>|t|)
血糖浓度	65.158 4	12.115 1	5.378	2.12e−07
年龄	0.924 4	0.191 4	4.829	2.75e−06
BMI	0.901 6	0.342 7	2.630	0.009 2

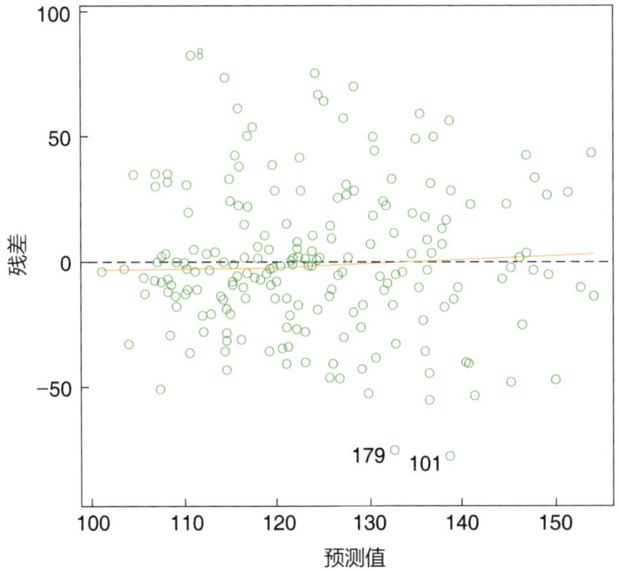

图 2-13 血糖浓度、BMI 和年龄之间的关系

2.3.2 极大似然估计法

假设 $(x_1, x_2, \cdots, x_n)$ 是随机变量 X 的 n 个独立同分布的观测样本。X 的密度函数为 $f_\theta(x)$，其中，$\theta \in R$ 是未知参数。密度函数估计的目标是从 X 的观测样本中估计未知参数 θ。假设，X 的真实密度函数为 $g(x) = f_{\theta_0}(x)$。为估计未知参数，需要一个损失函数来评价用 $f_\theta(x)$ 估计 $g(x)$ 的效果，并通过最小化损失函数求得未知参数 θ 的估计。注意：$f_\theta(x)$ 和 $g(x)$ 都是密度函数，即：$\int g(x)dx = 1, \int f_\theta(x)dx = 1$。因此，Kullback-Leibler（KL）距离可用于度量密度函数估计的准确性

$$KL\left(f_\theta, g\right) = \int g(x) \ln \frac{g(x)}{f_\theta(x)} dx \tag{2-27}$$

可以证明 $KL\left(f_\theta, g\right) \geqslant 0$，见习题 2-10。由此可以得到

$$\int g(x) \ln g(x) dx \geqslant \int g(x) \ln f_\theta(x) dx \tag{2-28}$$

根据数学期望的定义，式 (2-28) 的右边即为 $E[\ln f_\theta(x)]$。根据大数定律

$$E[\ln f_\theta(x)] \cong \frac{1}{n} \sum_{i=1}^{n} \ln f_\theta(x_i) \tag{2-29}$$

其中，式 (2-29) 的右边是似然函数。即：似然函数有一个上界，且当它达到最大值时 $f_\theta(x)$ 最接近真实的密度函数 $g(x)$。因此极大似然估计就是最小化 KL 损失得到的估计。

例题 2-10：用极大似然估计法估计线性模型中的未知参数 β。

令 $Z = (1, X)$，并假设其中的随机误差 ϵ 服从正态分布：$\epsilon \sim N(0, \sigma^2)$，则：$Y \sim N\left(Z\beta, \sigma^2\right)$ 从而观测值 Y 的密度函数为

$$f_\beta(y) = \frac{1}{\sigma\sqrt{2\pi}} \exp\left[-\frac{\left(y - \beta^T Z\right)^2}{2\sigma^2}\right]$$

根据似然函数的定义，我们有

$$L(\beta) = \frac{1}{n} \sum_{i=1}^{n} \ln f_\beta(y_i) = \ln \frac{1}{\sigma\sqrt{2\pi}} - \frac{1}{2n\sigma^2} \sum_{i=1}^{n} \left(y_i - \beta^T z_i\right)^2$$

当 σ 给定时，最大化上述似然函数等价于最小二乘估计。

2.3.3 Logistic 回归模型

当 Y 的取值为 0 或 1 时，线性模型两边的取值范围不一致：等式左边的取值为 0 或 1，而等式右边的取值范围是 $(-\infty, +\infty)$，因此线性模型不适用于 Y 为 0 或 1 的情况。下面将讨论如何对 Y 进行建模。首先，假设自变量还是通过线性方式起作用。为此，引入一个新的隐变量 U，即无法直接观测到的变量，并令

$$U = \beta_0 + \sum_{j=1}^{p} \beta_j X_j + \varepsilon \tag{2-30}$$

接着，对 Y 进行建模

$$Y = \begin{cases} 0 & (U < 0) \\ 1 & (U \geqslant 0) \end{cases}$$

根据此模型，$U < 0$ 的概率为

$$P(U < 0) = P_{\varepsilon}\left(\varepsilon + \beta_0 + \sum_{j=1}^{p} \beta_j X_j < 0\right) \tag{2-31}$$

类似地，可以求得 $P(U \geqslant 0)$。

因此，只需要对 ε 的分布做进一步假设即可完成统计建模过程。当 ε 服从 Logistic 分布，该模型称为 Logistic 回归模型。当 ε 服从正态分布，该模型则称为 Probit 回归模型。注意，这两种模型的区别在于 Probit 回归模型中，误差是服从正态分布的，这更符合实际情况。而 Logistic 回归模型的优势在于模型更易求解。

例题 2-11： 利用极大似然估计方法求解 Logistic 回归模型中的未知参数。

首先，根据模型假设有

$$P(Y < 0) = P_{\varepsilon}(\varepsilon + \beta_0 + \sum_{j=1}^{p} \beta_j X_j < 0)$$

进一步，在 Logistic 回归模型中，ε 服从 Logistic 分布，从而

$$P_{\varepsilon}\left(\varepsilon + \beta_0 + \sum_{j=1}^{p} \beta_j X_j < 0\right) = \frac{1}{1 + e^{\beta^T Z}}$$

其中，$Z = (1, X)$。类似地，$P(Y = 1) = 1 - \frac{1}{1 + e^{\beta^T Z}} = \frac{1}{1 + e^{-\beta^T Z}}$。则 Y 服从 $p_{\beta}(z) = \frac{1}{1 + e^{-\beta^T Z}}$ 的二项分布，似然函数为

$$L(\beta) = \frac{1}{n} \sum_{i=1}^{n} \ln\{p_{\beta}(z_i)^{y_i} [1 - p_{\beta}(z_i)^{1-y_i}]\}$$

其中，$p_{\beta}(z_i) = \frac{1}{1 + e^{-\beta^T Z_i}}$。化简可得

$$L(\beta) = \sum_{i=1}^{n} [y_i \beta^T z_i - \ln(1 + e^{\beta^T Z_i})]$$

通过梯度下降法等方法最大化上述似然函数，即可得到 Logistic 回归所估计出的系数。

例题 2－12： 研究人员记录了 178 个新生儿的体重及其母亲的一些医学特点（R 语言中 MASS 的 birthwt 数据集）。请用 Logistic 和 Probit 回归模型，探讨哪些因素与新生儿的体重有关系。

用 R 语言中的 glm 函数做模型求解问题，得到如表 2－22 的结果。

表 2－22 Logistic 和 Probit 回归模型数据

因素	Logistic 回归模型			Probit 回归模型		
	估计值	标准误	p 值	估计值	标准误	p 值
intercept	−0.0790	1.2763	0.95066	−0.0688	0.7485	0.92674
age	−0.0358	0.0365	0.32569	−0.0224	0.0214	0.29398
lwt	−0.0124	0.0066	0.06111	−0.0072	0.0038	0.06059*
race	0.4534	0.2153	0.03520*	0.2726	0.1255	0.02978*
smoke	0.9373	0.3985	0.01866*	0.5711	0.2327	0.01412*
ptl	0.5421	0.3462	0.11736	0.3204	0.2087	0.12478
ht	1.8307	0.6941	0.00835**	1.1008	0.4156	0.00808**
ui	0.7220	0.4632	0.11906	0.4553	0.2809	0.10508
ftv	0.0635	0.1698	0.70854	0.0319	0.1003	0.75053

根据模型估计系数的 p 值可以看出，与新生儿体重具有显著关系的因素有母亲是否有高血压病史 (ht)、是否吸烟 (smoke) 以及母亲的种族 (race)。

2.3.4 泊松回归模型

在实际数据分析中，经常会遇到应变量为非负整数的情况，如转录组测序得到的每个基因的表达量就是一个非负整数；下面就介绍这类数据的建模方法，即泊松回归模型。泊松回归假设应变量 Y 服从泊松分布，并假设它的期望值的对数可被自变量的线性组合建模。具体地，假设 Y 表示某事件发生 k 次的概率为

$$P(Y = k) = \frac{\lambda^k}{k!} e^{-\lambda}.$$

其中，λ 即为单位时间内事件发生次数的期望，是一个非负是实数。进一步假设其对数可被自变量的线性组合建模，即

$$\log(\lambda) = \beta_0 + \beta_1 x_1 + \beta_2 x_2 + \cdots + \beta_p x_p + \varepsilon$$

其中，(x_i, k_i) 是第 i 个样本的观测值，$x_i = (x_{i1}, x_{i2}, \cdots, x_{ip})$。根据模型，可以得到其似然函数为

$$L(\Theta)=\prod_{i=1}^{n}\frac{\lambda\left(x_i\right)^{k_i}}{k_i!}\exp\left[-\lambda\left(x_i\right)\right]$$

其中 $\Theta=(\beta_0,\beta_1,\cdots,\beta_p)'$，$\log\lambda(x_i)=\beta_0+\beta_1x_{i1}+\cdots+\beta_px_{ip}$。极大化上述似然函数即可得到参数的极大似然估计。

2.3.5 Cox 比例风险模型

生存分析模型是生物医学数据分析中常用的模型，主要用于分析某些因素，如基因的表达量或者细胞类型的含量，对患者生存时间的影响。常用的生存分析模型为 Cox 比例风险模型，这是一种半参数的多因素模型，可以研究多个协变量对于生存时间的影响。

Cox 比例风险模型的基本形式为

$$h(t,x)=h_0(t)\exp\left(\beta_1x_1+\beta_2x_2+\cdots+\beta_px_p\right)$$

式中的 x 为可能影响患者生存时间的 p 维协变量，如患者的年龄、性别、接受的不同治疗方式等。t 表示生存时间，$h(t,x)$ 称为具有协变量 x 的个体在 t 时刻的风险函数，表示生存时间已达 t 的个体在 t 时刻的瞬时风险率。$h_0(t)$ 称为基线风险函数，表示所有 x 都取 0 时个体在 t 时刻的瞬时风险率。若 x_j 是非暴露组观察对象的各因素取值，x_i 是暴露组观察对象的各因素取值，则暴露组对非暴露组的相对危险度 RR 定义为

$$RR=\frac{h\left(t,x_i\right)}{h\left(t,x_j\right)}=\frac{h_0(t)\exp\left(\beta^Tx_i\right)}{h_0(t)\exp\left(\beta^Tx_j\right)}=\exp\left[\beta^T\left(x_i-x_j\right)\right] \qquad (2-32)$$

该比值保持一个恒定的比例，与时间 t 无关，称为风险比例假定。

从式 (2-32) 中可以看出，无论随时间变化的基线风险函数 $h_0(t)$ 是何种形式，一旦从样本数据中求出回归系数，给定非 0 的 x 值时个体的相对危险度就是一定的，而各个协变量与时间无关的相对危险度正是多因素分析时最关注的问题，因而 Cox 比例风险模型巧妙地将非参数与参数部分结合起来，在生存分析的应用中备受青睐。参数 β_i 可以通过偏极大似然估计得出，偏极大似然估计对观测到的数据进行优化，考虑了因为截尾而没有观测到的数据。对回归模型的假设检验通常采用得分检验、Wald 检验和似然比检验，这些检验统计量均为卡方分布，自由度为模型中待检验的协变量个数。

例题 2-13： 在 R 语言的 survival 包中，提供了 Cox 回归的函数 coxph()，并且给出了一组肺癌数据，该数据包含来自某癌症中心的晚期肺癌受试者。它包括机构代码、时间等 10 个变量。请构建预测患者生存时间的生存分析模型。

利用 R 语言中 coxph() 函数进行 Cox 生存回归分析，将 age，sex 和 ph.ecog 纳入多元模型中，得到回归模型，通过 summary() 函数查看模型的各种统计结果。通过绘制的实际生存曲线，以及样本平均值对应的预测生存曲线，可以看出估计得到

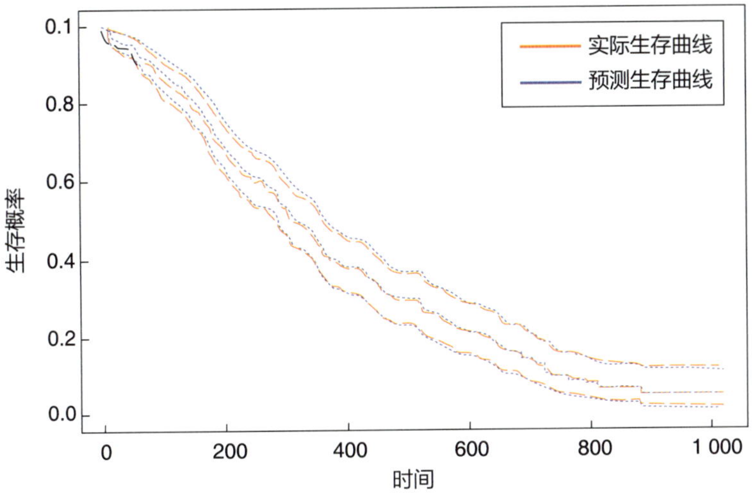

图 2–14 Cox 比例风险模型在肺癌数据中的应用示例

的生存分析模型具有较好的预测效果（图 2–14）。

2.3.6 线性混合效应模型

在常见的回归分析中，回归误差项通常被认为是独立分布且服从正态分布。但在实际应用中，对于内部存在层次结构的数据，误差项之间可能并不独立。例如，医学研究中对于每个受试者的多次观测值，每个受试者的各次测量值是相关的，不同受试者之间可以认为是相互独立的，而总体的模型误差不是相互独立的。

线性混合效应模型同时考虑了固定效应和随机效应，其中固定效应指数据中所有级别的总体效应，随机效应是指数据中个体或群体的效应。线性混合效应模型的数学表达式为

$$y = X\beta + Zu + \varepsilon$$

其中，y 是 $n \times 1$ 维的结果变量，$X \in R^{n\times p}$ 和 $Z \in R^{n\times q}$ 是设计矩阵，β 是 p 维的固定效应的参数向量，u 是 q 维的随机效应的参数向量，ε 为 n 维的误差项，假定其服从多元正态分布。一般情况下，假定 u 服从多元正态分布

$$u \sim N(0, G)$$

其中，协方差矩阵 G 具有形式 $G = \sigma(\theta)$，θ 为需要估计的参数。线性混合效应模型的参数估计通常使用极大似然估计或限制性极大似然估计。R 语言包 lme4 可用于线性混合效应模型的求解。

例题 2–14: 睡眠剥夺试验。在睡眠剥夺研究中，受试者第 0 天有正常的睡眠时间，从这天晚上开始，他们每晚的睡眠时间被限制为 3 h（数据可从 R 语言包 lme4 中获得）。变量表示每个受试者每天进行的一系列测试的平均反应时间，同时数据中还记录了研究进行的天数和受试者的编号。平均反应时间受到研究进行天数的影响，同时不同的受试者之间也会有自身的差异。将天数视为固定效应，编号视为随机效应，用线性混合模型来评估这两种效应的显著性。图 2–15 展示了拟合结果。

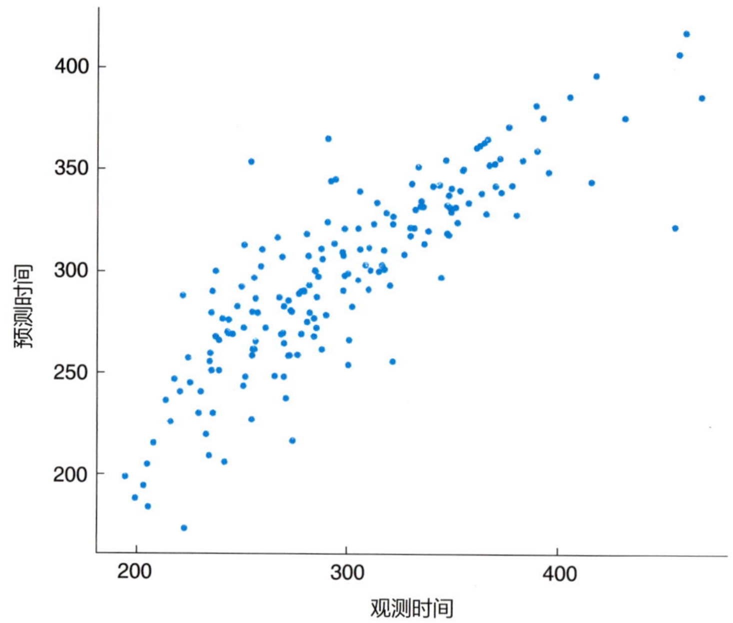

图 2-15 线性混合效应模型真实值与预测值的散点图

2.3.7 隐马尔可夫模型

隐马尔可夫模型在生物学中有重要应用，如序列比对等。它以马尔可夫模型为基础。马尔可夫模型是一种常用的随机过程模型。它是一个较为宽泛的概念模型，马尔可夫链、马尔可夫决策过程和隐马尔可夫链等随机模型都可视为马尔可夫模型中的一种。

离散时间马尔可夫过程即为马尔可夫链。记 I 为所有状态的取值构成的集合，称之为状态空间。对于 $i \in I, X_n = i$ 表示随机过程在 n 时刻处于状态 i。若对于任意的 $n \geqslant 0$，任意的状态 i, j 以及 $i_0, i_1, \cdots, i_{n-1}$ 有

$$P(X_n = j|X_{n-1} = i_{n-1}, \cdots, X_0 = i_0) = P_k(X_n = j|X_{n-k}, \cdots, X_{n-1} = j)$$

则称随机过程 $\{X_n : n = 1, 2, \cdots\}$ 为 k 阶马尔可夫过程。若 $P_k(X_{n+1} = j|X_{n-k}, \cdots, X_n = j)$ 不依赖于 k 则称该马尔可夫链为齐次马尔可夫链。当 $k = 1$ 时，是一阶马尔可夫链，记 $p_{ij} = P(X_n = j|X_{n-1} = i)$ 为从状态 i 到状态 j 的转移概率，设 $m = |I|$，则

$$P = \begin{Bmatrix} p_{11} & p_{12} & \cdots & p_{1m} \\ p_{21} & p_{22} & \cdots & p_{2m} \\ \vdots & \vdots & \ddots & \vdots \\ p_{m1} & p_{m2} & \cdots & p_{mm} \end{Bmatrix}$$

被称为马尔可夫链的转移矩阵。该矩阵中的每一行元素之和为 1，且所有元素非负。令 $\pi^t = (\pi_1^t, \pi_2^t, \cdots, \pi_m^t)$ 为时刻 t 的分布，其中 $\pi_i^t = P(X_t = i)$。则由马尔可夫链的性质，可以得到状态转移方程为

$$\pi^{t+1} = \pi^t P$$

递推可得时刻 n 的状态分布为 $\pi^t=\pi^0P^t$，这里 P^t 称为 t 步概率转移矩阵。

例题 2–15： 已知人和黑猩猩的珠蛋白 $\alpha1$ 亚基基因（$HBA1$）在 843 个核苷酸位点中有 807 个相同，试使用连续马尔可夫模型——JC69 模型（核苷酸间替换速率相同，均为 λ）计算人和黑猩猩 $HBA1$ 基因的实际碱基替换数 k。假设人的核苷酸突变率是每世代每个位点 4.33e^{-8}，每世代时间是 27 年，计算人和黑猩猩大致的分化时间。

JC69 模型中，一个碱基以相同的速率 λ 分别突变为其他 3 种碱基，因此替换速率矩阵

$$Q=\begin{bmatrix}-3\lambda & \lambda & \lambda & \lambda\\ \lambda & -3\lambda & \lambda & \lambda\\ \lambda & \lambda & -3\lambda & \lambda\\ \lambda & \lambda & \lambda & -3\lambda\end{bmatrix}$$

连续马尔可夫模型中，转移概率矩阵

$$P(t)=eQt=\begin{bmatrix}\frac{1}{4}+\frac{3}{4}\mathrm{e}^{-4\lambda t} & \frac{1}{4}-\frac{1}{4}\mathrm{e}^{-4\lambda t} & \frac{1}{4}-\frac{1}{4}\mathrm{e}^{-4\lambda t} & \frac{1}{4}-\frac{1}{4}\mathrm{e}^{-4\lambda t}\\ \frac{1}{4}-\frac{1}{4}\mathrm{e}^{-4\lambda t} & \frac{1}{4}+\frac{3}{4}\mathrm{e}^{-4\lambda t} & \frac{1}{4}-\frac{1}{4}\mathrm{e}^{-4\lambda t} & \frac{1}{4}-\frac{1}{4}\mathrm{e}^{-4\lambda t}\\ \frac{1}{4}-\frac{1}{4}\mathrm{e}^{-4\lambda t} & \frac{1}{4}-\frac{1}{4}\mathrm{e}^{-4\lambda t} & \frac{1}{4}+\frac{3}{4}\mathrm{e}^{-4\lambda t} & \frac{1}{4}-\frac{1}{4}\mathrm{e}^{-4\lambda t}\\ \frac{1}{4}-\frac{1}{4}\mathrm{e}^{-4\lambda t} & \frac{1}{4}-\frac{1}{4}\mathrm{e}^{-4\lambda t} & \frac{1}{4}-\frac{1}{4}\mathrm{e}^{-4\lambda t} & \frac{1}{4}+\frac{3}{4}\mathrm{e}^{-4\lambda t}\end{bmatrix}$$

假设两物种分化时间为 t，则进化上相距的时间为 $2t$，碱基替换数 $k=2t\times3\lambda$。根据转移概率矩阵可知 $d=3\times\left(\frac{1}{4}-\frac{1}{4}\mathrm{e}^{-4\lambda\times2t}\right)$，则可得到公式 $k=-\frac{3}{4}\ln\left(1-\frac{4}{3}d\right)$。由此，可以求得人和黑猩猩 $HBA1$ 基因的核苷酸差异 $d=(843-807)/807=0.044\,7$，因此实际碱基替换数 $k=-\frac{3}{4}\ln\left(1-\frac{4}{3}d\right)=0.044\,0$。因此，人和黑猩猩大致分化时间 $t=0.044\,0/(2\times3\times4.33\mathrm{e}^{-8}/27)=4.6$ Myr。

马尔可夫链主要描述的是不同状态之间的转移关系。然而，在实际问题中，通常还有依赖于状态变量的观测变量。马尔可夫链就不能够描述这样的现象。例如，状态变量为一天的天气，观测变量为一天的活动。显然这一天会举行什么活动取决于今天的天气状况，如下雨的时候通常会选择室内活动，阴天可以选择爬山、打球等，晴天可以选择户外摄影等。**隐马尔可夫模型（hidden Markov model，HMM）**就是用于描述这样的现象。

记 $Q=\{q_1,q_2,\cdots,q_N\}$ 为所有 N 种可能的状态的集合，$V=\{v_1,v_2,\cdots,v_M\}$ 是所有 M 种可能的观测集合，$S=(s_1,s_2,\cdots,s_T)$ 是长度为 T 的状态序列，$O=(o_1,o_2,\cdots,o_T)$ 为对应的观测序列。隐马尔可夫模型由两部分构成：① 状态转移概率矩阵 $A=(a_{ij})_{N\times N}$，$a_{ij}=P(s_{t+1}=q_j|s_t=q_i)$；② 观测概率矩阵 $B=(b_{jk})_{N\times M}$，其中 $b_{jk}=P(o_t=v_k|s_t=q_j)$。初始状态概率向量 $\pi=(\pi_1,\pi_2,\cdots,\pi_N)$，其中

$\pi_i = P(s_1 = q_i)$。注意：观测值即可以是离散值也可以是连续值。如果是连续值，那么观测模型 $P(o_t = v_k|s_t = q_j)$ 是连续的分布函数。

可以看出，隐马尔可夫模型由初始概率分布 π、状态转移概率矩阵 A 和观测概率矩阵 B 决定，因此隐马尔可夫模型可以用三元符合表示，即

$$\lambda = (A, B, \pi)$$

隐马尔可夫模型有 3 个基本问题。

① 概率计算问题　又称评估问题，给定模型 $\lambda = (A, B, \pi)$ 和观测序列 $O = (o_1, o_2, \cdots, o_T)$，计算在模型 λ 的观测下序列 O 出现的概率 $P(O|\lambda)$。通常使用向前算法来求解。

② 预测问题　又称解码问题。已知观测序列 O 和模型参数 λ，求对给定观测序列下最可能的隐藏状态序列，即最大化概率 $P(I|O)$。通常使用维特比算法求解。

③ 学习问题　已知观测序列 O，估计模型 $\lambda = (A, B, \pi)$ 中的参数，使得在该模型下 $P(O|\lambda)$ 最大化，即用极大似然估计的方法估计参数，通常使用 Baum-Welch 算法来解决。

这里之所以称为是隐马尔可夫模型，是因为状态空间不可以直接观测。如果状态空间可以直接观测，通常称为状态空间模型。隐马尔可夫模型在医学领域有许多应用，如用于疾病进展的建模、基因序列的分析等。以下给出一个简化的例子，利用隐马尔可夫模型来模拟一种疾病的进展。

例题 2-16：隐马尔可夫模型模拟疾病进展。假设一种疾病有 3 种状态："健康""轻度疾病"和"重度疾病"。这 3 种状态是隐状态，不能直接观测。但是，根据这 3 种状态，患者可以有不同的症状，如"无症状""轻微症状"和"严重症状"，这是可以观测到的。R 语言的 HMM 包提供了隐马尔可夫模型相关算法的实现。首先定义隐状态和观测状态，然后给出模型的参数，即初始状态的概率分布 π、状态转移概率矩阵 A 以及观测概率矩阵 B。

这里取 $\pi = (0.7, 0.2, 0.1)$，表示初始状态为健康的概率为 0.7，轻度和重度疾病的概率分别为 0.2 和 0.1。状态转移概率矩阵 A 和观测概率矩阵 B 分别为

$$A = \begin{pmatrix} 0.7 & 0.2 & 0.1 \\ 0.1 & 0.6 & 0.3 \\ 0.05 & 0.15 & 0.8 \end{pmatrix} \quad B = \begin{pmatrix} 0.9 & 0.08 & 0.02 \\ 0.05 & 0.9 & 0.05 \\ 0.01 & 0.2 & 0.79 \end{pmatrix}$$

其中，A 的第一行表示对于处于健康状态的人，其下一步变为轻度疾病和重度疾病的概率分别为 0.2 和 0.1，而 B 的第一行表示处于健康状态的人，有 0.9 的概率表现为无症状，0.08 的概率表现为轻微症状，以及 0.02 的概率表现为严重症状。

假设已有一个观测的状态序列 O =（无症状，轻微症状，无症状，轻微症状，严重症状），考虑隐马尔可夫模型的预测问题，请用维特比算法来求解在该观测序列下最可能的状态序列。利用 Viterbi 可得最可能的状态序列为 I =（健康，轻度疾病，

轻度疾病，轻度疾病，轻度疾病）。

2.3.8 贝叶斯统计基础

生物数据分析分为两步：模型构建和求解。前面的章节介绍了经典的统计建模及求解方法。其实，在很多实际问题中，这些模型有以下缺陷：① 模型中很难加入人们对数据的先验认知；② 复杂的模型很难求解。为此，通常需要寻求其他的建模方法。贝叶斯统计模型为复杂的情形提供了很好的解决方案。贝叶斯模型主要基于贝叶斯公式，其背后的逻辑更符合常规的推理逻辑：基于先验认知，从数据中获取对现象的新见解。

贝叶斯模型有 3 个重要的组成部分：似然函数 $f(D|\theta)$、先验分布 $f(\theta)$ 和后验分布 $f(\theta|D)$，它们之间满足贝叶斯公式：

$$f(\theta|D)=\frac{f(D|\theta)f(\theta)}{\int f(D|\theta)f(\theta)d\theta} \tag{2-33}$$

其中，θ 是未知的参数，D 是观测数据。似然函数概括了数据中所包含的信息，先验分布代表着对模型或现象的先验认知，而后验分布则综合了模型的先验知识和数据中的信息，从而获取了对模型的新认知。也就是说参数的后验分布包含了参数的所有的信息，因此在贝叶斯框架下，所有的统计推断都是基于参数的后验分布，从而产生了后验均值估计、最大后验概率估计、后验中位数估计等。

2.3.8.1 先验分布

先验分布是对先验认知的概括。按照先验分布中包含信息量的多少，先验分布可以分为无信息先验、弱信息先验和强信息先验。假设，参数 θ 的先验分布均值为 0，方差为 σ 的正态分布 $N(0,\sigma^2)$。那么当 σ 很小时，该先验分布为强先验分布。如 $\sigma=0$，那么参数值就只能为 0，无论数据中包含什么信息，参数估计值都为 0，先验信息非常强。而当 σ 比较大时，如 $\sigma=5$，则称为弱先验分布。自然地，当 $\sigma=+\infty$ 时，就是无信息先验，此时 $f(x)\propto 1$ 即参数的分布是实数空间上的均匀分布。

> **定义 2–2**
>
> **支 撑 集**
>
> 密度函数 $f(x)$ 的支撑集定义为 $\{x:f(x)>0\}$，即密度不为 0 的点集。

2.3.8.2 贝叶斯估计和极大似然估计之间的关系

根据贝叶斯公式，有

$$f(\theta\mid D)\propto f(D\mid\theta)f(\theta)=\prod_{i=1}^{n}f\left(D_i\mid\theta\right)f(\theta)=\exp\{nL(\theta)+\log f(\theta)\}$$

其中，$L(\theta)=\frac{1}{n}\sum\log f(D_i|\theta)$ 是似然函数。因此，当样本量足够大且先验分布的支撑集包含极大似然估计值时，或者先验分布为无信息先验时，最大后验概率估计就等价于极大似然估计。

例题 2-17： 设 $X_1, X_2, \cdots, X_n \sim N(\theta, \sigma^2)$，其中 σ 已知，θ 的先验分布为 $N(\mu_0, \sigma_0^2)$，其中 μ_0, σ_0^2 已知，求贝叶斯后验均值估计。

根据题目，其似然函数为

$$
\begin{aligned}
p(\theta \mid x_1, x_2, \cdots, x_n) &\propto \exp\left[-\frac{1}{2\sigma_0^2}(\theta-\mu_0)^2\right] \times \exp\left[-\frac{n}{2\sigma^2}(\theta-\bar{x}_n)^2\right] \\
&= \exp\left\{-\frac{1}{2}\left[\frac{n}{\sigma^2}(\theta-\bar{x}_n)^2 + \frac{1}{\sigma_0^2}(\theta-\mu_0)^2\right]\right\}
\end{aligned}
$$

考虑指数部分，注意到

$$
\begin{aligned}
\frac{n}{\sigma^2}(\theta-\bar{x}_n)^2 + \frac{1}{\sigma_0^2}(\theta-\mu_0)^2 &= \left(\frac{n}{\sigma^2}+\frac{1}{\sigma_0^2}\right)\theta^2 - 2\left(\frac{n}{\sigma^2}\bar{x}_n + \frac{1}{\sigma_0^2}\mu_0\right)\theta + c \\
&= \left(\frac{n}{\sigma^2}+\frac{1}{\sigma_0^2}\right)\left[\theta - \frac{\frac{n}{\sigma^2}\bar{x}_n + \frac{1}{\sigma_0^2}\mu_0}{\frac{n}{\sigma^2}+\frac{1}{\sigma_0^2}}\right]^2 \\
&= \frac{1}{\frac{\sigma^2\sigma_0^2}{\sigma^2+n\sigma_0^2}}\left[\theta - \frac{n\bar{x}_n\sigma_0^2+\sigma^2\mu_0}{n\sigma_0^2+\sigma^2}\right]^2
\end{aligned}
$$

因此，θ 的后验分布为均值为 μ_1，方差为 σ_1^2 的正态分布，其中

$$
\mu_1 = \frac{n\bar{x}_n\sigma_0^2+\sigma^2\mu_0}{n\sigma_0^2+\sigma^2}, \quad \sigma_1^2 = \frac{\sigma^2\sigma_0^2}{\sigma^2+n\sigma_0^2}
$$

贝叶斯估计得到的 θ 的估计值即为 μ_1。

2.3.8.3 共轭先验

先验分布除了可以按照分布中含有信息量的多少来区分外，还可以根据先验分布与后验分布的形式来分。如果先验分布和后验分布属于同一个分布族，该先验分布称为共轭先验。否则称为非共轭先验。共轭先验可以大大简化后验分布的表达式，提高贝叶斯推断的效率。

例题 2-18： 假设有一个硬币，想估计硬币正面朝上的概率 p 来判读它是否是均匀的。为此，做了 n 次抛掷，并观测到 y 次正面朝上。请证明 Beta 分布是 p 的共轭先验分布。

p 的似然函数为

$$
L(p) = \mathrm{C}_n^y p^y (1-p)^{n-y}
$$

若选择 Beta 分布作为 p 的先验分布，则

$$
Beta(p;\alpha,\beta) = \frac{p^{\alpha-1}(1-p)^{\beta-1}}{B(\alpha,\beta)}
$$

其中，$B(\alpha,\beta)$ 是 Beta 函数。根据贝叶斯公式，p 的后验分布为

$$
f(y|p) \propto L(p) \times Beta(p;\alpha,\beta) = p^y(1-p)^{n-y} \times p^{\alpha-1}(1-p)^{\beta-1}
$$

不难发现，p 的后验分布与先验分布具有相同的形式，同属于 Beta 分布族。因此，Beta 分布为二项分布的共轭先验。

2.4 高维统计方法

随着技术的发展，测量手段的增多，在实际的数据分析中，经常会遇到未知变量的个数 p 比样本量 n 多的情况，即 $p>n$ 的问题，统称为高维统计问题。此时，传统的建模方法无法求解，因此需要引入高维统计推断的新方法。

2.4.1 正则化方法

假设 $\{X_1, X_2, \cdots, X_p\}$ 是 p 个自变量，Y 是应变量。这里先假设应变量 Y 是连续型的随机变量。把数据做标准化处理使得所有观测变量的均值为 0，方差为 1，根据最小二乘原理，自变量的回归系数可以最小化以下目标函数获得

$$\min \sum_{i=1}^{n} \frac{1}{2}\left(y_i - \sum_{j=1}^{p} \beta_j x_{ij}\right)^2 = \frac{1}{2}\|Y - X\beta\|_2^2$$

其中，X 的第 i 行 $(x_{i1}, \cdots, x_{ip})$ 是第 i 个样本的标准化后的观测值，$\beta = (\beta_1, \beta_2, \cdots, \beta_p)$ 是回归系数，$Y = (y_1, y_2, \cdots, y_n)$。

从方程组求解的角度看，该模型中有 n 个方程 p 个未知数。当 $p=n$ 时，该方程组有唯一解；当 $n>p$ 时，可以用最小二乘法求得唯一解

$$\hat{\beta} = (X'X)^{-1} X'Y$$

而当 $p>n$ 时，该方程组没有唯一解。本质上是因为矩阵 $X'X$ 不可逆。为此，可以人为地加入一个很小的扰动，即用 $X'X+\gamma I$ 替代 $X'X$，其中 $\gamma>0$ 是一个很小的常数使得 $X'X+\gamma I$ 可逆。这就是**岭回归（ridge regression）**的思想。基于此思想得到的回归系数称为岭估计。

不难发现，岭估计

$$\hat{\beta}_\gamma = (X'X + \gamma I)^{-1} X'Y$$

是以下最小化问题的解

$$\frac{1}{2}\|Y - X\beta\|_2^2 + \gamma\|\beta\|_2^2$$

即，在最小二乘法的最优化目标的基础上加上了一个正则化项：$\gamma\|\beta\|_2^2$。

值得注意的是，由岭回归得到的参数估计值不会严格为 0，因此缺乏解释性。然而在实际问题中，通常认为不是所有的变量都对应变量有预测作用。这就引出了高维统计推断的基本假设：回归系数是稀疏的，即：回归系数中只有一小部分不为 0。模型中有用的变量个数定义为回归系数 β 中不为零的个数，即回归系数 β 的 L_0 范数为

$$\|\beta\|_0=\sum_{j=1}^{p}I\left(\beta_j\neq 0\right)$$

在稀疏性假设下，求解最小二乘回归问题，本质上就是求解以下最优化问题

$$\sum_{i=1}^{n}\left(y_i-\sum_{j=1}^{p}\beta_j x_{ij}\right)^2\text{，s.t. }\|\beta\|_0\leqslant t$$

即，把最小二乘回归的解限制在空间 $\{\beta:\|\beta\|_0\leqslant t\}$ 上，由此，最小二乘回归就有了变量选择功能。当 p 比较小的时候，可以用穷举法求解该问题。然而当 p 很大的时候，如 $p=20\,000$，穷举法就不再适用。观察发现，以上最优化问题并不是一个凸优化问题，因为 L_0 范数不是 β 的凸函数，因此不容易求解。为此，可以把 L_0 范数的限制条件弱化为 L_1 范数的限制条件，即，求解以下最优化问题

$$\sum_{i=1}^{n}\left(y_i-\sum_{j=1}^{p}\beta_j x_{ij}\right)^2\text{，s.t. }\|\beta\|_1\leqslant t$$

其中

$$\|\beta\|_1=\sum_{j=1}^{p}|\beta_j|$$

根据拉格朗日对偶原理，该最优化问题等价于

$$\min\frac{1}{2}\|Y-X\beta\|_2^2+\lambda\|\beta\|_1$$

其中，λ 是未知参数，通常利用交叉验证的方法选择。这就是著名的 LASSO（least absolute shrinkage and selection operator）方法。R 语言中的 glmnet 包可以用于求解 LASSO 问题。LASSO 在组学数据分析（如表型组数据分析、转录组数据分析等）中有着重要的作用。详见本书的后面章节。

2.4.2 变量筛选

当变量的个数非常大时，正则化的最小二乘方法不再适用，原因是数据量太大无法求解。一个典型的例子就是**全基因组关联分析（genome-wide association study，GWAS）**。例如，在人类疾病的大队列研究中通常要收集上万人的全基因组数据，其中的**单核苷酸多态性（single nucleotide polymorphism，SNP）**个数达到了千万级别，即有上千万个协变量。此时，常用的方法就是变量筛选。即把多元回归模型简化为简单回归模型求解

$$Y=\sum_{i=1}^{q}z_i+\beta\text{SNP}+\eta$$

其中，z_i 是需要矫正的协变量，如性别、年龄等；Y 是感兴趣的表型，如 BMI、身高。这一思想本质上是检验每个 SNP 与经协变量矫正后的残差之间的相关性，即

$$Y - \sum_{i=1}^{q} z_i \text{ v.s. SNP}$$

因此是一个多重假设检验问题。

换句话说，GWAS 分析就是分两步走：① 计算应变量（残差）与 SNP 之间的相关系数及其 p 值；② 做多重假设检验矫正，如用 Bonferroni 矫正，并报告显著的 SNP 位点。③ 当 p 值小于阈值 c 时，认为 SNP 与应变量相关。在实际中，通常通过经验来确定阈值 c，如在 GWAS 中，一般取 5×10^{-8}。变量筛选方法的缺点是它只考虑变量的边际作用，而忽略了联合作用。GWAS 方法可以推广为更为一般的变量筛选方法，只需要把用于度量应变量与 SNP 之间相关性的相关系数更换为其他的相关性度量方法即可。GWAS 相关应用可参阅第 6 章和第 10 章。

2.4.3 LASSO 方法的讨论

2.4.3.1 LASSO 问题的求解

坐标下降法（coordinate descent）是一个经典的优化算法。坐标下降法的主要思想是每次迭代时，只对一个坐标轴方向进行优化，其他坐标轴的值固定不变，从而使得多变量优化问题变成单变量优化问题。记 LASSO 问题中的目标函数为 $f(\beta)$，则

$$\begin{aligned} f(\beta) &= \frac{1}{2}\|Y - X\beta\|_2^2 + \lambda\|\beta\|_1 \\ &= \frac{1}{2}\sum_{i=1}^{n}\left(y_i - \sum_{j=1}^{p} x_{ij}\beta_j\right)^2 + \lambda\sum_{j=1}^{p}|\beta_j| \end{aligned}$$

根据坐标下降法的原理，考虑求第 k 个坐标轴方向的最优值，其余的 $\beta_j(j \neq k)$ 视为已知且固定不变。对目标函数求偏导可得

$$\begin{aligned} \frac{\partial f(\beta)}{\partial \beta_k} &= -\sum_{i=1}^{n}\left(y_i - \sum_{j=1}^{p} x_{ij}\beta_j\right)x_{ik} + \frac{\partial(\lambda|\beta_k|)}{\partial \beta_k} \\ &= -\sum_{i=1}^{n}\left(y_i - \sum_{j\neq k} x_{ij}\beta_j\right)x_{ik} + \sum_{i=1}^{n} x_{ik}^2\beta_k + \frac{\partial(\lambda|\beta_k|)}{\partial \beta_k} \\ &= -r_k + z_k\beta_k + \frac{\partial(\lambda|\beta_k|)}{\partial \beta_k} \end{aligned}$$

其中

$$r_k = \sum_{i-1}^{n}\left(y_i - \sum_{j\neq k} x_{ij}\beta_j\right)x_{ik}, z_k = \sum_{i=1}^{n} x_{ik}^2$$

对于偏导数的最后一项，要引入**次梯度（subgradient）**的概念，即

$$\frac{\partial(\lambda|\beta_k|)}{\partial \beta_k} = \begin{cases} \lambda & \beta_k > 0 \\ [-\lambda, \lambda] & \beta_k = 0 \\ -\lambda & \beta_k < 0 \end{cases}$$

从而令梯度为 0，我们可以得到第 k 个坐标轴方向的最优值为

$$\beta_k^* = \begin{cases} \dfrac{r_k - \lambda}{z_k} & r_k > \lambda \\ 0 & -\lambda \leqslant r_k \leqslant \lambda \\ \dfrac{r_k + \lambda}{z_k} & r_k < -\lambda \end{cases}$$

由此，得到 LASSO 问题的解。该算法总结如下：

坐标下降法求解 LASSO

① 给定初始值 β，设定迭代终止条件；

② 选择某个分量 k，其余分量固定，更新 β_k，

$$\beta_k = \begin{cases} \dfrac{r_k - \lambda}{z_k} & r_k > \lambda \\ 0 & -\lambda \leqslant r_k \leqslant \lambda \\ \dfrac{r_k + \lambda}{z_k} & r_k < -\lambda \end{cases}$$

其中

$$r_k = \sum_{i=1}^{n} \left(y_i - \sum_{j \neq k} x_{ij}\beta_j \right) x_{ik}, \quad z_k = \sum_{i=1}^{n} x_{ik}^2$$

③ 若达到迭代终止条件，则迭代终止；否则，继续上一步迭代

2.4.3.2 LASSO 思想的扩展

在实际应用中发现，LASSO 存在以下缺陷：两个相关的自变量，其中一个自变量的系数为 0，而另外一个自变量的系数则不为 0（见例题 2－19）。

例题 2－19：（LASSO 的缺点）我们构建如下模拟数据：$x_2, x_3 \in R^{100}$，服从标准正态分布，且 x_2 与 x_3 相互独立。$x_1 = 0.8x_2$，$x_4 = x_3$，$x_5 = 1.2x_3$，即 x_1 与 x_2 高度相关，x_3, x_4, x_5 高度相关，再产生相互独立的 $x_6, x_7, \cdots, x_{10} \in R^{100}$。令 $X = (x_1, x_2, \cdots, x_{10}) \in R^{100\times 10}$，$y = x_1 + x_2 + x_3 + \varepsilon$，其中 ε 为高斯噪声。

运用 LASSO 来求解这个回归问题，对于 $\lambda = 0.2$，得到的自变量对应的回归系数为

$$\hat{\beta} = (0, 1.56, 0, 0, 0.64, 0, 0, 0, 0, 0)$$

即只有 x_2 和 x_5 对应的系数非零，但实际上 x_1 与 x_2 是高度相关的特征，x_3, x_4 与 x_5 高度相关，因此 LASSO 得到的变量选择不符合真实情况。这显然不符合常理。针对这一缺点，研究人员提出了 Elastic Net，即求解以下最优化问题

$$\min \frac{1}{2}\|Y - X\beta\|_2^2 + \lambda_1\|\beta\|_1 + \lambda_2\|\beta\|_2^2$$

我们可以把 LASSO 问题写成更一般的数学形式，即

$$\min \frac{1}{2}\|Y - X\beta\|_2^2 + P_\lambda(\beta)$$

其中，$P_\lambda(\beta)$ 是惩罚函数，该问题统称为正则化最小二乘问题。

在 LASSO 问题中，

$$P_\lambda(\beta) = \|\beta\|_1$$

而在 Elastic Net 问题中，

$$P_\lambda(\beta) = \lambda_1\|\beta\|_1 + \lambda_2\|\beta\|_2^2$$

LASSO 的变量选择思想在其他问题中也有广泛的应用，从而引申出了很多 LASSO 方法。

（1）融合 LASSO

融合 LASSO（fused LASSO）是一种对具有空间相关性或时间相关性的数据进行建模的变体。它在标准 LASSO 模型的基础上引入了附加的平滑性约束。融合 LASSO 的目标是在保持稀疏性的同时，尽可能地将相邻的特征或变量值归为一组，以便更好地捕捉数据中的结构信息。这对于处理图像、基因组数据和时间序列数据等具有空间或时间结构的数据非常有用。融合 LASSO 的目标函数包括 L1 范数项和平滑性惩罚项，其中平滑性惩罚项通常是相邻特征之间差异的 L1 范数。

（2）图 LASSO

图 LASSO（graph LASSO）是一种用于建模具有图结构的数据变体。它结合了图论和 LASSO 回归的概念，用于估计具有稀疏精度矩阵的高维数据。在图 LASSO 中，数据被视为图中的节点，而节点之间的关系则由边表示。图 LASSO 的目标是找到一个稀疏的精度矩阵，其中非零元素对应于图中连接的节点对应的条件依赖关系。这种方法可以用于网络分析、脑连接研究和金融风险建模等领域。图 LASSO 在基因调控网络的推断中有着重要作用。

（3）结构约束 LASSO

结构约束 LASSO（structure constraint LASSO）是一种在 LASSO 回归中引入额外结构约束的变体。它通过约束模型参数之间的关系，以更好地利用领域知识或先验信息。例如，可以约束模型参数具有特定的排序、分组或稀疏性模式。这种方法可以用于特征选择、模型解释和领域知识引导的建模等任务。结构约束 LASSO 的具体形式取决于所引入的结构约束，可以通过添加适当的正则化项来实现。

（4）贝叶斯 LASSO

即把正则化条件放入参数的先验分布中。贝叶斯 LASSO 的优点是在复杂的问题中可以更方便地求解。

2.5 统计学习基础

本章节主要介绍常用的统计学习算法思想。主要包括以下内容：有监督学习算法和无监督学习算法（聚类算法和降维方法）。

2.5.1 有监督学习

有监督学习考虑的问题是自变量 X 如何影响应变量 Y。按照响应变量 Y 的数据类型分，可进一步分为回归学习（即 Y 是连续的变量）和分类学习（即 Y 是类别变量）。本章第 2.3 节中介绍的统计模型都属于有监督学习的范畴。本章节将介绍一些其他的有监督学习方法。这些方法与之前介绍的统计模型有很大的区别，大多数属于启发式的算法，也可以理解为是非参数方法。

2.5.1.1 回归树和决策树

根据物以类聚的基本理念，可以先对自变量进行聚类分析，并且在特征空间里相近的样本具有高度的相似性。换句话说，如果可以将特征空间切分为较小的碎块，然后为每一个碎块内的样本配置一个统一的因变量取值，就有机会做出误差较小的预测。从数学上讲，回归树的构造思想是用分段阶梯函数来逼近任意的未知函数 $f(x)$, 即：

$$f(x) = \sum_k c_k I(a_{k-1} < x \leqslant a_k) \tag{2-34}$$

其中 $a_0, c_k, a_k, k = 1, 2, \cdots$，是未知参数。实际中，我们通常用 if-else 的语句来构造回归树，并估计模型中的未知参数。当应变量为类别变量时，回归树则称为决策树。

2.5.1.2 模型平均（bagging 算法）

目前，已经介绍了多种不同的模型，然而不同的模型在相同的数据集中预测精度会很不一样。换句话说，模型的预测方差会比较大。为了缩减模型的预测方差，研究人员提出了模型平均思想。假设，有 m 个模型可用来预测身高 Y，记作：$f_k(x), k = 1, 2, \cdots, m$。模型平均就是把这 m 个模型加权成为一个最终的模型，即

$$f(x) = \sum_{k=1}^{m} w_k f_k(x) \tag{2-35}$$

其中，w_k 是第 k 个模型的权重。在上述模型中，有两个重要的因素：权重 w_k 和模型 $f_k(x)$。对于权重，最直接的方法是取 $w_k = 1/m$，即每个模型是等效的，没有偏好性。或者，w_k 可以取第 k 个模型的预测精度的函数，使得模型的预测精度越高，权重就越大。对于模型 $f_k(x)$，形式上可以把 $f_k(x)$ 看成是一组基函数，那么最终模型 $f(x)$ 就是在基函数的展开。从实践上看，可以用 bagging 的思想来构造模型 $f_k(x)$。即利用 bootstrap 的方法，在样本 $\{(x_i, y_i) : i = 1, 2, \cdots, N\}$ 上利用 bootstrap 重抽样技术得到不同的样本，并拟合一个模型 $f^b(x)$。重复这个过程 B 次，就得到 B 个不同的模型。此时，最后的预测模型即为 $f(x) = \dfrac{1}{B}\sum_{b=1}^{B} f^b(x)$。重复的次数越多，预测的方差就会越小。

分类问题中也有对应的 boosting 方法。它的思想是把几个预测效果不好的模型联合在一起成为一个预测更好的模型。通俗地说就是弱弱联合变成强者。最受欢迎的

boosting 方法是由 Freund 和 Schaprie 于 1997 年针对二分类问题提出的 AdaBoost M1 算法。在实际问题中，boosting 算法要比 bagging 算法的效果好，因此也更常用。

2.5.1.3 随机森林

随机森林本质上是在回归树（决策树）的基础上利用 bagging 算法来提升模型的预测精度。在原始的 bagging 算法中，不难看出基于 bootstrap 样本得到的预测模型之间有一定的相关性。这是因为 bootstrap 样本之间有一定的重复性。而随机森林就是为了去除这样的重复性，从而得到更好的预测模型。

随机森林算法

① 对于 $b=1\sim B$

(a) 从训练集中重抽样本数为 N 的样本 Z^*；

(b) 从重抽的样本中构建决策树 T_b。对树的每个叶节点，递归地重复下述步骤，直到达到最小的节点数。

(i) 随机地从 p 变量中选择 m 变量；

(ii) 在 m 变量中选择最好的可作为分裂点的变量；

(iii) 将该节点分裂为两个子节点。

② 输出决策树 $\{T_b\}_{b=1}^{B}$ 所构成的随机森林

对于新的样本点 x 做预测时：

回归问题：$\widehat{f}^B(x)=\dfrac{1}{B}\sum\limits_{b=1}^{B}T_b(x)$

分类问题：令 $\widehat{C}_b(x)$ 表示第 b 个决策树的预测，则随机森林的预测结果由 B 个决策树通过多数表决决定

以上介绍的方法主要用于处理结构数据，而对于图像、视频等非结构数据则无法适用。随着计算机技术的发展，神经网络模型的学习能力逐渐体现，并成为处理复杂数据的重要模型。在简单的数据类型中，神经网络模型也可以取得很好的效果。关于神经网络模型及深度学习模型的介绍详见第 3 章。值得注意的是，虽然统计学习和深度学习都属于机器学习范畴，但两者有着很大的区别。统计学习更加强调模型的可解释性，而深度学习则是一种端到端的学习范式，在某种程度上缺乏可解释性。然而，可解释性是我们理解生命过程和生命现象的重要前提。因此，在选用机器学习算法时，必须明确当前问题的特点和目标，这样才能得到想要的结果。

2.5.1.4 模型评估和模型选择

模型构建完成后就可以得到分析和预测结果。这自然会想到以下几个**模型评估（model assessment）**问题：如何衡量模型的正确性和有效性？该模型能否推广应用到其他类似的数据集上？在统计学习中，模型的泛化能力是指模型在独立的测试集上的预测能力，即：刻画模型是否能被广泛地应用于其他类似的数据集。因此，模型泛化能力的刻画是模型评估的重要组成部分，同时，也是模型选择的重要指标。

模型选择（model selection）有两层含义：① 在假设空间上训练得到的模型可能不止一个，需要从中进行选择；② 对于具体问题，可以尝试不同的建模方法，于是就有了不同的模型。在这些模型训练结束后，需要决定使用哪一个。当数据足

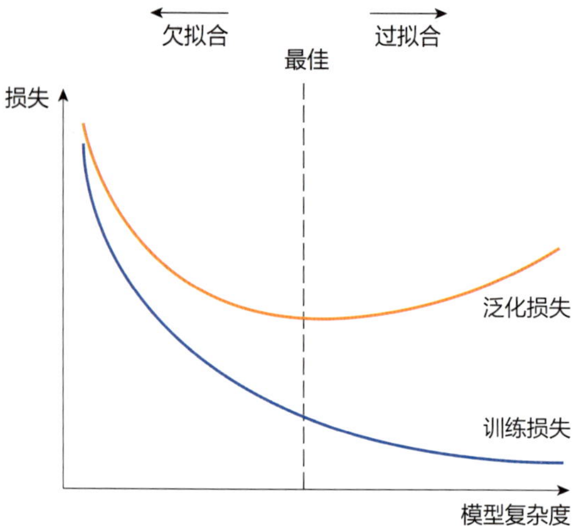

图 2-16 模型的欠拟合和过拟合

够多时，可以将数据分为三部分：训练集、验证集和测试集。训练集用来训练模型，验证集用来评估模型的精度和选择模型，测试集则用来评估模型的泛化能力。

模型拟合时会出现两种现象（图 2-16）：① 欠拟合，即：模型在训练集和测试集中的表现都不好；② 过拟合，即：模型在训练集中表现很好，但在测试集中表现一般；过拟合的模型往往在训练集中有着很小的误差，但是测试集中误差较大。因此在模型评估和模型选择时，不仅要考虑其在训练集上的误差，还要考虑模型的泛化能力和模型的复杂度。

在实际应用中，通常采用**交叉验证（cross-validation）**法来评估模型在测试集上的误差。交叉验证中常用的方法为 K 折验证：将训练集分为 K 份大小相同的数据集，选取其中 $K-1$ 份作为训练集，将剩下的一份作为验证集，估计误差。如此重复 K 次，用 K 份验证集上的平均误差或方差等信息来评估模型的泛化能力，进而进行模型选择。

2.5.1.5 支持向量机

支持向量机（support vector machine，SVM）是一个常用的分类算法。给定数据集 $\{(x_i, y_i), i=1,2,\cdots,n\}$，其中 $x_i \in R^d, y_i \in \{-1,1\}$，我们希望构造一个分类器来区分这两类。假设，我们的分类器是超平面 $wx-b$=0，若 $wx_i-b>0$，则 $y_i=1$，否则 $y_i=-1$。然而，这样的分类器得到的结果中，两个类别的分界线可能会比较模糊。因此，可以构造有清楚分类边界的分类器，例如

$$y_i=\begin{cases}1 & (wx_i-b\geqslant\eta)\\-1 & (wx_i-b\leqslant-\eta)\end{cases} \tag{2-36}$$

分界线之间的距离为 $\dfrac{2\eta}{\|w\|^2}$，η 越大，两个类别的分界线就越明显（图 2-17）。因此，分界线之间的距离越大，就意味着分类器效果越好。从而根据以下最优化问题求解 w, b：

$$\min_{w,b}\frac{2\eta}{|w|^2},\quad \text{s.t. } y_i\,(wx_i-b)\geqslant\eta \tag{2-37}$$

其中，$y_i\,(wx_i-b)\geqslant\eta$ 是保证每个点都被正确地分类，η 和未知参数无关，通常取为 1。

因此 SVM 寻找最大间隔超平面等价于求解问题:

$$\begin{aligned}&\max_{w,b}\quad \frac{1}{2}\|w\|^2\\&\text{s.t.}\quad y_i(w^Tx_i+b)\geqslant 1\end{aligned}$$

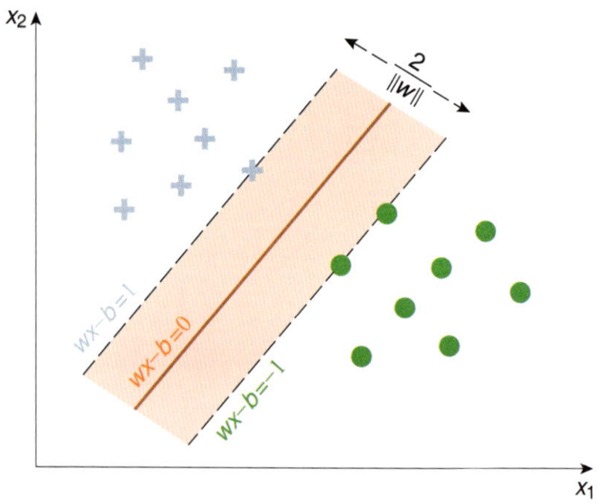

图 2-17 最大间隔超平面的示意图

当数据集线性不可分的时候，我们可以允许 SVM 在少量样本上出错，即将之前的硬间隔最大化条件放宽一点，为此引

入“软间隔（soft margin）”的概念。即允许少量样本不满足约束 $y_i(w^Tx_i+b)\geqslant 1$。为此我们引入一个松弛变量 ξ_i，令 $\xi_i\geqslant 0$，且 $1-y_i(w^Tx_i+b)-\xi_i\geqslant 0$，从而增加了软间隔 SVM 的优化问题转换为

$$\min_w \frac{1}{2}\|w\|^2+C\sum_{i=1}^{m}\xi_i$$

$$\text{s.t.}\quad g_i(w,b)=1-y_i(w^Tx_i+b)-\xi_i\leqslant 0,\quad \xi_i\geqslant 0,\quad i=1,2,\cdots,n$$

其中，C 是一个大于 0 的常数，可以理解为错误样本的惩罚程度，若 C 为无穷大，ξ_i 必然无穷小，如此一来线性 SVM 就又变成了线性可分 SVM；当 C 为有限值的时候，才会允许部分样本不遵循约束条件。

当数据集中的样本大多数不是线性可分的时候，我们可以通过引入核函数，将原空间的数据映射到一个新空间中（如更高维甚至无穷维的空间），然后在新空间里用线性方法从训练数据中去学习得到模型，就是非线性的 SVM。在 SVM 中引入核函数的方法是基于其对偶问题，将对偶问题中的 $(x_i\cdot x_j)$ 替换为核函数 $K(x_i,x_j)=[\phi(x_i)\cdot\phi(x_j)]$，也就是将分割超平面转化为 $f(x)=w\phi(x)+b$，从而将非线性 SVM 的对偶问题变成

$$\min_\lambda\left\{\frac{1}{2}\sum_{i=1}^{n}\sum_{j=1}^{n}\lambda_i\lambda_jy_iy_j[\phi(x_i)\cdot\phi(x_j)]-\sum_{j=1}^{n}\lambda_i\right\}$$

$$\text{s.t.}\quad \sum_{i=1}^{n}\lambda_iy_i=0,\quad \lambda_i\geqslant 0,\quad C-\lambda_i-\mu_i=0$$

通过二次规划问题求解算法或者 SMO（sequential minimal optimization）算法得到最优解 $\widehat{\lambda}$，选择满足 $0<\lambda_j<C$ 的一个分量，计算

$$\hat{b}=y_j-\sum_{i\in SV}\hat{\lambda}_iy_iK(x_j,x_i)$$

来构造最终的决策函数

$$f(x)=\text{sign}\left[\sum_{i\in SV}\hat{\lambda}_iy_iK(x_j,x_i)+\hat{b}\right]$$

2.5.1.6　SVM 问题的求解

SVM 的优化问题可以通过拉格朗日乘数法，转换为对偶问题去求解。我们构造拉格朗日函数

$$\min_{w,b}\max_\lambda L(w,b,\lambda)=\frac{1}{2}\|w\|^2+\sum_{i=1}^{n}\lambda_i\left[1-y_i(w^Tx_i+b)\right]$$

$$\text{s.t.}\quad \lambda_i\geqslant 0$$

利用强对偶性转化为

$$\max_\lambda\min_{w,b}L(w,b,\lambda)$$

对参数 w 和 λ 求导，并令它们等于零可得

$$\sum_{i=1}^{n}\lambda_i x_i y_i = w$$

$$\sum_{i=1}^{n}\lambda_i y_i = 0$$

代入拉格朗日函数可得

$$\begin{aligned}
L(w,b,\lambda) &= \frac{1}{2}\sum_{i=1}^{n}\sum_{j=1}^{n}\lambda_i\lambda_j y_i y_j(x_i\cdot x_j)+\sum_{i=1}^{n}\lambda_i-\sum_{i=1}^{n}\lambda_i y_i\left[\sum_{j=1}^{n}\lambda_j y_j(x_i\cdot x_j)+b\right]\\
&= \frac{1}{2}\sum_{i=1}^{n}\sum_{j=1}^{n}\lambda_i\lambda_j y_i y_j(x_i\cdot x_j)+\sum_{i=1}^{n}\lambda_i-\sum_{i=1}^{n}\sum_{j=1}^{n}\lambda_i\lambda_j y_i y_j(x_i\cdot x_j)-\sum_{i=1}^{n}\lambda_i y_i b\\
&= \sum_{j=1}^{n}\lambda_i-\frac{1}{2}\sum_{i=1}^{n}\sum_{j=1}^{n}\lambda_i\lambda_j y_i y_j(x_i\cdot x_j)
\end{aligned}$$

从而将原问题转换为对偶问题

$$\max_{\lambda}\left[\sum_{j=1}^{n}\lambda_i-\frac{1}{2}\sum_{i=1}^{n}\sum_{j=1}^{n}\lambda_i\lambda_j y_i y_j(x_i\cdot x_j)\right]$$

$$\text{s.t.}\quad \sum_{i=1}^{n}\lambda_i y_i = 0 \quad \lambda_i \geqslant 0$$

这是一个二次规划问题，问题规模正比于训练样本数，我们常用 SMO 算法求解。

2.5.2 无监督学习

在有监督学习中，同时有自变量和因变量的观测。而在无监督学习中，只有自变量的观测，其主要目的是聚类，即：识别数据中相似的样本群体，并发现一些内在的规律。随着新一代测序技术的发展，单细胞转录组测序（scRNA-Seq）使我们能够在单细胞分辨率上研究基因的表达模式。例如，研究人员可以用单细胞测序技术收集外周血单个核细胞（peripheral blood mononuclear cell，PBMC）单细胞数据，并以此为基础来了解外周血中都有哪些细胞类型？都有什么特征？这就是一个典型的聚类分析问题。另外，不难发现，单细胞数据是一个高维数据，它所测量的是上千个细胞中几万个基因的表达量，因此，无监督学习又分为两步，降维和聚类。

2.5.2.1 降维

假设数据集 $\{X_i \in R^m, i=1,2,\cdots,n\}$ 是 n 个细胞中 m 个基因的表达数据。在 PBMC 数据中，$n=2\,700$, $m=13\,714$，维度很高，无法直接把数据用二维图，或者三维图呈现出来。因此希望构造新的变量 Z 来表示原数据, 而且还满足以下性质：① Z 的维度更低，最好是二维，或者三维；② Z 保留了原始数据的信息。下面介绍构造 Z 的几个常用方法。

（1）主成分分析

主成分分析（principal component analysis，PCA）最直接的思想是新变量 Z 是原变量的线性组合，即：$Z = X\beta$，这样就把一个 m 维的数据变成了一维。类似的，可以定义 $Z_1 = X\beta_1, Z_2 = X\beta_2, \cdots, Z_k = X\beta_k$，把原数据 X 映射到 k 维空间中 $(k < m)$。从这个角度看，降维就是构造高维空间到维空间的映射。上面构造的是一个线性映射，即

$$Z = AX \tag{2-38}$$

其中，$A \in R^{k\times m}$ 是一个矩阵，$Z \in R^k$。若 $k = 3$，原数据则从 m 维空间投影到了三维空间上，完成了第一目标。现在的问题是如何选取 β 才能保留原始数据的信息？直觉上，可以让线性变换后的变量方差尽可能大，即：最大化 Z 的方差 $Var(X'\beta)$。因此，β 是以下最优化问题的解：$\max Var(X'\beta) = \beta'\Sigma\beta$，其中 Σ 是 X 的协方差矩阵。为了让解具有唯一性，需要加入条件 $\|\beta\| = 1$。因此，可以通过求解以下问题找到线性降维的映射关系

$$\max Var(X'\beta) = \beta'\Sigma\beta, \text{ s.t. } \|\beta\| = 1 \tag{2-39}$$

用样本协方差阵 $\widehat{\Sigma}$ 替代 Σ，即可用拉格朗日乘子法求解上述问题。经过简单的推导知道 $\widehat{\Sigma}$ 的最大特征值所对应的特征向量就对应着方差最大的低维变量，称为第一主成分，特征值 λ_1 正好对应该成分的方差。由此，可以推知 $\widehat{\Sigma}$ 的第 i 大特征值对应的特征向量对应于第 i 主成分，特征值 λ_i 正好对应该成分的方差。实际应用中，通常要确定主成分的个数 k，这可以根据它们的方差贡献度来确定, 即：$p_k = \dfrac{\sum_{i\leqslant k}\lambda_i}{\sum_{i\leqslant m}\lambda_i}$，其中分子是前 k 个主成分对总方差的贡献，分母是总方差。

（2）低维空间嵌入

PCA 的目的是在低维空间中寻找方差最大的量来替代原数据，从而达到在降维过程中保留信息的目的。另外一个更为直接的保留信息的方法是把高维空间中的数据按照一种特定的规则嵌入到低维空间中，即**低维空间嵌入（low dimensional embedding）**。假设 $X = (X_1, \cdots, X_n)$ 为高维空间 R^p 中的 n 个观测点，$Y = (Y_1, \cdots, Y_n)$ 是它在低维空间 R^k 中的嵌入。记 $d_{ij} = d(X_i, X_j)$ 是原空间中任意两个点之间的距离，$d'_{ij} = d(Y_i, Y_j)$ 为低维空间中任意两点之间的距离，那么，低维空间嵌入就是要在一个低维空间中重构原数据之间的相对位置关系，即：$d_{ij} = d'_{ij}$。为了求得高维空间中的数据在低维空间的表示，需要构建一个最优化目标 $L(Y)$，不同的优化目标就对应着不同的方法。

① **高维尺度分析（multidimensional scaling，MDS）**

$$L(Y) = \sum (d'_{ij} - d_{ij})^2 \tag{2-40}$$

② **等距特征映射（isometric mapping，ISOMAP）**

等距特征映射与 MDS 的区别在于高维空间中任意两点之间距离的计算方式。

如果高维空间中的数据存在于一个流形上，那么两点之间的距离需要基于流形计算，而不是两点之间的欧氏距离。因此，等距特征映射也称为非度量 MDS（non-metric MDS）。

③ **局部线性嵌入（local linear embedding）**

$$L(Y)=\sum\left(Y_i-\sum_{j\in R_i}w_{ij}Y_j\right)^2 \tag{2-41}$$

其中，R_i 是 X_i 的 k 阶邻居，即：$R_i=\{j|d(X_j,X_i)\leqslant d_k\}$，权重 w_{ij} 表示用 X_i 的邻居预测 X_i 的回归系数。

④ **局部线性映射（local linear mapping）**

$$L(Y)=\sum(Y_i-Y_j)^2w_{ij} \tag{2-42}$$

其中，w_{ij} 是基于 X_i,X_j 得到的权重。低维空间中的两个点离得越远，权重就越大。

⑤ **t 分布式随机邻域嵌入（t-distributed stochastic neighbor embedding，t-SNE）**和**统一流形逼近与投影（uniform manifold approximation and projection，UMAP）**则考虑保持低维空间中所有点之间的位置分布关系不变。这里不再详细叙述。

2.5.2.2 聚类分析

聚类分析是分析样本之间的相似性，把相似的样本聚集到一起，不相似的样本则尽可能分开。因此，样本之间的相似性度量是聚类分析的第一步。最常用的相似性度量是欧式距离，即：$d(\boldsymbol{x},\boldsymbol{y})=\sqrt{\sum_{\{i=1\}}^{d}(x_i-y_i)^2}$，其中 $\boldsymbol{x},\boldsymbol{y}$ 是 d 维向量。除了欧式距离外，还有其他的相似度量，详见表 2-23。

表 2-23 常用的相似性度量

方法	$\boldsymbol{a}=(a_1,a_2,\cdots,a_p),\boldsymbol{b}=(b_1,b_2,\cdots,b_p),p\geqslant 1$ 之间的相似性
欧几里得距离	$d(\boldsymbol{a},\boldsymbol{b})=\sqrt{\sum(a_i-b_i)^2}$
切比雪夫距离	$d(\boldsymbol{a},\boldsymbol{b})=\max\limits_{1\leqslant i\leqslant p}\lvert a_i-b_i\rvert$
曼哈顿距离	$d(\boldsymbol{a},\boldsymbol{b})=\sum\lvert a_i-b_i\rvert$
堪培拉距离	$d(\boldsymbol{a},\boldsymbol{b})=\sum\frac{\lvert a_i-b_i\rvert}{a_i+b_i}$
闵可夫斯基距离	$d(\boldsymbol{a},\boldsymbol{b})=\sqrt[q]{\sum(a_i-b_i)^q},q\geqslant 1$
Cosine 距离	$Cos(\boldsymbol{a},\boldsymbol{b})=\frac{\sum a_ib_i}{\sum a_i^2\sum b_i^2}$
Pearson 相关系数	$\rho(a,b)=\frac{\sum(a_i-\bar{a})(b_i-\bar{b})}{\sqrt{Var(a)Var(b)}},\bar{a}=\frac{1}{p}\sum a_i$
Spearman 相关系数	$\rho(R_a,R_b),R_a,R_b$ 分别表示 $\boldsymbol{a}$ 和 $\boldsymbol{b}$ 的秩向量

（1）K-means 算法

假设 $\{x_1, x_2, \cdots, x_n\}$ 是 p 维随机变量 $X \in R^p$ 的 n 个独立观测，那么聚类算法本质上是从样本点到类别的一个映射：$C: X \to k, k \in \{1, 2, \cdots, K\}$，即：$C(x_i) = k$，简写为 $C(i) = k$, 其中 $i = 1, 2, \cdots, n$。换句话说，聚类问题就是要求解未知的函数 C。这首先需要一个用于衡量聚类效果的目标函数。根据聚类的结果可以定义以下两种距离。

① 类内距离，即属于相同类别的两个点之间距离的总和，即

$$W(C) = \frac{1}{2}\sum_{k=1}^{K}\sum_{C(i)=k}\sum_{C(i')=k} d(x_i, x_{i'}) \tag{2-43}$$

类内距离衡量的是一个类内部对象的相似程度，其中距离函数 d 用来度量任意两个样本点之间的相似性。因此，聚类算法的一个直接目标函数是最小化类内距离。

② 总间距，即所有点之间距离的总和定义为

$$T = \frac{1}{2}\sum_{i}\sum_{i'} d(x_i, x_{i'}) = \frac{1}{2}\sum_{k=1}^{K}\sum_{C(i)=k}\left[\sum_{C(i')=k} d(x_i, x_{i'}) + \sum_{C(i')\neq k} d(x_i, x_{i'})\right] \tag{2-44}$$

由此，有 $T = W(C) + B(C)$，其中，

$$B(C) = \frac{1}{2}\sum_{k=1}^{K}\sum_{C(i)=k}\sum_{C(i')\neq k} d(x_i, x_{i'})$$

是类间距。因此，最小化类内距离就等价于最大化类间距。最小化类内距离本质上是一个组合最优化问题，然而当 n 很大，K 也比较大的时候，这个问题很难求解。

当采用欧式距离来度量任意两个样本点之间的相似度时，类间距就写成：

$$W(C) = \frac{1}{2}\sum_{k=1}^{K}\sum_{C(i)=k}\sum_{C(i')=k} \|x_i - x_{i'}\|^2 = \sum_{k=1}^{K} N_k \sum_{C(i)=k} \|x_i - \overline{x}_k\|^2 \tag{2-45}$$

其中，$\overline{x}_k = (\overline{x}_{1k}, \overline{x}_{2k}, \cdots, \overline{x}_{pk})$ 是第 k 个类的中心，$\overline{x}_{jk} = \dfrac{1}{N_k}\sum_{i=1}^{n} x_{ij} I[C(i) = k], j = 1, 2, \cdots, p$, $N_k = \sum_{i=1}^{n} I[C(i) = k]$。此时，存在一个高效的算法用于求解该问题，名为 K-means 算法，见以下说明。需要注意的是，当样本点的数量很大时，K-means 算法很可能会给出一个局部最优解，而不是全局最优解。

K-means 算法

① 对于数据点集 D，聚类数 K，初始化 K 个聚类中心，通常是从 D 中随机选择。
② 重复：
  (a) 对于 D 中的每一个数据点 x_i，为其分配最近的聚类中心；
  (b) 对每一个聚类中心 $C_j, j = 1, \cdots, K$，更新 C_j 的中心为 C_j 中所有点的均值。直到聚类中心点不再变化或达到最大迭代次数

（2）层次聚类算法

层次聚类（hierarchical clustering）是聚类算法的一种，通过计算不同类别数据点间的相似度来创建一棵有层次的嵌套聚类树（表 2-24）。在聚类树中，不同类别的原始数据点是树的最低层，树的顶层是一个聚类的根节点。数据集的划分可采用“自底而上”的聚合策略，也可采用“自顶向下”的拆分策略。“自底而上”的算法开始时把每一个原始数据看作一个单一的聚类簇，然后不断聚合小的聚类簇成为大的聚类。“自顶向下”的算法开始把所有数据看作一个聚类，通过不断分割大的聚类直到每一个单一的数据都被划分。

表 2-24　层次聚类算法中的类之间的距离

聚类方式	说明
最短距离法	一个簇和另外一个簇中的不同向量互相之间的距离最小值为两个簇的距离
最大距离法	一个簇和另外一个簇中的不同向量互相之间的距离最大值为两个簇的距离
平均距离/UPGMA 法（unweighted pair group method using arithmetic mean）	一个簇和另外一个簇中不同向量两两之间距离的平均值为两个簇的距离
WPGMA 法（weighted pair group method using arithmetic mean）	一个簇和另外一个簇中不同向量两两之间距离的加权平均值为两个簇的距离
UPGMC 法（unweighted pair group method using centroids）	两个簇的质心之间的距离为两个簇的距离
WPGMC 法（weighted pair group method using centroids）	两个簇的加权质心之间的距离为两个簇的距离

根据聚类簇之间距离的计算方法的不同，层次聚类算法可以大致分为：单链接算法、全链接算法或均链接算法。单链接算法用两个聚类簇中最近的样本距离作为两个类簇之间的距离；全链接算法计算两个聚类簇中最远的样本距离；均链接算法中两个聚类之间的距离由两个簇中所有的样本共同决定。

对于“自底而上”聚合策略的层次聚类算法，其在算法初始阶段将每个数据点都视为一个单独的类，在每次迭代中选择两个距离最小的类簇，将它们聚合为一个新的类簇，再继续迭代，直到达到我们想要的类簇个数或者所有数据点都聚合为一个类。在实际应用中这种策略的层次聚类算法相比于拆分策略的使用更为广泛。

2.6　统计因果推断

因果推断是一种用于确定变量之间因果关系的统计方法，目标是计算出一个变量（如某种治疗）对另一变量（如某种疾病）的影响效果，即因果效应。在生物医学领域，因果推断具有重要价值。我们常常需要明确哪些行为或环境因素会增加疾病风险，哪些治疗措施会改善病情，而回答这些问题则需要运用因果推断的方法来进行分析。例如，临床随机对照试验（randomized controlled trial，RCT）便是因果推断的重要方法，通过随机分配干预措施，使研究者能够评估干预对结果的因果效应。但 RCT 往往会受限于昂贵的试验成本和伦理道德，从观察性研究中获得因果效应则变得极为重要。在观察性研究中，因果推断的主要挑战在于如何排除混杂因素的干扰。混杂因素指的是对拟研究的两个变量均具有影响作用的因素，下面这个悖论可以很好地说明混杂因素给确定因果关系带来的干扰。

2.6.1 辛普森悖论

辛普森悖论（Simpson's paradox）是 1951 年由英国统计学家爱德华·辛普森（Edward Simpson）提出，该悖论指出在一组数据中，两个变量 X 和 Y 的边缘相关性和给定 Z 后的条件相关性可能是完全相反的。下面，我们通过一个例子来体会该悖论的深刻含义。

体育运动是否能够增加睡眠时间呢？这是一个有趣的问题。假如我们进行了一项观察性研究，收集了一组个体的运动时间（X）及其当天的睡眠时间（Y）。经过分析后我们惊讶地发现，运动时间竟然和睡眠时间呈现负相关（图 2-18a）。分析结果似乎在告诉我们体育运动会降低睡眠时间，这显然有悖于我们的常识。之后，我们根据年龄对数据进行分组，在每个亚组内单独进行相关性分析，我们发现所有亚组的结果均表明运动时间和睡眠时间为正相关（图 2-18b）。至此，我们得到了两个完全相反的结论——X 和 Y 边际负相关，但是给定年龄后，在每一个年龄水平上 X 和 Y 是正相关的，即条件正相关。那运动时间和睡眠时间的真实关系到底是怎样的呢？为什么会得到两个相反的结果呢？这一问题将会在下一小结中给出答案。由该悖论可以看出，从观察性研究数据中推断因果关系是一件困难的事情，一不小心就可能会得出错误结论。

2.6.2 关联与因果

在数据的统计分析中，我们常常会被告诫“关联不等于因果”这一原则。它告诉我们，仅仅因为两个变量之间存在统计上的关联，我们并不能就此得出其中一个变量是导致另一个变量变化的原因。因为观测到的相关性有可能是因果导致的关联，也有可能是混杂导致的**伪关联（spurious association）**。例如，我们发现一个城市的冰激凌销量和溺水事故的数量之间存在强烈的正相关，这并不意味着冰激凌消费的增加导致了溺水事故的增多。实际上，这两个变量可能都是由第三个变量 (如气温) 影响的。在炎热的夏天，人们更愿意购买冰激凌，同时也更可能去游泳，这可能导致溺水事故的增加。冰激凌销量和溺水之间没有任何因果关系，存在的相关性也只是气温这一混杂因素导致的伪关联（图 2-19a）。因此，想要计算变量间的因果关系，必须排除混杂因素的干扰。在上一节提到的运动时间和睡眠时间的悖论中，年龄则作为混杂因素存在，其既可以影响锻炼时间，又可以影响胆固醇水平（图 2-19b）。根据因果推断的方法，我们需要对混杂进行控制，因此应该在不同年龄阶

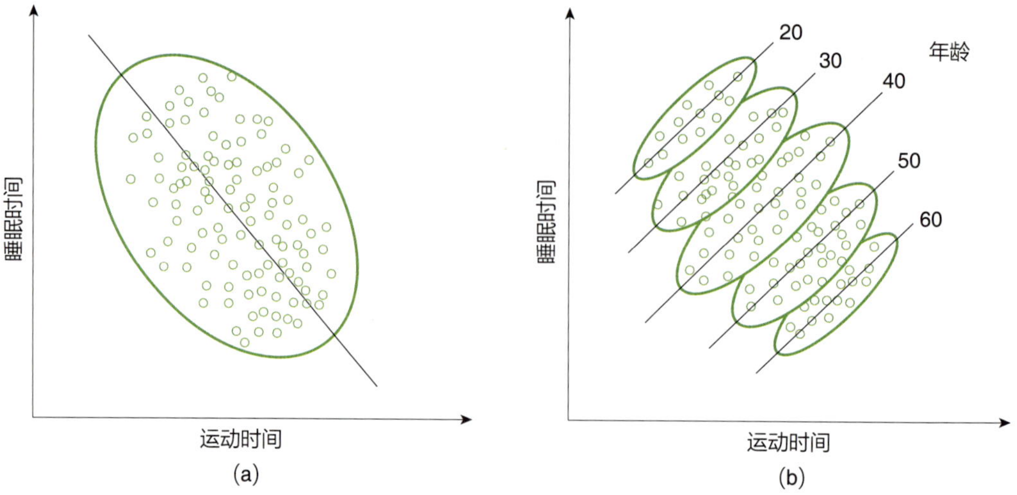

图 2-18 辛普森悖论

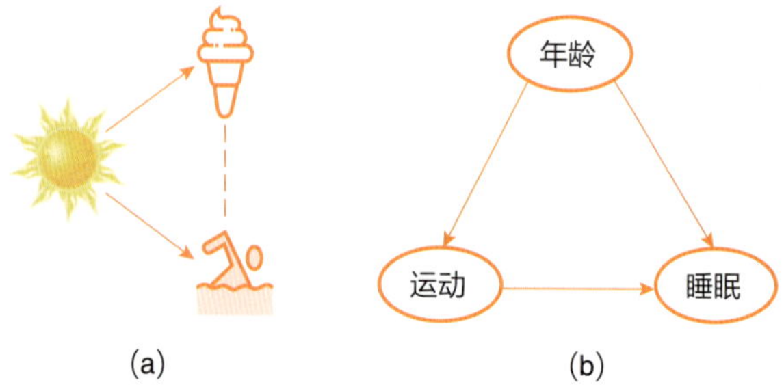

图 2-19 混杂因素的干扰

段的亚组内进行分析。

关联并不等同于因果，是发展因果推断方法的出发点。与关联分析不同，在进行因果推断时，识别并控制混杂因素是非常重要的。未被控制的混杂因素可能会导致我们得到错误的因果关系，做出错误决策。近些年来因果推断受到越来越多的关注，在不同学科中都具有重要价值，相关的理论方法也在不断完善。此时此刻，我们正在经历一场“因果革命”。

2.6.3 因果效应的定义与识别

目前，因果推断主要存在两大模型：一个是唐纳德·鲁宾（Donald Rubin）在 1978 年提出的**潜在结果模型（potential outcome model，POM）**；另一个是朱迪亚·珀尔（Judea Pearl）在 1995 年提出的**结构因果模型（structural causal model，SCM）**。这两个模型提供了理解因果关系的不同视角，POM 基于**反事实（counterfactual）**的概念用潜在结果定义因果效应，而 SCM 以因果图为基础引入“do”算子来定义因果效应。两种模型并非互斥，而是相互联系的，珀尔在 2000 年说明了这两个模型的等价性。POM 广泛应用于流行病学和生物统计学等领域，本节主要介绍 POM 相关概念和内容，从 POM 的角度来介绍主要的因果效应估计方法。

2.6.3.1 潜在结果

潜在结果是因果推断中的一个重要概念，因果效应便是利用潜在结果来进行定义的。在这一小节，我们通过一个例子来说明什么是潜在结果。假如我们正在进行一项阿司匹林是否能够缓解头痛的研究，二分类变量 T 表示接受的干预措施，$T=1$ 表示服用阿司匹林，$T=0$ 表示服用安慰剂。连续变量 Y 表示头痛程度的评分，X 表示协变量（受试者的基线信息）。我们将 $Y_i(1)$ 表示为假如个体 i 服用阿司匹林

（$T=1$）后的头痛程度，类似地，$Y_i(0)$ 表示假如个体 i 服用安慰剂（$T=0$）后的头痛程度，$Y_i(1)$ 和 $Y_i(0)$ 被称为潜在结果。显然，在研究中个体 i 只能接受其中一种干预措施（服用阿司匹林或者安慰剂），不可能同时接受两种干预措施，因此对于个体 i 的两种潜在结果 [$Y_i(1)$ 和 $Y_i(0)$] 我们仅能观测到其中一个，要么是服用阿司匹林后的结果，要么是服用安慰剂后的结果。最终，本研究全部受试者的观测结果如表 2-25。

表 2-25 受试者的观测结果

个体	T	$Y(1)$	$Y(0)$
James	1	12	*
Sarah	1	10	*
Emily	1	9	*
Michael	0	*	13
David	0	*	16
Elizabeth	0	*	14

从表 2-25 中不难看出，对于任何一个观测个体，我们在现实世界中只能观测到其中一个潜在结果。如果一个人服用了阿司匹林，我们就只能观测到他在服用阿司匹林后的状况，而我们无法得知他如果服用安慰剂的状况会是怎样的。不可观测的那部分潜在结果被称为**反事实结果（counterfactual outcome）**。

2.6.3.2 因果效应的识别

有了潜在结果后，我们便可以定义因果效应。**个体因果效应（individual causal effect，ICE）**定义为

$$ICE_i \triangleq Y_i(1) - Y_i(0) \tag{2-46}$$

ICE 被定义为特定个体在接受不同干预下的潜在结果之间的差异。然而，对每个个体我们只能观测到一种潜在结果，另一种潜在结果必然缺失，因此 ICE 是不可识别的。除了个体水平上的因果效应之外，我们也感兴趣一组个体的平均因果效应（average causal effect，ACE），ACE 定义为

$$ACE \triangleq \mathbb{E}[Y_i(1) - Y_i(0)] = \mathbb{E}[Y_i(1)] - \mathbb{E}[Y_i(0)] = \mathbb{E}[Y(1)] - \mathbb{E}[Y(0)] \tag{2-47}$$

ACE 表示为研究中的所有个体 ICE 的平均值。同样，由于反事实结果不可观测，ACE 也面临着不可识别的问题。为了解决这一问题，我们通过引入 3 个假设来使得 ACE 可识别。3 个重要假设如下。

2.6.3.3 可忽略性假设

可忽略性（ignorability）假设是因果推断中的一个核心假设，也为随机对照试验提供了理论基础，其核心思想是干预与潜在结果相互独立。即

$$[Y(1), Y(0)] \perp T \tag{2-48}$$

该假设的含义为干预 T 是随机分配的，与潜在结果无关。这一假设允许我们从

观测数据中计算 ACE

$$\begin{aligned} ACE &= \mathbb{E}[Y(1)] - \mathbb{E}[Y(0)] \\ &= \mathbb{E}[Y(1)|T=1] - \mathbb{E}[Y(0)|T=0] \\ &= \mathbb{E}[Y|T=1] - \mathbb{E}[Y|T=0] \end{aligned} \tag{2-49}$$

式 (2－49) 说明在假设满足的情况下，ACE 可从观测数据中通过计算条件期望得到。这一假设也说明了随机化试验能够进行因果推断的理论基础——随机化保证了干预 T 和潜在结果是相互独立的，因此 RCT 是因果效应估计的金标准。然而在观察性研究中，T 往往不是随机化的，故可忽略性假设往往得不到满足。为此我们引入更弱化的**条件可忽略性（conditional ignorability）**假设

$$[Y(1), Y(0)] \perp T|X \tag{2-50}$$

假设要求在给定一组协变量 X 后，干预与潜在结果相互独立。此时，ACE 可以从观测数据中计算得到：

$$\begin{aligned} ACE &= \mathbb{E}[Y(1)] - \mathbb{E}[Y(0)] \\ &= \mathbb{E}_x\{\mathbb{E}[Y(1)|X] - \mathbb{E}[Y(0)|X]\} \\ &= \mathbb{E}_x\{\mathbb{E}[Y(1)|T=1,X] - \mathbb{E}[Y(0)|T=0,X]\} \\ &= \mathbb{E}_x\{\mathbb{E}[Y|T=1,X] - \mathbb{E}[Y|T=0,X]\} \end{aligned} \tag{2-51}$$

条件可忽略性假设告诉我们，在观察性研究中，应尽可能多地收集协变量 X，让该假设尽可能被满足。根据前面混杂因素的定义可知，混杂因素会破坏该假设，所以当 X 包含了所有的混杂因素时，该假设严格成立，这也是在因果推断中需要矫正混杂因素的理论基础。

2.6.3.4 正性假设

正性假设（positivity）为

$$0 < P(T=1|X=x) < 1 \tag{2-52}$$

为什么需要正性假设？我们从推导上来进行解释，根据式 (2－51)

$$\begin{aligned} ACE &= \mathbb{E}_x\{\mathbb{E}[Y|T=1,X] - \mathbb{E}[Y|T=0,X]\} \\ &= \sum_x P(X=x)\left[\sum_y yP(Y=y|T=1,X=x) - \sum_y yP(Y=y|T=0,X=x)\right] \\ &= \sum_x P(X=x)\left[\sum_y y\frac{P(Y=y,T=1,X=x)}{P(T=1|X=x)P(X=x)} - \sum_y y\frac{P(Y=y,T=0,X=x)}{P(T=0|X=x)P(X=x)}\right] \end{aligned} \tag{2-53}$$

由式 (2－53) 可以看出，$P(T=1|X=x)$ 位于分母，正性假设保证了分母不为 0，否则无法定义 ACE。类似的，$P(T=0|X=x)$ 位于分母，$P(T=1|X=x) < 1$

保证了 $P(T=0|X=x)\neq 0$。直观上理解，正性假设目的是保证我们在进行因果效应估计时有足够的数据进行比较。例如，如果在给定协变量 X 的某个值的情况下，当所有的样本都接受了 $T=1$（或者都接受 $T=0$），那么我们就无法通过比较 $T=1$ 和 $T=0$ 的样本来估计 T 的因果效应。

2.6.3.5 个体处理稳定性假设

个体处理稳定性假设（stable unit treatment value assumption，SUTVA） 一般分为两个部分：无干扰性和一致性。

无干扰性是指给定个体的干预结果不会受到其他个体是否接受干预的影响，每个个体的潜在结果不依赖于其他个体的干预状态。简单地说，个体服用阿司匹林后的效果，不应受到其他人是否服用阿司匹林的影响。一致性是指个体之间的干预水平是相同的。例如，对于干预组的个体，服用阿司匹林的规格应当是相同的。SUTVA 假设保证了

$$\mathbb{E}[Y(1)|T=1,X]=\mathbb{E}[Y|T=1,X] \tag{2-54}$$

然而，SUTVA 假设在许多实际情况下并不成立，例如，在传染性疾病的例子中，一个人是否接种疫苗是会影响其他人的。对于这些情况，我们需要更复杂的方法来处理。

最后，ACE 的识别过程可以总结如下，帮助大家理解以上 3 个假设是如何在识别过程中发挥作用的。

$$\begin{aligned}
ACE &= \mathbb{E}[Y(1)-Y(0)]\\
&= \mathbb{E}[Y(1)]-\mathbb{E}[Y(0)]\\
&= \mathbb{E}_x\{\mathbb{E}[Y(1)|X]-\mathbb{E}[Y(0)|X]\}\\
&= \mathbb{E}_x\{\mathbb{E}[Y(1)|T=1,X]-\mathbb{E}[Y(0)|T=0,X]\} \qquad \text{(条件可忽略性和正性)}\\
&= \mathbb{E}_x\{\mathbb{E}[Y|T=1,X]-\mathbb{E}[Y|T=0,X]\} \qquad \text{(SUTVA)}
\end{aligned}$$

以上介绍了什么是潜在结果，如何用潜在结果定义因果效应以及 ACE 的识别过程。在基于 3 个假设保证 ACE 可识别后，我们接下来介绍 ACE 常见的 3 种估计方法。

2.6.4 因果效应的估计

2.6.4.1 逆倾向得分加权

2.6.3 小节中我们提到，ACE 的识别公式为

$$ACE=\mathbb{E}_x\{\mathbb{E}[Y|T=1,X]-\mathbb{E}[Y|T=0,X]\} \tag{2-55}$$

如果协变量 X 仅是一个二值变量（如性别），那 ACE 的估计变得简单，在 $X=0$ 和 $X=1$ 两个亚组内分别计算 ACE_0 和 ACE_1，再根据 $X=1$ 和 $X=0$ 的比例进行加权求和即可。然而，很多情况下 X 是高维的，根据 X 进行分层时会得

到很多亚组，有的亚组会出现没有样本的情况，并且部分 X 可能是连续值，无法进行分层。针对这个问题，Rosenbaum 和 Rubin (1983) 提出来倾向得分的方法，倾向得分定义为

$$e(X) \triangleq P(T=1|X) \tag{2-56}$$

由定义可以看出，倾向得分可由拟合逻辑回归模型估计得到。这样，我们可以得到 ACE 的逆倾向得分加权（inverse propensity score weighting，IPW）估计量：

$$\widehat{ACE}_{IPW} = \frac{1}{n}\sum_{i=1}^{n}\left[\frac{Y_i T_i}{\widehat{e}(X_i)} + \frac{Y_i(1-T_i)}{1-\widehat{e}(X_i)}\right] \tag{2-57}$$

其中，$\widehat{e}(X_i)$ 为通过拟合逻辑回归模型 $P(T=1|X)$ 得到的倾向得分。

2.6.4.2 结果回归

在**结果回归（outcome regression，OR）**中，我们通过回归模型来估计因果效应。我们构建如下回归模型

$$Y = \beta_0 + \beta_t T + \beta_x X + \varepsilon \tag{2-58}$$

其中，ε 为随机项，$\mathbb{E}(\varepsilon)=0$，$X$ 为可能的混杂因素。有

$$\mathbb{E}[Y|T,X] = \beta_0 + \beta_t T + \beta_x X \tag{2-59}$$

故可得

$$\begin{aligned} ACE &= \mathbb{E}_x\{\mathbb{E}[Y|T=1,X] - \mathbb{E}[Y|T=0,X]\} \\ &= \mathbb{E}_x[\beta_0 + \beta_t + \beta_x X - \beta_0 - \beta_x X] \\ &= \beta_t \end{aligned} \tag{2-60}$$

因此，回归模型中的偏回归系数 β_t 便是 ACE。在实际应用时，可以通过求解上述回归模型，得到 $\widehat{\beta}_t$ 作为 ACE 的估计。所以

$$\widehat{ACE}_{OR} = \widehat{\beta}_t \tag{2-61}$$

2.6.4.3 双稳健估计

双稳健估计（doubly robust，DR）其实是 IPW 和结果回归的结合。IPW 的关键在于正确的估计倾向分数 $e(X)$，而结果回归方法的关键在于正确的构造回归模型，两种方法均有可能造成偏差。为了让估计更加稳健，两种方法进行结合，便得到双稳健估计

$$ACE = \mathbb{E}\left[\frac{YT}{e(X)} - \frac{T-e(X)}{e(X)}m_1(X)\right] - \mathbb{E}\left[\frac{Y(1-T)}{1-e(X)} + \frac{T-e(X)}{1-e(X)}m_0(X)\right] \tag{2-62}$$

其中，$e(X)$ 为 IPW 中的倾向分数，$m_1(X)$ 和 $m_0(X)$ 分别为回归模型中的 $\mathbb{E}[Y|T=1,X]$ 和 $\mathbb{E}[Y|T=0,X]$。双稳健估计量具有良好的理论性质，IPW 和 OR 估计量只要有一个具有一致性，则双稳健估计便是一致估计。关于双稳健估计的更多理论性质我们不在此进行阐述。

2.6.5 工具变量

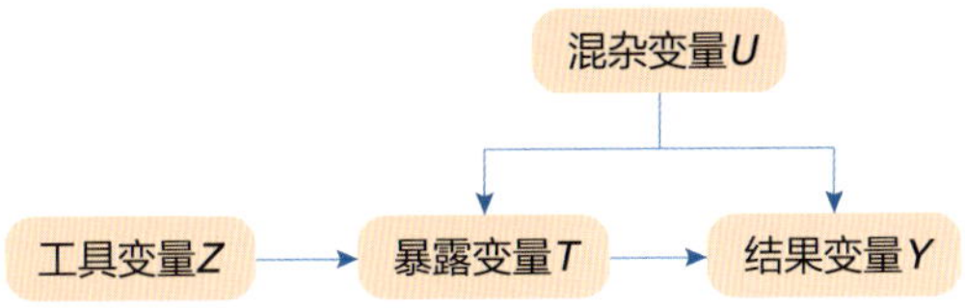

图 2-20 工具变量模型

以上介绍的几种因果效应的估计方法，均要求我们观测到了所有的混杂因素 X，并在模型中对混杂因素进行了有效控制。然而，在观察性研究中经常存在未被观测的混杂因素，因此这一要求往往得不到满足。当存在未被观测的混杂因素时，我们该如何去估计 ACE 呢？对此，**敏感性分析（sensitivity analysis）**提供了一种可能的解决方案，它通过评估所用方法对违反假设的敏感程度，使我们能认识到所得结果的稳健性。除了敏感性分析方法，使用工具变量也是处理这一问题的有效途径。

2.6.5.1 工具变量的概念

工具变量指的是与暴露变量有关联，但对结果没有直接作用的变量（图 2-20）。其背后的核心思想是，如果工具变量与暴露变量以及工具变量与结果变量之间均不存在混杂因素时，即使在没有观测到混杂因素的情况下，我们也可以借助工具变量来计算暴露对结果的因果效应。需要注意的是，一个变量能够作为工具变量，需要满足以下 3 个条件。

① 相关性（relevance） 工具变量 Z 与暴露变量 T 具有显著的统计关联，即 $Z \not\perp T$。

② 排他性限制（exclusive restriction） 在给定暴露变量 T 和混杂变量 U 的条件下，工具变量 Z 对结果变量 Y 没有直接作用，即 $Y \perp Z | T, U$。

③ 无混杂性（unconfoundedness） 工具变量 Z 与混杂变量 U 相互独立，即 $Z \perp U$。

在实际应用中，通常根据不同的研究领域和不同的场景来选择合适的工具变量。例如，在经济学研究中，工具变量通常是政策变化、地理位置或历史事件等。在遗传学研究中，则将基因组上的某些变异位点作为工具变量，以探索暴露变量（生活方式、环境因素等）对疾病的影响，这也就是孟德尔随机化方法，该方法我们会在后面做进一步介绍。

2.6.5.2 工具变量的识别与估计

工具变量法在不做任何模型假设的情况下因果效应是无法识别，下面我们在线性模型假设下，即变量之间为线性关系，讨论工具变量的识别问题。

（1）二分类工具变量下 ACE 的识别

首先我们考虑工具变量 Z 为二分类情况，并假设结果 Y 是暴露变量 T 和未被观测的混杂变量 U 的线性函数，即

$$Y = \alpha T + \beta U + \varepsilon \tag{2-63}$$

其中，α 即为我们感兴趣的因果效应。根据上述工具变量所要满足的 3 个条件，我们可以证明

$$
\begin{aligned}
\mathbb{E}(Y|Z=1)-\mathbb{E}(Y|Z=0) &= \mathbb{E}(\alpha T+\beta U+\varepsilon|Z=1)-\mathbb{E}(\alpha T+\beta U+\varepsilon|Z=0)\\
&= \alpha[\mathbb{E}(T|Z=1)-\mathbb{E}(T|Z=0)]+\beta[\mathbb{E}(U|Z=1)\\
&\quad -\mathbb{E}(U|Z=0)]+[\mathbb{E}(\varepsilon|Z=1)-\mathbb{E}(\varepsilon|Z=0)]\\
&= \alpha[\mathbb{E}(T|Z=1)-\mathbb{E}(T|Z=0)]
\end{aligned} \tag{2-64}
$$

进一步则可以得到

$$
\alpha=\frac{\mathbb{E}\,(Y|Z=1)-\mathbb{E}\,(Y|Z=0)}{\mathbb{E}\,(T|Z=1)-\mathbb{E}\,(T|Z=0)} \tag{2-65}
$$

其中，分子部分为工具变量 Z 与结果变量 Y 的关联，分母部分为工具变量 Z 与暴露变量 T 的关联。

（2）连续型工具变量下 ACE 的识别

接下来，我们考虑工具变量为连续型变量时 ACE 的识别。与二分类情况类似，在线性模型假设下可以得到

$$
\begin{aligned}
\mathrm{Cov}(Y,Z) &= \mathbb{E}(YZ)-\mathbb{E}(Y)\mathbb{E}(Z)\\
&= \mathbb{E}\left[(\alpha T+\beta U+\varepsilon)Z\right]-\mathbb{E}(\alpha T+\beta U+\varepsilon)\mathbb{E}(Z)\\
&= \alpha\left[\mathbb{E}(TZ)-\mathbb{E}(T)\mathbb{E}(Z)\right]+\beta\left[\mathbb{E}(UZ)-\mathbb{E}(U)\mathbb{E}(Z)\right]+\left[\mathbb{E}(\varepsilon Z)-\mathbb{E}(\varepsilon)\mathbb{E}(Z)\right]\\
&= \alpha\mathrm{Cov}(T,Z)+\beta\mathrm{Cov}(U,Z)+\mathrm{Cov}(\varepsilon,Z)\\
&= \alpha\mathrm{Cov}(T,Z)
\end{aligned} \tag{2-66}
$$

因此

$$
\alpha=\frac{\mathrm{Cov}(Y,Z)}{\mathrm{Cov}(T,Z)} \tag{2-67}
$$

无论工具变量为二分类还是连续型，我们可以看到识别公式中均不包含 U，因此工具变量法可以实现在不观测混杂变量 U 的情况下来估计 ACE。

（3）两阶段最小二乘法估计

我们得到工具变量的识别公式后，便可以根据识别公式来估计因果效应。常用的估计方法为两阶段最小二乘法（two stage least squares，2SLS），2SLS 还可以帮助我们从另外一个视角理解工具变量。在 2SLS 中，第一阶段为使用暴露变量 T 对工具变量 Z 进行回归

$$
T=\gamma Z+\varepsilon_T \tag{2-68}
$$

并得到预测的暴露变量 $\widehat{T}$

$$
\widehat{T}=\widehat{\gamma}Z \tag{2-69}
$$

此时 $\widehat{T}$ 只与 Z 有关，而与 U 无关（图 2-20）。第二阶段，研究者使用结果变量 Y 对第一阶段预测的 $\widehat{T}$ 进行回归，

$$Y = \alpha\widehat{T} + \beta U + \varepsilon_Y \tag{2-70}$$

求解得到因果效应的估计值 $\widehat{\alpha}$。这两步过程将消除混杂变量的影响，提供 T 和 Y 之间因果效应的无偏估计。然而如果工具变量不满足与暴露变量相关（即工具变量有效）并且与误差项不相关（即工具变量外生）的条件，那么两阶段最小二乘法将会产生有偏的结果（图 2-21）。

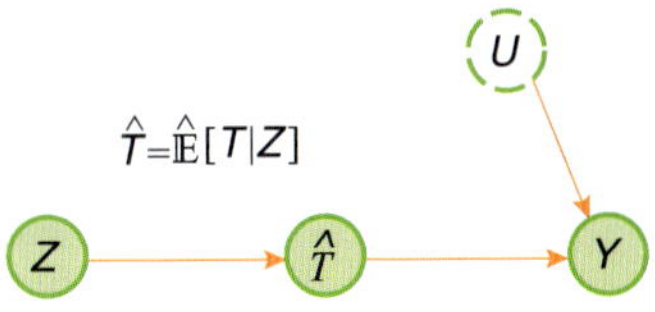

图 2-21　两阶段最小二乘法

值得注意的是，上述 ACE 的识别均需要依赖线性参数化的假设，在借助工具变量估计 ACE 时如果不做任何模型假设，ACE 是无法识别的。然而，线性假设暗含一个内容，即对于所有个体的处理效应均是完全相同的。这个条件在真实研究中往往难以满足。除了线性假设外，在工具变量的分析中我们也可以做单调性假定，即假设随着工具变量水平的增加，结果水平也会随之增加。在单调性假设下，ACE 同样也是可识别的。

※ 推荐阅读

1. Hastie T, Tibshirani R, Friedman J. The elements of statistical learning [M]. 2nd ed. Berlin: Springer, 2009.

点评：该书详细介绍了统计学习的重要内容，有助于扩展相关内容的知识面。

2. Pearl J, Mackenzie D. The book of why: the new science of cause and effect [M]. New York: Basic Books, 2018.

点评：该书详细介绍了因果推断的重要思想和发展历史。

※ 思考与练习题

1. 极大似然估计方法和最小二乘法的区别是什么？
2. 贝叶斯极大后验估计与极大似然估计之间是什么关系？
3. 请在理解 Ⅰ 型与 Ⅱ 型错误的基础上，思考如何权衡二者。
4. 在哪些场景下中位数比均值更为可靠？
5. 如何理解双因素方差分析中的交互效应。
6. 为什么 Benjamini-Hochberg 方法可以控制 FDR？
7. 思考参数方法和非参数方法的优缺点，并举例说明各自的适用场景。
8. 分析随机区组设计如何帮助减轻实验中未知混杂变量的影响。
9. 当工具变量与暴露变量的相关性比较弱时，会出现弱工具变量问题。请思考弱工具变量会对因果推断造成哪些影响，如何检测和处理弱工具变量问题？
10. 为什么随机化实验被认为是因果推断的金标准？请结合可忽略性假设进行阐述。

※ 讨论题

1. 试论述描述性统计学在数据分析中的作用及其重要性。

2. 通过实际案例，解释单侧和双侧检验的区别和应用。

3. 探讨对比不同的图表（如箱线图、散点图、直方图）在数据展示中的作用和优势。

4. 比较 Bonferroni 校正与 Benjamini-Hochberg 校正的优缺点，并举例说明。

5. 为什么传统的 Bonferroni 校正方法可能不适用于基因表达数据的多重检验?

6. 探讨在生物信息大规模数据分析中，如何选择合适的多重检验校正方法。

※ 参考文献

1. Fan J, Li R. Variable selection *via* nonconcave penalized likelihood and its oracle properties [J]. Journal of the American statistical association, 2002, 96(456): 1348-1360.

2. Ishwaran H, Rao S. SPIKE and SLAB variable selection: frequentist and Bayesian strategies [J]. The annals of statistics, 2005, 33(2): 730-773.

3. LeCun Y, Bengio Y, Hinton G. Deep learning [J]. Nature, 2015, 521(7553): 436-444.

4. Park T, Casella G. The Bayesian LASSO [J]. Journal of the American statistical association, 2008, 103(482): 681-686.

5. Scott S L. Bayesian methods for hidden Markov models [J]. Journal of the American statistical association, 2002, 97(457): 337-351.

6. Tibshirani R. Regression shrinkage and selection *via* the LASSO [J]. Journal of the royal statistical society series B: statistical methodology, 1996, 58(1): 267-288.

7. Zou H, Hastie T. Regularization and variable selection *via* the elastic net [J]. Journal of the royal statistical society series B: statistical methodology, 2005, 67(2): 301-320.

编者：蒋杭进（浙江大学）
王　涛（上海交通大学）
审读：李　婧（上海交通大学）

3

深度学习和人工智能

第 2 章介绍了生物信息学中涉及的生物统计基础知识，本章主要介绍近年来发展迅速，且在生物信息学中广泛应用的深度学习技术。2024 年的诺贝尔物理学奖颁发给了人工智能算法开发，化学奖颁发给运用人工智能技术进行蛋白质结构预测。本章将介绍人工智能技术的基本框架和基础算法。机器学习是实现人工智能的途径之一，而深度学习是机器学习的一种，3.1 节将对此简要讨论。之后 3.2、3.3、3.4 节将分别介绍深度学习的基本原理、常见模型、进阶模型。3.5 节将介绍人工智能算法在生物信息学中的应用范式。最后 3.6 节对相关技术的未来进行展望。本章目标是给读者提供后续章节的技术基础。

3.1 从人工智能到深度学习

3.1.1 人工智能

机器能够像人类一样进行思考是很多科幻电影对未来的常见想象，而其背后的**人工智能（artificial intelligence，AI）**技术也一直吸引着人类的目光。1950 年，计算机科学与人工智能之父艾伦·图灵（Alan Turing）发表论文《计算机器与智能》，尝试回答“机器能否思考”这一问题。图灵设计了一个思维实验，即我们现在熟知的“图灵测试”。如果人类提问者在提出一些问题并得到机器回答后无法判断回答来自人还是机器，那么就可以认为机器具有人类智能。这一测试成了后来人们对人工智能的最初设想。在 1956 年的达特茅斯会议上，研究者首次提出了人工智能这一概念。其目的是“让机器像人那样认知、思考和学习”，人工智能领域也由此诞生。

根据对智能的定义不同，人工智能可以被分为“强人工智能”和“弱人工智能”。强人工智能希望机器能够像人类一样具有学习推理能力，能够解决通用任务。科幻电影中动辄毁灭世界、统治人类的机器人就是这类人工智能的代表。而弱人工智能针对特定任务进行处理，这类人工智能不具备人类的完整认知能力，但在特定任务上甚至可以拥有超越人类的能力。如阿尔法围棋（AlphaGo）在围棋比赛中多次打败职业棋手，但它也仅仅只能解决围棋比赛这一特定问题。尽管强人工智能是人类对人工智能领域的最终追求，但目前取得巨大成功，并在实践中广泛应用的都是弱人工智能，其应用场景包括自然语言处理、计算机视觉、语音识别等领域。

自人工智能这一概念被提出以来，该领域发展出了多个不同的流派，主要包括符号主义、联结主义、行为主义等。符号主义是早期人工智能的主流派别，该派别认为智能来源于数理逻辑，人的认知可以被抽象为符号，认知过程即为符号的操作过程。符号主义专注逻辑推理和构建专家系统，在人工智能的发展早期做出了重要贡献。联结主义又称仿生学派，该学派通过仿生神经元连接方式构建人工神经网络模型，模拟生物神经系统对真实世界做出的交互反应，从而实现人工智能。行为主义强调对生物体行为和反馈的研究，主张利用训练和奖惩机制实现人工智能的学习，认为控制论以及感知–动作型控制系统才是人工智能的关键。

上述三个学派代表着不同的思想来源和技术流派。符号主义的优势在于逻辑规则的清晰和易解释性，但为复杂领域构建专家系统往往是非常困难的，这类人工智能系统往往只能应用在相对朴素且形式化的领域（如象棋、数学证明），而很难被拓展到日常生活中常见的各种应用问题中，因为现实世界充满了模糊和不确定性。联结主义可以在一定程度上模拟人脑处理信息的过程，但这类人工智能系统的可解释性较差，另外其训练往往需要大量的时间和计算资源。行为主义系统能够实时处理环境信息，但应用范围主要局限于自动控制、机器人等领域，而且需要大量的数据和计算资源进行训练。随着新算法的开发、数据的积累和算力的提升，联结主义学派和行为主义学派正逐渐成为人工智能研究的主流。

人工智能是人类追求的一个宏大愿景，如何实现这一目标是研究人员关注的核心问题。在谈到具体用何种技术实现人工智能时，最常提及的就是机器学习和深度学习技术（图 3–1）。简单来说，与传统的为特定问题编写显式规则的程序不同，机器学习旨在利用计算机模拟人类的学习行为，通过算法从数据中找出规律并做出决策。目前已经开发了很多机器学习算法让机器从数据中学习，包括逻辑回归、决策树、神经网络、支持向量机等。近年来，基于深度神经网络的机器学习展现出巨大的发展潜力，这一类机器学习方法被称为深度学习。深度学习技术的突破掀起了人工智能的新一轮发展浪潮，如今已经被运用于包括自然语言处理、计算机视觉、语音识别、科学计算在内的多个领域，并对社会的发展产生着深远的影响。生物医学领域积累了基因组、蛋白质、基因表达调控、医学图像和诊断等大量数据，非常适合用人工智能技术进行挖掘和分析，后面章节会介绍在生物信息学的不同领域取得突破性进展的深度学习方法。

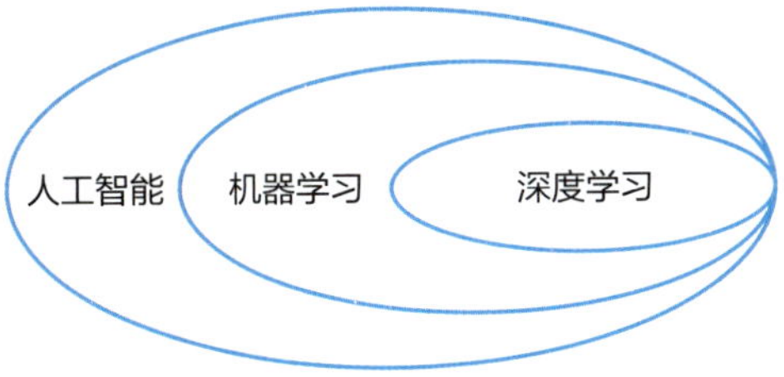

图 3–1 人工智能、机器学习与深度学习的关系

3.1.2 机器学习

机器学习（machine learning，ML）是人工智能研究领域中最有活力，发展最为迅速的分支之一。1997 年，汤姆 · 米切尔（Tom Mitchell）在其著作《机器学习》（*Machine Learning*）中，将机器学习的过程定义为“计算机程序通过经验来提升其在一些任务上的表现”。定义中的“经验”可以以不同的形式存在，而在我们通常描述的机器学习中，“经验”以数据的形式存在（图 3–2）。

样品名称	特征1	特征2	特征3	标签
1	Yes	Large	−110	No
2	Yes	Medium	20	No
3	No	Small	50	No
4	No	Large	230	Yes
5	Yes	Large	70	Yes
6	No	Small	80	No
7	Yes	Medium	160	Yes
8	Yes	Large	−60	No
9	No	Medium	−80	No
10	No	Large	120	Yes
11	Yes	Small	−50	?
12	Yes	Medium	230	?
13	Yes	Large	110	?
14	No	Large	−70	?
15	No	Small	150	?

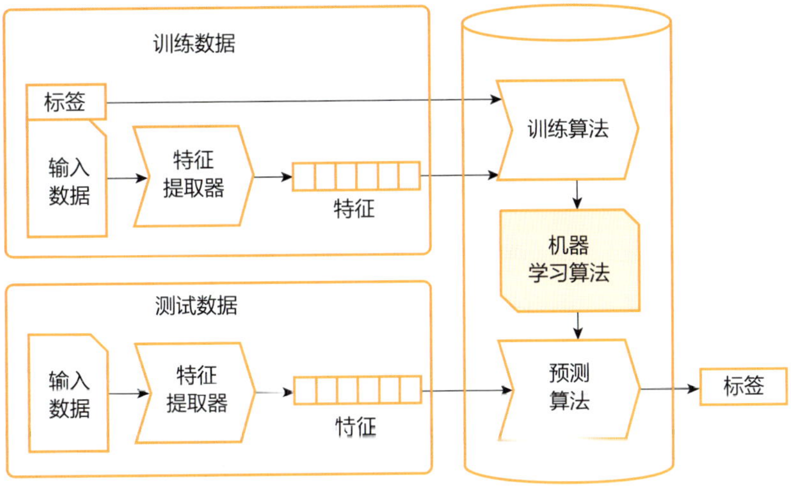

图 3–2 机器学习的基本流程

左边是训练数据集和测试数据集，每一行代表一个样本（sample），第一列是样本名称，最后一列是标签（label），其他每一列代表一个特征（feature）。中间是特征提取，即从原始特征经过一些变换后构造出新的特征。右边是机器学习模型，用训练数据集的标签监督训练之后，模型就可以预测出测试数据集的标签

本节涉及的许多方法在第 2 章生物统计学基础中已经介绍过了，这里一方面在机器学习的框架下搭建知识体系，另一方面在机器学习的语境中梳理一遍概念和术语。至于特定方法的细节就不再重复说明，请读者自行查阅前文。

在完成原始数据清洗、筛选和特征提取等预处理后，我们需要将数据集划分为训练集（training set）、验证集（validation set）和测试集（test set）。然后根据问题的类型和数据的特点，选择合适的机器学习模型（model），并使用训练集来优化模型的参数（parameter），使其能够从数据中学习到准确的规律和模式，这个过程称为训练（training）。我们可以用一个简单的函数来表示模型：

$$\hat{y} = f(x) \tag{3-1}$$

f 接受 x（输入数据）并输出 $\hat{y}$（预测标签）。在训练过程中通常使用优化算法（如梯度下降）不断更新模型参数，最小化 $\hat{y}$ 与 y（真实标签）之间的误差（也称为损失函数），以获得准确的预测。另外，还有一类参数，在训练前事先给定，不在训练中更新，称为**超参数（hyperparameter）**，如模型大小、迭代次数等。超参数对模型的性能和训练过程有重要影响，需要仔细调整和选择，一般在验证集上进行。最终，用最好的超参数完成模型训练之后，在测试集上使用模型进行预测，评估模型的性能和泛化能力。

根据学习方式的不同，机器学习可以分为**监督学习（supervised learning）**、**无监督学习（unsupervised learning）**、**强化学习（reinforcement learning）**等，下面分别进行介绍（图 3-3）。

（1）监督学习

监督学习是机器学习中最常见的一种学习方式，其依赖于有标签的训练数据集，根据输入数据预测相应的输出标签，即构建自变量 $\boldsymbol{x}$ 与因变量 y 之间的关系。回归（regression）和分类（classification）是监督学习的两种常见任务类型。回归任务学习连续值类型的标签，如身高、体重、基因表达量等；而分类任务学习离散值类型的标签，如“健康”与“患病”，α 螺旋、β 折叠与无规卷曲。在机器学习的发展历程中诞生了很多模型和算法来解决这两种任务，其中线性回归、逻辑回归、决策树、随机森林、支持向量机在第 2 章已经介绍过，这里补充一下 K-最近邻和朴素贝叶斯。K-最近邻（K-nearest neighbor，KNN）算法基于特定的距离度量，在特征空间中找到最接近测试样本的 K 个训练样本，然后根据这 K 个最近邻居的信息，通过投票或平均来进行分类或回归。朴素贝叶斯（naive Bayes）基于贝叶斯定理和特征之间的独立性假设进行分类。其先为每个特征估计条件概率，然后为测试样本计算每种标签的后验概率，并选择概率最大的标签作为预测结果。

（2）无监督学习

无监督学习旨在从无标注数据中学习数据的内在特征和规律，为下一步的数据分析提供基础。其中降维是降低数据的特征维度，从而解决高维数据面临的诸多问题，包括数据稀疏、距离计算困难、冗余和噪声、难以可视化等，最终在低维空间

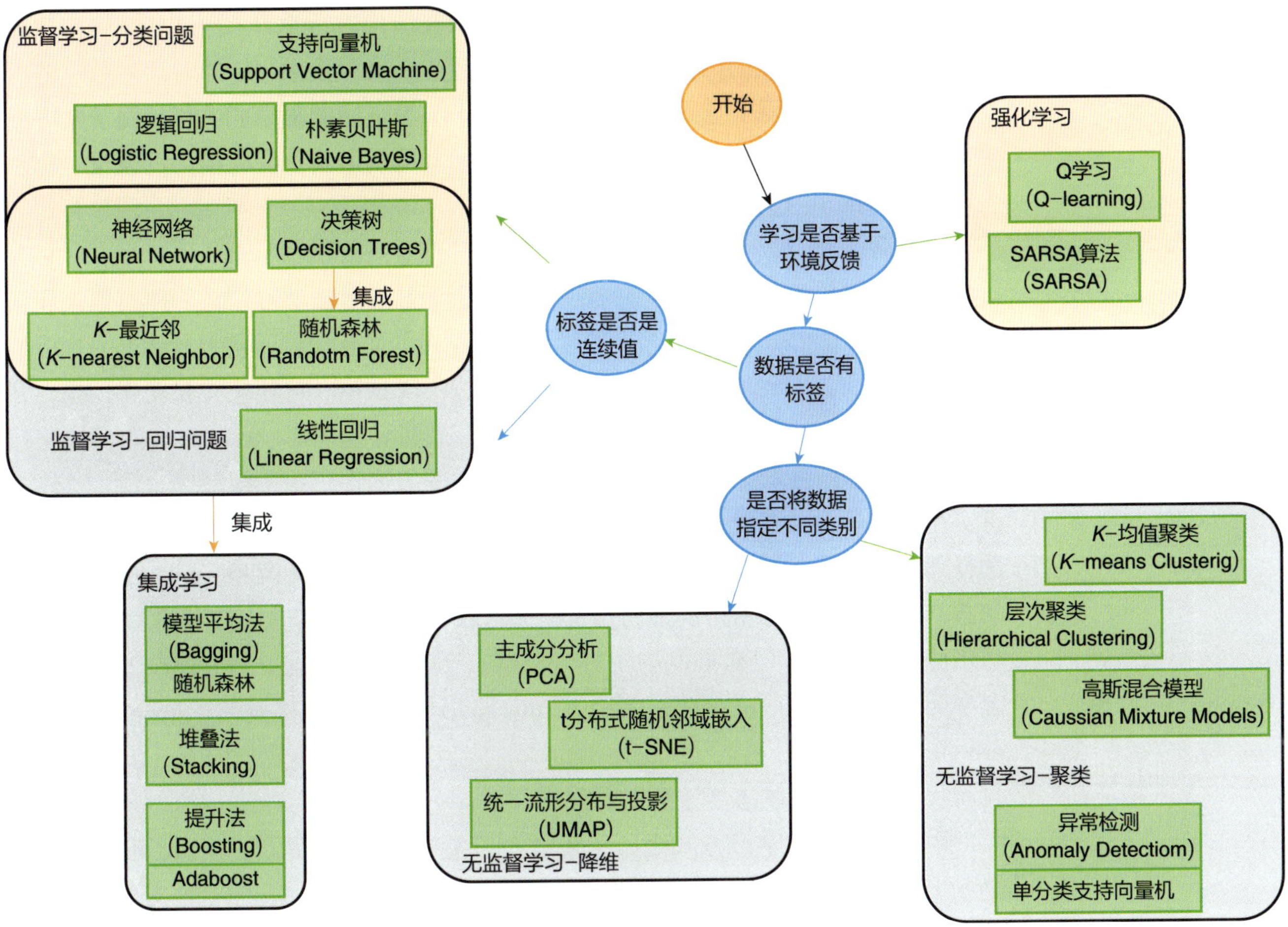

图 3-3 机器学习的分类及代表方法

首先，基于环境反馈的学习称为强化学习。随后，根据数据是否有标签，可以分为监督学习与无监督学习。对于监督学习，可以根据标签是否为连续值分为分类问题与回归问题；而对于无监督学习，又可以根据是否为数据指定类别区分为降维与聚类。另外，我们可以将几类弱监督模型组合为强监督模型，这种方法被称为集成学习

准确地从有限样本中捕捉数据的分布和特征；聚类是从数据中发现内在的模式、结构或分布，进而将样本划分到若干个不相交的子集，称为簇（clusters），使得同一簇内的样本相似度较高，而不同簇之间的样本相似度较低。第 2 章 2.5 已经介绍过用于降维的 PCA、MDS、t-SNE、UMAP 和用于聚类的 K-均值、层次聚类等算法，这里补充一下高斯混合模型（Gaussian mixture models，GMM）。GMM 是一种概率密度模型，其假设数据集由多个高斯分布组成，每一个高斯分布对应一个簇，不同簇分配不同的均值向量和协方差矩阵；GMM 使用多元高斯分布对每个样本进行建模，通过最大化似然函数找到能够最好地解释训练数据的簇参数。

无监督学习也可以看成是学习样本的“最佳”表示，即比原本的表示更简单或更易访问，同时尽可能多地保存样本的原始信息。有很多种方式定义“简单”的表示，最常见的三种是低维表示、稀疏表示和独立表示。低维表示就是上文介绍的降维；稀疏表示则是增加数据维度、但大多数特征为零，这会使样本倾向于分布在表示空间的坐标轴上；独立表示则强调表示的维度是统计独立的。这三个标准其实是相互关联的，如 PCA 既是低维表示，也是独立表示。表示的概念是深度学习的核心主题之一，读者可参阅伊恩·古德费洛（Ian Goodfellow）、约书亚·本吉奥（Yoshua Bengio）和亚伦·库维尔（Aaron Courville）合著的《深度学习》（*Deep Learning*）。

还有人认为聚类和降维本质上都是对数据的内在结构进行学习，而这些结构与数据的生成机制存在很强的因果关系，可以将两者统一成因子学习，即对产生数据的因子进行分析，包括因子与数据间的关系和因子与因子间的复杂相关性。因子学习的根本目的是发掘数据背后的深层原因，这种抽象是模型具备泛化能力的基础，也是人类进行归纳学习的典型方法。

（3）强化学习

强化学习的概念起源于心理学，也称再励学习或增强学习，是一种模拟人和动物行为学习（behavior learning）的延迟回报学习。强化学习不需要输入特征–标签的成对数据和关于环境的先验知识，而是通过不断试错、与环境交互获得反馈，并在探索未知（explore）和利用已知（exploit）之间寻找平衡，逐步形成对环境奖惩激励的预期，最终产生能够获得最大累积收益的习惯性行为，即最优决策。具体来讲，在强化学习中智能体（agent）在观察环境（environment）的状态（state）后，选择一个动作（action），环境再根据智能体的动作给予一个奖励（reward）和新的状态，智能体根据奖励来调整动作策略，以获得最高的累积奖励。强化学习通常用马尔可夫决策过程（Markov decision process，MDP）来建模，包含四个要素，即状态空间（state space）、动作空间（action space）、状态转移概率（state transition probability）和奖励函数（reward function）。其基本假设是智能体下一步状态只与当前状态以及当前状态要采取的行动有关。

除了以上三类学习方式之外，还有介于监督学习与无监督学习之间的半监督学习（semi-supervised learning），通过输入数据本身生成标签的自监督学习（self-supervised learning）等，读者可自行查阅相关资料。

3.1.3 深度学习

深度学习（deep learning，DL）是机器学习的一种。可能和大部分人以为的不一样，其实早在 20 世纪 50 年代人工智能的概念被提出时，深度学习就已经在控制论中初露雏形。随着 20 世纪 80 年代到 21 世纪初期机器学习的蓬勃发展，人工神经网络作为机器学习中的代表性方法也得到了迅速发展。在此阶段，深度学习被称为联结主义。但是，一直到 2006 年，深度学习之父杰弗里·辛顿（Geoffrey Hinton）正式提出了深度学习这一概念，才真正开启了深度学习在学术界和产业界革命的浪潮。这一时期，深度学习的发展进入了一个全新的阶段，伴随着算力的快速增强，引发了广泛的关注和研究（图 3–4）。

深度学习的发展是一个螺旋上升的过程，依赖于多个领域之间的相互支持和促进，其中三个主导因素分别是数据（data）、算法（algorithm）和算力（computing power）（图 3–5）。事实上，深度学习重要的几大算法在 20 世纪后半叶已经具备了完整的理论形式，但受限于数据和技术瓶颈，并没有发挥其巨大的潜力。直到 21 世纪初期，随着信息技术迅速发展，大量数据涌现出来，包含丰富的信息可供挖掘。

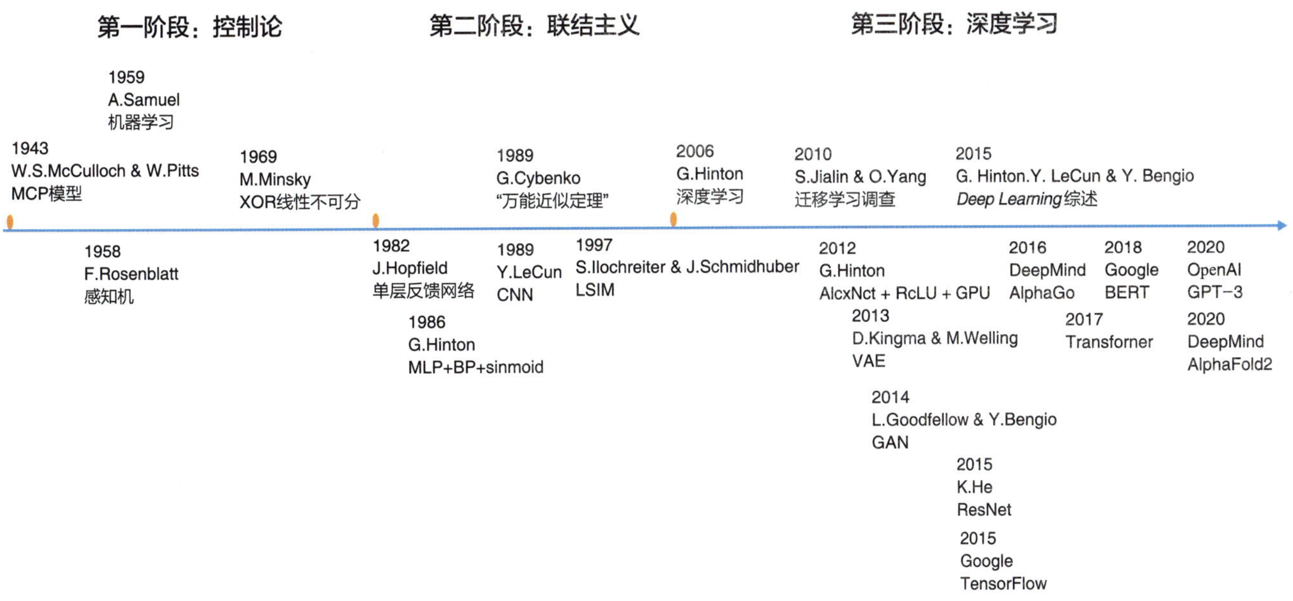

图 3-4 深度学习发展历史

图中主要分为三个阶段，轴线上方为深度学习相关的理论进展，轴线下方为深度学习相关的算法和实现进展

同时，图形处理单元（graphics processing unit，GPU）等硬件的出现进一步加速了深度学习模型的训练过程，推动深度学习达到了新的高潮。

由于深度学习的策略和算法逐渐增多，研究人员在使用和开发过程中需要进行的环境安装、部署、测试和调优变得越来越烦琐而复杂。学术界和产业界积极开发了一系列通用的平台和工具，称为深度学习框架（图 3-6），其中最为人所熟知的是 TensorFlow 和 PyTorch。这些框架不仅提供了高级的应用程序编程接口（application programming interface，API）和抽象层，使得开发者可以轻松地构建和训练深度学习模型；还有庞大的用户社区，为用户提供了丰富的开源文档、讨论和调试支持。

图 3-5 深度学习发展的三个主导因素

其中数据主要来自现实的生产需求，算力受益于产业界的硬件更新，算法则是深度学习理论发展的重要组成部分

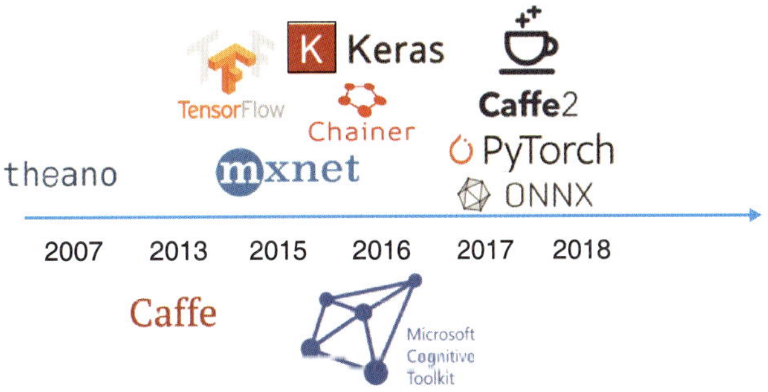

图 3-6 深度学习框架及其发展史

3.2 深度学习基础

3.2.1 神经网络

神经网络是由若干简单处理单元相互连接而成的机器学习模型。受生物体神经元（图 3-7a）的启发，神经网络的基本处理单元（即神经元）接受多个输入，进行整合之后，产生一个输出值。

图 3-7b 是一个能实现线性回归的最简单神经网络，每个输入神经元接收一个输入特征；输出神经元与所有的输入神经元相连，对输入加权求和再加上偏置项 b 得到激活值 z，这里直接将 z 作为预测值输出。该网络可以表示为：

$$y = z = \sum_{i=0}^{D} w_i x_i + b = \boldsymbol{w}^T \boldsymbol{x} + b \tag{3-2}$$

其中，x_i 为第 i 个特征的值，w_i 为第 i 个输入神经元与输出神经元之间连接的权重。神经元还可以加上激活函数（activation function），记为 $g(z)$，在上例中用逻辑斯谛函数（Logistic function）作为激活函数即可实现逻辑回归：

$$y = g(z) = g\left(\boldsymbol{w}^T \boldsymbol{x} + b\right) \tag{3-3}$$

$$g(z) = \frac{1}{1+e^{-z}} \tag{3-4}$$

在输入神经元和输出神经元之间加上若干隐藏神经元，即可得到多层感知机（multi-layer perceptron），如图 3-7c 所示。早期的感知机无法解决线性不可分的问题，如异或问题，为此研究者引入了整流线性激活函数：

$$g(z) = max\{0, z\} \tag{3-5}$$

使用整流线性激活函数的神经元称为整流线性单元（rectified linear unit，ReLU），在现代神经网络作为隐藏神经元的默认推荐。

在神经网络中，神经元按照层级的方式组织，图 3-7b 包含了数个输入层和一个输出层，图 3-7c 包含了数个输入层、数个隐藏层和一个输出层。随着隐藏层越来越多，神经网络会变得越来越“深”，深度学习由此得名。需要指出的是，深度学习的内涵就是很“深”的机器学习模型，除了神经网络之外，其他模型（如图模型）完全也可以作为深度学习的底层架构。

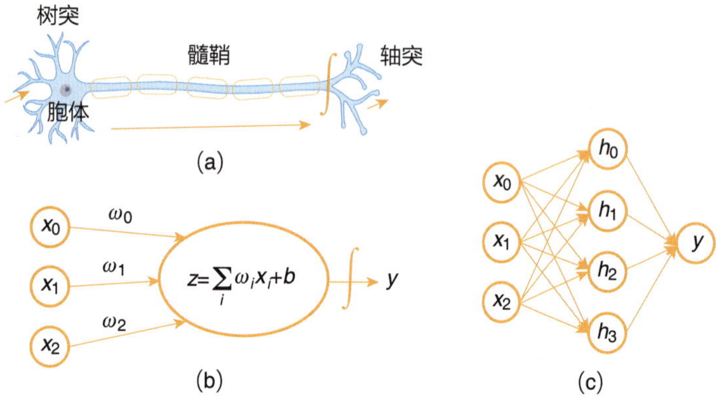

图 3-7 神经网络的一般模式

（a）生物体神经元的模型图。神经元包括树突、胞体和轴突，它通过树突接收上一个神经元的信号，然后通过轴突传导给下一个神经元；（b）能实现线性回归的最简单神经网络，包括数个输入神经元和一个输出神经元，输入与输出神经元之间的连接权重 w 是可以学习的参数，在输出神经元给出预测之前可以通过一个激活函数；（c）多层感知机，包含数个输入层、数个隐藏层以及一个输出层的神经网络，这里把激活函数放在了神经元内部万能近似定理（universal approximation theorem）表明，一个神经网络如果具有线性输出层和至少一层具有“挤压”性质的激活函数（如逻辑斯谛函数）的隐藏层，那么它在隐藏神经元足够多的情况下，能够以任意精度近似任何从一个有限维空间到另一个有限维空间的 Borel 可测函数。Borel 可测函数的定义超出了本书的范畴，这里只需要知道定义在 R^n 的有界闭集上的任何连续函数都是 Borel 可测的。

尽管一个足够“宽”的浅层网络能够表示任何 Borel 可测函数，但实际应用中通常使用更“深”的神经网络，因为更深的网络能大幅减少需要神经元的数量，而且在广泛的任务中泛化得更好。深度网络还暗含了一种先验，即模型学习的函数应该是由几个更简单的函数组合而成的。

3.2.2 基于梯度的优化

在深度学习中，训练又称为优化，指的是通过调整神经网络的参数，使得模型能够更好地拟合训练数据，获得泛化的预测或生成能力。优化的目标是最小化一个损失函数（loss function），该损失函数评估了模型预测和真实数据或目标之间的差距。在数学中，函数的导数可以指示如何调整自变量以减小函数值。类似地，在深度学习中，通过将模型的所有参数（记为一个向量）视为损失函数的自变量，梯度（函数相对向量的导数）能指导我们找到使损失函数最小化的模型参数。其中，梯度的计算通常使用反向传播（back propagation，BP）算法，通过链式法则将损失函数的梯度从输出层传递到输入层，得到梯度相对于每个参数的分量。这些分量一起指明了在参数空间中使损失函数上升最快的方向，所以不断沿着梯度的反方向对参数进行更新，并重新计算梯度，就可以逐步降低损失函数的值。在模型训练中，随机梯度下降（stochastic gradient descent，SGD）是最有代表性的优化算法，其基本思想是每次从全部训练样本中随机抽取一个小批量（minibatch），快速估算损失函数对模型参数的梯度，以加快模型的收敛。

学习率是梯度反向传播中的一个重要超参数，控制参数更新的步长。学习率过小会导致模型收敛缓慢，但学习率过大又会导致振荡或发散。学习率调度技术可以根据训练过程中的情况动态地调整学习率，如学习率衰减、周期性调整等。学习率对模型的性能有显著的影响，准确地设置学习率是一个非常具有挑战性的工作。由于损失函数通常对某些参数高度敏感，而对另一部分参数不敏感，因此对每个参数自适应地设置不同的学习率是非常有必要的。出于这一考虑，研究人员设计了自适应梯度算法（adaptive gradient algorithm，AdaGrad）和自适应矩估计算法（adaptive moment estimation，Adam）等优化算法，都可以通过每个参数的历史梯度来自适应地设置学习率，从而在实践中表现出良好的性能和较快的收敛速度。

3.2.3 改进优化策略

除了调整学习率外，研究人员还会使用一些其他策略来解决梯度反向传播算法在实践应用时遇到的问题，改进深度学习模型的优化过程，提升模型的优化速度以及鲁棒性。下面选取几种代表性的策略进行介绍。

① 激活函数　激活函数不仅能向神经网络引入非线性，使其更好地学习复杂的数据分布；还能够改善梯度传播，有效避免梯度消失或梯度爆炸等问题，加速模型的收敛速度。如逻辑斯谛函数的广泛饱和性不利于基于梯度的学习，故不鼓励将其用于多层感知机的隐藏神经元，而双曲正切函数通常会表现得更好。

② 批标准化　批标准化（batch normalization）是深度学习模型中常用的一种自适应重参数化方法，旨在解决训练过程中的内部协变量偏移（internal covariate shift）问题，即在网络的不同层之间数据的分布发生变化，导致网络难以收敛和训练困难的现象。批标准化通过在每个小批量样本上对输入进行归一化，使得每一层的输入数据具有相对稳定的分布，减少梯度的变化范围，提高梯度的有效性和稳定性，加速了训练过程。

③ 正则化　正则化（regularization）是一种用于控制模型复杂性和提高泛化能力的技术，包括 L_1 正则化、L_2 正则化、Dropout 以及提前终止（early stopping）等。L_1 正则化和 L_2 正则化通过在损失函数中引入额外的惩罚项，约束模型参数的取值范围或模型的复杂度，从而降低过拟合的风险；Dropout 随机地将一些神经元的输出置为零，以减少神经元之间的依赖性，增强模型的泛化能力；提前终止策略在训练过程中监测模型在验证集上的性能，并在性能不再提升时停止训练，有效避免了过拟合。

④ 预训练和迁移学习　预训练（pretraining）和迁移学习（transfer learning）是利用已经训练好的模型参数来加速新模型的训练和提高性能的常用策略。预训练是指在小规模数据集上训练模型之前，先在大规模数据集上训练一个模型，然后将其参数作为新模型的初始化参数；迁移学习是指将已训练好模型的一部分或全部参数迁移到新任务的模型上，以提高新任务的学习效果。两种策略都能在速度和性能方面显著优化模型的训练过程，尤其是在数据有限的情况下。

我们已经介绍了一些通用的深度学习优化策略，针对具体的任务，模型架构本身也对其性能有着极其重要的影响。接下来我们将从结构、原理等方面介绍一些具体的深度学习模型，并阐明其适用的任务范围。

3.3　深度学习常用模型

在上一节中，我们以多层感知机为例介绍了神经网络，其中相邻两层的神经元之间是全连接（fully connected）的，不同网络之间的主要区别是神经元的层数和每层中的神经元数目。在实践中，人们为特定的机器学习任务开发出了种类繁多的神经网络架构，每种架构都有独特的结构化限制，反映了设计者希望网络学习到的先验知识。本节我们将依次介绍处理图像数据和自然语言的常见深度学习模型，分别对应深度学习的两大研究领域——计算机视觉与自然语言处理；最后介绍生成式深度学习模型。

3.3.1 处理图像数据的深度学习模型

在处理图像数据时，相邻位置的像素往往会相互关联，这种局部模式又会在不同的位置重复出现。研究者针对这些特性专门设计出了**卷积神经网络（convolutional neural network，CNN）**，其核心思想是利用卷积操作来提取输入数据的局部特征，具有局部连接、权重共享等特性。在数学中，卷积是对两个实变函数进行的一种数学运算，如用一个核函数 $w(a)$ 对 $x(t)$ 进行卷积：

$$s(t) = (x * w)(t) = \int x(a)w(t-a)da \tag{3-6}$$

在机器学习中，输入数据通常是多维数组的形式，而卷积核是待优化的多维数组形式的参数，如用一个二维卷积核 K 对一张二维图像 I 进行卷积：

$$S(i,j) = (I * K)(i,j) = \sum_m \sum_n I(i-m, j-n)K(m,n) \tag{3-7}$$

图 3-8a 展示了如何用神经网络进行一维卷积操作，可以看作是左边的局部子网络在输入数据上滑动（sliding），使得隐藏神经元与输入神经元之间形成局部连接，而且不同位置的参数共享。我们将这样的局部子网络称为卷积核（kernel），其效果类似于一个滤波器（filter），捕捉数据中的空间结构信息，如边缘、纹理等。如图 3-8b 所示，一个卷积层会包含若干个卷积核，每个卷积核生成一个特征平面（feature map），不同的特征平面学习数据不同方面的特性。除了卷积层之外，卷积

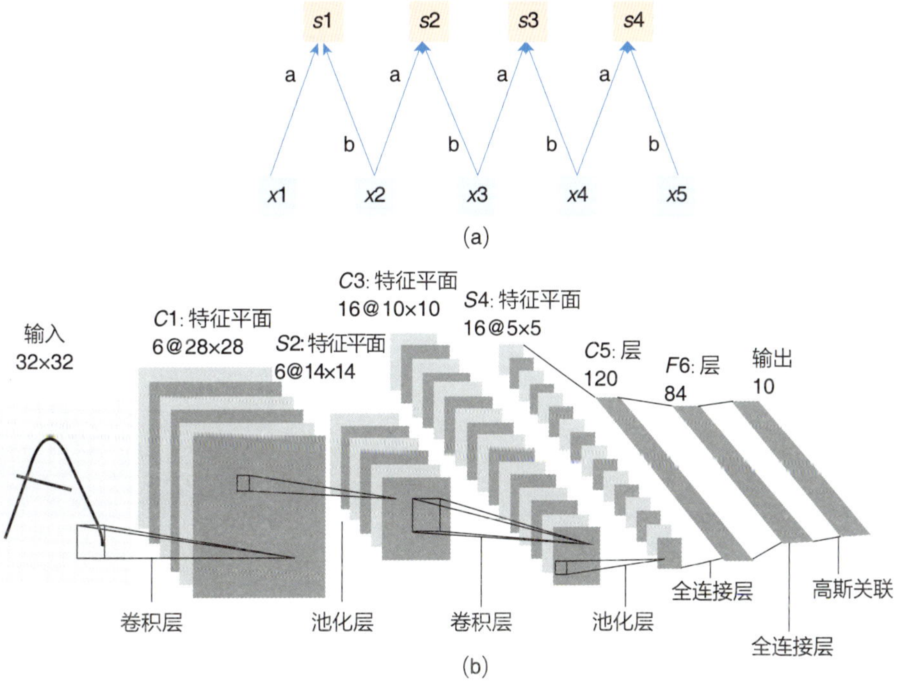

图 3-8 卷积神经网络
（a）用神经网络实现一维卷积；（b）识别手写数字的卷积神经网络，包含两个卷积层、两个池化层和三个全连接层

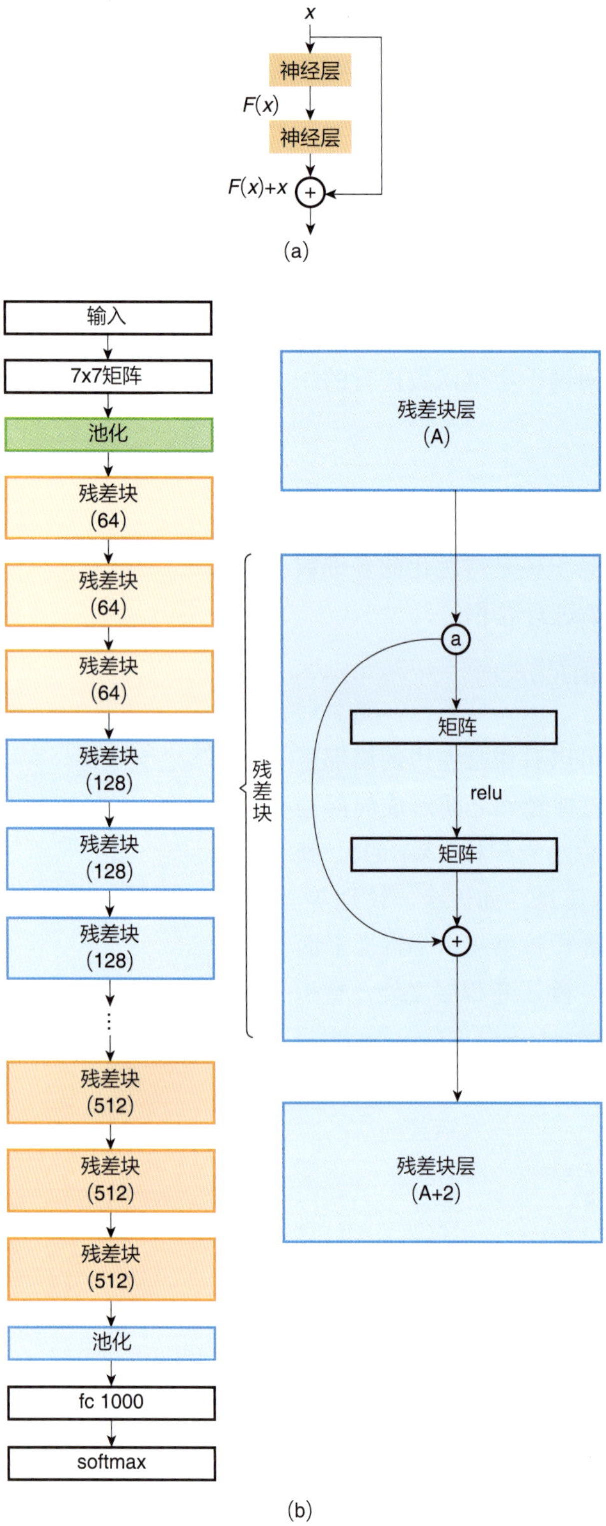

图 3–9　残差神经网络

（a）残差块是残差神经网络的基本组成模块；（b）用残差神经网络进行图像识别，引入残差块后，网络甚至能堆叠到 512 层深

神经网络一般还包含池化（pooling）层，利用简单的卷积核（如平均或取最大值）对提取出的特征平面进行降维，提高计算效率，并防止过拟合。经过多个卷积层和池化层之后，通常会使用全连接层进行最终的分类、回归等任务。

卷积神经网络在处理图像等任务时具有出色的性能和良好的泛化能力，如丹·奇雷桑（Dan Ciresan）等用包含两个卷积层的网络在 MNIST 手写数字数据集上将错误率降低至 0.23%，远低于其他机器学习方法，达到了接近人类的表现。但是，在更加复杂的图像数据集上，研究者发现随着卷积层数的增加，模型性能不再提升甚至急剧下降，即深层网络的退化（degradation）现象。设想一种手动构建深层网络的方案，即在一个训练好的浅层网络上加一些能实现恒等映射的网络层，这样得到的深层网络应该和之前的浅层网络效果一样好。但从头开始训练一个深层网络却会发生退化现象，这说明有些网络比另一些更难训练，尤其是难以拟合恒等映射，即 $H(x)=x$。

为解决这一问题，何恺明等开发了**残差神经网络（residual neural network，ResNet）**。ResNet 使用跳跃连接（skip connection）策略来构建残差单元，将输入数据直接添加到残差块（residual block）的输出中，即 $H(x)=F(x)+x$。该策略形成了短路（shortcut）路径，弱化了每层之间的强联系（图 3–9a）。ResNet 通过学习残差来实现映射，而不是直接学习整个映射函数，因此可以有效解决梯度消失和网络退化问题。克服这一缺点后，ResNet 就能大幅增加模型深度并提高模型收敛速度，从而大大提升模型性能，在图像分类、目标检测和图像分割等计算机视觉任务中取得了巨大成功（图 3–9b）。

非欧式空间数据，如图（graph），具有不规则性，导致传统的卷积等操作不再适用。研究者设计了专门处理图的神经网络结构，主要是在各种基础深度学习模型上针对图结构进行改造，如**图卷积网络（graph convolution network）**就是将卷积运算运用到图中每一个节点和它的邻居的特征集合上。随着图神经网络的发展，研究人员也将其泛化到欧式空间数据的处理上，如点云、三维原子结构等，这些网络也称为几何深度学习。几何深度学习会将原本的欧式空间内的坐标点，通过 k-近邻等方式构建图边连关系，形成一个非欧式空间的数据结构，其中原本欧式空间的坐标信息被储存在图的节点和边上。几何深度学习算法会考虑数据的对称性、不变性、等变性等，适用于大部分包含三维原子结构的任务。

3.3.2 处理序列数据的深度学习模型

虽然卷积神经网络在图像数据上表现出了卓越的性能，但是它缺乏对序列结构和上下文信息进行建模的能力，导致其对自然语言等序列数据的处理能力偏弱。在处理自然语言时，会把每句话拆分成一系列标记（token），并按照从前到后的顺序，在每个时间步处理一个标记。**循环神经网络（recurrent neural network，RNN）**是为处理时序数据而专门设计的网络结构，其基本结构是一个循环单元，在每个时间步接收输入和前一步的隐藏状态，并输出当前步的隐藏状态（图 3-10）。

$$h_t = g_t(Ux_t + Vh_{t-1} + b_h) \tag{3-8}$$

$$y_t = g_y(Wh_t + b_t) \tag{3-9}$$

循环神经网络在不同的时间步共享参数，这样无论关键词在句子中哪个位置出现，都能以相似的方式被识别，相比之下全连接网络需要在每个时间步都把全部语言规则学习一遍。循环神经网络中的隐藏状态可以看作是网络对于序列中之前所有标记的编码表示，隐藏状态与当前标记一起连接到循环单元，使得循环神经网络在对序列中的每个标记进行建模时能考虑序列上下文的影响，即在处理序列数据时保持信息的持续流动。

循环神经网络在理论上具有学习长程依赖的能力，但梯度在经过许多层传播之后倾向于爆炸或消失；即使我们假设其参数是稳定的，但长程依赖的权重指数级小于短程相互作用的，使其很难学习。一种解决方案是设计能够在多个时间尺度上工作的模型，即让模型的某些部分在细粒度时间尺度上处理细节信息，而另一部分则在粗粒度时间尺度上传递来自遥远过去的上下文信息。研究者提出了一系列策略，包括在时间维度增加跳跃连接，设置自循环的隐藏神经元用不同时间常数整合信号，删除细粒度时间尺度的连接等。在实践中最成功的序列模型是门控循环神经网络（gated recurrent neural network，gated RNN），包括**长短期记忆（long short-term**

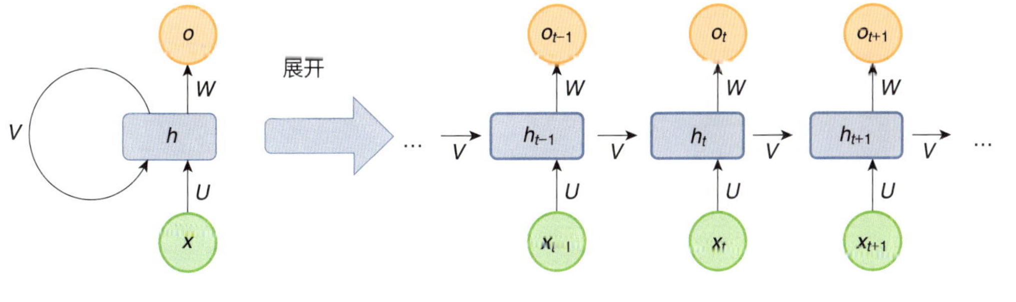

图 3-10 循环神经网络的循环单元及其展开图

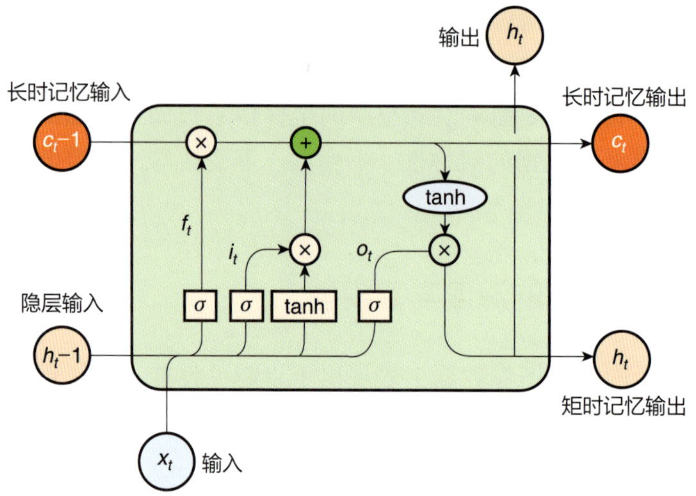

图 3-11 长短期记忆网络的基本组成单元

memory，LSTM）网络和门控循环单元（gated recurrent unit，GRU）网络。

长短期记忆网络的关键贡献是自循环的权重由上下文决定，不同的输入序列可以产生不同的权重，从而累积不同时间尺度的记忆。具体来说，长短期记忆网络将隐藏神经单元替换成复杂的 LSTM 细胞（图 3-11），其内部形成自循环并记忆自己的细胞状态 $\boldsymbol{c}$。LSTM 细胞包含三个依赖当前标记和隐藏状态的门（gate）结构，输入门 $\boldsymbol{i}$ 控制当前输入有多少需要被记忆，遗忘门 $\boldsymbol{f}$ 控制当前细胞记忆如何更新，输出门 $\boldsymbol{o}$ 控制记忆内容有多少需要输出到当前隐藏状态。

$$i_t = g_i(W_i x_t + U_i h_{t-1} + b_i) \tag{3-10}$$

$$f_t = g_f(W_f x_t + U_f h_{t-1} + b_f) \tag{3-11}$$

$$o_t = g_o(W_o x_t + U_o h_{t-1} + b_o) \tag{3-12}$$

$$c_t = f_t \circ c_{t-1} + i_t \circ \tanh(W_c x_t + U_c h_{t-1}) \tag{3-13}$$

$$h_t = o_t \circ \tanh(c_t) \tag{3-14}$$

长短期记忆网络比简单的循环神经网络更擅长学习序列数据中的长程依赖关系，在具有挑战性的序列处理任务上获得了优越的表现。但长短期记忆网络的计算过于复杂，研究者分析了其架构中哪些是真正必要的，开发出了门控循环单元网络，用一个更新门和一个复位门来控制信息的流动。

循环神经网络及其变种在自然语言处理、语音识别等任务中取得了引人注目的突破，能够利用上下文信息进行预测（如情绪分析）和生成（如聊天机器人），为语言理解和内容生成任务带来了革命性的进展。

3.3.3 生成式深度学习模型

神经网络也可以用于无监督任务，尤其是生成式模型能够生成新的数据，展现出激动人心的应用前景。

生成对抗网络（generative adversarial network，GAN）是一种经典的深度生成模型，其基于博弈论场景，采用对抗训练的方式生成逼真的新样本。生成对抗网络由生成器（generator）和判别器（discriminator）两个主要组件组成，生成器 g 接收一个低维的随机噪声向量 $\boldsymbol{z}$ 作为输入，并将其映射到高维数据空间中，生成尽可能逼真的样本数据 $\boldsymbol{x}=g(\boldsymbol{z};\boldsymbol{\theta}_g)$；判别器 d 的任务是对给定的样本 $\boldsymbol{x}$ 输出概率值 $d(\boldsymbol{x};\boldsymbol{\theta}_d)$，指示其是来自真实数据分布而不是来自生成器的概率（图 3–12）。生成对抗网络可以看作是一场零和游戏，记函数 $u(\boldsymbol{\theta}_g,\boldsymbol{\theta}_d)$ 为判别器的收益，那么生成器的收益就是 $-u(\boldsymbol{\theta}_g;\boldsymbol{\theta}_d)$，在学习过程中两者都试图最大化各自的收益，最终生成器收敛于：

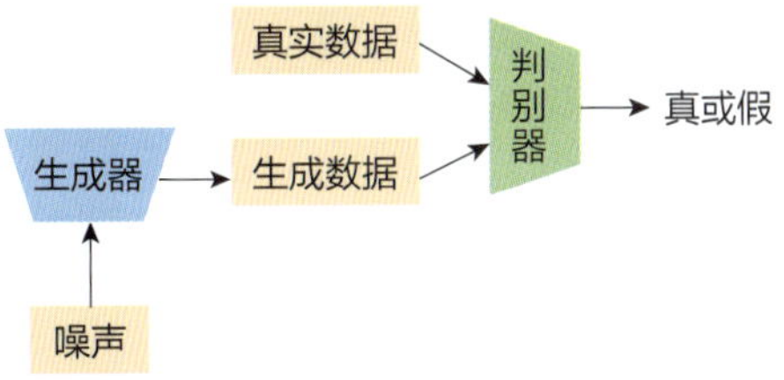

图 3–12 生成对抗网络

$$g^{*}=\arg\min_{g}\max_{d}u(g,d) \tag{3–15}$$

可以把收益函数 u 设置为：

$$u\left(\boldsymbol{\theta}_g,\boldsymbol{\theta}_d\right)=\mathbb{E}_{\boldsymbol{x}\sim p_{data}}\log[d\left(\boldsymbol{x}\right)]+\mathbb{E}_{\boldsymbol{x}\sim p_{model}}\log[1-d\left(\boldsymbol{x}\right)] \tag{3–16}$$

这驱使判别器正确地区分样本是真实的还是伪造的，同时生成器试图产生能以假乱真的样本。

生成对抗网络的核心思想是通过两个网络的对抗来推动模型的学习和提升。它不需要显式地定义生成样本的概率分布，也就不需要用变分学习等复杂技巧来近似推断生成概率，而是通过反复迭代训练逐渐优化生成器和判别器的网络参数 $\boldsymbol{\theta}$，使生成的样本逼近真实数据分布。生成对抗网络具有广泛的应用，在图像生成、文本生成、音频合成等任务中取得了巨大成功，并成为深度学习中重要的研究方向之一。

自编码器（autoencoder，AE）是一种经典的无监督深度神经网络，由编码器（encoder）和解码器（decoder）组成，其中编码器将输入样本 $\boldsymbol{x}$ 映射到低维隐空间中的隐变量 $\boldsymbol{z}$，并捕捉样本的关键特征；解码器则根据隐变量 $\boldsymbol{z}$ 重构出样本 $\widehat{\boldsymbol{x}}$，也就是从隐空间重新映射回原来的数据空间（图 3–13）。自编码器通过最小化重构误差（如 $\|\boldsymbol{x}-\widehat{\boldsymbol{x}}\|$），以无监督的方式来学习数据的低维表示。自编码器也可用于生成新的数据，即从隐空间采样得到 $\boldsymbol{z}'$，然后通过解码器得到样本 $\boldsymbol{x}'$。但是自编码器的隐空间没有约束，其训练过程只能保证隐空间中在输入样本附近的 $\boldsymbol{z}'$ 生成的样本是符合原始数据分布的，当 $\boldsymbol{z}'$ 距离较远时可能会生成一些毫无意义的样本。

研究者提出了多种方案来约束自编码器的隐空间，如稀疏自编码器、去噪自编码器、收缩自编码器等，其中最成功的是**变分自编码器（variational autoencoder，VAE）**。变分自编码器期望隐变量 $\boldsymbol{z}$ 能代表产生样本的真实因素，如表型是由基因型和环境因素共同决定的，人们对这些因素的先验知识可以指导模型的训练。具体来说，变分自编码器认为隐变量 $\boldsymbol{z}$ 符合某种预先定义的分布 $p_{\boldsymbol{\theta}}(\boldsymbol{z})$，编码器 $g(\boldsymbol{x})$ 负责从输入样本 $\boldsymbol{x}$ 产生该分布的参数 $\boldsymbol{\theta}$，从分布采样得到 $\boldsymbol{z}$ 后经过解码器 $f(\boldsymbol{z})$ 得到 $\widehat{\boldsymbol{x}}$ 的分布，再采样得到 $\widehat{\boldsymbol{x}}$。变分自编码器的损失函数包括 $\boldsymbol{x}$ 与 $\widehat{\boldsymbol{x}}$ 之间的重构损失和 $p_{\boldsymbol{\theta}}(\boldsymbol{z})$

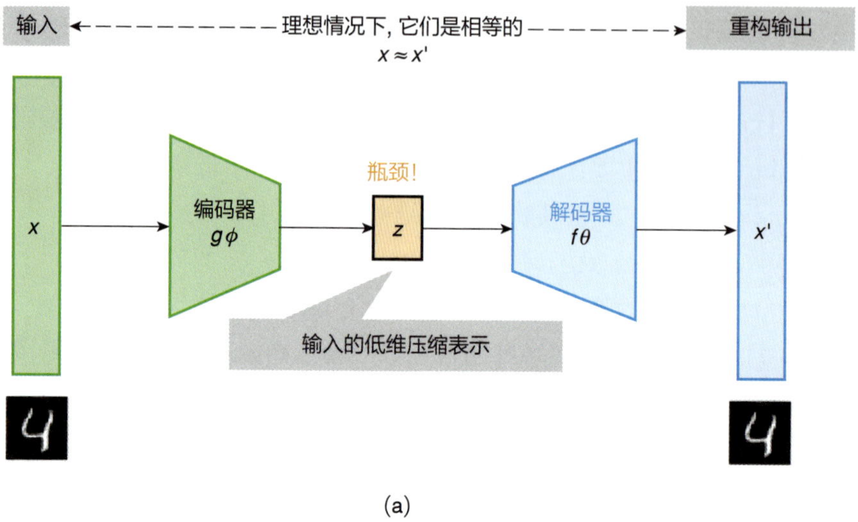

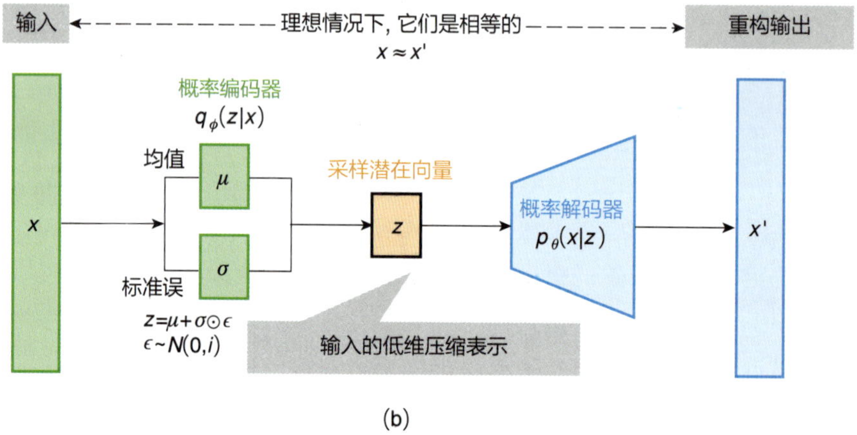

图 3-13 自编码器（a）与变分自编码器（b）

与先验分布（如标准正态分布）之间的 KL 散度（Kullback-Leibler divergence），具体的数学推导请参见迪德里克·金马（Diederik Kingma）等的论文。变分自编码器的优点是隐空间在整个先验分布范围内都是有效的，或者说任何从先验分布采样得到的 $\boldsymbol{z}'$ 都能经过解码器得到符合原始数据分布的 $\boldsymbol{x}'$。变分自编码器理论优雅，易于实现，在实践中也取得了出色的表现，经过良好训练的变分自编码器可以解释数据的内在规律。

3.4 深度学习进阶模型

深度学习是一个迅速发展的领域，不断有新的模型架构涌现出来，这里我们选取一些产生了重大影响的模型架构进行介绍。需要指出的是，本节的主要目的并不是"追赶"深度学习的前沿领域（教科书的更新频率远慢于深度学习的发展速度），而是让同学们体会深度学习的强大能力和广泛应用场景。新模型总是万变不离其宗，只要熟练掌握前面两节中介绍的基础知识，将来遇到新的深度学习模型就能较容易地理解和应用了。

3.4.1 扩散模型

贾沙·索尔–迪克斯坦（Jascha Sohl-Dickstein）等于 2015 年提出了受启发于非平衡热力学的**扩散模型（diffusion model）**，之后乔纳森·何（Jonathan Ho）等于 2020 年提出了降噪扩散概率模型（denoising diffusion probabilistic models），引发了图像生成领域的新一轮热潮。扩散模型一般包括两个过程：前向扩散（forward diffusion）和反向去噪（reverse denoising）。前向扩散过程会给输入 $\boldsymbol{x_0}$ 进行逐步加噪，T 步后加噪至纯噪声 $\boldsymbol{x_T}$；反向去噪过程则通过神经网络去学习如何将 $\boldsymbol{x_T}$ 逐步还原为原始状态的 $\widehat{\boldsymbol{x_0}}$。这两个过程都使用了参数化的马尔可夫链。基于学习好的去噪网络，我们输入从特定分布中采样的 $\boldsymbol{x'_T}$，最终输出一个符合原始数据分布的新样本 $\boldsymbol{x'_0}$。随着近期大量出色工作［如稳定扩散模型（stable diffusion model）］的推出，扩散模型逐渐被应用于蛋白质设计、RNA 设计、小分子设计等生物学领域，极大地推动了科学的进步。

3.4.2 Transformer 网络

在处理序列数据时，循环神经网络只能串行操作，无法通过并行化来提升计算效率。2017 年诞生的 **Transformer 网络**被认为是深度学习领域的革命性突破，其核心思想是完全基于注意力（attention）机制来处理输入序列，并行处理输入序列的不同位置。Transformer 网络不仅大幅提升了并行效率，还在机器翻译任务上超越了之前最佳的网络。

深度学习中的注意力机制模仿了人类视觉和认知系统，要求神经网络在处理输入数据时选择性地关注重要部分，提高了模型的性能和泛化能力。注意力机制基于输入的特征，计算每个部分的注意力权重。这些权重可以表示为概率分布，用于指示输入中不同部分的重要性。根据这些权重，网络可以聚焦于最相关的部分，并在后续计算中更有针对性地使用这些信息，并赋予模型一定程度的可解释性。

Transformer 网络的输入为序列中每个标记的嵌入（embedding）表示和该标记在序列中的位置编码（positional encoding）。Transformer 网络的基本组成包括编码器和解码器两部分，每一部分都包含数个多头注意力（multi-head attention）模块和多层感知机（图 3–14），多头注意力允许模型同时学习多个不同的注意力权重，捕捉不同的语义关系。Transformer 网络使用自注意力机制，可以在每个位置上直接建模长距离依赖关系，使得模型能够更好地理解句子中的上下文信息。

3.4.3 大语言模型

近年来，基于 Transformer 网络的**大语言模型（large language model，LLM）**，通过在大规模的文本数据集上进行预训练，学习文本中丰富的语言知识和语义表示，有效地提升了语言表示的能力，在机器翻译、对话问答、文本生成等下游任务取得

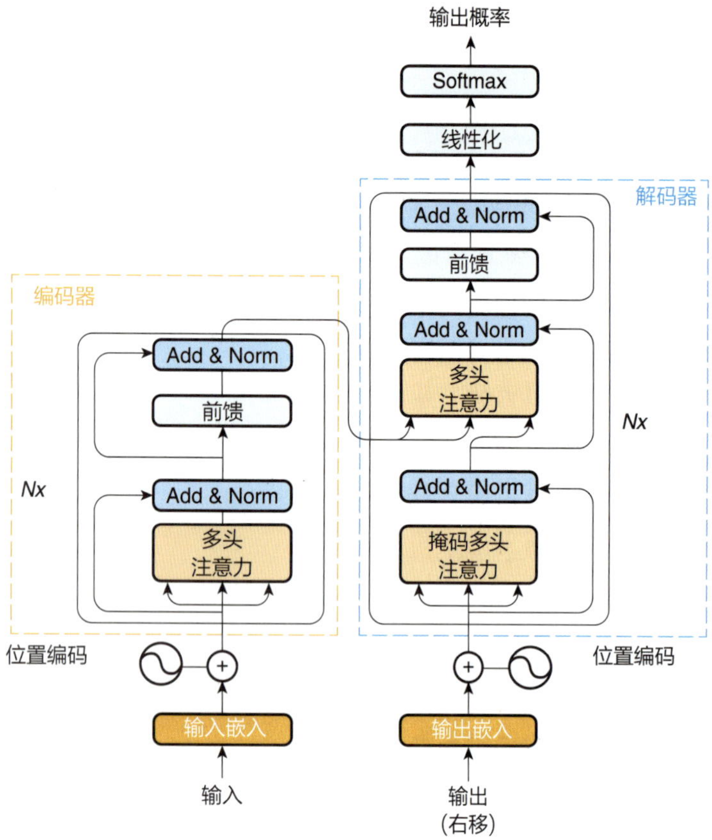

图 3–14 Transformer 网络

了极其优异的表现。尤其是随后提出的多模态大语言模型，通过学习并融合多种模态（如文本、图像、音频、视频等）的数据，能够应用于诸如图像标注、视频字幕生成、根据文字生成视频等多种下游任务，甚至被视为迈向通用人工智能的里程碑。

语言模型是一个自然语言中词语的概率分布模型。设 $S=(w_1,w_2,w_3,\cdots,w_m)$ 是一个由 m 个词组成的句子，则 $w_1,w_2,w_3,\cdots,w_m$ 的联合概率 $p(W)=p(w_1,w_2,w_3,\cdots,w_m)$ 即为语言模型。利用贝叶斯公式，语言模型可被分解为：

$$p(W)=\prod_{i=1}^{m}p(w_i|w_1,w_2,w_3,\cdots,w_{i-1}) \quad (3-17)$$

研究者试图用各类方法近似表示 $p(W)$，包括用神经网络预测 $p(W)$。

大语言模型主要基于 Transformer 网络，并且具备大量的参数，如 Meta 公司 2023 年的 Llama2 最大版本拥有约 700 亿参数。如图 3–15 所示，根据预训练任务类型和模型架构的差异，大语言模型主要可分为三类：自回归语言模型（autoregressive language model）、掩码语言模型（masked language model）和编码器–解码器语言模型（encoder-decoder language model）。

① 自回归语言模型（如美国的 GPT 系列，中国的 DeepSeek 等）的核心预训练任务是给定上文，预测下一个词语，即最大化：

$$\sum_{i=1}^{m}\log[p(w_i|w_1,w_2,w_3,\cdots,w_{i-1};\theta_T)]$$

其中，θ_T 表示参数量为 T 的模型参数集，为最主要的优化对象。以 ChatGPT 为例（图 3–16），自回归语言模型由 Transformer 网络中的解码器堆叠而成，尤其适合于文本生成这一类的任务。

② 掩码语言模型（如 BERT、RoBERTa 等）的核心预训练任务是给定掩码词的上下文，预测掩码词，类似于“完形填空”任务，即最大化：

$$\sum_{j}c_j\log[p(w_j|w_1,\cdots,w_{j-1},w_{j+1},\cdots,w_m;\theta_T)]$$

其中，$c_j\in\{0,1\}$ 表示 w_j 是否被掩码。以 BERT 为例，掩码语言模型由 Transformer 网络中的编码器堆叠而成。

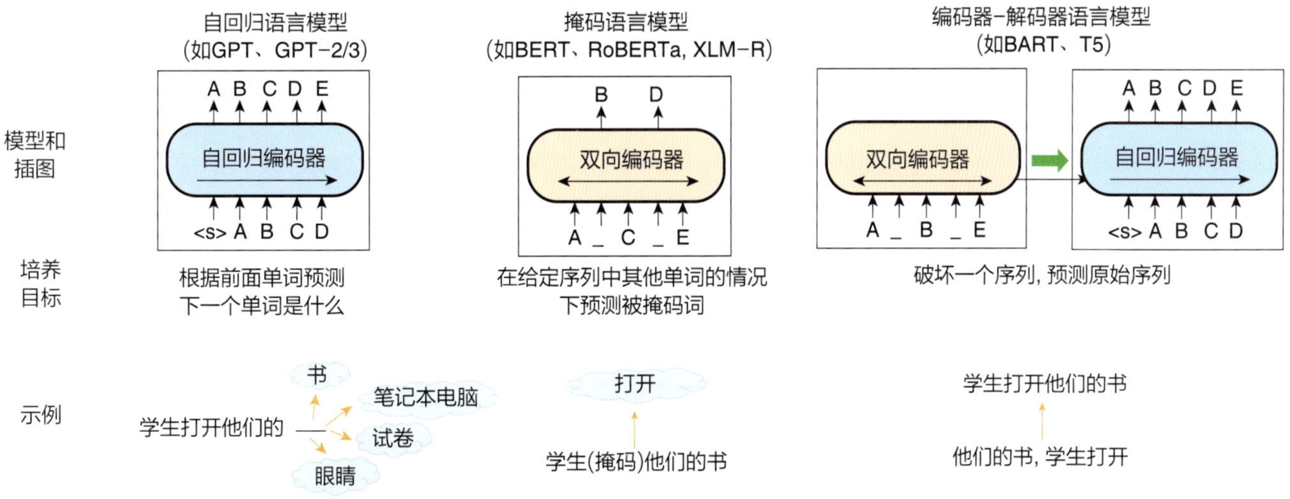

图 3-15 三种主要的大语言模型示意图

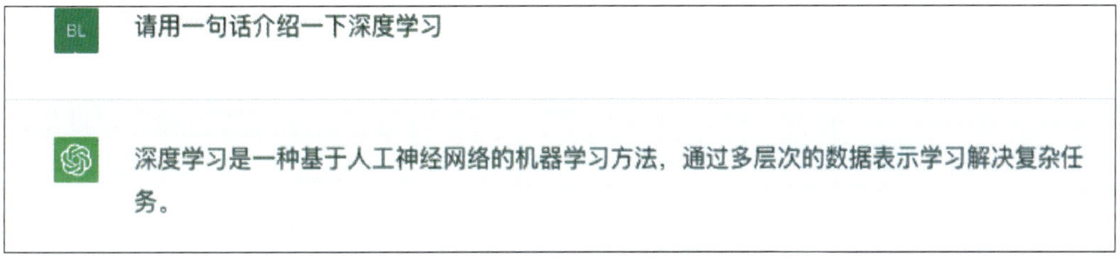

图 3-16 ChatGPT 使用例子

③ 编码器-解码器语言模型（如 BART、T5 等）的核心预训练任务是将序列通过一定方式变形，如词语删除、句子打乱、词语掩码等，要求模型恢复出原始的句子，即最大化：

$$\log[p(w_1, w_2, \cdots, w_{m-1}, w_m | x_1, x_2, \cdots, x_{n-1}, x_n; \theta_T)]$$

其中，$(x_1, x_2, \cdots, x_{n-1}, x_n)$ 是变形后的句子。以 BART 为例，编码器-解码器语言模型由完整的 Transformer 网络堆叠而成，尤其适合于机器翻译这一类任务。

3.5 深度学习应用

人工智能技术尤其是深度学习算法的开发，从开始就和生物学研究有深度融合，在生物信息的各个领域都有着广泛的应用。从基因预测、蛋白质结构预测，到知识图谱构建，以及影像和视频识别。原则上，具有一定规律性和特征的数据都可以用深度学习进行建模。以下从生物信息的数据类型出发来举例。

3.5.1 序列数据

序列数据包括基因序列、基因组序列、蛋白质序列等。传统的组学序列主要通过统计分析方法和经典的机器学习方法如马尔可夫模型和支持向量机等进行分析。

近年来由于深度学习技术的快速发展，特别是循环神经网络（RNN）、长短时记忆（LSTM）网络、Transformer 网络等模型的兴起，深度学习在不断积累的大量序列数据分析中表现出强大的建模能力。例如：

① 基因组序列分析用于识别 DNA 序列中的功能区域以及特殊原件，如基因的启动子区域、增强子、转录结合位点、核小体定位预测、RNA 剪接预测、非编码 RNA 的功能预测等；

② 蛋白质序列分析用于预测蛋白质的二级结构、三级结构、功能域、蛋白修饰位点、蛋白质互作预测、蛋白质变体效应预测、蛋白质同源预测等；

③ 表观遗传学数据用于预测染色质开放区域，传统方法依赖于实验数据，如染色质可及性测序技术（assay for transposase-accessible chromatin using sequencing，ATAC-Seq）、DNase I 超敏感位点测序（DNase I hypersensitive sites sequencing，DNase-Seq）来识别染色质开放区域，而深度学习模型能够利用这些实验数据进行预测和泛化，此外还可用于 DNA 甲基化预测、组蛋白修饰预测等；

④ 转录组数据用于预训练的单细胞模型，可以实现细胞类型分类、谱系追踪、发育轨迹推断等任务，通过深度自编码器或变分自编码器（VAE）等方法消除批次误差，利用图神经网络对空间转录组数据进行建模，揭示组织结构中的细胞异质性等。

3.5.2 结构数据

结构数据包括蛋白质三维结构、核酸结构等。深度学习模型能够通过学习复杂的特征和表达表示，帮助科研人员精确预测分子结构，并解释结构的功能。例如：

① 蛋白质结构预测，AlphaFold 模型应用于蛋白质三维结构预测，为理解蛋白质的功能和相互作用提供了新视角；

② 小分子–靶标互作预测，通过深度学习方法可以预测小分子药物与生物大分子（如蛋白质、RNA）的结合方式和亲和力，为药物开发提供指导。

3.5.3 图数据

图数据包括基因调控网络、蛋白质相互作用、药物靶点关系等。图神经网络（graph neural network，GNN）能够处理复杂的网络结构数据，帮助研究人员理解生物系统中复杂的关系和动态变化。例如：

① 基因调控网络用于推断基因之间的调控关系，发现潜在的调控因子和信号通路。

② 蛋白质–蛋白质相互作用网络用于预测蛋白质之间的相互作用，发现新颖的蛋白质复合物。

③ 药物–靶点网络用于预测药物的潜在靶点，以及多种药物组合的相互作用，为个性化医疗和精准治疗提供理论支持。

3.5.4 影像数据

影像数据包括不同分辨率尺度的影像，如纳米级别的亚细胞影像、微米级别的细胞影像（病理影像、免疫组化、免疫荧光等）；厘米级别的脑影像，如计算机断层扫描（computed tomography，CT）、磁共振成像（magnetic resonance imaging，MRI）等。深度学习，尤其是卷积神经网络（CNN）在影像数据的分析中取得了巨大的成功，能够实现自动化的影像分割、分类和检测。例如：

① 病理影像分析　如癌症检测、组织分类、自动化病理评分、图像标注等，深度学习模型尤其是卷积神经网络可以帮助医生快速准确地识别病灶区域，提高诊断效率和准确率。在癌症检测中，利用深度学习方法（inception、ResNet 等）从组织切片中自动检测癌变区域；通过深度学习算法识别病理图像中的肿瘤浸润前沿，检测癌症的分期及进展。在组织分类中：在病理切片上区分不同类型的组织，如区分正常组织、癌症组织和间质组织。利用多尺度卷积神经网络，如密集连接网络（densely connected convolutional networks，DenseNet）在不同分辨率下同时学习图像特征，实现细胞级和组织级的精确分类。在免疫组化图像中：深度学习模型可以识别和计数病理切片中染色阳性细胞的数量和分布，如 PD-L1、Ki-67 等标志物的表达，为临床治疗决策提供辅助支持。使用多通道图像融合模型（如 multi-input CNN）结合 IHC 图像的多通道信息，提高染色分析的准确性和效率。

② 医学影像分割　如肿瘤边界、器官结构分割等，为后续的定量分析和治疗计划制定提供重要依据。肿瘤边界分割如脑肿瘤分割、乳腺肿瘤分割、肺结节分割等。脏器结构分割如肝、心脏、前列腺等的结构分割。病灶区域的分割应用如骨折分割、软组织分割等。

③ 脑影像分析　用于研究大脑的结构和功能异常，如阿尔茨海默病的早期诊断、癫痫病灶的精确定位等。

3.5.5 生理数据

生理数据包括心电图（electrocardiogram，ECG）、脑电图（electroencephalogram，EEG），以及由智能腕表采集的心率、血氧饱和度等。电生理数据的特殊数据结构包括时间序列数据（如心电图和脑电图的波形数据）、多通道数据（如 ECG 通常涉及多个导联的信号，EEG 涉及多个电极的信号）、高维数据、连续和离散数据结合［生理数据可能包括连续的信号（如 ECG、EEG 波形）和离散事件（如心律失常的事件记录）］。深度学习在处理时间序列和多模态生理数据中表现优异，可用于健康监测、疾病预测和个性化医疗。

① 心电图分析自动检测心律失常、心肌缺血等心脏疾病，实时监测患者健康状态。深度心电图网络（deep electrocardiogram network，DeepECG）、心电图网络（electrocardiogram network，ECGNet）、人工智能诊断辅助网络（artificial intelligence diagnostic assistance network，AIDANet）等模型用于实时检测心律失常（如房颤、室性早搏等），提供准确的诊断信息。心肌缺血检测系统（myocardial ischemia detection system，MIDeS）、心脏神经网络（heart neural network，HeartNet）等系统可以在 ECG 数据中识别心肌缺血的早期迹象，并提供预警。

② 脑电图分析用于癫痫发作检测、睡眠状态识别、情绪状态评估等。

③ 可穿戴设备数据分析通过智能手表、手环等设备采集的数据，预测个体的运动模式、睡眠质量、压力水平等，为个性化健康管理提供依据。

3.5.6 视频数据

视频数据包括动物和人的行为模式。通过深度学习技术，可以自动提取视频中的行为特征，用于行为预测和智能监控。

① 动物行为分析用于研究动物的行为模式，如觅食、交配等，为神经科学和行为学研究提供数据支持。

② 人类行为分析用于监测患者的康复训练、老年人的跌倒检测等，提高智能监护系统的智能化水平。

3.6 深度学习和人工智能的总结与展望

深度学习和人工智能经过几十年跌宕起伏的发展，涌现出了一系列针对不同任务的模型架构和训练策略，在图像识别、自然语言处理等多个领域取得了重大突破。未来深度学习的发展方向包括以下六方面。

（1）更高效先进的网络结构和训练算法

近年来，深度学习模型参数量的不断增长带来了模型性能的巨大提升，但对训练模型所需要的计算资源需求也与日俱增，因此需要设计更加高效的网络架构以提升模型的学习和表示能力，以及更高效的训练算法来加快训练进程，减少计算资源的开支。

（2）支持多模态混合输入以及分析

传统的深度学习任务一般依赖于单一类型的数据输入，限制了模型解决复杂的真实世界问题的能力。未来的深度学习模型将兼顾多种类型的数据，包括图像、文本、语音等，并能整合各类模态数据进行推理与分析。

（3）真实世界中强化学习

在自动驾驶、机器人控制等领域仍然依赖强化学习的范式进行复杂问题的自动化决策，算法将在对真实世界的理解基础上进行模型优化。

（4）增加模型的可解释性和透明性

随着深度学习模型参数量的不断增大，其性能得到了提升，但其可解释性与透明性却仍然匮乏。未来针对可解释性与透明性的研究将极大提升我们对于深度学习模型的理解，以及增强人们对于人工智能系统的信任，同时也更有利于我们总结研究问题的规律。

（5）隐私与安全

随着人工智能系统的广泛应用，对模型在数据安全与隐私保护方面提出了更高的要求，因此需要在模型设计方面更加注重数据收集和隐私保护的平衡。

（6）智能体自主科研系统

2025 年以来，多个智能体自主科研系统在各个领域开始被开发，在生命科学领域如中国的 DREAM 系统、美国的 Biomni 和 CellForge 等，有望使生物信息分析进入新时代。

※ 推荐阅读

1. 周志华. 机器学习 [M]. 北京：清华大学出版社，2016.

点评：该书全面讲解了机器学习基础知识，包括监督学习、非监督学习、强化学习等。在理论和算法讲解的同时，配合了大量的实例。

2. Russell S，Norvig P. 人工智能：一种现代的方法 [M]. 殷建平，祝恩，刘越，等译. 北京：清华大学出版社，2011.

点评：该书为人工智能领域的经典教材，内容包括了人工智能领域的主要方向。

※ 思考与练习题

1. 什么是人工智能 (AI)？AI 与机器学习和深度学习有何不同？
2. 神经网络如何通过梯度下降算法进行训练？请简述梯度下降算法的工作原理。
3. Transformer 网络与传统的 RNN 相比有哪些优势？为什么 Transformer 网络在自然语言处理任务中广泛应用？
4. 生成模型的基本原理是什么？简述自编码器（AE）和生成对抗网络（GAN）的不同之处。
5. 深度学习的未来展望如何？哪些领域可能会从未来的深度学习发展中获益？
6. 深度学习在医学影像分析中的应用优势是什么？

※ 讨论题

1. 生命科学数据，如基因组、转录组、蛋白质组、代谢网络、调控网络等，与其他领域的哪些数据类型相似？借鉴其他领域的人工智能算法时，需要注意什么相似性和不同？

2. 用人工智能大语言模型进行生命科学的问答，与通用人工智能问答系统有什么相似和不同?

3. 通过文献调研举出一个在生命科学领域还没有用到人工智能算法的例子。

※ 参考文献

1. Bishop C M. Pattern recognition and machine learning [M]. Berlin: Springer, 2006.

2. Deng L, Wu Y, Ren Y, et al. Autonomous self-evolving research on biomedical data: the DREAM paradigm [J]. Advanced science, 2025, 12: 24170.

3. Goodfellow I, Bengio Y, Courville A. Deep learning [M]. Cambridge, MA: MIT Press, 2016.

4. Krizhevsky A, Sutskever I, Hinton G E. ImageNet classification with deep convolutional neural networks [J]. Neural networks, 2012, 61: 85-117.

5. Lecun Y, Bengio Y, Hinton G. Deep learning [J]. Nature, 2015, 521(7553): 436-444.

6. Russell S, Norvig P. Artificial intelligence: a modern approach [M]. Upper Saddle River, NJ: Prentice Hall, 2009.

7. Schmidhuber J. Deep learning in neural networks: an overview [J]. Neural networks, 2015, 61: 85-117.

8. Vaswani A, Shazeer N, Parmar N, et al. Attention is all you need [C]. Long Beach, CA, USA: 31st Conference on Neural Information Processing Systems, 2017.

9. Wong F, Zheng E J, Valeri J A, et al. Discovery of a structural class of antibiotics with explainable deep learning [J]. Nature, 2024, 626: 177-185.

编者：吕　晖（上海交通大学）

张强锋（清华大学）

审读：张　勇（同济大学）

4

生物信息资源

生物信息学既是一门基础学科也是一项研究工具。通过对海量生物数据和信息进行收集、整理、储存、管理、发布与应用，进而形成种类繁多、丰富多样的生物数据库，为用户提供生物数据的访问、检索、管理、更新等服务。目前生物数据库使用多种不同的数据库结构类型：平面文件、关系型数据库、面向对象数据库、基于互联网平台的 XML 等。生物数据库具备以下特征：① 持续整合和更新，数据容量不断增加；② 通过字段对原始生物数据及其生物学意义注释的多维属性特征进行规范化记录；③ 提供基础的访问、检索和浏览，以及特定需求的上传、下载和可视化等一系列网络服务；④ 部分数据库提供不同生物数据库之间的交叉引用。通过生物数据库的构建，有助于生物信息资源的高效管理和利用，为全球用户获取资源提供便利，支撑和服务于生命科学领域的快速发展，为数据的安全管理和共享保驾护航。

4.1 生物数据库简介

生物数据库是生命科学发展不可或缺的信息资源，也是合成生物学、生物医药与生物技术产业赖以发展的基础。生物数据库的建设、维护与安全关系人口健康、生物安全和可持续发展，是国家重要战略资源。

生物数据库的建立和发展为生物学研究、药物研发和医学应用等提供了非常重要的支持。借助生物数据库，生物信息学从业者和生命科学研究人员可以快速地获取海量的生物数据，进行数据挖掘、分析和再加工，从而更好地理解生物学现象和生命机制，发现新的生物学规律。例如，通过基因组数据库，可以对不同物种的基因组进行比较，发现基因的演化规律和功能，从而更好地理解生物的进化和适应性；通过某物种泛基因组序列比较，可以挖掘群体/个体的特有基因，在全基因组水平上了解个体间共性与特性，进而了解该物种基因组结构和基因功能，探究特有基因与特殊生物学性状之间的关系，有助于阐释物种演化地位及适应性机制。基于已有生物数据库的重要信息，研究人员可以快速地进行药物靶点的筛选和优化，并利用生物大数据和人工智能指导新药研发和优化治疗方法，例如，通过蛋白质数据库，可以对蛋白质结构和功能进行研究，发现和设计新的药物靶点，优化和创新疾病治疗方法。

虽然我国的各大科研院所和高校已经建立了类型丰富的生物数据库，但与领域内国际顶尖生物数据库相比，在基础设施、数据汇交管理、好用易用性等方面仍存在差距，尤其在数据库的权威性、完整性、多维度、使用界面友好度、数据上传与下载快捷性、不同数据库智能关联性、人工智能辅助应用等方面存在较大差距。因此，鉴于生物数据库在生命科学基础研究和应用研究上的重要性，我们倡议加大我国生物信息学建设和人才队伍培养力度，加快完善国内生物数据资源汇总、储存、共享与保障机制，健全科学数据库管理体系建设并最大限度发挥生物数据库的价值。

4.1.1 生物数据库分类

生物数据库类型种类繁多。根据存储数据内容的不同，可以分为 DNA 数据库、RNA 数据库、蛋白质数据库、物种特异性数据库、其他数据库等。基于数据获取的规模和复杂性程度，可将生物数据库细分为一级数据库和二级数据库，或者用户针对性更强的专用数据库等。

DNA 数据库存储 DNA 序列及相关关联数据，包括核酸序列数据库、基因组数据库、功能基因数据库、基因型与表型数据库、基因表达数据库、功能元件数据库、表观遗传信息数据库等。目前主要的四大核酸序列数据库为：美国国家生物技术信息中心（National Center for Biotechnology Information，NCBI）的 GenBank 数据库、欧洲生物信息学研究所（European Bioinformatics Institute，EBI）的 EMBL（European

Molecular Biology Laboratory）数据库、日本国立遗传学研究所（National Institute of Genetics，NIG）的 DDBJ（DNA Data Bank of Japan）数据库、中国国家生物信息中心（China National Center for Bioinformation，CNCB）的 NGDC（National Genomics Data Center）数据库，这些数据库中的每条数据记录都是一个纯文本文件，由核苷酸碱基序列和文字注释组成，两者都有固定格式。其中 GenBank 数据库、EMBL 数据库和 DDBJ 数据库之间以天为单位进行 DNA 和 RNA 序列数据的交换和更新。基因组数据库主要包括 EBI 的 Ensembl 数据库和 NCBI 的 RefSeq 数据库（Reference Sequence Database），它们整合了各种生物类群的基因组、转录本、蛋白质参考序列的二级核酸数据，以及比较基因组学、变异、调控等拓展信息。功能基因数据库主要包括解释基因表达、蛋白质功能、基因调控和进化过程的基因本体（Gene Ontology，GO）数据库，整合基因组、生物途径、疾病、药物等系统功能信息的京都基因与基因组百科全书（Kyoto Encyclopedia of Genes and Genomes，KEGG），对同源基因组进行分类和注释的 COG（Clusters of Orthologous Genes）数据库等。基因型与表型数据库主要包括存储外显子测序、基因型和表型数据的 dbGaP 数据库（Database of Genotypes and Phenotypes），存储基因组范围关联分析结果的 GWAS（Genome-Wide Association Study）数据库等。基因表达数据库主要收录高通量转录组、单细胞转录组、时空转录组等数据，包括 NCBI 的 GEO（Gene Expression Omnibus）数据库，DDBJ 的 GEA（Genomic Expression Archive）数据库，EBI 的 ArrayExpress 数据库、CNCB 的 GEN（Gene Expression Nebulas）数据库等。功能元件数据库如真核生物启动子数据库（Eukaryotic Promoter Database，EPD），其提供转录起始位点信息以及相应的功能基因组学数据。表观遗传信息数据库存储表观基因组学数据，涵盖 DNA 甲基化、表观基因组关联分析、表观遗传与疾病等方面信息。

RNA 数据库存储各种不同类型 RNA 及其生物学功能数据信息，包括 RNA 综合数据库、非编码 RNA 数据库等。常见的 RNA 综合数据库主要有涵盖 RNA 注释和结构家族集合的 Rfam 数据库，收录 mRNA 修饰信息的 RNAmod 数据库，整合 RNA 转录后修饰、microRNA 结合以及 RNA 结合蛋白的 RMBase 数据库，收录 RNA 亚细胞定位的 RNALocate 数据库等。常见非编码 RNA 数据库收录 miRNA、siRNA、piRNA、snRNA、snoRNA、lncRNA、circRNA 等不同类型非编码 RNA，如 miRBase、RNAcentral、lncRNAdb 数据库。

蛋白质数据库包括蛋白质与基因组学数据库、蛋白质分类与注释数据库、蛋白质空间结构数据库、蛋白质互作数据库、蛋白质结构域数据库、酶数据库等。蛋白质与基因组学数据库主要包括收录蛋白质信息最丰富、资源最广的 UniProt（Universal Protein）数据库，提供蛋白质功能分析的 InterPro 数据库，整合超过 160 个数据库和软件工具专门用于蛋白质和蛋白质组学分析的 Expasy 数据库资源门户等。蛋白质分类与注释数据库主要有 CATH 数据库、SCOP 数据库、PRINTS 数据库。蛋白质空间结构数据库主要收录生物大分子（蛋白质、核酸）和小分子结构信息，

PDB（Protein Data Bank）是国际上具有代表性的生物大分子结构数据库，收录基于实验获得的蛋白质三维结构和基于计算机模拟或人工智能预测的蛋白质三维结构，CCDC（Cambridge Crystallographic Data Centre）是收录小分子结构信息的代表性数据库。蛋白质互作数据库主要包括 IntAct 数据库、MINT 数据库（Molecular Interaction Database）、BioGRID 数据库（Biological General Repository for Interaction Datasets）、STRING 数据库（Search Tool for the Retrieval of Interacting Genes/Proteins）等。酶数据库主要包括整合酶和代谢途径的 BRENDA 数据库（Braunschweig Enzyme Database）、存储糖类活性酶的 CAZy 数据库（Carbohydrate-active Enzymes Database）等。

物种特异性数据库是专门针对某一种或某一类生物物种的基因组和生物信息数据库，满足特定的多样化需求。目前，生物数据资源中物种特异性数据库大体分为：人与人类疾病相关数据库，动物、植物、微生物相关数据库等。某些情况下，某一特定物种或某种属物种会有一个专属数据库，尤其是一些重要模式生物都有其专属的基因组数据库，专门收录该物种参考基因组或泛基因组信息，或其近缘物种的比较基因组信息，甚至是多维组学数据信息等，并提供基因组可视化等分析工具，为生物学研究提供极大的便利。

此外，更多的专业数据库被开发以满足特定生物学研究团体对特定类型生物数据的访问和检索需求。如分子功能互作数据库、细胞通信数据库、代谢数据库、生物反应数据库、单细胞数据库、突变数据库等。这些数据库不仅收录特定类型生物数据，还提供用户数据查询和数据分析的基本工具。

大多数情况下，上述各种数据库之间相关条目数据通过交叉引用实现互访，即可以通过从某一数据库检索到的生物数据记录所提供的外部链接，直接跨数据库访问和检索其他相关库的生物数据信息。大多数综合型数据库，如 NCBI、EBI、DDBJ、CNCB，它们是生物信息学门户站点，整合了种类繁多的一级和二级数据库，链接了大量非自身维护的有用站点和资源，提供了多种分析工具，可以满足大多数用户对不同类型生物数据的访问和检索需求。

4.1.2 生物数据库期刊

目前生物数据库主要收录于以下几个出版社发行的相关杂志期刊：牛津大学出版社（Oxford University Press）发行的 *Nucleic Acids Research*，*Database*，*Genomics Proteomics & Bioinformatics*，*Bioinformatics*，*Bioinformatics Advances*，*Briefings in Bioinformatics* 等期刊；施普林格·自然出版社（Springer Nature）发行的 *BMC Bioinformatics* 期刊；边沁科学出版社（Bentham Science Publishers）发行的 *Current Bioinformatics* 期刊；世界科技出版公司（World Scientific Publishing）发行的 *Journal of Bioinformatics and Computational Biology* 期刊。这些生物数据库期刊发表的文章包括新开发数据库或者已有数据库的更新迭代。生物信息学从业者和生命科学研

究人员可以就某类型生物数据进行收集和整理，开发成特定类型生物数据库，发表在相关生物数据库期刊上。

《核酸研究》(*Nucleic Acids Research*，NAR) 杂志是分子生物学研究的权威期刊。从 1994 年开始，NAR 杂志每年第一期为生物数据库专辑，概要介绍过去一年 NAR 发表的新开发或更新的生物数据库，同时提供各类生物数据库访问网址，在 2004 年正式定名为数据库专辑 (Database Issue)。截至 2024 年 12 月，NAR 数据库专辑收录的主要分子生物学数据库达到 2 236 个。数据库专辑收录的公共生物数据库分为九大类：大型综合数据库，核苷酸序列、结构、调控类数据库，蛋白质序列、结构、结构域类数据库，代谢、信号途径、酶类数据库，病毒、细菌、原生动物、真菌类数据库，人类基因组、模式生物、比较基因组类数据库，基因组变异、疾病、药物类数据库，植物类数据库，其他类数据库。从 2003 年开始，NAR 杂志每年 7 月发行一期网络服务器专辑 (Web Server Issue)，为用户提供基于网络的数据分析及可视化软件资源。截至 2024 年 7 月，NAR 网络服务器专辑收录的生物数据库链接达到 2 633 个。网络服务器专辑收录的各类公共生物数据库分为 11 大类：计算机相关、DNA、教育、表达、人类基因组、文献、模式生物、其他分子、蛋白质、RNA、序列比较。虽然 NAR 统计的数据库专辑和网络服务器专辑所包含的数据库有一定的区别，但基本涵盖了主流的生物学数据库资源，为生物信息学从业者和生命科学研究人员提供了可靠的生物数据信息来源。

4.2 国际主要数据中心

随着生命科学蓬勃发展，生物信息数据体量呈指数级递增，组学数据资源的收集管理已成为生物信息研究领域的基础需求。建立数据资源库和生物信息数据中心，是能够最有效地管理和使用海量生物大数据的有效途径。20 世纪 80 年代，以美国、欧洲和日本为代表的国际社会陆续起步建设国家级的国家生物信息中心，包括美国国家生物技术信息中心、欧洲生物信息学研究所和日本 DNA 数据库中心，三家建立并维护的核酸数据库于 2005 年成立了国际核酸序列数据库联盟 (International Nucleotide Sequence Database Collaboration，INSDC)，逐渐形成了垄断全球生物大数据的局面。INSDC 建立统一的技术体系与标准规范，每日分享并交换各自收录的组学数据，实现全球数据在美国、欧洲和日本的属地化管理，在提供全球数据共享服务的同时，也极大地方便了本国科学家对组学数据的使用。同时，得益于国际期刊对 INSDC 数据库系统的认可和推荐使用，全球的科研人员在发表科研成果时，需要将其数据提交至 INSDC 数据库，这也促进了 INSDC 数据库的发展。另外，中国国家生物信息中心/国家基因组科学数据中心 (CNCB-NGDC) 近年来逐渐发展起来，逐步在国际生物信息领域占有一席之地 (表 4-1)。

表 4-1 国际主要数据中心概况

数据中心	成立年份	主要内容与数据类型
美国国家生物技术信息中心（NCBI）	1988	多维组学数据、文献信息以及医学数据资源
欧洲生物信息学研究所（EBI）	1994	基因组、转录组、蛋白质组、表观组等多维组学数据和文献信息
日本 DNA 数据库中心（DDBJ）	1986	以基因组数据为主
国家生物信息中心/国家基因组科学数据中心（CNCB-NGDC）	2019	多维组学数据–信息–知识资源

4.2.1 中国国家生物信息中心/国家基因组科学数据中心

随着生命科学的蓬勃发展，我国产出的生物数据呈爆发式增长态势，由于我国在生物信息数据的存储和管理方面起步晚，严重依赖国际生物信息数据库，生物数据“多而不强”，国际话语权不重，资源分散、标准缺乏、共享不畅、利用不足、管理滞后等问题较为突出。为了应对我国生物大数据安全、共享和利用存在的问题和挑战，几代科学家一直呼吁建设我国自己的生物信息中心，这引起了国家层面的高度重视。2019 年 6 月 11 日，科技部和财政部联合发布《关于国家科技资源共享服务平台优化调整名单的通知》，其中，依托中国科学院北京基因组研究所建设国家基因组科学数据中心，合作共建单位为中国科学院生物物理研究所和上海营养与健康研究所，其前身是中国科学院北京基因组研究所生命与健康大数据中心（BIG Data Center，BIGD）。同年 11 月 13 日，经中央编制委员会批准，中央机构编制委员会办公室发文，在中国科学院北京基因组研究所加挂“国家生物信息中心”牌子，整合中国科学院和全国优势力量，建设国家生物信息中心。作为 CNCB 的重要组成部分，NGDC（以下简称 CNCB-NGDC）已初步建成涵盖基础组学、国家人类遗传、重要战略生物、生物安全等信息库以及生物信息分析工具和平台等在内的多组学数据资源体系（图 4–1），为数据汇交共享、安全管理和挖掘利用提供一站式支撑，为人口健康、公共安全、育种改良、生物多样性等相关研究提供重要参考资源。2018—2023 年连续六年被生物信息学领域国际权威期刊《核酸研究》称为“全球主要生物数据中心”之一。

面向国家人口健康和社会可持续发展的重大战略需求，为解决数据孤岛和数据外流问题，提高组学数据管理、挖掘与再利用的效率，CNCB-NGDC 成立几年来，已经逐步建设完成了一系列具有自主知识产权的组学数据基础库，支撑多维组学数据的汇交、存储、管理和共享。CNCB-NGDC 的组学数据基础库（图 4–1 和表 4–2）主要包括生物项目数据库（BioProject）、生物样本数据库（BioSample）、组学原始数据归档库（Genome Sequence Archive，GSA）、基因组数据库（Genome Warehouse，GWH）、基因序列数据库（GenBase）和基因组变异库（Genome Variation Map，GVM）等，其中组学原始数据归档库家族包括组学原始数据归档库（Genome Sequence Archive，GSA）、人类遗传资源组学原始数据归档库（Genome Sequence Archive for Human，GSA-Human）多元数据归档库（Open Archive for Miscellaneous Data，OMIX）。针对人类遗传资源的特殊管理需求，受科技部委托，2022 年 7 月 18 日，CNCB-NGDC 开通运行了人类遗传资源信息管理备份平台（Human Genetic Resource Information Management and Backup Platform，HGRIP），实现了人类遗传资源信息管理、备份、发布与共享的一站式管理。为了扩大中心的国际影响力，CNCB-NGDC 在与 NCBI 初步建立了数据交换共享机制基础上，持续推进探索全面的数据交换共享。此外中心的组学数据基础库也持续镜像和更新 NCBI 对标基础库的数据资源，与中心自主开发数据库进行一体化整合，方便国内科研人员查询和获取数据的效率。基于新数据资源的不断挖掘和海量文献的知识审编，中心构建了许多专业化的特色资源库和多维组学知识库（如图 4-1 所示），如基因表达数据库（Gene Expression Nebulas，GEN）、甲基化数据库（MethBank）、人类长非编码 RNA 数据库（LncBook）、新冠病毒信息库 (RCoV19)、生命科学文献库（OpenLB）、全球生物数据库目录（Database Commons）等。

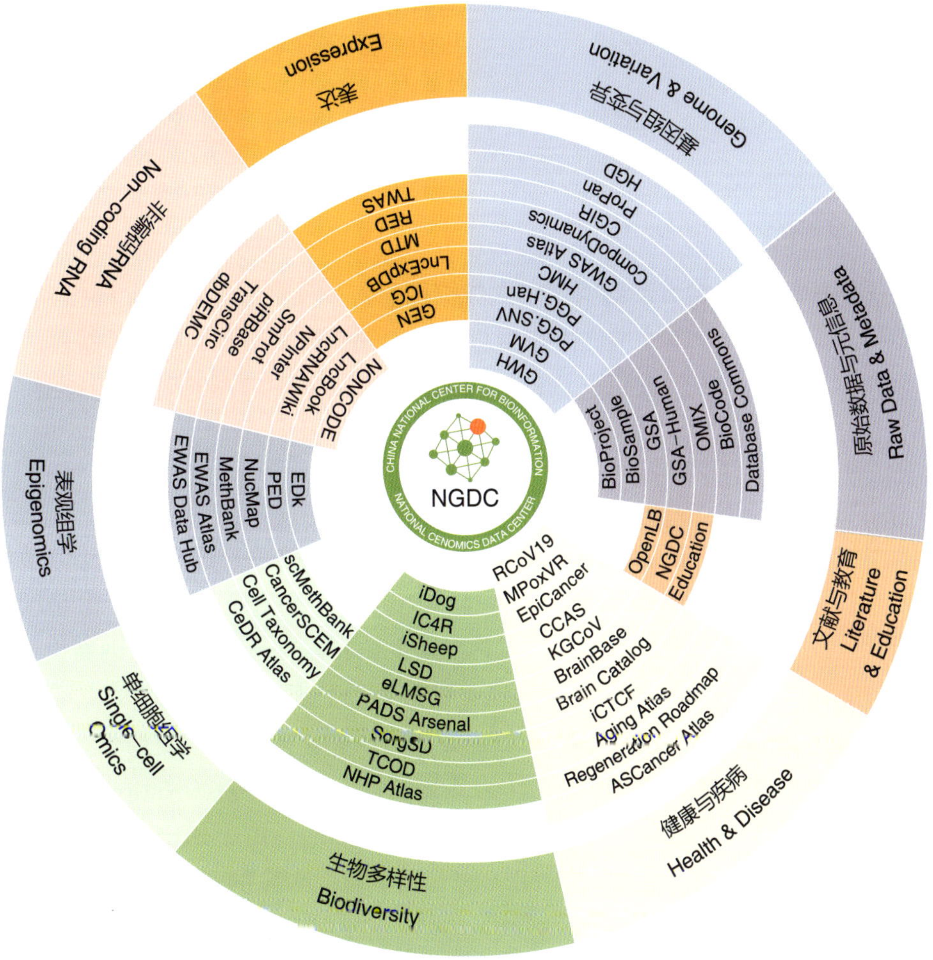

图 4-1 CNCB-NGDC 多组学数据库资源体系建设情况

表 4-2 CNCB-NGDC 的代表性资源

数据库名称	数据库简称	NCBI 对标数据库简称	创建年份	数据库功能
BioProject	BioProject	BioProject	2015	生物项目信息的汇交、管理和共享
BioSample	BioSample	BioSample	2015	生物样本信息的汇交、管理和共享
Genome Sequence Archive	GSA	SRA	2015	原始测序数据的汇交、管理和共享
Genome Warehouse	GWH	GenBank	2017	多物种基因组组装序列和注释信息汇交、管理和共享
GenBase	GenBase	GenBank	2022	病毒、细胞器或基因片段的核酸序列和注释信息的汇交、管理和共享
Genome Variation Map	GVM	dbSNP	2016	基因组变异数据的汇交、管理和共享
Open Archive for Miscella-neous Data	OMIX	/	2020	基因组统计分析、蛋白质、代谢、临床等数据的汇交、管理与共享
Gene Expression Nebulas	GEN	GEO	2019	基因表达谱数据以及元信息的审编、整合、解析、管理和共享
Methylation Bank	MethBank	/	2014	甲基化数据、知识和工具的审编、整合、管理和共享
Genome-Wide Association Study Atlas	GWAS Atlas	/	2019	基因型与表型关联知识数据审编、整合、管理和共享
Epigenome-Wide Associa-tion Study Atlas	EWAS Atlas	/	2018	表观与表型关联数据、知识和工具的审编、整合、管理和共享
Resource for Coronavirus 2019	RCoV19	/	2020	新冠病毒基因组、变异组以及元信息等数据整合、解析、管理和共享
LncBook	LncBook	/	2018	人类长非编码 RNA 数据整合和多组学注释
Database Commons	Database Commons	/	2015	全球生物数据库收集、分类、信息审编、系统评价

CNCB-NGDC 持续贯彻落实生物大数据国家科技发展战略和重大任务需求，紧跟生命科学领域前沿，持续推进生物信息挖掘和知识转化进程，在全球范围内为推动生命和健康科学的发展提供开放的资源家族，服务于科学研究和产业应用。

4.2.2 美国国家生物技术信息中心

美国国家生物技术信息中心（NCBI）位于美国马里兰州的贝塞斯达，隶属于美国国家医学图书馆（National Library of Medicine，NLM），1988 年由美国国会立法建立，旨在开发新的生物信息技术，推动生命科学与健康医学的创新发展，年度运行经费由政府稳定投入支持。其成立的原因是已故的参议院议员克劳德 · 派帕尔（Claude Pepper）发现计算信息处理方法对生物医学研究的重要性，因此，在 1988 年 11 月 4 日提案建立 NCBI，作为美国国立卫生研究院（National Institutes of Health，NIH）中的美国国家医学图书馆的一个部门。由于 NLM 具有建设与维护生物医学数据库经验，且因它是 NIH 的下属单位，NIH 的研究部门集合在一起，构建了世界上最大的生物医学研究机构。

NCBI 的主要目标是为科学家、医生、学生和一般公众提供有关生物医学和基因组学的广泛资源和工具（表 4-3）。目前，NCBI 管理和维护着一组多样化的数据库资源，根据数据资源类型可分为文献（literature）、基因组（genomes）、基因（genes）、临床（clinical）、蛋白质（proteins）和化学物质（chemicals）六大类。文献方面的主要数据库资源有生物医学文献库（PubMed）、PubMed Central（PMC）等。PubMed 是一个免费的生物医学文献数据库，包括了来自全球生物医学文献的摘要，研究人员可以使用 PubMed 搜索并获取相关的科学论文信息。基因组方面有全核苷酸数据库（Nucleotide）、序列读段归档库（Sequence Read Archive，SRA）、物种分类数据库（Taxonomy）等。基因方面有基因表达数据库（Gene Expression Omnibus，GEO），GEO 收录了世界各国研究机构提交的基因表达数据，主要包括芯片表达数据和高通量测序表达数据。临床方面有单核苷酸多态性数据库（Database of Single Nucleotide Polymorphisms，dbSNP）、染色体结构变异数据库（Database of Genomic Structural Variation，dbVar）、基因型和表型数据库（Database of Genotypes and Phenotypes，dbGap）和在线人类孟德尔遗传（Online Mendelian Inheritance in Man，OMIM）等。

表 4-3 NCBI 的代表性资源

数据库名称	简称	创建年份	功能
GenBank	GenBank	1982	归档基因序列信息的公共存储库
Reference Sequence	RefSeq	1986	提供具有生物学意义的非冗余基因和蛋白质序列的数据库
Sequence Read Archive	SRA	2007	存储来自下一代测序平台测序数据的数据库
Gene Expression Omnibus	GEO	2000	归档基因表达数据，包括芯片表达数据和高通量测序表达数据
Database of Single Nucleotide Polymorphisms	dbSNP	1999	存储核苷酸突变、微卫星、小规模插入和确实信息的数据库
Database of Genotypes and Phenotypes	dbGap	2006	存储基因型和表型相互作用研究结果和描述信息的数据库
Database of Genomic Structural Variation	dbVar	2009	存储大规模基因组变异相关信息的数据库
Online Mendelian Inheritance in Man	OMIM	1966	综合的、权威的研究人类表型和基因型关系的数据库
Taxonomy	Taxonomy	1991	包含 NCBI 所有数据库中出现的物种信息，包括生物的名称、系统发育谱系的数据库
PubMed	PubMed	1996	提供生物医学方面的论文搜索以及摘要的数据库
PubMed Central	PMC	2000	归档生物医学和生命科学期刊文献的免费全文的数据库
Molecular Modeling DataBase	MMDB	1996	关于三维生物分子结构的数据库
PubChem	PubChem	2004	有机小分子生物活性数据，是一种化学模组的数据库
Basic Local Alignment Search Tool	BLAST	1990	查找序列之间局部相似区域的工具

蛋白质方面主要有三维蛋白结构的分子模型数据库（Molecular Modeling DataBase, MMDB）。化学物质方面主要有有机小分子生物活性数据（PubChem）。另外，NCBI还提供各类生物信息工具，其中最有名的是基于局部比对算法的搜索工具（Basic Local Alignment Search Tool，BLAST），BLAST 是一个用于序列比对的工具，能够比较一个输入序列与数据库中的其他序列，并找到相似的序列，这对基因功能预测和比较基因组学研究非常重要。

现今，美国国家生物技术信息中心主要针对的是生物技术和生物医学领域的数据，致力于创立自动化系统用于储存和分析相关数据和知识，促进科研和医疗团体对这些数据库进行数据获取与使用，协调国内外生物数据信息的收集与整合。

4.2.3 欧洲生物信息学研究所

欧洲生物信息学研究所（EBI）成立于 1994 年，位于英国剑桥南部的维康信托基因园，隶属于欧洲分子生物实验室（EMBL），是全球收集和传播生物数据、提供免费生物信息服务的欧洲节点。EBI 主要职责是存储和分析生命科学领域的数据，是一个集生物信息学研究和服务于一体的研究机构。

EBI 的发展可以追溯到 1974 年，当时欧洲分子生物学实验室建立了其第一个数据库——欧洲蛋白质数据库（European Protein Database，EPD），用于存储和分享蛋白质序列信息。随着技术的进步和生物信息学的兴起，EMBL 逐渐意识到数据存储和分析对于生物研究的重要性，并于 1994 年成立了 EBI 作为其生物信息学部门。在建立初期，EBI 的主要任务是为 EMBL 和欧洲科研社区提供数据积累和管理的支持。随着技术和需求的发展，EBI 的规模和任务也逐渐扩大。1997 年，EBI 开始与其他全球生物信息学中心合作，共同建设和维护 INSDC。随后的几年里，EBI 不断扩大了其数据库和服务的范围。2002 年，EBI 推出了蛋白质数据库（UniProt），成为全球蛋白质序列和功能信息的重要资源之一。2003 年，基因组数据库（Ensembl）被引入，提供了多种物种的基因组注释和浏览功能。随着时间的推移，EBI 不仅扩展了数据库和工具的数量，也提高了对技术的应用和创新。

欧洲生物信息学研究所管理维护着多个大型生物信息公共数据库，包括基因组学、蛋白质组学、化学信息学、转录组学和系统生物学等。其中很多是生物学家熟悉的数据库，如欧洲核酸序列数据库（European Nucleotide Archive，ENA）、欧洲基因组表型档案馆（European Genome-Phenome Archive，EGA）、Ensembl、基因表达数据库（Expression Atlas）、功能基因组数据库（ArrayExpress）、蛋白质序列数据库（UniProtKB）、InterPro 数据库、RNA 家族数据库（Rfam）、动物基因系统发育树数据库（TreeFam）等。EBI 还提供了许多其他资源和工具，如科研文献资料库（Europe PMC）、化学生物学数据库（ChEMBL）。这些资源和服务使得研究人员能够更好地利用生物信息学和基因组学的方法来解决生命科学中的问题（表 4-4）。

表 4-4 EMBL-EBI 的代表性资源

数据库名称	数据库简称	创建年份	数据库功能
European Nucleotide Archive	ENA	1982	归档核酸测序原始数据、序列拼装和功能注释信息的数据库
Ensembl	Ensembl	1999	是一个基因组浏览器和注释平台，可以注释基因，计算多重比对，预测调节功能和收集疾病数据等功能
UniProt	UniProt	2002	蛋白质序列和功能数据库，归档和收集蛋白质序列和相关信息
ArrayExpress	ArrayExpress	2002	归档功能基因组学数据集的公共存储库
GWAS Catalog	GWAS Catalog	2008	收集已发表的 GWAS 研究的数据库
InterPro	InterPro	1999	集成的蛋白质结构域和功能位点数据库
Rfam	Rfam	2003	存储 RNA 分类信息的数据库
TreeFam	TreeFam	2006	提供所有动物基因家族的系统发育树
European Genome-Phenome Archive	EGA	2008	存档和共享个人可识别的基因、表型和临床数据
Expression Atlas	Expression Atlas	2010	为用户提供查找基因和蛋白质表达的信息
Europe PMC	Europe PMC	2011	学术文献资源库，为用户提供世界范围内的生命科学相关的文章、书籍、专利和临床指南

4.2.4 日本 DNA 数据库中心

日本 DNA 数据库中心（DDBJ）隶属于日本国立遗传学研究所（National Institute of Genetics，NIG），成立于 1987 年。作为 INSDC 联盟创始成员之一，主要运维收集核苷酸序列（DRA：测序原始数据；DDBJ：基因组序列和注释信息）、生物项目（BioProject）和生物样本 (BioSample) 信息的归档库，并提供公开共享服务，以推进生命科学研究。此外 DDBJ 中心还提供功能基因组学（GEA：基因组表达归档库）、代谢组学（MetaboBank）、人类遗传和表型数据（JGA：日本基因型-表型档案）和人类相关多维数据专用库（NHA）等的数据资源服务（表 4-5）。

表 4-5 DDBJ 的代表性资源

数据库名称	数据库简称	创建年份	功能
DDBJ Sequence Read Archive	DRA	2008	归档测序原始数据和比对信息的公共存储库
DDBJ	DDBJ	2008	归档组装/注释的核苷酸序列
Japanese Genotype-Phenotype Archive	JGA	2013	归档人类个体水平的基因型和表型信息，并提供数据的受控访问
NBDC Human Database	NHA	2016	归档人类相关的基因组、遗传信息、临床信息、影像等数据，并提供数据的公开/受控访问
Genomic Expression Archive	GEA	2018	归档芯片和高通量测序实验中的功能基因组学数据
MetaboBank	MetaboBank	2020	归档从质谱、核磁共振和成像质谱获得的代谢组学数据的公共存储库

4.3 代表性生物数据库

按照 4.1 的分类，以下将介绍一些具有代表性的生物数据库（图 4-2）。

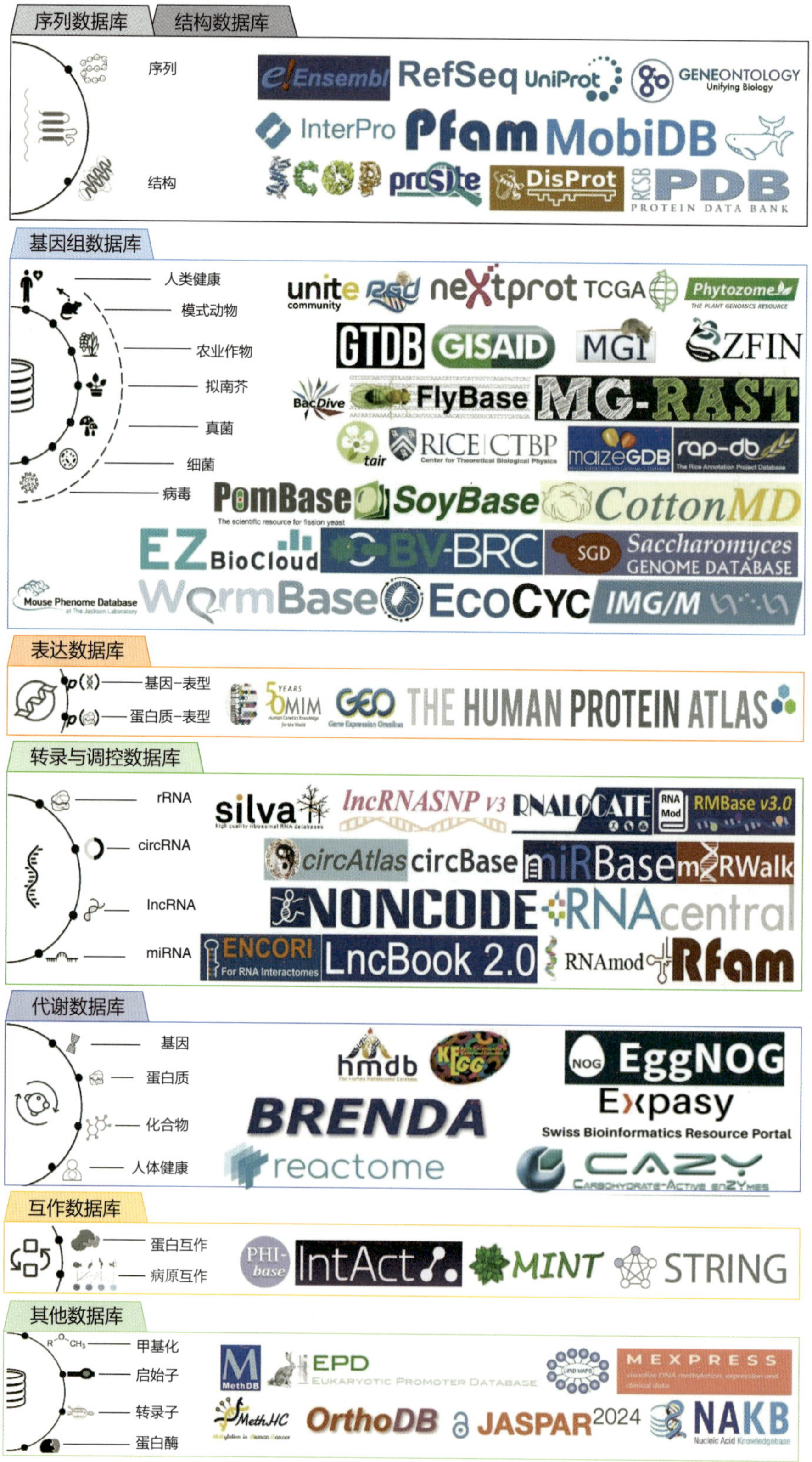

图 4-2 部分代表性数据库分类

4.3.1 序列数据库

Ensembl 是一个综合性的生物信息学研究项目，起初以脊椎动物的基因组及相关注释为主，另有包括线虫、酵母、拟南芥和水稻在内的常见模式生物的信息。近年来，随着测序技术的不断发展，越来越多的基因组数据被添加到 Ensembl。与此同时，Ensembl 提供的生物信息学服务也进行了比较基因组学、变异与调控的注释等功能的拓展。另外，作为基因组可视化的最佳工具之一，Ensembl 提供的基因组浏览器被广泛用于基因组展示工作。

与 Ensembl 类似的 RefSeq 数据库是由 NCBI 建成和维护的，包含了各种生物类群的高质量、无冗余、完整、经过充分注释的基因组、转录本和蛋白质参考序列的二级核酸数据。RefSeq 建立一套标准化流程来筛选参考基因组和代表性基因组，并建立一套标准化注释流程和注释质量评估标准，实现对基因组序列的标准化注释及其注释结果的质量控制，从而保证其权威性，为基因识别、基因功能注释、突变和多态性、基因表达、比较基因组学等研究提供了可靠的参考。

GO 数据库，旨在建立一个适用于各种物种，对基因和蛋白质功能进行限定和描述，并能随着研究不断深入而更新的语义词汇标准。基因命名法侧重于基因和基因产物，而基因本体论侧重于基因和基因产物的功能定义。随着生物信息学工具和技术的发展，GO 数据库的使用变得更加广泛，研究人员可以使用 GO 注释来进行功能富集分析，解释基因表达数据、蛋白质功能、基因调控和进化过程。GO 数据库中最核心的概念是 ontology，即为“本体”。它是指对实体的一种明确的定义，由可检测或可直接观察的事物的描述以及这些事物之间的关系组成。生物学及相关领域没有通用的标准术语，这使得基因数据的交流和共享变得非常困难。GO 数据库使用“term”来描述基因和基因产物特性（图 4-3）。通过为每个基因指定标签，使研究者能够通过标签快速寻找到目标基因。每两个标签间的关系可用 is_a，part_of，has_part 或 regulates 来表示。若将每个标签看作一个节点，标签之间的关系看作两节点间的一条边链接的话，就可以在多个节点基础之上构建有向无环图，形成诸多标签的关系网络。GO 共提供了三层结构的系统定义方式，用于描述基因产物的功能：分子功能（molecular function，MF），表述基因产物在分子水平上的基本活动，如结合或催化；细胞成分（cellular component，CC），表述细胞或其细胞外环境的部分；生物过程（biological process，BP），表述具有明确开始和结束的生物学事件的过程、操作或分子作用事件的集合，与细胞、组织、器官和有机体等综合生命单位的功能相关。

UniProt 是信息最丰富、资源最广的蛋白质数据库。它的数据主要来自基因组测序项目完成后，得到的蛋白质序列经处理后存入 UniParc（UniProt archive），通过进一步整理得到 UniProt 知识库（UniProt Knowledge Base，UniProtKB）。UniProtKB 是经过专家校验的数据集，主要由 Swiss-Prot（包含检查过的、手工注释的条目）和 TrEMBL（包含未校验的、自动注释的条目）组成。前文提到的 UniParc 是 UniProt

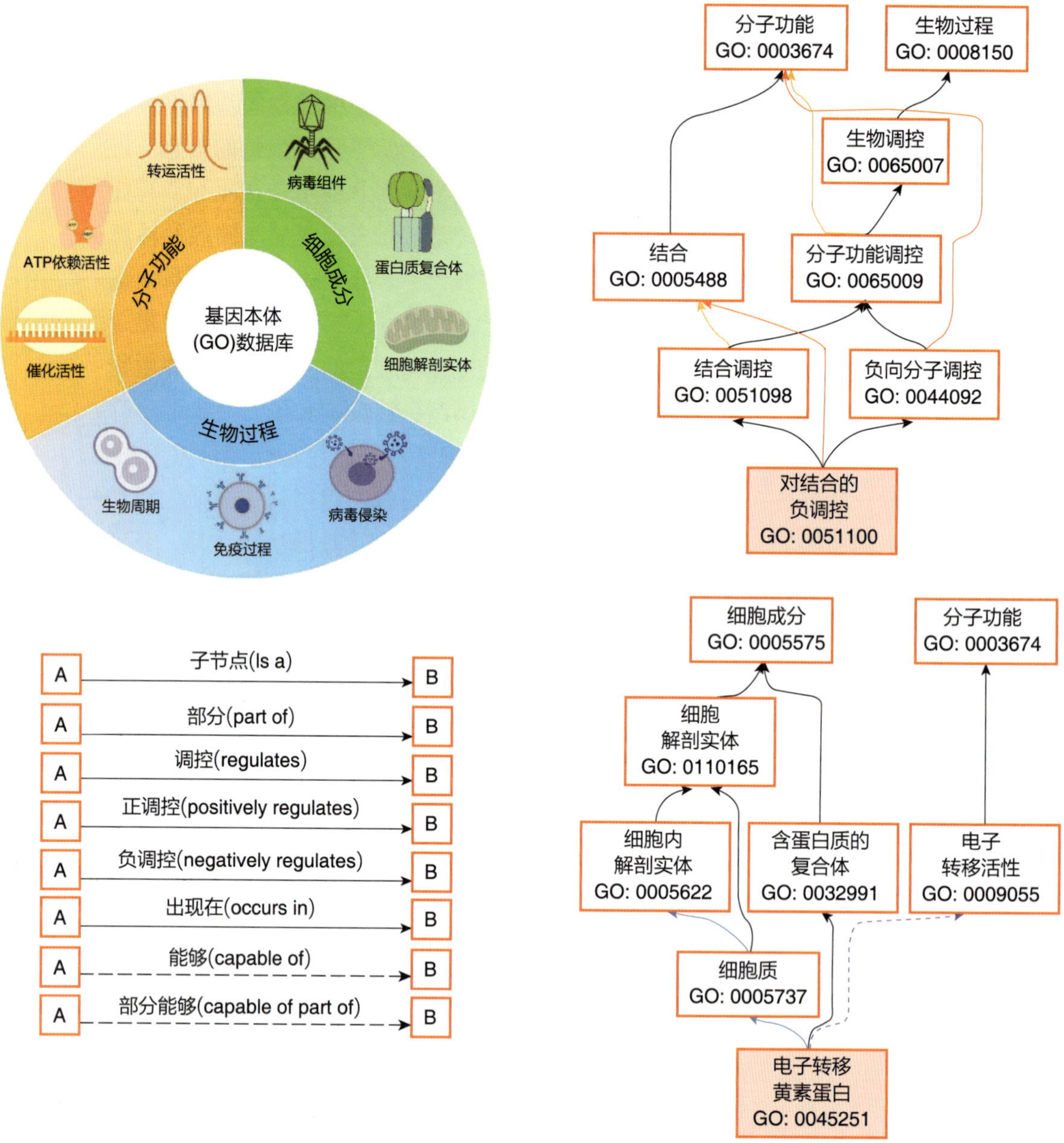

图 4-3　GO 数据库示意图

左上：GO 数据库定义功能基因的方式；左下：GO 数据库定义“term”之间的关系；右：GO 数据库条目示意图

下的非冗余数据库，由于蛋白质可能在不同的数据库中存在，并且可能在同一个数据库中有多个版本，为了去冗余，UniParc 对每条唯一的序列只存一次。无论是否为同一物种的序列，只要序列相同就被合并为一条记录，每条序列提供稳定的、唯一的编号。

PRINTS（compendium of diagnostic protein family fingerprints）是一个用于研究和分析蛋白质序列的数据库。它基于蛋白质的保守结构域和模体，帮助科学家识别、分类和研究蛋白质。PRINTS 数据库包含由多序列比对产生的蛋白质模式。这些模式是一些高度保守的序列片段，存在于不同蛋白质中，并具有相似的结构或功能。

DisProt（Database of Protein Disorder）是一个专门用于记录和分析蛋白质无序区域的数据库。蛋白质无序区域是指缺乏规则三维结构的序列区域，这些区域通常表现为灵活、随机卷曲的结构，在蛋白质功能中发挥着重要作用，涉及信号转导、分子识别和蛋白质–蛋白质相互作用等生物学过程。

MobiDB（Database of Protein Disorder and Mobility Annotations）是一个储存、检索和分析蛋白质无序（intrinsically disordered）和可折叠（intrinsically structured）区域信息的数据库。无序蛋白质区域缺乏规则的三维结构，而可折叠蛋白质区域具有明确的三维结构。这些区域在蛋白质功能中发挥着重要作用，与信号传导、蛋白质–蛋白质相互作用、蛋白质调控等生物学过程密切相关。MobiDB 数据库包含大量关于这些区域的实验和计算数据，包括序列、长度、结构域界限和功能信息。该数据库还提供了详细的区域注释信息，包括生物学功能、亚细胞定位、疾病关联等。此外，MobiDB 数据库还提供了用于搜索、浏览和分析蛋白质区域数据的工具和界面，以帮助科学家研究这些区域的序列和结构。

4.3.2 结构数据库

核酸数据库（Nucleic Acid Database，NDB）是一个专注于储存和提供核酸分子（如 DNA 和 RNA）的三维结构信息的数据库。它包含了大量的生物分子结晶学和核磁共振数据，这些数据可用于研究 DNA 和 RNA 的构象、交互作用、功能以及与其他生物分子的相互作用。而核小体数据库（Nucleome Data Bank，NDB）重点关注染色质的空间结构、基因组亚结构以及与基因表达调控相关的信息，其提供了各种染色质结构数据，包括染色质在细胞核内的三维组织、染色质亚结构的信息。

InterPro 数据库旨在提供蛋白质序列的功能分析并归纳为不同的蛋白质家族，同时预测蛋白质的结构域和功能位点。InterPro 通过整合多个蛋白质相关的数据库，为蛋白质序列功能注释提供了一个方便的平台。该数据库结合了蛋白质结构域、蛋白质家族、功能位点和结合位点等信息并去除了冗余，提供了一个统一的接口进行序列功能注释。InterPro 数据库包含来自多个成员数据库的预测模型和人工注释文件，形成了对蛋白质家族、结构域和功能位点的独特描述。成员数据库包括 Coils、Gene3D、Pfam、PRINTS、ProSitePatterns、ProSiteProfiles、SMART、SUPERFAMILY、TIGRFAM、ProDom 和 PIR。

Pfam（Protein Families Database）数据库是由大量蛋白质家族组成的集合。每个蛋白质家族都以多序列比对和隐马尔可夫模型（HMM）的形式来表示。Pfam 的条目按照四种方式进行分类：家族（family）、结构域（domain）、重复（repeat）和模体（motif）。这些条目通过序列、结构或 p-HMM 的相似性相关联。数据来源于 UniProt Reference Proteomes，用户可以通过输入蛋白质序列来获取有关单个 UniProtKB 序列的信息。Pfam 提供多种访问方式，如搜索 UniProt 和 NCBI GI 数据库，并允许用户选择不同级别的序列冗余。该数据库提供了有关每个蛋白质家族和结构域的详细注释信息，包括其功能、结构特征、生物学作用和相关文献引用。

CATH 和 SCOP 是两个重要的蛋白质结构分类数据库。CATH 这个数据库的名字 C（class）、A（architecture）、T（topology）、H（homologous superfamily）是数据库中四种结构分类层次的首字母。所有蛋白质结构域在 CATH 中被首先分成 4 种“class”，即 C。四种“class”分别是全 α 型、全 β 型、α + β 型、低二级结构型。SCOP 数据库与 CATH 类似，也属于蛋白质结构分类数据库，但 SCOP 的分类原则更多考虑蛋白质间的进化关系，并主要依赖于人工验证。和 CATH 一样，SCOP 的结构分类也基于四个层次。第一层也称为“class”，是基于二级结构的分类。“class”之下是“fold”，主要考虑结构的空间几何关系。再往下是“superfamily”，基于远源的蛋白质进化关系进行分类。最后是“family”，基于近源的蛋白质进化关系分类。值得注意的是，SCOP 和 CATH 里面都使用了“superfamily”这个术语，但含义并不相同。CATH 中，“superfamily”表示结构分类的一个层次名称，而在 SCOP 中，“superfamily”则是结构分类的第三个层次的名称，它更强调蛋白质的进化关系。

PDB（Protein Data Bank）是由结构生物信息学研究合作组织（Research Collaboratory for Structural Bioinformatics，RCSB）维护的蛋白质结构数据库。类似于核酸序列数据库，科学家可以通过网络直接向 PDB 提交数据。PDB 是收集生物大分子（蛋白质、核酸和糖类）结构的主要数据库，这些结构是通过 X 射线单晶衍射、核磁共振、电子衍射等实验手段确定。该数据库包含了成千上万个生物大分子的三维结构数据，包括蛋白质、核酸、多肽、配体和其他生物大分子，这些结构数据包括原子坐标、结构域信息和结构解析报告。该数据库提供了每个结构的注释信息，包括生物学功能、生物学组装、配体结合位点、分子交互作用等。PDB 在结构生物学、药物研发、基因功能预测和生物学研究等领域中发挥着关键作用。

PROSITE（Protein Sequence Motif Database）主要用于识别蛋白质序列中的保守域、结构域和功能模式，其目标是帮助科学家和研究人员理解和预测蛋白质序列的功能和结构特征。每个蛋白模式都伴随着详细的描述，包括序列、功能和结构信息。PROSITE 提供了用于搜索蛋白质序列模式的工具和界面。用户可以将未知蛋白质序列与数据库中的进行比对，以识别可能的功能和结构特征。

随着深度学习在蛋白质诸多领域的深入应用，其强大的预测能力和准确性也突破了人们的想象，利用大语言模型预测蛋白质结构信息成为研究蛋白质更为强大的武器，较为典型的有 AlphaFold 和 ESMfold。AlphaFoldDB 是一个与 DeepMind 的 AlphaFold 项目相关联的数据库，用于存储经 AlphaFold 深度学习预测的蛋白质三维结构数据。该数据库提供了高分辨率的蛋白质结构信息，并包含了关于每个预测结构的质量评估数据，如置信度分数和结构可靠性指标。此外，AlphaFoldDB 还提供了有关蛋白质的序列、结构与和功能预测等注释信息。AlphaFoldDB 通过深度学习技术实现了高度准确的蛋白质结构预测，在结构生物学、生物信息学、药物研发、基因功能预测和生物学研究等领域中发挥着关键作用。与之类似的是 ESM Atlas，其基于 ESM（Evolutionary Scale Modeling）实现预测，是第一个全面覆盖宏基因组蛋白质的数据库。该数据库利用 150 亿个参数的蛋白质语言模型进行预测，提供了大量高分辨率的蛋白质结构数据。ESM Atlas 的蛋白质结构数据为了解自然界的广泛性和多样性提供了一个前所未有的视角，并有助于加速在医学、绿色化学、环境应用和可再生能源等领域的研究和应用。

4.3.3 物种特异性数据库

模式动物研究有助于进行跨物种比较，通过比较不同物种的基因、蛋白质和生物学过程，科学家可以揭示物种间的共性和差异，从而更好地理解生物多样性和进化。为方便模式动物相关数据的整合与共享，如模式动物的遗传信息、基因表达数据、图像和实验结果等，诸多模式动物数据库应运而生，为模式动物研究提供了集中管理的平台。例如，果蝇遗传资源整合的数据库 FlyBase、线虫遗传资源整合的数据库 WormBase、爪蟾遗传资源整合的数据库 Xenbase、小鼠和大鼠遗传资源整合的数据库 MGI（Mouse Genome Informatics）和 RGD（Rat Genome Database），以及斑马鱼形成的遗传数据资源网络 ZFIN（the Zebrafish Information Network）。这些数据库均集成了包括基因组浏览器、信息检索工具、序列比对工具、同源建模检索、文献关联检索、比较基因组学分析、突变注释、表型特征关联查询等生物信息学分析工具。此外，它们还提供了针对特定物种特有特征的个性化分析功能，如：WormBase 数据库中提供了线虫的生命周期信息，包括不同发育阶段的特征和时间表；ZFIN 中包含斑马鱼的突变体和转基因系、解剖学和遗传图谱等信息；以及 Xenbase 中提供了爪蟾的基因与 OMIM 基因的同源关联信息。这些功能支持了物种相关的生物学与组学研究，并为模式动物在人类医学研究中的应用提供了重要支持。

植物在地球上具有极其重要的地位，对人类和整个生态系统都具有不可估量的价值。目前建立的植物数据资源涵盖了植物代谢组、基因组、重要粮食作物与经济作物等方面，包含有关植物物种、遗传信息、分布、分类、形态特征等诸多生物信息。例如，植物代谢组数据库（Golm Metabolome Database，GMD）、植物基因组数据库（Phytozome）、拟南芥数据资源库（the Arabidopsis Information Resource，TAIR）、玉米遗传资源数据库（Maize Genetics and Genomics Database，MaizeGDB）、棉花遗传资源数据库（CottonMD）、大豆的遗传信息数据库（SoyBase 及 Legume Information System，LIS）、马铃薯数据库（Spud DB）、小麦组学数据库（WheatOmics）、水稻注释数据库（the Rice Annotation Project，RAP）等。这些数据库对于植物学研究、生物多样性保护、农业、环境保护和生态学等领域具有重要参考价值，为科学家提供了丰富的工具和数据支持。

微生物是地球上最丰富的生命形式之一，对于研究地球生物多样性至关重要，也在人类健康和疾病发展中扮演关键角色。代表性的微生物数据资源系统包括细菌病毒生物信息资源库（Bacterial and Viral Bioinformatics Resource Center，BV-BRC）和病原组学资源整合系统（Pathosystems Resource Integration Center，PATRIC），它们在微生物研究的各个领域中广泛应用。随着微生物组研究的进展，大量数据资源被收集和整理。例如，IMG/M（the Integrated Microbial Genomes and Microbiomes）

是一个整合微生物基因组和微生物组数据集的经典数据库；HOMD（Human Oral Microbiome Database）则专注于人类口腔微生物组数据的整合，均极大推动着微生物组领域的发展。此外，还有一些针对特定需求的数据库，如酵母基因组数据库（PomBase）、流感基因组共享数据库（Global Initiative on Sharing Avian Influenza Data，GISAID）、噬菌体数据库（PhagesDB）等。值得一提的是 GISAID 在流感病毒研究中发挥了重要作用，并在 COVID-19 疫情期间迅速整合和共享了新冠病毒数据，为全球疫情防控提供了支持。EzTaxon 和 SILVA 等数据库在原核生物分类和系统发育分析方面提供了重要的资源，而 GTDB（Genome Taxonomy Database）则为原核生物提供了基于全基因组的新分类体系，为原核生物分类提供更准确和可靠的信息。

此外，面向多样化的微生物研究需求，存储了大量包括原核微生物形态学特征、生理生化特征、生活史、细胞形态、细胞组分、代谢产物等细菌表型数据库（Bacterial Diversity Metadatabase，BacDive）也被微生物学家广泛使用。一些功能数据库如抗体与次级代谢产物库（Antibiotics and Secondary Metabolite Analysis Shell，antiSMASH）、毒力因子数据库（Virulence Factors Database，VFDB）、抗性基因数据库（the Comprehensive Antibiotic Resistance Database，CARD）均可以方便微生物研究人员进行重要功能基因注释。另有一些关注特定微生物功能的数据库，如专注于细菌 DNA 复制起始点的数据库（Database of Origins of Replication，DoriC），可以在不同层次和维度上满足多元化的研究需求。

4.3.4 基因型与表型数据库

dbGaP（Database of Genotypes and Phenotypes）收录来自 NIH 资助的 GWAS 结果。该数据库存储外显子测序和 DNA 测序数据，包含大量基因型和表型数据，用于研究表型和基因型之间的关系。dbGaP 涵盖的研究领域广泛，包括遗传疾病、癌症研究、心血管疾病、精神疾病、生长发育研究、药物反应等。由于数据包含敏感信息，dbGaP 实施严格的数据访问控制，需要研究人员经过审查和授权才能访问特定数据集。

GWAS Catalog（Genome-Wide Association Study Catalog）是一个储存基因组范围关联研究结果的数据库，集成了各种研究中发现的基因型与表型关联数据。该数据库提供的内容包括：关联的基因和基因变异、关联疾病或表型特征、关联研究的文献引用和出版物，关联的遗传变异的基因组位置、关联效应的大小和统计学显著性。

基因表达数据库（Gene Expression Omnibus，GEO），是由 NCBI 管理的世界上最大的高通量分子数据存储库之一，专门用于存储来自芯片和二代测序等高通量功能基因组学实验的数据。除了基因表达数据之外，GEO 还存储基因组拷贝数变异数据、基因组-蛋白相互作用数据和基因组甲基化数据等。GEO 数据库主要分为两个部分：GEO Profiles，收录一个基因在一次实验中的定量基因表达数据；GEO

DataSets，收录了整个实验的数据，包括原始数据、已处理数据和元数据，这些数据被索引、交叉链接并且可搜索。所有这些数据都可以多种形式免费下载。GEO 还提供了多种基于网络的工具和策略，帮助用户查询、分析和可视化数据。

人类蛋白质图谱（Human Protein Atlas，HPA）旨在提供关于人类蛋白质在各种组织和细胞中的表达和亚细胞定位信息，涵盖组织特异性表达、亚细胞定位、蛋白质功能以及与疾病相关的信息。该项目利用多种生物学实验技术，包括免疫组织化学、免疫印迹、质谱分析、高通量显微镜以及生物信息学分析，绘制每个人类基因编码蛋白质在各种组织和细胞中的表达图谱。

OMIM（Online Mendelian Inheritance in Man）提供了有关遗传性疾病、基因和遗传变异的信息，是一个重要的基因型与表型关系的数据库。OMIM 的初衷是为医学遗传学家、临床医生和研究人员提供集成的资源，以便了解遗传性疾病及其相关的基因信息，支持临床诊断和研究。它提供了遗传疾病和基因的目录，包括疾病描述、基因信息、表型特征、参考文献和文献链接等内容；基因图谱显示基因在染色体上的位置；临床工具如症状搜索等。OMIM 为遗传疾病的研究与诊断提供了重要支持，促进了基因治疗和个性化医疗的发展。

4.3.5 转录与调控数据库

转录因子（transcription factor，TF）是参与基因表达调控的蛋白质，在转录水平上发挥重要作用。它们通过特异性的 DNA 结合结构域（DNA-binding domain，DBD）与 DNA 相互作用，结合到特定的 DNA 序列位点，称为转录因子结合位点（transcription factor binding site，TFBS）。AnimalTFDB 是一个综合数据库，涵盖 183 种动物基因组中的全基因组转录因子（TF）和转录辅因子的分类和注释。AnimalTFDB v4.0 收录了 27 万个转录因子，根据它们的 DNA 结合结构域分为 73 个家族和六大类，同时还包括 15 万个转录辅因子，分为 82 个家族和六大类。数据库提供详细的注释信息，包括基本基因信息、同源基因信息、转录因子结合位点、通路、表型、翻译后修饰和突变等。PlantTFDB 则专注于植物转录因子的信息，覆盖了主要谱系物种，并提供简单易懂的操作界面和查询工具。KnockTF2.0 是一个包含人类和小鼠转录因子敲除基因表达谱的数据库，包括了从 1 093 个数据集中手动筛选出的 RNA-Seq 和微阵列数据。该数据库提供转录因子的靶基因表达信息，以及相关的通路分析和功能注释，如 GSEA、GO 和 KEGG 富集分析等。

Rfam 是目前最全面的 RNA 家族序列和比对信息的数据库之一，包括非编码 RNA 基因和顺式调控元件。每个家族由多序列比对和协方差模型表示。Rfam 提供了 RNA 家族的概要描述、序列种子对齐、序列、RNA 二级结构、关联物种、系统发育树、PDB 结构与 Rfam 注释之间的映射关系、参考文献、手动校对信息。目前，Rfam 数据库中含有 2 000 多个协方差模型，可以使用 Rfam 数据库提供的 INFRNAL 软件对这些协方差模型与靶序列进行比对，寻找与特定模型有序列和结构相似性的区域，通过打分、排序和去除阈值以下的匹配，达到了较高的灵敏度和特异度，不足之处则是计算复杂度非常高。

RNA 亚细胞定位数据库 RNALocate，根据 GO 数据库的定义记录了 9 种 RNA 类型（包括 mRNA、miRNA、lncRNA 等）和 42 种亚细胞定位（主要包括细胞核、细胞质、内质网和核糖体）。RNALocate 在深入探究机制和开发新方法上有不可或缺的作用。

非编码 RNA（non-coding RNA，ncRNA）是一类不编码蛋白质的 RNA，包含 rRNA、tRNA、lncRNA、snRNA、snoRNA、circRNA 和 miRNA 等多种类型。综合性的 ncRNA 数据库包括 NONCODE、RNAcentral、LncBook 和 lncRNASNP 等，它们在数据收集上各有侧重。NONCODE 和 RNAcentral 是综合性的非编码 RNA 数据库，收录了多种类型的非编码 RNA 信息。LncBook 专注于人类长非编码 RNA 及其与疾病的关联，对数据进行严格控制并整合大规模多组学数据及注释信息，为功能实验研究及生物信息学分析提供了大量有用的信息。lncRNASNP 则是一个专门提供人类和小鼠 lncRNA 中的单核苷酸变异的数据库。

miRNA 是在基因调控与表达过程中非常重要的一类 RNA 分子，相关数据库包括：miRBase、PolymiRTS、miRWalk、microRNA.org 等。其中，miRBase 作为一个综合性数据库提供了包括 miRNA 序列、注释、结构、表达、进化等多方面的数据。miRBase 对 miRNA 的注释进行了系统性的分级，包括家族归属、起始位置、成熟序列、靶标信息等非常详细的信息。此外，miRBase 还提供了 miRNA 的二级结构信息，展示了 miRNA 的折叠状态和可能的结构特征。PolymiRTS 则关注于 miRNA 及其靶点的多态性，这些多态性可能与疾病的发展有关。PolymiRTS 通过扫描人和小鼠 mRNA 的 3′-UTR 来寻找 miRNA 靶点上的 SNP 和 InDel（insertion and deletion），从而构建了多态性数据库。

circRNA 被发现后拓宽了人们对 RNA 的认知，其具有以多种方式间接调控 DNA 转录过程的重要功能。CircBase 数据库作为 circRNA 代表性数据库之一，收录了多个物种的 circRNA 信息，是一个比较早期的 circRNA 数据库。而 circAtlas 在已有的 circRNA 数据库的基础上做了大量的整合，包括结合 miRNA，结合 RBP、circRNA 编码小肽、疾病相关性、组织特异性、物种多样性以及 ID 转换的功能。此外，circAtlas 数据库通过构建 circRNA-miRNA/RBP/mRNA 网络，对 circRNA 的功能进行了 GO 和 KEGG 富集。circAtlas 除了全面分析现有的短片段测序数据，还集成了三代长片段测序结果，使得数据库中大量的序列完整性可以达到全长 circRNA 的级别，从数据量、数据质量、数据获取手段与资源覆盖性多个方面来讲，是当前研究 circRNA 全面的综合数据资源。

SILVA 是核糖体 RNA 数据库之一，其提供全面的三个生命域（细菌、古菌和真核生物）中的小亚基（简称 SSU，包括 16S/18S rRNA）和大亚基（简称 LSU，包括 23S/28S rRNA）核糖体 RNA（rRNA）序列数据集。其收录全面、更新比较及时，是目前高通量测序常用的 SSU 和 LSU 参考数据库之一。SILVA 数据库可以用于菌种鉴定和物种的分类鉴定，可以通过上传 rRNA 序列来确定序列的分类学信息。此外还有 RDP（Ribosomal Database Project）、Greengene、EzTaxon 数据库等，均围绕着 rRNA 进行收集和整理。

RNAmod 是一个综合性的 RNA 数据库，提供了多个物种的 mRNA 修饰信息，整合了已知的 RNA 修饰位点，以及数百种 RNA 结合蛋白的结合位点数据。此外，还支持用户一站式自动分析，帮助用户将其修饰数据与已知修饰进行比较，并探索与已知 RNA 结合蛋白（RNA-binding protein，RBP）结合位点的关系。RNAmod 整体工作流程如下：从参考基因组注释中提取基因特征，将提交的修饰位点映射到不同的 RNA 特征上，随后执行各种覆盖率计算、元基因分析以及针对 mRNA 的注释。注释部分内容包括位点分布注释、覆盖率分析、转录起始/终止位点和翻译起始/终止位点附近的位点分布注释、剪接连接位点周围的位点分布注释、修饰基因与其他基因的比较、修饰位点热图分析、元基因分析、修饰基序富集分析和功能富集分析等。RMBase 与 RNAmod 有所区别，其关注的是 RNA 的转录后修饰及其与 miRNA（microRNA）结合事件以及疾病相关 SNP 和 RNA 结合蛋白的关系。

4.3.6 代谢数据库

KEGG（Kyoto Encyclopedia of Genes and Genomes）是一个整合了基因组、生物途径、疾病、药物和化学物质等系统功能信息的综合性数据库，旨在揭示生命现象的遗传物质与化学反应关系。它是由日本京都大学生物信息学中心于 1995 年建立，由于其收集数据量大而广，已经成为国际最常用的生物信息数据库之一。KEGG 作为一个综合数据库可大致分为系统信息、基因组信息、化学信息和健康信息四大部分，共由 15 个主要的子数据库组成（表 4-6）。例如，KEGG PATHWAY 数据

表 4-6 KEGG 数据库组成及分类

分类	数据库
系统信息	KEGG PATHWAY KEGG BRITE KEGG MODULE
基因组信息	KEGG ORTHOLOGY KEGG GENOME KEGG GENES
化学信息	KEGG COMPOUND KEGG GLYCAN KEGG REACTION KEGG ENZYME
健康信息	KEGG DISEASE KEGG DRUG KEGG ENVIRON KEGG NETWORK KEGG MEDICUS

库，即通路数据库，是 KEGG 资源的核心。其整合了许多实体的通路图，包括基因、蛋白质、RNA、化合物、聚糖和化学反应，以及疾病基因和药物靶标。除了提供常规的代谢途径图之外，还可绘制全局图，显示代谢通路的整体图景。相比之下，KEGG MODULE 数据库中的 KEGG 模块是更高分辨率的局部接线图，代表通路中更紧密的功能单元。KEGG GENES 数据库包含基因/蛋白质水平信息，而 KEGG GENOME 数据库包含这些基因组的生物体水平信息。

COG（Clusters of Orthologous Groups of Proteins）是一个同源蛋白数据库，包含了关于同源基因组的注释信息和分类数据。COG 数据库将同源基因分为不同的 COG 类别，每个类别代表一组在不同生物物种中具有相同生物学功能的同源基因。这些 COG 类别按照功能和进化关系进行分类。每个 COG 类别由一个字母表示，如 J（translation，ribosomal structure，and biogenesis）、K（transcription）和 S（function unknown），截至目前，COG 数据库共有 26 个功能分类，由字母 A~Z 标记。COG 数据库为每个 COG 类别提供了详细的基因注释信息，包括基因的功能描述、结构域信息、基因本体术语、参与的代谢通路等。COG 分类系统提供了关于同源基因组的进化关系的信息，显示了同源基因在不同物种中的演化关系，并且呈现了哪些基因是保守的。KOG 数据库更加关注真核生物蛋白质的相邻类聚簇，与 COG 数据库类似，提供了对同源基因组的进化关系信息和保守性的理解。

EggNOG（Evolutionary Genealogy of Genes：Non-supervised Orthologous Groups）是对 COG 数据库以及 KOG 数据库的拓展，收集了更广泛的物种和更大量的蛋白序列数据。EggNOG 采用了非监督聚类方法进行计算，对每个同源基因类进行了系统发育树构建、HMM 模型构建、GO 注释、KEGG PATHWAY 注释、SMART/PFAM 结构域注释、CAZyme 注释等。它提供了本地化软件和网页工具进行注释，适用于不同分类水平的蛋白质直系同源分组（orthologous groups），包括真核生物、原核生物和病毒。该数据库拓展了 COG 的分类体系，通过全基因组范围内的无监督聚类算法推导基因功能，特别适合谱系特征基因的分析研究。

Expasy 是由瑞士生物信息学研究所开发的生物信息学资源门户，集成了超过 160 个数据库和软件工具，如用于蛋白质研究的 UniProtKB/Swiss-Prot 数据库和蛋白质互作的 STRING 数据库。Expasy 涵盖了从基因组学、蛋白质组学和结构生物学到进化和系统发育、系统生物学和医学化学的多个生命科学和临床研究领域。虽然 Swiss-Prot 等数据库提供了大量的蛋白质信息，但对于一些复杂的蛋白质、未知功能的蛋白质以及与疾病相关的蛋白质，仍然需要更多详细和准确的注释。NextProt 数据库应运而生，其目标是提供高质量的蛋白质注释，包括功能、结构、亚细胞定位、相互作用、表达、变异等方面的信息。其所包含的资源与工具可以提供蛋白质的质谱数据和鉴定信息；展示蛋白质与其他蛋白质的相互作用信息；提供与蛋白质相关的变异和突变信息，包括 SNP、致病性和相关疾病；提供蛋白质家族和亲缘关系信息，用于了解蛋白质的分类和进化等。NextProt 的建立丰富了蛋白质的注释相关信息，有助于推动生物医学研究、药物开发和疾病研究。此外，NextProt 的开发反映了生物信息学和生物医学领域对蛋白质数据的广泛需求，促进了生命科学领域的学科发展和技术创新。

HMDB（Human Metabolome Database）数据库提供了全面的、可访问的人类遗传代谢资源，旨在帮助研究人员理解人类生物体内的代谢过程。HMDB 收录了代谢物的化学信息、生物学功能、参与的代谢途径、与疾病的关联等。HMDB 所具有的生物学资源包括：搜索引擎（search engine），其允许用户根据代谢物的名称、化学结构、生物学功能等关键词来搜索代谢物信息；代谢途径（metabolic pathways），这个工具提供了详细的代谢途径信息，展示了代谢物如何相互作用并参与生物化学反应；化学信息（chemical information），HMDB 包含有关代谢物的化学结构、分子式、分子量等信息，有助于理解代谢物的性质；生物学功能（biological functions），数据库提供了与代谢物相关的生物学功能信息，如生理学作用、酶反应等；疾病关联（disease associations），提供了代谢物与不同疾病之间的关联信息，帮助研究人员了解代谢异常与疾病之间的联系。

ENCODE（Encyclopedia of DNA Elements）数据库旨在识别人类基因组中的功能元件，包括在蛋白质和 RNA 水平上起作用的元件，以及控制细胞和基因的调控元件。功能元件的发现和注释主要是通过对各种 RNA 来源的测序、比较基因组学、综合生物信息学方法等来完成。调控元件通常通过 DNA 超敏性测定、DNA 甲基化测序和与 DNA 及 RNA 相互作用的蛋白质（即修饰的组蛋白、转录因子、染色质调节因子和 RNA 结合蛋白）的免疫沉淀研究获得。

Reactome 是一个专注于细胞生物学、生物化学和代谢途径的综合数据库，旨在提供高质量的生物学数据及其相互关系的全面资源。Reactome 涵盖了从分子相互作用到复杂生物过程的多层次信息，为研究人员提供了强大的平台，用于分析和解释基因组学、蛋白质组学和代谢组学数据。通过 Reactome，用户可以深入了解各种生物途径及其在健康与疾病中的角色，从而在生命科学研究、药物研发和系统生物学领域获得宝贵的见解。BiGG（Biochemical Genetic and Genomic）数据库提供了用于存储和分析代谢网络的一系列计算工具和数据资源，其中包括了全基因组代谢模型、代谢通路途径、反应速率限制计算等扩展应用。BiGG 可以帮助研究人员加深理解生物体内的生物化学反应和代谢过程，从而有助于生物制药、生物合成等领域的发展。

BRENDA（BRaunschweig ENzyme DAtabase）是一个综合性数据库，收集了全球范围内酶的详细信息，包括其命名、分类、反应机制、催化反应、产物、底物特异性、结构信息等。该数据库主要基于十余万种参考文献手动提取，数据内容涵盖多个生物学领域，包括酶的名称、酶分类号码、反应方程式、底物、产物、酶的生理作用和分布等，有助于科学家准确地定位和研究特定酶。此外，数据库提供了酶催化反应的详细机制信息，包括反应的化学步骤和催化机制。BRENDA 还包括酶对不同底物的特异性信息，有助于研究者了解酶的底物范围。

CAZy（Carbohydrate-Active enZymes）是专注于糖类活性酶的数据库，用于研

究和分类生物体内涉及多糖（如纤维素、淀粉和木聚糖）降解和合成的酶。dbCAN（Database for Carbohydrate-Active enZymes）则是基于 CAZy 库的数据，提供了更广泛的功能和工具，用于分析和预测糖类相关酶的基因和蛋白质序列。dbCAN 包含了 CAZy 分类系统中的糖类活性酶的详细信息，包括名称、家族、结构域、反应机制等。该数据库利用 CAZy 的分类系统将糖类活性酶分为多个家族和亚家族，有助于更好地理解它们的功能和进化关系。两个数据库的结合使用，可以使研究人员了解糖类活性酶的分类和功能，并且有助于识别和注释这些酶的基因，预测其功能，以便更好地理解酶的特性。

4.3.7 互作数据库

IntAct（Interactions Database）是一个专门用于存储和提供蛋白质互作数据的生物学数据库。它汇总了生物学和生物化学研究中关于蛋白质间相互作用的信息，包括蛋白质–蛋白质相互作用、蛋白质–核酸相互作用、蛋白质–小分子相互作用等。IntAct 包含了大量来自生物学实验、文献报道和高通量筛选的蛋白质间相互作用数据。这些数据涉及的相互作用包括物理相互作用、直接相互作用、间接相互作用等。此外，该数据库记录了每个蛋白质互作实验所使用的方法，如免疫共沉淀、酵母双杂交、质谱分析等。

MINT（Molecular INTeraction Database）是一个专注于蛋白质相互作用信息的生物数据库，所有数据均由专家审核过，并有实验证据支持，可用于研究蛋白质的功能、信号传导、通路和生物学过程。这些数据描述了蛋白质之间的物理和功能性相互作用，用户可以查看原始文献以获取更多背景信息。MINT 可以生成蛋白质互作网络图，可视化蛋白质间的相互作用关系，有助于研究蛋白质的功能和复杂性。数据库还提供有关相互作用蛋白质的分子特性和功能信息，包括基因本体注释、亚细胞定位、结构域等。BioGRID（Biological General Repository for Interaction Datasets）是一个综合性的生物学数据库，专注于存储和提供蛋白质、化学和遗传相互作用数据。与 MINT 和 IntAct 相比，BioGRID 是一个非常经典的数据库，收集了来自多个物种和多种实验方法的相互作用数据。它的数据来源包括实验室实验、文献报道以及高通量筛选，因此具有较大的数据覆盖范围，并且 BioGRID 注重数据的质量和验证，提供了一些数据筛选和质量控制步骤。

STRING（Search Tool for Retrieval of Interacting Genes/Proteins）数据库是一个高质量的种内蛋白质互作数据库，专门用于存储和检索生物序列数据。该数据库包含来自多个物种（包括人类、小鼠、线虫等常见的模式生物以及一些稀有物种）的大量蛋白质互作数据，通过实验验证和计算预测，确保数据准确性，并避免冗余。STRING 数据库提供了直观的可视化界面和多种可视化工具，如网络图和表格，帮助用户理解和分析相互作用。数据库支持强大的搜索、筛选功能，此外，STRING 还提供了数据分析功能，如序列比对、功能注释、网络分析和富集分析，帮助用户深入挖掘生物学信息。

ConsensusPathDB 数据库整合了人类蛋白质相互作用、遗传相互作用信号、新陈代谢、基因调控和药物靶点相互作用的信息。ConsensusPathDB 的关键任务是将不同来源的数据整合到一个一致的框架中，并开发分析工具来研究基因、蛋白质和代谢通路之间的相互作用。这种整合分析有助于识别生物学过程中的关键元件和通路，从而推动疾病机制的研究。该数据库提供的工具有：生物通路搜索、通路可视化工具、基因表达分析、蛋白质互作网络、通路注释和富集分析、跨数据库整合等。ConsensusPathDB 数据库为生物学研究提供了重要的资源，用于探索分子通路和相互作用网络在健康和疾病中的作用。

PHI-base（the Pathogen-Host Interactions Database）是一个记录病原菌和宿主互作信息的数据库，提供关于感染动物、植物、真菌和昆虫宿主的真菌、卵菌和细菌病原体的经实验验证的致病性、毒力和效应基因信息。该数据库支持序列比对、交互式信息检索、相互作用网络分析、文献引用和注释等。该数据库的建立为微生物学、传染病研究和宿主–病原体相互作用研究提供了强有力的支持，帮助研究人员深入理解病原体如何与宿主相互作用，从而揭示疾病的发生机制和潜在的治疗策略。

4.3.8 其他数据库

真核生物启动子数据库 EPD（Eukaryotic Promoter Database）提供了准确的转录起始位点信息以及相应的功能基因组学数据，用户可以在基于 UCSC 的启动子基因组浏览器中查看，也可以通过 Web 界面进行查询或分析，或者以标准格式导出进行后续分析。

TCGA（the Cancer Genome Atlas）旨在深入研究多种癌症类型的遗传和分子特征，推动癌症研究的进展及促进个性化医疗的发展。TCGA 通过应用大规模的基因组学分析技术，如基因组测序，系统地研究并描述了多种癌症的基因组变异。它提供了多种功能工具，包括数据访问与下载，很好地支持了基因表达分析、基因突变分析、DNA 甲基化分析、生存分析等生物信息学研究工作的推动。TCGA 的研究成果促进了免疫疗法、癌症干细胞研究、肿瘤进化等领域的发展，为癌症治疗提供了新的机会和理念。

ClinVar 提供了多种工具和资源，包括数据库搜索引擎，允许用户根据基因、突变、疾病名称或其他关键词搜索数据库中的遗传变异信息，查找与临床相关的遗传变异；此外，还提供遗传变异报告，对每个记录的遗传变异提供详细的报告，内容涵盖变异的描述、临床意义、致病性评估、相关文献引用以及相关的临床试验信息。遗传变异分类工具则用于对变异的致病性进行评估，如将其分类为有害、可能有害、可能无害等。变异统计信息则提供不同遗传变异类型和频率的统计数据，展示特定变异的普遍性和分布情况等信息。

NetPath 是一个经过人工审编的数据库，专注于存储和提供细胞信号通路的详细信息，特别关注于人类信号转导通路。NetPath 数据库包含了多种细胞信号通路的组成部分、相互作用、调控机制，以及与这些通路相关的基因、蛋白质和小分子化合物的数据。这些数据被收集、整理并提供给研究人员，帮助研究人员深入理解细胞内不同信号传导的运作机制和其在生理和病理过程中的作用。

化学反应动力学数据库 SABIO-RK（SABIO-Reaction Kinetics）是一个搜集酶反应动力学的数据库，它包括所有可用的动力学参数及其相应的速率方程、动力学定律和参数类型，以及确定动力学数据的实验和环境条件。SABIO-RK 数据库为研究人员提供了丰富的反应动力学数据资源，对于生物化学、系统生物学、药物研发和生物工程等领域的研究非常有价值。

单细胞转录组测序（single-cell RNA sequencing，scRNA-Seq）技术是在单细胞分辨率水平上研究基因表达的新兴测序技术，被应用在包括空间组学等多个方面。而对 scRNA-Seq 测序结果的分析也离不开细胞标记方面的数据库。细胞标志物数据库 CellMarker 是一个用于单细胞 RNA 测序数据分析的工具和资源。它主要用于鉴定和注释 scRNA-Seq 数据中的不同细胞类型和亚型。细胞标志物（cell marker）是定义和分选细胞的重要标志，既用于流式细胞术等实验中捕获特定细胞类型，也用于 scRNA-Seq 数据中精确鉴定细胞类型。scRNASeqDB 是第一个人类单细胞转录组数据库。它包含了几乎所有可用的人类单细胞转录组数据集，功能齐全，提供基因或细胞类型的基因表达信息查询和可视化工具，包括差异表达基因的注释，但该数据库 2017 年已停止更新。

HGMD（the Human Gene Mutation Database）是一个专门用于存储和管理人类遗传疾病相关突变信息的数据库，该数据库主要记录与人类遗传疾病相关的已知致病性突变、可能致病性突变和其他疾病相关的突变数据，是研究遗传疾病和基因突变的重要资源之一。HGMD 存储的信息包括突变的类型（如点突变、缺失、插入等）、突变的位置信息、突变的效应（如损害功能、获得功能等）以及突变的功能注释。该数据库的建立为遗传疾病研究、临床诊断、基因突变研究和医学教育提供了重要的资源。HGMD 有助于增进我们对遗传疾病和基因突变的理解，促进医学和生物学领域的学科进展，并在药物研发和个性化医疗中具有广泛的应用。

4.4 生物数据库发展趋势

4.4.1 生物数据库发展现状

4.4.1.1 数据量爆炸式增长

随着生命科学的迅猛发展，生命科学技术与大数据技术相结合速度加快，生物数据产出量迅速增长，全球已经进入生物大数据时代。特别是下一代测序技术快速发展和广泛应用，产生海量的多组学数据，并且呈指数级增长。如何长期稳定存储海量数据已成为亟待解决的一大难题。截至 2019 年底，CNCB-NGDC 汇交了约 3 PB 的生物组学数据，至 2023 年底，汇交数据量就达到了 40 PB。截至 2023 年底，中国国家基因库生命大数据平台（China National GeneBank DataBase，CNGBdb）的数据存储板块——国家基因库序列归档系统（China National Sequence Archive，CNSA），用户汇交数据量约 11 PB，公开数据量达 1.5 PB。TCGA 数据库收录了 33 种癌症类型的数据，数据总量达 6.8 PB。

4.4.1.2 数据多维异构

生物数据库中存储的生物信息，包括器官、组织、细胞以及代谢、生化、遗传、进化等水平上的各类不同数据，生物数据的属性或特征复杂多样，每一维度的数据都蕴含着丰富的生物信息，且各维度之间相互影响。高维的生物信息数据在数据库中的存储字段一般是由键值对类型的数据构成，常常采用面向对象的方式进行组织，可多层嵌套，可以用字典类型表示。同时，由于测序仪种类繁多（如常见的高通量测序仪器有 Illumina 系列、DNBSEQ、PacBio、Ion Torrent、Nanopore 等），存储在数据库中的数据格式也不尽相同。生物数据大多采用半结构化或非结构化存储，且数据的价值密度较低。因此，从海量的生物数据挖掘出高价值的数据迫切需要新的建模方法。

4.4.1.3 知识服务创新多样化

随着生物数据的快速增长，生物信息数据库的功能也在不断拓展，包括生物数据的深度挖掘和知识服务等。例如，由结构生物信息学研究合作组织管理和维护的 PDB 数据库，是目前国际上著名的、完整的蛋白质三维结构数据库。由 PDB 优化发展而来的 PDB-101 数据库是由美国国家科学基金会、美国能源部、美国国家癌症研究所等单位共同建设的一个用户学习社区。世界各地的研究人员可以从 PDB-101 数据库中免费获得蛋白质的 3D 结构，有利于从微观层面理解生物分子结构、蛋白质折叠和酶促催化位点等信息，这对生物分子结构数据的可视化及结构生物学的教学和科研工作具有重要意义。又如 cBioPortal 数据库整合了多个平台肿瘤基因组研究的数据，包括 TCGA、ICGC、GDAC、IGV、UCSC、Oncomine 等，用于多个肿瘤基因组学数据集的交互式探索。cBioPortal 数据库的信息挖掘和知识服务显著降低了科研人员获取复杂的肿瘤基因组数据的障碍，促进快速、直观、高质量地探索肿瘤基因组学数据的分子谱和临床预后相关性，便于科研人员将其转化为生物医学知识和临床应用。

4.4.2 生物数据库发展面临的挑战

4.4.2.1 多维数据整合与知识挖掘发现

建设多源异构数据整合存放的数据仓库，是生物大数据分析和应用的基础。数据的“抽取—转换—加载”（the extract-transform-load，ETL），首先需要将来源不同、类型不同的数据抽取出来，如关系数据、平面数据文件等，然后进行清洗、转换、集成，最后加载到数据仓库或数据集，成为联机分析处理、数据挖掘的基础。

生物数据的高维特性对传统研究方法提出了巨大挑战。传统的数据集成为物理和逻辑集成技术，包括将数据从其源存储库物理传输到暂存点，在暂存点进行清洗、映射和转换，再将数据物理传输到目标系统（如数据仓库或数据集）。

知识服务是生物数据库的重要功能之一，重点体现在生物数据库提供的分析工具的数据挖掘能力。生物数据库仓库面临的主要挑战在于：需要高效的数据压缩、传输、分析方法来应对海量数据增长；需要更加准确的降维方法来应对越来越复杂的数据维度。目前，图形处理单元（graphics processing unit，GPU）、现场可编程门阵列（field programmable gate array，FPGA）等硬件技术，对传统生物信息分析的限速步骤进行算法优化，在序列比对、分子对接等领域得到越来越广泛的应用。

4.4.2.2 数据资源交互与信息共建共享

随着生物领域相关产业对经济社会、国家安全的重要性日益凸显，生物数据库的战略性影响不断增强，相关利益分享机制也开始出现争议。目前，国际上三大核苷酸序列数据库（GenBank、ENA、DDBJ）主要由美国、欧洲和日本建设和维护。我国在这方面的建设起步较晚，所建立的数据库与世界一流数据库相比，在基础设施、数据汇交、数据管理、共建共享等方面仍然存在较大的差距。各种生物信息数据分散在不同的平台或系统，且生物信息的表示方式各异，数据烟囱、信息孤岛和知识碎片化严重阻碍生物信息的共建共享。

数据共享是一种极具价值的数据管理方式，但也存在一些问题和挑战，主要表现为生物数据库中的数据描述缺乏标准规范、数据资源交互协议不统一等。数据资源交互，需要保证信息的准确性、完整性、可靠性和安全性。常用的信息交互标准一般可分为数据标准、通信协议标准、数据安全标准三类。数据标准分为术语集、数据格式标准、综合标准等，其中综合标准包括如国际标准化组织（ISO）健康信息学标准化技术委员会（TC 215）发布的系列标准、HL7（卫生信息交换标准）等，这些标准的范围远超生命科学领域的数据标准，包括词典术语、数据描述、技术操作和应用开发等。

目前，生物信息标准主要集中在术语集方面的数据标准，不同的标准之间的兼容性和延续性不够，且对生物数据的原始属性、分析挖掘的规范较少，这在一定程度上限制了生物信息数据的接收、转发、整合和集成，从而不利于生物信息数据资源的共享、平台的开发应用和系统健壮性维护。因此，生物信息数据亟待加强数据标准体系的建设，以及数据分析相关标准的开发，全面支撑生命科学研究的数据共建共享，支撑生物医学和健康信息学等领域的基础研究、开发应用研究和实践推广。

4.4.2.3 数据隐私安全与知识产权保护

生物数据库的建设与维护关系卫生健康和生物安全，是国家可持续发展的重要战略资源。生物数据库中的数据信息若被窃取或泄露，甚至用于非法牟利，将会给个人和社会带来重大损失。因此需要充分考虑生物数据库的数据访问和使用权限，以及数据安全和隐私问题，加强生物数据库数据资源开放共享各个环节的管控，并提升生物数据库的网络安全风险防范能力，推动生物数据库的数据依法安全监管和开放共享。目前，世界上大多数国家的版权法未单独划定“数据库”这一保护对象，大多版权保护的内容只限于汇编的结构，不延及汇编的数据本身，而在数据库中最有价值的部分往往是数据内容。

目前，我国尚未颁布专门针对生物数据库进行知识产权保护的法律法规，而是通过《中华人民共和国著作权法实施条例》实现对生物数据库的知识产权保护。截至 2023 年 5 月，历经两次修订的我国《著作权法》规定：“汇编若干作品、作品的片段或者不构成作品的数据或者其他材料，对其内容的选择或者编排体现独创性的作品，为汇编作品，其著作权由汇编人享有，但行使著作权时，不得侵犯原作品的著作权。”

世界贸易组织《与贸易有关的知识产权协定》（Agreement on Trade-Related Aspects of Intellectual Property Rights，TRIPS），该协议保护的范围包括：版权及相关权、商标、地域标识、工业品外观设计、专利、集成电路布图设计、未公开的信息（包括商业秘密）等七种知识产权。《世界知识产权组织版权条约》（World Intellectual Property Organization Copyright Treaty，WCT）第 5 条（数据或其他资料的汇编，无论采用任何形式，只要由于其内容的选择或排列构成智力创作，其本身即受到保护。这种保护不延及数据或资料本身，亦不损害汇编中的数据或资料已存在的任何版权）保护的范围，与《保护文学和艺术作品伯尔尼公约》第 2 条的规定一致，并与 TRIPS 协定的有关规定相同。

中国是以上三个协定的成员国之一，以上协定都把数据库归为汇编作品进行保护，生物数据库是数据库一种类型之一，也应纳入知识产权保护的范围，这些协定对我国生物数据库的知识产权保护有重要的参考价值。

4.4.3 生物数据库未来趋势

4.4.3.1 基于多源异构数据整合的数据存储

在生物信息数据密集型科学研究背景下，对多源异构生物数据的整合有利于深入挖掘内在价值，对于在建或规划的综合性生物数据库要打破传统的生物数据存储模式，面向生物信息基础数据库的管理与共享需求，制定多源异构生物信息数据采集、汇交、整合、质控、审编以及共享的标准体系，建立数据分析、访问检索、隐私保护等共性服务的标准与规范；开发异构生物数据资源获取与整合技术、海量生物数据可扩展存储与管理技术、异构生物数据资源索引与检索技术、生物信息基础数据并行访问技术等关键技术，构建海量生物信息基础数据平台的基础设施架构。

建立生命科学基础数据库、组学数据库、生物资源数据库、精准医学数据库等数据汇交平台，建立具有性能良好的数据集成和共享体系；研究重要生物数据的安全存储和共享平台安全访问技术，建立生物信息基础库和共享平台的安全运行保障机制，从而建立国家生物大数据安全体系。

4.4.3.2 基于生物信息知识检索的数据交互

为了解决各个生物数据库的数据不融通而导致的数据烟囱、信息孤岛和知识碎片化问题，需要建立生物数据库搜索引擎之间的通信协议标准，满足跨多个数据库或者单个数据库的高效快速检索。此外，还需要建立数据库之间的信息交叉互链，形成数据信息的互联互通，方便数据的关联查询和检索。搜索引擎不仅支持全文检索功能，实现快速检索的目的，还可以对检索的结果进行综合评分排序，将最匹配的最符合用户检索目的数据排在前列，可以查看检索出的每一条数据的详细信息。

搜索引擎还需要实现分布式的实时文件存储，每个字段都被索引并可被搜索，可以扩展到更多的服务器，处理结构化或非结构化数据，提供深层次的数据、信息和知识的关联和交互。在此基础上，进一步拓展基于生物数据多维特征的辅助搜索功能，如文献推荐功能、同义词转换功能、高级检索功能和过滤检索功能，并结合人工智能的智能语义识别和知识图谱技术，使得搜索更加智能。

4.4.3.3 基于智能分析技术的生物信息挖掘

人工智能、云计算、雾计算、边缘计算、深度学习、大语言模型等新兴信息技术能构建跟人类相似甚至超越人类的推理、认知、规划、学习、交流、感知等能力体系，基于信息智能分析技术的认知、决策、反馈的优化过程，可以实现对生物信息数据的深度挖掘和智能分析。在生物信息学、计算生物学、系统生物学等学科理论和方法的支持下，基于 SAS、MATLAB、Python、R 语言等高级程序语言的生物信息智能建模与分析，已成为生物数据库中实现数据价值挖掘的重要途径。

未来将广泛应用于生物数据库中的生物智能算法，包括遗传算法、人工神经网络、蚁群算法、粒子群算法等，覆盖生物数据库中的基因组、转录组、蛋白质组、代谢组等组学数据的预处理、传输、分析、共享等环节，提升生物数据挖掘能力，整合并提供序列比对、结构模拟、网络拓扑结构分析、功能富集分析、肿瘤免疫浸润分析、权重基因共表达网络分析、多因素生存分析、泛癌分析、空间组学等在线分析工具。

※ 推荐阅读

1. International Society for Biocuration. Biocuration: distilling data into knowledge [J]. PLoS biology, 2018, 16: e2002846.

点评：该文系统阐释了生物数据注释与管理的核心价值，其倡导的结构化知识转化模式，已成为生命科学领域多学科交叉研究的关键支撑。

2. Stein L D. Integrating biological databases [J]. Nature reviews genetics, 2003, 4: 337-345.

点评：该文作为早期数据整合的经典论述，提出了跨平台数据标准化的框架，为大规模数据整合提供了方法论基础。

※ 思考与练习题

1. 试述生物信息资源在国际安全、科学研究和产业发展的意义。
2. 全球重要生物数据库有哪些?
3. 国际主要生物数据中心的特色数据库有哪些?
4. 如何建设形成具有国际影响力的生物数据库?
5. 试述生物数据库在大数据时代和人工智能背景下的发展趋势。

※ 讨论题

1. 生物数据库如何保障实现开放共享和安全合理利用?
2. 生物数据库与人工智能如何有机融合发展?
3. 生物信息资源及其数据库如何推动科学研究范式变革?

※ 参考文献

1. Arita M, Karsch-Mizrachi I, Cochrane G. The international nucleotide sequence database collaboration [J]. Nucleic acids research, 2021, 49(D1): D121-D124.

2. CNCB-NGDC Members and Partners. Database resources of the National Genomics Data Center, China National Center for Bioinformation in 2023 [J]. Nucleic acids research, 2023, 51(D1): D18-D28.

3. Li W, O'Neill K R, Haft D H, et al. RefSeq: expanding the prokaryotic genome annotation pipeline reach with protein family model curation [J]. Nucleic acids research, 2021, 49(D1): D1020-D1028.

4. Luo J. GSA and BIGD: filling the gap of bioinformatics resource and service in China [J]. Genomics, proteomics & bioinformatics, 2017, 15(1): 11-13.

5. Ma L, Zou D, Liu L, et al. Database commons: a catalog of worldwide biological databases [J]. Genomics, proteomics & bioinformatics, 2023, 21: 1054-1058.

6. Martin F J, Amode M R, Aneja A, et al. Ensembl 2023 [J]. Nucleic acids research, 2023, 51(D1): D933-D941.

7. Minoru K, Miho F, Mao T, et al. KEGG: new perspectives on genomes, pathways, diseases and drugs [J]. Nucleic acids research, 2017(D1): D353-D361.

8. Sayers E W, Bolton E E, Brister J R, et al. Database resources of the National Center for Biotechnology Information in 2023 [J]. Nucleic acids research, 2023, 51(D1): D29-D38.

9. Tanizawa Y, Fujisawa T, Kodama Y, et al. DNA Data Bank of Japan (DDBJ)

update report 2022 [J]. Nucleic acids research, 2023, 51(D1): D101-D105.

10. Thakur M, Bateman A, Brooksbank C, et al. EMBL's European Bioinformatics Institute (EMBL-EBI) in 2022 [J]. Nucleic acids research, 2023, 51(D1): D9-D17.

编者：章　张（中国科学院北京基因组研究所）
胡德华（中南大学）
袁　猛（华中农业大学）
张子丁（中国农业大学）
审读：陈迪俊（南京大学）

5 序列比对与分析

包括 DNA、RNA 和氨基酸在内的生物序列是生物信息学的主要研究对象之一。序列分析的基本思路可以划分为两大类：一类是着眼于序列自身，通过多种方法提取并解析其中的结构与功能信息，从而揭示 DNA、RNA 或蛋白质的生物学特性。例如，分析基因组序列的组成可以帮助我们理解基因的结构，预测潜在的编码区域，并探索基因调控机制；同样，通过分析蛋白质序列，可以预测蛋白质的理化性质及其结构特征，并推测其功能和与其他分子的相互作用。另一类则是从序列之间的关系出发，通过定量刻画不同的生物分子序列之间的相似性和差异性，来推测它们的功能关联与演化关系。例如，通过寻找与目标序列相似的已知序列，可用于识别未知目标序列的功能和特性；再如通过比较不同物种或不同个体间的序列差异，可以构建演化树并进而解析其间的演化联系。通过结合不同的分析方法，生物信息学家能够在大量的序列数据中发现潜在的生物学模式与规律，进而为后续的基因功能研究、药物研发和疾病诊断等领域提供关键基础。

5.1 序列特征解析

DNA 是遗传信息的载体，其碱基组成和排列顺序决定生物的遗传性状。通过对 DNA 进行基本序列分析，不仅可以揭示与特定功能相关的特征信息，也为基因预测提供了重要基础。以下介绍部分典型分析工具与数据库，更多内容可见后续章节（如第 9 章中的蛋白质分析）。

由于 DNA 序列具有双链互补性，在进行某些 DNA 序列分析时，需要获得 DNA 序列的互补序列、反向序列、反向互补序列等，此类操作可称为序列变换。序列变换的在线程序有著名的生物信息学软件包 EMBOSS 中 REVSEQ 程序和 SMS 中的 Reverse Complement 程序。另外，常见的生物信息学软件如 DNAMAN、BioEdit 和 DNASTAR 等都支持序列变换（表 5-1）。

表 5-1 常见的 DNA 序列分析工具与数据库

程序或软件名	描述
整合序列分析工具	
BioEdit	用于分析、编辑和处理 DNA 序列数据的生物信息学软件
EMBOSS	综合在线分析软件包
DNAMAN	LynnonBiosoft 公司开发的高度集成化的 DNA 序列编辑软件
DNASTAR	基于 Windows 和 Macintosh 平台的序列分析软件
序列变换	
REVSEQ	EMBOSS 软件包中的序列变换程序之一
Reverse Complement	Sequence Manipulation Suite（SMS）中的序列变换程序
限制性内切酶位点分析	
REBASE	限制性内切酶数据库
NEBcutter	限制性内切酶酶切位点分析工具，整合 REBASE
WebCutter	限制性内切酶酶切位点分析工具，支持线性和环状 DNA 序列分析以及寻找沉默诱变位点
RestrictionMapper	限制性内切酶酶切位点分析工具，支持线性和环状 DNA 序列分析
重复序列分析	
RepBase	真核生物转座子和重复序列数据库
STRBase	短串联重复序列（STR）数据库
RepeatMasker	散布重复和低复杂性重复序列分析工具，使用 RepBase 和 Dfam 重复序列数据库
CENSOR	使用 RepBase 查找重复序列
Tandem Repeats Finder	串联重复序列分析工具

在分子生物学实验中，通常需要对 DNA 序列进行限制性酶切位点分析，以便为后续的克隆鉴定提供参考。**限制性内切酶（restriction endonuclease）**是识别特定的 DNA 序列，并在每条链中特定部位的两个核苷酸之间的磷酸二酯键进行切割的一类酶。限制性内切酶识别 DNA 序列中的回文结构序列，识别的序列长度最

常见的是 4 个或 6 个核苷酸，少见 5 个、7 个、9 个、10 个和 11 个核苷酸。限制性内切酶数据库（REBASE）中含有已知限制性内切酶的识别序列位点、裂解位点、甲基化特异性、酶的商业来源及参考文献等重要信息。REBASE 数据库还提供了一些非常有用的相关免费在线工具，如酶切图谱分析工具 NEBcutter 等。此外，一些常用的集成化软件如 BioEdit、DNAMAN 和 DNASTAR 等也具有限制性酶切位点分析功能。

重复序列（repetitive sequence）是指基因组中重复出现的核苷酸序列。重复序列在病毒和原核生物中很少出现，在真核生物中则广泛分布。这些序列一般不编码多肽，其组织形式有两种：串联重复序列和散在重复序列。前一种成簇存在于染色体的特定区域，后一种分散于染色体的各位点上。由于重复序列的大量存在往往会影响序列的正确分析，如影响数据库的搜索和同源性分析，或错误的功能注释等，因此在分析真核基因序列前，最好能把重复序列从序列中找出并屏蔽掉。寻找重复序列的方法之一是在给定序列中搜索已知的存放于数据库中的重复序列和低复杂度区域，如 RepBase 是真核基因组重复序列的首要数据库，STRBase 是短串联重复序列（short tandem repeat，STR）数据库。另一种方法是应用分析程序基于特定的概率模型直接鉴定，如 Tandem Repeats Finder 等。

由于真核生物编码基因的复杂性，通常需要利用基因序列或编码序列上已知的一些统计特征或信号来准确预测基因的位置。如真核生物核心启动子（core promoter）通常包含富含 TA 核苷酸对的典型元件 TATA 框；真核生物的外显子–内含子连接绝大多数情况下满足 GT-AG 规律：内含子序列 5′ 端的起始两个核苷酸总是 GT，并且其 3′ 端的最后两个核苷酸总是 AG，即 5′-GT…… AG-3′。

在过去的几十年内，生物信息学家已基于多种不同的方法尝试整合、分析这些信息，以挖掘出其中潜藏的重要生物信号。早期的工作一般是在经典统计推断框架下，通过显式引入特定的统计模型来对 DNA 序列进行建模与推断。如通过引入隐马尔可夫模型（hidden Markov model，HMM，详见 2.3.7），可以将 DNA 序列视为由一组包含多个隐状态的马尔可夫过程“生成”的观测序列。具体来说，根据生物学知识，我们猜测不同位置有不同的统计学特性，如人类基因组上存在着众多富 GC 区域（可假设 C/G 各 40%，A/T 各 10%），而非其他区域（可假设其他区域每种碱基含量 25%），假设两类区域出现概率均为 0.5，并且在给定当前碱基位置的区域类型时，下一个碱基位置和当前碱基位置处于同一类区域的概率为 60%，则可以构造 HMM（图 5–1）。

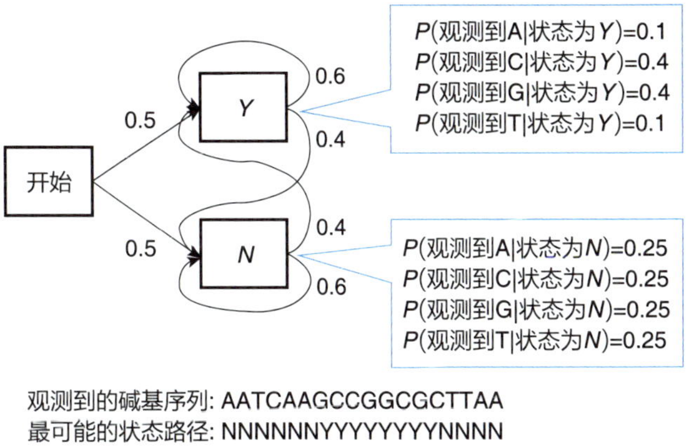

图 5–1 结合序列特征构建隐马尔可夫模型以检测富 GC 区域
HMM 包含 2 个状态：Y（富 GC 区域）、N（其他区域）。每一个状态都有自己的生成概率，同时，每个状态也包含自己的转移概率，即表示从当前状态转移至下一状态的概率

针对图中给出的碱基序列和状态转移路径 π，可以得到在参数为 θ 的 HMM 条件下，总体概率 $\log P(S,\pi|$

HMM, θ) = −41.22。因此，通过使用维特比（Viterbi）算法即可得到最可能的状态序列，并进而预测这段序列中富 GC 区域的位置。

与之类似，美国麻省理工学院的克里斯·伯奇（Chris Burge）和塞缪尔·卡林（Samuel Karlin）于 1997 年开发的 GenScan，是基于广义隐马尔可夫模型的人类及脊椎动物基因预测软件。GenScan 通过识别序列中的统计特征，如密码子使用频率、外显子和内含子边界信号的共识序列等，对基因进行预测。它还考虑了基因的起始和终止区域，以及潜在的启动子信号，以提供全面的基因结构预测。

近年来，随着数据的积累与算力的提升，支持向量机（SVM）、随机森林或神经网络等机器学习方法也被广泛应用于基因预测。与早期的显式建模不同，这些方法通过直接学习原始的基因组注释、转录组测序数据等训练数据，“自动”识别出序列中的特定模式，并用这些模式来预测新序列中的基因。

值得注意的是，虽然类似的模型与算法可以以“从头预测”的方式在不同物种的序列上工作，但考虑上述序列特征在物种间的变化，这些预测算法往往需要事先设定物种相关的参数。

5.2　序列比对和分析

量化衡量序列之间的相似性和差异性是解析序列间关系的核心前提。为此，需要首先厘清几个概念：**同源（homologous）**是一个演化概念。序列之间“同源”即指它们拥有一个或多个共同的起源（祖先）。在实践中，通常通过序列相似性（similarity）来衡量序列之间的同源关系。值得指出的是，根据“序列–结构–功能”这一关联链条，具有相似序列的分子往往也具有相似的功能，因此与已知功能序列的高相似性也常常被用来推断未知序列的功能。

5.2.1　基于动态规划的双序列比对

一般来说，序列之间的差异可以由两类生物学事件导致，即替代和插入/删除。替代是指序列中残基的改变。替代不会改变序列的长度。

与替代不同，由于 DNA 复制错误及其修复过程等因素导致的插入/删除事件会导致序列长度的变化。

直观上，可以将两条序列之间的联配（alignment，也称比对）定义为序列中残基的对应关系。如对于两条 DNA 序列 GAATC 和 CATAC，图 5–2 均为它们之间可能的联配。

```
GAATC     GAAT-C    -GAAT-C
CATAC     C-ATAC    C-A-TAC

GAATC-    GAAT-C    GA-ATC
CA-TAC    CA-TAC    CATA-C
```

图 5–2　序列联配演示

其中，上下对齐的不同残基对应于替代，而用“–”表示的空位（gap）则对应插入/删除事件。可以看出，在双序列联配中，一条序列中发生的插入即对应于另一条序列中发生的删除，因此，在实践中往往将插入/删除事件合并成为插入/缺失（InDel）事件

为了准确揭示序列间的相似性，通常希望寻找序列间的最优联配，使得序列之间的相同/相似部分能

够尽可能地对应，并同时尽可能减少增删事件。例如，针对序列 GACGGATTAG 和 GATCGGAATAG，如果第一种联配是：

GACGGATTAG–
GATCGGAATAG

第二种联配是：

GA–CGGATTAG
GATCGGAATAG

可以看到第二种联配较第一种联配更好地揭示了两条序列的相似性。

为了使用有效找到序列间的最优联配，首先需要引入记分系统以量化衡量序列间的差异。通常使用替换矩阵（substitution matrix）来衡量替换前后残基的相似性，其中不同的残基替换被赋予不同的分数，反映它们之间的相似度。对于比较简单的核酸序列，可用简单的匹配/不匹配矩阵（match/mismatch matrix）来描述（如在 BLAST 中对匹配/不匹配分别赋予 +1 分和 −3 分）。但对于蛋白质序列，因为组成蛋白质的 20 种氨基酸具有不同的理化性质，情况较为复杂，存在不同的蛋白质替换矩阵。

① 遗传密码矩阵　通过计算一个氨基酸转变为另一个氨基酸所需密码子核苷酸变化的数目得到，矩阵元素的值对应于变化代价。常用于演化距离的计算，优点在于计算结果可以直接用于绘制进化树，但在蛋白质序列比对（尤其是相似性很低的蛋白质序列）中很少被使用。

② PAM 矩阵（point accepted mutation）　基于氨基酸演化的点突变模型，即如果两种氨基酸替换频繁，说明自然界易接受这种替换，那么这对氨基酸替换得分就应该高。

③ BLOSUM 矩阵（blocks substitution matrix）　是由 Henikoff 提出的另一种氨基酸替换记分矩阵，也是通过统计相似蛋白质序列的替换率得到的。PAM 矩阵是基于蛋白质序列的全局比对结果推导出来的，而 BLOSUM 是从保守无空位（gap）的蛋白质序列块（短序列）推导出来的。

另一方面，考虑插入/缺失事件通常会改变序列的功能，在序列比对中对于插入/缺失事件对应的空位赋予负分，即空位罚分（gap penalty）。

在确定了替换矩阵与空位罚分规则后，即可定义特定联配的分数。如针对打分规则 $w(\text{匹配}) = +1$；$w(\text{错配}) = -3$；$w(\text{空位}) = -2$，可知前述第一种联配对应的分数为 $1+1+(-3)+(-3)+1+(-3)+(-3)+(-3)+(-3)+(-3)+(-2) = -20$，而第二种联配对应的分数为 $1+1+(-2)+1+1+1+1+(-3)+1+1+1 = 4$，大于第一种联配对应的分数。由此，可以进一步将两条序列之间的最优联配定义为分数最高的联配。

可以使用动态规划算法来寻找两条序列间的最优联配。根据目标最优联配特点的不同，又可以主要分成基于全局比对的 Needleman-Wunsch 算法和基于局部比对的 Smith-Waterman 算法。

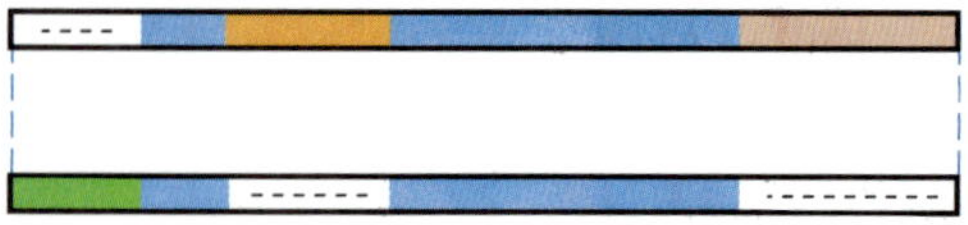

图 5-3　全局比对

5.2.1.1　全局比对

全局比对是指将两条序列里面的所有字符进行比对，主要被用来寻找关系密切的序列。其代表是 Needleman-Wunsch 算法（图 5-3）。

算法思想：

① a,b 是序列（DNA 或蛋白质），m 为 a 的长度，n 为 b 的长度。前缀 $a[1\cdots i]$ 与 $b[1\cdots j]$ 分别为 a 的前 $1\sim i$ 个残基，以及 b 的前 $1\sim j$ 个残基构成的子序列，$i=1,2,\cdots,m; j=1,2,\cdots,n$；

② $S(i,j)$ 是按照某打分矩阵得到的前缀 $a[1\cdots i]$ 与 $b[1\cdots j]$ 最大相似性得分；

$$S(i,j)=\max\text{of}\begin{cases}S(i-1,j)+w(a_i,-) & (a_i\text{ 与序列 } b \text{ 的空位对应})\\ S(i,j-1)+w(-,b_j) & (b_j\text{ 与序列 } a \text{ 的空位对应})\\ S(i-1,j-1)+w(a_i,b_j) & (\text{匹配或错配})\end{cases}$$

$w(c,d)$ 是残基（或空位）c 和 d 按照打分矩阵计算的得分；

③ 边界条件为 $S(0,0)=0$。

示例：对于序列 a=ACACACTA，b=AGCACACA，记分规则 $w(\text{匹配})=+2$；$w(\text{错配})=w(\text{空位})=-1$，获得的动态规划记分表格如图 5-4a 所示，由记分表格右下角出发，反向搜索至起点，同时记下路径（图 5-4b）。

最后构建最佳联配。在路径中，对角线对应匹配或错配，上下箭头对应删除，左右箭头对应插入，依次得到本例的最佳匹配为：

序列 a ＝ A － C A C A C T A
序列 b ＝ A G C A C A C － A

5.2.1.2　局部比对

局部比对不追求对两个完整的序列进行比对，而是在每个序列中使用某些局部区域片段（蓝色区域）进行比对，其代表是 Smith-Waterman 局部比对算法（图 5-5）。

S=

	–	A	C	A	C	A	C	T	A
–	0	−1	−2	−3	−4	−5	−6	−7	−8
A	−1	2	1	2	1	2	1	0	2
G	−2	1	1	1	1	1	1	0	1
C	−3	0	3	2	3	2	3	2	1
A	−4	2	2	5	4	5	4	3	4
C	−5	1	4	4	7	6	7	6	5
A	−6	2	3	6	6	9	8	7	8
C	−7	1	4	5	8	8	11	10	9
A	−8	2	3	6	7	10	10	10	12

(a)

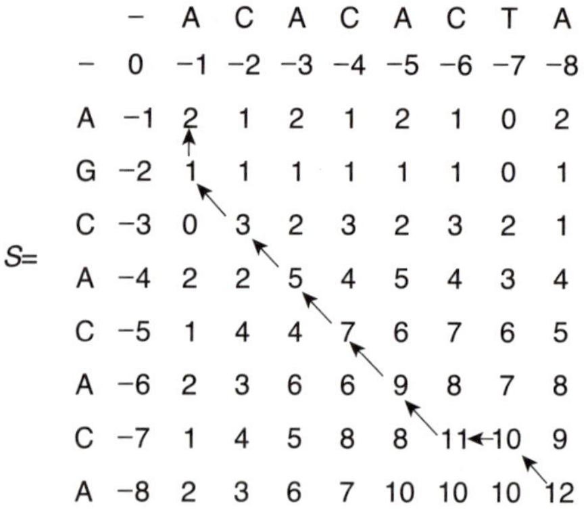

(b)

图 5-4　全局比对动态规划记分表格

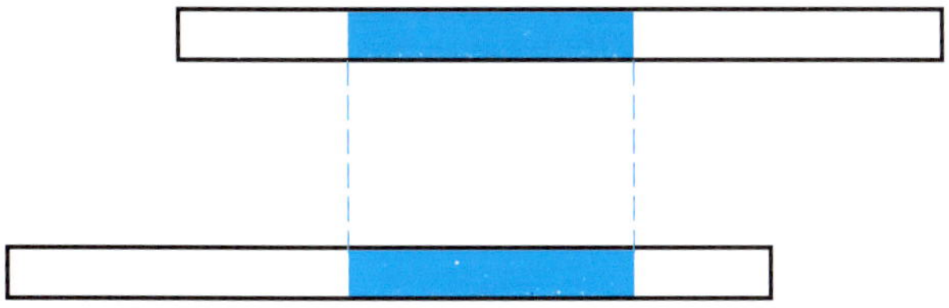
图 5-5 局部比对

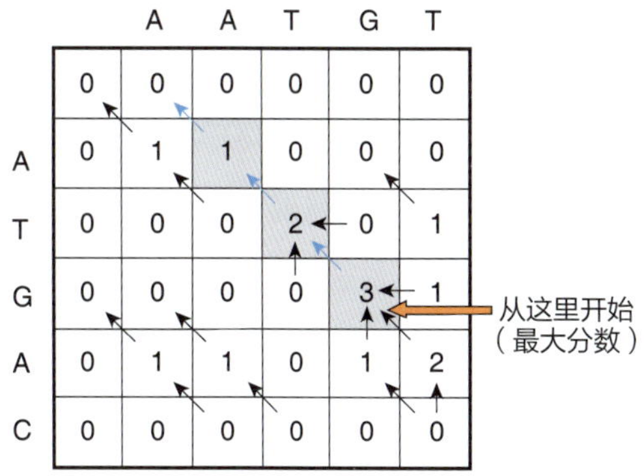

图 5-6 局部比对动态规划记分表格

算法思想：

与全局比对相比，这种算法的改变是在每一步计算时，确保值不会小于一个常数（0），从而让相似性的计算可以丢弃前缀序列联配中差异巨大的部分，而以当前局部序列的联配差异为主。对应的相似性得分 $S(i,j)$ 为：

$$S(i,j)=\max\ \text{of}\begin{cases}S(i-1,j)+w(a_i,-) & (a_i\text{ 与序列 }b\text{ 的空位对应})\\ S(i,j-1)+w(-,b_j) & (b_j\text{ 与序列 }a\text{ 的空位对应})\\ S(i-1,j-1)+w(a_i,b_j) & (\text{匹配或错配})\\ 0\end{cases}$$

示例：对于序列 a=AATGT，b=ATGAC，记分规则 $w(\text{匹配})=+1$；$w(\text{空位})=-2$，$w(\text{错配})=-1$，获得的动态规划记分表格如图 5-6 所示。从记分表格的最大分值单元（橙色箭头所指处）开始回溯，直至分值为 0，此路径即最佳局部匹配。

得到的最佳匹配为：AATGT

ATGAC

5.2.2 序列比对的应用与拓展

5.2.2.1 序列数据库检索

基于序列比对，可以进一步开发序列数据库检索算法，通过把待查询序列与数据库中存储的大量生物序列数据进行系统比对，以寻找与查询序列相似的已知序列，从而为后续功能预测、演化分析等研究提供基础。

基本局部比对搜索工具（Basic Local Alignment Search Tool，BLAST），是一种广泛使用的数据库检索算法。它一方面通过在 Smith-Waterman 算法前引入一系列对数据库序列预筛选的步骤，大幅提升了针对大规模数据库检索的搜索效率；另一方面通过对搜索结果构造统计检验，进一步降低了搜索的假阳性率。接下来将对这些改进进行详细介绍。

在预筛选数据库序列方面，为了快速访问，BLAST 算法首先会将序列连续分割成若干等长的“词”（word），如对蛋白质序列：MVLSEMVLQLVLSFWAKVEAMVLSEGQ，可以分割为若干长度为 3 的“词”MVL、VLS、LSE、SEG……EGQ。对于 DNA 或 RNA 序列，通常会设置较长的片段以确保每个片段含有足够的信息量。需要注意的是，前后相邻的“词”在序列上会有重叠（如 MVL 和 VLS），以确保这些“词”构成的整体仍能够充分表征原始序列。

对于待检索的序列数据库中每个序列完成分“词”后，BLAST 会进一步创建索引，从而方便后续步骤的快速定位。例如，基于哈希表构造索引：

```
"MVL": [index1, index6, index21, ...]
"VLS": [index2, index11, index22, ...]
"LSE": [index3, index12, index23, ...]
……
```

可以在近常数时间内实现对数据库内任意“词”的快速定位。

在此基础上，BLAST 进一步引入播种–延伸（seeding-extending）策略以便加速比对。具体来说，BLAST 首先会基于查询序列的分“词”结果选取“种子词”（seed words），这些“种子词”应该具有较高的信息熵并在查询序列中高频出现，从而方便后续更精确地定位与查询序列相似的数据库序列。随后，BLAST 将利用前面建立的数据库“词”索引快速定位相关“种子词”在数据库序列中的位置（“播种”），并从“种子”的位置开始向左右两个方向进行延伸。在延伸的过程中，BLAST 会基于前述的替换矩阵来尝试找到尽可能长的相似序列区域，从而在数据库中快速定位可能的相似序列，作为后续 Smith-Waterman 算法比对的基础。可以看到，BLAST 算法通过播种–延伸策略首先进行快速预筛选，大大减少了 Smith-Waterman 算法的实际运行次数，从而使得 BLAST 算法可以更为高效地检索大规模序列数据库。

在检验搜索结果方面，因为数据库通常非常庞大，随机噪声可能会产生看似显著但实际上没有生物学意义的比对。因此，BLAST 引入了期望值（E-value）来衡量特定比对的统计显著性。具体来说，期望值可以认为是：在给定的数据库大小和搜索参数下，若随机选取的一对序列的比对得分大于或等于当前实际比对得分，则这种随机选取的序列对的期望个数即期望值。因此，期望值越小，表示当前比对越不可能是随机产生的。实践中，往往会选择一个较小的期望值（通常低于 0.01 或 0.001）以尽可能移除那些随机噪声导致的假阳性匹配。

期望值的计算公式通常表示为：

$$E = kmne^{-\lambda S}$$

其中，m 和 n 分别是查询序列和数据库中序列的长度，S 是比对得分，k 和 λ（均大于 0）是基于替换矩阵与空位罚分规则综合计算出的归一化系数。由上式可以看出，一方面，对于高得分比对，$e^{-\lambda S}$ 可以使得期望值显著降低，从而更容易凸显出高度相似的序列。另一方面，数据库规模（由 n 体现）直接影响比对显著性。特别对于相同的比对，数据库越大，期望值越高，也就越容易出现假阴性。

BLAST 算法种类繁多，每种算法都是为特定形式的序列比较而设计的。以下是 4 种最常见的 BLAST。

① BLASTn 用于将核苷酸序列与核苷酸数据库进行比较。它主要用于识别 DNA 序列中的相似性和定位同源区域。

② BLASTp 用于将蛋白质序列与蛋白质序列数据库进行比较。它有助于识别相似的蛋白质序列，从而揭示蛋白质的功能、结构和演化。

③ BLASTx 用于将核苷酸查询序列与蛋白质数据库进行比较。它在所有 6 个阅读框中翻译查询的 DNA 序列，并将得到的氨基酸序列与蛋白质数据库进行比较。

④ tBLASTn 将蛋白质查询序列与核苷酸数据库进行比较。它将核苷酸数据库序列翻译成 6 个读码框中的每一个，然后将得到的氨基酸序列与蛋白质查询序列进行比较。

除了标准 BLAST 算法（BLASTn、BLASTp、BLASTx、tBLASTn）外，还有一些针对序列分析中的特定需求而开发的特殊 BLAST。

① 位置特异性迭代 BLAST（Position-Specific Iterated BLAST，PSI-BLAST） PSI-BLAST 是 BLASTp 的迭代版本，旨在改进远缘蛋白质序列的检测。它根据之前迭代中发现的比对结果，建立位置特异性打分矩阵（position specific scoring matrix，PSSM），从而识别出差异更大的同源物。

② PHI-BLAST（Pattern-Hit Initiated BLAST） PHI-BLAST 用于识别和比对包含特定模式的序列。它整体思路与 BLAST 类似，但只考虑包含用户所指定的特定模式的数据库序列。

BLAST 首次实现了对大规模序列数据库的快速检索，从而使得研究人员能够快速识别和分析生物序列，在基因识别与注释、蛋白质功能预测、同源基因鉴定等领域均有广泛应用。目前，BLAST 已成为生物信息学领域中最重要的工具之一。

5.2.2.2 基于序列比较的序列聚类

通常认为，序列上相似的蛋白质或者基因往往具有相似的功能，而且相似的程度往往和功能相似的程度正相关；类似地，序列相似程度在不考虑趋同演化等特殊事件的前提下也可以作为序列间演化关系远近的表征。因此，通过将蛋白质或者 DNA 序列按照互相之间的相似程度分成多个簇（cluster）进行序列聚类（sequence clustering），可以实现对蛋白质或 DNA 分子的功能与演化分类。其中具有代表性的算法包括 CD-HIT、UCLUST 和 Linclust。CD-HIT 和 UCLUST 使用了类似的贪心增量策略（greedy incremental strategy）来实现序列的聚类。其基本步骤包括以下 3 步（图 5-7）。

① 根据长度或“词”数将序列从大到小进行排序，将排第一的序列放入第一个簇，并视其为该簇的代表性序列（representative sequence）或者种子（seed）；

② 将第二条序列与第一个簇的代表性序列进行双序列比对，当序列相似性超过事先确定的阈值时，则认为该序列和上述代表性序列属于同一个簇，否则认为该序列是一个新簇的代表性序列或者种子；

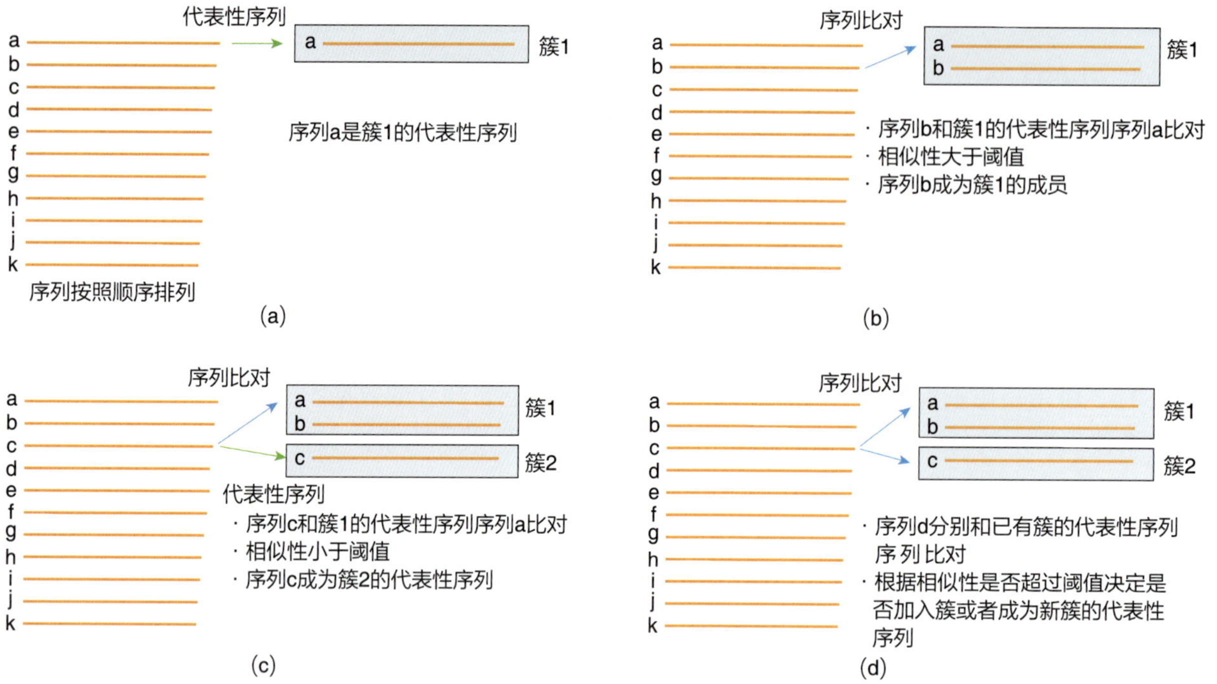

图 5-7 使用贪心增量策略进行序列聚类的原理

③ 对剩余序列依次进行上述比对，当序列同某一个簇的代表性序列之间的序列相似性超过阈值时，将该序列归入这个簇，并更新该簇的代表性序列（具体更新方法取决于具体算法实现），否则认为这个序列是一个新簇的代表性序列，将其放入新簇。

使用贪心增量策略进行序列聚类的算法限于其基本原理，所需要进行的序列比对个数大致同其序列的个数和簇的个数成正比［时间复杂度 $O(KN)$，K 是簇的个数，N 是序列的个数］。由于序列的个数和簇的个数往往在一个数量级上，因此计算的时间大致同进行分析的序列个数的平方成正比，这限制了序列聚类算法在大规模数据上的应用。为了解决这一问题，2018 年马丁·斯特内格（Martin Steinegger）和约翰内斯·泽丁（Johannes Söding）开发了 Linclust 算法，试图在获得相似聚类效果的同时大幅降低计算所用时间［时间复杂度 $O(N)$，N 是序列的个数］，其基本步骤包括以下 6 步（图 5-8）。

① 在每个序列中选择一定数量具有最低哈希值的 k-mer（指从一个序列中连续取出的长度为 k 的子序列，如对于 DNA 序列“AGCTAGCT”，当 k 为 3 时，其 k-mer 包括“AGC”“GCT”“CTA”“TAG”等）；

② 将拥有一个相同 k-mer 的序列合并为一组（此处同一条序列可以出现在多个组中）；

③ 将每一组中最长的一个序列设定为中心序列（center sequence）；

④ 将拥有同一个中心序列的不同的组进行合并；

⑤ 将组内的非中心序列同中心序列进行双序列比对；

⑥ 使用贪心增量策略完成序列聚类。

在实践中，通常采取某些经验性阈值作为功能或者演化的分类标准，如当两个

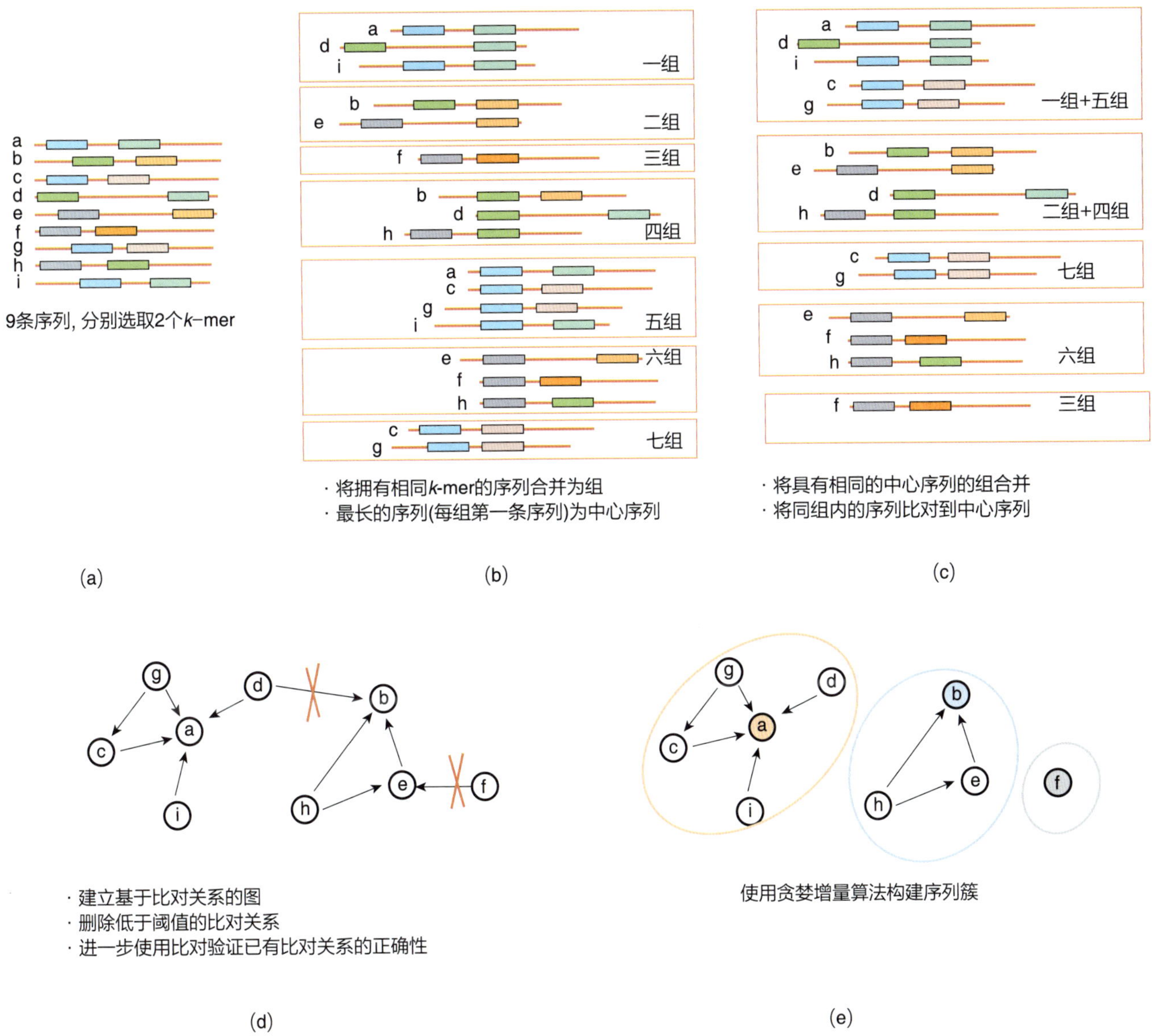

图 5-8 Linclust 算法

蛋白质序列相似性大于 60% 时，假定这两个蛋白质具有相似的功能；当两个细菌的 16S rDNA 序列相似性大于 97% 时，假定这两个细菌属于同一个种。

需要指出的是，基于序列比较的聚类并不能确保可以对输入序列进行无歧义的划分：考虑 A、B、C 三个序列，A 与 B 之间的序列相似性为 98%，B 与 C 之间的序列相似性为 98%，A 与 C 之间的序列相似性为 96%，那么当采用 97% 作为序列聚类的阈值时，因为 A 与 B 之间的相似性大于 97%，A 与 B 显然属于同一个簇，同时 B 与 C 之间的相似性大于 97%，B 与 C 也属于同一个簇，这样 A、B、C 应当属于同一个簇，但是 A 和 C 之间的相似性小于 97%，它们又不属于同一个簇，这就产生了悖论。因此，对程序得到的聚类结果需要进行具体分析。

尽管存在上述的缺陷，聚类分析在序列分析中仍有着广泛的用途。通过序列聚类，可以显著降低研究的工作量，如可使用一个簇的代表性序列的性质推断其他簇成员的性质；也可以将大规模的数据变得更加有条理，易于理解，并和功能、演化关系等生物学上的重要性联系起来。

序列聚类在相当多的数据库和算法中得到了应用。如国际上最为著名的蛋白质数据库，通用蛋白质信息库（Universal Protein Knowledge Base，UniProtKB）开发了 UniProt 参考簇（UniProt Reference Clusters，UniRef）功能，用于将数据库中所有的蛋白质序列进行聚类，使得人们可以更容易地进行功能和演化分析。该数据库中将其中所有储存的 664 596 873 个蛋白质序列（获取时间 2024 年 12 月 10 日，下同）按照序列相似性 100% 聚类为 UniRef100 数据库，其中含有 435 574 000 个不同的蛋白质/簇，使用 MMSeqs2 软件中的 Linclust 算法进一步聚类为 Uniref90 数据库（序列相似性至少 90%，199 553 294 个簇）和 Uniref50 数据库（序列相似性至少 50%，68 360 540 个簇）。这一聚类使得在对所有蛋白质的检索过程中，所需要检索的对象减少了 58%（Uniref90）到 79%（Uniref50），从而大幅降低了计算时间，在实际生物信息学研究和应用过程中有着重要的意义。

5.2.2.3 多重序列比对

多序列比对（也称多序列联配，multiple sequence alignment，MSA）是双序列比对的一般化推广。当两条序列不能很好地比对并揭示序列变化蕴含的信息时，多序列比对能有效地将其关联起来。直观上，可以将 Needleman-Wunsch 算法和 Smith-Waterman 双序列比对算法简单扩充至多序列情形。然而，这些基于动态规划的算法当比对的序列增加到 3 条或更多时，计算复杂性呈指数级增长：假设比对 p 条序列，每条序列长度为 n，则全局多序列比对的复杂度为 $O(n^p)$，计算量巨大。因此，通常需要针对多序列比对开发针对性算法。

目前的多序列比对算法很多，大致可分为渐进对齐算法、迭代算法、启发式算法、机器学习和分治法。渐进对齐算法的基本思想是先进行双序列比对，然后根据聚类将序列逐步合并，代表性的算法有 ClustalW。具体来说，首先采用 Needleman-Wunsch 算法或 Smith-Waterman 算法将每对序列两两比对，使用比对得分来计算序列之间的距离矩阵。在此基础上，从全体序列集合中抽出最相似（即最接近）的一对序列，将其划为一组，放回该序列集合，并构造这组里序列的比对，以评估这一组和全体序列集合中剩余其他序列各自的相似性，从而完成一轮迭代，再从新的序列/序列组集合中抽出最相近的一对序列/序列组，进入下一轮迭代。通过逐步迭代此过程，生成最终的多序列比对。在此过程中，由于最大的计算量仅存在于最早进行 n 条序列里每对序列两两比对的步骤中，故渐进对齐算法能显著降低计算复杂度到 $O(n^2)$ 量级，从而可以高效处理多条序列。然而，由于渐进式比对依赖于初始的距离矩阵，如果矩阵计算有偏差，则可能影响整个比对过程，无法像基于动态规划算法一样保证全局最优。

迭代算法的基本思想是先进行一次渐进对齐，然后根据某种准则对比对结果进行评价和调整，重复这个过程直到达到收敛或者满足某种条件，代表性的算法有 MUSCLE。启发式算法的基本思想是利用一些启发式的规则或者策略来加速比对的过程，牺牲一定的准确性来换取效率，代表性的算法有 MAFFT。机器学习利用机器学习的方法来学习序列之间的相似性或者差异性，然后根据学习到的模型来生成或者优化比对结果。分治法是将一个复杂的多序列比对问题分解为若干个简单的子问题，然后分别求解子问题，再将子问题的解合并为原问题的解，代表性的算法有 T-Coffee。

5.3 分子进化树构建

系统发育树（phylogenetic tree，或称进化树）是用以表示分支进化史的树状图表，在现代生物学中发挥着重要作用，其二叉分支的拓扑结构能简洁有效地定位类群的共同祖先和进化事件。

系统发育树是一种类似树的有向无环的特殊图结构，通常包括节点（node）和分支（branch）等。每一节点表示一个分类学单元（属、种群、个体等），内部结点是树中支系的分叉点，可以对应于一个假设的共同祖先。位于树末端的节点可称为外部节点或叶节点（leaf），代表着现存的物种或者被研究的特定样本。树最基部的根节点（root）代表所有分支的共同祖先，依据有无根节点可将进化树分为有根树和无根树，我们在构建进化树时可通过指定外类群确定进化树的根。基于进化树的构建方法，我们还可以得到一些额外的信息，如支持度，用于衡量系统发育树中每个分支的可信度，可来自自展值（bootstrap value）或后验概率（posterior probability）等；分支长度，基于物种间遗传差异的程度评估进化距离，或者直接用已知的进化时间标定。

正如 *Phylogenetics in the Genome Era* 所述：系统发育树提供了一种自然的方式来理解从个体到物种的生命连续性。地球上的每一个生物都有一个或两个直系祖先，而这些祖先同样也有祖先。当我们在系统发育树上行走时，通过追溯时间，从一个祖先到另一个祖先，追溯生物的进化史。共同祖先提供了一种自然的方式来理解不同种群和不同物种个体之间的联系，而树状图是一种自然的方式来可视化和总结共同祖先。树结构在不同的尺度上都很好用，从基因树到物种树，从物种间的联系到类群间的联系，直到“生命之树”。

从表型的角度而言，生命之树的特定分支出现的某种特征可能会成为从该分支衍生的所有生物的特征，即共同祖先的特征可能会出现在后代中。基于性状构建一棵描述生物间亲缘关系的进化树是看上去很自然的做法。例如，哺乳动物的乳腺在不同物种中相似，因为它们来自共同的祖先；但鸟类、蝙蝠和昆虫的翅膀是独立进化的，并且相似，因为它们代表了对类似生物功能的适应。这表明，以性状构建进化树可能并不能反映真实进化历史，以分子数据建树往往更加可靠。

根据共同祖先来定义亲缘关系使我们能够创建具有进化意义的分类系统。在这样的系统中，生物被分配到与进化史一致的命名组，称为分类单元。分类单元中的所有生物彼此之间的亲缘关系比分类单元外的任何生物之间的亲缘关系更密切。依靠这样的反映进化史的分类系统很重要，能更好地根据物种所属的类群跟踪其特征的变化和基因的历史。这也是为什么我们根据分子生物学的最新证据不断更新物种的分类。

构建系统发育树的意义如上所述。问题在于如何去构建这样一棵树？如何计算不同序列间的距离？两条序列间的碱基/氨基酸数量差异可以有效地表征序列间关系的远近，然而，考虑在进化过程中可能出现 A→C→A 这样的回复突变，碱基数量差异与进化距离的关系并不是简单的线性关系。我们需要构建统计模型，将进化的随机性纳入考量。构建这样的进化模型使我们能够用数学方法描述各种生物现象，估计相关参数，如选择强度和进化事件发生率。

在构建模型时，我们应有效结合生物过程的先验知识，而不应过度参数化模型，否则将导致模型泛化能力不足。在分子系统发育学中，马尔可夫模型（Markov model）是一类特定的随机模型，被广泛用于分析序列数据和量化基因和基因组的进化动态。马尔可夫模型认为，未来的状态仅依赖于当前的状态，而不受过去状态的影响，即在给定当前状态的情况下，未来状态的条件概率分布独立于之前的所有状态。这很符合我们在生物学上的认识，即一个碱基 A 当前突变为 C 还是 T 的概率，不受这个碱基 A 在 100 年前是 A 还是 C 的影响。

连续时间马尔可夫链（continuous-time Markov chain，CTMC）是系统发育分析中最常用的马尔可夫模型类型。它允许状态转换发生在任意时刻，并且能够捕捉到不同进化分支上的速率变化。CTMC 模型以转移概率矩阵 Q 定义从一个状态到另一个状态（或者说从一个碱基/氨基酸到另一个碱基/氨基酸）的瞬时转换速率，我们可以从 Q 矩阵推导给定时间间隔内的转移概率矩阵 P（t），进而计算进化距离与碱基/氨基酸差异比例的关系。根据矩阵 Q 参数的不同，对于核苷酸序列，我们可以有 Jukes-Cantor（JC）模型、Kimura 双参数（K2P）模型、Hasegawa-Kishino-Yano（HKY85）模型等，它们本质上是对不同碱基间替换的概率做出了不同的参数假设。下面，我们将以实例演示构建进化树的具体算法。

通过系统比较不同物种或不同个体间的序列差异，可以构建进化树以解析其间的演化联系，并进而表征特定 DNA/蛋白质分子从共同祖先逐渐演化分化的过程。进化树是一种针对特定演化关系的图形表示，类似于家谱图，进化树提供了生物多样性和演化历史的重要信息，可用于解释生物特征的起源和演化。特别是，考虑在演化过程中较为“接近”的序列之间一般较远缘序列更为相似，可以利用分子序列之间的距离来推断演化关系。

一种常见的基于距离的方法是非加权组平均法（unweighted pair group method with arithmetic mean，UPGMA）。UPGMA 的基本想法是将建树过程类比为一个层次聚类问题，依照距离自底向上逐步合并（聚类），直到全部完成。

例如，针对 5 条序列 A、B、C、D、E，已知它们彼此的距离如下：

	A	B	C	D	E
B	2				
C	4	4			
D	6	6	6		
E	6	6	6	4	
F	8	8	8	8	8

则首先可以选出其中距离最小的一对（A，B），将之合并。

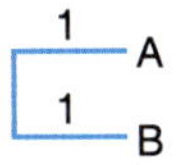

而后重新计算距离矩阵：

dist (A,B),C = (dist A,C + dist B,C) / 2 = (4 + 4) / 2 = 4

dist (A,B),D = (dist A,D + dist B,D) / 2 = (6 + 6) / 2 = 6

dist (A,B),E = (dist A,E + dist B,E) / 2 = (6 + 6) / 2 = 6

dist (A,B),F = (dist A,F + dist B,F) / 2 = (8 + 8) / 2 = 8

注意在这个过程中，AB 聚类后重新计算距离时均采取了简单的算术平均，这暗示着在对应的演化过程中不同分支的演化速率相同（分子钟模型）。

	AB	C	D	E
C	4			
D	6	6		
E	6	6	4	
F	8	8	8	8

由此逐步迭代，直到最终完成整个建树过程：

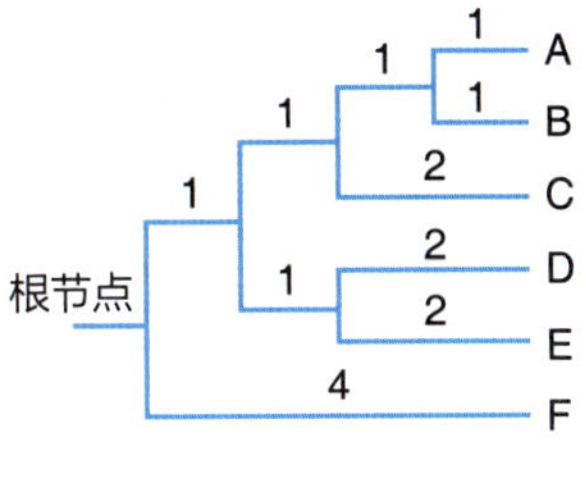

UPGMA 在计算上直观明了，但其恒定演化速率的假设在现实分析中往往过于理想化，因此，斋藤成也（Naruya Saitou）与根井正利（Masatoshi Nei）在 1987 年提出了邻接法（neighbor joining，NJ）。邻接法去除了恒定演化速率的假设，因此在处理不同谱系的变速演化时更为灵活。同时，邻接法引入了“邻居”（neighbor）的概念，通过迭代地连接（joining）最近的“邻居”来构建最终的进化树。与 UPGMA 在合并时仅考虑给定序列之间的关系不同，邻接法中选择最近“邻居”同时考虑了

给定序列与其他输入序列的关系，因此能更好地刻画多个输入序列的全局关联并确保最终得到的进化树各个分支的总长度最小。

例如，针对序列 A、B、C、D、E、F、G，已知它们彼此的距离 d 如下：

	A	B	C	D	E	F
B	63					
C	94	79				
D	111	96	47			
E	67	16	83	100		
F	23	58	89	106	62	
G	107	92	43	20	96	102

以此为基础，可以计算每个序列到其他序列的平均距离 r：

$$r_i = \frac{1}{N-1}\sum_{k\neq i} d_{ik}$$

r_A	r_B	r_C	r_D	r_E	r_F	r_G
93	80.8	87	96	84.8	88	92

接下来，通过综合考虑序列之间的直接距离 d_{ij} 与 r_i、r_j，可以计算邻接距离 D_{ij}：

$$D_{ij} = d_{ij} - r_i - r_j$$

	A	B	C	D	E	F
B	−110.8					
C	−86	−88.8				
D	−78	−80.8	−136			
E	−110.8	−149.6	−88.8	−80.8		
F	−158	−110.8	−86	−78	−110.8	
G	−78	−80.8	−136	−168	−80.8	−78

从中可以看到 D、G 之间的邻接距离最小（−168），为最近的“邻居”，可以首先合并：

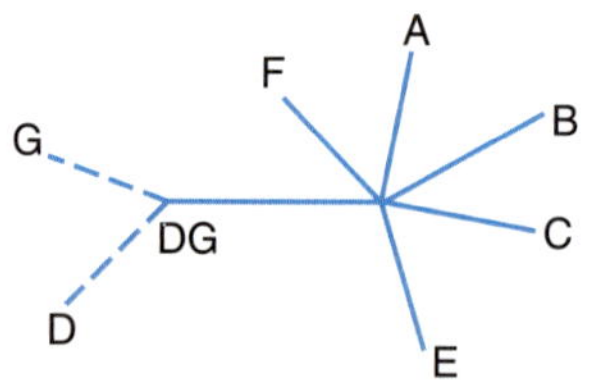

值得注意的是，这里需要重新计算 D、G 到合并后节点 DG 的距离：

$$d_{i,(ij)}=\frac{1}{2}d_{ij}+\frac{1}{2}\left(r_i-r_j\right)$$
$$d_{j,(ij)}=\frac{1}{2}d_{ij}+\frac{1}{2}\left(r_j-r_i\right)$$

即：

$$d_{\mathrm{D,DG}}=\frac{1}{2}d_{\mathrm{D,G}}+\frac{1}{2}\left(r_{\mathrm{D}}-r_{\mathrm{G}}\right)=\frac{1}{2}\times 20+\frac{1}{2}(96-92)=12$$
$$d_{\mathrm{G,DG}}=\frac{1}{2}d_{\mathrm{D,G}}+\frac{1}{2}\left(r_{\mathrm{G}}-r_{\mathrm{D}}\right)=\frac{1}{2}\times 20+\frac{1}{2}(92-96)=8$$

由此，可以重新计算 d 矩阵：

	A	B	C	DG	F
B	63				
C	94	79			
E	67	16	83		
F	23	58	89	62	
DG	99	84	35	88	94

平均距离 r：

r_{A}	r_{B}	r_{C}	r_{E}	r_{F}	r_{DG}
86.5	75	95	79	81.5	100

以及邻接距离 d：

	A	B	C	E	F	DG
B	−98.5					
C	−87.5	−91				
E	−98.5	−138	−91	−80.8		
F	−145	−98.5	−87.5	−78	−98.5	
DG	−87.5	−91	−160	−168	−91	−87.5

由此，可以继续迭代直至整个建树完成：

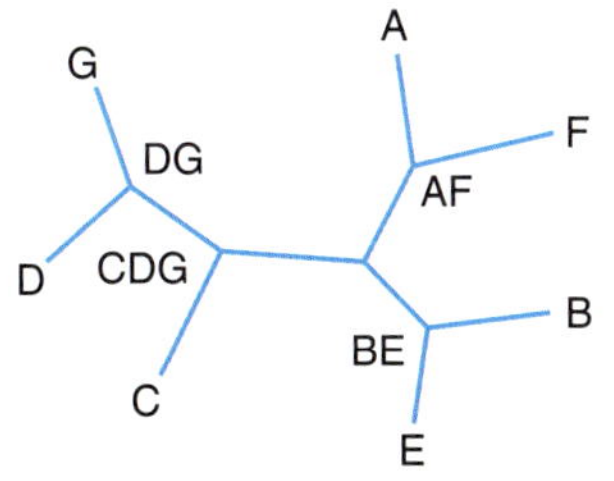

基于距离的方法计算效率高，在简单性和准确性之间提供了良好的平衡，特别适合处理包含成千上万序列的大数据集，已在流行病学、保护生物学等领域获得了

广泛应用。

值得一提的是，基于距离的方法将序列数据简化为成对距离，这虽然有效提升了处理效率，但也导致了序列组成等细节的丢失。因此，如果需要对演化细节进行解析，可以考虑采用如基于最大简约法（maximum parsimony，MP）、最大似然法（maximum likelihood，ML）等基于序列特征的建树方法。

5.4 序列比对与分析的总结与展望

序列比对与分析不仅是早期经典生物信息学研究的核心问题，也在当今组学研究中发挥着不可替代的核心作用。

序列比对在组学研究中，最常见的就是将测序数据比对到参考基因组。不论是基因组研究中的全基因组测序（whole genome sequencing，WGS）、全外显子组测序（whole exome sequencing，WES）和靶向测序；还是在转录组研究中的 RNA-Seq、microRNA-Seq 和 circRNA-Seq；或是在表观组学和三维基因组学中，比对到参考基因组几乎都是首要的分析环节。一般来说，比对的类型可以基于测序技术的差异分为两大类，一类是高通量的短读长测序技术，另一类是三代的长读长测序技术。关于短读长测序的序列比对，传统的双序列比对算法如动态规划和 BLAST 并不能很好地应对其海量的序列比对需求。一种高性能的序列比对算法 BWA，被广泛用于基因组二代测序数据的参考基因组比对。BWA 算法的核心是 Burrows-Wheeler 变换（Burrows-Wheeler transform，BWT）和创建查找表（graph FM-index），通过 BWT 将参考基因组和测序数据转化为可高效搜索的一种压缩格式，再使用 FM-index 高效地在基因组中搜索匹配的序列。相比基因组数据的比对，转录组数据比对的需求更加多样，如需要考虑剪接位点对测定序列分段比对的影响。HISAT2 是一种专门用于 RNA-Seq 数据快速比对的工具，它在基因组比对中引入了查找表来提高速度，具有较低的内存占用和高效的多线程处理能力。

最基本的生物分子序列表示方法是使用标准的 IUPAC 代码：对于 DNA 和 RNA 序列，我们使用“A”“C”“G”和“T/U”来表示核苷酸；对于蛋白质序列，我们使用单个字母代码来表示氨基酸。近年来，深度学习模型在生物信息学领域取得了重大进展。通过将生物序列编码为高维向量可以有效刻画序列中的复杂模式，从而为序列比对与分析提供了新的机遇与可能。具体来说，在人工智能大语言模型中可以用 one hot 等多种编码形式表示特定序列、序列比对及其集合，然后使用向量相似度度量（如余弦相似度）来评估它们的相似性。在此过程中，通过将传统的线性序列表示更换为高维空间的向量表示，不仅可以提升对测序错误等噪声的稳健性，更使得千万级别的超大规模序列分析成为可能。值得一提的是，通过将 DNA、RNA、蛋白质等不同类型的序列向量表示投射到同一空间，可以实现跨序列类型的统一整合分析，从而为后续多组学整合提供了统一的框架（图 5-9）。

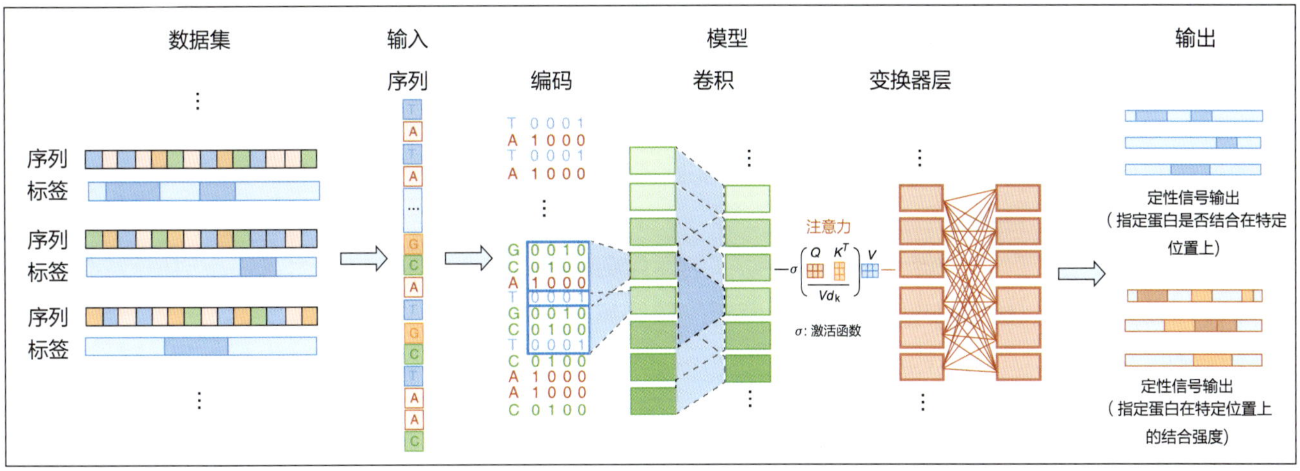

图 5-9 跨序列类型的统一整合分析

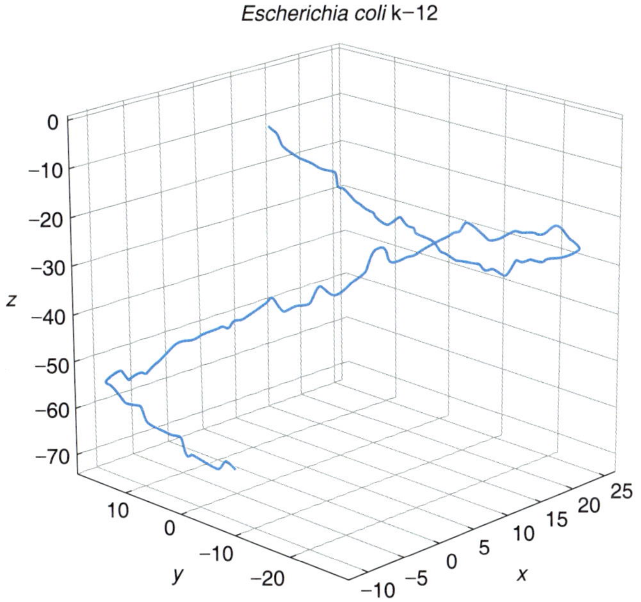

图 5-10 基于大肠杆菌 k-12 菌株构建的 Z 曲线

值得一提的是，我国生物信息学家张春霆教授于 1994 年提出 DNA 序列的 Z 曲线理论，证明任一核酸序列均可用唯一的一条三维空间曲线表示。具体来说，Z 曲线表示使用 3 个正交坐标轴 (x, y, z) 来描述不同类型碱基沿序列的分布，每个子序列都对应一个三维坐标点，通过连接这些点就可以得到一条连续的空间曲线。这种表示方法将一维序列映射到三维空间曲线，可以捕捉核酸序列中的周期性、对称性等特征，也开创了一条用几何学方法分析核酸序列的新途径（图 5-10）。

$$x_n = (A_n + G_n) - (C_n + T_n)$$

$$y_n = (A_n + C_n) - (G_n + T_n)$$

$$z_n = (A_n + T_n) - (C_n + G_n)$$

$$n = 0, 1, 2, \cdots N$$

※ 推荐阅读

1. Durbin R, Eddy S R, Krogh A, et al. Biological sequence analysis: probabilistic models of proteins and nucleic acids [M]. Cambridge: Cambridge University Press, 1998.

点评：该书以核酸/蛋白质序列分析为核心，系统介绍了基于概率模型对核酸与蛋白质序列进行建模解析的核心概念、思路、方法与应用。

2. Pevsner J. Bioinformatics and functional genomics [M]. 3rd ed. New Jersey: Wiley-Blackwell Publishing, 2015.

点评：该书基于大量实例全面介绍了多种序列分析方法的实现与应用过程。

※ 思考与练习题

1. 基于人类基因组数据训练得到的剪切位点 HMM 可以用于在果蝇基因组中鉴定新剪切位点吗？为什么？

2. 全局比对与局部比对的应用场景分别是什么？试解释其原理。

3. BLASTx 和 tBLASTn 的应用场景分别是什么？

4. 是否可以将一组序列根据序列相似性分成若干组，确保每组内部序列的相似性小于某一个阈值，且不同组序列的相似性大于某一个阈值？为什么？

5. UPGMA 法和 NJ 法的区别是什么？具体在算法步骤中的体现是什么？

※ 讨论题

1. 一个 $E=10$ 的 BLAST 检索结果有意义吗？为什么？

2. 不同于 UPGMA 法构建的进化树总有唯一根（即最终合并的根节点），NJ 法构建的进化树无法简单确定一个根，你认为这合理吗？为什么？

※ 参考文献

1. Altschul S F, Gish W, Miller W, et al. Basic local alignment search tool [J]. Journal of molecular biology, 1990, 215(3):403-410.

2. Burge C, Karlin S. Prediction of complete gene structures in human genomic DNA [J]. Journal of molecular biology, 1997, 268(1): 78-94.

3. Dayhoff M O, Schwartz R M, Orcutt B C. A model of evolutionary change in proteins [M].//Atlas of protein sequence and structure. Maryland: National Biomedi-

cal Research Foundation, 1978: 345-352.

4. Henikoff S, Henikoff J G. Amino acid substitution matrices from protein blocks [J]. Proceedings of the national academy of sciences of the United States of America, 1992, 89(22): 10915-10919.

5. Katoh K, Standley D M. MAFFT multiple sequence alignment software version 7: improvements in performance and usability [J]. Molecular biology and evolution, 2013, 30(4): 772-780.

6. Needleman S B, Wunsch C D. A general method applicable to the search for similarities in the amino acid sequence of two proteins [J]. Journal of molecular biology, 1970, 48(3): 443-453.

7. Saitou N, Nei M. The neighbor-joining method: a new method for reconstructing phylogenetic trees [J]. Molecular biology and evolution, 1987, 4(4): 406-425.

8. Smith T F, Waterman M S. Identification of common molecular subsequences [J]. Journal of molecular biology, 1981, 147(1): 195-197.

9. Steinegger M, Söding J. Clustering huge protein sequence sets in linear time [J]. Nature communications, 2018, 9(1): 2542.

10. Thompson J D, Higgins D G, Gibson T J. CLUSTAL W: improving the sensitivity of progressive multiple sequence alignment through sequence weighting, position-specific gap penalties and weight matrix choice [J]. Nucleic acids research, 1994, 22(22): 4673-4680.

编者：高　歌（北京大学）
胡德华（中南大学）
石铁流（华东师范大学）
田卫东（复旦大学）
王明钰（山东大学）
审读：曹志伟（复旦大学）

6

基因组学

本章对基因组学和宏基因组学领域进行全面概述，涵盖了从基本概念到前沿技术与应用的内容。首先定义了基因组学，并讨论了获得和解读基因组序列的方法，以及如何将这些知识应用于实践。接着，介绍了高通量测序技术在动植物和微生物 DNA 测序中的应用，并探讨了遗传信息数据分析和基因组学数据可视化的策略。在基因组组装、预测和注释方面，详细讨论了基因组组装的算法、基因预测技术和基因组注释的方法。此外，还深入探讨了序列变异检测的基本原理和技术，包括单碱基替换、短插入缺失和结构变异的检测技术。宏基因组学部分概述了微生物组学的概念、数据分析方法，以及在健康和环境领域的应用，并对未来的发展方向进行了展望。本章结合基础知识与实际案例，提供了对基因组学和宏基因组学研究过程及其相关数据库、分析方法和软件的综合理解，旨在为读者在该领域的研究和应用提供指导。

6.1 基因组学概述

6.1.1 基因组学的概念

基因组学（genomics），简单来说就是研究基因组（genome）的科学。基因组是生物体内所有遗传物质的总和，包括所有染色体、线粒体、叶绿体（植物）等 DNA 序列或 RNA 序列（RNA 病毒）。这些基因组序列均由 A/C/G/T（U）组成，有些位置的碱基可能带有不同修饰（如 5mC、m^6A 等）。不同物种的基因组大小（DNA 序列总长）和复杂性（重复序列多样性和数目）千差万别。这些基因组序列编码了重要的遗传信息，构成了我们生命的蓝图。基因组学是对生物体所有基因进行集体表征、定量研究及不同基因组比较研究的一门交叉生物学学科，主要研究基因组的结构、功能、进化、合成/编辑等，以及它们对生物体的影响。

在基因组学中所研究的问题主要分为三类：如何获得基因组序列；如何解读/解码基因组；如何重写/编写新的基因组。第一类问题的解决方案随着 DNA 测序技术的发展越来越成熟，第二和第三类问题是目前生命科学基础研究中的前沿领域，而生物信息学在其中都扮演着非常重要的角色。

获得一个物种的高质量基因组序列是其相关科学研究的基础，具有重要的科学意义。基因组测序之前，我们通常需要估计其基因组大小，而在得到大量的基因组片段的序列后，我们需要进行基因组序列的拼接和组装。近年来，许多生物信息学算法和工具被设计和开发出来解决此方面的问题，如 Hifiasm、Verkko、NextDenovo、Canu、Flye 等。

在获得基因组序列后，我们需要对其进行解读，理解基因组和表型，这是基因组学中重要的研究内容，也是非常有挑战的系列科学问题。这些内容可以概括为多个层次的研究，如 DNA 序列层次的基因组注释，RNA 序列层次的转录组及其调控，表观遗传信息层次的调控，基因组三维结构层次的调控，跨物种层次的基因组进化研究等。基于单细胞测序技术的发展，这些研究又都在步入单细胞层次。

生物信息学在这些研究中都发挥着重要的作用。例如，基因组注释包括在基因组 DNA 序列上寻找编码基因、微 RNA 基因、长非编码 RNA 基因等，以及鉴定重要的调控元件。很多的生物信息工具被开发出来解决这些问题，主要是基于编码基因、非编码 RNA 的序列和结构特点，结合机器学习等方法来训练预测器。在转录和表观遗传调控方面，高通量的组学技术不断被建立，如 RNA-Seq 及变体技术，ChIP-Seq 及变体技术等，这些技术产生的组学数据需要更好的算法和工具去分析。单细胞测序技术产生的新型组学数据也催生了很多生物信息工具的开发。

6.1.2 高通量测序技术

生物信息学作为现代生命科学的重要分支，随着科技的不断进步与创新，为我们揭示了许多生命的奥秘。在过去几十年里，测序技术的迅速发展极大地推动了基因组学、转录组学、蛋白质组学等领域的进步，为深入了解生命分子机制提供了基础。

6.1.2.1 一代测序技术原理及其应用

作为第一代 DNA 测序技术的代表，弗雷德里克·桑格（Frederick Sanger）于 20 世纪 70 年代基于 DNA 复制的自然过程提出了双脱氧链终止法（dideoxy chain-termination method，也称桑格测序法）来快速确定 DNA 序列。

脱氧核苷三磷酸（deoxynucleotide triphosphate，dNTP）是 DNA 的基本单位，每个 dNTP 都可以通过五碳糖 3′ 处的羟基与下一个 dNTP 的磷酸形成磷酸二酯键，从而连接对应碱基形成 DNA 长链。桑格测序法的关键思想是在 DNA 合成反应中掺入双脱氧核苷三磷酸（dideoxynucleotides，ddNTP）。与 dNTP 不同，在 ddNTP 的五碳糖结构中，3′ 碳上的羟基（—OH）被氢原子（—H）取代，这使其无法提供形成磷酸二酯键所需要的反应位点，因此无法继续与下一个 dNTP 或 ddNTP 正常形成磷酸二酯键，从而终止了 DNA 链的延伸。通过在 DNA 合成反应中随机掺入 ddNTP（分为 A/C/G/T 四个反应）就可以得到一系列不同长度的 DNA 片段，这些片段的 3′ 端都是与原始模板 DNA 对应位置碱基互补的一个双脱氧的核苷酸残基。通过 DNA 片段 5′ 端的放射性标记在 PAGE 凝胶上对四个反应中不同长度的 DNA 片段进行显影，可依次从小到大直接读出 DNA 的序列。

基于桑格测序法，美国应用生物系统公司（Applied Biosystems）于 1987 年推出第一台自动化 DNA 测序仪。在自动 DNA 测序中不再使用放射性脱氧核苷酸，而是将四种不同类型的 ddNTP 用不同的荧光染料标记，从而可以使所有反应都在单个管中完成。测序仪自动读取每个 DNA 片段上 3′ 端碱基上的荧光标签（对应于模板链上特定位置的碱基）来确定模板 DNA 片段中的核苷酸序列（图 6-1）。

桑格测序法每次可以测序 100～1 000 个碱基，为了满足对更大基因组的测序需求，鸟枪测序法（shotgun sequencing）问世，其基本思想是通过将长 DNA 序列随机打断成小片段，通过对大量小片段进行 DNA 测序，然后通过末端重叠的原理将小片段逐步拼接成更长片段以至获得基因组序列。桑格法和鸟枪测序法的改进使科学家能够对多样化且结构复杂生物体的基因组进行测序。

人类基因组计划（Human Genome Project，HGP）的国际合作项目于 1990 年启动，目标是在 15 年内确定整个人类基因组的 DNA 序列。该计划采用层次测序策略，通过构建 DNA 大片段克隆文库以及重叠克隆群和物理图谱，再进行逐个克隆鸟枪法测序，即将单个克隆片段分别打断成小片段构建亚克隆后测序，然后逐步拼接和组装出基因组序列。该策略的基本思想是将复杂问题化整为零、分而治之。HGP 系统地将人类基因组的染色体克隆测序任务分配给各参与国和研究机构并行推进完成，实现共需共为。1999 年 9 月 8 日，Celera Genomics 公司宣布开展人类基

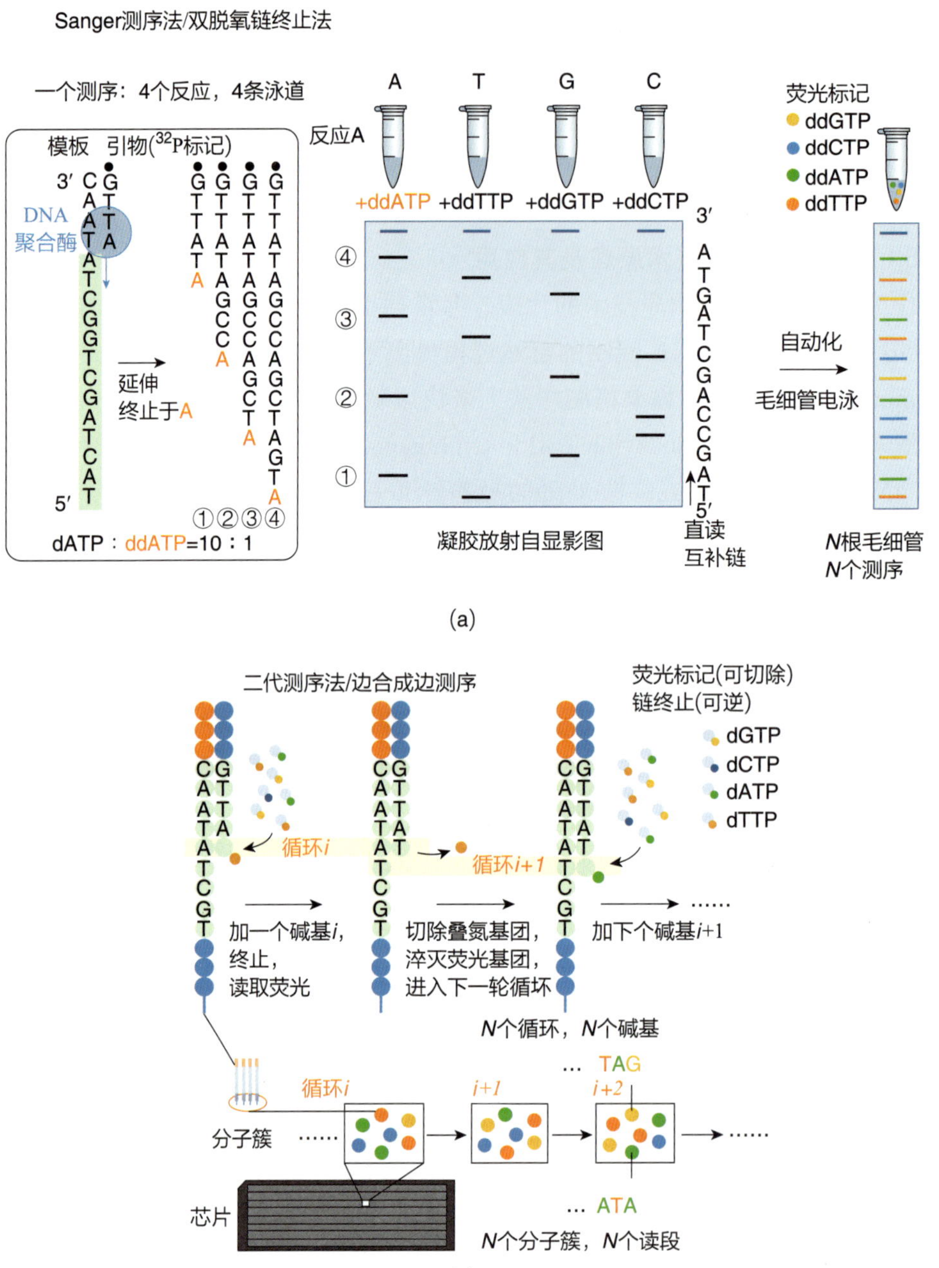

图 6-1　一代和二代测序技术原理示意图

（a）Sanger 测序法基本原理及其毛细管电泳自动化；（b）二代高通量并行测序原理。

因组测序项目，不同于 HGP 的技术路线，该公司主要采用全基因组鸟枪法进行测序，并通过计算机完成组装。Celera Genomics 的加入及其与国际人类基因组计划的合作加速了整个测序工作的进程。2001 年，国际人类基因组计划测序联盟和 Celera Genomics 公司分别在《自然》（*Nature*）和《科学》（*Science*）杂志上公布了人类基因组草图序列。此后，联盟继续对测序草图进行细致的校对和查漏补缺。这个由来自美国、英国、法国、德国、日本和中国 20 个机构的 2 800 多名研究人员组成的国际团队于 2003 年 4 月提前两年交付了人类基因组精细序列图谱，覆盖人类基因组的 93% 以上区域，碱基准确率在 99.99% 以上，这是 21 世纪初生命科学最伟大的

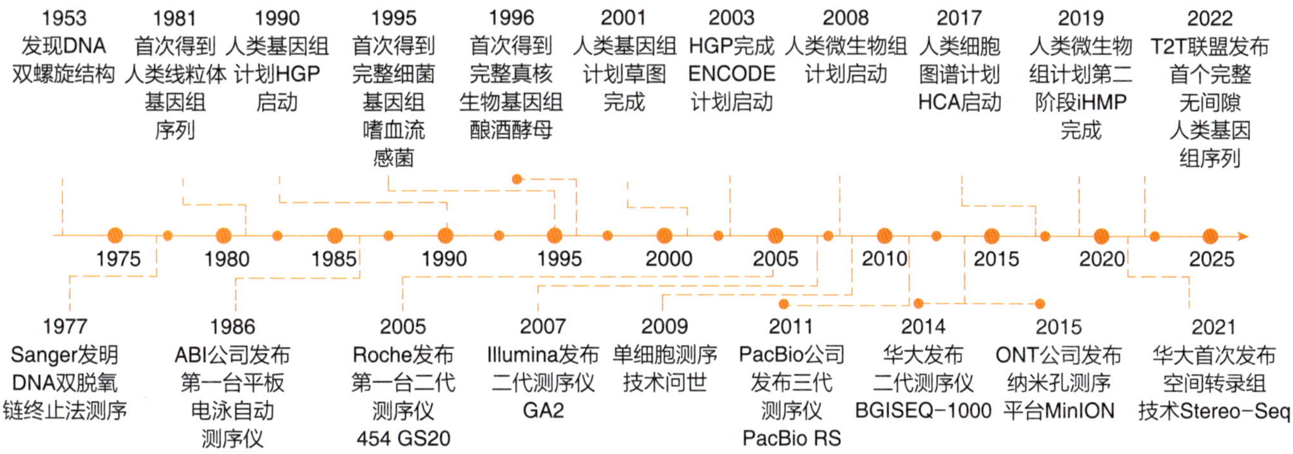

图 6-2 基因组学研究和测序技术发展的时间轴

成就之一。

中国科学家在人类基因组计划中承担了 1% 的测序任务，成功完成了人类 3 号染色体端部的约 3000 万个碱基对的 DNA 测序工作。通过参与该计划，中国科学家得以在较短时间内学习和跟进世界先进测序技术，推动了国内测序仪的研发以及生物信息学软件的开发。基因组学的发展很大程度上是由 HGP 推动的，而 HGP 的进展又推动了 DNA 测序技术和生物信息学的发展。HGP 完成之后测序技术得到了进一步的发展，从二代高通量并行测序，到三代单分子长读长测序。图 6-2 列举了基因组学和测序技术发展历程中的一些代表性重要事件。

6.1.2.2 二代测序技术原理及其应用

二代测序技术，又称下一代测序技术（next generation sequencing，NGS）或高通量测序技术（high throughput sequencing，HTS），是一类革命性的 DNA 测序方法，以其高效、快速、成本效益显著等特点在生物信息学和基因组研究领域引发了革命性的变革。相比传统的桑格测序法，二代测序技术不仅能够同时测序数百万条 DNA 片段，而且还显著降低了测序的成本和时间。这一技术的迅猛发展，使得我们能够在更多层面上揭示基因组结构、变异、表达以及其他生物学过程，从而加速了生命科学研究的进展。

第二代测序平台，以其显著降低的成本和巨大的数据通量，结合高效的计算分析工具，使得对基于测序的实验数据进行大规模分析成为可能。然而，较短的读长意味着重复的 DNA 区域（如着丝粒）会比桑格测序时代产生更大的问题：这些重复序列可能导致序列拼装错误，甚至会连接两个不属于彼此的染色体区域而产生嵌合体。

目前 Illumina 公司的 Solexa 和 HiSeq 技术是全球使用量最大的二代测序技术。Solexa 和 HiSeq 技术的核心原理是一致的，都采用了桥式 PCR 扩增（bridge PCR amplification）和边合成边测序（sequencing by synthesis，SBS）两个关键步骤。其流程包括：① DNA 文库制备；② Flow Cell 杂交；③ 桥式 PCR 扩增，以增加模板分子拷贝数目从而增强荧光信号；④ 边合成边测序，循环可逆地（掺入终止碱基/读取信号/去除终止基团和信号）对百千万甚至上亿的模板分子进行并行测序。

相较于 Solexa，HiSeq 在测序效率、通量和数据质量等方面都取得了显著突破。HiSeq 在核心原理上延续了 Solexa 的荧光标记可逆终止方法，但进行了一些优化。首先，HiSeq 引入了双端测序（paired-end sequencing）的方法，通过在两端分别进行测序，提高了序列读长和数据生成的速率。其次，HiSeq 采用了全新的光学系统，包括更先进的荧光探测器和光学组件。这些改进大幅提高了荧光信号的检测精度和稳定性，进一步提高了数据质量。最后，HiSeq 技术实现了更高的通量，每次运行可以产生数百万到数十亿条序列。类似于 Illumina 测序技术，我国的华大基因在收购 Complete Genomics 的基础上，基于边合成边测序技术原理，通过自主创新研发了 BGISEQ 测序技术。BGISEQ 技术采用了联合探针锚定和滚环扩增（combinational probe-anchor synthesis and rolling circle replication，cPAS）技术来生成高质量的测序数据。cPAS 是一种新型的测序方法，结合了 DNA 纳米球（DNA nano ball，DNB）技术和 φ29 聚合酶滚环扩增技术。cPAS 技术的工作过程大致如下。

① 文库制备　首先，输入的 DNA 样本被分解成小片段，然后通过末端修复和接头连接，生成一个带有特定接头的文库。

② 生成 DNA 纳米球（DNB）　接着，通过滚环扩增，每个 DNA 片段会在 φ29 DNA 聚合酶的作用下复制成约 500 个拷贝，形成一个紧密的 DNA 纳米球。

③ 测序　最后，DNA 纳米球被固定在光学芯片上进行测序。每一个 DNB 都被锚定在一种特殊的探针上，然后通过测序引物和四种荧光标记的 dNTPs 进行测序反应。在 DNB 的多个拷贝序列上，每次同步加入一个 dNTP，DNB 就会发出特定的荧光，通过检测这种荧光，就可以确定相应的碱基。

（1）测序数据的格式

测序数据通常会保存为 FASTQ 格式的文件，然后通过不同工具进行后续质控和处理，见于多种基因组学研究的分析场景。获得的基因组序列通常按染色体命名或编号保存为 FASTA 格式。相关文件格式如下：

① FASTA 文件格式　FASTA 文件主要用于存储核酸序列和氨基酸序列，每条记录包含两个部分。第一部分为一行，以“>”开始，主要存储序列的 ID 和描述信息。第二部分为序列本身，可分行储存，直到下一个“>”出现为止。

② FASTQ 文件格式　FASTQ 格式是测序数据下机的格式，每条记录包含四个部分。

第一行以“@”开头，后面是测序序列或读段（read）的基本信息，包括 ID 和可选的描述信息，中间以空格分隔。ID 部分是每条读段的唯一标识，它包含多个字段，每个字段之间用冒号分隔；描述区域是可选的，用来保存一些自定义的信息，如测序时用到的引物序列信息、读段长度信息等。

第二行是碱基序列（分 ATCGN 五种情况，N 代表不确定碱基类型）。

第三行以“+”开头，随后为测序标识符，为占位行。

第四行为对应碱基序列的测序质量（以 ASCII 码形式储存，与第二行的碱基序列一一对应），在测序后续的分析阶段中会使用该质量值，如数据质控、序列比对、变异检测等步骤。

（2）测序覆盖度和测序深度

测序获得的序列占整个基因组的比例称为覆盖度（coverage），它反映了基因组中至少被检测到一次的区域所占整个基因组的比例。由于基因组中存在高 GC 含量和重复序列等复杂结构，经测序、拼接和组装获得的序列通常无法覆盖基因组全部区域，这些未被覆盖的区域被称为空位（gap）。例如，对一个细菌基因组测序，如果覆盖度是 97%，则有 3% 的序列区域没有被测序获得。测序深度（depth）指测序获得的总碱基数与待测基因组大小的比值，通常用来表示基因组中每个碱基被测到的平均次数。如果一个基因组大小为 2 GB，测序获得的总碱基数为 20 GB，则测序深度为 10 X。

（3）基因组大小的估计

在从头测序组装一个未知基因组之前，可以通过 k-mer 分析来粗略估计基因组大小。k-mer 指长度为 k 的短 DNA 序列，如 $k = 17$ 表示长度为 17 个碱基的序列。对于一定测序深度的基因组二代测序数据，通过统计不同 k-mers 在这些测序数据中的频率，可以对基因组大小进行估计。假设一个读段读长为 l，则这条读段能取出 l-k+1 个相互重叠的 k-mers。每个 k-mer 在读段总数中的出现次数为 k-mer 的深度，统计同样深度的 k-mer 占全部 k-mer 总数的比例，可以画出 k-mer 深度频数分布曲线。k-mer 深度频数分布服从泊松分布，可将峰值对应深度作为 k-mer 期望深度，而基因组大小可由 k-mer 总数/k-mer 期望深度估计得到。

6.1.2.3 三代测序技术原理及其应用

第三代测序技术，以其单分子实时（single molecule real-time，SMRT）长读长测序能力著称，代表了测序领域的又一次技术革新。与第二代测序技术相比，第三代测序技术提供了更长的 DNA 序列信息，提供更高的覆盖度。太平洋生命科学有限公司（PacBio）是第三代测序技术的先驱，与桑格法不同的是，PacBio 测序方法在 4 种 dNTP 的磷酸基团结合四色荧光标记基团，实现了在纳米井（nano well）中对单个 DNA 分子进行直接测序。这样，当 DNA 聚合酶在单个 DNA 模板上合成新链并掺入特定的 dNTP 时，即可产生对应的荧光信号，这些荧光信号形成的图像经计算分析即可得到模板 DNA 的对应序列（图 6–3）。

PacBio 改造了 DNA 聚合酶，使其具有很长的持续 DNA 合成能力，因此在测序读长方面较前期测序技术有较大改进，一次可以测序 15 000～20 000 bp 的长片段，因此该技术擅长于异构体（isomer）的识别和定量，包括 mRNA 转录本异构体、基因组中结构变异的识别等。值得注意的是，在此过程中不涉及 PCR 过程，因此可直接测序富含 AT 或 GC 的区域、高度重复序列、回文序列甚至碱基修饰等。

牛津纳米孔技术（Oxford nanopore technologies，ONT）是第一家提供纳米孔测序仪的公司，第一个原型 MinION 于 2014 年发布。Nanopore 测序技术的核心原理是将核酸分子通过动力蛋白引导通过特殊的纳米孔，核酸通过时会引发电阻膜上电流的微小变化，基于 ATCG 每个碱基的带电性质不同产生不同的电流信号，从而推导确定碱基序列。ONT 测序可提供长度超过 300 kb 的超长读长，其纳米孔平

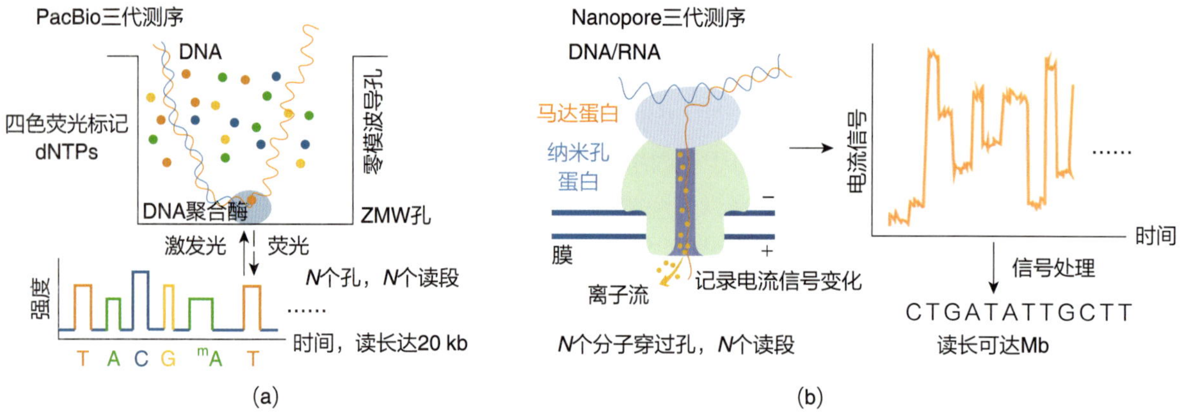

图 6-3 三代测序技术原理示意图

（a）PacBio 长读长测序技术的基本原理；（b）Nanopore 长读长测序技术的基本原理

台 MinION 是一个小型移动平台手机大小的可移动 USB 设备，已被用于生成细菌基因组参考序列和靶向扩增子。值得注意的是，MinION 快速的运行时间和紧凑的设计特性也提供了现场测序的机会。在几内亚埃博拉病毒暴发期间，MinION 平台成功地在现场对采集的样本进行了实时测序，证明了其在紧急公共卫生响应中的实用性和便捷性。Nanopore 测序技术的一个独特优点是它可以直接测定 RNA 序列以及 RNA 上的特定修饰。

PacBio 和 ONT 平台都具有读取长度长的优势，PacBio 的 Sequel Ⅱ技术可以产生约 20 kb 的读段，而 ONT 则可以产生大于 2 Mb 的超长读段。但它们也有类似的缺点：首先，制备 DNA 文库需要新鲜材料或完整的细胞，处理超长高分子量 DNA 的方案需要进一步改进。其次，三代测序技术面临着更高的测序错误率和系统误差的挑战，特别是纳米孔技术的错误率达到 15%，近期得到大幅改进，但仍高于短读长测序技术。纳米孔技术的高错误率主要源于无法控制 DNA 分子通过孔的速度，导致信号的采集存在偏差（这些都是系统误差）。此外，DNA 聚合酶分子活性在测序过程中逐渐衰竭导致加入错误核苷酸的概率升高，影响测序的准确性。这种高错误率给单核苷酸的识别分析带来了挑战，如转录本的准确测序、剪接位点的鉴定和 SNP 识别。另外，与高通量的二代测序技术相比，第三代测序技术的低通量也影响定量分析，如基因/异构体丰度估计。尽管 PacBio 的 CCS 和 ONT 的双端共识策略可以降低错误率，但相应的读段长度会变短，通量会变低。最后，三代测序技术的成本仍然远高于二代短读长的测序技术。综上所述，尽管第三代测序技术在长读长方面具有明显优势，但为了实现其在科研和临床中的广泛应用，仍需要在提高准确性、增加通量以及降低成本等方面进行持续的技术创新和改进。

为了克服以上缺陷，整合三代测序和二代测序数据的混合测序“Hybrid-Seq”已成为一种在二代短测序数据的帮助下解决与三代测序数据分析相关的局限性的方法。例如，二代测序的短读段对 PacBio 或 ONT 长读段进行纠错，可提高长读段的准确性和可映射性。混合测序可应用于基因组组装和转录组表征，提高整体性能和分辨率。虽然错误率很高，但多种算法和多模板拷贝的测序深度将准确率几何级数地提高到了 99.99% 以上。

一代、二代、三代测序技术的共同点在于基于在 DNA 复制中对掺入的 A/C/G/T 引入标记信号，通过不同的方法读出 DNA 序列：一代测序技术通过按片段大小依次读出末端终止碱基；二代测序技术并行、循环可逆地边合成边读取信号（掺入终止碱基/读取信号/去除终止基团和信号）；三代测序技术并行、以单分子实时读取掺入的碱基信号。它们的主要区别在于：一代测序技术通量最低、读长稍长于二代测序技术；二代测序技术读长最短，但通量最大；三代测序技术读长最长，但通量低于二代测序技术。

6.1.3 基因组测序新策略

目前很多已测序基因组还存在很多没有测出来的空缺区域，即空位（gap），并不是基因组的完全图（complete map）。为更全面地研究基因组，我们期望获得更多动植物和微生物的无空位（gap-free）的基因组完全图。端粒到端粒（telomere-to-telomere，T2T）联盟整合利用了 PacBio 和 Nanopore 平台的长读长测序技术、高深度二代测序、Hi-C 等多种技术，实现了一种高质量的基因组测序，从染色体的端粒（telomere）到另一端的端粒，覆盖整个基因组。2022 年，针对人类基因组尚未解析的 8% 区域，T2T 联盟对完整的葡萄胎细胞系（complete hydatidiform mole，CHM）进行测序，绘制了人类基因组 30.55 亿碱基对的序列 T2T-CHM13，实现了除 Y 染色体部分区域外所有染色体的无空缺组装。2023 年，T2T 联盟组装了 Y 染色体的伪常染色体区（pseudo-autosome region，PAR）、扩增和回文序列区、着丝粒卫星和 q 臂异染色质的序列，绘制了 Y 染色体的完整序列 T2T-Y，并将其与之前的 T2T-CHM13 组装结合起来，整合群体遗传变异、临床变异和功能基因组学数据，提出了人类 24 条染色体的完整全面的参考序列图 T2T-CHM13+Y，为科研人员提供了一个全面准确的基因组资源。

6.1.4 基因组学数据可视化

将基因组学及蛋白质组学、代谢组学等多组学数据进行有效可视化，可以便于研究人员查看、检索和分析，也是发现新的现象、模式和规律的关键途径之一。

6.1.4.1 基因组浏览器简介

基因组浏览器（genome browser）是一种用于可视化和分析基因组数据的生物信息学工具。它使得科研人员可以很方便地查看基因组上相关信息，如 DNA 序列、基因结构、转录异构体、RNA 表达、表观遗传学修饰、序列保守性、重复元件、疾病突变等，有助于深入理解基因组的结构和功能。

常见的基于网络的集成基因组浏览器包括：UCSC Genome Browser、Ensembl Genome Browser、NCBI Genome Data Viewer 等，提供了涵盖多个物种的基因组数据和工具。本地基因组浏览器包括 IGV（Integrative Genomics Viewer）、IGB（Integrated Genome Browser）等。用户可下载安装包在个人电脑上安装并在本地查看基因组数据，允许用户自定义数据集和视图。

拓展阅读 6-1
UCSC Genome Browser 介绍

UCSC Genome Browser 支持多种不同生物物种的基因组数据，包括人类、小鼠、果蝇、斑马鱼、大鼠等；它整合了大量的注释信息，包括基因的多种注释、功能、表达数据、翻译起始位点、转录因子结合位点等；提供了对 Hi-C 数据的可视化，有助于理解基因组结构与表达调控；整合了单核苷酸多态性（single nucleotide polymorphism，SNP，在基因组水平上单个核苷酸的变异）、拷贝数变异（copy number variation，CNV，是由基因组发生重排而导致的，一般指长度为 1 kb 以上的基因组大片段的拷贝数增加或者减少，主要表现为亚显微水平的缺失和重复）和其他遗传变异信息；允许用户在不同物种之间比较基因组区域，从而揭示进化保守性和变异性。

基因组浏览器将很多基因组相关的数据信息以直观的图形元素进行表示和整合展示，便于理解和发现有趣的现象。为可视化自己的组学数据，用户只需要根据相应的格式规范写好数据文件即可。这些浏览器一般都支持多种数据格式，如 BED、WIG、BedGraph、GTF、hic 等。用户可在会话界面登录并保存自己的数据记录，并可以通过分享链接供其他研究者查看同样的数据信息。

近年来，一些非浏览器型的基因组可视化工具相继被开发出来，如 pyGenome-Tracks、Trackplot 等。用户通过自定义配置文件，可以批量地以及自动化地生成多种组学数据的高质量视图。

6.1.4.2 基因注释的图形化和文本化表示

基因组中的重要信息之一是基因注释。研究人员制定了一套规范格式（browser extensible data，BED）来对基因信息进行文本形式的编码，并进行图形化展示。一方面便于生物信息学程序化分析，一方面便于研究人员进行表示和交流讨论。基因的图形表示方式是：细线表示内含子、矩形表示外显子、箭头表示基因转录方向；对于编码基因，小矩形表示 UTR，大矩形是编码区。如图 6-4 中的 GENCODE 基因注释，我们可以直接从图形很容易地理解基因的结构特征。

基因的文本表示方式为 BED12 格式，用于存储基因的信息。BED12 格式一共有 12 列，每一列的具体含义如下：

chrom，基因所在染色体。

chromStart，基因起始位点。注意 BED 格式中起始位点是 0-based，即索引从 0 开始。

chromEnd，基因终止位点。例如，chr3：0-1 000 表示 3 号染色体的前 1 000 个碱基。

name，基因的名字 / 标签。

score，0～1 000 的分数值，或用“.”代替。

strand，基因所在链，正链 +：forward，负链 −：reverse；.：未知。

thickStart，编码区 CDS 起始位置。

thickEnd，编码区 CDS 终止位置。

itemRgb，RGB 颜色值。

blockCount，外显子的数量。

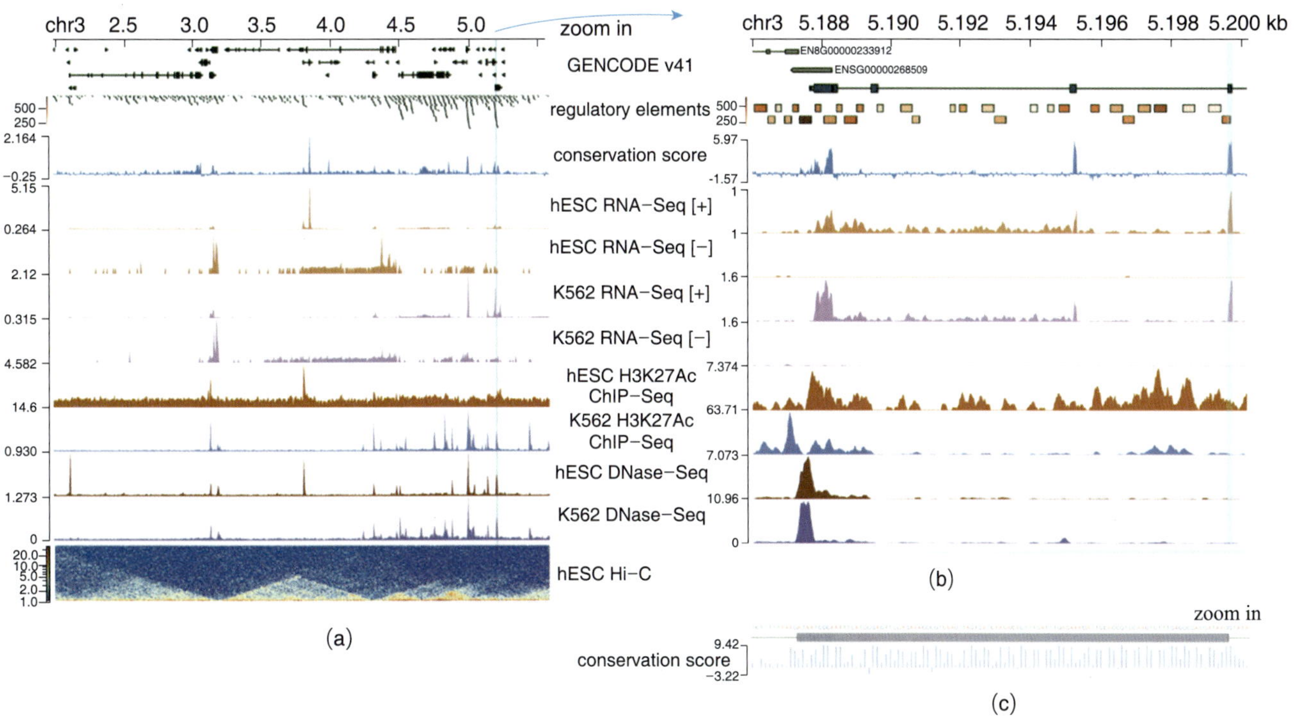

图 6-4　基因组学数据的可视化示例

（a）3 号染色体上一段区域的代表性基因组数据可视化示例。相关基因组信息分别由对应的数据轨（data track）表示，从上至下分别为：基因组坐标（zoom in）、基因注释（GENCODE v41）、顺式调控元件（regulatory elements）、基于 100 个物种的序列保守性（conservation score）、来源于 hESC 和 K562 的 RNA-Seq 数据信号（区分正负链）及其 H3K27Ac ChIP-Seq 信号和 DNase-Seq 数据信号、Hi-C 数据（显示染色质相互作用的频率）；（b）放大图（a）中的蓝色高亮区域至单基因水平示例；（c）放大图（b）中的蓝色高亮区域至单碱基水平示例。内含子序列以 GT 起始，AG 结束

blockSizes，外显子的大小，多个外显子的大小用“,”相连。

blockStarts，外显子的相对起始位置，多个外显子的位置用“,”相连。

对于一些简单的区段，如 ChIP-Seq 鉴定到的峰值区域或者功能元件区域（如图 6-4 中的顺式调控元件），可以用简单的 BED6（前 6 列），或 BED4（前 4 列）来表示。

6.1.4.3　定量数据的图形化和文本化表示

除了区段类的信息外，另一类典型的基因组数据是表示基因组特定位置上的定量信息。例如，基因组序列的保守性分数、RNA-Seq 数据的信号是转录本上每一个位置检测到的读段数目，以及 ChIP-Seq 数据的信号表示基因组 DNA 上每一个位置检测到的读段数目等（图 6-4）。这些需要按基因组位置编码的定量信息可用 WIG 格式表示，有可变步长和固定步长两种方式。

可变步长这种方式比较灵活和常用，按染色体（chrom）对给定位置赋予对应的数值。在以 variableStep 声明染色体后，每行用两列（pos，value）来编码位置和信号。可选参数跨度（span）表示对每个位置之后特定窗口大小的位置赋予同样的数值，默认值为 1。这样可以尽可能少地文本表示基因组规模的位置和定量信息。其

大致格式如下：

variableStep chrom=chrN [span=windowSize]

pos1 value1

pos2 value2

……#

注意 WIG 格式中位置是 1-based，即索引从 1 开始。定量信息正负数值均可。如图 6-4 c 中示例所示，我们可以从基因注释及序列保守性的特征直接看到内含子末端的 GT、AG 剪接位点是很保守的，与外显子区域的保守性相似。

6.2 基因组的组装、预测和注释

完成基因组测序后，需要将读段通过互相之间的重叠序列拼接相对完整的基因组序列。这一过程称为基因组组装。组装好的基因组将进一步进行基因的预测，获得基因组包含基因的信息。最后对基因组中的基因进行注释，通过各种算法标注各基因在数据库中的功能。在本节中，我们将对基因组组装、预测和注释的主要算法和工具进行介绍。

6.2.1 基因组的组装

要介绍基因组的组装，首先要介绍三个概念，即读段（read，其长度被称为读长）、叠连群（contig）和支架（scaffold）。读段是测序后直接得到的序列片段。读段经过互相之间重叠的部分进行拼接并进行延展，得到的最长序列，称为叠连群。叠连群进一步通过末端配对测序（paired-end sequencing）的方法进行组装，形成支架。三者之间的关系如图 6-5 所示。

从图 6-5 可以看到，支架是基因组组装能够得到的最大序列单位。现在，由于测序及拼装技术的进步、成本的下降，使得高深度测序成为可能。同时，将叠连群拼装成为支架又在叠连群之间的序列部分未知的情况。因此，人们在大多数情况下只需要将读段拼接为叠连群。判断一个基因组的测序及组装的效果，通常使用叠连

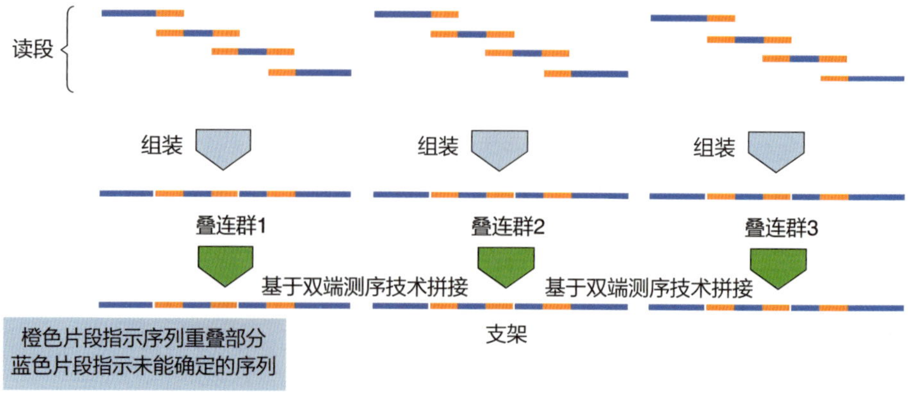

图 6-5 读段、叠连群和支架的关系示意图

群的长度分布来进行。一个常用的指标是各叠连群长度的中位数，即 N50。一般来说，N50 越长，基因组质量越高。同时，人们也常考虑所测得基因组大小和同物种或者同属其他生物基因组大小之间的比较，如相差太远，则基因组测序质量不高。提高基因组测序的质量，最简单的方法就是提高测序的深度，或覆盖度（coverage），即测序的总碱基数量和该物种基因组大小的比值。对于一个细菌来说，使用二代测序技术，通常 100 倍以上的测序深度就可以实现较好的基因组组装结果；三代测序技术则可以使用较低的测序深度（如 30 倍）达到相似的结果。

当前，有大量的开源工具可以对基因组进行高质量组装。大多数的开源工具所使用的算法都是基于德・布鲁因图（*de* Bruijn graph，DBG）的算法。下面，我们将对这一算法进行简单介绍。

选定一个 k 值，将基因组测序得到的所有读段拆分为长度为 k 的短片段（k-mer）。尽管没有严格的限制，通常来说 k 值不超过读段长度的 2/3。且 k 值必须为奇数。以序列 ATGCGGAT 为例，如果 $k = 5$，我们将可以得到 ATGCG、TGCGG、GCGGA、CGGAT 四个 5-mer。将不同读段拆分得到的相同的 k-mer 进行合并，获得基因组测序得到的所有 k-mer。

然后，以 k-mer 作为顶点（node），在不同的 k-mer 之间建立边（edge），形成一个有向图，即 DBG 图。两个顶点（k-mer）之间建立边的条件是两个 k-mer 是拥有 $k-1$ 个连续相同的碱基，仅分别在 5′ 端和 3′ 端有一个不同的碱基。边从 5′ 端有不同碱基的序列指向在 3′ 端有不同碱基的序列。以 ATGCG、TGCGG 两个顶点为例，它们拥有 TGCG 这个共同的 4 个连续碱基，边是从 ATGCG 指向 TGCGG 的。一个 DBG 图的例子如图 6-6 所示。在一个完美测序且没有测序错误的基因组中，DBG 图包含且仅包含一条链路，从基因组的第一个（5′ 端）k-mer 单向地指向最后一个（3′ 端）k-mer。请注意：由于基因组内天然存在重复序列，这种完美的

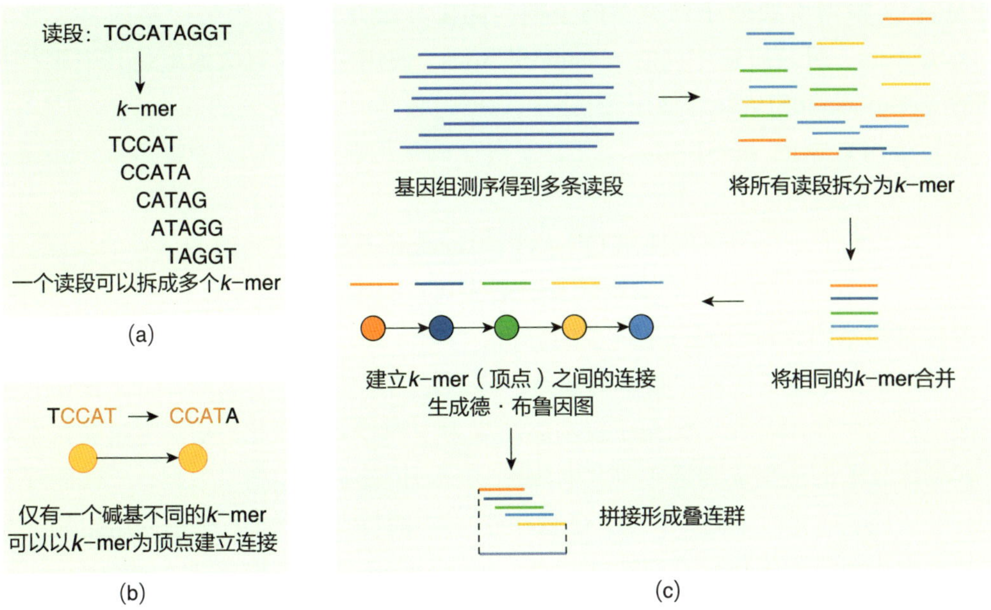

图 6-6 德・布鲁因图构建示例
（a）由读段拆分为 k-mer 的过程；（b）k-mer 之间的连接；（c）由读段拼接形成叠连群的过程

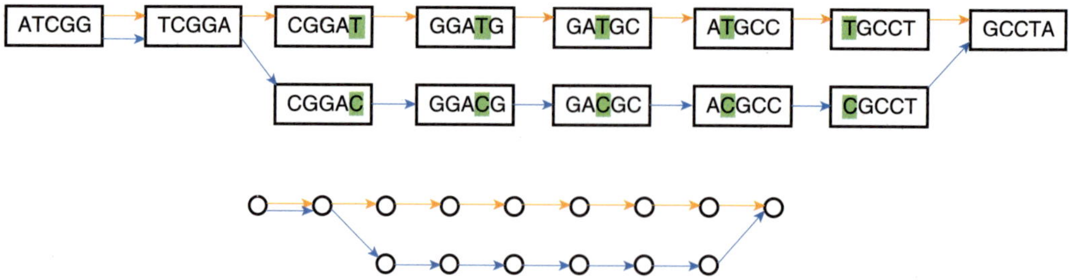

图 6–7 DBG 中的“气泡”示例

不同叠连群的拼接顺序，用不同箭头组成的路径颜色表示

DBG 几乎是不可能存在的。

由于高通量测序会产生一定比例的错误碱基，因此 DBG 中会出现错误的连接。作出 DBG 的下一步工作就是对 DBG 中的错误连接进行处理，如去掉短的侧枝、对“气泡”进行整合等。图 6–7 展示了一个测序过程中产生的“气泡”的例子。在这个 DBG 中，由于产生了一个单核苷酸突变（用阴影表示），在 DBG 中以“气泡”的形式产生了两条链路。在此对错误连接的处理方式不再予以详述。最后，将 DBG 中拥有同样顶点的不同链路进行拆分，形成叠连群（contig）。

当前，有大量的对二代和三代测序数据进行组装的软件得到了广泛应用。同时也存在二代和三代测序数据“混合组装”的策略。这种“混合组装”的目的在于利用二代测序数据的高准确率（Q 值普遍在 30 ~ 40）矫正三代测序的数据，实现高完整度和高准确率兼得。同时，由于三代测序的准确性近年来迅速提高，也出现了仅用三代测序数据即可获得高质量基因组的方法。除传统的 DBG 算法外，也有使用重叠布局共识（overlap layout concensus，OLC）算法的软件得到了广泛应用。部分代表性的组装软件如表 6–1 所示。

这些不同的基因组组装软件在基于 DBG 算法的基础上做出了各种不同的算法改进。例如，SPAdes 考虑了双端测序的数据，优化并构建了成对德·布鲁因图（paired *de* Bruijn graphs，PDBGs），并提高了基因组组装的效果。在此基础上，SPAdes 又根据所处理序列类型的不同，优化算法并开发了组装宏基因组数据的 metaSPAdes、组装质粒序列的 plasmidSPAdes、使用宏基因组数据组装其中质粒序列的 metaplasmidSPAdes、使用宏基因组数据组装其中病毒序列的 metaviralSPAdes、组装转录组数据的 rnaSPAdes、组装生物合成基因簇（biosynthetic gene clusters，BGCs）的 biosyntheticSPAdes 等。

完成组装的基因组可以使用 QUAST、CheckM 等软件进行组装质量的检测。前者可以计算基因组的 N50 等关键信息，后者可以检测基因组是否被其他物种污染。检验合格的基因组可以进行下一步的分析。

近年来，伴随三代测序技术的成熟，特别是测序错误率的逐渐降低，使用长读段的三代测序技术替代二代测序技术逐渐成为一种趋势。因此，基因组组装技术对三代测序技术的适配成为近年研究的焦点之一。相较于二代测序数据，三代测序数据有着读段长、错误率高（>1%，Q 值小于 20）的特点，因此各个基因组组装的算法都将做出相应的优化以适应数据特点。例如，Flye 使用了重复图（repeat graph）

表 6-1 部分代表性基因组组装软件

软件	应用	算法基础
SOAPdenovo	二代测序数据基因组组装	基于 DBG 算法
SPAdes	二代测序数据基因组组装	基于 DBG 算法
Velvet	二代测序数据基因组组装	基于 DBG 算法
ALLPATHS-LG	二代测序数据基因组组装	基于 DBG 算法
SGA	二代测序数据基因组组装	基于 string graph 算法
ABySS	二代测序数据基因组组装	基于 DBG 算法
Flye	三代测序数据基因组组装	基于 DBG 算法
Canu	三代测序数据基因组组装	基于 OLC 算法
Miniasm	三代测序数据基因组组装	基于 OLC 算法
Shasta	三代测序数据基因组组装	基于 DBG 算法
Hifiasm	三代测序数据基因组组装	基于 OLC 算法
ABruijn	三代测序数据基因组组装	基于 DBG 算法
Marvel	三代测序数据基因组组装	基于 OLC 算法
Raven	三代测序数据基因组组装	基于 OLC 算法
NECAT	三代测序数据基因组组装	基于 OLC 算法
Peregrine	三代测序数据基因组组装	基于 OLC 算法
HINGE	三代测序数据基因组组装	基于 OLC 算法
FALCON	三代测序数据基因组组装	基于 OLC 算法
SMARTdenovo	三代测序数据基因组组装	基于 OLC 算法
Verkko	三代测序数据基因组组装	基于 DBG 算法
Meraculous	二三代测序数据混装	
MaSuRCA	二三代测序数据混装	
DBG2OLC	二三代测序数据混装	
HASLR	二三代测序数据混装	
HybridSPAdes	二三代测序数据混装	
Wengan	二三代测序数据混装	

代替了 DBG 进行了基因组的组装。重复图使用了相近的序列比对（而非完全相同的 *k*-mer）进行基因组组装，能够接受更高的错误率，也能够更好地应对基因组中出现的重复序列。

6.2.2 基因组的结构预测

在完成基因组的组装，得到合格的基因组序列后，对基因组进行分析的下一步是对基因组的结构进行预测（或者结构注释）。这包括对其中的编码基因、非编码序列、基因结构、剪接形式等结构性信息进行分析、预测。其中，对编码基因的预测是重点，也是发展较为成熟的部分。由于真核生物和原核生物基因结构不同，人们往往使用不同的软件来分别预测这两类生物基因组中的基因。代表性基因预测软件包括广泛应用在原核生物中的 Prodigal、GeneMarkS、Glimmer 和真核生物中的 Augustus、Genscan、GeneID、GlimmerHMM、GeneMarkES 和 Snap 等。

上述大多数基因预测软件是基于隐马尔可夫模型（hidden Markov model，HMM）算法开发的。基因组序列是典型的一维有向序列信号，拥有明确的字符集（ATCG

四个碱基），完全符合隐马尔可夫模型（HMM）的应用范围。因此，HMM 算法被广泛应用在基因预测中，在通过使用已知的基因序列进行模型训练后，可通过 DNA 序列计算最大概率的状态序列（即某个位置/碱基是否属于基因的一部分）来推断基因的序列。上述算法大多使用了 HMM 算法来进行基因预测。需要指出的是，HMM 模型的参数严格依赖用于训练的数据。因此，不同的生命类型（如真核生物、原核生物等）甚至不同的物种都可以使用生命类型或物种特异的 HMM 模型，以达到更好的基因预测效果。同时使用 HMM 模型来预测某个碱基是否属于基因或基因构件（如 5′-UTR、外显子、内含子等）和基于相似性搜索来查找具有序列特异性的基因组分（如起始密码子等）可进一步提高基因预测效果。最后需要指出的是：HMM 方法特别适用于处理具有复杂模式和不确定性的生物信息学数据，尽管它依赖于高质量的训练数据集，并且需要仔细调整模型参数以获得最佳预测效果。

除上述介绍外，较为常用的是基因从头预测（*de novo* gene prediction），还可以依据序列同源性和转录组信息进行结构预测。需要指出的是，对于真核生物，上述多种方法（从头预测、同源性预测、转录组预测）提供的多方面证据均可以用于辅助实现更加精确的结构预测。当前，Evidence Modeler 等软件都可以协助人们进行基因组的结构注释。

据估计，高等生命体内仅有不足 5% 的碱基参与编码结构基因，而约 80% 的碱基得到了转录。这表明了非编码 RNA 的广泛存在。非编码 RNA 在生命体中起到了广泛的调控等作用，有着多种不同的类型和作用机制。在基因的预测之外，人们也开发了多种对非编码 RNA 的预测工具。例如，对于 miRNA，miPred 可以基于随机森林模型预测 miRNA，miRDeep 可以根据 miRNA-Seq 数据预测 miRNA，此外还有着大量的基于结构、进化保守性、热力学稳定性、机器学习、高通量测序的预测算法；对于 lncRNA，基于逻辑回归的 lncScore 和基于支持向量机模型的 lncRScan-SVM 均可以实现 lncRNA 的预测，随机森林模型、神经网络模型也在 lncRNA 预测中得到了广泛应用；对于 circRNA，基于伪参考集（pseudo-reference-based，如 KNIFE）和片段化读段（fragmented read-based，如 CIRC2）的算法均得到了广泛的应用，也存在如 CircPlant 的整合软件。

基因及非编码区域的预测软件通常使用基因组的序列文件（fasta 格式）作为输入，以基因组索引文件（GFF/GTF 格式）作为输出。当进行基因预测时，预测得到的基因序列文件（fasta 格式）、蛋白质序列文件（fasta 格式）也通常是输出的一部分。

GFF（general feature format）和 GTF（gene transfer format）格式是常见的基因组索引文件格式。在本质上，这两个文件都可以被视为 TSV（tab-separated values）表格类型的文件，可以用文本编辑工具（如记事本）或者表格编辑工具（如 Excel）很容易地打开。文件中每一行代表一个特征，即一个基因/外显子/编码序列等。这两者的格式非常相似，但是不同的软件对于基因组注释文件的要求有所不同。

人类对基因组的认识仍在不断深化，从早期的以结构基因为主的功能性认识到非编码区域的重要作用，到表观遗传的关键作用，再到基因组动态远距三维关联的重要意义，近 20 年来的持续性突破让人们在生物学上逐步阐明基因组序列–结构–功能–调控的关系网络，也伴随着基因组结构预测的生物信息学工具的不断完善。生物信息学工具与算法，如结合长短时记忆网络和残差网络用以预测时空 Hi-C 数据的 HiC4D 等，正在不断推陈出新。该领域的研究正是当前生物信息学研究的生长点之一。

6.2.3 基因组的功能注释

基因注释（gene annotation）是指将基因组中所含有的编码基因功能使用各种数据库和软件进行标注，使得人们可以对基因的功能有所了解。根据基因组的分析者对基因组不同功能的关心程度不同，人们可以使用很多种方法对基因组进行功能注释。其中，最常见的是对基因组进行 GO（Gene Ontology）、KEGG（Kyoto Encyclopedia of Genes and Genomes）、NR（Genbank 的 nr 蛋白库）注释，也有许多其他面向所有生物和部分生物（如仅面向细菌等）的注释方法。以下我们分别对这几个功能注释的内容和方法进行介绍。

GO 数据库是一类基于基因本体（ontology）进行记录的数据库。基因本体指的是一系列标准化的概念，人们可以将一个基因定义到这个概念上，表明这个基因具有或属于这个概念所描述的分子功能（molecular function）、细胞成分（cellular component）及/或生物过程（biological process）。GO 数据库定义了一系列的基因本体，并描述了基因本体之间的关系。例如，编号为 GO：0019319 的基因本体（六糖生物合成途径，hexose biosynthetic process）“是”（is_a）一个 GO：0019318 基因本体（六糖生物代谢途径，hexose metabolic process）。

KEGG 数据库是一个对生物化学途径和酶学性质进行记录的数据库。同 GO 注释相类似，人们可以将基因定义到 KEGG 途径（如三羧酸循环途径）中，以完成 KEGG 注释。

NR 数据库是由 NCBI 所维护的非冗余（non redundant）蛋白质数据库，包含由 Genbank 所收录的所有序列不同的蛋白质，共有约 7.2 亿个蛋白质。进行 NR 注释需要使用序列比对软件（如 blastp），在 NR 数据库中找到和基因所编码的蛋白质最为相似的蛋白质，从而依据该蛋白质的名称及功能推断所分析的基因功能。相类似地，也可以使用 UniProt（包括作为其一部分的 Swiss-Prot）等蛋白质序列数据库，根据序列相似性来进行注释。

RAST（Rapid Annotation using Subsystem Technology）是一种可以直接从原核生物基因组序列进行注释的工具。它整合了 *f* 基因预测（可使用 GLIMMER3、GeneMarkS 或者 Prodigal）和生物功能的子系统（subsystem）注释，从而能够实现基因组的直接注释。

Biocyc 是面向物种的、经专家注释的数据库，其中包含了 20 050 个基因组（468

个古菌、19 435 个细菌、39 个真核生物）及其注释。同时，Biocyc 和 KEGG 相类似，也构建了生物过程，将基因组中所含有的基因依据其生理功能和序列相似性分配到生物过程中。因此，可以对重测序的基因组，按照和 KEGG 相似的方法进行途径注释。Biocyc 本身提供了相应的工具进行途径注释。

Pfam 是一个蛋白质家族分类数据库，基于序列比对和隐马尔可夫模型（HMM）对蛋白质进行分类和功能预测。对基因组的 Pfam 注释可以更好地从蛋白质功能角度反映基因的生理活性。目前，Pfam 连同 PRINTS、PANTHER、Prosite 等蛋白质分类数据库统一被整合至 InterPro 数据库，并可通过统一的接口和工具进行访问。

COG（Clusters of Orthologous Genes）数据库是由 NCBI 开发的原核生物蛋白质功能注释数据库，其中包括了 1 187 个细菌基因组和 122 个古菌基因组。COG 将这些基因组中所编码的蛋白质分为了 4 877 类（即 4 877 个 COGs），并进一步将其分为 26 个功能类别。这些功能类别分别使用一个大写字母进行标注（如 A-RNA processing and modification），因此在经 COG 注释后可以清晰地表明基因组中各主要生理功能的基因数量。相类似功能的注释工具还包括 KOG（EuKaryotic Orthologous Groups，针对真核生物的 COG 数据库）和 EggNOG 等。

除了上述主要的功能注释工具外，还存在大量的用于具体功能的基因组注释工具。这些工具往往针对特定类群生物的特定功能，因此可以在研究者有特定需求时使用。例如，用于注释膜转运蛋白的 TCDB（Transporter Classification Database）、用于注释糖类活性酶的 CAZy（Carbohydrate-Active enZYmes Database）、用于注释生物合成基因簇（Biosynthetic Gene Cluster，BGC）的 antiSMASH、用于注释病原体与宿主互作的 PHI（Pathogen Host Interactions）、用于注释细菌致病因子的 VFDB（Virulence Factor Database）、用于注释抗生素耐药基因的 CARD（the Comprehensive Antibiotic Resistance Database）和 AMRFinderPlus 等。

6.3 序列变异检测原理与技术

遗传物质的序列并非恒定不变，而是动态演化的。基因组突变（genomic mutation）作为进化论的核心机制之一，对物种的演化历程起着决定性作用。这些突变包括但不限于有益突变、中性突变和有害突变，它们共同构成了生命多样性的基石。

基因组变异（genomic variation）反映的是不同种群、不同个体或者同一个体不同样本、细胞间的遗传物质差异。基因组变异有多种类型（图 6-8），其中主要包括单碱基变异（single nucleotide variation，SNV）、小于 50 bp 的短插入缺失（short insertion/deletion，InDel）以及更大段的基因组结构变异（structural variation，SV）。千人基因组项目的深入研究显示人类基因组个体差异大约占总基因组总长的 0.4%，其中约 0.1% 为单碱基变异，约 0.3% 为其他类型变异。这 0.4% 内的序列变异很大

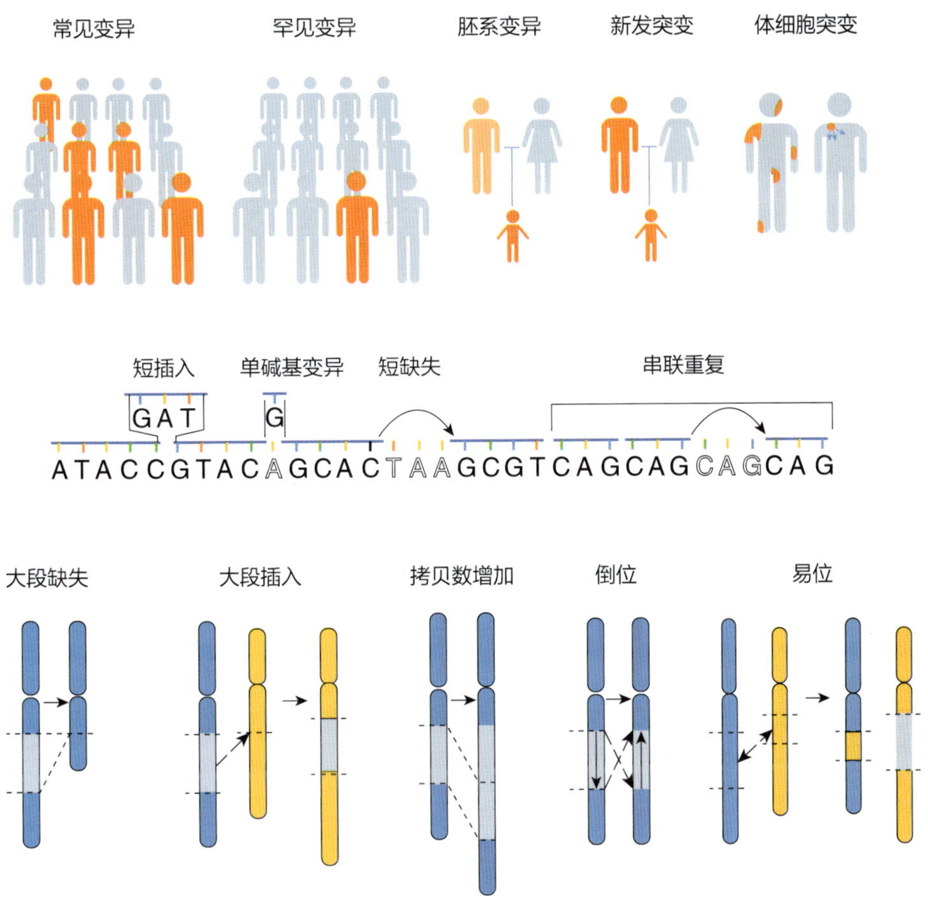

图 6-8 各种类型的基因组变异

主要包括单碱基变异、短插入缺失以及各种结构变异

程度上导致了我们在人类中观察到的巨大差异性，包括身体外貌的差异、疾病易感性的差异和对药物反应的差异等。研究个体间基因组变异对于理解人类演化、群体遗传学和复杂疾病的遗传基础等至关重要。

6.3.1 序列变异检测的基本原理

检测序列变异也就是寻找不同基因组间的序列差异。理想情景中，为了比较基因组间的序列差异，最直接的策略是对目标个体或种群的基因组进行独立组装，继而直接进行序列对比，识别变异位点。然而这一过程远比设想的复杂：人类单倍体基因组总长高达约 30 亿个碱基对，其结构之复杂，尤以大量重复序列和难测序区域为甚，加之受限于当前测序技术的局限——短读长（例如，二代测序的读长通常为 100 ~ 250 bp）、较高的测序错误率（二代测序的错误率约为千分之一，而三代测序的错误率则高达 5% ~ 10%），以及基因组不同区域的捕获与测序效率不均，使得完整基因组的无瑕组装与拼接面临着严峻挑战。因此，DNA 序列变异的检测主要涉及两个步骤，序列比对和变异检测。

根据算法的种类和特点，检测基因组序列的生物信息学方法大致可以分为以下几类。

① 启发式或“经验法则”式方法（heuristic methods） 主要基于经验值来迅速减少候选位点数量或者锁定候选位点。

② 概率统计方法 如采用贝叶斯模型推断候选位点基因型。

③ 机器学习方法 包括传统机器学习方法以及深度学习方法。

④ 基于图（graph）的方法 如进行局部序列拼接的方法、基于泛参考基因组图开发的变异检测方法等。

上述多种方法结合，如很多工具都会先采用启发式方法来迅速缩小候选变异位点池，再采用概率统计模型或者机器学习等方法来进一步对候选位点的基因型进行判断。

6.3.2 单碱基替换变异的检测

单碱基变异是 DNA 序列变异的最简单形式，其生物信息学检测方法在各种变异类型中是最为丰富和成熟的（表 6–2）。本小节将以此为例，举例说明各种生物信息学工具是如何从多维角度收集信息和建立模型，对单碱基变异做出准确检测的。

表 6–2 检测单碱基序列变异的常用工具

方法分类	全身性变异	癌症体细胞突变	非癌体细胞突变、单细胞突变
启发式算法	/	Varscan	LiRA
统计模型	GATK-HaplotypeCaller，Samtools，FreeBayes，Platypus，Octopus	Scomatic，Mutect2，Octopus，Vardict	Monovar，Sccaller，ScanSNV，SCAN2，LoFreq，MosaicHunter，Monopogen
机器学习和深度学习模型	DeepVariant，Strelka2	Strelka2	MosaicForecast，DeepMosaic
图模型	Dragen，Pangenie	/	/

最常用来推断候选单碱基变异位点基因型的信息是候选位点处堆叠的读段纵向的测序数据信息，这种信息常以“pileup”（又称“samtools pileup”）的文件格式来呈现（表 6–3）。

表 6–3 pileup 文件示例行

染色体	坐标	参考碱基	测序深度	多条测序读段在该位置读出的碱基	碱基质量
chr3	53 673 804	G	24	,.$..A.A,a.a.,AA.,a,Aa..^+.	<<<+;<<<<<<<<<<<<=<;<;7<&

Pileup 文件中包含候选位点在基因组中的具体位置、参考基因组该位置的等位基因和每一条回帖到该位置的读段在候选位点的碱基序列、碱基测序质量、读段回帖质量等信息，利用这些信息可以很方便地对候选位点基因型进行推断。举概率统计方法中常用的贝叶斯模型为例：

$$P(G \mid D)=\frac{P(D \mid G)P(G)}{P(D)}=\frac{P(D \mid G)P(G)}{\sum_{i=1}^{n}P(D \mid G_i)P(G_i)} \tag{6-1}$$

式 (6-1) 中所求目标 $P(G \mid D)$ 是候选位点基因型的后验概率值，整个式子根据贝叶斯理论展开；其中“G”指代基因型（genotype），“D”指代测序数据（data，也就是 pileup 文件中有多少），$P(G)$ 指代基因型的先验概率值，$P(G \mid D)$ 是在指定基因型下观察到当前数据的似然值。由于人是二倍体基因组，且在覆盖当前位点的读段中只观测到两种碱基（A 和 G），因此当前位点最有可能的基因型只有三种：GG 纯合（$G=refhom$），AG 杂合（$G=het$）和 AA 纯合（$G=althom$）。根据群体遗传学中的哈迪-温伯格定律，三种基因型的先验概率分别为：

$$P(G=refhom)=f_G^2 \tag{6-2}$$

$$P(G=het)=2f_Gf_A \tag{6-3}$$

$$P(G=althom)=f_A^2 \tag{6-4}$$

其中，式 (6-2) 和式 (6-4) 中的人群等位基因频率 f_j 可从人群基因组变异数据库中获得（如 dbSNP、gnomAD、1 000 genomes、COSMIC 等）。

$$P(D \mid G=refhom)\sim\prod_{i=1}^{n_{reads}}Q_i \tag{6-5}$$

$$P(D \mid G=het)\sim 0.5^{n_{reads}} \tag{6-6}$$

$$P(D \mid G=althom)\sim\prod_{i=1}^{n_{reads}}Q_i \tag{6-7}$$

$$Q_i=\begin{cases}1-e_i & o_i=r_i\\ \dfrac{e_i}{3} & o_i\neq r_i\end{cases} \tag{6-8}$$

最后再算出观测数据在指定基因型下的似然值［式 (6-5) ~ 式 (6-8)，其中 e 指代根据测序质量转换的碱基测序错误率，Q 指代实际观测到的碱基，r 指代真实碱基，i 表示第 i 条读段］，把式 (6-2) ~ 式 (6-8) 全部代入式 (6-1) 中，即可求出当前位置三种基因型分别的后验概率。

上述经典的基因型分析算法被一系列工具广泛采纳。然而该算法的似然函数设计中只考虑了候选位点单点处堆叠读段的部分纵向信息，即读段的数量与碱基质量，而忽略了更为丰富的信号维度。实际上，堆叠的读段中蕴含的多重信息对于变异的准确鉴定至关重要，如读段的回帖质量（mapping quality）、回帖位置（mapping position）、硬截断（hard-clip）和软截断（soft-cilp）读段的比例、候选位点在每条读段上面的具体定位、ref 和 alt 读段的链偏倚（strand bias）、每条读段的错配数量、候选位点邻近的单碱基均聚物（homopolymer）与读段中是否存在插入缺失，以及位点邻域的序列特征，如 GC 含量、三碱基突变特征等。仅凭候选位点单点的读段纵列信息进行变异检测，无疑是一种过于简化的视角，难以保证检测结果的准确性与全面性。

针对这一挑战，各类变异检测工具采取了多元化的策略来整合上述信息，以提升变异检测的精准度和可靠性。一些工具通过设置一系列“硬过滤标准”（hard filter），如 GATK 的实践，来筛除低置信度的变异位点，确保最终结果的高置信度。另一些工具则倾向于构建统计模型，如线性回归、逻辑回归，或运用机器学习模型，如支持向量机、随机森林。以 Strelka2 为例，实现高置信位点的识别。更有前沿的工具，如 DeepVariant，采取图像识别与深度学习的方法，对高/低置信位点进行智能分类，彰显了深度学习在复杂模式识别上的强大能力。与传统统计学方法相比，机器学习与深度学习方法虽在准确性上展现出显著优势，但其逻辑性与可解释性相对受限，尤其是深度学习模型，常被视为“黑盒子”，其内部决策机制不易解析。对于依托机器学习与深度学习的工具而言，构建一个全面反映真实数据特征的训练集，是确保模型泛化能力与可靠性的关键。若训练集设计不足或有偏，极易导致模型在复杂数据上出现过拟合现象，即模型在训练数据上表现优异，但在未知数据上泛化能力差。因此，如何平衡模型的复杂度与训练数据的代表性，是提升变异检测精度与模型可靠性的重要课题。

近年来，单倍型（haplotype）分析驱动的变异检测技术，已崭露头角，成为单核苷酸变异检测领域的主导方法（图 6–9）。相较于传统的基于单个位置的分析策略，这类方法展现出了更强的鲁棒性，尤其在处理序列比对误差与测序错误时，能够提供更高的信噪比，从而显著提升变异检测的精度与可靠性。单倍型分析的核心，是利用基因组不同位置变异在人群基因组中所展现的连锁关系，来优化基因型插补（genotype imputation）的效能。具体而言，人群中多态性遗传变异之间的相互关联，常被用于推断缺失或不确定的基因型。算法层面，此过程通常基于隐马尔可夫模型（HMM）实现，尤其在低测序深度的情形下，基因型插补技术能够显著提升高频率等位基因变异在测序数据中被有效检测的灵敏度与准确率。在单细胞基因组变异检测这一领域，上述方法的应用显得尤为关键。由于单细胞内基因组 DNA 量极为有限，进行测序前，必须先进行全基因组扩增。然而，扩增过程易引致等位基因的不平衡表达与缺失，进而影响后续的变异检测。为克服这一挑战，研究者们巧妙地运用人群遗传变异间的连锁关系，结合测序数据，发展了多种策略以矫正单细胞扩增中出现的等位基因缺失或不平衡问题，从而更准确地推断单细胞的基因型信息。例如，ScanSNV 与 Monopogen 等算法，正是基于这一原理，有效提升了单细胞基因组变异检测的准确度与完整性。综上所述，单倍型分析技术，特别是其在单细胞基因组变异检测中的应用，不仅揭示了人群遗传变异的连锁规律，也为高通量、高精度的单细胞变异分析提供了坚实的理论与技术支撑。这一领域的发展，正推动着基因组学研究迈入一个全新的阶段，有望为个体化医疗、疾病早期诊断及精准治疗等前沿领域带来革命性的突破。

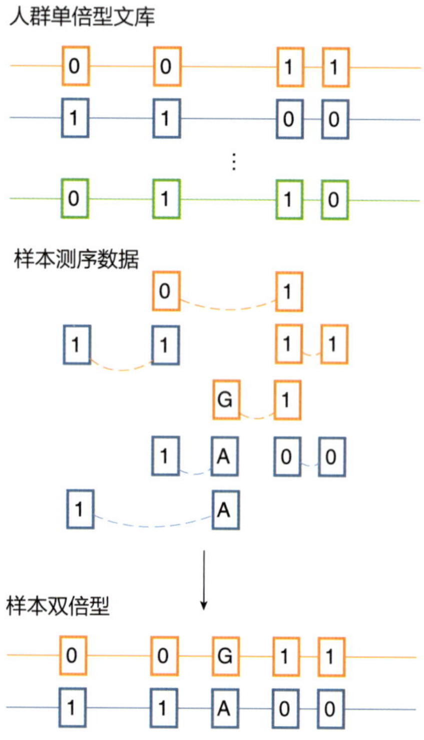

图 6–9 利用人群单倍型信息和测序数据中多变异位点等位基因连锁关系进行单倍型分析和基因型推断简图

其中样本测序数据中的弧形虚线连接的两端读段是一对读长对

6.3.3 短插入缺失的检测

短插入缺失（short insertion/deletion，InDel），特指长度小于 50 个碱基对的序列插入或删除，是基因组变异中的重要类型之一。相较于单碱基序列变异，短插入缺失的检测与识别面临更为复杂且独特的挑战，主要体现在以下几个方面。

首先，多数序列比对算法在设计上对插入/缺失（InDel）的惩罚得分往往显著高于错配（mismatch），这种设定在处理携带 InDel 的读段时，可能诱导比对错误。具体而言，算法倾向于选择罚分较低的错配，而忽视了应生成空位状态的真实情况，从而导致序列比对的准确性与可靠性下降。

其次，当 InDel 长度较长，尤其是其位置靠近读段的末端时，序列比对过程中容易触发“强制截断”（clip）现象，即比对程序为避免高罚分，会人为“剪断”读段，导致其无法完整比对到基因组上，进而造成变异信息的部分或全部丢失。

再者，对于发生在重复序列区域内的 InDel，比对过程会遭遇多重定位问题，即多个基因组位置对插入缺失的罚分相同。这一现象，如图 6-10 所示，极大地增加了变异识别的复杂性，使得准确判定 InDel 的真实位置与性质变得异常困难。

鉴于上述挑战，短插入缺失的检测不仅要求序列比对算法具备高度的灵活性与精确度，还需要在变异识别流程中融入更复杂的生物信息学处理策略，以确保变异检测的全面性与准确性。

常用解决方案有：

① 局部序列重新比对　这一策略的核心在于综合利用公共数据库，如 dbSNP、1 000 genomes 等，以及原始序列比对中暗示有 InDel 存在的读段信息，来精确定位可能携带 InDel 的基因组区间。随后，通过对这些疑似区间重新定义并构建可能的单倍型，进行局部序列的重新比对，以识别最优解。虽然该方法能够有效提升 InDel 的检测精度，但也存在固有缺陷：一方面，未收录于公共数据库的 InDel 可能被遗漏，导致较高的错误率；另一方面，对于较短的 InDel 检测效果较好，但在处理复杂区间（如长 InDel 导致序列无法准确比对的情况）时，准确率和效率均大幅下降。

② 局部单倍型拼接　此策略基于原始序列比对结果，定位可能包含变异的区间。随后，使用这些区间内的读段进行拼接，重构局部单倍型，并在此基础上执行变异检测（如 GATK haplotypecaller、Platypus 等软件的处理方式）。与前一种方法不同，局部单倍型拼接不依赖于基于参考基因组的比对，而是直接构建局部单倍型，这对复杂区间内变异的检测尤其有利。然而，该方法的计算复杂度较高，限制了其在大规模数据集上的应用效率。

参考基因组序列
CGTATGATCTAGCGCGCTAGCTAGCTAGC

五种罚分等同的缺失发生位置
CGTATGATCTA--GCGCTAGCTAGCTAGC
CGTATGATCTAG--CGCTAGCTAGCTAGC
CGTATGATCTAGC--GCTAGCTAGCTAGC
CGTATGATCTAGCG--CTAGCTAGCTAGC
CGTATGATCTAGCGC--TAGCTAGCTAGC

图 6-10　重复序列区间的插入缺失，可见“GC”或“CG”缺失发生在多个位置罚分等同

充分利用拆分读段（split reads）的信息和未成功比对读段中的序列信息。这一策略聚焦于利用那些在常规比对中被分割或未能成功比对的读段，从中提取序列信息，重构出局部单倍型，进而识别更长的 InDel。以 Pindel、Vardict 等软件为代表，此方法对于长 InDel 的检测

效果显著，但对算法的序列处理能力和计算资源提出了更高要求。

短串联重复区，又称微卫星序列或简单重复序列的插入缺失是一类比较特殊的插入缺失，其突变发生率是非常高的，占插入缺失变异的很大一部分比例。识别和量化这些重复序列变异对于法医鉴定、亲子鉴定、遗传疾病诊断、群体遗传学研究、种群管理和保护等生命科学的多个领域具有广泛的应用价值。然而检测串联重复区序列变异面临着多重挑战，尤其是如何准确地定义和分割串联重复序列与侧翼序列（flanking sequence）。重复序列的定义是相对模糊的，其中包括完美的重复序列和中断的重复序列。如（CT）$_{10}$ 代表“CT”序列精确重复了 10 次；而（CT）$_{2}$A（CT）$_{8}$ 表示在两段“CT”重复之间存在一次非重复的碱基“A”。这种序列的存在使得重复单元的定义变得模糊，增加了变异检测的难度：准确地区分重复序列与侧翼序列至关重要，不精确的分割会导致重复单元的错误识别，从而影响变异检测的准确性和可靠性。分割算法主要有基于打分的算法和基于统计学的概率算法：其中基于打分的算法（如 MSIprofiler、MSIsensor）通过扫描序列信息，判断其是否为完美重复而加分或者减分，通过打分阈值的序列被判断为重复，因而可以容忍一定数量的序列打断；而统计学的方法多基于隐马尔可夫链（如 HipSTR），HMM 能够模拟序列的生成过程，从而识别重复序列的结构，即使在序列中断或变异时也能保持较高的识别率。值得指出的是，较长的串联重复序列扩增变异（tandem repeat expansion）对于在一系列神经疾病，如脆性 X 综合征的发生发展中扮演着核心角色，对于这类较长的突变，序列比对准确性和灵敏度有限，基于序列拼接的算法（如 expansion hunter *de novo*）具有更好的表现。

6.3.4 结构变异的检测

如前文所述，大于 50 bp 的基因组变异统称为结构变异。然而这些大于 50 bp 的变异异质性很强，基于突变产生机制的不同分为非常多的亚类，而不同亚类的结构变异具有不同的变异长度、内部序列、断点序列和密度等特征。表 6-4 展示了几种常见结构变异的发生机制及特征。

表 6-4 不同变异机制以及其引发的结构变异类型和特征

变异机制	非等位基因同源重组	非同源末端连接	复制叉停滞和模板交换	转座子反转录转座
结构变异类型	重复、缺失、倒位	重复、缺失	重复、缺失、倒位、复杂结构变异	序列插入
断点处侧翼是否有同源序列	是	否	否	否
断点序列特征	内部同源性	额外的插入或缺失，或微同源序列	微同源序列	无特别特征
结构变异内部序列特征	任何	任何	任何	转录本序列

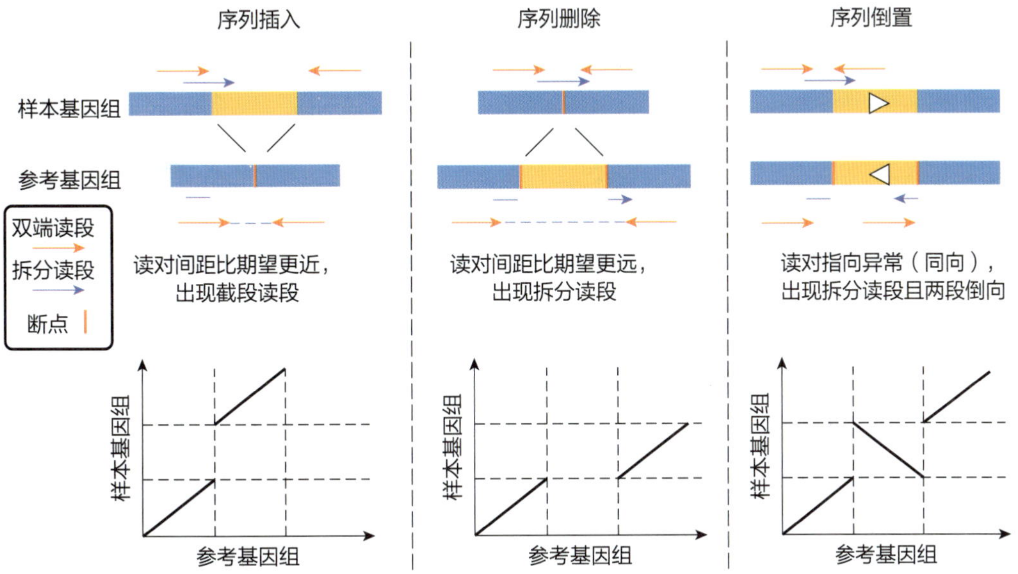

图 6-11 结构变异断点附近的双端测序数据（上）和用 reads 拼装好的连续片段（下）比对到参考基因组后呈现的特征

尽管种类繁多，但所有结构变异具有一个共同的特征：每个结构变异至少有一个“断点”(breakpoint)。所谓断点，就是 DNA 发生断裂和重排的具体位置。由于在断点处发生了 DNA 的断裂和重排，因此断点上下的 DNA 序列来自基因组的不同区域。如图 6-11 所示，在二代双端测序数据中，断点处和断点附近的测序读对比对到参考基因组后常见以下特征：

① 读对间距异常　两个读对相距太近或者太远，与测序文库中片段的平均长度不符，提示发生了序列删除或插入；

② 读对指向异常（discordant read pair）　读对的方向不是如预期的那样相互指向，而是相反或者同向，提示发生了序列倒置、易位或序列重复；

③ 读对回帖到基因组不同位置　两条读段回帖到基因组完全不同的位置和区域，这些区域相距很远，提示发生了序列易位；

④ 单端读段没有回帖到基因组　读对中一条读段的序列无法回帖到基因组上，提示发生了序列插入；

⑤ 测序读段断开　读段序列断开，分段回帖到基因组的不同位置，即拆分读段(split read)，提示发生了序列易位；或者有一段读段可以回帖到基因组上，另一段无法回帖，即截断读段（clipped read），提示发生了序列插入；序列在断点处断开。

结构变异不仅以“断点”为显著特征，其中相当一部分还会引发基因组 DNA 的“剂量变化”，即变异区域内拷贝数的增减，这类变异统称为拷贝数变异（copy number variation，CNV）。拷贝数变异的存在，直接反映在测序读段深度的显著变化上：当拷贝数增加时，对应区域的读段深度会显著提升；反之，拷贝数减少，则会导致读段深度的下降（图 6-12）。这种深度的变化，为拷贝数变异的检测提供了直观的指示信号。此外，拷贝数变异还会导致 B 等位基因频率（B allelic frequency，BAF，即特定区域内单核苷酸多态性的等位基因频率）发生偏离。在正常的二倍体

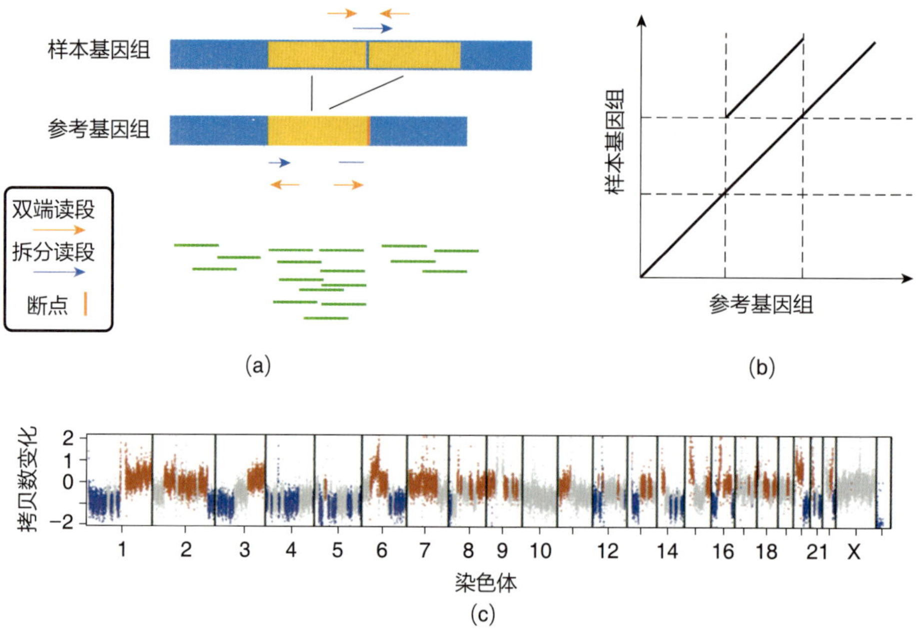

图 6-12 拷贝数变异引起的变化情况
（a）测序数据特征变化；（b）用读段拼装好的连续片段比对到参考基因组后呈现的特征；（c）一组真实癌症数据中的拷贝数变异。红色区段为算法推断的拷贝数增加，蓝色区段为拷贝数减少

基因组中，BAF 值主要集中在 0、0.5、1 这三个理论值附近。然而，当基因组发生拷贝数变异时，变异区域内的 BAF 值往往会偏离这些常规值，呈现出非典型分布。这种偏离现象，成为拷贝数变异检测中的另一重要线索。

从二代测序数据中检测结构变异的工具多达上百种，如 2019 年一篇发表在 *Genome Biology* 上的文章比较了 60 余种工具。绝大多数变异检测算法围绕上述讨论的两点特征：断点和 DNA 拷贝数变化展开，有的算法直接基于短读段的特征和分布进行建模（如 BreakDancer、Pindel、DELLY、Meerkat、BICseq2、Control-FreeC 等），有的算法则基于读段特征以及读段拼接的连续片段进行建模（如 GRIDSS、Manta 等）。

例如，经典的结构变异检测算法 DELLY 首先计算出测序文库插入片段的长度分布，然后找出间距显著偏离分布的测序读段簇来定位序列删除的大致区间、用指向异常（同向）的读段簇来定位序列倒置区间、用指向相反且朝外的读段簇来定位串联重复变异区间、用比对到不同染色体上的读段来定位序列易位区间。在此基础上，DELLY 在上述包含断点的区间内进一步搜寻最可能包含断点的读段（包括 split reads 和只有单端比对到基因组上的读段），将这些读段重新比对到这个区间内做好索引的参考序列上，并计算每个读段对参考序列对角线上的七碱基对 *k*-mer 匹配数。对于所有读段，计算两个支持度最高的序列比对对角线之间的偏移量，此偏移量即是发生结构变异的长度，两端即是结构变异断点。

除了较为简单的单发性结构变异，还有更加复杂的结构变异事件，复杂的结构变异事件指的是同时发生或协调进行的多个基因组结构变化。这些事件的特点是在基因组的某个区域内存在多个结构变异（最常见的例子之一是插入序列中同时存在一段缺失，尤其在基因组不稳定性较高的癌症基因组中通常涉及非常复杂的基因组断裂（甚至碎裂）和重排。

由于读长较短（通常 150 ~ 250 bp），基于二代测序数据检测复杂结构变异、较长的结构变异，以及断点在重复序列区间结构变异的灵敏度和准确性均存在上限。另外，表征结构变异的变异长度、断点数量和密度、单倍型、断点上下文序列等对于对结构变异进行分类、理解结构变异的突变发生机制具有重要意义，然而由于二代测序数据读长短，基于二代测序数据刻画结构变异的各类特征具有巨大困难。三代测序方法（如 PacBio、Nanopore 等）的出现为解决上述困难带来了机遇。由于读长较长（通常 10 kb 以上），用三代测序读长往往可以直接读通多个断点的染色体单倍型和读通重复序列区，从而不需要进行复杂的建模和算法来推断断点位置和单倍型连锁关系；由于其相对于短读长测序手段巨大的优势，基于三代测序数据进行结构变异的方法出现了井喷。采用长读长测序手段后结构变异的检测灵敏度普遍提升 2 ~ 10 倍。

尽管具有独特的优势，但三代测序数据也不是完美的。相比二代测序数据，三代测序数据的测序准确性偏低很多，这给测序数据的准确比对、结构变异和断点位置的准确判断带来了新的挑战。从三代测序数据检测结构变异的方法也大致可以分为基于序列比对和基于序列组装两大类。对基于序列比对的方法来说，序列比对算法和比对参数的设置对结构变异的准确检测有很大的影响，因而有些软件专门开发了针对三代测序数据的序列比对算法（如 Sniffles 的解决方案），有些软件则采用现成的序列比对软件比对后再比对结果进一步优化（如 Picky、SENSV）。与从二代测序数据检测结构变异类似，这些算法也会从比对的测序读段中抓取结构变异的常见特征，如空位、拆分读段和截断读段等。由于三代测序数据普遍错误率较高、结构变异的断点位置常发生在高度重复序列区等问题，不同读段从同一个结构变异中抓取的特征（如断点位置）往往不一致，因而将多个读段抓取的特征值合理地分割成来自不同结构变异的特征值，并分别统一成一个共同的特征值尤为重要。多数软件采取聚类的方法，基于不同类型结构变异的经验特征分布来分割和合并多条读段的特征值。这种基于人为定义规则的结构变异检测和分类策略势必会造成一定的偏差，尤其新型的、复杂的结构变异难以用经验规则来定义和分类。深度学习算法为从计算机角度定义和准确鉴定各种类型的结构变异提供了崭新的角度（如 Svision、BreakNet、MAMnet 等）。基于序列组装的方法大致可以分为从头组装和先比对后组装两种策略。相对于原始读段，组装好的序列长度更长、碱基准确度更高，且序列组装策略在序列比对容易出错的区间（如高度重排区）表现更好，组装好的序列进行可视化也非常清晰。但序列组装方案需要的测序深度和成本较高。

长读长测序加持下的“端到端”参考基因组以及泛基因组参考图谱的构建对于结构变异的检测具有里程碑式的重要意义。“端到端”参考基因组填补了之前参考基因组中没有解决的高度重复序列区间，而泛基因组参考图谱包括了人群中各种可能发生的常见结构变异，这些对于测序数据的精确比对和变异的准确检出非常重要。此外，其他新型测序数据的涌现，如 Hi-C、Strand-Seq、单细胞多组学测序数据等的出现为检测不同突变机制、不同丰度的结构变异提供了新的可能性。总之，新型测序技术和下游生物信息学方法的快速发展对检测结构变异有重要的推进作用。

本节内容并未涵盖所有突变检测方法，但已经足以看出，对于特定的变异类型可以有多种多样的生物信息学方法来检测，它们分别从不同角度来看待问题，运用了不同的信息、不同的模型来解决问题。伴随着生物信息学领域的不断发展和新测序方法的涌现，序列变异检测所聚焦的内容和挑战也发生着动态的变化。总体而言，序列变异检测从 ① 检测高丰度、高信噪比的胚系变异转移到检测低丰度、低信噪比的体细胞突变和嵌合突变；② 从检测单碱基变异、非重复区间变异迁移到复杂结构变异、重复序列区变异的检测；③ 从检测 bulk 测序数据中的突变迁移到检测单细胞、单分子测序数据中的突变；④ 从二代测序数据中检测变异转移到从三代测序数据中检测变异；⑤ 从 DNA 测序数据中检测变异转移到从其他组学数据的应用场景，如从 RNA 测序数据、ATAC 测序数据、其他表观组测序数据、三维基因组测序数据中检测各种类型的变异。扎实的数理统计知识和数据处理技巧是方法实现的基础，对基因组、变异特征、测序数据的深刻理解是各种方法另辟蹊径解决问题的必要条件，而新型测序数据的不断涌现和大量基因组测序数据的快速积累导致变异的准确和快速检测面临挑战，是各种算法开发的原始动力。

6.4 宏基因组学

6.4.1 微生物组概述

微生物是普遍存在于自然界中的生命体，常以微生物群落的形式存在，微生物组（microbiome）就是指这些微生物遗传信息的总和。其中，微生物群、宏基因组和微生物组是微生物组学研究中三个非常重要的概念，其主要区别在于研究对象范围的大小（图 6-13）。

其中，微生物群（microbiota）既包括植物体上共生或病理的微生物生态群体，也包括在土壤、水体和空气等环境中自由生存的细菌、古菌、原生动物、真菌和病毒。宏基因组（metagenome）又称元基因组或微生物环境基因组，其定义是“生境中全部微生物遗传物质的总和”。它将包含了可培养的和未可培养的微生物群落的所有遗传物质作为研究对象，广义来说其包括环境基因组学、生态基因组学和群体基因组学。微生物组（microbiome）包括微生物（细菌、古细菌、低等或高等真核生物和病毒）的基因组，以及其周围环境，也就是说微生物组既包括微生物物种，又包括各个物种的基因组以及相关环境因素和代谢产物。微生物组是结合了宏基因组学、代谢组学、宏转录组学，以及宏蛋白质组学等和临床/环境数据的集合。

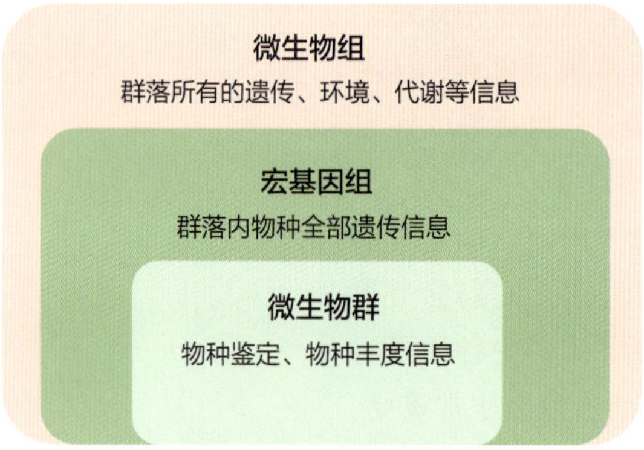

图 6-13 微生物群、宏基因组和微生物组的关系

微生物组学是指对微生物组数据进行研究的学科，其研究内容一般可以分为三大类：① 微生物培养，这是了解微生物形态结构和生理功能最直接的方法，但是微生物培养一般费时费力，且许多微生物是不可培养的，基于高通量测序可以解决这些问题。② 微生物测序，高通量测序技术的进步极大地促进了微生物相关研究，基于高通量技术的微生物研究平台主要包括扩增子测序技术和宏基因组测序技术等。③ 多组学研究，基因测序方法不能直接测定微生物的功能活性，难以鉴定微生物中的关键功能分子，单独使用时无法回答何种微生物通过何种方式影响宿主等关键问题。单一组学研究弊端已日益显现出来，而微生物组学与代谢组学等多组学联用的优势逐渐突出，其关联分析在宿主生理、疾病病理、药物药理等领域已取得众多进展，具有良好应用前景。

群落内各物种的组成（composition）与分布（distribution）是形成一个特定群落的基础，也是群落之间差异的来源。通常使用和多样性来评估微生物组的总体变异模式，利用差异丰度分析识别不同组之间丰度显著差异的微生物，相关性分析可用于揭示分类单元与样本元数据之间的相互关系，利用网络分析直观地表示群落中各种微生物物种之间的相互作用关系。

6.4.1.1 α 多样性

α 多样性（α-diversity）是评估微生物组样本中不同特征的多样性的方法，被表征为一个特定群落或样本内的物种多样性。它常用来描述单个样本的丰度和均匀度。常见的数学定义包括：

① Shannon 多样性指数（Shannon diversity index，H）

$$H = -\sum_{i=1}^{S} p_i \ln(p_i) \tag{6-9}$$

其中，S 是样本中物种的总数，p_i 是第 i 个物种相对于样本的比例。

② 辛普森指数（Simpson’s index，D）

$$D = 1 - \sum_{i=1}^{S} p_i^2 \tag{6-10}$$

辛普森指数考虑了物种的丰富度和优势度，指数越高，代表多样性越高。

③ 物种丰度（species richness，R）

$$R = S \tag{6-11}$$

即样本中观察到的物种总数。

6.4.1.2 β 多样性

β 多样性（β-diversity）是一种评估不同微生物组样本之间特征差异的方法，其衡量的是不同样本或群落之间的物种多样性差异，常用于比较不同群落的物种组成。根据研究的目的和数据的类型，需要选择合适的度量方法来计算多样性。常见的数学定义包括：

① Jaccard 相似系数（Jaccard similarity coefficient）

$$Jaccard = \frac{|A \cap B|}{|A \cup B|} \tag{6-12}$$

其中，$|A \cap B|$ 是在两个样本中都存在的物种数，$|A \cup B|$ 是两个样本中存在的所有物种数。

② Bray-Curtis 相异度（Bray-Curtis dissimilarity）

$$Bray - Curtis = \frac{\sum_{i=1}^{S} |a_i - b_i|}{\sum_{i=1}^{S} (a_i + b_i)} \tag{6-13}$$

其中，a_i 和 b_i 是两个样本中第 i 个物种的丰度。

③ 差异表达分析　差异表达分析（differential expression analysis）揭示不同条件下的微生物群落变化，有助于识别潜在的生物标志物。差异表达分析的常用方法包括 edgeR、DESeq2 和 LefSe，这些方法在归一化、技术变异性建模方面略有不同，适用于不同的数据分布情况。

④ 相关性分析　相关性分析（correlation analysis）有助于我们深入了解微生物之间以及微生物与环境之间的关联。皮尔逊相关系数（Pearson correlation coefficient）和斯皮尔曼等级相关系数（Spearman's rank correlation coefficient）是两种基础的分析相关性统计方法。

⑤ 网络分析　网络分析（network analysis）是一种研究和分析网络结构、元素之间的关系和网络整体特性的方法，可用于理解微生物物种之间的关系和相互作用。利用微生物组数据可以构建物种相互作用网络，为深入了解微生物生态系统提供了帮助。相互作用网络包括共现网络和生态网络，可以直观地表示各种微生物物种之间的相互作用关系，在微生物组数据分析中广泛应用。

6.4.2　微生物组数据及其主流分析方法

拓展阅读 6-2
MGnify 数据库和分析平台

微生物组大数据是微生物群落在数据层面的体现，能够反映微生物群落在不同角度的多种特征（图 6-14），具有多模态、多组学整合研究的典型特征。这些基于不同角度产生的与微生物群落相关的数据，是微生物组研究的主要对象，其中微生物组学数据，是微生物组大数据的核心和挖掘的主要对象。

随着组学研究的发展，单一的组学数据已经难以满足需求，整合多组学数据以揭示其生理过程成为主要的研究方法。另外，人工智能方法的发展也极大地促进了面向微生物群落的知识发现。在多组学研究中，多组学整合、富集分析、相关性分析、预测模型建立与优化，是最核心的分析模块，也是人工智能技术能够大幅度改善分析效果的环节（图 6-15）。其中涉及多个层次的组学和相关数据，分为三个部分：先进的分析方法、各类组学数据，以及复杂的预测应用场景。其中深度学习的方法，就是整个分析场景中的核心分析方法。

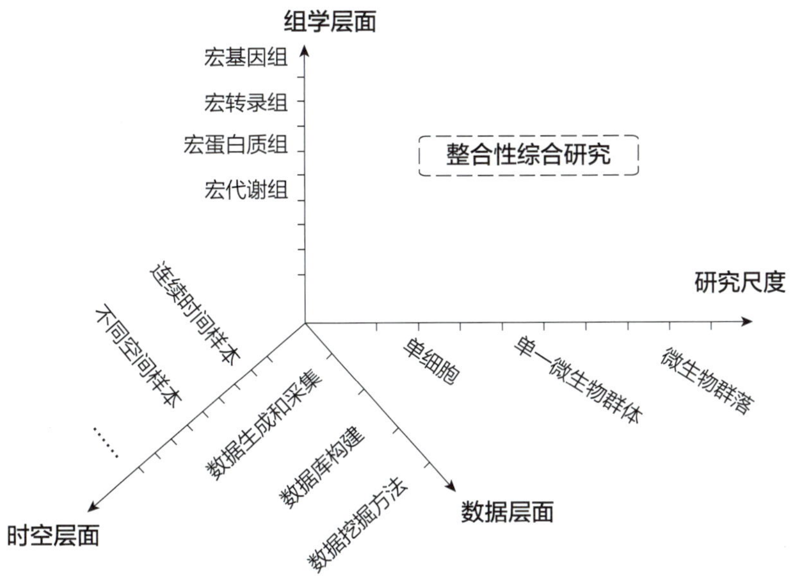

图 6-14 微生物组大数据研究的角度

基于不同的组学、时空、研究尺度、数据处理方法进行微生物群落的综合性研究

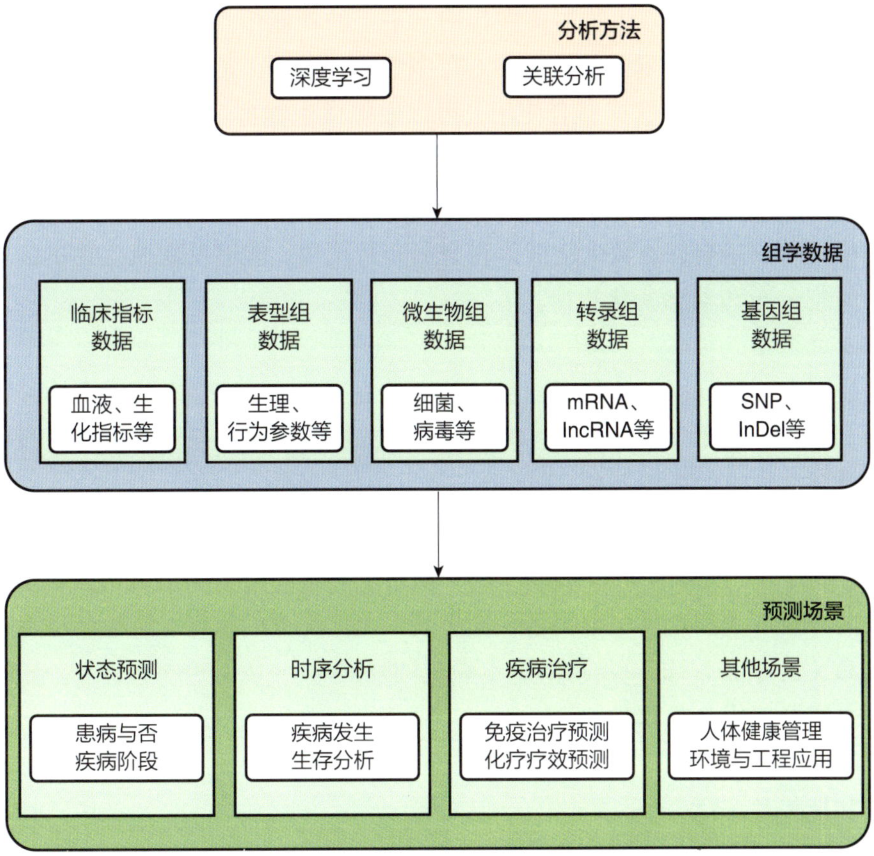

图 6-15 深度学习助力多组学整合分析与研究

（1）宏基因组数据

宏基因组数据是指微生物群落中遗传物质 DNA 的测序数据。能够反映微生物群落中的物种、基因等众多信息，是目前微生物组研究中主要的数据类型。微生物宏基因组测序数据，包括 16S rRNA 测序数据和全基因组测序数据，其中 16S rRNA

测序数据只能够反映群落的物种信息，而全基因组测序数据不仅能够反映群落的物种信息，还能反映群落中的功能基因信息。

（2）宏转录组数据

宏转录组数据是指微生物群落中 RNA 的测序数据。能够反映微生物群落中基因表达和基因调控等功能相关的信息，是目前微生物组研究中能够反映群落功能的主要数据类型。

（3）宏蛋白质组数据

宏蛋白质组数据是指微生物群落中蛋白质的质谱数据。能够反映微生物群落中蛋白质表达和蛋白质功能等相关的信息，是目前微生物组研究中能够反映群落功能的重要数据类型。然而，由于微生物群落中蛋白质的质谱数据在覆盖度和精确度上的限制，目前微生物宏蛋白质组数据并不是很多。

（4）宏代谢组数据

宏代谢组数据主要指微生物群落中细菌代谢物的质谱数据。微生物组相关的宏代谢组数据，能够反映微生物群落在代谢水平上的功能信息，是目前微生物组研究中能够反映群落功能的重要数据类型。在多组学研究中，常常将微生物组相关的宏代谢组数据与其他组学数据整合使用，可以发掘微生物群落的代谢规律。

（5）宏表型组数据

宏表型组数据是指微生物群落中细菌表型的数据，包括微生物群落图像数据、微生物群落单细胞表型、微生物群落时空分布数据等，能够反映微生物群落中各个物种的时空分布和动态变化规律。

（6）元数据

元数据（meta-data）主要是指微生物群落在采样、测序和分析过程中涉及的环境指标、测序参数和分析参数等各类数据。元数据通常会结合组学数据进行关联分析，以及辅助样本的分组分析。

6.4.2.1 宏基因组的主流数据分析方法和软件

随着高通量测序技术的发展和应用，积累了海量的微生物组数据，微生物组研究相关的分析方法和工具也取得了快速发展，大批优秀的软件、流程和可视化工具相继发布（表 6–5），进一步推动了本领域的发展。

（1）宏基因组分析软件

宏基因组测序相较于扩增子测序不仅可以获得更准确的物种组成，还可以获得相应的功能信息。

① 基于参考数据库比较的快速宏基因组物种和功能成分量化是在许多研究中常用的方法，序列物种分类软件 MetaPhlAn2、Kraken2 和功能成分量化的 HUMAnN2 都是基于该策略开发的。

② 缺乏高质量宏基因组参考数据库的领域是需要从头拼接宏基因组数据并进行基因预测。宏基因组拼接的挑战在于处理来自不同物种的混杂数据和高复杂度的微生物群落，因此拼接的结果通常呈现为宏基因组拼接组（metagenome-assembled

表 6-5 代表性的宏基因组学数据分析方法和软件

名称	简介	应用场景	特点
Trimmomatic	一种用于 Illumina NGS 数据低质量、引物和接头序列去除工具	常用于高通量测序数据的预处理，确保数据质量	快速、灵活，支持多线程
MetaPhlAn2	用于从宏基因组中分析微生物群落的组成	常用于人体和环境样本的微生物群落分析，广泛用于微生物组研究	准确度高，数据库广泛更新
HUMAnN2	可以高效、准确地分析一个群落中微生物路径存在/缺失和丰度	特别适合复杂环境中微生物功能分析，如肠道微生物功能研究	兼容 MetaPhlAn
MEGAHIT	超快、省内存的宏基因组组装软件	适用于大型宏基因组样本的组装，尤其适合低存储条件下的快速组装	运行速度快，占用资源少
QIIME 2	用于微生物组数据的分析软件，它可以帮助进行序列质量控制、特征分类和统计分析	适用于宏基因组学中的 16S rRNA、ITS 和其他基因的序列数据的分析	具有插件系统，社区支持强大，并提供丰富的可视化功能
CD-HIT	构建非冗余基因集	常用于基因集的去冗余，确保数据简化，提高分析效率	参数丰富，灵活性高
Kraken2	超快速的微生物群落分类工具，用于分类宏基因组数据	可用于快速分类宏基因组样本中的细菌、病毒等微生物群落	速度快，基于 *k*-mer 算法，具有高准确性
Canopy	用于宏基因组序列装配和差异比较的工具	适合对比不同样本间的宏基因组数据，探索群落差异	支持长读长数据，装配功能强

genome，MAG）的形式，其中每个 MAG 代表一组叠连群的聚类，潜在包括一个微生物物种的多个片段。常见的拼接算法包括基于重叠图的算法、*de* Bruijn 图算法和混合组装方法。基于重叠图的算法通过寻找片段之间的重叠区域进行拼接，*de* Bruijn 图算法则通过构建 *k*-mer 图来识别片段间的连接关系。混合组装方法结合了上述两种算法的优点，提高拼接精度和效率。常用的宏基因组拼接软件有 MEGAHIT、metaSPAdes、Prokka 等。常用的宏基因组基因预测软件跟基因组预测软件类似。

③ 在多个样本或批次的宏基因组数据的组合分析中，通常需要用 CD-HIT 构建一个非冗余基因集，以实现基于统一参考序列的所有样本的定量和比较。糖类基因数据库（CAZy）、抗生素耐药基因综合数据库（CARD）、细菌致病因子数据库（VFDB）是应用广泛的蛋白质功能注释数据库，将获得的基因集与之比对，可以为生物学研究提供更多的视角。

④ 宏基因组测序数据还可以用分箱（binning）组装出单个细菌的基因组。常用的分箱工具包括 MetaBAT 2、MaxBin 2 和 CONCOCT 等。

（2）统计和可视化工具

基于宏基因组分析中会得到包含物种或功能组成的表即特征表（feature table），是二代测序数据分析结果中常见的格式。R 软件包、图形界面、命令行或网络版本工具，可以在下游分析中转换和呈现数据。Bioconductor 网站用于生物数据分析的 R

软件包集合已达数千个，如计数型数据可选基于负二项分布模型的差异统计 R 软件包 edgeR，组成型数据差异分析可选 limma。LEfSe 可寻找特征向量，其原理是基于线性判别分析，结果可用柱状图或基于 GraPhlAn 绘制的进化分枝图（cladogram）展示方式。STAMP 可以实现主成分分析、多种统计方法进行两组或多组差异比较。

6.4.2.2 宏基因组数据分析流程

随着高通量测序技术的发展，微生物组分析方法也不断涌现，如扩增子、宏基因组、宏转录组等，技术的发展进一步推动了该领域的进步。目前，微生物研究从样本类型可以分为三类。① 微生物组层面：在这一层面上培养组学（culturome）是最重要的研究手段，在人类、拟南芥、水稻等物种都已经有应用和报道；② DNA 层面：为了获得 DNA 的序列信息，扩增子、宏基因组和宏病毒组等测序方法相继问世，其中扩增子测序可以获得研究对象的物种组成信息，宏基因组测序还可以进一步研究物种所携带的功能基因；③ mRNA 层面：对微生物组样本提取 RNA 进行宏转录组（metatranscriptome）测序，基于基因表达谱可以进一步揭示微生物群落原位功能。

其中宏基因组数据分析流程包括以下 6 步：

① 原始数据解析　二代测序技术所获得的原始数据为 fastq 格式，对于所获得的原始数据可以使用 FastQC 对其测序质量进行可视化，得到质检报告。

② 质控　Trimmomatic 是一个便捷好用的 Illumina 测序数据质控工具。

③ 数据筛选去除宿主序列　将质控后的序列和人类基因组序列进行比对，将比对上的序列去除，常用软件有 BWA、Bowtie、BBMap 等。

④ 宏基因组组装　将短序列组装为叠连群，目前常用的高通量测序组装软件有 Velveth、SOAPdenovo 、IDBA、Megahit 等。

⑤ 基因预测　原核生物基因预测软件常用的有 GeneMark、Prodigal 等，真核生物基因预测软件有 GENSCAN、Augustus、GlimmerHMM 等。

⑥ 未组装的宏基因组群落分析　MetaPhlAn 是宏基因组分析微生物群落物种（细菌、古菌、真核生物和病毒）组成的常用软件。

6.4.2.3 宏基因组分析示例

肠道微生物群和代谢物的紊乱与炎症性肠病（inflammatory bowel disease，IBD）的发生密切相关。然而，各研究的不一致结果阻碍了对其在 IBD 中的作用及其作为可靠的诊断生物标志物潜力的全面了解。为了应对这一挑战，研究人员全面分析了来自不同人群的 IBD 的 9 个宏基因组和 4 个代谢组学队列。通过跨队列综合分析（cross-cohort integrative analysis，CCIA），确定了共生肠道微生物群的一致特征。

具体而言，根据纳入和排除标准招募志愿者队列，在此项工作中包括 IBD 患者和正常对照两组，所有参与者在报名时均须提供至少 3.0 g 的粪便样本。使用 HiPure Stool DNA Mini Kit 提取粪便样本中的 DNA。通过琼脂糖凝胶电泳和 Qubit™ 4 荧光计评估提取的 DNA 质量、大小和浓度。随后，NeoBIO 技术利用 Hieff NGS® Ultima DNA Library Prep Kit for Illumina® 按照制造商的方案构建了宏基因组文库。在保证文库质量后，在 NovaSeq 6000 平台进行高通量测序。研究利用 bioBakery 元组学工作流程从宏基因组数据生成分类和功能图谱。为了确保使用不受污染的高质量微生物读数，采用 KneadData 进行数据过滤。使用 MetaPhlan3 进行分类分析，它利用进化枝特异性标记库来提供泛微生物分析。α 多样性指标，用于评估群落内物种的多样性和均匀性，使用统计工具 MMUPHin 研究 IBD 和对照样本之间 α 多样性的差异。通过计算 Bray-Curtis 相异度来评估 β 多样性，该距离量化了样本中微生物群落的差异。不同组间差异丰度（difference abundance，DA）的显著性使用 R 软件包中的"coin"包和 Wilcoxon 检验进行评估。此外，使用广义倍数变化（gFC）方法来计算对照和 IBD 样本之间的差异幅度，使用 R 软件包"clusterProfiler"对 *KO* 基因进行 KEGG 直系同源富集分析。为了最大限度地减少误诊 IBD 的风险，我们通过分析使用最有效的特征组构建的模型的 AUROC 值来评估宏基因组标记的特异性。

通过跨队列综合分析（CCIA），研究确定了共生肠道微生物群的一致特征。特别是三种细菌，即 *Asaccharobacter celatus*、*Gemmiger formicilis* 和 *Erysipelatoclostridium ramosum*，这在 IBD 中很少报道。宏基因组功能分析表明，与粪便钙卫蛋白相关的双组分系统途径的必需基因与 IBD 有关。代谢组学分析显示 36 种已鉴定的代谢物具有显著差异，但这些代谢物在 IBD 中的作用仍不清楚。为了进一步阐明肠道微生物群与代谢物之间的关系，研究构建了多组学相关图，该图突出了肠道微生物生物转化缺陷和氨酰-tRNA 合成酶的显著变化。最后，确定了用于 IBD 诊断的多组学生物标志物，并在多个全球队列中进行了验证（AUROC 值范围为 $0.92 \sim 0.98$）。

6.4.3 微生物组大数据挖掘

微生物组大数据的挖掘，根据其研究对象主要可以分为微生物基因组、微生物转录组、微生物蛋白质组、微生物单细胞组，以及微生物组相关多种组学的整合与挖掘等方法；按其研究目的和方法，可以分为相关性的回归分析、分类的随机森林、聚类的神经网络、预测分析的深度学习等方法。

微生物组学大数据分析和整合研究已经逐渐涉及生物信息学的各个方面，其中，统计和模式识别方法是理解微生物数据的基础，生物网络建模和模式挖掘是研究微生物分子生态系统的核心。为此，面向微生物组学大数据的特点，设计开发新的模式挖掘、统计模式识别、网络构建与分析方法具有非常高的价值。基于这些方法，能够从微生物组学大数据中提取与疾病相关的微生物标记，并将其用于微生物相关疾病的生物诊断和治疗。

生物标志物是一种对治疗后状态、病理过程以及利用药物后的集体反应进行客观判断的指示物。是临床诊断方面常用的辅助工具，其可以反映和检测生物集体和环境之间发生作用时的特征性改变，根据特定的改变可以有效判断疾病发生原因，并对其发展方向和后续的治疗手段提供指导。但是生物标志物的选择是一个异常艰难的过程，需要进行研究和详细的临床医学验证，以及在特殊情况下的可行性也需要充分考虑。

随着科学技术的发展，临床上对生物标志物的使用也更加广泛，将生物标志物与常规检测手段相结合是临床诊断的一大发展方向。例如，纤维肌痛症是一种复杂且相对未知的疾病，其主要特征是弥漫性肌肉疼痛，常伴有多种非特异性症状但原因不明，研究发现大部分患者有躯体或精神创伤史。研究人员结合了不同的组学技术来分析微生物组和血清组分，深入了解纤维肌痛的发病机理并鉴定诊断性生物标志物。研究选取了 105 例纤维肌痛患者以及 54 例年龄和环境条件匹配的健康个体对照者，收集了粪便和血液样本，结合微生物组、血清代谢组、循环细胞因子和 miRNAs 数据来寻找潜在的生物标志物。其结果如下：

① 对照样本和纤维肌痛样本之间多元无监督主成分分析未显示任何差异，但是监督的偏最小二乘判别分析（partial least squares discriminant analysis，PLS-DA）两个样本组区别明显。对照组呈现出更加多样化的细菌群落。两个样品组的比较显示，健康对照组中的梭状芽孢杆菌比纤维肌痛患者中丰富，尽管差异没有统计学意义。在将临界值降低到普遍存在的 50%之后，观察到两组核心微生物组之间的差异。具体来说，在纤维肌痛核心微生物组中不存在的两个细菌家族，即双歧杆菌科和拟杆菌属，它们代表对照核心微生物组。

② 纤维肌痛组和对照组之间有 228 个特征不同。在这 228 个特征中，只有 88 个在 METLIN 数据库中具有暂定 ID。使用质谱/质谱数据和化学标准品，发现纤维肌痛样品中这些代谢物的 7 种水平发生了显著变化：鸟氨酸、L-精氨酸、Nε-甲基-L-赖氨酸、L-谷氨酸、L-谷氨酰胺、不对称二甲基精氨酸（asymmetric dimethylarginine，ADMA）和血小板活化因子（platelet activating factor，PAF）C-16。其中一个与新陈代谢相关的改变特征初步确定为 L-苏氨酸或 DL-高丝氨酸，通过 MetScape 和 IPA（Ingenuity Pathway Analysis）分析表明，细胞信号传导、炎症反应和超敏反应是最相关的生物学过程。最典型的代谢途径是精氨酸、一氧化氮（NO）和谷氨酸代谢。

③ 代谢组学特征和微生物组变量的相关性研究发现，基于相关性，代谢物可分为两个簇。第一簇含有 4 种代谢物（3-甲基-L-赖氨酸、PAF C-16、ADMA、L-赖氨酸），第二簇是由 8 种代谢产物（谷氨酸、L-苏氨酸/DL-高丝氨酸、谷氨酰胺、Nε-甲基-L-赖氨酸、肌酸酐、鸟氨酸、精氨酸和乙酰肉碱）形成的，尽管在这个簇中乙酰肉碱的代谢产物与其他代谢产物的行为不同。双歧杆菌在纤维肌痛患者中的丰度降低，与第一代谢物簇负相关，与第二簇正相关。研究人员在纤维肌痛患者中的丰度增加，与第一个代谢物簇呈正相关，与第二个代谢物簇呈负相关。

6.4.4　宏基因组学在健康和环境领域的应用

微生物无处不在，其会受到所处环境的影响，反过来也会对环境产生强烈的反馈效应。基于宏基因组学数据进行多学科研究，在健康、环境、能源、工程等领域中有重要应用。目前，基于宏基因组技术在微生物与不同宿主相互作用、人体健康、环境保护等方面取得许多成就。

6.4.4.1 疾病治疗

靶向 PD-1/PD-L1 轴的免疫检查点抑制剂（immune checkpoint inhibitors, ICIs）在少数癌症患者中诱导持续的临床反应。研究人员发现对 ICIs 的原发性耐药可归因于肠道微生物组组成异常。对 ICIs 有反应的癌症患者的粪便微生物群移植（fecal microbiota transplantation，FMT）到无菌或抗生素治疗的小鼠中，改善了 PD-1 阻断的抗肿瘤作用，而来自无反应患者的粪便微生物群移植（FMT）则没有这样的效果。诊断时患者粪便样本的宏基因组学显示，ICIs 的临床应答与嗜黏液芽孢杆菌的相对丰度存在相关性。无应答性 FMT 后口服补充嗜黏液芽孢杆菌，通过增加小鼠肿瘤中 CCR9+CXCR3+CD4+T 淋巴细胞的募集，以白细胞介素-12 依赖的方式恢复 PD-1 阻断的疗效。

胰腺导管腺癌（pancreatic ductal adenocarcinoma，PDAC）具有高发病率，但是只有不到一半的患者对 PDAC 化疗的主要治疗有反应。饮食是影响治疗反应的环境因素，但其在 PDAC 中的作用尚不清楚。约瑟夫・廷特诺特（Joseph Tintelnot）等使用宏基因组测序和代谢组学筛选，发现微生物来源的色氨酸代谢物吲哚－3－乙酸（3-IAA）在对治疗有反应的患者中富集。粪便微生物群移植、短期饮食控制色氨酸和口服 3-IAA 可提高 PDAC 人源化非生物小鼠模型的化疗效果。通过功能丧失和功能获得实验的结合，证明了 3-IAA 和化疗的疗效是由中性粒细胞衍生的髓过氧化物酶作用的。总之，研究确定了一种微生物衍生的代谢物，其在 PDAC 的治疗中具有临床意义，为癌症患者治疗期间考虑营养干预提供了动力。

6.4.4.2 人体健保

世界范围内的肥胖流行促使人们努力确定影响能量平衡的宿主和环境因素。通过比较遗传肥胖的小鼠和它们较瘦的同伴，以及肥胖和瘦的人类志愿者的远端肠道微生物群。彼得・特恩博（Peter Turnbaugh）等通过宏基因组和生化分析证明，肥胖与两种主要细菌种类，即拟杆菌门和厚壁菌门的相对丰度变化有关，这些变化会影响小鼠肠道微生物群的代谢潜力。研究结果表明，肥胖的微生物群从饮食中获取能量的能力增强了。此外，这种特性是可传染的，与“肥胖微生物群”的定植相比，带有“肥胖微生物群”的无菌小鼠体脂总量显著增加。这些结果确定肠道微生物群是肥胖病理生理的另一个促进因素。

人体微生物群是人体不可分割的组成部分，也是多种健康状况的共同决定因素。然而，人际关系在多大程度上塑造了微生物组的个体基因组成及其在种群内和种群间的传播仍不得而知。米雷娅・科洛默尔（Mireia Colomer）等利用超过 9 700 个人类宏基因组和计算菌株水平分析，检测到个体之间广泛的细菌菌株共享，具有不同的母婴、家庭内和群体内传播模式。母婴肠道微生物组的传播在婴儿期相当可观且稳定，并且在老年时仍可检测到。相比之下，口腔微生物群的传播主要是水平发生的，并且随着同居时间的延长而增强。同居个体之间存在大量的菌株共享，肠道和口腔微生物组的菌株共享率中位数分别为 12% 和 32%，同居时间比年龄或遗传更能影响菌株共享。这项工作所描述的微生物传播程度强调了其在人类微生物组研究中的相关性，特别是在非传染性微生物组相关疾病中的研究。

6.4.4.3 环境和工程领域

营养供应调节浮游植物的活动，但全球生物地理学对营养限制和共同限制知之甚少。原绿球藻通过基因的获得和损失来适应当地环境，卢卡斯·厄斯蒂克（Lucas Ustick）等使用基因组变化作为适应营养胁迫的指标。作为全球海洋船舶水文调查计划（Bio-GO-SHIP）的一部分，研究收集了主要海洋区域的宏基因组，并量化了参与氮、磷和铁同化的基因变化，发现了不同压力类型和严重程度的区域变化。

6.4.5 宏基因组学的挑战与策略

近年来，宏基因组研究和临床应用方兴未艾，已经形成了较为成熟的分析流程、数据库和分析平台，以及产生了大量的成功应用案例。然而，随着越来越多宏基因组数据的生成，对于更广泛和深入的微生物组应用研究提出了新要求。就目前来说，微生物数据挖掘和临床应用在数据整合、数据挖掘、数据深度理解等方面还存在巨大的鸿沟，亟须系统性、智能化的生物信息学分析。

需要注意的是，现在宏基因组中，极端环境的微生物群落因其独特的生存策略和生物多样性而备受关注。这些环境包括但不限于南北极的冰川、青藏高原的高海拔地区、海底深渊以及极端温度和压力的生态系统。这些极端环境中的微生物往往具有独特的代谢途径和生存机制，它们的蛋白质序列与已知微生物的蛋白质序列在同源性上存在显著差异，这给传统的功能注释方法带来了巨大挑战。

因此，开发新的功能注释方法显得尤为迫切。这些新方法可能包括基于机器学习的结构预测、从头预测、蛋白质相互作用网络分析、代谢途径重建等。通过这些方法，研究人员可以预测未知蛋白质的三维结构、功能域，以及它们在代谢网络中的角色。

6.5 基因组学的总结与展望

本章深入探讨了基因组学及宏基因组学的核心概念、关键技术和应用前景。基因组学部分详细阐述了基因组序列的获取、解读和应用，强调了高通量测序技术在推动基因组研究中的重要性。介绍了基因组组装、基因预测和基因组注释的主流方法，同时讨论了序列变异检测技术，包括单碱基替换、短插入缺失和结构变异的检测原理与技术。宏基因组学部分则涵盖了微生物组的概述、数据及其分析方法，特别强调了宏基因组学在健康和环境领域的应用潜力，以及如何通过微生物组数据挖掘来揭示微生物群落的功能和作用。

随着测序技术的进步和生物信息学工具的不断发展，基因组学和宏基因组学将继续在疾病诊断、精准医疗、环境监测和生态系统研究中发挥关键作用。此外，整合多组学数据和利用深度学习等先进的数据分析技术，将进一步促进我们对复杂生物系统的理解，为未来的研究提供新的视角和工具。

人工智能技术，特别是深度学习，在这一过程中扮演着至关重要的角色。人工智能算法能够从复杂的生物信息数据中学习模式，并预测蛋白质的功能，即使在缺乏直接同源性信息的情况下也可以更多地挖掘遗传资源。例如，深度学习模型可以通过学习已知蛋白质的结构-功能关系，来预测未知蛋白质的功能。此外，人工智能还可以帮助识别基因组和宏基因组中的新型生物标志物，以及发现新的生物活性分子。随着技术的进步，未来的研究将能够更深入地探索极端环境中的生物多样性，揭示它们在生态系统中的角色，以及它们对生物技术和医学研究的潜在价值。

※ 推荐阅读

1. Carvalho C M B, Lupski J R. Mechanisms underlying structural variant formation in genomic disorders [J]. Nature reviews genetics, 2016, 17: 224-238.

点评：该文概述了基因组疾病的分子基础，尤其是结构变异对疾病的贡献。文中用一系列图片形象化地展现了各种结构变异的发生机制和序列特征，阐释了基因组自身结构特点在一系列结构变异形成过程中发挥的普遍作用。

2. Knight R, Vrbanac A, Taylor B C, et al. Best practices for analysing microbiomes [J]. Nature reviews microbiology. 2018, 16(7): 410-422.

点评：该综述讨论了微生物研究的最佳方式，包括实验设计、分子分析技术的选择、数据分析方法及多生物组学数据集的整合。讨论了进行微生物学研究的所有阶段，从设计实验到收集和存储样品，再到从序列数据图中获得见解，能够对结果及其生物学阐述产生实质性影响。

※ 思考与练习题

1. 思考基因组学如何为个性化医疗提供支持，以及这些技术改变疾病治疗的策略。

2. 一代测序、二代测序和三代测序的原理分别是什么？各有哪些优缺点和应用场景？

3. 当前测序技术快速发展，未来的新技术应该如何改进？对生物信息学领域有何影响？

4. 思考如何通过跨学科合作，如生物信息学、遗传学、医学和环境科学，来推动基因组学研究的发展。

5. 鉴定样本间基因组变异时，通常需要把多个样本的测序数据分别回帖到参考基因组上，找出各样本基因组与参考基因组的差别，然后再比较“差别和差别间的差别”。这种间接的比较可能会造成什么问题？怎样来解决这些问题？

6. 讨论宏基因组学如何帮助我们更好地理解环境变化对生态系统的影响。

7. 请指出以下 DBG 中有几个叠连群拼接方法。

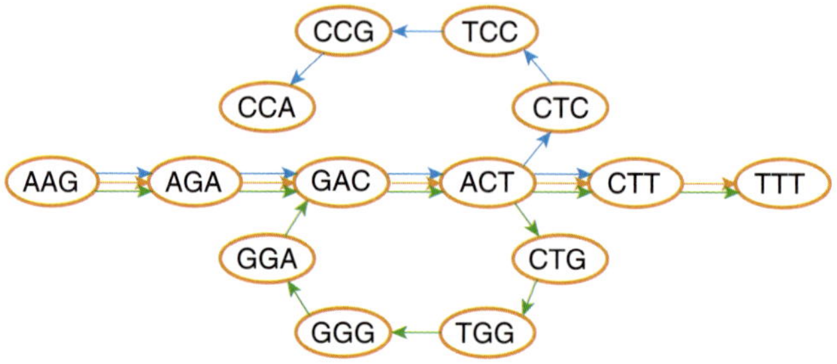

※ 讨论题

1. 试述高通量测序技术在临床应用中的挑战和机遇。
2. 请讨论各种变异检测算法的性能。
3. 试述微生物组与人类健康的关联。

※ 参考文献

1. Ahsan M U, Liu Q, Perdomo J E, et al. A survey of algorithms for the detection of genomic structural variants from long-read sequencing data [J]. Nature methods, 2023, 20(8): 1143-1158.

2. Langmead B, Salzberg S L. Fast gapped-read alignment with Bowtie 2 [J]. Nature methods, 2012, 9(4): 357-359.

3. Ning L, Zhou Y L, Sun H, et al. Microbiome and metabolome features in inflammatory bowel disease via multi-omics integration analyses across cohorts [J]. Nature communications, 2023, 14(1): 7135.

4. Nurk S, Koren S, Rhie A, et al. The complete sequence of a human genome [J]. Science, 2022, 376(6588): 44-53.

5. Rhie A, Nurk S, Cechova M, et al. The complete sequence of a human Y chromosome [J]. Nature, 2023, 621(7978): 344-354.

6. Stanke M, Waack S. Gene prediction with a hidden Markov model and a new intron submodel [J]. Bioinformatics, 2003, 19(suppl_2): ii215-ii225.

7. Turnbaugh P J, Ley R E, Mahowald M A, et al. An obesity-associated gut microbiome with increased capacity for energy harvest [J]. Nature, 2006, 444(7122):

1027-1031.

8. Ustick L J, Larkin A A, Garcia C A, et al. Metagenomic analysis reveals global-scale patterns of ocean nutrient limitation [J]. Science, 2021, 372(6539): 287-291.

9. Valles-Colomer M, Blanco-Míguez A, Manghi P, et al. The person-to-person transmission landscape of the gut and oral microbiomes [J]. Nature, 2023, 614(7946): 125-135.

10. Yang L, Luquette L J, Gehlenborg N, et al. Diverse mechanisms of somatic structural variations in human cancer genomes [J]. Cell, 2013, 153(4): 919-929.

11. Zerbino D R, Birney E. Velvet: algorithms for de novo short read assembly using *de* Bruijn graphs [J]. Genome research, 2008, 18(5): 821-829.

编者：宁　康（华中科技大学）
窦岩梅（西湖大学）
王明钰（山东大学）
王　涛（上海交通大学）
周　宇（武汉大学）
审读：李兴旺（华中农业大学）

7

转录组学

转录组学是在整体水平上研究细胞中基因转录的情况及转录调控规律的科学，包括解析信使 RNA（mRNA）、非编码 RNA（non-coding RNA，ncRNA）等各种转录产物的生物合成、转运、降解等生物学过程；注释基因的转录本结构组成和剪接模式；构建与分析转录调控网络；以及探索 RNA 剪接、修饰与调控的机制等。通过转录组学的研究，可以深入了解细胞的生理状态、疾病机制以及对环境刺激的反应，同时有助于鉴定生物标志物，为疾病的诊断和治疗提供重要线索。RNA-Seq 是转录组学常用的研究方法。随着高通量测序技术的快速发展，从常规的 bulk RNA-Seq 到单细胞 RNA-Seq（scRNA-Seq）和空间转录组（spatial transcriptomics，ST），使得单个细胞的基因表达数据和细胞空间位置信息相结合，为研究细胞亚群功能、微环境互作、谱系演化以及疾病病理等提供了重要方法。本章重点以近年来广泛使用的 RNA-Seq 及 scRNA-Seq 为例，介绍转录组学数据的生物信息学基本分析策略、算法原理与常用软件，为读者深度挖掘转录组大数据中蕴含的生物学知识奠定基础。

7.1 转录组学概述

7.1.1 转录组学的研究对象

转录组学是在整体水平上研究细胞中基因转录的状态及转录调控规律的科学。转录组广义上指在相同环境（或生理条件）下的一个细胞或一群细胞中所能转录出的所有 RNA 的总和，包括转录过程各层次未成熟的 RNA（pre-RNA 等）、信使 RNA（mRNA）、核糖体 RNA（rRNA）、转运 RNA（tRNA）及非编码 RNA（ncRNA）等；狭义上则指细胞所能转录出的所有 mRNA。

7.1.1.1 编码 mRNA 及功能

mRNA 主体是由 5′ 端上游非编码区（5′UTR）、编码区（coding region，从起始密码子 AUG 开始经一连串编码氨基酸的密码子直至终止密码子）、3′ 端下游非编码区（3′UTR）组成，负责将 DNA 中存储的遗传信息翻译成功能性蛋白质。

在转录过程中，核内 mRNA 前体分子与一系列酶或复合物结合，以进行后续加工和处理。这些步骤包括 mRNA 的 5′ 端加帽、RNA 编辑、m^6A 修饰、伪尿苷酸化、可变剪接、3′ 端加工和聚腺苷酸化，以便共同确保 mRNA 转录的稳定性，调节 mRNA 核输出并通过核糖体进行蛋白质翻译。可变剪接是指将同一基因的外显子以不同方式组合，使一个基因在不同时间、不同环境中能够表达出不同的蛋白质，从而进行基因表达调控。可变剪接可以增加生理状况下系统的复杂性或适应性，可用于制造抗体。mRNA 于 1989 年首次被提出作为一种治疗方法，可用于治疗自身免疫、代谢和呼吸道炎症以及癌症等疾病。

7.1.1.2 非编码 RNA 及分类

非编码 RNA（non-coding RNA，ncRNA）是指任何不翻译成蛋白质发挥作用的 RNA 分子。非编码 RNA 主要分为两种类型：基础结构型和调控型。基础结构型 ncRNA 也称经典的管家 ncRNA，在翻译和剪接中起着类似管家基因的作用，包括核糖体 RNA（ribosomal RNA，rRNA）、转运 RNA（transfer RNA，tRNA）、核内小 RNA（small nuclear RNA，snRNA）、核仁小 RNA（small nucleolar RNA，snoRNA）以及端粒相关 RNA（telomeric repeat-containing RNA，TERRA）。ncRNA 根据形状以及长度可分为环状 RNA（circular RNA，circRNA）、长非编码 RNA（long non-coding RNA，lncRNA）和小非编码 RNA（small non-coding RNA，sncRNA）。sncRNA 主要包含微 RNA（microRNA，miRNA）、干扰小 RNA（small interfering RNA，siRNA）和 PIWI 相互作用 RNA（PIWI-interacting RNA，piRNA）等（表 7-1）。

基因表达是生命的中心过程，其调控影响了所有细胞的发育和稳态。这一过程中剪接和翻译都需要管家 ncRNA 来发挥作用，如 snRNA 主要参与 mRNA 的剪接；tRNA 转运氨基酸，将 mRNA 序列解码为肽或蛋白质；rRNA 形成了核糖体的框架，是蛋白质翻译所必需的大分子结构。

除了以上这些细胞行使正常功能所必需的管家 RNA 外，许多 ncRNA 也是基

表 7-1 非编码 RNA 的类型

类别	长度	结构	特征
rRNA	5S：121 nt，5.8S：156 nt，28S：5 070 nt，18S：1 869 nt	单链，有双链结构	有广泛的双链区域，组成核糖体。在双链区，碱基以氢键相连，呈发夹式螺旋
tRNA	76 ~ 90 nt	单链，有双链结构	三叶草形，识别 mRNA 的三核苷酸序列，并以正确的顺序招募氨基酸到核糖体
snRNA	100 ~ 215 nt	单链，有双链结构	剪接 mRNA
snoRNA	50 ~ 250 nt	单链，有双链结构	有两类 snoRNA，它们是 C/D box snoRNA 和 H/ACA box snoRNA。C/D box snoRNA 与甲基化相关，H/ACA box snoRNA 与假尿苷化相关
circRNA	由于类型的复杂性，范围从 <100 到 $>4\,000$ nt	单链	共价闭合首尾相接，对核酸外切酶不敏感，比线性 RNA 更为稳定，半衰期长
lncRNA	>200 nt	单链	通常含有一个 poly（A）尾，可以被剪接，很少有共有的结构、功能或机制特征。它是以 RNA 的形式在多种层面上（表观遗传调控、转录调控以及转录后调控等）调控基因的表达水平
miRNA	20 ~ 25 nt	单链	Dicer 加工成熟的 miRNA，通过与 Argonaute（AGO）蛋白一起装载到 RNA 诱导的沉默复合物（RISC）中
siRNA	20 ~ 25 nt	双链	可被 Dicer 加载到 AGO 蛋白，形成 RISC
piRNA	25 ~ 33 nt	单链	与 PIWI 蛋白结合形成复合物

注：nt 表示核苷酸（nucleotide），核酸的基本单位

因表达的关键调控因子，这些功能分子在染色质动力学、转录因子（transcription factor，TF）结合、可变剪接、转录本稳定和 RNA 合成、加工或降解等方面发挥关键作用。例如，miRNA 通过靶向结合 mRNA 进行翻译抑制、脱腺苷化和降解来调控基因表达；PIWI/piRNA 复合物可以通过异染色质的形成在基因组水平上调节转座子的活性以沉默转录；circRNA 可以特异性吸附 miRNA 或 RNA 结合蛋白，从而调节转录以及蛋白质翻译等多种生物学功能；lncRNA 除了参与转录调控外，还参与表观基因调控过程等。

sncRNA 和 lncRNA 都发挥着重要的基因调控作用。在 7.3 节，将阐明几个主要类别 ncRNA 的功能特征以及生物信息学鉴定定量方法，并根据 Database Commons 的高引用高质量数据库排名对各类别 ncRNA 的数据库进行介绍。

7.1.2 转录组学的研究方法

自 20 世纪 90 年代至今，研究人员研发出基于杂交、测序等多种转录组学研究方法和技术。微阵列（microarray）技术是基于杂交的转录组高通量技术的代表，包括 cDNA 微阵列、寡聚核苷酸阵列等。其通过与转录本互补的特定探针进行杂交来测量转录本丰度，能够以较低的成本分析成千上万条转录本。表达序列标签（expressed sequence tag，EST）、基因表达系列分析（serial analysis of gene expression，SAGE）技术以及大规模平行标签测序（massively parallel signature sequencing，MPSS）技术是较早对 RNA 高通量测序的转录组技术。EST 技术对随机选择的 cDNA 克隆进行 5′ 端或 3′ 端测序，进而获得 cDNA 序列片段；SAGE 技术通过对短核苷酸序列（如 9 ~ 10 个碱基）标签的识别与拼接提高了转录本的检测能力，其可依据标签出现频率对转录本进行量化分析；MPSS 技术相较于 SAGE 使用了更长的序列标签，并且基于酶消化和杂交，利用新的克隆和专属的平行测序方案进一步提升了转录本检测的特异性和通量。

作为新一代测序技术，RNA 测序（RNA sequencing，RNA-Seq）技术在测序通量、速度、成本等方面较传统转录组技术更具优势，得到了广泛关注与快速发展。RNA-Seq 是一种利用高通量测序技术来研究转录组的方法，主要用于分析细胞中所有 RNA 分子的数量和序列。这种技术可以揭示基因表达的动态变化，以及在不同环境条件下或疾病状态下基因的调控机制。虽然可以对 RNA 分子进行直接测序，但基于 DNA 测序的商业仪器的技术已趋成熟，大多数 RNA-Seq 实验都是在对 DNA 分子进行测序的仪器上进行的。因此，构建 cDNA 文库是 RNA-Seq 的必要步骤。下文将具体介绍 RNA-Seq 的实验流程。

7.1.2.1　细胞解离

起始材料的准备至关重要，一般细胞是从新鲜或者冷冻的细胞或组织样本中获取的。对于培养的细胞系，大多数细胞应当处于相同的生长阶段，而对于组织的特异性基因分析，应最大限度地从待研究组织中纯化出细胞，如贴壁细胞可以使用胰蛋白酶消化细胞，然后通过离心收集细胞；而悬浮细胞可直接通过离心收集细胞。对于不同的细胞系，应当选择合适的处理方法。

7.1.2.2　RNA 提取

从待测样本中提取 RNA，需要使用合适的 RNA 提取试剂盒（如 TRIzol 试剂）。一般情况下，RNA 中会混杂 DNA，因此需要采用 DNase Ⅰ降解基因组 DNA，随后对 RNA 进行质量检查，可以使用纳米滴定光度计（如 NanoDrop）或 Qubit 定量仪测定 RNA 浓度，以及使用琼脂糖凝胶电泳或 Bioanalyzer 评估 RNA 完整性，RIN 值应大于 7。

7.1.2.3　RNA 富集或其他 RNA 去除

一般生物体中的 RNA，rRNA 占绝大多数。在人体中，mRNA 一般只占 2% ~ 3%。因此，需要根据研究目的进行 RNA 类型的筛选。如果对总体转录水平感兴趣，只需要消除 rRNA 即可；而其他类型如成熟 mRNA 和长非编码 RNA，或者小非编码 RNA，则需要额外的步骤。使用 rRNA 去除试剂盒（如 RiboMinus Eukaryote System）去除 rRNA，保留其他类型的 RNA；或者使用 poly（A）富集试剂盒（如 Dynabeads mRNA Purification Kit 或纤维素珠）捕获 poly（A）+ RNA；以及通过凝胶过滤或亲和层析进行大小选择，把小非编码 RNA 单独分离出来。

7.1.2.4 片段化与 cDNA 合成

与 miRNA、piRNA、siRNA 和许多其他可以在接头连接后直接测序的小非编码 RNA 不同，较大的 RNA 分子必须片段化为较小的片段（200 ~ 500 bp）才能与大多数深度测序技术兼容。对于不同测序技术，要处理成不同长度的片段。常见的片段化方法包括 RNA 片段化（RNA 水解或雾化）和 cDNA 片段化（DNase 处理或超声处理）。每种方法都会造成不同的结果偏差。例如，cDNA 片段化通常强烈偏好于鉴定转录本 3′ 端的序列。无论是 RNA 片段化还是 cDNA 片段化，都要进行片段选择，评估片段大小分布。以下是 RNA 片段化和 cDNA 合成的方法之一：使用随机打断试剂（如 Fragmentation Buffer）将 mRNA 打断成 200 ~ 300 bp 的小片段，随后使用随机引物和反转录酶将 RNA 反转录为单链 cDNA，然后使用 RNase H 和 DNA 聚合酶 I 将 cDNA 转化为双链 cDNA。

7.1.2.5 建库与文库质检

一旦合成 cDNA，就可以按照 DNA 建库流程进行文库制备和质检。建库的方式需要按照各测序平台的要求和测序方式（单端测序或双端测序）进行，总体上可以分为以下几点：① 末端修复和加 poly（A）：使用末端修复试剂盒（如 End Repair Kit）修复 cDNA 末端，使用加 poly（A）试剂盒（如 dA-Tailing Kit）在 cDNA 末端加 poly（A）；② 接头连接：使用接头连接试剂盒（如 Adapter Ligation Kit）将接头连接到 cDNA 末端；③ PCR 扩增：使用 PCR 试剂盒（如 High-Fidelity DNA Polymerase）对 DNA 进行 PCR 扩增，以增加文库量；④ 文库质检：使用 Qubit 定量仪测定文库浓度，使用 Bioanalyzer 评估文库片段大小分布，使用 gPCR 评估文库质量和定量。

单端测序和双端测序在文库构建的初始步骤是相似的，但在接头连接过程有所区别。单端测序建库时引物序列连接到 DNA 片段的一端，然后末端加上接头，而双端测序在构建待测 DNA 文库时，会在两端的接头上都加上测序引物结合位点。因此两者在测序过程中有所不同，导致它们在数据量、覆盖度和信息量方面有显著差异。

7.1.2.6 平台测序

按照各测序平台提供的建库方法建立好文库，便可以送入测序仪进行测序。每种测序平台有自己独特的优势，如以短读长测序为代表的 Illumina 平台，其桥式扩增技术保证了高准确性和高通量，适合大规模基因组测序、转录组测序和表观遗传学研究；PacBio 平台的单分子实时测序（single-molecule real time sequencing，SMRT）可生成非常长的读段，非常适合复杂基因组解析、基因组组装和表观遗传学修饰解码等研究。测序结束后的下机文件一般为 fastq 格式，便于数据分析的上游处理。

7.1.3 特殊测序建库方法

RNA-Seq 作为转录组学常用的研究方法，是研究基因表达和识别新的转录异构体的首选方法。除了用于基因表达的一般分析外，已演绎出针对新生 RNA、环状

RNA、非编码 RNA、微 RNA 等不同类型 RNA 分子的高通量测序技术，还有几种特定应用的 RNA-Seq 方法，包括链特异性测序、靶向 RNA 测序等。

7.1.3.1 链特异性测序建库

链特异性测序是指能够保留 RNA 或 DNA 分子原始链方向信息的测序方法。这种技术允许研究者区分转录本的正负链，从而更精确地分析基因表达，尤其是在存在大量反义转录或重叠基因的区域。链特异性测序与通常的 RNA-Seq 流程相似，但其区别在于，在 cDNA 的合成过程中，通过使用特殊处理的引物或酶来保留链信息。

最常用的方法是在第二链 cDNA 合成中使用脱氧尿苷三磷酸（deoxyuridine triphosphate，dUTP）代替脱氧胸苷三磷酸（deoxythymidine triphosphate，dTTP），之后利用酶，如尿嘧啶–DNA 糖苷酶（uracil-DNA glycosylase，UDG）消化含有 U 的 DNA 链，从而保留一条链的信息。

7.1.3.2 靶向 RNA 测序建库

靶向 RNA 测序专门用于分析特定基因或基因组区域的表达，而不是像传统的全转录组测序那样分析整个转录组。这种方法在资源有限或只关注特定基因组区域表达的研究中非常有用。靶向 RNA 测序在 RNA 富集步骤中有所不同，最常见的是使用专门设计的、与目标 RNA 互补的探针捕获特定的 mRNA 或 lncRNA，这些探针可以是进行生物素标记的，使得目标 RNA 可以通过亲和柱（如磁珠）轻松分离。另一种方法通常在目标区域较短时使用，通过设计特异性的引物直接对这些区域进行 PCR 扩增，这些引物将特异性地结合到目标 cDNA 的两端，用于扩增特定的基因或转录本区域。

7.1.3.3 非编码特异性测序建库

（1）lncRNA 的测序建库

利用生物信息学鉴定 lncRNA 最主要的方法是通过 RNA-Seq 数据的分析。由于常规 RNA-Seq 以检测 mRNA 为主，只关注携带 poly（A）的转录本，会丢失不含 poly（A）的 lncRNA。因此，为了便于 lncRNA 的研究，发展了专门的测序技术尽可能完整地检测各类 lncRNA，如去除核糖体 RNA 等提取手段。另外，链特异性的 RNA-Seq 能保留 RNA 的链方向信息，可以更准确地鉴定 lncRNA，并且更好地与反义链重叠的编码基因进行区分。

（2）circRNA 测序建库

常规的 RNA-Seq 建库方法通常只能捕获少量的 circRNA，针对 circRNA 的特异性建库通过核酸外切酶（如 RNase R）去除核糖体 RNA 及线性 RNA 分子或去除多聚腺苷酸化的 RNA，对 circRNA 进行富集，并结合深度测序，广泛用于 circRNA 的系统检测。

（3）sncRNA 测序建库

高通量测序技术省去了 sncRNA 克隆文库的构建过程，可以一次性获得大量 sncRNA 序列，快速鉴定已知 sncRNA 并发现新的 sncRNA，研究不同条件下 sncRNA 的表达差异，或联合转录组测序得到的表达谱数据进行分析。sncRNA 测序的主要流程如下：提取样本的 RNA 并进行质控；选择长度为 17 ~ 25 nt 的 RNA；加接头；进行扩增和测序；对得到的测序数据进行质控和 sncRNA 鉴定。

7.1.4 单细胞和空间转录组学技术

除了以组织样本为对象的转录组测序技术（又称为 bulk RNA-Seq），近年来还发展了单细胞转录组测序（single-cell transcriptomics sequencing，scRNA-Seq）和空间转录组测序（spatial transcriptomics sequencing）技术，助力研究在单细胞和空间分辨率下的基因表达模式，从而更好地探究生物体的生命机制和作用机制。

7.1.4.1 单细胞转录组

（1）单细胞转录组学技术发展

在前面章节中，我们了解到 RNA-Seq 能够快速地测定组织的基因表达水平，然而这种以整块组织为研究对象的转录组测序技术仍存在很大的局限性。首先，多细胞组织中不同细胞类型及其亚型的基因表达水平不同，bulk RNA-Seq 丢失了组织内细胞异质性的信息；其次，组织基因表达水平是所有细胞基因表达的平均值，bulk RNA-Seq 不能描述组织发育或病变过程中特定细胞类型的基因表达变化。因此，研究者们开发了单细胞转录组测序技术来研究同一组织不同细胞间或不同组织同一细胞类型的基因表达模式。

2009 年，研究者在 *Nature Methods* 杂志首次报道了单细胞转录组测序技术。此后，许多更为新颖、灵敏、准确的单细胞转录组测序技术相继被开发和应用，以更快的速度和更低的成本提供了丰富的单细胞层面生物学信息。例如，2012 年，科学家基于对目标 RNA 扩增、测序的 SMART（switching mechanism at 5′ end of the RNA transcript）技术，开发了 Smart-Seq，后改良为 Smart-Seq2、Smart-Seq3 和 Smart-Seq3xpress。此外，基于线性扩增的单细胞测序方法 CEL-Seq（cell expression by linear amplification and sequencing）和 MARS-Seq（massively parallel single-cell RNA sequencing）陆续被开发。2022 年，研究者开发了活细胞转录组测序技术（Live-Seq），实现了在保持细胞活力的同时进行单细胞转录组测序。

低通量的单细胞测序技术主要通过物理手段如显微切割、流式分选等方法将单细胞分离出来进行单细胞测序，因此最初的单细胞转录组研究涉及的细胞数量有限。随着技术的不断进步，尤其是微流控系统的引入，单细胞测序技术的通量大大提高。这些基于微流控的代表性单细胞测序技术包括 10 × Genomics、Drop-Seq、InDrop 等。10 × Genomics 单细胞转录组测序平台利用微流控、油滴包裹和条形码（barcode）标记等技术实现高通量的细胞捕获，能够一次性分离并标记 500 ~ 10 000 个单细胞，从而获得每个细胞的转录组信息，具有细胞通量高、建库成本低、捕获周期短等优势。总体来讲，当前的单细胞测序技术具有高分辨率、高通量、低成本的特点，这为全面解析单细胞异质性提供了更多机会（图 7-1）。

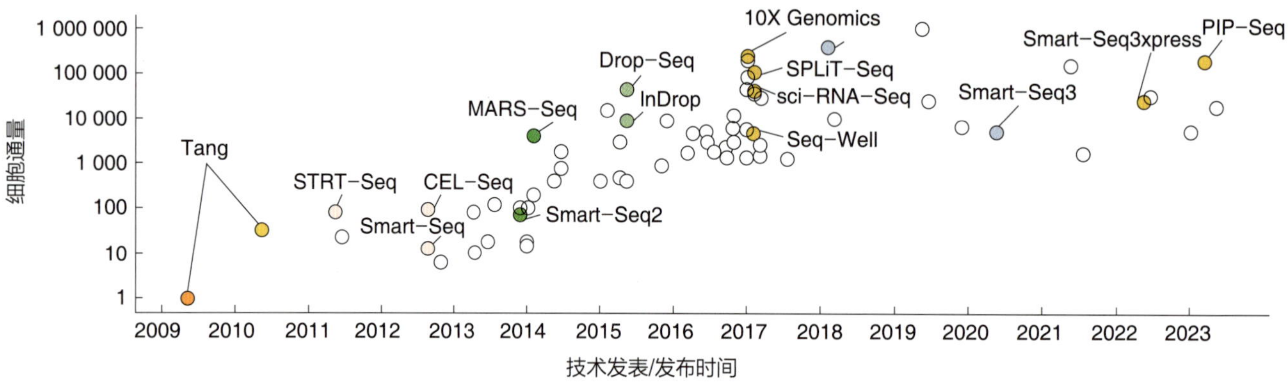

图 7-1 单细胞转录组测序技术的发展

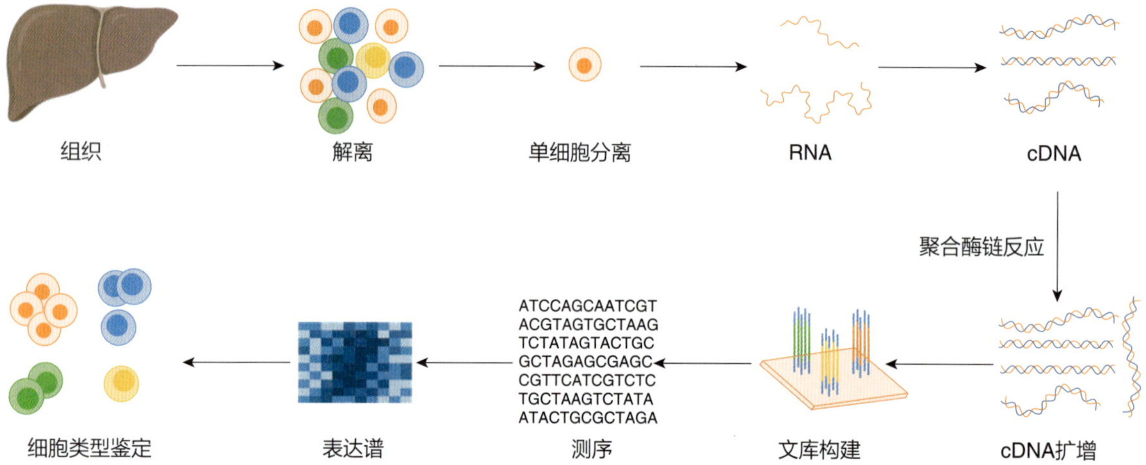

图 7-2 单细胞转录组测序流程

（2）代表性单细胞测序技术介绍

单细胞测序的一般流程包括单细胞悬液制备、单细胞分离、cDNA 扩增、文库构建和测序等步骤（图 7-2）。其中，3′ 端单细胞转录组方法是最早被广泛采用的单细胞 RNA 测序技术之一。在 3′ 端单细胞转录组测序中，RNA 测序反应从 mRNA 的 3′ 端开始，通过附加短引物（称为“oligo-dT”引物）来引导反转录反应。2016 年，10 × Genomics 发布的 Chromium Single Cell 3′ Solution，是一种在单个细胞水平对 mRNA 进行高通量测序的新技术。该方法采用基于微滴的微流控系统来分选细胞，实现了在每个微滴中同时测定多个基因的 3′ 端转录本信息。单细胞全长转录组测序方法可以在单细胞水平上获取从 5′ 端到 3′ 端全长转录本信息，以更全面地了解细胞内的基因表达和转录调控。单细胞全长转录组的代表性测序技术包括 Smart-Seq 及 SCAN-Seq。Smart-Seq 技术通过随机引物和反转录来合成 cDNA 获得全长转录本信息。2023 年，研究者开发了基于第三代测序（third generation sequencing，TGS）平台的新型单细胞转录组测序技术，即 SCAN-Seq2（single cell amplification and sequencing of full-length RNAs by Nanopore platform 2），该技术通过纳米孔平台对全长 RNA 进行单细胞扩增和测序，高精度地检测单细胞中的全长转录本。

下面以 10 × Genomics 和 Smart-Seq2 为例，简要介绍单细胞转录组测序技术流程。

① 10 × Genomics　10 × Genomics 3′ 端单细胞转录组测序采用 Chromium 平台，利用微流控和液滴技术将单个细胞和带有细胞条形码（cell barcode）、唯一分子标识符（unique molecular index，UMI）和引物的凝胶珠（gel beads）包裹到微液滴中分隔成 GEM（gel bead in emulsion），从而完成单个细胞的捕获。首先对组织样本进行单细胞悬液制备，并将细胞和带有条形码的微珠共同加载到 10 × Genomics Chromium 芯片上，这些条形码可识别每个转录本的细胞来源；细胞和凝胶珠包裹到微液滴中形成 GEM，随后细胞裂解，凝胶珠溶解，在每个凝胶 GEM 内进行反转录反应；反转录完成后油滴破裂，对 cDNA 产物进行收集和扩增构建测序文库进行测序。10 × Genomics 的 3′ 端和 5′ 端建库方案的主要区别在于捕获探针序列和反转录引物不同。在 3′ 端建库方案中，凝胶珠的末端序列是 poly（dT），用于和转录组 3′ 端的 poly（A）结构互补配对。而在 5′ 端建库方案中，凝胶珠的末端序列是模板转换寡核苷酸（template-switching oligos，TSOs），其末端有 poly（G）的结构。转录本会在酶的作用下在其 5′ 端加上 poly（C）的结构，由此完成配对。T 细胞受体（T cell receptor，TCR）和 B 细胞受体（B cell receptor，BCR）变异性主要存在于它们的 V、D、J 区域。V 区域位于转录本的 5′ 端，因此，通过 5′ 端测序来获取 TCR 和 BCR 的 V 区域序列更具操作性，从而更准确地鉴定和分析它们的多样性和克隆扩增情况。

② Smart-Seq2　Smart-Seq2 是一种用于获得每个细胞全长 cDNA 文库的测序技术，可实现全转录本扩增，因此可以进行选择性剪接和 SNV 检测。相比于 3′ 端或 5′ 端测序，全长转录本测序在转录本的覆盖率上没有 3′ 端或 5′ 端偏向性。该技术在研究低丰度和可变剪接转录本时尤其有效。

Smart-Seq2 的技术特色体现在其模板置换过程中。在细胞裂解液中加入 M-MLV 反转录酶、游离的脱氧核苷酸三磷酸（dNTPs）、oligo（dT）引物、甜菜碱及氯化镁等组分，利用 oligo（dT）引物启动 mRNA 的反转录过程，从而获得 cDNA 的第一条链。当反转录酶到达 mRNA 5′ 端时，会在新合成的 cDNA 3′ 端多出几个胞嘧啶（C）碱基。然后引入 TSOs，与第一条链 poly（C）杂交促进模板转换，并利用 M-MLV 反转录酶进行后续 PCR 扩增，获得双链 cDNA。这些特点使得 Smart-Seq2 技术能够高效地获得全长 cDNA。

7.1.4.2　空间转录组

常规的单细胞转录组学技术在进行测序前需要将细胞解离成单细胞悬液，然后利用单细胞分离技术（微孔、微板、微液滴等方法）进行单细胞建库，在这个过程中细胞失去了在组织中原本的空间信息。然而在一些研究中，如探究细胞命运机制及细胞谱系发生时，空间位置信息尤为重要。所以需要在单细胞的基础上，联合空间转录组，两者相互印证，才能获取更真实的信息。空间转录组学为生物学家们研究细胞生物学提供了独特的视角。本章将简要介绍空间转录组学的代表性技术。

不同的空间转录组学方法涵盖了检测到的基因数量、分辨率和整个转录组分析的各个方面。以靶标的最终读数以及如何获得空间内容为依据，可以分为以下几种：① 基于测序的方法；② 基于探针的方法；③ 基于成像的方法；④ 原位和体内成像引导的空间分辨率单细胞测序方法（Image-Seq）。基于测序的方法依赖于基于空间条形码 DNA 的全转录组/基因组测序；基于探针的方法需要对已知目标的条形码探针进行计数；基于成像的方法依赖于重复的成像周期来获得已知目标的最终读数；基于显微图像的 Image-Seq 方法能够选择和分离感兴趣区（region of interest，ROI）中的单细胞。

基于测序或二代测序（next generation sequencing，NGS）的方法通常被认为较少受到技术偏倚的影响，不依赖于事先选择的目标区域，能够全局捕获转录本，从而能够发现新的差异基因或生物学机制。该类方法的应用有 10 × Genomics Visium、Slide-Seq、Stereo-Seq 和 Light-Seq 等。与基于测序的空间转录组学方法相比，基于寡核苷酸探针的方法（如 NanoString 的数字空间分析系统）通常用于捕获手动选择的感兴趣区中的靶向转录本。基于成像的方法和基于探针的空间转录组学方法类似，都是依赖原位杂交，但前者使用互补的荧光探针进行检测。常用的基于成像的方法有 NanoString 的新型系统 CosMx™ 空间分子成像仪（CosMx SMI）、MERFISH（multiplexed error-robust fluorescence *in situ* hybridization）等。Image-Seq 可以选择空间上不同的细胞或感兴趣区，从而保留其天然空间信息并进行深入分析。最早的例子是激光捕获显微切割（laser capture microdissection，LCM），通过紫外光或红外光对组织切片的感兴趣区进行物理显微解剖。

随着空间转录组学技术分辨率和灵敏度的提高，与其他组学模式整合可用于提供有关组织表征更广泛和更全面的信息。例如，空间基因组测序与原位转录组学分析结合可用于加深对基因组组织和功能编程的理解，如 Slide-DNA-Seq 是一种从组织切片中捕获空间分辨 DNA 序列的方法，能够用于发现不同的肿瘤克隆及其拷贝数的变化。该方法已与空间转录组学相结合，用于挖掘与克隆特异性遗传畸变和局部肿瘤微环境相关的基因。

7.2 转录组学数据的基础分析

7.2.1 转录组的组装

转录组的组装旨在将高通量测序产生的短读段（reads）拼接成完整的转录序列。转录组组装质量的好坏直接影响下游分析结果的可靠性。为此，在组装前常需要对测序数据进行质量控制和预处理，并选择合适的算法拼接测序数据。利用 FastQC、PRINSEQ 等软件，可从测序通量、碱基质量、序列长度、接头序列等多个角度检查测序数据的质量。对于低质量的测序数据，可利用 Trimmomatic、fastp、Picard 等软件进行去除或修剪。根据待分析物种是否有参考基因组序列以及是否为长读长数据，可选择合适的转录组组装策略，例如，基于参考基因组序列的转录组组装（genome-guided）、从头组装（*de novo* assembly）以及多策略混合组装（hybrid assembly）（图 7-3）。

7.2.1.1 基于参考基因组序列的转录组组装

基于参考基因组序列的转录组组装，首先将 RNA-Seq 数据比对到待分析物种或其近缘物种的基因组序列上，最后拼接出对应的基因和转录本序列（图 7-3）。目前主流的比对算法有 Bowtie2、HISAT2 和 STAR 等。

Bowtie2 为基因组序列建立 BWT（Burrows-Wheeler Transform）索引，考虑匹配、错配、测序读段的质量和插入/删除惩罚等多种因素进行比对打分，并进一步利用字符串压缩和搜索方法，实现测序读段在全基因组范围内的快速定位与最佳匹配搜寻。Bowtie2 能够处理包含低复杂度和重复序列的参考序列，支持短、长读段数据与基因组序列的快速比对。HISAT2（Hierarchical Indexing for Spliced Alignment of Transcripts）通过结合 BWT 索引和轻量级图形遍历，内置剪接模型能够更准确地处理转录本的剪接事件，提供更精确的读段定位，从而得到更准确的基因和转录本表达量估计。STAR（Spliced Transcripts Alignment to a Reference）是一种基于散列索引和基因剪接信息感知的比对算法，可以精确地定位读段在参考基因组上的

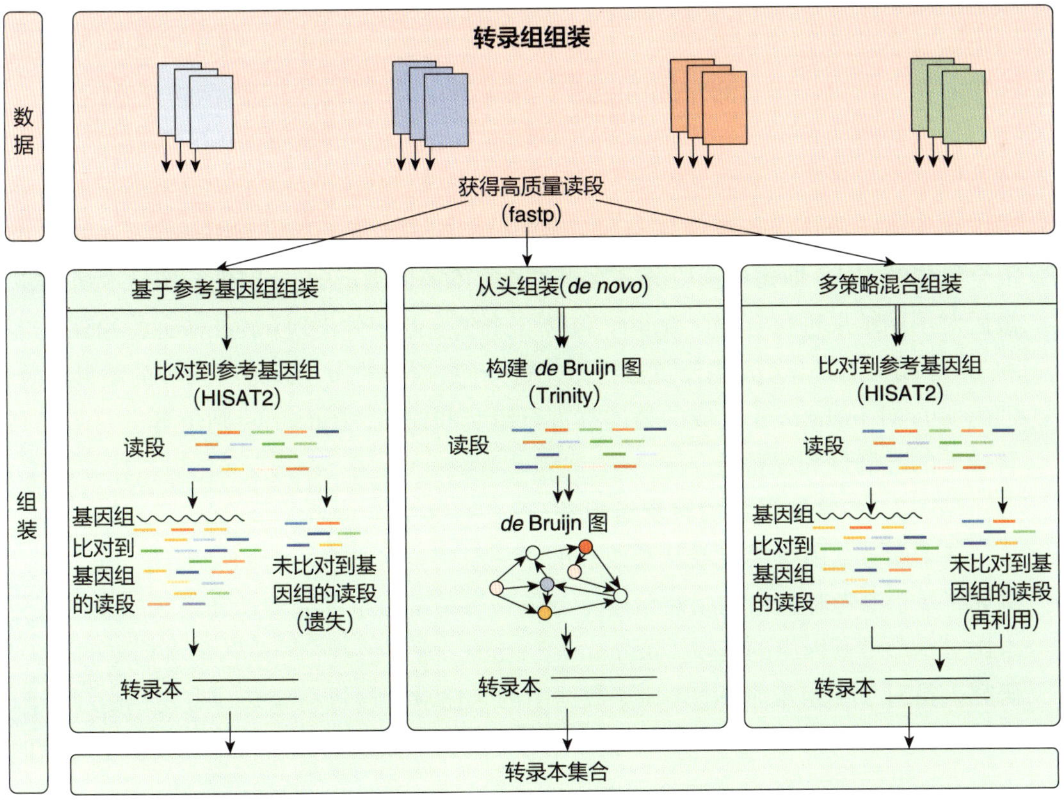

图 7-3 三种组装策略示意图

外显子和内含子边界，从而能够提供更准确的基因表达量估计和剪接事件检测。总体来说，Bowtie2 可以快速处理大规模的测序数据，但在处理 RNA-Seq 数据时对剪接位点的感知能力不够强。同 Bowtie2 相比，STAR 具有更高的比对准确性，但比对速度相对较慢。HISAT2 用于 RNA-Seq 数据与基因组序列比对时，兼具速度快和精度高的优势。

基于测序数据与参考基因组的比对结果，可利用 Cufflinks、StringTie、Scallop 等软件进行转录本的组装。以 StringTie 为例，使用比对结果和参考基因组注释文件构建选择性剪接图（alternative splice graph，ASG），图中以不同路径（path）的形式代表不同的转录本。进行转录本组装时，首先找到读段覆盖度最高的一条路径，将其作为该区域的第一条转录本，利用该路径中的所有读段计算该转录本的表达水平后，移除这些读段；接着更新 ASG，继续寻找下一条读段覆盖度较高的路径，直至用尽该区域内的所有读段；最后，StringTie 以相同方法鉴定其他区域内的转录本，逐步组装并计算其表达水平。对于短测序数据的组装结果，往往需要利用 Cuffmerge 等软件进一步合并组装结果，生成更完整的转录本序列。

7.2.1.2 转录组的从头组装

从头组装（*de novo* assembly）是指在不依赖于参考基因组序列的情况下，直接根据测序数据之间的重叠情况进行转录本的拼接（图 7-3）。主要包括四个步骤：① 将测序得到的读段打断为指定长度（如 k bp）的短片段 k-mer；② 将出现频率最高的 k-mer 作为种子序列，向两端比对延伸，最终生成不同的叠连群序列；③ 对所有叠连群序列寻找重叠区域（长度为 $k-1$ bp），并构建 *de* Bruijn 图；④ 以 *de* Bruijn 图为基础，搜索测序读段在图中的路径并构建出所有可能的转录本。

目前常用的从头组装的生物信息学软件有 Trinity、rnaSPAdes、Trans-ABySS、SOAPdenovo-Trans、Velvet-Oases 等。Trinity、SOAPdenovo-Trans 和 Trans-ABySS 可以将 k-mer 的长度参数设置为一个固定值，而 Velvet-Oases 则采用多 k-mer 长度混合组装的方式，即每条读段分多次生成长度不等的 k-mer，分别进行转录本的组装，最后对不同结果进行合并。Trinity 包含 3 个独立的软件模块：Inchworm、Chrysalis 和 Butterfly。Inchworm 主要负责将 RNA-Seq 数据中的短读段进行初步的图形组装，Chrysalis 对 Inchworm 生成的叠连群进行组装和连接，Butterfly 则负责进一步提高转录本的准确性和完整性。

7.2.1.3 多策略混合的转录组组装

基于参考基因组组装或从头组装的单一组装策略具有一定的局限性（表 7-2）。例如，基于参考基因组的组装策略十分依赖参考基因组的完整性和组装质量。部分未比对至参考基因组的读段（unmapped reads）常被忽视，导致转录本信息的丢失。研究人员对 171 组玉米 RNA-Seq 数据中的未比对读段进行组装，鉴定出数千条以前未被注释的转录本。从头组装策略容易受到测序错误的影响，可能会产生复杂的 *de* Bruijn 图；难以区分来自同源基因的读段，导致转录本的错误组装。

表 7-2 不同组装策略的优缺点比较

组装策略	优点	缺点
基于参考基因组组装	可靠度高；所需计算资源较少；能注释出新的转录本等	必须依赖已知基因组信息；组装结果受基因组组装质量、序列比对软件的性能等因素影响
从头组装	不需要提供参考基因组序列，直接从测序数据本身入手，可以避免低质量基因组组装等带来的误差和错误	受测序错误、测序偏差、同源序列高度相似等因素影响，组装结果存在片段化、错误率高等问题
多策略混合组装	更高的转录本覆盖度；有助于发现新的、未知的基因	组装过程变得更加复杂，计算和存储需求高，结果的解释更加困难

使用多策略混合组装的方法进行转录组组装（图 7-3），既考虑到参考基因组和注释中所包含的基因模型先验知识，又使用了从测序数据本身中提取的相关基因信息，在降低从头组装复杂性的同时，可以更大限度地减少由参考序列引入的偏差。因此，整合基于参考基因组序列的组装结果和从头组装结果，可进一步提高转录组组装的准确性和完整性，得到更为全面的转录组图谱。

7.2.2 转录组的定量

转录组定量分析常以测序数据与基因组的比对结果为基础，量化基因、转录本、外显子等水平上的表达量。常见的软件有 HTSeq、BEDTools、FeatureCounts、StringTie、Qualimap 等。

7.2.2.1 基因水平的表达定量

基因水平的表达定量有多种算法，包括 RPKM（Reads Per Kilobase per Million mapped reads）、FPKM（Fragments Per Kilobase of transcript per Million mapped reads）和 TPM（Transcripts Per Million）等。目前，常采用 TPM 算法估算基因水平的表达值（图 7-4），其计算公式如下：

$$TPM = \frac{N_i/L_i \times 10^6}{N_1/L_1 + N_2/L_2 + \cdots + N_n/L_n} \quad (7-1)$$

其中，N_i 代表比对到基因 i 的读段数量，L_i 代表基因 i 的长度。

近年来，研究人员还提出了一种无须基因组比对的表达定量方法（alignment-free 或 pseudo-alignment），研发出 Sailfish、Kallisto、Salmon 等软件。Sailfish 使用 k-mer 统计方法量化基因表达；Kallisto 基于最大期望算法来计算基因表达水平；Salmon

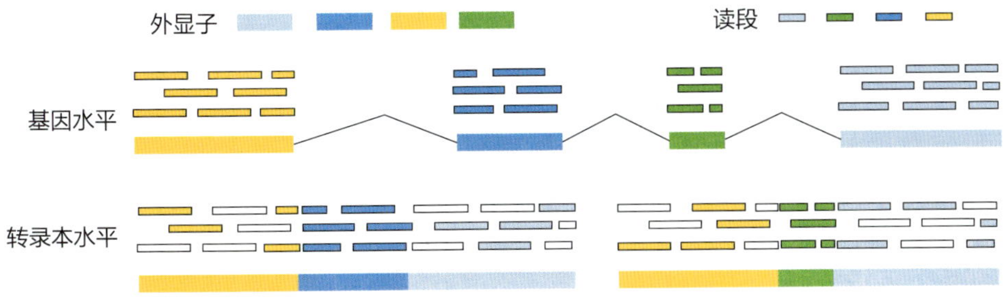

图 7-4 基因水平和转录本水平表达定量示意图

基于概率模型使用聚类索引结构快速实现基因表达定量。通过比较基于比对和无须比对的表达定量方法，研究人员发现无须比对的方法对长度更长、表达丰度更高的转录本定量结果更为准确。

7.2.2.2 转录本水平的表达定量

基因水平的表达分析常常忽略了同一基因不同转录本的表达差异。为此，可采用 Cufflinks、StringTie、Salmon、Kallisto 等软件实现转录本水平的表达定量。以 StringTie 为例，其使用最优插入位置算法寻找剪接位点（junction），通过分析读段在剪接位点上的分布模式来推断转录本是否存在和相对丰度。这种方法能够处理多比对和重叠比对的读段，更准确地识别转录本。

7.2.2.3 转录组定量结果的质量控制

在对转录组定量后，部分基因的定量结果可能存在离群值（outlier）。离群值的处理通常基于统计学方法，如离群值检测算法，或根据特定实验设计和样本特征对离群值进行检测。然后通过删除、替换离群值等对离群值进行处理。此外，对整个数据进行对数转换或归一化有助于缓解部分离群值对分析的影响。

值得注意的是，在研究中由于不同实验时间、不同实验室条件、不同批次的试剂等因素带来的实验误差，反映到转录组数据上就是批次效应（batch effect）。limma R 软件包提供的 removeBatchEffect 函数可一定程度地消除批次效应。该函数首先为每个基因的表达值拟合一个包含批次结构阻断项的线性模型。然后，将每个阻断项的系数设为零，并从剩余项和残差中计算表达值，从而得到一个消减批次效应的新表达矩阵。ComBat 方法使用了类似的策略，但在此过程中增加了对阻断系数估计值进行经验贝叶斯收缩。除此之外，RUVseq 和 svaseq 也经常用于批次校正，但主要关注识别未知的变异因素，如那些由于未记录的差异引起的批次效应。

在批次校正之后，可以使用 RLE（relative log expression）等指标来评估不同批次样本的相似性。RLE 基于每个基因在各个样本中的相对表达量来比较各个样本中的基因表达情况，从而评估样本间的相似性。理论上讲，消除批次效应后的数据，其 RLE 分布应接近于零。表达量对数分布（expression log distribution）通过比较标准化前后的表达量对数分布，来判断批次效应校正的效果。这些评估指标在基因表达数据分析中具有重要作用，有助于获得更可靠的生物学结论。

7.2.3 转录组差异表达分析

7.2.3.1 配对样本的转录组差异表达分析

从定量策略的角度来看，差异表达分析可分为两种方案：基于读段计数的差异表达分析和基于数值归一化的差异表达分析。

基于读段计数的差异表达分析首先要得到比对至基因的读段数目，进而得到读段计数矩阵（reads count matrix）并利用广义线性模型分析基因的差异表达情况，计算出组间差异。常用的差异表达分析软件包括 DESeq2、edgeR、limma 等。基于数值归一化的差异表达分析常用软件有 CuffDiff、Ballgown 等。在进行差异表达基因/转录本鉴定时，通常采用两个指标进行筛选：① 表达值的差异倍数（fold change，FC）；② 错误发现率（false discovery rate，FDR），经统计学方法校正后的 p 值。

若实验涉及多个突变体、多种药物剂量或多个时间点等因素，可利用 edgeR 等软件进行多因子（multiple factor）基因差异表达分析（图 7–5）。例如，在比较药物（drug）和安慰剂（placebo）的影响时，分别在施药/安慰剂0 h 和2 h 进行取样。在比较2 h 后药物和安慰剂的差异情况时，需要考虑多因子的比较方法，即（Drug.2h-Drug.0h）-（Placebo.2h-Placebo.0h）。

7.2.3.2 时序样本的转录组差异表达分析

在研究动态生物过程（如生长发育、病原侵染或药物反应）时，需要在多个时间点进行时序（time course，TC）采样，以便捕获其所涉及的动态生物学过程。基于时序数据鉴定差异表达基因的分析策略可分为局部分析与全局分析。

局部分析是将每个时间点视为不同条件，捕获在特定时间点之间或单个时间点的不同条件间发生变化的基因集合。此类分析策略忽略了基因表达的时序依赖性信息，在长时间序列分析上很难获得一致性的统计学检验结果。全局分析则考虑基因在时序数据上的全局表达模式，捕获基因随着时间推移的表达变化模式。目前常用的时序差异表达分析软件有 ImpulseDE2、maSigPro（Next maSigPro）和 splineTC 等。

maSigPro 是基于基因芯片技术研发的时序数据分析软件，通过建立基因表达量、组别和时间之间的关系，利用最小二乘法选取最优参数，进而构建最具有统计学意义的基因回归模型。Next maSigPro 通过将广义线性模型整合到 maSigPro 软件包中，用于处理 RNA-Seq 的读段计数矩阵。

在时序差异表达分析的基础上，可进一步利用 STEM、Mfuzz 等软件对基因的时序表达数据进行聚类分析（图 7–5），从而揭示基因表达的动态模式和变化趋势。

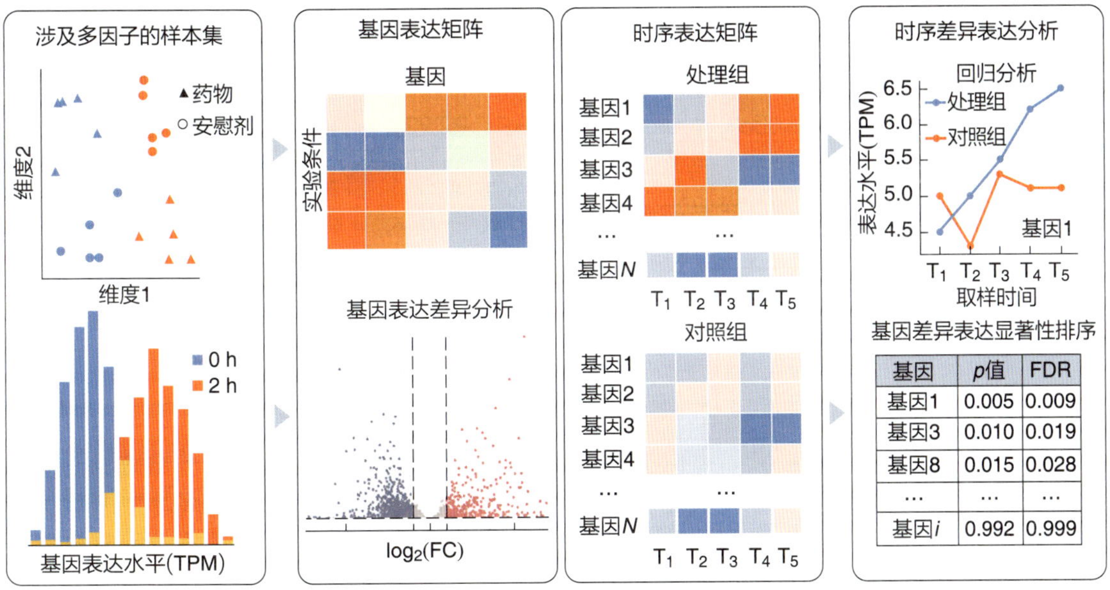

图 7–5 差异表达分析示意图

7.2.4 转录组聚类分析

常用于转录组聚类分析的生物信息学流程如图 7-6 所示。对于一个给定的基因表达矩阵，可进行样本聚类（sample clustering）、基因聚类（gene clustering）、双聚类（biclustering）、集成聚类（integrative clustering）等不同角度的聚类分析。样本聚类将不同实验条件或不同时间状态下的样本依据基因表达模式进行聚类，常用于发现样本之间的相似性及差异性，R stats 软件包中 hclust 和 *K*-means 函数可分别依据层次聚类（hierarchical clustering）和 *K*-均值聚类（*K*-means clustering）算法对样本进行聚类。基因聚类可将表达模式高度相似的基因聚为一簇，有助于探究特定信号通路中的共同调节基因。双聚类可同时对基因和样本进行聚类，以识别在特定生物条件下共同表达的基因集合和样本集合，此过程可用 pheatmap 包来实现。集成聚类则是将多种聚类算法整合起来，用于将来源于不同平台、不同类型特点的组学数据信息进行聚类，以更全面、更系统的角度深入理解组学数据之间的关联与互作。依据所使用算法的不同，集成聚类又可细分为贝叶斯一致性聚类，基于矩阵分解的聚类和基于网络的多组学聚类等，目前用于集成聚类的 R 软件包有 bayesCC 和 iCluster。

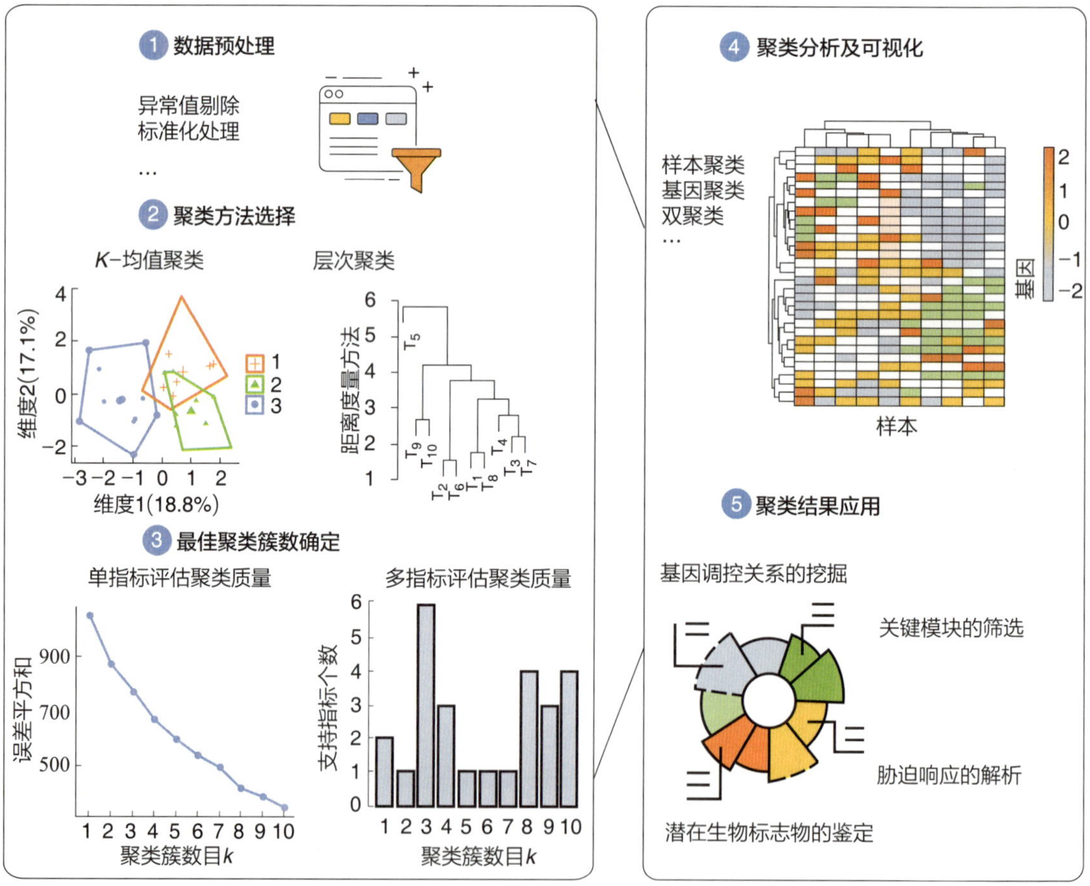

图 7-6 转录组聚类分析流程图

聚类簇数的设置对转录组聚类分析的结果影响很大。如何确定最佳聚类簇数是转录组聚类分析的重要问题。对 *K*-均值等聚类算法，常通过 R 软件包 NbClust 计算不同聚类簇数下的簇内平均距离（误差平方和），并绘制关系图。图中误差平方和显著减少的拐点，其所对应的聚类簇数通常被视为最佳簇数。转录组聚类分析后，可使用 R 软件包 pheatmap 进行结果可视化。对于聚类的结果，可应用于挖掘参与特定生物学过程的功能基因、探索生物系统在不同环境条件下的适应机制等。

7.2.5 转录组降维分析

降维分析是通过线性或者非线性变换将高维数据映射到低维空间，在尽量保留原有数据的信息基础上，通过减少特征变量数目和降低数据复杂度，为后续的聚类、分类和可视化分析提供基础。

PCA、ICA、MDS、t-SNE 和 UMAP 等是常见的降维算法，处理不同来源的数据需要选择合适的降维方法。常用于降维生物学数据的算法及其对应的工具有 PCA（prcomp 和 princomp 函数），NMF（CoGAPS 包）和 t-SNE（Rtsne 包）。与 PCA 分解要求主成分正交不同，非负矩阵分解（non-negative matrix factorization，NMF）要求分解之后的矩阵都非负。easyMF 将 PCA、ICA、NMF 这几种利用矩阵分解来降维的方法整合为一体，能够满足不同层面的数据分析需求（图 7-7）。

图 7-8 展示的是 PCA 降维之后的样本可视化结果。对于降维之后的数据分组，需要判断数据划分的效果，评估分组是否有意义。检验分组的显著性，可用相似性分析（analysis of similarities，ANOSIM）、多重响应置换过程分析（multiple response permutation procedure，MRPP）、非参数多因素方差分析（permutational multivariate analysis of variance，PERMANOVA）等方法判断降维之后的组别是否

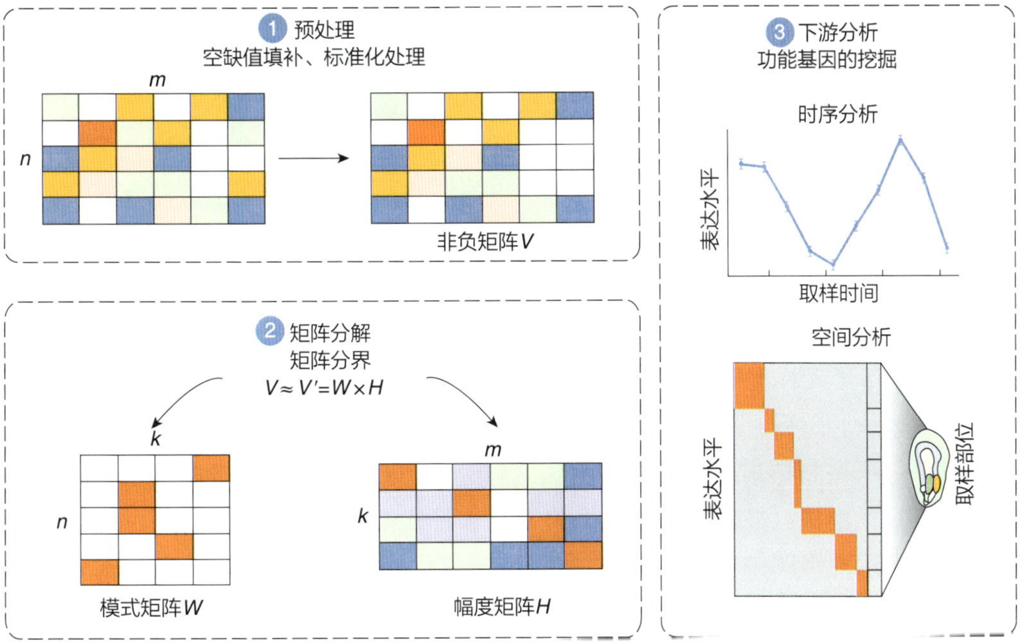

图 7-7 NMF 矩阵分解原理

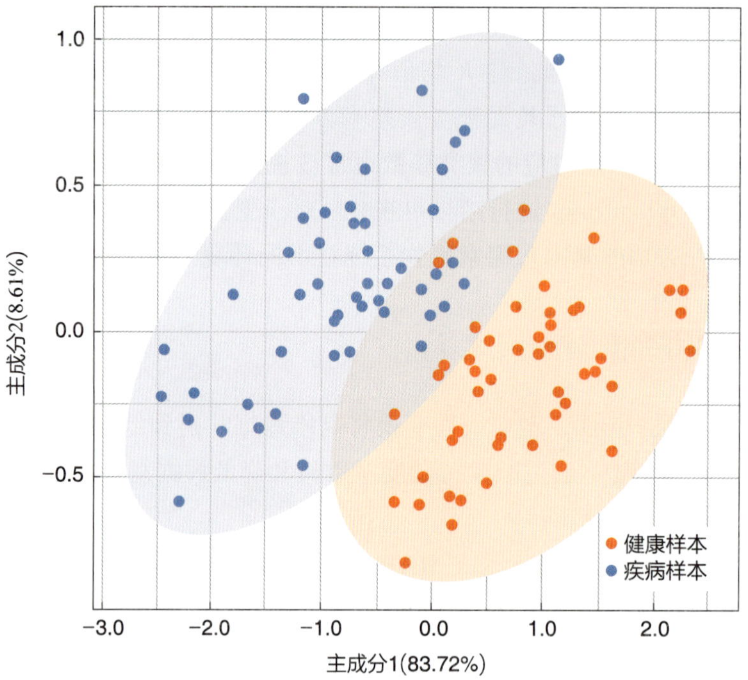

图 7-8 PCA 降维数据的分组

存在显著差异。ANOSIM 依据样品之间的距离排序来判断数据组间差异是否显著大于组内差异；MRPP 利用置换检验对分组进行显著性分析；PERMANOVA 又称为置换多因素方差分析，通过计算样品之间的距离对分组进行统计学检验。

7.2.6 共表达网络分析

基因共表达网络分析（gene co-expression network analysis，GCNA）是一种用于解析基因表达关联模式的系统生物学分析方法。通过构建基因共表达网络，研究人员可以识别具有相似表达模式的基因模块，探索基因网络与表型的关联，挖掘网络中的核心基因。加权基因共表达网络分析（weighted gene co-expression network analysis，WGCNA）是最常见的共表达网络分析方法之一。WGCNA 利用基因之间的加权相关性来构建网络，使网络的拓扑结构尽可能呈无标度分布特征。无标度网络由少数关键节点（hub 节点）和与其广泛连接的其他节点构成，更贴合真实的生物学网络（可参阅第 11 章内容）。

WGCNA 主要包含 4 个步骤：网络构建、基因模块分类、基因模块分析、核心基因鉴定。WGCNA 首先计算基因间的相关性系数，通过加权处理，构建无标度网络。然后，基于无标度网络的相异度使用聚类算法建树，进而划分具有相似表达模式的基因模块。随后，进行模块与外部样本特征的关联分析（计算模块与性状、模块与模块、模块与样本之间的相关性）、富集分析进一步解析网络模块中基因的功能，确定目标模块。最后，依据网络关系筛选目标模块中的 hub 基因。

在共表达网络图中（图 7-9），每一个节点代表一个基因，每一条线代表一个统计学上显著的共表达关系，节点的大小表示网络中与该基因相连的基因数量，即

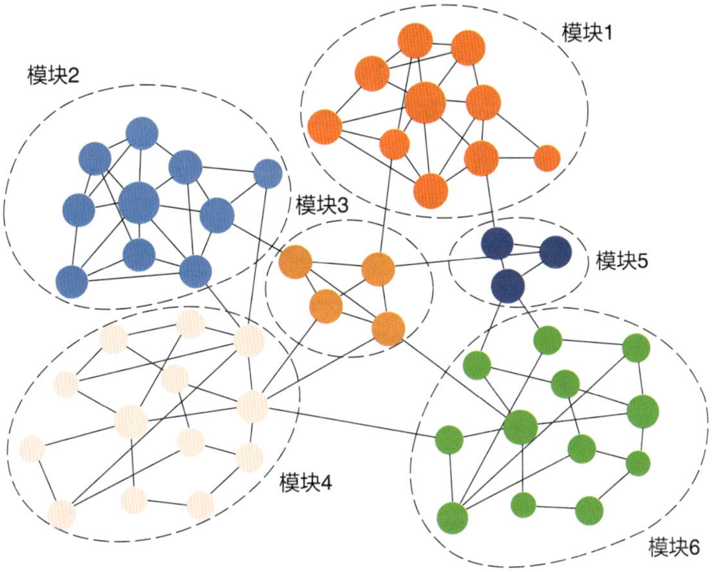

图 7-9 共表达网络分析模块示例图

基因连接度。在进行基因共表达网络分析时，需要注意以下 5 点。

① 基因表达数据质量控制 为了确保分析的准确性，需要进行基因表达数据的质量控制。通过对缺失值较多的基因进行去除、过滤离群样本、筛选表达变化大的基因，进而减少表达数据中的噪声以及共表达分析中的假阳性结果。

② 样本数量 WGCNA 适用于分析大量样本的复杂数据模式，减少样本数量会影响相关性计算、增大网络噪声、降低网络可靠性。因此，建议在样本数达到 15 个或以上（可包含生物学重复）时，使用 WGCNA 进行分析，以获得更可靠的结果。

③ 基因共表达的量化方法 WGCNA 通过基因表达的相关性建立基因之间的联系，需要选取合适的方法量化基因表达的相关性。常用的基因共表达量化方法包括皮尔逊相关系数（Pearson correlation coefficient，PCC）、斯皮尔曼相关系数（Spearman correlation coefficient，SCC）和互信息（mutual information，MI）等。这些方法分别基于线性关系、秩次关系和变量之间的非线性依赖关系量化基因表达的相似性。除了 PCC、SCC 和 MI，R 软件包 rsgcc 中还提供了基尼相关系数（Gini correlation coefficient，GCC）用于基因共表达分析。GCC 能够有效地降低样本数目、表达数据分布以及离群值等因素对共表达分析结果的影响，能够发掘基因间非线性转录调控关系以及组织（或者发育阶段）特异的转录调控关系。

④ 网络构建的软阈值设定 软阈值的设定影响网络的连接密度、拓扑结构。软阈值的选择可根据样本数量和网络类型进行调整。拟合拓扑指数（fit index）可用于评估选定软阈值所构建的网络拓扑结构与无标度网络模型的拟合程度。如果拟合拓扑指数不符合无标度网络模型，可通过样本聚类分析检查是否存在表达异常样本。

⑤ 网络模块的分析 在相关性网络中，通常会重点关注“key module”和“hub gene”。“key module”可以通过功能分析、性状相关性分析确定；“hub gene”是模块中高度关联的基因，可以通过计算 KME 值（module eigengene-based connectivity）或模块内连接度（kWithin）筛选 hub 基因。

7.2.7 转录调控网络分析

转录调控网络（transcriptional regulatory network，TRN）是一类以转录因子及其靶基因为节点、基因间调控关系为边的生物学网络。全基因组层面的转录调控网络构建有助于获取新的基因交互作用，帮助研究人员理解特定实验条件下的基因调控规律（图 7-10）。

根据使用数据的不同，转录调控网络推断方法可分为两类：① 基于静态基因表达数据的 TRN 推断；② 基于动态基因表达数据的 TRN 推断。前者利用单一时间点或实验条件下的基因表达数据来推断基因调控关系，适用于研究稳态条件下的基因调控机制；后者则利用时间序列数据或不同实验条件下的基因表达数据来推断基因调控关系，揭示基因调控的动态变化和因果关系。受实验采样时间、测序仪器性能等因素的影响，上述两类方法构建的 TRN 中都会包含一定比例的假阳性结果。除此之外，重复数据的合并、缺失数据的填补等不同数据的处理过程也会对 TRN 的质量产生影响。

根据计算角度的不同，TRN 构建的模型可分为两类：离散变量模型和连续变量模型。离散变量模型主要包括贝叶斯网络（Bayesian network）模型和布尔网络（Boolean network）模型等；连续变量模型主要包括微分方程（differential equation）模型和神经网络（neural network）模型等。布尔网络把生物体内的遗传功能和相互作用简单地理解为逻辑规则。微分方程则是一种更为精细的数学模型，可以描述基因调控的因果关系，且基因间相互可以明确表示，但模型对数据的要求较高，模型的参数设置和估计较为困难。动态贝叶斯模型（dynamical Bayesian model）具有强

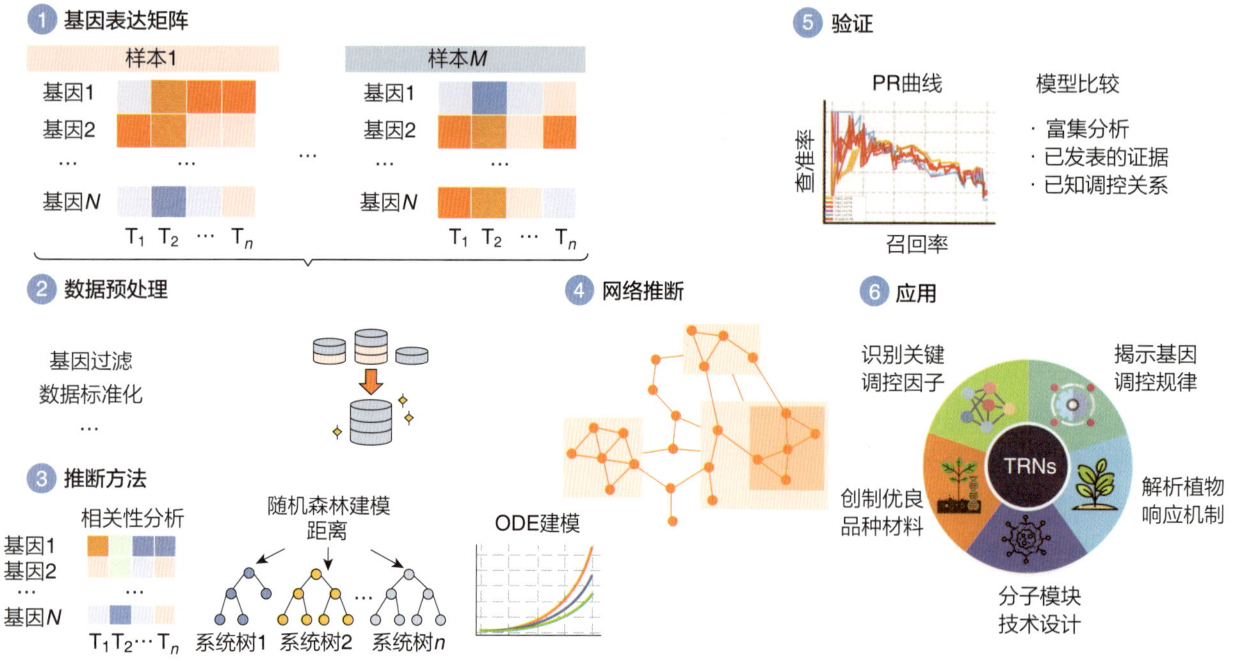

图 7-10　基于转录组学数据的基因调控网络分析

大的知识表达能力和概率推理能力，它的负反馈性、非线性以及随机不确定性与真实的生物系统相似，但存在计算量较大的问题。因此，结合不同模型构建转录调控网络，可以充分利用各模型的优势，提高网络推断的准确性（表 7–3）。

表 7–3 基于时间序列转录组学数据的基因调控网络推理工具

工具	方法	编程语言
Time-delayed ARACNE	互信息	R
Jump3	回归	MATLAB
TSNI	常微分方程	MATLAB
dynGENIE3	回归 + 常微分方程	R
BETS	Granger 因果关系	Python
SWING-RF	Granger 因果关系 + 回归	Python
CGC-2SPR	Granger 因果关系	R/MATLAB
scanBMA	动态贝叶斯模型	R
Package GeneNet	动态贝叶斯模型	R
Package G1DBN	动态贝叶斯模型	R
PROB	动态贝叶斯模型	MATLAB
MERLIN	动态贝叶斯模型	C
REVEAL	布尔网络 + 互信息	C
BoolNet	布尔网络	R
ATEN	布尔网络 + 回归	R
Inferelator	常微分方程	R
DryNetMC	常微分方程	R

在基于转录组数据推断 TRN 的分析中，评估所推断网络的准确性是一个关键且必要的步骤（图 7–10）。常用的评估方法是将推断出的边与公共数据库中注释的转录因子—靶点相互作用进行比较。然而，数据库中包含的参考数据数量相对有限，使得评估实验只能针对推断网络中的一个子集开展。另一种评估方法是利用模拟数据。虽然可以对不同实验条件下的 TRN 进行模拟分析，但是依然存在模拟数据难以覆盖所有真实网络的问题。除了网络准确性的评估外，TRN 推断中的另一个重点是在相同数据集上比较不同推断方法之间的网络差异。这种比较可以评判不同方法在相同数据集上是否得到一致的结果，进而评估推断网络的鲁棒性。

基于转录组数据的 TRN 分析可在多个领域展开应用研究（图 7–10）。在疾病研究中，可用于构建分子疾病图谱、确定预后生物标志物、发掘癌症进展和药物抵抗中的驱动基因等。在细胞命运决定研究中，可用于识别影响细胞命运的关键调节因子等。

7.2.8 基因的功能富集分析

基因的功能信息主要包括结构域、功能分类以及所在的生物通路等信息。常用的基因功能注释数据库有：GO（Gene Ontology）、KEGG（Kyoto Encyclopedia of

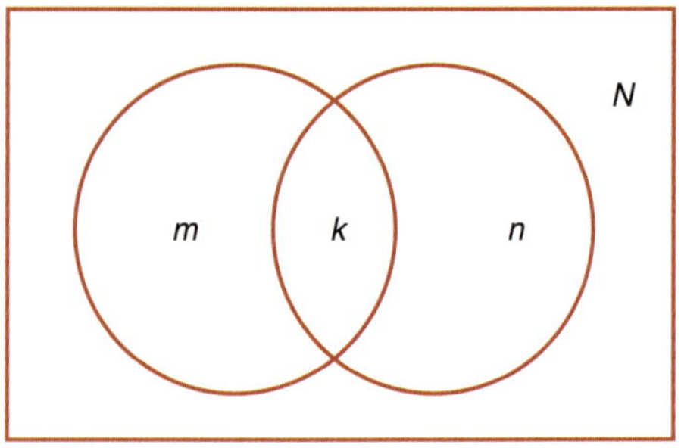

图 7-11 超几何分布

Genes and Genomes）、MSigDB（Molecular Signatures Database）等。GO 注释信息可利用 Blast2GO、eggNOG 等软件自动获取。

对于差异表达基因、聚于同一簇/模块的基因，可利用功能富集分析挖掘其所涉及的生物学过程、细胞组成和分子功能。常用于富集分析的软件有 clusterProfiler、DAVID、KOBAS 等。其中 clusterProfiler 支持对基因进行 GO、KEGG、DO（Disease Ontology）、MSigDB 等层面的富集分析。在进行富集分析前，需要选择合适的背景数据集，查询 Bioconductor 库和 AnnotationHub 中是否有分析物种的 OrgDb，若都没有，则需要准备物种的基因功能注释，进一步利用 AnnotationForge 创建 OrgDb 包以及函数“enricher”进行富集分析。根据数据来源和算法的不同可将基因功能富集分析方法分为四类：过表达分析（over-representation analysis，ORA）、功能集打分（functional class scoring，FCS）、基于通路拓扑结构（pathway topology，PT）和网络拓扑结构（network topology，NT）。其中 ORA 和 FCS 是 clusterProfiler 使用的两种基因集富集分析（gene set enrichment analysis，GSEA）方式。从统计学角度看，富集分析的目的是发现显著富集的基因功能集。假定 N 是所有表达的基因数目，n 是读者感兴趣的基因（如差异表达基因）数目，m 是某一 GO 条目中包含的基因数目，k 是该 GO 条目中差异表达基因的数目，利用超几何分布（hypergeometric distribution）（图 7-11），可以计算出这组差异表达基因是否显著富集于该 GO 条目。富集概率计算如下：

$$p = 1 - \sum_{i=0}^{k-1} \frac{C_{N-m}^{n-i} \times C_m^i}{C_N^n} \tag{7-2}$$

对于农作物的基因功能富集分析，可以利用 PlantGSEA、agriGO 和 PlantGSAD 等系列软件。需要注意的是，如果关注多个 GO 条目，需要利用多重检验校正（如 Benjamini-Hochberg 方法）对 p 值进行校正，以降低分析结果中的假阳性率；除了 GO 富集分析，还可以针对生物学通路、基因家族等进行富集分析；富集结果可以用 R 软件包“enrichplot”进行可视化。

7.3 非编码 RNA

7.3.1 长非编码 RNA

长非编码 RNA 是指长度大于 200 个核苷酸的单链非编码 RNA。它们形式上与 mRNA 类似，可以有多个外显子，但并不编码蛋白质，而是以 RNA 的形式在多种层面上（表观遗传调控、转录调控以及转录后调控等）发挥调控功能。

（1）长非编码 RNA 的分类和功能

lncRNA 最主要的分类方式是根据其在基因组上的相对位置，主要可以分为正义（sense）lncRNA：与蛋白质编码基因区域有重叠且方向一致；反义（antisense）lncRNA：与蛋白质编码基因区域有重叠且方向相反；内含子（intronic）lncRNA：主要产生于编码基因的内含子区域；基因间（intergenic）lncRNA：位于两个编码基因之间的非编码区域。

根据 lncRNA 的转录方式，还可以定义一些 lncRNA 类型，如趋异（divergence）lncRNA：在编码基因上游，共用一个启动子，反向转录的 lncRNA；增强子（enhancer）lncRNA：增强子区域转录出来的 lncRNA；启动子（promoter）lncRNA：启动子区域转录出来的 lncRNA。lncRNA 可能由 RNA 聚合酶 Ⅱ（RNAP Ⅱ）或者 RNA 聚合酶 Ⅲ（RNAP Ⅲ）转录，由 RNAP Ⅱ 转录的 lncRNA 通常包含 5′ 端帽（5′ capping）和 3′ 端多聚腺苷酸尾［poly（A）］。另外，假基因是在演化过程中丧失了蛋白质编码功能而废弃的基因，其转录本也可以认为是 lncRNA。

lncRNA 的功能机制十分复杂，已报道的功能包括：基因转录的激活与抑制、影响组蛋白修饰、染色质相互作用、可变剪接、转录后/翻译调控、作为海绵吸附 miRNA、作为内源 sncRNA 前体、调控蛋白质的功能活性、相互作用和细胞定位、参与形成核结构等。lncRNA 在胚胎发育、细胞分化、衰老等生物学过程以及多种复杂疾病中均发挥重要作用。

（2）长非编码 RNA 的鉴定与定量

基于 RNA-Seq 数据鉴定新的 lncRNA 属于转录组组装，相关方法在前面的章节已有介绍，主要包括以下两种策略：一是基于参考基因组，二是从头组装（*de novo* assembly）（图 7–12）。另外需要确认得到的转录本是否为已知的 lncRNA 或 mRNA，软件可能会基于用户提供的已知转录本注释文件进行初步判断，但可能存

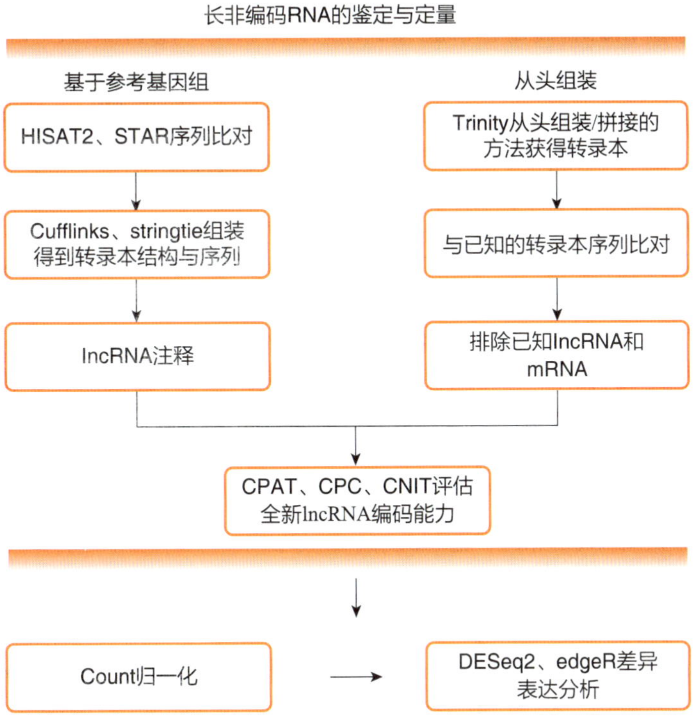

图 7–12 长非编码 RNA 的鉴定与定量

在注释不全。新发现的 lncRNA 包括全新的 lncRNA 和已知 lncRNA 的新可变剪接转录本。对于确认为新发现的 lncRNA，再用转录本编码能力评估软件（如 CPAT、CPC、CNIT 等）判断该转录本是否有编码蛋白质的能力。

lncRNA 的定量方法与 mRNA 转录组分析类似，都是基于读长计数再进行归一化处理（主要包括 RPKM、TPM 和标度因子等）。对于 RNA-Seq 这种同时检测 lncRNA 与 mRNA 的情况，可以采用相同归一化流程，差异表达分析也可以用同一个分析流程（如 DESeq2、edgeR 等）。

（3）长非编码 RNA 代表性数据库

随着测序技术的不断发展，人们对 lncRNA 的兴趣日益浓厚，在 lncRNA 的研究上也取得了丰富的成果。表 7-4 列举了几个具有代表性的长非编码 RNA 相关数据库。

表 7-4 长非编码 RNA 的代表性数据库

数据库名称	内容与特点
RNAcentral	RNAcentral（国际 RNA 数据库联盟）是一个非编码 RNA 序列数据库，收集了来自多物种所有类型的 ncRNA。通过精选多个专家数据库中全面且及时更新的非编码 RNA 数据，进行整合并统一访问
NONCODE	一个收集和注释各类非编码 RNA，特别是 lncRNA 的综合性数据库。于 2006 年创建，包含 16 种动物和 23 种植物的共 644 510 个 lncRNA，其中人类 lncRNA 数量为 173 112 个。数据库提供了 ncRNA 定位、序列、表达谱、外泌体表达谱、保守信息、功能预测、疾病关联、RNA 结构，以及 Blast 分析等。还引入人类 lncRNA 和疾病间的关系
lncBook	整合人类 lncRNA 及多组学注释的数据库，并鉴定了疾病和不同环境中的特征 lncRNA。现已升级到第二版，包含 95 243 个 lncRNA 基因和 323 950 个转录本的高质量集合和多组学水平上丰富的注释
NPInter	对非编码 RNA 分子多维度的相互作用以及相关分子进行了详细的注释以及可视化，提供了一个全面、系统的非编码 RNA 相互作用的研究平台。最近关注非编码 RNA 相互作用在肿瘤生物学和新冠病毒中的研究
LncBase	实验支持的非编码 RNA 上 miRNA 靶点的数据库，包含 24 万组织和细胞类型特异的 miRNA-lncRNA 相互作用。相互作用由 15 种不同的低/高通量方法定义，来自 243 种不同的细胞类型/组织和 162 种实验条件
Lnc2Cancer	提供全面的 lncRNA 或 circRNA 与人类癌症之间实验支持的关联。从 1 500 多篇论文中整理了 2 659 个人类 lncRNA、743 个 circRNA 与 216 个人类癌症亚型之间的 10 303 个关联条目。还提供了实验支持的 lncRNA 和 circRNA 在人类癌症中的调节机制、生物学功能和临床应用
lncRNASNP	提供包括人在内的 8 个物种 lncRNA 中 SNP 的数据库，包括 SNP 对 lncRNA 结构、lncRNA-miRNA 结合与表达的影响以及 lncRNA 的 eQTL。最新版中 SNPs 数量达到 67 513 785，其中人类 SNP 数量达到 2 387 685

7.3.2 环状 RNA

（1）环状 RNA 的产生和生物学功能

环状 RNA（circular RNA，circRNA）是一种新型的内源性非编码 RNA 分子。与传统线性 RNA（具有 5′ 端和 3′ 端）不同，circRNA 的结构主要是通过反向剪接（back-splicing）形成，即由线性 RNA 的 5′ 端和 3′ 端经共价结合，形成一个首尾闭合的单链转录本。circRNA 的环化合成途径一般包括：剪接体依赖的环化途径、

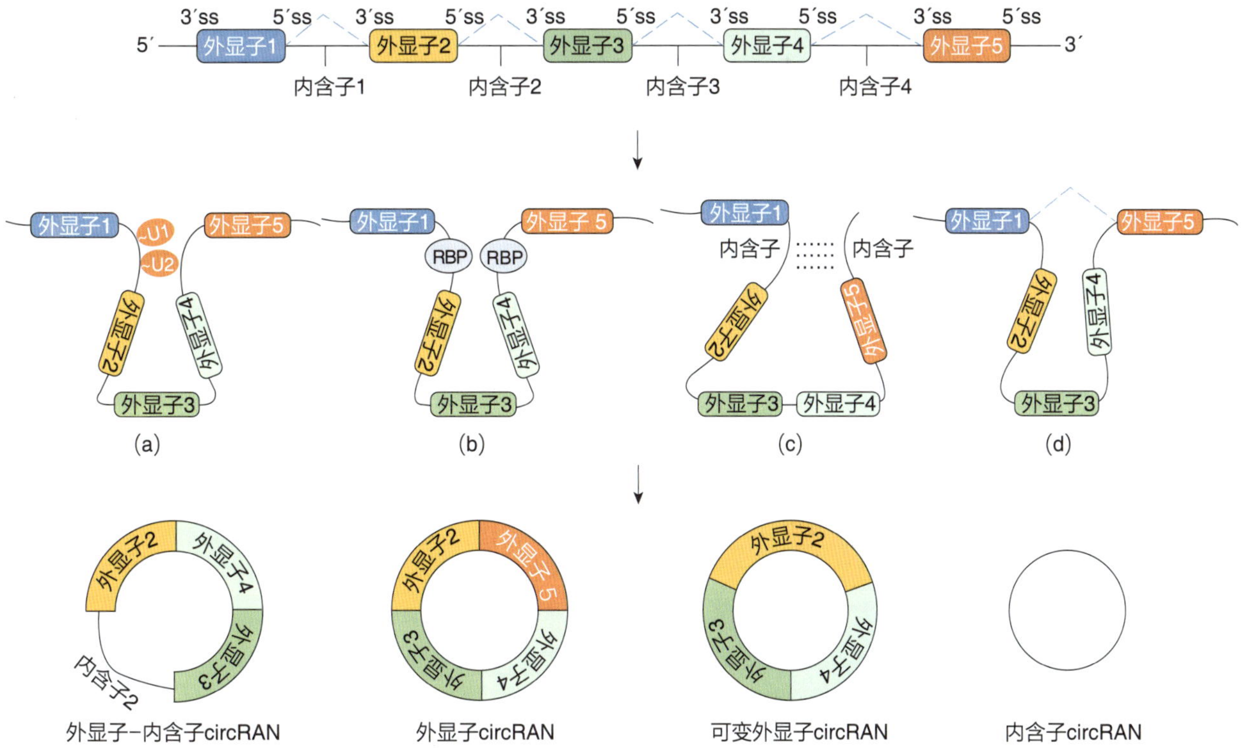

图 7-13 circRNA 的 4 种环化途径

（a）剪接体依赖的环化途径；（b）蛋白质因子结合环化途径；（c）内含子配对驱动的环化途径；（d）套索驱动的环化途径

蛋白质因子结合的环化途径、内含子配对驱动的环化途径以及套索驱动的环化途径（图 7-13），且根据 circRNA 的基因组结构分成了外显子（exonic）circRNA、内含子（intronic）circRNA、外显子-内含子（exonic-intronic）circRNA 以及可变外显子（alternative exonic）circRNA 等不同亚型。

circRNA 在生物体中发挥许多潜在功能，其中充当 miRNA 的海绵是 circRNA 最为普遍的功能之一。circRNA 的二级结构可能具有特定的 RNA 结构域，这些结构域可以和 RNA 结合蛋白或其他 RNA 分子相互作用，影响基因的转录和剪接。circRNA 可以通过在细胞核和细胞质之间转运蛋白质来影响蛋白质功能。circRNA 可以与多种蛋白质结合，充当“脚手架”的角色，影响蛋白质-蛋白质相互作用。circRNA 不仅可以调控基因转录，还可以翻译产生蛋白质。

（2）环状 RNA 的鉴定与定量

目前鉴定 circRNA 的方法可以大致分为以下三类。

① 候选分子方法　该算法根据注释信息构建出基因组上理论存在的 circRNA，然后将 RNA-Seq 的读段比对到这些可能存在的 circRNA 上，如果读段正好比对到反向剪接的切口处，则认为此 circRNA 是存在的。

② 子序列比对方法　通过剪接读段（junction reads）来识别 circRNA（图 7-14）。在参考基因组比对中，将比对不上的读段分成两段分别比对，得到反向剪接（back-spliced junction，BSJ）配对的情况。这种方法的代表工具是 find_circ、CIRI 等。

③ 机器学习类方法　首先从转录本中提取不同的特征，如保守性分数、序列组成、Alu 和串联重复序列、SNP 密度和转录本的开放阅读框（open reading frame,

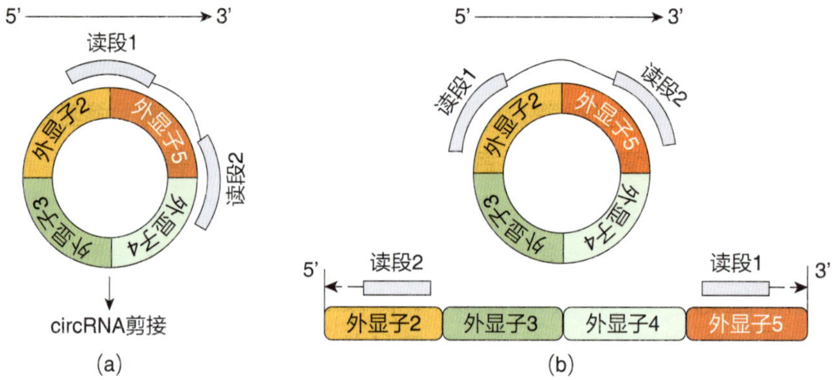

图 7–14 通过识别剪接读段来预测 circRNA
（a）读段覆盖了反向剪接位点；（b）成对的读段包含了反向剪接位点，且比对的位置是相反的

ORF）等，然后使用不同的机器学习分类器和统计方法整合这些特征构建分类模型，来对 circRNA 进行预测。这类方法的代表工具有 DeepCirCode、PredcircRNA、H-ELM、CirRNAPL 等。

随着测序技术的发展，目前已经出现了 circRNA 全长测序技术，用于对 circRNA 的全长识别以及可变剪接事件的检测。

circRNA 的定量主要基于反向剪接读段的个数，也有一些研究以反向剪接和正向剪接读段的比例为基础，获得归一化的表达量矩阵，进行差异表达分析，分析流程具体可参考 DESeq2、edgeR 等。

（3）环状 RNA 的主要数据库

目前，已经发现的 circRNA 已超过 10 万种类型（涵盖了多个物种，主要以人、鼠为主），表 7–5 列举了一些 circRNA 常见的数据库及其特点。

表 7–5 circRNA 的主要数据库及其特点

数据库	特点
circAtlas	circAtlas v3.0 涵盖了 10 个物种（人类、猕猴、小鼠、大鼠、猪、鸡、狗、绵羊、猫、兔子）以及 33 种组织，共收集了超过 300 万个 circRNAs 数据，是一个全面综合的 circRNA 信息资源
CircNet	专注于癌症中 circRNA 调控网络的数据库。收录了 circRNA 的基本信息，提供了 circRNA 在不同组织中的表达谱数据，以及 circRNA-miRNA-gene 的调控网络，允许用户通过搜索具有显著表达的癌症相关 circRNA 进行癌症特异性分析
circRNADb	专注于编码蛋白的 circRNA 数据库，包含 32 914 个具有详细注释的外显子 circRNA，并预测了 circRNA 中可能的 ORF
circBase	收集了多个物种的 circRNA 信息，包括人类、小鼠、秀丽线虫和黑腹果蝇等，提供在线查询比对功能
CIRCpedia	CIRCpedia v2 是一个综合数据库，包含来自 6 个物种的 180 多个 RNA-Seq 数据集的 circRNA 注释。数据库支持用户搜索、浏览和下载各种细胞类型或组织中具有表达特征的 circRNA。同时包含了人类和小鼠 circRNA 的保守性分析，并集成了计算工具来比较样本之间 circRNA 表达量
CSCD	专注于癌症特异性 circRNA 的数据库，收集了超过 1 000 个癌症和正常样本中可用的 RNA-Seq 数据集，并提供一个集成的 circRNA 数据库，包括预测的 circRNA-miRNA 和 circRNA-RBP 相互作用，同时提供了 circRNA 的全长序列和 ORF 序列信息
circBank	专注于人类 circRNA 的综合性数据库，共收录了 140 790 条人类 circRNA 的记录，每条记录包括详细序列、与小鼠的同源性、miRNA 结合位点的预测分析、ORF 预测、COSMIC 数据库中的突变和多态性位点汇总，以及 m^6A 修饰信息等内容

7.3.3 小非编码 RNA

小非编码 RNA 是长度为 15 ～ 200 nt 的非编码转录本，主要包括 miRNA、piRNA、siRNA 等多种类型，具有广泛的多样性。小非编码 RNA 是生命活动重要的调控因子，在基因表达调控、个体发育、生物代谢等生理过程中起重要作用，并且与多种疾病的发生发展有关。小非编码 RNA 的生物信息学分析有助于监测疾病发生过程，预测疾病发展趋势，发现新的调控靶点，促进疾病的早期诊断和精准治疗。

7.3.3.1 小非编码 RNA 的主要类型及其功能

（1）miRNA

miRNA 是一类内源性小非编码 RNA，存在于大多数真核生物中，长度为 20～25 nt。miRNA 通常位于基因间或内含子区，作为编码其他类型基因的一部分被转录。miRNA 发挥调控功能的机制在不同生物的发育过程中是高度保守的。miRNA 与 AGO 蛋白形成复合体，通过碱基互补配对识别靶基因并与靶基因 3′UTR 结合，导致 RNA 诱导的沉默复合物（RNA-induced silencing complex，RISC）降解靶 mRNA 或抑制靶 mRNA 的翻译，从而特异性调控基因的表达。

（2）piRNA

PIWI 相互作用 RNA（PIWI-interacting RNA，piRNA）是长度为 25 ～ 33 nt 的 RNA 分子，主要存在于动物的生殖细胞和干细胞中。piRNA 主要来源于基因组上的 piRNA 簇（piRNA cluster），产生的成熟 piRNA 具有 5′ 端 1U 偏好性和 3′ 端 2′-O-甲基化修饰的特征。piRNA 发挥调控作用的机制是与 PIWI 亚家族蛋白结合形成复合物，进而在转录或转录后水平发挥调控作用。piRNA 系统能够沉默转座元件（transposable element，TE），与生殖细胞基因组的稳定性和完整性维持和胚胎发育密切相关。研究发现，PIWI 蛋白在精原细胞瘤、胃癌等多种癌症中可能充当致癌因子或抑癌因子，piRNA 系统与癌症、生殖系统疾病、心脏病、神经系统疾病等的发生发展有关。piRNA 还发挥着抗病毒防御和体细胞转座子抑制等多种功能。

（3）其他小非编码 RNA

还有一些其他小非编码 RNA，如干扰小 RNA（small interfering RNA，siRNA），也称为短干扰 RNA（short interfering RNA）或沉默 RNA（silencing RNA）；转运-信使 RNA（transfer-messenger RNA，tmRNA）是具有类似 tRNA 和 mRNA 双重功能的小分子 RNA，存在于细菌中；核内小 RNA（small nuclear RNA，snRNA）和核仁小 RNA（small nucleolar RNA，snoRNA）等。

7.3.3.2 小非编码 RNA 的鉴定

目前计算识别未知 miRNA 的原理主要有以下几种。

① 基于同源比对　根据已知保守的 miRNA 在不同物种间的序列相似性，以已知 miRNA 序列为索引，基因组序列作为搜索库，使用 BLAST 算法进行比对。

② 基于 miRNA 的二级结构特征　对已知 miRNA 附近区域进行茎环结构预测，从而发现成簇存在的 miRNA，如 MIRcheck 软件。使用此类方法进行预测时，由于

tRNA 和反转座子等元件也能形成发夹结构，因此需要在筛选结果时去除。

③ 基于比较基因组学　在亲缘关系很近的生物之间，利用基因组的编码顺序和结构的同源性，通过已知基因组的信息推测未知基因组中的信息。

④ 基于碱基配对原则　寻找 miRNA/miRNA* 二聚中间体。

⑤ 基于最小自由能原则　预测新 miRNA 及其二级结构。

⑥ 基于 miRNA 的合成和作用特点　根据 miRNA 的加工依赖 Dicer 或 DCL1 酶，以及 miRNA 在 AGO 蛋白中富集的特点进行预测。

由于 piRNA 缺乏保守的序列和结构特征，从小非编码 RNA 数据中识别 piRNA 具有很大的挑战性。许多鉴定 piRNA 的方法是依赖于提取复杂的特征，或者主要针对转座子相关的 piRNA 进行预测。例如，piRNApred 基于 RNA 序列、结构、热动力学和理化性质预测 piRNA。近年来，也有一些基于深度学习算法的工具用于 piRNA 鉴定。例如，piRNN 应用卷积神经网络分类器进行 piRNA 的预测。此外，还有一些工具能够预测 piRNA 聚类簇，如 piClust 和 proTRAC。

7.3.3.3　小非编码 RNA 的靶基因预测

准确预测 miRNA 的靶基因是研究 miRNA 生物学功能和作用机制的关键。识别 miRNA 靶基因的方法主要是基于 miRNA 的种子序列与 mRNA 的 3′ UTR 的互补性、靶序列在多个物种之间的序列保守性、miRNA 与 mRNA 形成的双链结构的自由能、位点的可结合性、UTR 碱基分布、miRNA 与靶基因组织分布的相关性等原则。然而，这些方法大多依赖于预先定义的特征。近年来，一些应用深度学习模型的 miRNA 靶基因预测工具被开发，能够以更高的精度预测 miRNA 靶标（表 7-6）。

表 7-6　小非编码 RNA 靶基因预测工具举例

工具名称	工具原理与特点
miRanda	结合 miRNA 和 mRNA 的序列互补匹配程度以及形成双链的自由能进行靶基因预测，并对潜在的杂交位点进行打分
RNAhybrid	经典 RNA 二级结构预测算法的延伸，考虑热动力学因素，采取动态规划算法，计算 miRNA 和靶 mRNA 间形成的双链二级结构的最小自由能，预测 miRNA 的靶基因
targetScan	收录了人和小鼠、大鼠等物种的靶基因信息，主要考虑物种间保守的靶 mRNA 序列，搜索与每条 miRNA 种子区域匹配的保守 8mer 和 7mer 位点，来预测靶基因
PicTar	基于 miRNA 或 miRNA-靶标联合作用等特征，预测 miRNA 的靶基因
RNA22	预测 miRNA 的靶基因以及 miRNA 与 mRNA、lncRNA、circRNA 等分子的互作靶点
DMISO	基于深度学习方法捕获 miRNA/isomiR（miRNA 异构体）与 mRNA 相互作用的复杂特征
piRScan	提供在线平台，通过综合评估各种信息识别 piRNA 的靶位点，包括预测的和实验识别的靶位点

7.3.3.4　小非编码 RNA 数据库简介

各类小非编码 RNA 的数据库涵盖小非编码 RNA 的序列、命名、表达、靶基因以及疾病相关性等多方面的特征，对于辅助小非编码 RNA 的生物学研究具有重要意义。表 7-7 列举了一些具有代表性的小非编码 RNA 相关数据库。

表 7-7 小非编码 RNA 相关数据库举例

数据库名称	数据库内容与特点
miRBase	存储 miRNA 相关信息的最主要公共数据库之一，包含 miRNA 序列注释信息和预测的靶基因数据，提供 miRNA 序列以及注释查询、定位、预测基因靶基因、查询发卡序列和命名服务
miRNASNP	人类 miRNA 相关 SNP 的综合资源，包括它们对靶标获得和丧失的影响。涵盖了人类 miRNA 前体中的 SNP 和基因 3′UTR 中的 SNP 信息，并且在其中发现了来自 GWAS、ClinVar 和 COSMIC 的疾病相关变异，还提供了通过 miRNA 种子区域的变异进行的靶标获得/丧失的基因富集分析
TarBase	目前使用最广泛的真实 miRNA 与靶基因关系的数据库之一，涵盖多种实验方法检测到的 miRNA-靶标相互作用
starBase	高通量实验数据 CLIP-Seq 和 mRNA 降解组测序数据支持的 miRNA-靶标数据库。整合了多个流行的靶标预测软件的交集和调控关系，提供了 miRNA-lncRNA、miRNA-假基因、miRNA-sncRNA 和 miRNA-mRNA 相互作用的泛癌网络，涵盖了数百万个 RBP-RNA 和 RNA-RNA 相互作用
HMDD	实验支持的人类 miRNA 和疾病相关性证据的数据库。还包含了外泌体 miRNA 和病毒编码的 miRNA 与人类疾病的关联，并且整合了基于疾病相关 miRNA 的疾病网络分析
microRNA.org	主要包括 miRNA 表达谱数据和 miRanda 算法预测得到的 miRNA 靶基因信息
piRBase	国际 RNA 联盟收录的唯一 piRNA 专业数据库。最新版本涵盖了 1.81 亿个 piRNA 序列，包括来自 44 个物种的 440 个数据集。包含 piRNA 的变异、表达、靶基因等信息，还提供了 piRNA 聚类簇、剪接 piRNA、疾病相关的 piRNA 信息
piRNAClusterDB	关注跨组织和物种的 piRNA 聚类簇的调节和进化研究。网页提供了交互式系统发育树，包含物种分类、piRNA 聚类簇数量和 piRNA 序列总量的信息。网站支持用户自定义数据集，生成跨不同数据集、组织或发育阶段的 piRNA 聚类簇表达情况的视图

7.3.4 非编码 RNA 的结构预测

(1) RNA 的二级和三级结构

RNA 的二级结构（secondary structure）是指 RNA 可以通过碱基互补配对（base pairing）形成不同的单链区域（loop）和双链区域（duplex）（图 7-15），碱基互补配对主要包括 A—U、G—C、G—U 三种配对方式。这种特异的配对结构，具有很稳定的能量，是 RNA 区别于蛋白质的一个很大的特点，也决定了 RNA 尤其是非编码 RNA 在生命体系中的独特作用。

RNA 一级序列（primary sequence）在单链和双链区域组成的二级结构基础上，能进一步形成更高层次的复杂的三级结构（tertiary structure）（图 7-15）。由于 RNA 三级结构的复杂性和多变性，这些长的 RNA 分子很可能难以形成稳定的三级结构并通过其行使功能。很多研究发现，RNA 的二级结构相对于三级结构更稳定，而且与三级结构之间有很好的对应关系，因此，RNA 二级结构的信息可以辅助 RNA 三级结构的预测。

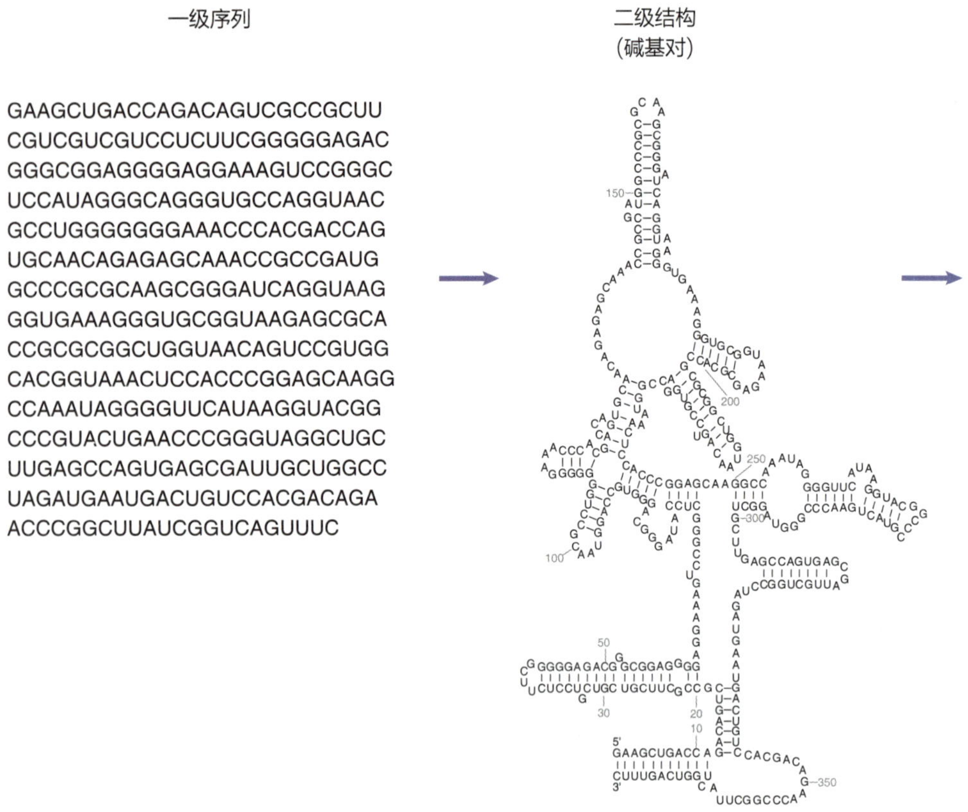

图 7-15 RNA 一级序列、二级结构与三级结构

（2）RNA 二级结构的计算预测方法

预测 RNA 二级结构的计算方法常常用于大规模及快速的结构分析，计算方法比实验成本低、速度快。不过需要注意的是，这些计算预测方法在已知结构的预测上只能达到 70% 左右的灵敏度。预测准确度随着 RNA 序列长度增加而逐步降低，可能是因为长序列结构更加多变以及计算模型误差的积累。而且大部分的 RNA 结构预测工具不能预测假结（pseudoknot），主要原因是计算复杂度过高，无法应用于长序列。

RNA 二级结构预测常用的方法主要基于能量模型，例如，可以通过最小自由能模型和动态规划算法预测一个最优的 RNA 二级结构，主要代表是 RNAfold、RNAstructure。除了预测单个的最优结构（能量最低的结构），我们还可以基于配分函数（partition function）的方法，预测在多种可能结构中碱基互补配对的概率，或者给出最大的期望准确度（maximum expected accuracy）。

我们可以把实验测定数据和计算模型结合起来进行 RNA 二级结构的预测（图 7-16）。与单独的实验测定或单独的计算预测相比，两者的结合可以达到优势互补的作用。已有 SeqFold、RNAstructure、RNApbfold、RME 等方法可以利用一维的实验测定数据修正能量模型中的参数，从而预测出与原有能量模型和实验数据都比较一致的二级结构。这样预测出的 RNA 二级结构模型可以反映某种条件下 RNA 结构的真实状态，又不会与能量模型相差太远。

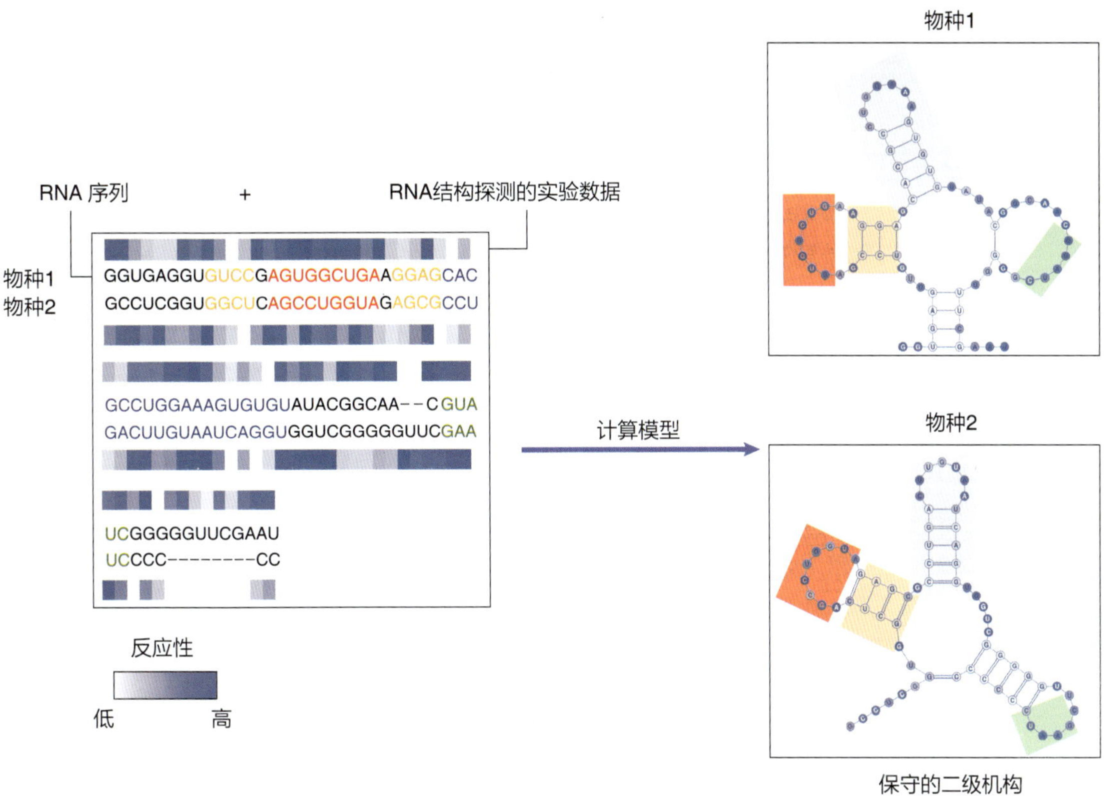

图 7–16　结合 RNA 结构实验测定数据和计算模型进行 RNA 二级结构预测

除了基于能量模型的预测，还可以通过序列比对利用 RNA 二级结构在不同物种中的保守性来进行二级结构预测。例如，Rfam 数据库中利用随机上下文无关语法（stochastic context-free grammar，SCFG）进行 RNA 二级结构的预测、描述和归类。除了基于能量模型和比较序列进行 RNA 二级结构预测，近年来，很多深度学习方法和迁移学习方法等新型 AI 技术也开始被用来进行 RNA 二级结构的预测（AI 技术和方法可以参考本书的其他相关章节）。

综上所述，常用的 RNA 二级结构预测方法基本包括以下 3 类。

① 基于能量最小化的预测（free energy minimization）　这种方法基于的观点是，在一定的条件下，RNA 的结构总是趋向于取其可能的最稳定状态，即自由能最低的状态。一些工具如 RNAfold 和 RNAstructure 就是基于此原理工作的。

② 比较序列的预测（comparative analysis）　这种方法基于的观点是，在进化过程中，功能相关的 RNA 结构比序列更保守。因此，将相关物种中的同源 RNA 序列进行比较，通过寻找保守的、协同变异的配对模式（如两个碱基同时从 A—U 协同变异为 G—C）来预测 RNA 结构。Rfam 数据库就提供了这样的比对模式。

③ 机器学习和 AI 方法（machine learning and AI）　近年来，随着深度学习、迁移学习等机器学习和 AI 技术的发展，也有一些新的 RNA 结构预测方法出现，这些方法往往需要大量已知的 RNA 序列和结构作为训练数据。

RNA 的三级结构也就是三维结构的预测原理和蛋白质等大分子的三维结构预测原理类似，可以参考本书的其他相关章节。

7.3.5 新非编码 RNA 的预测、发现和鉴定

预测和鉴定新的非编码 RNA 需要综合利用生物信息学分析、实验验证等多种方法，从而尽可能准确地识别和鉴定非编码 RNA 分子并研究其潜在的生物学功能，这些方法和技术主要包括以下 4 种。

（1）转录组测序技术

RNA-Seq 通过测序全转录组，可以发现新的非编码 RNA 分子，还可以通过 Small RNA-Seq 针对小非编码 RNA 分子进行测序，可以鉴定出新的 microRNA 等小非编码 RNA。

（2）生物信息学预测方法

基于序列特征的预测，利用机器学习模型，根据碱基组成、二级结构等特征预测新的非编码 RNA；基于保守性的预测，利用进化保守性分析，鉴定在不同物种中保守的非编码 RNA 序列；基于功能注释的预测，根据已知非编码 RNA 的功能特征，预测新的功能相关非编码 RNA。

（3）实验验证方法

① RNA 印迹（Northern blot） 利用探针检测新非编码 RNA 的表达。

② 实时荧光 PCR（real-time PCR） 定量检测新非编码 RNA 的表达水平。

③ 原位杂交 检测新非编码 RNA 在组织或细胞中的定位。

④ 功能实验 过表达或敲低新非编码 RNA，观察其生物学功能。

（4）高通量实验技术

① Ribo-Seq 通过测序核糖体结合的 RNA 片段，鉴定 RNA 转录本的编码潜能。

② HAPE-Seq 利用化学探针鉴定和预测 RNA 二级结构。

③ CLIP-Seq 结合免疫亲和层析和测序技术，鉴定 RNA 与蛋白质的相互作用。

综合应用上述这些方法，可以有效地鉴定出非编码 RNA 分子，并探讨其生物学功能。这些方法的基本原理和相关软件归纳如下：

① 序列和结构特征分析 核酸碱基组成特征，非编码 RNA 通常具有较高的 GC 含量，以及特殊的核酸组成模式；二级结构特征，非编码 RNA 倾向于形成稳定的二级结构，如茎环结构。涉及的软件包括 RNAstructure、RNAfold 等。

② 比对和保守性分析 功能性非编码 RNA 在进化过程中往往表现出较高的序列保守性，可以通过跨物种多序列比对，比较不同物种中保守的非编码 RNA 序列，可发现新的非编码 RNA；因为非编码 RNA 往往序列上不保守，因此也可以比较新序列与已知非编码 RNA 的二级/三级结构，识别相似的结构域。涉及的软件包括 BLAST、Rfam 等。

③ 转录组分析 表达特征分析，非编码 RNA 通常具有特定的时空表达模式，

往往和一些重要的 mRNAs 共表达，可利用转录组数据进行预测；差异分析，比较不同样本或条件下新转录本的差异表达，推测其功能。涉及的软件包括 WGCNA、EdgeR、DEseq2 等。

④ 综合预测模型　整合多种特征，如序列、结构、表达、保守性等多个特征的组合预测，并通过机器学习方法利用监督或无监督学习算法构建预测模型。涉及的软件包括 COME、CPAT 等。

总的来说，新的非编码 RNA 的预测、发现和鉴定是一个复杂的生物信息学问题，需要综合利用多种信息和方法进行分析和预测。

7.3.6 非编码 RNA 研究展望

非编码 RNA（non-coding RNA，ncRNA）在许多生物过程中发挥关键作用，涵盖了基因调控、蛋白质合成、细胞间通信等。研究非编码 RNA 有助于我们更好地理解生命的复杂性和生物系统的精细调控，对未来非编码 RNA 的研究应有更广泛的展望。

（1）新的非编码 RNA 类型的发现

随着测序技术的进步，尤其是单细胞、单分子水平的测序技术的发展和成熟，我们有能力从更多物种、更多组织、更多细胞类型中发现新的非编码 RNA。例如，我们可以从纷繁复杂的微生物群落的宏转录组中发现和研究不同环境和条件下的新非编码 RNA。

（2）非编码 RNA 结构预测方法的研究

除了进一步提高结构预测算法的速度和准确率，还包括预测假结（pseudoknot），整合各种实验数据，利用日益增长的数据库以及最新的 AI 技术、大模型等方法进行 RNA 结构预测。

（3）非编码 RNA 的调控和功能研究

虽然已经发现了大量的非编码 RNA，但大部分的调控和功能还不清楚。理解这些 RNA 如何通过与 DNA、RNA、蛋白质等分子相互作用来调控生物过程，将是未来的一个重要研究方向。

（4）非编码 RNA 在疾病中的角色

越来越多的证据显示非编码 RNA 在许多疾病中，包括癌症、自身免疫疾病、神经退行性疾病、心血管疾病等，都发挥重要作用。例如，很多非编码 RNA 因为其特殊的二级结构或者结合蛋白的保护而稳定存在于循环血液以及其中的外泌体中，这些细胞外 RNA 很可能可以作为很多疾病的无创检测的分子标志物，直接通过抽血化验即可检测疾病状态。

（5）非编码 RNA 的疗法开发

利用非编码 RNA 进行疾病治疗是一个有前景的研究方向。例如，基于 siRNA 的 RNA 干扰（RNA interference，RNAi）系统已经被用于开发新的基因治疗方法。

除了 mRNA，人们也开始利用环状 RNA（circular RNA）制作 RNA 疫苗，在 RNA 疫苗设计中，RNA 结构、密码子和修饰的设计都是非常重要的研究方向。另外，提高 RNA 在存储和运输中的稳定性，递送到细胞和人体内的有效性和靶向性。

在未来，我们可以期待非编码 RNA 研究将继续深化我们对生物系统的理解，并为疾病诊断和治疗带来新的可能性。

7.4 单细胞转录组学

7.4.1 单细胞转录组数据预处理和质控

单细胞转录组数据分析的第一步是生成基因表达矩阵。对得到的原始测序数据，可通过使用 Cell Ranger 等数据处理软件进行分析得到单细胞表达矩阵。Cell Ranger 是 10 × Genomics 公司为其单细胞测序分析量身打造的数据分析软件。运行 Cell Ranger 中的“cellranger count”命令可将测序数据与参考基因组比对并完成基因表达定量，生成单细胞基因表达矩阵。其运行结果主要包括两部分：网页版报告文件和各种文本文件。其中，filtered_feature_bc_matrix 文件夹下的 3 个文件包含过滤后的单细胞表达矩阵，可用于下游 Seurat 或者 Scanpy 分析；网页报告 web_summary 文件主要包括异常结果警告、测序样本中细胞数统计和基因中位数统计、测序结果统计、比对结果统计、样本信息和饱和度评估等信息，可用于帮助评估数据质量。

对于测序得到的单细胞转录组数据，它不仅包含高质量的真实细胞，还可能包含一些低质量的濒死细胞、双细胞（doublets）及多细胞（multiplets）等异常细胞，因此在数据分析过程中需要对数据进行质量控制（quality control，QC），将这些异常细胞进行过滤。在单细胞分选过程中，理想情况为每个细胞条形码标记单个细胞，但一个细胞条形码也可能会错误地标记双细胞、多细胞或者未标记任何细胞。在微流控单细胞分选时，如果单个微滴或者微反应室中两个或多个细胞同时被捕获，会导致双细胞或多细胞形成，其转录本信息是两个或多个细胞的转录本总和；而未封装细胞的液滴则称为空液滴（empty droplet），其转录本信息缺失。

为了实现对这些异常细胞的过滤，通常可通过 Seurat 或 Scanpy 软件基于以下 3 个指标对细胞进行质量控制及过滤：每个细胞 UMI 数，每个细胞基因数以及每个细胞中线粒体基因来源 UMI 占总 UMI 比例。通过检查这些指标分布情况并设置阈值可识别并过滤掉异常细胞。其中，检测基因数量少和线粒体 UMI 比例高的细胞一般代表膜破裂的濒死细胞，而基因数量过多细胞可能为双细胞或多细胞。

双细胞检测及过滤是单细胞数据质量控制中的一个重要环节。除了基于双细胞、多细胞中检测到的基因和 UMI 数量异常多的特性设定阈值进行过滤外，还可以基于算法模拟生成双细胞数据集并将其与真实数据集中的细胞进行比较来识别双细胞。DoubletFinder、Scrublet、scDblFinder 等软件基于该方法实现双细胞检测。

DoubletFinder 是目前去除双细胞常用的 R 软件包之一，其原理是从矩阵细胞中根据定义的细胞类型模拟生成双细胞数据集，并将模拟双细胞和原始矩阵数据合并进行降维聚类，对模拟双细胞数据集与原单细胞数据进行比较，通过计算每个单细胞与其最近邻细胞相似度或距离来鉴定潜在双细胞。

7.4.2 数据标准化、校正及整合

单细胞表达矩阵中的每个计数代表了细胞内 mRNA 成功捕获、反转录和测序等多个步骤综合的结果。因此，每个步骤固有的可变性使得即使相同类型细胞的 UMI 深度也可能不同，进而影响细胞之间基因表达的比较。标准化（normalization）旨在消除这些技术差异，使它们不干扰细胞之间基因表达的比较，确保在细胞群体中观察到的异质性或差异表达来源于生物学因素而非技术偏倚。R 软件包 Seurat 中 NormalizeData 函数可以实现标准化，它将每个基因的 UMI 数除以该细胞的总 UMI 数并乘以 scale.factor（默认 10 000），再使用 log1p 对这些值进行对数转换，从而实现单细胞转录组数据的标准化处理，解决每个细胞测序深度差异对基因表达造成的影响，使基因表达在不同细胞中具有可比性。

数据校正（correction）对象包括技术和生物因素，例如，不同批次、不同线粒体基因百分比、不同细胞周期等，这些都可能对后续分析产生影响，因此需要对其进行校正。常见生物因素如细胞周期校正可以通过 Seurat 或 Scanpy 对细胞周期评分进行简单线性回归来实现。另外，该方法也能用于去除其他已知的生物因素，如线粒体基因百分比。去噪（denoising）也是单细胞转录组数据校正的一种类型。单细胞数据的一个特点就是含有许多噪声来源，其中一个就是捕获失败（dropout），即表达基因因极低 RNA 捕获率导致其表达计数错误地检测为 0。捕获失败导致后续分析中增加了细胞间变异，同时也使基因表达分析失去真实性，使基因调控网络分析存在误差。一些工具可以用来推断捕获失败，并用适当表达量来替代 0 值，如 MAGIC（Markov affinity-based graph imputation of cells）、DCA（deep count autoencoder）、scVI（single cell variational inference）等。MAGIC 方法基于马尔可夫亲和力的细胞图插补法，通过数据扩散方式在相似细胞之间共享信息，插补每个细胞中可能的基因表达，从而实现缺失基因表达的恢复。

当前，单细胞转录组一般需要对多样本进行整合（integration）分析，整合过程需要去除批次效应。不同样本、不同送样时间、不同建库方法及测序平台、不同实验室等因素均可能造成不同批次的数据误差，即批次效应（batch effect）。批次效应影响基因表达定量、细胞聚类、细胞群鉴定准确性以及下游的所有分析。为了解决样本整合过程中的批次效应，目前研究者已经开发了多种方法，常用方法主要包括 Seurat 软件的 CCA（canonical correlation analysis）和 Harmony 等。其中，CCA 通过寻找不同数据集之间的共同变量，即所谓的“锚点”来整合来自不同条件或物种的单细胞数据。Harmony 需要输入低维空间的坐标值（embedding），一般使用

PCA 的降维结果，该方法运行速度快，节省内存。

7.4.3 降维、聚类和细胞注释

单细胞转录组测序可检测成百上千个基因在上万个细胞中的表达情况，因此单细胞测序数据属于高维复杂数据。为了便于解读这些数据需要降低单细胞表达矩阵的维度，即降维（dimensionality reduction），常用的降维方法包括 PCA、t-SNE、UMAP、diffusion maps 等。这些方法将表达矩阵嵌入低维空间中，旨在以尽可能低的维度捕获数据的内部结构。PCA 是一种线性降维方法，它可将高维数据映射到低维空间从而减少特征数量。t-SNE 和 UMAP 是非线性降维方法，可以直接将高维空间的结构特征投影到低维空间（二维、三维）中。虽然 t-SNE 和 UMAP 在算法整体思路上相似，但又有所区别，主要体现在以下两点。① 计算高维距离方式不同：t-SNE 计算所有点间距离，将距离转换为概率，若两个点距离较近，它所对应概率较大。t-SNE 通过困惑度（perplexity）参数对全局结构和局部结构间的软边界进行调整，而 UMAP 只计算各个点与最近 k 个点之间距离。② 信息损失计算方法不同：t-SNE 使用 KL 散度衡量信息损失，在全局结构保留上存在失真可能，而 UMAP 通过使用二元交叉熵作为成本函数，在保留全局和局部结构方面表现更佳。

聚类（clustering）是指根据细胞基因表达谱相似性对细胞进行分组而获得细胞簇（clusters）。表达谱相似性通常将降维结果作为输入，通过距离度量来确定。目前根据相似性生成细胞簇的方法主要有两种：聚类算法（clustering algorithms）和社区检测算法（community detection methods）。聚类算法是一种经典的无监督机器学习方法，直接基于距离矩阵。社区检测算法是一种图聚类算法（graph clustering algorithms），依赖于单细胞数据的图表示。图的表示使用 K-最近邻（K-nearest neighbor，KNN）图来实现。KNN 图通过将表达空间中密集区域表示为图中密集连接区域（densely connected regions）。在 KNN 图中，节点（node）反映了数据集中的细胞。首先需要在主成分降维的表达空间上计算所有细胞的欧几里得距离矩阵，并将每个细胞连接到其 k 个最相似细胞。通常，k 设置在 $5 \sim 100$，具体取决于数据集大小。在获得细胞邻域图后，根据细胞的图结构利用图聚类算法将相似细胞进行聚类。在单细胞转录组数据分析中，通常使用 Louvain 和 Leiden 算法。Leiden 算法是 Louvain 算法的改进版本，通过考虑聚类中细胞间连接数与数据集中整体预定义连接权重比例来创建聚类，有助于得到更合理的聚类结果。R 软件包 Seurat 采用的是谱聚类（spectral clustering）方法，是基于共享最近邻（shared nearest neighbour，SNN）图和模块化优化的聚类算法来识别细胞簇。它首先计算 K-最近邻并构造 SNN 图，然后优化模块化功能以确定具体细胞群。

聚类能够将基因表达相似的细胞聚在一起，理论上这些聚在一起的细胞属于同类细胞。但聚类结果并不能直观地呈现各细胞簇所对应的细胞类型，因此需要通过多种方法来进行细胞注释（annotation）以识别聚类的细胞簇所对应细胞类型。常

用的细胞注释方法包括手动注释和自动注释两类。手动注释是指基于已知的细胞特异性标记基因（marker gene）来识别各细胞簇的身份。近年来，多种自动化细胞注释方法被开发并用于注释细胞簇对应细胞类型，如 singleR、scmap、Azimuth 等工具，它们基于预注释的单细胞数据集作为参考或训练集对未定义细胞类型的细胞簇或单个细胞分配细胞身份。这些自动化注释方法多依赖于精确的注释参考数据。

7.4.4 差异细胞比例和差异表达基因分析

单细胞转录组数据差异分析通常包括差异细胞比例和差异表达基因分析。细胞比例研究主要关注不同细胞类型的相对丰度。在发育和疾病中经常观察到细胞比例变化或特异的细胞类型，但细胞比例分析方法缺乏独立的基准。单变量统计模型单独分析每种细胞类型的丰度变化，可能会将一些细胞类型的群体变化视为统计学上的合理效应，尽管它们纯粹是由数据的组合性引起的统计学假象，导致 FDR 值升高。专门为单细胞数据中细胞组成分析而设计的方法包括 scDC、scCODA 和 tascCODA 等，这些方法可以纳入分层细胞类型信息。scDC 通过 bootstrap 重采样和 GLM（generalized linear model）及 GLMM（generalized linear mixed model）模型对单细胞转录组数据进行差异细胞类型组成分析。scCODA 是一种用于细胞类型组成差异丰度分析的贝叶斯模型，它使用分层 Dirichlet-Multinomial 分布对细胞类型计数进行建模，能以简约的方式估计二元（或连续）协变量对细胞类型比例的影响。tascCODA 是 scCODA 的扩展。

单细胞转录组数据的差异表达分析目前主要从两个角度进行。

（1）样本层面

可将单细胞数据聚合为伪批量（pseudo-bulk）数据，对每个样本中细胞的基因表达求和，从而得到与每个样本对应的伪批量表达量，并使用软件包 DESeq2、edgeR 或 limma 进行样本间差异表达分析。

（2）细胞群层面

Seurat 软件包提供了多种计算差异表达基因的方法，可以通过 FindMarkers 函数中的 test.use 参数设置检验差异表达基因的方法。默认情况下，FindMarkers 函数使用非参数 Wilcoxon 秩和检验（Wilcoxon rank-sum test）进行差异表达分析。此外，Seurat 软件包提供的差异表达分析方法还包括 bimod、roc、t-test、poisson、MAST、DESeq2 等。差异表达基因根据设置差异倍数和 p 值或 FDR 值进行筛选。

同时，为了准确地揭示特定细胞群体的功能偏倚和生物学意义，有必要对目标差异表达基因集进行基因集富集分析，该分析可以将差异表达基因集总结为可解释的术语，如功能通路等。常见的数据库包括 GO、KEGG、MSigDB 和 Reactome。这一概念的延伸是加权基因集，包括用于信号通路分析的 PROGENy 和用于转录因子（transcription factor，TF）活性推断的 DoRothEA。常用的富集方法包括超几何分布、GSEA 和 GSVA 等，7.2 节已经介绍。

7.4.5 细胞发育轨迹推断

单细胞测序捕获了单细胞在静止状态的 RNA 丰度，为了分析细胞特征随时间变化的动态过程，得到细胞发育轨迹，研究人员开发了基于基因表达模式相似性排序细胞的拟时序（pseudotime）分析方法，以及基于 RNA 剪接动力学的 RNA 速率（RNA velocity）分析方法。

拟时序分析根据不同细胞亚群基因表达量随时间的变化情况来构建细胞谱系发育。这个“时间”并非真实时间，而是一个虚拟时间序列，反映了细胞间转化的顺序及轨迹。它根据细胞中基因表达模式将每个细胞按照拟时间排列在对应轨迹上，并根据基因表达特征把细胞分成多个分化状态下的细胞群，生成直观的谱系发育树状图，可预测细胞分化及发育轨迹。最早用于构建发育轨迹且应用广泛的拟时序分析工具之一是 Monocle，它借鉴显式主图（如 t-SNE 和 UMAP）来展示细胞转录特征相似性关系，并通过嵌入反向图来重建单细胞轨迹，将细胞按照拟时序排列在相应轨迹上，有较高的稳健性和准确性。其中，Monocle2 使用 DDRTree 降维图，Monocle3 使用 UMAP 降维图。Monocle 通过学习每个细胞经历的基因表达变化序列，根据拟时间对每个细胞进行排序，模拟出时间发育过程的动态变化。同时，单细胞发育轨迹通常包括分支，分支产生是由于细胞具有不同的基因表达特征，Monocle 可以通过分支表达分析建模（branched expression analysis modeling，BEAM）对不同分支时间进行分析，鉴定在基因表达上受分支依赖的基因。Monocle 提供了算法自动推断起始点，同时用户也可以利用先验知识指定轨迹的“起始点”或“根”，即假设的最早期细胞状态，从而生成有向的单细胞发育轨迹。

RNA 速率是一种可以预测单细胞未来状态的高维矢量，通过估计基因的未剪接 RNA（前体 RNA，pre-mRNA）与已剪接 RNA（成熟 RNA，mature mRNA）的比例来推断基因的转录状态和预测细胞的发育轨迹（图 7-17）。mRNA 在细胞内经历了转录、剪接、降解 3 个过程。当基因处于转录活跃状态时（图 7-17 中橙色区），细胞会产生大量的未剪接 RNA，同时剪接和降解过程也随之激活，在这个过程中，RNA 总量（前体 RNA 和已剪接 RNA）不断上升，而剪接 RNA 的比例也会上升；当 RNA 转录停止时（图 7-17 中蓝色区），新的前体 RNA 不再产生，已存在的 RNA 会继续

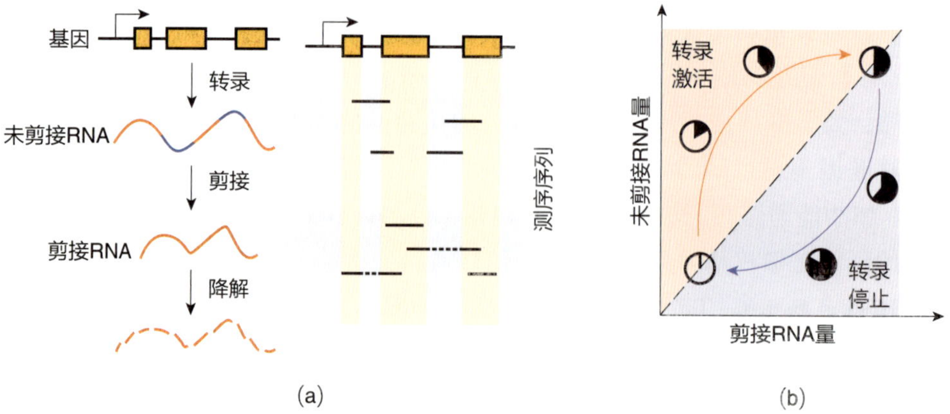

图 7-17 RNA 速率原理

被剪接和降解，在这个过程中，RNA 总量开始下降，但剪接 RNA 比例可能仍然会短暂上升，直到所有未剪接 RNA 都被剪接并降解，剪接 RNA 的比例会开始下降。RNA 速率分析可以推断细胞的 RNA 剪接动力学，并以矢量形式预测不同阶段单细胞的未来状态。目前常用的分析工具包括 Velocyto、scVelo、CellRank 等。

7.4.6 基因调控网络

基因表达受到转录以及转录后调控多个层面的调节。转录因子及其下游靶基因形成的基因调控网络（gene regulatory network，GRN）在基因表达调控中发挥重要作用。基因调控网络参与细胞稳态的维持和细胞异质性的形成。单细胞转录组层面的基因调控网络分析方法主要有 SCENIC（single-cell regulatory network inference and clustering）和 hdWGCNA（high dimensional weighted gene co-expression network analysis）。

SCENIC 基于共表达和 DNA 调控基序（motif）分析来推断单细胞转录组基因调控网络。SCENIC 分析主要包括以下步骤：① 利用 GENIE3（gene network inference with ensemble of trees 3）或 GRNBoost（gradient boosting）基于共表达推测转录因子与候选靶基因之间的共表达模块。② 由于共表达分析会存在假阳性和间接靶标，为识别转录因子的直接结合靶标（direct-binding targets），使用 RcisTarget 对每个共表达模块进行顺式调控基序（*cis*-regulatory motif）分析，识别转录因子的直接靶基因。每个 TF 及其潜在的直接靶基因被称为一个调节子（regulon）。③ 通过 AUCell 对每个细胞的每个调节子活性进行评分，生成调节子活性矩阵。SCENIC 通过为每个调节子设置 AUC 阈值，将该矩阵进行二值化（0|1，off|on），以确定调节子在哪些细胞中处于“打开”状态。2023 年，相关研究团队进一步开发了用于推断增强子驱动基因调控网络的方法 SCENIC+，可以预测基因组增强子以及候选上游转录因子，并将这些增强子与候选目标基因联系起来，在基因组水平上分析转录因子潜在结合的增强子序列、结合模式及其调控的靶基因。

hdWGCNA 建立在 WGCNA 基础上，扩展了其在单细胞和空间转录组学领域的应用，可用于分析高维转录组学（单细胞和空间转录组学）数据中的共表达网络。hdWGCNA 提供网络推断、基因模块识别、基因富集分析和数据可视化等功能。由于单细胞转录组数据具有严重稀疏性，即每个细胞中大多数基因表达值为 0，而 WGCNA 分析对数据稀疏性非常敏感，因此需要构建 metacell 来代替原始表达矩阵。hdWGCNA 通过 K-最近邻算法识别基因表达相似细胞，并将这些相似细胞合并成一个 metacell，这个 metacell 的基因表达量就是合并前细胞的基因表达量均值或总表达量，从而产生 metacell 基因表达矩阵。metacell 表达矩阵的稀疏性与原始表达矩阵相比大大降低，因此更适用于后续分析。在构建好 metacell 之后，hdWGCNA 分析和普通转录组常规 WGCNA 分析内容相近。对于 WGCNA 分析细节，7.2 节已经介绍。

7.4.7 细胞通信分析

组织和器官的发育、功能、再生和稳态是由细胞通信或细胞间信号转导介导的。推断细胞通信的方法通常使用配体、受体及其相互作用库来预测不同细胞类型之间的相互作用，常见的分析工具包括 CellPhoneDB、CellChat、NicheNet、SingleCellSignalR、Cytotalk 和 iTalk 等。

在细胞通信分析算法中，CellPhoneDB 是应用最广泛的细胞通信分析算法之一，它通过表达量和显著性两个层面来检测细胞通信关系和相应配受体对，以此辅助细胞通信研究。通过计算配体和受体细胞类型中配受体基因的平均表达量来反映细胞互作可能性，通常配受体表达量越高，细胞对间互作可能性越大。同时，该方法通过随机置换细胞标签来生成配体–受体对平均表达水平的零分布，并与实际表达水平进行比较，得到置换检验 p 值，以确定特定细胞类型间的配体–受体对互作显著性。CellPhoneDB 包含数据库注释的受体和配体，以及人工注释的参与细胞通信的蛋白质家族，并考虑了受体和配体的亚基结构，可对细胞通信分子进行全面系统分析，同时它有着较强的扩展性，用户可以自定义或更新数据库，引入新的相互作用分子，使得 CellPhoneDB 能够适应新的研究。

CellChat 软件自开发以来也得到了广泛使用。它可以定量推断和分析单个或多个样本的细胞通信网络，通过网络分析和模式识别方法预测细胞的主要信号输入和输出，以及这些细胞类型和信号如何协调发挥功能。除了配受体层面分析，它还可对各种感兴趣通路进行细胞类型间通路互作的配受体对进行分析，在配受体分析基础上获得通路相关调控信息。为了解释细胞通信网络，CellChat 通过从图论、模式识别和流形学习中抽象出来的方法对网络进行定量测量。它可以使用网络分析的中心性度量来确定信号网络内的主要信号源和目标以及中介和影响者，利用模式识别方法预测特定细胞类型的关键传入和传出信号及不同细胞类型间的协调反应。CellChat 具备用于不同分析任务的强大可视化功能，包括层次图、弦图、热图和气泡图等。

与 CellPhoneDB 和 CellChat 不同，NicheNet 通过收集配体-受体配对信息、信号通路、基因调控网络等信息，整合了配体主导的权重配体–靶基因调控模型，基于该模型和单细胞表达数据，它可有效地预测细胞配体活性并推测与之匹配受体、靶基因及下游信号网络等信息。2023 年，NicheNet 开发团队推出了 MultiNicheNet，它可以分析不同样本及不同条件下的差异细胞通信，推断差异表达和活性配受体对，并预测这些配受体对可能的下游靶基因。

7.4.8 单细胞转录组数据分析总结

单细胞转录组数据分析包括多个步骤，它主要涉及以下几个环节（图 7–18）。① 数据预处理：在对原始测序数据分析生成基因表达矩阵之后，需要通过细胞基因数、UMI 数、细胞线粒体 UMI 占总 UMI 比例等指标对细胞进行质控，将濒死细

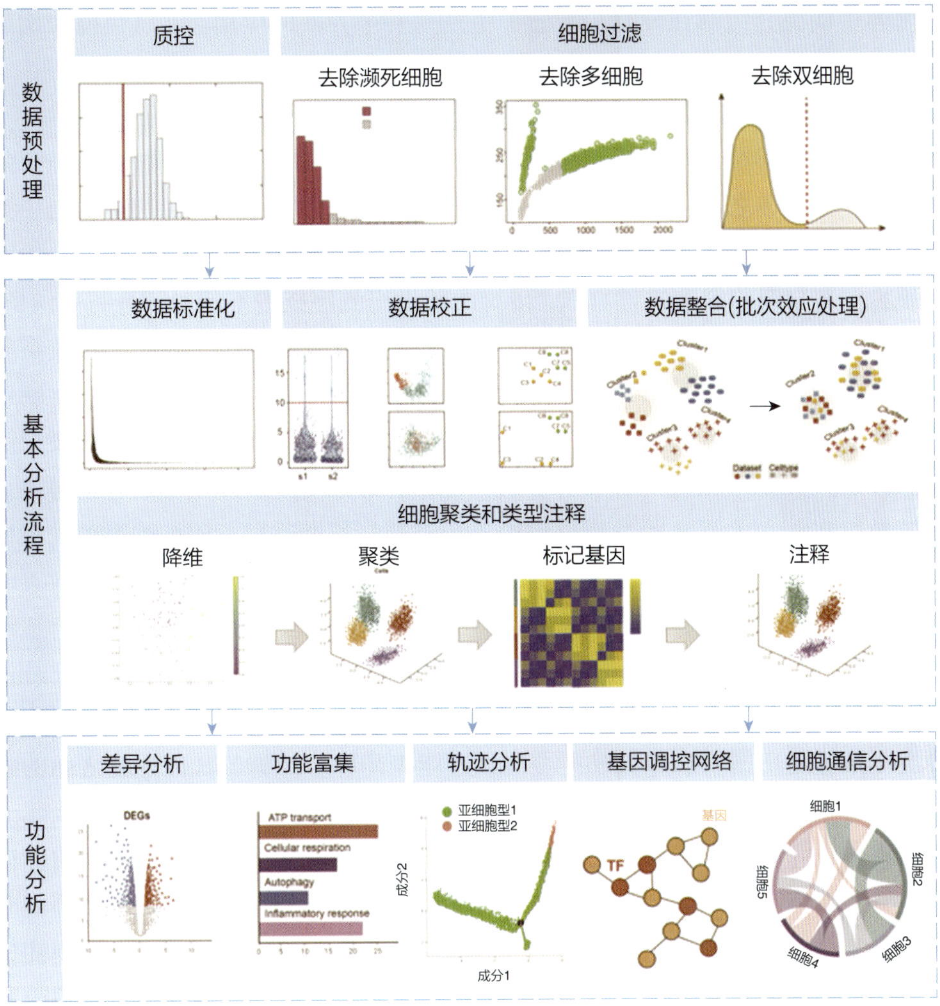

图 7-18 单细胞转录组数据分析

胞、双细胞、多细胞等异常细胞进行过滤，在此基础上对数据进行标准化，校正及整合，消除各种技术和生物因素对数据分析造成的偏差。② 降维、细胞聚类和类型注释：对于高维单细胞转录组数据，通过降维将高维空间特征投影到低维空间（二维、三维），并基于基因表达相似性对细胞进行聚类，通过手动和自动注释方法完成细胞群及细胞亚群注释。③ 细胞及基因层面多维度分析：在细胞注释后，可以开展细胞群或亚群细胞比例和差异表达基因分析，并对差异表达基因进行功能富集分析等；对于不同细胞亚群，通过拟时序或 RNA 速率方法对它们进行细胞发育轨迹推断；在细胞群或亚群内，通过 SCENIC 和 WGCNA 等解析细胞内基因调控网络；在细胞群或亚群间，通过 CellPhoneDB、CellChat、NicheNet 等方法推断细胞通信。

7.4.9 单细胞转录组应用

单细胞转录组测序技术能够以前所未有的高分辨率准确且快速地鉴定组织中的稀有和新型细胞，能够揭示单个细胞内 RNA 转录本的异质性和复杂性及组织、器官和生物体中各类型细胞功能。单细胞转录组测序技术的应用非常广泛，我们将在本节内容中简要介绍其在发育、肿瘤和免疫这三个方面的应用，并以免疫为例展开单细胞转录组在免疫相关应用领域取得的科研突破。

7.4.9.1 单细胞转录组与发育

胚胎发育是人类最重要的生命过程之一。在胚胎发育过程中，细胞会经历复杂的形态发生运动，之后通过组织分化发育为成体器官。器官发育的调控机制一直是发育生物学中一个重要的科学问题。

胚胎发育早期的细胞数量有限，传统的转录组测序技术不能对其进行系统解析。当前，单细胞转录组测序技术广泛应用到早期胚胎发育研究中，加深了对人类胚胎早期发育过程基因表达时空特异性模式的理解。同时，近年来单细胞转录组测序在多种组织器官发育领域也得到了广泛应用，包括人类大脑多个部位（额叶皮层、丘脑、小脑等）、心脏、消化道器官（食管、胃、小肠、大肠等）、肾、肺等。总之，单细胞转录组在深入了解胚胎发育过程中各个时期、各个器官不同细胞群的功能，揭示胚胎发育中的分子机制和调控网络上发挥了重要作用。

7.4.9.2 单细胞转录组与肿瘤

在肿瘤中，肿瘤细胞（tumor cell）和肿瘤微环境（tumor micro-environment，TME）共同构成一个复杂的肿瘤生态系统。单细胞转录组测序技术不仅能鉴别肿瘤中各类型细胞的不同状态及其功能差异，还能表征肿瘤细胞与其微环境之间的相互作用，使得在单细胞分辨率水平研究肿瘤异质性及其影响成为现实。

在肿瘤研究中，单细胞技术被广泛应用于肿瘤细胞及肿瘤微环境的异质性以及肿瘤转移和治疗抵抗（耐药性）等方面。单细胞测序技术能够准确地识别肿瘤中的不同细胞类型及其基因表达特征，为肿瘤诊疗提供新的思路。当前，多数癌症的肿瘤细胞图谱被绘制，并进行了精细的肿瘤亚群划分，多个与肿瘤发生、转移、耐药等相关的肿瘤细胞亚群被发现。此外，对于成纤维细胞、内皮细胞以及多种免疫细胞，研究者通过单细胞测序技术也揭示了多种与肿瘤发生、转移及耐药相关的细胞亚群。这些细胞群可作为肿瘤诊疗的重要靶标。

7.4.9.3 单细胞转录组与免疫

单细胞转录组在免疫学领域的研究涵盖了感染性疾病、自身免疫疾病、肿瘤免疫和免疫治疗等多个方面，在揭示免疫应答机制、发展新型治疗策略以及优化现有疗法方面发挥着重要作用。

（1）感染性疾病

感染性疾病是指由病原微生物（病毒、细菌、真菌等）和寄生虫等感染所导致的疾病，是引起人类死亡的主要因素。单细胞转录组可用于分析病原体感染期间人类免疫细胞的组成变化，鉴定感染诱发的新型免疫细胞亚群。此外，单细胞转录组可检测感染性疾病发生过程中人类多种免疫细胞的免疫响应和炎症反应，从而揭示重要的分子致病机制。单细胞转录组和免疫组库（immune repertoire，IR）联用可鉴定有效的中和抗体，并用于测试感染性疾病疫苗接种的功效。总之，单细胞转录组对感染性疾病机制解析和后续治疗策略开发具有重要价值。

（2）自身免疫疾病

自身免疫疾病是指人体对自身抗原发生免疫反应导致自身组织发生损害的疾病，它的发生发展与免疫系统功能紊乱密切有关。单细胞转录组可用于鉴定自身免疫疾病的致病免疫细胞类型，阐明致病免疫细胞的发育谱系，揭示免疫细胞的基因表达变化，分析异常免疫反应的调控机制，有助于疾病的发病机制阐明和治疗策略开发。目前，单细胞转录组已广泛应用于多种自身免疫性疾病研究，如通过单细胞转录组揭示系统性红斑狼疮特定细胞类型的基因表达变化，绘制狼疮性肾炎患者肾免疫细胞图谱，阐明原发性干燥综合征患者外周血免疫细胞的表达和调控特征，识别系统性硬化症中的皮肤特异性 T 细胞反应等。

（3）肿瘤免疫

单细胞转录组已广泛应用于肿瘤免疫微环境的研究，它可以精确地绘制肿瘤微环境中的免疫细胞图谱，揭示肿瘤浸润免疫细胞的异质性和动态变化，使我们更全面地理解肿瘤免疫逃逸机制和免疫微环境的复杂性。同时，通过与肿瘤细胞的单细胞转录组相结合，可揭示肿瘤微环境中的不同免疫细胞群体及其功能状态与肿瘤细胞间的相互作用。单细胞转录组在肿瘤免疫中的应用不仅促进了对肿瘤浸润免疫细胞的深入了解，还有助于鉴定新的免疫治疗靶点，为开发新型免疫疗法提供了重要科学依据。

当前，单细胞转录组在肿瘤免疫中的研究包括对 T 细胞、B 细胞、NK 细胞及其他多种免疫细胞的动态组成和功能变化解析等。伴随着单细胞数据的积累，研究者在泛癌症层面对多种类型免疫细胞进行了图谱绘制和功能解析。T 细胞是肿瘤免疫治疗的关键角色，研究者通过结合单细胞基因表达谱和 T 细胞受体序列，在泛癌层面系统地刻画了肿瘤浸润性 T 细胞的异质性和动态性，并系统地比较了其在多种癌症类型之间的异同，加深了对肿瘤浸润 T 细胞的认识，也将进一步促进新的癌症免疫治疗方法开发。研究发现了多种肿瘤反应性 T 细胞群体，且它们的状态在不同肿瘤类型微环境中高度变化。NK 细胞在肿瘤中是一种重要的先天性免疫应答细胞，通过对涵盖多癌种单细胞转录组数据进行整合分析，研究揭示了 NK 细胞在肿瘤微环境中表型以及功能多样性。此外，对于肿瘤浸润髓系细胞（肥大细胞、树突状细胞、中性粒细胞以及肿瘤相关巨噬细胞等）和 B 细胞，研究者对它们均在泛癌种层面开展了系统性研究，发现了多种可用于肿瘤治疗的免疫细胞亚群。

（4）免疫治疗

免疫治疗（immunotherapy）是指针对机体低下或亢进的免疫状态，人为地增强或抑制机体的免疫功能以达到治疗疾病目的的治疗方法，现已成为一种有效的治疗手段。当前肿瘤免疫治疗的成功率大约 20%，单细胞转录组可揭示肿瘤对免疫治疗产生抵抗性的分子机制。以黑色素瘤为例，研究者通过单细胞转录组鉴定到在免疫治疗抵抗性患者的恶性肿瘤细胞存在一种免疫抵抗性程序，其可预测黑色素瘤患者对免疫治疗的有效性。CDK4/6 抑制剂可抑制这种免疫抵抗性程序，实现患者对免疫治疗的敏感性。因此，单细胞转录组为肿瘤免疫治疗方案的制定提供了有力支持，有望显著提高癌症治疗的成功率和患者的生存率。此外，单细胞转录组还可以明确免疫治疗在细胞层面的具体作用机制。单细胞转录组可揭示在免疫治疗过程中免疫细胞的表型和功能变化，阐明免疫细胞和其他细胞间的相互作用，解析免疫治疗重塑微环境的分子机制。

7.4.10 空间转录组分析

相比于单细胞转录组技术，空间转录组技术增加了两种额外的信息：空间位置信息和组织图像信息。前者有利于解析细胞所处的微环境及其功能依赖，后者可以帮助鉴定细胞的形态信息及识别变化的空间模式。因此，空间转录组数据需要专门的分析算法和工具。空间转录组学的特色分析包括单细胞空间数据获取、空间基因表达预测、空间域（spatial domain）鉴定以及空间细胞相互作用等方面。

目前，无论是基于阵列（array）还是基于图像的空间转录组学数据，都需要特定的工具将测量的分子分配给单个细胞。对于低分辨率空间数据，需要使用专门的算法进行去卷积分析，常用的算法包括 Cell2location、SpatialDWLS、RCTD、STRIDE 和 DestVI 等。基准测试结果显示 Cell2location、SpatialDWLS 和 RCTD 在总体性能上表现最佳。Cell2location 利用贝叶斯模型并结合单细胞转录组数据中细胞亚群的基因表达特征，来估计空间数据中每个检测点的细胞类型丰度。对于高分辨率空间数据，可以通过对组织图像学数据进行细胞分割来实现。常用的细胞分割算法包括分水岭算法以及一些基于深度学习的方法，如 DeepCell、Cellpose 和 Stardist。另外，也可以使用无分割的方法，如 SSAM 和 Baysor，这类方法直接将邻近的转录本归属到同一个细胞中。

基于原位杂交的空间转录组学方法（如 seqFISH 和 MERFISH 等）具有分辨率高和灵敏度高的优点，但它们能够检测的 RNA 转录本数量有限。因此，研究者设计了一系列算法，通过整合单细胞转录组数据和空间数据来预测在空间数据中未检出的转录本表达水平。例如，gimVI 采用深度生成模型来推断未检测到的转录本的空间分布；SpaGE 使用域自适应算法 PRECISE 和 K-最近邻回归来预测未检测到的转录本的空间分布；Tangram 则使用非凸优化和深度学习框架将单细胞转录组数据映射到空间上。基准测试结果显示，Tangram、gimVI 和 SpaGE 在预测未检出空间基因表达方面具有最佳表现。

空间转录组数据还允许研究人员超越单细胞转录组中细胞聚类的概念，通过利用空间基因表达或空间细胞类型组成来鉴定空间域，从而研究复杂组织的空间架构。常用的空间域识别算法包括 SpaGCN、SPACEL、BayesSpace 和 STAGATE 等。例如，SpaGCN 通过图神经网络聚合每个检测点与其相邻点的基因表达，并结合组织学图像信息来鉴定空间域。基于空间域，可以进一步通过基因差异表达分析研究空间域的基因表达模式。SPACEL 算法则先通过整合单细胞转录组数据和空间数据进行去卷积，得到细胞类型的空间组成分布，然后再基于该细胞组成分布利用图卷积网络和对抗学习算法进行空间域的鉴定。

在上述介绍中，单细胞转录组数据可以利用 CellPhoneDB、CellChat 和 NicheNet 等方法推断亚群之间的细胞相互作用，了解细胞所受到的分子信号影响与细胞状态的关系。然而，单细胞转录组技术需要解离细胞，这些方法忽略了组织的底层空间结构，这可能导致大量假阳性结果。因此，空间转录组学数据所具有的空间信息为精确研究组织局部的细胞相互作用提供了天然优势。这类算法包括 Giotto、COMMOT、SpatialDM、stLearn 和 MISTy 等。例如，Giotto 通过构建空间邻近图来识别膜结合的配体–受体相互作用；COMMOT 则利用一种空间约束的最优传输算法来推断细胞间的相互作用，该算法的特点是同时考虑不同配体和受体之间的竞争关系以及空间距离，将配体传输到相应的受体上，从而更准确地模拟和预测细胞间的信号传递过程。

总体而言，空间转录组学的技术和分析方法的发展不仅深化了我们对细胞间复杂交互作用的理解，也为研究疾病机理和开发新疗法开辟了新的视角。

7.5 转录组学的总结与展望

本章概述了转录组学的理论与实践，涵盖了转录组学的基本概念、测序建库方法、转录定量及差异分析，以及 RNA 序列结构预测等内容。我们还探讨了近年来兴起的单细胞与空间转录组测序技术，以及它们相较于传统方法在应用方面的优势。同时，介绍了非编码 RNA 的序列特征，为开展特定类型非编码 RNA 的鉴定，深入理解其结构与调控规律奠定基础。我们强调了机器学习技术在转录组学分析中的应用，讨论了 RNA 结构预测、单细胞数据聚类及非编码 RNA 预测方法。考虑篇幅限制，相关数据库和分析工具的特点已通过表格形式进行总结，读者可查阅相关文献以获取更详细信息。

展望未来，转录组学将迎来多个重要发展方向。随着第三代测序技术的进步，对基因表达调控区域的理解将加深，尤其是在非编码区域的复杂结构变异及长距离调控元件方面。这将促进基因表达调控网络的完善，并推动转录组学的进一步发展。T2T（telomere-to-telomere）参考基因组的应用将深化对转录本多样性及剪接异构体的理解，并优化基因表达分析流程。单细胞 RNA 测序技术的发展将提高其通量与准确性，从而在多个生命科学领域展现优势。转录组学将逐步与基因组学、蛋白质组学及代谢组学等多组学数据结合，建立更全面的生物网络模型，发掘复杂生物过程中的基因相互作用，揭示细胞功能的全貌。人工智能和机器学习的快速发展将提升转录组数据分析效率，助力复杂生物系统的建模与新生物标志物的发现。转录组学的应用领域将不断扩展，从基础生物学到临床应用，为农业、环境科学及药物开发等提供重要数据支持。转录组学不仅为理解生命基本机制提供了重要工具，也为疾病的诊断和治疗开辟了新路径，未来将在生命科学研究中继续发挥关键作用。

※ 推荐阅读

1. Chen Q, Meng X, Liao Q, et al. Versatile interactions and bioinformatics analysis of noncoding RNAs [J]. Briefings in bioinformatics, 2019, 20(5): 1781-1794.

点评：该综述全面介绍了 ncRNA（非编码 RNA）的分类及其多样化功能，重点探讨了 ncRNA 与其他生物分子之间的复杂互作形式。文章明确了进行 ncRNA 综合性分析的关键需求，并梳理了现有的 ncRNA 识别与功能注释工具、数据库及平台，为深入开展系统性研究提供了重要参考。

2. Lotfollahi M, Hao Y, Theis F J, et al. The future of rapid and automated single-cell data analysis using reference mapping [J]. Cell, 2024, 187(10): 2343-2358.

点评：该文总结了参考映射（reference mapping）策略在单细胞数据分析（single-cell data analysis）领域的核心地位，并阐述了其多样化的应用场景。文章深入剖析了构建权威参考图谱面临的巨大挑战，并主张采用开源图谱（open source atlasing）的方法，以实现参考高效且可靠的更新，从而更好地应对新数据的涌现。

3. Stark R, Grzelak M, Hadfield J. RNA sequencing: the teenage years [J]. Nature reviews genetics, 2019, 20(11): 631-656.

点评：该文总结了 RNA-Seq（RNA 测序）在过去十余年的发展历程，系统梳理了不同测序技术的发展脉络，并展望了 RNA-Seq 在单细胞转录组和空间转录组分析中的广阔潜力。文章通过解析不同测序技术的技术特点，阐释了长读长技术有望成为未来主流测序方式，推动转录组学迈向高精度与大通量的新时代。

※ 思考与练习题

1. 常用的转录组组装策略有哪些？各种策略的优缺点是什么？
2. 转录组测序数据可用于基因和转录本水平的定量分析。基因和转录本定量受哪些因素的影响？如何克服这些因素的影响？
3. 各类非编码 RNA 之间的关系是什么？请举例说明。
4. scRNA-Seq 数据预处理过程去除了哪些低质量细胞？
5. 试比较 scRNA-Seq 和 bulk RNA-Seq 的差异分析方法有何异同？

※ 讨论题

1. 目前公共数据库中已积累了大量的 RNA-Seq 数据集，试围绕一个科学问题，设计相应的生物信息学分析流程进行转录组数据的整合与分析。
2. 试比较各类非编码 RNA 数据分析流程和 mRNA 数据分析流程的异同。
3. 相比于 scRNA-Seq，空间转录组学技术具有什么独特的特点？

※ 参考文献

1. Herman A B, Tsitsipatis D, Gorospe M. Integrated lncRNA function upon genomic and epigenomic regulation [J]. Molecular cell, 2022, 82(12): 2252-2266.

2. Heumos L, Schaar A C, Lance C, et al. Best practices for single-cell analysis across modalities [J]. Nature reviews genetics, 2023, 24(8): 550-572.

3. Hombach S, Kretz M. Non-coding RNAs: classification, biology and functioning [J]. Advances in experimental medicine and biology, 2016, (937): 3-17.

4. Luecken M D, Theis F J. Current best practices in single-cell RNA-Seq analysis: a tutorial [J]. Molecular systems biology, 2019, 15(6): e8746.

5. Pertea M, Kim D, Pertea G M, et al. Transcript-level expression analysis of RNA-Seq experiments with HISAT, StringTie and Ballgown [J]. Nature protocols, 2016, 11(9): 1650-1667.

6. Ramírez-González R H, Borrill P, Lang D, et al. The transcriptional landscape of polyploid wheat [J]. Science, 2018, 361(6403): eaar6089.

7. Rao A, Barkley D, França G S, et al. Exploring tissue architecture using spatial transcriptomics [J]. Nature, 2021, 596(7871): 211-220.

8. St Laurent G, Wahlestedt C, Kapranov P. The landscape of long noncoding RNA classification [J]. Trends in genetics. 2015, 31(5): 239-251.

9. Svensson V, Vento-Tormo R, Teichmann S A. Exponential scaling of single-cell RNA-Seq in the past decade [J]. Nature protocols, 2018, 13(4): 599-604.

10. Trapnell C, Williams B A, Pertea G, et al. Transcript assembly and quantification by RNA-Seq reveals unannotated transcripts and isoform switching during cell differentiation [J]. Nature biotechnology, 2010, 28(5): 511-515.

编者：瞿　昆（中国科学技术大学）
何顺民（中国科学院生物物理研究所）
马　闯（西北农林科技大学）
鲁　志（清华大学）
孙宝发（南开大学）
审读：李　婧（上海交通大学）

8

转录调控和表观遗传

转录因子和表观遗传修饰在基因转录过程中发挥着重要作用：转录因子通过响应各种内部和外部信号精确调控基因转录；表观遗传修饰通过改变染色质结构等方式，影响转录因子发挥功能。这两种机制的协同作用确保了基因在正确的时间、位置和水平上表达，从而维持细胞和整个生物体的正常功能。在过去 20 多年中，对转录调控与表观遗传的研究一直是生物信息学的核心方向之一，内容广泛且复杂。本章无意于全面地介绍转录调控与表观遗传的知识体系，而是力求简化和提炼，重点介绍转录调控与表观遗传的核心概念、重要组学技术的原理、数据特点及其分析方法的基本思路。具体内容包括转录因子结合模体的经典分析方法、转录因子 ChIP-Seq 数据的特点和分析方法、DNA 甲基化和组蛋白修饰等重要表观遗传修饰的基本描述，以及 WGBS 和 Hi-C 等常用组学技术的数据分析方法等。本章旨在为读者理解转录调控和表观遗传的复杂机制提供生物信息学知识框架。此外，从本书的整体编排考虑，表观转录组学的内容也包含在本章。

8.1 转录调控与表观遗传概述

转录因子与表观遗传修饰在基因转录调控中发挥重要作用：一方面，转录因子能够对各种细胞内外的信号做出反应，特异性地控制基因转录；另一方面，表观遗传修饰通过调节染色质结构，间接影响转录因子的功能（图 8-1）。

8.1.1 转录调控的基本概念

人类基因组编码两万多个基因，其中多数基因只在特定组织或发育阶段表达。从一套基本不变的基因组中产生出多元化的表达图谱，是由调控基因活性的各种信号途径所控制的。转录是基因表达过程的第一步，也是调控基因活性的核心步骤。转录因子（transcription factor，TF）通过特异地结合靶基因启动子（promoter）或增强子（enhancer）区域，来控制基因转录的发生及转录效率。转录因子结合位点（transcription factor binding site，TFBS）是指基因组 DNA 上特定的序列，这些序列能够与转录因子相互作用，并在基因转录调控中发挥关键作用。很多转录因子结合位点具有特定的序列模式，这些序列模式称为转录因子结合模体（binding motif）。分析转录因子结合模体和识别转录因子在基因组上的结合位点，对于研究基因转录调控的机制具有重要意义。

转录因子结合模体分析包括两类问题。第一，已知模体扫描（known motif scan），根据已知的转录因子结合模体，在关注的基因组区域内搜索该转录因子潜在的结合位点。第二，模体从头发现（*de novo* motif finding），在关注的一组基因组区域内，识

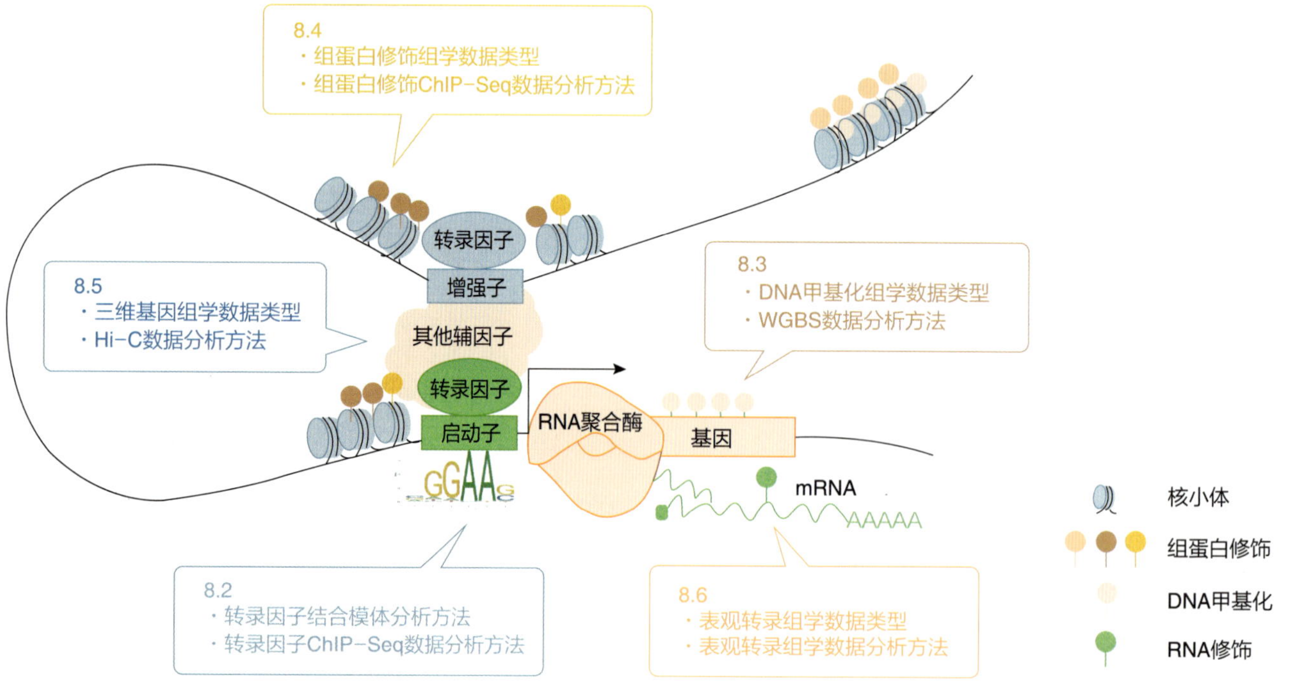

图 8-1 转录调控与表观遗传概述

别具有统计显著性的 DNA 短片段模式，作为潜在的转录因子结合模体。随着第二代测序技术的迅猛发展，染色质免疫共沉淀测序技术（chromatin immunoprecipitation sequencing，ChIP-Seq）已被广泛应用于识别转录因子全基因组结合位点。借助日益完善的生物信息学分析工具，研究人员可以开展转录因子结合模体分析和 ChIP-Seq 数据分析，这种综合分析为深入探索基因转录调控的复杂机制提供了新的视角。

8.1.2 表观遗传学的基本概念

表观遗传学（epigenetics）一词的内涵在科学史上经历了多次的修正。1942 年，康拉德·沃丁顿（Conrad Waddington）提出了表观遗传学的术语，将其定义为“研究基因及其产物之间因果相互作用，并产生表型的生物学分支”。1990 年，罗宾·霍利迪（Robin Holliday）将表观遗传学的内涵重新定义为“研究复杂生物发育过程中在时间和空间上调控基因活性的机制”。1996 年，阿瑟·里格斯（Arthur Riggs）将表观遗传学的内涵定义为“研究不能用 DNA 序列改变来解释的，在有丝分裂或减数分裂中可遗传的基因功能改变”。2008 年，冷泉港会议对表观遗传学特征的共识为“染色质的改变，而非 DNA 序列的改变，所导致的稳定遗传的表型”。自 20 世纪 90 年代末以来，表观遗传学得到迅猛发展，是生命科学领域的研究热点之一。

表观遗传信息包括 DNA 甲基化、组蛋白修饰、三维基因组等，这些信息与染色质环境及基因表达调控网络相关。表观遗传信息是决定细胞分化和细胞命运的关键因素之一，表观遗传信息的异常可引发衰老和癌症，也可能导致精神性疾病和自身免疫性疾病等。高通量组学技术的发展及其在表观遗传研究中的应用，产生了大量高通量表观遗传组学数据。表观遗传信息类型多样，绘制其在基因组上分布的组学技术原理各异，对应的分析方法及思路不同。

8.2 转录调控分析

8.2.1 转录因子结合模体表示方法

转录因子结合模体有三种常用的表示方法，分别是 DNA 共有序列、位置频率矩阵和序列标识图（图 8-2）。

8.2.1.1 DNA 共有序列

转录因子结合模体的最简单的表示方法是 DNA 共有序列（consensus sequence）。产生 DNA 共有序列的步骤如下：对一个转录因子结合的多条 DNA 片段进行排列，在每个位置上选择最可能出现的碱基，构成共有序列。除了 A、T、C、G 之外，DNA 共有序列还采用其他字符（IUPAC 简并码）来表示某个位置可能的碱基组合：W（A 或 T）、R（A 或 G）、K（G 或 T）、S（C 或 G）、Y（C 或 T）、M（A 或 C）、B

图 8-2 转录因子结合模体的表示方法

DAN共有序列 T A C T G T A T A T A H A H M C A G

位置频率矩阵

	P1	P2	P3	P4	P5	…	P15	P16	P17	P18
A	0.18	0.81	0.00	0.00	0.00		0.54	0.00	1.00	0.00
C	0.00	0.00	1.00	0.00	0.00		0.36	1.00	0.00	0.00
G	0.00	0.09	0.00	0.00	1.00		0.00	0.00	0.00	0.72
T	0.81	0.09	0.00	1.00	0.00		0.09	0.00	0.00	0.27

序列标识图

（非 A）、D（非 C）、H（非 G）、V（非 T）、N（任意）。

DNA 共有序列可以表示转录因子结合模体中哪些位置的碱基是保守的，哪些位置的碱基是多样的。如图 8-2 所示，DNA 共有序列 “TACTGTATATAHAHMCAG” 表示，在该转录因子结合模体中，第 1 个位置大概率是碱基 “T”，第 12 个位置大概率是 “A” “C” 或 “T”，第 15 个位置大概率是碱基 “A” 或 “C”。虽然 DNA 共有序列表示方法简明易懂，但是这种方法无法反映每个位置上不同碱基出现的概率。

8.2.1.2 位置频率矩阵

相较于 DNA 共有序列的表示方式，位置频率矩阵（position frequency matrix，PFM）能够更准确地揭示每一位置上不同碱基的出现频率。该方法假设每个位置上碱基的出现是相互独立的，即一个位置上碱基的出现不会受到其他位置上碱基出现的影响。位置频率矩阵中的每一行对应一个碱基，每一列对应模体的一个位置。矩阵中的每个元素表示对应碱基在对应位置的出现频率。例如，对于长度为 n 的模体，碱基 i 在模体第 j 个位置上出现的频率为 $q_{i,j}$，则模体用位置频率矩阵表示如下：

$$\begin{bmatrix} q_{A,1} & q_{A,2}, & \cdots, & q_{A,n} \\ q_{C,1} & q_{C,2}, & \cdots, & q_{C,n} \\ q_{G,1} & q_{G,2}, & \cdots, & q_{G,n} \\ q_{T,1} & q_{T,2}, & \cdots, & q_{T,n} \end{bmatrix}$$

某个转录因子的多条 DNA 结合序列如下：

T	A	C	T	G	T	A	T	A	T	A	A	A	A	C	C	A	G
T	A	C	T	G	T	A	T	A	T	A	T	A	C	A	C	A	G
T	A	C	T	G	T	A	T	A	T	A	A	A	A	A	C	A	G
T	A	C	T	G	T	A	T	A	A	A	T	A	A	A	C	A	G
T	A	C	T	G	T	A	T	A	T	A	A	A	C	A	C	A	T
A	A	C	T	G	T	A	T	A	T	A	C	A	C	A	C	A	G
T	G	C	T	G	T	A	T	A	T	A	A	A	A	A	C	A	G
T	A	C	T	G	T	A	T	A	T	G	T	A	T	C	C	A	T
T	A	C	T	G	T	A	T	A	T	G	T	A	T	C	C	A	T
T	A	C	T	G	T	A	T	A	T	T	C	A	T	T	C	A	G
A	T	C	T	G	T	A	T	A	T	A	T	A	C	C	C	A	G

对于上述序列，可以按照以下方法计算出该转录因子的位置频率矩阵：

首先，逐一检查每个序列中的每个位置上的碱基，并在相应的矩阵位置上增加计数，得到以下矩阵：

$$\begin{matrix} \text{A} \\ \text{C} \\ \text{G} \\ \text{T} \end{matrix}\begin{bmatrix} 2 & 9 & 0 & 0 & \cdots & 0 \\ 0 & 0 & 1 & 0 & \cdots & 0 \\ 0 & 1 & 0 & 0 & \cdots & 8 \\ 9 & 1 & 0 & 1 & \cdots & 3 \end{bmatrix}$$

然后，计算每个位置上每种碱基出现的频率 $q_{i,j}$（每个位置上 4 种碱基的频率之和为 1），可以得到位置频率矩阵：

$$\begin{matrix} \text{A} \\ \text{C} \\ \text{G} \\ \text{T} \end{matrix}\begin{bmatrix} 0.18 & 0.82 & 0.00 & 0.00 & \cdots & 0.00 \\ 0.00 & 0.00 & 1.00 & 0.00 & \cdots & 0.00 \\ 0.00 & 0.09 & 0.00 & 0.00 & \cdots & 0.73 \\ 0.82 & 0.09 & 0.00 & 1.00 & \cdots & 0.27 \end{bmatrix}$$

8.2.1.3 序列标识图

序列标识图（sequence logo）是一种用于表示 DNA、RNA 或蛋白质多序列比对结果的图形表示法，将其应用于转录因子结合模体的表示，可以直观地展示结合模体上某一位置的碱基偏好性。在序列标识图中，每个位置的碱基用堆叠的字母来表示，字母的大小反映了该位置上碱基出现的相对频率，更大的字母表示该碱基在该特定位置出现的频率更高。序列标识图第 j 位上某个碱基 i 的高度 $height_{i,j}$ 用该位置的信息量 R_j 与该碱基出现的频率 $q_{i,j}$ 的乘积来表示：

$$height_{i,j} = q_{i,j} \times R_j \tag{8-1}$$

其中，该位置的信息量 R_j 定义为每个位置的最大可能熵与该位置的实际信息熵之差。信息熵衡量了信息的不确定性，一个位置的熵值越高，该位置的碱基不确定性越大。当 4 种碱基在一个位置上均匀分布时，该位置的信息熵达到最大值。而该位置的实际信息熵值越小，其碱基的不确定性就越小，代表该位置所含的信息量越大。所以，信息量 R_j 的计算方法如下：

$$R_j = H_{\max} - (H_j + e_n) \tag{8-2}$$

其中，给定位置的信息熵 H_j 的定义为：

$$H_j = -\sum_{i=1}^{4} q_{i,j} \times \log_2 q_{i,j} \tag{8-3}$$

当 4 种碱基均匀分布时，每个碱基出现的概率都为 $\frac{1}{4}$，所以 $H_{\max}$ 的值为 2。

e_n 是针对小样本的近似矫正，对于碱基序列，s 等于 4，n 为 DNA 序列个数：

$$e_n = \frac{1}{\ln 2} \times \frac{s-1}{2n} \tag{8-4}$$

根据上述公式可以看出，序列标识图中每个位置的符号高度之和均不超过 2 个单位。

8.2.1.4 基于已知模体的转录因子结合位点预测

在给定的 DNA 序列中查找已知的转录因子结合模体，称为已知模体扫描（motif scanning）。其作用是判断某一长度为 n 的 DNA 序列片段与给定的长度为 n 的位置频率矩阵相匹配的程度。但由于背景 DNA 序列中可能存在某些碱基的固有偏好，直接使用位置频率矩阵来评估某个位置上各碱基的出现频率可能会使得预测结果有很大的偏差。例如，在某生物体的基因组中，碱基 A 的出现频率异常高，达到了 70%，而其他碱基的出现频率相对较低。因此，任何随机选取的 DNA 片段都有很高的概率包含大量的碱基 A。现在，已知有一个转录因子的结合模体为 AAXA，其中 X 可以是任何碱基。如果直接使用此模体去扫描整个基因组，很可能会发现大量匹配此模体的片段，仅仅是因为碱基 A 的自然出现频率就很高，并非所有这些片段都是真正的转录因子结合位点。

为了校正这种天然偏好性，位置频率矩阵通常会被转换为位置权重矩阵（position weight matrix，PWM）。在以上示例中，PWM 考虑基因组中碱基 A 的高出现频率，并为模体中的碱基 A 分配一个相对较低的权重，从而使得预测更加准确。这意味着，只有当某个 DNA 片段不仅与模体匹配，而且其碱基 A 的出现频率远高于背景水平时，这个片段才会被认为是一个真正的结合位点。

对于长度为 n 的模体，位置权重矩阵表示如下：

$$\begin{bmatrix} S_{A,1}, & S_{A,2}, \cdots, S_{A,n} \\ S_{C,1}, & S_{C,2}, \cdots, S_{C,n} \\ S_{G,1}, & S_{G,2}, \cdots, S_{G,n} \\ S_{T,1}, & S_{T,2}, \cdots, S_{T,n} \end{bmatrix}$$

其中，

$$S_{i,j} = \log_2\left(\frac{q_{i,j}}{b_i}\right) \tag{8-5}$$

其中，$q_{i,j}$ 是位置频率矩阵中的元素，b_i 是碱基 i 在背景序列中出现的频率，用以对 DNA 序列碱基组成偏向性造成的影响进行消除。

应用位置权重矩阵对某段长度为 n 的 DNA 序列进行打分，用以评估该序列是否与转录因子结合模体匹配：

$$S = \sum_{j=1}^{n} S_{i,j} \tag{8-6}$$

其中，i 表示相应序列第 j 个位置上出现的碱基。由上式计算出给定序列的打分 S，如果 S 大于等于给定的阈值，这段序列就被视为潜在的转录因子结合位置。在实际应用中，如需要考察一段长度为 l 的区域上是否存在某一转录因子的潜在结合位点，可以用一个长度为 n 的窗口以 1 bp 为步长在该序列上滑动，对滑动得到的所

C T T A T T A C G C T G G C C A C T A G C G G G C G C G T T G T A A C G C T G

	P1	P2	P3	P4	P5	P6	P7	P8	P9	P10	P11
A	0.203 8	0.048 3	0.000 0	0.621 8	0.056 7	0.092 4	0.903 4	0.099 0	0.386 6	0.023 1	0.006 3
C	0.071 0	0.865 0	0.995 0	0.035 0	−0.055 0	0.552 0	0.018 0	0.200 0	0.000 0	0.033 0	0.002 0
G	0.596 6	0.052 5	0.004 2	0.264 7	0.369 7	0.077 7	0.058 8	−0.050 0	0.613 4	0.699 6	0.991 6
T	0.128 2	0.033 6	0.000 0	0.077 7	0.016 8	0.277 3	0.018 9	0.497 0	0.000 0	0.243 7	0.000 0

0.596 6+0.865 0+0.995 0+0.621 8−0.055 0+0.277 3+0.903 4−0.050 0+0.000 0+0.699 6+0.991 6=5.845 3

图 8-3 应用位置权重矩阵预测转录因子潜在结合位点

有长度为 n 的片段进行遍历并进行打分，筛选出打分高于阈值的那些片段，为对应转录因子的潜在结合位点（图 8-3）。阈值的选择至关重要：阈值设置过高，会错过潜在的转录因子结合位点；而阈值设置过低，会增大预测的假阳性率。实际应用中，可以根据所研究的问题，在高检出率和低假阳性率之间取折中值。

8.2.2 转录因子结合模体从头发现

转录因子结合模体从头发现的核心思想是在多条相关的 DNA 序列中（如受到某一转录因子调控的一组基因的启动子区域或增强子区域）搜索具有统计显著性的短片段模式，并将其预测为该转录因子潜在的结合模体。按照转录因子结合模体的表示方法，可以将结合模体的从头发现分成两类，分别是基于共有序列的方法和基于位置频率矩阵的方法。前者的方法是穷举所有可能的序列组合来识别统计上显著的短序列模式，如 MobyDick 等。后者则通过贪婪算法、期望最大化（expectation maximization，EM）或吉布斯抽样（Gibbs sampling）等方法来确定统计显著的位置频率矩阵，如 MEME 和 Gibbs Motif Sampler 等为此类方法的代表。

8.2.2.1 基于共有序列的识别方法

基于共有序列的识别方法通过穷举所有可能的碱基组合来识别统计上显著的 DNA 模式。这类方法筛选满足特定条件的片段，并对其一致性进行打分，主要步骤为：① 设待搜索的片段长度为 l，穷举所有由 A、T、C、G 四种碱基组成的长度为 l 的序列，并将其作为候选序列集合；② 统计候选序列集合中每条片段在所有 DNA 序列中出现的次数（允许少量碱基错配），从中筛选出在大多数序列中均有出现的片段；③ 采用合适的统计方法，量化所挑选片段的一致性，并将一致性最高的共有序列作为预测的结果。如果不确定结合模体的长度 l，则需要根据先验信息确定其取值范围，然后逐一进行尝试。上述穷举策略的计算复杂度为 4^l，不适用于 l 较大的情况。

8.2.2.2 基于 EM 算法的识别方法

EM 算法是一种迭代算法，用于在统计模型中寻找似然函数的局部最大值，特别是当模型中存在一些未观测到的（隐含的）数据时。EM 算法迭代地进行以下两个步骤直至收敛。① 期望步骤（E-step）：通过观察数据和现有模型来估计参数，然后固定这个估计的参数值（如位置频率矩阵）来计算似然函数的期望值，即预测最有可能的结合位点的位置；② 最大化步骤（M-step）：固定预测出的结合位点的位置，更新模型参数以最大化观测数据的似然。EM 算法可以保证在每次迭代之后似然函数的值都会增加，从而在有限的循环次数下得到最优解。

在期望步骤中，假设已知结合模体的位置频率矩阵，则需要通过计算似然函数的期望值来计算结合模体在 DNA 序列上出现匹配的位置。例如，对于给定序列：

C C G G C A G C G G G T G G C G C T G

假设转录因子结合模体的长度为 9，位置频率矩阵为：

$$\begin{array}{c} A \\ C \\ G \\ T \end{array}\begin{bmatrix} 0.261 & 0.028 & 0.499 & 0.956 & 0.005 & 0.095 & 0.075 & 0.002 & 0.710 \\ 0.005 & 0.002 & 0.194 & 0.004 & 0.670 & 0.004 & 0.017 & 0.966 & 0.114 \\ 0.678 & 0.930 & 0.005 & 0.030 & 0.202 & 0.003 & 0.905 & 0.011 & 0.067 \\ 0.056 & 0.040 & 0.302 & 0.010 & 0.123 & 0.899 & 0.003 & 0.021 & 0.109 \end{bmatrix}.$$

利用位置频率矩阵，对给定序列中的每个长度为 9 的片段，计算似然比（likelihood ratio），如下所示：

C	**C**	**G**	**G**	**C**	**A**	**G**	**C**	**G**	G	G	T	G	G	C	G	C	T	G	LR_1
C	**C**	**G**	**G**	**C**	**A**	**G**	**C**	**G**	**G**	G	T	G	G	C	G	C	T	G	LR_2
C	C	**G**	**G**	**C**	**A**	**G**	**C**	**G**	**G**	**G**	T	G	G	C	G	C	T	G	LR_3
C	C	G	**G**	**C**	**A**	**G**	**C**	**G**	**G**	**G**	**T**	G	G	C	G	C	T	G	LR_4
C	C	G	G	**C**	**A**	**G**	**C**	**G**	**G**	**G**	**T**	**G**	G	C	G	C	T	G	LR_5
C	C	G	G	C	**A**	**G**	**C**	**G**	**G**	**G**	**T**	**G**	**G**	C	G	C	T	G	LR_6
C	C	G	G	C	A	**G**	**C**	**G**	**G**	**G**	**T**	**G**	**G**	**C**	G	C	T	G	LR_7
C	C	G	G	C	A	G	**C**	**G**	**G**	**G**	**T**	**G**	**G**	**C**	**G**	C	T	G	LR_8
C	C	G	G	C	A	G	C	**G**	**G**	**G**	**T**	**G**	**G**	**C**	**G**	**C**	T	G	LR_9
C	C	G	G	C	A	G	C	G	**G**	**G**	**T**	**G**	**G**	**C**	**G**	**C**	**T**	G	LR_{10}
C	C	G	G	C	A	G	C	G	G	**G**	**T**	**G**	**G**	**C**	**G**	**C**	**T**	**G**	LR_{11}

其中，LR_n 表示长度为 9 的短片段似然比。以第 3 个短片段为例：

$$LR_3 = \frac{P(\text{GGCAGCGGG}|\ \theta)}{P(\text{GGCAGCGGG}|\ \theta_0)} \tag{8-7}$$

其中，θ 为位置频率矩阵，θ_0 为 4 种碱基分别在基因组上出现的频率，此处假设 4 种碱基在基因组中出现的频率均为 0.25，则：

$$LR_3 = \frac{0.678 \times 0.930 \times 0.194 \times 0.956 \times 0.202 \times 0.004 \times 0.905 \times 0.011 \times 0.067}{0.25 \times 0.25 \times 0.25 \times 0.25 \times 0.25 \times 0.25 \times 0.25 \times 0.25 \times 0.25} = 0.016\ 5$$

以此类推，可以计算得到所有 11 个片段的似然比。

接下来，在最大化步骤中，以期望步骤得到的似然比为权重，计算结合模体 9 个位置上 4 种不同碱基的得分，得到一个新的位置频率矩阵。例如，第 1、2、5、8 个短片段的第一个位置均为 C，那么在结合模体第一个位置上碱基 C 的分数为：

$$C_1 = \frac{LR_1 + LR_2 + LR_5 + LR_8}{\sum_1^{11} LR_i} \tag{8-8}$$

下一步，将最大化步骤得到的新的位置频率矩阵作为期望步骤的输入，随后得到新的短片段似然比，再进行新一轮的最大化步骤。通过这种迭代方式，位置频率矩阵最终会达到稳定，这时的矩阵即为目标转录因子的 DNA 结合模体。

MEME 方法对 EM 算法进行了改进，遍历所有可能的起始矩阵，筛选出来具有统计学显著性的矩阵输入给 EM 算法，然后通过循环迭代得到最优解。注意，基于 EM 算法的结果一定程度上依赖于输入的初始位置频率矩阵，虽然该方法可以处理某些不确定性，如未知的确切结合位点，但是可能收敛到局部最优而不是全局最优。

8.2.2.3 基于吉布斯抽样法的识别方法

吉布斯抽样法采用马尔可夫链蒙特卡罗（Markov chain Monte Carlo，MCMC）技术，随机选择和移除 DNA 片段，再根据剩余片段更新位置频率矩阵，计算被移除片段最可能的模体位置并将移除片段重新纳入考虑。这一迭代过程持续进行，直到位置频率矩阵收敛，从而在给定的 DNA 序列集合中发现最可能的转录因子结合模体。基于吉布斯抽样法的识别方法基于一个假设：每条 DNA 序列有且仅有 1 个长度为 n 的结合模体匹配片段，吉布斯抽样法识别结合模体的步骤如下：① 从多条 DNA 序列中选出一条序列 S_1，并从剩余的每条 DNA 序列中随机选取给定长度为 n 的片段，形成初步的位置频率矩阵。② 基于该位置频率矩阵对序列 S_1 中的每个长度为 n 的片段计算似然比。③ 基于该似然比，从序列 S_1 中随机取一段长度为 n 的片段，更新位置频率矩阵，并进行多轮迭代，直至确定结合模体在序列 S_1 上的匹配位置。④ 放回序列 S_1，取出序列 S_2，进行同样的操作，得到序列 S_2 上结合模体匹配的位置。⑤ 用相同的方法，对所有 DNA 序列进行处理，确定每条序列上的结合模体位置。最终，整合所有序列的结果，得到完整的结合模体。

利用吉布斯抽样法识别模体可以避免得到局部最优解，因为它是一种随机化方法，可以探索更广泛的可能性空间。然而，其结果可能受到初始选择的影响，并且可能需要多次运行以确保找到真正的全局最优解。值得注意的是，这种方法虽然强大，但在大数据集上可能会非常耗时，因此，需要特定的优化策略或并行计算技术来提高其效率。Gibbs Motif Sampler 是基于吉布斯抽样法识别结合模体的代表性方法，计算速度快，但需要多次重复实验得到稳定的结果。

8.2.3 转录因子 ChIP-Seq 技术原理及数据质量控制

目前，ChIP-Seq 是应用最为广泛的识别转录因子全基因组结合位点的方法。除 ChIP-Seq 外，CUT&RUN 和 CUT&Tag 技术也得到了广泛应用。由于 CUT&RUN 和 CUT&Tag 数据的质量控制及分析方法与 ChIP-Seq 数据类似，本节仅介绍转录因子 ChIP-Seq 技术原理、质量控制及分析方法。ChIP-Seq 数据的质量控制涉及三个层面：测序读长、信号峰和注释。由于 ChIP-Seq 数据在测序读长层面的质量控

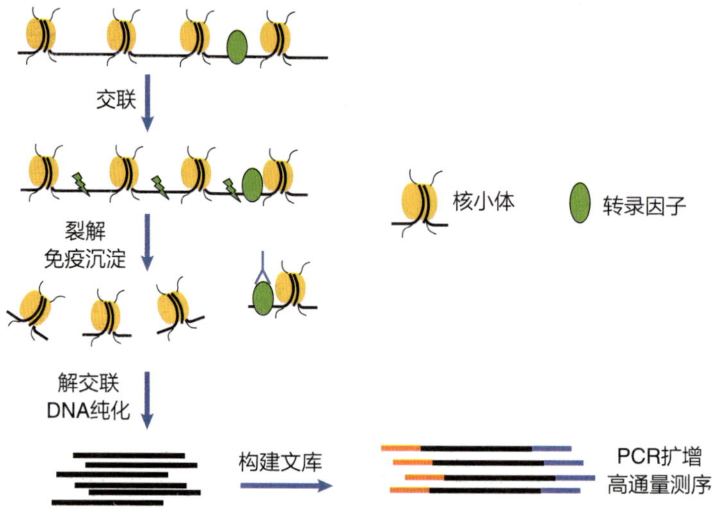

图 8-4 转录因子 ChIP-Seq 实验原理

制与其他基于第二代测序技术的组学数据质量控制相同，本节仅介绍在信号峰层面和注释层面的质量控制。ChiLin 软件是常用的 ChIP-Seq 数据质量控制工具，兼具了测序读长、信号峰、注释三个层面的质量控制。

8.2.3.1 转录因子 ChIP-Seq 技术原理

转录因子 ChIP-Seq 技术的步骤如下（图 8-4）。① 交联：利用甲醛等交联剂以共价键的形式固定转录因子和 DNA 的相互作用。② 裂解：利用超声波将染色质打断，通过控制超声波裂解的时间及频率，得到不同的 DNA 片段长度分布，ChIP-Seq 实验中 DNA 片段的平均长度约为 200 bp。③ 免疫沉淀：使用特异性抗体选择性地沉淀与特定转录因子结合的 DNA 片段，洗脱未与抗体结合的染色质片段。④ 解交联：将免疫共沉淀反应的染色质片段进行解交联反应，并进行 DNA 纯化。⑤ 高通量测序：应用二代测序技术对 DNA 进行测序。

测序深度的确定是转录因子 ChIP-Seq 实验中的关键一环，因为测序深度关系 ChIP-Seq 数据所识别的信号峰数量。随着测序深度的增加，新识别出来信号峰通常展现较低的富集水平。目前，对于人类或小鼠中的转录因子，一次 ChIP-Seq 实验通常需要测定 2 000 万个 DNA 片段，且需要进行生物学重复以增加信号峰识别的可靠度。

8.2.3.2 信号峰层面的质量控制

（1）ChIP-Seq 信号可视化展示

转录因子 ChIP-Seq 数据的质量在很大程度上受到抗体质量和染色质免疫共沉淀效率的影响。抗体特异性不够理想或免疫共沉淀的效率不达标等情况都会导致 ChIP-Seq 数据中混入过多无关的基因组序列，从而增加背景噪声。因此，信号峰层面的质量控制在转录因子 ChIP-Seq 分析中是至关重要的。ChIP-Seq 信号的可视化展示是信号峰层面质量控制的重要手段。通过图形化展示数据，用户可以直观地评估实验结果的质量。为了可视化这些数据，用户可以将 FASTQ 格式的 ChIP-Seq 数据转换为 bigWig 或 bedGraph 格式，并通过基因组浏览器软件对数据进行展示。

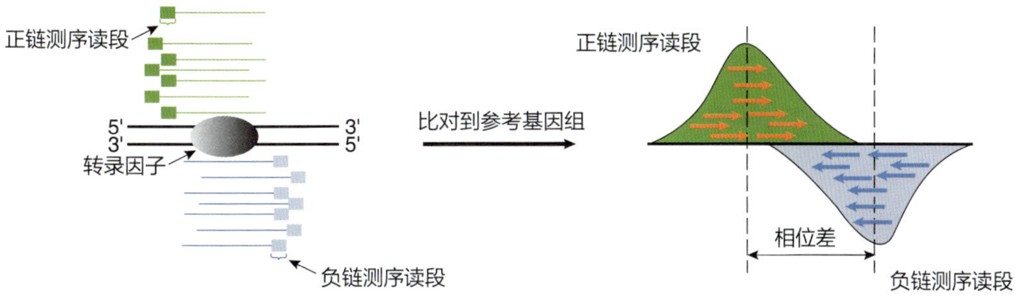

图 8-5 转录因子结合位点读段分布示意图

ChIP-Seq 实验中，经由纯化步骤得到的 DNA 片段不仅包含那些与转录因子直接结合的 DNA 片段，还会包含一些转录因子周围的 DNA 片段。由于第二代测序读段短，难以测通这些片段，最终只能得到片段某一端（如 150 bp）的信息，所以转录因子结合位点附近的测序读段会分别映射到正链和负链。考虑这种读段分布，预期在转录因子结合位置的上游和下游都会看到一个读段富集区域，即比对到正链的读段与比对到负链的读段之间会产生一个相位差（图 8-5），而在其他区域，两者之间不存在相位差。因此，在基因组浏览器中展示高质量的转录因子 ChIP-Seq 数据的信号峰时，可以观察到比对到正链的读段较比对到负链的读段整体向基因组上游偏移。此外，通过对 ChIP-Seq 信号进行可视化展示，用户可以直观地比较 ChIP-Seq 样品与对照样品的信号分布，并可以对 ChIP-Seq 样品背景噪声的高低产生直观的判断。尽管对 ChIP-Seq 信号进行可视化展示不能定量评估数据质量，但在研究中仍是最常用的质量控制手段之一。

（2）测序读段位于信号峰的比例

测序读段位于信号峰的比例（fraction of reads in peaks，FRiP）计算落入信号峰区域的读段占所有读段的比例，即文库中结合位点片段占背景读段的比例，用以定量描述测序读段在信号峰区域的富集程度，是评估 ChIP-Seq 数据质量的一个重要指标。较高的 FRiP 值通常表示大部分测序读段集中在信号峰区域，指示特异性富集和低背景噪声，因此被视为高质量数据的标志；而较低的 FRiP 值可能暗示较高的背景噪声或实验特异性不足。FRiP 指标可以直观地指征测序读段在信号峰的富集程度，适用于以下情况：对同一转录因子，应用不同的抗体或实验条件产生多套 ChIP-Seq 数据，可以应用 FRiP 指标判断采用哪种抗体或实验条件的效果更好。FRiP 指标的局限性在于：① FRiP 值的大小与信号峰的数量正相关，对同一套 ChIP-Seq 数据应用不同的信号峰识别软件或使用不同阈值均会改变值的大小；② 由于抗体不同、结合位点数量不同，FRiP 值在不同转录因子间通常不具备可比性。

（3）互相关分析

互相关（cross-correlation，cc）分析指标用于衡量测序读段在信号峰的富集程度。上文中的 ChIP-Seq 信号可视化部分提到，在转录因子 ChIP-Seq 数据的信号峰区域，比对到正链与比对到负链的读段之间会产生一个相位差。通常这个相位差与片段长度相关，在理想情况下，这种相位差应该是预期片段大小的一半。互相关分析就是为了检测这种相位差，从而估计 ChIP-Seq 数据中的片段大小。具体的方

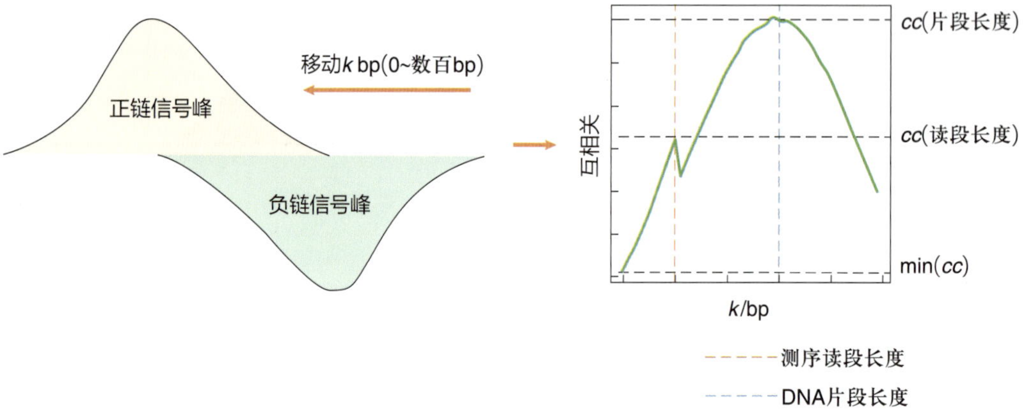

图 8-6 互相关分析示意图

法是：将比对到负链的读段向其 3′ 端方向移动 k bp（k 的取值范围从一至数百），每次移动后计算正链和负链信号的皮尔逊相关系数，得到相关系数随移动距离变化的曲线（图 8-6）。对于质量较好的 ChIP-Seq 数据，该曲线会出现两个峰值，对应的移动距离分别为测序读段长度（reads length）和染色质免疫共沉淀实验得到的 DNA 片段长度（fragment length），其中 DNA 片段长度对应的相关系数较高；对于质量不佳的 ChIP-Seq 数据，由于测序读段在信号峰的富集程度较低，DNA 片段长度对应的相关系数较低。为了简洁地展示互相关分析的结果，研究人员引入了 NSC（normalized strand coefficient）和 RSC（relative strand correlation）两个指标：

$$NSC=\frac{\mathrm{cc}(fragment\ length)}{\min cc} \tag{8-9}$$

$$RSC=\frac{\mathrm{cc}(fragment\ length)-\min(cc)}{\mathrm{cc}(reads\ length)-\min(cc)} \tag{8-10}$$

NSC 值、RSC 值与 FRiP 值之间正相关，它们均可指征测序读段在信号峰的富集程度。NSC 和 RSC 指标的局限性在于，对于在基因组上结合位点数目过少的转录因子，即使 ChIP-Seq 数据质量较高，NSC 值和 RSC 值仍较低。

（4）不可重复发现率

不可重复发现率（irreproducible discovery rate，IDR）用于衡量 ChIP-Seq 信号峰在生物学重复之间的可重复性。以两套生物学重复的情形为例，可重复发现的信号峰指的是在两套数据中均能识别的信号峰，不可重复发现的信号峰指的是仅在一套数据中识别的信号峰。对每个信号峰得到一个 IDR 值，用于反映其不可被重复发现的概率，IDR 值越低，表明该信号峰的可重复性越好；因此，IDR 指标可以作为识别信号峰的阈值（图 8-7）。相对于 p 值、q 值等表征富集显著性的阈值，以 IDR 指标作为阈值使得信号峰数量在不同实验之间具有更好的可比性。IDR 指标的局限性在于，如果两套生物学重复实验中有一套质量较差，那么大量真实的信号峰也会被认为是不可重复发现的。

8.2.3.3 注释层面的质量控制

识别转录因子 ChIP-Seq 数据的信号峰后，研究人员可以基于基因组分布特征、序列保守性分析、DNA 模体分析等信号峰注释层面的指标进行质量控制。

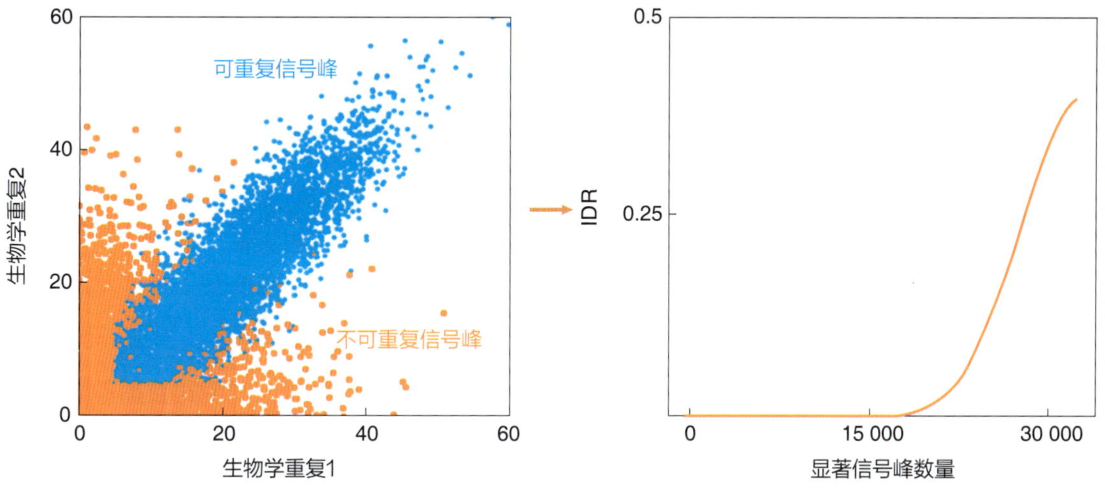

图 8-7　不可重复发现率原理示意图

（1）基因组分布特征

转录因子在基因组中的结合位点主要集中在基因的启动子和增强子区域。这些区域中信号峰的富集程度，可以直观反映出 ChIP-Seq 数据的质量。对于高质量的转录因子 ChIP-Seq 数据，信号峰将显著富集于启动子和增强子区域。

（2）序列保守性分析

转录因子通过与染色体结合以起到转录调控的作用，因此其结合位点在进化过程中倾向于保守。研究者可以从 UCSC 基因组浏览器获取所研究物种基因组的每个碱基的序列保守性得分，即 PhastCons 值。然后计算信号峰及其附近区域的平均序列保守性得分。高质量 ChIP-Seq 数据的信号峰顶点位置往往具有比其周围区域更高的序列保守性。

（3）DNA 模体分析

对于已知结合模体的转录因子，结合模体出现的位置和频率是评估 ChIP-Seq 数据的有效指标。对于高质量的 ChIP-Seq 数据，结合模体出现的频率较高，且更倾向于出现在信号峰顶点的位置。

8.2.4　转录因子 ChIP-Seq 数据分析方法

8.2.4.1　识别 ChIP-Seq 数据信号峰

常用的识别转录因子 ChIP-Seq 数据信号峰（peak calling）的方法包括 MACS、CisGenome、SISSRs 等，本节以 MACS 方法为例介绍识别转录因子 ChIP-Seq 数据信号峰的原理。MACS 方法主要包含以下两个步骤（图 8-8）：第一步，基于 ChIP-Seq 数据的测序读长在基因组上分布的特点，估计比对到正链的读长与比对到负链的读长之间的相位差 d，并将所有测序读长分别向其 3′ 端移动 $d/2$，从而有效提高识别出的信号峰的分辨率。第二步，应用动态泊松分布计算信号峰的统计显著性，即基于对照实验的测序读长数目或 ChIP-Seq 数据中落入信号峰之外的测序读长数目，估计该区域的局部 λ 值，如果该值大于等于基因组整体估计的 λ 值，则基于该值计

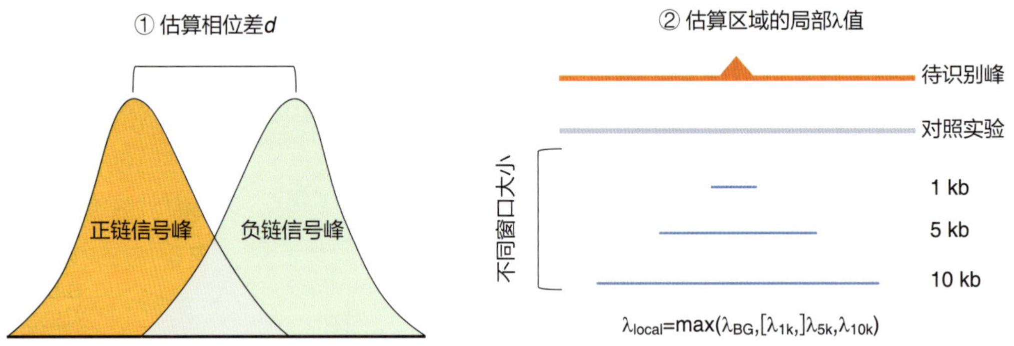

图 8-8 MACS 方法原理示意图

算该区域内信号峰的统计显著性。进行该评估的原因在于，ChIP-Seq 数据的背景噪声在参考基因组上的分布受到染色质环境和拷贝数的影响，造成不同区域的背景噪声差别较大，采用上述方法可以降低信号峰识别的假阳性率。

8.2.4.2 识别 ChIP-Seq 数据差异信号峰

对于同一个转录因子而言，在不同条件下或不同组织中产生两套 ChIP-Seq 数据，识别差异信号峰即比较两套 ChIP-Seq 数据之间的差异。识别差异信号峰的方法可以分为定量比较与定性比较两种，其中定量比较方法的思路与基于组蛋白修饰 ChIP-Seq 数据识别差异信号峰基本相同（详见 8.4.3）。定性比较方法的基本思路是：在两套 ChIP-Seq 数据中均采用两个阈值分别识别信号峰，对于在一套数据中用较严格的阈值识别的信号峰，如果在另一套数据中用较宽松的阈值仍不能识别为信号峰，则该信号峰为仅在一套数据中出现的信号峰，即差异信号峰。由于转录因子信号峰的强度在一定范围内与其转录调控功能之间的关系相关性较弱，而定性的方法识别出的差异信号峰均为仅在一套数据中出现的信号峰，其与转录调控功能之间的关系较为明确，因此适用于识别转录因子 ChIP-Seq 数据差异信号峰。

8.2.4.3 预测转录因子靶基因

识别转录因子的靶基因是揭示其转录调控机制的重要环节，因此预测转录因子靶基因是 ChIP-Seq 数据分析的重要步骤。目前，转录因子靶基因的预测方法主要基于 ChIP-Seq 信号峰与基因转录起始位点（transcription start site，TSS）之间的距离，其基本步骤如下：第一步，将信号峰与基因进行关联；第二步，对信号峰设置权重，并对打分进行整合。将信号峰与基因进行关联的方法包括：① 以基因转录起始位点为中心，关联与其最近的信号峰，或与其距离一定范围之内的所有信号峰；② 以信号峰为中心，关联与其距离最近的转录起始位点。对信号峰设置权重的方法包括：① 权重为布尔值（存在关联的信号峰是 1，不存在是 0）；② 权重随信号峰与转录起始位点的距离线性衰减或指数衰减；③ 权重与信号峰的强度正相关。有研究显示，在预测靶基因的两个步骤中，将信号峰与基因进行关联的步骤对靶基因预测结果的影响较大。

这种基于距离的方法相对简单，容易操作。但是，该方法并不能表征转录调控过程的复杂性。因此，为了获得更加全面和准确的结果，部分预测转录因子靶基因的方法会整合转录组数据，其基本假设是：如果某基因的转录起始位点周围有某个转录因子的结合位点，并且在敲除、敲降或过表达该转录因子的情况下，该基因的转录水平发生了显著的变化，那么该基因很可能是该转录因子的直接靶基因。其中 BETA（binding and expression target analysis）方法是常用的联合转录组数据的靶基因预测方法。

8.2.4.4 ChIP-Seq 数据功能注释

对转录因子 ChIP-Seq 数据进行功能注释的方法主要分为两类：一类是基于 ChIP-Seq 数据预测转录因子的靶基因列表，再应用超几何分布检验或费希尔精确检验等方法得到靶基因列表所富集的基因本体论（GO）条目或 KEGG 通路等；另一类是基于转录因子 ChIP-Seq 数据信号峰的分布，可以直接得到与信号峰分布相关的 GO 条目或 KEGG 通路等，而不需要预测靶基因列表。GREAT 与 Cistrome-GO 是代表性的 ChIP-Seq 数据功能注释在线服务器，它们基于转录因子 ChIP-Seq 数据信号峰的分布，直接得到与信号峰分布相关的 GO 条目或 KEGG 通路。

8.3 DNA 甲基化组学数据分析

8.3.1 DNA 甲基化修饰概述

8.3.1.1 DNA 甲基化的定义

DNA 甲基化（DNA methylation）是指发生在 DNA 序列上的化学修饰，即甲基（—CH_3）共价结合到脱氧核糖核苷酸上。DNA 甲基化是一种相对稳定的修饰状态，在 DNA 甲基转移酶的作用下可随 DNA 的复制遗传给子代 DNA。真核生物中，DNA 甲基化主要发生在 CpG 二核苷酸（其中 p 代表连接脱氧胞嘧啶核苷和脱氧鸟嘌呤核苷的磷酸基团）中胞嘧啶的 5 号碳位，称为 5-甲基胞嘧啶（5-methylcytosine，5-mC），其化学式如图 8-9 所示。5-mC 包含 CG、CHG 以及 CHH（H 代表除 G 以外的碱基）三种形式。除 5-mC 外，腺嘌呤的 6 位氮原子也可发生甲基化，称为 N^6-甲基腺嘌呤（N^6-methyladenine，6-mA）。DNA 的 6-mA 修饰广泛存在于原核生物中，在真核生物中亦有报道，但在哺乳动物中是否存在以及是否发挥功能目前尚存争议，因此本节中提及的 DNA 甲基化修饰，如无特殊情况说明，均指真核生物中的 5-mC 修饰。

DNA 甲基化在基因表达调控、染色质稳定性维持、人类疾病、衰老和肿瘤发生等多种生物学过程中都扮演着重要的角色。DNA 甲基化的情况在物种之间有很大的不同，在哺乳动物基因组中 60% ~ 90% 的 CpG 二核苷酸被甲基化，而在一些物种中，如秀丽隐杆线虫或真菌，几乎不存在甲基化现象。本节中如无特殊说明，涉及的物种均为哺乳动物。此外，DNA 甲基化在个体、组织甚至基因组区域间都有着差异的

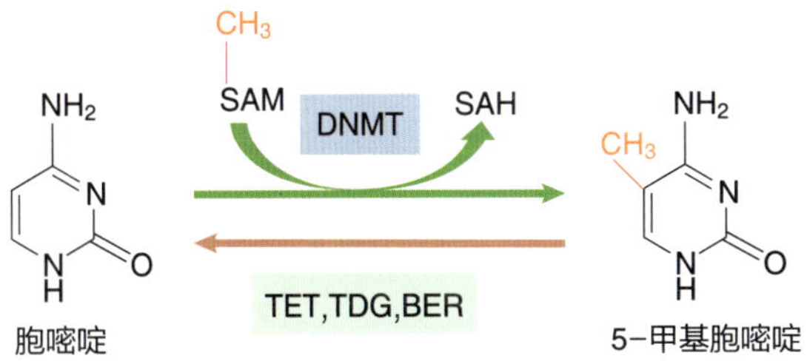

图 8-9 甲基化和未甲基化的胞嘧啶

甲基化模式。

8.3.1.2 DNA 甲基化的建立、维持与去除

DNA 甲基化状态分为全甲基化、半甲基化和未甲基化三种。全甲基化是指 DNA 两条链的胞嘧啶均发生甲基化；半甲基化是指仅有一条 DNA 链的胞嘧啶发生甲基化；未甲基化是指 DNA 两条链的胞嘧啶均未发生甲基化。DNA 甲基化水平变化受 DNA 甲基化和去甲基化过程的动态调控，这些过程受不同酶的催化。

DNA 甲基化分为 DNA 甲基化从头建立和 DNA 甲基化维持。DNA 甲基化从头建立是指在本身没有甲基化的 DNA 双链上进行甲基化的过程。在该过程中，DNA 甲基转移酶（DNA methyltransferase，DNMT）DNMT3A、DNMT3B 以 S-腺苷甲硫氨酸（S-adenosyl methionine，SAM）为甲基供体将胞嘧啶（C）甲基化为 5-甲基化胞嘧啶（5-mC）。DNA 甲基化维持是指在新生链相应位置上进行 DNA 甲基化修饰的过程。在 DNA 半保留复制过程中，来自模板的 DNA 单链有甲基化修饰，而新合成的 DNA 链没有任何被修饰的碱基，新合成的 DNA 双链由原来的完全甲基化变为半甲基化状态。DNA 甲基转移酶 DNMT1 能特异性地识别半甲基化的 CpG 二核苷酸，催化 DNA 甲基化，使甲基化状态在有丝分裂过程中得以相对稳定的维持。

DNA 去甲基化分为两种机制：主动去甲基化和被动去甲基化。主动去甲基化过程中 5-mC 在 TET 家族蛋白作用下先被氧化为 5-羟甲基胞嘧啶（5-hydroxymethylcytosine，5-hmC），再被氧化为 5-甲酰基胞嘧啶（5-formylcytosine，5-fC），最后被氧化为 5-羧基胞嘧啶（5-carboxylcytosine，5-caC）。然后，胸腺嘧啶 DNA 糖基化酶（thymine DNA glycosylase，TDG）和碱基切除修复（base excision repair，BER）将处于修饰状态的 5-fC、5-caC 碱基切除。被动去甲基化过程依赖于 DNA 复制过程，由于甲基化维持酶 DNMT1 失活或不表达，基因组上的 DNA 甲基化无法在 DNA 复制过程中维持，导致 DNA 甲基化随细胞分裂逐渐被稀释，即被动去甲基化。

8.3.1.3 CpG 岛与 DNA 甲基化的关系

在哺乳动物中 CpG 以两种形式存在：一种分散存在于 DNA 序列中；另一种呈现高度聚集状态，即 CpG 岛（CpG island）。CpG 岛主要位于基因的启动子 5′ 端非翻译区和第一个外显子区域，哺乳动物中大约 60% 基因的启动子含有 CpG 岛。CpG 岛中 5-mC 程度通常很低，不影响转录因子与启动子区域的结合；当 CpG 高度甲基化时，部分转录因子无法与 DNA 结合，从而导致转录沉默。5-mC 可经脱氨基反应突变为胸腺嘧啶，造成哺乳动物基因组中 CpG 出现频率远低于期望；启动子区域由于甲基化程度通常很低，避免了 CpG 的大量丢失，从而形成了 CpG 岛。

目前已有多种识别 CpG 岛的计算方法。早在 1989 年就有研究者首次以脊椎动物的测序数据为基础开展了 CpG 岛的大规模计算分析，并给出了 3 个定量标准：长度 >200 bp，GC 含量 >50%，实际 CpG 与预期 CpG 之比（Obs-CpG/Exp-CpG）$\geqslant 0.6$。该算法通过人为设置阈值筛选出 CpG 岛区域，其缺点是对专家经验的依赖性较强，推广能力较弱。基于统计特征的 CpG 岛识别方法主要应用机器学习手段，挖掘出 CpG 岛片段区别于其他 DNA 序列片段的特征，然后构建 CpG 岛识别模型，

并应用该模型识别新序列中的 CpG 岛片段，其特点是泛化能力较强。常用的计算方法包括 CpGCluster、ClusterPSO 等。

8.3.1.4 DNA 甲基化的生物学功能

（1）基因表达调控

DNA 甲基化与基因转录水平存在一定相关性，启动子的高甲基化通常与转录抑制相关，而外显子的高甲基化与转录活跃相关。基因启动区的 CpG 位点甲基化对基因转录活性的影响主要表现在两个方面：一是 DNA 序列甲基化阻碍转录因子的结合，直接调控基因转录；二是甲基 CpG 结合蛋白结合到甲基化 CpG 位点并与其他转录抑制因子相互作用，间接调控基因转录。DNA 甲基化修饰可调控特异基因的表达，进而调控机体的生长发育。

（2）转座子激活

转座子是一类可以在基因组中移动或复制的 DNA 片段，它们在基因组稳定性及其调控过程中具有重要作用。DNA 甲基化可以抑制转座子的活性和稳定性，从而调控它们在基因组中的位置和表达。

（3）X 染色体失活

X 染色体失活是指雌性哺乳动物细胞中两条 X 染色体中的一条在胚胎发育早期发生基因转录沉默，防止雌性个体出现双倍 X 染色体基因表达的情况，DNA 甲基化在 X 染色体失活中发挥重要功能。

（4）印记基因

在配子及合子发生期间，亲本等位基因间发生不同程度的 DNA 甲基化修饰，使子代中该等位基因产生不同的表达活性，即印记基因。按其来源可分为两类，一类是父源印记基因（母源表达），另一类是母源印记基因（父源表达）。印记基因的正确表达对于个体生长发育、营养代谢等至关重要。

（5）癌症及衰老

DNA 甲基化水平的改变，如整体甲基化水平的降低，会导致原癌基因表达、抑癌基因失活、转座子活化，染色体不稳定等，从而引发癌症。DNA 甲基化在衰老过程中总体水平降低，但同时又伴随着启动子区域许多基因的超甲基化；DNA 甲基化水平的降低与衰老过程中 DNMT1 的活性降低相关，也可能与 DNA 损伤积累和修复能力的下降有关。

8.3.2 DNA 甲基化组学数据类型

目前主流的 DNA 甲基化组学测序技术从实验方法上大致分为三类：亚硫酸盐转化方法、DNA 甲基化免疫共沉淀方法以及第三代测序方法。

8.3.2.1 亚硫酸盐转化方法

近年来，将 DNA 进行亚硫酸盐转变后再进行 PCR 扩增和测序已成为检测 DNA 甲基化的“金标准”。亚硫酸盐处理过的 5-mC 不会变化，但是非甲基化的 C 会

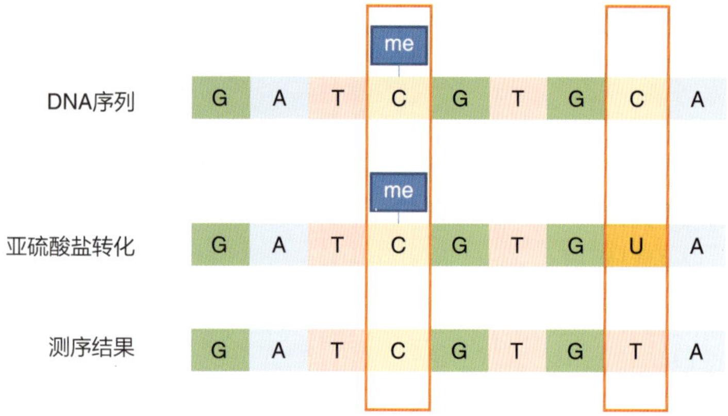

图 8-10 亚硫酸盐转化测序技术原理

转化成尿嘧啶（U），DNA 序列的碱基发生了改变，经过聚合酶链反应（polymerase chain reaction，PCR）扩增后，胸腺嘧啶（T）代替尿嘧啶（U）在序列中出现，而 5-mC 依旧保留在 DNA 序列中（图 8-10）。全基因组重亚硫酸盐测序（whole-genome bisulfite sequencing，WGBS）将亚硫酸盐转化和第二代测序结合使用，该方法可以快速便捷地捕获全基因组水平上的 DNA 甲基化状态，实现定点定量的检测，将得到的测序结果与参考基因组进行比对：参考基因组是 C 而测序结果是 T 的位点表示并未发生甲基化修饰，而参考基因组和测序结果中均是 C 的位点则表示发生了甲基化修饰。WGBS 的应用范围较广，能够最大限度地获得完整的全基因组甲基化信息，但也意味着测序成本较高。简化代表性重亚硫酸盐测序（reduced representation bisulfite sequencing，RRBS）技术通过限制性内切酶对基因组的 C-GGG 位点识别并且进行酶切，富集启动子区域以及 CpG 岛的 DNA 片段，可以用较低成本反映出 CpG 岛和启动子区域的甲基化情况。WGBS 和 RRBS 实验均可在单细胞样品中完成。除了与第二代测序技术相结合，亚硫酸盐转化的方法还能与 DNA 芯片技术相结合。目前主要有 Illumina 公司的 450 K 芯片（Illumina Human Methylation 450 K BeadChip）和 850 K 芯片（Infinium MethylationEPIC BeadChip）两种。

需要注意的是，基于亚硫酸盐的转化反应不能区分 5-mC 和 5-hmC，在测定过程中，所有的 5-hmC 会被错误地识别为 5-mC，这会导致一些 CpG 二核苷酸位点 DNA 甲基化水平略微偏高。

8.3.2.2 DNA 甲基化免疫共沉淀方法

对 DNA 的富集沉淀可以通过特异性针对 5-mC 的抗体或者甲基结合蛋白完成，前者为甲基化 DNA 免疫沉淀（methyl-DNA immunoprecipitation，MeDIP）方法，后者包括含有甲基化 CpG 结合区（methyl CpG-binding domain，MBD）结构域的 MeCP2 和 MBD2 蛋白，富集得到的 DNA 可以通过高通量测序检测甲基化水平。MeDIP-Seq 技术原理是通过 5-mC 抗体特异性捕获样本中甲基化水平比较高的 DNA 片段，之后通过第二代测序在全基因组水平上进行高甲基化区域的检测。MBD-Seq 技术与 MeDIP-Seq 不同的是通过特异性结合甲基化 DNA 的蛋白去富集高甲基化的 DNA 片段，然后在全基因组范围内检测甲基化位点。MeDIP-Seq 和 MBD-Seq 方法虽然能够覆盖全基因组，但是不能获得单碱基分辨率的 DNA 甲基化水平，并很难检测到差异甲基化 DNA 区域。

8.3.2.3 第三代测序方法

以 Oxford Nanopore Technologies（ONT）公司的纳米孔测序技术和 PacBio 公司的 SMRT（single molecule real-time sequencing technology）技术为代表的第三代

测序方法能够直接对 DNA 序列进行甲基化的测定。ONT 测序是基于纳米孔单分子实时电信号测序技术，能够检测 DNA 分子本身的物理化学特性，DNA 链上不同碱基位点在有无甲基化修饰时会存在一定的化学性质差异，因此，当单个碱基通过纳米孔通道时会产生不同的电信号，ONT 能够以电流强度差异检测有无甲基化修饰。相比二代测序，ONT 具有超长测序读长，能够区分 5-mC 和 5-hmC。和 ONT 不同的是，PacBio 测序技术通过实时记录的荧光信号来确定 DNA 序列及其甲基化状态；在此过程中，带有荧光标记的核苷酸被 DNA 聚合酶逐个添加到 DNA 链上，正确加入时会释放出光信号；DNA 上的甲基化修饰改变了信号的强度和持续时间，使 PacBio 能够同时检测碱基序列和甲基化状态。目前第三代测序方法的单次测序错误率都比较高，只有达到一定的测序深度时，测序错误才可以被修正。基于对技术发展趋势的推测，未来第三代测序技术在 DNA 甲基化数据产生方面将展现出巨大的应用潜力。

8.3.3 WGBS 数据分析方法

使用不同实验方法获得的 DNA 甲基化数据的处理流程和分析手段是不同的，其中，WGBS 数据是目前最常见的 DNA 甲基化测序数据类型，具有定量化、单碱基分辨率、能够覆盖全基因组范围等优点。此外，WGBS 实验可以在单细胞水平实现，称为单细胞 WGBS（single cell WGBS，scWGBS）。scWGBS 能够揭示单个细胞的 DNA 甲基化模式，但需要高效的单细胞分离技术和敏感的 DNA 扩增方法来从单个细胞中获取足够的 DNA 进行测序。与传统的 WGBS 相比，scWGBS 面临更多技术挑战，包括扩增过程中的偏差和相对较高的错误率；因此，在分析 scWGBS 数据时，需要使用专门设计的算法来校正这些偏差。

本节主要介绍 WGBS 数据的分析方法及工具，包括原始数据质量控制、序列比对、DNA 甲基化水平推断、差异修饰位点/区域分析、甲基化修饰位点/区域鉴定注释等。

8.3.3.1 原始数据质量控制

应用 TrimGalore 工具对下机原始测序数据进行质量控制，主要是过滤掉过短序列、污染序列和尾端低质量序列等，并采用 FastQC 对于过滤前后的数据进行质控，可以得到碱基质量、GC 含量、长度分布等分析结果。

8.3.3.2 序列比对

亚硫酸盐转化过程将非甲基化的 C 转化为 U，并在之后的文库构建过程中转化为 T，降低了序列的复杂性，导致 C 到 T 的比对比较难，同时，亚硫酸盐转化只发生在碱基 C 上而不会在碱基 G 上，使得转化的两条链不再互补。因此，亚硫酸盐转化后的读段比对具有挑战性。为了解决该问题，研究人员开发出专门的数据比对算法。WGBS 的比对工具大多基于两种算法：通配符（wild-card）和三字符（3-letter）（图 8－11）。通配符比对是在参考基因组中将所有的碱基 C 替换成 Y，这

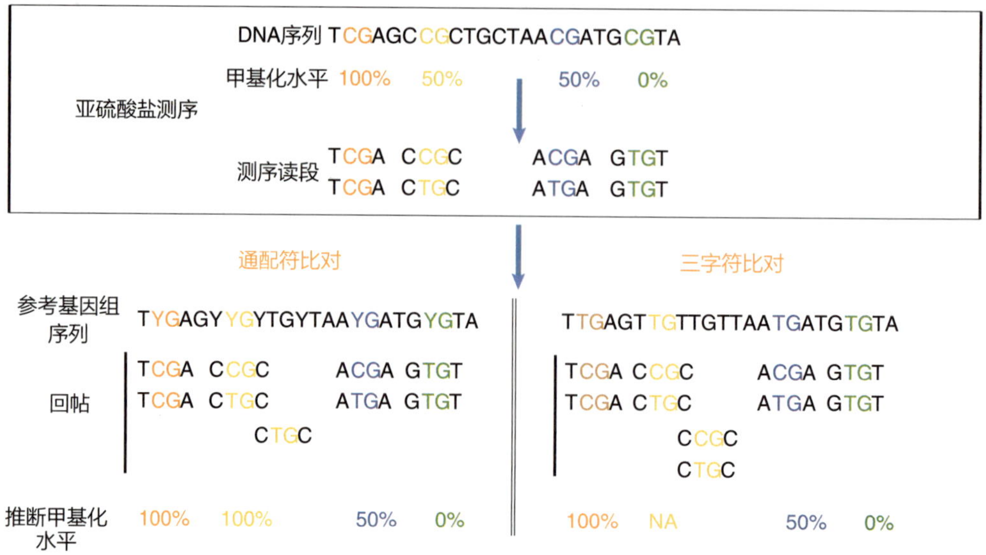

图 8-11 WGBS 数据比对算法原理

使得含有碱基 C 和含有碱基 T 的读段都可以比对到参考基因组上。这种算法具有较高的基因组覆盖率，但是部分位点上推断的甲基化水平较实际值偏高。三字符对比是将参考基因组中所有的碱基 C 转换成 T，该算法成功率较低，但是不会给后续甲基化水平的推断带来偏差。

目前已有多种 WGBS 标准分析比对软件，其中，Bwa-meth、BSBolt、BSMAP、Bismark 和 Walt 五种软件表现出更高的比对序列唯一性、比对精确率和召回率等，其中，基于三字符算法的 Bismark 和基于通配符算法的 BSMAP 应用较为广泛。Bismark 在比对前会将所有序列进行 C→T 转换（另一条链进行 G→A 转换），并且将参考基因组同样进行这两种转换。如果建库的方式是非链特异性的，读段的方向无法确定，则转换后的两种序列要分别与参考基因组的两种情况进行比对，相当于每条序列进行 4 次不同比对，从中选择最佳的比对结果。如果建库方式是链特异性的，已知序列属于哪一条链，则只需要与已知的那条参考基因组进行比对。这种比对方式比较准确，使用率高，还集成了提取甲基化位点、去重等功能。与 Bismark 不同的是，BSMAP 不转换基因组序列，而是用参考基因组创建种子列表，每一个种子中的每一个 C 都有可能是甲基化的 C 或者非甲基化的 C，种子列表中包含 C→T 转换的全组合。例如，参考序列的某个种子中有 3 个 C，每一个 C 所在的位置都有甲基化（C）和非甲基化（T）两种情况，那么该种子对应的列表中就有 2^3 种 C→T 转换的组合。BSMAP 方法将序列与种子列表比对，选择最优的一种比对情况作为最终的比对结果。

8.3.3.3 DNA 甲基化水平推断

在 WGBS 数据中，甲基化和非甲基化的 C 呈现出不同的信号，理论上可以推断每个位点或区域的 DNA 甲基化水平（图 8-12）。推断 DNA 甲基化水平的常用软件包括 Bismark、MOABS、BSmooth、Bis-SNP 等。

在实际的处理过程中，计算 DNA 甲基化水平首先需要消除一系列因素的影响，去除这些因素影响的基本原理如下。

（1）DNA 片段末端修复

在测序文库制备步骤中，未甲基化的 C 会加到 DNA 片段末端进行末端修复，导致 DNA 片段末端的甲基化水平低于实际值。统计 5-mC 在测序读段上的比例分布可以帮助识别末端修复的干扰，BSeQC 等软件则可以去除该因素的影响。

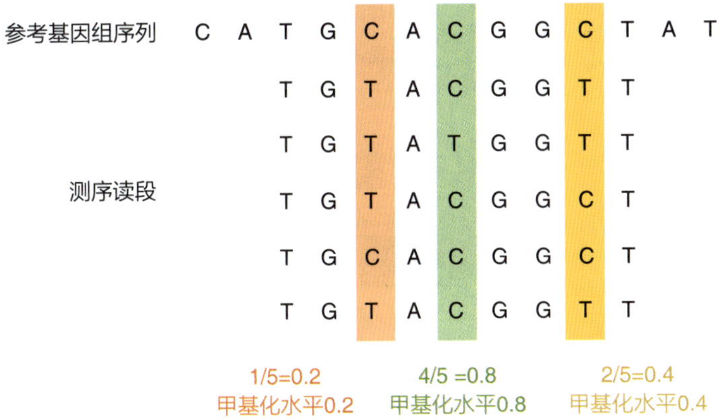

图 8-12　WGBS 数据 DNA 甲基化水平推断示意图

（2）测到接头序列

如果测序文库长度小于测序读段长度，测得的 DNA 片段末端可能会包含接头序列（adapter sequence），其中非甲基化的 C 亦对甲基化水平产生影响。可采用与去除 DNA 片段末端修复影响相同的方法识别及去除该因素的干扰，也可以使用 TrimGalore 去除接头序列和低质量数据。

（3）亚硫酸盐转化效率

在甲基化文库中，亚硫酸盐对非甲基化的 C 的转化效率一般是在 99%左右。而 DNA 片段 5′ 端的亚硫酸盐转化效率较低，导致甲基化水平偏高。除了上述方法消除该因素的影响之外，还可以通过使用内参对照品（如 λ 噬菌体 DNA）对实验的转化效率进行质量控制。

（4）3′ 端测序质量下降

由于第二代测序技术的局限性，随着测序读段的长度增加，3′ 端测序质量下降，其 DNA 甲基化水平的推断也会产生偏差。FastQC 可以统计测序质量在测序读段上的分布从而识别该因素的影响。

（5）不均衡扩增

制备测序文库时，不均衡扩增会影响用于计算 DNA 甲基化水平的 DNA 片段分布比例，从而导致甲基化水平推测产生偏差。利用 Bismark、Samtools 等工具可以去除重复读段。

（6）混入 5-hmC 修饰

由于亚硫酸盐的转化反应不能区分 5-mC 和 5-hmC，在测定过程中，5-hmC 会被误读为 5-mC，从而导致一些 CpG 二核苷酸位点的甲基化水平被高估。TAB-Seq（TET-assisted bisulfite sequencing）利用了 TET 蛋白家族的氧化活性，将 5-hmC 特异性地氧化为 5-caC，再经亚硫酸盐处理和测序，从而可以将 5-hmC 和 5-mC 区分开来。

8.3.3.4　差异甲基化区域鉴定

差异甲基化区域（differentially methylated region，DMR）是指在不同生物样本或条件下，基因组中一系列连续的 CpG 位点的甲基化状态发生显著变化的区域。DMR 用于指征不同样本之间甲基化水平的差异，有助于揭示甲基化修饰与基因表达变化的关联。用于鉴定 DMR 的常用软件包括 methylKit、MOABS、QDMR、BSmooth、dmrFinder、IMA 等。几种常见的鉴定 DMR 的思路如下。

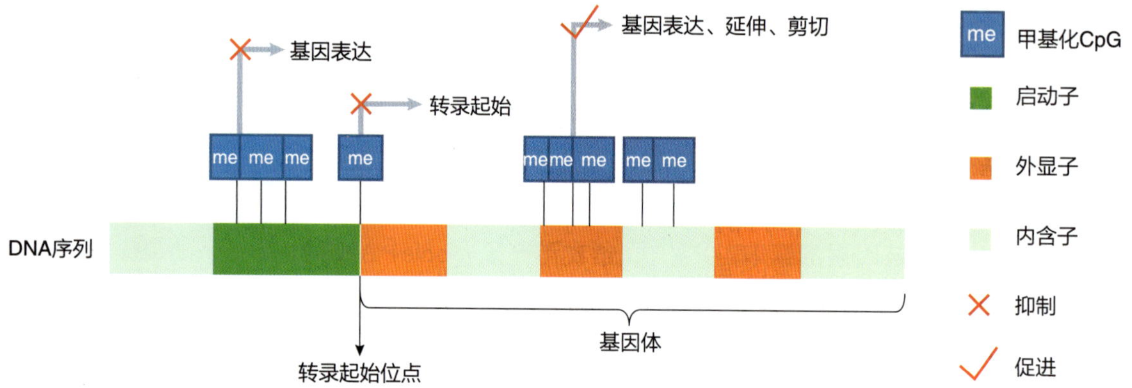

图 8-13 WGBS 数据差异甲基化区域分布及调控示意图

（1）滑动窗口方法

将基因组划分为相邻的窗口，通过比较不同样本间每个窗口的甲基化水平，并运用 t 检验、方差分析（analysis of variance，ANOVA）、Wilcoxon 秩和检验等统计方法来识别显著变化的甲基化区域，有助于捕获连续的甲基化水平变化。

（2）基因组功能分区方法

将基因组划分为不同的功能区域，如启动子、外显子、内含子等，对这些区域的甲基化水平进行比较，并使用相应的统计学方法分析，以研究特定功能区域的甲基化调控。

（3）时间序列分析

适用于研究动态变化的甲基化情况，如在发育过程中 DNA 甲基化的变化。通过对不同时间点的甲基化数据进行序列分析，可以识别 DNA 甲基化随时间变化的特定区域。

8.3.3.5 差异甲基化区域注释

启动子区域甲基化水平的提高具有潜在抑制基因转录的功能，而基因区域高甲基化与基因表达具有正相关关系，所以研究这两个区域在不同样本或条件下甲基化水平有差异的基因，可以帮助我们研究与 DNA 甲基化调控相关的功能（图 8-13）。HOMER、ChIPseeker 等软件可以对差异甲基化区域进行注释，得到差异甲基化区域对应的基因以及所在的基因组位置（包括启动子、外显子、内含子、基因间区等）。

8.4 组蛋白修饰组学数据分析

8.4.1 组蛋白修饰概述

8.4.1.1 组蛋白修饰的定义

核小体（nucleosome）是构成真核生物染色质的基本单位，由组蛋白核心和包裹在组蛋白核心周围的 DNA 组成（图 8-14）。组蛋白有五个家族：H1/H5（连接组蛋白）、H2、H3 和 H4（核心组蛋白）。核心组蛋白和连接组蛋白都富含带正电荷的精氨酸（R）和赖氨酸（K）残基，这些残基通过静电作用与带负电荷的 DNA 骨架磷酸盐相互作用。每个核心组蛋白都有一个游离在外的 N 端氨基酸尾部结构。这些尾部多肽链可以在相关酶的作用下产生多种共价修饰，如乙酰化、甲基化、磷酸化、泛素化、SUMO 化和 ADP-核糖化等，统称为组蛋白修饰（histone modification）。这些修饰在基因转录、DNA 修复、DNA 复制、可变剪接和染色质凝聚等过程中都产生了广泛的影响。组蛋白修饰类型众多，目前通过组学手段研究组蛋白修饰，主要集中于组蛋白的乙酰化和甲基化；本节内容主要介绍组蛋白的乙酰化和甲基化两类修饰。

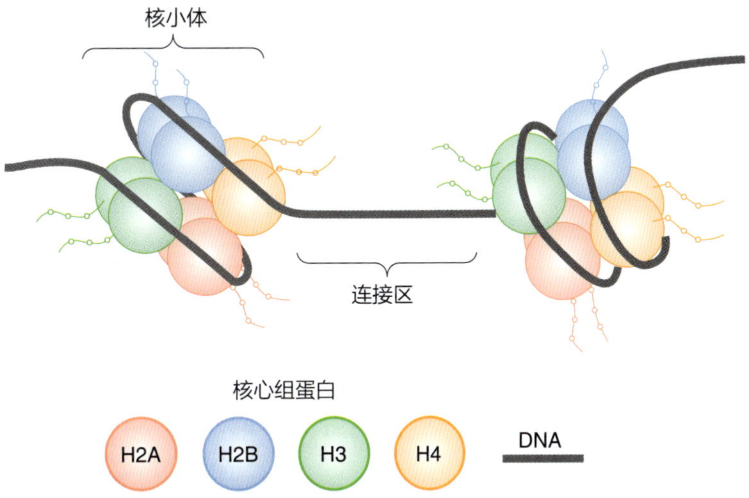

图 8-14 核小体与组蛋白示意图

8.4.1.2 组蛋白修饰的命名

组蛋白修饰的命名由四部分组成：组蛋白类型、发生修饰的氨基酸残基名称、发生修饰的氨基酸残基位置以及修饰的类型。例如，H3K27me3 修饰代表发生在 H3 组蛋白第 27 位赖氨酸的三甲基化修饰（即增加 3 个甲基基团）；H3K9ac 修饰代表发生在 H3 组蛋白第 9 位赖氨酸的乙酰化修饰；H2BK120ub 修饰代表发生在 H2B 组蛋白第 120 位赖氨酸的泛素化修饰。

8.4.1.3 组蛋白修饰的建立、去除与识别

组蛋白修饰是一个高度动态的过程，涉及很多种类的酶，是典型的酶促反应。这些修饰的发生、去除及发挥作用主要由组蛋白修饰酶及相应的辅因子调控，包括写入器（writer）、读取器（reader）和擦除器（eraser）三大类（图 8-15）。组蛋白修饰写入器是催化化学基团添加到组蛋白上以对其进行修饰的酶，包括组蛋白赖氨酸甲基转移酶、组蛋白精氨酸甲基转移酶和组蛋白乙酰转移酶。组蛋白赖氨酸甲基转移酶可以在单个赖氨酸残基上添加多达 3 个甲基，从而形成单甲基化（me1）、二甲基化（me2）和三甲基化（me3）状态。精氨酸残基在不同类别精氨酸甲基转移酶的催化下可以进行单甲基化（me1）、对称二甲基化（me2s）和非对称二甲基化（me2a）修饰。组蛋白乙酰转移酶将乙酰基从乙酰 CoA 转移到组蛋白的赖氨酸残基上。组蛋白修饰的读取器是识别特定翻译后修饰的底物并与之特异性结合的蛋白质或蛋白质复合物，其分类很广。这些蛋白质都含有有助于识别这些修饰的特殊结构域。组蛋白修饰的擦除器是从组蛋白上去除这些修饰的酶，包括去甲基化酶、去乙

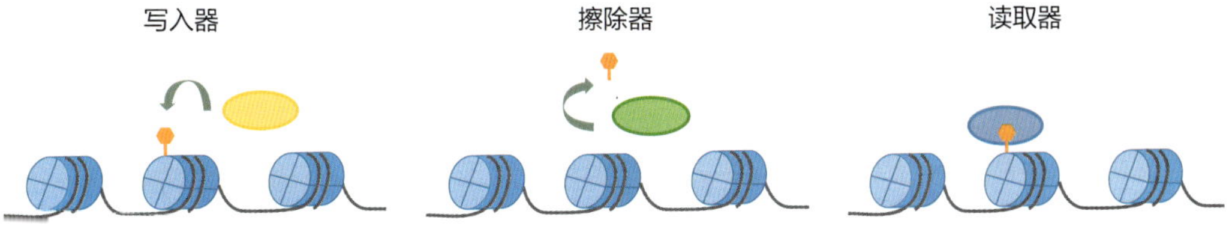

图 8-15 组蛋白修饰相关的染色质调控因子

酰化酶、磷酸酶等。组蛋白赖氨酸残基的去甲基化酶成员具有多种作用底物和生物学功能，它们主要包括两个家族（KDM1/LSD1 和 JmjC），分别采用不同的酶学机制进行反应。组蛋白的去乙酰化是由组蛋白去乙酰化酶（HDAC）完成的，它能去除组蛋白赖氨酸残基上的乙酰基。组蛋白修饰之间不是互相独立的，而是存在紧密的关联；组蛋白修饰写入器、擦除器、读取器负责介导组蛋白修饰之间的交叉对话（crosstalk）。

8.4.1.4 组蛋白修饰的生物学功能

（1）影响基因转录调控

组蛋白修饰常常富集于不同的基因组位置，它们的存在与基因转录活性密切相关。一些组蛋白修饰可以作为转录激活或抑制状态的标志物：与转录激活状态相关的组蛋白修饰包括各位点的乙酰化修饰、H3K4me2/3、H3K9me1、H3K27me1、H3K79me2/3、H3K36me3 等，与转录抑制状态相关的组蛋白修饰包括 H3K9me2/3、H3K27me2/3、H4K20me3 等。组蛋白乙酰化通常发生在组蛋白的赖氨酸残基上，中和了赖氨酸的正电荷，使其与带负电荷的 DNA 之间的亲和力降低，导致染色质结构松散，使得转录因子和 RNA 聚合酶更容易访问染色质，从而显著增加基因表达。H3K4me3 富集在真核生物中大多数活跃基因的启动子区域，在转录起始位点（transcription start site，TSS）附近达到峰值，能够促进转录机器的招募，如招募转录起始因子 TFIID 的亚基 TAF4，从而增强靶基因的表达。H3K9me3 是组成型异染色质的标记，在基因组的转录沉默区域富集，不仅标记不同生物体中着丝粒相关、端粒相关和其他重复序列，而且还标记沉默基因。H3K9me3 可以招募并结合异染色质蛋白 1（HP1），HP1 通过其寡聚化特性、可能的相变作用以及招募其他异染色质相关蛋白，来促进 H3K9me3 标记区域的压缩，从而阻止转录因子的结合。人类和小鼠的胚胎干细胞中，与发育紧密相关的基因，某些与发育紧密相关的基因的启动子区域呈现 H3K4me3 和 H3K27me3 两种组蛋白修饰，这代表了一种预备转录的状态。

（2）参与减数分裂

减数分裂重组发生在富含开放染色质标记 H3K4me3 和 H3K36me3 的基因组热点区域，这些标记由 PRDM9 识别，并与 HELLS 形成先驱复合体，为减数分裂重组打开染色质；这些区域创造的环境可促进程序性 DNA 双链断裂（double-strand breakage，DSB）的产生和后续修复。

（3）参与 DNA 修复

组蛋白甲基化修饰对于 DNA 损伤后的转录沉默至关重要。例如，多种 H3K4me2/3 去甲基酶被招募到 DSB 位点，抑制转录并刺激 DNA 修复因子的结合。错配识别蛋白 MSH6 通过其 PWWP 结构域识别 H3K36me3 修饰，并介导 DNA 错配修复。

（4）参与 DNA 复制

组蛋白修饰在调节 DNA 复制起始方面具有重要作用。例如，组蛋白 H4 在 K5、K8 和 K12 处的乙酰化会打开染色质结构，从而促进人类细胞中的预复制复合物的形成；组蛋白 H4K20me 水平的调节在后生动物基因组的复制启动中也发挥着关键作用。

（5）参与三维基因组结构形成

组蛋白甲基化在三维基因组结构域形成过程中发挥重要功能。例如，H3K9me2/3 富集在细胞核周边相关的染色质，形成核纤层相关结构域；H3K27me3 通过招募 PRC1，影响多梳蛋白相关结构域的形成。

8.4.2 组蛋白修饰组学数据类型

ChIP-Seq 是目前应用最为广泛的绘制组蛋白修饰全基因组分布图谱的技术之一，根据是否需要交联及染色质的打断方式，分为 X-ChIP-Seq 和 N-ChIP-Seq 两种。X-ChIP-Seq 需要对 DNA 和蛋白质进行交联，以稳定它们之间的相互作用，并依靠超声将 DNA 打断成 200～1 000 个碱基对大小的片段（详见 8.2.3）。N-ChIP-Seq 则无须事先进行交联，并应用微球菌核酸酶（micrococcal nuclease，MNase）将染色质切断。通过这种酶消化的方式生成的片段只有单个核小体大小，可提供单核小体分辨率的图谱。N-ChIP-Seq 适用于大部分组蛋白修饰，不仅可以绘制组蛋白修饰全基因组分布图谱，还可以在组蛋白修饰富集的区域提供核小体定位的信息。近年来，出现了 CUT&RUN 和 CUT&Tag 技术：CUT&RUN 技术利用特异性抗体靶向特定的组蛋白修饰，并将 MNase 与抗体融合，在加入钙离子后激活 MNase 切割组蛋白修饰位点附近的 DNA；CUT&Tag 技术通过特异性抗体识别目标组蛋白修饰，但使用的是融合转座酶的抗体复合物，转座酶在组蛋白修饰位点附近插入测序接头并同时切割 DNA，生成带有接头的 DNA 片段，可直接用于测序。CUT&RUN 和 CUT&Tag 技术显著降低了组蛋白修饰全基因组分布图谱的背景噪声，尤其适用于细胞数量较少的样本。

8.4.3 组蛋白修饰 ChIP-Seq 数据分析方法

组蛋白修饰 ChIP-Seq、CUT&RUN 和 CUT&Tag 数据的分析方法基本相同，与转录因子 ChIP-Seq 数据的分析方法及工具（详见 8.2.4）有同有异。本节着重讲授组蛋白修饰 ChIP-Seq 数据异于转录因子 ChIP-Seq 数据的分析要点及工具。

8.4.3.1 注释层面的 ChIP-Seq 数据质量控制

组蛋白修饰 ChIP-Seq 数据质量依赖于抗体质量、实验者操作等因素，在应用数据前需要评估其质量。一些组蛋白修饰在基因组特定区域（如基因区域）具有特定的分布特征（图 8-16）。例如，H3K4me3 的 ChIP-Seq 信号富集在活性或预备转录基因的启动子区域；H3K36me3 和 H3K79me2 的 ChIP-Seq 信号富集在活性基因体区域，H3K27me3 的 ChIP-Seq 信号富集在

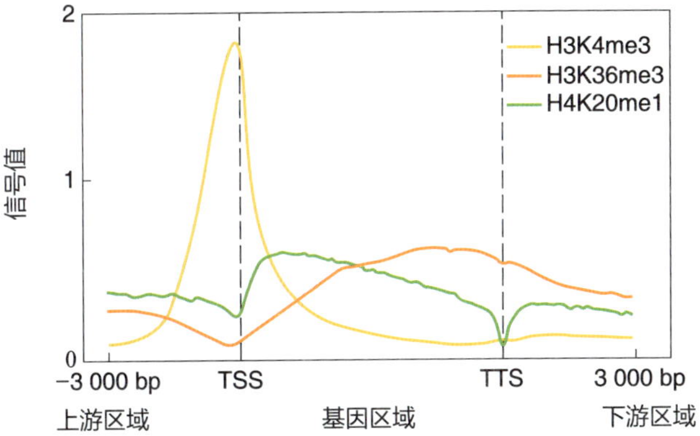

图 8-16 组蛋白修饰分布特征

图 8-17 组蛋白修饰 ChIP-Seq 数据类型

基因丰富区域的转录抑制的基因启动子上以及发育调节因子和或预备转录基因的启动子区域。对于基因组特定区域内的组蛋白修饰 ChIP-Seq 数据，可以将特定区域划分为数个等长的区间并对每个区间上的 ChIP-Seq 信号取平均值，绘制 ChIP-Seq 信号在特定基因组区域各位置的平均值折线图；对于高质量的 ChIP-Seq 数据，预期折线图符合该组蛋白修饰独特的分布特征。用于绘制 ChIP-Seq 信号在特定基因组区域各位置的平均值折线图的常用软件包括 CEAS、deepTools 等。

8.4.3.2 识别组蛋白修饰富集区域

根据测序读长在基因组上的分布特征，可以将组蛋白修饰的 ChIP-Seq 数据分为两种类型（图 8-17）。第一类是窄峰类型：测序读长聚集形成尖锐且离散的信号峰，信号峰与基因组背景信号差异显著，如 H3K4me3、H3K9ac 等与转录起始位点或增强子区域紧密关联的组蛋白修饰的 ChIP-Seq 数据。第二类是宽峰类型：测序读长难以聚集形成长达数万、数十万 bp 乃至更大的信号富集区域，如 H3K9me3、H3K27me3、H3K36me3 等组蛋白修饰的 ChIP-Seq 数据。

对于窄峰类型的组蛋白修饰 ChIP-Seq 数据，识别组蛋白修饰富集区域的方法与识别转录因子 ChIP-Seq 数据信号峰的方法基本相同（详见 8.2.4）。对于宽峰类型的组蛋白修饰 ChIP-Seq 数据，测序读长形成跨越大片段的信号富集区域，且信号的幅度在富集区域内部具有较大的波动，富集区域与基因组背景信号差异不显著，因此识别组蛋白修饰富集区域的方法与识别转录因子 ChIP-Seq 数据信号峰的方法有较大区别。用于识别宽峰类型 ChIP-Seq 数据组蛋白修饰富集区域的常用软件包括 MACS（宽峰模式）、SICER、SPP 等。

8.4.3.3 识别组蛋白修饰差异富集区域

用于定量比较识别组蛋白修饰差异富集区域的方法包括 MACS、MAnorm、ChIPDiff 等，本节以 MAnorm 方法为例来介绍其原理。MAnorm 方法假设两套 ChIP-Seq 数据共有的组蛋白修饰富集区域在样本间具有相同的信号强度。基于该假设，MAnorm 方法对两套 ChIP-Seq 数据进行归一化，并应用经验贝叶斯模型计算共有的组蛋白修饰富集区域在两个样本间差异的统计显著性，从而识别出具有统计显著性的差异富集区域，这种方法可以避免不同样品信噪比不同的问题。

8.4.3.4 基于组蛋白修饰图谱推断染色质状态

组蛋白的不同修饰与染色质的状态密切相关，可以分别作为转录激活状态、转录抑制状态、组成性异染色质、兼性异染色质等染色质状态的标志物。通过组合这些修饰的信息，研究者可以绘制出一个更为详细的染色质状态图谱，从而更深入地理解基因的表达调控。这种被称为“染色质状态”的模式不仅能捕捉到已知类别的基因组元素，如启动子、增强子、转录区、抑制区和重复区，还能发现新类别或亚类别的元素。通过确定染色质状态在不同细胞类型中的分布，研究者可为不同细胞类型的 DNA 元素和调控控制区提供系统的注释。此外，这些信息对解读全基因组关联分析（genome-wide association study，GWAS）的结果、研究基因调控和分析细胞分化过程等都具有重要价值。常用的基于组蛋白修饰推断染色质状态的方法包括 ChromHMM、SegWay、HMMseg 等。本节以 ChromHMM 方法为例介绍其原理（图 8–18）。ChromHMM 方法首先将基因组划分为连续的长度为 200 bp 的区间，检查每个 200 bp 的片段是否存在某种修饰的标记，并据此为每个片段分配一个修饰“组合”的标识。ChromHMM 使用多元隐马尔可夫模型（hidden Markov model，HMM）来学习染色质状态特征。也就是基于 ChIP-Seq 数据中的组合标识来“学习”基因组中可能存在的染色质状态。这意味着模型会尝试找出哪些组蛋白修饰标记组合最有可能对应于某种特定的染色质状态。通过上述学习过程，ChromHMM 最终能够为每个 200 bp 的基因组片段分配一个“最可能”的染色质状态，从而为整个基因组生成注释。这种注释有助于研究者理解在特定细胞类型中，哪些基因区域是活跃的、哪些是沉默的，或者哪些区域正在进行其他类型的调控。

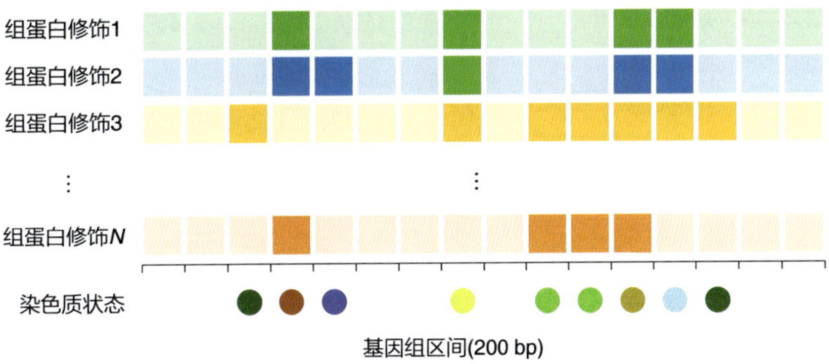

图 8–18　基于组蛋白修饰推断染色质状态的原理

8.5　三维基因组学数据分析

8.5.1　三维基因组学数据概述

8.5.1.1　三维基因组结构的定义

人类基因组长达 2 m，而细胞核的直径大约 6 μm；染色质在细胞核内进一步有序折叠组装，以保证细胞精确执行重要的生物学功能（如 DNA 复制、转录、细胞分化等），这种和功能相适应的染色质组折叠方式称为三维基因组结构。

8.5.1.2　三维基因组结构的层级

三维基因组结构可以分为几个层级（图 8–19）。第一，每个染色体各自在核内占据相对独立的位置，这称为染色体领域（chromosome territory）。这是由于每条

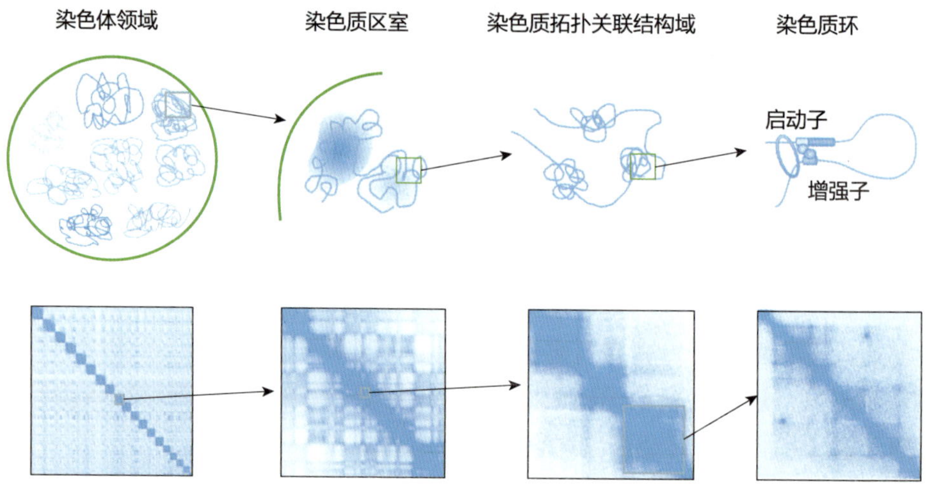

图 8-19 染色质三维结构的不同层级

染色体是相互独立的连续 DNA 和染色质大分子，在受共价连接的情况下自由运动会形成相对连贯的区域。第二，根据转录活性，基因组又划分为转录活性高的常染色质区域和转录抑制的区域，他们在基因组上以一至数十 Mb 的长度交替存在，不同类型区域之间的相互作用较弱，同类区域之间的相互作用较强，称为染色质区室（chromatin compartments）。第三，在区室之内，相邻的染色质形成连续的紧密结构单元，这些结构单元称为染色质拓扑关联结构域（topologically associating domain，TAD），长度通常为数百 kb 到数 Mb。位于特定拓扑结构域当中的染色质相互作用较强，它们与其他拓扑结构域中的染色质交互较弱。第四，在拓扑结构域中，存在点对点的强相互作用，这称为染色质环（chromatin loop），染色质环通常发生在顺式作用调控元件之间，如增强子和启动子，或者绝缘子蛋白 CTCF 的结合位点之间。

8.5.2 三维基因组学数据类型

研究三维基因组的技术主要分为两类。一类是以显微成像为基础，观察细胞核当中染色质的三维构象。由于产生高通量三维基因组数据的显微成像方法还处在较初级的阶段，本节不进行介绍。另一类技术基于染色质构象捕获（chromatin conformation capture，3C）技术，以 Hi-C 和 ChIA-PET 为代表。

8.5.2.1 Hi-C 技术

Hi-C 技术的基本步骤包括以下 5 步。① 固定：使用交联剂将 DNA 与其周围的蛋白质交联，确保染色体上的相邻区域在后续步骤中保持接触。② 消化：使用限制性内切酶（如 *Mbo*I）对化学交联剂固定的 DNA 进行酶切。③ 末端修复：得到的片段具有平端或黏端，在补齐末端的时候加上生物素标记。④ 连接及解交联：对钝性末端重新连接，形成环状。将连接 DNA 片段的蛋白质消化掉，得到交联片段。⑤ 打断和测序：将环状 DNA 片段打断，富集带有生物素的杂合分子，使用高通量测序仪对杂合 DNA 分子进行检测（图 8-20）。由于两个 DNA 片段在空间上的距离越接近，其形成杂合分子的概率就越大，所以可以用两个 DNA 片段形成杂合分

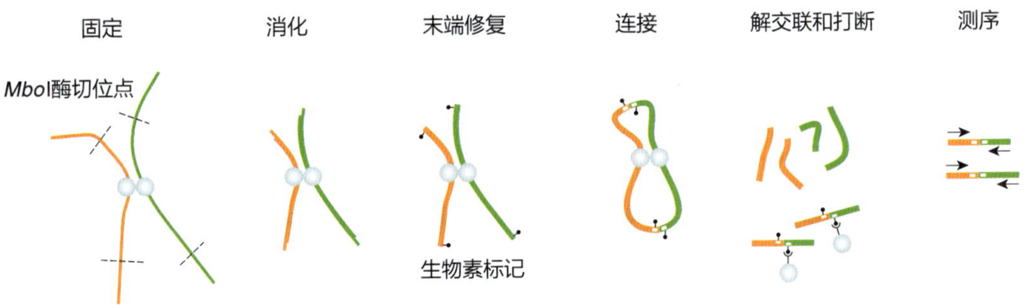

图 8-20 Hi-C 实验流程

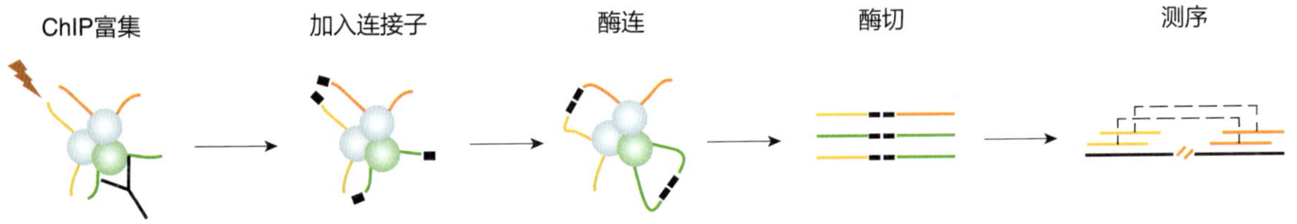

图 8-21 ChIA-PET 实验流程

子的相对比例来表示其空间的相对距离。Hi-C 技术可以无差别地测量全基因组范围的染色质互作和结构，而且操作步骤简单，是目前应用最广泛的产生三维基因组数据的技术。由于限制性内切酶在基因组上的酶切位点分布不均匀，Hi-C 数据存在着对特定区域捕获的特异性不足、分辨率不高等问题，同时难以提供染色质相互作用位点间的具体信息。为了解决这些问题，研究者们开发了多种 Hi-C 的变体技术，包括：DNase Hi-C（使用 DNase I 进行切割，以提高分辨率）、Capture Hi-C（通过富集，专注于特定染色质区域的相互作用）、Micro-C（利用 MNase 酶切，达到核小体级别的高分辨率）等。此外，Hi-C 实验可以在单细胞样品中完成，为研究细胞类型差异、发育动态变化以及疾病状态提供了单细胞层面的细胞核内部视角。

8.5.2.2 ChIA-PET 技术

ChIA-PET 技术的基本步骤如图 8-21 所示：首先，用甲醛和 EGS 固定细胞；接着，用超声波打断染色质，并利用 ChIP 富集这些染色质片段；富集的 DNA 序列连接半连接子（half-linker）或桥连接子（bridge linker）并在低浓度下进行酶连；然后，用限制性内切酶 *Mme* I 酶联产物进行酶切（或用 Tn5 转座酶对酶联产物进行片段化），形成 DNA 序列-连接子-DNA 序列的结构，称为配对末端标签（paired-end tag，PET）。与 Hi-C 技术不同，ChIA-PET 技术针对特定蛋白对 DNA 片段进行富集，使得信号特异性更强且背景噪声更低。ChIA-PET 可以在全基因范围内检测某种蛋白质介导的染色质远程相互作用，分辨率可达到 100 bp，可以鉴定与特定蛋白结合的功能元件的交互，如启动子和增强子之间的交互以及增强子和增强子之间的交互。

8.5.3 三维基因组学数据分析方法

由于 Hi-C 数据是目前最常见的三维基因组数据类型，因此本节主要讲解 Hi-C 数据的分析要点，并简要提及 ChIA-PET 数据的分析要点。

8.5.3.1　Hi-C 数据分析方法

Hi-C 的数据分析主要包含以下几个步骤：数据预处理和生成相互作用矩阵、数据可视化、识别染色质区室、识别染色质拓扑结构域、识别染色质环、基因组组装和重排。

（1）数据预处理以及产生染色质相互作用矩阵

Hi-C 数据的 DNA 分子是由两个不同位置的 DNA 序列连接杂合而成的嵌合分子，所以其数据均需要双端测序，测序深度至少有 3 亿个读长。与 ChIP-Seq、ATAC-Seq 这些一维的数据不同，Hi-C 产生的相互作用矩阵是二维的数据，它的处理有一定的特殊性。常用的 Hi-C 数据预处理软件有 HiC-Pro 和 Juicer。

首先，由于 Hi-C 的文库序列是嵌合分子，在序列比对的时候可采用对 5′ 端优先的比对方法，这样可以回避嵌合分子序列比对不上的情况。接着，对有效的嵌合分子进行筛选。因为 Hi-C 实验步骤中包含由限制性内切酶（一般为 4 碱基识别的 *Mbo*I）进行酶切和连接而产生的文库，而且大部分文库的片段长度为 1 000 bp 以内，所以有效的嵌合分子比对到的基因组位置应该都处在酶切位点附近；离酶切位点过远（如超过 1 000 bp）的序列，或者由于酶切片段首尾相连的无效片段，都应被过滤。

接下来，将基因组划分成等距离的区间，统计区间之间的相互作用读长的数量，得到以区间为单位的相互作用矩阵。区间大小的选择取决于测序的深度，以及想要研究的染色质构象。一般而言，对于哺乳动物的基因组，100 kb 左右足够识别染色质区室，40 kb 较适合识别染色质拓扑结构域，而识别染色质环需要 5 kb ~ 10 kb 的分辨率（相应的测序深度也要达到 10 亿序列以上）。

最后，进行矩阵校准。由于 GC 含量、酶切位点数量和序列可比对性的不同，可能造成某些区间的相互作用数量高过其他区间，造成系统性的偏差。修正这些偏差有两种方法：一种是显式的方法，它将相互作用数量与 GC 含量，酶切位点数量和序列可比对性等因素进行回归，然后得到一个回归之后校准的相互作用数量；另一种是隐式校准法，即矩阵平衡法（matrix balancing），其关键假设是每一个区间与其他所有区间的相互作用理应是一致的，因此平衡的目标是使得矩阵里所有的行和列的和是一致的，具体的步骤是将矩阵依次每行除以该行的平均值，然后每列除以该列的平均值，如此往复直到结果收敛为止。

（2）Hi-C 数据可视化

Hi-C 数据可视化是分析和解读 Hi-C 数据的重要步骤。Hi-C 数据常用二维热图展示，可以用正方形形式的完整矩阵展示，也可以用三角形形式（因为从对角线对折是完全的镜像）和弧形形式（图 8－22）。常用的 Hi-C 可视化软件包括 JuiceBox、HiGlass、WashU browser 和 3D genome browser。这些软件在展示 Hi-C 互作矩阵的同时也支持嵌入其他表观组学的数据，包括 ATAC-Seq、ChIP-Seq 等，进行联合分析。

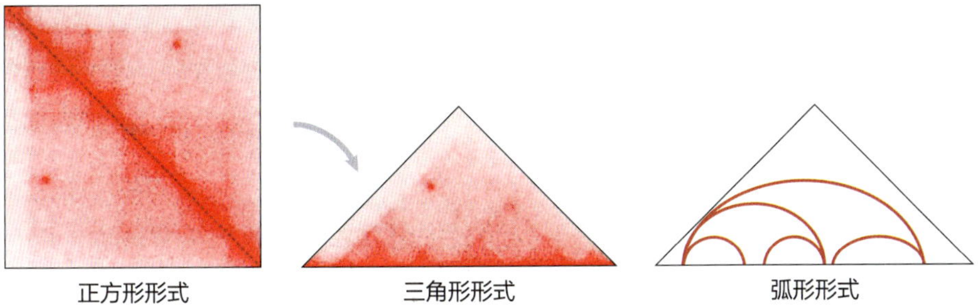

图 8-22 Hi-C 数据的三种展示方式

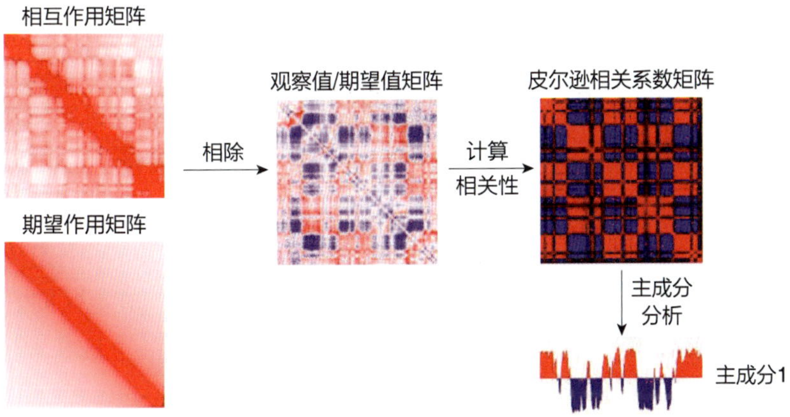

图 8-23 识别染色质区室的分析步骤

（3）识别染色质区室

染色质区室是在基因组上以 1 Mb ~ 10 Mb 交替出现的大型结构域，同类区室之间的相互作用较强，不同区室之间的相互作用较弱，由此在相互作用矩阵里形成了棋盘状的特征。可以用主成分分析来识别区室（图 8-23）。通常的做法如下：首先，将相互作用矩阵对期望值进行标准化，其中期望值的计算思路是，因为 Hi-C 的相互作用频率随着基因组的距离呈现指数下降的趋势，所以可以计算相同基因组距离下的平均相互作用频率以作为该距离下的预期相互作用值。然后，将矩阵换算成皮尔逊相关系数矩阵。最后，对该矩阵进行主成分分析，第一个主成分的特征值符号就可以区分染色质区室（正值为区室 A，负值为区室 B）。

（4）识别染色质拓扑结构域

染色质拓扑结构域（TAD）被认为是限制增强子调控区间的基本单元。在 Hi-C 相互作用矩阵里，染色质拓扑结构域显示为明显的三角形区块。在其内部，通常还存在称为 subTAD 的次级结构，表现为在三角形区块内更细致的交互模式，提供了关于基因转录调控的更多信息。识别染色质拓扑结构域及其次级结构的常见策略是对这样的三角形区块及其内部结构进行划分。识别染色质拓扑结构域的代表性方法是方向指数（directionality index）和绝缘指数（insulation score），本节仅介绍方向指数（图 8-24）。

方向指数基于 Hi-C 数据来评估染色质片段与其上游和下游片段相互作用的趋势。对于某一个基因组区间（以 40 kb 为例），将其对上游 2 Mb 内的相互作用数目

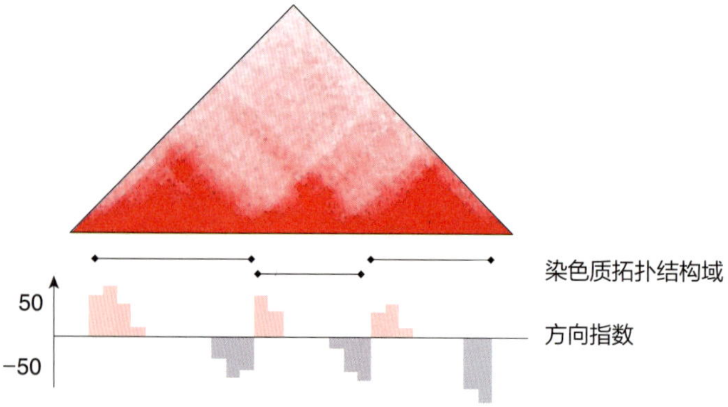

图 8-24 使用方向指数识别染色质拓扑结构域的示例

定义为 A，对下游 2 Mb 内的相互作用数目定义为 B，A 和 B 的均值为 E，则方向指数的公式为：

$$DI=\frac{B-A}{|B-A|}\left[\frac{(A-E)^2}{E}+\frac{(B-E)^2}{E}\right] \quad (8-11)$$

从公式中可以看出，假如某个区间与其上游的相互作用比与下游的相互作用大很多，则 DI 会呈现较大的负值，反之则会出现较大的正值，如果 A 与 B 比较接近，则 DI 趋近于 0。拓扑结构域的边界通常会出现 DI 值从负值到正值的跳转。根据 DI 值，利用隐马可夫模型可以识别拓扑结构域的左边界和右边界，并且通过同样的方法，可以进一步分辨出更细粒度的亚 TAD 结构。

（5）识别染色质环

染色质环是位于基因组上两个线性距离较远，但是在三维空间上距离较近的区间之间的相互作用，这两个区间之间的相互作用要比它们周围其他区间之间的相互作用更高。识别染色质环最常见的算法是 HiCCUPS，其检验一个最基本的假设：两个区间的相互作用是否比周围其他区间的相互作用更强（图 8-25）。HiCCUPS 首先将要检验的相互作用周围的区域分为几个区域，分别取它们的均值作为背景，然后将中心的相互作用值作为峰值。由于测序数据符合负二项分布，可以通过统计检验峰值是否显著高于其周围的背景 50% 以上来识别该峰值区域是否为染色质环。

（6）基因组组装和识别染色体重排

由于 Hi-C 数据中绝大多数读长对来自相同的染色体，Hi-C 数据可以用来帮助基因组组装（详细内容见基因组组装的章节）。另外，Hi-C 矩阵中的相互作用频率随着 DNA 线性距离的增加会呈现单调下降的趋势，然而在发生染色体重排的基因组中，Hi-C 热图会呈现出违反这种趋势的特异性的布局（图 8-26）。基于这种现象，研究人员可以通过图像识别和深度学习的方法来识别染色体重排现象。

8.5.3.2 ChIA-PET 数据分析方法

ChIA-PET 数据分析的主要步骤如下：对双末端标签读段进行接头过滤，并将其比对到参考基因组。然后唯一比对的双末端标签进一步分类为自连接、间连接和其

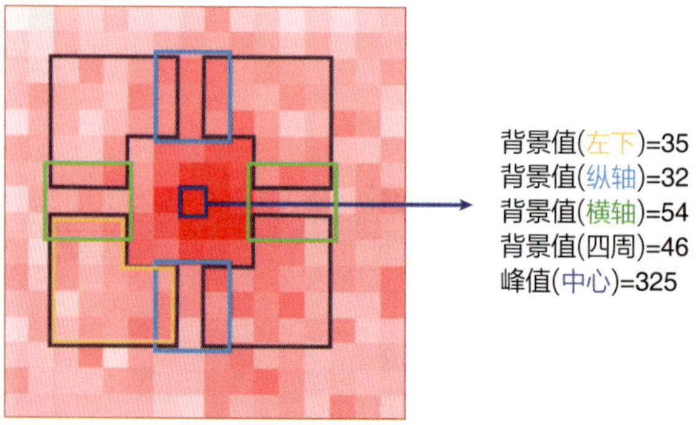

图 8-25 HiCCUPS 识别染色质环的方法

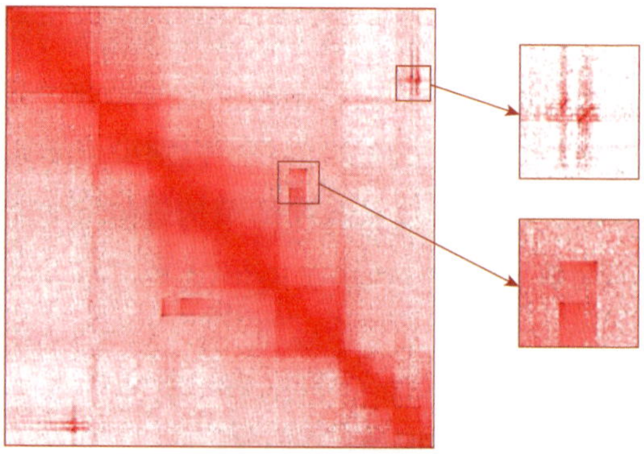

图 8-26 识别染色体重排的图像示例

他双末端标签，其中前两类为有效标签。此外，可以将 ChIA-PET 数据的相互作用信息忽略，将其视作 ChIP-Seq 数据并识别信号峰，并将区域作为给定的锚定位点，以检测信号簇和识别特定的染色质相互作用。ChIA-PET Tools 是常用的 ChIA-PET 数据分析软件。

8.6 表观转录组学数据分析

表观转录组学（epitranscriptomics），也称为 RNA 表观遗传学（RNA epigenetics），是指不涉及 RNA 序列改变的转录组水平上功能相关变化的集合，研究的核心焦点在于 RNA 分子上的化学修饰（RNA 修饰）。目前，已知的 RNA 修饰超过 170 种，它们存在于真核生物、细菌和古细菌这三个系统发育域中，还广泛分布在 mRNA、tRNA 和 rRNA 等多种类型 RNA 中。RNA 修饰可能引发 RNA 分子的碱基配对性质、热力学特性以及三维结构性能的变化，从而影响 RNA 的剪接、翻译、定位、稳定性以及与蛋白质的相互作用。RNA 修饰在许多生命活动中都具有关键作用，包括细胞命运的决定、性别分化的调控，以及细胞分化过程中的调节等过程。此外，动态可逆性也是 m^6A 等 RNA 修饰的一个重要特点，这意味着细胞可以在 RNA 的生命周期内通过添加或者去除这些修饰来实现更为直接、瞬时的基因表达调控，从而更快速地应对外界环境的变化。

由于 RNA 表观遗传信息的多样性以及表观转录组学技术的原理差异，相应的数据分析方法和思路也各异。本节将从 4 个主要方向入手，即数据预处理、基因组比对、RNA 修饰的鉴定以及 RNA 修饰图谱的可视化，分别介绍有代表性的表观转录组学技术的原理、数据特点、分析工具以及关键要点。

8.6.1 RNA 修饰概述

8.6.1.1 RNA 修饰的定义及类型

RNA 分子中的 4 种碱基以及核糖都可以成为被修饰的目标。根据发生修饰的位置，可以将 RNA 修饰分为碱基修饰、核糖修饰和混合型修饰。其中，碱基修饰包括甲基化修饰、假尿嘧啶化修饰、次黄嘌呤修饰等。甲基化修饰涵盖了 N^6-甲基腺苷修饰（N^6-methyladenosine，m^6A）、N^1-甲基腺苷修饰（N^1-methyladenosine，m^1A）、N^5-甲基胞苷修饰（N^5-methylcytidine，m^5C）和 N^7-甲基鸟苷修饰（N^7-methylguanosine，m^7G）等（图 8-27）。假尿苷（pseudouridine，Ψ）修饰由尿苷（U）异构化生成，尿嘧啶通过 C1′-C5 而不是 C1′-N1 与核糖结合。次黄嘌呤修饰是指由腺苷（A）发生脱氨作用生成含次黄嘌呤的肌苷（I），是 RNA 编辑的一种类型（A-I）。由于 I 优先于与胞苷（C）配对，从而有效地使其与鸟苷（G）等同。核糖修饰主要包括 2′-O-核糖甲基化修饰（2′-O ribose methylation modification，2′-O-Me，Nm），分为 2′-O-甲基腺苷（2′-O-methyladenosine，Am）、2′-O-甲基胞苷（2′-O-methylcytidine，Cm）、

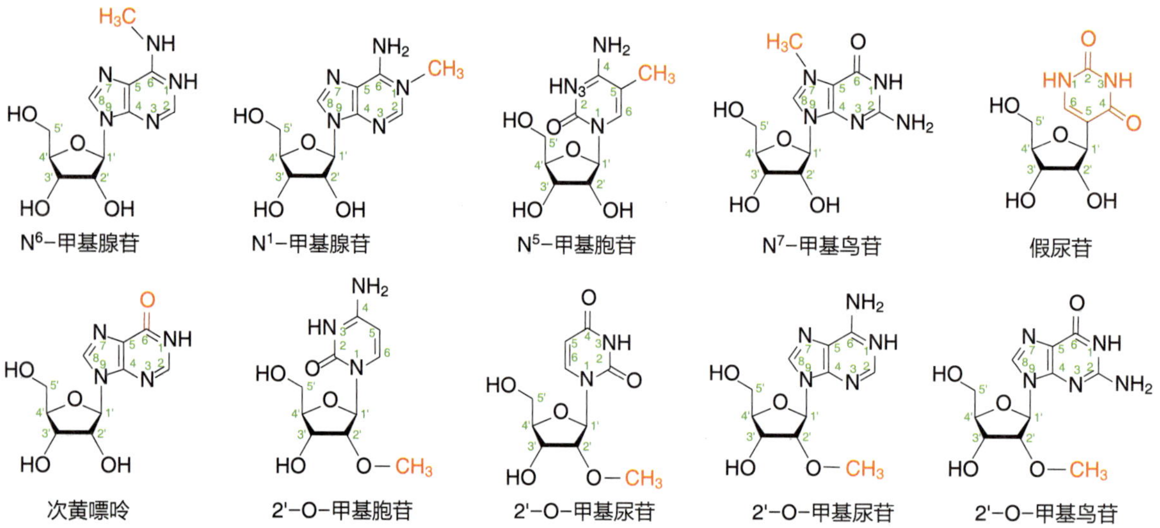

图 8-27　不同类型 RNA 中的转录后 RNA 修饰

2′-O-甲基鸟苷（2′-O-methylguanosine，Gm）和 2′-O-甲基尿苷（2′-O-methyluridine，Um）四种类型等。混合型修饰则是指在同一个核苷上发生多种不同类型的修饰。例如，混合型甲基化修饰 N^6-腺苷和 2′-O-甲基腺苷（N^6，2′-O-dimethyladenosine，m^6Am）在腺苷的第 6 位和核糖的 2′ 位上均发生了甲基化。

8.6.1.2　RNA 修饰的生成机制

现有研究发现，RNA 修饰的生成机制有两种主要方式，一种是只在特异性酶的催化下形成，另一种是在核仁小 RNA（small nucleolar RNA，snoRNA）的指导下完成特定酶的催化生成。目前已经发现了超过 150 种与 RNA 修饰相关的酶。在仅依赖特异性酶催化生成的修饰中，m^6A 修饰是被研究得最为广泛的。m^6A 甲基转移酶复合体使用 S-腺苷甲硫氨酸（SAM）作为底物，将其中的甲基基团转移到腺苷中的 N^6 位，从而引发 m^6A 修饰的发生。近年来，在动物基因组中 m^6A 甲基转移酶（METTL3、METTL14、WTAP 等）、m^6A 去甲基酶（FTO、ALKBH5）和 m^6A 结合蛋白（YTHDF1/2/3、YTHDC1/2、IGF2BP1/2/3）的发现及其功能研究还揭示了 RNA 甲基化修饰同 DNA 甲基化修饰一样是动态可逆的（图 8-28）。依赖 snoRNA 指导完成的修饰，包括有 2′-O-Me 修饰和 Ψ 修饰。snoRNA 与相应的蛋白结合形成核仁小核糖核蛋白（small nucleolar ribonucleoprotein，snoRNP）复合物。snoRNP 复合物可以分为两类，包括 C/D box snoRNP 和 H/ACA box snoRNP。前者由 C/D snoRNA 与甲基转移酶 FBL、NOP56、NOP58 和 15.5 K 结合组成，指导 rRNA、snRNA 和 tRNA 等 RNA 实现特异性的 2′-O-Me 修饰。后者由 H/ACA snoRNA 与 Φ 修饰合成酶 DKC1、GAR1、NHP2 和 NOP10 结合组成，指导 rRNA 和 tRNA 等 RNA 发生位点特异性 Ψ 修饰。这种催化功能的 snoRNP 在真核生物、细菌和古细菌中都是保守的。

8.6.1.3　RNA 修饰的生物学功能

RNA 修饰极大地增强了结构与功能的多样性，并在一系列生物过程中发挥着

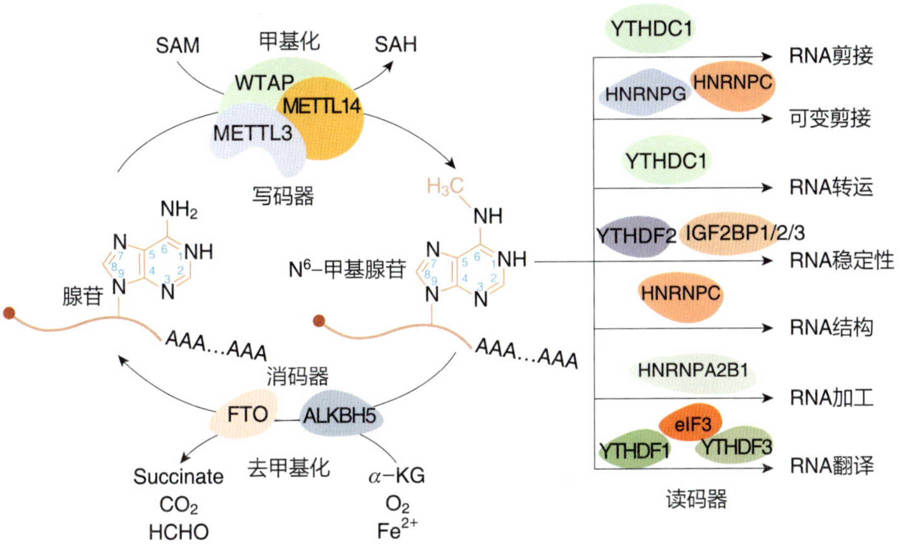

图 8–28 RNA 甲基化的建立、维持与去除机制和生物学功能

重要的调控作用。RNA 分子中的化学修饰具有改变电荷、碱基配对电位、二级结构和蛋白质-RNA 相互作用等特性，并进一步影响 RNA 的加工、运输、翻译和降解，从而影响基因表达和细胞过程。RNA 修饰在干细胞的增殖和分化、精子细胞的增殖和运动、卵母细胞的增殖和成熟、下丘脑的昼夜调节、果蝇的性别决定以及拟南芥的生长发育等过程中都扮演着重要的角色。m^6A 修饰在多个生物学领域都有广泛的功能研究；其他修饰如 m^5C、m^1A、Ψ 等也在 RNA 代谢及翻译调节中发挥作用。多种组蛋白修饰（如 H3K36me3）可以与 mRNA 上 m^6A 修饰形成互作网络从而调控 RNA 修饰的生物生成和影响细胞的生物学功能。tRNA 是拥有最多 RNA 修饰的分子之一，通过选择性保护编码框、提高解码能力以及调整密码子-反密码子配对等方式来调控分子机制。此外，疾病相关的各种生物学过程受到多种 RNA 修饰（如 m^6A、m^5C 和 A-I 编辑）及其互作的 RNA 修饰蛋白的调控。

8.6.2 表观转录组学数据类型

RNA 修饰的种类较多，鉴定这些修饰的表观转录组实验方法大致可分为四类：基于亲和纯化的方法、基于反转录诊断事件的方法、基于对化学或酶消化抗性的方法和基于第三代测序技术的方法。

8.6.2.1 基于亲和纯化的方法

m^6A 修饰是一种常见的 RNA 修饰类型，在转录组内检测 m^6A 修饰最常见的方法是 RNA 免疫沉淀（RNA immunoprecipitation，RIP）（图 8–29）。m^6A-Seq 和 MeRIP-Seq 是常用的 RIP 方法，它们利用 m^6A 特异性识别抗体富集含有 m^6A 修饰的 RNA 片段。然而，这些方法的分辨率较低，精度约为 200 核苷酸（nt）。m^6A-label-Seq 方法使用一种特殊的代谢标记物 Se-烯丙基-L-硒基同型半胱氨酸替代 m^6A 修饰，形成 N^6-烯丙基腺苷（N^6-allyladenosine，a^6A），a^6A 能够被抗体富集，并在碘诱导下发生环化。m^6A-label-Seq 方法可通过在反转录过程中检测环化后的

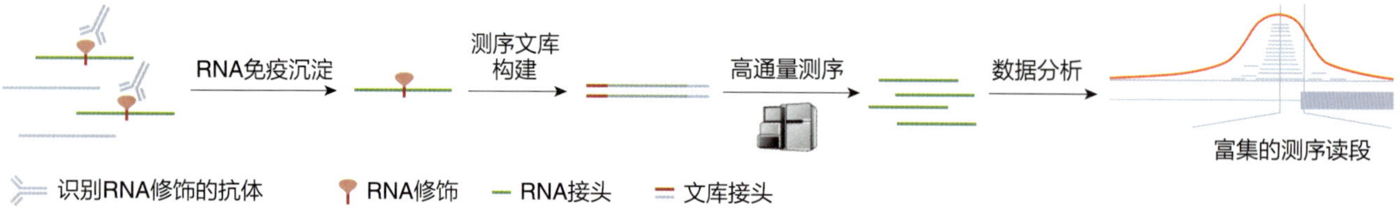

图 8-29　基于亲和纯化的测序技术原理

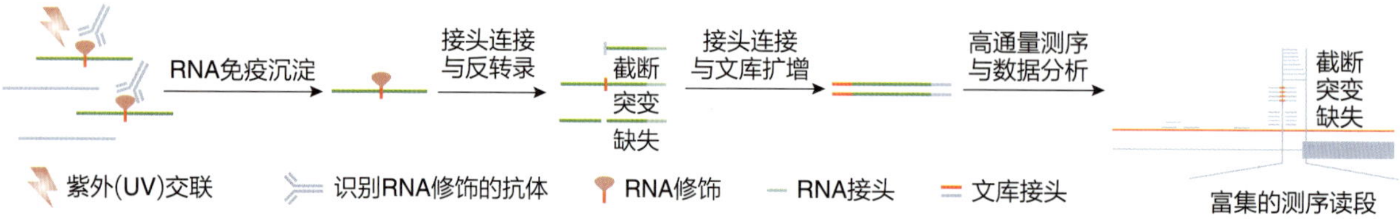

图 8-30　基于反转录诊断事件的测序技术原理

a^6A 产生的碱基错配，实现对 m^6A 修饰的单碱基分辨率鉴定。然而，该方法所使用的 Se-烯丙基-L-硒基同型半胱氨酸的代谢只能在细胞内发生，限制了其在组织中的使用。亲和纯化的方法不仅广泛用于 m^6A 修饰，还被应用于各种 RNA 修饰类型（如 Ψ、ac^4C）的全转录组的鉴定。

8.6.2.2　基于反转录诊断事件的方法

一些检测 RNA 修饰的测序方法利用在建库的反转录过程中产生的诊断事件（diagnostic event），如在 RNA 修饰位点引入截断、缺失或突变，来定位 RNA 修饰的位置（图 8-30）。例如，PA-m^6A-Seq 方法通过将 4-硫脲（4SU）整合到 mRNA 中，并在 365 nm 的紫外照射下使 4SU 与 m^6A 抗体附近的芳香氨基酸残基发生共价交联，在后续的反转录过程中，会将 m^6A 修饰附近的 U 碱基误判为 C，从而以大约 20 nt 的分辨率鉴定 m^6A 修饰位点。miCLIP 则利用 254 nm 的紫外照射，将 RNA 与 m^6A 抗体交联，从而在反转录过程中使 m^6A 位点附近的核苷酸发生错配或截断，以单碱基的分辨率鉴定 m^6A 修饰。然而，由于交联效率低，该方法只能鉴定到有限数量的 m^6A 修饰位点。

对于 m^5C 修饰，可以使用经过亚硫酸盐处理的 RNA 高通量测序（RNA-BisSeq）进行检测。该测序将所有未修饰的 C 转化为 U，只有修饰的 C 不受影响。假尿嘧啶修饰的检测则利用化学试剂羧甲基纤维素（carboxymethyl cellulose，CMC）或 CMC 衍生物，在修饰处引入一个庞大的基团，导致反转录提前终止，如 Ψ-Seq、PSI-Seq、Pseudo-Seq 和 CeU-Seq。RBS-Seq 则通过亚硫酸盐处理 RNA，导致在 Ψ 修饰位点处缺失反转录碱基，从而高效地鉴定 Ψ。某些 RNA 修饰本身也可以影响反转录过程，如 m^1A-MAP 和 m^1A-Seq-TGIRT 这两种方法，基于 m^1A 修饰在反转录过程中诱导碱基错配的原理。同时，它们利用了耐高温的Ⅱ型内含子反转录酶 TGIRT，以增加 m^1A 修饰导致的错配率。

8.6.2.3　基于对化学或酶消化抗性的方法

一些检测方法基于 RNA 修饰对化学或酶消化的抗性，可在单碱基精度鉴定各种 RNA 修饰，本节主要介绍运用于鉴定 2′-O-Me 修饰的测序方法。

RiboMeth-Seq 技术的原理如下：2′-O-Me 修饰几乎可以完全消除 2′-OH 氧原子的亲核性，极大地增强了 3′-邻近的磷酸二酯键对碱水解的抗性。当 2′-O-Me 出现在 3′ 端核苷酸上时，可以阻止末端被氧化从而保护末端核糖，而没有发生 2′-O-Me 修饰的 3′ 端会发生碱水解而降解成短的 RNA 片段。在分析测序数据时将读段（read）比对到基因组，可确定 RNA 片段 3′ 端或 5′ 端的准确位置，通过检测被保护的末端从而以单核苷酸精度鉴定出 2′-O-Me 修饰位点。然而，该方法背景噪声高，需要高的测序深度，无法检测低丰度的 RNA，并依赖于 RNA 片段的大小。

Nm-Seq 是基于 2′-O-Me 对高碘酸盐（$NaIO_4$）降解的抗性开发的技术。RNA 片段 3′ 端核苷酸无 2′-O-Me 修饰时，其顺-二醇核糖易被高碘酸盐氧化生成二醛，进一步的 β-消除反应后，水解 3′ 端核苷酸，生成 3′ 端带磷酸基团的 RNA 片段，此端不能连接 3′ 接头；而 RNA 片段 3′ 端核苷酸有 2′-O-Me 修饰时，RNA 片段可以与 3′ 接头连接。因此，文库中富集的都是 3′ 端含有发生 2′-O-Me 修饰的 RNA 片段，从而通过分析很容易得到转录组范围内的 2′-O-Me 修饰位点。但这种方法用到的碎片化试剂对序列具有偏好性，导致 RNA 的裂解不是真正随机发生的。而且在 2′-O-Me 修饰位点处发生裂解的效率非常低，因此该方法需要进行多次的氧化、β-消除、去磷酸化的循环，从而导致 RNA 损耗量大，且其效果依赖于 RNA 片段大小，无法保证恰能够暴露 2′-O-Me 位点。

Nm-REP-Seq 技术结合了化学与酶处理，可以在单核苷酸精度下鉴定出 2′-O-Me 修饰位点（图 8-31）。Nm-REP-Seq 技术的原理如下：由于生殖衣原体 RNase R（MgR）消化至 2′-O-Me 修饰位点前一位会发生显著的停顿，而氧化消除去磷酸化（oxidation elimination dephosphorylation，OED）的化学处理则消化至 2′-O-Me 修饰位点处发生停顿。Nm-REP-Seq 结合化学与酶处理的方法，不仅提供了更高的精确性，还减少了背景信号，大大降低了鉴定的假阳性率。

8.6.2.4 基于第三代测序技术的方法

与检测 DNA 甲基化类似，ONT 测序技术（详见本章 8.2）可以有效鉴定 m^6A、Φ 和 2′-O-Me 修饰。未来，第三代测序方法有望得到广泛应用，同时绘制多种 RNA 修饰类型的信息。

8.6.3 表观转录组学数据分析方法

表观转录组学数据的分析是从原始组学数据出发，获取 RNA 修饰水平图谱，并进一步通过分析获得相关生物学结论的过程。在处理不同实验方法获得的 RNA 修饰数据时，其处理流程和分析手段存在一定的差异。主要的分析方法包括鉴定 RNA 修饰富集区域、鉴定 RNA 修饰位点，以及对 RNA 修饰位点进行注释。

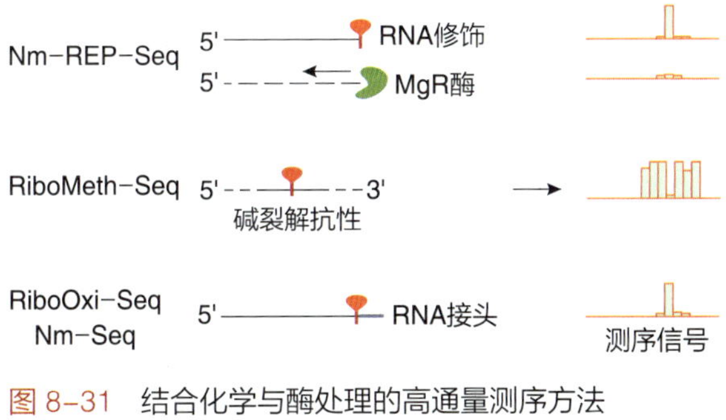

图 8-31 结合化学与酶处理的高通量测序方法

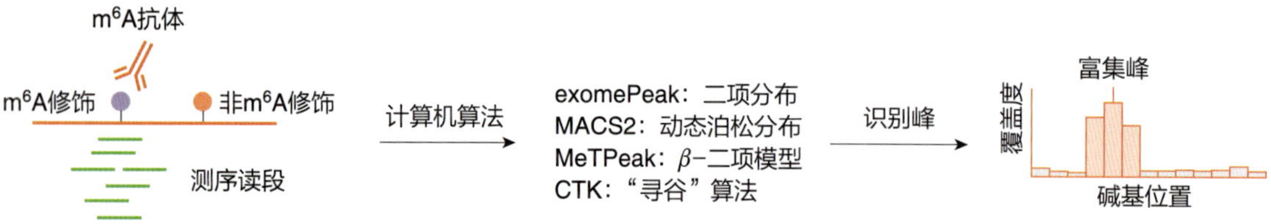

图 8-32 识别 RNA 修饰富集区域原理

8.6.3.1 基于亲和纯化数据识别 RNA 修饰富集区域

基于亲和纯化的测序方法所产生的测序数据通常只能获得经过抗体富集的 RNA 修饰区域，无法实现单碱基的分辨率。在此背景下，用于鉴定 RNA 修饰富集区域的分析方法起到了关键作用。一些常用的分析工具包括 exomePeak、MACS、MeTPeak 和 CTK 等。这些软件在鉴定修饰富集区域时，大致遵循如图 8-32 所示的原理。例如，exomePeak 通过将抗体富集的读长数（IP read）除以抗体富集的读长数加上无抗体富集对照组的读长数（IP read + input read）来计算总体修饰的程度。它使用 C 检验（C test）来确定修饰的位点，其假设特定位置所有的抗体富集的读长数符合相同的二项分布，该分布由整体修饰程度进行参数化，由此将两个泊松分布的比较转换为基于二项分布的检验。在此基础上，MeTPeak 软件采用了分层 β-二项模型来模拟读长富集的方差，并使用隐马尔可夫模型来解释相邻富集的依赖性，从而可以更有效地鉴定 RNA 修饰的富集区域。

由于用于测定 RNA 修饰的 CLIP 测序文库的复杂性和测序深度的增加，多个读长簇或峰可能无法明确分离，尤其是在转录本富集的情况下。为了解决这个问题，CTK 软件使用一种新的"寻谷"算法进行峰值判定。简单来说，CTK 计算每个基因组位置重叠的读长数量，以找到局部最大值。只有当两个相邻的局部最大值的峰高度分别为 h_1 和 h_2，并且由深度为 $d=h-v$ 的谷分隔时，才被认为是两个不同的峰，其中 $h=\min(h_1, h_2)$，v 为谷位置的读长覆盖率。用户需要指定相对谷深（如 $v/h \geqslant 0.9$），以适应不同丰度的转录本。为了定义更严格的 CLIP 标签峰值子集，CTK 使用不同的背景模型和扫描统计数据，评估观察到的峰值高度是否超过了偶然预期。

8.6.3.2 基于反转录诊断事件识别 RNA 修饰单位点

CTK 工具包不仅可以用于获取 RNA 修饰富集的区域，还可以根据反转录诊断事件的测序数据来鉴定诊断事件，从而实现对 RNA 修饰位点的单核苷酸分辨率鉴定，其基本原理如图 8-33 所示。不同测序原理的测序方法需要关注不同的诊断事件，如 miCLIP 关注 m^6A 模体"GGAC"中的 C 到 T 的突变。首先，针对每种类型的诊断事件，如突变，根据基因组坐标对读段进行聚类。如果修饰引起的突变存在足够的测序深度，那么多个读段应该能够重复地支持该突变。相反，由于测序或比对误差或其他噪声源引入的突变应该是随机分布的。因此，通过统计分析可以识别由修饰引起的突变，其发生频率高于偶然预期。衡量真实的由修饰引起的突变的两个重要参数是每个突变位点重叠的读段总数（k）和该位点上具有特定类型突变的读段数量（m）。可以使用基于排列的方法来评估在特定位置上观察到具有突变的

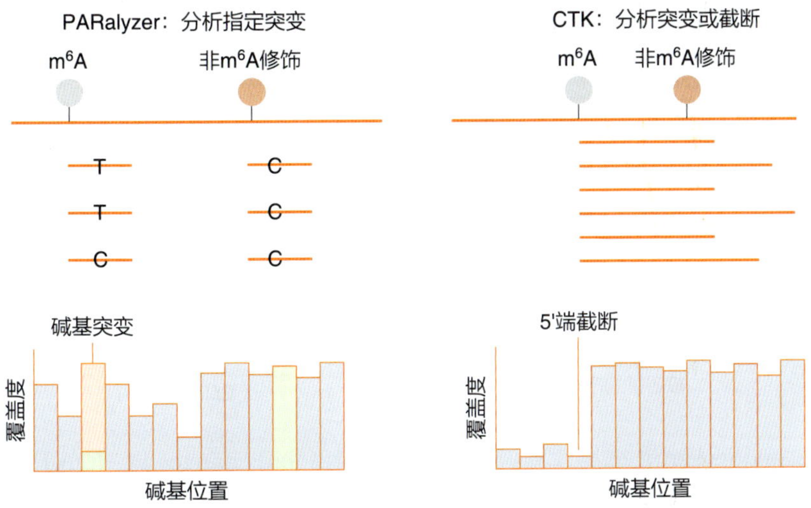

图 8-33 识别 RNA 修饰单位点原理

m 个标签是否在总共与该位置重叠的 k 个标签上具有统计学意义。在排列中，将每个突变插入随机选择的 CLIP 标签中，其相对于读段 5′ 端的偏移与原始标签中观察到的偏移相同。因此，这种排列保留了转录组中 CLIP 标签的分布，以及观察到的测序错误的位置偏差。根据实际数据和排列数据中 k 和 m 这两个参数的比较，可以为每个突变位点分配经验 FDR。

此外，还有其他的一系列软件能够以单核苷酸精度来鉴定 RNA 修饰位点。例如，PARalyzer 可以用于分析用户指定的突变事件。此外，对于突变，还可以通过排除与已知单核苷酸多态性（single nucleotide polymorphism，SNP）重叠的突变来降低检测的假阳性率。另外，由于 m^6A 修饰发生在明显的“RRAC”模体中，因此最终还可以在 miCLIP 数据中通过模式匹配判断 C 到 T 突变位点是否位于“RRAC”模体中，而 m^6A 修饰位点则位于 C 到 T 突变位点上游 1 nt 的位置。

8.6.3.3 基于对化学或酶消化的抗性的数据鉴定 RNA 修饰位点

基于反转录截断事件识别 RNA 修饰单位点，主要利用了读段的 5′ 端信号；与此不同的是，基于对化学或酶消化的抗性的数据鉴定 RNA 修饰，往往利用读段的 3′ 端信号（图 8-34）。本节以同时结合了化学与酶处理的 Nm-REP-Seq 测序方法为例，若 RNA 上带有 2′-O-Me（Nm）修饰，酶消化至修饰位点前一位会发生显著的停顿，而化学处理则消化至修饰位点处发生停顿，即两种处理均形成显著的 3′ 端信号。利用 endSeeker 软件可以高效地对 3′ 端信号进行鉴定。为了确定显著富集的 3′ 端信号，endSeeker 计算了所有注释转录本中每个位置测序读段 3′ 端的覆盖度。显著富集的 3′ 端信号位点的覆盖度应该明显高于上游和下游的一个核苷酸，也高于空白对照组（未经过酶或化学处理的测序样本）中的对应位置，空白对照组的设置有利于降低鉴定

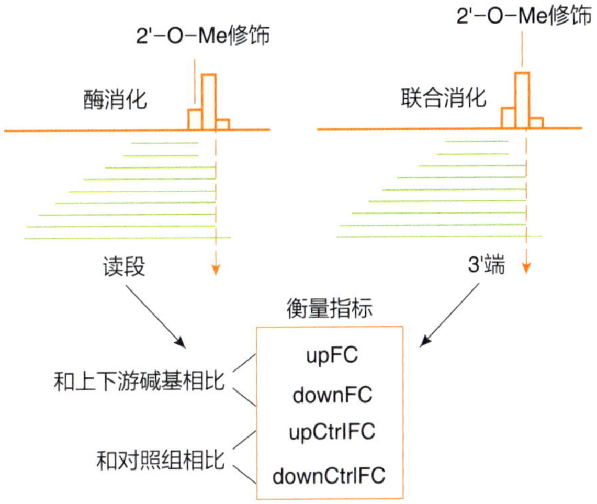

图 8-34 endSeeker 的计算原理

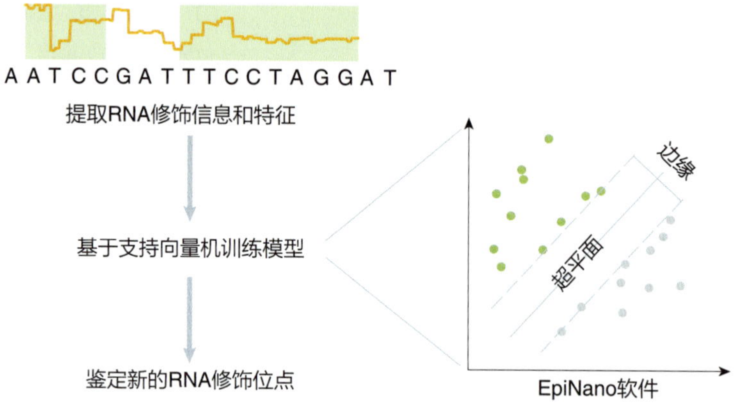

图 8-35　EpiNano-SVM 计算原理

的假阳性。endSeeker 进一步计算位点的倍数变化（fold change，FC）：upFC = 候选位点处的覆盖度/上游一位碱基的覆盖度；downFC = 候选位点处的覆盖度/下游一位碱基的覆盖度；upCtrlFC = 修饰位点的 upFC/对照组同一位点的 upFC；downCtrlFC = 修饰位点的 downFC/对照组同一位点的 downFC。结合上述产生的 4 个变量（upFC、downFC、upCtrlFC、downCtrlFC）可筛选精确的 2′-O-Me 修饰位点。

8.6.3.4　基于第三代测序技术的方法鉴定 RNA 修饰

目前，主要使用 EpiNano 软件对纳米孔测序产生的数据进行 RNA 修饰的鉴定。该软件包含两种模式，即 EpiNano-Error 和 EpiNano-SVM，用于在纳米孔测序数据中识别 RNA 修饰。EpiNano-Error 模式专注于成对样本的分析，即将敲除或敲低 RNA 修饰相关的酶后的样本与未经处理的样本进行比较。在 EpiNano-Error 模式下，该软件可分析成对样本中碱基识别错误（包括突变、删除、插入）的频率，以及每个碱基识别质量的变化。RNA 修饰的预测是基于在这两个匹配样本中观察到的错误模式的差异。EpiNano-SVM 模式则使用基于支持向量机（support vector machine，SVM）训练的模型来鉴定特定的 RNA 修饰位点，其原理如图 8-35 所示。EpiNano-SVM 根据已知的修饰信息和特征，识别出纳米孔测序数据中可能的 RNA 修饰位点。目前，EpiNano 软件可以用于分析纳米孔技术测序的 m^6A、Ψ 和 2′-O-Me 等修饰的数据。

8.6.3.5　绘制 RNA 修饰位点的分布特征

鉴定出候选的 RNA 修饰位点后，一个重要问题是研究这些修饰位点在转录本中的分布特征。元基因图谱（metagene profile）呈现了在转录本模型上的位点频率图，包括 5′ 非编码区、编码区和 3′ 非编码区（图 8-36）。MetaPlotR 软件能够生成针对 mRNA 的元基因图谱，揭示出 RNA 修饰的特征，如 m^6A 修饰的峰值位于终止密码子附近。MetaPlotR 使用了归一化的概念，将 RNA 修饰位点所在的转录本区域的坐标转换为元坐标。这相当于将转录组坐标映射到一个简化的转录模型上。例如，出现在 5′ 非编码区中的位点在元基因图谱中的位置从 0 到 1，其中 0 和 1 分别代

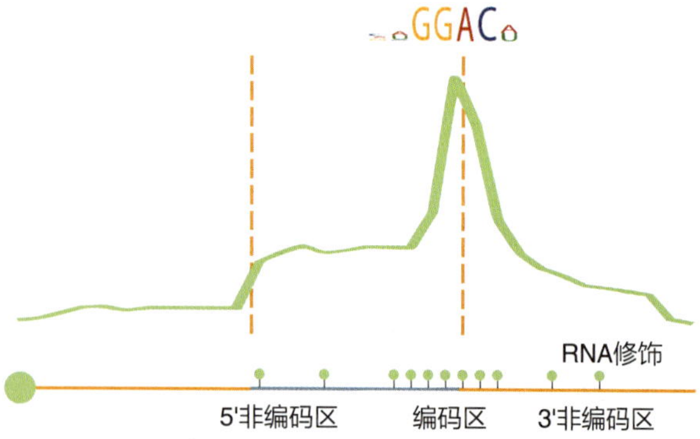

图 8-36　m^6A 的元基因图谱

表 5′ 非编码区的 5′ 端和 3′ 端。类似地，编码区中位点的值从 1 到 2，而 3′ 非编码区的值从 2 到 3。

8.7 转录调控和表观遗传的总结与展望

高通量组学技术的发展及其在转录调控和表观遗传研究中的应用，产生了大量转录调控和表观遗传组学数据。为了有效利用转录调控和表观遗传组数据，生物信息学研究人员开发了多种生物信息学算法、模型、数据库及软件，为解析海量转录调控及表观遗传组学数据以及克服数据存在的异质性作出了重要贡献。转录调控和表观遗传内容众多，由于篇幅所限，本章着重介绍了转录因子结合模体分析、转录因子 ChIP-Seq 数据特点及分析方法、几种最常见的表观遗传信息类型的组学数据特点及分析方法。考虑本书作为生物信息学教材的定位，本章对涉及的每一种表观遗传信息的建立机制及生物学功能仅作简要描述，有兴趣的读者可以扩展阅读相关的表观遗传学参考书。绘制不同表观遗传信息的基因组分布所需的技术原理不同，对应的分析方法及思路也不同。本章围绕“组学技术决定数据特点，数据特点决定分析思路”的理念，为每种表观遗传信息概述了代表性的表观遗传组学技术基本原理，并对一些组学技术所产生数据的典型特点及分析方法进行着重阐述。本章提及的每一个分析方法，目前均有多种生物信息学软件或在线服务器可用于实现。为便于课程教学，本章仅列出个别工具的名称，建议涉及这些分析方法的读者，可以扩展阅读相关综述及工具性能比较文章。

新的组学技术不断涌现，单细胞、长读长、多维度是转录调控和表观遗传组学技术进一步发展的方向。在研究工作中，读者若接触到新的组学技术，期冀可以举一反三，根据实验原理来理解其数据特点，进而确定分析思路，并视具体情况选择已有的分析工具或开发新的工具。

※ 推荐阅读

1. 于文强，徐国良. 表观遗传学 [M]. 北京：科学出版社. 2023.

点评：表观遗传学是一个内容繁多的研究领域，该书较为全面地涵盖了表观遗传学基础、应用及方法学。鉴于该书篇幅庞大，不宜通读，建议读者根据自己的兴趣，有选择性地阅读相关章节。

2. Landt S G, Marinov G K, Kundaje A, et al. ChIP-Seq guidelines and practices of the ENCODE and modENCODE consortia [J]. Genome research, 2012, 22(9): 1813-1831.

点评：ChIP-Seq 技术作为第二代测序技术的最早应用，其数据质量控制和分析策略的制定深受数据特点的影响。通过阅读该文，去理解那些虽然实用但不优雅的策略是如何制定的，为将来面对全新的生物信息问题时如何在实用与优雅之间进行选择提供历史的借鉴。

※ 思考与练习题

1. 基于已知模体预测转录因子结合位点时用位置权重矩阵代替位置频率矩阵的原因是什么？

2. 为什么可以用互相关分析评估 ChIP-Seq 数据的质量？对于宽峰类型的 ChIP-Seq 数据仍适用吗？

3. 组蛋白修饰 ChIP-Seq 和转录因子 ChIP-Seq 数据分析上有哪些主要异同点？

4. 为什么 WGBS 技术是目前检测全基因组 DNA 甲基化状态的“金标准”？

5. 为什么在 Hi-C 数据预处理时需要进行矩阵校准？该步骤会对下游的分析产生哪些影响？

※ 讨论题

1. 表观遗传信息存在复杂的交互，若能开发出同时捕获同一段染色质片段的多种表观遗传信息的技术，将有助于深入理解这些复杂的交互。请基于本章的内容，设计可以同时检测两种或两种以上表观遗传信息的实验。同时，请对这些技术可能产生的数据特点进行预测和讨论。

2. 第三代测序技术具有长读长的优势，请根据其技术特点（详见第 6 章），讨论哪些类型的表观遗传信息可以直接利用该技术进行检测。对于不能直接适用的表观遗传信息，请设计实验，通过信息的转化，使其能够适用于第三代测序技术。同时，请思考并讨论这些信息转化过程中可能遇到的挑战和解决方案。

3. 随着转录因子全基因组结合位点数据和表观遗传组数据的日益丰富，可以通过整合和深入挖掘这些数据来解决新的生物学问题。请选择一个感兴趣的与转录调控或表观遗传学相关的生物学问题，思考并讨论如何利用现有的组学数据资源开展研究？通过设计怎样的数据整合策略来有效推动对所选问题的解决？

4. 染色质可及性（即局部染色质开放程度）是一种与转录调控紧密相关的重要表观遗传信息，有研究者开发了 ATAC-Seq 技术，用于描述染色质可及性。ATAC-Seq 数据是通过富集局部开放染色质区域的 DNA 片段并对其进行测序获得的，请参照转录因子 ChIP-Seq 数据分析方法，并阅读本章参考文献 4 了解 ATAC-Seq 数据的特点，设计 ATAC-Seq 数据的分析方法。

※ 参考文献

1. 李婷婷，蒋博，汪小我, 等. 转录因子结合位点的计算分析方法 [J]. 生物物理学报, 2008, 24(5): 334-347.

2. Ay F, Noble W S. Analysis methods for studying the 3D architecture of the genome [J]. Genome biology, 2015, 16: 183.

3. Bock C. Analysing and interpreting DNA methylation data [J]. Nature reviews genetics, 2012, 13: 705-719.

4. Buenrostro J D, Giresi P G, Zaba L C, et al. Transposition of native chromatin for fast and sensitive epigenomic profiling of open chromatin, DNA-binding proteins and nucleosome position [J]. Nature methods, 2013, 10(12): 1213-1218.

5. Li X, Xiong X, Yi C. Epitranscriptome sequencing technologies: decoding RNA modifications [J]. Nature methods. 2016, 14(1): 23-31.

6. Schmitt A D, Hu M, Ren B. Genome-wide mapping and analysis of chromosome architecture [J]. Nature reviews molecular cell biology, 2016, 17(12): 743-755.

7. Schones D E, Zhao K. Genome-wide approaches to studying chromatin modifications [J]. Nature reviews genetics, 2008, 9(3): 179-191.

8. Zhang Y, Liu T, Meyer C A, et al. Model-based analysis of ChIP-Seq (MACS) [J]. Genome biology, 2008, 9(9): R137.

编者：张　勇（同济大学）
杨建华（中山大学）
张延晓（西湖大学）
孙宝发（南开大学）
黄佳良（厦门大学）
李兴旺（华中农业大学）
审读：田卫东（复旦大学）

9

蛋白质组学和代谢组学

蛋白质是由氨基酸组成的生物大分子，是生命活动的主要承担者。蛋白质直接参与每一个细胞的生物进程，具有结构、代谢、运输、免疫、信号和调节等许多作用。蛋白质组学是研究细胞、组织或生物体蛋白质组成及其变化规律的科学。代谢组学是对某一生物或细胞在特定生理时期内所有低分子量代谢产物同时进行定性和定量分析的一门学科。蛋白质组学和代谢组学是生命组学的重要研究内容，为基因组学和转录组学提供了重要的补充信息。随着基因组学、蛋白质组学以及结构生物学研究的深入开展，我们已经积累了大量的蛋白质序列、结构和功能数据。近年来，以深度学习为代表的人工智能技术在蛋白质生物信息学中的应用也取得了重大突破。本章将对蛋白质组学、蛋白质生物信息学和代谢组学提供全景式的介绍，为读者深度挖掘和理解蛋白质组学和代谢组学大数据中蕴含的生物学规律奠定基础。

9.1 蛋白质组学概述

蛋白质组学（proteomics）这个词语源于蛋白质（protein）与基因组（genome）两个词的组合，最早由马克·威尔金斯（Marc Wilkins）在 1994 年提出，指一种细胞乃至一种生物所表达的全部蛋白质。蛋白质组学的研究内容是在大规模水平上研究蛋白质的特征，包括蛋白质在不同时空、生理、病理状态下的结构、表达水平、氨基酸变异、翻译后修饰、蛋白质之间的相互作用以及蛋白质功能等，由此获得蛋白质水平上的关于疾病发生、细胞代谢等过程的整体而全面的认识。

根据研究目的和研究方法的不同，蛋白质组学可以分为表达蛋白质组学、结构蛋白质组学和功能蛋白质组学。表达蛋白质组学，也称为高通量蛋白质组学，是指在高通量水平研究分析鉴定生物体中所有的蛋白质是否表达及其表达丰度。结构蛋白质组学是通过实验与理论研究检测或计算推导预测蛋白质的空间结构，或者探索蛋白质动态结构变化，全面了解蛋白质结构信息。功能蛋白质组学以细胞内蛋白质的功能及其蛋白质之间的相互作用为研究目的，对选定的蛋白质组进行研究和描述，能够提供有关蛋白质的翻译后修饰、蛋白质信号转导通路、疾病机制或蛋白质–药物之间的相互作用等重要信息。

高通量蛋白质组学是基于串联质谱的蛋白质组研究，以“自底向上”（bottom-up）和“自顶向下”（top-down）两种方法为主要研究策略，对蛋白质的表达实现大规模定性与定量研究。“自底向上”方法也称为鸟枪（shotgun）法，将蛋白质用蛋白酶水解产生肽段混合物，再通过液相色谱等技术将肽段分离并轰击碎裂，根据碎裂的碎片离子在质谱仪中形成谱图离子峰，结合数据库搜索鉴定肽段，再对肽段进行蛋白质组装或搜库即可推断出样本中的蛋白质；“自顶向下”方法则不再需要蛋白酶水解蛋白质，以完整的蛋白质混合物为分析对象，通过串联质谱技术对其进行碎裂以直接获取蛋白质水平的鉴定结果。“自底向上”的鸟枪法因可以在短时间内获得大量的鉴定结果而在蛋白质组学研究中被广泛应用。

21 世纪以来，以人类基因组计划（Human Genome Project，HGP）为开端，生命科学领域飞速发展。随着人类基因组计划的完成，生命科学的研究进入了“后基因组”时代，蛋白质组学则成为该时代的研究重点。2001 年 *Nature* 和 *Science* 公布人类基因组草图，同时发布“And Now for the Proteome”和“Proteomics in the Genomeland”的评述，由此拉开蛋白质组学的序幕。同年即成立人类蛋白质组组织（Human Proteome Organization，HUPO），旨在通过国际合作来研究人类蛋白质组，次年启动人类蛋白质组计划（Human Proteome Project，HPP）。*Science* 将蛋白质组学列为当年的六大研究热点之一。

人类的基因组共有 2 万多个基因，理论上可能编码约 10 万种蛋白质形式，鉴定每一种形式的具体功能将会是巨大的挑战。全基因组测序的完成很大程度上帮推动了生物学不同领域的研究，包括蛋白质组学。长期以来，蛋白质组学技术在深度和广度上都无法与基因组测序技术相媲美，而在人类基因组计划完成的十几年后，

2014 年 *Nature* 发表两篇封面文章，发布了人类蛋白质草图。蛋白质组学的发展受新技术的驱动，包括蛋白质的分离技术、质谱分析技术、同位素标记定量技术和生物信息学的数据分析技术。串联质谱技术的出现与发展使其成了高通量蛋白质分析的主要工具，在过去的 20 多年里，用于分析蛋白质的质谱仪在分辨率、质量精度、敏感性和扫描率上都得到了很大程度的提高。

9.1.1 蛋白质高通量检测技术

9.1.1.1 质谱技术原理

质谱鉴定技术在有机分子的鉴定方面发挥着非常重要的作用。它能快速而准确地测定生物大分子的分子量，使蛋白质组研究从蛋白质鉴定深入到高级结构研究以及各种蛋白质之间的相互作用研究。由于具有迅速、灵敏、准确的优点，并能进行蛋白质序列分析和翻译后修饰分析，生物质谱已经无可争议地成为蛋白质组学中分析与鉴定肽和蛋白质的最重要的手段。质谱分析法是通过测定被测样品离子的质荷比进行分析的方法。被分析的样品首先要离子化，然后利用不同离子在电场或磁场的运动行为的不同，把离子按质荷比（即离子质量与离子所带电荷之比）分开而得到质谱，通过样品的质谱和相关信息，可以得到样品的定性定量结果。质谱仪一般由样品导入系统、离子源、质量分析器、检测器、数据处理系统等部分组成。质谱仪种类非常多，工作原理和应用范围也有很大的不同。从应用角度来讲，蛋白质组学用到的质谱仪属于有机质谱仪。有机质谱仪包括气相色谱－质谱联用仪（GC-MS）、液相色谱－质谱联用仪（LC-MS）、基质辅助激光解吸飞行时间质谱仪（MALDI-TOF-MS）和傅里叶变换质谱仪（FT-MS）等。蛋白质组学主要利用的是 LC-MS 和 MALDI-TOF 的分析，最终得到蛋白质的分子量和氨基酸序列。

9.1.1.2 蛋白质的质谱高通量鉴定

蛋白质组的鸟枪法质谱技术流程包括实验和计算两部分（图 9－1），实验部分包括提取分离蛋白质、蛋白酶水解蛋白质为肽段［一般使用胰蛋白酶（trypsin）］、液相色谱法分离肽段、串联质谱分析多肽序列并获得肽段质量谱图；计算部分包括肽段－谱图匹配、肽段－蛋白质匹配、蛋白质鉴定。其中，在蛋白质水解为肽段后，可根据定量实验设计需求对肽段进行标记（TMT-labeled、iTRAQ-labeled）或者不进行标记（label-free）处理。我们以液相

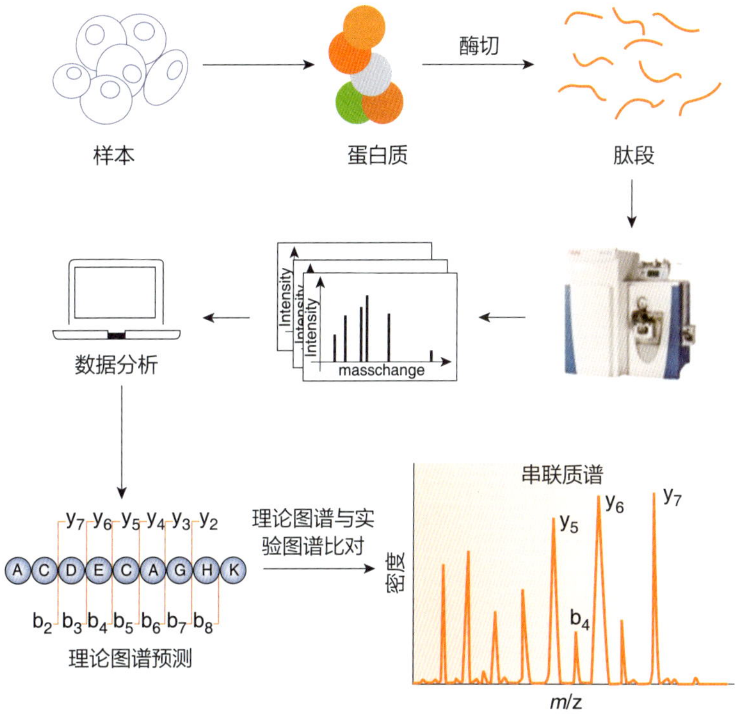

图 9－1 “自底向上”（鸟枪法）蛋白质组学的实验流程

色谱串联质谱（liquid chromatography-mass spectrometry，LC-MS/MS）的实验技术为例，蛋白质被蛋白酶水解为肽段后，经由液相色谱分离，采用电喷雾电离（electrospray ionization，ESI）等离子源离子化进入质谱仪，在磁场作用下，这些离子化的肽段被仪器检测扫描形成一级谱图（MS1）。一级谱图由包含着质荷比及信号强度（用于反映离子数目）的谱峰构成。然后，这些一级谱图中的离子化肽段作为母离子（parent ion），被碰撞诱导解离（collision-induced dissociation，CID）或高能碰撞解离（high-energy collision dissociation，HCD）等方式再次碎裂为不同的带电碎片离子（子离子，fragment ion）。在母离子碎裂过程中，根据母离子序列断裂的位置，如果正电荷在子离子的 N 端，则形成的是 a、b、c 离子，如果正电荷在子离子的 C 端，则形成的是 x、y、z 离子。质谱检测的信号以 b 离子和 y 离子为主，如图 9－1 中肽段 ACDECAGHK。子离子通过磁场经扫描形成二级质谱图（MS2）。二级谱图包含肽段的质量、电荷组成的母离子信息，以及不同质荷比、强度组成的碎片离子信息。最后通过对谱图的解析可以实现高通量的肽段与蛋白质的定性与定量研究。

9.1.2　蛋白质翻译后修饰

9.1.2.1　蛋白质翻译后修饰介绍

据研究估计，人类约 2 万多个基因，受可变剪接与翻译后修饰（post-translational modification，PTM）影响，可能产生超过百万种不同的蛋白质形式（proteoforms）。蛋白质翻译后修饰是指在蛋白质氨基酸残基上通过添加或移除特定的基团进而调节蛋白质活性、定位、表达以及与其他细胞分子相互作用的一种调控方式。常见的蛋白质翻译后修饰包括磷酸化（phosphorylation）、乙酰化（acetylation）、糖基化（glycosylation）、泛素化（ubiquitination）和羟基化（hydroxylation）等。目前已知的翻译后修饰类型已有几百种，并且不断有新修饰被发现，如琥珀酰化（succinylation）、巴豆酰化（crotonylation）、2-羟基异丁酰化（2-hydroxyisobutyrylation）等。这些新修饰增加了蛋白质组的多样性。

磷酸化修饰是真核细胞中最常见、最重要的一种蛋白质翻译后修饰，现有研究估计，细胞中超过 3/4 的蛋白质是经过磷酸化修饰的，人类细胞中发生了成千上万种不同的磷酸化事件。蛋白质磷酸化修饰以快速且可逆的方式调节着蛋白质活性和细胞生理信号，它在几乎所有真核细胞过程的调节中均起着核心作用，包括转录调控、细胞周期控制、细胞代谢调节、细胞分化、信号转导等。据研究观察，在丝氨酸（serine）上的磷酸化是最常见的磷酸化修饰，其次是苏氨酸（threonine）和酪氨酸（tyrosine），且它们经常与癌症、阿尔茨海默病、糖尿病等疾病的发展相关。对磷酸化修饰的深入研究，可能为疾病的理解、诊断和治疗均提供巨大的机会。

9.1.2.2　蛋白质翻译后修饰检测技术

鉴定、表征和定位蛋白质翻译后修饰对于理解它们的生物学功能至关重要。由于翻译后修饰的低化学计量，在质谱表征前，必须先将翻译后修饰蛋白质富集（enrichment）。富集，指的是将分子捕获并浓缩在色谱树脂、吸附剂等，或者是通过应用选择性沉淀方法来浓缩分子的过程。富集技术的发展以及液相色谱和质谱仪器的改进推动了研究者们对翻译后修饰的了解不断增长。下面以磷酸化修饰为例展开介绍。

典型的磷酸化蛋白质组工作流程包括：样品制备（蛋白质提取和酶解、磷酸化肽富集），色谱分离，串联质谱分析，数据处理，数据分析，生物学机理推断。在富集之前，蛋白质被酶解为肽，最常用的酶为胰蛋白酶。对于磷酸化修饰，常用的富集策略为基于金属离子的富集策略，其中包括固定化金属离子亲和色谱（immobilized metal affinity chromatography，IMAC）和二氧化钛（TiO_2）等，以及基于抗体的富集策略。在磷酸肽进入质谱仪之前，为了提高蛋白质组覆盖率，需要利用色谱法（chromatography）先将其进行分离。随后与常规蛋白质组的分析类似，将制备好的待测样品中的离子按质荷比分离后，进行标记或非标的串联检测和定量的分析。生物质谱技术的发展进步实现了对细胞内蛋白质组的修饰类型和相应修饰位点的系统性鉴定和定量，促进了人们对蛋白质翻译后修饰的复杂性和多样性的生物学功能认知。

9.1.3 蛋白质组数据分析流程

9.1.3.1 蛋白质组数据质控分析

蛋白质组数据的质控，可以分别从样本原始数据谱图数、肽段及蛋白质的鉴定数量、内参样本间一致性、组间样本的主成分分析、组内样本的相关性等多个角度的统计分析进行质量评估。

9.1.3.2 蛋白质的质谱鉴定算法

从生物样本中提取的蛋白质经过酶切、分离与串联质谱分析，最终获得由所有多肽序列产生的质量谱图。接下来可以利用计算方法从质量谱图中推断该生物样本中所表达的肽段，再通过后续组装分析，完成蛋白质的鉴定，即回答哪些蛋白质在样本中表达。

目前对质谱数据的解析主要有基于蛋白质序列数据库比对的搜库算法、*de novo* 测序算法以及基于谱图比对检索算法。搜库算法根据研究对象构建候选序列库，通过理论计算产生候选序列库可能产生的理论谱图，再将其与实际的谱图进行相似性匹配打分，进而推断出与谱图相对应的肽段。基于搜库算法，也被称为搜索引擎，已有 X!Tandem、MaxQuant、pFind、MS-GF+、Comet、MSFragger 等一系列开源软件工具被开发和广泛使用。但是，搜库算法依赖于候选序列库，对于未知序列或未知复杂序列变异等难以准确鉴定。*De novo* 测序算法通过机器学习、深度学习、动态规划、图论等复杂计算过程，根据谱图中的信号直接对肽段序列进行从头推算。*De novo* 测序算法不受搜索库的限制，可以鉴定未知序列；但该方法对谱图质量要求高，当碎片离子的信号不完整时，则很难正确解析，而且计算过程复杂、假阳性高，相关工具仍待优化。基于谱图检索的方法是在已有图谱分析研究的基础上，从经过大量研究得到的正确肽段－谱图匹配结果中提取谱图构建一个谱图库，通过将未知的谱图与谱图库进行比较来找出相似性最高的匹配结果。该方法在速度、准确性、敏感度上都优于基于数据库搜索的方法，但对于还未曾被谱图注释的肽段无法被检测。上述三个方法各自有长处与不足，当前搜库算法由于其结果的可靠性是应用最为广泛的肽段鉴定策略。

基于串联质谱技术的蛋白质肽段鉴定目前主要是基于搜库算法。如图 9－2所示，质谱产生的二级谱图作为搜索引擎的输入，搜库算法会将每张二级谱图和可能产生这张谱图的肽段序列相匹配，同时会为每一个匹配结果进行打分。搜索引擎首先根据谱图母离子的质量，在理论肽段参考库中挑选满足一定范围内的候选肽段；这些候选肽段模拟理论碎裂的过程，并产生带有质量信息的相同强度的理论谱峰；最后在一定的误差范围内，比对理论谱峰和实际二级谱峰。在这个比对过程中，搜索引擎会对每一个候选肽段的匹配质量进行打分，选取最高得分的肽段－谱图匹配（peptide-spectrum match，PSM）作为该谱图的解析结果。

搜库完成后，即可得到所有谱图与肽段的匹配结果。得分最高的最佳匹配也并不表明所对应的肽段鉴定结果一定是真实、正确的。此时需要进一步通过计算错误发现率（false discovery rate，FDR）对最佳匹配结果的假阳性进行评估，根据 FDR

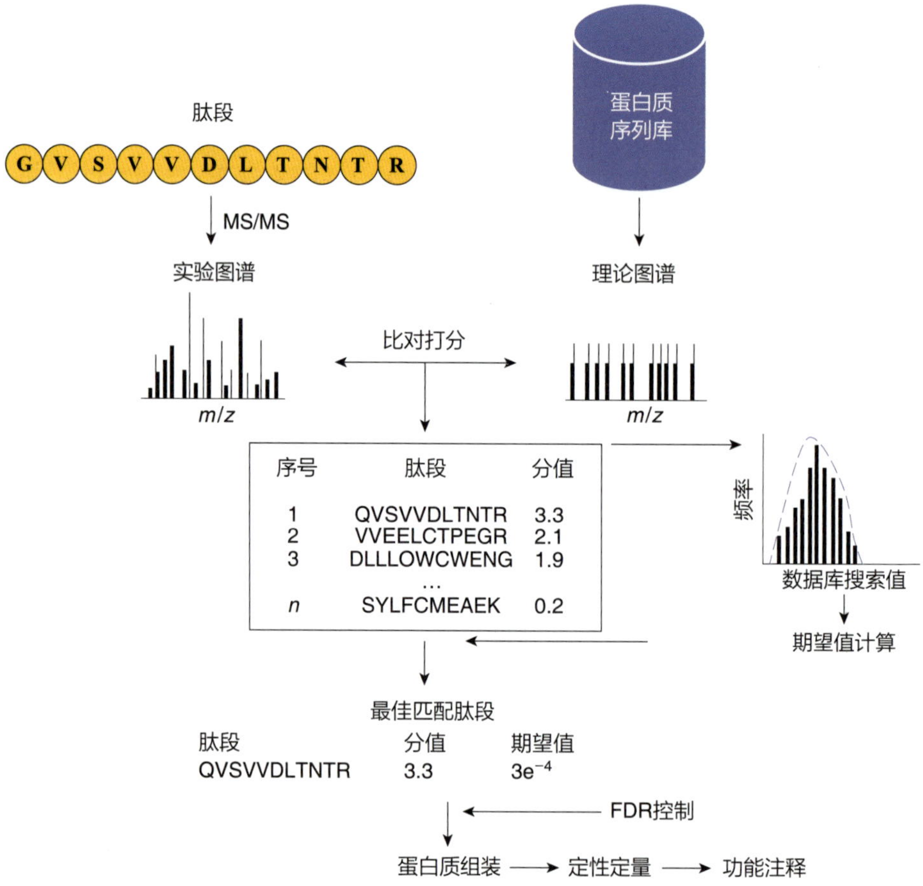

图 9–2　蛋白质组搜库过程示意图

阈值筛选可信的鉴定结果。目标–诱饵库搜库策略（target-decoy search strategy）是被应用最为广泛的假阳性控制方法。该方法的思路是构建一个并不是真实存在的序列库作为诱饵（decoy），与目标序列（target）同时用于搜库鉴定。一般会使用随机序列或目标库的反库作为诱饵库。反库序列与真实的序列有着一样的氨基酸分布，但它们被认为不存在于自然状态中。例如，序列“TILSNQTVDIPENVDITLK”的反库序列即为“KLTIDVNEPIDVTQNSLIT”。在谱图与肽段匹配过程中，假如谱图匹配到反库序列，就认为这样的匹配为假阳性的随机错误匹配。目标–诱饵库搜库策略的基本假设是目标库中的随机错误匹配与诱饵库中的匹配概率相等，基于该假设，即可通过计算假阳性率为肽段谱图匹配的结果进行质控。

从搜库策略上来讲，根据是否将目标库与诱饵库分开搜库，有“混合搜库”与“分开搜库”两种方式。混合搜库即将目标库与诱饵库合并为一个搜索库同时搜索，对于每一张谱图的匹配，正确匹配一定来源于目标序列。该方法在搜库过程中两部分序列之间可以存在竞争关系，这样就可以淘汰源于反库的错误匹配结果。不过也有研究人员指出这样的方法可能导致一些高分目标匹配被更高分反库匹配淘汰而造成假阴性，因而更支持分开搜库。分开搜库则是分别对两部分序列库进行搜库，提取目标与诱饵库匹配结果的得分用于计算 FDR。不同的方法各有优劣，目前针对不同策略均有后续适用工具供选择。对于混合库搜库常用式 (9–1) 进行 FDR 计算：

$$FDR = 2R/(F + R) \tag{9–1}$$

其中，F 为所有匹配到目标库的谱图中得分超过该 PSM 得分的数目，R 为所有匹配到诱饵库的谱图中得分超过该 PSM 得分的数目。使用该公式是认为在混合搜库的过程中，目标库出现错误匹配的概率与诱饵库出现错误匹配的概率相等。对于分开搜库的策略，常用式 (9–2) 进行 FDR 计算，这与式 (9–1) 有着相同的假设条件。通常 FDR 选用 0.01 作为阈值，只有达到该阈值限制的匹配结果才会认为是可靠的鉴定结果，用于下游分析。

$$FDR = R/F \tag{9–2}$$

得到肽段鉴定结果之后，推断肽段与蛋白质之间的从属关系，从而拼装样本中所有的蛋白质。蛋白质的相对定量则是通过肽段的质谱信号计算。

9.1.3.3 蛋白质组装与定量

从上文基于搜库的肽段鉴定算法介绍中不难发现，在从肽段到蛋白质的组装过程中有两个难题：① 经过蛋白酶水解的不同蛋白质，特别是同源蛋白质可能会产生相同的酶切肽段序列；在肽段与谱图匹配过程中，无法区分这些肽段具体源于哪个蛋白质；② 不同质谱仪器、不同数据库搜索引擎、不同蛋白质序列目标库等因素，都会一定程度上造成肽段鉴定结果的偏差，进而也会影响对蛋白质鉴定结果的判断。此外，由于实验和计算过程中存在无法避免的误差、噪声等干扰，在蛋白质组装，即从表达肽段来推测蛋白质的过程中，假阳性风险控制需要谨慎考虑。

目前，已经有一些使用较为广泛的方法及工具被开发并用于蛋白质组装鉴定。其中，使用最广泛的方法是基于最大简约原则，也称为 Occam's Razor 原则。简单地说，就是用最少的蛋白质序列解释全部的表达肽段。该原则在蛋白质组装的算法中被广泛应用，ProteinProphet、PGA 等工具都调用了该方法。

具体来说，由肽段组装蛋白质的过程主要有四步：① 对于搜索引擎检索后匹配到谱图肽段进行 FDR 质控过滤；② 根据搜库结果获取鉴定到的肽段与蛋白质的匹配关系；③ 将与表达肽段相匹配的蛋白质进行分组，使每一组之间没有相同的肽段；④ 对每一组的蛋白质根据简约原则进行组装，选出每个组鉴定到的蛋白质。具体地，在第四步组装算法中，主要分为布尔型与概率型两种方案。布尔型将所有可靠鉴定到的表达肽段视为同等存在，根据简约原则对蛋白质进行推算，通过使用启发式或者贪婪算法，获取最终蛋白质组装结果；概率型基于概率模型，借助肽段水平的置信度为蛋白质水平的组装结果打分，对于一个肽段，首先，考虑其所属蛋白质受其他肽段的影响程度，对这一个肽段的概率进行修正，再对蛋白质中所匹配到的肽段中至少一条为正确鉴定的概率进行计算，使用期望值最大的方法为蛋白质计算概率，如果有重复鉴定，则为其选最大值，在迭代过程中，与其他蛋白质所共有的肽段概率在所有匹配蛋白质中不断被分配直到概率趋于稳定，最后将根据简约原则未被组装到蛋白质的肽段概率定义为零，如此即可得到最终蛋白质鉴定的结果。简约原则可以过滤掉很多不存在的假阳性蛋白质，以提高蛋白质鉴定的可靠性，且对冗余度高或者包含不同物种同源序列的搜索库同样有效。但不可否认的是，这样的计算方法仍会造成一定程度的假阳性，如果能结合新的实验技术手段或者提供更多的先验信息来辅助蛋白质组装，结果将会更加可靠。

9.1.3.4 蛋白质定量统计

在进行蛋白质定量时，根据实验设计不同，主要有两种定量策略，分别是通过比较质谱信号强度（以肽段的色谱峰积分面积为基础，比较不同样品中对应蛋白酶解后多肽的色谱峰面积来相对定量）和谱图计数（以肽段被质谱检测到的次数即肽段二级图谱匹配数），来分析不同来源样本蛋白量的变化。在得到蛋白质定量矩阵之后，可根据表达谱数据的分布以及缺失值等情况，利用统计学模型和生物信息学算法对数据进行深度分析，如聚类分型、相关性分析、差异分析、功能富集分析等。需要注意的是，在数据统计分析之前一般都需要对数据进行清理、整合、归一化等处理。

9.1.4 蛋白质组数据与软件资源

质谱技术的发展促进了蛋白质磷酸化的定量研究和磷酸化蛋白质组学数据集的不断生成。鉴于蛋白质组在疾病研究中的重要性，美国癌症研究院临床蛋白质组协会（Clinical Proteomic Tumor Analysis Consortium，CPTAC）于 2014 年启动了人类癌症蛋白质组计划，与此同时，我国也启动了中国人群大规模蛋白质组学计划（China Human Proteome Project，CNHPP）。至今，国内外已公布了十余种癌症类型的蛋白质组学研究成果和相应癌症蛋白质组学原始数据集，包括结直肠癌、卵巢癌、乳腺癌、胃癌、肝癌、肾癌、子宫内膜癌、肺癌、头颈癌等。不断积累的癌症蛋白质组数据为其生物信息的深度解析提供了前所未有的机遇和科学挑战，在不同癌症种类背景下进行的蛋白质组研究正在拓宽人们对于癌症的认识和理解，助力生物学、医学技术的进步和发展。

在蛋白质组学研究中，数据的开放共享也成为领域共识。自 2012 年以来，国际蛋白质组数据联盟（Proteome Xchange，PX）在全球范围内对蛋白质组质谱实验数据的提交和发布制定了国际标准，致力于协调和稳定蛋白质组数据的共享，PX 目前包括 PRIDE、PeptideAtlas、MassIVE、jPOST、iProX 和 Panorama 共 6 个成员数据库，用户可以进行蛋白质组原始数据的浏览、查询与下载。

有些生物信息学软件工具已经将蛋白质组的搜库软件和蛋白质拼装软件整合在一起，这使得蛋白质组学的分析逐渐更加易于操作，也更加标准化，如 pFind Studio、MaxQuant、Proteome Discoverer 等。

9.2 蛋白质结构分析

9.2.1 蛋白质结构概述

9.2.1.1 蛋白质结构组织层次

蛋白质的结构一般可以分为一级、二级、三级和四级结构。在二级结构和三级结构之间还存在超二级结构和结构域两个层次。这些丰富的蛋白质结构组织层次的划分有助于我们系统理解蛋白质结构的多样性和复杂性。

蛋白质的一级结构一般是指构成蛋白质肽链的氨基酸残基的排列次序，有时也称为氨基酸序列。构成蛋白质肽链的常见氨基酸有 20 种。每一种氨基酸在结构上有着共同的特征：一个中心碳原子 C_α 以及与之相连的一个氢原子、一个氨基（$—NH_2$）和一个羧基（—COOH）。用于区分不同氨基酸的是与 C_α 连接的侧链基团（R）。氨基酸侧链的理化性质包括所带电荷、疏水性和极性等，这些性质是蛋白质的结构与功能的基础。

蛋白质的二级结构是多肽链主链原子借助氢键形成的周期性构象，它们是形成完整肽链构象的结构单元，是蛋白质复杂空间构象的基础。二级结构的形成主要是通过肽链骨架中羰基上的氧原子和酰胺基上的氢原子之间的氢键作用。在球状蛋白中，二级结构的三个基本单元是：α 螺旋、β 折叠和环区（loop regions）。α 螺旋是最常见的二级结构单元。在 α 螺旋中，同一肽链上的第 i 个残基的酰胺氢原子和位于它后面的第 $i+4$ 个残基上的羰基氧原子形成氢键，这种氢键大致与螺旋轴平行。β 折叠（也称为 β 片层）是另外一种常见的二级结构单元。β 折叠是由多肽链的几个区域结合而成。通常每个 β 片层长度为 $5\sim10$ 个残基，这些残基几乎都呈现出

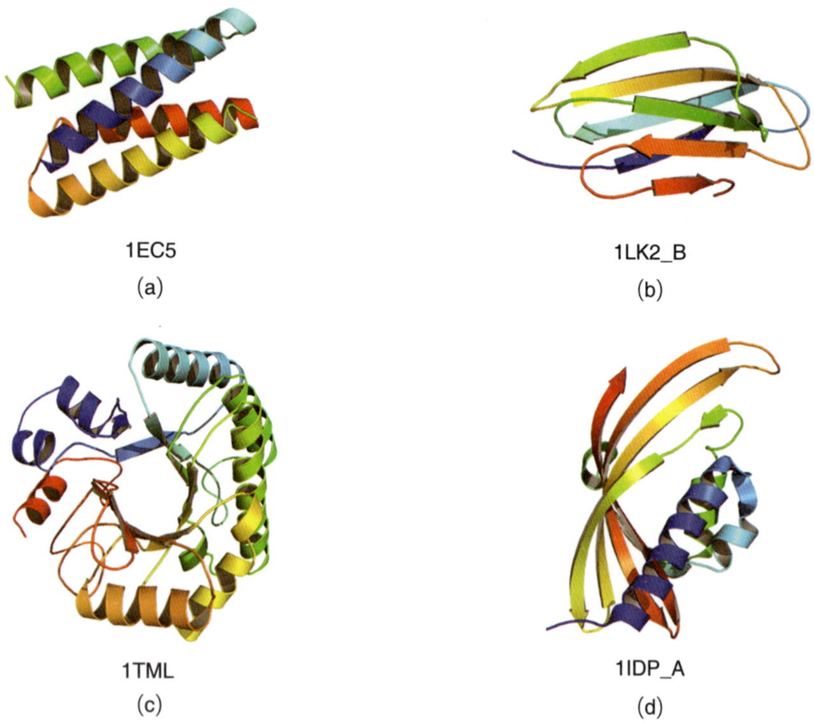

图 9-3　四类蛋白质结构域

（a）α 结构域（PDB 号：1EC5）；（b）β 结构域（PDB 号：1LK2_B）；（c）α/β 结构域（PDB 号：1TML）；（d）$\alpha+\beta$ 结构域（PDB 号：1IDP_A）

完全伸展的构象。β 折叠分为平行的和反平行两种类型。大多数蛋白质的结构是由 α 螺旋和 β 片层这两种二级结构组合构成的，它们之间由不同长度和不规则形状的环区相连。环区通常位于蛋白质结构的表面，暴露在溶剂中，环区中带正电或带极性的亲水氨基酸可能与水分子形成氢键。不同物种的同源蛋白序列比对发现，残基的插入和缺失更容易发生在环区内。环区结构有时对发挥蛋白质的功能是至关重要的。例如，研究发现环区经常参与蛋白质功能位点的形成。环区也具有一些频繁出现的优先结构，如转角结构。

两个或多个二级结构单元可以组装成具体有特异几何排列的局部空间结构，这些局部空间结构称为超二级结构。几个超二级结构可以进一步组合形成紧密的球状结构，称为结构域。三级结构的基本单元是结构域，通常一条长的多肽链可折叠成几个结构域。结构域之间也有相互作用，但是这些相互作用比起每个结构域内部的二级结构元件之间的相互作用要弱。稳定蛋白质三级结构主要是依靠氨基酸之间的各种非共价键和疏水作用。蛋白质结构域可分为四种主要类型：α、β、α/β 和 $\alpha+\beta$ 结构域（图 9-3）。α 结构域的核心区主要由 α 螺旋构成，β 结构域的核心区主要由 β 片层构成，α/β 和 $\alpha+\beta$ 结构域的核心区既含有 α 螺旋也含有 β 片层，其中 α/β 型主要含有平行 β 片层，$\alpha+\beta$ 型主要含有反平行 β 片层。

许多蛋白质含有一条以上的多肽链，多肽链之间的相互作用形成了蛋白质复合物，也称为蛋白质四级结构。这些相互作用包括二硫键、疏水相互作用、范德华力、静电力以及氢键。这些独立的多肽链一般称为蛋白质分子的亚基。具有四级结构的蛋白质根据亚基的组成可以分为由相同亚基和不同亚基构成的两大类型。许多蛋白质都具有四级结构，并在亚基间的界面上形成催化或功能活性位点。四级结构还具有明显的优势，即配体或底物的结合能够改变整个复合物的构象，为生物活性的调节提供了可能。

9.2.1.2　蛋白质结构的实验测定方法

蛋白质的三维结构可以通过实验方法进行测定。到目前为止，蛋白质空间结构的实验测定方法主要有三种：X 射线衍射法、核磁共振（nuclear magnetic resonance，NMR）技术和低温冷冻电子显微镜技术。X 射线衍射技术是用于测定蛋白质结构最精确的方法之一，目前已知结构中有超过 80% 是通过这种技术获得的。应用 X 射线衍射技术测定蛋白质结构，蛋白质溶液样品必须具有足够高的浓度并在合适的条件下形成晶体。晶体通过 X 射线衍射到探测装置得到衍射图像，进而推导出蛋白质的结构。X 射线的波长（0.05 ~ 0.15 nm）适合用于测量原子间距，因而可以用来对蛋白质侧链进行细致的研究。核磁共振技术是另外一种重要的蛋白质结构实验测定方法。其主要原理是将蛋白质溶液置于磁场中，观察特征性的化学位移，从化学位移中推测蛋白质的结构。由核磁共振技术测定的蛋白质分子量一般不超过 80 000，这比由 X 射线衍射测得结构的蛋白质要小得多。但是核磁共振技术不需要复杂的结晶过程，这是它的一个明显优点。此外，低温冷冻电子显微镜技术是近些年来兴起的蛋白质结构解析的新方法。得益于检测器和计算机图像处理技术的快速发展，低温冷冻电子显微镜技术可以高分辨率地重构生物大分子的三维结构。该技术对很多蛋白质有独特的优势，如难以结晶的膜蛋白和大分子复合物等。

一般来讲，实验科学家在正式发表蛋白质结构数据之前，均需要将结构数据提交到蛋白质结构数据库（Protein Data Bank，PDB）。PDB 是目前最主要的收集生物大分子三维结构的数据库，其中绝大多数是蛋白质结构数据。该数据库已在本书第 4 章中详细介绍，在此不再赘述。随着结构测定实验技术的不断进步，PDB 中存储的蛋白质分子结构数据量迅速上升。截至 2023 年 6 月底，PDB 共收录超过 22 万条实验测定的蛋白质结构记录。值得一提的是，电子显微镜技术测定的蛋白质结构呈逐年增多的趋势。PDB 以文本文件的方式存放蛋白质结构数据，每个分子各用一个独立的文件（称为 PDB 文件）。除了原子坐标外，PDB 文件还包括物种来源、化合物名称、结构提交时间以及有关文献等基本注释信息。

9.2.1.3 蛋白质结构比较与分类

蛋白质三维空间结构的相似性比较（也称为蛋白质结构比对）是蛋白质结构分析的重要手段。与蛋白质序列比对相比，蛋白质结构比对要复杂得多。一个完整的蛋白质结构比对的结果不仅要定量描述蛋白质结构相似性，还要产生基于结构的序列比对，同一比对位置上的残基意味着它们在空间结构上具有相似性。此外，结构比对还要产生结构叠加后的结构文件，通过蛋白质结构图形显示软件，可以具体观测蛋白质结构的相似性。蛋白质结构比对通常有以下几个方面的应用：① 探索蛋白质进化及同源关系，特别是分析那些在结构上相似而序列不相似的弱同源蛋白；② 为蛋白质结构自动化分类提供依据；③ 为一些以结构为基础的功能注释方法提供帮助，其基本原理是结构相似的蛋白质往往具有相似的功能。

蛋白质结构比对方法主要原理是采用启发式的方法，首先对两个结构定义一系列结构相似的部分（也称为共同子结构），然后通过多次迭代策略，从中找出最优的结构比对，即找到两个蛋白质空间上最大的重叠部分。迄今为止，已有几十种的结构比对方法被相继开发。以下简要介绍目前流行的两种常用蛋白质结构比对方法（DALI 和 TM-align）。

DALI 主要策略是通过将结构比对上的氨基酸片段拼接成一个完整的结构比对。

在计算相似性分数时，DALI 采用分子内距离矩阵来计算两个共同子结构的相似性。该方法采用蒙特卡罗模拟来决定如何将结构比对上的氨基酸片段拼接成一个完整的结构比对。最终比对上的两个蛋白质共同子结构的分子内均方根距离作为 DALI 比对的原始分数。为尽可能获得最优的结构比对，DALI 使用许多初始比对，来搜索分数最高的比对。为直观表征两个蛋白质结构相似性，DALI 还提供具有统计意义的 Z 分数（Z score）。在其 Web 界面能对用户指定的蛋白质结构开展结构比对及结构相似性数据库搜索分析。DALI 同时也提供了可供用户本地使用的结构比对软件包。

TM-align 主要用于寻找两个蛋白质结构之间的全局结构相似性。TM-align 是一种高效的算法，能够在短时间内找到最优的结构比对。TM-align 方法采用分子间距离的方式来比较两个蛋白质结构。它首先将两个结构进行刚体转化，然后通过最大化 TM-score 来寻找最优的分子叠加。TM-score 是一个评估结构相似性的指标，它是在两个结构分子叠加的基础上计算得出的，其数值范围为 0 ~ 1，TM-score 越接近 1 表示相似性越高。在 TM-align 中，采用动态规划算法来寻找最优的分子叠加。TM-align 方法已广泛应用于蛋白质结构比对和结构相似性搜索。此外，TM-align 还拓展到蛋白质复合物之间的结构比对。

不同的蛋白质可以具有相似的空间结构，因此有必要开展系统的蛋白质结构分类研究。迄今为止，蛋白质结构分类主要采用分层次的分类方法，许多结构分类数据库已建成。由于蛋白质结构繁多，大小不一，有的多肽链只有一个结构域，有的则由多结构域组成，构建结构分类数据库是一项十分繁杂的工作。SCOP（Structural Classification of Proteins）是迄今为止应用最广、影响力最大的蛋白质结构分类数据库。SCOP 数据库首先用结构比对程序对蛋白质结构进行自动化比较，然后通过人工检查来建立结构的系统分类。在 SCOP 数据库中，蛋白质结构被分为类型、折叠子（fold）、超家族和家族四个层次。折叠子是蛋白质结构分类中最重要的一个层次。普遍认为，自然界中蛋白质折叠子数目是有限的。尽管近年来新解析出来的蛋白质结构数目猛增，但是折叠子的数目并没有大量增加。

9.2.1.4 蛋白质结构可视化

PDB 中的蛋白质结构的记录信息，是以文本的形式存放，为了更加直观地观察蛋白质的三维结构，许多分子结构显示软件已相继开发。蛋白质结构显示软件正朝着操作简单化、功能多样化、结构显示精美化的方向发展。目前代表性的软件有 PyMol 和 Chimera。

PyMOL 是一款功能强大且广泛使用的蛋白质结构可视化软件，由计算结构生物学家沃伦·德拉诺（Warren DeLano）于 2000 年开发，目前由 Schrödinger 公司商业化运营。PyMOL 具有付费的商用版和开源的学术版两个版本。PyMOL 可以在 Linux、macOS 和 Windows 等操作系统上运行。PyMOL 支持多种文件格式，包括 PDB、CIF、MOL、SDF 等。PyMOL 的主要特点和功能包括：① 能够加载蛋白质的 PDB 文件，将蛋白质的三维结构以图形的形式呈现出来；用户可以通过旋转、平移、缩放等操作从不同角度来观察蛋白质的构象。② 提供了多种渲染选项，可以生成高质量的蛋白质结构图像和动画；用户可以调整颜色、透明度、光照等参数，使图像更具表现力和美观性。③ 支持蛋白质结构比对，可以将不同蛋白质的结构进行叠加，比较它们之间的相似性和差异性。④ 可以绘制蛋白质的分子表面，并可以根据原子电荷、亲/疏水性和溶剂可及性等属性进行着色，从而帮助人们更好地理解蛋白质的结构和功能。⑤ 支持 Python 脚本编程，用户可以编写脚本来实现自定义的功能和批量处理。⑥ 支持插件扩展，用户可以通过安装插件来增加新的功能和工具。

Chimera 也是一款功能强大的生物分子可视化和分析软件，由美国加州大学旧金山分校的计算生物学实验室开发。它是以 BSD license 方式进行开源。它广泛应用于蛋白质结构和分子对接结果分析。Chimera 具有丰富的功能和用户友好的界面，可以展示蛋白质、核酸和其他生物分子的三维结构。用户可以旋转、缩放、平移和裁剪分子，以便更好地观察和理解分子的结构和功能。该软件提供丰富的分子结构分析工具，可以计算分子的几何参数、氢键、范德华力、电荷分布等，还可以对蛋白质结构进行表面计算、表面电荷可视化等分析。

9.2.2 蛋白质结构预测

9.2.2.1 蛋白质折叠问题

蛋白质的一级结构通常需要折叠成特定的三级结构来行使特定的生物学功能。一旦错误折叠，就可能导致严重的问题，如牛海绵状脑病（疯牛病）、阿尔茨海默病等。1954 年，生化学家克里斯蒂安·安芬森（Christian Anfinsen）利用变性剂破坏了核糖核酸酶的三级结构，当去除变性剂之后，他发现核糖核酸酶又能自发地重折叠回其天然结构，并恢复其功能。因此他猜测形成蛋白质三级结构所需要的全部信息都包含在其一级结构内，这一生物过程与折叠的路径和方式无关，而是由热力学决定。这一猜想被称为安芬森法则（Anfinsen's dogma），也被称为蛋白质折叠的热力学假说（thermodynamic hypothesis）。

如果把蛋白质看成是分子机器的话，那么，它是如何实现精准和快速的自发折叠的呢？这就是著名的蛋白质折叠问题，它被认为是生物、物理和计算机科学家们面临的共同挑战，也被誉为生物物理学的一座圣杯。在 2005 年，*Science* 杂志将蛋白质折叠问题称为科学界尚未解决的 125 个重要问题之一。蛋白质折叠问题实际上包含了三个子问题。

① 给定一级结构，能否推测出其三级结构？这也就是著名的蛋白质结构预测问题。近年来受益于人工智能算法的进展，在这个问题上人们已经取得了重大突破。

② 折叠过程是怎么发生的？这是一个机制问题。在折叠过程中，除了共价二硫键外，主要是氢键、范德华力和盐键等一些非共价键的断裂和形成。为了揭秘这一过程，人们需要掌握蛋白质的氨基酸序列与控制其折叠的物理相互作用力之间的复杂联系。

③ 折叠过程为什么如此精准且快速？这是一个理论生物物理问题。1968 年在意大利举行的一个会议上，赛勒斯·莱文萨尔（Cyrus Levinthal）做了这样的一个思想实验：对于一个由 100 个左右氨基酸组成的蛋白质，如果每个氨基酸存在 3 种可能构象，则这个蛋白质可折叠成 3^{100} 或 10^{47} 种不同构象，那即便每次尝试一种可能构象仅需要 0.1 ps（10^{-13} s），也需要10^{34} s 或 10^{27} y（参照：宇宙的年龄 =10^{10} y）找到其正确的天然构象。但是实际上，大多数蛋白质可在毫秒级或甚至微秒级时间尺度上实现折叠，这就是困扰人们多年的 Levinthal 悖论。

关于子问题 ①，在本章节接下来部分我们将对蛋白质结构预测的发展历史和最新进展作详细介绍。分子动力学模拟是研究子问题 ② 和子问题 ③ 的重要工具，我们将在本章下一节对分子动力学模拟的基本原理、实现过程和模拟技巧进行详细介绍。

9.2.2.2 蛋白质结构预测历史回顾

可以说安芬森法则奠定了蛋白质结构预测的理论基础，即蛋白质的空间结构是由其一级序列决定；同时，它的提出也揭开了蛋白质结构预测的序幕。迄今为止，蛋白质结构预测已走过半个世纪多的历程，取得巨大的进步，许多预测方法已经被开发，并被频繁地应用在生命科学研究中的诸多领域（图 9–4）。传统的蛋白质结构预测方法，主要可分为三类：同源建模、折叠识别和从头计算方法。近年来，随着以深度学习为代表的人工智能技术的不断发展，蛋白质结构预测迎来了突破性进展，取得了可与实验测定相媲美的结果。代表性的方法有：AlphaFold2、RoseTTAFold 和 ESMFold 等。为方便读者，表 9–1 列出不同类型蛋白质三级结构预测的代表性方法。

然而，在很长一段时间内预测蛋白质的三级结构是一个非常挑战性的任务，因此许多研究人员转向预测蛋白质结构性质，希望通过结构性质的预测加强对蛋白质

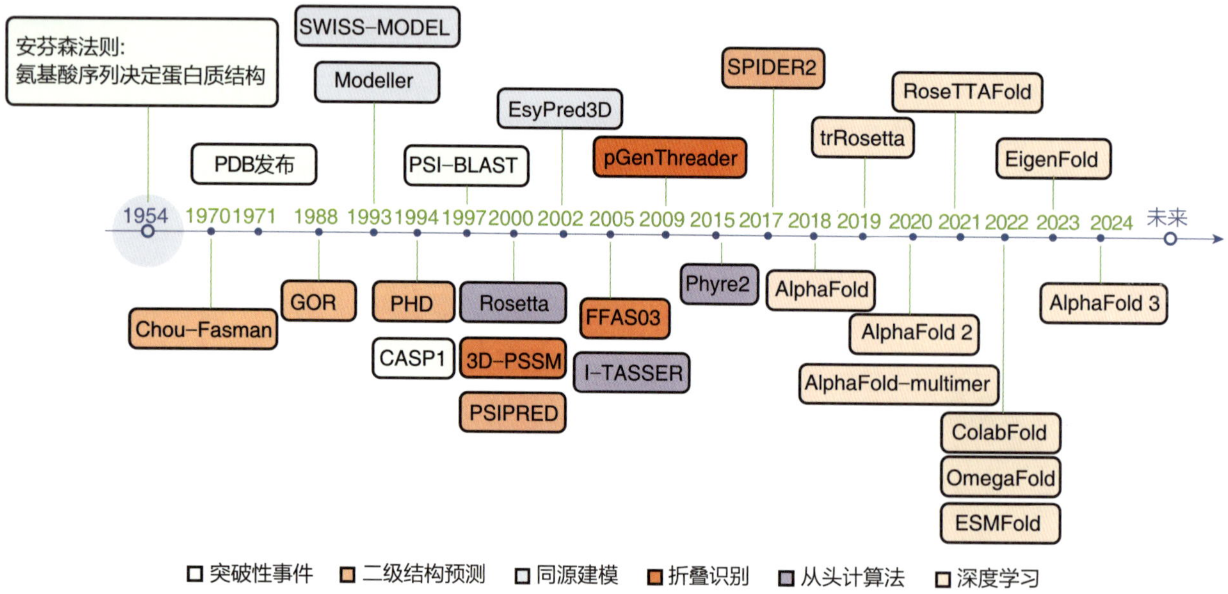

图 9–4 蛋白质结构预测历史回顾

表 9-1 一些常用的蛋白质三级结构预测方法

方法	预测方法类型
Modeller	同源建模
SWISS-MODEL	同源建模
EsyPred3D	同源建模
3D-PSSM	折叠识别
pGenThreader	折叠识别
FFAS03	折叠识别
Phyre2	同源建模/折叠识别
Rosetta	从头计算法
I-TASSER	从头计算法
AlphaFold2	深度学习
RoseTTAFold	深度学习
trRosetta	深度学习
ESMFold	深度学习
ColabFold	深度学习
OmegaFold	深度学习

空间结构的理解。常见的蛋白质结构性质预测问题有：蛋白质二级结构预测、蛋白质表面可及性预测、膜蛋白的跨膜区预测、氨基酸残基接触预测和蛋白质无序区预测，等等。这些蛋白质结构性质预测也是蛋白质结构预测的重要组成部分。

9.2.2.3 蛋白质结构性质预测

蛋白质结构性质预测的总体思路是利用统计理论或机器学习算法从结构已知的蛋白质数据中学习和归纳一些预测规则，用于待测蛋白的结构性质预测。本小节将主要介绍蛋白质二级结构预测和无序区预测。

（1）二级结构预测

二级结构预测的主要目标是要预测蛋白序列中每个氨基酸所处的二级结构类型，包括 α 螺旋、β 折叠片和环区。对实验测定的蛋白质结构的统计分析表明，不同位置残基及其所处的上下游残基片段（sequence context），决定了其形成特定二级结构的倾向性。二级结构预测的基本原理就是通过对结构已知蛋白质的序列和其二级结构对应关系的统计分析，学习和归纳出一些预测规则，用于待测蛋白质的二级结构预测。在统计结构已知蛋白质中序列与其二级结构关系时，需要从实验测定的蛋白质空间结构定义出二级结构；目前最常用的程序有蛋白质二级结构定义法（definition of secondary structure of proteins，DSSP），该方法通过计算结构中的氢键模式来定义不同的二级结构。对于二级结构预测的精度评价，使用最多的参数就是三态预测准确率（Q_3），它直观反映一个蛋白质中多少百分比残基的二级结构能被正确预测。蛋白质二级结构预测开始于 20 世纪 60 年代中期，迄今为止，已报道超过数十种不同的预测方法。在预测精度方面也取得较为满意的结果，目前一些主流的蛋白质二级结构预测方法其预测精度可超过 80%。

为方便读者理解，可以将已开发的二级结构预测方法的发展大致分为三代。第一代方法指的是1980年以前开发的方法，主要特点是采用简单的统计方法，基于对单个残基形成不同二级结构倾向性的统计，代表性的方法有Chou-Fasman法，总体上预测准确性不超过60%。第二代方法指的是1980—1992年开发的方法，主要特点是采用更为复杂的统计方法（如基于信息论的方法）对待测残基所处的上下游氨基酸片段予以综合考虑，代表性的方法有GOR Ⅲ，第二代方法的总体精度不超过65%。第三代方法指的是1992年以后开发的预测方法，其显著特点是采取更为先进的机器学习方法，将多序列比对作为预测的输入，代表性的方法有PHD、PSIPRED和SPIDER2，第三代方法预测精度普遍可超过70%，特别是一些基于深度学习的方法预测精度可超过80%。总体上，到了第三代方法，二级结构预测的精度已经令人满意并具有实际应用价值。以PSIPRED为例，该方法是英国大卫·琼斯（David Jones）课题组在1999年开发的，主要策略是联合序列进化信息和神经元网络方法来实现二级结构的预测。该方法中多序列比对是通过PSI-BLAST自动搜索NCBI-NR数据库来获得。然后，获得的多序列比对，作为神经元网络输入预测二级结构。经测试，PSIPRED的预测准确度（Q_3）超过75%，是公认的较为准确的二级结构预测方法。由于PSIPRED提供了免费下载的版本，使得该方法得到了广泛应用。

（2）蛋白质无序区预测

研究发现，许多蛋白质中部分序列片段在生理条件下，不能形成固定的二级结构，即不能折叠成稳定的三维构象。这种区域通常称为蛋白质无序区（intrinsically disordered regions，IDRs）。蛋白质中存在大量这样的无序区，如人类蛋白质中30%～40%的残基是处于无序区的。蛋白质无序区在蛋白质与其他分子相互作用中起着关键作用，参与了信号传导、转录、翻译等重要的生物学过程。蛋白质无序区的预测也隶属于蛋白质结构性质的预测，是近十几年来蛋白质组生物信息学中的一个热点课题。

常见的蛋白质无序区预测方法主要有三类。① 基于序列打分函数的预测方法：这些方法主要根据影响蛋白质折叠的一些理化性质，设计序列的打分函数用来识别无序区，代表性的方法有IUPred等。② 基于传统机器学习的预测方法：这些方法利用机器学习算法，如支持向量机（SVM）、随机森林（random forest）等，从已知的蛋白质序列和对应的无序区数据中训练模型，然后对未知蛋白质无序区进行预测。代表性方法有SPINE-D、DisPredict和RONN等。③ 基于深度学习的方法：近年来深度学习在蛋白质生物信息学领域的许多问题都有成功应用，也包括蛋白质无序区的预测，并且取得了较好的预测效果。代表性的方法有SPOT-Disorder、flDPnn和rawMSA等。需要指出的是，虽然蛋白质无序区的预测取得了不错的效果，但还远未完善。

9.2.2.4 传统的蛋白质三级结构预测方法

蛋白质结构同源建模（又称比较建模）的理论基础是：如果两个蛋白质享有足够的序列相似性，那么它们的三维结构也非常相似。因此，如果其中一个蛋白质的

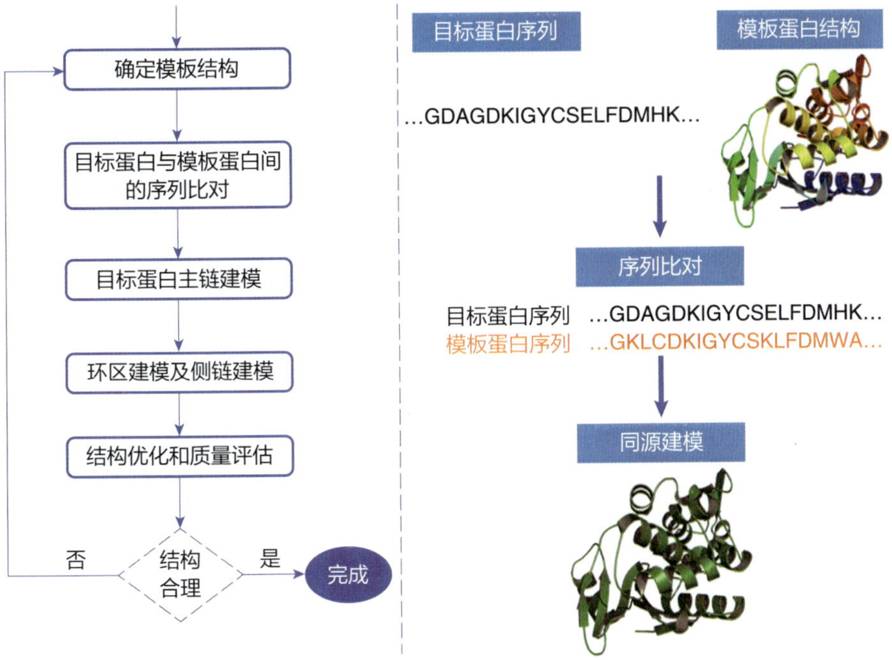

图 9-5 蛋白质结构同源建模流程图

空间结构已被实验测定，则可以以该结构为模板来预测另一蛋白质的空间结构。同源建模一般可分为以下几个步骤：① 模板的选择；② 目标蛋白与模板蛋白的序列比对；③ 同源模型的建立；④ 同源模型的评估。图 9-5 给出同源建模的流程图。

模板的选择是通过对蛋白质结构数据库的序列同源性搜索来实现。一般情况下，当序列和候选模板蛋白具有 30% 以上的序列全同率时，候选模板是较为合理的。除了序列全同率外，一些统计参数（如 BLAST 中的 E-value）也可用来判断序列与模板的相似性。一旦模板确定后，下一步就是要对目标蛋白及结构模板的全长序列进行序列比对。接下来进入同源建模的核心部分，包括三个步骤：① 目标蛋白的主链建模；② 环区建模；③ 侧链建模。主链建模非常容易，目标蛋白中比对上的氨基酸的主链可以从模板中相应位置氨基酸的主链拷贝得到。通常，目标蛋白与模板蛋白的比对经常伴随着插入/删除造成的空位，造成目标蛋白主链结构不连续或一些氨基酸的主链结构缺失，因此有必要进行调整和修补，即环区建模。侧链建模中，如果序列比对某些位置具有相同残基，首先可以将模板中相同残基的坐标直接作为目标蛋白的残基坐标，但是对于不完全匹配的残基，其侧链构象是不同的，需要进一步预测。结构建模中获得的初始模型仍不可避免含有结构不合理的地方，如不合适的键角和键长、过近的原子接触等。有必要采用合适的势能函数，对模型进行能量最小化，能够消除结构中的不合理的地方，达到模型精修的目的。对于同源建模获得的模型必须进行必要的评估。最常见的评估手段就是绘制蛋白质主链二面角的 Ramachandran 图，判断是否氨基酸都处于 Ramachandran 图中许可的区域，进而评估所建模型的立体化学性质的好坏。

总体上，同源建模技术已经相当成熟，文献上已报道多种的同源建模方法（表 9-1）。一般来说，当待测序列与模板享有较高的序列全同率，不同方法均可得到准确的预测模型。

蛋白质折叠识别（fold recognition）方法，是从蛋白质结构数据库中识别与查询序列具有相似折叠类型的模板，进而实现对查询序列蛋白质的结构预测。其理论依据是蛋白质空间结构比序列更为保守，许多蛋白质享有很低的序列相似性，仍可能具有相同的折叠类型。折叠识别的关键步骤是设计合适的打分函数来衡量查询序列与模板数据库中结构的相容性，进而找到合适的模板并给出待测序列和模板蛋白的序列比对。一旦模板及比对确定下来，同样采用同源建模的相应步骤实现对目标蛋白的三维结构建模。

折叠识别按其发展过程可以分为两代方法。第一代折叠识别方法通常指的是 2000 年以前开发的方法，更多情况下被称为穿针引线法（threading）。其主要思路是，在计算待测序列与模板序列比对时，考虑了待测序列与模板的结构相容性。第二代方法指的是 2000 年后开发的折叠识别算法，主要特点是：序列的进化信息被充分考虑；不同信息通过复杂的数学算法被整合成一个具有统计意义的打分函数。第二代折叠识别方法已成为蛋白质结构预测的主流方法，代表性的方法有 3D-PSSM、pGenThreader 和 FFAS03 等。

从头计算法（*ab initio* method），其原理是蛋白质的天然构象对应的是其能量最低的构象，通过构造合适的能量函数及优化方法，可以实现从蛋白质序列直接预测其三维结构。由于很难找到精准的能量函数，以及能量优化过程中存在大量的局部最小，从头计算法还远未实用，但其物理意义明晰，不依赖于模板，有可能预测到全新的蛋白质结构，所以一直受到许多研究人员的青睐。经过不懈努力，从头计算法也取得很大的突破，对一些分子量较小的蛋白质，有可能预测得到高精度的三维结构。所以，从头计算法可以作为同源建模和折叠识别的有益补充。比较流行的两种从头计算法分别是 Rosetta 和 I-TASSER。下面以 Rosetta 法为例，介绍其核心算法思想。

Rosetta 法是美国华盛顿大学大卫・贝克（David Baker）课题组开发的一种从头预测结构计算法。其主要原理是蛋白质中氨基酸片段的结构可以从已知结构蛋白的相似氨基酸片段的结构拷贝得到。首先，目标蛋白质的氨基酸片段通过预测其二级结构及序列相似性比较，从蛋白质氨基酸片段模板结构库中找到其可能采取的构象。然后这些氨基酸片段的构象（一般长度为 9 个残基）通过蒙特卡罗（Monte Carlo，MC）模拟退火方法被组装起来，得到一系列非天然构象（decoy conformation），进一步采用基于统计的能量打分函数，对这些构象进行评价，通常能量越低，越应该接近天然构象。在 Rosetta 软件包中，蛋白质构象是粗粒化表示（每个残基考虑骨架重原子，C_β 原子以及侧链原子的质心），在模型精修阶段，蛋白质构象采用全原子模型表示，采用基于物理的更为精确的能量函数。

CASP 竞赛（Critical Assessment of Techniques for Protein Structure Prediction）是蛋白质结构预测学术界通过与实验科学家合作，开展的蛋白质结构“双盲”预测竞赛。结构生物学家提供结构已测定但未公开的蛋白质给 CASP 竞赛参加者，CASP

竞赛参加者通过他们各自的方法对蛋白质结构进行预测，然后将结果提交给 CASP 组委会。运用结构比对的方法，将这些预测的结构与实验测定的蛋白质结构进行比较，然后评估预测模型的精度。CASP 竞赛起源于 1994 年，每两年举行一次。该竞赛极大地促进了蛋白质结构预测的发展，提升了公众对蛋白质结构预测的了解和兴趣，堪称蛋白质结构预测的奥林匹克竞赛。

9.2.2.5 蛋白质三级结构预测新方法

AlphaFold2 是由谷歌 DeepMind 团队开发的一种先进的蛋白质结构预测新方法。其采用了基于 attention 机制的深度学习算法，实现了端到端直接从蛋白质序列出发精确预测三维结构坐标，并在 CASP14 比赛中展现出了非常出色的表现。AlphaFold2 采用了与以往方法不同的全新算法设计，具有很强的创新性。AlphaFold2 主要包括三个部分：特征嵌入（feature embedding）、Evoformer 编码器和解码器结构模块。在特征嵌入模块，它利用了两种关键信息：来自蛋白质序列的残基共进化信息［通过多序列比对（multiple sequence alignment，MSA）获得］以及蛋白质结构模板信息（图 9-6）。通过在数据库中搜索同源序列和结构，生成 MSA 特征以及氨基酸对间的初始化接触信息。在 Evoformer 编码器模块中，研究人员使用了各种 attention 架构，将以上两种信息相互交织在一起，通过不断地迭代优化，最终获得能最大化表示蛋白质氨基酸间进化关系的 MSA 特征以及氨基酸对间的接触信息。解码器结构模块的工作是将蛋白质结构的抽象表示转化为具体的三维坐标。这一过程利用了多序列比对中第一条序列（即目标蛋白序列）的信息，同时也考虑了氨基酸对之间的接触信息。在结构模块中，每个氨基酸残基都被看作一个单独的对象，借助一种称为不变点注意力（invariant point attention）的框架以及 Residue Gas 框架，通过多次迭代来预测每个氨基酸残基的旋转和平移，最终得到整个蛋白质的精确三维结构。

AlphaFold2 成功的关键在于它使用了多种 attention 架构，尤其是在 Evoformer 模块中，通过不断迭代优化序列信息与氨基酸残基间的接触信息，与蛋白质折叠的物理化学机制相吻合。完整的序列库和大量已知的蛋白质结构也为 AlphaFold2

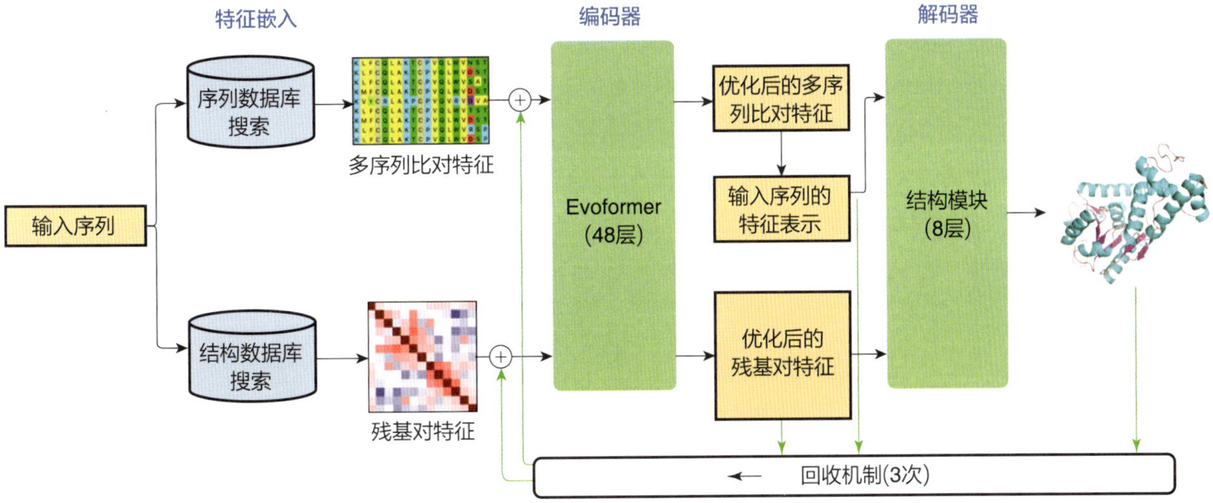

图 9-6 AlphaFold2 方法流程图

的成功作出了很大贡献。此外，AlphaFold2 还引入了一系列新技术，如回收机制（recycling）和自蒸馏（self-distillation），这些技术首次应用于蛋白质结构预测领域，显著提高了预测水平。

RoseTTAFold 是由华盛顿大学大卫·贝克（David Baker）研究团队开发的一种蛋白质结构预测方法，与 AlphaFold2 同时问世。RoseTTAFold 的工作流程可以分为三个部分：特征嵌入、三轨（three-track）编码器和解码器。首先，它和 AlphaFold2 一样，在数据库中搜索同源序列和结构。为了减轻计算压力，研究人员将目标序列分成了许多不连续的小片段，进一步生成 MSA 特征和氨基酸间接触信息。接着，模型会处理每一个片段进行 MSA 特征和氨基酸间接触信息的处理，这一过程也涉及各种 attention 架构。最后，模型会将这两部分信息综合起来，生成蛋白质的三维结构。RoseTTAFold 模型在生成最终的三维结构时采用了两种不同的策略：第一种是利用 pyRosetta，它会根据预测的氨基酸间距离和方向分布来生成全原子结构；第二种是用 SE（3）等变性 Transformer，对不同片段的特征和接触信息进行平均后，直接生成主链坐标（端到端）。这两种方法各有优缺点，前者可以得到更准确结构，但计算量更大；后者速度更快，但准确性可能略低于前者。RoseTTAFold 的秘诀在于采用了三轨架构，分别关注氨基酸序列，氨基酸间接触信息以及蛋白质可能的三级结构，再借助 attention 机制将三者连接起来，从而使得神经网络可以综合推理这些不同层面的信息。研究表明，这种三轨模型在 CASP14 蛋白质结构预测挑战中虽然性能不及 AlphaFold2，但仍表现出色，优于现有的许多方法。

ESMFold 是由 Meta AI 研究团队开发的一种端到端的蛋白质结构预测模型。它利用了大型预训练语言模型 ESM-2，可以直接从蛋白质序列中推断出蛋白质三维结构。ESMFold 的架构与 AlphaFold2 类似，主要分为三个部分：特征嵌入、Fold trunk 编码器和解码器结构模块。ESMFold 在特征嵌入模块中利用 ESM-2 为目标序列生成了序列特征，并从语言模型的 attention 机制中提取了氨基酸间的接触信息，不再像 AlphaFold 和 RoseTTAFold 那样依赖于多序列比对。接下来的两个模块与 AlphaFold2 类似，通过一系列折叠块交替更新序列表示和氨基酸对表示，然后将这些块的输出传递给等变性 Transformer 结构模块，在最终输出蛋白质的原子级结构和预测的置信度之前，执行了三次回收机制。ESMFold 优势在于它简化了模型设计，语言模型内化了与结构相关的进化模式，不再需要用复杂的 attention 机制将多序列比对（MSA）集成到神经网络中，从而大大提高了预测速度。相较于 AlphaFold2，在较短的序列上 ESMFold 的预测速度快了 60 倍，同时保持了出色的模型准确性。因此，是在探索海量宏基因组蛋白质的结构空间方面，ESMFold 表现更为高效。

9.2.3 功能蛋白质的从头设计

在从一级序列出发的蛋白质结构预测方法逐渐走向成熟的同时，人们自然地将目光转向了如何通过设计一个蛋白质的一级序列，使得其拥有所期待的功能这一科学问题上。设计并合成一个指定功能的蛋白质的工作，就叫功能蛋白质的从头设计（*de novo* design）。人们已知最早的蛋白质从头设计的工作发生在 1979 年，Bernd Gutte 及合作者基于物理学模型手动设计了一个含有 34 个氨基酸的 RNA 结合蛋白。随后，伴随着人们对蛋白质结构–序列的关系和蛋白质生物物理学的进一步理解，以及计算机科学的进步，在 20 世纪 80 年代末到 21 世纪初，蛋白质从头设计取得了长足的进展。其中一个里程碑式的突破是在 2003 年 Kuhlman 等成功设计出了第一个自然界中不存在的蛋白质折叠。

我们知道，在结构生物学和蛋白质化学中的一个人们共同认可的基本理论是：尽管有着蛋白质修饰等影响蛋白质结构和功能的其他影响因素，蛋白质的一级序列是决定蛋白质三维结构和功能的主要因素。因此，在理论上，当我们穷尽一个蛋白质的所有一级序列时，我们一定能够得到具有某个特定功能或者功能最优化的蛋白质。然而，这一方法面临着无法逾越的计算和实验障碍。以一个 30 个氨基酸的小蛋白为例，其所有可能的蛋白质序列个数为：

$$20^{30} \approx 1.07\times10^{39}$$

如考虑同种氨基酸的不同构象，序列数可能更多。这个数量的蛋白质显然已经超出了实验验证的数量范围，也超过了使用计算方法预测其结构和功能的数量范围。然而，以 AlphaFold2 为代表的，基于深度学习方法的蛋白质结构预测方法给了人们以启发。既然使用深度学习的方法能够实现在不对蛋白质所有原子的所有位置和构象进行遍历的情况下高精度预测蛋白质结构，能够避免基于“第一性原理”进行蛋白质结构预测的天量计算量需求，我们是否可以采取类似的方法实现高精度的蛋白质从头设计？

尽管目前科学家们尚未取得普遍性的解决方案，在功能蛋白质的从头设计领域，人们做出了许多尝试。这些尝试的基本思路是：通过已知功能蛋白质获得结构或者序列上的保守特征，并设计大量符合结构或序列保守特征的蛋白质；通过先验知识获得蛋白质功能的相关特征并建立评价函数（如和某个底物或者辅酶的结合能），进而对所设计的蛋白质进行评价；最终，将评价得分较高的蛋白质进行实验验证，明确蛋白质功能水平。

近几年来，以来自美国华盛顿大学的大卫・贝克（David Baker）教授为代表的计算生物学家在使用深度学习方法设计功能蛋白质领域开展了大量工作，取得了丰硕的成果。这里以贝克教授团队在 2023 年发表在 *Nature* 杂志上的一篇论文为例，对这一领域取得的进展进行简单介绍。

这一项研究的任务是设计新型的萤光素酶，这是一种可以自然发光的蛋白质，在生物科学中具有广泛的应用价值。研究人员选择了一种合成的荧光素发光基团二苯基四嗪（diphenylterazine，DTZ）作为目标发光基团，力图设计能结合该基团并发光的蛋白质。他们将 DTZ 同 4 000 个已知序列–结构关系的蛋白质进行分子对接，发现很多核转运因子 2（nuclear transporter factor 2，NTF2）类似蛋白拥有与 DTZ

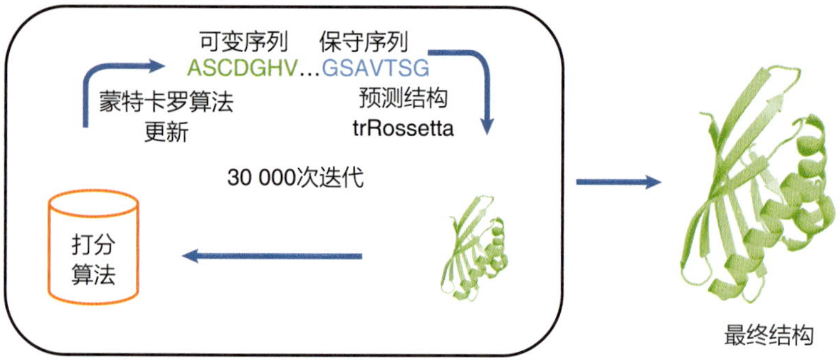

图 9-7 “全家族幻视”算法

大小和形状相吻合的结合位点，因此选择了 NTF2 超家族作为设计的目标拓扑结构。

研究人员下一步的目的是产生足够多的设计蛋白质分子。他们使用了一种称为“全家族幻视”(family-wide hallucination)的方法，从 2 000 个自然存在的 NTF2 出发，使用蒙特卡罗算法(Monte-Carlo algorithm)搜索序列空间，在每一步搜索使用 trRossetta 深度学习算法预测蛋白质结构，并综合使用神经网络模型置信度、结构变化导致的关键折叠损失、氢键网络等数据计算其得分，并进行反复迭代。通过这种方法，研究人员一共得到了 1 615 个新的 NTF2 结构(图 9-7)。

通过生物化学实验和量子化学计算研究，人们已经得知生物发光反应同 DTZ 的阴离子状态相关，且 DTZ 周边环境能显著降低同 $^3O_2$ 的单电子传导(single-electron transfer，SET)自由能。研究人员从这些已知的“先验信息”出发进一步开展了蛋白质分子设计工作。他们首先产生了 DTZ 的各种结构状态，并使用 RIFGen 方法对每一种状态进行分析，计算其“旋转异构体相互作用用场”(rotamer interaction field，RIF)。然后，他们使用 RIFDock 方法将每一个 DTZ 状态及其相关的 RIF 同所设计的蛋白质进行对接，最大化其蛋白质-DTZ 相互作用。经序列优化后，研究人员挑选了 7 648 个人工设计的蛋白质分子，并进行了进一步验证(图 9-8)。

通过进一步的实验验证，研究人员发现所设计的 LuxSit-i 人工合成蛋光素酶不仅比已知的所有人工设计的萤光素酶活性都高，和天然的萤光素酶活性相仿，而且有着完全不同的蛋白质结构组织形式，并且和底物的结合能力高于天然萤光素酶。这表明了这一设计策略的成功。

使用深度学习的方法进行功能蛋白质的从头设计是一个正在极速发展的科研领域，一些成功的蛋白质分子设计案例不断涌现，相信本领域还会持续取得新的里程碑式的进步。

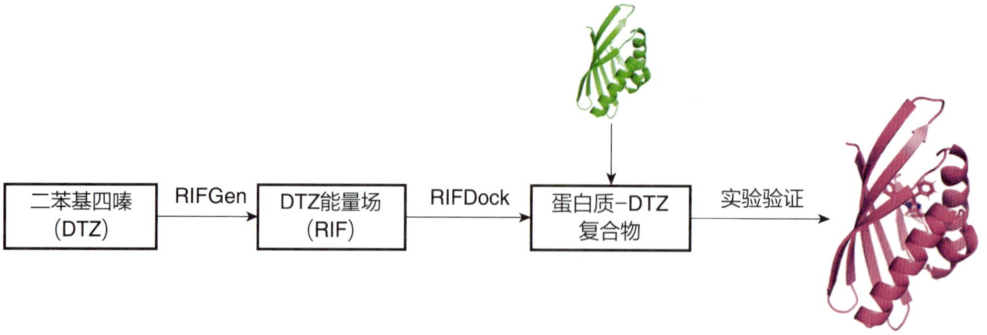

图 9-8 萤光素酶蛋白质的设计

9.3 蛋白质分子动力学模拟

9.3.1 分子动力学模拟发展简史

认识蛋白质首先需要认识两个基本的关系：一个是序列–结构关系，即蛋白质折叠问题；另一个是结构–功能关系。序列–结构关系实际上是蛋白质怎么从无序的新生肽链到有序三维结构的问题，而结构–功能关系实际上是蛋白质如何实现从一种特定构象到另一种特定构象的问题。这两个问题都涉及蛋白质的构象动力学，而分子模拟正是一种非常强大的研究蛋白质构象动力学的工具。在 20 世纪 70 年代，马丁·卡普拉斯（Martin Karplus）、迈克尔·莱维特（Michael Levitt）和亚利耶·瓦谢尔（Arieh Warshel）等多位科学家首次实现了在计算机上来模拟蛋白质的构象动力学。随后的近半个世纪，分子模拟已经取得了巨大的进展，并成为研究生物大分子的动力学和功能的强有力的工具（图 9–9a）。其中最常见的分子模拟方法有两种：分子动力学（molecular dynamics，MD）和蒙特卡罗（Monte Carlo，MC）。

MD 通过建立包含蛋白质或其他相关分子及其周围环境（如水分子、离子、磷脂双层膜等）的原子模型，然后根据经典力学原理计算各个原子之间的相互作用力和加速度，从而预测体系的运动轨迹。具体来说，MD 模拟首先需要确定初始构象，为各原子指定初始位置，随后根据势能函数计算原子间的作用力和加速度，接着利用牛顿运动方程计算原子在飞秒时间内的位移，不断重复上述计算步骤，最终得到体系的运动轨迹，类似一个三维电影。因为模拟可以在原子水平观察生物大分子的动力学过程，时间分辨率达到飞秒量级，因此可以提供实验很难观察到的原子细节和揭示微观的分子机制。

MC 方法是一种很强大的随机抽样技术，它被广泛应用于统计物理和计算化学中，在蛋白质模拟领域也发挥着重要作用。蒙特卡罗方法起源于 20 世纪 40 年代，约翰·冯·诺依曼（John von Neumann）和斯坦尼斯拉夫·乌拉姆（Stanislaw Ulam）以摩纳哥著名的赌场蒙特卡罗为其命名，因为该方法与轮盘游戏具有相同的随机特征。1953 年，尼古拉斯·梅特罗波利斯（Nicholas Metropolis）等提出著名的 Metropolis 算法，将 MC 方法成功引入统计物理研究。该方法根据体系的能量函数，按一定概率随机选择新的构象，并按平衡分布接受或拒绝新的构象。在蛋白质结构预测领域，MC 方法于 20 世纪 70 年代首次用于研究蛋白质链的构象采样。随后，多种改进的 MC 算法被提出并应用于蛋白质构象采样和优化。MC 算法是蛋白质构象搜索和折叠研究的一个重要补充手段，其随机采样本质允许其更广泛访问构象空间。类似于 MD，MC 算法也是根据统计力学原理构建，可有效跳出局部能量势阱，对蛋白质构象空间进行全局采样，因此可有效搜索构象空间和折叠路径。然而 MC 算法通常用于计算一些与动力学无关的平衡态性质，相比于 MD 的应用场景更局限一些，本节后面将重点介绍 MD 模拟方法。

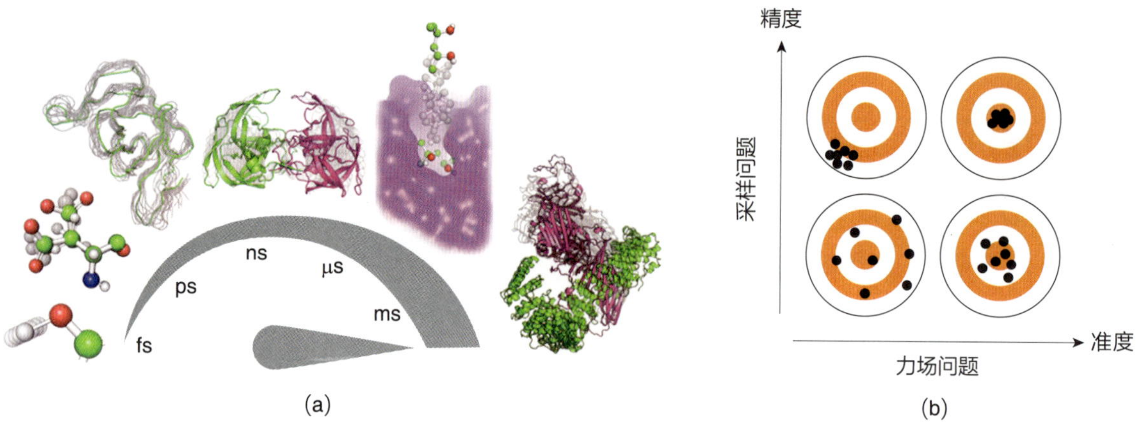

图 9-9 蛋白质构象动力学的不同时间尺度（a，Surpeta Bartłomiej et al.，2020）和分子动力学模拟（b）的两大经典问题

蛋白质的折叠和去折叠可能在毫秒到微秒以上尺度发生；药物分子在蛋白靶标上的解离可能需要数秒甚至更长的时间。模拟运算速度取决于硬件算力和体系大小等，常规蛋白质体系在主流显卡（如英伟达 RTX4090、RTX5090）上，通常每天可以计算几十到上百纳秒。

因为 MD 模拟中的单位时间步长通常在飞秒量级，而常规 MD 所能及的时间尺度通常在微秒量级，但是许多生物构象动力学发生的时间尺度在毫秒量级以上，这导致模拟时间尺度和现实尺度存在一条鸿沟。也就是说计算机模拟的时间尺度对于现实时间尺度来说太慢了，这就是时间尺度问题或者“采样问题”（图 9-9b）。尽管计算机算力和模拟算法都在快速发展，但模拟长时间尺度（毫秒以上时间尺度）的生物事件仍有可能相当困难。另外 MD 模拟结果的精确程度高度依赖于力场参数的准确性，即便力场参数只是存在很小的误差，在很多步 MD 积分之后也会累积到非常大的误差。当前常规蛋白质的力场已经相对准确，但对其他生物分子，如核酸，仍有较大改进空间，这就是“力场问题”（图 9-9b）。力场问题和采样问题是分子动力学模拟的核心难点，但也是活跃的研究方向。随着计算机技术进步和新理论方法出现，这两个问题都将获得很大进展。力场和采样的改进将大幅增强分子动力学的预测能力和应用场景。

9.3.2 分子动力学基本原理

9.3.2.1 统计力学基础

模拟产生的大量体系微观构象需要统计力学作为桥梁来计算自由能等宏观热力学量。根据是否考虑量子效应可以将统计力学分为经典统计力学和量子统计力学。经典统计力学是连接物质微观运动和宏观性质的桥梁，也是分子动力学的基础。在分子水平上，基于波恩·奥本海默近似（Born-Oppenheimer approximation，忽略电子的运动，而将系统的能量视为原子核空间位置的函数），经典牛顿力学定律是可以近似适用的，对于 N 个粒子组成的系统，其中的粒子 i 的状态可以通过其位置 r_i 和动量 p_i 确定，位置和动量都是时间的函数，且具有笛卡儿坐标系 x、y、z 三方向上的三个自由度。因此，N 粒子系统的经典动力学可以用 $6N$ 个函数的完整集

合 $\{r_1(t),\cdots,r_N(t),p_1(t),\cdots,p_N(t)\}$ 表示。在任意时刻 t，系统的所有信息都可以由这 $6N$ 个函数描述，由此可以确定系统的完整时间演化。这 $6N$ 个函数定义的维度空间被称为相空间。相空间中的任意一个点，都对应了一个系统的状态，而系统随时间的变化，可以体现为相空间轨迹。

在统计力学中，系统的宏观性质是微观状态的统计平均值。系综（ensemble）是统计力学中非常重要的概念，一个系统处于的热力学状态通常可以通过一系列的参数来描述，如粒子数目、压强、温度等。而一个体系的宏观性质是由这些参数所决定的。

下面介绍几个在分子动力学模拟中常用的系综。

① 正则系综（canonical ensemble） 又称为 NVT 系综，用于表示在固定温度下通过热浴法达到热平衡的系统所有可能状态的集合。该系综的粒子数 N、体积 V 及温度 T 保持恒定，系统通常与外界热浴处于热平衡以保持温度不变。

② 等温等压系综（isothermal-isobaric ensemble） 又称为 NPT 系综，其粒子数 N、压强 p 及温度 T 保持恒定。由于体系的压强 p 与体积 V 是共轭量，可以通过调节体系的体积来实现压强恒定。对于在溶液中发生的生物过程，如果体系的压强和体积变化不大，在模拟中使用 NVT 和 NPT 系综的差别一般也不显著。

③ 微正则系综（micro-canonical ensemble） 即 NVE 系综。该系综下系统的粒子数 N、体积 V 及能量 E 不变，体系沿着相空间的恒定能量轨道演化。平衡体系为孤立系统，与外界既无能量交换，也无粒子交换。因为形式简单，微正则系综常见于验证新的算法和程序中。

④ 巨正则系综（grand-canonical ensemble） 是正则系综的推广，总化学势、体积和温度保持不变，可以允许粒子的增加或减少。

一个生物过程能否发生取决于其始末态的自由能差，因此，自由能是最关键的热力学量之一。在热力学中存在亥姆霍兹自由能和吉布斯自由能两种定义。亥姆霍兹自由能定义为：

$$F = U - TS \tag{9-3}$$

其中，U 为内能，T 为温度，S 为系统的熵。

吉布斯自由能定义为：

$$G = H - TS \tag{9-4}$$

其中，H 为系统的焓，焓的定义为：

$$H = U + pV \tag{9-5}$$

其中，p 为压强，V 为系统的体积。

两种自由能定义都包含了一个内能相关项和一个熵相关项，这说明自由能受到原子间相互作用的变化和熵变化的影响。两种定义的差异在于 pV 项。亥姆霍兹自由能适用于恒定体积（NVT 系综），而吉布斯自由能适用于恒定压强（NPT 系综），其中 pV 项量化了与体积变化相关的功。一般生理过程可以看作等压过程，系统的演化由吉布斯自由能梯度所驱动。

系统演化所形成的自由能地貌可以完整地描述系统的热力学和动力学性质。在相空间体积 A 中出现系统的概率 p_A 直接与自由能相关：

$$p_A = \frac{e^{-\beta F_A}}{e^{-\beta F}} \tag{9-6}$$

其中，F_A 是相空间体积 A 的自由能，F 是在整个相空间上计算的自由能，$\beta = \frac{1}{k_B T}$，k_B 为玻尔兹曼常数，T 为温度。

对于 A、B 两状态的自由能差，可以表示如下：

$$\Delta F_{AB} = F_A - F_B = -\frac{1}{\beta}\ln\frac{p_A}{p_B} \tag{9-7}$$

从式 (9-7) 可知，要计算自由能差，可以通过对于 A 和 B 状态的采样进行计数以统计其概率实现，如统计两种配体与同受体结合的概率。虽然这种方法较为简单，但其计算成本和时间尺度往往过大。另一种方法就是估计配分函数，对于相互作用复杂的粒子，需要对其坐标和动量进行数值积分。对于多粒子系统，对所有自由度积分在计算上是不可行的。因此，通常使用模拟来对可访问的相空间体积进行采样。在模拟中，体系通常需要很长的计算时间才能偶尔采样到高能微观态，因此该方法通常不适合用来计算绝对自由能，不过可用来评估不同状态的相对自由能。

9.3.2.2 分子力场

分子动力学通过一系列分子力场势函数来描述分子内和分子间的相互作用，进而计算分子的势能。与基于第一性原理的从头计算不同，分子力场势函数使用经验公式描述分子状态，是一种对于波函数的近似和简化。简单来说，分子势能的基本函数形式包括键合能和非键相互作用能两项：

$$E_{total} = E_{bonded} + E_{nonbonded} \tag{9-8}$$

对能量项进一步细分，键合能可以分为键长的伸缩能、键角的弯曲能、二面角扭转能；非键相互作用能可以分为静电相互作用能和范德华相互作用能：

$$E_{bonded} = E_{bond} + E_{angle} + E_{dihedral} \tag{9-9}$$

$$E_{nonbonded} = E_{electrostatic} + E_{vanderWaals} \tag{9-10}$$

不同的力场中，函数组成形式可能略有不同。

对于势函数的各个能量项，需要选取合适的经验公式和力场参数来描述，这里以 AMBER 力场为例，简单介绍其力场参数的选择。

对于键长的伸缩能和键角的弯曲能，力场使用谐振子势能公式拟合：

$$E_{bond} = \sum_{bonds}\frac{K_r}{2}(r - r_{eq})^2 \tag{9-11}$$

$$E_{angle} = \sum_{angles}\frac{K_\theta}{2}(\theta - \theta_{eq})^2 \tag{9-12}$$

其中，r_{eq} 和 θ_{eq} 为平衡状态下标准键长和键角；K_r 和 K_θ 为力常数；r 与 θ 则为瞬时的键长与键角。

对于二面角扭转能，使用傅里叶级数进行拟合：

$$E_{dihedral} = \sum_{dihedrals} \sum_{n=0}^{N} \frac{V_n}{2}[1 + \cos(n\phi - \gamma)] \quad (9-13)$$

其中，V_n 为势垒高度，用于描述二面角旋转的难度；n 为多重度，指键在一个周期内旋转过程中能量极小点的个数；γ 为相位因子，为能量最低时对应二面角的大小。

对于静电相互作用能，原子对被视为带电电荷 q_i、q_j 的粒子（电荷通过电荷分配方法赋予），按库仑定律计算：

$$E_{electrostatic} = \sum_{i<j} \frac{q_i q_j}{4\pi\epsilon_0 r_{ij}} \quad (9-14)$$

对于范德华相互作用能，使用 Lennard-Jones 势函数来描述：

$$E_{vanderWaals} = E_{LJ}(r) = \sum_{i<j} \epsilon_{ij} \left[\left(\frac{\sigma_{ij}}{r_{ij}} \right)^{12} - \left(\frac{\sigma_{ij}}{r_{ij}} \right)^{6} \right] \quad (9-15)$$

其中，ϵ_{ij} 表示势阱深度；σ_{ij} 表示对应势能为 0 时的原子间距离。

这样就可以使用配套的力场参数来表示力场的势函数 U，这些力场参数一般由拟合实验数据确定，或是由量化计算拟合得到。

通过选择合适的力场参数，MD 方法可以对分子运动提供精确度接近量子力学方法的解，而所需的计算资源则要少许多。

9.3.2.3 牛顿运动方程

势函数 U 是计算原子受力的基础，通过势函数计算出原子的势能和其对原子位置的导数，对处于 x_i 位置的 i 原子，其受力为：

$$F = -\frac{\partial U}{\partial x_i} \quad (9-16)$$

根据牛顿运动方程，可以进一步计算其瞬时加速度：

$$a_i = \frac{F_i}{m_i} = -\frac{1}{m_i}\frac{\partial U}{\partial x_i} \quad (9-17)$$

对处于 t 时刻的原子，给定其位置、速度以及加速度，就可以计算出其在一个时间步长后 $t+\delta t$ 的速度和位置，从而得出其运动轨迹，并推进模拟进行到下一步，分子动力学模拟就是这一过程的不断迭代（图 9-10）。

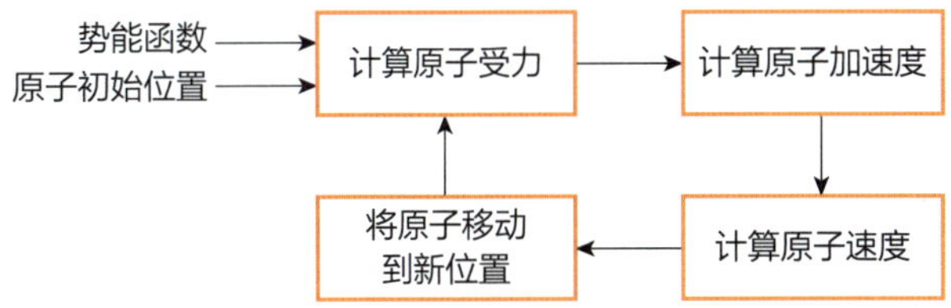

图 9-10 分子动力学模拟计算牛顿运动方程流程简图

由于分子动力学模拟需要处理的是一个多原子的复杂体系，需要使用有限差分法（如 Verlet 算法、蛙跳算法和速度-Verlet 算法等）来计算。Verlet 算法计算位置和速度的公式如下：

$$x(t+\delta t)=x(t)+\frac{x^{(1)}(t)}{1!}\delta t+\frac{x^{(2)}(t)}{2!}(\delta t)^2+\frac{x^{(3)}(t)}{3!}(\delta t)^3+O\left[(\delta t)^4\right] \tag{9-18}$$

$$x(t-\delta t)=x(t)-\frac{x^{(1)}(t)}{1!}\delta t+\frac{x^{(2)}(t)}{2!}(\delta t)^2-\frac{x^{(3)}(t)}{3!}(\delta t)^3+O\left[(\delta t)^4\right] \tag{9-19}$$

$$v(t)=\frac{1}{2\delta t}[x(t+\delta t)-x(t-\delta t)] \tag{9-20}$$

在算法运行前，原子的位置 $x(t_0)$ 为已知量，速度 $v(t_0)$ 可以自行赋值，加速度 $a(t)$ 则始终由势函数得到，也是已知量。之后就可以不断迭代计算，最终得出原子的运动轨迹。

用于更新原子运动速度和位置的改进算法还有很多，如蛙跳算法和速度–Verlet 算法，其共同目标在于利用势函数得到原子瞬时加速度的基础上，更准确和更有效率地计算原子下一时刻的状态。

9.3.2.4 周期性边界条件

对于现今的计算能力，模拟宏观的体系（原子数量级达到 10^{23}）是一个巨大挑战。因此，在 MD 中通常使用包含较少粒子的模拟盒（simulation box）进行模拟。模拟盒是一个定义了模拟中分子运动空间的虚拟容器。为了用模拟盒模拟生物体系（可视为无限大的系统），正确处理边界和边界效应对于模拟结果至关重要。周期性边界条件（periodic boundary conditions，PBCs）是常见的处理边界条件的方法之一。通过周期性边界条件，MD 模拟可以通过镜像来填满整个空间，镜像的状态与模拟盒同步。如图 9–11 所示，中间区域为模拟盒，而周围的区域均为镜像，原子可以自由地跨越盒子的边界，当一个分子扩散穿过模拟盒的边界时，它会重新出现在另一侧。因此，中心模拟盒内的原子数保持不变，每个分子总是与其相邻的原子相互作用，即使它们可能位于模拟框的相对两侧。周期性边界条件使得可以通过使用一小部分（晶胞）来近似无限系统。

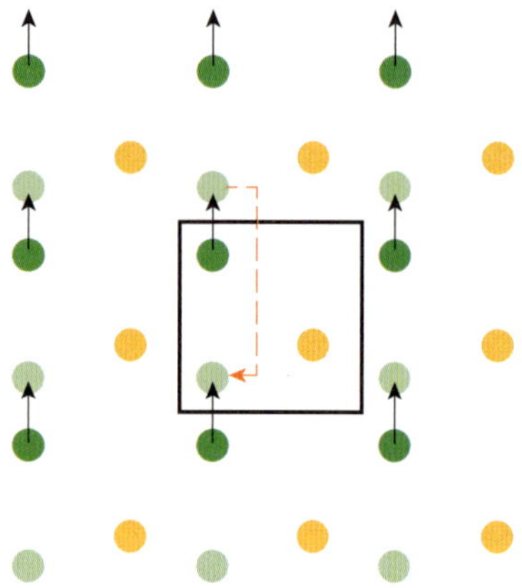

图 9–11 周期性边界条件

假设中央模拟盒中左上角显示为绿色的原子正在向上运动出模拟盒，其会表现为在盒子左下方重新出现在这一模拟盒中

9.3.3 蛋白质分子动力学模拟过程

9.3.3.1 模拟体系建模

在开始分子动力学模拟之前，首先要明确所需要解决的科学问题，然后根据科学问题的属性来构建体系模型，并选取合适的模拟软件和分子力场。本节展示了模拟过程中的几个一般性步骤，具体的文件规范、输入指令等还需要根据使用软件的不同去确定。蛋白质三维结构是进行模拟的起点。对于已经通过结构生物学方法解析出结构的蛋白质，可以从 PDB 数据库去获取其结构文件。对于尚不存在已知结构的蛋白质，也可以使用同源建模或者 AI 预测的方式去获取其可能的结构。

然而需要注意的是，即便是实验解析的结构（如晶体结构、冷冻电镜结构和核磁共振结构），它们也都通常是通过计算机建模的方式来获得的。对于从 PDB 数据库获取到的结构，需要仔细检查其细节的合理性和进一步补充缺失的细节。例如，冷冻电镜结构中缺失的氢原子，在全原子力场中需要根据蛋白质所处 pH 环境（如生理 pH 条件）确定氨基酸残基的质子化状态，再补全氢原子；晶体结构中的一些非关键溶剂分子和离子也可以根据具体情况在建模中不予考虑；对于缺失的无序结构区域，可以通过建模软件来补全；如果是预测的结构，结构的局部可信度也需要检查。初始结构和局部细节的处理对于模拟的结果影响很大，在模拟软件中也往往存在相关的算法模块，帮助使用者进行结构的调节优化。

模拟盒的性质是根据所需的模拟条件设置的。例如，对盒子溶剂化处理，并添加适当浓度的离子来模拟胞内环境；而如果要模拟膜蛋白，通常需要将蛋白质置于适当的磷脂双分子层中。盒子的形状和大小也需要仔细考虑，由于周期性边界条件的存在，为了避免蛋白质与自身发生非现实的相互作用，盒子不能设置得太小，而过大的盒子则会浪费计算资源，总之，盒子的调整需要兼顾准确性和计算效率。同样地，这一步处理往往也可以使用模拟软件或者网站工具（如 CHARMM-GUI）辅助完成。

9.3.3.2 参数设置

处理完三维结构并准备好模拟输入文件后，则需要设置好模拟的相关参数，如模拟的温度、压强、时间步长和步数、合理的相互作用截断距离等。

在这一环节要定义好指定的算法、步长和步数，这需要根据模拟需求所设置；对于模拟产生的坐标、温度和能量等信息以及日志文件，要根据需要指定其更新频率；温度设置是通过系统和热浴的耦合实现的，需要定义温度耦合算法，参照温度和耦合时间常数；压强控制是通过恒压器实现的，同样需要定义压强耦合方式，参照恒压值和耦合时间常数；另外还要设置好构象约束、相互作用截断，库仑力计算方式等。参数设置对模拟有重要影响，针对不同的体系和目的，需要选择合适的参数组合。

9.3.3.3 体系平衡和轨迹生成

在开始长时间尺度成品模拟之前，还需要检查两个关键点：① 模拟的结构是否存在一些不合理之处，如原子距离过近或者键角处于非自然状态，这可能使系统处于非正常的高能状态；② 系统的压强、温度等性质是否与设定值存在较大的偏差。这些性质的瞬时波动可能导致体系的能量溢出甚至崩溃。这些潜在的问题一般可以通过能量最小化和平衡两个步骤来解决。

能量最小化过程的目标是搜索系统势能的极小值，不同模拟软件进行能量最小化的策略有所不同，目前比较常用的有最陡下降法和共轭梯度法。在模拟过程中，可以通过体系势能的变化来观察能量最小化的效果。平衡是为了使体系到达合理的初始状态，如使用 NVT 系综调整体系压强，并使用 NPT 系综调整体积。可以通过监控压强、温度等指标来观察平衡过程。

体系达到平衡之后，就可以进入长时间尺度的成品模拟阶段，并通过采样得到体系的演化轨迹，这通常包括原子的坐标、速度，还有体系的能量、温度和压强等。

9.3.3.4 结果分析

分子动力学轨迹文件能够提供体系随时间的演化过程。通过分析轨迹，可以得到体系的构象变化过程、构象分布等。可视化软件可以帮助研究者更直观地观察和分析分子结构；在轨迹分析方面也有一些工具（如 MDAnalysis、MDtraj、PLUMED 等，见 9.3.5.3）。

分子动力学模拟得到的分子电影只是一种基于模型的“观察”，而非“答案”。对轨迹的分析则是一个从模拟结果中提取关键信息，回答科学问题的过程。跟做实验一样，模拟是计算机实验，也需要考虑结果的可重复性，因此需要足够的统计，即结果需要具备各态历经性和收敛性。

9.3.4 高级算法和最新进展

9.3.4.1 增强采样

常规时间尺度（微秒量级）的全原子 MD 模拟通常只能观察到体系在能量局部极小点附近的热涨落，很难跨越较高能垒实现大尺度的构象状态变化，也就难以观察有较大生物意义的构象变化过程。这就需要通过增强采样算法，来帮助体系跨越高能垒，从而采样到更长时间尺度的体系动态变化过程。因为增强采样算法通常需要对体系添加额外的偏置势（biased potential）来加速体系的动力学，因此常规的 MD 模拟也被称为无偏分子动力学（unbiased MD）模拟。这里，“无偏”是指体系中不存在力场之外的额外偏置力。比较经典的增强采样方法有伞形采样（umbrella sampling，US）、副本交换分子动力学（replica exchange molecular dynamics，REMD）、元动力学（metadynamics）等。

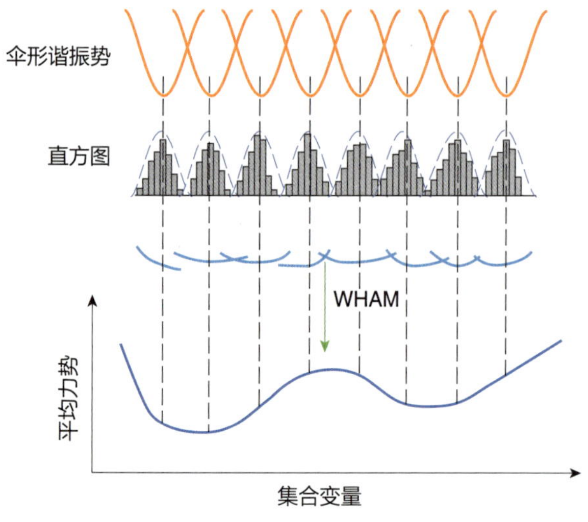

图 9–12 伞形采样过程（Róg et al.，2021）

整个过程可概述为以下步骤：① 依集合变量将构象空间划分为多个窗口，并在每一窗口内添加谐振势；② 在特定偏置势下，用直方图表示对集体变量空间的采样分布；③ 用 WHAM 方法整合所有窗口的数据，进行重加权，重建整个无偏的自由能面

（1）伞形采样

由乔治·托里（George Torrie）和约翰·瓦罗（John Valleau）于 1977 年首次提出，其核心思想是将构象转变过程划分成多个窗口采样，通过引入偏置势（通常是谐振势）优化每个窗口的采样，避免体系困在低能态，可以有效地采样反应过程中的高能状态。然后通过算法（如 weighted histogram analysis method，WHAM）将所有窗口的统计结果整合起来，可以重建整个无偏的自由能面（图 9–12）。

伞形采样法是基于特定的集合变量（collective variable，CV）进行的，集合变量一般为基于体系中特定原子坐标 x 的函数，如原子间距离、键角等，即：

$$s(x) = f(x) \quad (9\text{–}21)$$

确定好能正确描述某一过程的集合变量后，伞形采样将该集合变量所定义的势能面分成多个窗口，在每一窗口

中添加谐振势 $\omega_i(x)$：

$$\omega_i(x) = \frac{1}{2}k[s(x) - s_i^{ref}]^2 \tag{9-22}$$

其中，k 为自定义力常数，$s(x)$ 为当前构象对应集合变量的值，s_i^{ref} 为窗口 i 模拟对应的集合变量的平衡值。可以看出，该谐振势在体系偏离平衡时，为体系提供一个外力，将体系限制在窗口采样范围内，起到增强该窗口区域采样的效果。将不同窗口的模拟数据合并，再通过重加权（reweighting）去掉谐振势的影响，就可以将所需要观测的全局自由能面还原出来。

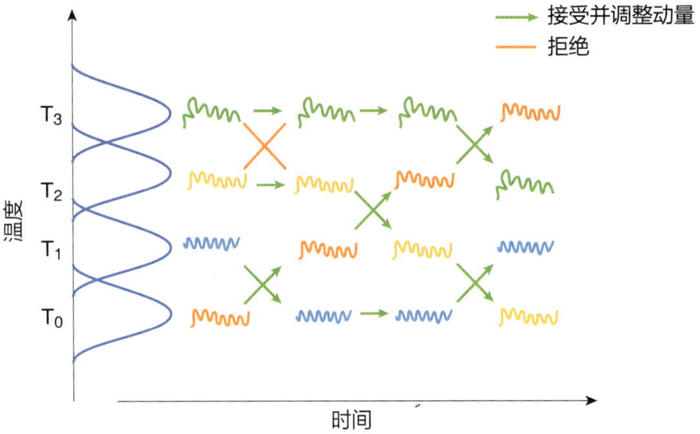

图 9-13　副本交换分子动力学过程（Rög et al.，2021）
在高温副本中加速采样到的构象可与常温副本构象交换，以加速构象探索效率

（2）副本交换分子动力学

最初由杉田有治（Yuji Sugita）和冈本祐幸（Yuko Okamoto）在 1999 年提出，其通过并行多个不同哈密顿量（在不同温度）的独立模拟，并允许相邻副本（即 replica，是指在模拟过程中独立运行的一个系统配置。每个副本通常具有不同的条件，如温度、压强或其他控制参数）之间进行交换，从而扩展了模拟所探索到的构象空间（图 9-13）。例如，通过高温对体系进行加速而采样到的构象可以被交换到常温副本中，从而提高常温副本中的构象探索效率。为使每个副本采集到的构象符合该温度下的玻尔兹曼分布，副本间的交换必须满足细致平衡条件，通常需要遵循 Metropolis 准则（Metropolis criteria），两副本进行交换的概率 p 为：

$$\begin{cases} p = 1, & \Delta \leqslant 0 \\ p = e^{-\Delta}, & \Delta > 0 \end{cases} \tag{9-23}$$

其中，

$$\Delta = (\beta_i - \beta_j)[E(x_j) - E(x_i)] \tag{9-24}$$

这里的 $E(x)$ 为对应构象的能量。高温构象的能量如果低于低温构象，则副本交换一定发生；否则将进行依赖于构象能量差的随机交换。

（3）元动力学

由米歇尔·帕里内洛（Michelle Parrinello）课题组在 2002 年提出并持续发展，采用不断在集合变量空间的势能面添加偏置势（通常是高斯势，Gaussian potential），帮助体系克服高能垒，并引导系统探索高能构象空间，从而可以在短的模拟时间尺度内观察到长时间尺度的生物事件（图 9-14）。现在被广泛使用的元动力学方法是改进版本的 WT-MetaD（well-tempered metadynamics）。元动力学类似于伞状采样算法，也同样依赖于集合变量。在每一时刻，根据当前的集合变量值添加对应高斯势。随着当前集合变量值总偏置势的累积，所添加的高斯势衰减，从而可以避免体

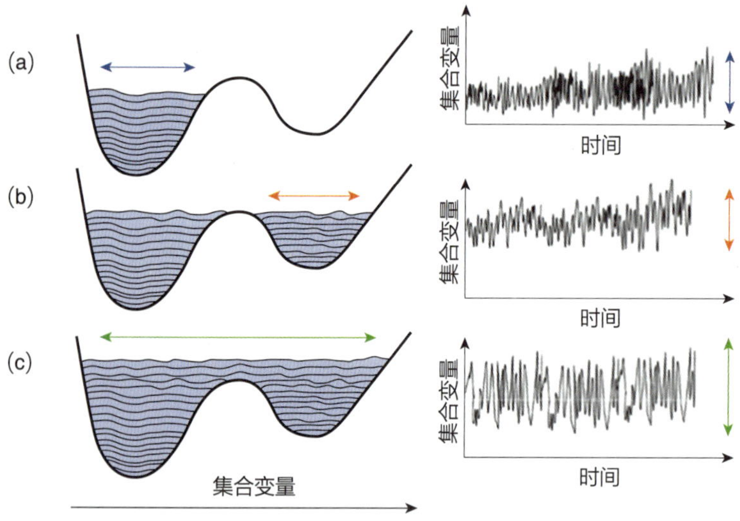

图 9-14 元动力学过程（Rög et al.，2021）

（a）体系处于某势阱中并通过不断累积偏置势，逐渐接近能垒；（b）体系越过能垒并进入另一势阱，此时偏置势主要施加在新的势阱中；（c）两势阱的能垒都被施加的偏置势所克服，此时体系在两亚稳态间的转变已不需要跨过能垒，体系中偏置势继续累积，寻找能垒更高的亚稳态

系搜索到非物理高能态区域，并加速对新的构象空间的探索。随着高斯势添加，系统中的总偏置不断累计，直至体系脱离势能阱，并进入新的势能阱，直到几乎填平整个势能面，最终达到收敛。和伞形采样一样，元动力学方法也可通过重加权技术复原任意集合变量。与伞形采样相比，元动力学不需要构建多个窗口独立模拟，而具有自动快速探索势能面的特点。

总的来说，增强采样算法的主要挑战是针对不同系统需要采用不同的采样方法，并且其所需计算量仍然不小。目前增强采样算法和机器学习方法的结合已经展现出很大的潜力。将来增强采样在分子模拟中的应用将更加广泛和高效，这将大幅推进对蛋白质构象变化机制的深入理解。

9.3.4.2 粗粒化建模

粗粒化建模通常是指使用粗粒度更高的简化模型来模拟复杂系统的建模方法。粗粒化模型广泛用于各种分子的建模，如蛋白质、核酸、脂质和糖类等。虽然粗粒化模型会忽略掉一些分子细节，但是可以极大地拓展模拟体系的大小和时间尺度，因此广泛应用于研究生物大分子体系。在分子动力学模拟发展的早期，粗粒化建模方法就已经得到了应用。在 20 世纪 70 年代，迈克尔·莱维特（Michael Levitt）和亚利耶·瓦谢尔（Arieh Warshel）就使用粗粒化方法研究了蛋白质折叠的问题。

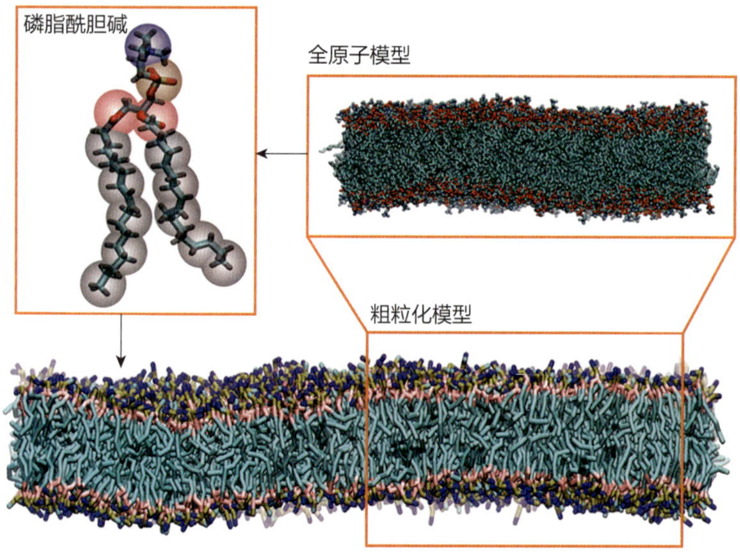

图 9-15 全原子模型的粗粒化建模（Bradley & Radhakrishnan，2013）

目前应用比较广泛的粗粒化力场包括 MARTINI 力场，其是由格罗宁根大学的 Marrink 等于 2004 年开发的（图 9-15）。最初 MARTINI 力场仅用于模拟磷脂，通常用于理解生物膜行为方面的生物问题。2007 年，其应用范围扩展到蛋白质和核酸等其他各类分子。2021 年，最新版的 MARTINI 3 力场发布，进一步提高了对局部细节的敏感度和小分子模拟的精确度。典型的 MARTINI 模型将化学原子基团简化为珠子，从而精简了体系中的粒子数。其定义了四大类粗粒化珠子：Q（charged）、P（polar）、N（nonpolar）和 C（apolar），并且可以进一步细分为总共 20 种珠子类型。对于珠子大小，MARTINI 有

普通型、小型和微型三种规格可以选择，分别映射 4 个、3 个或 2 个重原子。普通型珠子最为常用，也最为高效；小型珠子主要用于表示环状结构；微型珠子一般用于表示核酸分子。

9.3.4.3 整合结构生物学与分子动力学模拟

目前，分子动力学模拟技术在结构生物学研究中的应用已相当广泛。从优化低分辨率结构到解释生物学功能，分子模拟技术都显示出了其独特的优势。这一方法不仅拓展了结构生物学研究的深度，还有助于挖掘单一结构背后的更多构象动力学信息。对于高度柔性的生物大分子，如固有无序蛋白或含有无序区的蛋白，单一实验技术难以获得精确的全局构象模型。这时，整合多种信息和方法的技术就显得尤为重要。基于物理的分子动力学模拟正是整合多种结构生物学数据（如 X 射线晶体学、冷冻电镜、核磁共振光谱、小角 X 射线散射和交联质谱等数据）的强大工具。这就涉及新兴的整合结构生物学技术。通常，各种实验技术只能提供生物大分子的部分信息，如 X 射线晶体学和冷冻电镜技术只能提供有序结构部分的信息，核磁共振光谱和小角 X 射线散射可以提供一些动力学和系综平均的信息等。在整合结构生物学中，计算模拟可以整合分子力场和多种信息，补充实验无法观察到的细节，生成生物大分子的结构系综，从而获取实验技术难以测定的高时空分辨率信息。通过整合各种实验数据，并结合分子动力学模拟的能量地貌全景描绘，研究人员可以对生物大分子有更系统、全面准确的认知。这正是整合结构生物学技术的目标和意义所在。

9.3.4.4 蛋白质模拟的硬件进展

在过去的几十年里，计算硬件以及用于分子动力学的算法和软件的改进允许在更长的时间尺度下进行模拟，同时极大地节约了计算的成本，最近的改进尤其显著。高度专业化的硬件导致最大可实现速度的大幅提高，允许某些模拟达到实验级的时间尺度。如 D. E. Shaw Research 公司开发的超级计算机 Anton 系列，其使用特制的硬件，即定制的集成电路，以便于更快、更高效地进行蛋白质折叠计算；IBM 开发了计算生物超级计算机 Blue Gene，用于研究复杂的生物系统，包括蛋白质折叠；斯坦福大学创建了 Folding@Home，这是一个分布式计算项目，它利用普通家用计算机的算力来模拟蛋白质折叠和其他分子动力学。

9.3.5 主流分子动力学软件和力场介绍

9.3.5.1 开源和商业分子动力学软件包

分子动力学软件最核心的功能就是进行分子动力学模拟的计算，早期的分子动力学软件只是配合不同分子力场而开发的不同计算工具，功能相对单一；现如今的分子动力学软件往往会打包一些辅助工具，帮助进行模型构建以及应对不同的计算需求等，有些软件也能够支持多种力场输入。根据运营模式，本节分别介绍开源和商业化分子动力学软件（表 9-2）。

表 9-2 几种主流分子动力学模拟软件

软件名	收费方式	运营团队
OpenMM	开源	斯坦福大学
GROMACS	开源	格罗宁根大学
Charmm	商用/开源学术版	Biovia 公司
Amber	商用/开源学术版	David Case 等
NAMD	开源	伊利诺伊大学厄巴纳-香槟分校
LAMMPS	开源	桑迪亚国家实验室
DESMOND	商用	D. E. Shaw Research 公司、Schrödinger 公司
ACEMD	商用	Acellera Solutions 公司

开源的分子动力学软件具有代码开放、高度自定义等显著优势。与商业软件不同，开源软件源代码对用户完全透明，允许用户查看算法实现的每一个细节，这有助于加深对理论方法的理解。用户也可以基于开源代码修改或者添加功能，使软件更切合特定的科研需求。开源软件开发者也会及时采用和实现最新的理论进展与算法优化，使软件功能保持与前沿发展接轨。此外，由于无须支付高额许可费，开源软件的使用成本较低。开源软件促进了科研界的互动交流和协作，用户可以得到广泛的社区技术支持。因此，开源软件更受到学术界的青睐。但需要注意的是，开源软件界面普遍不如商业软件友好精致，使用难度较大，需要对理论方法和编程有一定了解。

GROMACS 和 NAMD 是两款开源的分子动力学模拟软件。GROMACS 最初由格罗宁根大学生物物理化学系开发，现在由世界各地的大学和研究中心的研究人员共同维护。GROMACS 是最快、最流行的分子动力学软件包之一，可支持 GPU 运算。GROMACS 通过命令行界面进行操作，使用文件进行输入和输出。其支持使用大部分主流的分子力场，操作灵活性高。NAMD 是由伊利诺伊大学厄巴纳-香槟分校理论与计算生物物理学组和并行编程实验室合作开发的。其主要特点是并行效率高，常用于模拟大型系统，可通过可视化软件 VMD 进行交互式模拟。

商业分子动力学模拟软件一般需要支付费用购买使用权。商业软件的优势在于界面友好、使用简便，能够提供完善的技术支持和用户培训。商业软件往往集成了从建模、模拟到分析的各个功能模块，不同任务环节可以较好衔接，工作流程的连贯性较好。此外，商业软件较为重视图形界面的开发和结构可视化效果的呈现，能够帮助科研人员直观理解模拟系统，操作起来十分便利。软件开发商也会持续根据用户的反馈开发新功能，保证软件与前沿科研需求对接。总体而言，商业软件可以提供专业可靠的服务和良好的用户体验，但其使用价格往往较为昂贵。

对于研究者而言，使用商业软件能够更轻松地解决科学问题，而不用耗费时间在学习编程、软件开发以及分子动力学原理上。即使使用商业软件，也不应该让模拟成为一个“黑盒”，进行机械化的工作，仍然应该明确每一步工作的原理和意义，对分子模拟有更深层的掌握。

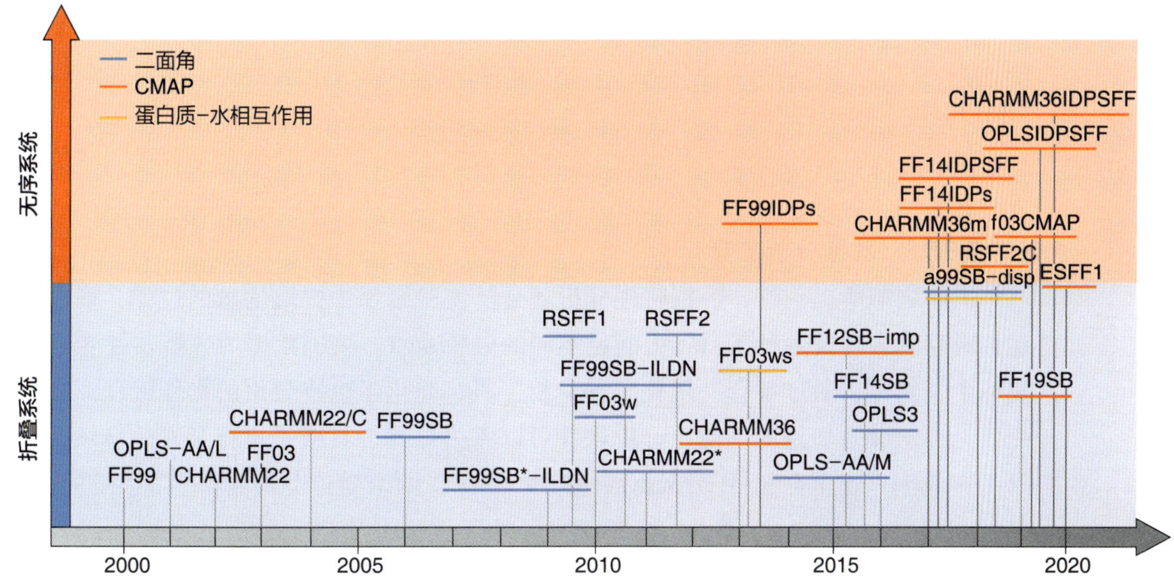

图 9-16 近年来蛋白质分子力场的发展（Mondal et al.，2022）

较为著名的商业软件包包括 Amber 和 Charmm 等。Amber 和 Charmm 均为适配于各自同名分子力场的模拟软件。AMBER 力场和模拟软件 Amber 最初由加州大学旧金山分校的 Peter Kollman 团队开发；CHARMM 力场及模拟软件最初由哈佛大学 Martin Karplus 团队开发。Amber 和 Charmm 如今都分为商用版和开源学术版两个版本，研究者也可以方便地构建体系和进行模拟。

在药学领域，由于大批量药物筛选的需要，商用软件的应用十分广泛。如知名的商业软件包 Schrödinger，其可以提供分子建模、分子动力学模拟、轨迹分析、分子可视化等一系列服务，但这类软件开发主要服务于商业潜力巨大的药学研究。

9.3.5.2 蛋白质力场

分子力场规定了模拟中各类相互作用的形式和参数，是分子动力学模拟的基础。使用的力场准确与否，会对模拟的可信程度产生直接影响。随着各类力场的版本不断更新，近年来推出的力场计算精度和效率显著提高，针对不同的体系，也有各种特异性力场推出，对特定类型分子进行优化（图 9-16）。力场的不断发展为更准确预测蛋白质结构、动力学性质和相互作用提供了可能。在使用力场时，要注意对于体系的适用性。

以下是几种经典的蛋白质力场：① AMBER 力场，该力场是最早和最具代表性的力场之一，由加州大学旧金山分校开发。不同版本的 AMBER 力场包括 FF94、FF96、FF99、FF99SB、FF14SB、FF19SB 等；② CHARMM 力场，其由哈佛大学开发，针对蛋白质、DNA 和糖类分子，参数化更为精细和复杂。不同版本包括 CHARMM22、CHARMM27、CHARMM36 等；③ GROMOS 力场，由瑞士巴塞尔大学开发，不同版本包括 43A1、43B1、43A2、53A5、53A6 等；④ OPLS 力场，由奥勒岗州立大学开发，与 AMBER 力场类似，侧重于小分子，包括 OPLS-AA、OPLS-UA 等版本。

在这些经典力场中，键拉伸和角度弯曲的动力学通过简谐振动来描述，且省略了键拉伸和角度弯曲之间的相关性。也有一些力场将非调和三次或四次项添加到键和角度的势能中，还包含描述相邻键、角度和二面角之间耦合的交叉项。高阶项和交叉项可以更好地描述相互作用，从而更准确地再现键和角振动。这类力场包括 MMFF94、UFF 等。

此外，有的力场会考虑有机化学的特殊效果，如极化、立体电子效应、电负性等。这类力场包括 AMOEBA、DRUDE 等。

9.3.5.3 数据分析工具

正如之前所提到的，模拟轨迹分析就是从实验结果中提取信息的过程，很自然地，研究者会开发各种工具，去满足不同的分析需求。轨迹数据的分析软件实际上是一个工具库，通过整合并优化多种分析工具，简化了轨迹分析的操作流程。在使用常见方法分析轨迹时，使用分析软件可以省去寻找工具或是自行开发的麻烦，提升工作效率。这里介绍 MDAnalysis 和 PLUMED 两个轨迹分析工具。

MDAnalysis 是一个开源 Python 包，用于读取分子动力学轨迹数据并进行分析。MDAnalysis 作为一款面向对象的软件，对每一类对象（如原子、原子簇、轨迹）有一套属性和操作方法的定义，这形成了其开发和使用的规则。MDAnalysis 为不同格式的模拟轨迹提供了通用接口，并对用户以统一界面展示，这使得用户可以轻松地以相同的逻辑处理不同软件产生的轨迹。MDAnalysis 可以处理来自 NAMD、Amber、Gromacs、Charmm、LAMMPS 等几乎所有格式的输入轨迹文件，处理轨迹文件大小可以达到 TB 级。自 2011 年发布以来，由于 MDAnalysis 对模拟软件的普适性，其更新得到了世界各地开发者的支持，这也使得其成为目前最重要的专业分子动力学轨迹分析软件。

PLUMED 是一款开源插件，旨在插入分子动力学模拟软件中并拓展其功能。其可以支持 NAMD、GROMACS、Amber 等软件。PLUMED 可以支持模拟后的轨迹分析，也可以在模拟过程中实时分析。PLUMED 具有编码形式简单，灵活性高，开发社区活跃等优势。除此之外，PLUMED 也是一个强大的增强采样插件，其可以通过与主流 MD 软件核心代码的对接，实现多种增强采样算法。

9.4 蛋白质功能预测与分析

9.4.1 蛋白质功能概述

在后基因组时代（post-genomic era），我们被海量的蛋白质序列数据所淹没。相比较之下，功能已知的蛋白质数目非常有限。如何采用计算的手段，从已有的数据出发加快蛋白质功能的鉴定和分析是生物信息学家最重要的任务之一。

蛋白质功能是生命科学中常见的一个概念，每个人似乎都对其有直观的理解。但是随着对蛋白质功能的深入研究，我们发现蛋白质功能具有复杂性和多层次性，难以归纳概括。因此，我们迫切需要一套统一的体系去综合刻画不同蛋白质的功能。基因本体（Gene Ontology，GO）就是为实现这一目的而设计的。作为一个全球性的生物信息学项目，基因本体旨在提供一个标准的词汇（也称为术语）体系来描述基因和蛋白质（或其他基因产物，如非编码 RNA）的功能属性。

广义上讲，与蛋白质功能相关的生物信息学预测问题都属于蛋白质功能预测，包括蛋白质功能属性预测、功能家族预测、功能位点预测。近年来，基因本体在蛋白质功能注释应用越来越多。狭义上讲，功能预测通常指的是未知蛋白质的 GO 注释预测。由于基因本体可以提供标准化的语言用于描述蛋白质功能，这使得研究人员可以更容易地理解和评估他人的数据和方法，从而加速了蛋白质功能预测算法开发的进程，也催生了著名的蛋白质功能预测 CAFA 竞赛（Critical Assessment of Functional Annotation）。借鉴蛋白质结构预测 CASP 竞赛，CAFA 是一个定期举行的蛋白质功能预测竞赛，于 2010 年第一次举办，随后又在 2013 年、2016 年、2017 年、2019 年、2023 年举办了五次。通过与实验科学家合作，CAFA 使用一个由未注释蛋白质序列组成的数据集作为评估的基础。CAFA 的主要目标是评估不同蛋白质功能注释方法和工具的性能，进而推动功能注释领域的发展。

本节主要介绍蛋白质功能预测与分析，由于功能涉及的内容太广，我们无法对所有的功能预测问题进行一一介绍。相反，我们主要关注蛋白质功能预测的一些普遍性原理和策略。一般来讲，蛋白质的序列和结构信息常常用于预测蛋白质功能，蛋白质的分子网络数据以及相关的组学数据也可用于蛋白质功能预测。本节主要从蛋白质序列、结构和网络角度来介绍蛋白质功能预测（图 9-17）。

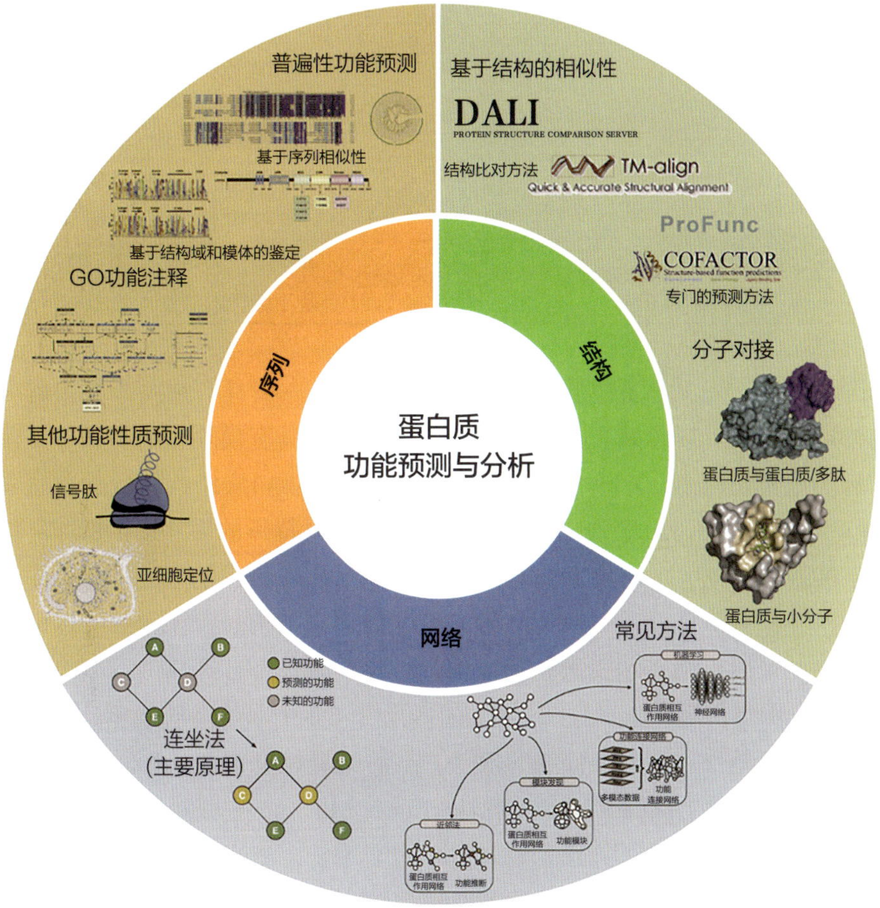

图 9-17　本节涉及的蛋白质功能的预测与分析的主要内容

9.4.2 基于序列的蛋白质功能分析

9.4.2.1 基于序列相似性的普遍性功能预测

从蛋白质序列出发预测蛋白质功能仍然是目前蛋白质功能预测的最常规的手段，其原理是蛋白质的序列相似，结构也相似，发挥的功能亦相似。因此，通过序列相似性搜索工具，可以快速搜索到与待分析蛋白质同源的功能已知的蛋白质，进而推断待分析蛋白质可能发挥的功能。常用的生物信息学序列分析工具 BLAST 就频繁用于蛋白质功能预测与分析。除此以外，还有一些更加敏感的序列相似性搜索方法，如 PSI-BLAST 也可用于蛋白质功能预测。蛋白质行使功能往往和其含有的结构域和模体息息相关。因此，除关注蛋白质序列全长分析外，往往我们必须关注蛋白质结构域和模体这两层次的序列分析。表 9-3 列出了一些常见的基于序列的蛋白质功能预测方法。

表 9-3 常见的基于序列和结构的蛋白质功能预测方法

名称	类型
PFP	GO 功能注释工具
ESG	GO 功能注释工具
PANNZER	GO 功能注释工具
GOLabeler	GO 功能注释工具
SignalP	信号肽预测工具
PrediSi	信号肽预测工具
PSORT	亚细胞定位预测工具
TargetP	亚细胞定位预测工具
WoLF PSORT	亚细胞定位预测工具
DeepLoc	亚细胞定位预测工具
ProFunc	基于结构的功能预测工具
COFACTOR	基于结构的功能预测工具

结构域（domain）是蛋白质多肽链中的一部分，一般具有独立折叠单元并能执行某些特定的功能。结构域的存在和划分使得蛋白质具有模块化的特征，是蛋白质功能分析的重要切入点。InterPro 数据库是代表性的蛋白质结构域数据库资源。模体（motif）是指在蛋白质序列中具有一定模式或共享特征的短片段。模体可能是保守的氨基酸残基序列、功能位点或其他重要的序列模式。通过鉴定蛋白质序列中潜在的模体，可以用于分析和识别蛋白质的特定功能或结构。模体一般可以表示为一个短字符串，采用正则表达式来描述。例如，序列模体“L-x(2，3)-L-x(2，3)-[IV]”表示具有一个保守的亮氨酸（L）残基，随后是 2～3 个非特定的残基，然后是另一个亮氨酸，接着是 2～3 个非特定的残基，最后是异构亮氨酸（I）或缬氨酸（V）。代表性的模体数据库有 ELM（Eukaryotic Linear Motif），它收集了大量已知的真核生物模体的数据，并提供了详细的注释和功能信息。

9.4.2.2 基于序列的 GO 功能注释

基于待测蛋白与功能已知蛋白的序列同源性，可以实现对待测蛋白的功能注释。目前基于序列的 GO 功能注释主要就是利用这个原理，实现对功能未知蛋白自动化高通量的功能注释。已相继有一系列方法开发（表 9–3），在历届 CAFA 竞赛中取得很好的预测效果。以下介绍几种常见的基于序列的 GO 功能注释方法。

PFP 通过对待测蛋白进行 PSI-BLAST 搜索，综合考虑搜索得到 E-value 小于一定阈值的所有序列，计算出每个可能 GO 注释的分数，最终获得 GO 功能注释。与传统 PSI-BLAST 搜索仅仅依赖一个严格的阈值（如 E-value < 0.001）进行功能预测相比，PFP 也考虑了更多的弱同源序列，这些序列里共同出现的 GO 条目，有可能被合理地预测出来。进一步，PFP 的作者还开发了 ESG 方法，用于增强注释的特异性。其主要策略是每一次 PSI-BLAST 迭代搜索到的序列对应的 GO 注释都加以考虑，用来预测待测蛋白的功能。换言之，一个 GO 条目如果频繁出现在多轮迭代的同源序列中，将赋予更高的分数，并预测为待测蛋白的功能。相比较之下，ESG 比 PFP 预测得到更少的 GO 条目。在早期的 CAFA 竞赛中，PFP 和 ESG 均表现优异。

PANNZER 是一款流行的、全自动的未知蛋白功能注释工具。对每一个待测蛋白，它主要通过 UniProt 数据库进行序列同源性搜索，采用带权重的 KNN 算法找到若干相似性显著同源蛋白，并对同源蛋白的 GO 条目进行富集和打分，最终实现对待测蛋白进行 GO 注释。此外，PANNZER 还基于同源蛋白的功能描述，通过聚类和统计，实现对待测蛋白的总体功能描述。新版的 PANNZER 采用了 SANSparallel 进行同源性搜索，具有比 BLAST 更快的搜索速度，这使得 PANNZER 可以同时对成千上万条的蛋白质序列进行功能注释。目前该方法已广泛应用于许多原核和真核生物的全蛋白质组范围内的 GO 功能注释。

虽然基于同源性搜索的方法仍然是主流的 GO 注释方法，但对于那些找不到同源蛋白的待测蛋白难以获得可靠的功能注释。为解决这个问题，除了考虑同源信息外，还需要整合其他序列信息进行功能推断。例如，GOLabeler 采用 LTR（Learn to Rank）方法整合了基于序列的多分类器实现对蛋白质功能全自动预测。在 CAFA3 竞赛中，GOLabeler 取得了优异的表现。

9.4.2.3 基于序列的其他蛋白质功能性质预测

有许多针对蛋白质特定功能性质的预测，包括信号肽预测、亚细胞定位、蛋白质特定功能家族预测、蛋白质功能位点预测等。总体上，仍然可以采用基于序列相似性的原理进行预测。许多情况下，具有相同功能性质的蛋白质并不具有明显的序列相似性，因此必须采用基于其他序列特征的统计和机器学习方法。由于篇幅所限，下面仅介绍信号肽预测和亚细胞定位预测。

信号肽（signal peptide）是蛋白质序列中一段特殊序列，通常位于蛋白质的氨基端，长度为 5 ~ 30 个氨基酸。信号肽在蛋白质的合成过程中首先被翻译出来，其主要功能是指导新合成的蛋白质到达正确的细胞器或者细胞位置。信号肽发挥功能后通常会被蛋白酶剪切掉，从而释放出成熟的蛋白质。信号肽的识别和分析也有相当成熟的生物信息学软件。SignalP 是一款广泛使用的信号肽预测工具，具有友好的用户交互界面。它基于蛋白质序列的氨基酸特性和模式，使用神经网络或隐马尔可夫模型进行预测。PrediSi 是一个基于序列特性的信号肽预测工具，它使用决策树进行预测。

对于蛋白质功能的分析，蛋白质的亚细胞定位注释也是不可或缺的一环。细胞中主要的蛋白质亚细胞定位包括：细胞质、细胞核、线粒体、内质网、高尔基体、溶酶体、过氧化物酶体、核糖体、中心粒、微管和微丝，以及可能存在的叶绿体、液泡；如果是分泌蛋白，还可能处于囊泡或细胞外基质。Uniprot 数据库中有许多经过实验验证（文献判读）的蛋白质亚细胞定位信息，这为蛋白质亚细胞定位的生物信息学算法开发提供了重要数据基础。在过去的几十年中，已经开发了许多基于蛋白质序列特征的亚细胞定位预测方法。例如，PSORT 是一种基于序列的亚细胞定位预测方法，它利用蛋白质序列中的各种特征（如信号肽、跨膜螺旋等）来预测蛋白质的亚细胞定位；TargetP 同样是一种基于序列的预测方法，它主要通过识别蛋白质序列中的信号肽和跨膜区来预测蛋白质的亚细胞定位；WoLF PSORT 是一个基于序列和蛋白质特性的亚细胞定位预测方法，它结合了多种预测方法的优点，提供了更准确的预测结果；DeepLoc 是一种基于深度学习的亚细胞定位预测方法，它可以自动学习和识别蛋白质序列中的复杂模式，从而进行亚细胞定位预测。这些方法在预测蛋白质的亚细胞定位时，都需要考虑蛋白质序列的各种特性，如氨基酸组成、二级结构、疏水性、电荷等。同时，它们也都利用了机器学习或统计模型来进行预测，这使得预测结果更加准确和可靠。

9.4.3 基于结构的蛋白质功能分析

蛋白质通过其特定的三维结构来行使其生物学功能。毫无疑问，蛋白质空间结构的信息对深入了解蛋白质的生物学功能是非常有帮助的。例如，蛋白质催化功能域的结构可以用来研究酶催化机制；蛋白质四级结构可以用来研究蛋白质不同亚基之间的互作界面，可以从分子机器的角度来研究蛋白质实现其功能的分子机制。从生物信息学角度，蛋白质结构信息的获得，大大加快了蛋白质功能的预测和注释。

9.4.3.1 基于结构相似性的功能预测

当我们能够得到待分析蛋白质的结构时，可以利用结构比对进行功能预测。结构比对能够发现许多序列比对无法发现的特征，如有一些蛋白质在序列上不相似，但是结构上非常相似，发挥的功能也很相似，从而拓宽基于序列相似性的功能预测。常用的结构比对方法，如 DALI 和 TM-align，均可用来开展基于结构的功能注释。蛋白质功能存在趋同进化，也就是两个蛋白质总体结构不同，但它们存在相关的功能位点，仍有可能行使相同的生物学功能。可以将已知功能位点的空间结构（如酶催化位点）作为模板，查找待测蛋白中与已知功能位点空间结构相似的子结构，进而预测待测蛋白可能的功能。

基于以上原理，一些专门的基于结构的功能预测工具已相继开发（表 9–3），代表性的方法有 ProFunc 和 COFACTOR。

ProFunc 整合一系列蛋白质序列和结构分析方法，从待测蛋白的序列和空间结构出发，实现对待测蛋白功能全方位的预测。首先，该方法对待测蛋白序列进行标准的序列分析，以鉴定其与已有蛋白质结构同源性、残基保守性以及功能位点。其次，该方法还利用待测蛋白的空间结构三维坐标开展结构相似性搜索，进一步得到待测蛋白可能的功能；通过鉴定待测蛋白的结合口袋发现待测蛋白可能的功能位点；进一步，该方法还通过与已知蛋白功能位点三维模板，包括酶活性位点，DNA 结合位点和配基结合位点，进行局部结构相似性比较来推断待测蛋白潜在的功能及功能位点。最终，ProFunc 可以将以上序列和结构分析的结果汇总得到对待测蛋白质综合的功能注释。

COFACTOR 是一个基于结构的蛋白质功能注释系统。从实验测定或预测得到的蛋白质空间结构出发，COFACTOR 首先将待测蛋白结构比对（包括全局和局部结构比较）到功能已知的代表性蛋白质结构模板库，构建打分函数，将已知蛋白的三个方面的功能信息（配基结合位点、酶分子 EC 号、GO 条目）迁移到待测蛋白上，从而实现待测蛋白的功能注释。经过大规模的测试，COFACTOR 展示出优越的预测性能，特别是在配体结合位点预测方面。

9.4.3.2 分子对接用于研究蛋白质与其他分子的相互作用

一旦蛋白质的空间结构获得解析，可以采用分子模拟手段研究蛋白质行使功能的分子机制。本章前一节介绍的分子动力学模拟就是通过模拟蛋白质在不同条件下空间构象的动态变化来理解蛋白质的功能。除了分子动力学模拟外，分子对接也是一个重要的分子模拟手段，它主要是通过计算的手段来研究蛋白质和配体分子的相互作用。从蛋白质和配体分子三维结构出发，分子对接就是要找到它们的结合模式并预测其亲和力。根据配体分子不同，可以将分子对接分为蛋白质–小分子对接、蛋白质–蛋白质对接和蛋白质–多肽对接等。分子对接方法根据分子结构的处理通常又可以分为三类：刚性对接、半柔性对接和柔性对接。刚性对接固定了受体和配体的构象，主要用于蛋白质–蛋白质或蛋白质–核酸等大分子对接。半柔性对接允许小分子的构象变化，而受体蛋白保持刚性，通常用于蛋白质–小分子对接。柔性对接允许受体和配体的构象均发生变化，用于研究分子之间的精确结合方式，精度高但计算成本也比较高。

分子对接方法可用于模拟小分子和蛋白质在原子水平上的相互作用（图 9–18），这使我们能够深入了解小分子与靶蛋白的结合模式，并阐明基本的生化过程。蛋白质–小分子对接流程如下。

（1）小分子处理

大部分小分子结构可以从 Pubchem/Chemspider 等数据库里面下载到 sdf 或者 pdb 格式的 2D/3D 结构文件，此外对于新合成的化合物没有收录进数据库，可以

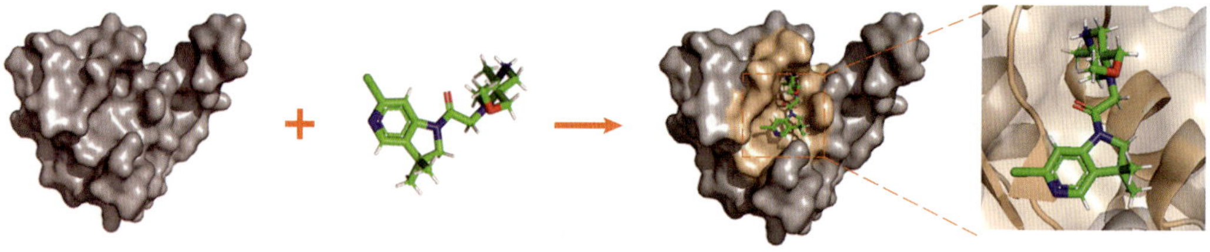

图 9-18 蛋白质与小分子对接示意图

使用 ChemDraw 进行绘制，并对小分子化合物进行结构建模和优化。

（2）蛋白质受体处理

大部分蛋白质的结构可以从 PDB 数据库获取，并进行预处理，主要是加氢、加电荷、二硫键和质子化状态方面的处理；对于三维结构未知的蛋白质受体，可以使用同源模拟和 AlphaFold2 等方法进行建模获取目标蛋白结构。

（3）寻找潜在的结合位点（口袋）

分子对接的关键步骤之一是先要找到受体分子的活性口袋。可以参照文献或实验数据进行口袋选择，对于没有活性位点报道的蛋白质受体，也可以用 cavityplus 等工具进行口袋预测。如果无法获得口袋信息，还可以默认对蛋白质进行全局对接。

（4）建立对接盒子

选择受体中口袋的残基作为盒子中心，调整盒子的大小，盒子需要足够大，能把口袋完全包裹住，且可以完全容纳配体分子。

（5）选择对接精度，完成对接

分子对接的过程主要是寻找配体在受体对接口袋中可能存在的最佳结合构象。通常关于构象的搜索方法有片段生长法、系统搜索法、Monte Carlo 模拟法和遗传算法等。对于单个的小分子一般选取精度最高的选项完成对接，获得对接后蛋白质和小分子的结合构象以及对应的对接打分。

蛋白质与小分子对接也是计算机辅助药物设计的重要手段，可以用于高通量药物分子虚拟筛选。虚拟筛选的主要原理是将大型化合物数据库中的所有分子与特定靶标蛋白进行对接，以便筛选出最具结合力的候选分子，其优势是短时间内处理数千种化合物，获得具有结构多样性的潜在先导化合物，从而降低了药物研发成本。

与蛋白质-小分子对接类似，蛋白质-蛋白质对接的目的就是要模拟已知三维结构的两个蛋白质的最佳结合模式，可以分为自由对接和基于模板的对接。自由对接主要包括四个步骤：第一步，通过刚性对接或简单的几何形状互补搜索两个蛋白质所有可能的结合模式；第二步，根据能量或聚类大小等评价标准过滤掉不合理的结合模式；第三步，对剩余构象进行能量优化，允许主链骨架和残基侧链的运动，同时移除侧链冲突的结合模式；第四步，利用精细的打分函数排序结合模式并挑选少数几个最接近天然状态的构象，其中，打分函数对最终预测结果的准确性有至关重要的影响。打分函数通常考虑了几何形状、范德华相互作用、静电相互作用、统计势能、去溶剂化能、溶剂化能、蛋白质相互作用界面面积等因素，可分为基于力场的打分函数、基于知识的打分函数和基于经验的打分函数。尽管以上蛋白质-蛋白质对接方法可以用于预测蛋白质复合物的三维结构，但其计算量较大且不会给出每一对蛋白质复合物唯一的三维结构，总体上蛋白质复合体结构预测精度还有待提高。迄今为止，已有不少蛋白质–蛋白质自由对接方法，包括 ZDOCK、GRAMM-X 和 HADDOCK 等。相比之下，基于模板的对接方法准确性更高。顾名思义，基于模板的对接是指以实验方法解析的蛋白质复合体结构为模板，推断两个目标蛋白的结合模式，即构建目标蛋白复合体的三维结构，该方法最重要的一个步骤是构建模板库。近年来，随着解析蛋白复合体结构的实验方法的日益成熟，PDB 数据库中可用的模板不断增加，进一步加快了基于模板的对接方法的发展。目前，已有很多基于模板的对接方法被开发。

生物体内还广泛存在蛋白质和多肽之间的相互作用。揭示蛋白质–多肽复合物的结构细节对于理解蛋白质–多肽识别的分子机制和多肽药物研发至关重要。然而，由于蛋白质与多肽相互作用的高度动态和瞬时性质，实验解析蛋白质–多肽复合物结构受到了极大的阻碍。因此，作为补充实验技术的重要替代方法，已经开发了各种蛋白质–多肽对接方法，用于预测蛋白质–多肽复合物的三维结构。同样，蛋白质–肽段对接算法大致可分为两类：基于模板的对接和无模板的对接。基于模板的对接方法使用类似复合物的结构作为模板来预测蛋白质–肽段复合物的结合结构，如 GalaxyPepDock。尽管取得了一些成功，但基于模板的对接方法受限于已知模板的数量，因此在一般应用中存在固有的限制。相比之下，无模板对接不需要任何模板，根据结合位点是否已知，可以细分为全局对接和局部对接。全局对接在蛋白质的整个表面上执行详尽搜索，以捕获肽段的结合位点和结合模式；如 pepATTRACT、MDockPeP、CABS-dock、ClusPro PeptiDock、PIPER-FlexPepDock 和 HPEPDOCK。局部对接则是在用户定义的结合位点周围搜索肽段的结合姿势。典型的局部对接方法包括 HADDOCK peptide docking、PEP-FOLD 3、DINC 和 AutoDock CrankPep（ADCP）。此外，值得一提的是，ADCP 还可以处理环状肽段的对接。

一般情况下，分子对接软件都会给出蛋白质与配体的打分，总体上能反映蛋白质和配体的结合力，但准确性往往不够。为更准确地评估两者之间的结合力，需要计算蛋白质与配体之间的结合自由能（ΔG_{bind}）来确定。目前，已经开发了多种方法来预测结合自由能，包括分子力学–泊松玻尔兹曼表面积（molecular mechanics-poisson boltzmann surface area，MM-PBSA）、分子力学–广义波恩表面积（molecular mechanics-generalized born surface area，MM-GBSA）、热力学积分（thermodynamics integration，TI）和自由能微扰（free energy perturbation，FEP）。其中，MM-PBSA 和 MM-GBSA 是近年来使用最广泛的方法。

9.4.4 基于网络的蛋白质功能分析

基于序列同源性或结构相似性的预测方法利用已知蛋白质的同源关系或结构相似性，具有较高的预测精度。然而，这种方法依赖于已知蛋白质的同源信息，对于没有已知同源物的蛋白质功能预测效果不佳。近年来，丰富的组学数据不断涌现，包括转录组学和蛋白质互作组学数据等。这些数据可以表征成生物分子网络。生物分子网络是系统生物学研究的重要内容，在本书的第 11 章将详细介绍常见的生物分子网络构建方法，重要的网络拓扑参数定义及复杂网络分析方法。这些生物分子网络的获得为系统层面理解基因/蛋白质功能提供了重要视角。以蛋白质–蛋白质相互作用（protein-protein interaction，PPI）网络为例，高连接度的“枢纽”蛋白质通常在生物过程中起关键作用，互作的两个蛋白质往往倾向于行使相似的生物学功能，而网络模块化结构则有助于识别共同参与特定生物过程的蛋白质集合。当前，以 PPI 网络为代表的生物分子网络已广泛应用于蛋白质的功能预测。总体上，基于网络来推测未知蛋白功能的核心思想是“连坐法”（guilt-by-association），其主要原理是两个蛋白质如果在网络中具有相似的网络拓扑特征，其功能也具有相似性。

9.4.4.1 基于邻域的蛋白质功能预测方法

基于网络的蛋白质功能预测方法中，邻域法（neighborhood method）最为简单直接。其核心假设是网络中距离较近的蛋白质可能具有相似的功能。邻居计数法是其中最直接的方法，即将邻居节点中出现频率最高的功能直接分配给目标蛋白。另外一些方法则使用 χ^2 检验等方法来确定邻居蛋白中显著富集的功能，并仅将这些功能分配给目标蛋白。邻居扩展法则通过将邻居蛋白扩展到包括其一阶邻居的近邻蛋白，然后使用富集显著性检验等方法来预测目标蛋白的功能。

更复杂的模型则考虑了网络的全局拓扑结构。例如，马尔可夫随机场（Markov random field，MRF）方法通过建模蛋白质相互作用网络中节点之间的依赖关系，然后利用吉布斯抽样或变分推断等方法进行概率推断，以预测未注释蛋白质的功能状态。这种方法不仅考虑了局部邻域的信息，还能够利用全局网络拓扑结构对功能预测进行更精确和可靠的推断，从而提高了预测的准确性和可靠性。

9.4.4.2 基于网络模块划分的预测方法

基于网络模块划分的预测方法不直接预测单个节点的功能，而是先识别网络中的紧密连接节点群（即模块），然后根据模块内部的功能分布来预测未注释蛋白质的功能。目前存在多种模块识别方法，包括基于层次聚类、随机游走、模块度和图分割等策略。

（1）基于层次聚类的模块发现方法

该方法关键在于如何利用网络信息来衡量蛋白质对之间的相似度。一种直观的方法是通过计算网络中蛋白质对之间的距离，然后基于这些距离进行层次聚类。然而，许多蛋白质对之间的网络距离相同，这对聚类方法构成挑战。解决这一问题的方法之一是增加相似度度量的多样性，如结合节点度、介数中心性、邻域重叠度等网络拓扑特征，以提高相似度度量的区分度。另一种策略是利用边的强度、可靠性或生物学相关性等加权信息来丰富距离度量，使其更具区分性，或者采用多种距离度量的加权组合以获得更精确的相似度评估。此外，引入随机性可以避免算法陷入局部最优解而提高聚类效果。这些策略为解决蛋白质相互作用网络中距离相同问题提供了理论和应用基础。

（2）基于随机游走的模块发现方法

在复杂网络中，模块内部节点之间的连接通常更为密集。这意味着，如果从模块内的任一节点开始进行随机游走（random walks），到达相邻节点的概率远高于离开当前模块的概率。通过多次随机游走，我们有可能发现网络中的模块或社区结构，这是利用随机游走来识别网络功能模块的基本思想。

马尔可夫聚类算法（Markov cluster algorithm，MCL）是一种经典的基于随机游走的算法，其核心思想是模拟信息在网络中的流动，通过反复的扩展（expansion）和膨胀（inflation），加强模块内部的连接并削弱模块之间的连接，从而识别出网络中的模块。下面以一个简单的网络为例，展示 MCL 算法的计算过程：

在图 9–19 所示的网络中，节点 A、B、C 相互连接，节点 E 仅与 D 连接，节点 D 仅与 B、E 连接。MCL 算法的第一步是在网络的邻接矩阵中添加每个节点的自环，允许节点可以作为自身的邻居。第二步是对矩阵进行归一化处理，生成概率转移矩阵，该矩阵表示了从一个节点随机游走到其邻居节点的转移概率。例如，从节点 A 随机游走到 A、B、C 的概率均为 0.333 3。第三步是进行矩阵扩展操作，即通过多步马尔可夫过程计算随机游走路径的概率转移。例如，从 A 经过两步随机游走到 A、B、C、D 的概率分别为 0.305 6、0.305 6、0.305 6、0.083 3。第四步是矩阵膨胀操作，通过平方化矩阵元素并按列归一化，加强高概率转移路径的权重，减弱低概率转移路径的权重。此时，从 A 到 A、B、C、D 的转移概率分别为 0.325 3、

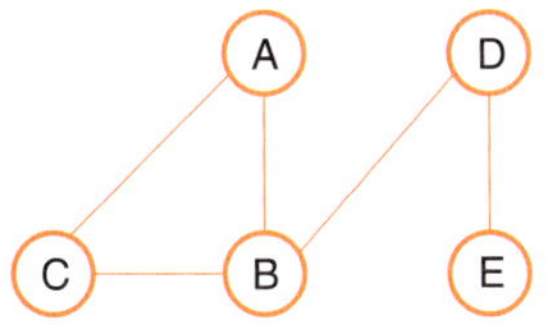

$$\begin{pmatrix} 0 & 1 & 1 & 0 & 0 \\ 1 & 0 & 1 & 1 & 0 \\ 1 & 1 & 0 & 0 & 0 \\ 0 & 1 & 0 & 0 & 1 \\ 0 & 0 & 0 & 1 & 0 \end{pmatrix}$$

(a) 一个简单的网络及其邻接矩阵

$$\begin{pmatrix} 1 & 1 & 1 & 0 & 0 \\ 1 & 1 & 1 & 1 & 0 \\ 1 & 1 & 1 & 0 & 0 \\ 0 & 1 & 0 & 1 & 1 \\ 0 & 0 & 0 & 1 & 1 \end{pmatrix}$$

(b) 第一步：添加自连接

$$\begin{pmatrix} 0.333\,3 & 0.250\,0 & 0.333\,3 & 0.000\,0 & 0.000\,0 \\ 0.333\,3 & 0.250\,0 & 0.333\,3 & 0.333\,3 & 0.000\,0 \\ 0.333\,3 & 0.250\,0 & 0.333\,3 & 0.000\,0 & 0.000\,0 \\ 0.000\,0 & 0.250\,0 & 0.000\,0 & 0.333\,3 & 0.500\,0 \\ 0.000\,0 & 0.000\,0 & 0.000\,0 & 0.333\,3 & 0.500\,0 \end{pmatrix}$$

(c) 第二步：矩阵归一化(列)

$$\begin{pmatrix} 0.305\,6 & 0.229\,2 & 0.305\,6 & 0.083\,3 & 0.000\,0 \\ 0.305\,6 & 0.312\,5 & 0.305\,6 & 0.194\,4 & 0.166\,7 \\ 0.305\,6 & 0.229\,2 & 0.305\,6 & 0.083\,3 & 0.000\,0 \\ 0.083\,3 & 0.145\,8 & 0.083\,3 & 0.361\,1 & 0.416\,7 \\ 0.000\,0 & 0.083\,3 & 0.000\,0 & 0.277\,8 & 0.416\,7 \end{pmatrix}$$

(d) 第三步：矩阵扩展(矩阵平方)

$$\begin{pmatrix} 0.093\,6 & 0.052\,4 & 0.093\,6 & 0.006\,9 & 0.000\,0 \\ 0.093\,6 & 0.097\,3 & 0.093\,6 & 0.037\,6 & 0.027\,9 \\ 0.093\,6 & 0.052\,4 & 0.093\,6 & 0.006\,9 & 0.000\,0 \\ 0.006\,9 & 0.021\,3 & 0.006\,9 & 0.130\,3 & 0.173\,9 \\ 0.000\,0 & 0.006\,9 & 0.000\,0 & 0.077\,3 & 0.173\,9 \end{pmatrix}$$

(e) 第四步：矩阵膨胀——矩阵元素平方化

$$\begin{pmatrix} 0.325\,3 & 0.227\,4 & 0.325\,8 & 0.026\,8 & 0.000\,0 \\ 0.325\,3 & 0.422\,9 & 0.325\,8 & 0.145\,8 & 0.074\,1 \\ 0.325\,3 & 0.227\,4 & 0.325\,8 & 0.026\,8 & 0.000\,0 \\ 0.024\,2 & 0.092\,1 & 0.024\,2 & 0.503\,0 & 0.463\,0 \\ 0.000\,0 & 0.030\,1 & 0.000\,0 & 0.297\,6 & 0.463\,0 \end{pmatrix}$$

(f) 第四步:矩阵膨胀——按列归一化

$$\begin{pmatrix} 0 & 0 & 0 & 0 & 0 \\ 1 & 1 & 1 & 0 & 0 \\ 0 & 0 & 0 & 0 & 0 \\ 0 & 0 & 0 & 1 & 1 \\ 0 & 0 & 0 & 0 & 0 \end{pmatrix}$$

(g) 重复第三、四步，得到最终收敛的矩阵

图 9–19 MCL 算法示意图

0.325 3、0.325 3、0.024 2。通过反复进行扩展和膨胀操作，最终使矩阵收敛，并形成对角块结构，其中每个块内的节点即为网络中的紧密连接子群（模块）。在例子中，可以看到（A，B，C）形成一个紧密模块，而（D、E）则形成另一个模块。

随机游走重启（random walk with restart，RWR）是一种常见的随机游走算法。它允许从已知的种子节点开始随机游走，并在每一步中以一定的概率返回到种子节点，这样的设计保证了算法能够同时探索网络的局部和全局结构。通过 RWR 算法，我们可以量化其他节点与种子节点之间的关联程度。举例来说，RWR 算法可应用于疾病基因研究中，从已知的疾病基因出发，利用网络信息识别与这些基因密切相关的潜在疾病基因。

（3）基于模块度的模块发现方法

模块度（modularity）的概念最早由马克·纽曼（Mark Newman）和米歇尔·吉尔凡（Michelle Girvan）于 2004 年提出。他们在研究社会网络和互联网拓扑结构时，引入了一种可量化网络内部模块化程度的指标 Q：

$$Q=\frac{1}{2m}\sum_{ij}\left(A_{ij}-\frac{k_ik_j}{2m}\right)\sigma(ij) \tag{9-25}$$

其中，m 为图中所有节点的度数之和，k_i 和 k_j 为节点 i 和 j 在网络中的度数。符 $\sigma(ij)$ 表示节点 i 和 j 是否属于同一个模块，为 1 表示属于同一模块，否则为 0。A_{ij} 为节点 i 和 j 在网络中的实际连接强度，而 $\frac{k_ik_j}{2m}$ 则是它们在一个随机网络中的期望连接强度。模块度 Q 的取值范围为 $-1\sim 1$，越接近 1 则表示网络模块结构越清晰。

Newman 也提出了一个基于最大化 Q 指标的算法来划分模块。该算法的核心是通过不断迭代来优化节点的分组，使得网络内部连接更密集，而不同模块之间的连接较少。Louvain 算法是另一种基于模块度的算法，它是一种基于贪心的启发式算法，在每一步迭代中通过将节点移动到新的模块中，以增加当前网络的模块度。由于采用高效的近似方法，Louvain 算法特别适合处理大规模网络，能够在短时间内找到相对较好的解。

（4）基于图分割的模块发现方法

基于图分割（graph partitioning method）的模块划分算法利用图的特性，将图分割成多个子图（模块），使得子图内部连接密集，而子图之间连接稀疏。其中，一类代表性算法是最小化跨子图的边数或权重总和，如 Kernighan-Lin 算法。该算法首先将图随机分成两个子集，然后计算每对节点交换后的跨子集边的权重收益，并选择收益最大的节点对进行交换。通过反复交换两个子集中的节点，逐步最小化跨子集的边权重。此过程持续进行，直至收益不再增加，从而优化图的分割。

另一类算法则利用图的拓扑结构和特征进行分割，其中谱聚类算法（spectral clustering）是一个典型例子。谱聚类算法利用图的拉普拉斯矩阵的特征向量来实现图的划分。具体而言，该方法首先计算图的拉普拉斯矩阵。对于一个给定的图，拉

普拉斯矩阵定义为 $L = D - A$，D 为图的度矩阵，A 是图的邻接矩阵。然后，通过计算标准化拉普拉斯矩阵的特征值和特征向量，将图的节点映射到这些特征向量构成的低维特征空间。最后，在此特征空间中利用 K-means 等聚类算法进行节点的划分，以实现高效的模块化划分。谱聚类方法适用于处理大型网络，并且能够有效应对稀疏图的挑战，尽管其计算复杂度较高。

（5）网络模块识别后的蛋白质功能预测方法

在网络中识别模块后，可以通过几种方法来预测蛋白质功能。一种简单的方法是直接将模块内已注释蛋白质的功能分配给模块内的每一个未注释蛋白质。更为可靠的办法是使用 χ^2 检验或 Fisher 精确检验对模块内部的功能进行富集分析，以确定模块内是否显著富集某些特定的功能或生物过程，再进行功能注释。此外，还可以通过训练机器学习模型，结合网络拓扑特征（如节点度、介数中心性、聚类系数等）和已知功能蛋白质的信息，来预测未知蛋白质的功能。总体而言，识别网络模块后的蛋白质功能预测方法多种多样，每种方法都有其特定的应用场景和优缺点。通过结合这些方法，可以更准确和全面地推测蛋白质的功能。

9.4.4.3 基于网络整合的蛋白质功能预测方法

整合多种组学数据网络以预测基因功能是生物信息学和系统生物学中的关键研究领域。该方法旨在有效利用高通量技术生成的大量数据，揭示基因之间的功能和相互关系。核心思想是结合不同类型的生物学数据，如蛋白质–蛋白质相互作用、基因共表达、遗传相互作用、代谢通路和基因本体注释等，构建多个网络，并通过算法将这些网络整合，从而提高基因功能预测的准确性和覆盖范围。随着技术和数据的不断进步，这种方法为理解基因功能和生物系统复杂性提供了强大的工具。

两个典型的算法例子是 GeneMANIA 和基于贝叶斯网络的方法（如 GAIN）。GeneMANIA 采用监督学习方法，通过线性回归学习每个网络的权重，然后利用这些权重创建一个加权整合网络。该整合网络的邻接矩阵结合了多个网络的信息，更准确地反映了基因之间的功能关联性。GeneMANIA 接着使用标签传播算法在整合网络上进行蛋白质功能预测，为每个未注释基因分配一个与已知功能基因集合相关性的功能得分。

而基于贝叶斯网络的方法（如 GAIN），则采用概率图模型的框架。它将每个数据网络视为独立的证据，利用条件概率表示基于每个网络证据的情况下蛋白质具有特定功能的概率。然后，通过贝叶斯规则将这些证据整合，推断蛋白质具有特定功能的后验概率。贝叶斯方法保持每个网络的独立性，通过概率推理进行整合，直接输出蛋白质具有特定功能的概率估计。

9.4.4.4 基于机器学习的网络预测方法

序列、结构和网络信息可以分别预测蛋白质的功能，一个非常自然的想法是将这几种不同的数据整合进一步提升预测精度，通常整合采用的是机器学习算法。例如，GOLabeler 的改进方法 NetGO 通过整合蛋白质序列和蛋白质–蛋白质相互作用网络信息用于全自动的蛋白质功能注释。除了传统的浅层机器学习模型，基于深度学习的网络预测方法已经在生物信息学领域广泛应用。在处理如蛋白质–蛋白质相互作用网络等生物网络时，深度学习模型通常需要将网络中的节点映射到低维向量空间中，以便于捕捉节点及其邻域的结构信息。以下介绍几种典型的网络嵌入方法及其相关的功能预测方法。

DeepWalk 是一种经典的网络嵌入算法，其核心思想是通过随机游走策略在网络中生成大量节点序列，模拟局部邻域结构。然后，利用这些序列训练神经网络模型，学习每个节点的低维向量表示。这些向量保留了节点在整个图结构中的语义和关系信息，可用于节点分类、连接预测等图分析任务，成为图机器学习领域的重要工具。

DeepGO 是一个基于深度学习的蛋白质功能预测模型。它首先利用 DeepWalk 方法生成 PPI 网络中每个节点的 256 维网络拓扑特征。同时，它对蛋白质序列进行 3-mer 编码，并通过 1D 卷积和最大池化层提取序列特征。DeepGO 通过整合网络和序列特征，设计了一个分层神经网络模型来预测功能，确保结果符合 GO 分类结构的从属关系。

图神经网络（graph convolutional network，GCN）直接对网络进行图卷积操作，从中提取节点的特征表示。每个蛋白质节点的特征由其邻居节点的特征聚合得到，多层卷积叠加可以捕捉更高阶的邻域信息。DeepGraphGO 是一个端到端的功能预测模型。它首先构建了一个 17 个物种的 PPI 网络，进而利用 GCN 提取多物种 PPI 网络的网络特征。然后，将蛋白质序列特征与网络特征融合，构建图神经网络来预测蛋白质功能。

9.5 代谢组学

9.5.1 代谢组学概述

代谢组学（metabonomics）是对生物体内代谢产物的组成及其变化进行系统性研究的新兴组学领域，是系统生物学的重要组成部分。

代谢组学是研究处于特定时期（如不同发育状态等）或受到特殊扰动（如伤病、给药等）的生物体内所有代谢物组成及其变化的学科。代谢组学主要针对的是分子量小于 1 000 的内源性分子，包括糖类、脂质、氨基酸、芳香烃等。代谢物在不同物种中数量存在差异，一般动物约有 2 500 种、微生物约有 1 500 种，植物约有 20 万种。

作为基因表达的下游产物，代谢物在生理过程中的作用不可忽视。生物机体中的生理活动由基因、蛋白质以及代谢物共同调节，而上游大分子（核酸、蛋白质等）的变化大多最终会体现在代谢物层面，如细胞间通信、激素调控、受体作用效应等。值得注意的是，虽然代谢物处于基因调控网络和蛋白互作网络的下游，但其也能够

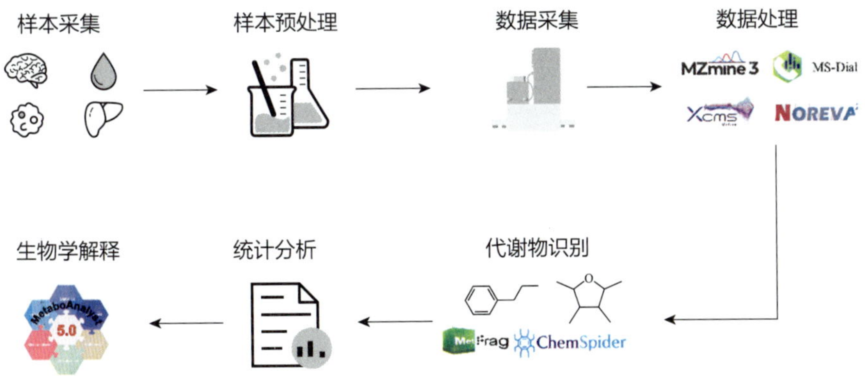

图 9-20 代谢组学研究中的主要环节

通过与上游基因、蛋白质进行相互作用，实现对上游生命活动网络的反馈，参与众多生理过程的调控。

本节将对代谢组学进行简要介绍，包括其发展历程、样本制备、主要实验技术平台、数据处理以及下游分析等（图 9-20）。重点强调了代谢组学研究中的一些注意事项，并给出了数据处理过程的详细讲解，以帮助读者理解如何获得高质量的代谢组学数据。

9.5.1.1 代谢组学发展历程

代谢组学相关的研究起源于 20 世纪 70 年代的代谢谱分析，而代谢组学的概念在 20 世纪 90 年代首次被英国帝国理工大学杰里米・尼科尔森（Jeremy Nicholson）教授提出。在代谢组学发展的早期，人们通常使用核磁共振技术（NMR）来检测代谢物，然而这种方法存在样本需求量大、灵敏度低等问题，不能满足对人体代谢物全面、定量分析的需求。随着质谱（MS）技术的发展，质谱与气相、液相色谱技术的联用被广泛用于代谢组学的数据获取，通过质荷比、相对丰度等信息反映代谢物的结构和丰度。到 21 世纪，代谢组学检测技术已经有了巨大的进步，三维荧光液相色谱、同位素示踪等方法得到了广泛应用。而随着近几年单细胞技术的发展，研究者能够检测单个细胞中的代谢物含量及其变化，单细胞代谢组学正在兴起。

9.5.1.2 代谢组学的样本制备

由于代谢物能够随着体液被排出机体，因此代谢组学样本的获取相较其他组学更加便捷。尿液、血液、动物粪便提取物、植物组织提取物等能够快速获取的生物体液是代谢组学研究中最常用的样本。正是因为代谢组学研究的生物样本易获取，其在医疗诊断领域具有极大的应用前景。此外，代谢组学研究的对象也可以是各种临床上或动植物实验中取得的实体组织样本等较复杂的生物样本。

需要注意的是，收集代谢组学样本的过程需要进行严格的把控。收集样本时应该根据实验设计综合考虑采样时间、样本保存条件以及保存时间等实验因素的一致性。在收集临床生物样本时，还有必要尽量保证实验组与对照组之间的年龄、性别、膳食、生活作息、病史、用药状况等多方面因素的一致性。这些与实验目的无关的外在因素均可能导致代谢组学数据的变化，影响最终的实验结果。

生物样本中的代谢物容易受到环境中众多因素的影响（如由于样本中残留酶活

性而降解原有代谢物、产生新的代谢物），因此通常需要对样本尽快进行淬灭，并且进行合适的提取。不同的代谢组学技术平台的样本提取方法不同，需要根据实际使用的技术平台以及实验目的来确定使用的提取方法。

相较于基因和蛋白质，代谢物处于生命活动的下游，动态波动性大。因此需要更多生物学重复来增加数据的可靠性和说服力，一般情况，不同类型的样本生物学重复如下：

① 植物样本　至少 6 次生物学重复，建议 8 次以上；

② 模式动物及微生物样本　至少 8 次生物学重复，建议 10 次以上；

③ 临床样本　至少 30 次生物学重复，建议 50 次以上。

9.5.1.3　代谢组学的实验技术

完成样本收集和提取后，研究者应当根据样本性质、实验目的以及目标代谢物的理化性质，选择合适的实验技术平台。目前在代谢组学中最常用的样品分析平台可以根据核心检测仪器的不同分为两种类别：基于核磁共振的技术平台、基于质谱的技术平台。

（1）基于核磁共振（NMR）的技术平台

基于 NMR 的技术平台对生物样本中所有化合物的灵敏度都一致，并没有与代谢物相关的偏向性，不需要复杂的前处理并且可以进行实时动态的数据监测。最关键的优势是基于 NMR 的代谢组学检测不会对样本造成损伤，不会改变生物样本的结构和性质。如果计划在代谢组学后继续对样本进行其他的检测分析，基于 NMR 的技术平台是较好的选择。

然而，需要注意的是，基于 NMR 的技术平台灵敏度较低（相较基于 MS 的技术平台低几个数量级），难以检测到样本中低丰度的代谢物，且研究者需要根据核磁共振结果提供的结构片段信息进行代谢物的身份推断，这通常比较困难。

（2）基于质谱（MS）的技术平台

在基于 MS 的代谢组学数据获取中，通常将 MS 与色谱联合使用，利用色谱对代谢物进行分离，将样本分别送入 MS，然后借助 MS 的分子身份识别能力对样本中的代谢物进行定性或定量分析。得益于质谱极高的灵敏度，基于质谱的技术平台通常能够获得更多低丰度代谢物的信息，这在生理病理过程的机制探究中至关重要。最常用的基于 MS 的技术平台包括液相色谱–质谱联用（LC-MS）技术平台以及气相色谱–质谱联用（GC-MS）技术平台。

LC-MS 是一种广泛使用的物质分离分析技术，具有灵敏度较高、动态范围较宽、无须衍生化等优点。LC-MS 通常被用于 GC-MS 难以分析的强极性、难挥发、热不稳定性代谢物的检测分析。

GC-MS 主要用于挥发性物质的代谢组学研究，得益于有 NIST（National Institute of Standards and Technology）数据库提供相对完善的小分子电子电离质谱（EI-MS）信息，在代谢物身份识别方面较为便利，目前已经在植物样本代谢组学研究中得到广泛的应用。在动物样本代谢组学研究中，由于动物的内源性代谢物多为不挥发性代谢物，很大程度上限制了 GC-MS 的使用。但值得注意的是，随着衍生化方法的创新，GC-MS 也逐渐在动物样本的代谢组学研究中得到广泛应用。与 LC-MS 相比，GC-MS 所检测的化合物主要集中在极性程度低，分子量相对小的代谢物（< 300）。

9.5.1.4 代谢组学数据分析流程概况

代谢组学研究产生大量的数据首先需要进行提取、峰对齐、去噪等处理，然后进行数据处理，最终进行模式识别、多元统计分析等下游数据分析，从海量的数据中获得关键信息。代谢组学数据分析通常包含三个环节：① 生成数据矩阵，基于 MS/NMR 技术平台获得的原始数据图谱，使用相应软件平台转换为定量的数据矩阵；② 数据处理，去除数据中的低质量数据并减少非生物变异，调整数据分布，为后续数据分析做准备；③ 下游分析，对经过合适处理的数据进行差异分析、聚类分析、时序分析等，挑选出能够有效鉴别不同类别、不同时期生物样本的关键差异代谢物，或寻找到不同类别间代谢物的特定表达模式。经过上述数据处理，找到关键的代谢物之后，通过代谢通路网站的搜索，结合代谢通路等信息探究它们代表的生物学意义，从而将实验数据结果和体内的生物学变化结合起来。

9.5.1.5 代谢组学数据库

HMDB 数据库是由加拿大代谢组学创新中心于 2007 年开发并长期维护的一个综合的代谢组学数据库网站，其中主要收录人体内源性代谢产物并提供代谢物相关的信息，包括代谢物的化学式、化学分类、理化性质、代谢通路、部分 MS/MS 图谱等。该数据库目前支持化合物名字搜索、分子量搜索、分子结构搜索，MS/MS 搜索；该数据库目前不支持批量搜索，仅限于单个代谢产物搜索，搜索效率较低。不支持代谢通路搜索、代谢化合物浓度搜索等。

KEGG 数据库是由日本京都大学于 1995 年创立，是世界上最大、最全的生物信息学数据库之一。含有部分代谢组学信息。主要偏重代谢通路和整合代谢、基因和蛋白质通路信息。目前含有 372 条代谢通路和超过 15 000 个各类代谢产物（动物、植物和细菌等）。该数据库最大特点是收录全，包括基因、蛋白质和代谢产物等信息，但是缺少这些代谢产物在生物体内的浓度、功能和疾病相关信息。

Metlin 数据库是由 The Scripps Institute Gary Siuzdak 组创立，主要侧重应用于非靶向代谢组学（non-targeted metabolomics）代谢产物鉴定。网站的主要特征是具有大量代谢产物的 MS/MS 图谱，而且每个化合物都有不同的碰撞能。用户还可以获得分子量、化学结构式、化学结构等信息。该数据库的主要缺陷是没有代谢产物在生物体中的浓度、代谢通路等信息，没有临床相关的信息，偏重化学分析。

MetaboLights 数据库是由欧洲生物信息学研究所开发和维护的一个开放的代谢组学数据库，旨在存储、共享和分析代谢组学实验数据。收集和整理了来自各种代谢组学研究的实验数据，包括质谱和核磁共振等技术生成的代谢物谱图、代谢物注释信息、样品和实验设计等相关数据。这些数据可以通过 MetaboLights 网站进行搜索和访问。MetaboLights 提供了一系列功能，使用户能够浏览、搜索和下载代谢组学数据。用户可以根据关键词、实验类型、物种等条件进行搜索，并查看与特定实验相关的详细信息。此外，MetaboLights 还提供了数据分析工具和资源，包括用于代谢物注释和通路分析的工具。用户可以使用这些工具对下载的数据进一步分析和解释。MetaboLights 支持数据共享和数据集发布。研究人员可以将自己的代谢组学数据上传到 MetaboLights 数据库，并选择是否将其公开共享，已经成为代谢组学数据存储和检索的重要平台。

Metabolomics Workbench 数据库是一个由美国国立卫生研究院（NIH）支持的综合性代谢组学数据库，旨在存储、共享和分析代谢组学实验数据。它收集和整理了来自各种代谢组学研究的实验数据，包括质谱和核磁共振等技术生成的代谢物谱图、代谢物注释信息、样品和实验设计等相关数据。这些数据可以通过网站进行搜索和访问。用户可以根据关键词、实验类型、物种等条件进行搜索，并查看与特定实验相关的详细信息。Metabolomics Workbench 同样支持数据共享和数据集发布。

9.5.2 代谢组学数据处理

随着检测技术的发展，代谢组学一次实验能够运行的样本数、检测到的代谢物数量飞速增加。代谢组学数据的复杂性也随之快速提高，有必要在后续分析之前进行完善的数据处理，以提供后续数据分析的可靠性。通常，基于 NMR 技术平台获取的原始数据通过代谢物注释（annotation）获得数据矩阵（行为样本，列为代谢物），而基于质谱技术平台获取的原始数据通过峰检测（peak detection）获取数据矩阵（行为样本，列为代谢物碎片离子峰）。针对所得数据矩阵的常用的数据处理流程包括缺失值填充（imputation）、数据转换（transformation）、数据归一化（normalization）、数据缩放（scaling）。具体流程见图 9-21。

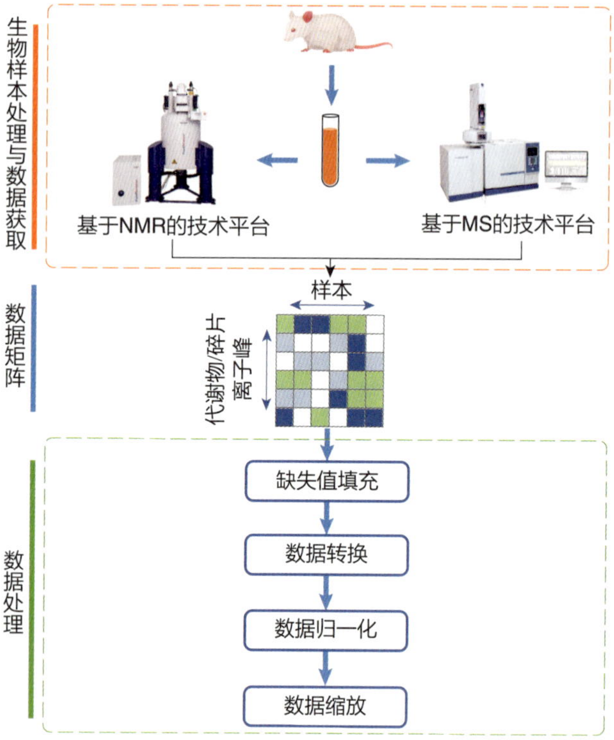

图 9-21 代谢组学数据获取与数据处理

9.5.2.1 缺失值填充

代谢组学实验中，部分代谢物产生的信号峰质量较差或者代谢物含量较低而无法被检测到，导致数据矩阵中出现相应的缺失值。对于缺失值，可以选择适当的填充方法，如均值替换、中值替换、最近邻替换等，以保持数据的完整性和一致性。

9.5.2.2 数据转换

许多统计分析假设数据的分布符合正态分布，然而实际数据矩阵中的特征分布可能并不是正态分布，而是偏态分布，需要在后续分析前使其呈现近似正态分布。此外，数据经常会受到来自各种来源的异方差噪声的影响，而分析时通常假设噪声是同方差的。对数据矩阵进行数据转换就是为了纠正异方差和偏态分布，为后续分析提供便利。常用的数据转换方法包括对数变换、方根变换等。

9.5.2.3 数据归一化

数据归一化是为了消除样本间不需要的变异（如不同的样本液体浓度等），并允许对样本进行定量比较。常见的归一化策略是为数据表中的样本计算归一化系数，然后将矩阵中的每一行（行代表样本）除以归一化系数，以消除样本间的不必要变异，如总面积归一化法（total area normalization）、概率商归一化法（probabilistic quotient normalization）等。也有部分归一化方法不需要计算归一化系数，如分位数归一化法（quantile normalization）等。

9.5.2.4 数据缩放

在数据矩阵中，丰度较高的代谢物表现出较高的数值，与丰度较低的代谢物相比，在样本间显示出更大的差异。后续分析中采用的部分方法（如 PCA）基于方差进行分析，这可能会导致丰度较高的代谢物被认为是关键代谢物，而部分在生物学上有重要意义但丰度较低的代谢物则被忽视。因此，有必要对数据矩阵中的代谢物特征（列代表代谢物或代谢物碎片离子峰）表达值进行缩放，以平衡代谢物间的表达值差异。常用的缩放包括自动缩放（auto-scaling）、范围缩放（range scaling）等。

9.5.2.5 代谢组学数据处理的软件和工具

对于代谢组学数据，选择适合自己研究目的和数据类型的软件和工具进行数据处理是很重要的。常见的数据处理工具如下。

（1）XCMS

XCMS 是一个用于代谢组学数据处理和分析的流行开源软件包。它提供了用于峰识别、对齐、配准和归一化的功能，可以处理质谱和色谱数据。

（2）MetaboAnalyst

MetaboAnalyst 是一个集成的在线平台，用于代谢组学数据处理、统计分析和功能解释。它提供了丰富的工具和算法，包括数据处理、多变量分析、通路富集分析等。

（3）MZmine

MZmine 是一个用于质谱数据处理和分析的开源软件。它支持从原始质谱数据中进行特征提取、峰识别和定量分析，还提供了工作流的创建和自定义功能。

（4）MS-Dial

MS-Dial 是一个用于代谢组学数据处理和分析的开源软件工具。它专门设计用于处理液相色谱–质谱联用（LC-MS）和气相色谱–质谱联用（GC-MS）数据，旨在帮助研究人员从复杂的代谢组学数据中提取有关样品中代谢物的信息。

（5）NOREVA

NOREVA 是一个专业用于代谢组学数据处理的工具。它支持数百种不同的代谢组学数据处理流程，并能够对这些数据处理流程的性能进行评估。

9.5.3 代谢组学下游分析

9.5.3.1 聚类分析

聚类分析常被用于对经过数据处理的代谢组数据进行数据挖掘。它可用于对一组对象进行分组，其中相似的对象比那些关系较远的对象分组得更紧密。聚类不是单一算法，而是指一组不同的算法，这些算法在确定关系的方法上存在显著差异。

代谢组学数据的聚类分析主要有两种目的，一种是对包含所有代谢物表达信息的数据矩阵进行聚类，比对实验设计中的样本组学分类与聚类结果中的样本分类，以此检查样本重复性以及实验操作的质量；另一种是对具有相近表达模式的代谢物进行聚类，以此观察代谢物丰度在各类别中的变化规律，识别关键的代谢物。目前可选的聚类方法众多，最常用的包括 *K*-means 聚类、层次聚类等方法，聚类方法的选择需要考虑数据维度、样本数、数据分布等条件，聚类结果的可视化通常采用聚类树状图和热图。

9.5.3.2 差异分析

通过差异分析，研究者能够快速找到不同组别中的差异代谢物，如疾病与健康状态下的关键生物标志物。通常使用 t 检验、ANOVA 检验，识别出不同组别之间的差异代谢物，也可以结合多元统计分析的结果对关键代谢物进行识别。在差异分析中，常用的图形表示为差异柱状图、火山图、差异热图等。

9.5.3.3 通路分析

代谢组学的通路分析是对代谢物进行功能注释和关联分析，以揭示代谢物之间的相互关系以及其参与的生物过程和代谢通路。代谢通路是一系列相互作用的化学反应，负责维持生物体内代谢平衡和能量转化。通过通路分析，可以识别出与特定生物过程或疾病相关的代谢通路，并深入了解其调控机制。通路分析有助于深入理解代谢物在生物体内的作用和调控机制。通常基于 KEGG 数据库进行代谢组数据的通路分析。

部分代谢组学通路分析的方法直接借鉴基因通路分析的方法，如过表征分析（over-representation analysis，ORA）。ORA 是一种用于确定在给定数据集中是否存在显著过度表示的统计方法。通常使用一些统计检验方法（如超几何分布、Fisher 精确检验等）来计算基因集合或代谢物集合（代谢通路）中的实际数量与预期数量之间的差异，被用于确定某些基因集合或代谢物集合是否在给定的实验条件下过度表示，是否有显著差异。

9.5.3.4 蛋白质与代谢物关联分析

蛋白质与代谢物的关联分析可以帮助我们理解蛋白质在代谢过程中的作用和调控机制。以下是一些常见的蛋白质与代谢物关联分析的方法：

（1）代谢组学和蛋白质组学的整合分析

对蛋白质组和代谢组两个组学数据进行整合分析，快速筛选数据，找到共同参与某类代谢通路或者具有相同变化趋势的差异蛋白和差异代谢物，系统描述生物体内的分子调控机制，为后续实验验证与分析提供数据基础。例如，可以将代谢物与相应的酶或转运蛋白进行关联分析，以了解蛋白质在代谢途径中的功能和调节。

（2）蛋白质–代谢物网络分析

通过构建蛋白质与代谢物之间的相互作用网络，揭示两者之间的关联模式和蛋白质与代谢物之间的相互作用关系、调控机制和生物功能。

（3）代谢酶和蛋白质相互作用分析

通过研究代谢酶与其他蛋白质之间的相互作用，可以了解代谢途径的调节机制。例如，可以使用蛋白质–蛋白质相互作用网络数据库和相关的实验技术，揭示代谢酶与其他蛋白质（如转录因子或底物结合蛋白）之间的相互作用关系，从而解析代谢调控的分子机制。

9.5.4 代谢组学应用实例

9.5.4.1 代谢组学在疾病诊断中的应用

代谢组学在疾病诊断中已经得到广泛研究和应用。通过分析和解读人体内代谢产物的组合和数量变化，可以揭示疾病的生物标志物、疾病机制以及个体化医学相关信息。以下是代谢组学在疾病诊断中的几个常见应用。

（1）疾病早期筛查和诊断

代谢组学可以通过比较正常人群和患者群体之间的代谢物谱图差异，寻找特异性的代谢标志物，从而进行疾病早期筛查和诊断。例如，通过代谢物组合的分析可以帮助早期发现某些遗传代谢病、代谢综合征、癌症等多种疾病。

（2）疾病分类与亚型识别

代谢组学可以对不同类型或亚型的疾病进行分类和识别。通过分析代谢物组合的模式，可以将同一疾病的不同亚型进行区分，并为治疗选择提供指导。例如，针对一些特殊的难治型肿瘤亚型（如三阴性乳腺癌），研究者们也在不断地通过对大规模队列的多组学测序，揭示其内在亚型分类及对应的生物学特性。代谢组学在肿瘤分类、心血管疾病亚型的识别和糖尿病类型的确定等方面具有潜在应用价值。

（3）疾病进展监测和预后评估

代谢组学可以通过监测代谢物组合的动态变化，帮助监测疾病的进展和治疗效果，并评估患者的预后情况。例如，代谢组学可以用于监测癌症患者的肿痛负荷，评估疾病复发和转移风险。

（4）药物疗效评估和个体化治疗

代谢组学可以帮助评估药物在个体水平的疗效和副作用。通过分析代谢物组合的变化，可以预测个体对特定药物的反应并为个体化药物治疗提供指导。这对于优化药物治疗方案、减少药物不良反应和提高治疗效果非常重要。

9.5.4.2 代谢组学在药物靶标发现中的应用

发现潜在治疗靶标是针对特定疾病开发新药的首个关键环节。目前，新药临床研究的高失败率很大程度上归因于选择的靶标可药靶性不佳。因此，代谢组学在药物靶标发现方面的应用可以帮助揭示药物与生物体内代谢物之间的相互作用关系，从而鉴定潜在的药物靶标。以下是代谢组学在药物靶标发现中的几个常见应用：

（1）靶标识别和验证

通过分析药物处理后的代谢产物组合，可以确定与药物相互作用的蛋白质靶标。这可以通过使用代谢物组合与已知药物靶标数据库进行比对来实现。一旦潜在的目标被确定，进一步的实验验证可以通过体外或体内方法进行，以确认代谢组学的预测结果。

（2）作用机制研究

代谢组学还可以帮助了解药物与其靶标之间的作用机制。通过分析药物的代谢产物变化及其影响的代谢途径，可以推断药物对靶标的调节方式、信号传导通路以及可能的副作用。

（3）副作用评估

代谢组学可以帮助评估药物的副作用。通过分析药物对代谢物组合的影响，可以检测药物是否对代谢通路产生意外的影响，从而揭示潜在的副作用机制和可能的安全性问题。

9.5.4.3　代谢组学在肠道微生物研究中的应用

越来越多的证据表明，肠道菌群可以调节饮食，改变宿主的新陈代谢和代谢紊乱的发生。肠道菌群会产生极为多样的代谢产物，并在宿主中发挥重要的生理作用。在人类和动物模型中进行的多项研究表明，肠道菌群对各种代谢特征和功能障碍有重要贡献。在无菌小鼠中的研究表明，产生丁酸盐的细菌定殖使结肠上皮摆脱了在无菌结肠上皮中观察到的能量饥饿状态和自噬。此外，肠道乳酸菌还产生亚油酸代谢产物 KetoA，它在全身能量代谢中起着重要作用，饮食中摄取 KetoA 可以增加小鼠的能量消耗，从而保护小鼠免于饮食引起的肥胖。流行病学和实验室研究报告表明，肠道微生物群依赖的代谢产物，如短链脂肪酸（short chain fatty acid，SCFA），在能量获取中的作用与代谢综合征的发展密切相关。因此，肠道代谢产物被认为是将肠道菌群与代谢综合征联系起来的主要因素。

经过代谢组学分析，可以了解微生物参与的代谢途径、产生的代谢产物对宿主的影响，研究肠道微生物与饮食、药物与疾病的相互作用关系，指导精准医学中的个体化治疗等。

9.5.4.4　代谢组学在植物研究中的应用

植物的代谢组学研究是指通过对植物中代谢产物的组成和变化进行高通量分析，来揭示植物代谢途径、调控机制以及与环境互作等方面的信息，为植物科学、农业和食品工业等领域提供科学依据和技术支持。

（1）植物代谢途径分析

代谢组学能够有效探究植物的代谢途径及其调控机制。通过分析植物中代谢产物的组合和浓度变化，可以了解不同代谢途径的相互关系和调控网络。这有助于深入理解植物的生物合成途径、能量代谢和信号转导机制。

（2）逆境响应研究

代谢组学可以帮助研究植物对逆境条件的响应机制。通过比较正常生长和逆境条件下植物的代谢物组合差异，可以了解逆境对植物代谢途径的影响，并鉴定与逆境响应相关的关键代谢物。这有助于揭示植物逆境耐受机制和适应策略，为育种和遗传改良提供指导。

（3）品质评估与优化

代谢组学可以用于评估植物的品质特性。通过分析不同植物品种或不同生长条件下的代谢物组合，可以定量和比较其中的营养成分、药用化合物和风味物质等。这有助于优化植物品种选择、种植管理和加工工艺，提高农产品的营养价值和质量特性。

（4）植物与环境互作研究

代谢组学可以揭示植物与环境之间的相互关系。通过分析植物代谢物的变化，可以了解植物对环境因子（如温度、湿度、光照等）的响应和适应方式。这有助于研究气候变化对植物生长和生态系统稳定性的影响。

（5）功能基因组学研究

代谢组学可以帮助揭示植物基因功能及其调控网络。通过整合基因组学和代谢组学数据，可以确定基因与代谢物之间的关系，进一步理解基因的功能和调控机制。这对于植物育种和基因工程具有指导意义。

9.6 蛋白质组学和代谢组学的总结与展望

9.6.1 蛋白质组学和代谢组学的最新进展及发展趋势

蛋白质组学和代谢组学作为系统生物学中两个密切相关的领域，它们共同致力于揭示生物体内复杂的分子机制。蛋白质组学提供了蛋白质表达和修饰的信息，而代谢组学揭示了蛋白质功能活动产生的代谢产物，两者相互补充，共同揭示生物体的生理和病理状态。通过对蛋白质组学和代谢组学数据的联合分析，可以更准确地识别生物标志物和药物靶点，更深入地建立生物体基因型和表型的关系，从而获得对生物系统更全面的理解。近些年来，蛋白质组学和代谢组学均取得许多令人瞩目的新进展。

随着高精度检测技术的发展，高通量蛋白质组测定的敏感度与覆盖度在持续提升。同时，质谱进一步结合高内涵成像（high content imaging）与激光显微切割技术，使得单细胞蛋白质组与空间蛋白质组的发展与应用正在成为热点。细胞是生物体生命活动的基本单元。生物体内同一组织或器官中存在着空间定位不同、种类亚型各异的多种细胞，细胞间的异质性是生物系统的普遍特征。大规模蛋白质组鉴定了成千上万个细胞的蛋白质表达，并提供了模糊单个细胞之间关键差异的平均蛋白质丰度，难以满足对细胞间差异的分析需求。此外，大规模蛋白质组无法对罕见细胞群进行研究，因为不具备检测癌症干细胞等罕见细胞的灵敏度。研究人员清醒认识到对单细胞蛋白质组测定的需求，进而推动了单细胞质谱技术的发展。单细胞质谱技术旨在通过创新样本制备方法，将多肽从单个细胞高效地输送到质谱仪器中。第一个使用液相色谱–质谱联用方法（LC-MS）成功测定单细胞质谱的方法称为 SCoPE-MS，该方法通过将样品制备体积减小到低微升尺度，并采用一个包含 200 个细胞的载体通道，确保足够的碎片离子强度用于肽鉴定。大多数的单细胞蛋白质组研究要么集中在实验室培养提取的细胞中，要么集中在液体活检样本上。然而，由于要使用单细胞分离方法，单细胞蛋白质组学往往会丢失有价值的空间信息。为了解决这个问题，空间蛋白质组利用高精度激光捕获显微切割（LCM）技术切取感兴趣的组织区域（20 ~ 100 μm，5 ~ 10 个细胞），经过超微量样本无损提取技术提取并酶解蛋白质为肽段，进而使用高敏感质谱，分析得到蛋白质在不同空间位置的表达特征。

近年来，高分辨率质谱技术的发展极大地提高了代谢物检测的灵敏度和准确性，使得研究人员能够鉴定出更多低丰度的代谢产物。液相色谱–质谱联用（LC-MS）和气相色谱–质谱联用（GC-MS）等技术的不断优化，使得代谢物的定性和定量变得更加精确和高效。随着这些技术的进步，代谢组学研究正朝着更高通量、更广覆盖的方向发展，为揭示生物体内的代谢途径和代谢网络提供了强大的工具。此外，代谢组学领域中单细胞代谢组学和空间代谢组学技术正在快速发展并备受研究者关注。从理论上讲，单细胞研究是唯一能够描述实时生化反应的分析类型，而这些反应通常只需几秒或几分钟即可发生。不仅如此，细胞行为的不同步，使得在研究细胞周期等复杂问题时必须在单细胞的层面研究，以获得准确的代谢特征。目前来说，单细胞代谢组学的分析技术仍处于起步阶段，其灵敏度以及样本吞吐量仍然难以满足研究的需求，但其分析技术正在飞速进步，有望在未来数年间得到广泛应用。空间代谢组学同样作为代谢组学中的新兴技术被众多研究者关注。空间代谢组学可用于组织切片，能够获得接近单细胞的分辨率并且保留样本中代谢物分布的空间信息，这在检测细胞代谢状态及其异质性、在微米尺度上探测宿主–微生物代谢相互作用、揭示代谢细胞命运轨迹和创建代谢活动的空间图谱等方面都具有广阔的应用前景。然而空间代谢组学目前同样面临众多挑战，包括灵敏度不足、检测速率较慢、代谢物注释困难等。值得庆幸的是，研究者对该领域的高度关注正在推动空间代谢组学技术快速革新。

蛋白质组学和代谢组学数据的迅猛增加，相关新技术伴随着不断提高的分析难度以及人工智能的应用都推动了数据分析方法的迭代。在蛋白质组学数据解析方面，人工智能的引入显著地提升了谱图解析率，特别是在肽段的从头测序中表现尤为突出。先进的深度学习算法与超高灵敏度的质谱相结合的技术展现出巨大的潜力。一项开创性的工作流程被称为“深度视觉蛋白质组学”，结合了先进的免疫荧光成像和 LCM 技术，从而实现了在福尔马林固定和石蜡包埋（formalin-fixed and parriffin-embedded，FFPE）样本中保留空间信息的情况下，对汇总的单细胞蛋白质组进行 LC-MS 测量。尽管高通量测量空间分辨的真实单细胞蛋白质组仍然具有挑战性，但作者展示了将该技术与固有的单细胞分辨率（即显微镜检查）、先进的机器学习算法和超高灵敏度质谱结合的广阔潜力。由于代谢组学数据集庞大且其中的数据模式复杂，传统分析方法难以满足研究者的分析需求，越来越多的研究使用 AI 进行代谢组学分析。在代谢物的鉴别中，通过训练模型来预测未知代谢物的身份，AI 技术能够提高代谢物的鉴定效率。例如，基于 Transformer 框架开发的 MassGenie 工具，以计算机方式探索数百万种碎片模式，展现出从质谱数据中识别小分子前所未有的能力。在代谢组学生物标志物的识别中，基于支持向量机（SVM）和递归特征消除所构建的稳定识别算法，通过整合多重随机抽样和一致性打分，将代谢组学生物标志物识别的稳定性提高了一个数量级。在基于代谢组学的疾病预测、患者分型等任务中，机器学习、深度学习的方法同样得到广泛的应用。传统机器学习模型，如 XGBoost 和 SVM，在数据量较小时通常表现出较好的效果，而深度学习方法则在有大量训练数据时表现出优异的性能。随着算法的不断进步和完善，未来 AI 技术将在代谢组学研究中发挥更加重要的作用，为代谢生物学的研究带来革命性的变化。

9.6.2 蛋白质结构与功能预测的最新进展及发展趋势

当以 AlphaFold2 为代表的基于深度学习的蛋白质结构预测取得重大突破后，研究人员自然把目光转向更为挑战性的任务，即蛋白质与其他分子复合物的三维结构预测。DeepMind 团队对 AlphaFold2 进行了多项修改，包括对多序列比对构建的改进，推出了 AlphaFold-Multimer，专门用于蛋白质复合物结构预测的工具。在最新的 AlphaFold3 中，开发者对模型架构和训练过程进行了重大改进，新版本不仅能够预测单链蛋白质结构和蛋白复合物结构，还能准确预测蛋白质与 DNA、RNA 及配体等分子相互作用的复合物结构。AlphaFold3 在预测蛋白复合物结构表现出色，尤其在抗体–抗原互作界面预测比 AlphaFold-Multimer 有显著改善。

蛋白质结构预测的突破使得从结构出发预测蛋白质功能越来越可行。2023 年澳大利亚的 Ascher 研究团队开发了 LEGO-CSM 方法，该方法从蛋白质序列及 AlphaFold2 预测的结构模型出发，运用基于结构的 CSM（cutoff scanning matrix）算法同时预测蛋白质的亚细胞定位，酶分子功能（EC 号）和 GO 条目，进而实现对蛋白质功能的综合准确的预测。蛋白质的结构实现准确预测后，大大拓宽了利用生物分子模拟研究蛋白质功能的应用场合。对尚未实验解析结构的蛋白质，可以利用 AlphaFold2 预测得到的结构模型，进一步采用分子动力学模拟及分子对接研究蛋白质构象动态变化以及它与其他分子相互作用的动态过程。人工智能的新技术在蛋白质功能预测中也发挥着越来越重要的作用。近年来在人工智能领域，自然语言处理（natural language processing，NLP）取得重大进展。将 NLP 中的语言模型概念复制到蛋白质研究中，一系列蛋白质语言模型被相继开发。具体来说，将蛋白质序列中的氨基酸看作语言模型的词，将整个蛋白质视为语言模型中的句子。首先，将这些语言模型以自监督的方式进行训练，本质上是学习预测已知序列中隐藏的氨基酸。然后，通过训练得到的蛋白质语言模型可以实现对每个残基及每个蛋白质的表征，进而用于蛋白质相关的分类任务。ProtTrans 是一个蛋白质语言模型，在包含 3 930 亿个氨基酸的 UniRef 和 Big Fantastic Database 数据集上进行训练得到。ESM（evolutionary scale modeling）是由 Facebook 提出，基于 2.5 亿个蛋白质序列训练大容量的 Transformer 语言模型，并使用该语言模型学习和表征蛋白质的生物学特性。总体上，无论是 ProTrans 还是 ESM 模型都含有丰富的蛋白质语义信息，这些信息对蛋白质序列、结构、功能和进化关系进行了深入刻画。这些预训练的蛋白质语言模型在蛋白质功能预测中有着优秀的表现。

人工智能的革命性发展，也深刻影响着生物分子模拟技术的变革。以 AlphaFold3 为代表的蛋白质与其他分子复合物结构的预测，提供了有别于传统利用分子对接研究蛋白质与其他分子相互作用的新策略。在分子动力学模拟的多个环节，人工智能尤其是深度学习算法，都具有重要的应用前景。在分子力场方面，传统的力场参数是人工拟合形成，这是一项繁杂而艰巨的工作，而深度学习可以根据量子化学计算或实验数据自动优化力场参数，使力场拟合更准确，对于新系统，也可以通过学习快速拟合好力场参数；在模拟过程中，深度学习网络可用来加速计算分子间相互作用势能，这可以大幅减少计算量，加速模拟过程。总体来说，人工智能在分子模拟中的应用仍处于早期阶段，但其潜力是巨大的。

总之，近年来蛋白质组学和代谢组学技术的不断突破，极大地推动了其在生命科学、生物技术与医药、农业科学等领域中的应用。蛋白质结构与功能预测作为生物信息学中的基础研究方向，由于以深度学习为代表的人工智能技术的广泛应用，正焕发出勃勃生机，相关方法正在快速更新迭代且日臻完善和实用，从而加快了界定蛋白质组学和代谢组数据中所蕴含的生物学规律。从序列出发，我们可以准确预测蛋白质的三维结构及其潜在的生物学功能；利用分子动力学模拟，我们可以系统研究蛋白质的折叠过程、构象动态变化以及和其他分子相互作用的动态过程；采用先进的分子设计手段，我们可以为蛋白质功能改造以及全新蛋白质功能设计提供方案。毫无疑问，以 AlphaFold 为代表的蛋白质结构预测取得的巨大突破以及日新月异的蛋白质分子设计技术，很大程度上正在改变着生命科学的研究范式。

※ 推荐阅读

1. 陈铭. 生物信息学 [M]. 北京：科学出版社, 2022.

点评：该书第 4 章对传统蛋白质三级结构预测方法、二级结构预测方法及蛋白质结构比对均进行了详细介绍，有助于全面了解蛋白质结构预测的历史。

2. Frenkel D, Smit B. Understanding molecular simulation: from algorithms to applications [M]. Amsterdam: Elsevier, 2023.

点评：蛋白质分子动力学模拟作为生物分子模拟的重要组成部分，是本章学习的难点。该专著作为分子模拟的经典入门级教科书，有助于加深对分子动力学模拟的理解。

3. Jumper J, Evans R, Pritzel A, et al. Highly accurate protein structure prediction with AlphaFold [J]. Nature, 2021, 596(7873): 583-589.

点评：该文是 AlphaFold2 的算法文章，具体报道了 AlphaFold2 的算法原理、实现细节以及取得突破性的预测性能，它是人工智能在蛋白质结构预测中应用的标志性论文。

※ 思考与练习题

1. 简述串联质谱高通量检测蛋白质表达的原理。
2. 蛋白质组定量分析的关键步骤是什么？
3. 简述蛋白质结构预测常见的几种方法及其主要原理。
4. 基于蛋白质－蛋白质相互作用网络的蛋白质功能预测的主要原理是什么？
5. 简述代谢组学数据处理的主要流程。

※ 讨论题

1. 结构与功能之间的关系是结构生物学家关注的重点，有人曾形象地比喻：“没有功能的结构就像一具尸体，没有结构的功能就像是一个幽灵”，分子动力学模拟能够在结构－功能关系研究中起到什么作用？谈谈你的想法。

2. 在后 Alphafold 时代，机器学习在蛋白质结构与功能预测中会有哪些新的应用？

3. 假设你有一个样本需要在测完代谢组学数据后，进行转录组测序，样本数量较少且非常宝贵，你该使用哪种代谢组学技术平台？请说明你的理由。

※ 参考文献

1. 陈正隆，徐为人，汤立达. 分子模拟的理论与实践 [M]. 北京：化学工业出版社，2007.

2. 布兰登，图兹. 蛋白质结构导论 [M]. 王克夷，龚祖埙，译. 上海：上海科学技术出版社，2007.

3. Aebersold R, Mann M. Mass spectrometry-based proteomics [J]. Nature, 2003,

422: 198-207.

4. Li B, Tang J, Yang Q, et al. NOREVA: normalization and evaluation of MS-based metabolomics data [J]. Nucleic acids research, 2017, 45(W1): W162-W170.

5. Roy A, Yang J, Zhang Y. COFACTOR: an accurate comparative algorithm for structure-based protein function annotation [J]. Nucleic acids research, 2012, 40(W1): W471-W477.

6. Sali A, Blundell T L. Comparative protein modelling by satisfaction of spatial restraints [J]. Journal of molecular biology, 1993, 234: 779-815.

7. Sharan R, Ulitsky I, Shamir R. Network-based prediction of protein function [M]. Molecular systems biology, 2007, 3: 88.

8. Sud M, Fahy E, Cotter D, et al. Metabolomics workbench: an international repository for metabolomics data and metadata, metabolite standards, protocols, tutorials and training, and analysis tools [J]. Nucleic acids research, 2016, 44(D1): D463-D470.

9. Tyanova S, Temu T, Cox J. The MaxQuant computational platform for mass spectrometry-based shotgun proteomics [J]. Nature protocols, 2016, 11(12): 2301-2319.

10. Yeh A H, Norn C, Kipnis Y, et al. *De novo* design of luciferases using deep learning [J]. Nature, 2023, 614(7949): 774-780.

编者：张子丁（中国农业大学）
李　婧（上海交通大学）
田卫东（复旦大学）
王明钰（山东大学）
王　勇（浙江大学）
朱　峰（浙江大学）
审读：宁　康（华中科技大学）

10 表型组学

生命科学领域持续经历革新，不断追求对生命本质更深入、更精细的认识。前面章节的内容主要从基因组、转录组、蛋白质组和代谢组等分子水平的微观视角来揭示生命的复杂性。然而，生命现象本质上跨越多个层次、尺度和维度，迫切需要采用更全面和系统的研究方法，表型组学（phenomics）作为一门跨学科领域应运而生，将生命科学研究推向了一个新的时代。

表型组学一词由加州大学伯克利分校衰老研究中心主任史蒂文·加兰（Steven Garan）于 1996 年首次提出，专注于从宏观和系统角度出发，全面而精确地测量和分析生物个体和种群的物理、化学和生物性状，涵盖形态、生理、行为及环境适应性等方面。借助多种先进的测量技术和大数据分析方法，表型组学构建了一个跨尺度、多维度的表型数据框架，旨在揭示基因型与表型之间的深层联系，进而深入探索生命过程及其调控机制。

本章将系统地介绍表型组学的基础理论和研究方法。首先，概述表型组学的核心概念、研究领域及其发展历程，为读者提供一个全面的学科研究视角（10.1）。随后，探讨表型组数据的来源、特性、编码系统及标准物质（10.2）。同时，特别介绍了数据的预处理与质量控制流程，从单模态与多模态数据的角度，阐释常见的表型组学分析方法，以及一些新概念，以帮助读者掌握所需的生物信息学分析技能（10.3）。接着，详细讨论了表型组学在不同研究层面如细胞与类器官、人类和动植物的最新进展，展示其在生物医学研究、个性化医疗、生物育种等领域的应用潜力（10.4）。最后，总结表型组学的研究成就与面临的挑战，并展望未来发展方向（10.5）。

10.1 表型组学概述

10.1.1 表型与表型组

表型组学是一门研究生物体在不同环境条件下表现出的所有性状特征（即表型）的学科。表型组包括生物体从分子到个体的多尺度空间特征，以及从胚胎发育到出生、成长、衰老乃至死亡的全生命周期中的特征。广义的表型涵盖了除基因型以外的所有性状，包括生物体外部特征和内部属性。狭义的表型特征包括形态特征、结构、功能、行为、生理、分子组成规律等生物、物理和化学特征的集合，可以通过观察和测量获得。

表型与基因型之间存在复杂的关系，涉及遗传信息、基因互作，以及环境因素等多个层面。理解这一关系，有助于揭示生物多样性和适应性的本质。建立“基因型–表型”关系图，可以帮助深入研究这些相互作用（图 10–1）。表型组学利用图像分析、生化测量、行为观察等技术手段，获取、分析和解释大规模的生物体表型数据。将这些数据与基因型和环境因素相结合，可以揭示基因与表型之间复杂的关系，为医学疾病研究、个体化医疗、农业改进和生态学研究等领域提供重要的工具和见解。

传统研究手段难以获取大量、高通量的表型数据，导致对**表型组**（**phenome**）的理解远远落后于对基因组的理解。全面把握生物体内部和外部特征需要更先进、高通量、高维度的表型分析技术和方法。重视表型组学学科的发展，推动高通量、高维度表型分析技术和方法的研发和应用，将有助于更全面地理解生物体的多样性和复杂性，为科学研究提供新的视角和深刻认识。

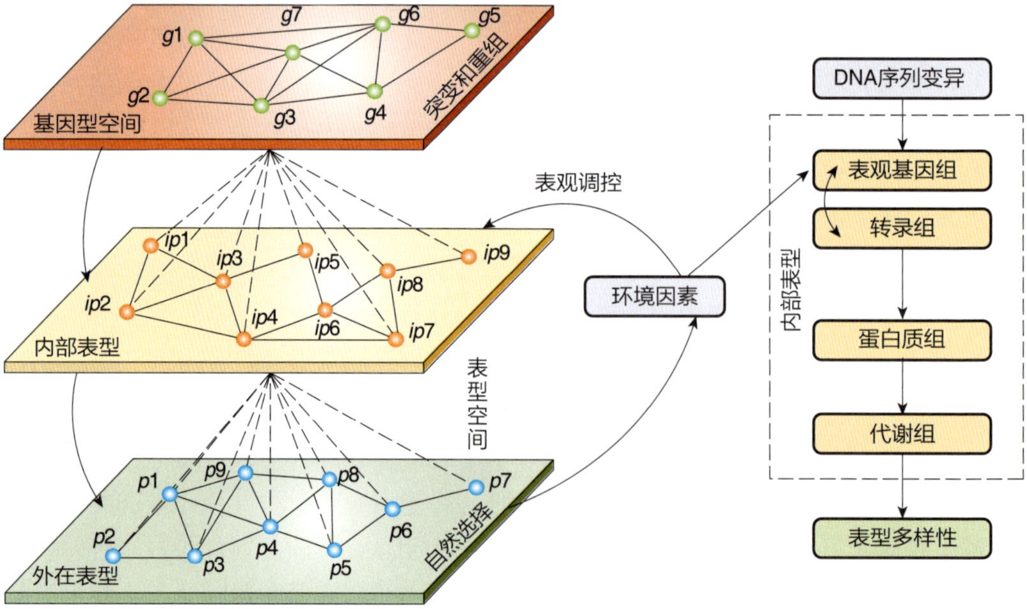

图 10–1 “基因型–表型”关系图（改绘自 Chen et al.，2013）

10.1.2 表型组学研究领域

表型组学的研究通过大规模表型全景精密测量与数据系统解析，贯穿和破解基因–表型–环境、宏观表型–微观表型之间以及宏观表型之间的关联与调控机制，从而全面理解生物系统，最终推动疾病与健康的精准干预、牲畜精准管理和改良、农作物产量和品质提高等。表型组学研究有助于进一步揭示人类健康、生物技术、农业和生命科学其他领域的基本理论和功能基础。

表型包括微观表型和宏观表型。微观表型包括转录组、蛋白质组和代谢组，细胞免疫等特征，微生物等；宏观表型生物体整体可观察或可测量的表型特征，如影像学表征、体貌特征、疾病病症、健康生理状态、环境适应能力等。基于研究对象，表型组学可以分为人类表型组学、植物表型组学、动物表型组学、生态与环境表型组学等。基于表型数据类型，可以分为分子表型组学、细胞表型组学、图像表型组学、功能表型组学等。

10.1.2.1 基于研究对象分类

（1）人类表型组学

人类表型组学（human phenomics）是描述和分类人类个体在形态、生理、行为和疾病等方面的可观察特征的集合。它涵盖了从分子水平到整个个体的各个方面，旨在为理解人类的生理学、行为学、遗传学等提供一个全面的框架。人类表型组学研究包含以下几个关键方面：首先，运用多种先进技术对人体各类表型进行精准测量，包括基因组测序、蛋白质组分析、代谢组学、表观遗传学等。其次，旨在构建一个多维度、跨尺度、全周期的人类表型参考图谱，从系统全面的角度来描述和理解人类表型。另外，通过构建表型网络，揭示不同表型之间的关联和相互作用，进一步理解表型共性、功能关联和疾病复杂性之间的关系。

（2）动物表型组学

2010 年，大卫·霍尔（David Houle）等将动物表型组学（animal phenomics）定义为在动物范围内获取高维表型数据的过程。后来保罗·格林伍德（Paul Greenwood）等将这个定义扩展为对高密度行为和生理输入实时获取，并与描述生产环境的数据相结合而产生指导实际生产的措施。作为一门生物学领域的新兴分支，动物表型组学旨在研究动物的表型特征，从分子、细胞、器官到整体生物体水平，揭示遗传背景和环境之间的相互作用对生物体表现的影响，它代表了对个体动物测量的性状、获取这些性状的方法以及分析数据所需算法的集合，识别准确且可重复的性状测量或表型有助于精确的牲畜管理和遗传改良。

动物表型组学的表型数据包括生长速度、体重、饮食习惯、运动行为、生殖特性、免疫反应等。通过使用分子生物学和基因组学技术，识别与特定表型相关的基因，探索遗传背后的机制。动物表型组学研究还关注环境因素对动物表型的影响，包括了解环境条件对生长、行为和生殖的影响，以及如何适应和应对不同的环境挑战。另外，通过比较不同物种或不同个体的表型，提供关于进化过程的见解，有助于理解为什么不同物种在表型上有不同的特征和适应性。

（3）植物表型组学

植物表型组学（plant phenomics）是一门研究植物的可观测特征和性状的学科。利用先进的高通量技术和数据分析方法，植物表型组学系统性地描述、量化和分析植物的生物学特性，包括形态、结构、生长、发育、生理、代谢、抗性等各方面的性状，理解植物如何响应环境条件、生物胁迫、遗传变异以及其他因素，以及如何提高植物的适应性、生产效率和品质。

植物表型组学的研究范围包括从单一植物个体到植物种群和生态系统的多个层次，以及从基因组到生态系统水平的多个尺度。植物表型组研究包括研究植物形态和结构特征，如植物的植株形状、叶片的大小和形状、花朵和果实的外观等；探究植物的生长和发育过程，如生长速率、生长期的长度、生长的分布在植物各部分的方式；测量影响植物生长的因素，包括光、温度和水分等；了解植物的生理过程，如光合作用、呼吸作用、水分及养分吸收和运输等。此外，研究植物对生物和非生物胁迫的反应也很重要，包括植物的抗病性、抗虫性、耐盐性、耐旱性等，有助于改进农作物品种，使其更能抵抗各种生长条件下的压力。最后，通过研究植物的遗传信息和表型数据，可以识别与特定性状相关的基因，有助于植物育种工作，使其更加精确和高效。

（4）生态与环境表型组学

生态与环境表型组学（ecological and environmental phenomics）关注自然环境中物种表型的多样性及其生态和进化意义，探讨生物在面对环境压力时表型可塑性的表现及其适应性价值。生态与环境表型组学是一门研究生物体在其自然环境中如何表现出不同的表型特征，并探索这些表型特征如何帮助生物适应环境变化的科学。这一领域利用高通量技术，测量生物在多种环境条件下的表型，分析这些表型数据来解释生态系统中的生物多样性和生态动态。研究表型特征如何帮助生物适应其生态位，包括食物获取、捕食者避避、繁殖策略等。利用表型组数据监测环境变化的生物学效应，并预测未来环境变化对生物多样性的潜在影响。生态与环境表型组学揭示了表型在自然环境中的形成机制以及表型变异如何影响生物的生存和繁殖成功，进而对生态系统功能和稳定性产生影响。

10.1.2.2 基于表型数据类型分类

表型组的研究涵盖分子、细胞/组织、图像以及功能等不同类型，跨越了微观和宏观的多个层面，全面揭示了个体的发育过程、生理状态、心理特征等方面，有助于构建表型组研究的全景图和深入掌握个体的生物特性。

（1）分子表型组学

分子表型组学（molecular phenomics）关注生物大分子的表型特征，包括但不限于：转录组表型，即在特定条件下个体的基因表达模式，揭示生物学过程和疾病的发病机制；代谢组表型，研究关注个体内各种代谢产物的相对含量，通过分析代谢物的变化，可以了解个体的代谢活动、营养状态和代谢途径的调节；蛋白质组表型，关注个体内蛋白质的表达模式，对了解蛋白质在细胞功能、信号传导和疾病发展中的角色至关重要；宏基因组表型，研究探究微生物群落的组成和功能，特别是肠道微生物群落，对个体的健康和疾病具有深远的影响；表观遗传组表型，研究关注基因组中的表观遗传修饰，如 DNA 甲基化和组蛋白修饰，这些修饰可以影响基因表达和细胞功能，对疾病和环境因素的响应具有重要意义。

（2）细胞表型组学

细胞表型组学（cellular phenomics）通过高通量技术和系统生物学的方法，全面分析和表征细胞的表型特征和行为，包括细胞的形态、结构、功能、动态变化和响应环境刺激等。利用自动化显微镜、流式细胞仪和高内涵筛选等技术，能够在短时间内从大量细胞中获取丰富的表型数据，捕捉细胞在时间、空间和不同环境条件下的表型变化。先进的成像技术和图像分析算法可以精确测量细胞的形态、运动、增殖、凋亡和分化等特征，结合计算机视觉和机器学习技术，自动化处理和分析大规模图像数据。通过整合基因组学、转录组学、蛋白质组学和代谢组学的数据，细胞表型组学构建多层次的细胞表型网络，理解细胞功能和调控机制。该领域广泛应用于药物筛选和开发、疾病研究、基因功能研究、个性化医学和发育生物学等方面，能够通过高通量筛选快速识别潜在药物，分析病变细胞的表型变化，探索基因与细胞功能的关系，并根据患者细胞的表型特征制定个性化治疗方案。组织和器官表型组学则关注各器官和组织的形态学、组成和功能学特征。观察到组织的大小、形状、结构排列等外观信息，以及各种细胞类型、细胞外基质以及其三维空间组织关系。这些特征与组织的生理功能密切相关。研究类器官表型就通过体外模型模拟器官或组织的功能和结构，深入理解器官发育和疾病机制。

（3）图像表型组学

图像表型组学（image-based phenomics）主要利用高通量图像分析技术来获取和分析生物体的表型数据，这些表型一般指生物体的可观察特征或特性，包括形态、发育、行为和生理等方面。通过显微镜、磁共振成像（magnetic resonance imaging，MRI）、X 射线或计算机断层扫描（computed tomography，CT）、超声波和光学成像等技术，图像表型组学捕捉生物体在不同条件下的表型变化，从而进行深入的表型分析和研究。其主要特点和优势包括：高通量数据采集，利用自动化成像设备在短时间内采集大量高分辨率图像数据；多维数据分析，捕捉时间、空间、光谱等多个维度的信息，提供全面和详细的表型数据；高精度和高分辨率，捕捉细微的表型变化；计算机视觉和机器学习，通过先进的图像处理算法和机器学习技术对海量图像数据进行分析，提取关键特征和模式；非侵入性，不破坏样本即可获取大量信息。图像表型组学广泛应用于农业（监测作物的生长、发育、健康状况及其对环境变化的响应）、医学（通过图像分析检测疾病的表型特征辅助诊断和治疗）和生态学（研究不同环境条件下生物群体的表型变化和适应机制）等领域，通过高效、精确和非侵入性的图像分析技术，能够更全面地理解生物体的复杂表型特征，为研究生物体功能提供重要数据信息。

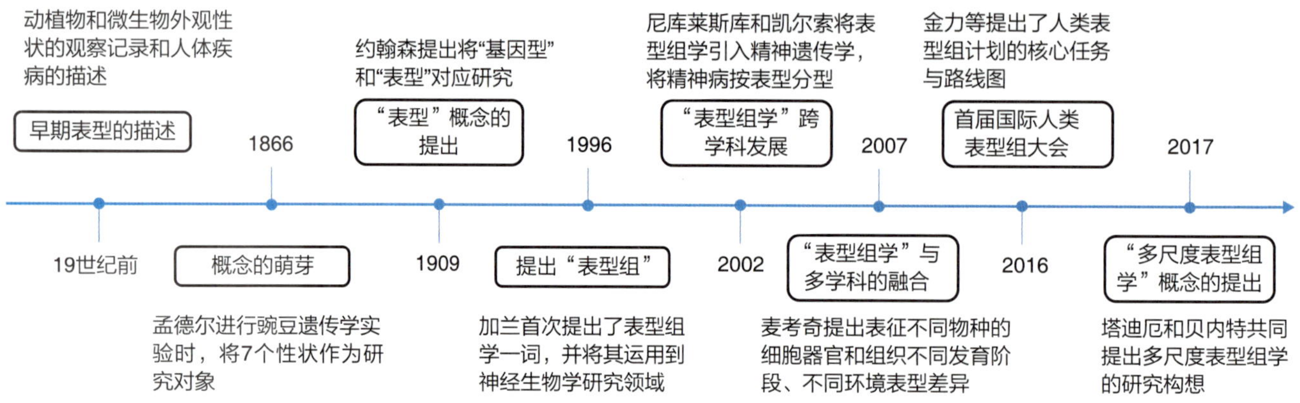

图 10-2 表型组学发展历程

（4）功能表型组学

功能表型组学（functional phenomics）关注个体的形态学特征、生理特征、心理和行为特征等。形态学特征包括个体面部结构和五官特征、皮肤特征、毛发特征、手足特征、牙齿形态、身体对称性特征等。生理表型涵盖生物电信号、血氧、体温、激素水平、心跳和血压等生理指标，以及代谢表型、免疫反应特征、内分泌功能、神经功能、运动功能、心血管功能、呼吸功能等复杂生理表型。心理和行为特征表型包括智力和认知能力、人格特质、情绪和情感调节、心理应激反应、心理健康和精神疾病、社交行为、冲动控制等。此外，还可以研究睡眠表型，包括睡眠时间、质量和结构，语言和语音表型，包括语言流利度、语音音质和音量等特征，以及中医表型，反映疾病外在表现和内在本质的一组特定表型的集合，如发热、恶寒、气短、心悸、舌象、脉象、体味等，为中医诊断和治疗提供综合评估和辨识。

10.1.3 表型组学的发展历程

表型组学的发展历史是一个承载着科学技术进步、交叉学科合作和生物学研究新范式演变的故事。从最早的表型描述到今天的高通量数据分析，表型组学已跨越了数个发展阶段（图 10-2）。

（1）第一阶段：早期表型的描述

表型组学的历史可以追溯到古代，当时的自然历史学家、植物学家、动物学家（如亚里士多德、普林尼大帝、希波克拉底）通过观察和记录植物、动物和微生物的外观性状，为表型描述奠定了基础。随着时间的推移，物种分类学逐渐成为早期表型描述的一个重要领域。卡尔·林奈（Carl Linnaeus）是分类学领域的重要人物，他开创了现代生物分类学，通过命名和分类物种，将表型描述系统化，并创立了生物学中使用的命名法规（拉丁学名）。这一举措标志着对生物多样性进行系统化描述的开始。自然历史学的早期探险家和科学家，如查尔斯·达尔文（Charles Darwin）、阿尔弗雷德·华莱士（Alfred Wallace）和亨利·贝茨（Henry Bates），在全球范围内进行探险和野外观察，记录了大量生物物种的表型特征，为理解生物多样性的地理分布和适应性提供了关键信息。

（2）第二阶段：遗传学的兴起

19 世纪末至 20 世纪初，遗传学开始崭露头角，为表型研究提供了新的理论基础。格雷戈尔 · 孟德尔（Gregor Mendel）通过豌豆的性状遗传研究，把豌豆的 7 个性状作为“表型”研究“遗传因子”，将遗传因子与表型之间的关系引入生物学研究，提出了遗传学的基本定律，包括隐性和显性性状、基因的分离定律等。这些定律奠定了遗传学的基础，为基因型和表型之间的关系提供了关键见解。1909 年，丹麦生物学家威廉 · 约翰森（Wilhelm Johannsen）将孟德尔提出的遗传因子定义为“基因”，正式提出了“表型”（phenotype）这一概念。他强调，不同的基因型可能导致不同的表型，同一个表型也可能由不同的基因型所决定。

（3）第三阶段：表型组学的崛起

20 世纪中叶，分子生物学的兴起推动了基因和生物表型的深入研究。DNA 的结构解析和基因的功能研究使得科学家们能够更深入地了解基因如何影响生物体的表型特征。进入 20 世纪 90 年代，基因组学的飞速发展带动了从基因到基因表达各环节的研究，伴随着新技术和新方法的涌现，形成了包括基因组学、蛋白质组学、转录组学、代谢组学等在内的多种组学研究方向。在这一背景下，表型组学应时而生。1996 年，史蒂文 · 加兰（Steven Garan）在滑铁卢大学的一次应邀演讲上首次提出了表型组学一词，并将其运用到人类神经生物学研究领域。同期，针对植物单一或系列表型的研究开始受到广泛关注，并逐渐发展成为生物学研究中的一个重要分支。这个时期的研究重点是探究单个性状是如何受遗传与环境因素共同影响的。

（4）第四阶段：表型组学的蓬勃发展

随着表型组学的兴起，科学家们开始意识到要全面理解生物体的特性，需要将多个学科领域的知识和技术整合起来。表型组学不仅涵盖了生物学，还包括统计学、计算生物学、生物信息学、工程学等多个领域的交叉合作，这一跨学科整合推动了表型组学的快速发展。例如，2002 年，约翰 · 凯尔索（John Kelsoe）和亚历山大 · 尼库莱斯库（Alexander Niculescu）将表型组学这一概念引进精神遗传学，在精神病表型的实验研究中，将精神病按照表型进行分型，认为表型组学是基因组与表型之间的重要桥梁；2007 年，美国康奈尔大学植物分子遗传育种学家苏珊 · 麦考奇（Susan McCouch）认为，表型组学研究应与高分辨率连锁图谱、全基因组关联分析和基因组选择模型等技术紧密结合，通过建立强大的表型分型系统，精确表征不同物种的细胞、器官和组织在不同发育阶段、不同环境中的表型差异，将表型组学研究逐渐从细胞层面上升到群体层面。

随着技术的不断进步和国际合作的深化，人类表型组学取得了快速的发展。2003 年，纳尔逊 · 弗莱默（Nelson Freimer）和基亚拉 · 萨巴蒂（Chiara Sabatti）在 *Nature Genetics* 杂志上首次提出了“人类表型组计划”的概念，并倡导全球科研力量共建表型组数据库、共享数据，开发新的分析技术。2012 年，美国人类遗传学年会召开主题“为人类表型组计划做准备”的分论坛，强调了合作、数据共享和数据互操作性的重要性，以推动遗传变异与疾病关系的研究。2020 年，英国颁布政策文件《基因组英国》（Genome UK），强调基因组学基础设施结合深度表型测量和临床表型数据的重要意义。2021 年，约书亚·丹尼（Joshua Denny）和弗朗西斯·柯林斯（Francis Collins）在 *Cell* 杂志上探讨了精准医学未来十年的七大发展趋势，特别提到了建立大规模可互操作的纵向队列以及收集更丰富表型组和环境暴露数据的必要性。多国启动了相关的科研计划并建立了研究平台。2019 年，澳大利亚成立了国家表型组中心。2021 年，美国建立了表型组健康组织并启动了超越人类基因组计划（Beyond the Human Genome Project，BHG）。2022 年，国际人类表型组计划的共同发起人、国际人类表型组研究联盟（International Human Phenome Consortium，IHPC）共同主席、美国四院院士勒罗伊·胡德（Leroy Hood）启动了美国人类表型组倡议（US Human Phenome Initiative）。该倡议由美国系统生物学研究所（Institute for Systems Biology，ISB）和谷歌等多个合作伙伴支持，旨在 10 年内建立 100 万人的纵向表型数据库。同年，英国启动了健康研究项目“Our Future Health”试验阶段，计划纳入 500 万名参与者，希望对国家人口的健康状况有一个广泛的认识，同时开发新的预防和治疗疾病和健康状况的方法，包括癌症、老年痴呆症、心脏病、关节炎、糖尿病和中风等。新加坡启动了 SG100K 纵向研究项目，计划在未来几十年里，对 10 万名新加坡居民进行研究，以识别与新加坡高发疾病（如糖尿病、高血压和癌症）相关的社会、环境、生活方式和遗传因素。

中国在推进国际人类表型组计划方面发挥着重要作用。2015 年，中国科学家金力院士、王辰院士、徐涛院士为代表发起并组织了“国际人类表型组研究”香山科学会议，标志着国际人类表型组计划的起步。2016 年，复旦大学在上海举办了“首届国际人类表型组大会”，会议上金力院士首次明确提出了人类表型组计划的核心使命与实施路线图，旨在通过全球范围内的“分布式”协同测量与数据协同分析，创建全球人类表型组参比图谱。2018 年 10 月，IHPC 在上海成立。同年，上海建设了全球首个跨尺度多维度人类表型精准测量平台和表型组大数据平台，为全球表型组研究提供了重要的技术支持和数据资源。2019 年，上海国际人类表型组研究院成立。2020 年，中国推出“一带一路”人类表型组研究平台，加强与共建国家的合作，促进人类表型组学的国际交流与发展。在学术交流方面，复旦大学与施普林格·自然出版集团合作创办了表型组学期刊 *Phenomics*，作为 IHPC 的官方会刊和人类表型组国际大科学计划的旗舰期刊，已收录于 PubMed Central（PMC）、ESCI、Scopus 等数据库，具有一定的学术话语权和国际影响力。至 2022 年，IHPC 已汇集了来自 20 个国家、24 个科研机构的成员，包括 14 位国际院士和 10 位领军科学家。

动植物表型组学在全球范围内同样发展迅速。欧美澳国家投入了大量的时间和经费来建设可共享的植物表型研究中心，并成立了相关表型学术组织，如澳大利亚植物表型研究中心（Australian Plant Phenomics Facility，APPF）、德国 Jülich 植物表型研究中心（Jülich Plant Phenotyping Centre，JPPC）、德国植物遗传和作物

知识窗

国际人类表型组研讨会和中国人类表型组大会

“人类表型组计划”在“人类基因组计划”之后成为生命科学的新战略高地，推动生物医学研究、精准医学和大健康产业的革新与发展。国际人类表型组研讨会和中国人类表型组大会作为此计划的核心交流平台，汇聚全球专家探讨表型组学的前沿进展和实际应用，加速全球范围内的科技合作与创新。

自 2016 年起，国际人类表型组研讨会每两年举行一次，中国人类表型组大会从 2019 年开始，每年召开一次。最近的一次活动，即“第四届国际人类表型组研讨会暨第五届中国人类表型组大会”，于 2023 年 10 月 31 日至 11 月 4 日在上海成功举行。本次大会的主题为“Human Phenomics：New Frontiers of Life Science”（人类表型组学：生命科学的新前沿），吸引了 18 位院士和众多学者，共举行了 70 场精彩报告。

大会设有主旨报告、跨界对话以及八个专题分论坛。这些论坛涵盖了从表型组学在新冠病毒长期防治中的应用，到分子表型组学的最新进展，再到分子影像技术、时空组学新技术、表型组学的临床转化应用、质量控制与标准化的创新、生物大数据与人工智能的融合应用，以及大型队列与深度表型组队列的研究。这些广泛的讨论促进了表型组学在全球科学研究和应用领域的深入发展。

研究所（the Leibniz Institute of Plant Genetics and Crop Plant Research，IPK）、荷兰植物生态表型研究中心（Netherlands Plant Eco-phenotyping Centre，NPEC）、英国国家植物表型研究中心（National Plant Phenomics Center，NPPC）、加拿大植物表型与影像研究中心（Plant Phenotyping and Imaging Research Center，P2IRC）等，比较活跃的学术组织包括国际植物表型协会（International Plant Phenotyping Network，IPPN）、欧洲植物表型协会（European Plant Phenotyping Network，EPPN）和德国植物表型协会（Deutschland Plant Phenotyping Network，DPPN）等。在国内，多个研究单位也先后建立了植物表型研究平台，如华中农业大学作物表型中心、南京农业大学植物表型学研究中心等，大大加速了作物表型组学的应用和发展。2017 年，法国植物表型协会主席、法国国家农业研究院（INRA）作物生理生态学家弗朗索瓦·塔迪厄（Francois Tardieu）和英国诺丁汉大学植物学家马尔科姆·贝内特（Malcolm Bennett）共同提出**多尺度表型组学（multiscale phenomics）**研究的构想。从概念提出至今，表型组学以其强大的数据获取和解析能力持续致力于研究环境、基因和表型之间的相互作用，广泛应用于基础研究和应用基础研究。

表型组学的发展历史反映了科学研究的演进，从最初基于观察的表型描述到当下的高度自动化与数据驱动研究。这一过程不仅彰显了生物学丰富的多样性和内在复杂性，而且提供了深入探究生物特性与适应机制的关键工具，为生命科学领域未来的发展开辟了新的视野。表型组学的进步，特别强调了理解基因、环境与表型相互作用的重要性，对于揭示生命现象的本质具有不可替代的作用。

拓展阅读 10-1
Phenotype-Genotype Integrator（PheGenI）简介

10.2 表型组学数据

10.2.1 表型组学的数据来源

表型组数据主要通过高通量和自动化表型测量技术获取，以提升表型测量的效率、准确性和可重复性，为深入开展表型组学研究提供了坚实的基础。以下是部分生成分子、细胞与类器官、图像和功能表型数据的主要技术和方法（表 10－1）。利

表 10－1 部分表型测量的技术及方法

相关技术/维度	研究方法
分子水平	· 转录组学：基因表达、可变剪接等高通量定量分析 · 高级质谱：蛋白质的高通量定量分析 · 蛋白质芯片技术：连续动态监测蛋白质的状态变化 · 代谢组学：结合核磁共振和质谱技术，精确测定代谢物种类和浓度，探索代谢途径 · 微生物组：全面描绘人体微生态系统成分 · 表观组学：包括全基因组甲基化分析、染色质免疫沉淀以及单细胞表观组学等高分辨率下检测表观遗传学变化
细胞/组织水平	· 流式细胞术：同时对数万个细胞的多个特征进行定量和定性评估，深入分析细胞表型和信号通路 · 高通量微电极阵列：同时记录多细胞电信号，提供高时空分辨率数据 · 单细胞测序：分析单细胞基因表达特征，揭示细胞间异质性 · 空间转录组：结合空间信息，研究组织内基因表达的空间模式和细胞间相互作用 · 高通量筛选：快速识别和分析大规模样本中的目标分子或细胞，应用于药物发现和基因分析 · O2k 能量代谢分析：通过测量氧气消耗率实时评估细胞呼吸和能量产生，用于能量代谢研究
图像水平	· 高分辨率显微镜：如荧光显微镜、共聚焦显微镜，用于观察细胞和微观结构，深入了解细胞功能和疾病机制 · 三维细胞成像：利用共聚焦和多光子显微镜获取三维高分辨率图像，揭示细胞结构和相互关系 · 医学影像技术：如核磁共振成像、电子发射断层扫描等，提供深层次组织结构的清晰、精确视图，用于疾病早期诊断和病理研究 · 可见光成像：用于监测动物的行为、生活习性及生命周期，或者捕捉植物外观和结构信息，观察植物生长发育和形态变化 · 红外成像：利用红外光波段捕捉热辐射或反射信号，以研究植物的生理、健康和化学状态，或者监测动物体温分布、活动模式和生理适应性 · 荧光成像：基于植物组织中荧光素分子的光能吸收和荧光发射，通过特定设备转化为图像，研究植物的生物过程
功能水平	· 传感系统：包括可穿戴设备和非接触式设备，如智能手环、红外成像技术，实时监测人或者动物的生理、行为信号及环境互动 · 心理测量工具：通过问卷、量表和任务测验等检测认知、人格、幸福感、心理应激，以及焦虑、抑郁状态等个体在心理特征和行为模式上的可观察表现 · 中医生理特征：对体质、病症、脉象、舌象等方面进行系统的描述和分类 · 脑电波检测：分析计算信号在不同频率上的功率分布，识别不同频段的脑电活动 · 皮肤及附属物检测：测量皮肤基础生理指标，如温度、pH、油脂含量、色素沉着、肤质、表皮含水量、厚度、纹理、弹性，以及附属器指甲、毛发等的形态、功能等特征。以及对皮肤附属器表型测量，如脱发、毛发性状、粗细、密度、汗腺密度及功能、指甲形态、指甲厚度、指甲纹理及甲襞微循环等

用这些方法，科学家们迅速且精确地获取和分析海量数据，探索和理解生物体的表型特征，以及它们是如何相互作用、对环境变化做出反应的。

10.2.2 表型组学的数据特点

表型组学覆盖的数据类型极为广泛，涉及从观察到的各类信息到精确测量的结果。这些数据包括但不限于：通过生物化学分析得到的代谢物浓度、利用成像技术捕获的组织结构与细胞形态、记录的行为与运动模式，以及测量得到的生物标志物和健康指标等。表 10-2 详述了表型组学数据的主要特征。

表 10-2 表型组学的数据特点

特点	描述
多样性	涵盖从人类到微生物的各种生物体的形态学、生理学等表型特征
高维度	包含多种类型的特征或变量（数值型、分类型、文本型等），导致数据结构高维复杂
大规模	涉及成千上万乃至数百万的样本，对计算能力和存储资源要求极高
时序性	包含随时间变化的数据，如生长曲线、代谢活性等，要求跟踪时序变化
异质性	数据来源多样和技术差异带来的质量、精度、可信度差异，需要仔细清洗和标准化
数据关联性	特征间存在密切关联，如基因型与表型、环境因素的相互作用
复杂性	表型特征受基因型、环境等多因素影响，分析时需要考虑这些综合因素

10.2.3 表型组学的数据编码系统

标准、通用的编码系统可以标准化和统一表型特征的描述，对于数据交流与共享、数据比对与基础，以及临床应用等方面至关重要。首先，这些系统确保了数据在不同研究机构、数据库和平台之间的互操作性和一致性，这促进了数据共享、知识交流和跨学科合作。其次，它们确保数据集之间的相容性和可比性，促进不同来源表型数据的整合。最后，它们有助于帮助医生和临床研究人员更准确地记录和描述患者的表型特征，支持表型与疾病之间的关联分析，为精准诊断、治疗和预防提供了重要参考。以人类表型组为例，国际上广泛使用的编码系统见表 10-3。

表 10-3 常用人类表型组编码系统的比较

编码系统	主要用途	主要实体种类	规模	使用许可
人类表型本体论（human phenotype ontology，HPO）	标准化描述人类表型异常，支持临床诊断和生物医学研究	人类表型异常的描述，包括症状、体征、异常实验室结果等	约 16 000 个概念，13 000 个表型条目	开源
国际疾病分类（international classification of disease，ICD）	国际通用的疾病分类方法，用于流行病学、健康管理和临床工作	疾病、伤害、死因	约 55 000 个编码，分为 22 个章节	开源

续表

编码系统	主要用途	主要实体种类	规模	使用许可
医学系统术语标准化命名：临床术语（systematized nomenclature of medicine-clinical terms，SNOMED-CT）	提供临床术语标准，支持电子健康记录和临床决策	疾病、过程、观察结果等临床概念	约 340 000 个活跃概念，超过 1 360 000 个概念关系	需要许可
疾病本体论（disease ontology，DO）	提供疾病分类框架，支持生物医学研究	人类疾病	约 7 000 种疾病概念	开源
Orphanet 罕见病数据库	提供罕见病信息，支持诊断和研究	罕见病及相关基因	约 7 000 种罕见病，3 700 种基因	部分开源

10.2.4 表型组数据的标准物质

标准物质通常是经过精确测定并广泛认可的参考材料，为不同实验室和平台提供可比较的基准，用于表型组学实验中的质量控制和方法验证。它们用于校准实验设备、验证分析方法的准确性，并作为不同实验或实验室之间的对比参照，以确保数据的一致性和可比性。

复旦大学与中国计量科学研究院共同研发了首批国家一级标准物质——“中华家系 1 号”（Chinese Quartet）。这一标准物质来源于同卵双胞胎家庭（人源）永生化 B 淋巴母细胞系，涵盖了 DNA、RNA、蛋白质和代谢物等多种生物分子，是全球首套具备多组学特性的生物学标准物质。项目牵头人石乐明教授参与了上海市标准化创新中心（国际人类表型组）的标准化研究，围绕“数据产生、数据分析、数据解读”等研究阶段，进行人类表型组研究数据的全方位质量控制，提升了人类表型组数据的“准确性、溯源性、一致性”，有利于深度挖掘和利用人群的生物样本和表型组学数据，促进人类表型组学的系统思维设计，支持全表型关联分析，推动精准医学的发展。“中华家系 1 号”将助力提升生命科学创新的源头质量，为高质量、高可靠性的多组学研究提供保障，同时为全球人类表型组计划的推进奠定坚实的标准基础。

“中国人群运动与认知功能定量参数正常值数据库”基于两项多中心临床研究，提供了中国正常成人的运动与认知功能定量常模。该数据库包含来自 12 个省（自治区、直辖市）的约 1800 名成年人样本，涵盖运动功能和认知功能的多项定量评估指标，并按年龄、性别、受教育程度分层。其中，运动功能测量涵盖了一系列动作，包括上肢运动、姿势控制、一字步行走和自然行走等，评估的参数包括完成动作时间、摇晃程度、步速、步高、步宽、步频和步幅等，还包括基于多项运动量表的半定量评分。认知功能测量则涵盖注意力、记忆力、定向力、执行能力、视空间构建能力、语言推理等。这些数据为研究人员提供了可靠的参考基线，有助于深入理解神经功能与脑功能的复杂关系。

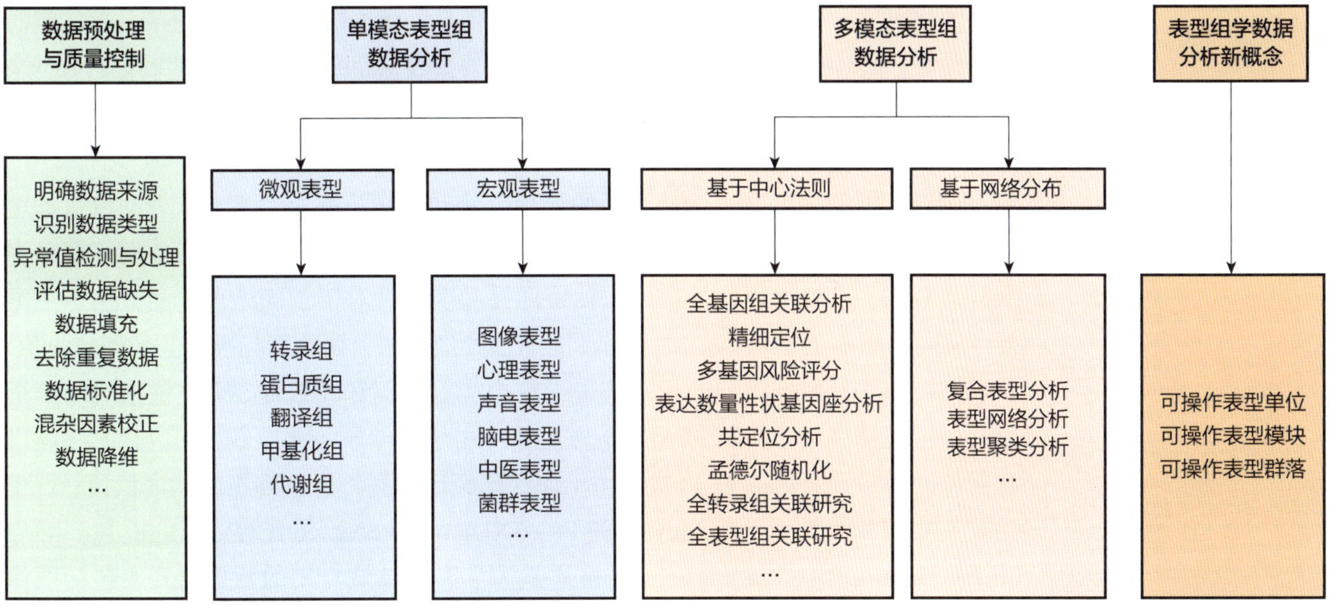

图 10-3 表型组的数据分析流程图（利用 BioRender 软件绘制）

10.3 表型组学的数据分析

数据分析是表型组学的核心工具。生物信息学家的一个重要任务是在庞大的数据海洋中挖掘和识别有价值的信息。本节提供了表型组数据的整体框架（图 10-3），将首先介绍表型组学数据的预处理与质量控制流程，随后详细讲解常用的分析方法。单模态表型组微观表型的数据分析已在前面的章节进行了详尽讨论，本节将不再赘述。本节着重介绍几种宏观表型，如图像、声音、菌群和心理表型的分析方法，以及深入探讨两种或以上不同模态数据的联合分析。最后，引入表型组学数据分析新概念，为未来的研究提供新的分析思路。

10.3.1 表型组数据的预处理与质量控制

随着表型数据量的爆炸性增长，来自不同来源和实验室的数据变得日益丰富且多样化。为了确保数据收集的准确性和一致性，数据整合和标准化成了必不可少的步骤。如上一节介绍，采用标准化的科学术语和本体，确保描述的统一性和清晰性；开发参考材料，为不同实验室和平台提供可比的基准，以确保测量结果的一致性；制定标准操作程序，为实验和数据分析过程设立明确的指导方针和步骤，确保所有研究者都遵循相同或相似的方法进行操作；此外，还应在不同学科领域之间制定通用的测量和分析标准，确保跨领域的协调和数据的一致性。

在表型组学的数据分析中，预处理与质量控制应重点关注以下几个方面。

（1）明确数据来源

这一步要求对数据的原始来源进行全面了解和记录，涉及数据的类型、实验流程、技术平台和批次等多方面信息。例如，在处理公共数据库的 RNA 表达数据或自行实验产生的数据时，不仅要记录实验设计、参与者信息、样本处理方法等，还要注意采集时间、设备、试剂批次、测序平台等细节。对于公共数据库的数据，还应明确记录数据来源、检索时间和使用的筛选标准，以确保后续分析的准确性和研究结果的有效性。

（2）识别数据类型

识别数据的种类对于选择合适的处理方法和分析策略至关重要。表型组数据覆盖了诸如遗传数据、表观遗传数据、生物化学数据、生理数据、行为数据等多种多源异构数据。了解每种数据类型的独特属性和变异性对于正确处理这些数据至关重要。不同的数据类型可能需要采用不同的预处理方法，如数据标准化、处理缺失值、检测离群值等。数据类型的识别依赖于审查实验文档和元数据，而文件格式的分析也提供了关键线索。例如，FASTQ 格式通常用于存储原始测序数据，包括测序读段和对应的质量评分；BAM 格式常用于保存已经比对到参考基因组的测序读段；VCF 格式主要用于存储变异数据，如 SNPs、INDELs 和 SVs。DICOM（digital imaging and communications in medicine）格式是医学影像领域专用的数据格式，包括图像数组信息以及拍摄日期、拍摄条件、患者信息等；FCS（flow cytometry standard）是流式细胞仪数据的标准文件格式，用于记录细胞的物理和化学特性。

（3）离群值检测与处理

离群值，或异常值，是指显著偏离其他数据点的值，它们可能对数据集的统计指标（如均值、方差及相关性）产生显著影响。离群值的产生可能由测量错误、输入误差、数据污染，或实际的统计离群现象等多种原因导致。为了识别这些值，可以采用多种方法，包括计算并分析基本统计指标（如均值、中位数、标准差），通过直方图和箱线图可视化数据分布识别数据集中的异常区域，运用聚类分析和 Z-score 方法等高级技术准确找出离群值。在处理离群值时，根据它们的来源及对研究目标的潜在影响，可以选择删除、修正、替换或保留这些值。值得注意的是，虽然离群值有时是错误或噪声，但它们也可能携带重要信息，尤其是在研究异常现象或新趋势时，因此在处理这些值时应谨慎考虑。例如，在一个数据集中，绝大多数值集中在 10 ~ 20，而只有极少数值在 50 以上，这些高值可能是离群值。在处理这些值时，可以选择删除它们，或进一步分析它们的成因，以决定它们是否是数据录入错误或反映了某种重要的、未被注意到的现象。

（4）评估数据缺失

数据缺失，即数据集中某些信息或数值的不完整，对分析和结论的准确性可能产生显著影响。评估数据缺失首先涉及统计缺失的数据量和比例。对于关键字段的高缺失率（如超过 50%），需要采取特殊处理措施或进行额外的数据收集；相对地，如果缺失比例较低（如不超过 5%），可能选择简单地剔除这些缺失值，因为它们对总体数据集的影响较小。其次，需要区分缺失数据的类型，包括完全随机缺失（missing completely at random，MCAR）、随机缺失（missing at random，MAR）和非随机缺失（missing not at random，MNAR）。例如，在一个包括患者姓名、年龄、性别和疾病诊断的数据集中，如果疾病诊断的缺失与其他信息无关，则属于完全随机缺失。若诊断信息的缺失主要出现在某个特定年龄段，这种缺失虽与年龄相关，但在已知年龄的条件下可视为随机。而若疾病较为严重的患者诊断记录缺失，这说明缺失与疾病的严重度（一个未观测变量）相关，即为非随机缺失。在这一评估过程中，利用缺失热图等可视化工具能有效辅助识别缺失值的分布模式和趋势。

（5）数据填充

数据填充是处理缺失信息的过程，旨在维持数据集的完整性和可用性。面对数据集中的空缺，常见的填充方法包括均值/中位数填充、回归填充和多重插补，具体选择取决于缺失值的数量、随机性和数据间的关系。均值/中位数填充是简单的方法，适用于随机且数量不多的缺失情况。当变量间存在相关性时，通过建立回归模型预测缺失值更为合适。这种方法利用已有数据间的关系来估算缺失值。多重插补是一种处理多变量复杂缺失模式的高级方法，其基本思想是：对每一个缺失值，不简单地填充一个单一估计值，而是生成多个不同的预测值，从而创建出多个“完整”版本的数据集。然后对每个“完整”数据集分别进行后续的分析，最后综合这些分析结果，得到关于原始数据的最终分析推断。以细胞样本数据集为例，对于随机少量缺失的酪氨酸表达量，可采用均值或中位数进行填充。而对于同时缺失 ACTIN 和 Tublin 表达值的细胞 B，通过建立基于其他蛋白质表达量的回归模型，预测 ACTIN 和 Tublin 的表达量区间，随后应用多重插补生成多个候选值以填补缺失，从而允许在考虑变量间复杂关系的同时，提供更加可靠的分析结果。

（6）去除重复数据

去除重复数据是通过识别和删除数据集中的重复记录，以确保数据的唯一性和准确性。常用的去重方法有查重编码法、样本比对法和主成分分析法。查重编码法通过为每条记录生成一个独特的标识符或编码来识别重复记录。这种方法在处理大规模数据集时特别有效，但它并不能直接解决数据重复的根本问题。相比之下，样本比对法通过设定相似度阈值，直接比较不同记录之间的差异性来判断是否存在重复。这种方法简单直接，但其效果很大程度上取决于阈值的设定。主成分分析法则采用无监督学习技术，将高维数据投影到低维空间进行比较，考虑各特征的权重，但这可能导致一定程度的信息损失。例如，在肿瘤临床研究中，同一患者因更换医院可能产生重复的治疗记录。解决这一问题的策略包括：首先检查患者是否有唯一标识码（如身份证号），用于识别潜在的重复记录；其次，应用样本比对法，通过比较病例的年龄、性别等特征相似度来进一步判断记录是否重复；最后，考虑使用主成分分析法，在综合各特征权重的基础上计算记录之间的相似度。

（7）数据标准化

数据标准化是改善数据质量的关键过程，旨在确保数据在不同环境下保持一致性和可比性。它涉及多个方面，如调整数据的结构、单位、精度和数值缩放。标准化的手段包括最大–最小规范化、Z-score 标准化、对数转化和分箱等，各适用于不同的场景。最大–最小规范化通常用于将数据映射到 [0, 1] 范围内，消除量纲差异，实现不同特征间的比较。Z-score 标准化将数据转化为均值为 0、标准差为 1 的分布，适用于数据分布近似正态的情况。对数转化针对数据分布明显偏斜的情况，通过取对数减小偏斜性，使数据更接近正态分布。分箱方法将连续数据划分为几个不同的水平或类别，如将基因表达量分为低、中、高三个水平，以简化数据分析和理解。

（8）混杂因素校正

混杂因素是对主要变量分析产生重要影响的因素，可以是定性的，也可以是定量因素。混杂因素有可能是生物学因素，如年龄、体重、性别等；也可能是技术因素，如实验的不同批次、研究中心或操作人员的差异等。混杂因素往往会带来对主要变量评价的偏倚，需要设计随机对照实验进行控制。然而实际操作中很难完全保证混杂变量的平衡，尤其是实验的样本含量较小，或需要考虑的混杂因素较多时。此时就需要对混杂因素进行事后控制，根据因素的性质和数目的不同，需要采用不同的方法进行校正：当主要结果变量为连续变量时，可采用协方差分析进行校正；当是分类变量时，可采用分层分析；当存在多个混杂因素时，常采用线性回归模型或广义线性回归模型进行校正。

混杂变量分析（surrogate variable analysis，SVA）是一种常用的统计模型，用于校正混杂因素的影响。SVA 通常应用于高维数据分析，如微阵列或 RNA-Seq 实验中的基因表达数据分析，目的是解释除了研究中的生物条件以外的变异因素。具体操作时，SVA 模型首先识别出数据中的潜在替代变量或隐藏变量，然后在后续的统计学分析中将这些替代变量作为协变量加入，以实现对混杂因素的控制。SVA 的公式如下：

$$\begin{aligned} x_{ij} &= \mu_i + f_i(y_i) + \sum_{l=1}^{L} \gamma_{li} g_{lj} + e_{ij}^* \\ &= \mu_i + f_i(y_i) + \sum_{k=1}^{K} \lambda_{ki} h_{kj} + e_{ij}^* \end{aligned} \tag{10-1}$$

其中，观测数据 x_{ij} 可以表征为基因 i 在样本 j 下的基因表达水平。它由几部分构成：基因 i 的平均表达水平 μ_i；基因 i 的表达值 y_i 的函数 $f_i(y_i)$；γ_{li} 是混杂变量 l 对基因 i 表达的影响系数；g_{lj} 是基因 i 对混杂变量 l 的响应；以及随机误差项 e_{ij}，表示模型未能解释的变异。

γ_{li} 在简化模型中，并不直接估计每个 g_{lj}，而是用一组较小的正交向量 h_{kj} 来近似这些替代变量的效应。这些正交向量可以通过奇异值分解（singular value decomposition，SVD）得到，它们捕获了原始替代变量中的主要变异。在这里，h_{kj} 是通过奇异值分解提取的 k 个主要正交向量，这些向量构成了原始替代变量空间的一个有效子空间。λ_{ki} 是这些新向量对基因 i 表达的影响系数。

（9）数据降维

表型组学数据的特征数量可达数十万至百万级别，这些数据集常含有大量冗余信息和高度相关性特征，并受到技术产生的噪声影响。此外，样本数量通常远少于变量数量，增加了统计分析的复杂度。因此，数据降维技术成为应对这些挑战的关键策略。

数据降维旨在减少数据维度的同时尽可能保留关键信息，通过转换或投影原始数据，以简化数据结构、提升计算效率，并减轻噪声数据的影响。常见的数据降维技术，如主成分分析、因子分析、独立成分分析、多维尺度分析、t 分布式随机邻域嵌入、局部线性嵌入和线性判别分析等，都被广泛应用于表型组的数据分析。本书第 2 章 2.4 详细介绍了这些方法及其在数据分析中的应用。

10.3.2 表型组数据的常用分析方法

表型组学的数据分析涵盖了单模态表型组数据和多模态表型组数据分析。本节将介绍数个宏观层面的单模态表型组数据分析，以及涵盖两种及以上表型类型的多模态数据分析。

10.3.2.1 单模态表型组数据分析

（1）图像表型

图像是最常见的表型数据类型之一，图像数据分析利用计算机视觉技术从图像中提取具有生物学意义的特征。这些特征可以帮助科学家和研究人员理解生物过程、诊断疾病、评估治疗效果等，包括了解剖结构、组织器官功能、细胞代谢与生物化学过程等，从宏观到微观的各种层次。日常生活中常见人脸识别、指纹识别中用到的图像表型是生物特征识别领域的重要组成部分，通过对独特生物特征的图像表型进行高精度分析，从而实现身份认证或差异性分析。X 射线、超声、CT、正电子发射体层仪（positron emission tomography，PET）、MRI 等成像技术，正以其无创、实时、高分辨率等特点推动着医学影像组学的快速发展。例如，利用医学 MRI 图像分析可以检测脑部肿瘤的位置、大小和形态等信息；从细胞图像数据中不仅可以提取形态特征，如细胞的大小、形状和结构，还可以提取纹理特征（细胞内外的纹理模式）和颜色特征（如组织染色的颜色分布）等。在高通量植物表型分析中，可以使用可见光、红外、荧光、多光谱和高光谱等多种成像技术获取植物的形态、颜色和健康状况信息，还可以利用激光雷达（LiDAR）、近红外光谱（near infrared spectrum，NIR）和超声波传感器等技术测量植物的高度、密度和生物量等。接下来以高通量植物表型分析为例，介绍图像数据处理与分析的流程及方法。

图像表型数据的分析一般要经过图像预处理，如图像去噪、增强、分割等步骤，再提取各种表型特征，如大小、形状、体积等定量表型，以及结构、形态等定性表型，进而对提取的表型特征进行挖掘，如一般统计分析、机器学习或组学间关联分析等（图 10–4）。图像预处理的目的是减少不同成像系统带来的影响，使条件下捕获的图像更具可比性。需要考虑的关键问题包括：图像的方向和对齐不一致、图像亮度不均匀、

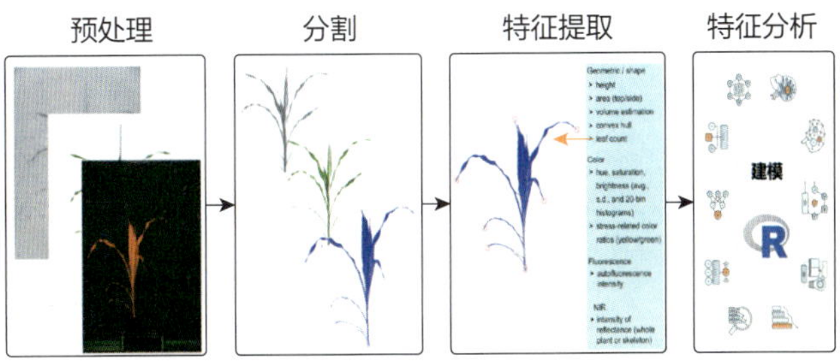

图 10–4 图像数据分析基本步骤（改绘自 Klukas et al.，2014）

图像缩放变化等问题。通过预处理步骤，可以有效提高图像数据的一致性和可比性，为后续的生物学特征提取和分析奠定基础。

图像分割通常用于将图像划分为有意义的对象（如植物部分和背景对象，如花盆、支架和笼子），并识别它们的边界。在分割过程中，图像被分为前景（标记为植物）和背景部分，通常使用不含植物的背景图像（参考图像）进行初始背景减除。图像分割是计算机视觉和图像处理中的一个重要任务，常见的图像分割算法包括以下几种。

① 阈值分割 对于给定的图像 $I(x,y)$，阈值分割（thresholding）方法通过设定阈值 T 来实现前景与背景的分离。例如，如果前景和背景的像素具有两种不同的灰度值，可以通过比较像素值与阈值 T 来决定它们的归属。

$$S(x,y)=\begin{cases}1, & I(x,y)\geqslant T\\ 0, & I(x,y)<T\end{cases} \tag{10-2}$$

其中，$S(x,y)$ 是分割后的图像，值为 1 表示像素属于前景区域，而值为 0 表示像素属于背景区域。

② K-均值聚类 K-均值聚类（K-means clustering）算法通过最小化样本点到簇中心的平方距离来进行分割。

$$J=\sum_{i=1}^{k}\sum_{x\in C_i}\parallel x-\mu_i\parallel^2 \tag{10-3}$$

其中，J 是目标函数，C_i 是第 i 个簇，μ_i 是簇 C_i 的中心。

③ 图割算法 图割算法（graph cut）将图像建模为一个图结构，其中像素被表示为图的节点，边的权重表示像素之间的相似性。该算法通过求解最小割（minimum cut）问题来实现图像分割。

$$\text{minimize}=\sum_{(i,j)\in edges} w_{ij}\cdot cut_{ij} \tag{10-4}$$

其中，w_{ij} 是边的权重，cut_{ij} 表示是否切断边 (i,j)。

④ 均值漂移算法 均值漂移算法（mean shift segmentation）是一种基于密度的分割方法。它通过在特征空间中对数据点进行均值漂移来寻找分割。假设 $\boldsymbol{x}$ 是特征空间中的点，均值漂移公式为：

$$\boldsymbol{x}_{new}=\boldsymbol{x}+\frac{\sum_i K(\boldsymbol{x}-\boldsymbol{x}_i)(\boldsymbol{x}_i-\boldsymbol{x})}{\sum_i K(\boldsymbol{x}-\boldsymbol{x}_i)} \tag{10-5}$$

其中，K 是核函数，$\boldsymbol{x}_i$ 是附近的点。

⑤ 分水岭变换 分水岭变换（watershed transformation）将图像视作地形图，从局部极小值处“注水”以分割图像。公式涉及梯度图像 ∇I：

$$\text{Watershed}(I)=\text{argmin}_{\text{Region}}[\text{Integral}(\nabla I)] \tag{10-6}$$

这里，积分是指对梯度图像的累积计算。

⑥ 边缘检测　常用的边缘检测（edge detection）算子有 Canny 算子、Sobel 算子等。以 Canny 算子为例，公式涉及以下步骤：

首先，计算图像的梯度 G：

$$G(x,y)=\sqrt{\left(\frac{\partial I}{\partial x}\right)^2+\left(\frac{\partial I}{\partial y}\right)^2} \tag{10-7}$$

从而，进行非极大值抑制（non-maximum suppression，NMS）和双阈值处理以检测边缘。

此外，也可以利用深度学习方法（deep learning-based methods）进行复杂分割：U-Net 用于医学图像分割的神经网络，其结构包括编码器和解码器，具有跳跃连接。Mask R-CNN 是一种基于区域卷积神经网络（convolutional neural network，CNN）的方法，可以同时进行目标检测和实例分割。

基于分割结果，可以提取不同类型的特征，常见的特征包括形态特征（高度、宽度、面积、体积、周长、形状、叶片数等）、纹理特征、颜色特征和几何特征（边缘、叶夹角等）。这些特征一般具有直观的生物学意义。

（2）声音表型

声音表型（vocal phenotype）是指通过声学特征描述生物体声音的方式。它涉及对生物体发声行为的定量分析，通常用于研究不同物种的交流方式、行为模式和演化过程。声音表型研究不仅应用于动物行为学和生态学，还广泛用于医学诊断和语言学研究。

声音表型在采集、去噪、归一化等处理后，会进行包括声音的持续时间、间隔时间、幅度变化等时域特征，基频、谐波成分、共振峰等频域特征，以及信号随时间变化的时频特征。同样可以通过短时傅里叶变换（short-time Fourier transform，STFT）对每个特定窗口内的信号进行傅里叶变换，得到一系列随时间变化的频谱。结果通常以声谱图（spectrogram）的形式表示，其中时间轴表示时间，频率轴表示频率，颜色或灰度表示信号强度。

STFT 将信号分段并对每段进行傅里叶变换，适合分析信号在不同时间窗口内的频率变化。STFT 的主要计算公式如下：

$$X(t,f)=\int_{-\infty}^{\infty} x(\tau)\cdot w(\tau-t)\cdot e^{-j2\pi f\tau}d\tau \tag{10-8}$$

其中，$X(t,f)$ 是在时间 t 和频率 f 上的 STFT 结果。$x(\tau)$ 是原始信号。$w(\tau-t)$ 是时间 t 上的窗口函数，通常是一个高斯函数或汉明窗等。$e^{-j2\pi f\tau}$ 是复指数函数，用于傅里叶变换。STFT 通过将信号乘以一个窗口函数，然后对窗口内的信号进行傅里叶变换，从而得到信号在该窗口内的频率成分。通过移动窗口，可以得到信号在不同时间点上的频率成分。

随后使用统计方法和机器学习算法对提取的声学特征进行分析和模式识别。常用的方法包括聚类分析、分类算法（如支持向量机、随机森林）和回归分析等。通过训练机器学习模型，对声音数据进行模式识别和分类。例如，可以使用 CNN 对鸟类叫声进行分类，识别不同种类的鸟类。

（3）菌群表型

菌群表型（microbial phenotype）主要关注微生物群落在不同环境和条件下表现出的特征，如人的肠道微生物菌群、土壤和水体的微生物评估污染状况等。通常通过物种多样性和丰度、菌群结构与功能、共现网络等特征进行计算。

物种多样性和丰度包括 α 多样性和 β 多样性。α 多样性是衡量一个样本内部的物种多样性，常用指标包括香农多样性指数（Shannon diversity index）和辛普森指数（Simpson's index）。β 多样性是比较不同样本之间的物种多样性。详见本书第 6 章 6.4 的介绍。

（4）心理表型

心理表型是一个广泛的概念，涵盖了个体的情绪、情感、认知和行为特征。情绪通常是对特定事件的短暂反应，如心理应激、快乐、愤怒、厌恶、恐惧和内疚等，而情感则是对生活经验更持久和深刻的心理体验，包括道德感、理智感和美感等。理解这些情绪和情感如何体验和表达对诊断情绪障碍、提升情绪智力和制定有效的情绪调节策略至关重要。此外，心理健康状态的评估常用于流行病学研究和精神健康评估，帮助揭示潜在的心理健康问题。人格作为心理表型的核心部分，体现了个体在多种心理维度上的稳定特征，对其健康和行为产生重要影响。主要的人格模型包括大五人格模型（big five model），该模型包含开放性、尽责性、外向性、宜人性和神经质五个维度；另一主要模型是卡尔·荣格（Carl Jung）的心理类型理论，它将人格分为八种类型，这些类型基于内倾和外倾两种心理态度，以及思维、感觉、直觉和情感四种心理功能。表 10－4 列出了常见的心理表型测评量表。

结构方程模型（structural equation model，SEM），亦称作潜在变量结构模型、线性结构关系模型或协变量结构模型，是心理学研究中常用的一种高级统计技术。它允许研究者同时分析多个变量之间的复杂关系，非常适用于探索和确认心理表型的复杂结构和内在联系。SEM 融合了因子分析、路径分析和多变量回归分析的优势，使研究者能够在理论模型中测试变量间的直接和间接效应，深入解析心理表型的多层次结构特征。

在执行 SEM 之前，研究者首先需要基于理论或先行研究成果构建假设模型，明确规定变量间的预期关系。心理表型常涉及无法直接观测的**潜在变量（latent variables）**，而这些潜在变量可以通过观测变量（也称为显变量，指的是量表的各个条目）进行估算。例如，在研究心理应激时，模型可能包括基本生理需求、安全需求、爱与归属需求（内在需求变量），以及来自社会、家庭、工作等方面的要求（外在需求变量）。在此模型中，一级潜变量，基本生理需求、安全需求、爱与归属需求及来自社会、家庭、工作的要求，通过与之相关的一个或多个量表条目间接测量。例如，基本生理需求可能通过量表中关于食物、水、空气和温度的感知条目来评估。这些定义潜变量与观测变量间关系的模型称为**测量模型（measurement model）**。而二级潜变量，如内在需求和外在要求，则基于这些一级潜变量构建，它们不直接

表 10-4 常见的心理表型测评量表

测验类型	测验名称	测验描述	维度/因子或条目	评估形式
情绪测验	正负性情绪量表（positive and negative affect schedule，PANAS）	主要用于评估个体的正性和负性情绪	2 个维度：积极情绪和消极情绪	自评
	感知压力量表（perceived stress scale，PSS）	主要用于评估个体对日常生活中压力的主观感受	2 个维度：紧张感和失控感	自评
	状态-特质焦虑量表（state-trait anxiety inventory，STAI）	主要用于评定应激情况下的状态焦虑和经常的情绪体验	2 个维度：状态焦虑和特质焦虑	自评
	汉密尔顿焦虑量表（Hamilton anxiety scale，HAMA）	主要用于评估个体的焦虑症状及其严重程度	14 个条目：①焦虑心境，②紧张，③害怕，④ 失眠，⑤认知功能，⑥抑郁心境，⑦躯体性焦虑/肌肉系统，⑧躯体性焦虑/感觉系统，⑨心血管系统症状，⑩呼吸系统症状，⑪胃肠系统症状，⑫生殖泌尿系统症状，⑬植物神经系统症状，⑭会谈时行为表现	他评
	汉密尔顿抑郁量表（Hamilton depression scale，HAMD）	主要用于评估个体抑郁症状的严重程度	20 个条目：①抑郁心境，②内疚感，③自杀观念，④早醒，⑤中期失眠，⑥晚期失眠，⑦工作与兴趣丧失，⑧迟缓，⑨激越，⑩精神性焦虑，⑪躯体性焦虑，⑫胃肠道症状，⑬全身症状，⑭性症状，⑮体重下降，⑯自知力，⑰日间变化，⑱虚弱感，⑲疑病症，⑳丧失体力感	他评
心理健康测验	一般健康问卷（general health questionnaire，GHQ）	主要用于筛查个体的一般心理健康状况	4 个维度：躯体症状、焦虑和失眠、社会功能障碍、抑郁症状	自评
	症状自评量表（symptom checklist 90，SCI-90）	主要用于评估个体存在的多种心理健康症状	9 个维度：①躯体化，②强迫症状，③人际关系敏感，④抑郁，⑤焦虑，⑥敌对，⑦恐怖，⑧偏执，⑨精神病性症状	自评
人格测验	大五人格量表，即 NEO 人格量表（NEO personality inventory，NEO-PI）	主要用于评估个体在五个核心人格维度上的表现	5 个维度：开放性、尽责性、外向性、宜人性、神经质	自评
	迈尔斯-布里格斯类型指标（Myers-Briggs type indicator，MBTI）	主要用于评估个体的心理类型和性格特征	4 个维度：外倾与内倾、感觉与直觉、思维与情感、判断与知觉	自评

与具体的量表条目相连。同时，潜变量之间还可能存在相互关系。例如，模型中可能假设基本生理需求与安全需求，安全需求与爱和归属需求存在影响关系。这些定义潜变量间关系的模型称为**结构模型（structural model）**。

更复杂一点的情况是，在模型的理论构建涉及内生（潜在）变量和外生（预测）

变量的设定。内生变量是指在模型中既受其他变量的影响，又对其他变量产生影响的变量。例如，安全需求可能受到基本心理需求的影响，并同时对爱和归属需求产生作用。外生变量则是在模型中只对其他变量产生影响，而不受其他变量影响的变量。例如，假设在模型中，基本心理需求仅影响其他潜变量，而不受其他潜变量的影响，这使得基本心理需求成为一个典型的外生变量。

对于内生变量的测量模型：

$$Y = \Lambda_y \eta + \epsilon \tag{10-9}$$

其中，Y 是内生显变量，Λ_y 是内生显变量与内生潜变量 η 之间的因子载荷矩阵，ϵ 是内生显变量的误差项。

对于外生变量的测量模型：

$$X = \Lambda_x \xi + \delta \tag{10-10}$$

其中，X 是外生显变量，Λ_x 是外生显变量与外生潜变量 ξ 之间的因子载荷矩阵，δ 是外生显变量的误差项。

结构模型：

$$\eta = B\eta + \Gamma\xi + \zeta \tag{10-11}$$

其中，η 是内生潜变量，B 是内生潜变量之间的效应矩阵（通常表示潜变量间的直接效应），Γ 是外生潜变量 ξ 对内生潜变量 η 的影响矩阵，ζ 是内生潜变量的误差项。

将外生变量测量模型、内生变量测量模型和结构模型等各部分组合起来即得到一个完整的结构方程模型。在执行 SEM 分析时，常用的软件工具包括 LISREL、SAS、MPLUS、AMOS、EQS，以及 R 语言中的“lavaan”包。

10.3.2.2　多模态表型组数据分析

通过分析多模态数据的交互作用及其模式响应，能揭示不同表型之间的内在联系，理解生物系统的网络动态及其功能的相互依存性，以实现对生物系统的精确预测和深刻洞察。面对数据量的急剧增长和复杂度的提升，分析多模态高维数据显得尤为关键。

（1）全基因组关联分析研究

在揭开生命复杂性的旅程中，精细的分析方法将破译基因到表型的转换。一切起始于 DNA——生物特征的遗传密码所在。高通量测序技术的进步极大地丰富了基因数据，而**全基因组关联分析（genome-wide association study，GWAS）**研究能够识别特定遗传变异与表型特征的关联。自 2005 年首篇 GWAS 研究发表以来，根据 2023 年 7 月 GWAS Catalog 的数据，共有 6 459 项研究被发表，揭示了 537 476 个遗传变异与表型特征之间的联系。GWAS 分析的线性回归模型表达式为：

$$Y = W\alpha + X_s\beta_s + g + e \tag{10-12}$$

$$g \sim N(0, \sigma_A^2\psi)$$

$$e \sim N(0, \sigma_e^2 I)$$

在此模型中，Y 表示表型值，如疾病的状态或者生理特征的量化度量；W 是包含截距项在内的协变量矩阵，这些协变量可能包括年龄、性别、主要的环境因素等。α 是与协变量矩阵相对应的效应量向量，表示协变量对表型值的影响大小。X_s 是 SNPs 下所有个体的基因型值的向量。β_s 是遗传变异 s 对应的固定效应量，也就是 SNP 效应的大小。

g 是捕获其他 SNP 多基因效应的随机效应，代表除了 X_s 以外的所有遗传变异对表型的加性影响，σ_A^2 表示表型的加性遗传变异，ψ 是标准遗传关系矩阵。

e 是剩余误差的随机效应，σ_e^2 表示剩余方差，I 是一个单位矩阵，用于在模型中加入剩余误差效应。

（2）精细定位

连锁不平衡（linkage disequilibrium，LD）描述了基因座之间非随机组合的遗传现象，通常表现为相邻基因座形成的 LD 模块。一方面，LD 模块的存在提高了 GWAS 发现因果 SNP 的可能性。当一个真正具有因果关系的位点位于 LD 模块内时，该模块内的所有 SNP 都会与表型表现出关联。这使得 GWAS 能够通过检测多个 SNP 的关联信号，更有效地识别致病或影响表型的基因区域。另一方面，LD 也可能导致 GWAS 无法直接鉴定出真正的因果 SNP。由于 LD 模块内 SNP 之间存在连锁关系，即使只有一个 SNP 与表型存在因果关系，其他 SNP 也会表现出关联信号。精细定位（fine mapping）分析旨在缩小 LD 模块的范围，区分真正具有因果关系的 SNP 和那些仅仅由于 LD 而表现出关联的 SNP。常用的精细定位方法包括：启发式 LD 算法、惩罚回归，以及贝叶斯精细定位。

① 启发式 LD 算法　启发式 LD 算法利用 GWAS 中具有显著关联信号的 SNPs，即 Tag SNPs，以及周围与其紧密连锁的 SNPs 来定位与疾病或特定性状相关的遗传变异。操作步骤包括：首先评估每个 SNP 与特定表型的相关性，通常采用 β 值和 p 值等统计指标；其次，根据既定的显著性水平，筛选出重要的 Tag SNPs；随后，以这些 Tag SNPs 为中心，延展搜索附近的 SNPs，通过连锁不平衡程度（r^2）定义 LD 模块，直到 r^2 值下降至预设的阈值；最终，在每个 LD 模块中进行详细的关联分析，以确定与表型最紧密相关的 SNP，这些 SNP 有可能是致病的潜在因素。启发式 LD 算法的局限在于，它没有考虑多个 SNP 间可能存在的联合影响，也未能充分评价各 SNP 的生物学功能。

② 惩罚回归　在 GWAS 中，多个 SNPs 之间存在强相关性，导致传统回归模型在参数估计上不稳定。为了克服这一挑战，在精细定位分析中，惩罚回归模型如岭回归、LASSO 回归和弹性网络回归，通过加入惩罚项提高模型的稳健性。这些方法通过约束估计系数的大小，促使模型压缩不重要的变量系数至零，从而排除对预测没有贡献的变量，并增强模型的预测能力和解释力。LASSO 回归通过添加 L_1 正则化项，将系数的绝对值之和限制在一定阈值以下，推动模型生成一个稀疏解，即多数系数值为零的解，从而进行特征选择。岭回归通过添加 L_2 正则化项，将系数的平方和进行约束，使得模型中的所有系数被均匀压缩，而不是直接减少到零，这

有助于处理多重共线性问题，但不会选择特征。弹性网络回归结合了 L_1 正则化和 L_2 正则化，既能够产生稀疏模型，也能够处理变量间的高度相关性。然而，惩罚回归无法排除与 Tag SNP 强 LD 相关的非因果 SNPs。

LASSO 回归公式：

$$\min_{\omega}\sum_{i=1}^{m}\left(y_i-\sum_{j=1}^{d}x_{ij}\omega_j\right)^2+\lambda\sum_{j=1}^{d}|\omega_j| \tag{10-13}$$

岭回归公式：

$$\min_{\omega}\sum_{i=1}^{m}\left(y_i-\sum_{j=1}^{d}x_{ij}\omega_j\right)^2+\lambda\sum_{j=1}^{d}\omega_j^2 \tag{10-14}$$

弹性网络回归公式：

$$\min_{\omega}\sum_{i=1}^{m}\left(y_i-\sum_{j=1}^{d}x_{ij}\omega_j\right)^2+\lambda\sum_{j=1}^{d}|\omega_j|+\lambda\sum_{j=1}^{d}\omega_j^2 \tag{10-15}$$

其中，y_i 是第 i 个样本的真实值，x_{ij} 是第 i 个样本的第 j 个特征值。ω_j 是第 j 个特征值的回归系数。λ 是正则化参数，控制惩罚的强度。m 是样本的数量。d 是特征的数量。

③ 贝叶斯精细定位　贝叶斯精细定位方法基于贝叶斯统计学原理，结合先验知识估计 SNPs 与特定性状之间的关系强度。这些先验信息包括特定的基因组区域特性（如编码区、内含子、启动子和增强子区域）、染色质活跃度状态、组蛋白修饰标记（如甲基化和乙酰化）、进化上的保守性、连锁状态（如重组率）等。在此方法中，每个 SNP 被赋予一个后验包含概率（posterior inclusion probability，PIP），反映它是真正影响该表型的因果 SNP 的概率。基于 PIP 值，可以确定一个所谓的"可信集"（credible set），这是一个包含了潜在因果 SNPs 的最小集合，被认为在统计上有高概率包含至少一个真正的因果变异。贝叶斯方法能有效综合多种信息进行分析，但它的准确性依赖于先验信息的质量；如果依赖的信息来源有偏或不完整，结果可能受到影响。

此外，跨族群精细定位是一种集成多个族群样本的分析方法，旨在更准确地识别与表型真正相关的因果遗传变异。这种方法的前提假设是，不同人群之间疾病或表型的生物学基础是相同的，即真正的因果变异一致，但由于不同族群之间存在遗传背景的差异，同一等位基因标记与真实因果变异之间的 LD 模式不尽相同。通过对不同族群中与表型显著相关的标记 SNP 的 LD 模块取交集，可以缩小真实因果变异的可能区域范围。那些在多个族群中持续表现出统计关联的遗传信号，更大概率为真正的因果变异。

（3）多基因风险评分

多基因风险评分（polygenic risk score，PRS）是一种评估个体患病风险的多因素风险评分模型。它基于 GWAS 的结果，通过加权计算与疾病相关的多个基因位点效应值的总和，从而估计个体的遗传易感性。PRS 的计算公式如下：

$$S=\sum_{k=i}^{m}\beta_k x_k \tag{10-16}$$

其中，S 表示个体的基因多态性风险评分，m 表示 SNP 的数量，x_k 代表第 k 个 SNP 的风险等位基因的个数（0、1 或 2），β_k 是该 SNP 与疾病风险相关的效应值（如回归系数）。

一般来说，PRS 得分越高，表明个体的患病风险越大。PRS 模型可采用线性模型（如线性回归）或非线性模型（如神经网络）等方法来建立 SNP 特征与疾病风险之间的关系。常见的 PRS 工具包括 PRSice、LDpred、PRS-CS、plink 等。

PRS 计算存在两个主要的挑战，第一个挑战是 SNP 独立性问题。由于 GWAS 通常是对每个 SNP 单独进行关联检验，而 SNP 之间存在连锁不平衡现象，因此很难获得真正独立的 SNP 效应值估计。解决这个问题有两种主要的方法。第一种方法是聚集 + 阈值法（clumping + thresholding）。该方法首先选择 GWAS 中 p 值最小的那个 SNP，随后在一个固定距离的窗口内，排除与其 LD 值高于设定阈值的所有 SNP，这样保留下来的 SNP 在很大程度上是相互独立的了。接下来，根据预设的 p 值阈值进一步筛选出最终纳入 PRS 计算的 SNP 集合。另一种方法是 β 缩减法。该类方法的原理是考虑所有的 SNP，并基于它们之间的连锁不平衡情况调整 SNP 权重，如使用基于 LASSO 回归的 lassosum 方法或基于贝叶斯方法的 LDpred 算法。第二个主要的挑战是高维度问题，由于基因组数据中 SNP 位点的数量通常在百万量级，而样本数量远远少于此，这很容易导致模型过拟合。因此，对基因组数据进行合理的降维处理是 PRS 计算的一个关键环节，也是目前研究的一个重点和难点所在。

深度神经网络模型能够综合考虑遗传数据、生活习惯、临床指标等多种因素来预测个体发展疾病的风险。这种模型包括多个隐藏层，每层有多个神经元，以及合适的激活函数，如 ReLU 或 Sigmoid。通过训练神经网络，模型通过反向传播和梯度下降算法调整权重和偏差，以减小预测误差。完成训练和验证后，得到的深度神经网络模型能够根据输入的遗传和临床数据预测个体发展疾病的风险。神经网络方法介绍请见本书第 3 章。

对于各类风险预测模型，模型评估和优化也很重要，这是确保模型性能和泛化能力的关键。评估模型通常采用交叉验证中的 K 折验证，具体方法请参见本书第 2 章 2.4 节。

（4）表达数量性状基因座分析

GWAS 结果中大多数显著遗传风险变异位于非编码区域，不会直接影响编码蛋白的基因，为了阐明这些非编码区域风险变异的作用机制，可以通过**表达数量性状基因座（expression quantitative trait locus，eQTL）**分析，研究个体的基因型与基因表达水平之间的关联，系统鉴定出与基因表达水平显著相关的遗传变异。这些变异可能位于基因的调控区域，如启动子、增强子等，影响转录因子结合或染色质重塑等过程，进而调控基因的表达水平。因此，eQTL 分析能够帮助解释这些非编码区变异的潜在功能意义，将疾病相关的遗传风险变异与其潜在的调控靶基因联系起来。eQTL 分析常采用线性回归模型：

$$Y=\beta_0+\beta_1 X+\beta_2 C+\epsilon \tag{10-17}$$

其中，Y 代表基因表达水平；β_0 代表截距项；X 代表基因型，通常编码为 0、1、2；β_1 是基因型的回归系数，表示基因型对基因表达水平的效应；C 表示协变量矩阵，β_2 是协变量的回归系数；ϵ 代表残差项。

除了个体的基因型与基因表达水平之间的 eQTL 分析，还能将基因型与 DNA 甲基化水平、可变剪切比例、蛋白质表达水平等多种分子表型相关联，鉴定与其显著相关的遗传变异。

（5）共定位分析

共定位（colocalization）分析通过计算 GWAS（表型 1）显著位点和 eQTL（表型 2）显著位点共同定位在同一基因组区域的后验概率，来估计 GWAS 信号上的位点通过改变基因表达的生物学过程从而影响疾病的可能性。SNP 是否与所选表型相关可能的配置共有 5 个，这里用 S_0，S_1，S_2，S_3，S_4 来代表，对应 5 种假设分别为：

H_0：表型 1 和表型 2 与某个基因组区域的所有 SNP 位点无显著相关。

H_1/H_2：表型 1 或表型 2 与某个基因组区域的 SNP 位点显著相关。

H_3：表型 1 和表型 2 与某个基因组区域 SNP 位点显著相关，但由不同因果变异位点驱动。

H_4：表型 1 和表型 2 与某个基因组区域 SNP 位点显著相关，且由同一因果变异位点驱动。

接下来，在每个表型只有一个因果变异的假设下计算不同因果变异组合的后验概率，在给定观测数据 D 的情况下，探究假设 $H_h(h=1,2,3,4)$，根据贝叶斯公式，则有：

$$P\left(H_h|D\right)\propto\sum_{S\in S_h}P\left(D|S\right)P(S) \tag{10-18}$$

其中，$P\left(H_h|D\right)$ 是给定观测数据 D 后，假设 H_h 的后验概率；$P\left(D|S\right)$ 是在假设 H_h 成立的条件下观测到数据 D 的似然；$P(S)$ 是假设 H_h 或配置 S 的先验概率。

该公式的解释为后验概率 $P\left(H_h|D\right)$ 正比于每一个配置 S 的先验概率 $P(S)$ 乘以它出现对应的似然，这里只是一个比例（而不是等式）。

例如，计算 H_4 成立的后验概率：

$$\begin{aligned}PP4&=P\left(H_4|D\right)\\&=\frac{P\left(H_4|D\right)}{P\left(H_0|D\right)+P\left(H_1|D\right)+P\left(H_2|D\right)+P\left(H_3|D\right)+P\left(H_4|D\right)}\end{aligned}$$

$$= \frac{\dfrac{P(H_4|D)}{P(H_0|D)}}{1+\dfrac{P(H_1|D)}{P(H_0|D)}+\dfrac{P(H_2|D)}{P(H_0|D)}+\dfrac{P(H_3|D)}{P(H_0|D)}+\dfrac{P(H_4|D)}{P(H_0|D)}} \tag{10-19}$$

在这里计算了条件概率 $P(H_4|D)$ 与所有可能的配置 S 出现的条件概率之和的比例。接下来，将每一项除以基线 $P(H_0|D)$，将后验概率表示为相对概率，而不是绝对概率。

该式中的分子和分母之比为：

$$\frac{P(H_h|D)}{P(H_0|D)}=\sum_{S\in S_h}\frac{P(D|S)}{P(D|S_0)}\times\frac{P(S)}{P(S_0)} \tag{10-20}$$

该等式中总和的第一个比例是每个配置的贝叶斯因子（bayes factor，BF），第二个比例是配置与基线配置相比的先验赔率（prior odds）。可以使用 Wakefield 方法从 p 值或估计回归系数和方差计算每个变量的 BF。通过总结所有配置，可以有效地比较数据对一种备择假设与零假设的支持。

在贝叶斯共定位中，最关键的设想是第四种（H_4），即假设一个遗传位点同时影响 GWAS 中的疾病特征和 eQTL 中的基因表达。H_4 的后验概率越高，就越能确信某个遗传位点在改变基因表达的过程中，对疾病有影响。$PP4$ 值的范围为 0~1。通常，当后验概率大于 0.75 时，认为该位点很可能是一个共定位位点，指出了一个强有力的遗传关联信号。

（6）孟德尔随机化

孟德尔随机化（mendelian randomization，MR）是工具变量法（见本书第 2 章 2.2 节）在生物信息学中的重要应用，其基本思想为孟德尔遗传第二定律（自由组合定律），即在形成配子时，等位基因彼此分离，非等位基因自由组合，这一过程类似于随机对照实验中的随机分组。受孟德尔遗传第二定律的启发，研究人员发现 SNP 位点不仅符合因果时序关系（先因后果），而且不会受到后天环境等混杂因素的干扰，因此可以选择一组特定的 SNP 位点作为工具变量，从而对观察性研究中的因果关系进行推断。选择的 SNP 位点同样需要满足工具变量的三个条件，而在实际应用中往往不容易被满足。

单样本 MR（one-sample MR）是指在同一个研究中同时获得了样本的 SNP、暴露以及结果信息，但这对数据具有较高的要求，应用场景较为局限。在 MR 研究中，广泛应用的为两样本 MR 方法。两样本 MR 是指 SNP–暴露和 SNP–疾病间的关联信息分别来源于两个独立样本。

① 逆方差加权　逆方差加权（inverse variance weighted，IVW）法是孟德尔随机化分析中常用的一种方法，主要用于处理多个 SNP 位点作为工具变量的情况。其基本思想是根据每个 SNP 位点的估计方差对每个 SNP 估计的因果效应进行加权，使得估计方差较小（即估计更精确）的工具变量在最终的因果估计中占有更大的权重。记 $G=\{G_1,G_2,\cdots,G_m\}$ 为作为工具变量的 SNP，T 为暴露因素，Y 为结果变

量。并假设第 i 个工具变量 G_i 对暴露和结果的因果效应估计分别为 $\widehat{b}_i^x$ 和 $\widehat{b}_i^y$，其对应的方差为 $\mathrm{Var}(\widehat{b}_i^x)$ 和 $\mathrm{Var}(\widehat{b}_i^y)$，可得 G_i 对应的 T-Y 因果效应估计值为：

$$\widehat{a}_i = \frac{\widehat{b}_i^y}{\widehat{b}_i^x} \tag{10-21}$$

其标准误为：

$$se(\widehat{a}_i) = \frac{\sqrt{\mathrm{Var}(\widehat{b}_i^y)}}{\widehat{b}_i^x} \tag{10-22}$$

对得到的多个因果效应估计 $\widehat{a}_i$ $(i=1,\cdots,m)$ 应用逆方差加权法进行整合，建立加权线性回归模型

$$\widehat{b}_i^y = a_{IVW}\widehat{b}_i^x + \varepsilon_i \tag{10-23}$$

$$\varepsilon_i \sim N[0, \sigma^2\,\mathrm{Var}(\widehat{b}_i^y)]$$

其中，a_{IVW} 为整合后的因果效应，得到 IVW 估计为：

$$\hat{a}_{IVW} = [(\hat{b}^x)'\Omega^{-1}\hat{b}^x]^{-1}(\hat{b}^x)'\Omega^{-1}\hat{b}^x \tag{10-24}$$

其中，Ω 为工具变量之间的协方差矩阵，相应的标准误为：

$$se\left(\hat{a}_{IVW}\right) = \sqrt{\left[\left(\hat{b}^x\right)'\Omega^{-1}\hat{b}^x\right]^{-1}} \tag{10-25}$$

② MR-Egger　然而，当工具变量存在多效性（即遗传变异通过暴露以外的途径影响结果）问题时，使用 IVW 方法得到的因果效应估计值将会出现一定的偏差。MR-Egger 通过截距项来衡量工具变量间的平均多效性，其加权回归方程如下：

$$\widehat{b}_i^y = a_0 + a_E\widehat{b}_i^x + \varepsilon_i \tag{10-26}$$

$$\varepsilon_i \sim N[0, \sigma^2\,\mathrm{Var}(\widehat{b}_i^y)]$$

其中，a_0 是截距项，a_E 是感兴趣的因果效应参数，ε_i 是误差项。与 IVW 不同，该模型弱化了工具变量的第二个条件，将其替换为 InSIDE（instrument strength independent of direct effect）假设，即每个 SNP 与暴露的关联（$\widehat{b}_i^x$）独立于 SNP 和结果的直接效应。在满足该假设的情况下，MR-Egger 回归可以提供一致性的因果效应估计。注意，当截距项 a_0 等于 0 时，MR-Egger 退化为 IVW；当 a_0 不等于 0 时，则说明模型中存在多效性问题。因此可以通过检验截距项 a_0 是否显著，对所选的 SNP 位点是否满足工具变量的第二个条件（排他性限制）进行检验。

基于汇总数据的孟德尔随机化（summary-data-based mendelian randomization，SMR）是一种特定形式的 MR 分析，主要利用公开的 GWAS 汇总数据。它主要被用来检测遗传变异对某个表型的影响是否通过特定的中介表型（如某个基因表达水平）来实现。通过整合 eQTL 数据和 GWAS 数据，SMR 方法使研究者能够使用遗传变异作为工具变量，估计基因表达水平对疾病风险的因果影响。

以精神分裂症为例，研究人员利用精神分裂症 GWAS 汇总数据，以及遗传变异与脑组织转录组数据 eQTL 分析结果整合，开展共定位分析，鉴定在两者中均显著的共享位点，从而确定影响基因表达的非编码风险变异。随后，研究人员利用与基因表达相关的变异作为工具变量开展孟德尔随机化分析，通过将其基因结果关联除以基因暴露关联，评估基因表达水平对疾病风险的因果影响，厘清基因表达与疾病之间的因果关联。

$$\widehat{\beta}_{MR}=\frac{\beta_{gY}}{\beta_{gX}} \tag{10-27}$$

其中，β_{gX} 代表遗传变异对基因表达效应的估计；β_{gY} 代表遗传变异对精神分裂症效应的估计；$\widehat{\beta}_{MR}$ 代表基因表达对精神分裂症因果关系的估计。

通过 SMR 分析，研究人员确定神经调节蛋白 1（neuregulin 1，NRG1）是精神分裂症的因果效应基因。该基因在神经发育和突触形成过程中起关键作用。通过进一步的功能实验，研究人员阐明了 NRG1 如何增加精神分裂症发病风险的分子机制。此外，研究者还可能使用其他生物信息学工具，探索 SNP 如何影响可变剪切的变化、DNA 甲基化水平、蛋白质表达水平和代谢组变化等，可以更深入理解这些遗传变异如何影响分子层面的不同表型而增加患病风险。

（7）全转录组关联研究

GWAS 分析遗传变异与表型的关联，而**全转录组关联研究（transcriptome-wide association study，TWAS）**通过对受到遗传变异显著调控的基因进行表型关联性检测，识别出那些可能通过遗传变异影响相关表型的基因。TWAS 方法首先利用多个 eQTL 数据集来训练基因表达预测模型，建立遗传变异与基因表达之间的遗传调控权重。接下来，这些带有遗传调控权重的模型被应用于预测更大 GWAS 群体中个体的基因表达水平。最后，通过建立预测基因表达与表型之间的关联，以确定基因与表型之间的调控关系。

考虑到组织特异性的转录调控，TWAS 会针对每个不同的组织分别进行基因表达的预测。PrediXcan 采用线性回归模型来拟合多个顺式 SNP（即位于基因周围 1 Mb 范围内的 SNP）与目标基因表达水平之间的关系。对于特定的基因 g，在包含 n 个个体的参考样本中，其表达水平与多个 SNP 变体之间的关系可以表示为：

$$E_g=\beta_0+\beta_1 X+\epsilon$$

其中，E_g 表示校正混杂因素（如年龄、性别和基因型主成分等）后的基因表达水平；β_0 表示截距项；X 代表基因型，通常编码为 0、1、2；β_1 是 SNP 权重的向量；ϵ 表示误差项。

由于样本数量通常少于变量数量，直接使用传统的线性回归模型容易导致过度拟合和统计效能不足。为了解决这个问题，通常采用弹性网络回归模型来筛选重要的 SNP 并防止过度拟合。该模型通过以下优化公式估计系：

$$\widehat{\beta} = \underset{\beta}{\operatorname{argmin}} \left\{ \|E_g - X\beta\|_2^2 + \lambda \left[\alpha\|\beta\|_1 + \frac{1}{2}(1-\alpha)\|\beta\|_2^2 \right] \right\} \tag{10-28}$$

其中，$\widehat{\beta}$ 是线性组合的估计系数。$\|Eg - X\beta\|_2^2$ 是残差平方和项，用于最小化预测误差。$\alpha\|\beta\|_1$ 是 L_1 惩罚项，有助于模型的系数稀疏化；$\frac{1}{2}(1-\alpha)\|\beta\|_2^2$ 是 L_2 惩罚项，用于收缩系数的大小以减少过拟合。α 是在 L_1 和 L_2 惩罚之间平衡的参数。λ 是控制整体惩罚强度的参数，通过交叉验证的方式进行估计。

在弹性网络模型基础上，利用回归系数来估计 GWAS 样本中个体的基因表达水平。具体的预测公式为：

$$\widehat{E}_i = \sum_{j=1}^{m} \beta_j G_{ij} \tag{10-29}$$

其中，$\widehat{E}_i$ 是第 i 个个体的预测基因表达水平，β_j 是上一步预测的第 j 个 SNP 的回归系数。G_{ij} 是第 i 个个体在第 j 个 SNP 上的基因型。

最后，将预测得到的基因表达水平与表型数据进行关联分析，通常采用线性回归模型来评估两者之间的关系。具体的回归模型如下：

$$Y = \beta_0 + \beta_1 \widehat{E} + \beta_2 C + \epsilon \tag{10-30}$$

其中，Y 表示表型；β_0 表示截距项；$\widehat{E}$ 表示基因表达水平；β_1 是基因表达水平的回归系数，表示基因表达水平对表型的影响；C 表示协变量矩阵；β_2 是协变量的回归系数；ϵ 表示误差项。

（8）全表型组关联研究

若将 GWAS 视作寻找与特定表型相关的未知遗传变异的过程，那么全表型组关联研究则专注于从已知遗传变异出发，探索其与多种表型特征之间的复杂联系，是一种反向遗传学分析方法（图 10-5）。**全表型组关联研究（phenome-wide association study，PheWAS）**通常基于已有的生物学机制或遗传学背景，关注某种表型，应用该表型相关的特定遗传变异作为工具变量来分析其与大量疾病表型结局的关联，体现了它从“基因型或其他变量”到“表型”的反向遗传学研究特征。这些表型可能包括不同的疾病状态、定量生物标志物或药物反应性。以心血管疾病的 PheWAS 为例，假定已经鉴定了一个与心脏病发病率相关 SNP。在 PheWAS 研究中，研究人员以该 SNP 为研究对象，探究其与多种心血管相关表型，如心血管疾病本身、血压、血清胆固醇水平等的相关性。

对于分类表型，可以通过构建列联表并计算 χ^2 统计量来应用卡方检验，以此评估基因型频率分布与表型类别之间的关联程度，同时计算出相应的比值比（odds ratio，OR）和 p 值，以量化基因型与表型之间的关联强度和统计显著性。

$$\operatorname{logit}(p) \equiv \beta_0 + \beta_1 X + \beta_2 C \tag{10-31}$$

其中，p 表示特定表型（如某种疾病）的概率；$\operatorname{logit}(p)$ 表示 p 的对数概率；β_0 表示截距项；X 代表基因型，通常编码为 0、1、2，β_1 是基因型的回归系数；C 表示协

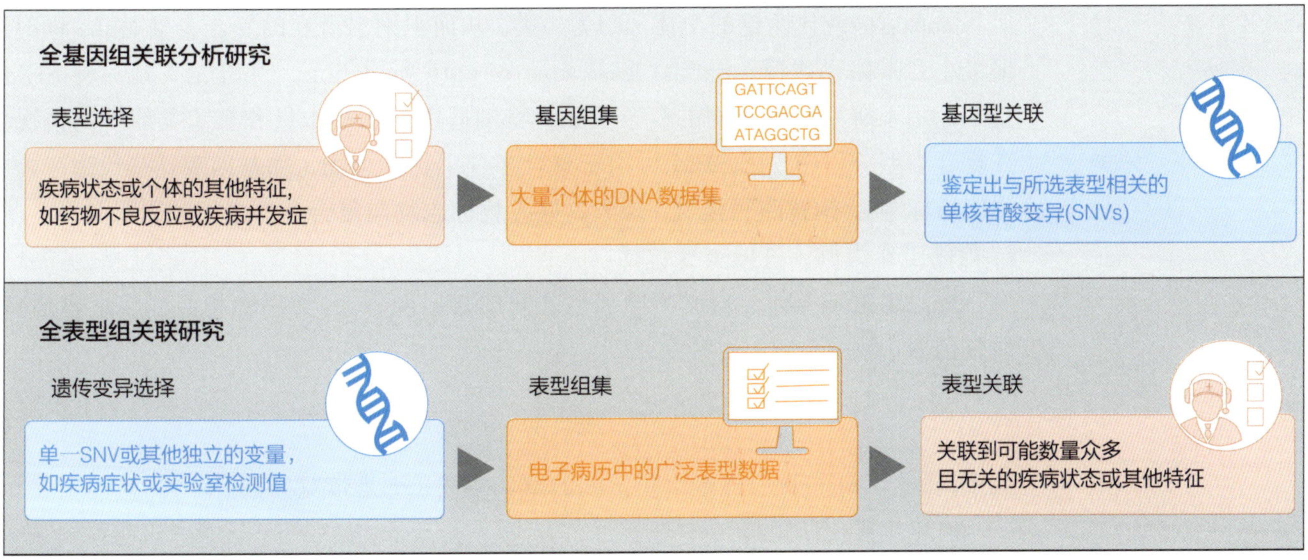

图 10–5 全基因组关联分析研究与全表型组关联研究的对比（改绘自 Bastarache et al., 2022）

变量矩阵，β_2 是协变量的回归系数。

对于连续表型，则可以采用方差分析来比较不同基因型组别间表型平均值的差异，或者使用线性回归分析来评估基因型对表型的影响，同时估计其效应大小和方向。在某些情况下，可以应用广义线性模型来处理表型数据的非正态分布特性。

$$Y = \beta_0 + \beta_1 X + \beta_2 C + \epsilon \tag{10-32}$$

其中，Y 表示表型值；β_0 表示截距项；X 代表基因型，通常编码为 0、1、2；β_1 是基因型的回归系数，表示基因型对表型的效应；C 表示协变量矩阵，β_2 是协变量的回归系数；ϵ 是误差项。

在使用 PheWAS 时应谨慎对待假阳性发现。使用 Bonferroni 校正等方法可以调整统计显著性阈值，以适应在 PheWAS 中测试的表型数量。新的关联应通过在独立数据集或完全不同的人类、动物或细胞研究中的复制来验证。

（9）复合表型分析

复合表型（composite phenotype）是指由多个单独的表型特征或指标组合而成的综合特征。这种复合特征通常用于描述复杂的生物学现象或多维度的生物特性，能够提供比单一表型更全面和系统的信息。复合表型概念被应用于人类指纹花纹的研究，探讨个体的同一套基因组是如何影响不同十指上指纹花纹的形成，为“指纹模块现象”（中间三枚手指指纹高度相关）提供了表型组学和遗传学解释。Li 等通过结合偏最小二乘路径建模和光谱聚类的策略定义复合表型，揭示了不同个体在高海拔驯化中的生理异质性。在模型适应度性能的评估中，基于复合表型的模型在高海拔适应过程中的氧饱和度变化建模方面比基于单一性状的模型更适合。由此可见，基于复合表型的新策略可能成为表型组学分析研究的一般策略。

光谱聚类（spectral clustering）是一种基于图论的聚类方法，通过对数据点构建相似度矩阵，进行特征值分解，以此将数据点投影到低维空间，再在低维空间中进行聚类。在复合表型分析中，光谱聚类可以用于将具有相似特征的样本（如具有相似基因表达谱或代谢谱的个体）归为一类，从而识别出潜在的复合表型亚群。同时，偏最小二乘路径建模（partial least squares path modeling，PLSPM）是一种 SEM 技术，用于研究变量之间的复杂关系，特别适用于小样本量和多重共线性的情况。在复合表型分析中，PLSPM 可用于整合多种生物标志物（如基因表达、代谢产物、临床指标等），构建路径模型，探索这些生物标志物与复合表型之间的因果关系。以 Li 等的工作为例，具体步骤包括：

相似度矩阵构建，定义不同表型之间的相似度 S_{ij}，常用的相似度度量包括高斯核函数：

$$S_{ij} = \exp\left(-\frac{\|x_i - x_j\|^2}{2\sigma^2}\right) \tag{10-33}$$

其中，$\|x_i - x_j\|^2$ 表示样本 i 和 j 间的欧氏距离，σ 是带宽参数。

构建拉普拉斯矩阵 L，

$$L = D - S \tag{10-34}$$

其中，D 是对角矩阵，其对角元素 D_{ii} 是第 i 个样本的度（即相似度矩阵 S 中第 i 行元素之和）。

对拉普拉斯矩阵 L 进行特征值分解，得到前 k 个最小的特征值及其对应的特征向量，将样本投影到由这些特征向量构成的低维空间中。根据光谱聚类的结果，将 28 个生理特征分为 14 个组，这些组构成了复合表型的初步结构。在此基础上，进一步应用 PLSPM 来构建复合表型。

PLSPM 用于分析多个变量组之间的多重关系，并定义了 14 个潜在变量，每个潜在变量代表一个复合表型，通过计算潜在变量得分估计复合表型。

随后，通过将得分矩阵中的值与另一个权重矩阵相乘来计算潜在变量的得分，迭代求解潜变量得分和路径系数，目标是最大化潜变量与其观测指标之间的协方差。

最后，通过载荷矩阵和潜在变量得分来解释模型。载荷矩阵显示了每个指标变量对每个潜在变量的贡献程度，而潜在变量得分被用于定义复合表型，代表了高海拔适应过程中的不同生理方面。例如，某个潜在变量可能代表了与氧合相关的一系列生理特征，而另一个潜在变量可能代表了与心血管功能相关的特征。

（10）表型网络分析

表型数据的分析中，网络分析扮演着至关重要的角色。这是基于一种假设：表型数据之间存在着复杂的相互依赖和调控网络。网络分析的应用范围广泛，它被用来研究不同表型之间的相互关系和作用，揭示表型间的模式、集群以及关键节点。这种分析方法特别适用于识别与疾病相关的表型模式，预测疾病的风险和进展路径，揭示疾病的潜在生物学机制。此外，表型网络分析还有助于发现新的治疗靶点和药物响应标记物，为深入探索和理解生物系统中表型组学的内部关系及其间的相互作用提供了一个强大的分析工具。在网络分析方法中，加权基因共表达网络分析、蛋白质之间的相互作用网络分析和代谢网络分析等成了多组学研究中的关键方法。网络的基本概念、拓扑属性、网络分析中的具体算法等，详见第 11 章 11.3 节。

10.3.2.3 表型组学分析的新概念

在人类表型组项目中确立了其三个核心构成要素：可操作表型单位（operational phenotypic unit，OPU）、可操作表型模块（operational phenotypic module，OPM）和可操作表型群落（operational phenotypic community，OPC）。

（1）可操作表型单位（OPU）

作为表型分析的基础单元，每个 OPU 代表一个独立的表型特征，如遗传特征或临床指标。OPU 之间的关系可以表现为不同的方向性和强度，揭示了各个表型特征之间的复杂相互作用。

（2）可操作表型模块（OPM）

OPM 由相互作用的 OPU 集合构成，形成了群体级别的特征模块。每个 OPM 表示在特定组学表型下具有相似表型模式的个体群体。OPM 之间的关系不仅反映了不同方向和强度的相互作用，而且可能体现了不同生物学过程的协同或相互抑制。在多模块网络中，OPM 之间的相互作用进一步影响整体表型表现，对于理解复杂疾病和生物学特性的形成至关重要。

（3）可操作表型群落（OPC）

OPC 代表了更高层面的特征模块，是由相互作用的 OPM 集合组成的。通常涉及多个跨组学平台，OPC 反映了不同层次的表型数据之间的关联性和动态相互作用。

从 OPU 到 OPM，再到 OPC，这个层次化的框架逐步深入，从单一表型特征的作用分析扩展到更广泛的生物学网络中的相互作用（图 10–6），打通了微观表型到宏观表型的壁垒。这种多层次的关系揭示了生物体内表型特征的复杂交互，为深入理解生物体的功能和行为提供了新的视角。在解析这些表型间复杂的相互依赖和调控关系方面，网络分析发挥着不可替代的作用。

通过解析 OPU-OPM-OPC 表型间关系，筛选相关性网络中的关键特征和枢纽节点，对从庞大的生物学数据中识别出有生物学意义的模块，揭示生物分子之间的紧密相互作用和功能联系具有重要作用。常规分析流程如下：

① 基于单一表型特征水平的 Spearman 秩相关系数检验分析，将相关性强［如 abs(r)>0.95］的表型记为一个表型簇，并对表型簇进行二次正则化主成分分析，其中第一个主成分得分定义为一个 OPU。

② 对 OPUs 进行两两相关性分析，建立 OPU 间的加权相邻矩阵 $abs(r) \times I(P\_FDR < 0.05)$，并使用 Newman's Community Detection 对同组学平台的 OPUs 聚类，每个 OPU 簇构成一个群体级别的特征模块 OPM。

③ 计算两个 OPMs 中所有 OPUs 的相关系数，并使用 Newman's Community Detection 社区检测方法对跨组学平台的 OPMs 聚类，每个 OPM 簇代表一个跨组学平台的 OPC。

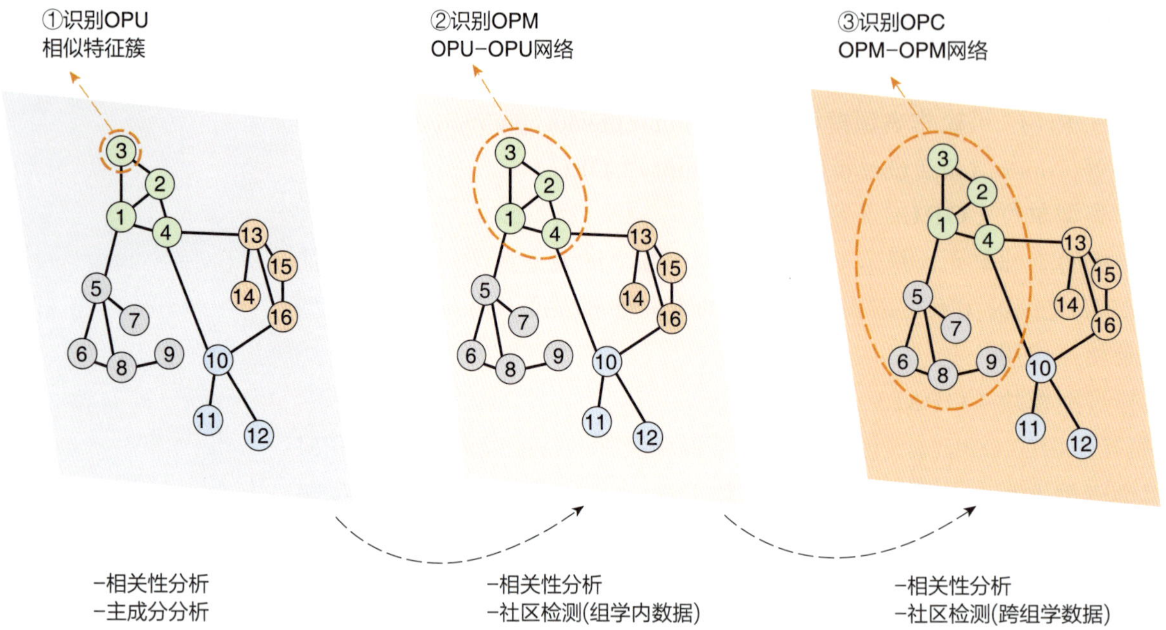

图 10-6　表型-表型交互作用网络构建框架（图中所列方法可进一步拓展）

在上述例子中可以看出，社区检测在了解整个网络结构和功能中具有重要作用，是图论中的一个重要问题，旨在发现图中具有紧密连接的节点群体。同社区经常对应着功能相同或者关系比较紧密的节点集合，网络节点组内连接紧密，组间连接稀疏。社区结构是大规模网络中普遍存在的基本结构，经典社区结构检测方法包括基于图分割的 K-L（Kernighan-Lin）算法、聚类算法；基于模块度优化的 Louvain 算法、动态标签传递算法（label propagation algorithm，LPA）等。

马克·纽曼（Mark Newman）在 2003 年首次提出了模块度（modularity）这一概念，并在 2004 年给出了其正式定义。模块度用于量化网络中的社区划分。例子中所使用的 Girvan-Newman（GN）算法是一种用于识别网络社区结构的经典方法，也可以看作是一种聚类算法。GN 算法通过迭代地移除图中具有最高边介数（betweenness）值的边，从而揭示网络中的社区结构。

GN 算法的核心思想是利用边介数来评估边的重要性。边介数是指通过某条边的最短路径的数量，反映了该边在网络中作为桥梁的作用。具有高边介数的边通常位于社区之间的边界上，移除这些边可以有效地分割网络，揭示出社区结构。

边介数的计算公式如下：

$$B(e)=\sum_{s\neq t}\frac{\sigma_{st}(e)}{\sigma_{st}} \tag{10-35}$$

其中，s 和 t 是两个节点；σ_{st} 表示从节点 s 到节点 t 的最短路径的总数；$\sigma_{st}(e)$ 表示从节点 s 到节点 t 经过边 e 的最短路径数量。

算法步骤：

① 计算边介数　首先，计算图中每条边的介数。边介数是通过图中的最短路径算法计算得到的。

② 移除最高介数的边　找到介数值最高的边，并将其从图中移除。

③ 重新计算边介数　每次移除边后，重新计算剩余图中每条边的介数。

④ 迭代重复　重复步骤 2 和步骤 3，直到图中的所有边都被移除或达到预期的社区划分。

通过 GN 算法，可以生成一个层次结构的社区树（dendrogram），表示社区分裂的过程。在分析社区结构时，可以根据需要选择适当的层次来确定社区划分。例如，在树的某个层次剪断树干，就能得到相应规模的社区结构。

10.4 表型组学的应用

10.4.1 细胞与类器官表型组的应用

细胞表型的观察始于 17 世纪，罗伯特·胡克（Robert Hooke）首次使用显微镜对植物组织进行观察，并将观察到的结构称为“cellulae”，即细胞。在 19 世纪，马蒂亚斯·施莱登（Matthias Schleiden）和西奥多·施旺（Theodor Schwann）两位提出了细胞学说，他们认为所有生命体都由细胞组成。此后，科学家们开始对细胞进行更深入的研究。类器官（organoid）是指一种体外培养的三维细胞模型，其特点是具有某种特定器官的一些组织结构和功能特征。其培养过程为从多能干细胞或者成体细胞中获取干细胞，通过一系列的特定培养和分化的步骤，最后使这些细胞组成与真实器官相似的微型结构。类器官表型组学（phenomics of organoids）则是指旨在通过对类器官的结构、功能和分子特征等进行分析研究，来探索和理解类器官的特性和与之相关的生物学过程的一种研究方法（图 10－7）。类器官表型组学的应用可以有助于深入理解类器官的形成、结构、功能等方面的信息，并且有助于筛选、评估药物的效果和了解药物对类器官的作用和影响。

10.4.1.1 生物学领域的应用

（1）研究细胞发育、分化等功能

利用细胞与类器官表型组技术，能够在不同时间点对细胞进行高分辨率的成像和详尽的表型分析，从而实现了对细胞发育过程的精准动态跟踪，包括细胞体积和形态的演变、细胞骨架和细胞极性的精细重构，以及细胞信号通路和互作网络的动态变化。例如，通过单细胞数据的降维、聚类、差异表达分析，可以识别关键的基因表达模式，鉴定不同亚群。对空间基因表达模式进行分析，可以揭示不同区域的基因表达差异，有助于了解组织中的细胞类型和相互作用。这些分析手段能够深入挖掘细胞命运决定的关键因素，揭示发育过程中的精妙分子机制，从而为细胞的发育与分化提供深入而全面的认识。

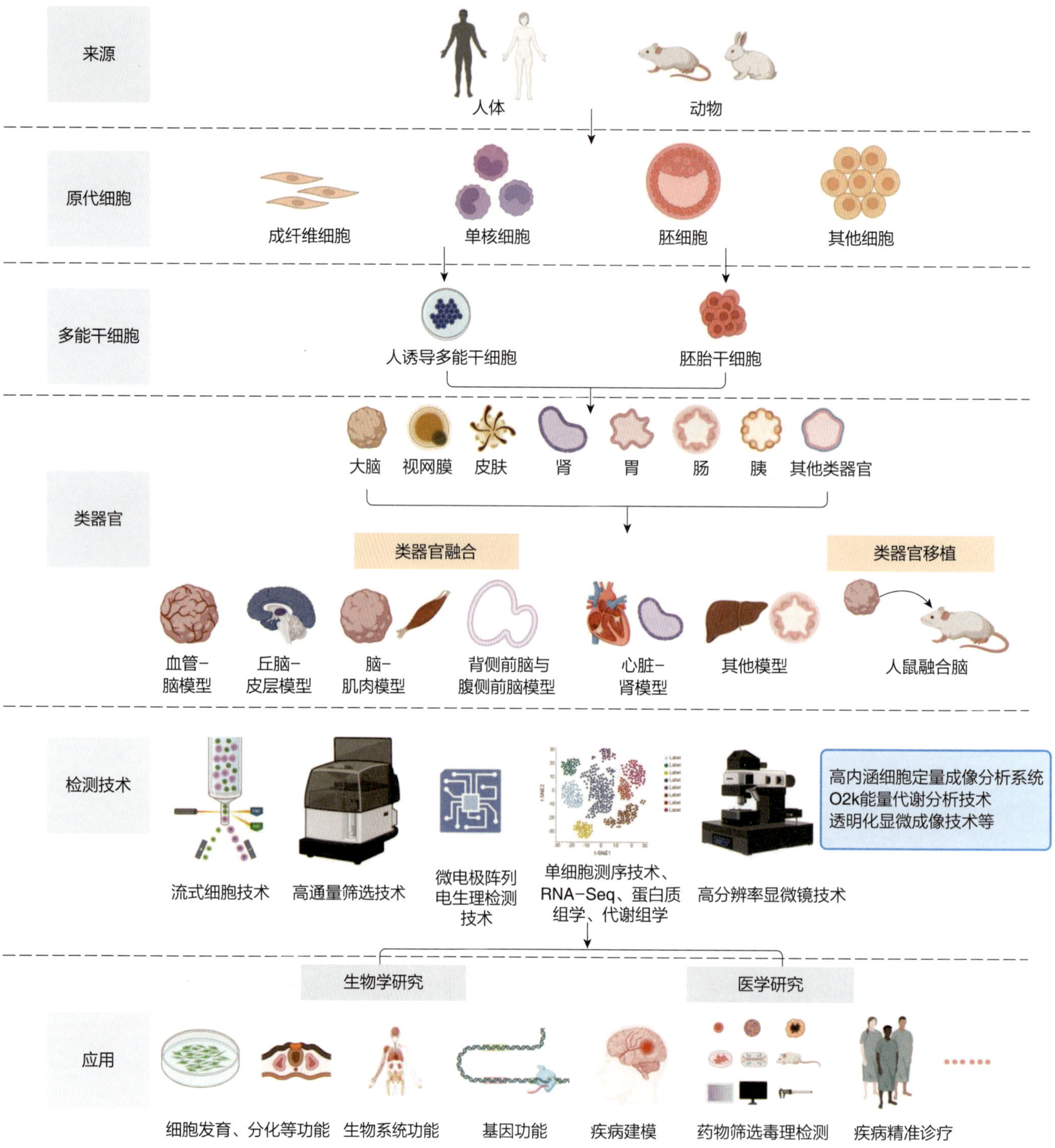

图 10-7 细胞与类器官表型组研究总结示意图（改绘自 Zhang et al., 2024）

（2）研究生物系统功能

细胞与类器官表型组学研究能在体外重新构建系统模型，实现对系统的持久动态观测，进而深入探究生命系统的优化策略。通过模拟不同的环境条件和生理状态，能够更准确地理解生命系统如何在多样性挑战下实现协调与适应。此外，细胞与类器官表型组学也为揭示系统功能失衡的机制提供了理论基础，为开发针对系统性疾病的干预方法提供了新的思路，从而有效引导干预治疗措施。

（3）研究基因功能

细胞与类器官表型组学在揭示基因功能中发挥重要作用。例如，通过比较正常基因与突变基因在细胞和类器官层面的表型差异，准确地界定基因突变对生物体的影响。可以运用高效的基因编辑技术，在细胞模型中对目标基因进行敲除或激活，然后借助表型组学的手段来评估这些基因的改变对细胞功能的影响。通过观察基因敲除或过度表达对细胞响应的影响，也可以评估这些基因作为潜在药物靶点的可行性。

10.4.1.2 医学领域的应用

（1）疾病建模与揭示致病机制

拓展阅读 10-2
3D人脑类器官模型虚拟仿真实验介绍

利用细胞与类器官表型组学技术可以实现精准的疾病建模，这为深入解析疾病机制和开发新药提供了强有力的支持。一方面，可以通过引入特定的基因突变来模拟遗传性疾病，揭示突变基因在疾病过程中的作用；另一方面，也可以使用患者自身疾病细胞建立模型。前者可以根据目标疾病类型，选择合适的细胞或组织模型，使用基因编辑或病毒载体等方式导入疾病相关突变或使特定基因异常表达，从多个层面开展表型组学分析，评估疾病导致的细胞形态变化、代谢途径改变、信号通路活性变化等，从而深入解析疾病机制。近期，中南大学的研究团队运用细胞和 3D 人脑类器官模型，对疾病机制进行了深入研究，揭示了 *GNL3* 基因的遗传调控和生物学功能。该研究发现，*GNL3* 基因的异常表达可能导致细胞增殖和神经元分化异常，为理解双相情感障碍的遗传学基础和致病机制提供了重要依据。

（2）药物筛选与毒理检测

通过观察药物处理后的细胞或类器官表型变化结合表型组学技术，可以对药效进行全面评估，实现对药物副作用的预测。借助高通量筛选技术产生大量的生物活性或化合物筛选数据，利用生物信息学工具和算法同时测试多个候选药物对细胞及类器官的影响，对筛选结果进行统计学分析，可以识别到具有生物学活性的分子，高效筛选出潜在的药物，加速药物的研发过程。同时，器官毒性问题一直是导致药物开发失败和批准后撤回的主要原因。类器官的出现可能为毒性预测提供更加精准的手段。通过模拟人体组织和脏器的三维细胞培养系统，如皮肤、肝、心肌等，可以在更接近体内环境的条件下对药物进行毒理检测。这些类器官模型保留了体内细胞和组织结构的多样性。通过观察药物处理后类器官的表型变化，能够更准确地预测药物在体内的毒性作用。

（3）疾病精准诊疗

细胞与类器官表型组学在疾病精准诊疗方面表现出了显著的优势，从治疗前的分子诊断标志物鉴定，到治疗过程中的药物选择、效果监测、病情进展预测，再到治疗后的抵抗性分析，相关技术都扮演着关键角色。以白血病的治疗为例，利用细胞与类器官表型组学的方法，可以深入分析白血病患者样本的基因表达谱。这不仅可以帮助准确诊断白血病的类型，还有助于预测疾病的预后情况。更重要的是，这些信息还可以指导后续的治疗方案选择，使得治疗更加个体化、针对性更强。通过对患者细胞的分析，能够更好地了解疾病的分子机制，识别出可能的治疗靶点，并且及早发现患者对药物的抵抗性，从而调整治疗方案，最大限度地提高治疗的效果。

10.4.1.3 细胞与类器官表型组数据库和资源

细胞和类器官表型组学的研究需要大量的数据和资源来支持，以下是一些常用的细胞和类器官表型组数据库和资源（表 10-5）。

表 10-5 细胞与类器官表型组数据库和资源

数据库名称	资源类型
CellMarker	提供不同细胞类型的标记基因信息
Allen Cell Explorer	提供大量细胞图像和数据
ExPASy - Proteomics Server	提供与蛋白质组学相关的工具和资源
Human Cell Atlas	提供关于细胞组成和功能的全面信息
Organelle Genome Resources	提供不同细胞器基因组的数据
CellFishing.jl	提供用于处理高维细胞数据的 Julia 软件包
Human Protein Atlas	提供人类蛋白质在组织和细胞水平上的表达信息
CellProfiler	开源的图像分析工具，用于高通量细胞成像数据的分析和处理
the Cell Image Library of Digital Anatomist Project	提供关于细胞、细胞器和组织的三维模型和图像
CellMiner	提供肿瘤细胞系的分子特征、基因表达数据和药物敏感性信息
BioGPS	提供基因注释和表达数据的在线平台
Allen Brain Atlas	提供关于大脑组织中基因表达的空间信息
CellPhoneDB	提供细胞 - 细胞相互作用的信息
the Cell Ontology	提供描述细胞类型和细胞组分的资源
the Cell Image Library（CIL）	提供关于细胞成像数据的在线资源
EMDataBank	提供收集和存储的电子显微镜图像和结构数据
Cytoscape	提供一个用于分析和可视化细胞网络和通路的工具
CellXgene	该工具用于单细胞 RNA 测序数据的交互式分析和可视化
Gene Expression Omnibus（GEO）	提供大量的基因表达数据，包括细胞和组织样本的表达谱
OrganoidDB	提供类器官转录组测序和单细胞测序数据等内容
Gene Expression in Cortical Organoids（GECO）	提供脑皮层类器官不同培养时期基因表达数据
Organoid Cell Atlas	建立类器官的综合单细胞图谱
OrganoidBase	患者来源的肿瘤衍生类器官及其所有相关的组织病理学、IC50、基因组、转录组和单细胞分析数据
Huborganoids	HUB 类器官是活生物库的一部分，提供类器官基因组测序、表达谱分析、对已知药物和实验药物的敏感性分析等信息的数据库
OrganoidDB	提供类器官转录组测序和单细胞测序数据等内容
CellSys	提供关于细胞生物学、细胞信号传导、细胞分裂等方面的模型和数据

10.4.2 人类表型组的应用

人类表型组学的研究为深入了解个体差异以及疾病的预测、诊断和治疗提供了全新的思路和方法。这一领域的研究有助于理解人类健康和疾病的机制，推动个体化医疗的发展，以及研究人类进化和种群遗传学。

人类表型组数据的收集既包括了个体在各个时间点上静态特征的全面记录，也涉及对其动态变化进行的连续、纵向追踪。数据收集方法主要有三种：主观测量、客观测量和临床诊断。主观测量主要依赖个体的自我报告，如通过调查问卷、生活质量评估和疼痛程度记录等；客观测量则通过如实验室测试、医学影像和生物传感器等设备和方法直接获取，涵盖血压、血糖、心率等生理指标；临床诊断则是综合主观测量和客观测量的结果，由医生基于患者的病史、症状、体征和辅助检查进行综合判断。为提高数据的准确性和全面性，实际的数据收集过程中通常需要综合使用这些方法。

通过整合和分析人类表型组数据，可以构建一个以表型为核心的知识图谱。这一知识图谱的重要性在于，它能够综合多个信息维度，为表型组研究提供全面而系统的视角。同时，这种组织和管理方式可以提高表型组研究的效率和效益。例如，2021 年 11 月，中国科学家宣布初步完成了全球首张人类表型组参考导航图 1.0 版本（图 10－8），整合了超过 150 万条表型之间的关系，为生物学研究提供了宝贵的资源。图谱的构建依托于上海国际人类表型组研究院的人类表型精密测量平台，对年龄在 20～60 岁的上海居民进行为期 2 天 1 夜的全面表型测量，覆盖从微观的基

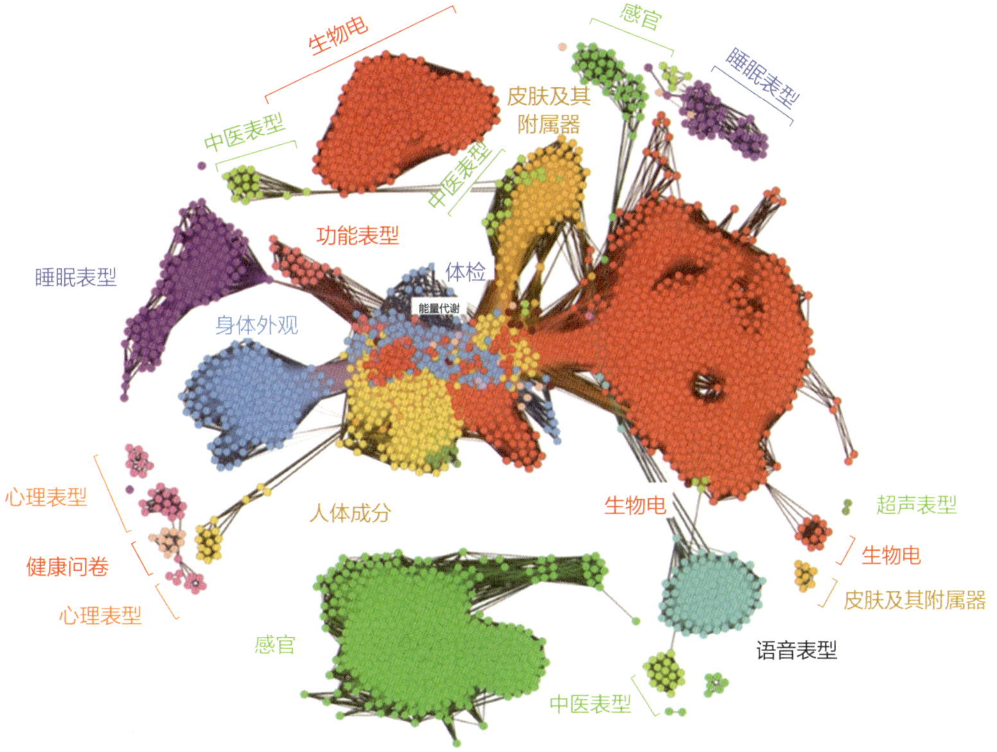

图 10－8 人类表型组全景导航图（改绘自 Tian et al., 2022）

因组学、转录组学、蛋白质组学、代谢组学、细胞到宏观的生物医学影像、身体外观、皮肤及其附属器、睡眠、生物电、心理等 15 大类不同尺度的表型组测量。每位志愿者产生了超过 2 万个指标，总数据量超过 3 PB。

10.4.2.1 疾病发生发展中的应用

人类表型组将个体全面的表型特征和临床疾病特征结合起来，对理解疾病具有重要的科学价值。首先，它有助于实现疾病的早期诊断。例如，在阿尔茨海默病的研究中，研究者通过分析患者的认知功能表现和大脑影像学特征，成功地识别出了疾病的早期表型指标，如轻微的记忆损失和大脑特定区域的体积缩小。这些早期表型指标使得医生能够在明显症状出现前对疾病进行诊断，从而实现更早的治疗介入。其次，它有助于鉴定疾病的风险因素。在纵向追踪研究或回溯性研究中，通过整合个体的日常生活方式（如饮食习惯和体育活动频率）、生理表型（如体重、身体质量指数、血压和血糖）以及心理表型（如心理应激、认知风格、认知偏差）等，可以识别出潜在的疾病风险因素，这对早期干预和预防具有重要意义。此外，在研究如孤独症谱系障碍和双相情感障碍这类具有显著个体差异的疾病时，通过细致分析患者的行为、认知和影像表型，并将这些数据与遗传信息相结合，可以实现更精确的患者分组。这不仅有助于更全面地理解疾病的复杂性，还能为优化治疗方案和管理策略提供关键信息。

10.4.2.2 药物疗效、安全性和新药开发中的应用

在临床试验和药物研发中，人类表型组学的应用主要涉及探索药物的作用机制、优化个体化治疗方案以及识别潜在的药物靶点等方面。例如，针对首发精神分裂症的治疗，考虑利培酮疗效的个体差异，研究者分析了患者用药前后的 DNA 甲基化变化。他们发现，这些甲基化的改变可以作为预测治疗效果的生物标志物，进一步揭示了遗传变异如何通过 DNA 甲基化调节利培酮的临床疗效（通过阳性和阴性症状量表的减分率来量化）。为了实现个性化医疗，研究者能够结合遗传风险评分（如多基因风险评分、多甲基化评分）、影像表型、心理表型等多种人类表型组学数据来构建一个综合的药物疗效预测模型。这种模型能够综合分析患者的遗传背景和其他表型组学特征，从而预测药物的效果，优化治疗方案。此外，在设计临床试验时，通过根据受试者的表型特征进行分层，研究者能够更准确地揭示个体间的差异对药物响应的影响，对药物疗效和安全性有重要的提示作用。

10.4.2.3 公共卫生和流行病学领域中的应用

人类表型组学通过跨时空、多尺度和多维度的测量方法，为疾病预防、控制和健康政策的制定提供了关键支持。这一领域的深度表型测量包括广泛的数据类型，如社会人口学特征、人体体质指标、生活方式习惯、医疗历史和体育活动记录，以及基因组、转录组、代谢组、蛋白质组和微生物组等多组学数据。这些数据的集成，有助于全面解析表型组，从而揭示人群健康状况的全貌以及不同表型特征间的相互作用。通过构建表型关联网络，表型组学不仅可以帮助识别健康和疾病状态下的关键生物标志物，还能深入理解这些因素如何共同作用影响疾病的发展，为公共健康

干预提供科学依据。

10.4.2.4 人类表型组数据库

人类表型组数据库整合了人类受试者相关的临床资料、生理指标、心理和行为特征、功能和结构影像，以及 DNA、RNA、蛋白质、代谢物等数据。关于人类受试者的生物大分子数据库，请参见本书第 3 章。表 10-6 列出了常见的环境暴露与疾病表型数据库。

表 10-6 常见人类表型数据库的比较

数据库名称	样本量	人群	地区	年代	描述
英国生物样本库（UK Biobank，UKB）	50 万人	50 岁以上成人	英国	2006 年起	提供人口统计学信息、身体检查数据和生物样本，旨在分析影响健康和疾病的因素
美国“全民健康”百万人群队列（All of US，AoU）	40 万人	不同地区种族、年龄、性别、社会经济背景和健康状况的人群	美国	2018 年起	包括人口统计学信息、身体检查数据和生物样本。旨在探索影响健康和疾病的机制，为预防、诊断和治疗提供个性化方案
美国围产协作计划（Collaborative Perinatal Project，CPP）	5.8 万对	孕妇及新生儿	美国	1959—1974 年	包括产科、儿科、病理、血清学、社会经济和家庭、遗传史、心理、语言和听力等多方面信息。研究围产期因素对胎儿和新生儿健康的影响，特别关注神经系统的发育和功能
社区动脉粥样硬化风险队列（the Atherosclerosis Risk in Communities Study，ARIC）	1.6 万人	45 ～ 64 岁成人	美国	1987 年起	包括医疗、社会和统计学信息，用于研究动脉粥样硬化的病因学和自然史，临床动脉粥样硬化疾病的病因学，以及心血管危险因素、医疗保健和疾病的种族、性别、地点和日期的变化
欧洲癌症与营养前瞻性调查队列（European Prospective Investigation into Cancer and Nutrition，EPIC）	52.1 万人	10 个国家	欧洲	1992 年起	包括饮食习惯、身体测量数据、生物标志物、医疗历史和生物样本等信息，旨在调查饮食、营养状况、生活方式和环境因素与癌症和其他慢性疾病发病率之间的关系

10.4.3 植物表型组的应用

表型组学在植物领域的研究非常广泛，这得益于植物具有丰富的表型差异，例如，植物会根据生长发育和对环境的适应表现出叶形、花色、抗性的不同表型。同时植物的遗传操作和育种也较为方便。更加关键的是，植物大部分生长发育周期是固定在土壤中处于静止状态，适合进行连续的表型记录。植物表型组学提供了一系列先进技术，加速了对基因功能和环境响应的理解，帮助育种专家开发新的农业种质资源，以支持未来的农业生产。植物表型组学主要关注植物的形态、结构、生理和生化特征，并通过高通量的技术和数据分析方法来测量和分析这些特征，在植物育种和农业生产等方面有广泛应用价值。植物表型组学的主要目标是了解植物如何在不同环境条件下表现出不同的性状，并揭示基因型与表型之间的关系。通过对植物的表型特征进行全面的分析和理解，植物表型组学有助于提高农作物产量、品质和抗性，推动生态系统的研究和保护，以及促进可持续农业和食品安全的发展。

植物表型组学技术包括先进的数据收集、处理和分析方法。数据收集方面，成像技术如数字成像、激光扫描和红外成像用于捕捉植物的形态和生理特征，同时环境传感器、气体交换系统和生理测量仪器记录植物在不同条件下的表现。在数据处理上，计算机视觉和机器学习技术用于图像处理，提取植物的形态特征，并通过数据融合和数据库管理整合来自不同设备的数据。数据分析则通过统计分析和数据挖掘方法研究植物表型与环境因素或基因型之间的关系，识别数据中的模式和趋势。这些技术的综合应用使植物表型组学能够提供深入的植物生长和发育数据，支持作物改良、环境适应性研究和农业生产优化（图 10-9）。其中，LemnaTec 是一个领先的植物表型组学平台，集成自动化成像系统、图像处理和统计建模工具、数据库和可视化工具等功能模块，提供全面的植物表型数据采集和分析解决方案。

10.4.3.1 植物生长研究

植物表型组能够显著提高对植物生长过程的理解，由于其非侵入性特点，高通量图像采集和分析技术使实时监测植物的生长动态成为可能，包括植株高度、叶面积和干重等指标，这些数据可用于建立和验证植物生长模型（图 10-10）。通过在不同环境条件下分析植物的生长响应，可以筛选出适应性强的品种。其次，表型数据与遗传数据的结合有助于识别影响植物生长的关键基因，并建立植物生长模型以优化农业管理措施。此外，测量叶片特征和光合作用效率可以揭示光合作用与生长的关系，进一步研究生长调控机制，包括激素水平、营养需求和信号传导路径。最后，这些技术在作物育种过程中可以加速筛选具有优良生长特性的个体，提高作物生产力。

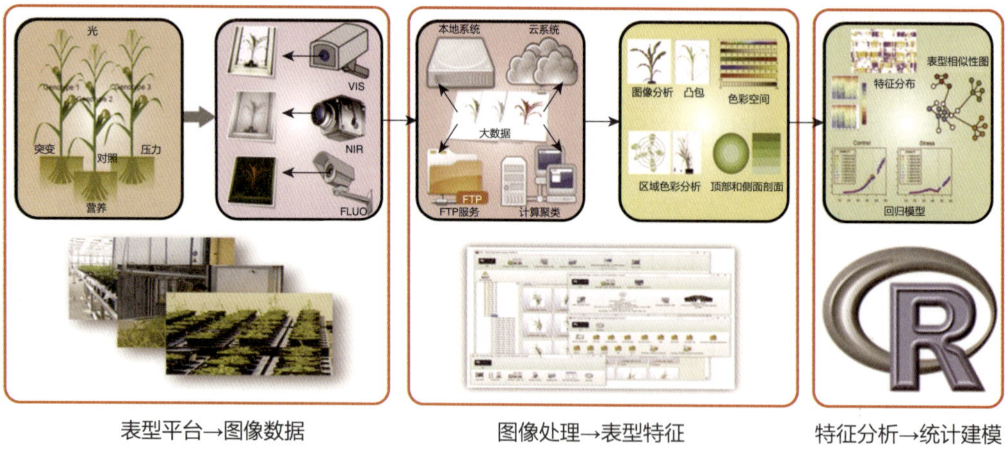

图 10-9 植物表型组的技术框架（改绘自 Chen et al.，2014）

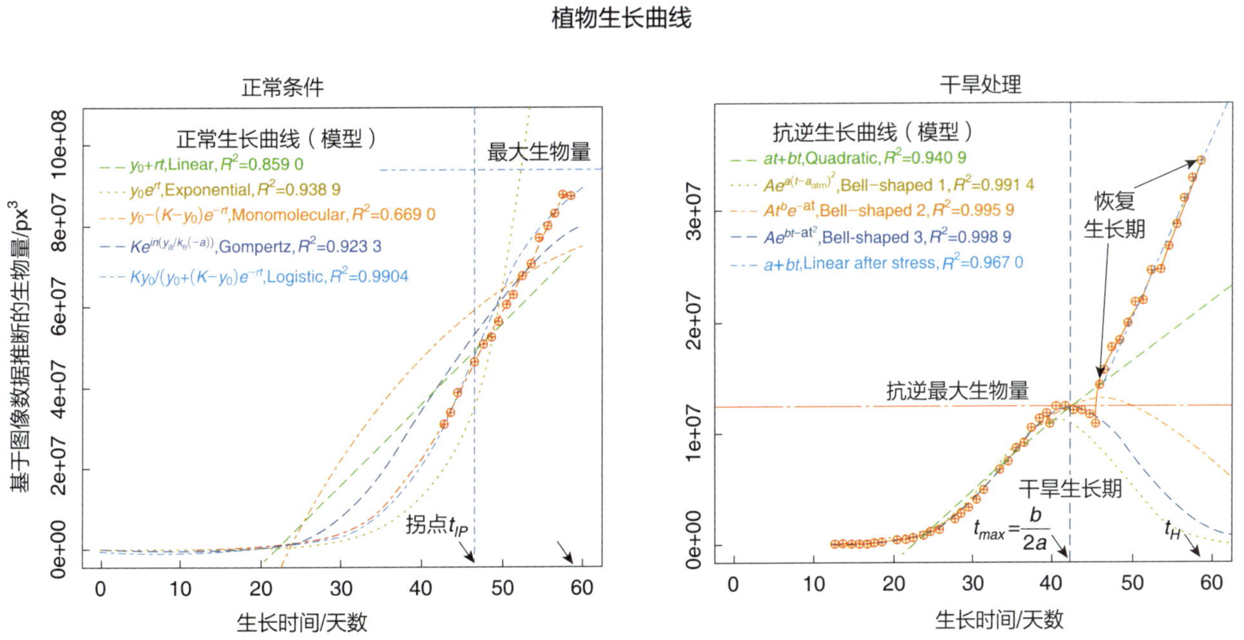

图 10-10 图像表型特征用于建立植物在正常条件和抗逆条件下的生长曲线（改绘自 Chen et al., 2014）

10.4.3.2 植物根系研究

了解根系的结构及其发育过程对解析植物适应性机制和应答机制的分子遗传机制具有重要作用。特殊的长通滤波器可以对在透明培养皿表面生长的根部进行近红外成像监测其根系生长，通过使用近红外滤光片则可以避免光效应，适合无干扰地开展黑暗中的根系研究。CT 可以对根系进行高通量、无损检测，增加根与土壤的对比度，再利用中值滤波和边缘算法分离根段。通过这些高精度成像技术和自动化分析平台，不仅可以实时监测根系的生长动态、分布模式和形态特征，深入研究根系在不同土壤条件和环境压力下的适应机制，还帮助识别与优良根系性状相关的基因，从而指导育种工作，培育出更具抗逆性和高效养分吸收能力的作物品种。此外，表型组学在根系微生物互作研究中也发挥重要作用，揭示微生物对根系生长和健康的影响，促进植物健康和生产力的提升。这些应用不仅加深了对根系生物学的理解，还为提高作物产量和可持续农业发展提供了新的途径。

10.4.3.3 作物复杂性状解析

作物产量是由多个性状共同决定的复杂性状。通过大规模的表型数据分析，可以深入解析复杂性状，了解哪些具体性状对产量有显著影响。例如，表型组数据分析表明，生长速度、叶片大小、茎的粗细等表型性状与作物的产量性状密切相关。进一步，结合表型组学数据和基因组数据（如 GWAS），可以识别与产量相关的遗传变异。这有助于找到影响产量的关键基因和基因型。此外，表型组学帮助解析复杂的产量性状，了解哪些具体性状对产量有显著影响，并通过对不同品种或变异体的表型分析，研究性状在遗传上的变异。它还可以研究作物在不同环境条件下的表现，如土壤类型和气候条件，以筛选出在特定环境下表现更好的品种。利用表型数据建立的预测模型有助于预测不同种植条件下的产量，从而优化种植策略。最后，表型组学支持精准育种，指导选择具有优良产量性状的品种进行繁育，提升作物的整体产量。

10.4.3.4 作物受生物胁迫研究

生物胁迫指的是由生物因素引起的植物压力，这些因素包括病原体（如细菌、真菌、病毒）和害虫（如昆虫、螨类、线虫等）。这些生物胁迫会影响植物的正常生长、发育和产量，甚至可能导致植物死亡。其中，病虫害的发生是造成作物产量损失和品质下降的重要因素之一。植物表型组学在应对生物胁迫方面具有重要的应用价值。例如，利用无人机、遥感和成像技术等表型组学技术，可以通过分析不同植物在病原体感染下的表型变化，筛选和鉴定出具有抗病性状的植株或者基因，也能够有效监测和评估病害的严重程度和扩展情况。其次，表型组学技术还可以用于研究植物与害虫之间的互作机制。通过对不同品种植物在害虫侵袭下的表型变化进行分析，可以揭示植物的抗虫机制。例如，对不同玉米品种在玉米螟（*Ostrinia nubilalis*）侵袭下的表型变化进行研究，可以发现某些品种具有较强的抗虫性，并进一步分析其抗性基因。此外，表型组学技术还可以在病虫害发生初期进行预警，采用可见近红外高光谱成像仪采集感染水稻白叶枯病后不同时间的叶片光谱图像，根据光谱指数简单算式的计算结果，对不同基因型水稻品种在不同染病时间的病害等级，利用光谱特征进行了快速定性评价。

10.4.3.5 作物受非生物胁迫研究

非生物胁迫包括干旱、盐分、高温、低温、光照、重金属和营养缺乏等因素，对植物生长和生存有显著影响，是影响作物丰产稳产性的重要因素之一。通过高通量手段测量植物在不同环境条件下的表型特征，植物表型组学可用于研究植物对环境变化的响应。例如，在抗旱研究中，通过高通量表型平台，可以在不同水分条件下对大量大麦品种进行监测和分析，区分不同品种的抗逆反应，也可以捕捉不同表型性状的基因型效应、处理（环境）效应以及基因型–环境互作效应（图 10–11）。在盐碱胁迫研究中，可以在控制条件下详细观察植物的生长状态、叶片颜色变化、根系发育等表型特征，实时监测植物在盐胁迫下的生长动态，并通过计算机图像分析技术，精确量化植物的表型变化。此外，通过集成多种表型数据，如形态、色素含量、生理指标等，研究者可以构建植物在多种逆境条件下的表型响应网络。这种综合分析方法不仅可以揭示植物对单一逆境的适应策略，还能提供植物在复合逆境条件下的系统响应图谱，从而为全面提升植物抗逆性提供新的思路。总之，植物表型组学通过高效、精准的数据采集与分析，为植物抗逆性研究提供了强有力的工具和方法。随着表型组学技术的不断发展和应用，未来在植物抗逆育种和作物改良中必将发挥越来越重要的作用。

10.4.3.6 农业智能化

植物表型组学在农业智能化中的应用日益广泛，涵盖了精准农业、农业机器人、智能农机、农业大数据分析和农业生态监测等领域。在精准农业中，表型组学技术通过高通量监测实现了精确施肥、灌溉和作物健康监测，优化资源利用，提高生产效率。农业机器人集成表型组学技术，实现自动播种、收割和田间管理，提升作业

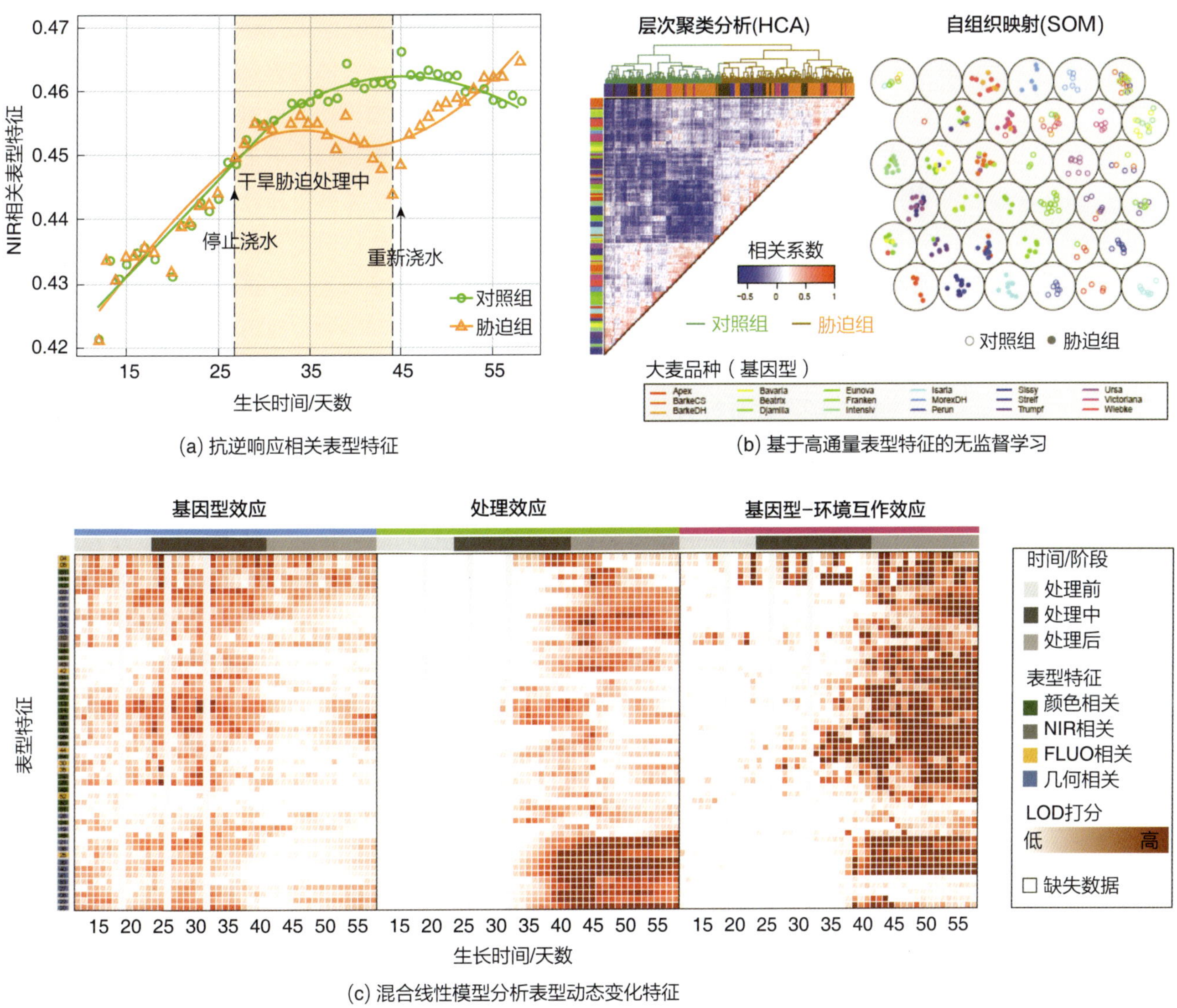

图 10-11 表型组在作物抗逆中的应用（改绘自 Chen et al.，2014）

效率和作物产量。智能农机设备通过表型数据，精确控制药剂和肥料的使用，减少环境污染。农业大数据分析结合表型组学技术，为产量预测和品种优化提供数据支持，提升作物产量和质量。在农业生态监测方面，表型组学技术帮助监测土壤健康和评估气候变化对作物的影响，制定科学的管理策略，促进农业的可持续发展。这些应用可以显著提高农业生产效率，减少了资源浪费，推动农业技术的发展。

10.4.4 动物表型组的应用

牲畜的频繁活动给动物表型组的表型连续记录带来了一定的挑战。然而随着新技术的发展，有社会高度需求的动物表型逐渐被评估，如与动物福利、动物适应性、疾病发生或资源利用相关的表型。美国农业部在 2020 年成立了“农业基因组到表型组计划”（Agricultural Genome to Phenome Initiative，AG2PI），旨在更好地了解基因型和环境如何影响对农业具有经济效益的作物和牲畜的复杂性状表型。

10.4.4.1 生物标志物检测

表型组学在生物标志物检测中的应用十分广泛，通过多种方法和设备，能够有效监测和改善动物福利与生产性能。首先，为了减少动物应激，可使用非侵入性的方法测定糖皮质激素水平，如唾液、尿液、排泄物、毛发/羽毛和蛋中的激素或其代谢产物。血液中的生物标志物如三碘甲状腺素、5-羟色胺和色氨酸也可通过血液采样监测，以评估动物的行为特征和健康状态。此外，对于奶制品动物，中红外光谱分析可用于监测代谢问题和疾病，如乳腺炎、酮症、脂肪－蛋白质比例等，从而提高生产系统中的动物福利。针对放养生产系统中的动物，血清或乳汁抗体水平以及排泄物中的虫卵计数可作为遗传选择的指标，以提高动物对内寄生虫的抵抗力。

10.4.4.2 牲畜行为监测

表型组学在牲畜行为监测中的应用主要以机器视觉对牲畜实施行为监测为主，包括确定体况评分、检测攻击行为、行走模式和跛行，以及泌乳期间的姿势和行为等。例如，分析动物的整体姿势，以检测跛行问题，并进行基因选择以改善蹄部健康。尼古拉·布莱基（Nicola Blackie）等评估了不同跛行状态下奶牛的步幅特征、关节弯曲和脊柱姿势。使用 Microsoft Kinect Kinect 深度摄像头（通常用于检测人体骨架、面部表情、声音等信息）等设备还可以进行畜牧身体形状建模，从而用于自动记录动物的体况，指导养殖户对畜牧行为实时检测和评估健康状况。热成像技术用于非侵入性评估动物的生理和生存状态，包括皮肤温度、特定部位的炎症（如乳腺炎）、步态障碍和呼吸道疾病等。这种技术还被用于识别猪的攻击行为、识别群养猪中的激烈行为，以及定量评估肉牛体表寄生虫数量等。

10.4.4.3 牲畜饲喂系统设计

牲畜饲喂系统针对牲畜不同生理生长阶段对养分的动态需求，综合考虑产品性质、用途、价格和销量，设计开发了犊牛精准牛奶饲喂机、奶牛分群管理精准饲喂系统、自走式精准撒料机、母猪小群养智能饲喂站、智能化奶羊饲喂站等，实现对牲畜进食频率、时间和饲料摄入量的精准管理。这些设备通常有一个射频识别天线来识别正在进食的动物以及其进食行为特征，除了消耗率（即单位时间的饲料摄入量）外，还可以提取各种其他变量，如进餐的频率、进餐的持续时间、饲养时间、饲养模式，甚至是牲畜每日对饲养器的访问次数、每次访问的饲养时间和持续时间以及每日总饲养器持续时间都可以被记录，从而更好地用于饲料投喂，实现更高的经济效益。

10.4.4.4 牲畜肠道微生物组分析

表型组学在牲畜肠道微生物组分析中的应用主要关注微生物组与宿主的相互关系，以及如何通过微生物组的分析来改善动物福利和生产性能。通过选择宿主、调整饮食以及管理方法，可以改变肠道微生物组，影响宿主的免疫系统、生长、代谢、行为、神经生理和情绪健康，从而改善牲畜的福祉。例如，不同的鸡系在相同的饲养条件下拥有不同的微生物组成，这表明基因型、性别和宿主基因型与性别交互作用对微生物组具有影响。还有研究探讨了微生物移植对福祉和行为特征的影响，发现具有不同拔毛遗传优势的鸡系拥有不同的微生物组成，并且微生物移植对宿主的行为和免疫特性产生了影响，这些影响还与宿主的基因型有关。

10.5 表型组学的总结与展望

表型组学的研究为生命科学和个性化医学领域提供了重要支持。细胞和类器官表型组学的研究为深入理解生物系统的功能提供了坚实基础，并在疾病模型构建、药物开发，以及疾病的精准诊断和治疗方面实现了革命性的进展。研究利用患者来源的类器官模拟发育过程，开展药物筛选和毒理学研究，并在组织工程与再生医学领域中发挥着显著的应用优势。人类表型组学通过深入了解个体的表型特征，为疾病的预防、诊断和治疗提供更为精准的策略。同时，随着环境因素对健康和疾病的影响越来越受到重视，环境表型组学将成为一个备受关注的研究方向，它将探讨环境与个体表型之间的相互作用，为环境健康和生态学研究提供新的视角。跨尺度与多维度数据的整合在这一过程中显得尤为重要，它使我们能够捕捉生命过程中的动态变化与适应性反应，实现对个体生理状态的全面洞察，从而深刻理解生物的生命历程和生物多样性。考虑个体差异性和种群多样性也是表型组学研究的重要方面，这需要全面考虑并解释这些差异，以获得更准确的研究结果。在可预见的未来，表型组学的研究成果将为公共卫生政策和健康管理提供重要参考，帮助制定更加精准的和个性化的干预策略。

表型组学研究虽然取得了重大突破，但也面临一系列挑战。首先，该研究领域产生了大量复杂的数据，如何高效地进行数据分析和处理依然是一个重大挑战。未来，需要持续投入资源以研发新的人类表型组学方法，实现在数据分析算法和模型构建等方面的创新，从而提高数据的质量和解释能力。其次，需要建立表型组学研究的数据获取、存储、分配和使用等方面的标准化操作规范和流程方法。例如，在类器官的培养方面，尚缺乏广泛认可的标准化培养流程，这对研究结果的可靠性和可重复性构成了巨大挑战。建立人类表型组数据库，遵循《人类表型组测量指南》和支持《共建全球人类表型组数据库倡议》等措施，便于跨机构、跨国界的数据合作。第三，科研监管方面的规范和指导相对不足，因此需要建立健全的监管机制，以确保研究的可信度和质量。人类表型组研究、类器官研究等涉及大量个人数据，因此需要高度重视隐私保护和伦理原则，以确保研究的合法性和伦理性。第四，国际科研合作将极大地促进科学家之间的合作和交流，加速研究进展，构建大规模研究中心和大力发展国际合作。最后，表型组学研究成果向临床应用的转化仍面临许多挑战。为了克服这些困难，需要解决技术和方法上的难题，包括开发标准化的诊断工具、优化治疗策略以及实现个性化医疗。

表型组学领域将在未来呈现出许多令人瞩目的发展趋势。目前，收集表型组数据既昂贵又耗时，技术进步可以提高表型组数据的处理速度并降低成本。针对细胞、人、动物和植物，表型数据的采集方法会有所不同，因为它们具有不同的特征和研究需求。未来，表型数据的采集应当朝着更快速、精准和全面的方向发展。同时，表型组学的发展将依赖于不同学科领域的知识融合，跨学科合作将成为关键趋势。例如，芯片类器官的培养中，涉及物理学的流体控制、影像学的类器官成像、化学学科的小分子诱导物质合成和使用、计算机科学的高通量数据分析和生物学的细胞培养，也正是因为多学科的交叉和联合使用，使得类器官表型组研究得到飞速的发展，为使用类器官研究生物系统发育、分化和疾病机制等提供了保障和基础。随着数据规模的持续增长，如何充分利用这些庞大的数据来发现更多、更准确的生物学机制一直是一个巨大的挑战。大数据技术和人工智能在表型组学中的角色将日益重要，先进算法将助力研究人员在海量表型数据中挖掘有用的信息，进而得到更加准确的结果。总的来说，表型组学将在技术创新、跨学科合作、大数据应用等方面取得显著的进展，为生物学、医学和环境科学等领域带来新的突破和发展机遇。

※ 推荐阅读

1. Freimer N, Sabatti C. The human phenome project [J]. Nature genetics, 2003, 34(1): 15-21.

点评：该文提出了“人类表型组计划”的构想，强调了建立全面表型数据库和开发新数据分析方法的重要性。该提议对当前和未来的表型组学研究具有深远的影响，为如何利用表型数据提供了前瞻性的视角和方法。

2. Hancock J M. Phenomics [M]. Boca Raton: CRC Press, 2014.

点评：该书是表型组学研究领域的重要资源，提供了关于表型数据收集、分析及其在现代生物学中应用的全面指南。书中详细讨论了从分子层面到生态系统层面的表型测量技术，并探讨了这些数据在遗传学、进化生物学和生态学中的应用。该书通过介绍表型组学的基本概念、技术工具和案例，为研究人员提供了实施表型组学研究的基础。此外，书中还涉及高通量表型分析技术和大数据处理方法，这些内容对于在基因组学时代背景下的科学研究尤为重要。同时，该书还展示了表型数据在植物和动物育种、疾病研究以及环境科学中的实际应用，突显了表型组学在解决现实问题中的潜力。

3. Meng X, Yao D, Imaizumi K, et al. Assembloid CRISPR screens reveal impact of disease genes in human neurodevelopment [J]. Nature, 2023, 622(7982): 359-566.

点评：该项研究展示了如何结合 3D 类器官模型和 CRISPR 技术来阐释人类发育中的关键调控环节，突显了 3D 类器官模型在研究复杂遗传和发育过程中的应用潜力，为未来的疾病模型和治疗策略开发提供了新的方向和工具。

※ 思考与练习题

1. 假设你已获得抑郁障碍表型的 GWAS 结果，请描述如何进行后续分析。

2. 探讨特定环境因素（如气候、饮食、生活习惯）对人类某一表型（如身高、体重、血压）的影响。设计一个实验方案，描述如何收集相关的环境和表型数据，并阐述使用的统计方法来分析环境因素与表型之间的相关性。

3. 请设计一个用于描述人类头发颜色、质地和形态的表型编码系统。详细说明如何分类这些特征，并讨论这种编码系统在实际应用中的潜在利益和挑战。

※ 讨论题

1. 随着生物技术的发展，表型数据的数量和复杂性不断增加。AI 和机器学习技术如何帮助解决表型数据的分析和解释问题？讨论这些技术在表型数据挖掘、特征识别和模式预测中的潜力和挑战。

2. 表型数据往往包含敏感的个人信息，尤其是涵盖遗传信息的人类表型数据研究，其中的伦理与法律问题格外关键。在采集与共享这类数据过程中，如何妥善处理个人隐私和数据安全的问题？需要考虑哪些关键环节和具体问题？请讨论相关的伦理标准、法律规定以及实施的最佳实践，特别是在进行人类研究时的应用场景。

※ 参考文献

1. 中国人类表型组研究协作组. 人类表型组研究进展报告 2022 [R]. 2023.

2. Bastarache L, Denny J C, Roden D M. Phenome-wide association studies [J]. JAMA, 2022, 327(1):75-76.

3. Chen D, Chen M, Altmann T, et al. Bridging genomics and phenomics [M]// Approaches in integrative bioinformatics. Heidelberg: Springer, 2013.

4. Chen D, Neumann K, Friedel S, et al. Dissecting the phenotypic components of crop plant growth and drought responses based on high-throughput image analysis [J]. Plant cell, 2014, 26(12): 4636-4655.

5. Denny J C, Collins F S. Precision medicine in 2030: seven ways to transform healthcare [J]. Cell, 2021, 184(6): 1415-1419.

6. Furbank R T, Tester M. Phenomics-technologies to relieve the phenotyping bottleneck [J]. Trends in plant science, 2011, 16(12): 635-644.

7. Greenwood P L, Bishop-Hurley G J, González L A, et al. Development and application of a livestock phenomics platform to enhance productivity and efficiency at pasture [J]. Animal production science, 2016, 56(8): 1299-1311.

8. Han X, Shen Q, Hou C, et al. Disease clusters subsequent to anxiety and stress-related disorders and their genetic determinants [J]. Nature communications, 2024, 15(1): 1-3.

9. Houle D, Govindaraju D, Omholt S. Phenomics: the next challenge [J]. Nature reviews genetics, 2010, 11(12): 855-866.

10. Klukas C, Chen D, Pape J M. Integrated analysis platform: an open-source information system for high-throughput plant phenotyping [J]. Plant physiology, 2014, 165(2):506-518.

11. Li J, Glover J D, Zhang H, et al. Limb development genes underlie variation in human fingerprint patterns [J]. Cell, 2022, 185(1): 95-112.

12. Li Y, Ma Y, Wang K, et al. Using composite phenotypes to reveal hidden physiological heterogeneity in high-altitude acclimatization in a Chinese Han longitudinal cohort [J]. Phenomics, 2021, 1: 3-14.

13. Meng Q, Wang L, Dai R, et al. Integrative analyses prioritize GNL3 as a risk gene for bipolar disorder [J]. Molecular psychiatry, 2020, 25: 2672-2684.

14. Tardieu F, Cabrera-Bosquet L, Pridmore T, et al. Plant phenomics, from sensors to knowledge [J]. Current biology, 2017, 27(R15): R770-R783.

15. Tian M, Liu H, Chen S, et al. Report on the 3rd board meeting of the international human phenome consortium [J]. Phenomics, 2023, 3(1): 77-82.

16. Wang L, Xia Y, Chen Y, et al. Brain banks spur new frontiers in neuropsychiatric research and strategies for analysis and validation [J]. Genomics, proteomics & bioinformatics, 2019, 17(4): 402-414.

17. Zhang W, Yin X, Gu H, et al. Advancements and prospects in human organoid phenomics: a comprehensive review [J]. Scientia sinica vitae, 2024, 54: 2125-2142.

编者：陈　超（中南大学）
陈迪俊（南京大学）
蒋杭进（浙江大学）
黄　涛（中国科学院上海营养与健康研究所）
审读：何顺民（中国科学院生物物理研究所）

11 系统生物学

系统生物学是一门主要从分子的微观层次研究生物系统的学科，它将生物体视为一个复杂的系统，并通过整合不同层次和尺度的信息来理解生物体的功能和行为。系统生物学的主要特点包括：① 整体论，系统生物学认为生物体是一个整体，其功能不能简单地由其组成部分的性质相加得到；② 整合性，系统生物学整合来自不同学科和层次的信息，包括基因组学、蛋白质组学、代谢组学、细胞生物学等；③ 定量化，系统生物学使用数学模型来模拟和分析生物系统；④ 动态性，系统生物学关注生物系统的动态变化，如细胞信号转导、基因调控网络等。系统生物学的主要研究目标包括：① 构建生物系统的模型，系统生物学试图建立能够模拟生物体功能和行为的数学模型；② 理解生物系统的涌现特性，系统生物学研究生物系统中那些不能由其组成部分的性质相加得到的特性；③ 应用系统生物学知识进行疾病诊断和治疗，可以帮助我们识别疾病的生物标志物，并开发新的治疗方法。总体而言，系统生物学是一门新兴的学科，它在生物学、医学、农业、环境等领域有着广泛的应用前景。本章将介绍生物网络的类型、数据资源、拓扑属性、网络构建和建模分析方法等，为读者深入理解生物网络及其应用奠定基础。

11.1 系统生物学概述

细胞是生命的最基本单位，细胞内的基因、RNA、蛋白质、其他的生物小分子以及它们之间的相互作用组成的复杂动态系统构成了细胞进行生命活动的基石。随着分子生物学的发展以及包括人类基因组计划在内的各种生物基因组计划的顺利完成，人们对基因的序列、表达、相互关系以及功能有了更加深入的了解，同时开展了其他诸如转录组学、蛋白质组学、代谢组学、表型组学等多种组学的研究。然而，生命系统所表现出来的复杂调控关系让人们意识到，基因和蛋白质很少单独起作用，它们更倾向于组成相互作用网络来行使生物学功能。将基因组、蛋白质组等组学作为一个系统来进行整合分析，才能够更好地从根本上揭示生命活动的发展规律。

系统生物学（systems biology）是通过整合基因、蛋白质、代谢物以及其他参与生命活动的小分子之间的相互作用来理解复杂生物系统的学科。系统生物学是一个使用整体论（而非还原论）研究范式，整合不同学科、层次的信息以理解生物系统如何行使功能的研究领域，是分子生物学之后现代生物学的全新发展阶段。图 11－1 展示了两种研究范式：自顶向下（top-down）和自底向上（bottom-up）。在自顶向下研究中，通过高通量的实验技术，更详细深入研究生物系统中的各个层面各个功能元件，甚至包括对单个组件的动力学量化，从而在各个组学的每个层次信息都对

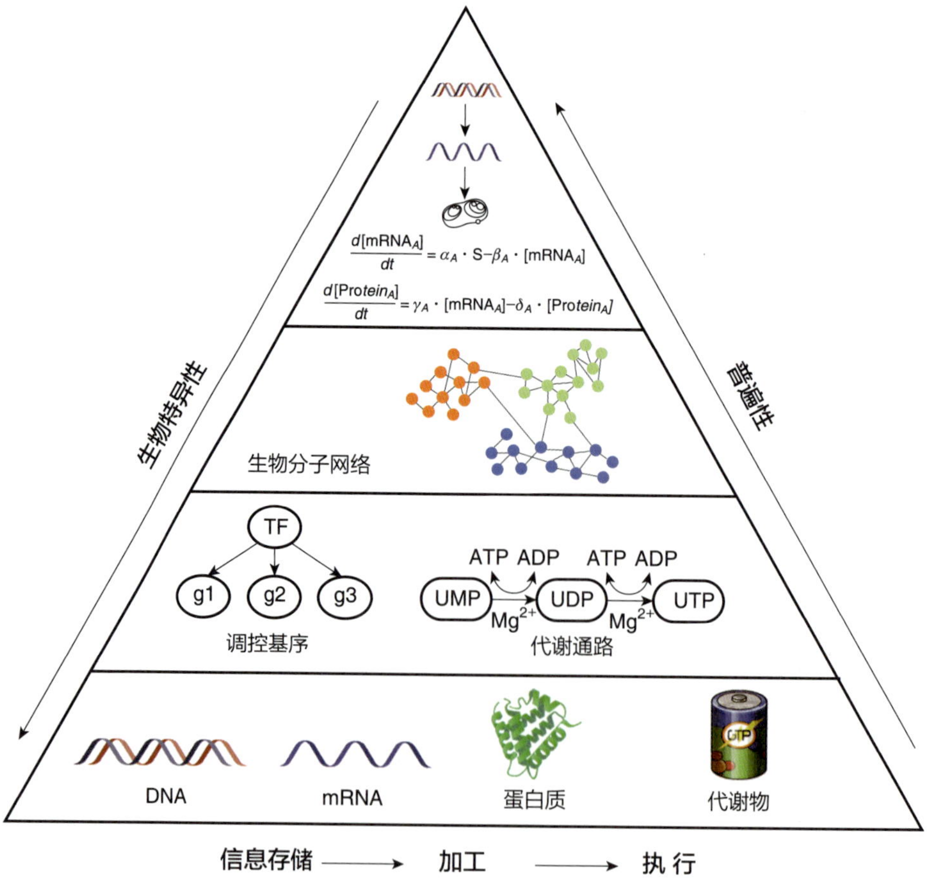

图 11－1 生命复杂系统与系统生物学

一个简单的“复杂性金字塔”，由细胞基因、RNA、蛋白质和代谢产物的各种分子成分组成。金字塔的底部显示了细胞功能组织的传统表示（1 级）。在调控和结构层面，各个层面都有明显的整合。当人们将细胞视为一个单独的复杂网络，其中的组件通过功能链路连接时，可以深入了解细胞组织的逻辑。在最低水平上，这些成分形成基因调控基序或代谢途径（2 级）。这些基序或途径又是功能模块的构建块（3 级），它们被嵌套形成一个无标度的层次网络结构。最终，各种物质流、信息流、能量流通过复杂的非线性方式发挥作用，形成复杂的生命体

理解生命系统的运行提供有用的视角。而自底向上的研究则是基于前者积累的研究数据和知识基础上，通过对各个成分相互作用的研究，重建网络模型进而探究生物系统的规律。不同层次的研究难度也是不一样的，系统生物学的重要任务就是要尽可能地获得每个层次的信息并将它们进行整合建模。

20 世纪初，随着生物学研究的深入，科学家们逐渐认识到，生物系统是一个由多个相互作用的部分组成的复杂整体。传统的还原论方法已经无法有效地解释生物系统的复杂性。卡尔·贝塔郎菲（Karl Bertalanffy）提出的一般系统论（general systems theory），认为不同领域的系统都存在着一些共同的规律，这为从系统角度研究生物提供了新的理论基础。在这一理念的指导下，生物学研究取得了重大进展。随后，在 20 世纪 60—70 年代，生化系统论（biochemical systems theory）和代谢控制分析（metabolic control analysis）等方法相继出现，使科学家能够更加深入地研究生物系统的代谢调控机制。

由于支撑系统研究的大量元素（基因、蛋白质等）通过组学研究才得以快速测定获得，所以真正的系统生物学一般认为是从 21 世纪开始，尤其是在勒罗伊·胡德（Leroy Hood）和北野宏明（Hiroaki Kitano）的引领下得到了发展。前者认为系统生物学是对生物系统的全局审视，不同尺度的整合，其根本性是定量的。后者认为系统生物学的目的就是不同系统层次的机制理解，需要建立一套将分子行为和系统特征与功能联系起来的理论和方法。可见，系统生物学兼具生物学和信息科学的特点。

一般来说，系统生物学定义为许多相互作用元素组成的复杂生物过程的整合系统的机制研究，其研究内容涉及：大量实验数据收集与整合；建立刻画该数据集（至少是一些重要方面）的数学模型；进行数学方程的精确计算，以获得数值预测；通过将数值模拟与实验数据进行比较来评估模型的质量。系统生物学从一种全新的生物动力学视角出发对生命现象进行研究，包括分子、细胞、器官、生物有机体乃至环境等实体生物系统各个组成部分之间的相互作用关系，以及这些相互作用关系所导致的表型、功能和行为。

11.2 生物网络类型及数据资源

11.2.1 网络基本概念

近年来，复杂网络理论和技术发展迅速，推动了大量复杂的技术网络和社会学网络的发掘和分析。生物系统同样蕴含着丰富多样的网络结构，在不同的层面和组织形式中发挥着重要作用。

目前，生物分子网络的研究已取得了长足的进展，其中基因调控网络（gene regulatory network，GRN）、蛋白质相互作用网络（protein-protein interaction，PPI）、

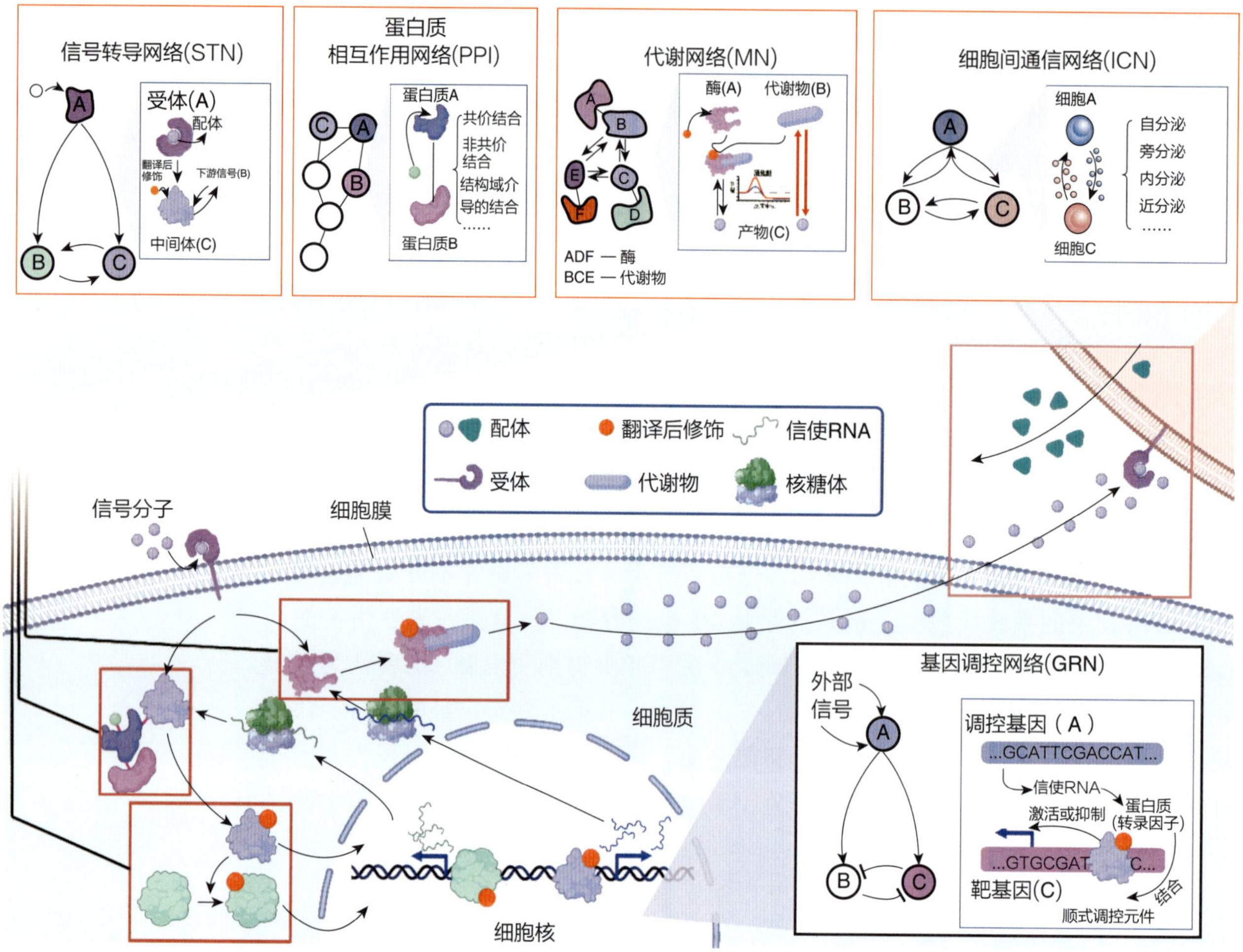

图 11–2　整合的生物分子网络样例

包含了 5 种重要的生物分子网络：代谢网络、基因调控网络、蛋白质相互作用网络、细胞间通信网络以及信号转导网络

代谢网络（metabolic network，MN）、信号转导网络（signal transduction network，STN）和细胞间通信网络（intercellular communication network，ICN）是研究最为深入的生物分子网络。这些网络通常由参与生物过程的众多分子元件组成，其中基因和蛋白质是关键的构成要素（图 11–2）。

然而，从系统的角度来看，关键在于元件之间的相互关系，而非元件本身。在生物分子网络中，关系可以体现为分子与分子之间的相互作用，或某种化学反应。为了清晰地重构和分析这些网络，首先需要明确网络的基本概念。

11.2.1.1　网络的定义

通常可以用图 $G=(V,E)$ 表示网络（network），其中 V 是网络中节点的集合，每个节点代表一个生物分子；E 是边的集合，每条边代表节点之间的相互关系。当 V 中的两个节点 A 与 B 之间存在一条属于 E 的边 e_1 时，称边 e_1 连接 A 与 B，或者称 A 连接于 B，也称为 B 是 A 的邻居。

11.2.1.2　有向网络与无向网络

根据网络中边的方向性，可以将网络分为有向网络和无向网络，如图 11–2 所示。有向网络（directed network）是指边存在方向性的网络，边代表节点之间的依赖关系。无向网络（undirected network）是指边不存在方向性的网络，边代表节点之间的关联关系。例如，基因调控网络是有向网络，其中转录因子调控基因的表达；蛋白质相互作用网络是无向网络，其中蛋白质相互结合，形成复合体。

11.2.1.3 加权网络

在现实世界中，网络中的边往往具有不同的意义或数值。例如，在交通网络中，连接两个城市的道路长度可能不同；在互联网中，两台电脑之间的网速可能不同。为了更好地描述这些差异，可以将网络中的边赋予不同的数值，称之为“权重”，这个网络就称为加权网络（weighted network）。如果网络中所有边的权重都相等，则称该网络为等权网络或无权网络（unweighted network）。

权重可以用来表示节点之间的距离、相关性、强度等信息，具体含义取决于网络和边本身所代表的意义。在生物网络中，边的权重可以用来表示基因表达水平的差异、蛋白质相互作用的强度、代谢反应的速率等信息。例如，在基因调控网络中，权重可以表示转录因子对靶基因表达的调控强度；在蛋白质相互作用网络中，权重可以表示蛋白质相互作用的亲和力；在代谢网络中，权重可以表示酶催化的反应速率。

11.2.1.4 二分网络

如果一个网络中的节点可以分为两个互不相交的集合，并且所有的边都连接着来自不同集合的节点，那么这个网络就称为二分网络（bipartite network）。二分网络就像一个“红蓝配”的游戏，红蓝两队的人只能与对方队伍的人配对。在现实世界中，二分网络可以用来描述很多事情，例如，“药物–疾病”网络：药物可以与特定的疾病蛋白结合，发挥治疗作用。这可以用二分网络来表示，其中药物是“红队”，疾病蛋白是“蓝队”。

11.2.1.5 网络中的路径与距离

网络中的路径是指一系列节点，其中每个节点都有一条边连接到紧随其后的节点。对包含节点数目有限的路径来说，第一个节点称为起点，最后一个节点称为终点，两者均可称为路径的端点，其余的节点称为路径的内点或中继点。这样的路径也称为连接起点与终点的路径。例如，图 11–2 中代谢网络中，从节点 A 到 E 的路径有 $l_1=\{ABCE\}$ 和 $l_2=\{ABE\}$。对无向网络来说，只要将路径的顺序颠倒就可以得到从原来的终点指向起点的路径，但是在有向网络中，起点与终点是不可逆的，如图 11–2 所示信号网络中节点由 A 出发到节点 B 间存在路径 $l=\{AB\}$，但 B 不能找到路径回到 A。

网络中如果两个节点间能够由一条路径连接，则称这两个节点是连通的。所有能够彼此连通的节点和它们之间的边构成了一个连通分量。

路径中经过边的权重之和称为路径的权重，也称为路径的长度。对于等权网络而言，路径的长度即为路径中所经过边的数目，上述图 11–2 代谢网络中从节点 A 到节点 E 的路径中，l_1 长度为 3，l_2 的长度为 2。

在连接两个节点的所有路径中，长度最短的路径称为最短路径，最短路径的长度称为从起点到终点的距离，上述图 11–2 代谢网络中从节点 A 到节点 E 的距离为 2。

11.2.2 常见生物网络及数据库

11.2.2.1 基因调控网络

基因调控网络是描述基因调控过程的网络图，它以转录因子等调控因子和受调控基因作为节点，以调控关系作为边的有向网络。根据转录因子是促进还是抑制受控基因的表达，调控网络中的边可以分为正调控和负调控。

常用的基因调控数据库包括 TRANSFAC、TRRD、RegulonDB 和 AnimalTFDB 数据库等（见第 4 章）。此外，JASPAR 和 DBD 等数据库也提供了丰富的有关转录调控的信息。

11.2.2.2 蛋白质相互作用网络

蛋白质互作是指两个或多个蛋白质之间发生的物理或遗传相互作用。蛋白质互作是生命活动的基础，在细胞的各种生命活动中发挥着重要的作用。蛋白质互作通常可以分为物理互作和遗传互作。物理互作是指蛋白质间通过空间构象或化学键彼此发生的结合，是蛋白质互作的主要研究对象。而遗传互作则是指在特殊环境下，蛋白质或其编码基因受到其他蛋白质或基因影响，常常表现为表型变化之间的相互关系。

蛋白质相互作用网络是系统显示蛋白质互作信息的基本方法。将蛋白质作为节点，相互作用关系作为边，将蛋白质组整体连接到一个系统网络当中。一般情况下，蛋白质相互作用网络是一个规模较大的无向网络。目前，蛋白质相互作用网络是研究最充分的生物分子网络，蛋白质相互作用网络也往往是规模最大的生物分子网络，常常包含数千甚至上万个节点以及为数更多的边。

目前，已经有大量蛋白质互作数据存储在公共数据库中，提供了大量的蛋白质相互作用信息，其中包括 BIND 数据库、DIP 数据库、MIPS 数据库和 BioGRID 数据库等（见第 4 章）。从这些数据库中，可以查询得到不同物种的蛋白质互作信息及其实验证据。

11.2.2.3 代谢网络和信号转导网络

（1）代谢通路和代谢网络

在生物化学中，代谢通路（metabolic pathway）是指细胞中代谢物在酶的作用下转化为新的代谢物过程中所发生的一系列生物化学反应。而代谢网络则是指由代谢反应以及调节这些反应的调控机制所组成的描述细胞内代谢和生理过程的网络。

代谢网络是研究细胞代谢过程的重要工具。它可以帮助我们了解细胞如何获取能量、合成生物分子，以及如何对环境变化做出反应。

（2）信号转导通路和信号转导网络

生物中的信号转导是指细胞将一种类型的生物信号刺激转换为其他生物信号最终激活细胞反应的过程。同代谢通路一样，信号转导（signal transduction）的过程中多个生物分子在酶作用下按照一定顺序发生一系列生理化学反应，由此得到了信号转导通路。信号转导网络即是指参与信号转导通路的分子和酶以及其间所发生的生化反应所构成的网络。

信号转导网络是研究细胞信号转导过程的重要工具。它可以帮助我们了解细胞如何感知外界刺激、如何对刺激做出反应，以及如何与其他细胞进行交流。

（3）代谢网络和信号转导网络的复杂性

代谢网络和信号转导网络中包括大量不同的通路，而每条通路也包含不同的生物分子之间的多种生理和化学反应，因此代谢网络具有不同于其他生物分子网络的复杂性。根据研究的目的常常需要构建不同层次的代谢网络。通常包括以下三种网络。

① 完全网络　最完整地保存代谢通路中各个反应，以及每个反应中的底物、产物和酶，如果同一个酶参与不同反应则在网络中应以不同的节点表示。

② 多反应物网络　网络包含参与生物通路的代谢物即底物、产物和酶的有向网络，其中每种代谢物只由一个节点表示，边由底物指向产物，酶与底物、产物之间的边则可以由双向边来表示，也可以作为边的属性。

③ 主要反应物网络　在一些研究中，研究者不关心代谢反应中的酶和其他一些辅因子，如提供磷酸键的 ATP 等，由此就得到了只包含主要代谢底物指向主要产物的网络。

11.2.2.4　细胞间通信网络

（1）细胞间通信：细胞对话的艺术

细胞是生命的基本单位，但它们并非独立存在。为了维持生命活动，细胞需要相互交流，传递信息。这种细胞之间的对话被称为细胞间通信。细胞间通信对于维持生命至关重要。它可以帮助细胞协调活动、抵御外界侵袭、维持体内平衡。例如，当皮肤受到损伤时，细胞会通过细胞间通信释放信号，招募免疫细胞前来修复伤口。

（2）细胞间通信的多种方式

细胞间通信的方式多种多样，主要可以分为以下几类。

① 直接接触　细胞膜直接接触，通过跨膜蛋白传递信息。

② 旁分泌通信　细胞分泌信号分子，被附近细胞上的受体接收。

③ 内分泌通信　细胞分泌激素，通过血液循环传递到远处的靶细胞。

④ 自分泌通信　细胞分泌信号分子，作用于自身。

（3）系统生物学研究细胞间通信网络

传统的生物学研究往往关注单个细胞，而系统生物学则将细胞间通信作为网络来进行研究。这种方法可以帮助我们更全面地理解细胞是如何相互作用的。

系统生物学研究细胞间通信网络的基本结构及其在信息传递过程中的作用原理。通过研究细胞间通信，我们可以找到新的治疗疾病的方法，如开发靶向细胞间通信通路的药物。

当前，构建细胞间通信网络的主要方法依赖于配体–受体相互作用。大多数基于 scRNA-Seq 数据的细胞间通信推断，通常被理解为一种共表达分析。这种分析利用一个细胞中的配体与另一细胞中相应受体的表达模式来推断由相应蛋白质结合介导的细胞间通信机制。然而，值得注意的是，转录本丰度与翻译出的蛋白质丰度并不总是直接相关，仅凭配体–受体对的表达并不能完全保证功能性细胞间通信的存在。同时，细胞间通信的方式还受其空间位置和距离的影响。因此，单独依靠单细胞 RNA 测序来预测细胞间通信是不够的，必须考虑空间分布趋势和实际的细胞类型分布。将组织学信息与空间数据相结合至关重要，以准确识别细胞间通信。最近的空间转录组技术进步使得将空间信息与转录组数据整合在一起成为可能，从而可以更好地理解细胞间通信网络的空间组织。此外，细胞在多细胞生物体内的通信是一个高度复杂和动态的过程，既涉及空间维度也包括时间维度。因此，还需要整合多种数据信息，如基因表达、表观遗传修饰和蛋白质相互作用。然而，目前的分析方法往往侧重于单一的数据模式，限制了我们对潜在相互作用的全面理解。因此，迫切需要能够整合多种数据模式的方法，以实现对细胞通信网络的整体构建。

11.2.3 生物网络的可视化原理和工具

生物网络图的可视化在系统生物学中扮演着重要的角色，通过展示和分析基因调控网络、蛋白质相互作用网络、代谢网络等复杂的生物系统，研究人员可以揭示生物系统的结构和功能。以下将详细介绍几种常用的生物网络图可视化的主要原理和工具。

11.2.3.1 生物网络的可视化原理

（1）圆形布局

也称为圆环布局或环形布局，是一种常见的网络可视化方法。其基本原理是将图中的节点（即生物分子如基因、蛋白质等）沿着一个圆周均匀排列，然后根据节点之间的关系（如相互作用、调控关系等）绘制边（即连线）。这种布局适用于展示周期性或对称结构。

（2）力导向布局

该算法模拟物理系统中的排斥力和吸引力，使节点的位置趋向于一个能量最小化的状态，从而展示网络中的簇和模块。在这种布局中，将边模拟为弹簧，连接的节点之间会施加吸引力，这种力使得相连的节点趋向彼此靠近。而排斥力类似于带同种电荷的粒子之间的排斥力，所有节点之间（无论是否直接连接）都会施加排斥力。排斥力一般与节点之间距离的倒数成正比，使节点间不会过于接近。例如，Fruchterman-Reingold 算法常用于这种布局。在 Fruchterman-Reingold 算法中，吸引力的计算公式为：

$$F_{attr}(u,v) = C_{spring} \times \log\left(\frac{dist}{l}\right) \times dir \tag{11-1}$$

其中，$dist$ 是节点 u 和 v 之间的欧氏距离，dir 是从节点 v 指向节点 u 的单位向量，l 是两个节点之间的理想距离，C_{spring} 是决定弹簧力强度的常数。

排斥力的计算公式为：

$$F_{rep}(u,v)=\frac{C_{rep}}{dist^2}\times dir \tag{11-2}$$

其中，$dist$ 是节点 u 和 v 之间的欧氏距离，dir 是从节点 u 指向节点 v 的单位向量，C_{rep} 是决定排斥力强度的常数。

（3）层次布局

适用于具有明确层次结构或方向性的网络。这种布局方法通过将节点按照某种层次或顺序排列，通常从上到下或从左到右，使得网络的层次关系清晰可见。每个层次代表一个特定的级别或阶段，例如，在基因调控网络中，上层节点可能是转录因子，下层节点是它们调控的基因。层次布局还可应用于信号转导路径以及代谢途径的构建。

（4）簇布局

适用于展示网络中具有明显簇结构或模块化特征的情况。簇布局的核心思想是将网络节点分组，根据它们的簇或模块关系进行排列，使得同一簇内的节点尽可能靠近，而不同簇之间的节点相对分离。簇布局能够清晰展示网络中的模块或簇结构，突出显示不同模块间的关系。通过将同一簇的节点靠近排列，减少了网络图中的混乱，提高了可读性。

（5）树状布局

该布局方式特别适用于那些自然呈现出分层结构的生物网络，如进化树、基因调控路径、分类树等。树状布局的方法如下：① 从根节点开始，布局通常从根节点开始，然后逐层展开。每一层的节点排列在一条水平线上，表示它们属于同一个层次。② 递归分布，从根节点开始，使用递归方法，逐层将节点在图中展开。每个节点的子节点根据父节点的位置左右分布，形成树状结构。③ 节点间距调整，根据树的深度和宽度调整节点之间的距离，确保图形的可读性和美观性。通常使用预定的间距，使得每一层的节点分布均匀。

11.2.3.2 生物网络的可视化工具

目前主要的生物网络可视化的主流方法主要由 Cytoscape 所实现。Cytoscape 最初于 2003 年发布，是一个开源的生物网络分析软件，专注于可视化生物网络数据和进行网络分析。它支持导入各种数据格式并提供丰富的分析插件，是功能强大且使用广泛的生物网络分析和可视化工具。

拓展阅读 11-1
Cytoscape 网络分析平台简介

Cytoscape 主要特点有以下 4 点。

（1）网络可视化

Cytoscape 提供了丰富的网络可视化功能，用户可以将生物网络数据以图形方式呈现，帮助直观理解网络结构。

（2）数据导入和整合

支持导入多种数据格式，包括生物网络数据、基因表达数据等，便于用户整合不同数据源进行分析。

（3）丰富的分析插件

Cytoscape 拥有大量的分析插件，用户可以根据需要选择安装不同的插件，进行网络分析、功能富集分析等。一些常见的 Cytoscape 插件包括：

① cytokegg　用于在 Cytoscape 中集成 KEGG 通路数据，帮助用户分析基因通路和功能富集。

② clustermaker2　用于进行网络聚类和聚类分析，帮助用户发现网络中的模块结构。

③ CytoNCA　提供网络中心性分析工具，包括节点度中心性、介数中心性等，帮助用户识别关键节点。

④ MCODE　用于网络模块检测，帮助用户识别网络中的密集连接模块。

⑤ BiNGO　用于进行功能富集分析，帮助用户了解网络中显著富集的生物学过程和通路。

（4）社区支持

Cytoscape 拥有庞大的用户社区和开发者社区，用户可以在社区中获取支持、分享经验和下载其他用户分享的插件。

除了 Cytoscape 外，也还有其他的一些生物网络可视化平台和工具，如 STRING、Pajek。其中，STRING 数据库提供了大量已知蛋白质–蛋白质相互作用数据，其网页版和工具集可以帮助用户分析和可视化蛋白质相互作用网络。Pajek 是一个用于大型网络分析和可视化的软件，可以处理包括生物网络在内的各种类型的复杂网络数据。

这些可视化的平台和工具可以帮助研究人员更好地理解生物网络结构、相互作用和通路信息，并为生物信息学和系统生物学领域的研究提供支持。

11.3 生物分子网络及特征

生物分子网络是系统生物学研究的核心概念之一，它将细胞内的各种生物分子及其相互作用以网络的形式进行表征。可以通过生物分子网络，可以从整体和系统的角度来理解生命活动，揭示细胞内部的复杂调控机制。

11.3.1 网络的拓扑属性

网络的拓扑属性是描述网络本身及其内部节点或边结构特征的测度。这些测度对进一步分析网络结构和探索关键节点有重要的意义。

11.3.1.1 连通度

连通度（degree）是描述单一节点的最基本的拓扑性质。节点 v 的连通度是指网络中直接与 v 相连的边的数目，如在图 11–2 中蛋白质相互作用网络节点 A 的连通度为 3。对于有向网络往往还要区分边的方向，由节点 v 发出的边的数目称为节

点 v 的出度，指向节点 v 的边数则称为节点 v 的入度。在本章中，符号 k 表示连通度，k_{out} 表示出度，k_{in} 表示入度。在图 11－2 蛋白质信号网络中，节点 B 的入度为 2，出度为 1。

在网络中，每个节点都有连接其他节点的能力。连通度就是用来衡量一个节点连接能力和数量的指标。对于一个节点，它的连通度等于与其连接的边数。对于一个由 N 个节点和 L 条边组成的无向网络，其平均连通度为 $2L/N$。平均连通度可以用来衡量整个网络的连接程度。

连通度是一种简单而十分重要的拓扑属性。它可以帮助我们了解网络的结构和功能。研究表明，在生物分子网络中，连通度较大的节点往往发挥着重要的作用。例如，在蛋白质相互作用网络中，中心节点（hub，连通度较高的节点）往往是必需基因或其翻译产物的编码基因，它们对于支持生命基本活动至关重要。此外，人类蛋白质相互作用网络的研究表明，中心节点显著富集着与癌症等疾病相关的基因。因此，连通度可以作为一种重要的指标来识别生物分子网络中的关键节点，并进一步研究这些节点的功能和作用。

11.3.1.2 聚类系数

在许多网络中，如果节点 v_1 连接于节点 v_2，节点 v_2 连接于节点 v_3，那么节点 v_3 很可能与 v_1 相连接。这种现象被称为三角关系，它体现了部分节点间存在的密集连接性质。三角关系在社交网络、生物网络等许多现实网络中都普遍存在。例如，在社交网络中，如果 A 是 B 的朋友，B 是 C 的朋友，那么 A 和 C 也很有可能成为朋友。聚类系数（clustering coefficient，CC）是用来衡量网络中三角关系数量的指标。对于一个无向网络，节点 v 的聚类系数定义为：

$$CC_v = \frac{n}{C_k^2} = \frac{2n}{k(k-1)} \tag{11-3}$$

其中，n 表示在节点 v 的所有 k 个邻居间边的数目。在无向网络中由于 n 的最大数目可以由邻居节点的两两组合数 $C_k^2 = k(k-1)/2$ 来确定，所以 CC 值位于 [0，1] 区间。当节点 v 的所有邻居都彼此连接时，v 的聚类系数 $CC_v = 1$；相反，当 v 的邻居间不存在任何连接时，$CC_v = 0$。

在有向网络中，由于两个节点间可以存在两条方向相反的边，则标准化的聚类系数被定义为：

$$CC_v = \frac{n}{P_k^2} = \frac{n}{k_{\text{out}}\ (k_{\text{out}}\ - 1)} \tag{11-4}$$

其中，k_{out} 指 v 的出度，n 指所有 v 所连接的节点彼此之间存在的边的数目。

11.3.1.3 介数

一个节点的介数（betweenness）是衡量这个节点出现在其他节点间最短路径中的比例。节点 v 的介数 B_v 定义如下：

$$B_v = \sum_{i \neq j \neq v \in V} \frac{\sigma_{ivj}}{\sigma_{ij}} \tag{11-5}$$

其中，σ_{ij} 表示节点 i 到节点 j 的最短路径的条数，σ_{ivj} 表示其中通过节点 v 的路径条数。

介数也可以用标准化至 $[0,1]$ 区间的形式表示：

$$B_v = \frac{1}{(N-1)(N-2)} \sum_{i \neq j \neq v \in V} \frac{\sigma_{ivj}}{\sigma_{ij}} \tag{11-6}$$

式中，N 是网络中的节点数。介数表明了一个节点在其他节点彼此连接中所起的作用。介数越高，意味着在保持网络紧密连接性中节点越重要。

11.3.1.4 紧密度

紧密度（closeness）是描述一个节点到网络中其他所有节点平均距离的指标。节点 v 的紧密度 C_v 定义如下：

$$C_v = \frac{1}{N-1} \sum_{j \neq v \in V} d_{vj} \tag{11-7}$$

其中，d_{vj} 表示节点 v 到节点 j 的距离。紧密度测度衡量节点接近网络“中心”的程度，紧密度测度越小，节点越接近中心。

11.3.1.5 拓扑系数

类似于聚类系数，拓扑系数（topology coefficient）是反映互作节点间共享连接比例的测度，节点 v 的拓扑系数 T_v 可以定义为：

$$T_v = \frac{1}{|M_v|} \sum_{t \in M_v} C_{v,t} / \min\{k_v, k_t\} \tag{11-8}$$

其中，$C_{v,t}$ 表示与节点 v 和节点 t 都连接的节点数。M_v 为所有与节点 v 分享邻居的节点集合。拓扑系数反映了节点的邻居间被其他节点连接在一起的比例。但同时，拓扑系数只考虑了网络的局部结构，而忽略了网络的全局结构。此外，拓扑系数对节点的度（连接数）非常敏感，度高的节点往往具有更高的拓扑系数。

11.3.1.6 直径

直径（diameter）是描述网络总体性质的一个属性。网络的直径是指网络中任意两个连通节点间距离的最大值。网络的直径代表了网络中节点连接可能出现的最远距离，标志着网络紧密的程度。

11.3.1.7 网络的平均距离

网络的平均距离也是描述网络总体性质的一个属性。网络的平均距离是指网络中任意两个连通节点距离的平均值，也是衡量网络紧密程度的重要指标。

11.3.1.8 连通度的分布函数和聚类系数函数

通过统计不同连通度的节点占全部节点的比例，能够得到一种重要的描述网络连通性的属性：连通度的分布函数 $P(k)$，$k=1,2\cdots$。而类似的还可以建立起随连通度变化的聚类系数函数 $CC(k)$，当自变量等于 k 时，$CC(k)$ 即为连通度为 k 的节点聚类系数的平均值。与连通度分布函数 $P(k)$ 类似，$CC(k)$ 也广泛应用于描述网络结构的基本性质。相比于拓扑性质指标的平均数，由于连通度的分布函数以及依赖于连通度的聚类系数函数包含更多的信息，对分布函数的分析往往可以揭示更为深刻的网络性质。

11.3.2 无标度网络

无标度（scale free）网络于 1999 年首次被提出，近年来，人们在互联网和人际关系网络等社会学网络的研究中都发现了这一特性。无标度网络中，大部分节点通过少数中心节点连接到一起，这就意味着节点在网络中的地位是不平等的，中心枢纽节点在连接网络完整性方面起更加重要的作用。枢纽节点的存在使得无标度网络对意外故障具有很强的鲁棒性。因为即使少数枢纽节点失效，网络整体的连通性仍然能够保持。然而，无标度网络也因此对协同攻击更加脆弱。因为攻击者只需要集中攻击少数枢纽节点，就能够使整个网络瘫痪。

11.3.2.1 无标度网络定义

无标度网络是指网络中连通度的分布符合幂律分布，即 $P(\mathrm{k}) \sim k^{-\gamma}$ 的网络，式中 γ 称为度指数（degree exponent），通常 $2 < \gamma < 3$（图 11–3）。这种分布说明，在无标度网络中大部分节点的连通度较低，但存在少数连通度非常高的枢纽节点（hub）使网络连接在一起。在这种网络中，平均连通度等标度已经不足以描述网络的规模和结构。

如果网络中节点间的连接完全是随机的，那么连通度的分布应该符合泊松分布或者在大尺度的情况下近似认为符合正态分布，即度的分布比较均匀，大部分节点的连通度都与平均连通度相差不多，只有极少数节点具有很低或很高的连通度（图 11–3）。

小世界网络中，直径或网络平均距离与节点数目的对数成正比，即 $1 \sim \log(N)$。相反，大世界网络的平均距离正比于 N。对于包含大量节点的网络，其直径往往相对要小得多，任意两个节点间只需要较少的转接即可以连接在一起。一方面网络中包含有大量节点和边，表现出“大世界”的景象；另一方面，连接任意节点间的距离却相对较小，即网络的平均路径长度较短，呈现“小世界”的特征。这种“小世界”网络往往聚类系数也较小，是复杂系统网络的共同特性，因此成为目前网络研究分析的一个热点问题。

由于枢纽节点的存在，无标度网络通常具有小世界的特性，即平均路径长度较短、聚集系数较高。然而，无标度网络的直径通常远小于随机网络的直径。这是因为在无标度网络中，即使只经过少数的枢纽节点，就可以到达网络中的大部分节点。一般来说无标度网络直径的大小正比于网络中节点数目对数值的对数值，$1 \sim \log[\log(N)]$。由此可以发现无标度网络往往比一般小世界网络直径更小，联系更紧密，形成超小网络。

11.3.2.2 无标度网络形成的生物模型

为了解释包括大部分生物分子网络在内的复杂系统网络成为无标度网络的原因，Barabási 和 Albert 提出了形成无标度网络的 Barabási-Albert 模型。

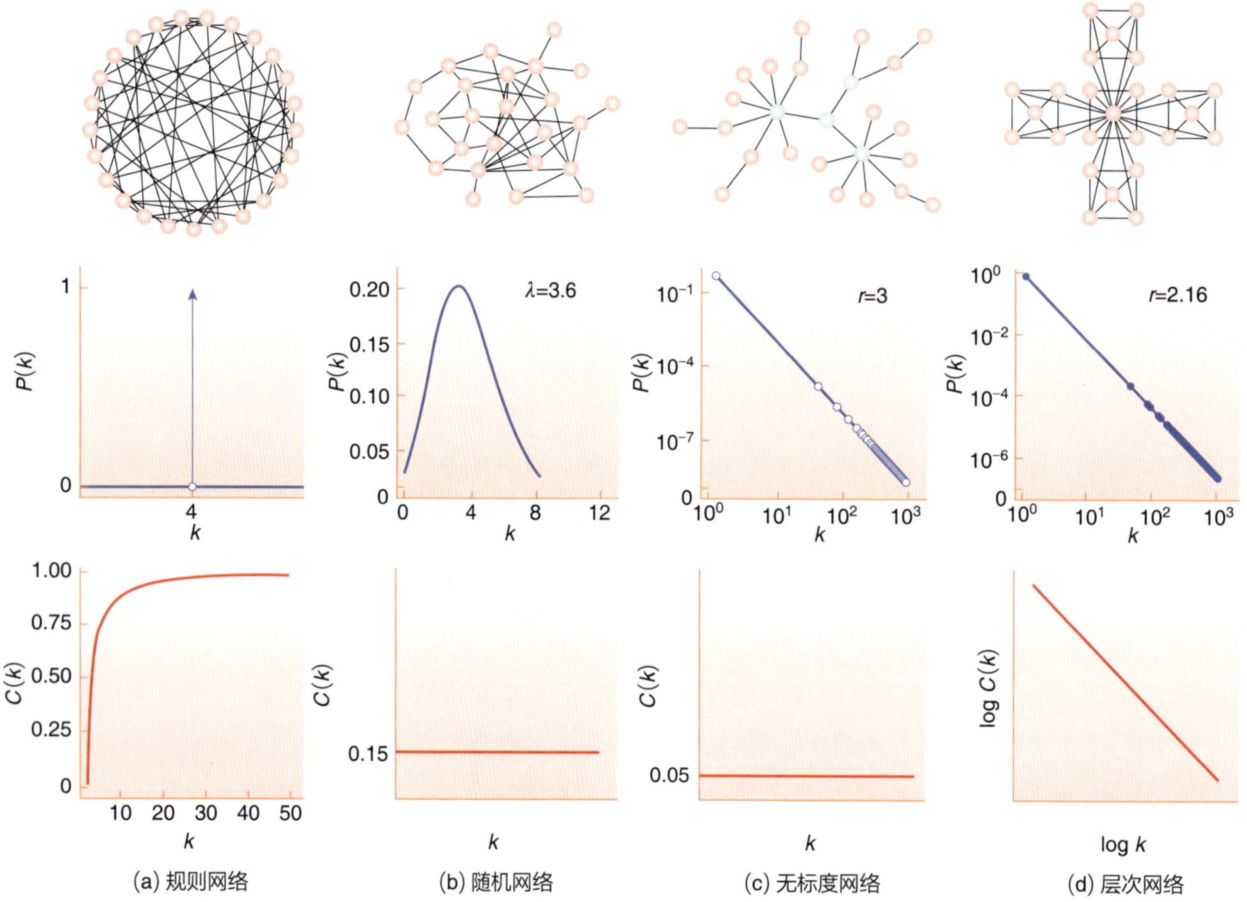

图 11-3　规则网络、随机网络、无标度网络和层次网络及其连通度分布和聚类系数函数趋势图

（a）规则网络（regular network），其连通度为固定值（分布符合 δ 函数），平均聚类系数为 $\frac{k-2}{k-1}$；（b）随机网络（random network），其连通度符合泊松分布（示意网络中 $\lambda=3.6$），在大尺度情况下近似于服从正态分布平均聚类系数独立于连通度；（c）无标度网络（scale free network），其连通度分布符合幂律分布（示意网络中 $r=3$），该无标度网络属于 Barabási-Albert 模型，平均聚类系数独立于连通度；（d）层次网络（hierarchical network），其连通度分布符合幂律分布（示意网络中 $r=2.16$），平均聚类系数与连通度的倒数成正比

该模型首先从一个包含 m_0 个节点的网络开始，其中 $m_0 \geqslant 2$，初始网络中每个节点的连通度都应该大于零，否则在后续过程中将无法与网络连接。而后，通过一个循环过程扩大网络，在每次循环中只增加一个节点，并依次按照概率 $\pi_i=\frac{k_i}{\sum_{v \in v} k_v}$ 决定是否与原网络中节点 i 建立连接，其中 k_i 是节点 i 的连通度。因此，原有连通度较高的节点将更有机会与新加入节点连接，从而获得更高的连通度。按照这种机制构建起的网络即可以得到无标度网络。

根据这一模型，有学者提出蛋白质相互作用网络中出现无标度特性的原因在于基因复制，即在细胞分裂过程中复制产生的基因产物会与相同的蛋白质发生相互作用。与发生复制的蛋白质连接的蛋白质节点将会获得新的连接，因此，高度连接的节点更有可能与发生复制的基因产物发生互作，从而获得额外的连接，最终形成蛋白质相互作用网络的无标度特性。

同时，还有其他模型对蛋白质相互作用无标度网络的形成原因进行解释。例如，认为无标度特性是来自目前的诱饵–猎物模式的蛋白质相互作用检测方式和目前还远未完善的数据资源。在来自不同结构的随机网络背景中按照诱饵–猎物模式抽取部分网络，结果发现来自其他模型的数据也可能随机抽选出无标度的子网。

11.3.3 生物分子网络的模块性和层次性

11.3.3.1 生物分子网络的模块性

生物系统中普遍存在着模块化的现象。这意味着生物系统的许多功能是由多个相互作用的组件共同完成的。这些组件可以是蛋白质、核酸、细胞器等。生物分子网络中这种由许多分子相互联通形成的稳定结构，内部彼此高度连接，称为网络“模块”(module)。模块化的设计使得生物系统具有以下优点：① 提高效率，模块化可以将复杂的功能分解成更小的、更易于管理的子功能，从而提高系统的效率；② 增强鲁棒性，模块化可以使系统更加鲁棒，因为即使其中一个模块出现故障，其他模块仍然可以正常工作；③ 促进进化，模块化可以促进系统的进化，因为新的模块可以通过组合现有的模块来形成。

模块化的网络连通更为紧密。与同样规模的随机网络相比，虽然拥有相同的节点数与边数，模块化网络的连接却更为紧密，这一现象可以由聚类系数 CC 的提高表现出来。同时，模块化的网络往往也同时具有无标度的特性，即存在一些连通度较大的中心节点连接起不同的模块。连通度的分布 $P(k)$ 符合 k 的幂律分布（图 11–3）。

此外，聚类系数依赖于连通度的函数 $C(k)$ 在网络的模块性判别中也起到了重要的指示作用。模块化的性质说明大型复杂网络是由内部密集互作的小模块通过少数中心节点连接在一起的。这就意味着，大型模块化网络中连通度较低的节点往往具有较高的聚类系数，而另一方面，连通度较高的节点连接了不同的模块，从而使其聚类系数比较低。

考虑到很多真实网络当中同时具备模块性、无标度性以及局部高连接性的特征，学者提出节点整合成为网络的过程类似一个循环迭代的过程，从而使网络成为一个层次性网络（图 11–3）。在此类网络中，聚类系数函数 $C(k)$ 正比于 k 的倒数（图 11–3）。

研究显示，不同的生物分子网络往往表现出相似的性质。大部分的真实生物网络如代谢网络、蛋白质相互作用网络等都是无标度网络，其网络平均聚类系数都比具有同样大小和连通度分布的随机网络更高，且聚类系数均值正比于连通度的倒数，从而表明层次性也是生物网络的一项基本性质。

11.3.3.2 网络模体的定义与特征

网络模体（**network motif**）是指网络中出现次数显著超过随机网络中出现次数的子网模式。这里子网模式是指一组节点按照特定的顺序连接而成的结构。针对不同网络的研究显示，在真实的网络中不同的子网模式出现的频率并不一致，有些模

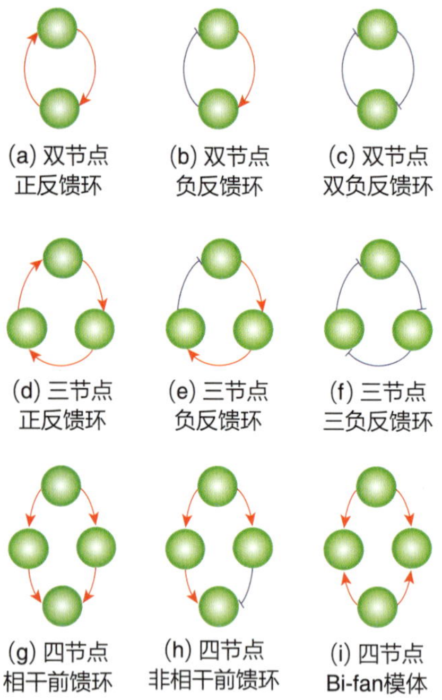

图 11-4 有向网络模体案例
（引自 Azeloglu & Iyengar，2015）

式在网络中频繁出现，远远超过随机网络中期望出现的次数。在某些网络中，特定出现的模体甚至是整个网络的基本组织形式，网络可以被看作是这些网络模体的组合。在生物分子网络中，无论是有向网络还是无向网络，都包含有这些特殊的网络模体。在生物分子网络中搜索特殊模体有助于深入理解生物网络执行生物功能的基本形式，也有助于进一步从网络中发现节点间的功能联系。

11.3.3.3 生物网络中的常见模体及其作用

研究者从基因调控网络等有向网络中发现了一些特殊的模体，比较重要的有自调控环（auto-regulator loop，ARL）、前馈环（feed-forward loop，FFL）和反馈环（feedback loop，FBL）等（图 11-4）。

自调控环模体包括正向自调控环和负向自调控环，即转录因子促进或抑制自身转录的机制。在大肠杆菌基因调控网络中存在较多的自调控模体。

前馈环模体则是在很多物种中常见的一种调控机制，即转录因子 A 调控转录因子 B 和基因 C，而同时转录因子 B 也调控基因 C。事实上，由于调控机制本身可以为正向和负向，前馈环还可以分为 8 种不同的类型。出现频率较多的有两种，一种是全部正向调控的一致前馈环，另一种是 A 正向调控 B 和 C，但 B 负向调控 C 的不一致前馈环。

反馈环由同一个转录因子同时调控多个基因的表达，转录因子通常是自调控的，而所有调控符号（正、负向）都相同，且受控基因都不再受其他因子调控。这种模块在随机网络中并不多见，但在针对大肠杆菌（*Escherichia coli*）基因调控网络的分析中发现该模块经常出现在与蛋白质组装和代谢通路相关的基因调控中。在此类问题中，由一个转录因子控制参与生物过程基因的表达，能够有效地保持受控基因的比例，提高效率。

除上述模体外，研究者在调控网络中还发现了其他一些模体，如密集重叠调控（dense overlapping regulation，DOR）、多输入模体（multi input motif，MIF）和调控链（regulatory chain，RC）等。这些不同的网络模体结构代表了不同的转录调控机制，对这些模体的研究将极大地帮助人们了解生物过程的控制机制。

在无向网络中也可能存在一些特殊的模体，在生物网络中出现的频率远超过随机的情形，其中比较重要的是全连接集（clique）。全连接集是指任意两点都被边连接在一起的子网。如果全连接集中包含 n 个节点，则称这个全连接集为 n-全连接集（图 11-5）。

11.3.3.4 网络模体搜索算法

网络模体搜索算法指在网络中寻找与模体同构子网的过程。要从一个包含 N 个节点的网络搜索模体的过程包括：① 定义包含 k 个节点的子网模式；② 在网络中搜索全部 C_N^k 个包含 k 个节点的节点子集，并检查其中结构与所搜寻的模式相符的个数；③ 将各个模式在真实网络中出现的频率和在大量随机网络背景中所出现的频数进行比较，从而发现网络模体。

网络模体搜索是指在复杂网络中寻找出现频率远超随机预期的局部子图模式的过程。这一过程在算法上属于非定常多项式（non-deterministic polynomial，NP）完全问题，这意味着解决这一问题的计算时间可能需要花费指数级的时间。对于包含更多节点的子网模式，网络中存在的组合数量将呈指数级增长，需要比较的类型也会随之增多。这导致了网络模体搜索的计算复杂度急剧上升，使得针对大型子网模式的搜索变得极具挑战性。目前，网络模体搜索主要集中在较小的子网模式上，以降低算法复杂度。常用的搜索方法包括以下 3 点。

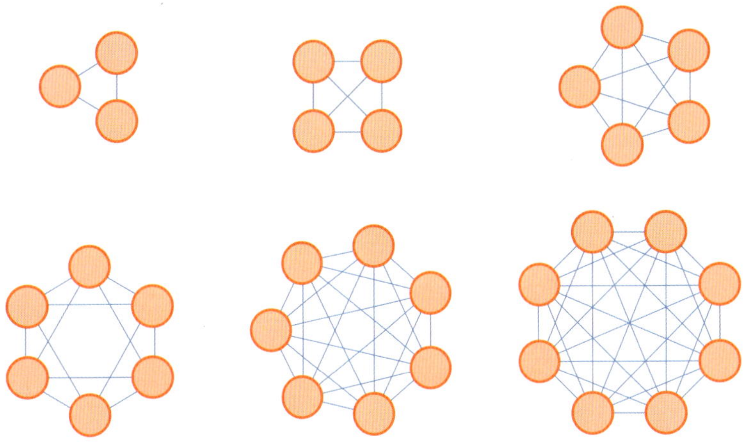

图 11-5　全连接集

① 基于统计学的方法　通过统计分析网络中子图模式出现的频率，来识别网络模体。这种方法的计算效率较高，但对子网模式的结构限制较多。

② 基于图论的方法　利用图论算法来挖掘网络中具有特定结构特征的子图模式。这种方法的计算效率较低，但对子网模式的结构限制较少。

③ 基于机器学习的方法　利用机器学习算法来训练模型，自动识别网络模体。这种方法的计算效率较高，但需要大量的训练数据。

11.4 生物网络的构建

11.4.1 生物网络重构的基本概念和过程

在系统生物学中，生物网络重构是一项重要任务，涉及从分子水平到细胞、组织和整个生物体系的各个层级，将生物分子（如基因、蛋白质和代谢物）之间的相互作用关系表示为网络结构，从而对生物系统进行建模和分析。生物网络的构建是将生物学实体表示为节点，实体与实体间的相互作用关系表示为边。

生物网络重构的基本过程包括以下几个步骤，如图 11-6 所示。

① 数据收集　收集与研究对象相关的实验数据。这些数据可以来自实验室测量、公共数据库、文献等多个来源。例如，蛋白质相互作用数据可以来自高通量实验技术，基因调控数据可以来自转录因子结合位点的实验测定等。

②数据预处理　对收集到的数据进行预处理和清洗，以去除噪声和不可靠的数据，包括去除重复数据、处理缺失值、标准化数据等步骤，以确保数据的质量和一致性。

③ 相互作用关系建模　基于预处理好的数据，建立相互作用关系的模型。可以通过统计分析、机器学习、网络推断等方法来实现。例如，基于蛋白质相互作用实验数据，使用网络推断算法推断蛋白质之间的相互作用关系等。

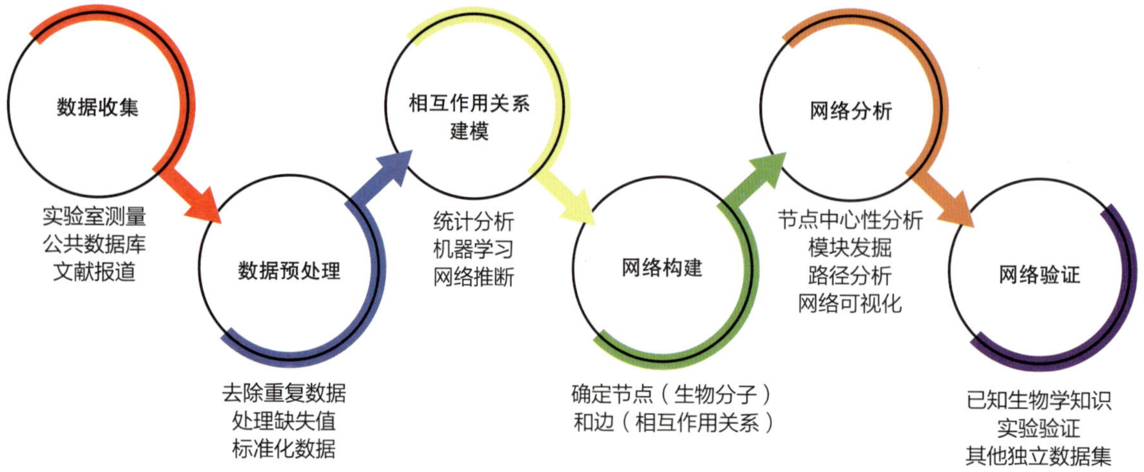

图 11-6　生物网络重构的基本过程

④ 网络构建　根据建立的相互作用模型构建生物网络，将生物分子表示为节点，将它们之间的相互作用关系用边表示。网络构建的方式取决于具体研究问题涉及的网络类型和数据类型。

⑤ 网络分析　对构建的生物网络进行分析，揭示网络的特性和生物系统的行为。包括节点中心性分析、模块发掘、路径分析、网络可视化等，从而识别关键的生物分子、理解网络的功能和调控机制。

⑥ 网络验证　对构建的生物网络进行验证，确保网络的准确性和可靠性。验证的过程主要通过与已知生物学知识的比较、实验验证或与其他独立数据集的对比来实现。

在系统的视角里，重要的不是每个生物组件本身及其状态，而是关注组件之间的相互连接所构成的系统整体状态，形成“组件 → 网络 → 体外模型 → 表型”的系统生物学新范式。网络的结构决定了可能的功能状态，整个网络的功能状态可以通过细胞在特定环境中产生的多种数据进行评估，如基因组尺度的表达数据和表型数据。对于网络状态的控制通常通过干扰实验进行评估，网络干扰实验包括遗传干扰（基因敲除、通过抑制性 RNA 进行基因沉默、基因过表达等）、环境干扰（改变营养物质的可用性、改变温度或 pH）、系统性干扰（通过适应性干扰），以及疾病状态等。这些干扰实验可用于评估网络的稳定性和功能性状态。

构建生物分子网络在生物科学领域具有重要的理论和应用价值，有助于揭示生物系统的组织结构、功能模块和调控机制，并发现复杂疾病和性状的重要生物标志物和分子机制。通过分析网络中与疾病相关的基因和蛋白质的位置及其相互作用，可以揭示疾病的潜在机制和关键调控通路，有助于寻找潜在的治疗靶点和药物作用靶点。

11.4.2　主要类型生物网络的重构过程

下面对于各种不同类型的生物网络，分别介绍构建的方法和过程，包括蛋白质相互作用网络、基因调控网络、代谢网络、信号转导网络等。图 11-7 展示的是各

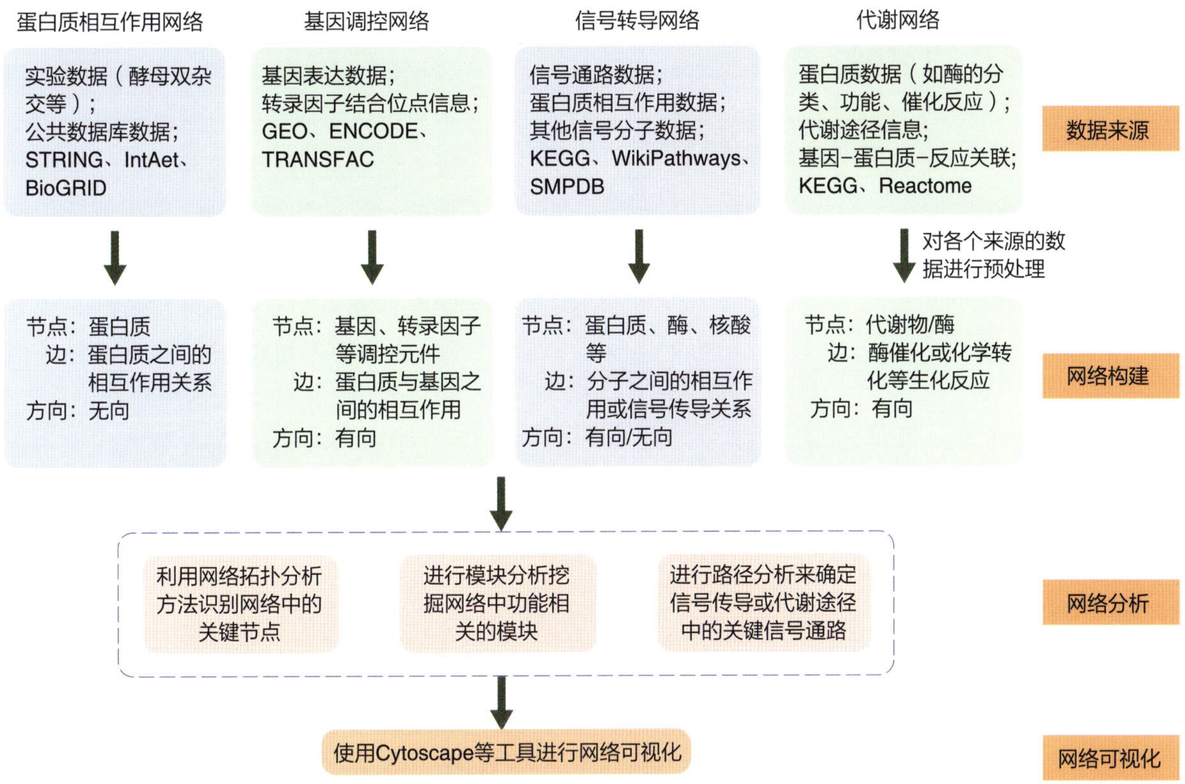

图 11-7 几种主要类型的生物网络重构流程图

种生物网络的数据来源、构建方法，以及通用的网络分析和可视化流程。

11.4.2.1 蛋白质相互作用网络构建

构建蛋白质-蛋白质相互作用（protein-protein interaction，PPI）网络通常基于三类数据来源（表 11-1），第一类是研究者通过自己开展实验产生的 PPI 数据（如酵母双杂交、免疫共沉淀、质谱检测等），这些数据可以自行选择如何表示和存储；第二类是 PPI 数据库中的公共数据，这些数据库通过从文献报告的实验证据中提取 PPI，是 PPI 数据的主要来源；第三类是混合数据库或预测数据库，这类数据库将不同的数据库提供的信息汇集在一起，并向用户提供数据的统一表示。预测数据库利用实验产生的蛋白质相互作用数据集，通过算法预测未知的潜在相互作用。随着人工智能的迅猛发展，越来越多的蛋白质结构以及蛋白质-蛋白质相互作用关系能够用 AlphaFold3 等工具预测，这将极大推动 PPI 网络构建的完整性和准确性。

表 11-1 蛋白质相互作用网络的三类数据来源

数据类别	来源	描述	挑战
实验数据	酵母双杂交、免疫共沉淀、质谱检测	直接从实验中产生的数据，如蛋白质相互作用实验	实验产生的误差；标识符不一致；数据冗余（同一蛋白质在多个数据库重复报道）；数据选择（来源广泛，质量和类型有差异）；映射外部信息时不准确、不完整
有实验证据支持的公共数据库	IntAct、MINT、STRING、UniHI、APID	从实验中收集整理获得的蛋白质相互作用数据	
混合数据库和预测数据库	IMEx	利用其他数据库通过算法预测蛋白质的相互作用	

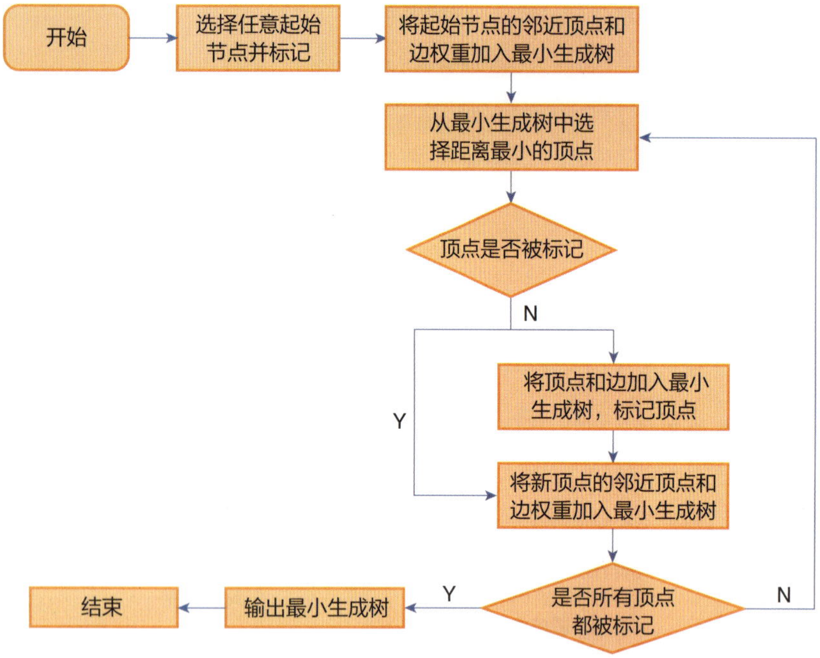

图 11–8　Prim 算法流程图

在整合数据时，需要对不同来源的数据进行标准化和统一格式处理，包括对蛋白质或基因的标识符进行映射，统一命名规范和数据格式，以确保数据的一致性和可比性。常用的标识符包括 UniProt ID、Entrez Gene ID 等。此外，还需要对数据进行清洗和预处理，去除噪声和冗余数据，处理缺失值和离群值，以提高数据质量和可靠性。

PPI 网络中的每个节点代表一个蛋白质，如果实验数据或计算预测表明两个蛋白质之间存在相互作用，则在这两个蛋白质对应的节点之间创建一条边。边的属性根据相互作用的类型（物理相互作用和功能性相互作用）和强度来定义。相互作用强度的确定可以参考定量实验数据或某些数据库（如 STRING）的评分系统。初步构建 PPI 网络后，根据需要进行网络的优化和调整，可以删除信号弱的边，添加缺失的重要相互作用等。修正后的 PPI 网络可用于各种其他分析，如节点的中心性分析、模块识别等。酵母等模式生物的全蛋白质组水平的 PPI 网络已经被重构出来，人类等高等物种的蛋白质互作数据也在快速积累中。在这样庞大的网络上，需要采用各种计算方法对蛋白质网络进行分析。

构建蛋白质相互作用网络的常用算法包括：最小生成树算法、连通性算法、模块化算法等。

（1）最小生成树算法

一种用于求解连通图的最小生成树的方法。假设有一个由 10 个蛋白质构成的网络，每个蛋白质与其他蛋白质的互作有不同的可信度得分。使用最小生成树算法，我们可以找出连接这 10 个蛋白质的 9 条最可信的边，从而获得一个核心互作网络。常见的最小生成树算法包括 Prim 算法和 Kruskal 算法。

Prim 算法是一种贪心算法（greedy algorithm）。它以一个顶点作为起始点开始构建最小生成树，然后逐步扩展最小生成树。具体步骤如下（图 11–8）：

① 选择一个顶点作为起始点，将其加入最小生成树中。

② 从已加入最小生成树的顶点中选择一个距离最小的顶点，将其加入最小生成树中。

③ 更新其他顶点到最小生成树的距离。

④ 重复第 ② 步和第 ③ 步，直到所有顶点都加入最小生成树。

Kruskal 算法是一种基于边的贪心算法。它按照边的权值递增的顺序选择边，并且保证所选的边不会构成回路，直到生成树中含有 $n-1$ 条边为止。具体步骤如下（图 11-9）：

① 初始化一个空的最小生成树。

② 将图中所有的边按照权值递增的顺序排序。

③ 依次选择边，如果该边连接的两个顶点不在同一个连通分量中，则将该边加入最小生成树中。

④ 重复第 ③ 步，直到最小生成树中含有 $n-1$ 条边，其中 n 为图中顶点的个数。

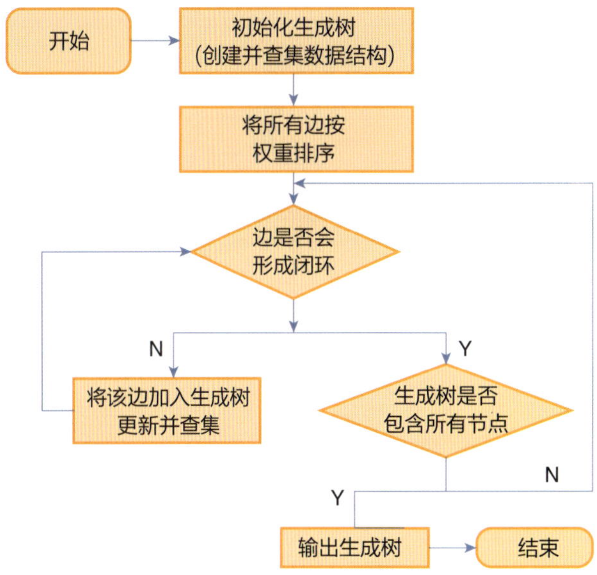

图 11-9　Kruskal 算法流程图

（2）连通性算法

连通性算法专注于识别网络中高度相互关联的节点群体，即连通子图。在蛋白质相互作用网络中，有助于找出功能相关的蛋白质群集。在同一个包含 10 个蛋白质的网络中，连通性算法可能会识别出其中 3 个高度互相连接的蛋白质，这些蛋白质可能在某一特定生物过程（如凋亡）中起重要作用。连通性算法主要包括深度优先搜索（depth-first search，DFS）和广度优先搜索（breadth-first search，BFS），这两者都是常用的图遍历算法。DFS 是在一条路径上尽可能深入，直到找不到新的未访问顶点时才回溯；BFS 则是从根节点出发，逐层向下遍历树的节点。DFS 通常更简单且空间效率更高，但可能会陷入死循环或深度过深的路径；而 BFS 通常更适用于找到最短路径或者层次遍历，但其空间复杂性可能较高。

（3）模块化算法

模块化算法通过检测网络中的高密度区域来识别模块或社群。社群检测算法最初主要用于社交网络分析，后来被应用到蛋白质相互作用网络和其他生物网络。模块通常对应于特定的生物过程或信号转导途径。通过模块化算法，我们可能会发现一组蛋白质通常在细胞分裂过程中同时被激活或抑制，形成一个功能模块，从而帮助我们基于模块内已知蛋白质的功能来推断未知蛋白质的功能。

11.4.2.2　基因调控网络重构

重构基因调控网络（gene regulatory network，GRN）首先需要获取相关的基因表达数据和调控元件的信息。基因表达数据主要通过芯片和 RNA-Seq 等技术产生，调控元件的信息可以来自公共数据库，包括转录因子结合位点数据库（如 TRANSFAC）、人类基因组功能元件数据库（如 ENCODE）和增强子数据库（如 SEdb）等。随着高通量多组学测序技术的进展，ATAC-Seq 可以用来识别可能被转录因子结合的染色质可及区域；Hi-C 技术可以测量全基因组染色质构象，以捕捉结构变化和染色质相互作用；ChIP-Seq 则可以捕获全基因组范围的蛋白质与 DNA 的相互作用，包括增强子和启动子的转录因子结合位点。然后，基于以上可用的数据，采用基因调控推断算法确定调控元件与基因的关联，重构出全局的基因调控网络，其中基因和调控元件分别作为网络中的节点，它们之间的相互作用作为网络中

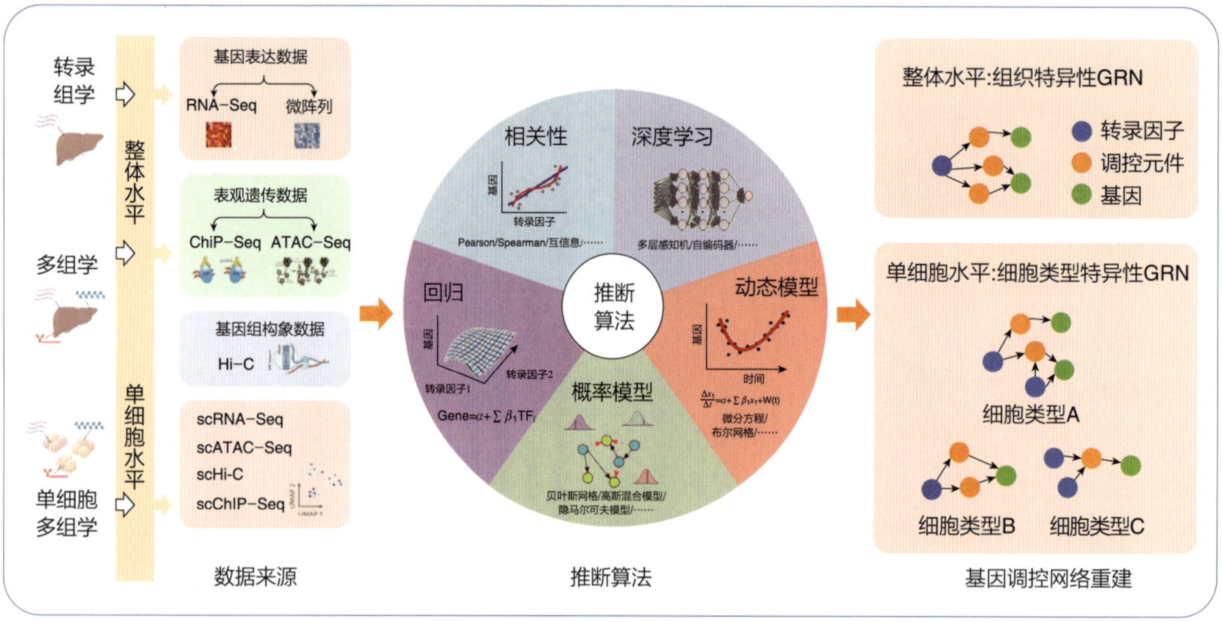

图 11-10 基因调控网络重构的过程及推断算法

的边。调控网络可以分解为一小组常见的结构“基元”，这些基元出现的频率显著高于在随机网络中的频率，通过研究这些基元的典型示例行为，如自调节、前馈调节、反馈调节，可以以自底向上的方式深入理解整个调控网络的动态和功能。另外，基因组的空间或拓扑配置会影响基因表达，这些效应可以是全局的或局部的。例如，能量电荷本身通过改变基因组的几何排列来调节基因表达，增强子通过三维空间相互作用对远端目的基因的转录活性起调控作用 。因此，除了将 RNA 聚合酶放置在基因组上的特定结合事件的网络外，基因组的表达调控状态还涉及染色质在细胞核内的三维空间构象的影响。

基因调控网络重构涉及的数据来源、推断算法，以及构建过程（图 11-10）。基因调控网络重构主要采用逆向工程策略，即以基因表达数据为输入，生成的调控网络结构为输出。

基因调控网络重构利用不同的数据来源，主要可以分为以下几类。

（1）基于基因表达数据的推断方法

这类方法主要根据基因之间的共表达关系或差异表达模式来推断调控关系。例如，使用加权基因共表达网络分析（weighted gene co-expression network analysis，WGCNA）方法将具有相关表达模式的基因聚类为模块，并分析这些共表达模块与功能表型之间的关系；GENIE3 和 GRNBoost2 方法则是通过区分转录因子和靶基因，利用转录因子的表达预测靶基因的表达，从而生成有向的调控网络。

（2）基于转录因子结合位点的预测方法

这类方法通过分析基因组序列中的转录因子结合位点来预测转录因子与基因之间的调控关系。利用转录因子结合基序数据库和匹配算法（如 MEME、HOMER）预测转录因子在 DNA 序列上的结合位点，将预测的结合位点通过基因组位置与靶基因关联，通常根据最近邻原则或已知的调控元件位置。如 ATAC2GRN、LISA 和

SPIDER 利用染色质可及性数据来推断潜在的转录因子–基因调控元件。

（3）基于转录因子结合实验数据的方法

这类方法利用转录因子结合数据（如 ChIP-Seq 或 CUT & Tag）来鉴定转录因子与靶基因之间的调控关系。ChIP-Seq 利用抗体特异性结合转录因子，然后进行 DNA 片段的测序，识别出全基因组范围内的实际转录因子结合位点。CUT & Tag 是一种更为精细的转录因子结合位点测序方法，通过结合和切割特定转录因子的 DNA 片段，进行高通量测序。

（4）整合多种数据的方法

通过整合多种数据源，综合考虑不同层面的信息，以提高转录调控网络构建的精确性和可靠性。单细胞组学技术 scRNA-Seq、scATAC-Seq、scHi-C 和 scChIP-Seq 等生成的数据可以帮助我们推断特异性细胞类型和细胞状态下调控因子与目标基因之间的调控关系，并识别不同发育阶段和条件下的动态变化。一些多模态 GRN 推断方法如 DeepMAPS、FigR、GLUE、scAI 和 SOMatic 等，这些方法利用转录组和染色质可及性数据的整合，通过转录因子表达预测基因表达，并通过结合基序信息将转录因子分配给调控元件，从而进行更全面的网络推断。

基因调控网络推断应用统计和算法原理来揭示基因及其调控因子之间的调控连接关系，主要的推断算法包括：相关性分析、回归模型、概率模型、动态模型，以及深度学习算法。

① 基于相关性分析的推断方法　重建 GRN 的最常见方法之一就是进行相关性分析，共表达的基因被认为在功能上是相关或共调控的。例如，转录因子（transcription factor，TF）和其潜在靶基因的共表达可能表明两者之间存在调控关系。同样，顺式调控元件（*cis*-regulatory element，CRE）及其靶基因可以通过关联 CRE 的可及性和潜在靶基因的表达水平来确定。常用的关联度量包括参数化的皮尔逊相关和非参数化的斯皮尔曼相关，分别能够捕捉线性和非线性关联。线性相关可以有效检测到 TF 表达或 CRE 可及性增强导致基因表达成比例变化的关系。非线性相关可以捕捉到更复杂的关系，可以更好地再现 TF、CRE 和基因之间的调控交互。

另外，还有基于信息论的方法推断调控网络，信息论模型的一个优势是其低计算成本，使得从低表达数据中发现大规模 GRN 成为可能。互信息的计算公式为：

$$I(X;Y)=\sum_{x\in X}\sum_{y\in Y}p(x,y)\log\frac{p(x,y)}{p(x)p(y)} \tag{11-9}$$

其中，X 和 Y 分别表示两个随机变量，$p(x,y)$ 表示 X 和 Y 同时发生的概率，$p(x)$ 和 $p(y)$ 分别表示 X 和 Y 单独发生的概率。互信息的值范围为 0 到正无穷，值越大表示两个变量之间的相关性越高。当互信息为 0 时，表示两个变量之间相互独立。

基于此类模型的 GRN 重构方法主要包括：REVEAL、RELEVANCE、ARACNE 及其改进算法 CLR、MRNET 和 FyNE 等。这些方法使用相关系数、欧几里得距离、或信息论得分（如互信息和条件互信息）来识别基因调控关系。

② 基于回归模型的推断方法　回归模型可以捕捉响应变量与多个预测变量之间的关系。在 GRN 推断的背景下，响应变量可以是基因的表达，分别回归于多个转录因子和顺式调控元件的表达或可及性。通过明确估计每个预测变量对响应变量（如基因表达）的影响，回归模型中的系数（如转录因子或顺式调控元件）可以解释为关联的强度，而系数的符号可以用来推断调控作用的方向。

对于一个简单的线性回归模型，其回归方程可以表示为：

$$\hat{y}=\beta_0+\beta_1 x \tag{11-10}$$

其中，y 代表响应变量；x 表示预测变量；β_1 表示斜率；β_0 表示截距。而最小二乘回归的目标是通过最小化残差平方和得到最优的回归系数：

$$\beta_1=\frac{\sum_{i=1}^{n}(x_i-\bar{x})(y_i-\bar{y})}{\sum_{i=1}^{n}(x_i-\bar{x})^2} \tag{11-11}$$

$$\beta_0=\bar{y}-\beta_1\bar{x} \tag{11-12}$$

通过计算出 β_0 和 β_1，从而确定最佳拟合的线性回归模型。

在使用普通最小二乘回归推断 GRN 的背景下，数据可能包含数千个转录因子或顺式调控元件，这取决于从目标基因的转录起始位点搜索的距离。重要的是，包含大量预测变量往往会导致过拟合，使模型变得过于复杂且泛化能力差。此外，如果预测变量之间存在强相关的情况，回归模型的表现不稳定，这在生物学背景下是很可能的，因为转录因子可以相互调控。为了解决这些问题，LASSO（least absolute shrinkage and selection operator）回归通过引入 L_1 正则化而具备了变量选择的能力，其目标函数中加入惩罚项会让这部分基因的回归系数减为 0，从而排除不重要的基因，减少最终估计的调控网络的复杂性（具体原理见第 2 章 2.4）。LASSO 生成的调控网络更加稀疏，因为通常一个基因只受到少数几个基因的调控，更符合生物学中的实际情况。但是当预测变量之间存在强相关性时，LASSO 模型会随机选择一个，而忽略其他与之高度相关的变量。

LASSO 是广泛应用于从基因表达谱中推断调控网络的经典方法，但在处理大规模数据，特别是推断全基因组水平的基因调控网络时，准确性还有待提高。因此，有研究引入两种 LASSO 的扩展模型：L_0 正则化模型和 $L_{1/2}$ 正则化模型，采用不同的正则化模型，目的是通过对回归系数施加不同的惩罚项，自动筛选出与结果最相关的变量（基因）。

转录因子与目标基因之间的调控关系可以近似地用一个线性关系表示：

$$AX=B+\varepsilon \tag{11-13}$$

其中，A 表示候选转录因子的表达矩阵（$m\times r$）；B 表示所有目标基因的表达矩阵 $(m\times n)$；ε 表示误差矩阵 $(m\times n)$；X 表示调控矩阵 $(r\times n)$，用于描述所有转录因子与目标基因之间的调控关系；m 表示样本数量；r 表示转录因子的数量；n 表示目标基因的数量。在基因调控网络推断中，对于每个目标基因 j，都希望最小化

$AX_{.,J}$ 和 $B_{.,J}$，从而选定少量的转录因子。

$$\epsilon=\begin{cases}\min\|AX_{.,J}-B_{,J}\|_2^2+\lambda\|X_{.,J}\|_0(\mathrm{L}_0)\\ \min\|AX_{.,J}-B_{,J}\|_2^2+\lambda\|X_{.,J}\|_{1/2}^{1/2}(\mathrm{L}_{1/2})\\ \min\|AX_{.,J}-B_{,J}\|_2^2+\lambda\|X_{.,J}\|_1(\mathrm{L}_1)\end{cases}$$

$$X_{.,j,j}\in R^r \tag{11-14}$$

$\lambda>0$ 是正则化参数，这里应用迭代阈值的算法来解决 $\mathrm{L}_p\left(p=1,\dfrac{1}{2},0\right)$ 正则化模型，较大的 λ 值会增强稀疏性，可以让更少的特征被选中，而较小的 λ 值则倾向于提高模型的准确性。给定一个基因 j，其表达谱数据是 $B_{.,j}$ 如果是 L_0 正则化模型旨在最小化 $AX_{.,j}$ 和 $B_{.,j}$ 之间的差异并最大化 $X_{.,j}$ 的稀疏性。选取不同的 p 值来平衡模型的准确性和稀疏性。

此外，非参数方法（如基于树的回归）不假设数据中的任何固定结构，但可能不太易于解释且构建时计算量较大。

③ 概率模型　概率模型用于 GRN 推断通常采用图形模型的形式捕捉变量之间的依赖关系，如转录因子及其靶基因间的关系。这些方法旨在对每个转录因子与其靶基因之间调控关系的存在及强度进行建模，通过寻找最可能解释给定训练数据的关系来进行估计。这些概率度量可以在下游分析之前对调控作用进行过滤和优先排序，从而实现更有针对性的研究。然而，这些方法通常假设基因表达遵循特定的分布，如高斯分布，这可能不适用于所有基因。

贝叶斯网络是概率模型中的一种重要架构，广泛用于 GRN 推断。贝叶斯网络结合了贝叶斯定理和图论（详见第 2 章），用于定性建模 GRN 的特性。

④ 深度学习　深度学习近年来在生物信息学等多个领域获得了广泛关注。这些模型基于人工神经网络，并可以应用于多种架构以执行不同的任务，如多层感知机用于回归问题，自编码器用于降维。特别是，自编码器能够处理多种类型的输入，并学习它们之间的共同连接，表示潜在的调控关系。如循环神经网络（recurrent neural network，RNN）在 GRN 推断中表现非常优异，因为它能够对基因之间的非线性和动态交互进行建模。

深度学习方法通常需要非常大的训练数据集，构建的模型往往包含大量参数，需要大量计算资源，代价较高。另外，与传统统计模型相比，深度学习方法存在的挑战主要是提升模型的可解释性。

下面以最近提出的一种基于单细胞转录组数据重构调控网络的开源方法 TENET 为例介绍详细步骤。TENET 利用转移熵（transfer entropy，TE）来衡量基因间的因果关系，分为以下三步。

a. 数据输入和预处理：使用伪时间排序的 scRNA-Seq 数据作为输入，将细胞的转录组数据按时间顺序排列。

b. 计算转移熵：TENET 利用 JAVA 信息动态工具包（JIDT）计算选定基因对

之间的双向成对 TE 值。转移熵通过估算基因对之间的互信息（mutual information，MI）的联合概率密度函数（probability density function，PDF）来计算。使用非线性非参数估计器“核估计器”，步长核函数的默认宽度为 0.5。TE 值衡量在考虑过去状态的情况下，一个基因对另一个基因的不确定性减少量。具体来说，TE 值计算基因 X 过去状态（X_{t-1}）对基因 Y 当前状态（Y_t）的影响。

c. 构建基因调控网络（GRN）：通过整合所有基因对的 TE 值来重建 GRN。应用数据处理不等式，迭代消除前馈环路，去除潜在的间接关系。例如，如果基因 X 通过基因 Y 调控基因 Z，则修剪基因 X 到基因 Z 的连接。使用 Benjamini–Hochberg 错误发现率（FDR）对显著连接进行筛选，确保网络中的连接具有统计显著性。通过计算目标基因（出向链接）的数量识别网络中的中心节点。

这种方法使 TENET 能够从单细胞 RNA 测序数据中有效地识别和验证关键基因调控因子。

11.4.2.3 代谢网络构建

代谢网络的研究对于理解生命体的生物化学过程以及疾病的发生机制具有重要意义。通过构建和分析代谢网络，可以揭示不同代谢途径之间的相互作用、调控机制以及代谢通路的整合方式。这有助于我们理解生物体的正常代谢过程，并为研究疾病的代谢紊乱提供线索。代谢网络描述了生物体内代谢反应之间的相互联系，其中代谢物被表示为节点，代谢物之间相互转化的反应则表示为边，从而通过网络揭示代谢途径、反应状态以及代谢产物的流动。

代谢网络的构建过程分为以下几个步骤：

① 构建初始代谢网络　根据收集到的代谢物和反应信息，可以构建一个初始的代谢网络，将代谢物表示为节点，用边连接代表相互转化的反应。

② 网络修剪和修正　初始代谢网络通常是一个较大且包含许多不相关代谢路径的网络，为提高网络的准确性和可靠性，需要进行网络修剪和修正，包括去除无关代谢路径、剪除低活性反应、添加缺失的反应等。

③ 参数化和约束条件设置　代谢网络的构建不仅涉及拓扑结构，还需要考虑代谢反应的速率和代谢物浓度等参数。参数化可以通过文献研究和实验数据进行，包括代谢酶的催化速率常数和代谢物的初始浓度等。此外，还可以根据生物体的生理特性和环境条件设置约束条件，如代谢通量范围和代谢物平衡等。

④ 模型验证和修正　构建完成的代谢网络需要进行验证和修正。可以使用实验数据对代谢网络进行模拟，并与实验结果进行比较，以验证网络模型的准确性和可靠性。如果模拟结果与实验数据存在差异，可以对网络模型进行修正，包括调整参数和网络结构等。

代谢网络构建的常用方法有以下几种：

① 基于代谢途径数据库　可以利用公共的代谢途径数据库（如 KEGG、Reactome、MetaCyc 等）来构建代谢网络。这些数据库提供了代谢途径的信息和相互作用关系，可以根据这些信息构建代谢网络。通过提取代谢途径中的代谢物和相互作

用关系，将其表示为网络的节点和边。

② 基于代谢物共现关系　代谢物共现关系是指在多个样本或条件下，代谢物同时存在或变化的关系。这种关系可以通过分析代谢组学数据（如质谱数据等）得到。基于代谢物共现关系的方法可以根据共现模式构建代谢网络，将代谢物表示为节点，将共现关系表示为边。

③ 基于相关性分析　可以使用相关性分析方法来构建代谢网络。通过计算代谢物之间的相关性系数（如 Pearson 相关系数、Spearman 相关系数等），可以建立代谢物之间的关联网络。相关性分析可以揭示代谢物之间的共同变化和相互作用关系，从而构建代谢网络。

④ 基于机器学习方法　机器学习方法可以用于从大规模代谢组数据中学习代谢物之间的关系，并构建代谢网络。例如，基于决策树、随机森林、神经网络等机器学习算法，可以预测代谢物之间的相互作用关系。

⑤ 全基因组规模代谢网络模型（genome-scale metabolic model，GEM）是构建代谢网络的主流方法　基于特定生物体的基因组序列，将所有与代谢相关的基因、酶、生化反应和代谢物整合到一起，并将其转化为数学模型，从而表征细胞内复杂的代谢关联，模拟基因表达与代谢活动之间的相互作用，预测基因突变对细胞生长和目标代谢产物变化的影响，揭示基因型与表型之间的关联。全基因组规模代谢网络模型重构和分析模拟过程如图 11－11 所示，首先，从基因组数据库如 NCBI 等获取目标生物的基因组序列和注释信息，基因功能注释、蛋白质序列、代谢酶和代谢通路的相关数据，还可以通过查阅文献了解目标生物的已知代谢通路和酶信息，弥补数据库没有收录的情况。基于基因注释和数据库信息，将基因与其编码的酶和其催化的反应联系起来，即建立 GPR 关联（Gene-Protein-Reaction），GPR 用来描

图 11－11　全基因组规模代谢网络模型重构与通量平衡分析

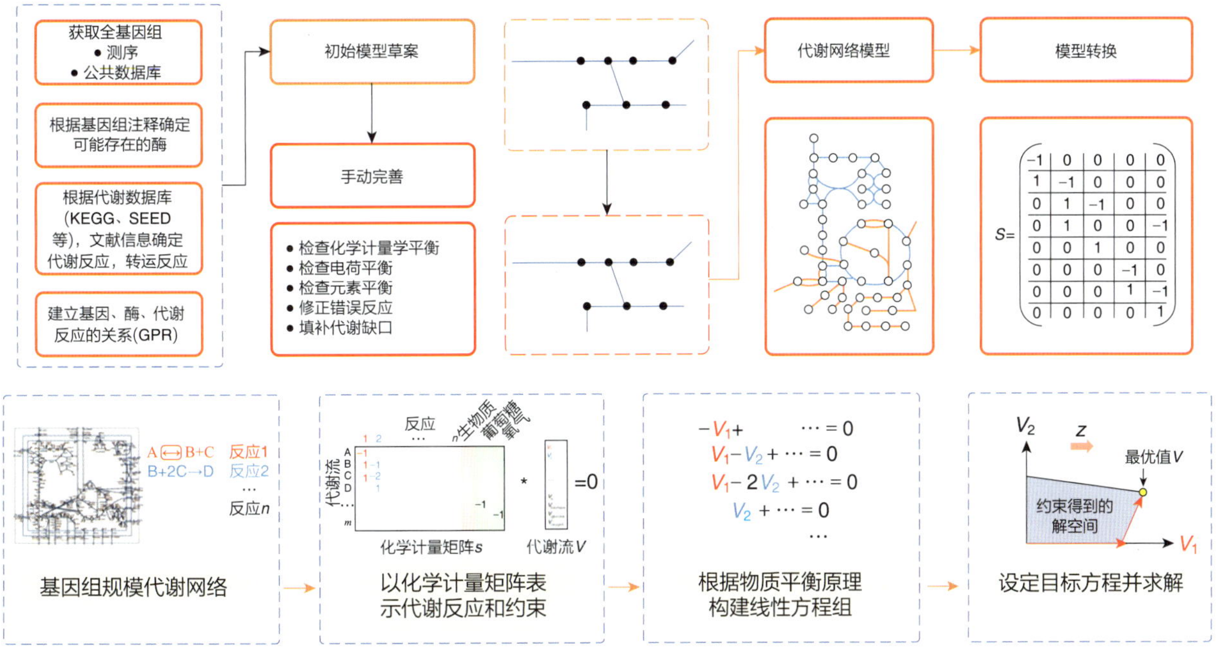

述哪些基因参与特定的代谢反应。使用基因注释和代谢通路数据库，列出所有存在于目标生物中的代谢反应，包括底物、产物、酶、反应方向性等信息。然后，根据GPR 和反应列表，构建初始代谢网络。目前，有一些半自动化构建 GEM 模型的工具，如 ModelSEED、CarveMe、RAVEN 等，这些工具提升了模型构建的效率。但是利用自动化工具构建的初始模型存在大量错误反应、缺失反应以及不完善的 GPR 对应关系，因此必须经过手动矫正和修补才能获得高质量的全基因组规模代谢网络模型。手动矫正主要关注代谢路径的完整性和反应方向的准确性，代谢反应中原子平衡等。根据文献和实验数据手动添加可能缺失的代谢反应，以确保模型能够反映目标生物的真实代谢能力。还应该关注 ATP 的生成和消耗，氧化还原平衡，确保模型能量代谢的合理性。

全基因组规模代谢网络模型包含数百种代谢物和上千个生化反应，非常复杂，可以用层级结构来理解网络功能，主要涉及四个层次：第一层是细胞的输入和输出，是一种粗粒度的描述，将底物作为输入，将生成物质及代谢副产物作为输出；第二层是代谢分区，以较细粒度将中间代谢分为分解代谢和合成代谢，分解代谢通过一系列趋同的通路将底物降解为重要代谢物（也称为前体），合成代谢通过一系列趋异的通路将前体或组件分子合成生物大分子；第三层是通路，在该层次描述上，代谢特征受到基本化学原理的影响，如化学结构和动力学调控，基于通路层次研究生化反应网络已受到广泛关注；第四层是各个具体的反应，该层次关注发生在细胞内部的所有生化反应，从最细粒度研究中间代谢。

重构出的全基因组规模代谢网络模型主要采用通量平衡分析方法进行分析和模拟，将在 11.5 详细介绍。

11.4.2.4 信号转导网络构建

信号转导网络通过调节细胞内外的信号传递过程，实现细胞间的通信和信号调控，具有复杂性和动态性，可以响应不同的外部刺激和内部状态。这些环境信号可以是生物学的，如细胞因子和趋化因子；也可以是物理化学的，如渗透压或 pH。在多细胞生物体内，细胞主要通过细胞间连接通道、细胞外信号分子、神经递质以及细胞外基质等几种方式进行通信，这些信号转导模式依赖于潜在的化学反应网络。目前，信号转导网络的重建尚不完整，但正在朝着全面重建特定信号网络的方向进展。

信号转导网络通常基于蛋白质相互作用数据（如 STRING、BioGRID 等公共数据库或文献中收集得到的蛋白质相互作用数据）、信号通路数据（如 KEGG、WikiPathways、SMPDB 等公共数据库中获取的信息），以及生物学信号分子或位点数据（如蛋白质磷酸化位点信息）等进行构建。通过对各类数据的整合，可以构建出一个一致的网络。在构建信号转导网络时，对节点和边的属性定义是不可或缺的。为每个节点（蛋白质）定义的属性可以是基因名、功能、位置等；为每条边（相互作用或通路关系）定义的属性可以是信号转导方向、通路类型等。然后根据需要研究的问题选择信号转导网络的起始点，这里可以是一个或多个关键蛋白质，也可以是信号转导的起源，如外部刺激或细胞膜受体等。然后，使用路径搜索算法（如深度优先搜索、广度优先搜索，详见 11.4.2）从起始点开始寻找与信号转导相关的路径，并根据已有的信号转导路径，扩展到新的蛋白质节点，以构建更完整的信号网络。如果有如蛋白质磷酸化的特殊信息，可将磷酸化位点信息整合进来，构建蛋白质磷酸化网络，并根据磷酸化位点信息确定磷酸化蛋白酶与底物的关系。磷酸化酶的活性和底物的可用性决定了特定信号通路的激活程度。信号转导网络的结构分析与其他类型网络类似，可以计算网络中各节点的中心性指标，如度中心性、介数中心性等，以识别关键节点，并利用网络社区结构分析方法识别网络中紧密连接的模块。另外，也可以利用 Cytoscape 等工具可视化和解析信号转导网络。除了基序和模块，串扰的概念也经常被用来描述信号网络中的相互作用，这一概念基于信号从其“主”通道或路径传播到另一个通道或路径的能力。

信号转导网络的构建主要有三种方法。

① 第一种方法是重建优选的高度连接节点　这种方法对给定网络组件（如蛋白质、离子或代谢产物）关联的所有化合物和反应进行描述。例如，钙离子（Ca^{2+}）是一种广泛存在的重要信号分子，钙离子浓度在生命活动过程中受控的动态变化对于维持细胞的正常功能非常重要，可以调控多种细胞活动，这种复杂性来源于细胞是一个由多种钙离子通道、钙离子泵、钙离子转运体和钙离子结合蛋白等组成的精密系统。

② 第二种方法是识别信号模块　这些模块由在特定条件下一起发挥功能的组件组成，可以基于直观推理或网络属性的无偏评估来识别。这些模块允许对各种浓度的动力学进行详细分析，并有助于理解反馈机制等过程。例如，Ca^{2+} 结合蛋白通过与 Ca^{2+} 的结合，改变自身或目标蛋白的活性，进而调控下游目的基因的表达，最终使细胞能够产生特异的信号响应。研究者发现了钙传感器蛋白 CBL（钙调神经磷酸酶 B 样蛋白），并发现一种新的植物特异性 CBL 相互作用蛋白激酶家族 CIPK 作为主要的下游信号成分，从而以 CBL-CIPK 模块为核心构建了 Ca^{2+}-CBL-CIPK 信号转导网络，揭示了钙信号网络促进植物对环境变化的响应和适应的各种生理过程的分子机制。

③ 第三种方法是识别将信号输入与信号输出连接起来的途径　例如，基于钙信号连接途径可以重构出基本的钙信号转导网络，当细胞受到刺激时，会通过磷酸肌醇途径产生三磷酸肌醇（IP_3），诱导内质网膜上 IP_3 受体打开，大量钙离子释放，一部分到细胞质中，另一部分通过线粒体钙单向转运体（mitochondrial calcium uniporter，MCU）暂时进入线粒体，随后又通过位于线粒体膜上的 Na^+-Ca^{2+} 交换体（NCX）排到细胞质。细胞质中的 Ca^{2+} 可被位于内质网上的 Ca^{2+} 泵（SERCA）重新泵回到内质网内。研究者重构了心肌细胞中的钙信号转导网络，初步的模型包括钙调蛋白、磷脂腺肌醇受体，NCX 等，通过实验测量不同情况下钙离子的浓度变化，模拟网络中钙信号的传播，与实验数据进行比对，最后修正模型。通过这种重构迭代优化，可以获得更准确和功能全面的钙离子信号转导网络，为理解复杂的生物信号转导机制提供了有力工具。

CytoTalk 方法利用单细胞转录组数据从头构建两个细胞类型间的信号转导网络。首先是构建从一个由细胞内和细胞间功能基因–基因相互作用组成的加权整合网络。利用两个基因之间的互信息，计算和加权细胞内功能基因相互作用。两个细胞内网络通过已知的配体–受体相互作用连接。集成网络中的节点通过细胞类型特异性表达和网络中配体/受体基因的接近度的组合进行加权。最后以整个集成网络作为输入，将信号网络的识别定义为 PCSF（prize-collecting steiner forest）问题，找到一个最佳子网络（关键节点的识别），这些节点通常与特定生物过程或疾病相关。

11.4.3 生物网络重构的工具

生物网络重构过程中涉及的各种系统生物学计算较为复杂，通常需要使用通用或专用的工具辅助运算。表 11–2 列举了常用于构建系统生物学网络的软件工具。

表 11–2 系统生物学网络构建的软件工具

软件名	简介
CellDesigner	用于绘制生物通路图的工具，使用 SBML 格式来表示生物化学模型，可用于构建和可视化代谢途径、信号转导网络等
Gephi	开源的网络分析和可视化软件，提供了丰富的网络分析算法和可视化选项
NetworkAnalyst	集差异基因筛选、功能富集分析、基因网络构建等功能于一体的在线基因表达分析工具
ARACNe	基于信息论的工具，用于从基因表达数据推断调控网络
TETRAMER	依据时间序列或阶段性差异表达数据重建时间序列转录基因调控网络
Metascape	提供功能富集分析和网络可视化的综合工具，适用于基因调控网络的构建和分析
ModelSEED	基于 RAST 注释的基因组信息自动构建微生物和植物全基因组规模代谢网络模型
CarveMe	专用于构建全基因组规模代谢网络模型的自动化工具，Python 工具包

11.5 生物系统建模

生物系统是极其复杂的非线性、非平衡系统，需要在高通量实验技术获得的海量生物信息基础上建立物理和数学模型，最终通过建模与实验相结合的手段来定量阐述生命现象的本质规律。建模在系统生物学中起到了对生物信息的实质性整合作用，通过模型的数学描述，各个层次的生物信息建立起定量或定性的关系。生物系统建模就是将生物系统的各个组成部分（如基因、蛋白质、代谢物等）及其相互作用转化为数学方程或模型，从而模拟和预测系统的行为。

11.5.1 生物系统建模的基础

在分子尺度上，生物化学反应是细胞内所有分子相互作用最基本的表现形式，其动力学行为可以通过统一的数学形式进行表征。生物体内的生物化学反应具有显著的随机性，必须采用随机性模型进行定量描述。

化学主方程是对系统状态改变过程的最基本和最本质的数学描述，其公式如式(11-15)所示，第一部分表示从前一个状态 $x-v_j$ 通过反应 j 转移到状态 x 的概率流入，第二部分表示从状态 x 通过反应 j 转移走的概率流出，描述了系统状态的概率如何流入和流出。

$$\frac{\partial}{\partial t}P\left(x,t\mid x_0,t_0\right)=\sum_{j=1}^{M}\left[a_j\left(x-v_j\right)P\left(x-v_j,t\mid x_0,t_0\right)-a_j(x)P\left(x,t\mid x_0,t_0\right)\right] \tag{11-15}$$

其中，$\frac{\partial}{\partial t}P(x,t|x_0,t_0)$ 是条件概率关于时间 t 的偏导数，表达概率随时间的变化率；$a_j(x)$ 是反应趋向性函数，表示从状态 x 到新状态的速率。

化学主方程描述了在给定初始状态的条件下，整体系统状态的概率密度函数随时间的演变过程。

下面以基因表达过程为例，介绍如何用生化反应系统的随机动力学模型进行相应的数学描述。单个基因表达的过程包括一系列生化反应：启动子的失活与激活状态之间的转变，DNA 转录生成 mRNA，mRNA 翻译成蛋白质，mRNA 和蛋白质的降解。可以写成相应的化学主方程：

$$\begin{aligned}\frac{\partial P(X_1,X_2,X_3,t)}{\partial t}=&\lambda_1^{+}(n-X_1+1)P(X_1-1,X_2,X_3,t)\\&-\lambda_1^{+}(n-X_1)P(X_1,X_2,X_3,t)\\&+\lambda_1^{-}(X_1+1)P(X_1+1,X_2,X_3,t)\\&-\lambda_1^{-}X_1P(X_1,X_2,X_3,t)\\&+\lambda_2X_1P(X_1,X_2-1,X_3,t)\\&-\lambda_2X_1P(X_1,X_2,X_3,t)\\&+\delta_2(X_2+1)P(X_1,X_2+1,X_3,t)\\&-\delta_2X_2P(X_1,X_2,X_3,t)\\&+\lambda_3X_2P(X_1,X_2,X_3-1,t)\\&-\lambda_3X_2P(X_1,X_2,X_3,t)\\&+\delta_3(X_3+1)P(X_1,X_2,X_3+1,t)\\&-\delta_3X_3P(X_1,X_2,X_3,t)\end{aligned}$$

$$(0\leqslant X_1\leqslant n,X_2,X_3\geqslant 0) \tag{11-16}$$

其中，X_1、X_2、X_3 分别表示激活的启动子、mRNA 和蛋白质的数量；λ_1^- 和 λ_1^+ 分别为启动子的失活和激活速率；λ_2 和 λ_3 分别代表为转录和翻译的速率常数；δ_2 和 δ_3 分别为 mRNA 和蛋白质降解的速率常数。上述公式假设该基因的拷贝数为 n，则失活的启动子个数为 $(n-X_1)$。

假设所有反应速率为常数，可以使用吉莱斯皮算法对基因表达过程进行随机模拟。吉莱斯皮算法的主要目的是通过依次模拟每个可能发生的化学反应来产生样本轨道，以达到模拟系统状态变化的目的。如果在时刻 t 系统的状态为 x，下一次反应在时刻 $t+\tau$ 发生，并且所发生的反应是第 μ 个反应通道 R_μ，那么系统的状态在 $(t,t+\tau)$ 时间区间内是 x，而在 $t+\tau$ 时刻变为 $x+v_\mu$。为了实现这个基本想法，关键是需要根据当前时刻的系统状态确定下一次反应在时间区间 $(t+\tau,t+\tau+d\tau)$ 内发生，并且所发生的是反应通道 R_μ 的概率 $P(\tau,\mu;x)d\tau$。具体步骤如下：

① 初始化 $X(0)=x_0$，并且令初始时刻 $t=0$；

② 计算 $a_v=a_v(x)(v=1,2,\cdots,M)$，并令 $a_0=\sum_{v=1}^{M}a_\nu$；

③ 产生一组随机数 (τ,μ)，其分布满足下面的概率密度函数，

若 $0\leqslant\tau<\infty$ 且 $\mu=1,2,\cdots,M$，

$$P(\tau,\mu)=\alpha_\mu e^{-\alpha_0\tau}$$

其余情况

$$P(\tau,\mu)=0$$

④ 令 $t=t+\tau$，并根据反应通道 R_μ 更新分子个数；

⑤ 转到第二步进行迭代或结束模拟过程。

对于蛋白质分子之间的相互作用，可以基于物理的势能函数来进行抽象表征，反映客观存在于蛋白质分子之间的物理相互作用（参考第 9 章）。

对于干细胞增殖系统，可以用数学模型来描述组织内细胞数量的动态变化。细胞的状态可分为细胞周期和休眠期，细胞周期分为间期和分裂期两个阶段。间期包含 DNA 合成前期、DNA 合成期和 DNA 合成后期三个阶段。假设所有细胞的增殖率、凋亡率、分化率都是一样的，只考虑细胞数量的变化，可以将干细胞增殖描述为以下数学模型：即处于细胞分裂过程中的细胞总数为：

$$S(t)=\int_0^\tau s(t,a)da \tag{11-17}$$

其中，τ 表示一个细胞周期的时间，$\dfrac{s(t,a)}{S(t)}$ 表示处于分裂期细胞随细胞周期时间的分布，假设在细胞周期过程中的细胞死亡率为 γ，处于休眠期细胞数量的变化率由三部分组成：第一部分是离开休眠期进入细胞分裂过程的细胞数量变化率 $-\beta(Q)Q$；第二部分是分化为其他下游细胞的细胞数量变化率 $-\kappa Q$；第三部分由细胞分裂而新产生的休眠期细胞数量 $2s(t,\tau)$，这里 κ 表示干细胞的分化率。

综上，得到 $s(t,a)$ 和 $Q(t)$ 满足细胞周期过程的方程为：

$$
\begin{cases}
\dfrac{\partial s(t,a)}{\partial t}+\dfrac{\partial s(t,a)}{\partial a}=-\gamma s(t,a) \quad (t>0,0\leqslant a\leqslant \tau)\\
\dfrac{\mathrm{d}Q}{\mathrm{d}t}=2s(t,\tau)-[\beta(Q)+\kappa]Q \quad (t>0)\\
Q(0)=Q_0\\
s(t,0)=\beta(Q)Q \quad (t>0)\\
s(0,a)=g(a) \quad (0\leqslant a\leqslant \tau)
\end{cases}
\tag{11-18}
$$

根据上面细胞周期过程模型推导得到描述干细胞数量变化的时滞微分方程组：

给定初始条件 $g(a)\geqslant 0$，并且令

$$
S(0)=\int_0^\tau g(a)da, \quad Q(0)=Q_0
$$

当 $0<t\leqslant\tau$ 时，

$$
\begin{cases}
\dfrac{\mathrm{d}S}{\mathrm{d}t}=-\gamma S+\beta(Q)Q-g(\tau-t)e^{-\gamma t}\\
\dfrac{\mathrm{d}Q}{\mathrm{d}t}=-[\beta(Q)+\kappa]Q+2g(\tau-t)e^{-\gamma t}
\end{cases}
$$

当 $t>\tau$ 时，

$$
\begin{cases}
\dfrac{\mathrm{d}S}{\mathrm{d}t}=-\gamma S+\beta(Q)Q-\mathrm{e}^{-\gamma\tau}\beta\left(Q_\tau\right)Q_\tau\\
\dfrac{\mathrm{d}Q}{\mathrm{d}t}=-[\beta(Q)+\kappa]Q+2\mathrm{e}^{-\gamma\tau}\beta\left(Q_\tau\right)Q_\tau
\end{cases}
\tag{11-19}
$$

通过求解时滞微分方程组，能够描述干细胞增殖过程的动态变化。

$Q(t)$ 表示在 t 时刻处于 G_0 期的干细胞总数；$s(t,a)$ 表示在 t 时刻处于细胞分裂周期中从开始分裂到当前时刻的时间为 a 的细胞数量；a 表示细胞从进入细胞周期（G_1 期）开始的时间；细胞死亡率为 γ。

运用数学对生物网络进行模型分析和模拟有助于推动我们理解生物系统的动态行为、预测其响应以及探索其潜在机制，其基本步骤和方法如图 11-12 所示：

① 确定研究目标和问题　明确所研究的生物网络的特定方面、行为或机制，包

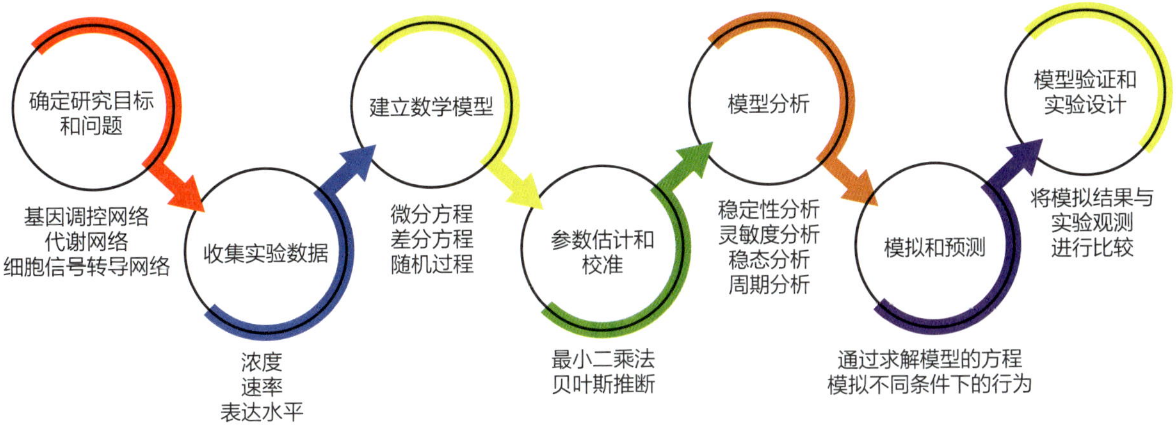

图 11-12　生物系统建模的基本过程

括基因调控网络、代谢网络、细胞信号转导网络等。

② 收集实验数据　收集与生物网络相关的实验数据，如浓度、速率、表达水平等，这些数据可以用作模型的参数和初始条件。

③ 建立数学模型　基于生物网络的特性和动态行为，构建数学方程或计算模型来描述网络中的组分、相互作用和动态变化。模型可以基于微分方程、差分方程、随机过程等来表示。

④ 参数估计和校准　根据实验数据，对模型中的参数进行估计和校准，使用最小二乘法或贝叶斯推断等参数估计方法，通过拟合模型与实验观测数据的吻合程度比较来实现模型校准。

⑤ 模型分析　利用数学分析方法，对建立的模型进行分析，包括稳定性分析、灵敏度分析、稳态分析、周期分析等，这些分析可以帮助我们理解系统的稳定性、响应特性、关键因素等。

⑥ 模拟和预测　使用数值计算方法，对建立的模型进行模拟和预测。通过数值求解模型的方程，可以模拟生物网络在不同条件下的行为和响应，进一步验证模型的有效性。

⑦ 模型验证和实验设计　将模拟结果与实验观测进行比较，验证模型的准确性和可靠性。根据模型的预测，设计实验来验证模型的预测结果，并进一步完善和改进模型。

11.5.2 生物系统建模的方法

本节介绍生物系统建模的数学方法，主要有布尔网络、随机模型、微分方程、基于约束的建模方法等，以及如何用这些方法对基因调控网络、代谢网络和信号转导网络等不同类型的生物网络进行分析和模拟。

11.5.2.1 布尔网络

布尔网络是一种用于描述离散系统状态和相互作用的模型，常用于基因调控网络的定性建模分析。在布尔网络中，系统的每个元件可以处于两种状态之一，通常是开或关、激活或抑制等。在布尔网络模型中，给定一个初始状态，系统就在布尔函数的作用下从一个状态变迁到另一个状态。布尔网络可用于确定基因之间相互作用的定性关系，从而有助于发现药物作用靶点，并研究网络的动态行为及其与生物现象（如细胞状态）之间的关系。布尔网络模型也可用于信号转导网络的建模，基于“开/关”逻辑，描述信号分子与不同基因、蛋白质之间的相互作用。概率布尔网络模型是布尔网络模型的拓展，该模型中每个基因对应一个或多个布尔函数，每个迭代步骤中以一定概率选取其中一个函数预测其下一步的状态。概率布尔网络保留了布尔网络的部分特性，并且可以描述基因调控网络中的随机现象。

布尔网络的主要局限在于离散化步骤，基因表达通常不是完全激活或完全沉默的，这可能导致系统行为的细节丢失。此外，布尔网络需要处理噪声数据问题，阈值化的准确性将直接影响网络结构和功能分析的结果。

11.5.2.2 基于随机过程的建模

随机过程模拟方法考虑了生物网络中的随机性和噪声效应。例如，蒙特卡罗方法和随机微分方程模型可以用于描述生物网络中的随机变化和随机相互作用。这些方法对于研究生物系统中的噪声传播、稳定性和可变性具有重要意义。随机模拟算法可以分为精确随机模拟算法、近似随机模拟算法和混合模拟算法，

（1）精确随机模拟算法

以一个生化反应系统为例，该系统由 N 种化学物质 S_1，$\cdots$，S_{N} 在混合良好的环境中通过 M 种反应 R_1，$\cdots$，R_M 相互作用。该假设又称空间均质性假设，即反应空间中的所有分子都均匀分布，在空间上不可区分。这里所讨论的所有随机算法只有在这个假设下才准确。精确随机方法是一类精确实现模型动力学的仿真算法，这类方法通过从联合反应概率密度函数中随机采样下一个要触发的反应 R_μ 以及其触发时间 τ，来明确地模拟每个反应事件。代表精确随机方法的公式如式 (11–20) 所示，其中 a_0 定义了所有倾向的总和 a_μ，$\mu=1,\cdots,M$

$$p(\tau,\mu\mid\boldsymbol{x},t)=a_\mu(\boldsymbol{x})\mathrm{e}^{-a_0(\boldsymbol{x})\tau}, \tag{11–20}$$

四个采样步骤不同的精确随机方法有：直接法（direct method，DM）、第一反应法（first reaction method，FRM）、下一反应法（next reaction method，NRM）和基于拒绝的随机模拟算法（refusal-based stochastic simulation algorithm，RSSA）。DM 将上式中定义的概率密度函数拆分为两个标量概率密度函数；FRM 和 NRM 是 DM 的变体，依赖于暂定时间的定义；RSSA 采用接受–拒绝抽样技术，避免在特定条件下模拟过程中的倾向更新，从而缩短运行时间。

（2）近似随机模拟算法

精确随机模拟方法通过逐一模拟每个系统事件，提供最准确的模型动力学实现。但是，当应用于大规模生物系统时，这种方法可能会变得非常缓慢，因为每个时间点可能触发数千个反应。近似算法通过减少运行时间来提高模拟效率，但代价是降低精度。除了考虑空间均匀性假设外，近似方法还引入了一种新的近似水平，即假设当一组反应事件的确切触发时间阈值足够接近时，它们可以在同一瞬间被触发。对于近似方法，较低的迭代次数显著降低了生成随机数对模拟策略整体性能的影响。近似算法包括 τ 跳跃法、化学 Langevin 法等，这里主要介绍 τ 跳跃法。

τ 跳跃法通过在一段时间间隔内同时发射一组反应来近似每个模拟步骤，避免为每个单独的反应产生单独的反应事件。该方法将模拟时间离散为长度 τ 的时间区间，称为跳跃时间，并在模拟过程中自适应定义。τ 的值必须满足所谓的跳跃条件，即它必须足够小，以确保在时间间隔 $[t,t+\tau]$ 内反应倾向不发生显著变化。这样，在给定 $x=x(t)$ 的时间间隔内，每个反应 R_j 的倾向性可以近似为常数 $a_j(x)$。因此，在时间间隔 τ 内发生 k_j 次反应的概率遵循泊松分布，其表达式为：

$$p\{k_j\mid\tau,\boldsymbol{x},t\}=\frac{[a_j(\boldsymbol{x})\tau]^{k_j}}{k_j!}e^{-a_j(\boldsymbol{x})\tau}. \tag{11–21}$$

（3）混合模拟算法

混合模拟算法结合并充分利用了精确和近似模拟算法的特点，其思想是根据每个模型反应的某些特征对系统进行分区，然后应用不同的特定模拟方法，以更好地适应不同的分区特征。混合方法必须应对两个挑战，即正确地对模型反应进行分区，并在模拟步骤后同步这些分区。HRSSA 是一种经典的混合模拟算法，它建立在基于拒绝的随机模拟算法之上。与 RSSA 类似，它依赖于波动区间的概念，可以使用倾向界限而不是精确倾向性来高效地执行反应分区，并处理时变的转换倾向性。HRSSA 采用了一种基于反应的分区算法，将系统反应分为慢反应和快反应两个子系统，只有在当前系统状态退出波动区间时，系统的分区才会更新。HRSSA 通过减少反应分区更新的次数来减少运行时间，同时不会损失分类的准确性。

11.5.2.3　基于系统动力学模型的模拟

系统动力学模型是一种用于描述和分析动态系统的模型方法。系统动力学模型的一般形式通常由一组关联的微分方程或差分方程组成。对于连续时间系统，模型可以表示为：

$$\frac{\mathrm{d}x}{\mathrm{d}t} = f(x, u, t) \tag{11-22}$$

其中，x 是系统状态向量，包含系统的各个状态变量；u 是输入向量，表示系统的外部输入；t 是时间；f 是状态方程，描述系统状态随时间的变化。系统动力学模型的动力学行为由状态方程中的非线性函数 f 决定，f 可以包括代表系统动力学特性的数学表达式。

对于离散时间系统，模型可以表示为：

$$x(t+1) = f[x(t), u(t), t] \tag{11-23}$$

系统动力学模型通常以状态空间形式表示，其中状态方程和输出方程分别为：

$$\begin{aligned} \frac{\mathrm{d}x}{\mathrm{d}t} &= Ax + Bu \\ y &= Cx + Du \end{aligned} \tag{11-24}$$

其中，A、B、C 和 D 是矩阵，分别表示状态矩阵、输入矩阵、输出矩阵和直通矩阵。

系统动力学模型是用于描述细胞信号转导过程的常用方法，下面以钙离子信号转导系统为例，来介绍如何用系统动力学进行建模。构建内质网与线粒体钙单向转运体（MCU）相互耦合的数学模型能够描述钙信号动力学过程，预测 IP3R 通道与 MCU 之间的最优工作距离。MCU 模型是一个闭合的细胞模型，包含 3 个区室：细胞质、内质网和线粒体。各区室中游离钙离子的动力学由区室间的钙流，以及各区室中钙离子与缓冲蛋白之间的钙流所决定。由此可以建立模型的基本数学表达式：

$$\begin{aligned} \frac{\mathrm{d}C}{\mathrm{d}t} &= J_{IP3R} + J_{leak} - J_{serca} + J_{NCX} - J_{MCU} + J_{B_c} \\ \frac{\mathrm{d}C_e}{\mathrm{d}t} &= \gamma_e \left(J_{serca} - J_{IP3R} - J_{leak}\right) + J_{B_e} \end{aligned} \tag{11-25}$$

$$\frac{\mathrm{d}C_m}{\mathrm{d}t} = \gamma_m (J_{MCU} - J_{NCX}) + J_{B_\mathrm{m}}$$

其中，C、C_e、C_m 分别表示细胞质、内质网、线粒体中游离的 $[Ca^{2+}]$；γ_e、γ_m 分别表示细胞质与内质网、细胞质与线粒体的体积比；J_{IP3R}、J_{leak}、J_{serca} 分别表示内质网与细胞质之间通过 IP3R、漏钙通道、serca 交换的 Ca^{2+} 流，J_{NCX} 和 J_{MCU} 分别表示线粒体与细胞质之间通过 NCX 和 MCU 交换的 Ca^{2+} 流；J_{B_i} 这三项是 Ca^{2+} 与缓冲蛋白解离的流，其中 $i = c, e, m$ 分别表示细胞质、内质网或线粒体。

细胞质中的 Ca^{2+} 可通过主动运输被 serca 重新泵入内质网中，相应的流为：

$$J_{serca} = \frac{v_{serca} C^2}{k_{serca}^2 + C^2} \tag{11-26}$$

v_{serca} 和 k_{serca} 分别代表 serca 钙泵的最大流量和激活常数。

线粒体通过 MCU 摄钙主要由线粒体膜电位、MICU1 和微域 Ca^{2+} 三者控制，通过 MCU 的 Ca^{2+} 流为：

$$J_{MCU} = v_{MCU} \Delta\varPhi R_{MICU} P_{MCU,O} \tag{11-27}$$

v_{MCU} 表示通过 MCU 的最大流量，$\Delta\varPhi$ 代表电压驱动力，R_{MICU} 为 MICU1 调控项，$P_{MCU,O}$ 为 MCU 的打开概率。

基于钙信号分子传导模型可以研究钙离子在各种生物系统中的传递和调控机制，如神经系统中，研究钙离子对突触传递、神经元兴奋性调节、星形胶质细胞活动调节等作用。最近的研究中，Savtchenko 等构建了第一个整合多尺度三维星形胶质细胞结构的多区室细胞模型，描述了无法通过实验获得的基本细胞生理特征，发现星形胶质细胞内 Ca^{2+} 缓冲物质如何影响 Ca^{2+} 波。随着最新的研究进展，在大脑不同的空间位置和时间动态中发现了大量星形胶质细胞钙信号、新的提高钙浓度的方式以及星形胶质细胞调节神经回路活动的新机制，使得能够更详细更准确地对星形胶质细胞进行计算建模。

系统动力学还可以用于建模基因调控网络，研究基因表达的调控机制。通过构建包括转录因子、启动子、RNA 合成等过程的动态模型，可以模拟基因表达的时空动态变化，有助于预测基因调控网络的稳定性、响应性，以及在不同条件下的表达模式。系统动力学也可用于研究细胞内代谢网络的动态变化。通过建立包括代谢产物、酶反应速率等参数的模型，可以进行动态代谢通量分析，有助于理解细胞代谢的时空调控，揭示代谢网络中的关键节点。此外，在药物研究中，系统动力学可用于模拟药物在体内的动态行为。例如，可以建立包括药物吸收、分布、代谢、排泄等过程的模型，预测药物在体内的浓度变化，有助于优化药物剂量、预测疗效和毒性。在免疫学中，系统动力学可用于模拟免疫系统的动态响应。例如，构建包括免疫细胞互动、炎症反应、抗体产生等过程的模型，以研究免疫系统对感染或疫苗的时空动态响应。

11.5.2.4 基于微分方程组的建模方法

常微分方程组是一组描述多个变量随时间变化的方程集合，这些方程描述了系统中各个变量之间的相互关系和随时间的演化。常微分方程组的求解方法可以是数值方法，如 Euler 法、Runge-Kutta 法等，也可以是解析方法，如分离变量法、变换法等。常微分方程组被广泛用于描述生物系统中的动态过程，如基因调控、代谢通路和信号转导等。通过求解这些方程组，可以模拟生物系统在不同条件下的行为，预测响应和趋势，从而深入理解生物过程的动态特性。在基因调控网络中，常微分方程组可以描述基因的转录和翻译过程，帮助理解基因调控网络的动态行为。通过模拟基因表达变化，可以预测基因调控、信号传递等过程的响应。在代谢网络中，常微分方程组可以描述化学反应、底物转化以及代谢产物生成，有助于预测代谢产物的积累、底物的消耗等表型，并挖掘关键限速步骤。在信号转导网络中，常微分方程组可以描述信号分子在细胞内的传递过程，有助于理解细胞对不同刺激的响应，以及信号通路中的调控机制。另外，常微分方程组还用于描述生物钟网络，刻画生物钟调控生物体的节律性行为；模拟药物对基因表达、代谢通路以及信号转导的影响，从而预测药物的疗效和副作用；以及模拟不同基因突变对网络行为的影响，从而鉴定关键致病基因作为靶点。

常微分方程用于基因调控网络的定量建模，根据转录调控过程中启动子的活化状态和 mRNA 的生成与降解过程，可以由下面的化学反应来表示：

$$D + nX \underset{k_1^-}{\overset{k_1^+}{\rightleftarrows}} D^*, \quad D \xrightarrow{k_2} R, \quad D^* \xrightarrow{k_3} R, \quad R \xrightarrow{k_4} \phi \tag{11-28}$$

其中，D 表示调控蛋白没有与 DNA 相互作用的启动子状态，D^* 表示调控元件与调控蛋白相结合以后的启动子状态，R 表示转录得到的 mRNA。该基因的启动子处于自由状态表达率的转录系数为 k_2，与蛋白质 X 结合状态时表达率的转录系数为 k_3。如果 $k_2 < k_3$，则蛋白质 X 激活基因 D 的表达；反之，蛋白质 X 抑制基因 D 的表达。k_4 表示 mRNA 的降解率。

上面过程可以用化学速率方程描述：

$$\begin{cases} \dfrac{\mathrm{d}[D]}{\mathrm{d}t} = -k_1^+[D]X^n + k_1^-[D^*] \\ \dfrac{\mathrm{d}[D^*]}{\mathrm{d}t} = k_1^+[D]X^n - k_1^-[D^*] \\ \dfrac{\mathrm{d}[R]}{\mathrm{d}t} = k_2[D] + k_3[D^*] - k_4[R] \end{cases} \tag{11-29}$$

这里假设蛋白质 X 数量足够大，因此忽略与启动子的结合所引起的调控蛋白的数量变化，假定调控蛋白的数量是常数。这里 $[*]$ 表示分子的浓度。

下面以乳糖操纵子调控为例来说明双稳态基因调控网络的实现。双稳态是细胞行为的常见现象，主要表现为在一定条件下可以出现细胞的两种表型共存的现象。通常将双稳态的存在和基因网络中存在的正反馈调控联系起来，但是存在正反馈并不一定蕴含双稳态。

如图 11－13 所示，乳糖操纵子包含 3 个结构基因：*lacZ*、*lacY* 和 *lacA*，乳糖操纵子的启动子指导 3 个基因共同转录成为一条 mRNA。有两种调控蛋白参与乳糖操纵子的表达调控：一种是激活因子（catabolite activator protein，CAP），另一种是抑制因子（Lac 抑制剂）。编码 CAP 的基因位于细菌染色体的其他位点，不与 *lac* 基因连锁。调控蛋白通过响应环境蛋白信号并将其传递给 *lac* 基因。CAP 被 cAMP 所激活，当葡萄糖浓度高时，cAMP 浓度降低。CAP 只有在没有葡萄糖的时候才会结合 DNA 并激活 *lac* 基因。被 *lacY* 转移到细胞内的硫甲基半乳糖苷（thiomethyl galatoside，TMG）可以结合到 LacI 上并抑制其活性。乳糖抑制 LacI 阻抑物，这个阻抑物抑制 *lac* 操纵子基因的表达，从而抑制诱导乳糖通透酶 LacY 的合成。这样，乳糖操纵子基因表达的蛋白质 LacY 把 TMG 转移到细胞内，降低阻抑物蛋白 LacI 的活性，构成正反馈环路调控自身的表达。

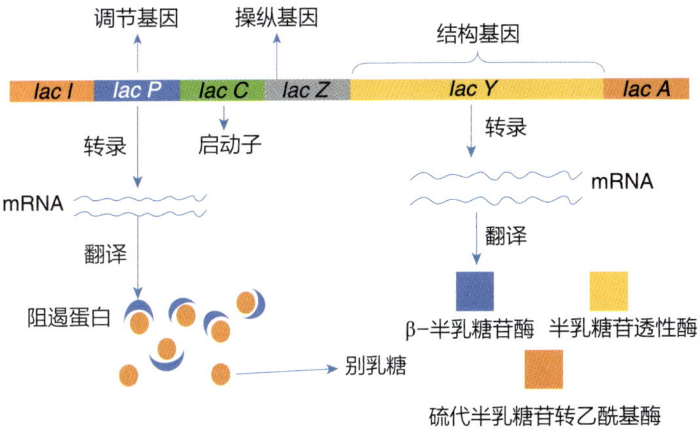

图 11－13 乳糖操纵子调控

建立数学模型时主要考虑 TMG 的浓度和 LacY 蛋白的浓度随时间的变化，不包含系统中的所有分子。令 x 表示细胞内 TMG 浓度，y 表示 LacY 蛋白浓度，则乳糖操纵子系统可以用下面方程描述：

$$\begin{cases} \dfrac{R}{R_T} = \dfrac{1}{1+(x/x_0)^n} \\ \tau_x \dfrac{\mathrm{d}x}{\mathrm{d}t} = \beta y - x \\ \tau_y \dfrac{\mathrm{d}y}{\mathrm{d}t} = \alpha \dfrac{1}{1+R/R_0} - y \end{cases} \tag{11-30}$$

这里 R 表示具有活性的 LacI 蛋白的浓度，R_T 表示总的 LacI 浓度。活性 LacI 的浓度通过希尔函数依赖于细胞内 TMG 浓度。希尔系数为 n，x_0 表示 LacI 的激活率达到最大值一半时 TMG 所需的浓度。蛋白质 LacY 的最大产生率为 α，当 $R=R_T$ 时达到最小产生率 $\dfrac{\alpha}{\rho}$，其中 $\rho = 1+\dfrac{R_T}{R_0}$，表示 LacI 与操纵子结合控制乳糖基因表达的能力。R_0 是常数，对应于 LacY 的产生率等于 $\dfrac{\alpha}{2}$ 时所需要活性 LacI 的浓度。τ_y 表示 LacY 的平均存活时间，分解 LacY 所对应的时间常数。细胞吸收 TMG 的速率与 LacY 的浓度成正比，比例系数为 β。τ_x 表示分解 TMG 所对应的时间常数。

常微分方程也广泛用于代谢网络模拟，其基础是描述酶催化底物反应速率的经典动力学方程，即米氏方程（Michaelis-Menten equation），用于描述酶与底物之间的相互作用，以及酶催化反应的速率如何随底物浓度的变化而变化。米氏方程的一般形式为：

$$v = \frac{V_{\max}\cdot[S]}{K_m+[S]} \tag{11-31}$$

其中，v 是反应速率，即单位时间内生成的产物数量；$[S]$ 是底物的浓度；$V_{\max}$ 是在酶饱和底物的情况下，反应速率达到的最大值，$V_{\max}$ 值取决于酶的浓度以及酶与底物的结合情况；K_{m} 是米氏常数，代表酶底物亲和性，K_{m} 值是指在半饱和底物浓度下，酶反应速率达到最大的底物浓度，K_{m} 值越小，表示酶与底物的结合越紧密，也就是酶的亲和性越高。K_{m} 只与酶的性质有关，而不受底物浓度和酶浓度的影响（K_{m} 值会受到 pH 和温度的影响）。当底物饱和时，$[S] \gg K_m$，产物生产达到最大生成率，也被称为零级动力学。当底物 S 为低浓度 $[S] \ll K_m$ 时，产物生成率与 $[S]$ 呈线性关系，被称为一级动力学。

酶催化反应通常涉及底物结合、催化反应、生成产物以及产物解离等步骤。研究酶的反应机制可以揭示催化过程中的分子交互作用。酶动力学也研究影响酶活性的抑制剂和激活剂，抑制剂可以降低酶的活性，而激活剂可以增加酶的活性。

如果一个酶分子有多个结合位点，可以同时结合多个底物分子，那么这个过程可以用下面的化学反应过程描述：

$$nS + E \underset{k_1^-}{\overset{k_1^+}{\rightleftarrows}} ES_n \xrightarrow{k_2} EP_n \xrightarrow{k_3} nP + E \tag{11-32}$$

这里假设所有 n 个底物分子或者同时与酶分子结合，或者同时从酶分子中解离，忽略酶分子只有部分位点与底物分子结合的中间过程。在满足酶分子总量不变的守恒关系前提下，产物 P 的产生率近似为：

$$nk_3\,[EP_n] = \frac{C[S]^n}{K^n + [S]^n} E_{\text{total}} \tag{11-33}$$

其中，$C = \dfrac{nk_2k_3}{k_2 + k_3}$，$K^n = \dfrac{k_1^- + k_2}{k_1^+\,(1 + k_2/k_3)}$。式 (11-33) 给出了在酶结合多个底物分子的情况下，产物的生产率和底物与酶浓度的关系，此即为希尔函数，这里的系数 n 通常被称为希尔系数。本质上讲，米氏函数是希尔函数的特例，在希尔系数为 1 时，就是米氏函数。当希尔系数大于 1，这时若底物的浓度很低，产物的产生率也降低，但随底物浓度增加到超过一定的阈值，产生率突然增大，这就是随着底物浓度的增加而产生的合作效应。

11.5.2.5 基于约束的建模方法

基于微分方程组的建模方法能够较为准确地模拟生物系统的动态行为，但是对于大规模系统，特别是全基因组规模的生化反应系统，大量动力学参数未知或缺失，限制了动力学方程的应用。基于约束的建模方法（constraint-based modeling）是一种常用的生物网络稳态模拟方法，不需要动力学参数和代谢物浓度等信息，能够用于全基因组规模生物网络分析和模拟，近年来得到越来越广泛的应用。通量平衡分析（flux balance analysis，FBA）是最重要的基于约束的分析方法，该方法将代谢网络表示为一组线性方程和不等式约束，其中约束包括代谢反应速率、代谢物之间的转化关系、代谢物的摄取和产出速率等。通过最大化或最小化特定目标函数（如生物体生长速率或关键代谢物产量），采用线性规划可以计算出在满足约束条件下的最优代谢通量

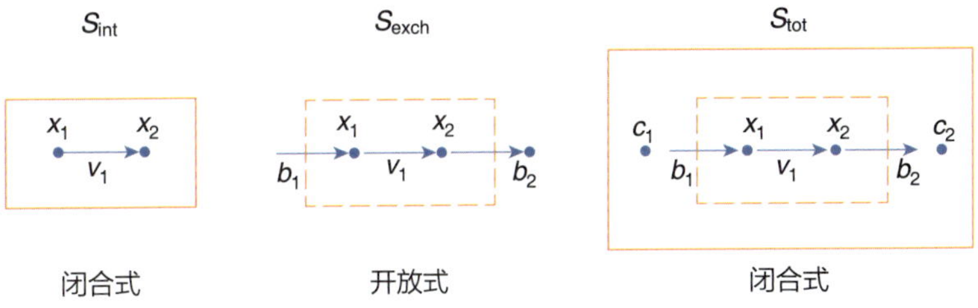

图 11-14 开放式和闭合式生物代谢网络示意图

分布。FBA 侧重于基于模型的优化和预测。还有一些其他基于约束的分析方法：通量变异性分析（flux variability analysis，FVA），用于评估在特定条件下代谢通量的最大和最小的可能值，可以反映代谢网络中通量的可变性；几何通量平衡分析（geometric FBA）是 FBA 的一种改进，不但找到最优解，还考虑解空间的几何结构，代谢通量作为需要被优化的变量，能够找到网络中的冗余路径和代谢通量的多样性；反应通量平衡分析（reaction FBA）侧重分析特定反应或几个反应的组合在整个网络中的作用，用于评估特定反应或反应组合的重要性或对网络代谢分布的影响。基于约束的优化方法可以帮助理解代谢网络的基本特性、预测代谢物产量和酶活性的最优分布，解析不同环境条件下代谢通路的适应性、发现潜在的代谢途径和产物、分析基因敲除和过表达对代谢网络的影响等。近年来，基于代谢网络模型挖掘提高目标产物产量的计算菌株设计方法得到较快的发展，已经成功应用于大肠杆菌、酵母以及其他微生物细胞工厂的合成生物学设计。

基于约束的优化方法首先用化学计量矩阵来表示网络的构成，化学计量矩阵是由反应方程的计量系数所组成，该矩阵中每一列对应一个反应方程，每一行对应一个化合物，矩阵中的每条记录的值对应于整型的化学计量系数。从数学意义上讲，化学计量矩阵 S 就是将一个通量向量以线性转换的方式转换为浓度与时间的导数向量。化学计量矩阵 S 的列向量所表示的化学反应方程将遵循基本的化学转化规则，在化学反应的过程中会涉及守恒量（如元素和电荷）与非守恒量（如渗透压和自由能），这些属性需要通过有化学意义的计量矩阵结构来表征。

网络的边界可以用不同的形式展现（图 11-14）。在网络的定义中，系统边界就已确定，将反应分为内部反应和交换反应两个部分。其中 b_i 表示交换通量，v_i 表示内部通量。同样，浓度向量也被分为了内部浓度向量（x_i）和外部浓度向量（c_i）。根据网络中包含的不同向量，我们可以将矩阵 S 分成不同的类型。

基于化学计量矩阵表征网络构成以后，采用通量平衡分析来模拟系统的最优代谢通量分布。图 11-11 展示了基于约束的全基因组水平建模方法的原理和流程。FBA 的原理是假设代谢网络处于稳定状态，基于稳态质量守恒方程组 $(Sv=0)$（代谢物的产出与消耗总量相等），在给定上下限阈值的凸空间内通过线性规划寻找目标函数的最优解，并在这个条件下计算整个代谢网络中各个反应的通量分布情况，如式 (11-34)：

$$\begin{aligned} \max_{v} \quad & c^T v \\ \text{subject to} \quad & Sv = 0 \\ & v_l \leqslant v \leqslant v_u \end{aligned} \tag{11-34}$$

其中，S 为化学计量矩阵，v 代表反应的通量向量，v_l 和 v_u 分别代表每个反应通量的最小和最大的边界约束，c 是由 0 和 1 组成的常量向量，1 代表该反应被设置为目标函数。常用的目标函数是优化生长速率，即生物质（biomass）函数最大化，或者将特定的代谢产物的产量最大化作为目标函数。

动态代谢通量分析（dynamic metabolic flux analysis，DMFA）是一种用于研究代谢网络随时间动态变化的系统动力学模型。它基于代谢通量分析的原理，通过测量代谢物浓度和通量的时间序列数据，以及对代谢反应动力学的建模，来推断代谢网络中各个反应的通量变化。DMFA 可以帮助揭示代谢网络中的动态调控机制、预测代谢产物的积累和消耗速率等。目前，在系统动力学模拟中，由于全基因组尺度代谢网络规模庞大、结构复杂，其动态行为的模拟分析仍存在很大挑战。在近期的一项研究中，研究者使用高效的近似随机模拟方法来解决与 GEM 动态模拟相关的问题。他们还应用了基于时间逻辑属性库的模型模拟检验，对反应速率和代谢物浓度的时间序列进行了聚类和数据分析。另外，有研究者提出了一种使用遵守热力学能量景观的交联动力学模拟分子马达的计算框架，模拟了成千上万的细胞骨架细丝和交联马达，重现了束形成和屈曲等紧急现象。

总之，在实际的生物网络建模中，可以根据研究问题和数据可用性选择合适的模拟方法。它们在研究生物网络的动态行为、信号转导、调控机制和稳态与变化方面发挥着重要作用，并为生物医学研究和应用提供了深入的理解和预测能力。随着各种高通量组学数据的累积，结合数据驱动和机器学习的方法将进一步提升生物网络建模的准确性和效率，助力系统生物学的研究与发展。

11.5.3 系统生物学标准化方法

在系统生物学中，专门的模型描述语言或工具有助于生物网络的数据整合与标准化，如系统生物学标记语言（systems biology markup language，SBML）、系统生物学图形注释（system biology graphical notation，SBGN）、生物通路交换（biological pathway exchange，BioPAX）、CellML、FieldML 等。模型描述语言大多是基于可扩展标记语言（extensible markup language，XML）的，并使用了 MathML 技术。这里还推荐一个新的开源库 SBSCL，其功能丰富，可供研究者方便快捷地进行系统生物学建模。

（1）SBML

SBML 是一种用于描述生物化学和细胞生物学模型的标准文件格式，是一种机器可读的表示方法，用于在计算机系统中存储和交换生物系统模型的信息，促进不同建模和仿真工具之间的互操作性，以及模型共享和复用。SBML 的主要目标是提供一种通用的、可扩展的格式，用于表示生物化学反应、代谢途径、细胞信号转导通路等生物系统模型。它不仅用于存储模型的数学公式，还包括模型的结构、参数、初始条件、物质单位等信息。研究者可以将各自的生物系统模型保存为 SBML 标准

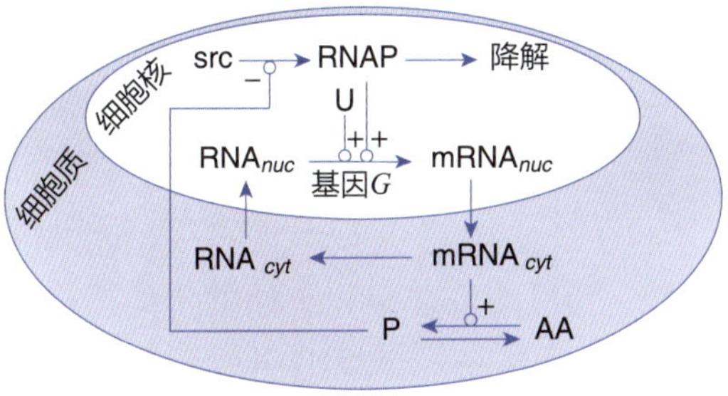

反应	速率
src→RNAP	$V_i/(1+P/K_i)$
RNAP→降解	$V_{kd}\cdot RNAP$
$RNA_{nuc}\to mRNA_{nuc}$	$\frac{V_{m1}\cdot RNAP\cdot RNA_{nuc}}{K_{m1}+RNA_{nuc}}$
$mRNA_{nuc}\to mRNA_{cyt}$	$k_1\cdot mRNA_{nuc}$
$mRNA_{cyt}\to RNA_{cyt}$	$\frac{V_{m2}\cdot mRNA_{cyt}}{mRNA_{cyt}+K_{m2}}$
$RNA_{cyt}\to RNA_{nuc}$	$k_2\cdot RNA_{cyt}$
AA→P	$\frac{V_{m3}\cdot mRNA_{cyt}\cdot AA}{AA+K_{m3}}$
P→AA	$(V_{m4}\cdot P)/(P+K_{m4})$

图 11-15 举例说明 SBML 对生物系统模型的描述

格式，然后在不同的建模和仿真工具中导入和使用这些模型，同时也有助于模型的可验证性和可靠性。

下面以一个具体的例子来介绍 SBML 对生物模型的标准化描述方式。图 11-15 是真核细胞中假设的单基因振荡回路的双区室模型，细胞核和细胞质分别被表示为一个区室，假设有一个基因 G 编码自己的抑制剂，并且被普遍存在的转录因子 U 以恒定速率 V_i 转录激活。转录激活涉及几个酶促反应，在这里体现为活跃的 RNAP 的产生以及降解。然后将转录的 mRNA 从细胞核中运输到细胞质中，在那里被翻译成基因 G 的产物 P，从氨基酸（AA）中合成，并且也会被降解。P 从细胞质回到细胞核内，以抑制基因 G 的进一步转录。最终，P 的浓度变低，从而可以让 G 被 U 重新激活，循环反复进行。表中所列这些反应的基本组件和转换都以 SBML 的标准格式来描述，清晰易懂。

目前 SBML 已经发展到 Level 3，采用一种模块化的形式，不仅能够表示基于反应的模型，还可以通过拓展包来支持其他类型的模型，如基于约束的模型、反应-扩散模型、逻辑网络模型，以及基于规则的模型。随着单细胞测量和活体成像等技术的发展，未来需要利用 SBML 来描述和集成各种复杂的数据，从而开发整个细胞和器官的多尺度模型。

（2）SBGN

SBGN 是一种用于表示生物系统和分子网络的标准图形符号表示法。它是一种图形化的语言，旨在帮助系统生物学家能够更好地描述和交互生物通路、相互作用网络和其他生物分子之间的关系。SBGN 图形符号能够清晰地表达生物通路的拓扑结构、分子之间的相互作用、信号转导和调节等。SBGN 分为三个主要分支，每个分支都专注于不同类型的生物过程：SBGN Process Description（PD）用于绘制生物通路和分子交互的图形，强调拓扑结构和相互作用；SBGN Entity Relationship（ER）用于绘制生物分子间的实体关系，强调分子的状态和属性；SBGN Activity Flow（AF）用于绘制生物过程的时间和空间动态，强调分子活动的时间性和位置性。这些 SBGN 分支都提供了一组符号，允许研究者以一致的方式绘制和共享生物网络。

（3）BioPAX

BioPAX 是一种基于 XML 的标准数据格式，用于在计算机系统中存储、交换和共享生物通路、分子相互作用和代谢网络等生物学数据。BioPAX 支持不同级别的细节，从分子相互作用到复杂的细胞信号通路，适用于多种生物学领域。研究者可以将基因调控、代谢途径、蛋白质相互作用、信号转导、细胞周期等各种生物过程的数据保存为标准格式，以便在不同的数据分析、可视化和建模工具之间进行导入和导出。

（4）CellML

CellML 语言是一种基于 XML 的开放标准，其目的是存储和交换基于计算机的数学模型。CellML 允许科学家共享模型，并且能够在另一个模型中重用一个模型中的组件，从而加速模型开发。

（5）FieldML

FieldML（字段建模/标记语言）也采用 XML 的语法，描述复杂的科学模型，尤其是涉及多个领域（如生物学、生物医学、工程学等）之间相互作用的模型。主要用途是表示细胞、组织和器官的计算模型的动态几何和解场，旨在为生物工程等领域的建模软件开发和模型交换提供一个框架。

（6）SBSCL

SBSCL（Systems Biology Simulation Core Library）是一个开源的、跨平台的 Java™ 编程库，用于在多种数学框架中数值求解系统生物学模型。SBSCL 能够模拟复杂的生物模型，支持基于确定性常微分方程、随机微分方程以及基于约束的分析，支持最新的 SBML 和 SED-ML 版本、结果的交换和体外实验的可视化、开放建模交换格式以及层次化结构模型等。它与 BioModels 和 BiGG 数据库等标准系统发布的模型也具有较好的兼容性。SBSCL 支持约束模型优化、分层模型分解、随机算法、存档输入格式等功能，非常适用于任何支持 Java 虚拟机的软件中（如 Kotlin、Scala 或 Groovy 等），并具有友好的用户操作界面。

11.5.4　生物系统建模工具

拓展阅读 11-2
BioModels 生物系统模型数据库平台简介

表 11-3 列举了常用于系统建模的工具。

表 11-3　生物系统建模的软件工具

软件名	简介
SBMLToolbox	一个 MATLAB 工具箱，用于创建、修改和分析 SBML 格式的生物化学模型，适用于 MATLAB 环境中进行系统生物学建模和分析
PySB	用于构建和模拟生物系统动力学模型的 Python 库，专注于定量模型的构建，可用于研究信号转导、代谢途径等
BioNetGen	用于建模和模拟生物网络动力学的工具。允许用户以规则为基础的方式描述分子相互作用，并生成相应的动力学模型
BioModels	用来存储和交流生物模型的数据库，所有的模型都是在科学文章中发表过的，用户可以查询和模拟已有的生物模型，也可以递交自己的模型
COBRA	用于建立、模拟和分析代谢网络的方法和软件，有助于理解生物体内代谢过程的调控和功能。通常使用线性规划、整数规划等数学工具来解决约束条件下的模拟和优化问题。COBRA 软件主要包括 COBRApy（Python 中的实现）、COBRA Toolbox（MATLAB 中的实现）等

11.6 系统生物学的总结与展望

系统生物学作为理解生命复杂性的关键学科，它正在引领我们走向一个更加全面和精细化的生物学新世界。系统生物学不同于以往仅仅关心个别基因和蛋白质的分子生物学，它着眼于研究细胞信号转导和基因调控网络、生物系统组成之间相互关系的结构和系统功能的涌现。系统生物学的目标之一就是模拟和发现涌现的特性，并期望最终能够建立包括整个生物系统的可理解模型。系统生物学已成为生物信息学最新前沿领域之一，并已从全基因组水平的生物网络模型发展到全细胞模型（whole cell model），对细胞中所有的基因、产物以及已知的代谢相互作用进行重建；未来可望能建立一个完整的多细胞生物的系统生物学模型。

随着新理念和技术的发展，系统生物学未来将可能具有以下的重点发展方向。

（1）多组学整合

未来的系统生物学将进一步深化对多组学数据的整合分析，包括基因组学、表观基因组学、转录组学、蛋白质组学、代谢组学等。通过全面整合这些数据，研究者希望揭示生物过程的多层次和动态性，预测复杂疾病的发生发展，并为个体化治疗提供依据。

（2）动态系统建模

随着计算能力的提升，系统生物学将更加依赖于动态模型。这些模型能够实时模拟生物系统的行为，帮助研究者预测和控制生物现象的动态变化。未来发展的关键在于模型的精确化与个性化，使其能够适应不同的生物环境和条件。

（3）人工智能与机器学习

人工智能和机器学习技术将深度嵌入系统生物学的研究中。通过对海量生物数据的分析和挖掘，AI 技术将提高数据解析的效率和准确性，探索新的生物学模式，并提供对复杂网络的革新性见解。

（4）合成生物学与系统设计

以系统生物学的洞察为基础，合成生物学将推动设计定制功能生物系统，应用于环境、能源和医药等多个领域。通过设计和制造新的生物回路和网络，研究者将实现对生物过程的创新控制和利用。

系统生物学的研究在不同领域已得到了应用，如药物研发（网络药理学）、疾病诊断和治疗、合成生物学等。今后，结合更多前沿研究领域和技术，如单细胞多组学技术、基因编辑和人工智能，系统生物学的科学研究与应用将会进入下一个快速增长期，在精准医学、疾病治疗、再生医学和全球性挑战（如老龄化和环境变化）等不同领域中扮演重要角色。未来的系统生物学不仅关注个体健康，还将通过生态系统视角参与解决复杂的全球生物学问题。

※ 推荐阅读

1. Barabási A, Albert R. Emergence of scaling in random networks [J]. Science, 1999, 286(5439): 509-512.

点评：该篇文章首次描述了无标度网络的概念，这种网络特性广泛存在于多种生物系统中，如蛋白质相互作用网络和代谢网络。该文对理解生物系统的复杂网络特性提供了理论框架。这种基于网络结构的理解有助于识别生物网络中的关键节点，进而有助于系统地研究生物功能和稳态。

2. Barabási A, Oltvai Z N. Network biology: understanding the cell's functional organization [J]. Nature reviews genetics, 2004, 5(2):101-113.

点评：该篇综述文章深入探讨了网络生物学的基本概念及其在细胞功能组织中的应用。该论文系统地分析了细胞内各种生物分子之间的相互作用，强调了通过构建分子网络来理解细胞生物学的复杂性和动态行为的重要性。它不仅促进了生物学的研究，也对计算机科学、物理学等相关领域的发展产生了积极影响。它鼓励研究者借鉴网络理论和算法，在理解生物网络的结构和功能时引入更多的跨学科方法。

3. Camacho D M, Collins K M, Powers R K, et al. Next-generation machine learning for biological networks [J]. Cell, 2018, 173(7): 1581-1592.

点评：该篇综述讨论了机器学习与网络生物学交叉领域的机遇和挑战，引导读者了解如何利用机器学习方法来理解复杂网络结构和功能，如何用于扩展我们对生物网络和疾病生物学的理解，发现和开发新型治疗药物，研究和表征宿主-微生物组相互作用，以及确定合成基因电路的设计规则和功能性网络架构。

4. Porubsky V L, Goldberg A P, Rampadarath A K, et al. Best practices for making reproducible biochemical models [J]. Cell systems, 2020, 11(2): 109-120.

点评：该篇综述全面介绍了生化系统建模应遵循的最佳实践策略，强调使用标准工具和格式进行建模的好处，以创建可重复利用的生化模型工件，包括模型使用的所有数据、模型描述和定制软件。为读者进行生化系统建模工作的所有步骤提供指导，包括数据收集、模型构建、训练、模拟和验证、利用模型预测推进知识，以及公开分享模型工件。

※ 思考与练习题

1. 系统生物学与传统生物学研究范式的区别有哪些？

2. 在构建生物分子网络时，如何确定网络中的关键节点以及它们在细胞功能中可能扮演的角色？

3. 试述动态网络建模的主要方法及优缺点。

4. 使用微分方程来模拟生物系统中的基因调控网络时，如何验证和校准这种模型，以确保它能够准确反映实验观察到的生物现象?

5. 思考人工智能和机器学习方法在计算系统生物学中的具体应用场景，如在药物发现或基因功能预测中的角色。这些方法会面临哪些伦理和技术挑战?

※ 讨论题

1. 生物网络结构与生物系统功能之间的关联

如何通过生物网络结构的改变和扰动来探究生物系统功能的变化并发现关键的疾病相关分子?

2. 生物网络在合作生物学中的作用

在设计合成生物网络时，如何运用计算机模拟来预测网络的稳定性和功能? 讨论正反馈和负反馈回路在合成网络设计中的作用。

3. 多组学整合分析的策略

讨论多组学数据（如基因组、转录组、蛋白质组和代谢组）整合分析的挑战和策略。如何利用这些综合数据来揭示复杂性状的遗传基础?

4. 基于生物系统建模方法揭示生物体的复杂代谢调控机制

如何将生物网络与多组学数据整合建立系统模型，模拟不同条件下（如疾病与正常状态）的代谢和调控变化，挖掘关键分子，解析机制。

※ 参考文献

1. Aibar S, González-Blas C B, Moerman T, et al. SCENIC: single-cell regulatory network inference and clustering [J]. Nature methods, 2017, 14(11): 1083-1086.

2. Alon U. An introduction to systems biology: design principles of biological circuits [M]. Boca Raton: CRC Press, 2019.

3. Azeloglu E U, Iyengar R. Signaling networks: information flow, computation, and decision making [J]. Cold spring harbor perspectives in biology, 2015, 7(4): a005934.

4. Bhowmick S S, Seah B S. Summarizing biological networks [M]. Berlin: Springer, 2017.

5. Czauderna T, Klukas C, Schreiber F. Editing, validating and translating of SBGN maps [J]. Bioinformatics, 2010. 26(18): 2340-2341.

6. Funahashi A, Tanimura N, Morohashi M, et al. Cell designer: a process diagram editor for gene-regulatory and biochemical networks [J]. Biosilico, 2003, 1(5): 159-162.

7. Gilbert D, Heiner M, Jayaweera Y, et al. Towards dynamic genome-scale

models [J]. Briefings in bioinformatics, 2019, 20(4): 1167-1180.

8. Hucka M, Finney A, Sauro H M, et al. The systems biology markup language (SBML): a medium for representation and exchange of biochemical network models [J]. Bioinformatics, 2003, 19(4): 524-531.

9. Huynh-Thu V A, Geurts P. dynGENIE3: dynamical GENIE3 for the inference of gene networks from time series expression data [J]. Scientific reports, 2018, 8(1): 3384.

10. Jin S, Zeng X X, Xia F, et al., Application of deep learning methods in biological networks [J]. Briefings in bioinformatics, 2021, 22(2): 1902-1917.

11. Karr J R, Sanghvi J, Macklin D, et al. A whole-cell computational model predicts phenotype from genotype [J]. Cell, 2012, 150(2): 389-401.

12. Langfelder P, Horvath S. WGCNA: an R package for weighted correlation network analysis [J]. BMC bioinformatics, 2008, 9(1): 1-13.

13. Lewis N E, Nagarajan H, Palsson B O. Constraining the metabolicgenotype-phenotype relationship using a phylogeny of in silico methods [J]. Nature reviews microbiology, 2012, 10: 291-305.

14. Madar A, Greenfield A, Vanden-Eijnden E, et al. DREAM3: network inference using dynamic context likelihood of relatedness and the inferelator [J]. PLoS one, 2010, 5(3): e9803.

15. Margolin A A, Nemenman I, Basso K, et al. ARACNE: an algorithm for the reconstruction of gene regulatory networks in a mammalian cellular context [J]. BMC bioinformatics, 2006, 7: S7.

16. Palsson B Ø. Systems biology: properties of reconstructed networks [M]. Cambridge: Cambridge University Press, 2006.

17. Simoni G, Reali F, Priami C, et al. Stochastic simulation algorithms for computational systems biology: exact, approximate, and hybrid methods [J]. Wiley interdisciplinary reviews: systems biology and medicine, 2019, 11(6): e1459.

18. Ideker T. Cytoscape 2.8: new features for data integration and network visualization [J]. Bioinformatics, 2011, 27(3): 431-432.

19. Wang W, Li S, Li Z, et al. Harnessing the intracellular triacylglycerols for titer improvement of polyketides in Streptomyces [J]. Nature biotechnology, 2020, 38: 76-83.

编者：陈　铭（浙江大学）
廖明帜（西北农林科技大学）
王　卓（上海交通大学）
审读：张子丁（中国农业大学）

12

生物信息学应用

本章全面介绍了生物信息学在多个领域中的应用，重点涵盖精准医学、智能药学和智能育种三个重要方向。首先，高通量组学技术的迅猛发展使得疾病的多维度信息不断积累，为精准医学的进步奠定了坚实基础。生物信息学的应用不仅揭示了疾病的遗传易感性和免疫微环境，还推动了个体化治疗的不断进展。其次，生物信息学在药物发现中的重要作用不容忽视。通过靶点发现、系统药物设计和智能药物设计等全流程的支持，极大地提升了药物研发的效率和成功率。最后，本章还探讨了生物信息学在农业领域的创新应用，尤其是在智能育种中的进展。通过精准鉴定种质资源、解析动植物进化与驯化规律，挖掘复杂性状相关基因，创新动植物育种技术，生物信息学促进了农业科技的快速发展。通过本章内容，读者将深入理解生物信息学如何在精准医学、智能药学和智能育种中发挥关键作用，并展望其在未来多学科融合中的广阔前景。

12.1　精准医学

12.1.1　精准医学概述

精准医学（precision medicine）就是综合应用现代遗传技术、分子影像技术、生物信息学技术，将个体的基因差异考虑到疾病的预防诊疗中，结合生活环境和临床数据，实现精准的疾病诊断并制定出具有个性化的预防治疗方案。由此可见，精准医学是生物技术、信息技术和前沿技术在医学临床实践的深度交融应用，强调患者的分子特征而非传统的组织学分类，给出更有针对性的个体化诊疗方案，是疾病预防与处置的新兴医学手段，也是医学科技发展的前沿方向。另外，精准医学几乎覆盖了所有医学门类，是一个复杂和综合的科技创新系统。早在 2015 年初，我国就开始制定精准医学发展战略规划，为我国加入全球医学发展浪潮，增强我国在医学前沿领域的研究实力，提升国家竞争力提供了巨大的驱动力。因此，发展精准医学，对于促进我国重大疾病防控、全民健康，及推动我国生命健康产业发展具有重要意义。实施精准医学已成为推动全民健康的国家发展战略。

精准医学随着基因组测序等高通量检测技术快速进步，结合生物信息学与大数据科学的交叉应用而发展。精准医学是个体化医疗的延伸，通过测定特定疾病大样本人群的基因组、转录组或蛋白质组等多组学数据，在生物分子基础上因人而异，同病异治，更加精确，更加细致，给出更加有效和多学科综合治疗的个体化治疗方案（图 12-1）。精准医学聚焦解决以下重大科学问题：疾病发生发展机制的解析，提供疾病发生本质问题的回答；生物标志物的发现和疾病早期诊断方法的探索建立，提供疾病治疗的有效时机；分子诊断（分子分型、分子分期）为个性化治疗和预后判断提供科学依据；靶向药物的研发或个体化治疗方案的给定，特异性地有效治疗疾病，最终实现对疾病和特定人群的个体化精准医疗。精准医疗已涉及多个临床领域，包括无创产前的检测、辅助生殖、单基因病、肿瘤个体化治疗、遗传性肿瘤筛查、心血管疾病筛查、血液病筛查等。精准医疗将改变现有的诊疗模式，为医学发展和健康产业带来一场革命性的变化。

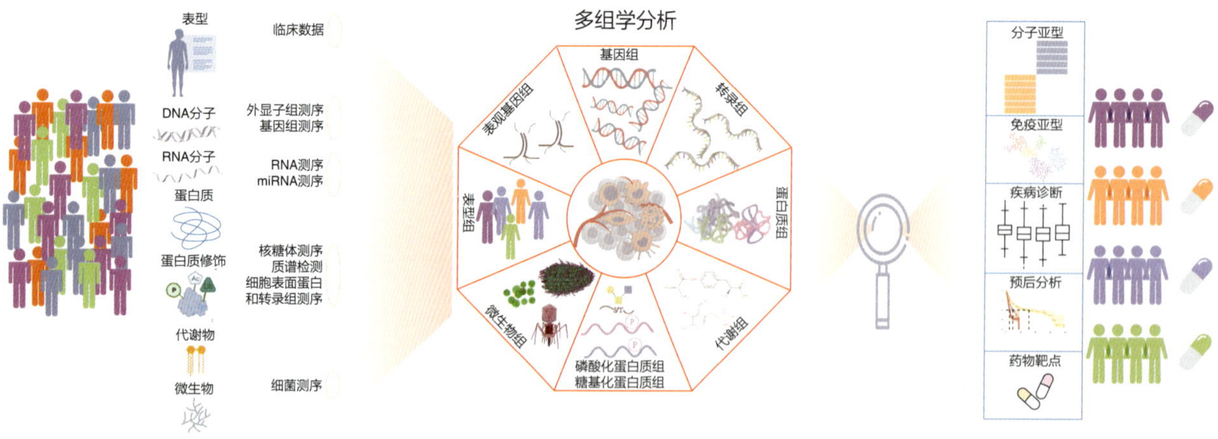

图 12-1　整合多组学数据的精准医学分析策略

精准医学与基因组学研究技术发展密切相关。人群队列基因组学是大数据时代精准医疗的基础和主旋律之一，通过对比健康人群与患病人群基因的差别，能够发现疾病的遗传易感性来源。已经发现许多疾病包括心血管疾病、癌症、自身免疫病、神经系统性疾病等，都和基因组中特定的遗传变异密切相关。基于人群队列的遗传关联位点发掘与机制解析，有助于精确寻找到疾病的原因和治疗的靶点，实现对于疾病和特定患者进行个性化用药和精准治疗，提高疾病诊断治疗效益；根据研究发掘的遗传易感基因，进一步开展人群疾病风险评估，制定相应干预方案，从而使医疗关口前移，促进公共卫生健康保障。例如，肿瘤个性化治疗主要是靶向某位患者特定的肿瘤相关遗传特征，进而能够影响肿瘤治疗，预判患者的治疗疗效，或指导治疗药物的使用，使其效果达到最佳。随着测序技术和精准医学研究发展，个体患者基因组测序的可行性得以提升，疾病治疗的选择更加个性化，部分患者的生存获益有了一定提升，无论是单药靶向治疗还是与其他药物联合治疗。

另一方面，肿瘤的发生发展是肿瘤细胞和免疫系统持续动态相互作用的结果。目前，靶向药物的总体效果仍不理想，而免疫治疗的突破打破了这一困局，其治疗的安全性和有效性令人鼓舞。免疫治疗的核心是激活人体免疫系统，通过增强机体免疫系统的能力来消灭肿瘤。最近在黑色素瘤、非小细胞肺癌和肾细胞癌中获得的成功表明，在多种类型实体肿瘤中开展免疫治疗临床试验也十分必要。尽管免疫治疗的兴起为攻克肿瘤带来了一线希望，但仅有较少患者能够从免疫治疗中受益也是不争的事实，且免疫治疗也有较大不良反应。进一步利用组织或单细胞层面的多组学数据全面评估个体抗肿瘤免疫力的强弱，将有助于临床医生判断免疫细胞的功能状态，预测患者预后、复发风险和制定精准治疗策略。因此，从个性化治疗的角度出发，一方面需要解析疾病的免疫调控机制及实现疾病的免疫分型，然后选择出那些可能会从免疫治疗中受益最大的患者，另一方面需要设计个性化治疗方案以优化免疫治疗疗效和减少不良反应。由此可见，个性化免疫治疗是一种新的精准治疗理念，将是精准医学未来研究的重点。

精准医学是针对疾病病因复杂性，综合考虑由个体基因、环境等引起的个体差异，而制定有效健康干预方案和策略的医学研究与实践模式。准确发掘致病遗传因素，阐明致病机制，明确治疗靶标，是精准医学研究的关键。接下来本节以基于全基因组测序队列的遗传关联研究为案例，介绍如何将生物信息学应用于精准医学，挖掘疾病的遗传关联因素并识别其遗传异质性，解析其中的遗传机制，为遗传疾病的精准分型诊疗预防奠定基础。

12.1.2 疾病的遗传关联研究

12.1.2.1 复杂疾病与遗传因素

复杂疾病是多个遗传和环境因素共同作用的结果，具有明显的遗传异质性和表型复杂性的特征，在人群中发病率高，如心血管疾病、糖尿病、原发性高血压、癌

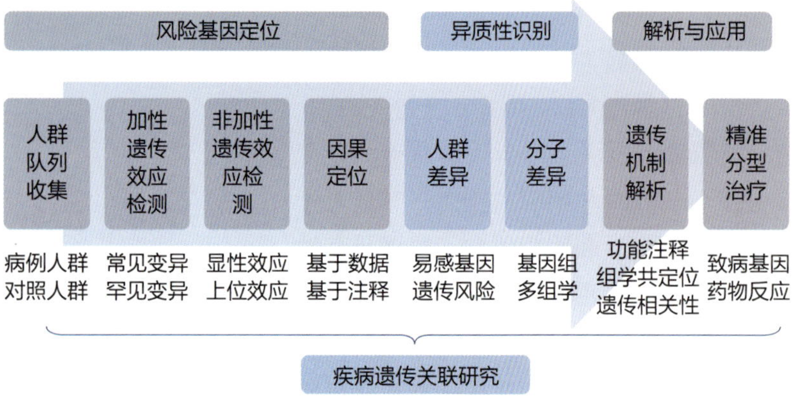

图 12-2 疾病的遗传关联研究

症等；绝大多数复杂疾病都是由多基因遗传引起，且 90% 以上的疾病相关变异都位于基因组非编码区域。根据世界卫生组织数据显示，全球每年有数百万人因为癌症而死亡，而其中 5% ~ 10% 的癌症是由遗传变异引起的，如乳腺癌和卵巢癌患者最常见的易感基因是 *BRCA1* 或 *BRCA2* 基因的遗传突变；在神经系统疾病中，阿尔茨海默病患者最常见的遗传危险因素是载脂蛋白 E（apolipoprotein E, APOE）基因的 $\varepsilon 4$ 等位基因变异。不同于孟德尔遗传病受单基因影响发病，复杂疾病通常不遵循特定的遗传模型，不表现典型的孟德尔遗传方式，导致其研究极具挑战性。尽管已鉴定了一些疾病的致病基因，复杂疾病的大量致病因素尚不明确，限制了临床诊疗的转化应用。

20 世纪 90 年代往往采用家系数据检测致病基因，如基于患者家系对照者分析以鉴定新发致病突变，基于连锁分析以寻找和疾病连锁的基因组标记，基于传递不平衡检验进行家系内的关联分析等。自人类基因组计划完成后，基于人群队列的全基因组关联分析（genome-wide association study，GWAS）为疾病遗传易感性鉴定提供了有力工具。迄今，全世界众多研究组开展了大量复杂疾病易感基因的 GWAS 研究，发现了数千个疾病/表型的相关变异。美国国立人类基因组研究所（National Human Genome Research Institute，NHGRI）建立了 GWAS Catalog 数据库，截至 2023 年 7 月，其已经收录了约 6 500 个 GWAS 研究项目，涉及了超过 3 500 个表型特征，包含超过 53 万对基因 – 复杂性状关联。当前通过 GWAS 发现的遗传风险位点只是冰山一角，还有大量的致病遗传因素有待发现（图 12–2）。

拓展阅读12-1
遗传关联研究数据库（GWAS Catalog）

定位遗传风险基因需要获取基因组序列，最初检测基因位点多采用基因芯片对已知位点进行基因分型从而确定变异。基因芯片可检测数十万至上百万位点，这些位点往往来自已知数据库中具有显著功能效应的位点，无法发现新的变异。全基因组测序（whole genome sequencing，WGS）是确定生物体基因组完整 DNA 序列的技术手段，成本较高，但覆盖范围广，除编码区外还涵盖包含诸多调控元件的非编码区。研究表明频率较低的变异对疾病有着更高强度的效应（图 12–3），而 WGS 可以有效地全面检测整个基因组中的低频和罕见变异，有利于鉴定新的、效应强的遗传风险位点，为精准医学研究提供更全面有效的手段。

准确鉴定致病遗传因素对于遗传疾病的预防和治疗尤为重要，需要借助生物信息学、遗传学等手段定位疾病的风险基因。测序技术和生物信息学的发展，推动了人类对复杂疾病/性状的认识，揭示疾病发生、发展与治疗相关的遗传机制，为将来疾病预警、风险预测、临床诊断、药物开发及个体化用药指导等在内的精准医学奠定理论基础，对于疾病早筛早诊以及促进社会公共健康卫生意义重大。

12.1.2.2 疾病遗传关联研究

（1）人群队列收集

通过测定疾病人群队列和对照人群队列的基因组序列，进而比较不同表型人群的遗传变异差异，是准确鉴定致病遗传因素的重要手段，需要选取遗传背景相匹配的病例和对照群体。不同地域人群携带其独特的变异特征，许多与疾病相关的变异罕见且特定于人群，针对特定人群的基因组数据可以为全基因组关联分析、区域适应、用药指导等提供更准确的见解，以实现特定于人群的精准医学研究应用。全世界已有多个人群队列全基因组测序项目被发布，包括自然人群参考队列和不同疾病表型队列。表 12-1 介绍部分已发表的样本量超过 1 000 例的全基因组测序研究项目，其中自然人群队列可作为同种族疾病研究的对照。

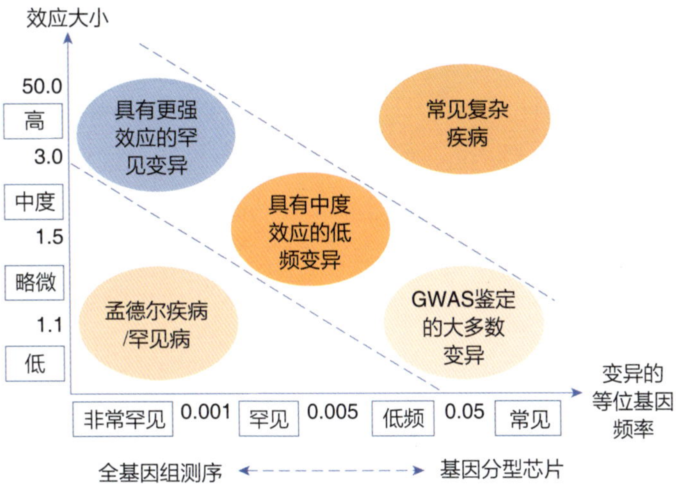

图 12-3 疾病风险的遗传结构

表 12-1 代表性的国内外大型全基因组队列研究

项目	发表时间	人数	人群	深度	变异类型	PubMedID
1KGP	2015/2022 年	3 202	世界人群	30×	SNP/InDel/SV	26432245/36055201
gnomAD	2020 年	15 708	世界人群	18×	SNP/InDel/SV/多核苷酸变异	32461613
冰岛基因组计划	2015 年	2 636	冰岛	20×	SNP/InDel	25807286
UKBB	2022 年	150 119	世界人群	32×	SNP/InDel/SV/微卫星	35859178
TopMed	2021 年	53 831	美国	30×	SNP/InDel	33568819
All of Us	—	约 100 万	世界人群	—	—	—
新加坡 SG10K 计划	2019 年	4 810	新加坡	14×	SNP/InDel	31626772
亚洲 GAsP 计划	2019 年	1 267	亚洲	36×	SNP/InDel	31802016
荷兰 ALS MinE 计划	2021 年	6 538	荷兰	25×	SNP/InDel/微卫星	34873335
中国 NyuWa	2021/2022/2023 年	3 000～5 000	中国	30×	SNP/InDel/微卫星/转座子插入	34788621/35212372/37045857
中国 ChinaMAP	2020 年	10 588	中国	40×	SNP/InDel	32355288
中国 WBBC 计划	2022 年	4 480	中国	14×	SNP/InDel	35618720
南京 NSCLC 队列	2022 年	6 004	中国	30×	SNP/InDel	36113475

续表

项目	发表时间	人数	人群	深度	变异类型	PubMedID
中国脑卒中队列	2023 年	10 241	中国	30×	SNP/InDel	37479695
湘雅帕金森队列	2023 年	4 450	中国	13×	SNP/InDel	36759515
云南吸烟队列	2020 年	1 058	中国	34×	SNP/InDel	33033484
西藏藏族队列	2023 年	1 001	中国藏族	12×	SNP/InDel/SV	37055782
江苏出生队列	2021 年	1 137	中国	30×	SNP/InDel	34108666
广州出生队列	2021 年	4 053	中国	4 ~ 7×	SNP/InDel	38297123

中国也在积极加强精准医学研究布局，在 2016 年公布的《“十三五”国家科技创新规划》中部署构建了百万人以上的自然人群大型健康队列、重大疾病专病队列和罕见病的临床队列研究等。中国科学院生物物理研究所的“女娲”中国人群基因组计划（Nyuwa Genome Project）基于 5 000 多例中国参考人群样本、超 30× 全基因组高深度测序数据，完成多种简单与复杂变异遗传图谱、编码及非编码基因功能丧失型变异图谱、单倍型参考面板、中国人群适应性选择等多项遗传变异鉴定解读工作，旨在为我国重大慢病、肿瘤和遗传病队列研究提供对照数据和方法支撑。对于应用普遍的欧美人群基因组图谱，大规模中国人群队列的遗传变异图谱可提供中国人群特异的遗传结构信息，并为中国人的表型关联研究、临床治疗等提供更为准确的参考。

（2）加性遗传效应检测

全基因组关联分析（genome-wide association study，GWAS）是鉴定疾病易感性基因的卓越工具，基于此在过去十几年中已鉴定各种表型相关的数万基因组位点。通过对这些位点的深入研究，不仅可以识别个体患病的风险因素，还可以了解疾病的发病机制和演化路径，为精准医疗提供重要的生物学基础。同时，疾病遗传关联位点的发现也为个体化的预防、诊断和治疗提供了重要依据，为患者提供更好的医疗服务和健康管理。本节以路易体痴呆症队列研究等为案例介绍疾病的遗传关联位点发掘。

路易体痴呆（dementia with Lewy body，DLB）症是一种临床异质性神经退行性疾病，其特征是进行性认知能力下降、帕金森综合征和幻视，是继阿尔茨海默病后最常见的痴呆原因之一，累及高达 5% 的一般人群，在全部痴呆病例中占比多达 30%。由于临床异质性以及与其他神经变性疾病间的重叠，路易体痴呆症常难以诊断，目前没有有效的疾病改善治疗方法可以减缓疾病进展。研究人员对 2 981 名欧洲族裔患者和 4 391 名健康个体的队列进行全基因组测序，并进行生物信息学分析以解析疾病的遗传关联基因（图 12－4）。

① 常见变异遗传效应检测　常见变异是在人群中频率较高的遗传变异，是一些常见疾病的主要遗传风险因素。为了发掘与路易体痴呆症发生发展密切相关的高频突变，研究人员对 2 981 名欧洲族裔患者和 4 391 名健康个体的队列进行全基因组

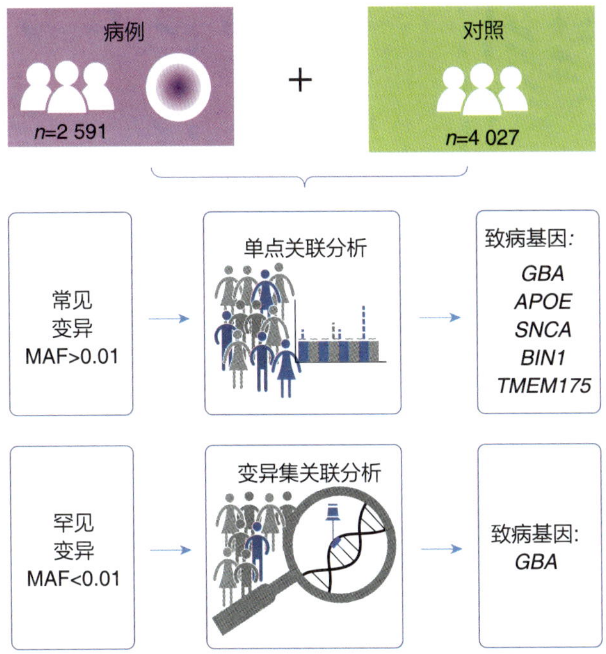

图 12-4 路易体痴呆症队列研究路线

测序，使用基于单点变异的加性效应模型对路易体痴呆症队列中的常见变异进行单点关联分析，并确定了 5 个超过全基因组显著性阈值的基因 *GBA*、*APOE*、*SNCA*、*BIN1* 和 *TMEM175*。加性效应即当两个或多个基因对于某一性状，或是单个基因的不同等位基因对于某一性状的整体作用，等于它们单独作用之和。根据不同的应用场景，需要选择合适的加性效应检测算法（表 12-2）。

表 12-2 加性遗传效应检测方法

根据表型类型分类	说明	常用工具	根据模型效应分类	说明	常用工具
一般线性模型	根据线性关系进行分类	PLINK/GCTA/SNPTEST	固定效应模型	将基因效应视为常数	PLINK/GCTA/EPACTS/GENESIS
广义线性模型	考虑非线性关系进行分类	PLINK/GCTA/SAIGE	混合效应模型	将基因效应视为随机变量	PLINK/GCTA/EPACTS/FaST-LMM

② 罕见变异遗传效应检测 考虑上述 GWAS 的显著位点仅能解释路易体痴呆症狭义遗传率的一小部分 (1%)，因此需要对罕见变异进行进一步的基因关联分析，以探讨是否是罕见变异造成了该疾病的剩余遗传风险。由于罕见变异的变异率低，传统的单个位点分析方法的统计效力较弱。因此，为提高检验效能，常将特定区域内多个遗传位点加以累积，然后利用聚合检验方法评估其整体效应。在上述案例中，研究者首先使用 ANNOVAR 注释罕见错义突变，随后利用 RVTESTS 工具中的 SKAT-O 算法对错义突变进行分析，以评估病例和对照之间罕见编码变异的总负担的差异，最终确定了编码溶酶体酶葡萄糖脑苷脂酶的基因 GBA 在路易体痴呆

症发病机制中具有突出作用 (图 12-4)。表 12-3 展示了罕见变异关联研究中几种常用的检验方法。

表 12-3 罕见关联位点的检测方法

检验方法	说明	代表算法
负担检验	检验同一个区域/基因上，两组表型样本携带罕见变异的总数是否有显著差异	RVGDT/gTDT/RareIBD
方差成分检验	考虑了变异影响方向的限制，估计每个随机效应的分布对因变量方差的影响	SKAT
负担检验 + 方差成分检验	两者结合可以有效控制第一类错误率，并在多种遗传结构下都具有较高的统计效力	SKAT-O/FARVAT/FBAT/rvTDT

③ 混淆因素校正　由于受到群落分层及样本间隐藏的亲缘关系等“噪声”的影响，经过 GWAS 得到的表型相关变异位点并不一定真实客观地描述遗传因素对表型的效应，因此需要对混淆因素进行评估和校正，包括利用主成分分析来检测人群结构、基于分位图来检测随机漂变以及使用基因组控制等手段，来避免假阳性结果的产生。在上述路易体痴呆症队列研究中，研究人员对常见变异进行了主成分分析，将性别、年龄和 5 个主成分作为协变量纳入模型中以校正潜在的人群分层。并通过分位图揭示最小剩余群体子结构，此外计算了全基因组膨胀因子 1.004，证明研究结果的可靠性。

（3）非加性遗传效应检测

除了疾病关联分析中对常见变异和罕见变异进行发掘之外，还存在一些特殊的等位基因，其不是通过简单的效应加和来影响疾病，而是受到其他等位基因或环境因素的影响表现出不同的相互作用，因此无法通过常规的检验方法来识别，这也成为遗传率丢失的原因之一。为了更全面地评估基因型对疾病的风险影响，发现基因之间的复杂相互作用和调节效应，从而为个性化医学提供更精准的治疗方案，需要使用非加性遗传效应检测作为补充。非加性遗传效应可以表现为显性效应和上位效应。以一项非小细胞肺癌的关联研究为例：基于欧洲族裔开展了非小细胞肺癌大规模全基因组上位效应研究（图 12-5），对 340 958 个单核苷酸多态性 (SNP) 的超过 580 亿个基因相互作用进行评估和排序，确定了 8 对具有统计学意义的 SNP，重要的基因相互作用在 5p15.33 和 6p21.32 区域被鉴定和富集。整合经典多基因风险评分和基因上位效应评分的风险评分模型在肺癌风险分层中效果显著，有助于增强人群肺癌风险筛查能力。

（4）因果定位

为了给疾病的研究和治疗提供更准确的靶点，需要精细定位（fine-mapping）来进一步筛选因果基因。在上述路易体痴呆症队列研究中通过 GWAS 找到了 5 个关联区域，分别位于 *GBA*、*APOE*、*SNCA*、*BIN1* 和 *TMEM175* 基因。对于相应基因

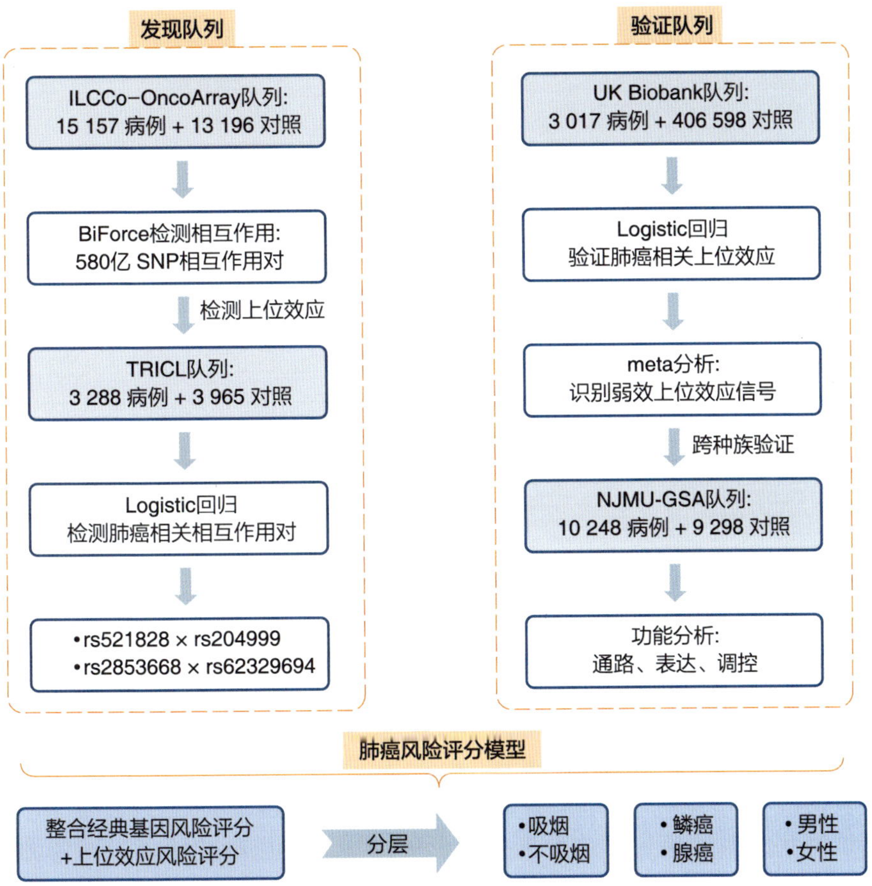

图 12-5 肺癌队列上位效应研究路线

组区域，研究人员通过条件分析进行进一步精细定位，具体技术方案为在回归模型中将最显著的变异作为协变量进行控制，检测其他变异对疾病的影响是否仍然显著，以此鉴定初始集合中相互独立的关联位点（图 12-6）。通过精细定位，路易体痴呆症队列中在 *APOE* 基因检测到两个显著风险点位，分别为 Chr19：44906745 G> A 和 Chr19：44909698 A>C（图 12-6）。

除上述 DLB 队列应用的条件分析外，结合多组学注释数据也可以辅助精细定位，并揭示疾病的分子基础和致病途径（表 12-4）。

12.1.2.3 疾病的遗传异质性识别

决定复杂疾病的遗传因素多样，不同族裔人群甚至不同个体发生同一疾病的遗传病因有所差异，患同种疾病的分子亚型也不尽相同。需要从基因组变异、基因表

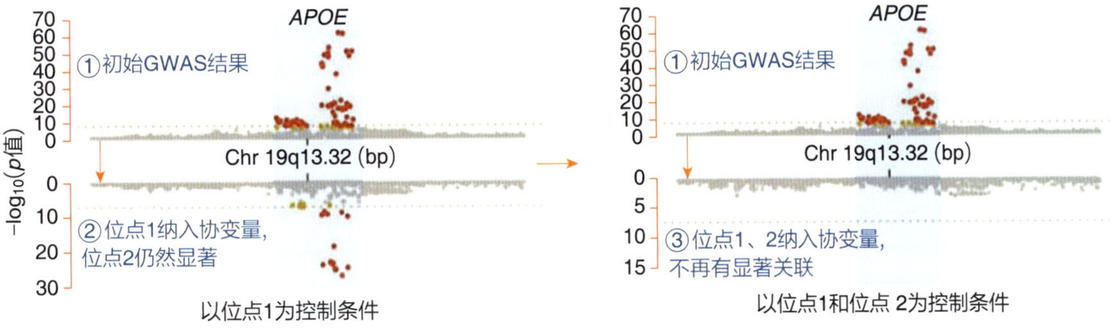

图 12-6 精细定位鉴定致病风险点位

达等多个分子层面识别不同人群和不同个体的患病差异，以对疾病的形成机制有更加清晰明确的认识，为开展个体化精准治疗奠定基础。

表 12-4 精细定位方法

检验方法	说明	代表算法
基于数据	基于穷举搜索、条件回归等算法判断变异位点独立性和优先级	CAVIAR CAVIARBF SNPtest
基于功能注释	基于多组学注释数据辅助判断致病位点	PAINTOR eCAVIAR COLOC

（1）人群差异

从基因组演化角度来看，不同地理人群的遗传背景具有明显的差异。最常见的变异在世界范围内共享，但较罕见的变异通常仅限于密切相关的人群，如相较于非洲人群，亚洲人群内部不同亚群间共享更多的罕见变异。现代人类在过去 20 万年的演化历史中造就了不同人群的遗传结构，这种人群差异可能导致疾病遗传易感性差异，影响研究结果的可靠性和泛化能力。

人群间的疾病易感性差异最典型的就是对不同病原体的易感性差异。撒哈拉沙漠以南非洲的大多数人群对间日疟原虫感染具有完全抵抗力，而所有其他人群都容易受到这种疟原虫的感染。这种抵抗力形成的原因是撒哈拉沙漠以南非洲的人群 *FY* 基因内的一个 SNP 产生了 Duffy 血型阴性，进而导致疟原虫失去识别靶点。参考于这个遗传位点，相应的针对疟原虫的药物和疫苗也在开发。对于人群中常见的慢性疾病同样存在人群易感性差异。*PCSK9* 基因中与低密度脂蛋白胆固醇水平大幅降低和心脏病风险相关的特定功能丧失突变在非洲族裔人群中更为常见，而在欧洲人群中很少见或不存在。与心肌病相关的 *MYBPC3* 基因人群特异性变异在印度次大陆的频率约为 4%，但在其他地方很少或不存在。综上，通过解析人群特异的疾病易感基因，可以更加精细地开发针对特定地理人群或族裔人群的疾病预防措施以及相应的治疗干预手段。

为了探究不同种族人群对于复杂疾病的遗传效应差异，研究人员使用基因组学和流行病学的群体结构（population architecture using genomics and epidemiology，PAGE）研究，对 49 839 名非欧洲个体的 26 种临床和行为表型进行了关联研究。在多民族和混合人群的遗传背景下，研究者在 8 979 个已知的变异-性状组合中，只验证出 1 444 个显著的关联。此外，作者利用 PAGE 联合分析探讨了在欧洲人群中找到的遗传关联在其他人群中的转移性，发现在非欧洲人群中效应大小通常较低，尤其是在非洲裔美国人中。表明在以前报告的 GWAS 中，相同的基因型在不同人群中对疾病的风险影响存在差异（图 12-7）。这提示在疾病遗传研究中，需要增加多样性人群，提高遗传关联发现的人群代表性，从而在根源上缩小不同人群的健康差距，提高治疗效果和个体化健康管理水平，为精准医学提供更多的支持和依据。

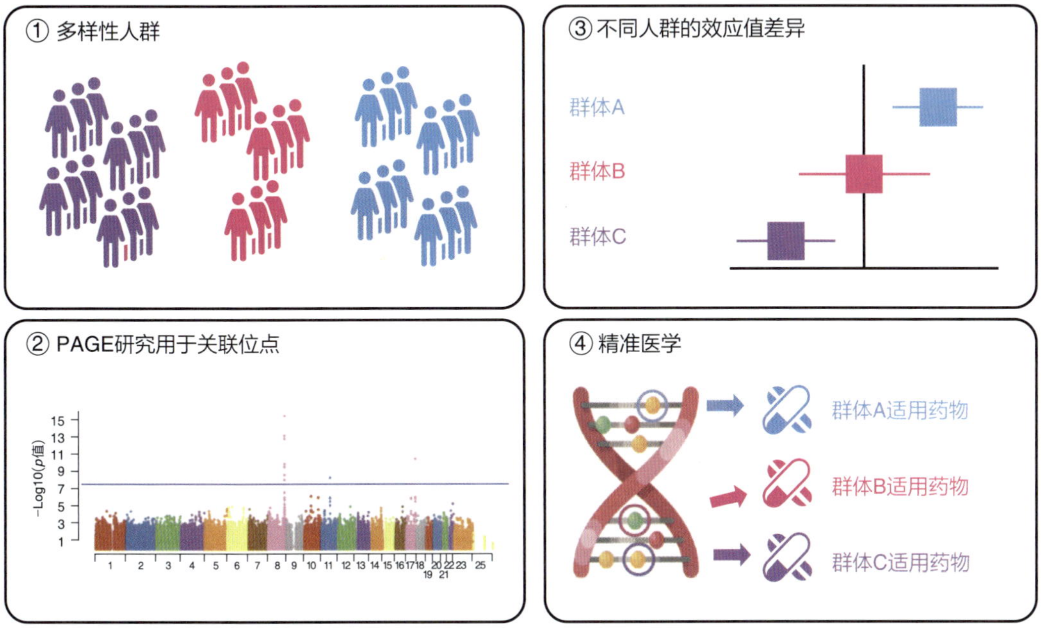

图 12-7 遗传效应的人群异质性识别与精准医学应用

在解析遗传关联位点的基础上，多基因风险评分（polygenic risk score，PRS）通过算法将与疾病相关变异信息组合得分，反映个体对特定疾病的遗传易感性，帮助医生更好地推荐预防措施，对患者进行临床监测和干预。在 PRS 的预测效应中，一个限制是消失的遗传率（missing heritability），其原因之一是人群来源的异质性。遗传率往往由包含多个群体的 meta 分析计算得到，遗传效应在这些群体中的异质性可能会造成遗传率相比实际偏低。使用针对特定人群数据或特定疾病亚型开发的 PRS 模型，评估个体的患病风险，有助于对疾病的有效干预。

在一项东亚人群炎症性肠病（inflammatory bowel disease，IBD）队列研究中，研究人员共收集了来自东亚人群的 14 393 例 IBD 和 15 456 例对照样本，同时也和来自欧洲人群的由 30 713 例 IBD 和 338 106 例对照样本组成的队列进行联合和对比分析。对于欧洲和东亚两种人群对 IBD 的遗传易感性，由欧洲人群训练得到的 PRS 模型在东亚人群中预测准确性降低，提示了 PRS 的人群差异；通过合并东亚和欧洲两种血统的人群数据，提高了 PRS 对 IBD 的预测准确性。PRS 的人群差异是指将基于某一人群遗传数据训练得到的 PRS 模型应用于其他人群时，疾病易感性的预测效果很可能会降低。原因是尽管不同人群中共享了很多相同的疾病相关基因变异，但是仍然存有差异。如通过 GWAS 获得的在某一人群中与特定疾病相关的常见基因变异，在另一人群中可能出现的频率很低乃至不存在；即使与一种疾病相关的基因变异在不同人群中都存在，但其对疾病风险的影响程度可能存在很大的人群差异。

（2）分子差异

从分子角度来看，复杂疾病具有显著的遗传异质性，如基因层面上：① 同一基因可能在无关的疾病个体中携带成百上千种不同的罕见变异；② 每个罕见突变在复杂疾病形成中共同发挥重要作用；③ 同一突变在不同个体中可能导致不同的临床表

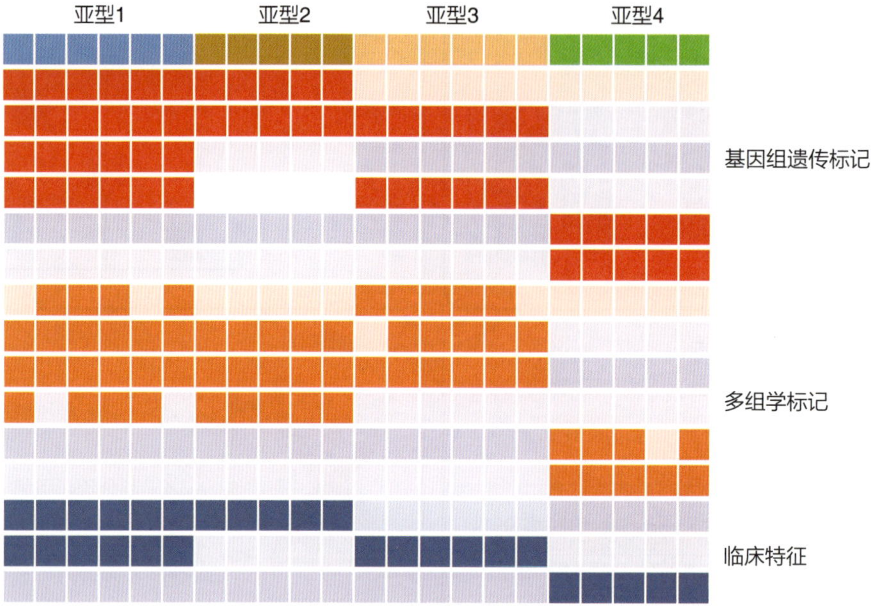

图 12-8 复杂疾病分子分型示意图

现；④ 不同基因的突变可能导致相同的疾病。在癌症等高度异质性的疾病分型中，除了采用基因组变异分型，还有结合其他多组学特征进行更加精细的分型。总体上疾病分型的思路是基于不同组学特征，利用不限于层次聚类、多元回归分析的无监督聚类算法对这些特征进行聚类，确定样本数据存在的潜在相关集合（图 12-8）。

乳腺癌的遗传易感性与至少 13 个基因的种系突变有关，所有这些突变都是罕见的，并且每种突变都独立地赋予乳腺癌极高的风险。为了更加精细地描绘人类乳腺肿瘤的分子肖像，癌症基因组图谱网络联盟从 825 名患者身上获取了肿瘤和癌旁 DNA 样本，通过全外显子组测序鉴定出 30 626 个体细胞突变，其中绝大多数都是错义突变。这些突变除了覆盖以往鉴定的乳腺癌相关基因，同时还鉴定出许多新的显著突变基因，进一步提升了乳腺癌亚型分类的精度。同时结合样本的基因组 DNA 拷贝数阵列、DNA 甲基化、mRNA 阵列、microRNA 测序和反相蛋白阵列多个平台的相关数据特征，通过无监督聚类方法确定了乳腺癌的 4 个分子亚型。肝癌是全球最常见的肿瘤死亡原因之一，对于肝癌的异质性解析也是近年来的研究热点，癌症基因组图谱研究网络联盟对 363 例肝癌患者进行了全外显子测序，共鉴定到与功能基因组影响相关的 12 136 个突变，大多数覆盖基因为以往肝癌基因组研究确定的相关基因。结合来自 5 个平台（DNA 拷贝数、DNA 甲基化、mRNA 表达、miRNA 表达和 RPPA）的数据，采取多元回归的方法，对数据进行了聚类，确定了肝癌的 3 种亚型。

12.1.2.4 疾病的遗传机制解析

疾病/表型的遗传关联定位，不是人群队列基因组关联研究的终点。疾病/表型关联遗传位点或者潜在因果遗传位点的机制解析，对于其医学临床转化应用同样重要。本小节将围绕疾病/表型的遗传机制解析作重点介绍。

（1）遗传变异功能注释

通过变异注释，可以获知变异位点与基因的相对位置，发生同义突变或是非同义突变，确定受影响的氨基酸，或是蛋白质截短或增长，确定产物的变化等，帮助理解基因组变异在不同层次产生的生物学功能影响。变异注释算法 ANNOVAR、VEP、SNPEFF 等集成了数十种变异危害性评估指标。近 20 年来大量全基因组关联分析鉴定了多种疾病/表型相关的遗传位点，这类数据已被整理成数据库如 GWAS Catalog、GWAS ATLAS，基于这些先验的遗传关联位点可以评估变异潜在功能后果；此外，ADME 核心基因发布了已知药物基因组学相关的几十个基因，这些基因的变异可能影响不同地区人群的药物疗效和安全性，因此建议在使用靶向药物进行个体化治疗之前进行相关的基因检测。

（2）多组学共定位研究

GWAS 可以揭示疾病的遗传风险因素，然而其很难直接找到具体的功能变异和生物学机制。多组学数据从不同的生物学层次（如基因组、转录组、蛋白质组、代谢组等）反映生物体在不同层次上的特征；利用多组学数据可以辅助 GWAS 解读，揭示疾病的分子基础和致病途径。常用方案是结合多组学数量性状基因座（quantitative trait locus，xQTL）来进行共定位研究，评估关联位点在不同组学层面的影响（方法详见第 10 章 10.3）。

GTEx 项目已通过对来自 838 遗体捐赠者跨 49 种组织类型的 RNA-Seq 数据及配套的基因组范围的基因型数据进行了 xQTL 位点的鉴定，包括常见的表达数量性状基因座（expression quantitative trait loci ，eQTL）和可变剪接数量性状基因座（splicing quantitative trait loci，sQTL）。千人基因组项目也联合 462 个全基因组测序样本及其配套的转录组测序数据，进行了 xQTL 鉴定。2019 年 10 月，来自美国加州大学洛杉矶分校（UCLA）的丹尼尔·格施温德（Daniel Geschwind）教授团队报道了迄今最大规模的人脑皮层发育的 eQTLs 与 sQTLs 图谱，并与精神分裂症（schizophrenia）和孤独症谱系障碍（autism spectrum disorder，ASD）的 GWAS 位点进行了对比分析，发掘出一系列潜在的神经系统发育障碍风险位点和相应基因调控机制。除了 eQTL 和 sQTL 以外，还有其余数量性状类型，如染色质可及性数量性状基因位点（caQTLs）、蛋白质数量性状基因位点（pQTLs）、甲基化数量性状基因位点（meQTLs）和转录因子结合数量性状基因位点（bQTLs）。这些功能基因组研究为我们提供了海量的变异数据在基因转录表达层面影响作用的信息。

（3）遗传相关性研究

由于基因多效性现象的存在，一个基因往往会牵涉多个生物学功能的发生和发展。当进行人群疾病队列研究时，若获取到多表型数据，可以研究不同疾病之间或疾病与特定表型之间遗传相关性及潜在的共遗传机制，同时也可以有效确定疾病发生的因果变异及因果通路，进而辅助临床用药、治疗方案选择。

连锁不平衡分数回归（linkage disequilibrium score regression，LDSC）是评估不同表型或疾病之间遗传关联的常见方法。基于群体规模的基因型阵列数据或者

GWAS 摘要数据，这些方法可以通过回归模型估计不同表型或疾病的遗传率，以及不同表型或疾病之间遗传上的相似性。这类方法被广泛地应用到表型或疾病的遗传率估计和遗传关联分析中。*Nature Genetics* 杂志于 2015 年发表的一项研究，系统地估计了 24 个性状之间的 276 个遗传相关性，研究结果揭示了人群中许多常见遗传疾病之间存在不同程度的遗传关联，如冠状动脉疾病与成人身高之间存在显著的负相关关系，整体上身高每增加 1 个单位，冠状动脉疾病的患病风险下降 0.17 个单位；阿尔兹海默症与受教育程度存在显著的负相关关系，受教育程度每增加一个单位，阿尔兹海默症的患病风险下降 0.35 个单位；而双相情感障碍与受教育程度存在显著的正相关关系，受教育程度每增加一个单位，双相情感障碍的患病风险则上升 0.26 个单位。这类方法为我们评估不同疾病或表型性状之间的遗传关联提供了一种途径，也为构建疾病的遗传关联网络提供了良好的基础。

12.1.2.5 疾病遗传的展望

遗传因素在癌症、神经系统疾病等多种复杂疾病发生发展中起着关键作用，并对受其影响的患者及其近亲的治疗决策、降低风险的干预措施、疾病筛查和遗传检测产生重要影响。将生物信息学方法应用于遗传疾病研究，有助于系统高效地解析复杂疾病遗传发病机制，寻找疾病的原因和治疗的靶点，进而通过更精准和更科学的方法进行预防和干预，提供更为个体化的医疗服务，为改善公共卫生和个体健康水平提供科学支持。

然而疾病的遗传复杂性带来的人群差异、个体差异、分子差异等，对于疾病的风险基因定位、精准分型和解析带来了巨大挑战。正因如此，遗传学领域长久存在“丢失的遗传率困境”，即复杂性状的大量遗传因素尚未找到，部分原因是：遗传异质性限制了病因识别；稀有变异的贡献被忽略；复杂结构变异的检测能力较差，无法全面评估复杂结构变异对遗传率的具体影响；基因互作、复杂的生物网络及基因与环境的互作增加了解析的难度等。这限制了研究结果的临床应用转化，也限制了治疗与干预方案的迁移应用，因此需要进一步完善研究视角，促进对复杂多基因疾病的发现和理解。另一方面，现在作为临床分子标记的只是占人类基因组约 3% 的编码序列，然而许多疾病风险基因定位在非编码区，迄今我们对非编码序列功能机制了解尚不完善。如果 97% 的非编码序列中与疾病相关的风险位点得以解析，将会增加大量新的分子标记和药物设计的靶标。此外，健康医学大数据是多尺度、异质化、高度复杂的，需要开发更多的生物信息与人工智能技术，以充分解析如此海量复杂的健康数据。

传统的经验医学下，疾病治疗方案面临疾病分析视角的局限性，导致过度治疗或无效治疗进而耗费公共医疗资源。在大数据与精准医学时代，基于生物信息学等手段准确定位致病遗传因素并实现疾病的精准分型，是对肿瘤等复杂疾病进行精准诊断和治疗的基础。

12.1.3 疾病的免疫调控解析

12.1.3.1 复杂疾病和免疫微环境

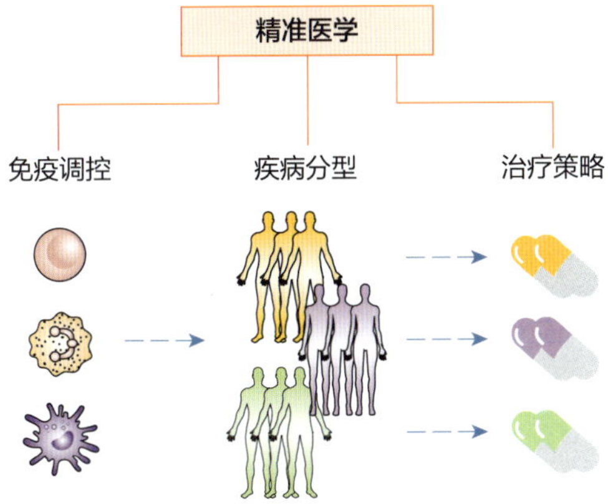

图 12-9 精准医学在疾病的免疫调控解析中的研究方向

复杂疾病（complex disease）由环境因素与遗传因素共同作用所致，具有明显的遗传异质性和表型复杂性的特征，其中恶性肿瘤是目前最常见、最棘手的一种复杂疾病，也称为癌症。早在2000 年，研究人员就总结了癌症的十大特征，包括持续的增殖信号、逃避生长抑制信号、抵抗细胞凋亡、无限复制、诱导血管生成、侵袭和远处转移、基因组不稳定和突变、促肿瘤的炎症、代谢重编程以及免疫逃逸。癌症的高度异质性是导致其高致死率的一个重要因素。相同癌症类型在不同患者间的差异称为肿瘤间异质性，同一患者组织内差异则为肿瘤内异质性。精准医学概念的提出有利于癌症治疗策略的研究，针对不同癌症表型开发相应的能够提高癌症治疗效果的药物。

肿瘤微环境（tumor microenvironment，TME）指肿瘤细胞所处的组织环境，在肿瘤的生长、侵袭和转移等方面发挥关键的作用，能够影响肿瘤免疫和患者的预后情况（图 12-9）。通常情况下，肿瘤微环境包含肿瘤细胞、多种免疫细胞、基质细胞以及新生血管等。癌症异质性的一种具体表现是免疫细胞浸润与免疫功能的差异。在正常组织中，固有免疫细胞（如巨噬细胞、NK 细胞等）发挥识别、杀伤病原体的作用。随着肿瘤细胞的增殖分化，TME 中浸润了更多适应性免疫细胞，如 T 淋巴细胞和 B 淋巴细胞，这些被激活的淋巴细胞会发挥特异性的抗肿瘤作用。肿瘤浸润淋巴细胞（tumor infiltrating lymphocyte，TIL）的活性是癌症免疫监测的关键所在，通常情况下 TIL 能够识别肿瘤细胞呈递的抗原并将其消除。但是 TIL 也可能受到抑制性免疫检查点分子的干扰，无法识别并杀伤肿瘤细胞。常见的检查点分子包括 PD1、CTLA4、LAG3、TIM3 以及 TIGIT，单细胞转录组分析发现这些分子常高表达于一种耗尽型的 $CD8^+T$ 细胞表面。受到慢性感染后，这类耗尽型 T 细胞往往会丢失 $CD8^+T$ 细胞的毒性和杀伤能力，减少细胞因子的产生并降低增殖能力。组织和单细胞层面多种维度的测序方法为深入探究复杂疾病微环境组成和异质性分析提供机会。整合多组学数据探究复杂疾病发病过程中受到的免疫抑制作用，解析微环境中细胞的空间分布以及交互作用，能够更有针对性地激活效应分子，推动个性化精准诊疗。因此，深入解析免疫功能的调控，探索 TME 中免疫细胞的异质性组成，进一步识别癌症的不同表型，有利于挖掘特异性的治疗靶点，推动癌症个性化医疗的发展。

12.1.3.2 复杂疾病中免疫调控机制的计算解析

疾病样本的不同细胞类型组成是深层次精准医学研究中的重要基础。目前，已有多种免疫细胞浸润的计算方法被开发，可以通过分析组织水平或单细胞水平的组学数据，探究复杂疾病微环境中免疫细胞的组成和浸润比例。进而通过差异分析、

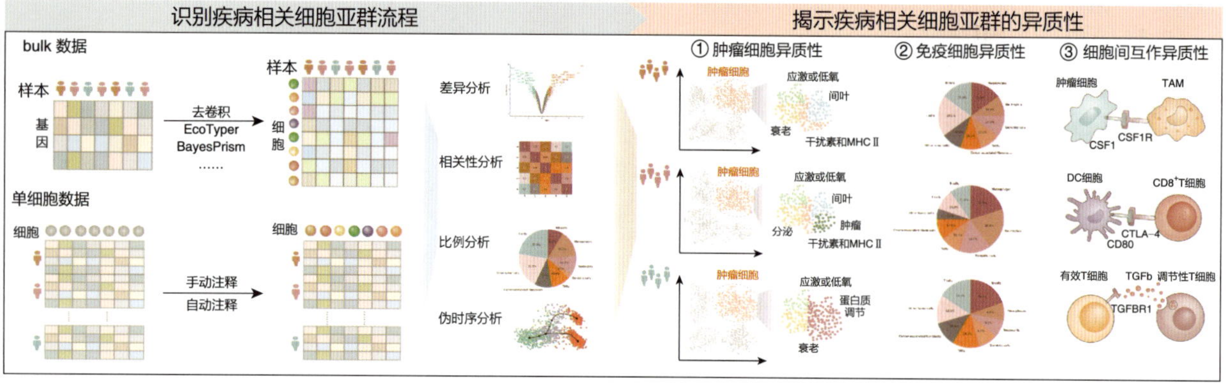

图 12-10　识别疾病相关细胞亚群及异质性分析

关联分析、细胞比例比较和细胞轨迹分析等，识别出与疾病相关的细胞亚群，进一步揭示样本在肿瘤细胞状态、免疫细胞组成和比例的差异，以及细胞间互作的异质性（图 12-10）。在精准医学的背景下，这种深入的细胞分析不仅增强了我们对肿瘤免疫微环境的认知，也突出了免疫调控机制计算解析的重要性。通过准确评估肿瘤内免疫细胞的状态和功能，我们可以更有效地预测治疗响应，并为患者制定个性化的治疗方案，进一步揭示肿瘤免疫逃逸机制，为开发新的治疗靶点及优化现有治疗策略提供科学依据。

（1）基于 bulk 层面的组学数据

Bulk RNA 测序（bulk RNA-Seq）是一种高通量测序技术，用于全面分析样品中所有转录本的表达情况，体现的是基因在组织或混合细胞中的平均表达水平。从 bulk RNA 测序数据集推断各细胞的组成及其对整体基因表达变化的影响是深入研究复杂疾病的主要挑战，因此，推断组织测序数据中细胞类型组成的方法应运而生。目前已有多种算法对 bulk 转录组数据进行肿瘤微环境细胞组成的预测，主要是基于已知细胞类型特异性基因标记物的表达推断其含量。表 12-5 列举了部分常见免疫细胞浸润的推断方法。

表 12-5　bulk 转录组数据预测细胞类型组成工具

方法	原理	作用
CIBERSORT	线性支持向量回归	22 种常见免疫细胞类型含量的估算；结合给定单细胞基因表达图谱进行细胞类型含量的估算
BayesPrism	基于统计边缘化方法的贝叶斯细胞比例重建	结合给定单细胞表达数据及细胞类型图谱进行细胞类型含量的估算
EcoTyper	机器学习	细胞状态及多细胞生态系统的估算

基于复杂组织的基因表达谱表征其细胞组成的方法可利用线性支持向量回归的原理对表达矩阵进行去卷积，来估计目标细胞类型的丰度（图 12-11），如 CIBERSORT（cell-type identification by estimating relative subsets of RNA transcripts）。该方法中提供了 22 种常见免疫细胞类型标记基因及其在这些免疫细胞中的表达水平，对于给定的 bulk 样本的基因表达谱，该方法基于线性支持向量回归（linear support vector regression）的原理进行去卷积分析，能够推算出每个样本中免疫细胞类型的比例。

	样本表达
基因1	10
基因2	20
基因3	15

=

	细胞1	细胞2	细胞3	细胞4
基因1	2	3	5	3
基因2	5	1	2	5
基因3	7	8	7	8

*

	比例
基因1	a
基因2	b
基因3	c
基因4	d

图 12-11 组织测序数据的去卷积示意图

当用于从新鲜、冷冻和固定组织（包括实体肿瘤）中枚举 RNA 混合物中的造血亚群时，在噪声、未知混合物含量和密切相关的细胞类型方面，CIBERSORT 优于其他方法。此外，该方法的更新版本 CIBERSORTx，可以利用已知细胞类型的单细胞测序数据，基于机器学习算法去推断 bulk 样本中非免疫细胞的含量。CIBERSORTx 方法具有更高的可移植性，能够结合单细胞测序数据进行细胞类型含量的估算。为了描述 B 细胞急性淋巴细胞白血病的肿瘤间和肿瘤内 B 细胞发育情况，有研究将先前构建的人类 B 细胞发育的单细胞测序数据作为参考图谱应用到 CIBERSORTx 中，得到多种 B 细胞亚群在样本间的含量，发现了 B 细胞急性淋巴细胞白血病的发育停滞主要发生在 B 细胞前体阶段。

此外，使用统计边缘化方法开发的贝叶斯细胞比例重建推断的算法（Bayesian cell proportion reconstruction inferred using statistical marginalization，BayesPrism），也被用于 bulk 数据中细胞类型的推断。该算法主要利用单细胞参考图谱构建细胞亚群含量和基因表达的先验分布，推断组织测序数据的细胞亚群含量和基因表达。进一步将相同细胞类型的细胞亚群值加和，推断组织测序数据的细胞类型含量和基因表达，最后整合样本的信息更新单细胞参考图谱，提升细胞类型含量估算的能力。不同于其他算法的是，BayesPrism 通过明确建模和边缘化单细胞参考数据和组织数据之间的基因表达差异，综合考虑了恶性细胞对非恶性细胞转录水平的影响。例如，在关于高级别浆液性卵巢癌（high-grade serous ovarian carcinoma，HGSOC）的一项研究中，研究人员使用高分辨率的单细胞测序转录组数据及其对应的细胞类型和细胞亚群的标签，以及组织水平的表达谱，基于 BayesPrism 方法推断了化疗前后每个样本的细胞组成，确定化疗效果与 $CD8^+$ T 细胞含量增加密切相关。

除了已知细胞类型组成的评估外，也有算法侧重评估样本中的细胞状态。EcoTyper 是一个机器学习框架，用于从基因表达数据中识别和表征细胞状态和生态系统（ecosystem），可以深入了解人类癌症的细胞景观和群落结构。该方法从大量组织转录组中数字纯化细胞类型特异性基因表达谱，识别和定量转录定义的细胞状态，最终将细胞状态分配到多细胞群落中。通过应用 EcoTyper 算法，成功识别并验证了肉瘤中由转录组定义的细胞类型特异性的细胞状态。进一步在独立的数据集中验证，发现这些细胞状态能够高度预测肉瘤患者的预后，为临床诊疗提供了重要的指标。

（2）基于单细胞层面的组学数据

越来越多的研究使用单细胞转录组测序技术来分析癌症患者的不同细胞类型，为深入探索肿瘤内细胞异质性提供机会。首先，刻画肿瘤细胞的不同状态对于理解瘤内肿瘤细胞的异质性是必要的。为了进一步揭示免疫微环境对肿瘤的贡献，肿瘤相关的免疫细胞亚群也会被识别，进而评估它们参与疾病发生发展的重要性。这些分析不仅能加深我们对肿瘤生物学的理解，还为精准医学提供强大的支持。结合第7章关于单细胞转录组的知识，这里我们重点强调如何刻画肿瘤细胞状态及识别肿瘤相关免疫细胞亚群两部分。

① 识别肿瘤细胞　肿瘤细胞表面标记物的高表达可用于识别肿瘤细胞。当这些肿瘤细胞表面与其他细胞类群相比，如果某个细胞类群呈现出高的肿瘤标记基因表达，那么这个细胞亚群可以认为是潜在的肿瘤细胞亚群，如表12-6所示。例如，胶质母细胞瘤中常用的肿瘤标记基因包括 *SOD2*、*SCD5*、*SOX2*、*OLIG1*；葡萄膜黑色素瘤常用的肿瘤标记基因包括 *MLANA*、*MITF*、*DCT* 等。

表 12-6　识别肿瘤细胞的已知癌症标记基因

癌症类型	常用标记基因	参考文献
胶质母细胞瘤	*SOD2*、*SCD5*、*SOX2*、*OLIG1*	PMID: 36689332
葡萄膜黑色素瘤	*MLANA*、*MITF*、*DCT*	PMID: 31980621
卵巢癌	*MUC16*	PMID: 34739872
子宫内膜癌	*WFDC2*	PMID: 34739872
胃肠道间质瘤	*KIT*	PMID: 34739872

另一方面，拷贝数变异（copy number variation，CNV）是肿瘤细胞的一个典型特征，可用于识别和区分肿瘤细胞和正常细胞。拷贝数变异往往是由基因组发生重排而导致的。具有广泛全基因组拷贝数畸变（非整倍体）的细胞被推断为肿瘤细胞，而基质正常细胞和免疫细胞通常具有二倍体或接近二倍体的拷贝数分布。多种计算工具被开发来推断基因组的拷贝数变异，如 InferCNV、CopyKAT 等。其中，InferCNV 基于患者的 scRNA-Seq 数据，通过与一组参考正常细胞亚群相比，探索肿瘤基因组不同位置的基因表达强度来推断染色体变异，进而绘制热图就能直观看出肿瘤基因组中哪些区域与正常区域相比是发生了扩增还是缺失。

② 识别疾病相关免疫细胞亚群　疾病相关免疫细胞亚群通常被认为是与正常样本比较，患者中细胞亚群比例发生显著增加或减少的细胞亚群。例如，在肝细胞癌中，与正常样本相比，部分巨噬细胞的亚群比例是相对增大的。此外，一些疾病中特有的、具有特殊功能的细胞亚群也被特别关注。表12-7给出了部分疾病相关免疫细胞及其功能亚群。这些疾病特有的细胞亚群可以通过相应标记基因的表达来区分，例如，M1巨噬细胞通常与抗肿瘤活性相关，并表达特定的标志基因，如 *CXCL9*、*TNF*、*IL-1*、*IL-6* 等。相比之下，M2巨噬细胞通常与肿瘤促进和免疫抑制相关，表达与M1巨噬细胞不同的标志基因，如 *CD163*、*CD206*、*TGF-β*、*IL-10* 等。安德森癌症中心通过标记基因识别了多种癌症中的肿瘤浸润T细胞亚群，包括滤泡辅助型、调节型和增殖型在内的多种亚群。研究突出了一种名为TSTR的独特应激响应状态，该状态的T细胞在免疫检查点阻断治疗后非应答肿瘤中热激蛋白表达增加，暗示其在免疫治疗抗性中可能的重要角色。此外，免疫抑制剂相关的靶基因通常也

用来刻画免疫细胞的功能状态。例如，耗竭型 T 细胞相对高表达 *PDCD1*、*CTLA4*、*HAVCR2* 等免疫抑制性相关的基因，导致 T 细胞逐渐失去效应功能。

表 12-7 部分疾病相关免疫细胞及其功能亚群

细胞类型	细胞亚型	细胞功能	相关疾病
癌症相关成纤维细胞（cancer associated fibroblasts，CAF）	肌成纤维细胞型癌症相关成纤维细胞（myCAFs）	沉积、修改和降解细胞外基质，促进肿瘤生长和转移。高表达 αSMA，与平滑肌收缩、细胞外基质（ECM）组织和胶原蛋白形成相关	胰腺癌、乳腺癌、肺癌
	炎症型癌症相关成纤维细胞（iCAFs）	表达多种炎症介质如 *IL-6*、*IL-11* 等，影响肿瘤免疫环境	胰腺癌
	抗原提呈相关成纤维细胞（apCAFs）	表达 MHC Ⅱ相关基因，能够在体外部分激活 $CD4^+$ T 细胞	胰腺癌、乳腺癌
	免疫调节型癌症相关成纤维细胞（immune-regulatory CAFs）	参与调节免疫细胞的招募和活性，通过分泌细胞因子和化学因子来调控抗肿瘤免疫	乳腺癌、胰腺癌
巨噬细胞（macrophages）	促炎相关巨噬细胞（M1 macrophages）	产生促炎症因子（如 *TNF*、*IL-1* 和 *IL-6*），具有强大的微生物杀伤能力和抗肿瘤功能	乳腺癌、结直肠癌、自身免疫疾病
	抗炎相关巨噬细胞（M2 macrophages）	产生抗炎因子如 *IL-10* 和 *TGF-β* 帮助伤口愈合、组织重建和调节免疫反应	过敏反应、哮喘、乳腺癌、肺癌
	肿瘤相关巨噬细胞（TAMs）	常常表现出 M2 巨噬细胞特征，通过促进肿瘤微环境中的血管生成和细胞增殖等功能来支持肿瘤生长和转移	乳腺癌、肺癌、黑色素瘤、胰腺癌
	调节型巨噬细胞（regulatory macrophages）	在特定条件下产生大量的 *IL-10*，参与免疫抑制过程，调节免疫系统反应，减少组织损伤	炎症性疾病、器官移植、黑色素瘤
T 细胞（T cell）	调节性 T 细胞（regulatory T cell）	专门用于免疫抑制的 T 细胞亚群，在维持免疫自我耐受和体内平衡方面起着关键作用	肺癌、黑色素瘤、自身免疫疾病
	耗竭 T 细胞（exhausted T cell）	随着疾病的进展以分层方式丧失效应功能	黑色素瘤、非小细胞肺癌
	毒性 T 细胞（cytotoxic T cell）	通过分泌炎性细胞因子以及穿孔素和颗粒酶等细胞裂解分子来杀死病原体感染的细胞或恶性细胞	胃癌、乳腺癌
	记忆性 T 细胞（memory T cell）	在再次感染时迅速响应，提供长期免疫保护	乳腺癌、胃癌、头颈部鳞状细胞癌
DC 细胞（dendritic cell）	经典 1 型树突状细胞（cDC1）	起源于 CDPs，维持 T 细胞反应，具有良好的免疫检查点治疗响应，与更好生存相关	黑色素瘤
	经典 2 型树突状细胞（cDC2）	起源于 CDPs，在不同癌症中与不同的生存预后相关	乳腺癌、非小细胞肺癌
	经典 3 型树突状细胞（cDC3）	起源于 MDPs，与炎症发生相关	系统性红斑狼疮

在研究免疫微环境异常对疾病发生发展的影响时，我们也要关注其与分子层面异常的密切联系。这些分子层面的异常主要包括基因表达的变化、表观遗传修饰以及遗传改变。此外，遗传改变如基因突变或染色体异常，也会直接影响免疫细胞对抗病原体的能力。因此，这些分子层面的异常不仅改变了免疫微环境的状态，也进一步影响了机体的免疫应答和疾病的发展。在未来的研究中，深入理解这些层面的交互作用，将对疾病的预防和治疗提供更有效的策略。

（3）基于空间层面的组学数据

单细胞 RNA 测序虽然有利于从细胞分辨率水平对基因表达分析进行深入研究，但却无法保留细胞在组织中的空间位置信息。为了弥补这一不足，空间转录组学技术应运而生。通过在组织切片上捕获单细胞或亚细胞分辨率水平的高通量空间分布信息，空间转录组学提供详细的细胞类型空间定位和细胞互作图谱，能够揭示肿块局部区域内的细胞类型空间分布异质性，更直接地揭示免疫微环境中不同细胞类型间的相互作用，从而帮助研究者深入理解疾病的发病机制。目前常用的空间共定位方法包括以下两种：一种方法是利用细胞的空间坐标计算肿瘤细胞与免疫细胞之间的距离（欧几里得距离或曼哈顿距离）。首先，需要获取每个细胞的空间坐标，然后应用几何方法计算肿瘤细胞与周围免疫细胞的距离。接下来，基于生物学知识或者数据驱动的方法设定一个阈值，这个阈值用于判断肿瘤细胞与免疫细胞是否处于共定位状态。生物学知识方法可以依据文献中常见的细胞间相互作用距离来设定阈值，而数据驱动方法则采用统计分析或机器学习算法从实验数据中提取最佳阈值。另一种方法是通过分析特定区域内肿瘤细胞和免疫细胞的相对丰度来评估它们在空间上的共定位情况。具体而言，这种方法首先划分组织切片或样本为多个区域，然后在每个区域内统计肿瘤细胞和免疫细胞的数量。接着，计算这些细胞在不同区域的比例，并通过比较这些比例来确定肿瘤细胞和免疫细胞是否在空间上呈现共定位的特征。研究免疫细胞和肿瘤细胞的共定位还有助于评估免疫检查点抑制剂等治疗方法的有效性，发现肿瘤对免疫系统的逃逸策略。例如，了解哪些免疫细胞与肿瘤细胞相邻，却未发挥应有的抗肿瘤作用，有助于揭示肿瘤免疫逃逸的机制。

总之，空间转录组学通过高空间分辨率的基因表达数据，结合精确的细胞类型鉴定和空间坐标，利用合理的距离阈值和统计分析方法，有利于探索细胞在组织中的空间分布模式及其生物学意义。

12.1.3.3 基于免疫微环境实现疾病免疫分型

在过去的十多年里，促进癌症患者自身抗肿瘤免疫反应的疗法已经彻底改变了癌症的治疗，在许多不同类型的肿瘤患者中产生了显著且持久的反应。部分患者得益于抗肿瘤免疫疗法，从而提高了长期生存率。尽管基于免疫检查点的阻断疗法已经取得了较好的临床效果，却并非所有患者都可获得有效的应答，并且部分患者在得到显著改善后也会复发或进一步产生治疗耐药性。研究发现，免疫治疗效果与患者的免疫微环境状态密切相关。免疫治疗应答的患者往往是热肿瘤，表现出“免疫热”（immune-hot）的免疫表型，而无应答者则是冷肿瘤，表现出“免疫冷”（immune-cold）的免疫表型。

免疫细胞浸润程度，特别是 T 细胞浸润程度往往用来评估肿瘤微环境的冷热程度。简单来讲，“热”肿瘤以 T 淋巴细胞高浸润为特征，“冷”肿瘤则是出现 T 细胞的缺失或排斥。首先，样本的 T 细胞密度是免疫细胞浸润程度的直接证据。可利用流式细胞仪方法，结合 T 细胞特异性标记物，如 CD3 和 CD5 分选出 T 细胞，进而利用 T 细胞百分比表示肿瘤样本的 T 细胞密度。T 细胞密度高的患者可归为“高 T 细胞浸润”组，反之为“低 T 细胞浸润”组。研究发现“高 T 细胞浸润”组的部分患者还呈现多种免疫细胞占比较高，包括巨噬细胞、NK 细胞等，并且免疫细胞占比较高的患者无疾病生存期显著较长，预后良好。研究进一步发现只考虑 $CD8^+$ T 细胞的浸润也可区分热肿瘤和冷肿瘤。此外，研究还发现免疫检查点抑制剂治疗可使肿瘤中的 $CD8^+$ T 细胞恢复杀伤活性。因此 $CD8^+$ T 细胞浸润程度也可用于评估免疫检查点抑制剂治疗效果。此外，NK 细胞具有相对简单的激活信号，能够迅速识别并对抗恶性细胞，而无须事先致敏。NK 细胞也是干扰素 γ（IFN-γ）和肿瘤坏死因子 α（TNF-α）等趋化因子和细胞因子的有效生产者，在先天性抗肿瘤免疫反应中是必不可少的。由此可见，$CD8^+$ T 细胞和 NK 细胞分别代表适应性和先天性抗肿瘤免疫应答，均可以发挥免疫监督作用来控制肿瘤生长和扩散。同时考虑细胞毒性 $CD8^+$ T 细胞（CTL）和 NK 细胞将更有利于帮助癌症患者免疫分型。

随着基于组织或单细胞转录组数据的免疫细胞浸润算法的开发，癌症免疫亚型划分更为细致。例如，研究人员利用 xCell 方法对肺鳞状细胞癌样本的 bulk RNA-Seq 数据进行分析，计算方法涉及各种细胞类型的丰度，然后过滤出患者中频繁检测到的细胞类型，进行一致性聚类分析，将癌症样本划分成 3 种免疫亚型：“immune-hot”“immune-warm”和“immune-cold”。此外，也有研究者利用前面提到的 CIBERSORT 方法构建的免疫细胞的基因集，对多种癌症样本的转录组数据进行单样本的基因集富集分析（single-sample GSEA，ssGSEA），进而评估癌症患者的免疫浸润水平。通过对 ssGSEA 结果进行无监督层次聚类，识别 4 种免疫亚型，包括“immune-cold”“immune-cool”“immune-warm”和“immune-hot”（图 12-12）。通过对不同免疫亚型进行差异表达和通路富集分析，研究人员发现不同亚型的确呈现不同的免疫调控机制。与“immune-warm”亚型相比，“immune-hot”亚型表现出免疫相关通路的显著富集，而“immune-cold”亚型则表现出耗竭相关免疫通路的显著富集；在“immune-cool”亚型中，多种代谢途径的乙酰化水平显著提高，而这些途径的乙酰化对免疫抑制起着重要作用。

单细胞测序技术的广泛应用使得研究人员对于先前根据 bulk RNA-Seq 检测的转录组数据识别的癌症分子分型有了更加细致的了解。例如，早在 2015 年，就有研究根据结直肠癌的 bulk 层面转录组数据，利用马尔可夫聚类算法整合了 6 种独立的结直肠癌分子分型算法的分型结果，最终得到了 4 种共识性分子亚型，其中包括拥有高微卫星不稳定（high microsatellite instability，MSI-H）和超突变的 CMS1 亚

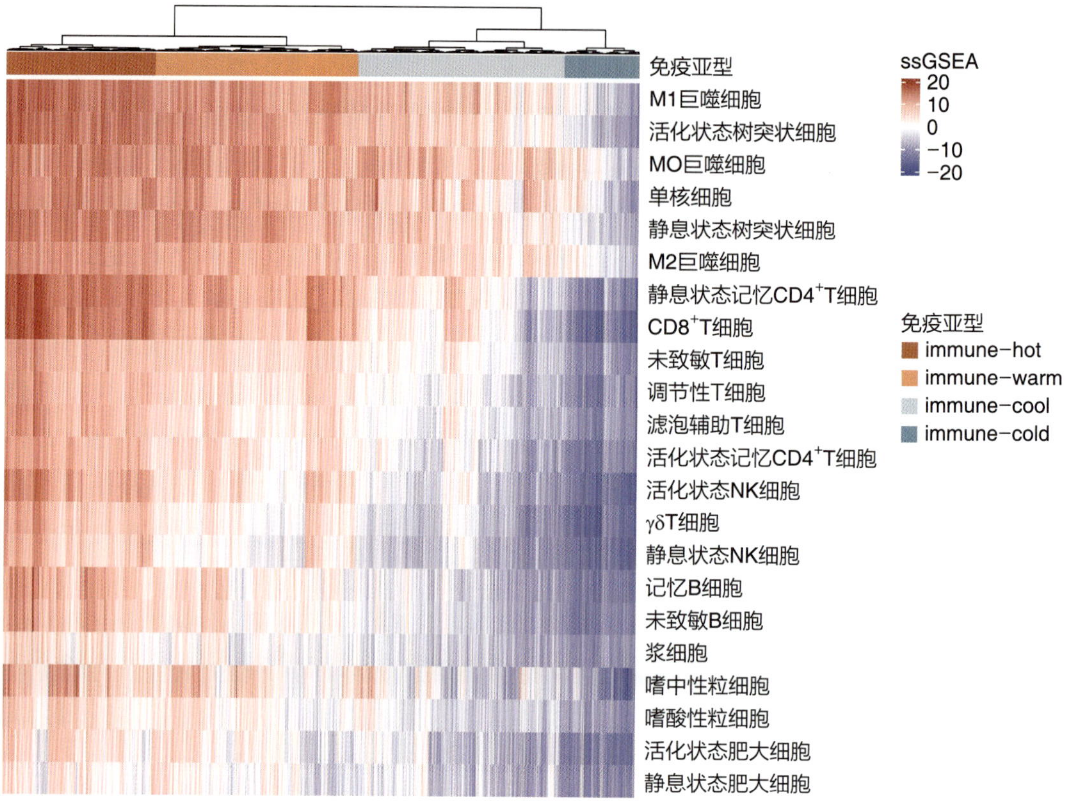

图 12-12 基于免疫细胞浸润的差异划分癌症的分子分型

型，该亚型具有较强的免疫激活但复发后的疾病生存最差；较为典型的 CMS2 亚型，具有 WNT 和 MYC 信号通路激活特征以及最好的生存预后；CMS3 亚型的代谢通路明显失调，且具有显著的 KRAS 突变；以及间充质型的 CMS4 亚型则以 EMT、TGF-β 信号通路的上调为特征，并且预后较差。2022 年，研究人员在上述 4 种分子亚型的基础上，结合单细胞转录组数据，通过量化内在上皮特征，进一步确定了两种主要的结直肠癌上皮亚型（iCMS2 和 iCMS3）（图 12-13）。通过评估两种结直肠癌上皮亚型和原有的 4 种分子分型的关系，发现 CMS2 亚型上调基因是 iCMS2 最显著的特征，同样，CMS3 亚型上调的基因也能区分 iCMS3 亚型。因此，这些单细胞 iCMS 分类可代表 bulk 数据 CMS 分型的核心上皮固有成分。最后，使用 iCMS 特征基因和最近模板预测（nearest template prediction，NTP）方法对 bulk 样本进行分类，大多数样本可以进行稳健的分类。其中，在微卫星稳定型（MSS）肿瘤中，大多数 CMS2 和 CMS3 肿瘤分别具有 iCMS2 和 iCMS3 上皮特征，MSI-H 和 CMS1 癌症一般归为 iCMS3，纤维化 CMS4 组属于具有 iCMS2 或 iCMS3 上皮细胞特征的癌症。iCMS2 亚型具有较强的免疫排斥信号，以排除或逃避细胞毒性宿主免疫系统，并且随着疾病进展，相应的干细胞、乏氧、纤维化等癌症特征也显著上调。与 iCMS2 相比，iCMS3 同样遵循免疫逃逸以及具有潜在的抗肿瘤免疫治疗耐药的替代途径，具有显著上调的癌症成纤维细胞信号，形成肿瘤免疫抑制生态位。总之，相较于 bulk 数据，单细胞测序技术的应用使得研究人员对于结直肠癌的免疫治疗耐药机制有了更详细的了解，对于不同患者的精确诊断提供了更深入的研究。

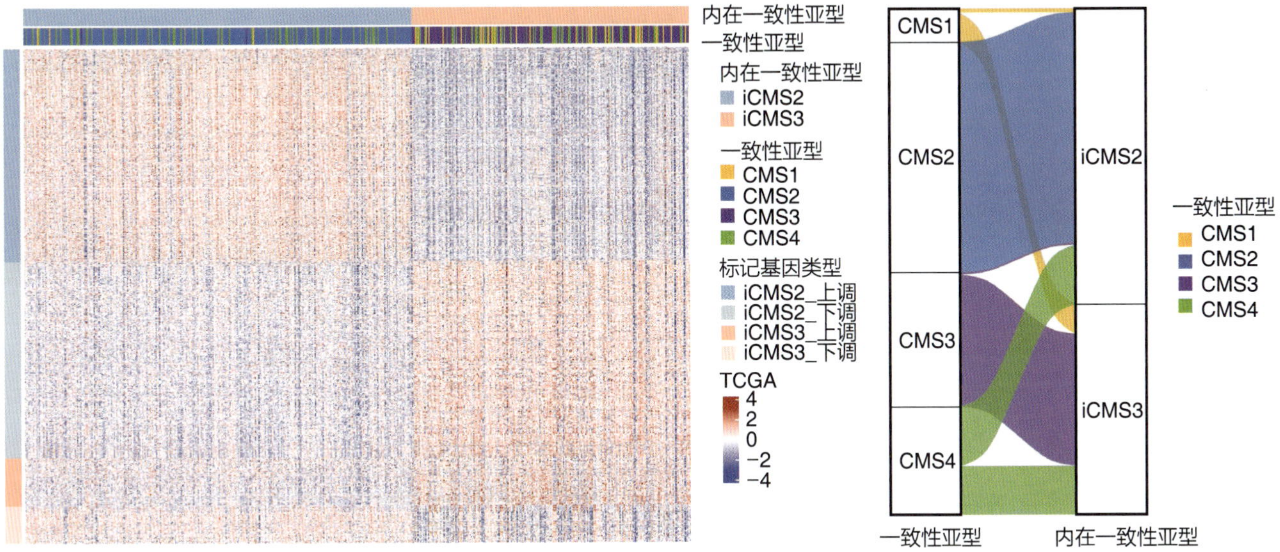

图 12-13 整合单细胞和组织层面转录组数据细化结直肠癌分子分型

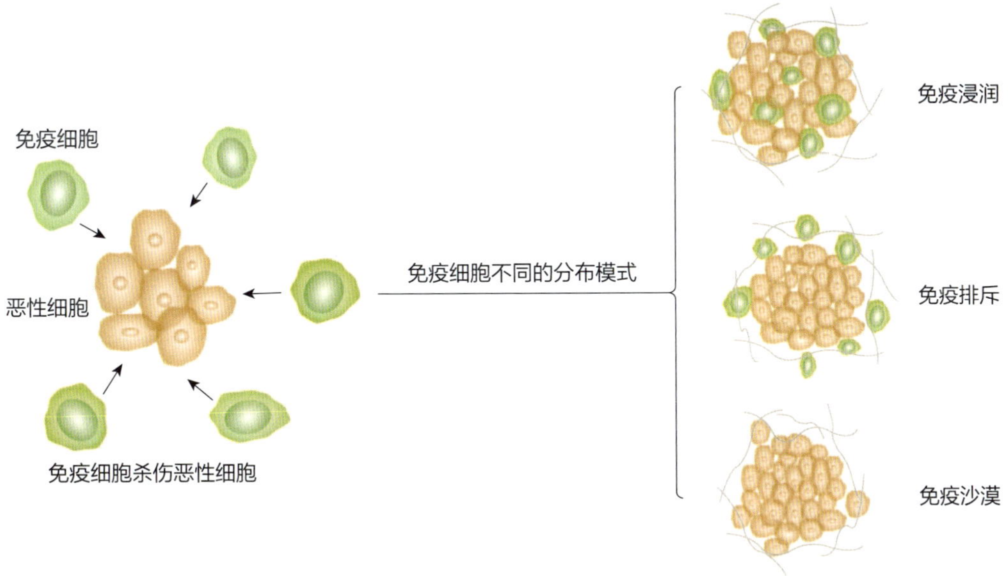

图 12-14 根据免疫细胞的空间分布划分癌症免疫分型的模式图

随着研究不断深入，除了免疫细胞浸润程度，癌症免疫微环境中 T 细胞的空间分布可进一步划分癌症免疫分型，比较经典的亚型划分包括“浸润型”（“infiltrated”）、“排斥型”（“excluded”）和“沙漠型”（“desert”）。如图 12-14 所示，在“浸润型”肿瘤中，免疫细胞可以浸润到肿瘤内部；在“排斥型”肿瘤中，尽管免疫细胞的浸润程度较高，但主要集中在肿瘤外围；而“沙漠型”肿瘤中很少有免疫细胞的浸润。例如，研究者不仅在卵巢癌中进行 $CD8^+$ T 细胞浸润评分，还分别在肿瘤上皮和间质区域进行了 $CD8^+$ T 细胞评分，并将 $CD8^+$T 细胞的浸润程度和 $CD8^+$T 细胞的空间分布指标转换为极坐标，将肿瘤患者划分为“浸润型”“排斥型”和“沙漠型”。进一步通过对肿瘤组织进行免疫组化染色，的确发现这三类亚型中免疫细胞浸润程度和空间分布存在显著的差异。

12.1.3.4 免疫微环境指导肿瘤精准治疗

肿瘤代表着复杂的生态系统。不同肿瘤微环境中通常具有不同类型和比例的免疫和基质细胞，这会显著影响治疗反应和临床结果（图 12–15）。常见的治疗干预包括手术、化学药物治疗、放射治疗和免疫治疗，可能会影响 TME，反过来，也会受到 TME 和患者全身变化的影响。因此，在治疗时充分考虑肿瘤微环境的异质性是实现精准医学的必要措施。近年来，生物信息学的发展能够精确刻画治疗过程中患者体内肿瘤微环境的变化，这极大地促进了精准医学的发展。

化疗是化学药物治疗的简称，通过使用化学治疗药物杀灭癌细胞达到治疗目的。对一些有全身扩散倾向的肿瘤及已经转移的中晚期肿瘤，化疗都是主要的治疗手段。吉西他滨加顺铂是多种癌症治疗中广泛使用的化疗方案。在一项利用化疗方案治疗的局部晚期鼻咽癌试验中，研究者观察到肿瘤浸润性先天样 B 细胞的频率增加，并与化疗的有效率反应率显著相关。这个结果表明肿瘤浸润淋巴细胞可以作为预测化疗响应的独立预测因子。与传统的化疗不同，肿瘤分子靶向药物不直接杀伤细胞，而是作用于肿瘤细胞过表达或突变，且与肿瘤恶性生物学行为密切相关的分子靶点，从而抑制肿瘤的过度增殖、新生血管生成、浸润和转移。一项针对儿童急性淋巴细胞白血病的研究通过分析 *PAX5* 基因表达数据，揭示了 *PAX5* 融合基因与儿童急性淋巴细胞白血病的高发生率和不良预后有关，并通过网络推断算法和差异分析识别了 *PAX5* 融合基因的特异性驱动基因，发现了 *PAX5* 融合基因通过激活 LCK 激酶促进儿童急性淋巴细胞的生存，为靶向治疗提供了新的靶点。

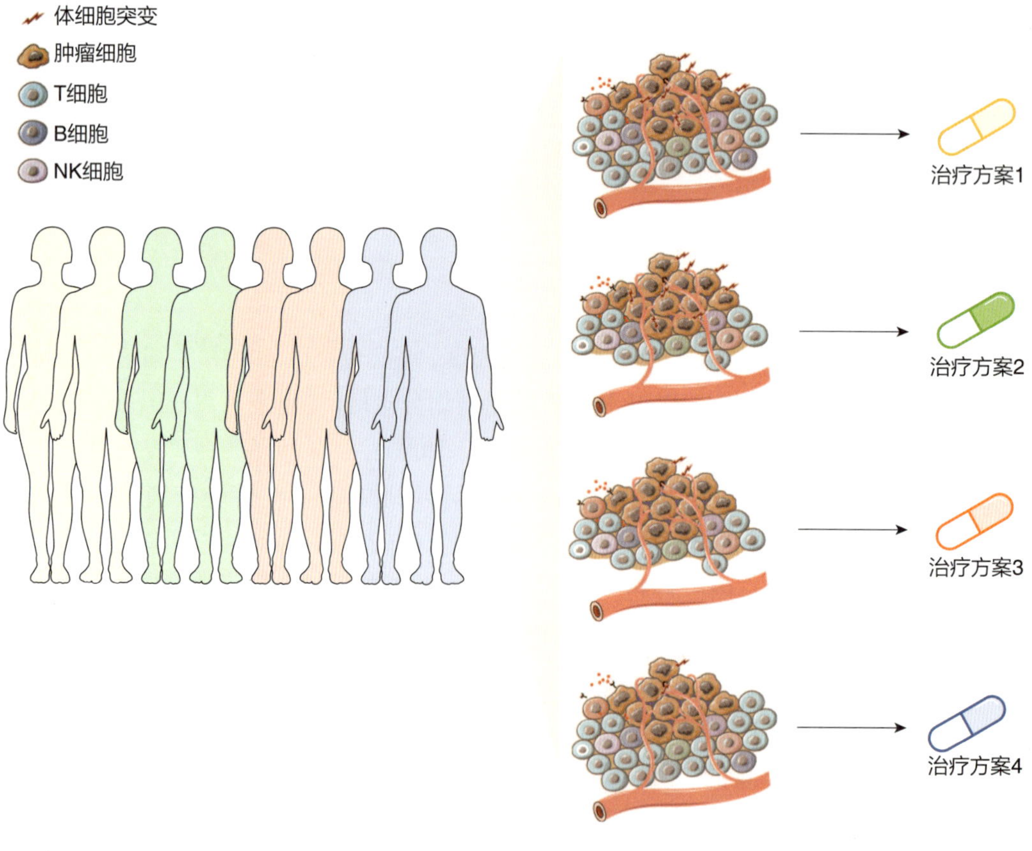

图 12–15 基于免疫微环境推动疾病治疗

随着对肿瘤发生与发展的分子机制的深入研究和生物技术的迅速发展，免疫治疗已成为继手术、放疗、化疗后的新型治疗模式。免疫疗法通过作用于癌症免疫微环境中的 T 细胞、髓系细胞以及其他类型细胞来促进抗肿瘤免疫反应，激活患者自身的免疫系统清除肿瘤细胞，而不杀伤机体的正常组织细胞，是一种相对安全有效的绿色疗法。针对免疫抑制检查点蛋白 CTLA-4 和 PD(L)1 的治疗药物对多种癌症起到了有效作用，部分患者得益于抗肿瘤免疫疗法，从而提高长期生存率。但是，大多数患者仍然无法从免疫疗法中受益。近年来，生物医学大数据资源越来越丰富，为我们研究免疫治疗的生物标志物，发现新的治疗靶点和形成个性化治疗策略的提供了机会。表 12-8 列举了一些代表性的肿瘤免疫治疗相关数据库。

表 12-8 肿瘤免疫治疗相关数据资源

数据库名称	内容与特点
TIGER	包含了 1 508 个有临床免疫治疗信息的肿瘤样本（8 种癌症）和 11 057 个没有免疫治疗信息的肿瘤/正常样本（33 种癌症）的 bulk RNA-Seq 数据，以及 655 个样本（25 种癌症）中 2 116 945 个免疫细胞的单细胞转录组数据。还从已发表的肿瘤免疫研究中收集了 31 个免疫治疗相关的 CRISPR screening 数据集
TISIDB	包含基于接受免疫治疗患者队列的转录组和外显子组数据所识别的治疗响应组与非响应组差异表达基因或差异突变基因共 2 178 个
CAMOIP	泛癌免疫治疗多组学综合分析的 Web 服务器，可以筛选预后标志物，并分析与标志物和免疫疗法相关的机制（4 000 多名患者）
TCIA	主要包含了 TCGA 的 20 种实体瘤的综合免疫基因组分析结果，包含部分黑色素瘤的免疫治疗数据
TICH	收集了人类和小鼠的肿瘤相关单细胞转录组数据，并进行了分析。除了未经治疗的患者数据集外，还包括那些接受过治疗的患者数据集，包含一些免疫治疗、化疗和靶向治疗的数据
ICBatlas	是一个为免疫检查点阻断疗法（immune checkpoint blockade，ICB）治疗患者提供全面表达资源和功能分析的数据库。它还比较了有反应组与无反应组，以及治疗前与治疗后组间的比较分析结果
ICBcomb	通过比较 ICB 治疗组、其他药物治疗组和联合治疗组的差异，分析接受 ICB 联合治疗的人类和小鼠转录组学特征并对其进行全面描述。ICBcomb 包含 1 399 个样本，涉及 29 种癌症类型和 52 种药物
CancerSCEM	整合分析了 208 个癌症 scRNA-Seq 数据集，涵盖肺腺癌、结直肠癌、恶性胶质瘤等在内的 20 种人类癌症类型。通过标准化分析流程处理，获得了精确的细胞类型注释信息。36 个常用免疫检查点分子，并提供专门的搜索列表，以帮助各类癌症的临床免疫治疗研究寻找更优的治疗靶点
Priority index	免疫介导的靶点数据库，基于疾病全基因组关联、功能性免疫基因、蛋白质相互作用网络提供靶基因推荐指数，进而筛选潜在的免疫治疗靶点

目前，利用生物医学大数据以及生物信息学方法预测免疫治疗响应的策略总体可分为两类：基于单个特征预测和整合多个特征建立预测模型。这两类方法都可以评估患者是否会从免疫治疗中获益，从而更准确地识别将受益的患者，对免疫治疗的优化具有重大意义（图 12-16）。

许多单个特征被发现可独立作为 ICI 治疗响应的预测标志物。肿瘤突变负荷（tumor mutational burden，TMB）就是其中一个新兴的独立免疫治疗疗效预测标志物，在预测肿瘤免疫治疗疗效中的作用越来越受到重视。目前 TMB 检测方法主

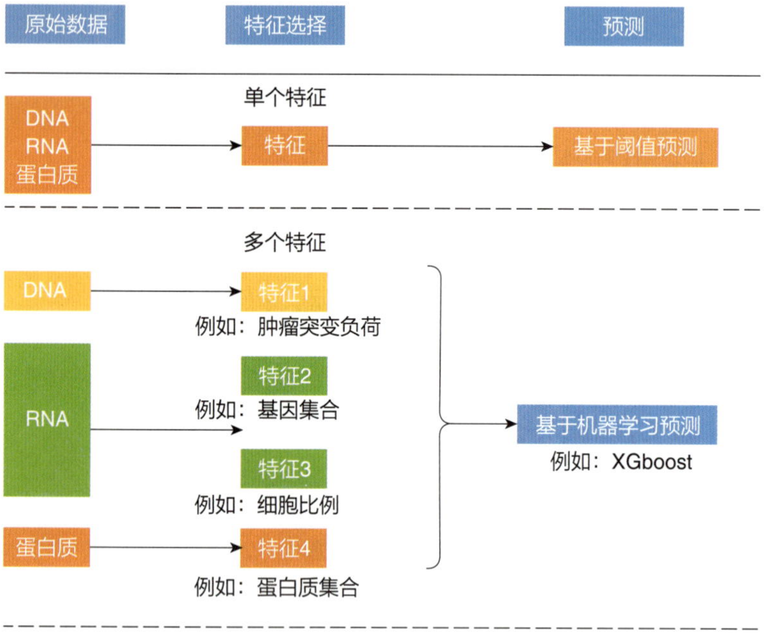

图 12-16　预测免疫治疗响应的策略

要是基于高通量测序平台的全外显子测序和靶向 Panel 测序。TMB 还与多种肿瘤类型 ICIs 单药或两种 ICIs 联合治疗的疗效相关，已证实可作为泛癌种免疫治疗疗效的预测标志物。但是，TMB 在不同癌种中存在显著差异。

此外，同时考虑多组标记物可更准确地识别癌症免疫治疗受益的患者。有多个研究提出利用免疫反应的关键基因集来预测免疫治疗的结局，包括 T 细胞炎症和浸润、IFN-γ、TGF-β 和抗原呈递等相关基因集。例如，在多种癌症类型的研究中，通过分析接受免疫治疗患者的 mRNA 表达谱得到在响应者中差异上调的基因并最终通过逻辑回归筛选出多基因组成的 T 细胞炎症基因集合，进而预测抗 PD-1 反应。这些基因与 IFN-γ 介导的 T 细胞活化、抗原呈递、细胞溶解活性和细胞因子产生有关。以阈值将头颈部鳞状细胞癌（head and neck squamaus cell carcinoma，HNSCC）患者划分为高表达组与低表达组，构建的分类器预测效能高于 PD-L1 的预测效能。

进一步，有研究从数十项研究中汇集了千余例接受免疫治疗的患者样本，以及这些样本的临床响应信息以及基因组和转录组数据。同时，该研究还收集了几十种免疫检查点抑制剂的应答标志物。然后分别在每一套数据集中用比值比（odds ratio，OR）评估这些应答标志物的预测效能，并通过 meta 分析将效应量整合起来。结果发现预测效应最强的生物标志物是克隆性的突变负荷。考虑免疫治疗响应生物标志的复杂性，该工作还探讨了组合不同的生物标志物，从而提高预测免疫检查点抑制剂反应的准确性（如组合克隆 TMB 和 CXCL9 的表达），利用了机器学习算法 XGBoost，针对每种癌症类型构建多变量预测模型，模型预测效果明显优于以 TMB 为预测因子的单变量预测模型（图 12-17）。

总之，随着免疫治疗相关组学数据越来越丰富，利用生物信息学方法我们可以破译不同标志物之间的相对权重和相关性，将使我们更全面完整地理解免疫治疗反应的决定因素，进而结合生物信息算法建立更精确的预测模型以准确识别将从免疫治疗中受益的患者，进而加强免疫监测和疾病控制。

12.1.3.5　疾病的免疫调控展望

免疫调控是复杂疾病发生发展以及治疗耐药中非常重要的一部分。随着免疫相关多组学的发展，越来越多的生物信息学方法被用来解析复杂疾病的免疫调控。基于免疫细胞浸润情况和相关生物标志物表达能够快速准确地对患者进行诊断、分型，从而根据不同情况采取更加精准的预防和免疫干预。此外，免疫检查点抑制剂、基

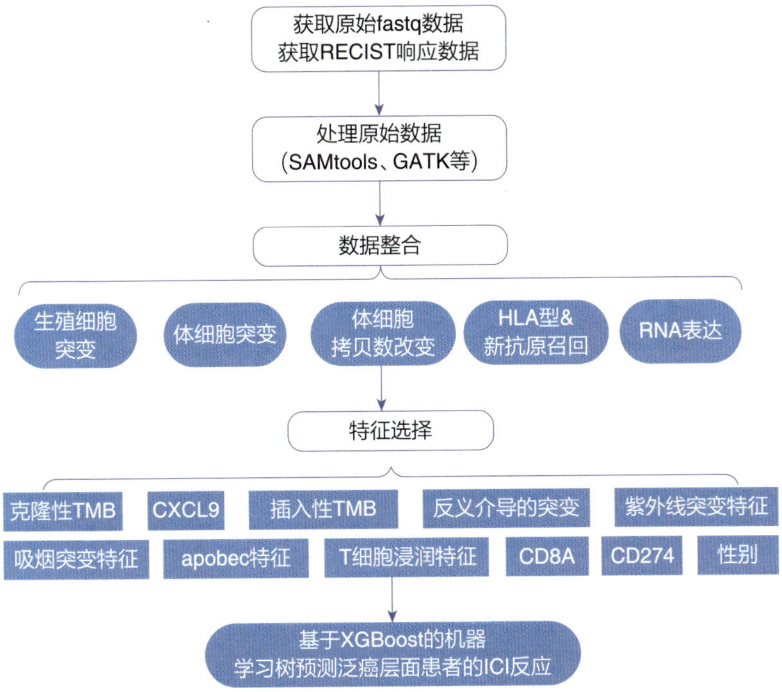

图 12-17 整合多个特征预测模型流程图

于新抗原的个体化癌症疫苗和过继 T 细胞疗法等免疫疗法正在逐步走向临床，使癌症患者的精准化治疗成为可能。

但是仍然存在一些问题和挑战。首先，肿瘤浸润淋巴细胞（TIL）的分类需要进一步细分，因为不同类型的 TIL 浸润对精准治疗的预后指导意义是不一样的，并且也需要更加准确的生物信息学方法来对 TIL 细胞浸润程度和肿瘤细胞位置进行定量，从而进行更精细化的临床治疗。此外，因为肿瘤细胞可能存在免疫逃逸，因此需要探索更好的联合治疗策略，从而激活机体的固有免疫和改善肿瘤免疫微环境。最后，实体瘤的物理屏障（如胶原纤维等基质屏障、血脑屏障）可能会阻碍免疫细胞进入实体瘤组织并且降低免疫细胞的疗效。此外，进入实体瘤的免疫细胞可能会面临不一样的营养和代谢微环境。这些都给复杂疾病的精准治疗带来了巨大挑战。

常见重大疾病病因是复杂的且具有强的异质性，不同患者对不同干预手段反映也是有差异的。精准医学综合考虑了患者个体的多层次分子特征、环境、生活方式等引起的差异而制定更有效、更安全的干预方案和策略，是实现疾病有效诊断、干预、提升患者生存的必然趋势。精准医学研究范式正在不断深入，相关研究成果和诊疗产品持续涌现，正逐步推动疾病诊疗进入“精准医学时代”。虽然精准医学发展迅速，但是用精准医学的核心来衡量，要实现精准医疗的目标还有差距，仍然面临诸多挑战。首先，进一步建设高质量的大型队列是推动精准医学发展的关键基础。基于大型人群队列的多组学数据资源进行生物信息学分析可驱动疾病机制研究和新型药物靶点发现，也为精准防诊治方案的转化和产品验证提供关键支撑。其二，进一步提升具有数据时代的科学思维，把当前的影像学、电子病历、带有监测人体生命指标的可穿戴设备提供的数据、生理生化指标等个体数据加以收集整理，将其变成大数据，并与分子层面的多组学数据相结合，进而通过对这些复杂、多尺度、多变量、高度异质化的数据进行整合分析，提取其中规律性的问题。其三，生物医学信息解读的一系列技术、方法仍需要及时发展。其四，虽然人类遗传密码是可测的，但是目前人类真正破译，能够从根本上、规律上读懂的遗传密码仅占人类基因组总量的很小一部分，其生物学作用现在还只是部分了解，破译分析人类基因组信息是非常缓慢的。完成诸如上述这些挑战，分子组学大数据才能应用到诊疗中，并与影像学、检验学以及医生的临床诊断实践等相结合，破译这些生物大数据背后隐藏的生命密码，更大程度提高诊疗的精准性，促使精准医疗逐步从理想变成现实。此外，精准医学行业发展迅速，但是涉及的范围比较广，还缺乏比较完善的法律和制度来规范，也缺少相关的标准作为发展的参照，导致行业发展水平还处于较低的层次。尽管还有很多工作要做，但精准医疗在未来治疗复杂性疾病方面的广泛应用将形成趋势，显著提升患者的生存期和生活品质。

12.2 智能药学

12.2.1 智能药学概述

现代新药研发是一个长周期、高风险的过程，涵盖了药物学、化学、生物学、医学等诸多学科领域。作为一个交叉学科，生物信息学几乎能够促进新药研发全流程各关键环节的发展，尤其是在药物靶点发现、基于靶点的药物设计与筛选、药物药理毒理的基础探究与预测评估、抗体设计及先进药物治疗策略开发等方面都扮演着积极的角色（图 12–18）。进入后基因组时代，各种组学技术的兴起，催生了系统药物药理与毒理学的发展；而机器学习与人工智能技术在生物信息学中的广泛应用，更是引导理想药物设计向智能药物设计的范式变化。

计算药物设计的一个成功案例是人类免疫缺陷病毒 1 型（human immunodeficiency virus type-1，HIV-1）蛋白酶（protease）抑制剂的开发。通过抑制 HIV 病毒复制所需要的蛋白酶，从而延缓艾滋病进展。研究人员先利用 X 射线晶体学等技术解析 HIV 蛋白酶的三维结构，然后运用高通量虚拟筛选技术寻找潜在的药物化合物。通过定量构效关系分析和毒性预测等技术对化合物进行优化，以提高其药代动力学特性和安全性。多个 HIV 蛋白酶抑制剂，如利托那韦（Ritonavir）、茚地那韦（Indinavir）、沙奎那韦（Saquinavir）等，在 20 世纪 90 年代被设计合成出来，并在临床上证明了其对 HIV 感染的有效治疗作用。

由于新药研发的高度学科交叉性，生物信息学在其中的发展常常与药物信息学、医学信息学等姐妹学科方向发生交联。因此，本节将重点聚焦于药物靶点发现、智能药效/毒性评估、抗体药物设计及膜靶向药物设计等方面来探讨生物信息学在当前智能化新药研发中的常见应用（图 12–18）。其中，药物靶点发现是一个新药研

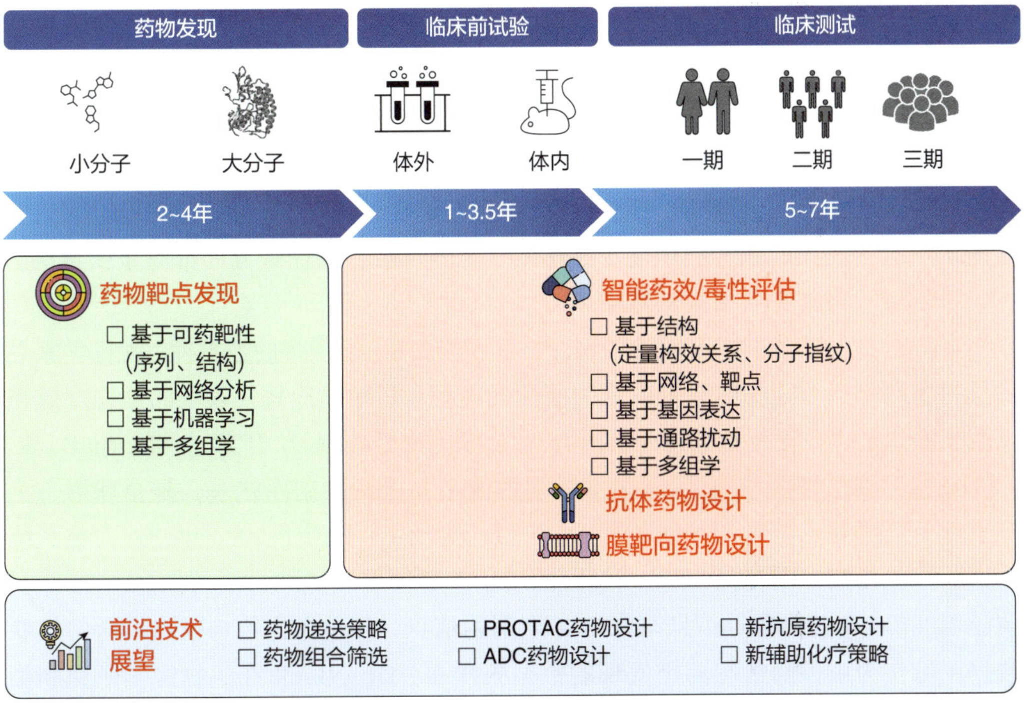

图 12-18 智能药学

发的源头与关键限速步骤。生物信息学通过对生物医学大数据的整合和分析，可以帮助快速解析蛋白质在疾病发生发展中的作用，优化治疗靶点的选择。其次，通过对药物作用下细胞、类器官、模式动物底层复杂分子互作网络扰动及表型变化的关联分析，可以帮助揭示药物行使药效和诱发毒性的分子基础，指导理性药物设计。此外，各种人工智能如 AlphaFold、RoseTTAFold 等技术的运用，也使得基本蛋白质结构的药物设计更加得心应手，一些高成本的药物设计如抗体药物设计、膜靶向药物设计等也得以更为精准地实现。

12.2.2 药物靶点发现

12.2.2.1 药物靶点的背景

药物研发是一个高度系统化且结构化的科学过程。在这个过程中，选择合适的药物靶点是药物开发的起点，也是进行创新药物设计、筛选及优化的关键环节。然而，这一工作复杂且极具挑战性，需要解决诸多难题。首先，深入理解疾病状态下的分子生物学机制至关重要，但许多疾病的潜在生物学机制和通路尚未完全明确，这极大地阻碍了药物治疗靶点的发现。其次，靶点特异性的问题必须引起重视。药物设计之初虽然旨在针对特定分子，但在体内复杂的生理病理环境时可能产生脱靶效应，与非靶点蛋白质相互作用，从而引发不良的毒副作用。因此，准确识别和验证疾病的治疗靶点，并评估其成药潜力，对药物开发至关重要。

药物靶点主要包括药物疗效靶点、药物毒性靶点与药物代谢靶点等类别。药物疗效靶点是指药物作用的特定分子或细胞结构，通过与药物相互作用，调节生物过程以达到治疗效果。这些疗效靶点多为蛋白质或核酸，可能与疾病直接相关，也可能是外源性的病原体分子。药物毒性靶点则是那些与药物作用后可能导致毒性反应的关键分子。值得注意的是，药物疗效靶点和药物毒性靶点并非完全分离，同一分子或结构在不同条件下可能兼具两者的特性，这取决于药物的作用机制、剂量及个体差异等因素。此外，药物代谢靶点涉及参与药物在体内代谢的关键酶和转运蛋白。这些靶点对于药物的生物利用度、药效持续时间及潜在毒性等方面都有重要影响。

12.2.2.2 药物靶点相关的数据库

目前，为了推动药物靶点的发现工作，已经开发出了众多的数据库，为科学家寻找所需要的靶点和药物信息提供更为便捷的途径。国际上最具代表性的药物疗效靶点数据库包括疗效靶标数据库（Therapeutic Target Database，TTD）与DrugBank。TTD是亚洲少数几个具有国际学术影响力的生物医药数据库之一，是全球第一个提供免费药物靶点信息的在线数据库。TTD最新一次更新于2024年，从人类系统图谱、分子相互作用/调节和基于细胞的表达差异诠释靶点的可成药信息。TTD目前涵盖3 730个药物靶点信息与39 862个药物信息，并包含药物与靶点结合的实验数据，可作为虚拟筛选与药靶发现的数据集样本。DrugBank在生物医学研究和临床应用中也发挥着重要作用。它涵盖了6 231个药物信息，1 413 413种药物相互作用信息，以及药物作用机制和药物代谢相关的通路信息。

拓展阅读12-2
疗效靶标数据库

除TTD和DrugBank外，其他代表性的药物靶点数据库简介如表12-9。

表12-9 常见的药物靶点相关的数据库

数据库	简述
TTD	提供有关治疗性靶点信息、相关疾病、信号通路以及靶点相应药物信息的数据库
DrugBank	提供详尽的药物化学结构、药理作用、药物代谢、药物相互作用等信息
ADReCS-Target	药物不良反应相关靶点蛋白质数据库
canSAR	整合了药物化学、生物活性、基因组学和结构生物学数据的综合性药物发现平台
ChEMBL	提供各类药物分子、活性数据和靶点信息的药物化学和药物活性的综合数据平台
ChemProt	提供有关化学物质与蛋白质之间相互作用、生物活性和毒理学信息的资源
DGIdb	提供药物与基因间的相互作用信息（药物靶点、药物抗性机制、药物副作用等）
PharmGKB	整合药物代谢、基因变异、药物反应等信息，帮助理解个体对药物的代谢和反应
STITCH	用于预测化学物质之间相互作用的综合性数据库和工具

12.2.2.3 药物靶点的发现方法

（1）基于机器学习的药物靶点发现

基于机器学习（machine learning，ML）的药物靶点发现是一种利用机器学习算法和技术，通过对大量的生物学数据进行分析和学习，以预测和发现潜在的药物

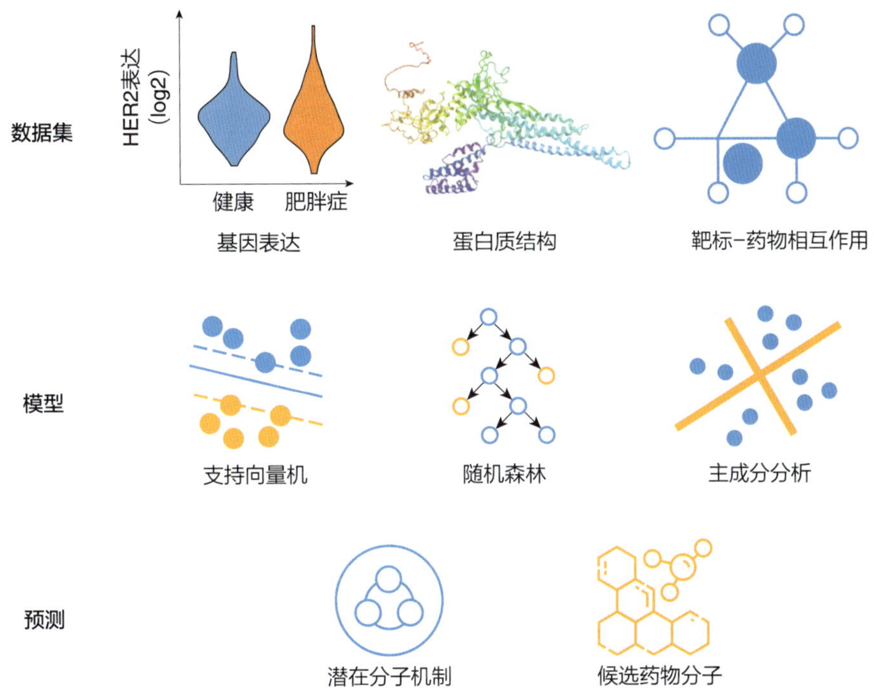

图 12-19 基于机器学习的药物靶点发现

靶点的方法。这种方法提供了一套工具，可以利用机器学习模型从复杂的生物数据中学习模式，识别与药物治疗相关的生物分子，为药物研发提供新的方向。

基于 ML 的药物靶点发现是一个系统化的过程（图 12-19）（参考第 3 章 3.2），借助机器学习的高效性和高通量特性，为药物研发提供了一种有效的辅助手段。首先，研究人员将收集基因表达数据、蛋白质结构数据、已知的靶标-药物相互作用数据等知识信息作为数据集。数据集将输入机器学习模型中进行训练，通过调整参数等方式进行优化，从中能够提取靶点与疾病之间的因果关系。模型的选择需要根据具体的数据特性和研究目标来确定。利用训练好的模型对新的药物分子进行预测，识别可能的靶点。预测结果通常需要经过实验验证，以确认潜在药物靶点在生物体内的确切作用。

基于 ML 的生物网络分析应用能够通过分类、聚类、神经网络等方式来识别重要的靶点。Sinkala 等的研究使用了机器学习的方法来揭示胰腺癌的亚型及其分子特性。研究者们首先利用基于 K-means 聚类的机器学习算法对 45 个高纯度胰腺癌样本的蛋白质组数据进行分析，识别出两种胰腺癌亚型。然后，他们利用相似性网络融合方法，考虑了多种分子数据类型（如 DNA 甲基化状态、蛋白质表达水平以及 mRNA 和 miRNA 的表达水平），对样本进行了更深入的聚类分析，确定了由 50 个 mRNA、49 个甲基化基因、14 个蛋白质和 20 个 miRNA 组成的生物标志物集与胰腺癌亚型分类密切相关。在此过程中，机器学习的方法不仅提供了基于全面数据的精确分类，而且揭示了可能驱动两种主要胰腺癌症亚型的致癌机制。

（2）基于网络分析的药物靶点发现

基于网络的药物靶点发现强调整体性的观点，将生物系统视为复杂的相互作用网络，强调不同组分之间的相互关系和协同作用。它不仅仅关注单个分子或单个基因的功能，还考虑生物系统的组成要素之间的相互作用。药物分子与生物体内的靶点、通路、基因、蛋白质等分子间的相互作用也是一种网络结构，因此可以从网络整体的角度出发，对药物作用机制进行研究并帮助发现新的药物靶点。

这一靶点发现的基本思路是通过整合多种生物学数据，综合分析并理解生物系统的复杂性。首先，收集和整合与疾病相关的多种生物学数据，包括基因表达数据、蛋白质互作网络、代谢途径等，构建和分析蛋白质–蛋白质相互作用网络、基因调控网络等（参考第 10 章 10.4）。网络的构建需要用到图论、分子动力学、统计物理和热力学等数学和物理学方法。然后，利用计算生物学和网络分析的方法，对这些数据进行整合和分析，寻找与疾病相关的基因表达模式和差异表达基因（参考第 7 章 7.2），识别与疾病相关的代谢通路和关键酶，或利用机器学习和数据挖掘的技术，从大规模数据中发现新的关联和模式，以识别出与疾病发生和进展密切相关的分子靶点。英国威康桑格研究所注释了 930 个癌细胞系，构建蛋白质–蛋白质相互作用网络来推断基因依赖性及其标记之间可能的功能关系，最终生成了确定了 27 种癌症类型的 370 个抗癌优先靶点列表。

（3）基于可药靶性分析的药物靶点发现

① 基于序列的蛋白质可药靶性的发现　基于序列的蛋白质可药靶性的发现是通过对蛋白质的氨基酸序列进行分析和比较，来预测和识别潜在的药物靶点的方法（参考第 5 章 5.2）。这种方法依赖于对蛋白质序列的特定特征、结构域以及与其他蛋白质的相似性研究，以推断该蛋白质是否具有药物靶点的特性。

BLAST 与 HMMER 是两种经典的序列比对方法，两者分别通过局部序列相似性和隐马尔可夫模型搜索与输入序列更相似的靶点，其中 BLAST 在明显的序列同源性方面性能较好，而 HMMER 在寻找更远距离的家族级别的模式识别方面具有优势。在 AnimalTFDB 3.0 中基于 HMMER 从 97 个物种的所有蛋白质序列中确认了 125 135 个转录因子，并对新增加的转录因子进行了全面的功能注释和系统分类，极大地丰富了动物转录因子的探索领域。

② 基于序列衍生性质的可药靶性发现　序列衍生性质指的是基于蛋白质或核酸序列的物理、化学或结构特征，如氨基酸组成、二级结构、保守位点等。这些衍生性质能够提供关于蛋白质或核酸功能、结构和相互作用的有用信息，从而为药物靶点发现提供线索和预测。

针对药物靶点发现，这些基于序列的分析可以快速预测候选靶点的功能，指导后续的实验验证和药物结构优化。KNN 是一种解决分类和回归问题的机器学习算法，在基于序列衍生性质的可药靶性发现领域具有重要意义。在靶点发现领域，该方法通过收集已知靶点和非靶点蛋白质序列，提取特征并计算它们之间的相似度，然后根据待预测蛋白质与已知样本的相似度，选择 K 个最相似的样本。通过这些近邻样本中靶点和非靶点的数量比例，预测待查询蛋白质是否为靶点。最后，通过调整 K 值，优化预测效果。

③ 基于结构的可药靶性发现　基于结构的可药靶性发现是一种利用分子结构信

息来预测化合物与蛋白质相互作用的方法。通过分析分子的几何形状、电子结构等特征，以及与蛋白质的结合模式和互作机制，该方法评估分子与特定蛋白质靶点的亲和性和活性。使用计算方法如分子模拟和蛋白质配体对接，基于结构的方法适用于已知结构的蛋白质，能更准确地预测分子与蛋白质的结合模式，尤其对于涉及结合口袋和构象变化的靶点。这种方法通过深入挖掘结构特征，为药物设计提供更具针对性和精准性的信息。目前常用的蛋白质结构数据源有 PDB、SCOPe、CATH、AlphaFold 等（参考第 9 章 9.2）。

（4）基于功能组学的药物靶点发现

① 基因组学方法　基因组是一个生物体的全部遗传信息的集合，包括 DNA 分子中的所有基因和非编码 DNA 序列。现在人类基因组中所包含的 30 亿个碱基对组成了人类的 20 000～25 000 个基因。丰富的基因组学数据为药物靶点提供了基础，有多种方法用于寻找新的靶点（参考第 5 章 5.1）。

利用基因组学进行药物靶点发现与验证的流程如下（图 12-20）：通过转录组学技术获取不同组织、细胞系或疾病状态下的基因表达数据，识别与特定疾病相关的基因。利用蛋白质相互作用数据和生物网络分析方法构建蛋白质相互作用网络，识别潜在的关键靶点和信号通路，同时借助公共基因组学数据库和工具辅助靶点发现和验证。通过基因编辑技术或基因转染技术在细胞模型中评估潜在靶点基因对药物敏感性和效果的影响，根据蛋白质结构预测和分子模拟技术预测潜在靶点与药物的结合模式和亲和力。通过体外和体内实验验证潜在靶点的生物活性和药物响应性，并在动物模型中进一步研究。最终，进行临床前研究和临床试验，评估药物靶点的疗效、安全性和药代动力学等特性。这一综合性流程结合了基因组学技术、数据分析和实验验证，为药物开发提供指导和支持，奠定新药研发的基础。基于基因组学的研究，研究人员发现 BRCA1/2 突变的肿瘤具有更高的致病风险，并且 BRCA 突变的肿瘤对聚 ADP 核糖聚合酶（poly ADP-ribose polymerase，PARP）抑制剂更加敏感，这一发现推动了全球第一个 PARP 抑制剂奥拉帕利的上市。

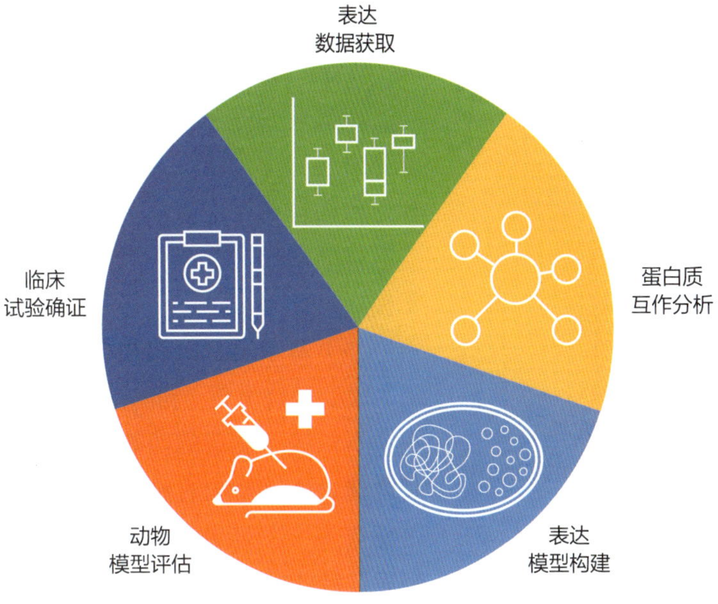

图 12-20　利用基因组学进行药物靶点发现的关键步骤

② 转录组学与蛋白质组学方法　中心法则的主要部分是将 DNA 转录成 RNA，其中 RNA 中具有编码潜力的 mRNA 被翻译成蛋白质。在这过程中，RNA 承载着基因的信息，与蛋白质一同影响着生物体的生长、环境应激反应以及疾病的发展情况。转录组学和蛋白质组学为我们提供了对基因表达不同层面的理解：转录组学侧重于研究 mRNA，能够表征基因在特定时空下 RNA 层面的表达情况；而蛋白质

组学则分析蛋白质以及它们的组合，显示了基因在蛋白质层面的表达结果，能够鉴别出功能异常的蛋白质。将转录组学与蛋白质组学整合在一起，能够获取到更全面的分子变化信息，以及细胞功能的深入理解，为研究生命现象提供了重要的工具。这种整合研究不仅有助于揭示细胞功能和间接理解细胞调控机制，还能为疾病的早期诊断和治疗提供更深入的理解，为生物科学研究提供了新的视角和动力。

由中国科学院上海药物研究所等国内多家研究团队协作，基于蛋白质组学和转录组学等技术，对肺腺癌患者的组学数据进行分析，探索了遗传变异性与转录/翻译调控之间关系，成功地将肺腺癌患者细分成三种亚型。此外，在蛋白质组学数据技术上筛选得到 HSP 90b 在肿瘤组织中高度表达，并在预后最好的亚型 1 中低表达，证实其与预后呈负相关，是治疗肺腺癌中一个潜在的预后生物标志物和药物靶标。

③ 基于多组学整合的靶点发现　近些年，伴随着测序技术的发展，测序成本进一步降低，整合多组学数据发现特定疾病的靶点成为现实。多组学数据分析挖掘靶点有助于弥补单一组学的局限性，在基因、mRNA 和蛋白质等多个层面探究疾病的分子机制，识别一致性信号，有助于发现特异的靶点。

基于多组学整合的靶点发现是一种系统性的研究方法，其基本思路包括多个必要的步骤。首先，研究者会从公开库中或者其他途径获取多种类型的组学数据，涵盖基因组、转录组、蛋白质组及代谢组等多个维度。采集的原始数据经过严格的预处理，如处理缺失数据、数据标准化以及数据清洗等，将多源异质的数据整合为具有统一标准的分析对象。差异分析是整合中的关键一步，通过对不同条件下的样本进行比较，识别在正常状态和疾病状态之间显著差异的分子。这些差异分子可能涉及关键的生物学通路和功能，为后续的功能注释和深入分析提供基础。还可通过构建分子互作网络的方式，揭示潜在的生物标记和相关性疾病的靶点。筛选得到的靶点需要经过生物学验证才能判断是否具有研究价值和实际意义。一旦实验验证了这些靶点，后续才有可能会以这些靶点为基础开展，进行相关药物的设计和筛选流程。

目前，学者通过构建多组学图谱来描述硅肺的关键异常靶点。他们使用硅暴露小鼠模型评估了硅肺中转录组、蛋白质组和磷酸化蛋白质组，发现三组学解释的差异表达特征中均出现 p-EGFR 和 p-SYK 上调的结果。体外试验结果显示，吉非替尼和福他替尼能有效抑制 p-EGFR 和 p-SYK 水平，并在组织学检查中有效缓解二氧化硅诱导的弥漫性肺泡炎症，表明 p-EGFR 和 p-SYK 是治疗硅肺的潜在药物靶标。

（5）基于表型的药物靶点发现

表型药物发现（phenotypic drug discovery，PDD）是一种独特的药物筛选方法，它并不依赖于既定的药物靶点，而是直接以构建的疾病模型为平台，对化合物库进行筛选。这种方法的独特之处在于，根据化合物对疾病表型的影响去评估化合物的可能效果。在过去的实践中，PDD 方法已成功研发出大量的药物，这些药物如治疗囊性纤维化的依伐卡托和鲁玛卡托，治疗脊髓性肌肉萎缩症的利司扑兰和布拉扑兰，治疗精神分裂症的 SEP-363856，治疗疟疾的 KAF156 和治疗特应性皮炎的克立硼罗，在疾病治疗方面发挥着关键作用。

尽管 PDD 方法具有显著的优势，但启动药物开发计划需要确定一个具有合理治疗假设的靶点：对该靶点的调节将导致疾病状态的改变。在将其与潜在药物靶点验证的分子方法对比时，其利弊需要慎重权衡。在靶点识别、安全风险降低的步骤以及为来自 PDD 的药物候选物绘制临床路径方面，都存在着显著的挑战。然而，机会与挑战并存。功能基因组学、机器学习/人工智能和改进的疾病模型等新兴技术的不断发展，为 PDD 的应用带来了巨大的潜力和机遇。在研究的实例中，有研究团队成功地将高通量成像与机器学习相结合，通过从给定细胞检测中提取的图像，能够支持对生物检测结果的活性预测。由此，他们利用从无关的成像筛选中获取的细胞形态信息，成功地预测了化合物对不同靶标的活性，使得预测的精确度提升了 50 倍以上。

12.2.2.4 药物靶点发现实例

寻找药物的新靶点一直以来都是一项极其复杂且具有挑战性的过程。传统的实验方法需要识别出数千个蛋白质表达的微妙变化，这无疑会消耗大量时间和人力。然而，随着生物信息学和人工智能的发展和进步，这些创新技术现在能够与传统的实验方法相结合，以协同的方式推动创新药物靶点的发现，进而大幅提升药物开发的效率。

基于功能组学数据的靶点发现面临着高度不稳定的严峻挑战。即使对于同一个科学问题，采用不同的组学数据，筛选的靶点几乎没有重叠，这种不一致性将严重阻碍其临床应用。随着机器学习算法与人工智能模型的不断创新，这类方法能够与以往的生物信息学方法整合，解决传统办法在靶点发现过程中存在的不足，为药物靶标发现带来新的机遇。

如上节所述，支持向量机（support vector machine，SVM）是一种常用于药物靶点发现的机器学习模型，因其擅长处理具有大量特征的高维数据集，在组学数据分类方面表现出良好的性能。递归特征消除支持向量机（recursive feature elimination-support vector machine，RFE-SVM）算法是对 SVM 的一种改进，其首先基于 SVM 分类器生成特征排序函数，然后通过消除差异不显著的特征来识别特定的特征，在很多靶点筛选的研究中得到了广泛的应用。

一种基于功能组学与机器学习的稳定识别靶标新策略已被提出（图 12－21），该策略基于 RFE-SVM 方法，将重复随机抽样与一致性评分相结合，并且评估潜在靶标在多个数据集之间的排名一致性，以充分提高药物靶标的稳定性。为了验证该新策略的有效性，选择精神分裂症作为案例以筛选稳定的药物靶标。该方法结合了多项研究的精神分裂症患者的微阵列组学数据，构建了最全面的微阵列数据集。应用图 12－21 所示的稳定识别靶标的新策略，筛选了一组稳定的精神分裂症的标志物。基于 ① 不同数据集中筛选靶标的稳定性；② 靶点的疾病相关性；③ 蛋白质－蛋白质相互作用网络的中心基因在疾病中的作用；④ 靶标的功能分析；⑤ 在独立测试数据集中的分类能力等五个方面的系统评估，充分验证了这些潜在药物靶标的稳

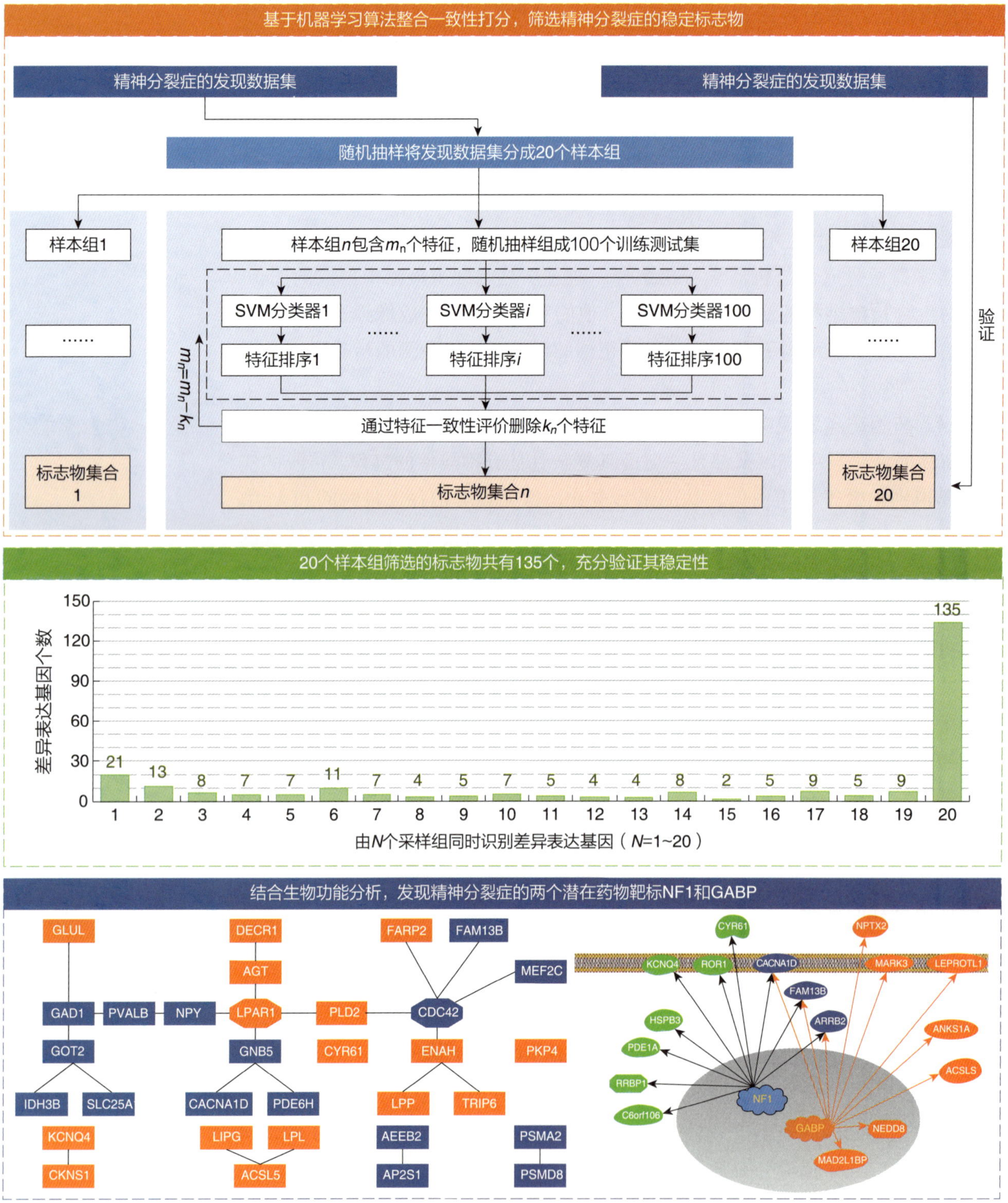

图 12-21 基于 RFE-SVM 筛选精神分裂症潜在靶点的工作流程

定性和可靠性。最后通过转录因子的富集分析，以识别明显高表达的转录因子结合位点。发现两个转录因子 NF1 和 GABP 在精神分裂症中发挥关键作用，有望成为精神分裂症潜在的药物靶标。

基于功能组学数据与机器学习的靶标发现新策略，使得筛选的稳定性和可靠性大大增加。并且，此策略以一种更有效的方式增加了潜在靶点的发现效率和准确性。从这个角度来说，它为发现原创药物靶标提供了新的策略，为药物的发现和开发开启了新的范式。

12.2.3 系统药物设计

12.2.3.1 网络药理学

网络药理学（network pharmacology）是以系统生物学理论为基础，利用生物信息学技术分析生物系统网络，选择特定的信号节点进行多靶点药物分子设计的一门新兴学科。2007 年，发表在 *Nature Biotechnology* 的研究首次提出了网络药理学的概念，开启了药物与药物、药物与疾病以及疾病与疾病研究的新大门。网络药理学也常被称为系统药理学（systems pharmacology），其基本思想是药物通过与细胞中不同蛋白质相互作用达到治疗效果，并诱发不良反应，如图 12-22 所示。近年来，组学技术的广泛应用让我们得以全面追踪药物作用于机体的生物效应，包括药物预期的疗效与非预期的不良反应。因此，通过观测细胞、类器官或动物模型在药物作用下的基因表达转录组、蛋白质组、代谢组和表观组等分子变化，并解析这些分子之间的关联，就能够以分子相互作用网络的方式系统地揭示药物行使其功能的底层分子机制。

构建复杂生物网络是开展网络药理学的关键前提。常见的生物网络类型包括蛋白质-蛋白质相互作用（protein-protein interaction，PPI）网络、基因调控网络（gene regulation network，GRN）、代谢网络（metabolic network，MN）等。在网络药理学研究中，常将药物-靶标互作（drug-target interaction，DTI）网络、疾病靶点网络与 PPI、GRN 等生物网络整合，形成更为复杂高维的生物网络。其中，DTI 网络的构建是基于药物-靶标蛋白质的二元关系，包括 DrugBank 、TTD、ChEMBL 等多个公开数据库都包含高质量的药物-靶标相互作用数据（见表 12-9）。

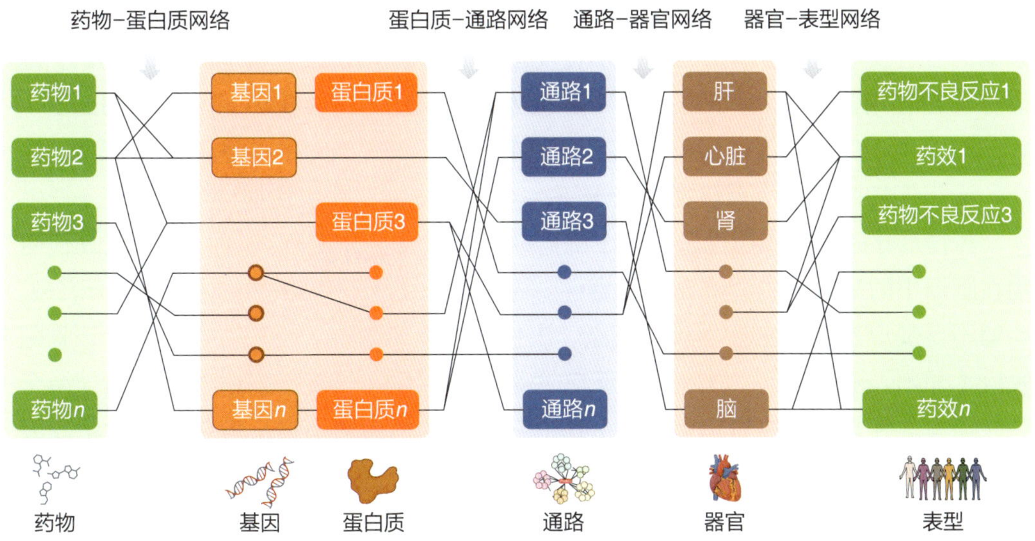

图 12-22 网络药理学的基本思想

基于复杂药物生物网络，可以开展经典的网络分析或智能学习，以发现新的药物靶点、药物再利用（drug repurposing）、药物相互作用（drug-drug interaction，DDI）等。通过发现药物生物网络中节点的关系，提取网络的枢纽节点或是网络特征模块，是揭示药物药理毒理分子基础的常用方法策略（参考第 11 章 11.3）。例如，有研究发现，在药物－疾病关联复杂网络中，与验证药物在网络距离相近的未验证药物，更有可能出现在临床试验中。类似的基于距离的指标也被用于在蛋白质－蛋白质相互作用网络中描述疾病与疾病的相近关系。

网络药理学也是当前探索中国及世界各国传统药物（traditional medicine）药理及毒理分子基础的一种主要研究策略。传统中药（traditional Chinese medicine，TCM）是我国独特的医药资源宝库。对于揭示中医药的科学内涵，面临三个关键挑战：首先，需要深入机体内部，理清传统中医理论与现代基因、蛋白质、细胞等微观因素之间的关系；其次，采用目前医学常用的单因素还原分析方法容易忽略中医宝贵的整体特色，难以“守正”；第三，传统中医药在微观层次的数据积累相对薄弱，因此需要从微观和系统角度阐释中医药的“整体”特色，这也对信息科学提出了挑战。人工智能的出现和多种人工智能技术为传统中药研究提供了新的结合点和支持。

中医药具有整体观和辨证论治为特色的理论体系。中药及其方剂具有多成分、多靶点、协同作用的特点。中医药网络药理学通过研究“疾病－基因－靶点－药物”相互作用网络，系统性地解析中医里证候（如寒证、热证）的生物分子网络和中药及方剂在人体中的协同作用。近年来网络药理学结合多组学测序、系统生物学等新技术，极大地推动了中药药效机制研究。

12.2.3.2 系统计算毒理学

药物是一种化学物质，具备影响机体生理、生化和病理过程的能力，被用于预防、诊断和治疗各种疾病。理想情况下，一种“高效低毒”的药物应当具备“魔术子弹”特征，即能够准确地作用于疾病部位，同时对健康组织不造成任何损害。然而，这种完美的药物在实际应用中并不存在。药物进入机体后，通常难以特异性地靶向病灶部位和目标疗效靶蛋白。因此，药物在发挥治疗效果的同时，往往伴随一些非预期的有害反应，通常被称为**药物不良反应（adverse drug reaction，ADR）**，或俗称毒副作用或副作用。根据 1972 年世界卫生组织（World Health Organization，WHO）国际药物监测合作中心的定义，药物不良反应是指在正常剂量用于预防、诊断、治疗疾病或调节生理机能的情况下，出现的非预期有害反应。

药物诱导的毒副作用可以在各个脏器或组织中发生。在化学层面，药物或其代谢物在脏器中的异常累积会诱发脏器毒性。药物不良反应是药物脏器毒性的临床表型。药物不良反应发生的生物学机制复杂，大体包括上靶效应（on-target effect）、脱靶效应（off-target effect）、过敏超敏反应（anaphylactic or hypersensitivity response）、药代动力学异常及个体遗传差异等。其中，近 70% 的药物不良反应是通过上靶效应机制诱发，具有明显的剂量依赖，也称之为过剂量效应（overdose effect）。近 20% 的不良反应或源于药物作用于疗效靶点之外的非预期蛋白质，即脱靶效应机制；这些非预期的药物-蛋白质相互作用难以预测，故也称之为特异质机制（idiosyncratic mechanism）。然而，药物与不良反应之间呈现多对多的冗余关系，这种复杂性使得采用常规和计算实验方法揭示导致不良反应的分子机制，以及进一步预测药物的临床安全性变得困难重重。

（1）药物不良反应相关数据库

拓展阅读12-3
药物不良反应分类系统（ADReCS）

检索生物信息学数据库是获取药物不良反应相关信息的常见生物信息学方法，常用的药物不良反应数据库见表 12-10。

表 12-10 药物不良反应相关公共资源数据库

数据库	简述
VigiBase	世界卫生组织全球个案安全报告数据库
FAERS	美国 FDA 对上市产品的上市后安全监督计划
ADReCS	包含 ADR 术语的标准化、层级化、数字化及药物-ADR 关系信息
SIDER	包含有关上市药品及其药物不良反应的信息
ADReCS-Target	药物不良反应相关靶点蛋白质数据库
ADMETNet	一个关于药代动力学和毒理学网络的知识库
NetInfer	基于网络的推理方法预测靶标及药物不良反应
admetSAR	提供 ADMET 相关手动整理的数据，并支持 ADMET 预测
ADMETlab2.0	系统评估 ADMET 特性以及一些理化性质

（2）药物不良反应机制探索与计算评估

如图 12-23 所示，当前生物信息学辅助药物不良反应机制研究与评估的方法策略可大致归纳为 4 个主要内容：① 确定药物集。药物集可来自已有数据库如 ADReCS 或 SIDER，或是从药物不良反应呈报系统如 FAERS 报告、电子医疗报告、药物说

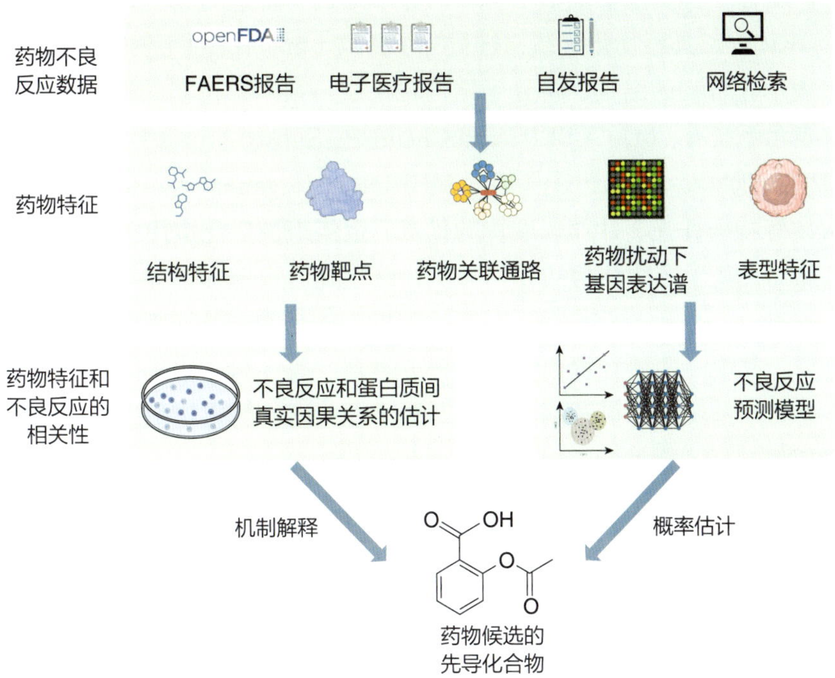

图 12-23 基于计算机的药物不良反应评估流程图

明书、文献报道等途径获取。② 药物特征。将药物的表型特征、结构特征、药物靶点、药物关联通路、药物扰动下基因表达谱等信息中的一组或多组相关数据向量化或二维嵌入。③ 构建预测评估模型。选取研究对象，选择合适的统计方法、机器学习、深度学习等技术构建相应的评估预测模型。④ 机制探索。通过基于模型的特征提取，比较药物集之间的特征差异，揭示药物诱导不良反应发生的理化特性、结构特征以及基因调控或互作靶点的差异，从而揭示不良反应发生的潜在分子基础。

目前药物不良反应计算评估的方法大致可以分为以下六类：① 基于化学理化性质和结构的研究方法；② 基于药物靶点的研究方法；③ 基于药物诱导基因表达谱变化的研究方法；④ 基于生物途径扰动的研究方法；⑤ 基于分子互作网络的研究方法；⑥ 基于人工智能的新进展。以下是详细的方法介绍。

① 基于化学理化性质和结构的研究方法　该方法策略认为药物的生物活性是由药物的化学结构决定，药物小分子的毒性与其化学组成及结构特征是相关。因此，目前多数计算机毒性预测专家系统基于药物的构效关系（structure-activity relationship，SAR）或定量构效关系（quantiative structure-activity relationship，QSAR）构建数学模型。构建 QSAR 预测模型通常需要将药物的化学结构进行量化表征，即用分子描述符（molecular descriptor）描述分子结构属性变量，这些变量是一系列由实验测得或计算获得的物理化学和图形拓扑结构等参数。常见的分子描述符量化工具包括 RDKit 和 PaDEL-descriptor 等。QSAR 模型的构建通常采用基于规则模型（rule-based model）或基于统计模型（statistic-based model），这些模型在药物的急性毒性预测上表现出色，但其受限于专家的知识与经验对于系统规则的制定。成功的产品包括 DEREK 和 TOPKAT 等，它们集成了一系列的数学模型，从化合物的构效关系及特定毒性相关化学基团或药效团等方面综合地对小分子的毒性进行评估。

另外，也有一些模型系统基于药物的分子结构特征进行毒性预测。这些模型常用采用 RDKit 等工具药物化学结构进行分子指纹（fingerprint）表征，即通过分子结构片段来表示化合物的结构，将分子结构转化成一系列二进制的指纹序列。常见的分子指纹表示系统有：MACCSFP、PubChemFP、SubstructureFP、Atom PairesFP、DaylightPF、Klekota-Roth（KR）FP、MHFP 和 MorganFP 等。使用分子指纹表征分子结构具有特征性强、计算速度快的优点，近年来被广泛应用于药物设计和计算毒理学。然而，基于药物结构的评估方法存在生物学可解释性差等问题。为增加模型的可解释性，一些研究将药物-不良反应相互作用和药物-基因表达变化结合起来进行分析。其中一项研究提出一种机器分类器，通过结合化学结构和基因表达特征，显著提高不良反应的可预测性。基于基因表达转换的生物术语特征有助于理解药物的作用机制。

② 基于药物靶点的研究方法　构建药物作用蛋白质互作靶点网络是揭示药物诱导毒副作用底层分子机制最有效的方法之一，也常被用于预测和评估药物不良反应。该策略采用高通量虚拟对接（docking）、网络分析、机器学习及文献挖掘等方法，预测药物潜在的作用靶点，进而基于靶点的生物学功能评估小分子的毒性。得

益于小分子与蛋白质相互作用的相关实验数据公开、3D 蛋白质结构数据的存在及高性能计算技术的发展，数百种药物利用反向对接方法产生了大量包含数百个靶点的大型药物靶点谱。虽然不良反应相关蛋白质信息有限，但基于配体或反向对接方法预测药物靶点可以成功地运用于不良反应的预测和机制研究。一项研究通过反向对接软件 INVDOCK 预测药物与已知不良反应相关靶点的相互作用，从而成功地预测了 12 种在市抗艾滋病药物的不良反应。

美国食品药品监督管理局（Food and Drug Administration，FDA）开发的 PHASE（Public Health Assessment via Structural Evaluation）模型是该策略的一个典型应用。PHASE 模型通过 4 个主要步骤来评估药物的安全性：a. 结构相似性评估。构建受控药物数据库，使用分子指纹等方法量化新药物与受控药物的结构相似性。b. 生物靶点预测。综合利用多种结构和目标信息预测生物靶点、作用模式和结合亲和力。c. 分子对接。基于虚拟筛选评估化合物与靶点活性位点间的相互作用，通过生成数千个潜在结构构象，使用打分函数评估复合物的相互作用情况，预测其结合能量（参考第 9 章 9.3）。d. 专家审查。对相似性和结合预测进行专家审查，确保新物质对公共安全构成的风险与维持适当的疼痛治疗相平衡。例如，FDA 曾利用 PHASE 模型来揭示卡痛叶的潜在分子毒理机制。卡痛叶长期被作为处方麻醉品的一种替代品，用于治疗疼痛和缓解阿片类药物戒断症状；然而，其会导致严重或致命的并发症，底层毒理机制不明。FDA 基于 PHASE 模型，开展靶点预测，总结出卡痛叶具备类阿片类药物特征，并确认了其会带来致命的健康风险。因此，在缺乏实验数据的情况下，PHASE 模型依旧能够利用历史数据，对新药的药理学特性和潜在风险开展系统性的探索，支持 FDA 对新药的安全性进行快速响应和监管决策。

③ 基于药物诱导基因表达谱变化的研究方法　基于系统生物学的思想，通过比较分析处理原代或肿瘤细胞的药物诱导基因表达谱（drug-induced gene expression，DIGE）变化信息，有助于开展药物重定位、靶点预测，以及不良反应和耐药机制等研究。Connectivity map（CMap）是第一个基于基因表达的高通量筛选平台，通过收集超过 1 300 种生物活性小分子处理的肿瘤细胞系全基因组转录表达数据，以促进发现药物、基因和疾病间的功能联系。LINCS（NIH Library of Integrated Network-based Cellular Signatures）旨在发现细胞对扰动反应的基本原理，其中 LINCS L1000 项目收集了超过 3 万种动物在不同时间点、剂量和细胞系的基因表达图谱。一项研究利用 CMap 数据挖掘药物作用下显著差异表达基因，并基于改进的朴素贝叶斯网络模型，通过药物-基因-不良反应相互作用网络实现高通量药物安全性分析。

④ 基于生物途径扰动的研究方法　生物途径是细胞分子通过系列相互作用实现细胞功能，如物质代谢、信号转导和表达调控等。最全面的真核生物生物途径相关信息已被收录于京都基因和基因组百科全书 KEGG 中，其中基因与生物过程的相关注释信息也可从基因本体（Gene Ontology，GO）中获取。相较于细胞中全基因表达谱的变化，药物对细胞生物途径及其组成基因的扰动被认为更为保守和具有生物学意义。一项研究基于假设“能够调节相同途径的药物可能会引起类似的不良反

应”，利用药物–靶点信息，借助虚拟对接和逻辑回归算法挖掘不良反应–生物通路的关系。另一项研究通过大规模分析临床表型数据、生物通路和药物–靶点关系识别具有代表性的不良反应–生物通路组合，有效地发现生物途径和不良反应的关联。

⑤ 基于分子互作网络的研究方法　类似生物途径，蛋白质–蛋白质相互作用（PPI）网络以蛋白质为网络的节点，蛋白质之间的物理相互作用表示为边，构成复杂的网络，能够很好地反映细胞中的分子动态关系。其中，STRING 蛋白质网络是代表性的 PPI 网络。在探究药物的药理与药毒中，可以将药物–靶点互作关系、药物–疾病、疾病–靶点、药物–基因调控等多元信息整合在 PPI 网络中，以此构建出一个覆盖药物–靶点–疾病的多元异质网络。基于该异质网络，可以开展各种自由度、连通度等网络特性分析，挖掘比较不同药物的分子网络特性和相互关系，从而揭示药物诱导不良反应的分子基础和评估新药的安全性。一项研究提出一种基于稀疏典型相关分析（sparse canonical correlation analysis）的方法，将药物作用蛋白质和不良反应联系起来；相较于基于化学结构预测不良反应等方法，表现出更好的性能。还有一些研究关注药物的表示学习，一项研究通过构建药物异构网络，提出一种基于元路径的异构信息网络嵌入方法，整合药物信息和不良反应信息并学习药物表示，有效提高不良反应预测的准确性。

⑥ 基于人工智能的新进展　近年来，人工智能技术的迅猛发展也惠及了药物毒性研究领域，并在药物安全性评估方面取得了一些实质性进展。借助人工智能领域所发展出的丰富算法，可以有效地从大量嘈杂的数据中提取化学结构和生物系统信号，以此大大提高不良反应的预测准确性。一项研究利用改进的分子图编码卷积神经网络提取药物化学特征，显著提高急性口服毒性的预测准确性。近期还有一些研究利用循环神经网络和卷积神经网络来预测不良反应，另一项研究使用基于拓扑的新型多任务深度神经网络进行毒性的定量预测。

12.2.4　智能药物设计

随着各种高通量技术与检测方法的推广应用，生物医药领域的数据呈指数级递增。这类大数据具有维数高、噪声干扰强、数据结构复杂等特点，传统分析方法难以充分发现数据内部所蕴含的底层关联与规律，建立新的计算方法以实现系统性、智能化的生物医药数据挖掘，成为当前药物设计领域的重要挑战。

12.2.4.1　生物信息在小分子化学药物筛选中的应用

经典药物研发大量依赖于实验，耗时费力，成本居高不下。而人工智能技术能显著提高药物研发效率。基于蛋白质结构和功能信息，采用分子生成、虚拟建库和以人工智能为特征计算技术直接进行药物虚拟筛选已被证明能提高药物发现效率。

目前，基于人工智能的药物筛选主要有两种思路。第一种是分析已知活性分子的特征，通过对比待测化合物与已知活性化合物的相似性，构建结构–活性关系或药效基团模型来预测其药理学性质，称为间接药物设计，也称为基于配体的药物设计（ligand-based drug design，LBDD），常用方法包括定量构效关系、药效基团模型、受体映射、基于分子形状的叠合等。基于配体的人工智能筛选工作流程一般为：从数据库或文献中收集已知的活性化合物信息作为训练数据；根据分子结构选择合适的表示方法；建立生物活性和分子表示之间的关系模型；应用模型预测待测化合物的生物特性。第二种是模拟化合物与蛋白质靶点在三维空间上的相互作用，从而预测化合物对靶蛋白的作用方式，称为直接药物设计，也称为基于结构的药物设计（structure-based drug design，SBDD）。基于结构的虚拟筛选方法一般通过特定算法模拟化合物和蛋白质的相互作用，并依赖已知的蛋白质三维结构。其中最常用的方法是分子对接（molecular docking），用于预测小分子与蛋白质的结合方式和结合强度（参考第 9 章 9.3）。分子对接在加速药物发现方面起着至关重要的作用，使其更快速、更便宜和更有效。在实际工作中，根据已知信息的多少可以选择相应的研究方法，当然已知信息越多越准确的时候，结果就越可靠。常见分子对接工具如 AutoDock 等。

12.2.4.2 生物信息在组合用药预测中的应用

肿瘤的药物疗法经常出现耐药性问题。尤其是靶向疗法，用药初期抗癌效果显著，后期就会出现各种耐药性问题。为了解决肿瘤细胞的耐药性问题，研究者对癌症基因组进行不断地探索，尝试利用联合用药来寻求新的治疗方案。联合用药是为了达到某种治疗目的而采用的两种或两种以上药物同时或先后应用的治疗策略，具有提高疗效，延缓耐药性以及减少药物毒副作用的优势。但随着药物个数的增加，药物组合的可能性呈指数增长，加上每种药物有不同的剂量，单靠实验筛选变得越来越困难。近年来，药物研发机构开始运用生物信息智能计算技术来研发快速高效的药物组合药效计算预测方法。一般而言，组合用药筛选的计算流程如图 12-24 所示。

药物联用后，会产生药效学和药动学上的相互作用。根据其相互作用的类型，可以将药物组合大致分为 4 种，药物合用的作用效果小于单药的作用效果，为抑制作用（suppressive）；药物合用的作用效果小于、等于、大于两药的单用的作用效果之和，分别称为拮抗（antagonistic）、加和（additive），以及协同（synergistic）作

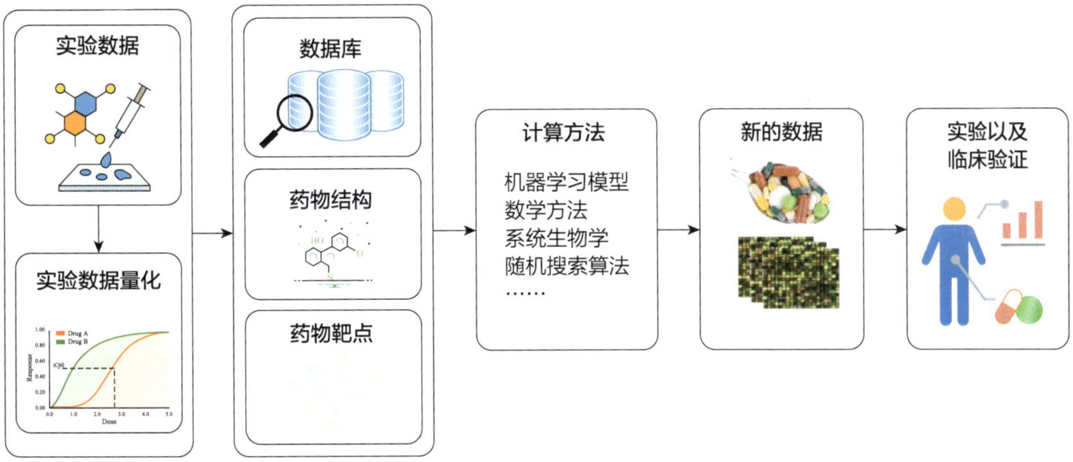

图 12-24 组合用药筛选的计算流程

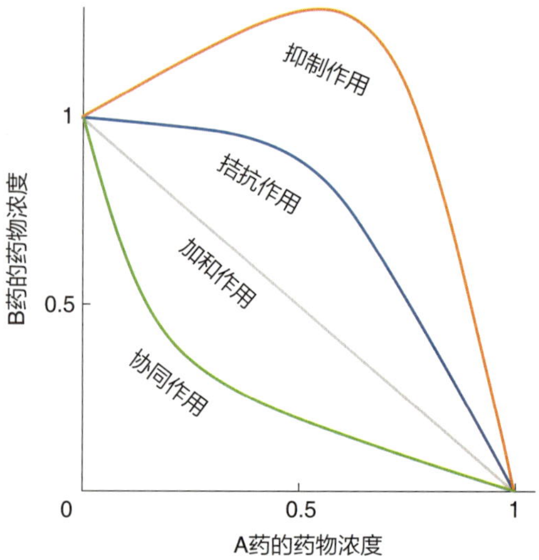

图 12-25 药物相互作用的等效线

用。评估药物相互作用的等效线，如图 12-25 所示。

横轴和纵轴代表药物浓度，截点表示单一药物达到某一药效（如 50% 细胞抑制率）时的浓度。每条曲线代表药效（50%）曲线。绿色代表协同组合用药，黑色代表加和组合用药，蓝色代表拮抗组合用药，橙色代表抑制组合用药

目前，已经存在一些用于协同药物组合预测的方法和模型被报道和使用，例如，针对协同抗癌药物组合筛选的人工智能系统，基于多成分多靶点药物的网络效应，结合癌症的基因表达谱特征，采用机器学习算法，提取出具有协同作用的抗癌药物组合的网络靶向特征，并将其应用于潜在协同药物组合的排序筛选。该系统将协同用药预测吻合度/准确率 (PC index) 从原先的 61% 提升到 78%，极大地提高了联合药物筛选的效率。该方法先后在 B-细胞淋巴癌、乳腺癌和肺癌细胞系上分别进行了验证，最后利用斑马鱼肿瘤模型，验证出一组具有强协同作用且低毒的抗乳腺癌协同药物组合。此外，一些研究团队探索了反馈系统控制算法、随机搜索算法、统计模型和基于因子的多尺度模型等来预测组合药物在不同剂量配比下的药效，以便为未来的临床应用提供更多线索。

12.2.4.3 生物信息在大分子药物设计中的应用

随着单克隆抗体、双特异性抗体以及抗体药物偶联物（antibody-drug conjugate，ADC）药物的相关研究不断发展，抗体药物已经成为药物研发的新热点。2019 年新冠疫情暴发以来，由多种抗体混合而成的“鸡尾酒抗体”可能有助于治疗和预防新冠感染，引发新冠抗体研发的井喷趋势。随着抗体结构数据的快速增长，针对抗体药物研究的生物信息学人工智能设计工具也不断发展，主要集中在抗原表位预测和单克隆抗体设计方面，其代表性的方法如下。

（1）抗原表位预测

① T 细胞表位智能识别及预测　T 细胞表位的识别和免疫应答的诱导在个体的免疫系统中起关键作用，基于 T 细胞抗原表位的合成肽可被用于激活 T 细胞。T 细胞表位预测的关键点之一是预测主要组织相容性复合体（major histocompatibility complex，MHC）的结合肽，而 MHC 是高等脊椎动物蛋白质中最具多态性的蛋白质。如此广泛的等位基因肽结合偏好难以用实验筛选，因此需要生物信息学预测的参与。T 细胞表位的预测通常涉及特定的 MHC Ⅰ类或 MHC Ⅱ类等位基因的肽结合特异性，然后用生物信息学软件预测表位。现有的 T 细胞表位预测方法可以根据其基础算法分为支持向量机、隐马尔可夫模型（HMM）、定量构效关系（QSAR）分析以及基于结构的方法。T 细胞表位识别及预测工具如表 12-11 所示。

② B 细胞表位智能识别及预测　与 T 细胞不同，B 细胞表位主要识别不连续的空间表位。由于必须考虑抗原的三维结构，预测构象型 B 细胞表位就更复杂。在该领域，复旦大学团队致力于蛋白抗原 B 细胞表位预测的智能算法研究，研发了抗原

表 12-11 T 细胞表位识别及预测工具

名称	简述
IMGT Repertoire	包含人白细胞抗原（HLA）和 TCR 序列的排列注释
AntiJen	提供 MHC、抗原肽转运蛋白体（TAP）、B 细胞和 T 细胞抗原等相互作用多肽的实验和预测数据
Allele frequencies Net Database	概述 HLA 频率和细胞因子多态性
IEDB	包含来自各种物种的免疫表位数据
ElliPro	通过改善建模软件和可视化平台来预测和展示表位
NetMHC	基于人工神经网络模型预测多肽与 HLA 结合
seq2HLA	利用 RNA-Seq 数据进行 HLA 分型，精确到 4 位分型结果
OptiType	对 HLA I 型基因进行分型，精确到 4 位分型结果
HLAscan	利用全基因组测序（WGS）与全外显子组测序（WES）数据预测 HLA 基因型
HLAforest	利用 RNA-Seq 数据进行 HLA 分型，精确到 4 位分型结果

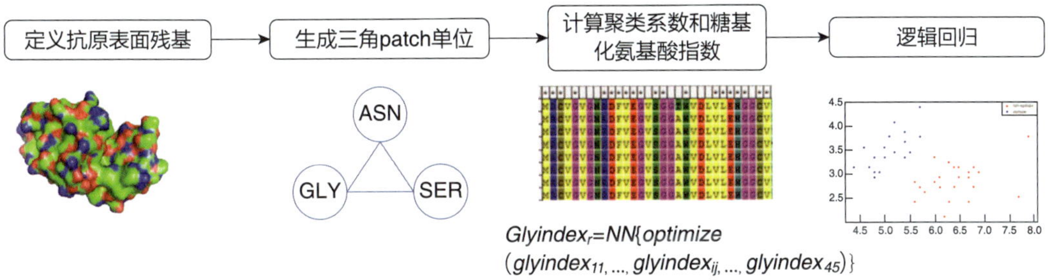

图 12-26 空间表位预测

在输入抗原后，SEPPA3.0 综合考虑糖基化位点对空间微环境的影响，设计了糖基化相关的全新分类参数，同时引入反向“校正”，对糖蛋白抗原空间表位进行预测

空间表位预测系列工具 SEPPA，不仅从空间结构和理化特征方面进行了深入研究，还创新性地引入了亚细胞定位、宿主物种、翻译后糖基化修饰及抗体信息等特征，显著提升了 B 细胞表位预测的准确性，成为 B 细胞表位预测的基准算法（图 12-26）。表 12-12 详细列出了 B 细胞表位识别及预测的工具。

表 12-12 B 细胞表位识别及预测工具

名称	简述
HaptenDB	包含引起免疫反应的半抗原特异性、交叉反应性抗体和在诊断中抗体的使用等信息
DiscoTope 2.0	利用表面可及性和表位倾向氨基酸评分预测不连续 B 细胞表位的三维结构
Epitopia	预测蛋白质三维结构或线性序列中的免疫原性区域
SEPPA 2.0	引入抗原亚细胞定位及宿主物种信息构建预测模型，可进行抗原蛋白空间表位预测
SEPPA 3.0	空间表位预测平台，首款糖基化蛋白抗原的表位预测工具
SEPPA-mAb	空间表位预测平台，首款抗体特异性表位的在线预测工具

③ 其他方法预测　部分优选的肽锚点氨基酸位置的组合称为模体。在抗原表位的预测过程中，检索序列的方法即通过使用模体文库对目标肽段氨基酸序列中的特定序列进行检索，这是抗原表位预测最古老也最广泛使用的方法。乔・达马罗（Joe D'Amaro）等开发的计算机程序模体（MOTIF），收集了所有已知的亲和 HLA-A* 0201 的模体。另外一种广泛使用的表位预测工具是 SYFPEITHI，它也是基于模体

检索方法的软件。但由于并不是所有的结合肽都具有可识别的模体，这类基于检索模体的预测算法的精度仅为 60% ～ 70%。基于结构的表位预测方法能够大大提升预测算法的精度，除本文介绍的表位识别的方法外，在合成蛋白疫苗的设计过程中还可以应用分子结合能和分子动力学、亲疏水性和电荷结合力等方法，以进一步提高设计合成的肽疫苗的免疫原性和生物安全性。

（2）单克隆抗体智能设计

免疫信息学已经极大地改变了单克隆抗体产业。目前，已有很多本地及云程序被开发出来，并被用于抗体的应用研究。这些软件主要聚焦的功能包括：① 生成特定抗体互补决定区（complementary determining region，CDR），代表性的软件如 Abnum；② 确定抗体重链和轻链的亚类，较为经典的工具如 SUBIM；③ 构建特定序列的抗体三维结构，工具包括 RosettaAntibody、PIGS、SWISS-MODEL、AbM 等。除此以外，需要关注的问题还包括：检查给定的抗体序列中可能存在的测序错误（如 AbCheck），评估抗体的人源化程度（SHAB），以及预测抗体亲和力、抗体的凝聚性和半衰期等。

12.2.4.4　生物信息在疫苗研发中的应用

人工智能在疫苗研发中产生了广泛而深刻的影响，涵盖多个方面，包括病毒分析、药物设计和临床试验优化等。首先，通过深度学习算法对病毒基因组进行高效的序列分析，以更好地了解其结构和功能。其次，利用机器学习对大量分子进行虚拟筛选，以识别可能的疫苗候选物质。在临床试验阶段，可以应用自然语言处理和数据挖掘技术，加速患者招募过程，提高临床试验效率等。

例如，疫苗研发面临一个重要科学问题，即免疫原是否具有足够的保护范围。解决这个问题的关键是准确地衡量不同抗原蛋白之间的抗原性距离。目前存在许多针对特定病原体（如流感病毒、登革病毒、口蹄疫病毒等）的抗原性距离计算工具，但这些方法大多需要大量实验数据作为训练，对于突发或新发传染病的应对能力不足。

疫苗研究在线信息网（Vaccine Investigation and OnLine Information Network，VIOLIN）是专为疫苗设计而开发的网站，包含大量疫苗相关的数据库和软件。例如，Vaxign（vaccine design）是一种基于反向疫苗学原理的疫苗靶点预测与分析系统。Vaxign 包括两个部分：一是 Vaxign Query，可直接查询 Vaxign 网站已预测好的结果；二是动态交互部分，即对输入的序列进行交互分析和可视化。Vaxign 集成了一系列分析软件，包括预测 MHC Ⅰ类及 MHC Ⅱ类结合能力的 Vaxitope、预测蛋白质跨膜方式的 TMHMM 等。常用的免费计算机辅助疫苗设计工具见表 12－13。

12.2.5　生物信息学在膜靶向药物研究中的应用

12.2.5.1　细胞膜与药物活性的关系

细胞膜最重要的功能之一是维持细胞内环境稳态，确保细胞生命活动的正常进行。这一功能的实现得益于细胞膜精妙的选择渗透性屏障作用。因此，细胞膜结构

表 12-13 一些免费计算机辅助疫苗设计工具

名称	简述
EpiPredict	6 种 HLA-DR/DQ 及人 TAP 配体预测
NetChop	蛋白酶体酶切位点预测
PAProC	PAProC Ⅰ预测人及酵母 20S 蛋白酶体酶切位点；PAProC Ⅱ预测组成性与免疫蛋白酶体酶切位点
PREDEP	
ProPred	51 种 HLA-DR 配体预测，用于预测杂合性 T 细胞表位
ProPred1	47 种 MHC Ⅰ类配体预测，集成蛋白酶体酶切位点预测
SDAP 2.0	变应原 3D 结构及免疫球蛋白 E（IgE）表位数据库，预测变应原交叉反应及 IgE 结合位点
SYFPEITHI	200 种以上 MHC Ⅰ类配体预测和 60 种以上 HLA Ⅱ类配体预测

的损伤可能会带来致命的后果。多黏菌素就是自然界中存在的一类天然抗生素，通过破坏细菌的膜结构，达到杀灭细菌的效果。值得注意的是，多黏菌素主要抑制革兰氏阴性细菌的生长，这一类细菌除细胞膜外，还拥有一层特殊的细菌外膜结构，由脂多糖（lipopolysaccharide，LPS）、磷脂和外膜蛋白组成。细菌外膜是典型的非对称性膜结构，其外小页脂质主要由 LPS 组成，而内小页脂质则主要是磷脂分子。自然条件下，细菌外膜中的脂质形成稳定的分子间相互作用，从而构成了对外源有害物质（如抗生素药物）的渗透屏障，提高细菌的逆境生存能力。多黏菌素是一类脂肽类抗生素，通过与细菌外膜 LPS 结合，破坏细菌外膜结构完整性，最终导致细菌死亡。但传统的实验手段很难精确地分析药物分子与生物膜结构之间的相互作用，大大限制了膜靶向药物活性机制的探究。

分子动力学模拟技术作为一种“时间放大镜”，使得技术人员能够在原子级尺度实时观测生物分子之间的相互作用和运动细节，近年来已经成为生物、化学、药学等领域的研究热点。细胞膜系统的分子模拟体系是研究膜靶向药物的重要手段，具体包括细胞膜结构搭建、小分子结构搭建和参数化、模拟体系组装、分子模拟以及数据分析等步骤。在一个具体案例中，研究人员利用此方法发现了多黏菌素在细菌外膜上的聚集现象，并能快速将细菌外膜亲水头部区域的钙离子置换出来。正是这些复杂的细胞膜-药物相互作用，多黏菌素破坏了细菌外膜的结构完整性，最终导致细菌死亡（图 12-27）。

尽管这些理论模拟研究为深入理解多黏菌素的抗菌活性机制提供了新的见解，然而，在大多数研究中细菌外膜结构模型是理想化设置的，细菌外膜中多样的脂质类型和丰富的修饰种类往往被忽视，从而难以反映细菌外膜真实的结构特征这阻碍了对多黏菌素抗菌机制的深入分析。近年来，随着脂质组学技术的发展，细胞膜脂质组成的定量分析使得构建更高生物真实度的细胞膜结构模型成为可能。此外，增强采样技术使得分子动力学模拟在研究药物跨膜运动的过程中发挥着越来越重要的作用。例如。研究人员发现多黏菌素在细菌外膜内部形成的一种特殊的折叠式构象，从而更完美地与细菌外膜结合。当然，在利用生物信息学分析技术的同时，结合化

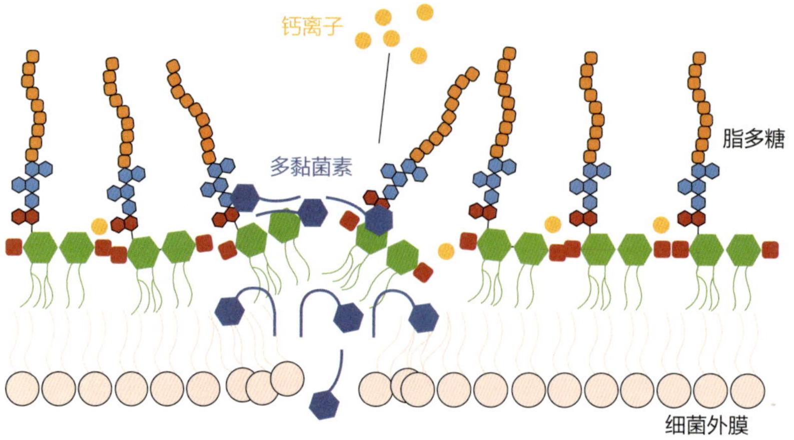

图 12-27 抗菌肽多黏菌素与细菌外膜相互作用示意图

学生物学和分子药理学手段，可以进一步验证药物分子关键官能团的功能，从而建立全面深入的膜靶向药物结构-活性关系的数字化模型。

12.2.5.2 细胞膜与药物耐药的关系

随着抗生素药物的不断使用，细菌耐药性已经成为一个新的全球性医疗问题。细胞膜系统作为重要的天然渗透屏障，与细菌耐药性的产生密切相关。一方面，细菌通过改变细胞膜脂质结构降低渗透能力，从而减少抗生素进入胞内，削弱抗生素效果；另一方面，外排泵可以将药物分子从细胞内运输至细胞外，降低有效药物浓度，也是形成抗生素耐药性的重要机制。对革兰氏阴性菌而言，细菌外膜 LPS 修饰是产生抗生素耐药的普遍机制，通过非特异性地降低外膜渗透性，可以导致广谱的细菌耐药。然而，LPS 修饰如何改变细菌外膜渗透性并造成细菌耐药的物理学机制一直困扰着研究人员。

细胞膜系统的分子模拟体系为探究脂质结构变化与细胞膜结构性能之间的关系提供了一种高精度的分析方法。在具体案例中，研究人员分析了 LPS 磷酸乙醇胺修饰、阿拉伯糖胺修饰、脱脂酰化修饰对细菌外膜结构的影响，这些修饰可以促进 LPS 分子间形成更多的极性相互作用，增强细菌外膜结构稳定性，抑制药物对细菌外膜的结合以及药物分子在外膜内的构象变化（图 12-28）。在这些作用的影响下，细菌产生了更强的防御能力，成为细菌形成抗生素耐药的物理学机制。此外，鲍曼不动杆菌还可能发生 LPS 完全丢失的现象，导致奇特的多黏菌素依赖型耐药，即

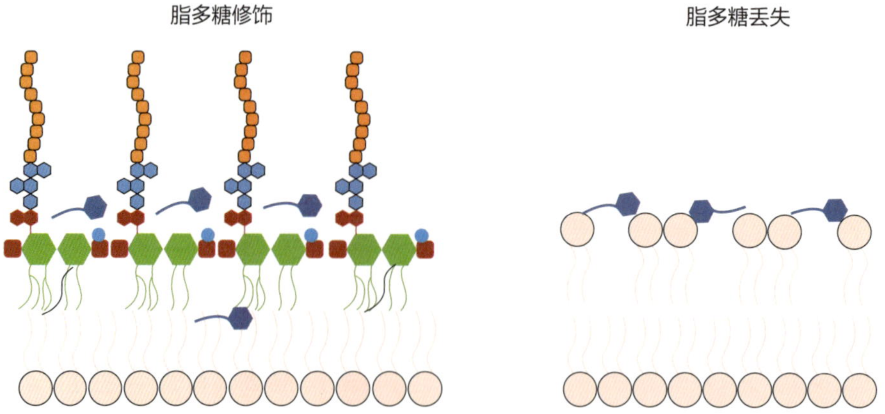

图 12-28 细菌外膜结构重塑导致抗生素耐药示意图

细菌只能在有多黏菌素的环境下才能正常生长。利用计算方法，研究人员揭示了多黏菌素以“补丁结合”的方式吸附到外膜表面，并通过介导磷脂分子间相互作用来稳定细菌外膜结构（图 12-28），从而提高细菌的生存能力。此外，结合大尺度粗粒化分子模拟技术，还可以进一步分析多黏菌素与 LPS 糖链的相互作用过程，发现 LPS 中的酸性多糖能够招募大量的钙离子，促进 LPS 分子间形成复杂的交叉作用网络，屏蔽了抗生素与 LPS 分子脂质 A 部分的接触，在近原子水平上揭示革兰氏阴性菌对多价阳离子型抗生素广谱耐药的内在机制。

12.2.5.3 细胞膜与药物毒性的关系

药物潜在毒性是药物研发面临的一大难题。多黏菌素就因肾毒性而一度被禁止使用，多黏菌素诱发肾毒性的比例高达 60%，临床表现包括蛋白尿、血尿和急性肾小管坏死，严重者可出现急性肾功能衰竭。静脉注射给药后，多黏菌素在肾中大量积累，而几乎不在肝、肺、心脏等器官中出现，这种现象与肾小管上皮细胞大量重吸收多黏菌素有关。经肾重吸收后，肾小管上皮细胞内的多黏菌素浓度可达胞外浓度的 4760 倍。这说明肾重吸收多黏菌素导致胞内累积可能是造成肾毒性的源头。但目前对多黏菌素与肾细胞相互作用机制的认识还很不充分。

细胞膜及其膜蛋白计算体系为研究药物毒性机制提供了新的思路。例如，通过建立肾小管上皮细胞膜三维结构模型，结合分子模拟和原子力显微成像技术，分析了不同多黏菌素对肾细胞膜的结构影响。结果表明，虽然不同的多黏菌素均能快速吸附到细胞膜表面，但对细胞膜造成结构损伤的程度具有明显差异；重要的是，不同的多黏菌素插入肾细胞膜的深度不同，异常增强细胞膜的渗透性，干扰细胞正常代谢活动。这从细胞膜损伤的角度揭示了多黏菌素肾毒性的潜在机制（图 12-29），并初步探索了多黏菌素的结构-肾毒性关系。此外，膜蛋白体系的分子模拟还揭示了多黏菌素对离子通道蛋白的结合，从而导致离子通道维持在开放构象（图 12-29），造成钾离子持续外流和细胞膜电位紊乱，最终导致肾小管上皮细胞的代谢障碍。这些基于生物信息学的研究从全新的角度探索了药物与肾脏细胞相互作用的机制，并为后续药物毒性的优化设计提供了指导。

在未来工作中如何构建具有“生物学真实度”的细胞膜体系，从更大的空间尺度、更长的时间尺度上分析药物与细胞膜系统的相互作用，将是进一步完善膜靶向药物药理机制，建立膜靶向药物理性设计策略的重要方向。

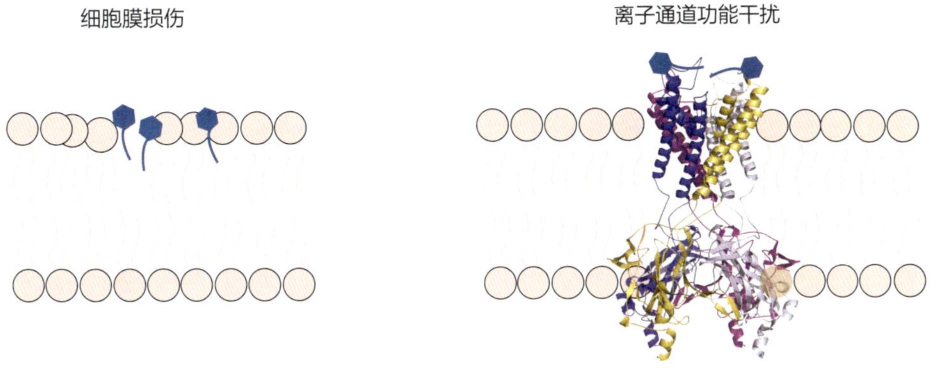

图 12-29 膜靶向药物与肾细胞膜系统相互作用示意图

12.2.6 智能药学的展望

本节着重介绍了生物信息学在靶点发现、毒性评估、智能药物设计和膜靶向药物等领域中的应用，帮助理解生物信息学在药物研发中的重要性和潜在价值。但生物信息学在药物研发的应用远不止上述层面，在一些前沿的领域，发挥着不可或缺的作用。例如，在药物递送等领域，生物信息学优化了纳米颗粒设计，以获得靶向、有效的治疗。在联合药物开发中，生物信息学模拟药物相互作用以识别最佳组合，提高治疗结果。对于蛋白降解靶向嵌合体（proteolysis targeting chimera，PROTAC）来说，生物信息学有助于识别目标蛋白和设计有效分子。在 ADC 开发中，它识别合适的抗体靶点并优化接头化学。基于新抗原的疗法通过识别个性化免疫疗法的独特肿瘤标志物而受益于生物信息学。在新辅助化疗中，生物信息学预测肿瘤反应并监测最低限度的残留疾病，指导有效的治疗计划。总体而言，生物信息学在新药设计和治疗方法的发现及优化中发挥着关键作用，加速了研发进程，在推动了更加高效且个性化的药物开发和疾病治疗过程中具有巨大的应用潜力。

信息计算技术的快速发展和人类各组学计划的实施使得基于大数据的医药生物信息智能技术与产品成为未来促进新药研发的主要趋势之一。尽管表型药物发现方法很大程度被靶标发现方法所取代，将原始概念和现代工具和策略相结合的现代表型药物发现再次兴起。未来应更注重生物信息智能计算技术与新药研发各环节的互相渗透，形成干湿结合、面向应用转化的创新研究范式。

12.3 智能育种

12.3.1 智慧农业与智能育种

农业是国民经济的主体，是立国之本、兴国之器、强国之基。近年来，随着高通量测序、人工智能、遥感传感以及物联网等技术的快速发展及其在农业领域的广泛应用，农业领域产生了大量的数据，包括作物组学数据、作物生长状况、病虫害检测信息以及地块环境信息等。以大数据解析与利用为主要研究内容之一的生物信息学在智慧农业设施、智能育种、农副产品生产和生态环境保护等诸多方面正发挥着越来越重要的作用（图 12－30）。

农业现代化，种子是基础。随着全球人口的增长、人们生活需求的提高以及生态环境的变化，如何在有限的耕地资源上实现粮食等农产品的高产、优质、高效生产，是全世界农业生产面临的巨大挑战。优良的种子作为农业的“芯片”，是确保粮食安全的关键基础。传统的良种选育主要依靠育种工作者的目力和经验，并结合生物学统计数据分析，根据个体的表型性状进行选择或淘汰。这种“经验育种”存在周期长、随机性大、综合评价能力弱等缺点。近年来，生物技术、信息技术革命

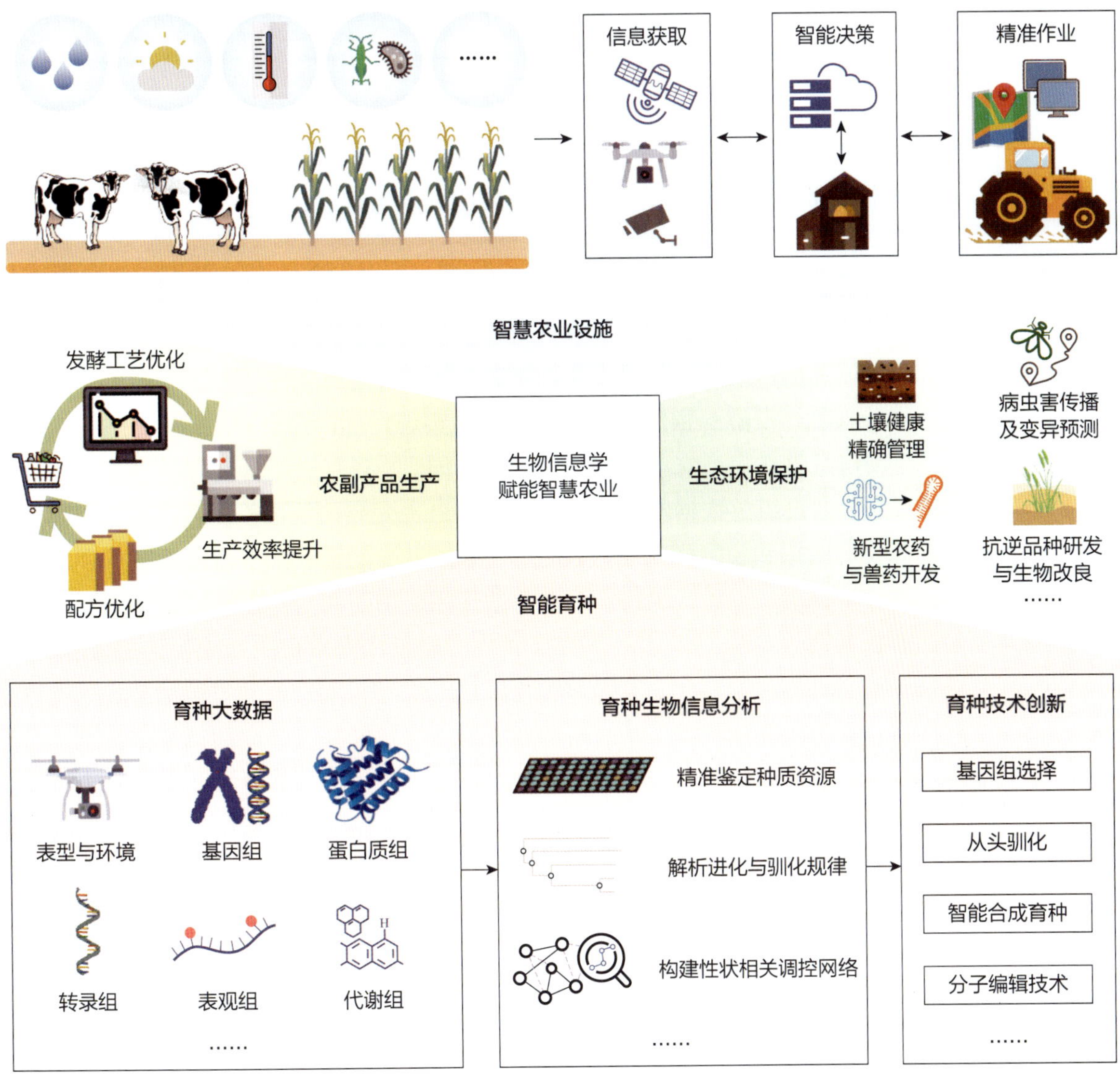

图 12-30 生物信息学在农业中的应用

催生了基因编辑、深度学习等前沿技术，驱动动植物育种从“经验育种”和“分子育种”向“智能育种”和“设计育种”转变，推动国际种业发展进入“育种 4.0”时代。研究人员充分发挥生物信息学的多学科交叉优势，利用机器学习、数据挖掘等先进的数据分析技术建立育种相关生物信息分析方法、模型、流程与软件，精准鉴定种质资源，大规模挖掘农艺性状相关基因及生物分子网络，准确建立基因型与表型的关联关系，智能构建基因组选择预测模型，快速开发迭代分子编辑工具，助推育种工作向智能育种方向迈进。

生物信息学还可以根据农业生产过程中的大量监测数据，构建预测模型助力农作物的精细化、自动化管理，进而降低人力成本，提升农业生产效率，提高农作物的产量和品质。利用卫星遥感、传感器、物联网等技术构建的智能化控制系统，对农田环境、土壤质量、作物生长等进行实时监测，获取多维度、多时空尺度的农作物种植数据，进一步利用大数据、人工智能等技术构建预测模型，实现灌溉、施肥、病虫害等不同条件下的农田精准管理，从而提高资源利用效率、减少化肥与农药的过量使用、降低生产成本。智能化决策支持系统利用大数据、机器学习等技术，为农民提供种植土地、种植方案、作物布局等决策参考，使得农业生产更加科学、合理。结合无人驾驶拖拉机、自动播种机、植保无人机、自动化收割机等自动化农业机械，不仅能减轻农民的劳动强度，还能实现大面积、长时间、高效率的持续高质量作业。

生物信息学在农副产品生产领域同样具有广泛应用。例如，通过生物信息技术分析饲料成分，建立与表型关联的数学模型，优化饲料配方、发酵工艺，提高饲料的利用价值和生产效率。针对蕴含高价值成分的动植物品种，通过基因组选择育种、分子设计育种、发酵工程等辅助手段，能够实现目标产品的特性改良与高效生产。

生物信息学在提高农业生产可持续性的同时，还促进了环境保护与农业生产的和谐发展。通过组学数据的深入分析实现病虫害变异的精准检测，进一步利用人工智能等技术模拟和预测病虫害的发生、传播、变异趋势，为农业病虫害的预警和防控提供科学依据，进而减少兽药、农药的使用，加强农业生态环境保护。生物信息学还能根据宿主与病原体的组学特征和代谢途径，揭示宿主与病原体的互作机制，进一步整合机器学习、合成生物学等领域技术指导新型农药和疫苗的开发，设计靶向性强、安全性高、环境友好的药物或疫苗，为靶标基因导向的病原体精准、绿色防控提供新思路和新手段。利用微生物组等测序技术，可掌握农业生产对土壤微生物群落组成、分子网络等的影响，进一步构建数学模型建立作物生长与土壤健康间的关联关系，进而提供土壤精确管理、农作物科学种植的方案。此外，针对不同的生态环境，生物信息技术可助力作物、饲草和畜禽等的精准选育，高效地筛选出适应性更强、产量更高、营养价值更优的新品种。这些新品种能在不利的生态环境中生长，有效减少对环境的破坏，甚至改善生态环境。

本节将重点介绍生物信息学在动植物育种领域中的典型应用。

12.3.2 种质资源的精准鉴定

种质资源（germplasm resources）是指携带生物遗传信息且具有实际或潜在利用价值的载体，其表现形态包括种子、组织、器官、细胞、染色体、DNA 片段和基因序列等，材料类型包括野生近缘物种、地方品种、新培育的品种、国外引进品种等。自 20 世纪以来，全球已收集了大量的种质资源。在我国，已在全国范围内开展了涵盖农作物、畜禽、水产的农业种质资源普查工作，建设了国家农作物种质资源平台、国家家养动物种质资源库、国家水生生物种质资源库以及中国西南野生生物种质资源库等诸多种质资源库，用于收集和保藏不同类别的种质资源。丰富的种质资源为作物改良提供了宝贵的遗传资源，但是同时也带来了种质资源如何精准鉴定、高效挖掘以及创新利用等问题。针对某一物种，对已收集的种质资源收集，进行大规模的基因组测序、重测序，利用生物信息学方法与技术开展 DNA 标记开发和芯片设计，建立 DNA 指纹特征数据库，在分子水平上识别种质材料的差异，确

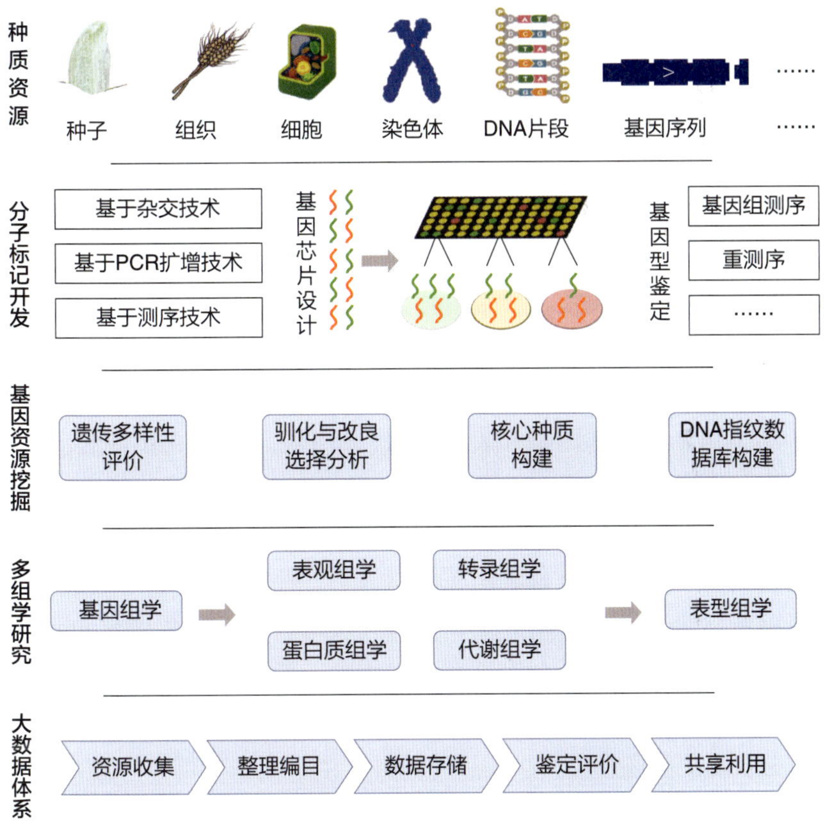

图 12-31 育种芯片开发与种质资源精准鉴定的工作流程

定种质资源的唯一身份，加快种质资源的精准鉴定工作；确定核心种质，用最少的样本代表最大的遗传多样性；结合 DNA 指纹图谱和多组学数据，挖掘与优良性状相关的遗传或表观遗传信息，加大种质资源挖掘力度，提升种质资源的创新利用率（图 12-31）。

基因组测序是种质资源鉴定与挖掘、智能育种的重要内容之一。国内外科学家相继展开了针对主要农作物、畜禽、水产品等物种的基因组测序计划，包括由国际科学联盟主导完成的水稻基因组测序、油菜基因组测序、小麦基因组测序以及牛基因组测序等，以及由我国科学家主导的中国杂交水稻基因组计划、白菜基因组测序、家蚕基因组测序以及中国家猪基因组测序等。近年来，PacBio HiFi、ONT Ultra-long、Hi-C 等多种测序技术的结合，端粒到端粒（telomere-to-telomere，T2T）的基因组测序与组装工作已在农业领域广泛开展，完成了水稻、玉米、大麦、谷子、猪、家鸡等物种的基因组高质量组装。2024 年国际“端粒到端粒（T2T）”联盟还推出了“反刍动物端粒-端粒”项目，旨在对 300 多种反刍动物的基因组进行测序。目前，使用较多的涉及农业动植物基因组数据库研究平台包括：Ensembl 数据库和 Ensembl Plants 数据库、植物比较基因组数据库 Phytozome、水稻和模式植物物种比较基因组数据库 Gramene 、玉米遗传学和基因组学数据库 MaizeGDB 等。

在完成水稻基因组测序工作之后，多国科学家联合启动了水稻核心种质资源基因组项目（3 000 Rice Genomes Project），对来自全球 3 000 余份水稻种质资源进行了大规模重测序。利用 BWA、GATK 等生物信息学软件从水稻种质资源中挖掘出数千万的遗传变异，发现亚洲栽培稻品种间存在数万个结构变异（包括易位、缺失、倒位和重复等）。结合日本晴水稻的已知基因组序列以及新组装的水稻基因组序列，研究人员构建了亚洲栽培稻泛基因组，发现水稻基因组中的基因家族存在两种主要类型：核心基因家族（core gene family）和分散式基因家族（distributed gene family）。核心基因家族普遍存在于多数水稻品种，成员数量较多，在进化过程中高度保守，对维持正常生命活动至关重要。分散式基因家族存在于少数品种，其成员散布在不同染色体的不同部位，通常由片段重复、基因重组、转座等事件导致，具有多样的表达调控模式，可能参与水稻的适应性进化。通过对水稻驯化基因单倍型进行分析，发现部分籼稻材料中不存在来自粳稻品系的单倍型，为籼稻品系的驯化研究提供了新信息。结合基因型和表型数据，研究人员对 3 000 余份水稻材料进行核心种质鉴定，得到一个包含 500 多个水稻材料的微核心种质集，能够有效地反映原始种质资源群体中的遗传多样性。在浓缩遗传变异的同时，核心种质集和微核心种质集的构建极大地降低了巨量种质资源对人力、物力和财力的压力。

在小麦种质材料鉴定与利用方面，研究人员对百年前收集的来自世界 30 多个国家的 827 个地方品种与 208 个现代小麦品种进行了全基因组重测序，并进行了多年的田间评估。通过群体遗传学分析序列多态性特征，运用 t-SNE、PCA 等算法进行群体结构分析，发现这些现代小麦品种源自 7 个小麦祖先群体中的 2 个祖先群体。因此，其他 5 个小麦祖先群体为小麦育种提供了新的遗传变异和单倍型。基于丰富的小麦种质资源，研究人员进一步构建了小麦群体基因组变异图谱、表型组变异图谱以及小麦单倍型图谱，进而围绕上百个小麦性状开展了相关基因和变异位点的发掘工作，发现了小麦氮高效利用、高产抗倒伏、抗叶锈病等相关新基因。基于这些发现，构建了小麦全基因组设计育种 4D 策略，即解码（decode）、发现（discover）、设计（design）和实现（deliver），为智能育种提供了新思路。

基于种质资源的基因组测序及重测序数据，获得一批高质量的遗传变异位点，可进一步构建育种芯片，对特定的基因或基因组区域进行检测，实现大量种质资源的低成本、高通量快速筛选。育种芯片主要包括固相芯片与液相芯片：固相芯片将 DNA 探针固定在硅片等固体支持物上，具有较高的探针密度和较好的稳定性，适合于大规模、高通量、高精度的基因分型；液相芯片将探针标记后与待测样本 DNA 在溶液中杂交，其样本用量少、可灵活调整反应组分、操作简便、成本相对较低，适合于小规模的基因分型。这些育种芯片可以用于品种真实性检测、种子基因型一致性检测、新型派生品种鉴定、遗传连锁图谱构建与 QTL 定位、全基因组选择育种，以及分子标记辅助选择育种等诸多育种环节，极大地提高育种效率。

12.3.3 动植物进化与驯化规律的解析

基于表型与系谱的传统选育方法积累了丰富的种质资源，生物信息学可通过整合多组学数据，揭示动植物在进化和驯化过程中的分子特征变化规律，挖掘性状相关基因，从而为动植物的精准遗传改良提供新线索。动植物进化与驯化规律的解析涉及诸多方面。

（1）祖源单倍型的解析

单倍型是指位于染色体上某一区域内的一系列遗传标记，这些标记通常是紧密连锁的，并且在遗传过程中作为一个单元被传递。祖源单倍型解析可以帮助我们理解物种的起源、演化、种群结构以及遗传多样性。研究人员基于小麦基因组多态性位点的分布特征，结合统计模型与启发式图论算法，开发了祖源单倍型推断工具 IntroBlocker。通过使用小麦基因组重测序数据，构建了跨四倍体和六倍体小麦的“泛祖源单倍型图谱”。基于祖源单倍型分析每个野生二粒小麦品系对栽培多倍体小麦基因池的贡献，发现栽培多倍体小麦的起源主要由散布在新月沃地不同地点的多个野生二粒小麦支系组合而成。六倍体小麦的基因池可追溯至栽培四倍体小麦，最终追溯到不同的野生二粒小麦支系，表明小麦驯化的关键基因在驯化过程中通过长期连续的“野生种—栽培种”渗入方式进行基因交流，逐渐聚合。

（2）趋同选择基因的挖掘

趋同选择是指亲缘关系较远的不同物种因相同的选择压力或相似生活环境而演化出相似的表型。趋同选择基因的挖掘有助于理解物种适应环境和驯化的遗传基础，并在农业中用于改良作物产量和品质。研究人员利用组学大数据和玉米自交系、野生玉米以及栽培稻、野生稻等材料，通过全基因组的选择分析，发现玉米基因 *KRN2* 和水稻基因 *OsKRN2* 受到趋同选择，并通过相似的保守途径分别调控玉米穗行数与水稻枝梗数，最终影响两者的产量。

（3）有害变异的识别

有害变异是指对生物体的生存和繁殖能力产生负面影响的基因组变异。通过精确识别和剔除有害变异，可以提高育种效率与遗传质量，加速优良性状的聚合，培育出更高产、更优质的作物品种，从而为农业生产带来革命性的进展。利用进化基因组学方法，研究人员对马铃薯及其近缘物种材料进行了全基因组与转录组的综合分析，追踪了长达 8 000 万年的进化历程中的突变积累，识别出马铃薯基因组中部分位点受到高度进化约束。这些位点中的有害突变会影响马铃薯的繁殖力、生活力和产量。构建有害突变的二维图谱可用于预测马铃薯自交系起始材料在 2~3 年后的自交系构建结果，提高马铃薯自交系构建的成功率。研究者将有害突变信息融入马铃薯的表型预测模型，可以提高马铃薯产量的基因组预测准确率。

（4）驯化相关基因的识别

驯化相关基因是指在作物驯化过程中受到人工选择并影响作物驯化性状的基因。这些基因的变化通常与作物从野生种到栽培种的转变密切相关，包括种子大小、落粒性、抗病性等特征的改变。驯化相关基因的识别对于理解作物驯化的分子机制、改良作物品种以及保护和利用遗传多样性具有重要意义。研究人员分析大量野生和驯化玉米基因组，发现 *Zea mays* ssp. *mexicana* 向现代玉米的基因渐渗证据。通过分析现代玉米种群基因组，确定了 11 个来自 *Zea mays* ssp. *mexicana* 的基因片段，这些片段在现代玉米中通过人类驯化的正向选择固定，对玉米农艺性状、品质和抗性的遗传变异有所贡献。研究者进一步确定了多个受 *Zea mays* ssp. *mexicana* 基因流影响的位点，这些位点对含油量、籽粒大小、抗病能力等多种性状表型有影响。

动物的进化与驯化也是生命科学研究领域的重要内容之一。生物信息学分析发现牛进化历史上的基因渗入事件，这些事件帮助中国南部和青藏高原的家牛通过分别获取野牛和牦牛的部分基因组序列，快速适应新环境。此外，研究人员通过结合三代测序技术以及 Hi-C 技术组装了一套高质量的绵羊参考基因组，进一步分析不同组织的转录组数据，发现了一批与瘤胃进化相关的角蛋白交联蛋白基因，为绵羊的驯化、育种和选择提供了新的候选基因。

12.3.4 复杂性状相关基因的挖掘

农艺性状相关基因的挖掘是智能育种中的重要内容之一。生物信息学通过整合多组学数据，建立生物组学信息及环境与表型变异的关联关系，发掘复杂性状相关的遗传变异及基因，为育种工作提供指导（图 12－32）。根据所使用的样本数量、数据量的不同，复杂性状相关基因挖掘的生物信息学研究可大致分为三类：① 基于小

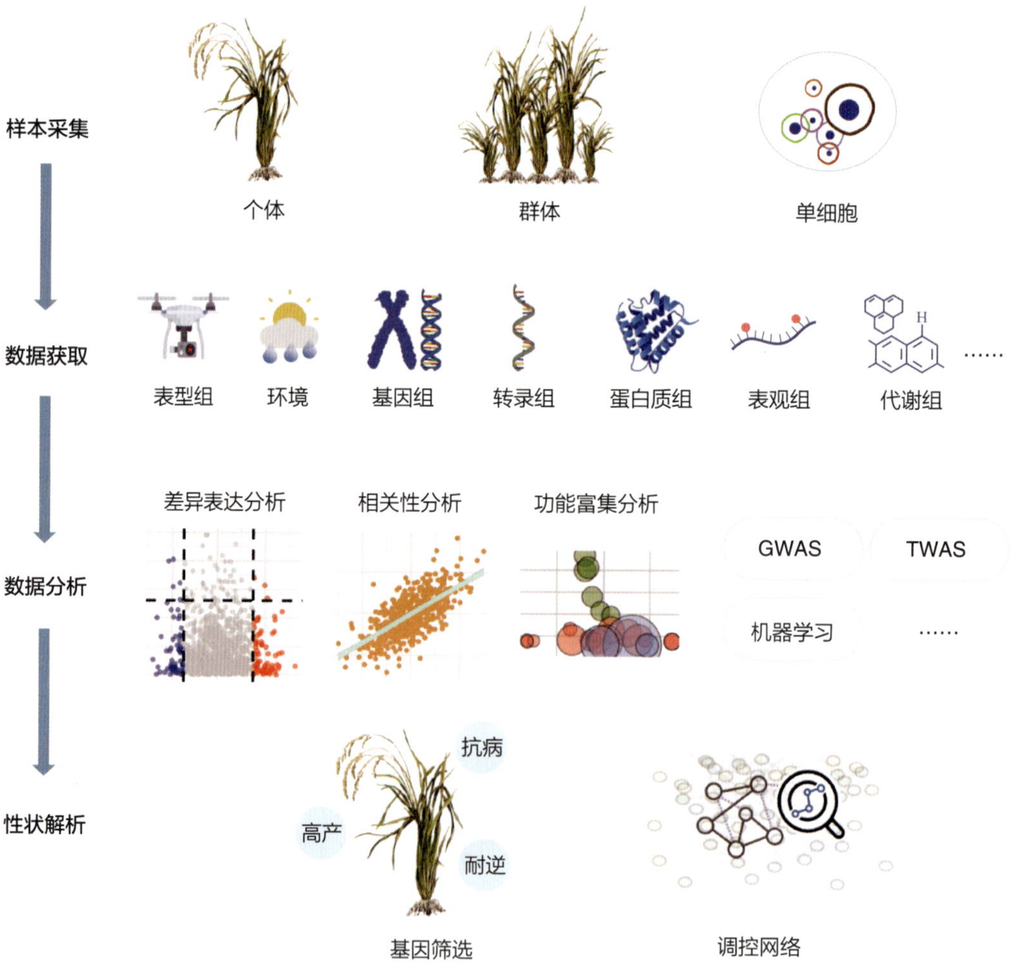

图 12－32 复杂性状相关基因挖掘的示意图

样本、小数据的基因挖掘；② 基于小样本、大数据的基因挖掘；③ 基于大样本、大数据的基因挖掘。

（1）基于小样本、小数据的基因挖掘

对于具有特定性状的品系材料，常通过测定不同实验条件下（如胁迫和正常生长环境）的组学数据，利用差异表达分析、时序数据分析或者共表达分析等策略识别与该性状相关的基因及生物学通路。通过比较干旱耐受型、敏感型玉米自交系响应干旱胁迫幼苗的转录组数据，研究人员发现一批干旱应答基因参与细胞壁合成、糖类代谢等生物学过程。对水稻种子发育的时序转录组聚类分析，研究人员发现在籽粒灌浆早期高表达的基因参与糖类储存、细胞分化等生物学过程。多实验条件下测定的组学数据还可以进行共表达网络分析，将表达模式相似的基因聚为一簇，进一步挖掘特定性状相关的基因功能模块。对两个氮素利用率不同的小麦品种穗部组织的时序转录组比较分析，研究者筛选出组织和发育阶段特异性高表达的基因，这些基因显著富集于氮同化、碳代谢等功能类别。

（2）基于小样本、大数据的基因挖掘

单一的组学数据分析可以一定程度地缩小基因的关注范围，但是难以准确地发掘出性状相关的功能基因。通过整合基因表达、进化保守性和表观遗传等调控相关组学数据，研究人员利用相关性分析和基于决策树的集成学习算法构建了小麦整合基因调控网络 wGRN。基于 wGRN，研究人员鉴定出多个在小麦抗病性和耐旱性等关键性状上发挥重要作用的基因模块，利用关联分析挖掘出控制穗发育的关键基因。除了多组学整合的基因调控网络，研究人员还进一步利用转录组数据、蛋白质相互作用数据和遗传变异数据等，通过共表达分析、蛋白质相互作用分析和功能富集分析等方法构建多组学整合网络。基于此方法，研究人员构建了玉米多组学整合网络 MaizeNetome，开发出玉米开花期功能基因预测的人工智能算法，挖掘出一批玉米关键候选开花期基因。除了 MaizeNetome，研究人员还开发出 AraNet、MaizeNet、WheatNet 等多个植物多组学整合网络，从网络层面挖掘基因间的关联关系，助力复杂性状相关基因的挖掘。

（3）基于大样本、大数据的基因挖掘

基于丰富的群体材料，研究人员利用统计学、人工智能等方法构建计算生物学模型，建立基因型与表型之间的关联关系，确定与数量性状位点（quantitative trait loci，QTL）/基因连锁的遗传变异标记和候选基因位点。关联分析目前已成为发掘动植物复杂性状相关遗传变异，解析性状相关的分子遗传机制的强有力手段。通过关联分析，研究人员剖析了玉米株高、穗长、籽粒油分以及叶片结构等诸多性状的遗传基础；找到了包括水稻株形、产量、籽粒品质以及开花时间等多个农艺性状相关的候选基因位点。关联分析还广泛地应用于小麦、大麦、大豆、马铃薯、番茄、高粱、黄瓜等重要农作物，取得了一系列研究成果。由于复杂农艺性状大多受大量微效位点协同作用，常规的全基因组关联分析找到的遗传变异位点仅能解释少部分表型变异（即存在遗传率丢失的问题）。近年来，研究人员利用不断发展的组学测序技术，研发出全转录组关联分析（transcriptome-wide association study，TWAS）、全蛋白质组关联分析（proteome-wide association study，PWAS）、代谢组关联分析（metabolome-scale genome-wide association study，mGWAS）以及全微生物组关联分析（microbiome-wide association studies，MWAS）等新的关联分析方法，加大了植物复杂性状相关遗传变异的发掘力度和研究深度。以 TWAS 为例，首先使用训练集对遗传变异和表达量之间的关系进行建模，然后利用构建的模型预测测试集样本中的基因表达，最后使用预测得到的基因表达量与性状进行关联分析。TWAS 将遗传变异和表型的关联转换为转录本与表型的关联，有助于挖掘基因表达和表型之间的因果关系。目前，可用于 TWAS 分析的生物信息学软件有 FUSION、Predixcan、S-Predixcan、MetaXcan 以及 UTMOST 等。在 TWAS 方法的辅助下，研究人员挖掘出了与油菜种子含油量显著相关的新基因。

12.3.5 动植物基因组编辑技术的创新

基因组编辑在育种中的应用包括引入有益的等位基因突变、操纵基因调控元件以生成新的等位基因组合、高通量基因组编辑以创建遗传变异体库、通过基因组编辑实现野生种质资源的快速从头驯化等。生物信息学在新型基因组编辑工具设计、基因组编辑目标识别、脱靶效应预测和编辑后基因组分析等方面发挥着重要作用，助力开发出一系列基因组精准编辑工具（例如，胞嘧啶碱基编辑器、腺嘌呤碱基编辑器、双碱基编辑器、小 DNA 片段编辑工具以及大片段 DNA 操纵工具等），助推基因组编辑技术在动植物育种中的广泛应用。

利用 AlphaFold2、AlphaFold3、ESMFold、RoseTTAFoldNA 等生物信息学软件，研究人员高通量地预测蛋白质、核酸等生物分子的结构，从而大批量地筛选基因编辑系统元件变体，优化基因编辑工具以提升其特异性、编辑活性与递送效率，指导新型基因组编辑工具的研发，助力作物性状的精准快速改良（图 12-33）。

通过整合优化的引导编辑 RNA 设计、增强型植物引导编辑器以及高效的重组酶等，研究人员开发出一种能够在植物中实现大片段 DNA 高效精准插入的基因组编辑工具 PrimeRoot。以稻瘟病抗性基因 *PigmR* 的精准插入为例，首先利用基因组注释，依照一系列严格的筛选标准（例如，与已知基因至少保持 50 kb 的距离、与端粒或着丝粒至少保持 300 kb 的间隔等），来搜索基因组上能够容纳插入片段并允许其表达的“基因组安全港”（genomic safe harbor，GSH）位点。然后运用 PrimeRoot 在模式水稻品种‘Kitaake’中准确引入基因调控元件，并将包含 *PigmR* 编码序列及其启动子与终止子的基因表达盒插入预测的“基因组安全港”位点，最后获得具有所需要插入和增强稻瘟病抗性的水稻植株。

利用蛋白质三维结构预测软件 AlphaFold2，研究人员对具有潜在脱氨功能的蛋白质序列进行结构预测，通过蛋白质结构的多重比对和聚类，拓展了基于结构的脱氨酶家族系统发育分析，鉴定出了全新的脱氨酶家族。基于这些预测分析结果，研发

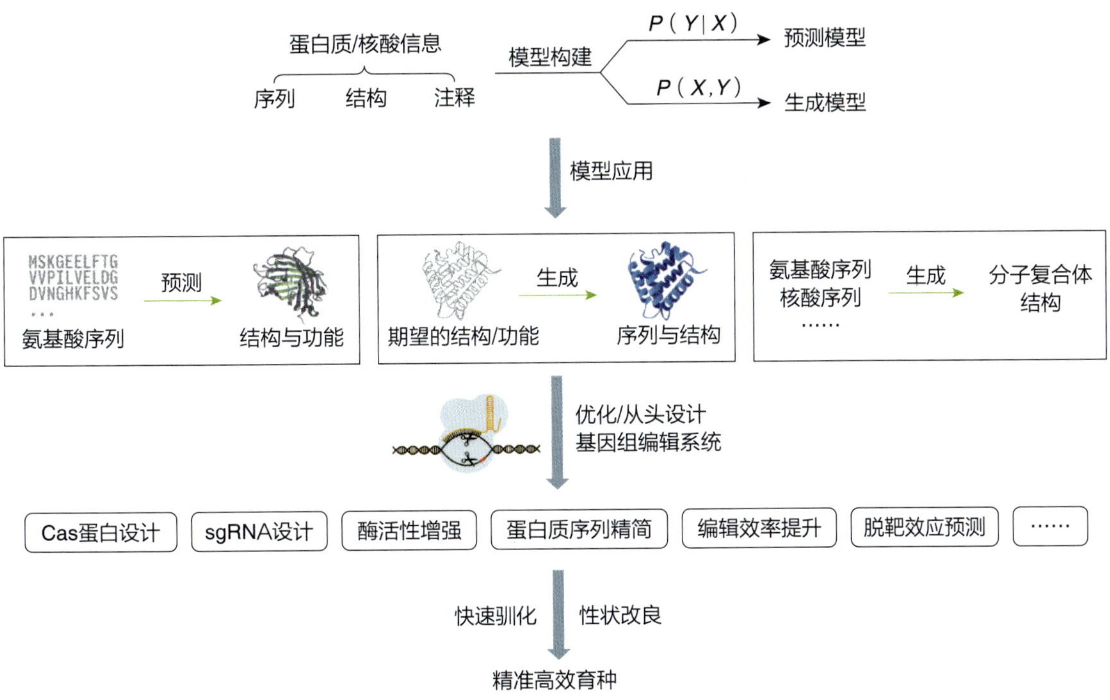

图 12-33 生物信息学辅助基因组编辑系统设计的示意图

出一系列新型碱基编辑工具，显著提高了编辑活性并降低了脱靶概率。其中，Sdd7 碱基编辑器在水稻原生质体的多个内源性靶点上展现出最高的编辑效率，Sdd7-CBE 系统克服了大豆的碱基编辑效率低下、长片段编辑困难等问题。研究团队还利用蛋白质三维结构预测方法来辅助缩短蛋白质序列，设计出体积缩小的单链特异性胞苷脱氨酶，使胞嘧啶碱基编辑器能被包裹在单个腺病毒中，在增强递送灵活性的同时保持编辑效率。

Cas 蛋白是基因编辑系统的核心元件，自然存在的 Cas 蛋白普遍存在效率低、识别范围小等缺点，而通过蛋白质进化及改造可实现 Cas 蛋白的活性提升，提升其实际应用价值。研究人员利用 AlphaFold2 预测 Cas12i3 的三维结构，并将该结构与同家族的 Cas12i1 和 Cas12i2 蛋白结构进行比对，分别预测 Cas12i3 的 CRISPR RNA（crRNA）与 DNA 的相互作用位点。通过将预测位点的残基逐一替换为精氨酸，生成一个 Cas12i3 变体库，筛选到比野生型 Cas12i3 活性更高的 Cas12i3 变体 Cas-SF01。通过引入 RuvC-Ⅱ结构域的 D876R 单点氨基酸突变，研究团队开发出高保真度的 Cas-SF01^{HiFi} 版本，明显提升了水稻、辣椒、大豆等物种中基因编辑的特异性和效率。

单导向 RNA（single-guide RNA，sgRNA）是 CRISPR/Cas9 系统的关键组成部分，用于引导 Cas9 蛋白到目标 DNA 序列进行编辑，潜在的脱靶效应是制约基因编辑系统广泛应用的主要障碍，已有计算模型能在全基因组范围内预测脱靶效应。研究人员开发的 CRISOT 模型结合了分子动力学模拟与深度学习技术，其利用分子动力学模拟分析与构建 CRISPR 的 RNA-DNA 分子互作指纹，结合深度学习算法开发 CRISPR 脱靶预测模型，并提出了有效的 sgRNA 优化方法。CRISOT 工具包包含 4 个模块：CRISOT-FP、CRISOT-Score、CRISOT-Spec 和 CRISOT-Opti，分别用于分子互作指纹生成、全基因组脱靶预测、sgRNA 靶向特异性评估与 Cas9 系统的 sgRNA 优化。研究团队通过 GUIDE-Seq 与 WGS 实验证明，CRISOT 在脱靶预测与 sgRNA 优化性能上优于现有工具，且在准确预测碱基编辑器（base editor）与先导编辑器（prime editor）等精准基因编辑系统的脱靶效应方面显示出潜力。

基于深度学习技术，研究人员还开展了基因编辑系统的从头设计研究，利用大规模序列与生物背景知识训练得到蛋白质及 RNA 的序列与功能的大型语言模型，生成比自然界中 CRISPR-Cas 家族更多的蛋白质簇，为类似 Cas9 的效应蛋白定制 sgRNA 序列，进而筛选出一批新的基因编辑器。这种基因编辑系统的从头设计有望为动植物基因组编辑提供更为丰富的工具。

12.3.6 动植物育种技术的创新

现代农业育种科技已经发展到“育种 4.0”时代，其核心是生物技术、信息技术、人工智能和大数据的有机融合，这一融合推动了基因组选择、基因组编辑、从头驯化、合成生物学等诸多创新育种策略的发展，极大地提升了育种的精确性和效率。在“育种 4.0”时代，生物技术的应用使得科学家能够通过基因编辑技术对作物的遗传特性进行精确修改，从而实现对作物产量、抗性、品质等方面的定向改良。信息技术的发展则使得育种过程更加数字化和智能化，通过对大量数据的收集、处理和分析，能够更快速、更准确地识别和筛选出具有优良性状的种质资源。人工智能和大数据的应用则进一步提升了育种的预测能力和决策效率。通过建立机器学习模型和算法，可以实现对作物生长过程及性状的模拟和预测，从而在早期阶段就能对育种方案进行优化和调整。大数据的应用则使得育种过程中的数据采集、存储、分析和应用变得更加高效和规模化，为育种研究提供强大的数据支持。

12.3.6.1 基因组选择

基因组选择（genomic selection，GS）是一种利用覆盖全基因组的高密度标记进行选择育种的方法。它可以通过构建预测模型，根据基因组估计育种值（genomic estimated breeding value，GEBV）进行早期个体的预测和选择，从而缩短世代间隔，加快育种进程（图 12-34）。目前研究人员基于不同的假设，利用传统的统计学方法与机器学习方法构建了多个全基因组选择育种预测模型，并研制了 GBLUP、DeepGS、CropGBM、DNNGP、DEM 等多款预测软件。根据模型构建方法的不同，目前的预测模型大致可以分为三类：基于传统统计学策略的全基因组选择方法、基于传统机器学习策略的全基因组选择方法，以及基于深度学习策略的全基因组选择方法。影响植物育种中基因组预测（genomic prediction，GP）准确性的关键因素，包括训练群体的大小和遗传多样性及其与育种群体的关系、分子标记的密度和分布、性状的遗传复杂性以及遗传率等。此外，表型是基因型、环境型等共同作用的结果，可以将转录组、翻译组、蛋白质组、代谢组与表观组等中间表型数据与基因组数据

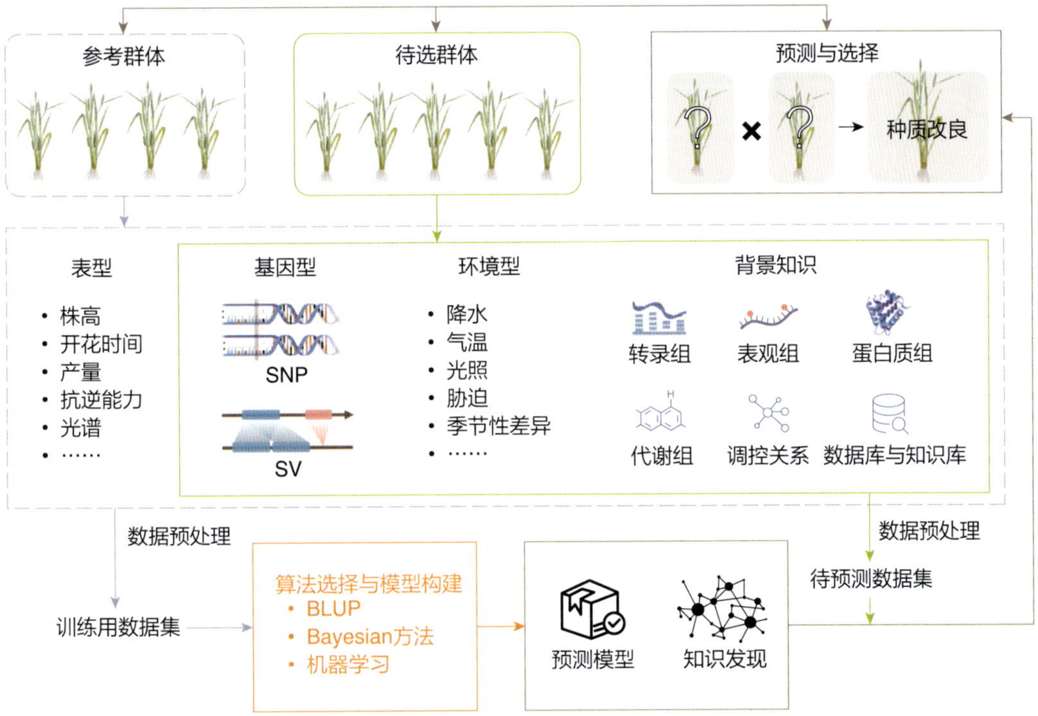

图 12-34 基因组选择育种的流程示意图

结合，纳入环境型信息，利用已知的生物学知识，提高 GP 的准确度。

GS 最开始应用于奶牛、猪等动物的精确育种。育种家利用 GS 技术实现不依赖表型信息对青年公牛及后备母牛进行早期准确选择，将奶牛育种周期由 5～6 年缩短至约 2 年。在植物育种中，GS 同样展现出巨大的应用价值。国际玉米小麦改良中心已在全球玉米育种计划中实施全基因组选择技术，设计了一种多亲本群体的快速轮回基因组选择方法，在保持遗传多样性的同时，快速获得高遗传增益。此方法通过在多亲本群体中实施快速的育种周期，结合基因组选择技术来加速遗传改良。首先，通过交配多个不同的亲本建立一个多亲本群体，然后对群体成员进行分子标记分析和表型评估。接着，使用这些数据训练基因组预测模型，根据模型预测的育种价值来选择个体进行交配。在每个育种周期中，育种者会重复进行选择、交配和评估的过程，以快速积累有益的遗传变异。随着每个周期的进行，基因组预测模型会不断更新和改进，进一步提高预测的准确性。这种方法能快速地识别和集中有利基因，同时减少不利基因的频率，加速了育种进程并提高了育种效率。

12.3.6.2 从头驯化

从头驯化是指通过基因组编辑等技术将野生植物快速培育成新的农作物品种的过程（图 12-35）。生物信息学方法可以快速筛选和鉴定出具有潜在驯化价值的野生种质资源，揭示物种间的进化关系，挖掘与作物产量、抗逆性等性状相关的功能基因，揭示关键基因在驯化过程中的变化规律，从而为从头驯化提供理论依据和实践路径。目前，从头驯化已经在水稻、番茄等物种上取得了重要进展。

研究团队提出了异源四倍体野生稻的快速从头驯化策略。首先，该研究团队对收集的异源四倍体野生稻资源，通过对组培再生能力、基因组杂合度及田间综合性

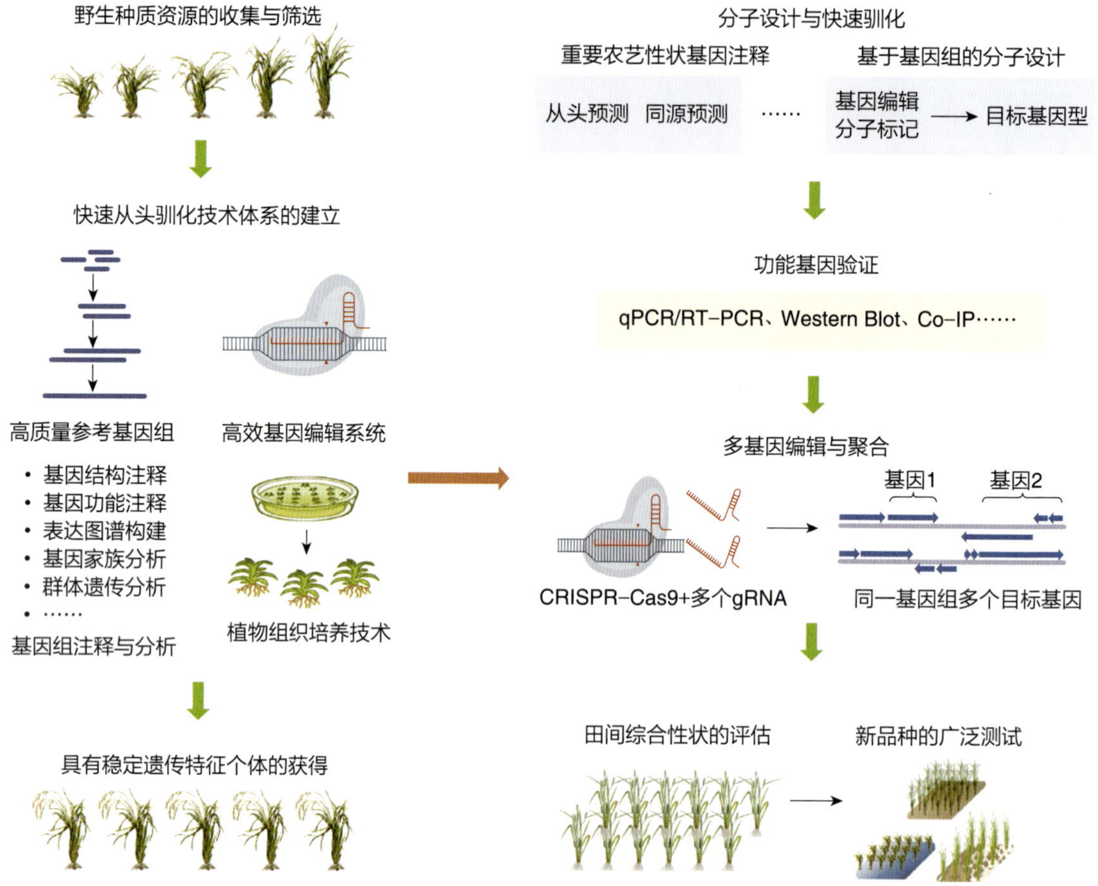

图 12-35 从头驯化的流程示意图

状等进行系统考察，筛选出一份具有 *CCDD* 基因组的 *Oryza alta* 高秆野生稻资源，命名为多倍体水稻 1 号（polyploid rice 1，PPR1）。PPR1 具有生物量大、胁迫抗性强的特点，但也表现出未驯化的特征，如稀穗、粒小、芒长等。为了实现 PPR1 的快速驯化，研究团队建立了高效的野生稻快速从头驯化技术体系，组装了高质量参考基因组，进行了基因功能的注释，构建了高效遗传转化体系以及高效基因组编辑技术体系等。在理解了 PPR1 的基因组信息与高效遗传转化能力的基础上，研究团队利用 CRISPR/Cas9 基因编辑技术，对控制落粒性、芒长、株高、粒长、茎秆粗度与生育期等重要农艺性状的同源基因进行了编辑，成功创制了具有降低落粒性、变短芒长、降低株高、变长粒长、变粗茎秆和不同程度缩短抽穗时间等改良性状的多种基因编辑材料。

研究团队还提出了野生番茄的快速从头驯化方法。研究团队选择了天然耐盐碱和抗细菌疮痂病的野生醋栗番茄（*Solanum pimpinellifolium*）作为基础材料。通过基因编辑技术，精准地靶向多个产量与品质性状控制基因的编码区及调控区，从而在不牺牲其对盐碱和疮痂病天然抗性的前提下，将优良的产量和品质性状精准导入野生番茄。此外，还提出了“二合一”快速育种新策略，将从头驯化育种方法和经典的杂交育种技术相结合，取长补短，优势互补。这一策略通过基因编辑技术在番茄栽培种中快速创制雄性不育系，减少杂交所需要的人工成本；同时对耐逆性状优异的野生种进行从头驯化，减少性状导入的时间成本，从而快速实现野生种与栽培种种质资源的高效利用，加速耐逆育种进程。

12.3.6.3 智能合成育种

合成生物学作为一门融合了生物学、物理学、数学和化学等多学科知识技术的交叉学科，旨在进行生物元件、生化途径及生命系统的设计、改造和重建，以达成特定的生物学功能（图 12-36）。在育种领域，以生物组学大数据为依托，利用生物信息学、人工智能等技术对农业关键基因组、蛋白质序列进行智能设计，开发、改造、构建新的生物学通量，促进具有优异性状的合成生物培育。

① 植物基因组的染色体水平设计与合成　研究人员选取多细胞植物小立碗藓（*Physcomitrium patens*）18 号染色体的一段基因组序列进行简化，设计移除包括重复序列与大量转座元件在内的部分内源序列，通过体外化学合成、大片段组装以及体内同源重组等实验成功替换该染色体臂约 1/3 的编码区域而未对表型产生明显影响。研究团队还基于 ChIP-Seq、ATAC-Seq、WGBS、Hi-C 等高通量实验技术，比较分析了合成株系与野生型株系的表观遗传图谱，发现即使基因组的三维结构发生了变化，总体 DNA 甲基化水平显著降低，复杂的表观遗传图谱仍然能够重新建立。

② 功能 DNA 序列的智能设计　基于丰富的植物基因组和转录组数据，研究人员开发出预测植物基因转录调控序列的深度学习模型 PhytoExpr。通过输入转录调控区的 DNA 序列，PhytoExpr 可预测基因的表达量以及序列所属物种。PhytoExpr 可对植物基因组中每个基因的转录调控区进行分析，模拟其中核苷酸的替换对基因表达的扰动程度，进而识别出调控区序列中的功能元件。将 PhytoExpr 模型作为遗

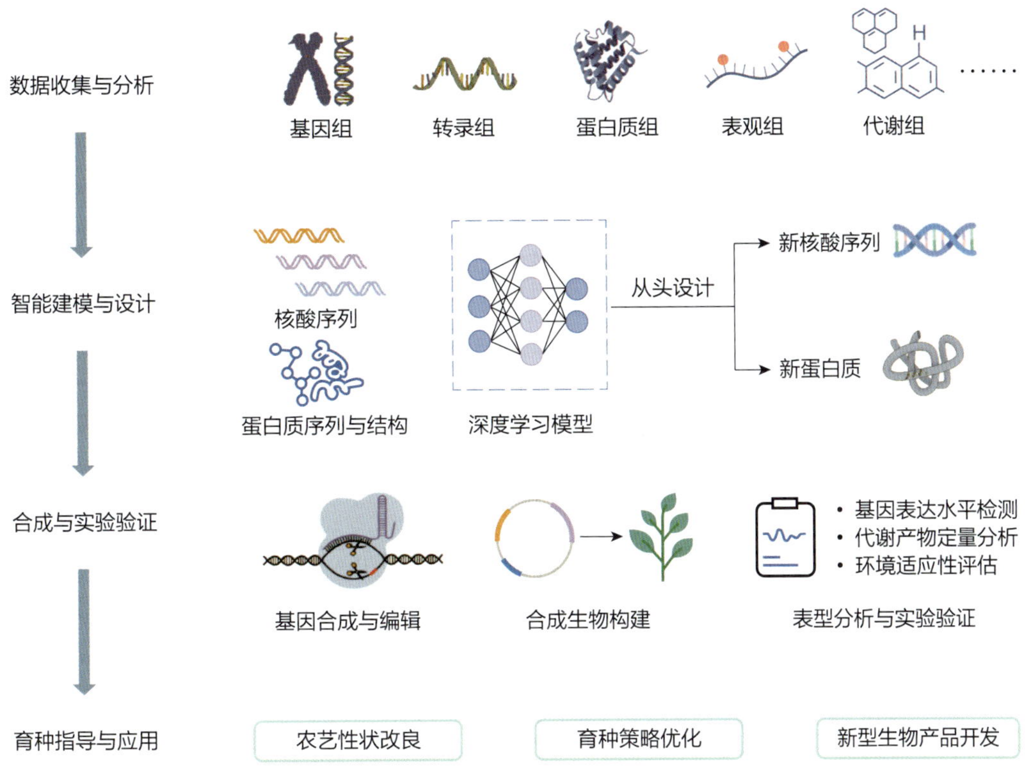

图 12-36　智能合成育种

传算法的算子，经过多轮随机迭代，还可以进行自然启动子的改进以及转录调控区DNA 序列的从头设计。

③ 新型蛋白质的从头设计与合成　以 ESM3、ProGen、xTrimo 等为代表的蛋白质语言模型能够根据目标功能从头生成蛋白质三维结构与氨基酸序列，有效指导基因组编辑系统设计、抗体设计、大分子药物研发等合成生物学领域的研究工作。ESM3 是 Evolutionary Scale AI 公司开发的蛋白质多模态大语言模型，利用 27.8 亿个天然蛋白质的信息训练，能够同时推理蛋白质的序列、结构和功能。研究团队运用该模型生成大量潜在的绿色荧光蛋白（green fluorescent protein，GFP），发现了一个拥有独特结构的强发光样本。ProGen 是由 Salesforce Research 开发的蛋白质生成语言模型，该模型通过学习公开的已测序天然蛋白质数据库中的蛋白质信息，能够从头生成特定功能的蛋白质氨基酸序列。ProGen 模型的核心能力在于通过无监督学习实现生成具有可预测功能的新型蛋白质序列，而无须明确的结构信息或成对协同进化假设。此外，研究人员利用机器学习领域的强化学习技术设计蛋白质结构，通过蒙特卡罗树搜索（Monte Carlo tree search，MCTS）策略尝试和优化数百万个简单蛋白质的序列与结构信息，使模型学会如何将蛋白质折叠成特定的三维结构。研究团队还合成了数百种模型设计的蛋白质，并通过电子显微镜验证了实际结构与预测结构的一致性，其预测误差精确到原子级别，可为生物信息学研究和新型蛋白质开发提供有效指导。

④ 新的生物合成途径的构建　从濒危植物红豆杉中提取的紫杉醇及其衍生物是昂贵的广谱抗肿瘤药物。为全面深入研究紫杉醇的生物合成途径，研究人员完成了南方红豆杉（*Taxus wallichiana* var. *mairei*）的染色体水平高质量参考基因组组装。通过系统发育基因组学分析，发现已知参与紫杉醇合成的 CYP725 基因家族明显扩张，在裸子植物中红豆杉独有的 CYP725A 亚家族经历了独立进化，CYP725A 亚家族的扩张在紫杉醇生物合成的进化过程中起着关键作用。此外，研究人员利用转录组数据集建立了一个覆盖所有已知紫杉醇生物合成基因的基因共调控网络，鉴定出与已知紫杉醇合成基因密切相关的 CYP725A 基因家族、转移酶以及转录因子。生物信息学的系列分析成果为进一步明晰紫杉醇的生物合成途径提供了宝贵的遗传资源。

⑤ 生物固氮途径等代谢活动的开发或改造　研究人员借鉴一种源自 RNA 病毒的聚蛋白（polyprotein）策略，成功实现了钼铁固氮酶系统的简化，为将固氮酶系统导入植物细胞，为植物的自主固氮提供了可能。聚蛋白策略将多个蛋白质编码序列融合成一个单一的巨型基因（giant gene），其表达翻译产物被特异性蛋白酶切割成多个肽段后形成多个单独的蛋白质行使功能，达到简化复杂生物系统构建过程的目的。研究团队将产酸克雷伯菌（*Klebsiella oxytoca*）的 18 个固氮酶基因（*nif* genes）通过聚蛋白策略重组成巨型基因，利用烟草蚀刻病毒蛋白酶（tobacco etch virus protease）对这些巨型基因表达翻译的聚蛋白进行精确切割。通过评估每个基因的表达水平来设计巨型基因内编码序列的排列组合，经过多轮基于蛋白质表达水

平及相对表达比例，和蛋白质对于切割残留的 C 端 ENLYFQ 尾部耐受性的筛选，最终得到一个仅含 5 个巨型基因的最高活性的固氮酶系统，实验证明该系统可支持大肠杆菌以氮气作为唯一氮源生长。

⑥ 植物 CO_2 固定和碳保存的合成代谢途径的开发改善　例如，通过基因组编辑技术引入蓝藻的高效光合作用机制及改造植物中的光合色素，可以提高作物的光合效率。羧基体（carboxysome）是存在于蓝藻等自养型细菌的高效固碳细胞器。科研团队将来自变形菌门（Proteobacteria）的 9 个羧基体遗传元件转化到烟草叶绿体中，成功在烟草叶绿体中生成了形态正确的羧基体。这些叶绿体表达的羧基体显示出与天然羧基体相当的结构与功能完整性，并支持转基因植物在高浓度 CO_2 条件下的自养生长与光合作用。

⑦ 新型生物农药的开发　生物信息学在 RNA 生物农药的研发中扮演着关键角色，有助于深入解析目标害虫基因组、转录组等层面的数据来识别潜在的干扰靶标，还可用于预测 RNA 序列的稳定性与潜在脱靶效应以增强 RNA 生物农药的精确性与安全性，从而设计出稳健的 RNA 序列来有效沉默靶基因表达。研究人员开发了一种名为 Ledprona 的喷洒用 dsRNA 生物农药，该农药利用 RNA 干扰（RNAi）机制来对抗特定害虫，如科罗拉多马铃薯甲虫。当害虫通过口部摄入了涂抹有 Ledprona 的作物后，Ledprona 通过诱导与蛋白酶亚基 PSMB5 合成相关管家基因的 mRNA 降解，从而有效地杀死害虫。

12.3.6.4 育种平台研发

目前研发的育种软件与平台有表型预测软件、关联分析与基因挖掘软件、农业数据管理与分析系统、农业育种知识库、辅助育种决策系统以及综合育种平台等。这些软件和平台在种质资源挖掘利用、作物改良以及现代农业生产中发挥着重要作用。以水稻导航育种系统（RiceNavi）为例，该系统通过大量的文献整理与生物信息学分析构建了完善的水稻数量性状基因的关键变异图谱，实现重要基因的精确定位和功能分析，以及最优育种路线规划。RiceNavi 具备三大功能：识别待改良品种的全部数量性状基因关键变异位点（quantitative trait nucleotide，QTN）基因型，并展示实体库中具有互补等位的种质材料；根据用户需要导入的基因位点及所选供体亲本，提供最优育种路线并预估时间；在育种过程的每一代中，根据中间群体的基因型挑选出最有潜力的若干个体。RiceNavi 已应用于常规籼稻主栽品种‘黄华占’的改良，通过该系统的选配指导与路线优化，研究团队仅用两年半时间就实现了既定育种目标，获得了株型紧凑、生育期略短、有香味的‘黄华占’品种。实践证明，RiceNavi 系统的应用能显著缩短育种周期，并实现对水稻多个性状的快速同时改良。

拓展阅读12-4
水稻导航育种系统（RiceNavi）

在育种平台研发方面，生物信息学研究人员已研发出多款整合多物种、多组学数据的育种平台。iAnimal 整合了包括小鼠、猪、牛、鸡和猕猴在内的 21 种物种的 61 191 个个体组学数据，包括全基因组测序、转录组、表观基因组和基因组注释信息。通过用户友好的 Web 界面、灵活的数据应用程序接口和丰富的功能模块，iAnimal 使用户能够轻松地查询、挖掘和可视化各种组学的特征，并推断基因在不同组学层的影响下如何发挥生物学作用。IPOP 整合了 13 个植物物种的群体基因组、三维基因组、染色质可及性、转录组、表观修饰组等多组学数据，为植物性状相关功能基因挖掘和遗传进化机制解析提供了数据基础和技术支撑。BreedingAIDB 收集了水稻、玉米、大豆等多物种群体材料的基因型数据及对应的表型数据，为育种新模型的研发提供了数据支持。Smart Breeding Platform 集成了种质资源信息管理、育种试验设计与模拟、海量组学数据管理与挖掘、智能育种决策模型构建等功能，有望加快作物育种进程。ADS 育种信息大平台集成了动植物种质资源大数据，与国家基因库合作整合了大量的分子数据和其他信息，为分子育种提供有效的支持，同时促进生物样本的科学合理利用。这些育种软件与平台的研发及其在实际应用中的推广，有望加快动植物智能育种的进程。

12.3.7 智能育种的展望

生物信息学作为一门新兴的交叉学科，已融入农业相关的诸多领域，在种质资源保护与挖掘、农业功能基因挖掘、动植物育种技术创新等方向取得了突出的成绩。但是，相对医学等其他领域，生物信息学在农业领域的科研力量亟须进一步加强；研究质量和影响力尚需进一步提升。在未来，随着农业大数据的不断积累，生物信息学家、育种家、人工智能专家等多方力量的结合将更为紧密，将有望大力促进农业领域相关的基础研究及应用基础研究，加强农业高科技创新，加快农业新质生产力发展。

※ 推荐阅读

1. Uffelmann E, Huang Q Q, Munung N S, et al. Genome-wide association studies [J]. Nature reviews methods primers, 2021, 1(1): 59.

点评：该综述系统性地介绍了遗传关联研究的统计基础及实施体系，描述了最先进的 GWAS 方法并讨论其局限性和挑战，广泛概述了其当前和未来应用，包括推断疾病风险因素、评估疾病的遗传性、进行疾病的临床风险预测、提高疾病的精细分层、计算遗传相关性、促进药物开发。该文章为研究人员提供了 GWAS 的系统应用方法，旨在促进其在精准医学中的应用和理解。

2. Vamathevan J, Clark D, Czodrowski P, et al. Applications of machine learning in drug discovery and development [J]. Nature reviews drug discovery, 2019, 18(6): 463-477.

点评：该综述较为系统地讨论了机器学习在药物发现和开发中的应用，包括靶标发现和验证、化合物筛选和临床试验等多方面内容，强调了机器学习技术在提高药物发现效率和降低失败率方面的潜力。该文献为研究人员提供了智能药物发现领域中机器学习技术应用的全面概述。

3. Wang H, Fu T, Du Y, et al. Scientific discovery in the age of artificial intelligence [J]. Nature, 2023, 620(7972): 47-60.

点评：该综述深入剖析了机器学习在科学研究（AI4Science）中的应用与进展，从机器学习的本质与科学问题的共性出发，探讨了机器学习在助力大数据处理、实验设计、归纳假设等方面的独特优势，并指出了数据质量、算法可解释性等关键问题。

4. Yu H, Lin T, Meng X, et al. A route to de novo domestication of wild allotetraploid rice [J]. Cell, 2021, 184(5): 1156-1170.

点评：该研究论文提出了异源四倍体野生稻快速从头驯化策略，展示了如何利用先进的生物技术与信息技术快速精准改良作物性状，对于精准育种理论与技术体系的发展具有重要参考意义。

※ 思考与练习题

1. 列举药物靶点研究的主要生物信息资源及开展靶点发现的主要生物信息学方法。
2. 系统药理毒理学的主要思想是什么？
3. 简述开展药物药理及不良反应机制研究的几种主要生物信息学方法。
4. 生物信息学在动植物育种中的应用有哪些方面？试举例说明。

※ 讨论题

1. 试论述生物信息学在推动肿瘤免疫微环境理解与临床转化应用方面有哪些潜在的发展方向，如何更好地赋能免疫治疗。
2. 试探讨 AI 在智能药学领域的应用前景，其能在哪些方面优化药物研发的流程，缩短药物研发周期并提高成功率？
3. 大数据、人工智能、生物信息学与育种工作的融合将越来越密切，试探讨生物信息学如何更好地赋能动植物育种。

※ 参考文献

1. Aguet F, Barbeira A N, Bonazzola R, et al. The GTEx consortium atlas of genetic regulatory effects across human tissues [J]. Science, 2020, 369(6509): 1318-1330.

2. Alemu A, Astrand J, Montesinos-López O A, et al. Genomic selection in plant breeding: key factors shaping two decades of progress [J]. Molecular plant, 2024, 17(4): 552-578.

3. Ally A, Balasundaram M, Carlsen R, et al. Comprehensive and integrative genomic characterization of hepatocellular carcinoma [J]. Cell, 2017, 169(7): 1327-1341.

4. Altschul S F, Gish W, Miller W, et al. Basic local alignment search tool [J]. Journal of molecular biology, 1990, 215(3): 403-410.

5. Bai J P, Abernethy D R. Systems pharmacology to predict drug toxicity: integration across levels of biological organization [J]. Annual review of pharmacology and toxicology, 2013, 53: 451-473.

6. Bulik-Sullivan B, Finucane H K, Anttila V, et al. An atlas of genetic correlations across human diseases and traits [J]. Nature genetics, 2015, 47(11): 1236-1241.

7. Cai M C, Xu Q, Pan Y J, et al. ADReCS: an ontology database for aiding standardization and hierarchical classification of adverse drug reaction terms [J]. Nucleic acids research, 2015, 43: D907-D913.

8. Chen W, Chen L, Zhang X, et al. Convergent selection of a WD40 protein that enhances grain yield in maize and rice [J]. Science, 2022, 375(6587): eabg7985.

9. Chia R, Sabir M S, Bandres-Ciga S, et al. Genome sequencing analysis identifies new loci associated with Lewy body dementia and provides insights into its genetic architecture [J]. Nature genetics, 2021, 53(3): 294-303.

10. Farmer H, McCabe N, Lord C J, et al. Targeting the DNA repair defect in BRCA mutant cells as a therapeutic strategy [J]. Nature, 2005, 434(7035): 917-921.

11. He Y, Xiang Z, Mobley H L. Vaxign: the first web-based vaccine design program for reverse vaccinology and applications for vaccine development [J]. Journal of biomedcine biotechnology, 2010, 2010: 297505.

12. Hopkins A. Network pharmacology [J]. Nature biotechnology, 2007, 25(10): 1110-1111.

13. Huang L H, He Q S, Liu K, et al. ADReCS-Target: target profiles for aiding drug safety research and application [J]. Nucleic acids research, 2018, 46(D1): D911-D917.

14. Ivanov S M, Lagunin A A, Poroikov V V. In silico assessment of adverse drug reactions and associated mechanisms [J]. Drug discovery today, 2016, 21(1): 58-71.

15. Koboldt D C, Fulton R S, McLellan M D, et al. Comprehensive molecular portraits of human breast tumours [J]. Nature, 2012, 490(7418): 61-70.

16. Lappalainen T, Sammeth M, Friedlander M R, et al. Transcriptome and genome sequencing uncovers functional variation in humans [J]. Nature, 2013, 501 (7468): 506-511.

17. Li B, Sun C, Li J, et al. Targeted genome-modification tools and their advanced applications in crop breeding [J]. Nature reviews genetics, 2024, 25: 603-

622.

18. Liu C, Ma Y, Zhao J, et al. Computational network biology: data, models, and applications [J]. Physics reports, 2019, 846: 1-66.

19. Liu Z, Liu R, Gao H, et al. Genetic architecture of the inflammatory bowel diseases across East Asian and European ancestries [J]. Nature genetics, 2023, 55(5): 796-806.

20. Manolio T A, Collins F S, Cox N J, et al. Finding the missing heritability of complex diseases [J]. Nature, 2009, 461(7265): 747-753.

21. McClellan J, King M C. Genetic heterogeneity in human disease [J]. Cell, 2010, 141(2): 210-217.

22. Niu Y, Teng X, Zhou H, et al. Characterizing mobile element insertions in 5 675 genomes [J]. Nucleic acids research, 2022, 50(5): 2493-2508.

23. Potter S C, Luciani A, Eddy S R, et al. HMMER web server: 2018 update [J]. Nucleic acids research, 2018, 46(W1): W200-W204.

24. Rashid M, Toh T B, Hool L, et al. Optimizing drug combinations against multiple myeloma using a quadratic phenotypic optimization platform (QPOP) [J]. Science translational medicine, 2018, 453(10): 1-17.

25. Shi Y, Niu Y, Zhang P, et al. Characterization of genome-wide STR variation in 6487 human genomes [J]. Nature communication, 2023, 14(1): 2092.

26. Sircar A, Kim E T, Gray J J. RosettaAntibody: antibody variable region homology modeling server [J]. Nucleic acids research, 2009, 37(W1): W474-W479.

27. Varadi M, Anyango S, Deshpande M, et al. AlphaFold Protein Structure Database: massively expanding the structural coverage of protein-sequence space with high-accuracy models [J]. Nucleic acids research, 2022, 50(D1): D439-D444.

28. Walker R L, Ramaswami G, Hartl C, et al. Genetic control of expression and splicing in developing human brain informs disease mechanisms [J]. Cell, 2019, 179(3): 750-771.

29. Wang M, Zhang Z, Liu J, et al. Gefitinib and fostamatinib target EGFR and SYK to attenuate silicosis: a multi-omics study with drug exploration [J]. Signal transduction and targeted therapy, 2022, 7(1): 157.

30. Wojcik G L, Graff M, Nishimura K K, et al. Genetic analyses of diverse populations improves discovery for complex traits [J]. Nature, 2019, 570(7762): 514-518.

31. Yu H, Lin T, Meng X, et al. A route to de novo domestication of wild allotetraploid rice [J]. Cell, 2021, 184(5): 1156-1170.

32. Zhang P, Luo H, Li Y, et al. NyuWa genome resource: a deep whole-genome sequencing-based variation profile and reference panel for the Chinese population [J]. Cell reports, 2021, 37(7): 110017.

33. Zhang R, Shen S, Wei Y, et al. A large-scale genome-wide gene-gene interaction study of lung cancer susceptibility in Europeans with a trans-ethnic validation in Asians [J]. Journal of thoracic oncology, 2022, 17(8): 974-990.

34. Zhang X E, Liu C, Dai J, et al. Enabling technology and core theory of synthetic biology [J]. Science China life sciences, 2023, 66(8): 1742-1785.

35. Zhou Y, Zhang Y, Lian X, et al. Therapeutic target database update 2022: facilitating drug discovery with enriched comparative data of targeted agents [J]. Nucleic acids research, 2022, 50(D1): D1398-D1407.

36. Zitnik M, Agrawal M, Leskovec J. Modeling polypharmacy side effects with graph convolutional networks [J]. Bioinformatics, 2018, 34(13): i457-i466.

编者：纪志梁（厦门大学）
何顺民（中国科学院生物物理研究所）
徐　娟（哈尔滨医科大学）
曹志伟（复旦大学）
朱　峰（浙江大学）
蒋绪凯（山东大学）
廖明帜（西北农林科技大学）
马　闯（西北农林科技大学）
审读：陈　超（中南大学）

13 生物信息学实验基础

生物信息学实验的主要目的是利用计算工具和算法（通过编程实现）来处理和分析生物学数据，以解答生物学问题和推动生物科学的发展。本章将首先简要介绍常用的生物信息学编程语言，然后从技术和原理角度重点介绍两个在生物信息学学习和研究中经常涉及的核心主题：其一是建立生物信息学数据分析流程，旨在将大量生物数据转化为有意义的知识图谱；其二是开发生物学数据库，有效地将生物数据和知识图谱呈现给终端用户。这些内容将帮助读者掌握如何利用编程技术高效处理生物数据，实现从数据到知识的转化和应用。同时，本章还将帮助读者更好地理解和应用前面章节中介绍的生物信息学案例，并结合相关编程技术应用于生物信息学研究中。

13.1 生物信息学实验概述

生物信息学是一门跨学科的科学领域，它将生物学、计算机科学和数学等学科相结合，旨在利用计算机技术处理、分析和理解生物学数据。生物信息学实验就是利用计算和数据分析的方法来解决生物学问题的一类实验。和传统的“湿实验”（wet experiment，如分子克隆、蛋白质电泳等）不同，生物信息学实验通常称为“干实验”（dry experiment），主要依赖计算机、算法和数据库。在生物信息学实验过程中，编程技术扮演着举足轻重的角色，它是实验的重要组成部分，为研究人员提供了强大的工具和方法来解决生物学中的复杂问题。生物信息学编程的目的是将复杂的生物问题转化为可以用信息化方法（包括代码和模型）表示并进行计算和分析从而发现新规律（图 13-1），主要用于以下几个方面：① 处理和分析大量的生物数据，帮助知识发现；② 构建数学模型和计算模型，模拟生物系统的行为和变化；③ 推动新方法和工具的开发，可以提高数据分析的准确性和效率；④ 实现自动化流程搭建，提高数据处理和分析的效率；⑤ 搭建在线数据库和分析平台，为研究人员提供便捷的数据访问和分析工具。

随着生物学研究的不断深入和技术的飞速发展，生物信息学编程技术也在不断地演变和改进。实际上，在生物信息学的整个发展进程中，计算机技术的发展历程与生物技术的革新相辅相成（图 13-2），生物技术的革新推动了生物学数据的产生和积累，而计算机技术的发展则为处理和分析这些数据提供了必要的工具和方法。

生物信息学编程技术的发展可以追溯到 20 世纪 70 年代。随着 DNA 测序技术的发展，生物学家们开始面临大量的生物数据。传统的人工计算方法无法高效地处理这些数据，于是科学家们开始转向计算机技术。早期的生物信息学编程技术主要集中在序列比对、基因预测和蛋白质结构预测等方面，使用的主要编程语言包括 Perl 和 C 等。

随着时间的推移，生物信息学编程技术得到了迅速的发展和普及。1990 年前后，随着人类基因组计划的启动，生物信息学编程技术迎来了一个爆发式的增长期。生物学家们需要处理大量的基因组数据，这促进了生物信息学编程技术的快速发展。在这个阶段，生物信息学编程技术的应用领域不断扩展，包括基因组序列分析、蛋白质结构预测、基因表达分析、系统生物学建模等。

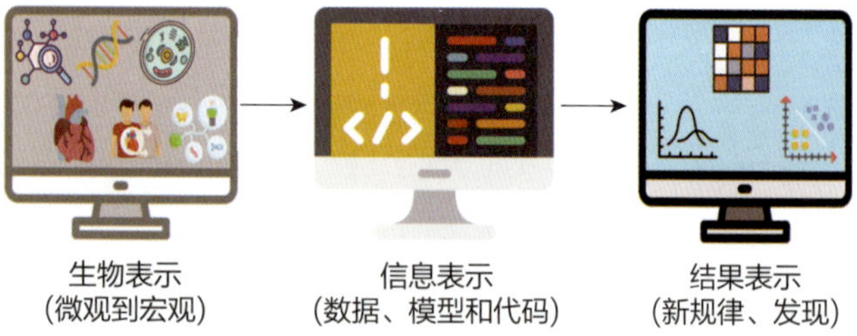

图 13-1 生物问题的信息表示

21 世纪初，随着高通量测序技术的发展，生物信息学编程技术又迎来了一个重要的转折点。高通量测序技术使得科学家们能够以前所未有的速度和成本获得大量的生物数据，这进一步推动了生物信息学编程技术的发展。在这个阶段，生物信息学编程技术开始融合更多的数据科学技术，如机器学习和深度学习等，以处理和分析这些大规模的生物数据。

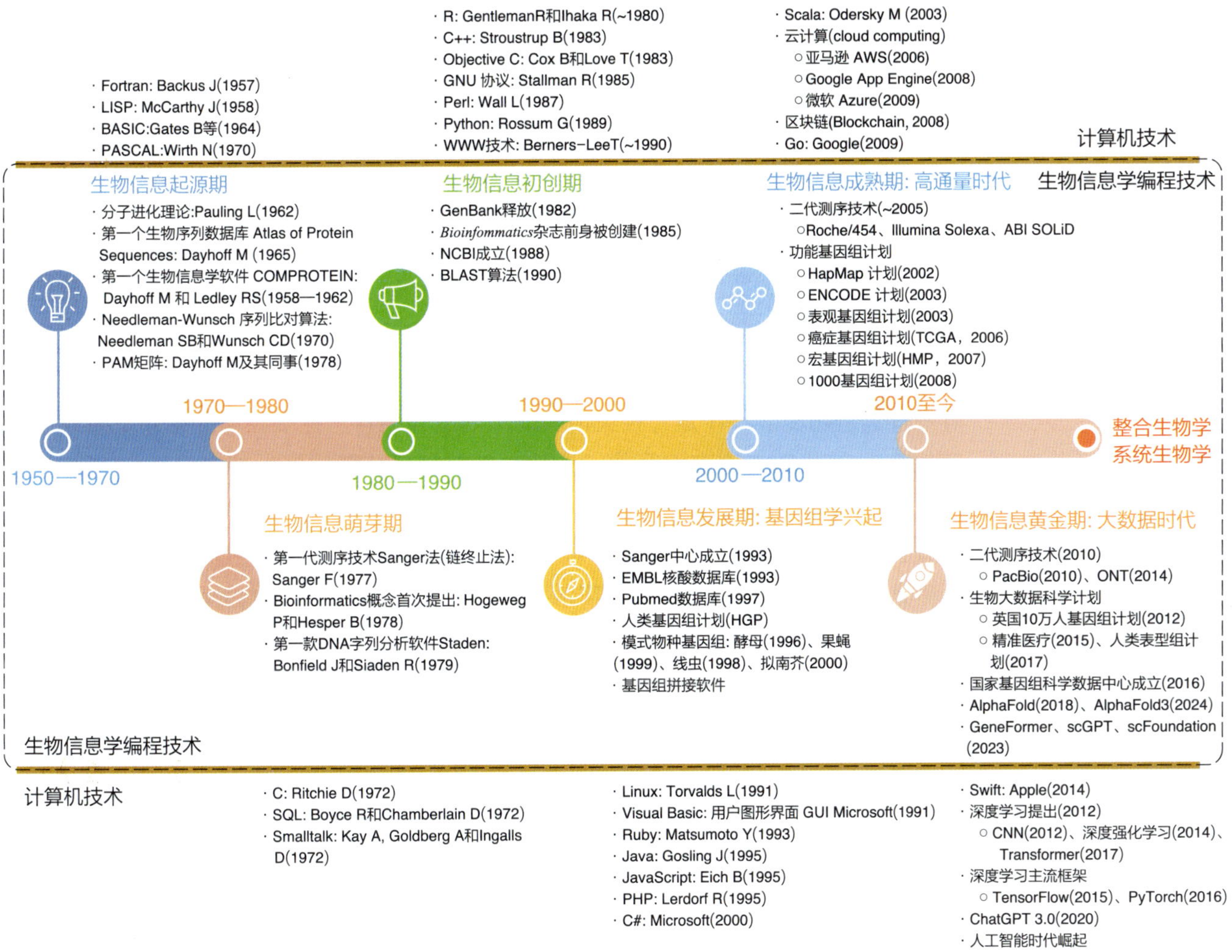

图 13-2 生物信息学编程技术与计算机技术的发展历程

到了当今，生物信息学编程技术已经成为生物学研究中不可或缺的一部分，大语言模型的发展也让生物信息学编程技术进入新的阶段。它在基因组学、转录组学、蛋白质组学、代谢组学等多个领域发挥着重要作用。生物信息学编程技术不仅能够帮助科学家们处理和分析生物数据，还能够提供生物学模型的构建和模拟等功能。随着技术的不断进步，生物信息学编程技术也在不断地演进和改进，为生物学研究提供了更强大的工具和方法。

在生物信息学编程技术的发展过程中，有几个关键的技术和方法对其起到了重要的推动作用。首先是早期的序列比对和基因预测方法，这些方法的发展和广泛使用为生物信息学编程技术的发展奠定了基础。其次是机器学习和深度学习等数据科学技术的应用。随着生物数据规模的不断增大，传统的生物信息学方法已经无法有效处理这些数据。因此，科学家们开始将机器学习和深度学习等数据科学技术引入生物信息学编程技术中，以提高数据处理和分析的效率和准确性。这些技术的应用使得生物信息学编程技术更加强大和灵活。此外，开源软件和开放数据资源的出现也极大地促进了生物信息学编程技术的发展。越来越多的生物信息学工具和数据库成了开源软件，科学家们可以自由地获取和使用这些工具和数据资源，从而加速了生物信息学编程技术的应用和发展。

总的来说，从早期的序列比对和基因预测到如今的机器学习和深度学习等数据科学技术的应用，生物信息学编程技术的发展经历了多个阶段。随着生物学研究的不断深入和技术的不断进步，生物信息学编程技术将继续发挥着重要的作用，推动着生物学研究的不断发展。生物信息学常用的编程语言主要包括以下几种。

① C/C++　C/C++ 是一种高性能的编程语言，在生物信息学领域通常用于开发性能要求较高的生物信息学工具和算法。一些序列比对、蛋白质结构预测等底层任务的工具可能是用 C 或 C++ 编写的。

② Perl　Perl 曾经是生物信息学中最流行的编程语言之一，在生物信息学领域有着较长的历史。Perl 是一种灵活、强大的编程语言。许多经典的生物信息学工具和软件都是用 Perl 语言编写的，尤其在早期序列分析任务中都可以找到 Perl 的身影，如 BioPerl、EMBOSS、GBrowse、RepeatMasker 等，不过现在基本被 Python 所替代。

③ Python　Python 是一种简单易学、功能强大的编程语言，在生物信息学领域得到了广泛应用。它拥有丰富的生物信息学相关的库和工具，如 BioPython、Pandas、NumPy 等，可以用于处理生物序列、进行数据分析和可视化等任务。

④ R　R 语言是一种专门用于统计学和数据分析的编程语言，因为免费开源和拓展性等优点，在生物信息学的统计分析和可视化中得到广泛应用。其中，Bioconductor 是一个专门为生物信息学开发的 R 包生态系统，提供了丰富的生物信息学工具。

⑤ Java　Java 是一种跨平台的编程语言，在生物信息学中也有一定的应用。Java 语言的特点是稳定、可靠，适合开发大型的生物信息学软件和系统。一些生物信息学工具和平台，如 BioJava、Cytoscape、Picard、GATK、InterProScan 等，主要是用 Java 编写的。

⑥ Julia　Julia 是一种新兴的高性能编程语言，被设计用于高性能科学计算，具有动态类型、高性能和易于编写的特点，在生物信息学中也有一些应用。

⑦ MATLAB　MATLAB 是一种用于数学建模和工程计算的语言，生物信息学中在数学建模和仿真方面有时会使用 MATLAB。但是，MATLAB 是一款商业软件，需要购买许可证才能使用，限制了其使用范围。

⑧ Bash/Shell 脚本　Bash 是一种 Unix 和 Linux 操作系统中常用的命令行解释器，而 Shell 是一种用于与操作系统内核进行交互的命令语言，也是一种脚本语言。在生物信息学中，它常用于处理文件、运行一系列命令以及批量处理任务。

⑨ Web 技术　在生物信息学研究中，Web 技术被广泛应用于构建在线工具、数据库查询界面和数据可视化平台等，为生物学研究提供了便捷的访问和使用方式。常见的 Web 应用框架如 Django、Flask 和 Ruby on Rails 等，被用于构建生物信息学数据库查询界面和在线工具。

⑩ 数据库技术　数据库技术在生物信息学中也起着关键作用，根据类型的不同可分为关系型数据库（RDBMS）、非关系型数据库（NoSQL）和分布式数据库。利

用数据库技术，可以为生物学研究设计专用数据库，通常包含特定类型的生物学数据和相应的查询接口。生物学数据库的开发常涉及数据库技术和 Web 技术的融合应用，前面章节提到的生物学数据库都是通过类似方式构建而成的。

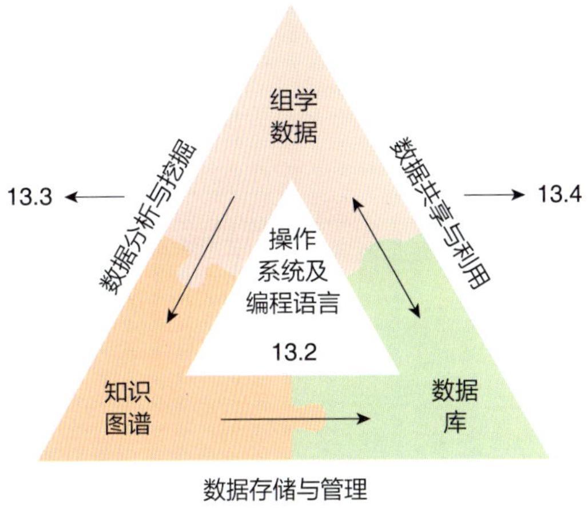

图 13-3 本章主要章节之间的关系

生物信息实验要求读者具备一定的编程基础。虽然选择合适的编程语言或技术取决于具体的应用场景、任务需求以及个人偏好，但是不同编程语言在语法及功能方面具有较高的相似性，掌握其中一门编程语言之后，很容易拓展学习其他编程语言。特别需要指出的是，借助 ChatGPT 和 DeepSeek 等大语言模型的代码生成、测试和解读能力，只要给出正确的提示，这些大语言模型就可以协助完成特定的编码任务。在生物信息学实践中，读者不需要从头开始构建完整的应用程序，而是可以在 ChatGPT 或 DeepSeek 生成的代码基础上进行补充和完善。ChatGPT 或 DeepSeek 能够提供初步的代码框架、解决方案和具体实现，读者则可以根据实际需求进行调整和优化。此外，大语言模型还可以生成和执行单元测试，帮助识别和修复潜在的错误，确保代码的稳定性和可靠性。因此，在生物信息学实验中，合理使用大语言模型不仅可以加速写代码过程、提高代码质量，还能实现不同语言之间的代码转换，使得生物信息学编程更加高效和精确。

在接下来的章节中，首先介绍当前常用的生物信息学编程语言，包括 Linux 系统及 Shell 脚本语言、Python 编程语言和 R 编程语言（13.2）；再分别介绍生物信息学数据分析流程搭建（目的是将数据转化为知识图谱；13.3）和生物学数据库开发（将生物数据/知识图谱呈现给终端用户；13.4），这两个主题在日常的生物信息学学习和研究中经常涉及。本章主要章节的关系如图 13-3 所示。需要说明的是，生物信息学实验涉及大量的学习内容，由于篇幅所限，本章节不能囊括所有的主题内容，对生物信息学实践感兴趣的读者可以进一步学习本书对应的实验教材。

13.2 Linux 系统及常用编程语言简介

Linux 是生物信息学实验的首选操作系统之一。由于其开源性、稳定性和强大的命令行工具，Linux 成了生物信息学研究人员开展实验的理想平台。Shell 脚本语言是一种在 Linux 操作系统中由 Shell（命令解释器）执行的编程语言，用于实现自动化任务、批处理操作以及系统管理等功能。R 是一种专为统计分析和数据可视化设计的编程语言，广泛用于生物信息学等数据科学领域。Python 是一种通用编程语言，以其简洁易用的语法和丰富的库生态系统而闻名，广泛应用于数据科学、机器学习（包括深度学习）、Web 开发等领域。

13.2.1 Linux 操作系统

操作系统通常分为 Windows、Linux 和 Mac OS 等几种。其中，Linux 操作系统在生物信息学领域得到了广泛的应用，主要因为它具备开放性、灵活性、强大的命令行界面、免费开源、出色的稳定性以及高度的可定制性等特点。越来越多的生物信息学软件和工具都支持在 Linux 系统上运行，选用 Linux 系统进行生物信息学实验有以下 6 个主要优势。

（1）稳定性和性能

Linux 系统以其稳定性和高效性能而著称，特别适合处理大型生物信息学数据集和进行复杂计算。许多高性能计算集群和超级计算机都运行 Linux 操作系统，这为生物信息学研究提供了强大的计算支持。

（2）开源软件生态系统

Linux 拥有丰富的开源软件资源，这对于生物信息学研究尤为重要。大量的生物信息学工具和软件包都是在 Linux 环境下开发和优化的，如 BLAST、Bowtie 和 GATK 等。这些工具在 Linux 上通常具有更好的性能和兼容性。

（3）强大的命令行工具

Linux 提供了强大的命令行界面（command line interface，CLI），允许用户通过脚本和命令行工具高效地处理和分析数据。常用的命令行工具如 grep、awk、sed 和 sort 等，可以轻松地进行数据筛选、处理和格式转换。此外，Linux 的 Shell 脚本编程（如 bash 脚本）使得自动化数据处理和分析成为可能，大大提高了工作效率。

（4）软件包管理和更新

Linux 系统通常配备了强大的包管理器（如 apt、yum、dnf 和 pacman 等），方便用户安装、更新和管理软件包。这使得生物信息学研究人员能够轻松获取最新的软件版本和更新，确保他们的研究工具保持最新版本。

（5）社区和支持

Linux 拥有庞大的用户社区和丰富的在线资源，研究人员可以通过论坛、邮件列表和文档快速找到问题的解决方案。此外，许多生物信息学工具和软件的开发者社区也主要集中在 Linux 平台上，这使得用户能够获得及时的支持和帮助。

（6）自定义和灵活性

Linux 系统的高度可定制性允许用户根据自己的需求配置和优化系统环境。研究人员可以选择合适的发行版（如 Ubuntu、CentOS、Debian 等）以及特定的内核和软件配置，以满足特定的研究需求。这些发行版在 Linux 的基础上添加了一些额外的软件和设置，以使它们更适合不同的用途，如桌面计算、服务器管理等。Linux 作为一个强大的操作系统，被广泛用于各种用途，包括个人电脑、服务器、嵌入式系统、超级计算机等。它具有稳定性、安全性和可定制性等优点，因此受到了许多人的喜爱和使用。

虽然 Windows 在日常办公中广受欢迎，Linux 因其稳定性、性能、丰富的开源软件资源、强大的命令行工具和灵活性，成了生物信息学实验的理想平台。无论是在数据处理、分析，还是在高性能计算和自动化工作流程方面，Linux 都为生物信息学研究提供了强有力的支持（表 13－1）。对于新手来说，Linux 可能需要一些时间来学习，但一旦掌握了基本概念，它可以成为一个强大的工具，用于完成各种计算机任务。

13.2.1.1 Linux 系统的安装

Linux 本身是免费的，读者可以在各个 Linux 发行版的官方网站上找到安装包。下载的 iso 光盘映像文件可以刻录成光盘或制作成 U 盘启动盘，从而在安装 Linux 操作系统时使用，具体的安装过程读者可以自行查阅资料，这里不再赘述。关于

表 13－1 Linux 与 Windows 系统之间的比较

比较	Linux	Windows
用户界面	主要依赖命令行界面（CLI），学习曲线较陡	图形用户界面（GUI），用户友好，易于操作
软件生态系统	广泛的开源软件支持，如 BLAST、Bowtie、GATK	支持许多商业软件，如 Geneious、CLC Genomics Workbench
命令行工具	强大的命令行工具和脚本支持，如 awk、sed、grep	命令行工具功能有限，PowerShell 虽强大但不及 Linux
高性能计算支持	支持高性能计算集群和并行计算框架，如 MPI、Hadoop	对高性能计算集群的支持不如 Linux，主要依赖第三方解决方案
硬件兼容性	部分硬件驱动支持较弱，需要手动配置	驱动支持全面，设备兼容性好
系统稳定性	高稳定性，适合长时间运行计算任务	较高稳定性，但系统更新可能影响长时间运行的任务
安全性	权限管理和安全机制完善，开源使得安全漏洞修复迅速	安全机制较完善，但需要依赖定期的系统更新和杀毒软件
成本	开源和免费，软件采购成本低	商业授权需要费用，增加软件采购成本
开发工具	支持多种开发工具和编程语言，如 GCC、Python、R	强大的集成开发环境（IDE）如 Visual Studio，广泛的编程语言支持
文献管理和写作	支持 LaTeX 等科学写作工具，也支持文献管理工具 Zotero、Mendeley、LibreOffice 等	支持 Microsoft Office、EndNote、Mendeley、Zotero 等文献管理和写作工具
数据可视化和分析	支持强大的数据分析能力，但是图形化工具比较少	支持 Excel、GraphPad Prism、OriginLab 等图形用户界面的数据可视化和分析工具
学习曲线	需要掌握一定的系统管理和命令行操作知识	用户界面友好，适合不熟悉命令行操作的用户
网络共享和远程访问	通过 SSH、NFS、Samba 等实现高效的网络共享和远程访问	通过远程桌面、Samba 等实现网络共享和远程访问，但配置较复杂
开源工具支持	广泛的开源工具和库，性能和兼容性较好	部分开源工具在 Windows 上的兼容性和性能不如 Linux
数据处理和自动化	强大的数据处理和自动化能力，通过脚本实现复杂任务	数据处理和自动化能力有限，依赖第三方工具如 PowerShell 和批处理脚本
平台无关性	适合高性能计算环境和服务器，广泛用于科学研究和数据分析	适合个人电脑和工作站，适合日常办公和商业软件使用

Linux 系统的最低硬件要求，取决于所使用的 Linux 发行版。通常而言，这不是一个需要过多担心的问题。以 Ubuntu 22.04 为例，它的默认安装要求为 2 GHz 双核处理器、4 GB RAM（系统内存）和 25 GB 硬盘空间，对于现代大多数计算机而言，基本上可以满足需求。

当完成上述 Linux 发行版的安装后，在开机时就可以选择进入 Linux 系统了。随着技术的发展，产生了更简便的 Linux 系统进入方式。在 2016 年，微软也开发了适用于 Linux 的 Windows 子系统（Windows Subsystem for Linux，WSL），可以在 Windows 计算机上同时访问 Windows 和 Linux 两个操作系统。通过 WSL，开发人员可以安装 Linux 发行版（如 Ubuntu、OpenSUSE、Kali、Debian、Arch Linux 等），并直接在 Windows 上使用 Linux 应用程序和 Bash 命令行等工具，不用进行任何修改，也无须承担传统虚拟机或双启动设置带来的资源占用问题。因此，读者只需要在 Windows 上安装 WSL（或 WSL2）加任意 Linux 发行版就可以在 Windows 上体验 Linux 操作系统，极大地方便了用户需求，同时对上述的 25 GB 硬盘空间的需求也降低了很多，通常只需要占用 1 GB 即可。而且，通过 WSL 启动的 Linux 系统可以和 Windows 共享文件，对于生物信息学研究中频繁的文件读写和查看有很大帮助。

当然，如果不想在自己的计算机上同时安装两个操作系统，另一种选择是使用虚拟机技术。虚拟机是安装在主机操作系统上，但可以模拟整个硬件环境，允许在虚拟环境中安装另一个操作系统的一款软件，其中主机操作系统称为宿主操作系统，而虚拟化的操作系统称为客户操作系统。使用虚拟机的主要优点是，对客户操作系统的任何更改都不会影响宿主操作系统，因为它们依赖于虚拟环境中的模拟硬件。最终，虚拟机在硬盘上只留下一系列文件，不会对物理硬件做出实际更改。其中，最常用的虚拟机软件是 VMware，其中 VMware Server 可以免费使用。这种方法对 Windows 和 Mac OS 用户都是可以实现的。

13.2.1.2 Linux 系统的配置

在生物信息学的研究中，配置 Linux 系统是非常常见的，因为 Linux 系统在生物信息学研究中具有广泛的应用。不过随着 Linux 桌面的日趋成熟和人性化，这种所谓的“基本配置”已经越来越少了。这里选择入门用户最常问到的一些问题，以便读者能够尽快上手。

① 基本工具安装　安装基本的 Linux 命令行工具，如文本编辑器（如 nano、vim 或 emacs）、文件管理器（如 Nautilus 或 Thunar）等。

② 包管理器　了解和使用 Linux 的包管理器，如 APT、YUM、DNF 等，以便安装和更新软件包。

③ 终端模拟器　使用合适的终端模拟器，如 GNOME Terminal 或 KDE Konsole，以便在命令行界面上工作。

④ 用户权限管理　了解如何管理用户和权限，以确保研究数据的安全性和隐私性。

⑤ 软件环境管理　使用虚拟环境管理工具，如 Conda、virtualenv 等，以隔离不同项目的依赖关系和软件包。

⑥ 生物信息学工具安装　安装常用的生物信息学工具，如 BLAST、Bowtie、Samtools、BEDTools 等，以及相关的依赖项。

⑦ 编程环境　设置合适的编程环境，如 Python、R 或 Perl，以便进行数据分析和脚本编写。

⑧ 数据库管理　了解在 Linux 系统中管理生物信息学数据库，如 MySQL、PostgreSQL 数据库管理软件等。

⑨ 版本控制　使用版本控制系统，如 Git，来管理和跟踪研究项目的代码和数据。

⑩ 数据备份和存储　建立有效的数据备份和存储策略，以防止数据丢失或损坏。

⑪ 网络连接　配置网络连接，以便在需要时下载数据、更新软件包或与其他研究人员合作。

⑫ 安全性　采取必要的安全措施，如防火墙配置、定期更新系统和软件包、限制对系统的远程访问等，以确保系统的安全性。

这些是在 Linux 系统上进行生物信息学研究时的一些基本配置方面。根据具体的研究需求和工作流程，可能还需要进一步定制和配置系统。此外，随着技术和工具的不断发展，配置可能需要不断更新和调整。

13.2.1.3　Linux 系统的组成

Linux 系统由多个部分组成，这些组件协同工作以提供完整的操作系统环境。以下是 Linux 系统的主要组成部分。

① 内核（Kernel）　Linux 内核是操作系统的核心部分，它负责管理硬件资源，包括处理器、内存、设备驱动程序、文件系统等。内核控制着计算机的基本功能，并提供了用户空间程序与硬件之间的接口。

② Shell　Shell 是用户与 Linux 系统之间的交互界面。它接受用户的命令并将其传递给内核执行。Linux 系统支持多种不同的 Shell，如 Bash（Bourne Again Shell）、Zsh、Fish 等。Bash 是最常见的 Shell。

③ 文件系统　Linux 使用文件系统来组织和管理文件和目录。常见的文件系统包括 Ext4、XFS、Btrfs 等。文件系统是用于存储和访问文件的关键组成部分。

④ 系统库　系统库包含一组共享的代码和函数，用于支持应用程序的开发和运行。这些库包括 C 标准库（libc）以及其他用于网络、图形、多媒体等功能的库。

⑤ 用户空间工具和应用程序　Linux 系统提供了大量的命令行工具和图形应用程序，用于执行各种任务，包括文件管理、文本编辑、网络通信、编程开发等。一些常见的用户空间工具包括 ls、cp、mv、grep、sed、awk 等。

⑥ 服务和守护进程　Linux 系统可以运行各种服务和守护进程，如 Web 服务器（如 Apache、Nginx）、数据库服务器（如 MySQL、PostgreSQL）、邮件服务器（如 Postfix、Exim）、日志服务（如 syslogd）等。这些服务在后台运行并提供特定功能。

⑦ 图形用户界面（可选）　虽然 Linux 系统通常以命令行界面为主，但也可以

安装图形用户界面（graphical user interface，GUI）来提供更友好的桌面环境。常见的 Linux 桌面环境包括 GNOME、KDE、Xfce 等。

⑧ 网络协议栈　Linux 系统包含了完整的网络协议栈，支持各种网络通信，包括 TCP/IP 协议、HTTP、FTP、SSH 等。这使得 Linux 成为网络服务器和网络设备的理想选择。

⑨ 设备驱动程序　Linux 内核支持许多不同类型的硬件设备，但某些硬件可能需要特定的设备驱动程序来与操作系统协同工作。这些驱动程序通常以内核模块的形式提供。

⑩ 包管理器　大多数 Linux 发行版都提供了包管理器，用于方便地安装、更新和卸载软件包。常见的包管理器包括 APT（Debian/Ubuntu）、YUM/DNF（Red Hat/CentOS）、Pacman（Arch Linux）等。

这些组成部分协同工作，构成了一个完整的 Linux 操作系统，提供了稳定、灵活和可定制的计算环境。用户可以根据自己的需求和偏好对 Linux 系统进行定制和配置。在生物信息学的研究中，对于 Linux 系统层面的更改和操作较少，因此，读者可以首先将重心放在后文的介绍中，学有余力的话，可以再次了解 Linux 的系统构造。

13.2.1.4　Linux 常用命令介绍

在生物信息学中，使用 Linux 系统是非常常见的，因为 Linux 提供了强大的命令行工具和环境，适用于数据分析、文件处理、脚本编写等任务。表 13-2 是一些常用的 Linux 命令（其中，$ 为命令提示符，# 为注释符号），它们在生物信息学中经常使用。限于篇幅，在这里主要介绍命令用途，具体用法参考在线资源。

表 13-2　Linux 基础命令

命令	功能	示例	输出
echo	在终端输出文本	`$ echo "Hello, Bioinformatics!"`	Hello，Bioinformatics!
cd	切换工作目录	`$ cd ~/bioinformatics/data`	切换到 ~bioinformatics/data
ls	列出当前目录中的文件和文件夹	`$ ls`	如：data1.fasta　data2.fasta　results/
pwd	显示当前工作目录的路径	`$ pwd`	如：/home/user/bioinformatics
mkdir	创建新的目录	`$ mkdir project1`	创建 project1 目录
touch	创建空文件	`$ touch results.txt`	创建 results.txt 文件
mv	移动文件或重命名文件	`$ mv data1.fasta data/` `$ mv results.txt new_results.txt`	文件移动或重命名
cp	复制文件或目录	`$ cp data2.fasta data_backup/`	复制 data2.fasta 到 data_backup/
rm	删除文件或目录	`$ rm unwanted_file.txt`	删除 unwanted_file.txt 文件
ln	创建链接文件	`$ ln -s /path/to/data1.fasta data1_link.fasta`	创建符号链接 data1_link.fasta
cat	查看文件内容	`$ cat sequence.fasta`	显示 sequence.fasta 内容

续表

命令	功能	示例	输出
wc	计算文件的行数、字数和字符数	`$ wc sequence.fasta`	1000 5000 30000 sequence.fasta
sort	对文本文件进行排序	`$ sort expression.txt> sorted_expression.txt`	排序并输出到 sorted_expression.txt
uniq	从排序后的文件中删除重复行	`$ uniq sorted_data.txt > unique_data.txt`	删除重复行
less more	查看长文本文件的内容	`$ less annotation.txt`	分页显示文件内容，特别适用于长文本
head tail	查看文件的前几行或后几行	`$ head -n 10 data.txt` `$ tail -n 20 data.txt`	显示 data.txt 的前 10 行或后 20 行

gzip gunzip bzip2 bunzip2	压缩和解压缩文件	`$ gzip data.txt`
		`$ gunzip data.txt.gz`
		`$ bzip2 data.txt`
		`$ bunzip2 data.txt.bz2`
			压缩或解压缩文件

tar	创建和解压缩归档文件	`$ tar -cvf project_data.tar data/`
		`$ tar -czvf project_data.tar.gz data/`
		`$ tar -xvf project_data.tar`
			创建或解压缩归档文件

df	显示磁盘空间使用情况	`$ df -h`	显示磁盘使用情况
which	查找可执行文件的路径	`$ which blastp`	显示 blastp 的路径
top	监视系统的进程和资源使用情况	`$ top`	显示系统进程信息，按'q' 退
vim	强大的文本编辑器，适用于编辑配置文件和脚本	`$ vim script.py`	编辑 script.py 文件
grep	在文本中查找模式	`$ grep "gene_name" sequence.fasta`	搜索 sequence.fasta 中的 gene_name
sed	文本替换和编辑	`$ sed 's/old_gene/new_gene/g' data.txt`	替换 data.txt 中的 old_gene 为 new_gene
awk	文本处理	`$ awk '{print $2}' data.txt`	输出 data.txt 的第二列

这些是在生物信息学中经常使用的一些基本 Linux 命令，而这些命令还有更加丰富的参数可以追加以实现更加完善的功能。通过熟练掌握这些命令，读者可以更有效地处理生物信息学数据和进行分析。根据具体的需求，还可以使用更多高级的命令和工具来执行特定任务。

13.2.2 Shell 脚本编程

13.2.2.1 Shell 简介

Shell 是一个用 C 语言编写的程序，它是用户使用 Linux 的桥梁。Shell 既是一种命令语言，又是一种程序设计语言。Shell 提供了一个界面，用户可以通过这个界面访问 Linux 操作系统内核的服务。通过使用 Shell 编写的脚本称为 Shell 脚本（Shell script)，计算机界所说的 Shell 通常都是指 Shell 脚本，但 Shell 和 Shell script 是两个不同的概念，习惯上“Shell 编程”一般是指 Shell 脚本编程，不是指开发 Shell 自身。对于 Shell 编程所依赖的环境而言跟后面介绍的 Python、R 编程一样，只要有一个能编写代码的文本编辑器和一个能解释执行的脚本解释器就可以了。其中 Shell 脚本解释器种类众多，常见的有：

- Bourne Shell (/usr/bin/sh 或/bin/sh)
- Bourne Again Shell (/bin/bash)
- C Shell (/usr/bin/csh)
- K Shell (/usr/bin/ksh)
- Shell for Root (/sbin/sh)

本书中关注的是 Bash，也就是 Bourne Again Shell，由于易用和免费，Bash 在日常工作中被广泛使用。同时，Bash 也是大多数 Linux 系统默认的 Shell。但是在一般情况下，编写 Shell 脚本并不区分 Bourne Shell 和 Bourne Again Shell，所以，像 **#!/bin/sh**，它同样也可以改为 **#!/bin/bash**。其中，**#!** 告诉系统其后路径所指定的程序即是 Shell 脚本解释器的具体种类。

13.2.2.2 Shell 脚本

打开文本编辑器（可以使用 vi/vim 命令来创建文件），新建一个文件 test.sh，扩展名为 sh（sh 代表 shell），扩展名并不影响脚本执行，见名知意即可。输入一些代码，第一行一般是这样：

```
#!/bin/bash
```

提醒：`#!` 是一个约定的标记，它告诉系统这个脚本需要什么解释器来执行，即使用哪一种 Shell。

运行 Shell 脚本有两种方法：

① 作为可执行程序使用“chmod +x./test.sh”命令使脚本 test.sh 具有可执行权限，利用“./test.sh”执行脚本：

注意，一定要写成./test.sh，而不是 test.sh，运行其他二进制的程序也一样，直接写 test.sh，Linux 系统会去环境变量（PATH）里寻找有没有叫 test.sh 的，而只有 /bin，/sbin，/usr/bin，/usr/sbin 等在 PATH 里，当前目录通常不在 PATH 里，所以写成 test.sh 是会找不到命令的，要用./test.sh 告诉系统说，就在当前目录找。

② 作为解释器参数，这种运行方式是直接运行解释器，其参数就是 Shell 脚本的文件名，如“/bin/sh test.sh”。

这种方式运行的脚本，不需要在第一行指定解释器信息，其实写了也不会起作用的。以上就是对 Shell 脚本的初次尝试，在生物信息学中，Shell 编程是一项重要的技能，它允许研究人员自动化数据分析流程、处理大量文件和执行复杂的任务。下面是一些其他常见的 Shell 编程概念和示例，以帮助读者了解 Shell 编程在生物信息学中的应用。

13.2.2.3 Shell 变量

在 Shell 编程中，变量是用来存储数据值的符号名称。这些数据值可以是文本、数字、文件路径、命令的输出结果等。变量的使用允许在脚本中存储和操作数据，使得脚本更加灵活和可定制。下面是有关变量和赋值的详细说明。

（1）变量命名规则

① 变量名称由字母、数字和下划线组成。

② 变量名称必须以字母或下划线开头。

③ 变量名称通常区分大小写（例如，myVar 和 myvar 是不同的变量）。

④ 一些特殊字符（如空格、标点符号等）通常不被允许，因此最好避免使用它们。

（2）变量的赋值

要将一个值赋给变量，使用等号 = 运算符。如 myVar="Hello，World!"，将创建一个名为 myVar 的变量，其值为“Hello，World!”

（3）引用变量

在后续的命令中，可以使用 $ 符号引用变量的值。myVar 变量的引用方式为 $myVar。

（4）重新赋值变量

可以随时重新赋值一个已存在的变量。如 myVar="New Value"，这将更新 myVar 的值为“New Value”。

（5）删除变量

要删除一个变量，可以使用 unset 命令。如 unset myVar，这将删除 myVar 变量，使其不再可用。

（6）变量的替换

将变量的值嵌入其他字符串中。

（7）双引号和单引号

在字符串中使用双引号 " 会允许变量替换，而单引号 ' 会将整个字符串视为纯文本。

（8）特殊变量

Shell 还定义了一些特殊的变量，如 $0（脚本名称）、$1、$2 等（命令行参数）以及 $#（命令行参数的数量）等。

变量的使用是 Shell 编程中的关键概念之一，它允许脚本中存储和操作数据，使得脚本可以根据不同的情况执行不同的操作。在生物信息学中，读者可以使用变量来存储文件路径、工具参数、分析结果等，以实现数据处理和分析的自动化。

13.2.2.4 Shell 条件循环语句

条件和循环语句是 Shell 编程中的两个重要概念，它们在生物信息学中经常用于处理和分析数据。以下是关于这两个概念的详细说明。

（1）条件语句（if 语句）

条件语句可以根据条件执行不同的操作。在生物信息学中，读者可以使用条件语句来检查文件是否存在、数据是否符合特定标准，以及执行与数据质量控制、过滤或选择相关的操作。

（2）循环（for 或 while 循环）

循环允许重复执行一组操作，通常用于遍历文件列表、批量处理多个文件或运行相同的命令多次。在生物信息学中，循环经常用于对多个样本、数据文件或基因进行分析。

在生物信息学中，这些条件语句和循环结构可以用于自动化数据分析、质量控制、比对、序列分析和生成报告等任务。通过结合条件语句和循环，可以根据特定的条件或需要，自动处理大量的生物信息学数据，并生成统计信息或可视化结果。这有助于提高工作效率和准确性，特别是在处理大规模生物数据集时。例如：

```
$ if [ -e data.txt ]; then
    echo "Data file exists."
  else
    echo "Data file does not exist."
  fi

$ for file in *.fasta; do
    echo "Processing $file..."
    # 执行一些分析操作
  done

$ while [ -f data.txt ]; do
    echo "Data file still exists."
    sleep 3600  # 等待1小时
  done
```

13.2.2.5 Shell 传递参数

命令行参数是通过命令行传递给 Shell 脚本或可执行程序的参数，它们允许用户在运行脚本或程序时提供输入数据或配置选项。在生物信息学中，命令行参数通常用于指定输入文件、输出目录、参数值等，以控制分析流程的行为。在 Shell 脚本中，可以使用 \$1、\$2、\$3 等特殊变量来引用传递给脚本的命令行参数。这些变量表示第一个、第二个、第三个参数，依此类推。

13.2.2.6 Shell 函数

函数在 Shell 编程中用于封装一组相关的命令和操作，以便于重复使用和组织代码。在生物信息学中，函数通常用于执行特定的生物信息学任务，如数据处理、序列分析、比对、统计等。在 Shell 脚本中，可以使用 function 关键字或者简单地使用函数名来定义一个函数。函数可以接受参数，并且可以返回一个值。函数使代码更加模块化和可维护，有助于提高生物信息学工作的效率。

13.2.2.7 Shell 管道

管道是 Shell 编程中非常实用的概念，它允许将多个命令连接在一起，将一个命令的输出传递给另一个命令的输入，从而实现数据流的处理、转换和过滤。在生物信息学中，管道通常用于处理和分析大规模的生物数据，如 DNA 序列、蛋白质序列、测序数据等。以下是一些关于管道的详细说明和示例。

（1）管道的语法

在 Shell 中，管道使用竖线符号 | 连接两个或多个命令，将第一个命令的输出传递给下一个命令的输入。语法如下：

```
$ command1 | command2
```

（2）管道的应用

① FASTQ 文件处理　假设有一个包含测序数据的 FASTQ 文件，可以使用管道来处理和分析数据。以下示例演示如何使用 zcat 解压缩压缩的 FASTQ 文件，然后使用 grep 查找特定的序列，最后使用 wc 统计匹配的序列数量：

```
$ zcat data.fastq.gz | grep -c "ACGT" | wc -l
```

② 序列比对和过滤　在生物信息学中，通常需要将测序数据与参考基因组比对，并过滤匹配的序列。以下示例演示如何使用 bowtie2 进行比对，然后使用 samtools 过滤和处理 SAM 文件，并使用 bedtools 从比对结果中提取感兴趣的区域（注意：在命令的末尾使用 \ 表示命令还没结束，可以换行继续写）。

```
$ bowtie2 -x reference_index -U data.fastq | \
  samtools view -bS - | bedtools intersect -a - \
  -b regions_of_interest.bed > filtered.bam
```

③ 数据处理和统计　在生物信息学中，常常需要对数据进行各种处理和统计。以下示例演示如何使用 awk 和 sort 来处理并统计一个包含基因表达数据的文本文件：

```
$ cat gene_expression.txt | \
  awk '{if ($2 >= 10) print $1}' | \
  sort | uniq -c > high_expression_genes.txt
```

④ 多步骤分析流程　生物信息学中的复杂分析通常涉及多个步骤，每个步骤都可以通过管道连接起来。例如，RNA 测序数据的预处理可能包括质量控制、剪切适配、比对等多个步骤，这些步骤可以通过管道一次性完成。

⑤ 数据可视化　管道还可以用于生成图表和可视化结果。例如，可以使用一系列命令将数据转换为图形数据，然后使用绘图工具如 ggplot 来绘制图表。

总之，管道是 Shell 编程中的强大工具，可以将多个命令组合在一起，以快速、高效地处理和分析生物信息学数据。它们使得复杂的分析流程变得可管理和可重复，有助于加快研究进展。

13.2.2.8 Shell 输入/输出重定向

Shell 输入/输出重定向是一种强大的技术，允许控制命令如何处理输入和输出。在生物信息学中，它可以用于从文件中读取数据、将输出保存到文件，以及管道操作的数据流重定向。以下是 Shell 输入/输出重定向的详细说明和示例（表 13－3）。

表 13－3 Shell 输入/输出重定向的详细说明

命令	说明
command > file	将命令的输出重定向到 file
command < file	将 file 内容重定向为命令的输入
command >> file	将输出以追加的方式重定向到 file
n > file	将文件描述符为 n 的文件重定向到 file
n >> file	将文件描述符为 n 的文件以追加的方式重定向到 file
n >& m	将输出文件 m 和 n 合并
n <& m	将输入文件 m 和 n 合并
<< tag	将开始标记 tag 和结束标记 tag 之间的内容作为输入

需要注意的是，文件描述符（file descriptor）用不同的数字表示不同的标准流：0 通常是标准输入（STDIN），1 是标准输出（STDOUT），2 是标准错误（STDERR）。

① 标准输入（STDIN） 通过将输入从键盘改为来自文件或另一个命令的输出，可以使用 < 符号来实现。

② 标准输出（STDOUT） 通过将输出从屏幕改为写入文件，可以使用 > 符号来实现。

③ 标准错误（STDERR） 通常，错误信息会输出到屏幕，但可以使用 2> 符号将错误信息重定向到文件。

④ 组合输入/输出 可以同时重定向标准输入、标准输出和标准错误，以便更好地控制命令的输入和输出。

示例：运行生物信息学工具，将输入从文件中读取，将标准输出和标准错误保存到不同文件中。

```
$ # 从"input.fasta"读取数据，将标准输出保存到"output.txt"，将
  标准错误保存到"error.txt"
$ bioinformatics_tool < input.fasta > output.txt 2> error.txt
```

输入/输出重定向使生物信息学研究人员能够更有效地处理大量数据和跟踪命令的执行情况。它们对于数据分析、错误记录和自动化任务都非常有用。通过组合这些技术，可以构建复杂的分析流程，以满足特定的研究需求。

以上这些示例演示了 Shell 编程在生物信息学中的一些常见应用。Shell 脚本可以根据具体的研究需求进行定制，用于自动化分析流程、数据处理、文件管理和任务调度等任务。它们使研究人员能够更有效地处理和分析生物信息学数据，这也是每一位生物信息学研究者应该具备的基础技能。

13.2.3 R 编程语言

R 语言是一个统计计算和可视化的语言和环境，它的起源可以追溯到贝尔实验室的统计学家约翰·钱伯斯（John Chambers）于 1976 年开发的 S 语言。R 语言与 C 语言诞生于同一时代，语法很不一样，现代主流语言多数是基于 C 语言的语法，导致 R 语言的语法初学起来会觉得有些奇怪。S-PLUS 和 R 语言分别是基于 S 语言的商业和开源实现版本。R 语言的创始人罗斯·伊哈卡（Ross Ihaka）和罗伯特·杰特曼（Robert Gentleman）于 1993 年开始开发 R 语言。他们的目标是创建一个开源的、可扩展的数据分析和统计计算环境，以满足不同领域的数据科学需求。R 语言的名称取自他们名字的首字母，自诞生以来，取得了长足的发展，应该说是基于 S 语言，又超越 S 语言的一门编程语言，特别是有着活跃的社区，为其开发了面向不同领域的扩展包，包括农业、计算物理、经济、流行病学、医学图像处理、生态环境等。面对大数据时代，R 语言拥有以 tidyverse 为代表的一系列软件包，以统一的数据操作方式，提供数据导入（readr 包）、数据整理（tidyr 包）、数据处理（dplyr 和 forcats 包）和数据可视化（ggplot2 包）一系列的支持。在生物信息学领域，拥有最大的生信开源社区 Bioconductor，提供了超过 2 000 个软件包，提供了快速访问公共数据资源、高通量数据处理分析和可视化，大大地降低了生信科研人员分析数据的门槛。

13.2.3.1 R 语言的安装

Windows 和 Mac OS 用户可通过 CRAN 下载 R 语言并安装，其他平台可通过包管理系统（如 Ubuntu 可通过 apt-get，RedHat 可通过 yum 安装）或者通过下载源码进行编译安装。R 语言作为一门编程语言，用户可以通过写脚本然后通过 Rscript 来执行。同时 R 语言还提供了可交互的终端，用户可通过终端执行指令进行数据的操作、分析和可视化。此外有多种集成开发环境（integrated development environment，IDE）支持 R 语言，包括 RStudio、RCode、Eclipse 等，也有多款文本编辑器（Vim、Emacs 和 VSCode 等）可通过安装插件支持 R 语言。最广为流行的是 RStudio，它提供了友好的用户界面便于用户进行代码编辑、数据分析、管理项目乃至生成报告。RStudio 支持跨平台，可在 Windows、Mac OS 和 Linux 系统上运行。RStudio 默认界面提供了 4 个区域。

① 代码编辑器　代码编辑器位于左上角，用户可创建新的脚本或打开已有的脚本文件，代码可发送到终端进行运行。

② 终端　终端位于左下角，是 R 运行代码的地方，用户可以直接在此处键入代码并回车运行。一般情况下，用户会把代码写在代码编辑器中，再发送到终端进行执行，这样也有利于保存代码。

③ 数据浏览器　数据浏览器位于右上角，可在此处浏览运行环境中的变量、代码执行历史和外部数据连接等。

④ 文件浏览器　文件浏览器位于右下角，包括几个标签页，包括文件（files）用

于浏览本地文件，图形（plots）用于显示出图，包（packages）用于浏览安装包，帮助（help）用于显示帮助文档。RStudio 同时还内置了一个网络浏览器，所以 html 文档和可交互的 Web 图形均可在此区域展示。帮助也是一个很重要的功能，用户需要更深入地了解某个指令，可以在终端键入? 和相应的指令，如在终端执行?list，会显示 list 的帮助文档。

13.2.3.2 R 包的管理

R 包的安装一般可通过 install.packages() 指令，它支持来自 CRAN、Bioconductor 和 R-Forge 这几个软件仓库的 R 包。它默认使用 CRAN 作为软件仓库来搜索安装 R 包，用户可通过 repos 参数，或者是 setRepositories() 函数设定 install.packages() 使用的软件仓库。一般不使用它来安装 Bioconductor 包，而是使用 CRAN 包 BiocManager 来安装 Bioconductor 软件包，它提供 install() 指令来完成安装。因为 Bioconductor 每半年发布一次，使用 BiocManager 来安装，可以有效地杜绝混淆不同发行版本包的安装，这对于软件包的稳健运行是必要的。

```
> # 安装R包
> install.packages("BiocManager")
```

安装之后，可通过 library() 函数加载包，然后就可以运行包所提供的功能。如使用 BiocMaanger 包来安装 DESeq2 包，可使用以下指令：

```
> library(BiocManager)
> install("DESeq2")
```

当前有更多的软件存放在 GitHub 上，没有正式发布于 CRAN 或 Bioconductor 上，安装此类 R 包，可以通过 remotes 包所提供的 install_github() 函数来实现。例如，提供多种单细胞数据下载功能的 seurat-data 包，可以通过以下指令下载安装：

```
> library(remotes)
> install_github("satijalab/seurat-data")
```

R 包 rvcheck 提供了一系列更新 R 包的函数，check_r() 函数可用于检查是否有新的 R 版本，check_cran() 函数用于检查 CRAN 包的更新，check_bioc() 函数用于检查 Bioconductor 包的更新，check_github() 用于检查 GitHub 包的更新，并且提供了一站式更新所有 R 包的函数 update_all()。如用户想一次性更新所有 R 包，可执行以下指令：

```
> library(rvcheck)
> update_all()
```

R 包的删除，可以使用 remove.packages() 函数来完成，如删除 ggplot2 包，可以使用以下指令：

```
> remove.packages('ggplot2')
```

13.2.3.3 数据类型和数据结构

R 语言基本的数据类型主要有数值型（numeric）、字符型（character）、逻辑型（logical）等，这些基本数据类型可以组成复杂的数据结构，包括向量（vector）、矩阵（matrix）、列表（list）和数据框（data.frame）等（表 13-4）。

表 13-4 R 基本数据类型和数据结构

数据类型	说明	示例	解释
numeric	数值类型，包括整数和实数	`x <- 42` `y <- 3.14`	x 是整数，y 是实数，都是 numeric 类型
integer	整数类型，通过 L 后缀指定	`z <- 42L`	z 是整数类型，使用 L 后缀标识为 integer
character	字符串类型，文本数据	`gene <- "AP1"`	gene 是字符类型，表示一个基因的名字
logical	布尔类型，真或假	`flag <- TRUE` `status <- FALSE`	flag 和 status 是布尔类型，分别表示真和假
complex	复数类型，包括实部和虚部	`comp <- 2+3i`	comp 是复数类型，包含实部 2 和虚部 3
factor	因子类型，用于分类数据	`gender <- factor(c("male", "female", "male"))`	gender 是因子类型，用于表示分类数据，包含两个类别
vector	向量类型，同一类型元素的有序集合	`vec <- c(1, 2, 3, 4)`	vec 是一个数值向量，包含 4 个数值
list	列表类型，可以包含不同类型的数据	`lst <- list(name="AP1", group=2, expression=9.5)`	lst 是一个列表，包含字符、数值和实数类型的元素
matrix	矩阵类型，二维数组，所有元素类型相同	`mat <- matrix(1:6, nrow=2, ncol=3)`	mat 是一个数值矩阵，包含两行三列
array	数组类型，多维数组，所有元素类型相同	`arr <- array(1:8, dim=c(2, 2, 2))`	arr 是一个三维数组，每维度包含 2 个元素
data.frame	数据框类型，类似于数据库中的表格，可以包含不同类型的列	`df <- data.frame(id=1:3, name=c("A", "B", "C"), score=c(9.5, 8.0, 7.5))`	df 是一个数据框，包含 id、name 和 score 三列

不同数据类型之间可以进行转换，R 内部实现了 as 系列函数用于进行类型转换（表 13-5）。

表 13-5 R 数据类型转换函数

函数	说明	示例	输出
as.numeric	转换为数值	`x <- "42"; as.numeric(x)`	42（将字符 "42" 转换为数值 42）
as.integer	转换为整数	`y <- 3.14; as.integer(y)`	3（将数值 3.14 转换为整数 3）
as.character	转换为字符	`z <- 42; as.character(z)`	"42"（将数值 42 转换为字符 "42"）
as.logical	转换为布尔	`a <- 1; as.logical(a)`	TRUE（将数值 1 转换为布尔值 TRUE）
as.complex	转换为复数	`b <- 2; as.complex(b)`	$2+0_i$（将数值 2 转换为复数 $2+0_i$）
as.factor	转换为因子	`c <- c("male", "female", "male"); as.factor(c)`	将字符向量转换为因子类型

续表

函数	说明	示例	输出
as.vector	转换为向量	`d <- matrix(1:4, nrow=2); as.vector(d)`	c（1，2，3，4）（将矩阵转换为向量）
as.list	转换为列表	`e <- c(1, 2, 3); as.list(e)`	list（1，2，3）（将向量转换为列表）
as.matrix	转换为矩阵	`f <- c(1, 2, 3, 4); as.matrix(f)`	矩阵形式的对象
as.array	转换为数组	`g <- 1:8; as.array(g, dim=c(2, 2, 2))`	三维数组
as.data.frame	转换为数据框	`h <- list(a=1:3, b=4:6); as.data.frame(h)`	数据框形式的对象

storage.mode() 函数可以查看对象数据的存储模式，object.size() 函数查看对象的分配空间。

```
storage.mode(2)
storage.mode(as.integer(2))
storage.mode(2L)
x <- sample(c('apple', 'cherry', 'apple', 'watermelon'), 1000,
   replace=TRUE)
y <- as.factor(x)
object.size(x)
object.size(y)
```

13.2.3.4 R 语言基本语法

R 语言的语法简洁而灵活，特别适用于统计分析和数据科学。在 R 终端环境下，不同 R 命令或者语句以“>”为提示符（参考一下例子），输入完一条语句之后按回车键，将执行本条语句，输出结果信息并提示输入下一条语句。也可以将所有命令存放在一个以 .R 或者 .r 为后缀的文件中，在 R 中通过 source() 函数或者在 Bash 中通过 Rscript 程序来执行文件中的所有语句。R 语言的基本语法汇总于表 13－6。

表 13－6 R 语言基本语法汇总

类别	描述	示例代码
注释	R 语言使用 # 符号进行单行注释，注释内容在 # 之后	`# 这是一个单行注释`
赋值	R 语言使用 <- 和 = 进行赋值，推荐使用 <-	`x <- 5; y = 10`
算术操作符	包括加法、减法、乘法、除法、幂运算、取余和取整	`5 + 3; 5 - 3; 5 * 3; 5 / 3` `5 ^ 3; 5 %% 3; 5 %/% 3`
逻辑操作符	包括等于、不等于、大于、小于、大于等于、小于等于、逻辑与、逻辑或、逻辑非	`5 == 3; 5 != 3; 5 > 3; 5 < 3; 5 >= 3;` `5 <= 3; TRUE & FALSE; TRUE | FALSE; !TRUE;`

续表

类别	描述	示例代码

条件语句	if 语句和 ifelse 函数用于条件判断	x <- 5
		if(x > 0) {
		    print("x 是正数")
		} else if (x < 0) {
		    print("x 是负数")
		} else {
		    print("x 是零")
		}
		
		# 使用 ifelse 函数
		y <- ifelse(x > 0, " 正数", " 非正数")
		print(y)

循环语句	包括 for 循环、while 循环和 repeat 循环	# for 循环
		for(i in 1:5) {
		    print(i)
		}
		
		# while 循环
		count <- 1
		while(count <= 5) {
		    print(count)
		    count <- count + 1
		}
		
		# repeat 循环
		count <- 1
		repeat {
		    print(count)
		    count <- count + 1
		    if(count > 5) {
		        break
		    }
		}

函数定义	创建和调用函数	# 定义函数
		read_fasta <- function(file) {
		    con <- readLines(file)
		    i <- grep(">", con)
		    res <- data.frame(
		        descrtioon = con[i],
		        sequence = con[i + 1]
		    )
		    return(res)
		}
		
		# 调用函数
		f <-
		textConnection(">abc\nACGTACGTACGT\n>
		def\nAAATTTGGGCCC\n")
		read_fasta(f)

数据排序	按特定列排序数据框	# 按年龄排序
		sorted_data <- df[order(df$age),]

数据过滤	根据条件过滤数据框中的行	# 过滤年龄大于 30 的数据
		filtered_data <- subset(df, age > 30)

续表

类别	描述	示例代码

读取数据	读取 CSV 文件和 Excel 文件	`# 读取 CSV 文件`
		`data <- read.csv("data.csv")`
		
		`# 读取 Excel 文件`
		`library(readxl)`
		`data <- read_excel("data.xlsx")`

写入数据	写入 CSV 文件和 Excel 文件	`# 写入 CSV 文件`
		`write.csv(data_frame, "output.csv")`
		
		`# 写入 Excel 文件`
		`library(writexl)`
		`write_xlsx(data_frame, "output.xlsx")`

13.2.3.5 数据选择与操作

R 语言中使用中括号（[]）进行数据的提取，它支持所有基本的数据结构，向量和列表可通过中括号提取相应位置的子集。如果是命名向量或列表，可以使用名字来提取子集。

```
n <- 1:5
names(n) <- letters[1:5]
n[c(1,3)]
n[c("a", "d")]
y <- list(num=n, char = LETTERS[1:3], f = sum)
y[1:2]
y['f']
```

同样地中括号也支持矩阵和数据框，两者都是表格样的数据，中括号中可以指定行和列来获取相应位置的元素，如果只指定行或列，则会抽取出整行或整列。

```
# 创建数据框
df <- data.frame(
  name = c("Alice", "Bob", "Charlie"),
  age = c(25, 30, 35),
  score = c(90, 85, 88)
)
# 选择列
name_column <- df$name
# 选择行
first_row <- df[1, ]
# 选择特定元素
element <- df[1, "name"]
```

另一方面，矩阵是以向量为基础的，可以使用向量的形式来提取数据，而数据框是以列表来实现的，可以使用列表的方式来提取数据：

```
df[2]
```

列表的数据较为复杂，使用中括号提取得到的仍是列表，如果想要提取列表某一元素的具体值，则可以使用双中括号（[[]]），例如：

```
y[2]
y[[2]]
```

此处使用中括号，提取子集，即长度为 1 的列表，而使用双中括号，则返回这一元素的具体值，即一个向量。如果列表是命名的，中括号和双中括号均支持使用名字来提取数据，名字必须是完美匹配，不然会返回 NULL 值。命名列表还可以使用美元符号 $ 来提取数据，作用与双中括号一样，但名字支持部分匹配。

```
y[['num']]
y[['n']]
y$num
y$n
```

需要注意的是，在 R 语言中，数值运算（加、减、乘、除等）、关系运算（大于、小于和等于）、逻辑运算（与、或、非等）均支持向量化运算，运算的优先级是先进行数值运算，再进行关系运算，最后进行逻辑运算，使用括号来明确运算顺序，会让代码的可读性更强一些，也更不容易出错。

下面以一个例子来展示，假如需要求 100 以内可整除 3 或 5 数值的加和，不使用向量化运算的情况下，可以使用 for 循环：

```
x <- 1:100
total <- 0
for (i in x) {
  if (i %% 3 == 0 || i %% 5 == 0) {
    total = total + i
  }
}

total
```

如果使用向量化运算，代码会变得非常简洁：

```
sum(x[x %% 3 == 0 | x %% 5 == 0])
```

这个代码首先进行数值运算，x %% 3 对 1 ~ 100 的数值进行求模计算，再进行关系运算，判断所得到的模是否等于 0，得到 TRUE 或 FALSE 的逻辑值，此处得到的是数值是否能整除 3。以同样的方式得到数值是否能整除 5。最后对这两个长度为 100 的逻辑向量进行逻辑运算，此处使用 | 求或，也是向量化运算，为 TRUE 的位置相应的数值要么能整除 3，要么能整除 5。通过 [] 把相应位置的数值抽取出来，用 sum() 函数进行求和。

13.2.3.6　管道操作符

R 从 4.1.0 版本开始支持原生管道操作符（|>）。在此之前，管道操作通常通过 dplyr 包的“%>%”运算符来实现。学习了前面 Shell 编程，对这一概念应该不陌生，它能够将管道操作符左边函数的输出重定向为右边函数的输入，这样可以减少嵌套函数调用，或者是减少定义中间变量，有助于提高代码的可读性。

```
x |> sqrt() |> log2() |> sum()
```

这一例子对 1 ~ 100 的整数进行开方，再取对数，最后进行加和。使用管道的可读性更强，更符合人的思维逻辑。

使用原生管道操作符的一个好处是避免了对外部包的依赖，这在需要简化环境配置和提高代码兼容性时非常有用。而 dplyr 的管道操作符则提供了丰富的操作功能，并在 R 社区中得到广泛应用。

```
# 安装并加载dplyr包
install.packages("dplyr")
library(dplyr)

# dplyr管道操作符示例
result <- mtcars %>%                # 管道操作
 select(mpg, cyl, disp) %>%         # 选择特征
 subset(cyl == 4) %>%               # 筛选数据
 summarise(mean_mpg = mean(mpg))    # 汇总统计
print(result)
```

13.2.3.7　强大统计分析能力

R 语言以专业的统计分析能力著称，提供了强大的统计计算和数据分析工具，广泛用于各类统计分析任务，包括描述性统计、假设检验、相关分析、回归分析、聚类分析、时间序列分析等（表 13－7）。

表 13－7　R 统计分析功能

统计分析类型	功能描述	示例代码
描述性统计	计算基本的描述性统计量，如均值、中位数、标准差等	data <- mtcars summary(data) mean(data$mpg) median(data$mpg) sd(data$mpg)

假设检验	进行 t 检验、卡方检验等假设检验	# t 检验
		t.test(mpg ~ am, data = mtcars)
		
		# 卡方检验
		chisq.test(table(mtcars$cyl, mtcars$gear))

相关分析	计算变量之间的相关系数，并进行相关检验	cor(mtcars$mpg, mtcars$wt) cor.test(mtcars$mpg, mtcars$wt)

续表

统计分析类型	功能描述	示例代码

回归分析	进行线性回归、多元回归等回归分析	`# 线性回归`
		`lm_model <- lm(mpg ~ wt + hp, data = mtcars)`
		`summary(lm_model)`

聚类分析	进行层次聚类、K-均值聚类等聚类分析	`# K-均值聚类`
		`kmeans_result <- kmeans(scale(mtcars[, c("mpg", "hp")]), centers = 3)`
		`kmeans_result`
		
		`# 层次聚类`
		`dist_matrix <- dist(scale(mtcars[, c("mpg", "hp")]))`
		`hclust_result <- hclust(dist_matrix)`
		`plot(hclust_result)`

时间序列分析	进行时间序列建模、分解等分析	`# 时间序列分解`
		`ts_data <- ts(AirPassengers, frequency = 12)`
		`decomposed_ts <- decompose(ts_data)`
		`plot(decomposed_ts)`
		
		`# ARIMA 建模`
		`library(forecast)`
		`arima_model <- auto.arima(AirPassengers)`
		`forecast_result <- forecast(arima_model)`
		`plot(forecast_result)`

13.2.3.8 丰富的数据可视化功能

数据可视化是生物信息研究中非常重要的一个环节。所谓“一图胜千言”，好的数据可视化可以更加清晰地将生物学数据呈现出来，从而讲好生物学故事。R 语言的另外一个优势在于它提供丰富的数据可视化功能。前面介绍的基本数据结构基本上都可以通过 plot() 等相关函数进行图形化展示，R 语言的绘图包也非常多样化，包括 lattice、grid、gridExtra 和 plotly 等。

当前最流行的是基于图形语法的 ggplot2 包及其大量扩展包，ggplot2 是基于 grid 绘图包的一种图形语法的实现，可以绘制各式各样的图形。ggplot2 可视化的基本元素主要有 3 个：数据、几何对象和坐标系统。数据默认支持数据框，当然可以扩展为其他的数据类型，如在 ggtree 包中，扩展了 ggplot() 接受树对象作为输入。坐标系统一般也是使用默认的笛卡儿坐标系，少数情况会转换为极坐标进行可视化。几何对象则定义了可视化的图形，如 geom_point() 画散点图、geom_text() 画出文本、geom_boxplot() 画出箱式图，而 geom_violin() 画出小提琴图等。ggplot2 定义了许多几何对象，使用相应的几何对象就可以画图相应的图形。几何对象中最主要的特征是美学映射和标尺，这也是诸多几何对象所拥有的共性。美学映射描述了变量到可视化特征的映射，如数据中某个变量拿来映射为点的大小，另外一个变量拿来映射为点的颜色等，包括坐标轴的映射，都是属于美学映射的范畴。而标尺描述了可视化特征（颜色、大小等）到具体数值上的转换。

以 R 内置数据集 iris（鸢尾花）为例，这个数据集包括 3 种鸢尾花，各 50 组数据，包括萼片的长和宽以及花瓣的长和宽。下面的例子画出萼片和花瓣长度的散点图：

```
library(ggplot2)
ggplot(data = iris) + geom_point(mapping = aes(x = Sepal.
   Length, y = Petal.Length, color=Species))
```

这里传入 iris 数据集到 ggplot() 函数中，使用 geom_point() 画散点图，在这一几何对象中传入美学映射，将萼片长度映射为 x 轴，花瓣长度映射为 y 轴，用物种映射为点的颜色。通过这样的指令，就画出了散点图。

从图中可以看出不同物种的萼片和花瓣长度的大小差别明显，可以使用 geom_boxplot() 来画出箱式图呈现数据分布：

```
p <- ggplot(iris, aes(Species, Sepal.Length, fill=Species)) +
   geom_boxplot()
p
```

美学映射如果放在图层中，是图层所特有的映射，如果映射是多个图层中共有的，可以放到 ggplot() 函数中，这样相当于是全局设定。ggplot 画的图，可以存为对象，打印的时候，会渲染出相应的图。而这个 ggplot 对象，可以后续使用指令添加图层，更换标尺、应用主题等。标尺描述了可视化特征（如这里的颜色）到具体数值的转换，ggplot2 提供了一系列预设的标尺可以直接应用于图像中。例如，可以使用 viridis 配色方案来给上图上色：

```
p + scale_fill_viridis_d()
```

用户也可以手工指定标尺所对应的范围，如此处可以指定 3 种颜色来为 3 个物种上色。

```
p + scale_fill_manual(values = c("darkgreen", "blue",
    "firebrick"))
```

通用调用不同的图层，可以画出不同类型的图形，而复杂的图形，可以通过图层的叠加来实现，如下面的例子，在箱式图上把原始数据给加上去：

```
p + geom_jitter()
```

geom_jitter() 相比于 geom_point()，为数据点添加了随机位移，相当于抖动了一个数据，以避免相同值的数据互相覆盖。

ggplot2 还提供了强大的主题系统，把呈现数据和画图细节给分离开来，这样用户可以专注于呈现数据，随后有需要才调整画图的细节。并且 ggplot2 和扩展包提供了许多预设的主题，可以直接应用。此处使用 ggthemes 包中的华尔街日报主题。

```
library(ggthemes)
p <- p + scale_fill_wsj() + theme_wsj()
p
```

用户可以基于预设的主题作为起点，在此基础上继续调整一些细节：

```
p + theme(axis.text.x = element_text(angle=45, hjust=1,
    color='blue'))
```

这一指令调整了 x 轴的文本，设置了角度、对齐方式和颜色。

13.2.3.9 常用的生物信息学软件包

到目前为止，有大量的生物信息学软件包都是基于 R 语言开发的，用于处理各种复杂的生物学数据。下面举例其中几例。

① Bioconductor　Bioconductor 是一个开放资源，为生物信息学和基因组学研究提供了丰富的软件工具和数据集。它包含了众多相关软件包，涵盖了从序列分析到基因表达分析的各种应用。

② 序列数据处理　Biostrings 包可以快速地处理生物序列信息，包括计算 GC 含量、查找 motif 等。并且 Bioconductor 还提供了一些物种的全基因序列数据包，这些数据都是基于 Biostrings 构建，称之为 BSgenome 包。使用统一的数据结构来存储，也方便使用统一的方式来处理数据。

③ 基因组区间计算　基因组区间的表征和计算是非常重要的，二代测序读长比对到参考基因组，得到读长在基因组上的匹配位置，结合基因在基因组上的位置信息，这是转录组数据进行基因表达定量的基础，表观基因组也依赖于修饰位点、结合区间、上下游注释等区间信息的运算。Bioconductor 提供了 3 个核心包 IRanges、GenomicRanges 和 GenomicFeatures 用于表征基因组区间数据，以及提供了相应的操作（如求重叠区域）。

④ FASTQ 和 BAM 文件操作　针对短序列读长二代测序，Bioconductor 也提供了一系列的包进行数据的操作，Rsamtools 提供了 BAM 文件的读取而 ShortRead 则提供了 FASTAQ 文件的读取，GenomicAlignments 包提供了数据结构用于表征基因组比对的结果，以及提供了相应的一些操作。

⑤ 基因差异表达分析　DESeq2 用于转录组 RNA-Seq 数据的差异表达分析，采用基于负二项分布的统计方法进行精确的差异基因表达检测。

⑥ 数据可视化　ComplexHeatmap 包用于生成复杂的组学数据热图，支持多种注释和自定义功能，适合展示复杂的数据矩阵。

13.2.4 Python 编程语言

Python 是一种广泛使用的高级编程语言，以其简洁和易读的语法而闻名，它由吉多・范・罗苏姆（Guido van Rossum）于 1991 年首次发布（首个版本为 0.9.0）。自 2004 年以后，Python 的使用率呈线性增长。2011 年 1 月，它被 TIOBE 编程语言排行榜评为 2010 年度语言。2017 年，IEEE Spectrum 发布的研究报告显示，在 2016 年排名第三的 Python 在 2017 年已经成为世界上最受欢迎的语言。在 2019 年 9 月发布的 PYPL（PopularitY of Programming Language，编程语言流行指数）排行榜中，Python 一枝独秀。Python 的版本持续更新和迭代，最新版本是 3.12.4。实际上，Python 2 和 Python 3 共存的时间较长，过渡期从 Python 3.0 发布开始（2008 年 12 月 3 日），到 Python 2.7 的支持结束（2020 年 1 月 1 日），历时约 12 年。鼓励大家采用 Python 3 的版本进行学习和实践，以便享受最新功能和安全性。以下是 Python 的一些关键特点。

① 易于学习和使用 Python 的语法简洁明了，容易上手，适合初学者和经验丰富的程序员。

② 广泛的应用领域 Python 可以用于网站开发、数据分析、人工智能、机器学习、自动化脚本、科学计算、网络编程等多个领域。

③ 丰富的标准库和第三方库 Python 提供了大量的标准库，同时也有许多第三方库和框架，如 NumPy、Pandas、Django、Flask 等，能够大大简化开发过程。

④ 跨平台支持 Python 是一种跨平台语言，能够在各种操作系统上运行，包括 Windows、Mac OS 和 Linux。

⑤ 解释型语言 Python 代码在执行前不需要编译，可以直接运行，这使得开发和调试过程更加高效。

⑥ 动态类型 Python 使用动态类型，这意味着变量在运行时才确定类型，使得编程更加灵活。

⑦ 社区支持 Python 有一个活跃的开发者社区，提供了丰富的学习资源、文档和支持。

如今，Python 在数据科学、人工智能和网络开发等领域表现尤为突出，在生物信息学中也广泛使用。

13.2.4.1 Python 安装与使用

安装 Python 通常很容易，现在许多 Linux 和 UNIX 发行版都包含了最新的 Python。甚至有些 Windows 系统自带安装了 Python。建议大家通过 Anaconda 来安装并管理 Python 环境，Anaconda 是一款广泛使用的开源 Python 发行版，支持 Windows、Mac OS 和 Linux 等系统，安装非常容易。Anaconda 集成了 Python 解释器和许多常用的库和工具，包括 NumPy、Pandas、Matplotlib、SciPy、Scikit-learn 等。用户无须单独安装每个组件，只需要一次安装即可拥有一个功能齐全的工作环境，因此，特别适合数据科学、机器学习和大数据处理等领域。Anaconda 提供了强大的环境管理工具 Conda，用户可以轻松创建、切换和管理多个 Python 环境。这使得在不同项目中使用不同版本的 Python 和库变得非常方便，避免了依赖冲突问题。

重要的是，Anaconda 集成了 JupyterLab、Jupyter Notebook、Spyder、PyCharm 等常用的开发工具，用户可以直接使用这些工具进行开发和分析。推荐大家采用 Jupyter 作为 Python 开发工具，Jupyter 是一个开源的交互式计算环境，支持多种编程语言，尽管最初是为 Python 设计的，Jupyter 现在支持超过 40 种编程语言，包括 R、Julia、JavaScript 和 Scala。其核心组件是 Jupyter Notebook 和 Jupyter Lab，这两个工具为数据科学、学术研究和教育提供了一个强大的平台。Jupyter 支持用户在浏览器中创建和分享包含代码、文本、方程式和可视化内容的文档，非常适合探究式学习。此外，运行代码的输出结果，包括图像、表格和交互式图表，可以直接显示在文档中，非常适合数据分析和报告。

13.2.4.2 Python 包的安装与使用

在 Python 中，模块（module）和包（package）是组织和管理代码的重要概念，有助于提高代码的可维护性和重用性。模块是一个 Python 文件，其中包含函数、类和变量的定义以及可执行代码。包是一个包含多个模块的目录，可以避免模块名冲突问题。一个包就是一个文件夹，包名就是文件夹名。Python 2 要求包名文件夹下必须包含一个 __init__.py 文件来表示该目录是一个包，Python3 摒弃了这个要求。

Python 包可以通过包管理器（如 pip 和 Conda）来安装。pip 是 Python 的标准包管理器，适用于安装和管理 Python 包；而 Conda 是 Anaconda 发行版中的包管理器，适用于 Python 和其他语言的包管理。例如，要安装 NumPy 和 Pandas 包，可以运行：

```
pip install numpy   # 通过pip命令安装
conda install numpy # 通过conda命令安装
```

模块可以通过 import 语句在其他 Python 程序中使用，也可以使用“from ...import...”语句从模块中导入特定的函数或类。例如，导入 NumPy，创建数组并计算均值：

```
import numpy as np
# 创建一个NumPy数组
arr = np.array([1, 2, 3, 4, 5])
# 计算数组的均值
mean = np.mean(arr)
print(f'均值: {mean}')
```

使用 `pip uninstall <package_name>` 或者 `conda remove <package_name>` 命令卸载包。此外，如果遇到版本冲突问题，可以尝试创建 Conda 虚拟环境来隔离项目环境。

13.2.4.3 Python 基本语法

（1）Python 注释

在 Python 编程中，注释是代码中的解释性文字，不会被解释器执行。注释的主要目的是帮助开发者理解代码逻辑，提供有关代码用途和功能的信息，以及在调试和维护代码时提供指导。Python 支持单行注释和多行注释，其中，单行注释以 # 符号开始，注释内容从 # 符号后开始，直到行末；多行字符串注释通常用三重引号''' 或""" 包围。多行字符串注释在函数或类定义中也经常用作文档字符串（docstring），用于提供函数、类或模块的说明。

（2）代码缩进

在 Python 编程中，代码缩进是一个非常重要的概念。Python 使用缩进来表示代码块，而不是像其他编程语言那样使用花括号 {} 或关键字 begin 和 end。正确的缩进不仅使代码更具可读性，而且是 Python 语法的强制要求。Python 强制要求在同一级别的代码块中使用一致的缩进，而控制结构（如 if 语句、循环、函数和类定义）要求后续的代码块进行缩进。尽量避免在同一个项目中混合使用空格和制表符进行缩进。最好选择一种方式并保持一致。PEP 8（Python 增强提案）推荐使用 4 个空格进行缩进，而不是制表符。

（3）对象与变量

在 Python 中，一切都是对象。对象包含数据（称为属性或成员变量）和可以操作这些数据的方法（称为成员函数或方法），每个对象都属于某个类（类型）。变量是指向对象的名称，用于存储和操作数据。变量通过赋值操作符 = 进行定义和赋值。Python 中的对象可以分为可变对象和不可变对象。可变对象是可以在原地修改的对象，如列表、字典、集合等。不可变对象是指不可以在原地修改的对象，如字符串、整数、元组等。

（4）常用数据结构

与 R 类似，Python 的常用数据结构包括：数字（number）、字符串（string）、列表（list）、元组（tuple）、字典（dictionary）和集合（set）等 6 种（表 13-8）。

表 13-8 Python 常用数据结构

数据结构	特点	操作示例

数字	有序且不可变，用于存储数值，包括整数类型（int）、浮点数类型（float）、布尔类型（bool）、复数类型（complex）	# 整数 (int)
		my_int = 42
		print(type(my_int)) # 输出: <class 'int'>
		
		# 浮点数 (float)
		my_float = 3.14
		print(type(my_float)) # 输出: <class 'float'>
		
		# 复数 (complex)
		my_complex = 1 + 2j
		print(type(my_complex)) # 输出: <class 'complex'>
		
		# 数学操作
		sum = my_int + my_float
		product = my_int * my_complex
		print(sum) # 输出: 45.14
		print(product) # 输出: (42+84j)

字符串	有序且不可变，用于存储字符，可以使用单引号（'）、双引号（''）和三引号（'''）指定，使用"+"号连接两个字符串	# 创建字符串
		my_str = "Hello, World!"
		
		# 访问字符串元素
		print(my_str[0]) # 输出: H
		print(my_str[-1]) # 输出: !
		
		# 字符串切片
		print(my_str[7:12]) # 输出: World

续表

数据结构	特点	操作示例

		# 字符串连接
		new_str = my_str + "How are you?"
		print(new_str) # 输出: Hello, World! How are you?
		
		# 字符串分割
		words = my_str.split(", ")
		print(words) # 输出: ['Hello', 'World!']
		
		# 字符串格式化
		name = "Alice"
		age = 25
		info = f"My name is {name} and I am {age} years old."
		print(info) # 输出: My name is Alice and I am 25 years old.

列表	有序且可变，用于存储任意类型的对象，使用“[]”标识	# 创建列表
		my_list = [1, 2, 3, 4, 5]
		
		# 访问列表元素
		print(my_list[0]) # 输出: 1
		print(my_list[-1]) # 输出: 5
		
		# 修改列表元素
		my_list[0] = 10
		print(my_list) # 输出: [10, 2, 3, 4, 5]
		
		# 添加元素
		my_list.append(6)
		print(my_list) # 输出: [10, 2, 3, 4, 5, 6]
		
		# 删除元素
		my_list.remove(3)
		print(my_list) # 输出: [10, 2, 4, 5, 6]
		
		# 列表切片
		print(my_list[1:4]) # 输出: [2, 4, 5]

元组	有序且不可变，用于存储任意类型的对象，使用“()”标识	# 创建元组
		my_tuple = (1, 2, 3, 4, 5)
		
		# 访问元组元素
		print(my_tuple[0]) # 输出: 1
		print(my_tuple[-1]) # 输出: 5
		
		# 元组切片
		print(my_tuple[1:4]) # 输出: (2, 3, 4)

字典	无序且可变，用于存储键值对，其中键值都是 Python 对象，使用“{}”标识	# 创建字典
		my_dict = {"name":"Alice", "age":25, "city":"New York"}
		
		# 访问字典元素
		print(my_dict["name"]) # 输出: Alice
		
		# 修改字典元素
		my_dict["age"] = 25
		print(my_dict) # 输出: {'name':'Alice', 'age':25, 'city':'New York'}

续表

<table>
<tr><th>数据结构</th><th>特点</th><th>操作示例</th></tr>
<tr><td></td><td></td><td># 添加字典元素
my_dict["email"] = "alice@example.com"
print(my_dict) # 输出: {'name':'Alice', 'age':25, 'city':'New York', 'email':'alice@example.com'}

删除字典元素
del my_dict["city"]
print(my_dict) # 输出: {'name':'Alice', 'age':25, 'email':'alice@example.com'}

# 遍历字典
for key, value in my_dict.items():
print(f"{key}:{value}")</td></tr>
<tr><td>集合</td><td>无序且可变，用于存储不重复的元素，可以看作只有键没有值的字典，使用“{}”或者 set() 函数创建集合</td><td># 创建集合
my_set = {1, 2, 3, 4, 5}

# 添加元素
my_set.add(6)
print(my_set) # 输出: {1, 2, 3, 4, 5, 6}

# 删除元素
my_set.remove(3)
print(my_set) # 输出: {1, 2, 4, 5, 6}

# 集合操作
set1 = {1, 2, 3}
set2 = {3, 4, 5}

交集
print(set1 & set2) # 输出: {3}

并集
print(set1 | set2) # 输出: {1, 2, 3, 4, 5}

差集
print(set1 - set2) # 输出: {1, 2}</td></tr>
</table>

（5）Python 控制语句

和其他语言类似，Python 控制语句用于控制程序的执行流程，包括条件判断、循环以及跳转等。其中在条件判断语句中，if、elif、else 用于基于条件选择执行路径；在循环语句中，for 和 while 用于重复执行代码块，break 和 continue 用于控制循环流程。

（6）函数定义与调用

def 关键字用于定义函数，函数是一组可以重复使用的代码块。return 语句用于返回函数的结果。

（7）异常处理

try、except 和 finally 语句用于捕获和处理可能发生的异常，确保程序的健壮性。

13.2.4.4 Python 数据操作

Python 提供了丰富的运算符和操作符来执行各种常见的数据分析，包括算术运算（用于执行基本的数学运算）、比较运算（用于比较两个值，结果为布尔值 True 或 False）、逻辑运算（用于组合布尔表达式或反转布尔值）、位运算（用于对整数的二进制位进行操作）、成员运算（用于检查某个值是否在序列中存在）、身份运算（用于比较两个对象是否是同一个对象）。此外，Python 还提供了标准函数库（包）用于特定功能的数据运算，常见的包括 math 库、random 库、statistics 库。此外，还有诸如 NumPy 包、SciPy 包、Pandas 包等第三方库用于执行特定功能的数据操作和探索分析（表 13－9）。

表 13－9 Python 常用数据操作函数库

库/包	主要功能	示例代码
math	提供数学函数，如三角函数、对数函数、幂函数等	import math print(math.sqrt(16)) # 输出: 4.0 print(math.factorial(5)) # 输出: 120 print(math.pi) # 输出: 3.141592653589793

random	提供随机数生成、随机选择、打乱序列等功能	import random
		print(random.randint(1,10)) # 输出: 1 ～ 10 随机整数
		print(random.choice('apple', 'banana', 'cherry'))
		    # 输出: 从列表中随机选择一个元素

statistics	提供统计计算功能，如均值、中位数、方差等	import statistics
		data = [1, 2, 3, 4, 5]
		print(statistics.mean(data)) # 输出: 3
		print(statistics.median(data)) # 输出: 3
		print(statistics.stdev(data))
		    # 输出: 1.5811388300841898

NumPy	支持大型、多维数组和矩阵的数学运算	import numpy as np array = np.array([1, 2, 3, 4, 5]) print(np.mean(array)) # 输出: 3.0 print(np.sqrt(array)) # 输出: [1. 1.41421356 1.73205081 2. 2.23606798]
SciPy	提供科学计算功能，如优化、插值、积分等	from scipy import optimize def f(x): return x**2 + 5*x + 6 result = optimize.minimize(f, 0) print(result.x) # 输出: 优化后的最小值位置
Pandas	高效的数据处理和分析，适合处理结构化数据（数据框）	import pandas as pd data = {'Name':['Alice', 'Bob', 'Charlie'], 'Age':[25, 30, 35]} df = pd.DataFrame(data) print(df)

statsmodels	提供统计模型和计量经济学工具	import statsmodels.api as sm
		import numpy as np
		import pandas as pd
		# 创建示例数据
		np.random.seed(0)
		X = np.random.rand(100) * 10
		y = 2.5 * X + np.random.randn(100) * 2

续表

<table>
<tr><th>库/包</th><th>主要功能</th><th>示例代码</th></tr>
<tr><td></td><td></td><td><pre>
# 将数据转换为 DataFrame
data = pd.DataFrame({'X':X, 'y':y})
# 添加常数列用于回归模型的截距
X_with_const = sm.add_constant(data['X'])
# 创建和拟合线性回归模型
model = sm.OLS(data['y'], X_with_const)
results = model.fit()
# 输出回归结果摘要
print(results.summary())
</pre></td></tr>
<tr><td>scikit-learn</td><td>机器学习库，提供分类、回归、聚类等算法</td><td><pre>
from sklearn.datasets import load_iris
from sklearn.model_selection import
train_test_split
from sklearn.svm import SVC
from sklearn.metrics import accuracy_score
# 加载数据集
iris = load_iris()
X, y = iris.data, iris.target
划分数据集
X_train, X_test, y_train, y_test = train_test_split
(X, y, test_size=0.3, random_state=42)
# 训练模型
model = SVC()
model.fit(X_train, y_train)
# 预测和评估
y_pred = model.predict(X_test)
accuracy = accuracy_score(y_test, y_pred)
print(f"Accuracy: {accuracy}")
</pre></td></tr>
<tr><td>TensorFlow</td><td>深度学习框架，支持大规模机器学习和神经网络</td><td><pre>
import tensorflow as tf
# 创建一个简单的模型
model = tf.keras.Sequential([
    tf.keras.layers.Dense(10, activation='relu',
input_shape=(4,)),
    tf.keras.layers.Dense(3, activation='softmax')
])
编译模型
model.compile(optimizer='adam',
loss='sparse_categorical_crossentropy',
metrics=['accuracy'])
print("Model summary:")
model.summary()
</pre></td></tr>
<tr><td>Keras</td><td>高级深度学习API，基于TensorFlow，简化模型构建</td><td><pre>
from keras.models import Sequential
from keras.layers import Dense
# 创建一个简单的模型
model = Sequential([
    Dense(10, activation='relu', input_shape=(4,)),
    Dense(3, activation='softmax')
])
编译模型
model.compile(optimizer='adam',
loss='sparse_categorical_crossentropy',
metrics=['accuracy'])
print("Model summary:")
model.summary()
</pre></td></tr>
</table>

续表

库/包	主要功能	示例代码

PyTorch	深度学习框架，支持动态图和张量计算	import torch
		import torch.nn as nn
		import torch.optim as optim
		# 创建一个简单的模型
		class SimpleNN(nn.Module):
		    def __init__(self):
		        super(SimpleNN,self).__init__()
		        self.fc1 = nn.Linear(4, 10)
		        self.fc2 = nn.Linear(10, 3)
		    def forward(self, x):
		        x = torch.relu(self.fc1(x))
		        x = self.fc2(x)
		        return x
		
		model = SimpleNN()
		# 打印模型结构
		print(model)

BeautifulSoup	用于从网页抓取数据的库，支持 HTML 和 XML 解析	from bs4 import BeautifulSoup
		import requests
		# 获取网页内容
		response = requests.get('https://ngdc.cncb.ac.cn')
		soup = BeautifulSoup(response.content,
		'html.parser')
		# 提取网页标题
		title = soup.title.string
		print(f"Webpage title: {title}")

这里重点介绍一下 NumPy（Numerical Python），它是一个开源 Python 库，几乎应用于科学和工程的所有领域。它是在 Python 中处理数值数据的通用标准，也是科学 Python 和 PyData 生态系统的核心。从初学者到经验丰富的研究人员都在利用 NumPy 从事最先进的科学和工业研发工作。NumPy API 广泛用于 Pandas、SciPy、Matplotlib、scikit-learn、scikit-image 以及其他大多数数据科学和科学 Python 软件包。

NumPy 库包含多维数组和矩阵数据结构。NumPy 提供了 ndarray（一个同构的 n 维数组对象），并提供了对其进行高效操作的方法。NumPy 可用于对数组执行各种数学运算。它为 Python 增加了功能强大的数据结构，保证了数组和矩阵的高效计算，并提供了一个庞大的高级数学函数库，从而可以对这些数组和矩阵进行操作（图 13-4）。

13.2.4.5 Python 可视化

Python 常用的可视化库包括 Matplotlib、Seaborn 和 Plotly 等。其中，Matplotlib 是一个强大的 2D 绘图库，可以创建各种类型的图表。Seaborn 是基于 Matplotlib 的高级可视化库，提供了更丰富的统计图表和更美观的默认样式，可以通过极简的代码，做出具有分析价值而又十分美观的图形。Seaborn 可以实现 Python 环境下的绝大部分探索性分析的任务，而且对 Python 的其他库（如 Numpy、Pandas 和 SciPy）有很好的支持。Plotly 提供了交互式图表，适用于网页应用和交互式数据分析（表 13-10）。

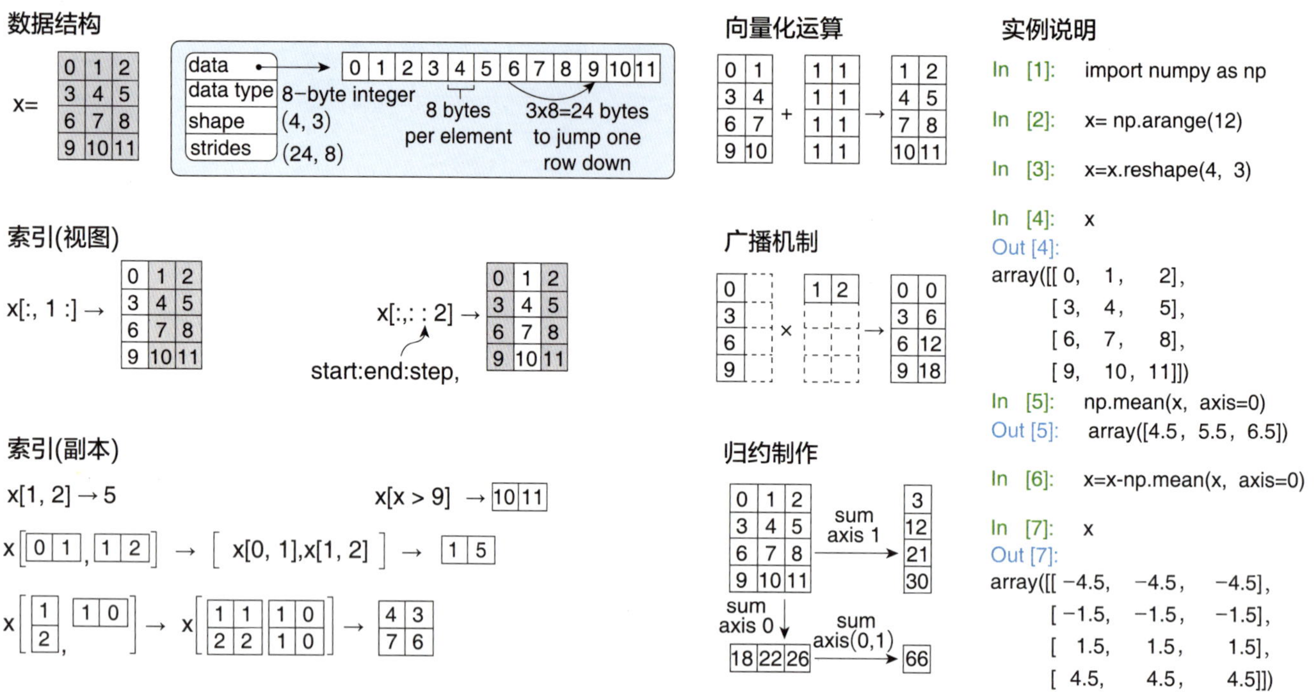

图 13-4　NumPy 库的功能

表 13-10　Python 常用可视化包

库/包	Matplotlib	Seaborn	Plotly

示例代码	import matplotlib.pyplot as plt
	import numpy as np
	# 创建示例数据
	x = np.linspace(0, 10, 100)
	y = np.sin(x)
	# 创建图形和轴
	plt.figure(figsize=(10, 6))
	# 绘制线图
	plt.plot(x, y, label='Sine Wave', color='b', linestyle='-', marker='o')
	# 添加标题和标签
	plt.title('Sine Wave Example')
	plt.xlabel('x-axis')
	plt.ylabel('y-axis')
	# 添加图例
	plt.legend()
	# 显示图形
	plt.grid(True)
	plt.show()
		import seaborn as sns
		import pandas as pd
		# 创建示例数据
		data = pd.DataFrame({
		'x':np.arange(10),
		'y':
		np.random.rand(10) * 100,
		'category':['A', 'B'] * 5
		})
		# 创建散点图
		sns.scatterplot(data=data, x='x', y='y', hue='category', style='category')
		# 添加标题
		plt.title('Seaborn Scatter Plot')
		# 显示图形
		plt.show()
			import plotly.graph_objects as go
			import numpy as np
			# 创建示例数据
			x = np.linspace(0, 10, 100)
			y = np.cos(x)
			# 创建图形对象
			fig = go.Figure()
			# 添加线图
			fig.add_trace(go.Scatter(x=x, y=y, mode='lines+markers', name='Cosine Wave'))
			# 添加标题和轴标签
			fig.update_layout(title='Cosine Wave Example', xaxis_title='x-axis', yaxis_title='y-axis')
			# 显示图形
			fig.show()

（1）Matplotlib

Matplotlib 作为 Python 中最受欢迎的数据可视化库之一，为数据科学家和研究人员提供了丰富而灵活的工具，用于创建引人入胜的图形和图表。其强大的功能和直观的接口使得图形可视化变得更加简单，同时为用户提供了极大的自定义和控制权。

Matplotlib 支持各种图形类型，包括线图、散点图、柱状图、饼图等，以及 3D 图形的绘制。用户可以轻松创建具有各种格式和样式的图形，以满足不同的需求。通过简单的 API 调用，Matplotlib 使得生成高质量的图表成为一项轻松而富有创造性的任务。Matplotlib 的可视化不仅仅局限于静态图形，它还支持动画和交互性可视化。通过嵌入式绘图和交互式工具包，用户能够创建交互式图表，使得数据探索和解释更加直观和深入。

总的来说，Matplotlib 作为一个功能强大而灵活的图形可视化库，不仅适用于初学者，也深受专业用户的喜爱。其丰富的功能、清晰的文档和强大的社区支持使得 Matplotlib 成为数据科学和可视化领域不可或缺的工具，为用户提供了展示数据、理解趋势和传达发现的有效手段。

（2）Seaborn

Seaborn 是一个基于 Matplotlib 的 Python 数据可视化库，专注于提供各种吸引人且信息丰富的统计图形。其设计灵感来自 R 语言中的 ggplot2，旨在让用户能够通过简单的方法创建美观而又有力的可视化图表。下面是对 Seaborn 图形可视化的简要说明。Seaborn 提供了一系列高级接口，使得绘制统计图形变得轻松而直观。通过 Seaborn，用户可以利用少量的代码轻松创建各种图形，包括散点图、折线图、直方图、箱线图等，以及更高级的统计图形，如核密度估计图和小提琴图。其中一项显著特征是 Seaborn 的配色方案和图形样式，这些都经过精心设计，使得生成的图形在审美上更具吸引力。用户可以通过简单的命令更改整体图形的外观，而不必深入研究每个绘图元素。

Seaborn 的功能强大之处在于其与 Pandas 数据框架的良好集成。用户可以直接使用 Pandas 数据框架中的列来绘制图形，而不必进行复杂的数据准备。这种无缝集成简化了数据可视化的流程，使得从数据探索到图形呈现更加流畅。

在创建图形方面，Seaborn 提供了一些高级函数，如`'relplot'`和`'catplot'`，这些函数允许用户根据数据集中的变量关系轻松创建多个子图，从而更全面地理解数据。此外，Seaborn 还支持在单个图形中绘制多个子图，以便比较不同方面的数据。对于统计关系的可视化，Seaborn 提供了`'lmplot'`函数，该函数支持绘制线性回归模型的散点图，并在图形中展示回归线的拟合情况。这有助于直观地了解两个变量之间的关系及其拟合程度。

总体而言，Seaborn 作为一个强大而灵活的数据可视化工具，为用户提供了轻松绘制各种统计图形的能力，使得数据的探索和解释变得更加直观和高效。其出色的设计和简单易用的接口使得它成为数据科学家和分析师们首选的可视化库之一。

13.2.4.6 Python 生物信息学软件包

在生物信息学中，有大量基于 Python 语言开发的软件包用于处理特定类型的生物学数据，下面列举几例来说明。

① Biopython　Biopython 是一个开源的、非商业性质的 Python 包，用于计算生物学和生物信息学领域。Biopython 能处理各种生物学数据，如 DNA、RNA 和蛋白质序列，同时也允许用户通过编程的方式访问在线生物信息数据库（如 NCBI）。Biopython 包含的模块涉及序列处理和比对、数据库查询、蛋白质结构、基因结构等，大大拓展了其功能。

② Pysam　Pysam 是一个与 SAM/BAM 格式（用于存储 DNA 测序数据）交互的 Python 库，为生物信息学和基因组学领域提供了强大的功能。主要功能包括读取和写入 SAM/BAM 文件，提供对测序比对数据的灵活访问，以及执行各种基因组学分析任务，如覆盖深度计算、变异检测和序列比对统计。Pysam 的接口设计使得用户能够方便地操作和分析大规模 DNA 测序数据，为生物信息学研究提供了高效而可扩展的工具。

③ Scanpy　Scanpy 是与 Anndata（一种数据结构）联合开发的用于分析单细胞基因表达数据的可扩展工具包。它包括预处理、可视化、聚类、轨迹推断和差异表达测试。基于 Python 的实现可高效处理超过 100 万个细胞的数据集。

④ PyDESeq2　PyDESeq2 是 DESeq2 方法在 Python 上的实现，用于对大量 RNA-Seq 数据进行差异表达分析（differential expression analysis，DEA），最初是用 R 语言实现的。目前还处在持续开放阶段，后续还会添加很多功能。

⑤ Pybedtools　Pybedtools 是著名基因组研究工具 Bedtools 的 Python 版，Pybedtools 封装并扩展了 BEDTools，可在 Python 中进行特征级操作。

⑥ PySCeS　PySCeS 是一个用于细胞系统科学计算和仿真的 Python 库。它为复杂系统的数据分析、可视化和仿真提供了多种工具。利用 PySCeS，用户可以以交互和直观的方式执行仿真、分析数据和可视化结果。

⑦ NetworkX　NetworkX 是一个用于创建、操作和研究复杂网络的结构、动态和功能的 Python 软件包。

13.3 数据分析流程搭建

随着生物数据量和复杂性的增加，数据分析流程的可扩展性与可重复性变得至关重要。在生物信息学数据分析中，将数据转化为有用的信息涉及多种工具的组合使用、参数的优化及复杂数据集的管理。为了解决这些挑战，工作流管理系统应运而生。它们简化管道开发、优化资源利用、管理软件安装和版本，并能在多种计算平台上运行，从而实现分析流程的可移植性和共享性。

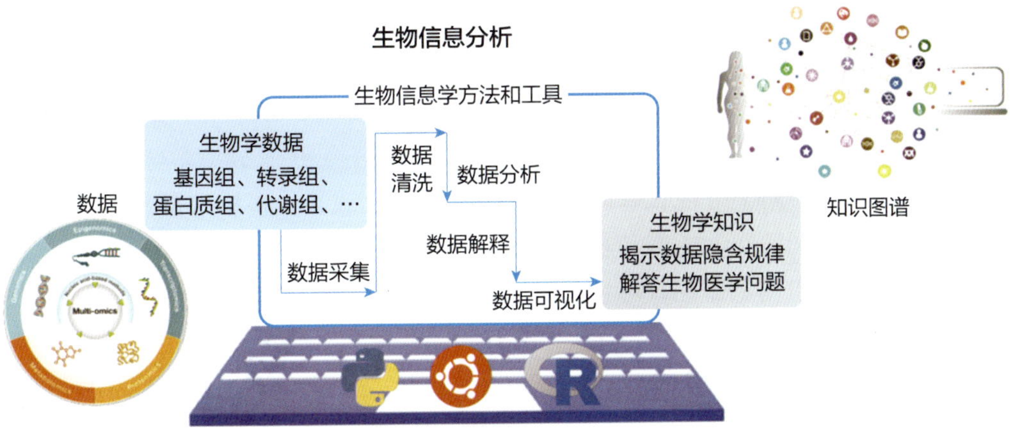

图 13-5 生物信息学数据分析基本过程

13.3.1 生物信息分析流程搭建简介

生物信息学数据分析流程的搭建旨在建立一个系统化的方法来处理生物学数据，包括一系列数据处理、分析和解释步骤，旨在从生物学实验中产生的原始数据中提取有用的生物学信息（图 13-5）。

以下是一个简要的生物信息分析流程搭建过程。

（1）数据采集和预处理

针对某个问题，获取相关数据、进行质控和可能的格式转换。

① 数据获取　收集生物学实验生成的数据，如基因组测序数据（DNA 测序、RNA 测序）、蛋白质质谱数据、表型数据等。

② 质量控制　检查数据的质量，识别并处理潜在的质量问题，如测序错误、低质量读数等。

③ 数据格式转换　将原始数据转换为常用的生物信息学数据格式，如 FASTQ、SAM/BAM、BED、VCF 等，以便进一步的分析。

（2）数据分析

针对不同类型的数据，采用的分析方法和工具也不一样。

① 序列比对　对测序数据进行序列比对，将测序片段与参考基因组或转录组进行比对，以确定它们的位置和变异。

② 差异表达分析　对 RNA 测序数据进行差异表达分析，识别在不同条件下基因表达的差异。

③ 通路和功能富集分析　将差异表达基因集合映射到生物通路和功能注释数据库，以了解这些基因的生物学意义。

④ 蛋白质鉴定和定量　对质谱数据进行蛋白质鉴定和定量，识别蛋白质并测量其表达水平。

⑤ 突变分析　对 DNA 测序数据进行突变分析，识别基因突变、单核苷酸多态性（SNP）等变异。

（3）数据可视化

利用不同的方法或者工具对不同类型的结果数据进行可视化展示。

① 生成图表　使用数据可视化工具（如 ggplot2、matplotlib 等）创建图表和图形，以展示分析结果。

② 绘制热图　用于可视化基因表达、蛋白质表达或其他多维数据。

③ 制作通路图　展示通路和功能富集分析结果的图表。

④ 制作基因组浏览器图　可视化基因、变异和注释在基因组上的位置。

（4）结果解释和报告

根据图表结果，解释数据中隐含的生物学意义。

① 解释生物学意义　解释分析结果，理解差异表达基因的生物学功能和潜在的生物学意义。

② 生成报告　创建报告文档，将分析结果以可理解的方式呈现给其他研究人员或利益相关者。

（5）结果验证和实验设计优化

对分析结果进行进一步实验验证或者优化分析流程。

① 根据分析结果，设计验证实验以确认潜在生物学发现。

② 根据实验结果和反馈，优化实验设计和生物信息分析流程。

（6）文献综述和科研交流

将分析结果呈现到论文或者报告中。

① 撰写和发表研究论文，以分享发现和方法。

② 参与学术会议和研讨会，与同行分享研究成果和经验。

（7）持续优化和改进

根据新的需求，持续优化分析流程。

① 持续融合新的生物信息学工具、技术和方法。

② 参与生物信息学社区，与其他研究人员交流并分享经验，从用户获取反馈信息。

以上是生物信息分析流程的一般概述。具体的分析流程将取决于研究问题和数据类型。传统的分析流程通常使用定制脚本或 Make 文件进行开发，可以简化数据的重复分析过程。然而，这些传统流程通常与本地计算基础设施高度耦合，且缺乏充分的文档、参数跟踪和工具版本控制。在运行到其他设备时，传统管道需要手动安装，难以共享和维护，结果的复现性也常常受到影响。因此，对于数据密集型任务，可以使用工作流管理软件来处理复杂的数据分析工作流程。目前正在使用和开发中的工作流管理软件超过 150 种，包括 Nextflow、Snakemake 等。不同工作流管理软件之间的一个主要区别在于易用性、灵活性和功能丰富性之间的权衡。随着生物信息学领域的不断发展，分析工具和方法也在不断演进，因此持续学习和改进是非常重要的。生物信息学家通常需要具备数据分析、统计学和编程等多方面的技能，以便有效地进行生物学数据分析。以下以基因表达量化分析为例，分别介绍经典的

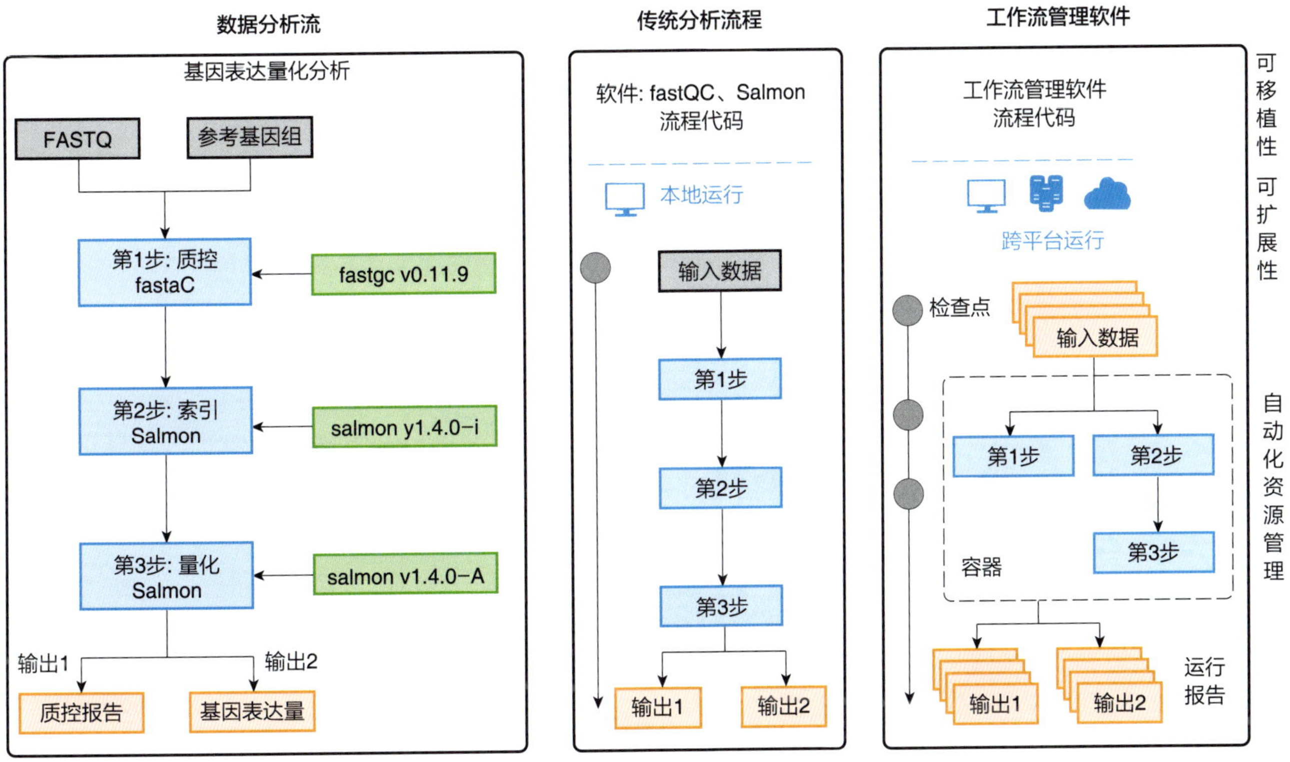

图 13-6 生物信息学数据分析流程的比较（以基因表达量化分析为例）

分析流程和基于工作流管理软件 Snakemake 的使用方法（图 13-6）。为了在 Linux 系统上实践这两个分析流程，需要预先安装好相关软件和程序包。如果已经安装好 Anaconda 环境，可以很方便地利用下面 Conda 命令来安装依赖软件包：

```
# 安装fastQC、Salmon、Snakemake软件
conda install bioconda::fastqc
conda install bioconda::salmon
conda install snakemake
```

13.3.2 基于 Shell 的分析流程搭建

13.3.2.1 基于 Shell 的流程简介

基于 Shell 的分析流程搭建可以帮助用户自动化执行一系列命令和任务，使数据处理、分析和报告生成过程更加高效，这对于处理大规模数据分析和批处理任务尤其有用。下面是搭建基于 Shell 的分析流程的一般步骤。

（1）明确任务和目标

确定要执行的任务和分析的目标。这可以包括数据清洗、统计分析、可视化、报告生成等各种任务。

（2）准备工作环境

创建一个适当的工作目录，将数据和分析脚本放在其中，并确保有适当的权限来执行所需要的操作。

（3）编写 Shell 脚本

使用文本编辑器创建一个 Shell 脚本（通常以.sh 为文件扩展名），在其中编写一系列 Shell 命令和任务。以下是一些常见的 Shell 命令示例：

① 数据清洗　使用 awk、sed 或 grep 等命令来处理和过滤数据。

② 统计分析　调用 R、Python 或其他统计软件的命令来执行数据分析。

③ 数据可视化　使用命令行绘图工具或调用可视化库来生成图表。

④ 报告生成　使用 echo 命令和文本操作来创建报告文本。

13.3.2.2 基于 Shell 的实例分析

以下是一个使用 Shell 脚本实现图 13-6 中基因表达量化分析的示例：这个脚本首先利用 fastQC 进行质量控制，然后利用 Salmon 创建索引基因表达量化分析。

```
#!/bin/bash

# 设置变量
FASTQ_DIR="/path/to/fastq/files"
TRANSCRIPTOME_FASTA="/path/to/transcriptome.fa.gz" # 转录组
  FASTA 文件路径
OUTPUT_DIR="/path/to/output"
FASTQC_OUTPUT="${OUTPUT_DIR}/fastqc_results"
SALMON_INDEX_DIR="${OUTPUT_DIR}/salmon_index"
SALMON_OUTPUT="${OUTPUT_DIR}/salmon_quant"

# 创建输出目录
mkdir -p ${FASTQC_OUTPUT}
mkdir -p ${SALMON_INDEX_DIR}
mkdir -p ${SALMON_OUTPUT}

# 第1步：质量控制 (FastQC)
echo "Running FastQC..."
for file in ${FASTQ_DIR}/*.fastq.gz; do
    fastqc -o ${FASTQC_OUTPUT} ${file}
done
echo "FastQC complete."

# 第2步：创建 Salmon 索引
echo "Creating Salmon index..."
salmon index -t ${TRANSCRIPTOME_FASTA} -i ${SALMON_INDEX_DIR}
-p 8
echo "Salmon index created at ${SALMON_INDEX_DIR}."

# 第3步：转录组数据比对和定量 (Salmon)
echo "Running Salmon..."
```

```
for file in ${FASTQ_DIR}/*_R1_*.fastq.gz; do
   SAMPLE_NAME=$(basename ${file} | sed
's/_R1_.*.fastq.gz//')
   R1=${file}
   R2=${FASTQ_DIR}/${SAMPLE_NAME}_R2_*.fastq.gz

   salmon quant -i ${SALMON_INDEX_DIR} -l A \
    -1 ${R1} -2 ${R2} \textbackslash{}
    -p 8 --validateMappings -o ${SALMON_OUTPUT}/${SAMPLE_NAME}
done
echo "Salmon quantification complete."

# 输 出 完 成 消 息
echo "Analysis complete. Results are in ${OUTPUT_DIR}."
```

将以上代码保存在名为 runRNAquant.sh 的 Shell 脚本文件中。该脚本的代码详细解释如下：

（1）设置变量

① FASTQ_DIR　输入的 FASTQ 文件所在目录。

② OUTPUT_DIR　分析结果的输出目录。

③ FASTQC_OUTPUT　FastQC 分析结果的输出目录。

④ SALMON_INDEX_DIR　Salmon 索引的输出目录。

⑤ SALMON_OUTPUT　Salmon 定量分析结果的输出目录。

⑥ TRANSCRIPTOME_FASTA　转录组 FASTA 文件的路径。

（2）创建输出目录

使用 mkdir -p 命令创建输出目录，如果目录不存在则创建。

（3）质量控制（FastQC）

对每个 FASTQ 文件运行 FastQC，并将结果输出到指定目录。

（4）创建 Salmon 索引

使用 salmon index 命令根据转录组 FASTA 文件创建索引，指定输出目录和线程数。

（5）转录组数据比对和定量（Salmon）

① 对每个样本运行 Salmon 定量分析，指定索引、输入文件和输出目录。

② -l A 参数指定自动检测文库类型。

③ -p 8 指定使用的线程数，可以根据实际情况调整。

④ –validateMappings 选项用于启用映射验证，提高定量精度。

（6）输出完成消息

脚本运行完成后，输出提示信息。

（7）注意事项

① 运行此脚本前，请确保已安装 FastQC 和 Salmon，并将其可执行文件路径添加到系统环境变量中。

② 确保指定的文件路径和目录存在并且正确。

③ 根据计算资源和数据量调整 -p 参数，以优化性能。

④ 使用 echo 命令输出有关每个步骤的消息，以便在运行脚本时了解进展情况。

⑤ 在分析完成后，可以使用 rm 命令删除不再需要的中间文件，以节省存储空间。

以上步骤完成了自动化和管理数据分析流程。利用该流程有助于确保分析的一致性，减少手动干预的需要，并提高了工作效率。要在 Shell 终端中运行这个示例脚本，需要：

① 为脚本添加执行权限　使用 chmod 命令为 Shell 脚本添加执行权限：

```
chmod +x runRNAquant.sh
```

② 执行脚本　运行 Shell 脚本以启动整个分析流程：

```
./runRNAquant.sh
```

③ 自动化和调度　根据需要，可以将 Shell 脚本与自动化工具（如 cron 任务）结合使用，以按计划自动执行分析任务。

④ 日志记录和错误处理　在 Shell 脚本中添加适当的日志记录和错误处理，以便跟踪分析的进展并识别问题。

⑤ 结果保存和报告　将分析结果保存到适当的位置，并生成报告或图表，以便进一步解释和分享。

⑥ 维护和改进　定期维护和改进 Shell 脚本，以适应新的需求和数据。

13.3.2.3　基于 Snakemake 的分析流程搭建

（1）Snakemake 简介

Snakemake 是一个基于 Python 的用于创建可重复和可扩展数据分析工作流程的免费工具。通过 Snakemake 可以定义一系列任务以及这些任务之间的依赖关系，构建一个可重复、可维护和可扩展的工作流程，从而无须人工干预即可执行数千至数万个数据集。Snakemake 还拥有强大的并行处理能力，它可以根据任务之间的依赖关系，有效利用任何计算平台，智能地并行执行任务，从而加快整个工作流程的运行速度（图 13-7）。

简单来说，Snakemake 有以下优点：

① 可读性强（readability）　使用 Snakemake 时，数据分析工作流程是通过 Python 上一种易读、适应性强且功能强大的规范语言来定义的。每个规则（rule）描述分析中的一个步骤，定义如何从输入文件获取输出文件，规则之间的依赖关系会自动确定。

② 易移植（portability）　通过与 Conda 软件包管理器和容器虚拟化的集成，

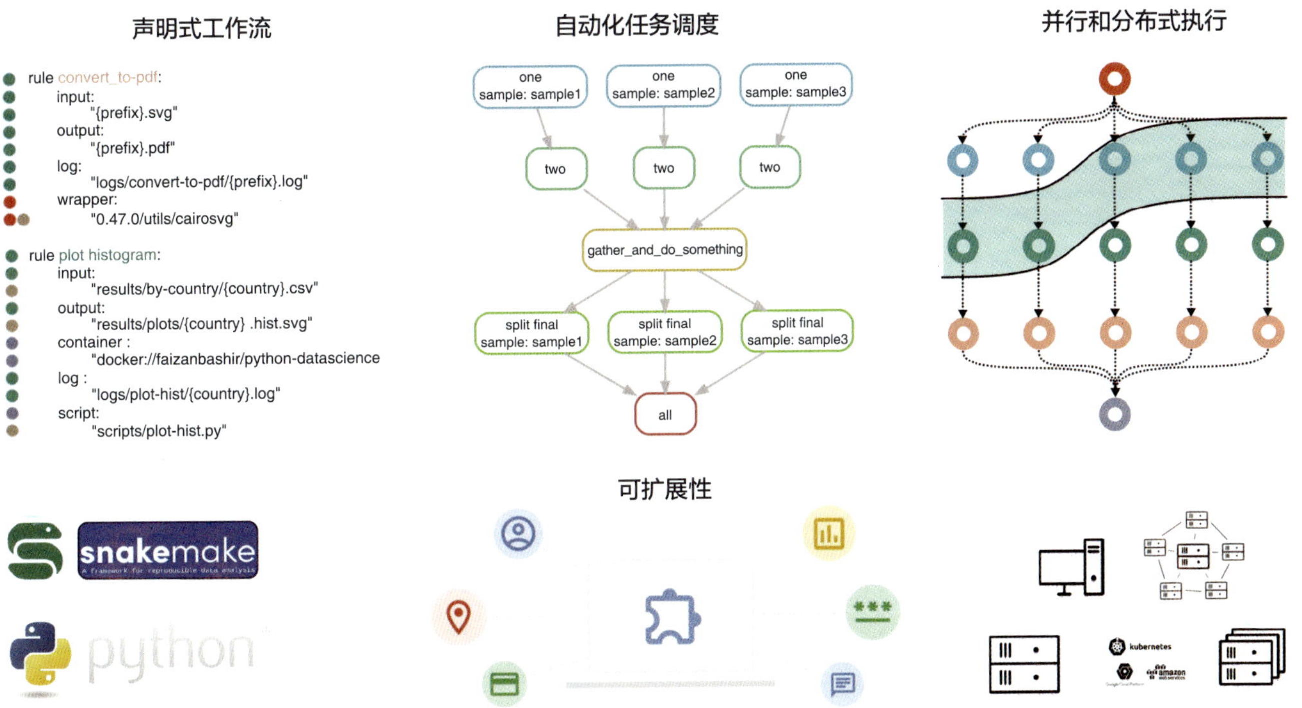

图 13-7 Snakemake 的主要特点

每个流程步骤的所有软件依赖关系都会在执行时自动部署。

③ 模块化管理（modularization） 通过直接将脚本和 Jupyter notebook 集成，快速实施分析步骤。轻松创建和使用可重复使用的工具包装器，并将数据分析拆分成独立的模块。

④ 透明（transparency） 自动、交互、独立的报告确保了从结果到所用步骤、参数、代码和软件的完全透明。

⑤ 可扩展（scalability） 结合 Conda，工作流可以被无缝扩展到服务器、集群、网格和云环境，当整理好流程以后，只需要简单替换几个参数，就能快速开始分析一个新的数据。

最后，Snakemake 可包含对所需要软件的描述，这些软件将自动部署到任何执行环境中。

（2）Snakemake 使用方法介绍

① Snakemake 的基本用法 在 Snakemake 中，可以使用类似于 Python 的语法来描述任务和规则，根据 Snakefile 中指定的规则来定义数据分析流程。Snakemake 的基本组成单位叫“rule”，即“规则”。每个规则（rule）定义了一个任务，规定了输入（input）、输出（output）以及执行任务所需要的命令（action），形成一个完整的工作流。语法如下：

```
rule Name:
    input:
        "path/to/inputfile", "path/to/other/inputfile"
    output:
```

```
    "path/to/outputfile", "path/to/another/outputfile"
  shell:
    "somecommand {input} {output}"
```

Snakemake 可以根据这些规则自动解析依赖关系，确保任务按照正确的顺序执行，且仅执行需要的任务，从而最大限度地提高效率。默认情况下，Shell 命令将使用 bash shell 调用。

例如，如果需要对文件进行排序，可以在 Shell 中使用 sort 函数来实现：

```
sort dataset.txt > dataset.sorted.txt
```

上述任务可以使用 Snakemake 来进行定义：

```
rule sort:
  input:
    "path/to/dataset.txt"
  output:
    "dataset.sorted.txt"
  shell:
    "sort {input} > {output}"
```

在这个示例中，定义了一个名为 sort 的规则，input 指令将 dataset.txt 作为输入文件，path/to/dataset.txt 指定了输入文件的路径，output 指令将 dataset.sorted.txt 作为输出文件。

在 Shell 命令字符串中，可以通过大括号表示法引用命令的元素。通过指定 {input} 来引用输入文件，通过指定 {output} 来引用输出文件。换句话说，Snakemake 会在执行命令之前将 {input} 替换为 path/to/dataset.txt，进行排序操作后，输出排序后的内容存储在 dataset.sorted.txt 文件中。

对于执行的命令部分，也可以用 Python 语法实现：

```
rule sort:
  input:
    "path/to/{dataset}.txt"
  output:
    "{dataset}.sorted.txt"
  run:
    with open(output[0],"w")as out:
      for l in sorted(open(input[0])):
        print(l,file=out)
```

为了让代码更简洁，也可以把执行命令的部分封装到外部脚本中（Python、R、Julia、Rust、Bash 等）。例如，在下面示例中，把执行的命令封装到一个名为 myscript.py 的 Python 脚本中：

```
rule sort:
  input:
    "path/to/{dataset}.txt"
  output:
    "{dataset}.sorted.txt"
  script:
    "scripts/myscript.py"
```

② Snakemake 的高级功能　通常情况下，将一条规则概括为适用于多个数据集是非常有用的。为此，可以使用通配符。自动解决多个命名通配符是 Snakemake 的主要特点和优势。如下示例：

```
rule sort:
  input:
    "path/to/{dataset}.txt"
  output:
    "{dataset}.sorted.txt"
  shell:
    "sort {input} > {output}"
```

假设 dataset 变量被指定为 test，则这段代码指定的文件名为 path/to/test.txt 和 test.sorted.txt。值得注意的是，输入和输出中的通配符名称必须完全相同。通常情况下，输入和输出中都会出现相同的通配符，当然也可以只在输出中使用通配符，而不在输入部分使用。在一个文件名中使用多个通配符可能会造成歧义，例如，output:“{dataset}.{group}.txt”假设有一个名为 101.B.normal.txt 的文件，难以判断它应该是 dataset=101.B 和 group=normal，还是 dataset=101 和 group=B.normal。

因此，通配符可以用正则表达式来进行限制。在这里，可以使用\d+ 作为相应的正则表达式，将通配符数据集限制为只包含数字。在 Snakemake 3.8.0 以上版本，有 3 种限制通配符的方法。

首先，通配符可以通过添加一个用逗号分隔的正则表达式在文件模式中进行限制：

```
output: "{dataset,\\d+}.{group}.txt"
```

其次，可以通过关键字 wildcard_constraints 在规则中对通配符进行限制：

```
rule sort:
  input:
    "path/to/{dataset}.txt"
  output:
    "{dataset}/file.{group}.txt"
  wildcard_constraints:
```

```
    dataset="\\d+"
  shell:
    "sort --group {wildcards.group}  < {input}  > {output}"
```

最后，还可以定义适用于所有规则的全局通配符约束：

```
wildcard_constraints:
  dataset="\\d+"

rule a:
  ...

rule b:
  ...
```

如果命令有多个输入或输出文件，可通过索引 {input[0]} 和 {input[1]} 引用：

```
rule sort_and_annotate:
  input:
    "path/to/{dataset}.txt",
    "path/to/annotation.txt"
  output:
    "{dataset}.sorted.txt"
  shell:
    "paste <(sort {input[0]}) {input[1]} > {output}"
```

也可以为这些文件指定一个名字（如 a 和 b），并通过名字对它们进行引用：

```
rule sort_and_annotate:
  input:
    a="path/to/{dataset}.txt",
    b="path/to/annotation.txt"
  output:
    "{dataset}.sorted.txt"
  shell:
    "paste <(sort {input.a}) {input.b} > {output}"
```

输入文件可以是 Python 列表，这样就可以轻松汇总参数或样本：

```
rule aggregate:
  input:
    ["{dataset}/a.txt".format(dataset=dataset) for dataset in
       DATASETS]
  output:
```

```
    "aggregated.txt"
  shell:
    ...
```

上述表达式有两种简化方法。首先，第一种方法，可以使用 expand 函数：

```
rule aggregate:
  input:
    expand("{dataset}/a.txt", dataset=DATASETS)
  output:
    "aggregated.txt"
  shell:
    ...
```

注意，这里的 dataset 并不是通配符，因为 Snakemake 已通过展开语句解决了这个问题。expand 函数还允许组合不同的变量，例如：

```
rule aggregate:
  input:
    expand("{dataset}/a.{ext}", dataset=DATASETS, ext=FORMATS)
  output:
    "aggregated.txt"
  shell:
    ...
```

如果 FORMATS=[“txt”, “csv”] 包含所需要的输出格式列表，那么 expand 将自动合并任何带有这些扩展名的数据集。

此外，第一个参数也可以是字符串列表。在这种情况下，转换将应用于列表中的所有元素。例如：

```
expand(["{dataset}/a.{ext}", "{dataset}/b.{ext}"], dataset=
   DATASETS, ext=FORMATS)
```

结果为：

```
["ds1/a.txt","ds1/b.txt","ds2/a.txt","ds2/b.txt","ds1/a.csv","
   ds1/b.csv","ds2/a.csv","ds2/b.csv"]
```

默认情况下，expand 使用 Python 中的 itertools 函数 product，该函数可生成所提供通配符值的所有组合。不过，通过插入第二个位置参数，可以用任何组合函数（如 zip）来替代：

```
expand(["{dataset}/a.{ext}", "{dataset}/b.{ext}"], zip,
   dataset=DATASETS, ext=FORMATS)
```

结果为：

```
["ds1/a.txt","ds1/b.txt","ds2/a.csv","ds2/b.csv"]
```

也可以在展开时屏蔽通配符表达式，这样它就会被保留，如 expand（"{{dataset}}/a.{ext}", ext=FORMATS）将创建包含所有 ext 值的字符串，但以通配符"{dataset}"开头。

第二种方式是利用 multiext 函数。multiext 提供了扩展的简化变体，允许定义一组输出或输入文件，它们只是扩展名不同而已：

```
rule plot:
  input:
    ...
  output:
    multiext("some/plot", ".pdf", ".svg", ".png")
  shell:
    ...
```

其效果与编写 expand（"some/plot{ext}", ext=[".pdf" ".svg" ".png"]）相同，但使用的语法更简单。此外，使用 multiext 定义输出是对具有多个输出文件的规则使用工作流缓存的唯一方法。

默认情况下，Snakemake 会执行 Snakefile 文件中的第一条规则。这就在文件开头产生了伪规则，可用于定义类似于 GNU Make 的编译目标，在流程中一个添加目标规则，定义了工作流成功完成时应生成的文件或结果，通常定义为"all"。

```
rule all:
  input:
    "D1.sorted.txt",
    "D2.sorted.txt",
    "D3.sorted.txt"

rule sort:
  input:
    "path/to/{dataset}.txt"
  output:
    "{dataset}.sorted.txt"
  shell:
    "sort {input} > {output}"
```

对于 all 规则，也可以使用 Python 代码定义：

```
DATASETS = ["D1", "D2", "D3"]

rule all:
```

```
  input:
    ["{dataset}.sorted.txt".format(dataset=ds)
     for ds in DATASETS]
```

或者：

```
rule all:
  input:
    expand("{dataset}.sorted.txt", dataset=DATASETS)
```

这里，对于之前定义的 Python 列表 DATASETS 中的每个数据集，都会请求 {dataset}/file.A.txt 文件。在此示例中，Snakemake 会自动识别这些数据集是由上述 sort 规则的多个应用创建的。除此之外，也可以通过 default_target 指令显式地将一条规则标记为默认目标，从而覆盖这一行为，将第一条规则作为默认目标。该指令在组合多个已存在的工作流程时特别有用：

```
rule all:
  input:
    expand("{dataset}.sorted.txt", dataset=DATASETS)
    default_target: true
```

需要注意的是，无论这条规则出现在 Snakefile 文件的哪个位置，它都将是默认目标。通常情况下，建议将默认目标规则（以及所有其他可作为可选目标的规则）放在文件顶部，以便于查找。

③ Snakemake 的运行参数　Snakemake 的运行参数非常多，常用的有以下几个：

- p：打印运行的 Shell 命令。
- n：只展示需要完成的步骤，不运行。
- F：强制运行所有步骤。
- j：并行运行多个任务。

假设，在同一目录下的 Snakefile 中定义了工作流程，在没有目标的情况下执行工作流程，将第一条规则定义目标。也可以指定目标（如 D1.sorted.txt）执行工作流程：

```
snakemake D1.sorted.txt
```

Snakemake 可以将整个工作流程组织成有向无环图（directed acyclic graph, DAG），并可视化输出（需要借助 dot 命令）：

```
snakemake --dag | dot -Tsvg > dag.svg
```

13.3.2.4 Snakemake 实例分析

以下仍然以图 13-6 中基因表达量化分析为例，说明如何使用 Snakemake 来实现分析流程搭建。需要编写一个 Snakemake 工作流文件（Snakefile）和一个配置文件（config.yaml）。以下是如何实现这一流程的详细步骤。

（1）目录结构前

首先，创建一个项目目录结构，如下所示：

```
project/
|---- Snakefile
|---- config.yaml
|---- data/
|     |---- fastq_files/          # 放置 FASTQ 文件
|     |---- transcriptome.fa.gz  # 转录组 FASTA 文件
|---- results/
|---- logs/
```

（2）config.yaml 配置文件

创建一个 config.yaml 文件来存储路径和其他配置信息：

```
fastq_dir: "data/fastq_files"
output_dir: "results"
fastqc_output: "results/fastqc_results"
salmon_index_dir: "results/salmon_index"
salmon_output: "results/salmon_quant"
transcriptome_fasta: "data/transcriptome.fa.gz"
threads: 8
```

（3）Snakefile 工作流文件

编写 Snakefile，定义工作流规则：

```
import os

# 读取配置文件
configfile: "config.yaml"

# 获取样本列表
samples = [os.path.basename(f).split('_R1_')[0] for f in
glob_wildcards(os.path.join(config["fastq_dir"],
"{sample}_R1_*.fastq.gz")).sample]

# 定义工作流的最终目标，即所有样本的FastQC报告和Salmon定量结果
rule all:
  input:
    expand(os.path.join(config["fastqc_output"],
"{sample}_R1_fastqc.zip"), sample=samples),
    expand(os.path.join(config["fastqc_output"],
"{sample}_R2_fastqc.zip"), sample=samples),
    os.path.join(config["salmon_index_dir"],
```

```
        "versionInfo.json"),
    expand(os.path.join(config["salmon_output"],
        "{sample}", "quant.sf"), sample=samples)

# 定义FastQC质量控制步骤，对R1和R2 FASTQ文件分别运行FastQC
rule fastqc:
  input:
    R1 = os.path.join(config["fastq_dir"],
        "{sample}_R1_*.fastq.gz"),
    R2 = os.path.join(config["fastq_dir"],
        "{sample}_R2_*.fastq.gz")
  output:
    R1 = os.path.join(config["fastqc_output"],
        "{sample}_R1_fastqc.zip"),
    R2 = os.path.join(config["fastqc_output"],
        "{sample}_R2_fastqc.zip")
  log:
    os.path.join("logs", "{sample}_fastqc.log")
  shell:
    """
    fastqc {input.R1} -o {config[fastqc_output]} > {log} 2>&1
    fastqc {input.R2} -o {config[fastqc_output]} >> {log} 2>&1
    """

# 定义Salmon索引创建步骤，根据转录组FASTA文件创建索引
rule salmon_index:
  input:
    transcriptome = config["transcriptome_fasta"]
  output:
    index_dir = directory(config["salmon_index_dir"])
  log:
    os.path.join("logs", "salmon_index.log")
  shell:
    """
    salmon index -t {input.transcriptome} \
    -i {output.index_dir} \
    -p {config[threads]} \
    > {log} 2>&1
    """

# 定义Salmon定量分析步骤，对每个样本运行Salmon定量分析
```

```
rule salmon_quant:
  input:
    index = os.path.join(config["salmon_index_dir"],
       "versionInfo.json"),
    R1 = os.path.join(config["fastq_dir"],
       "{sample}_R1_*.fastq.gz"),
    R2 = os.path.join(config["fastq_dir"],
"{sample}_R2_*.fastq.gz")
  output:
    quant = os.path.join(config["salmon_output"], "{sample}",
       "quant.sf")
  log:
    os.path.join("logs", "{sample}_salmon_quant.log")
  shell:
    """
    salmon quant -i {config[salmon_index_dir]} -l A \
    -1 {input.R1} -2 {input.R2} \
    -p {config[threads]} --validateMappings \
    -o {config[salmon_output]}/{wildcards.sample} \
    > {log} 2>&1
    """
```

（4）运行 Snakemake 工作流

在项目目录下运行以下命令启动工作流：

```
snakemake --cores 8
```

其中 --cores 8 指定使用的线程数，可以根据实际情况调整。

至此，完成了一个自动化的、可重复执行的分析流程，方便管理和执行质量控制和基因表达量化分析。

13.4 数据库开发基础

在生物信息学中，数据库开发是指设计、创建和维护用于存储生物学数据的数据库系统的过程。这些数据库可能包含基因组序列、蛋白质结构、基因表达数据、遗传变异信息等。生物信息学数据库开发人员需要熟悉生物信息学中常用的数据格式，如 FASTA、BED、GFF 等，以及了解生物信息学领域常用的数据分析工具和算法。针对特定生物学数据，需要设计数据库的结构，创建适当的数据表，定义数据之间的关系，并确保数据存储和检索的高效性和准确性。生物信息学数据库开发对于生物学研究和生物信息学应用的发展起着至关重要的作用，它为科学家们提供了一个有效管理和利用生物学数据的平台。

13.4.1 数据库概述

数据库在各种信息系统、应用程序以及软件中扮演着核心和关键的角色，也是信息科学技术的重要组成部分。数据库技术解决了信息处理过程中大量数据的组织、存储、管理、查询和统计等应用问题，从而减少数据冗余，实现数据共享，保障数据一致性，并实现数据的快速检索和统计分析等功能。这一技术不仅在通用信息管理中具有广泛应用，还在生物信息学领域发挥了关键作用。

生物信息学作为一门跨学科的科学领域，其目标是利用计算机科学和信息技术的方法来处理和分析生物学数据。以下是一些关于生物信息学中不同类型数据库的描述以及一些常见的数据库示例。

① 基因组数据库　这些数据库包含各种生物物种的基因组序列信息，允许研究人员查找和比对基因，以深入了解基因的功能、结构和演化。常见的基因组数据库包括 GenBank、Ensembl、Phytozome、Genome Warehouse（GWH）等。

② 蛋白质数据库　这些数据库存储了大量蛋白质的序列和结构信息，帮助科研人员寻找蛋白质相互作用、功能和结构相关信息。著名的蛋白质数据库包括 UniProt、Protein Data Bank（PDB）等。

③ 序列比对数据库　这些数据库包含多种生物物种的 DNA、RNA 和蛋白质序列比对信息，用于识别相似序列并推测新基因的功能或进化关系。最常用的工具之一是 BLAST。

④ 生物信息工具数据库　这类数据库提供各种生物信息学工具和软件的资源，用于进行序列分析、结构预测、通路分析等生物信息学任务。Bioconda、Bioconductor 和 EMBOSS 是常见的工具集合。

⑤ 药物数据库　这些数据库包含大量药物分子的信息，帮助研究人员发现新的药物候选物和了解药物的作用机制。常见的药物数据库包括 DrugBank、ChEMBL 等。

⑥ 代谢通路数据库　这类数据库记录了生物体内代谢通路的信息，有助于理解细胞代谢过程以及与疾病相关的代谢途径。KEGG 和 Reactome 是常用的代谢通路数据库。

⑦ 基因表达数据库　这些数据库记录了基因在不同生理和病理条件下的表达水平，有助于研究基因的调控机制和与疾病的关联。Gene Expression Omnibus（GEO）是其中一个广泛使用的资源。

生物信息学数据库的建立和维护对于推动生命科学和医学领域的研究进展至关重要。它们为科研人员提供了丰富的数据资源，有助于更好地理解生物系统的运作方式和疾病的发病机制。此外，这些数据库促进了数据共享、多学科合作，从而加速了科学研究的进展。可以看出，生物信息学中数据库应用非常广泛，因此，有必要去了解数据库的基本概念，从而更好地指导开发高性能，综合性强的生物信息学数据库平台。

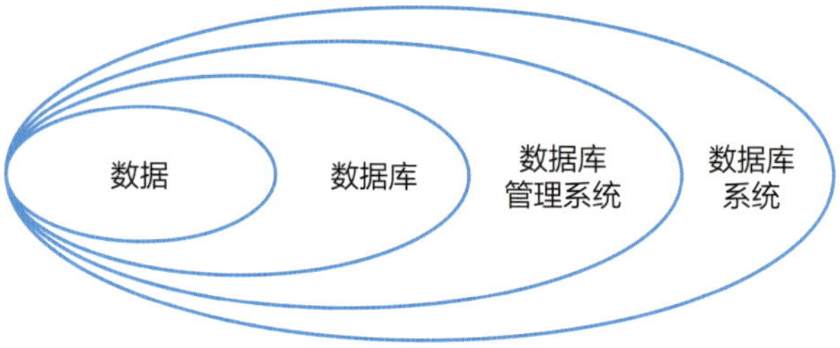

图 13-8 数据、数据库、数据库管理系统、数据库系统的关系

13.4.1.1 数据库的四个基本概念

在数据库领域，有四个基本概念不容忽视，它们分别是数据（data）、数据库（database，DB）、数据库管理系统（database management system，DBMS）以及数据库系统（database system，DBS），四者关系如图 13-8 所示。

数据是数据库中存储的基本对象，用于记录符号化的信息以描述事物。数据的表现形式多种多样，包括文本、图片、音频和视频等，都可以以数字化方式存储在计算机中。此外，数据的含义（数据语义）与数据的结构密切相关，它涉及对数据进行解释和说明的过程。数据的结构，如采用树状结构或哈希表，也对数据的管理和存储方式产生影响。

数据库类似于一个永久储存数据的仓库，具有三个主要特征：永久储存、有组织性和共享性。永久储存意味着数据一直存在且不会随时间改变。有组织性指数据之间存在特定的关联和组织方式，这可能涉及数据的存储结构和连接方式。共享性表示多个应用程序可以从数据库中检索数据，实现数据共享。

数据库管理系统是一种用于数据库管理的系统平台，由相互关联数据的集合和管理数据的程序模块组成。数据库管理系统设计的主要目的是方便、高效地管理海量数据，极大地提高了数据使用和维护的效率，不仅可以根据实际需求创建或删除数据库，还可对数据库对象进行管理。随着数据管理技术的不断发展，出现了多种数据库管理系统，较为常用的有 MySQL、PostgreSQL、SQL Server、SQLite、Oracle 等。数据库管理系统程序模块主要由存储管理程序、查询处理程序、事务管理程序、恢复管理程序组成。存储管理程序用于存储空间分配和数据存储，可自动分配服务器硬盘空间，将数据存入服务器的数据库中。查询处理程序主要用于处理用户输入的查询语句，一般为 SQL 语句。通常一个事务对应一个具体的工作任务，如银行的面向用户的储蓄业务，事务管理程序主要用于数据库的事务处理，可控制和管理事务并发问题，有效保障数据库管理系统事务执行。恢复管理程序主要用于数据库管理系统操作日志管理，可记录用户在数据库上进行的操作，当发生异常情况时，可将数据库中的数据恢复到发生异常情况前的状态。DBMS 架构如图 13-9 所示。

数据库系统是指引入数据库后的计算机应用系统。数据库系统通常包括硬件和软件，由数据库、数据库管理系统、应用程序及开发工具、数据库管理员（database administrator，DBA）、用户等组成（图 13-10）。数据库系统有以下一些特点。

① 数据结构化　数据库系统通过整体数据结构化来管理数据，这是数据库与文件系统的关键区别之一。整体结构化意味着数据库不再仅仅为单个应用程序提供数据支持，而是为整个组织或企业提供支持。这涉及数据如何连接以及采用何种结构来满足各个应用程序的需求。

② 数据的共享性高、冗余度低且易扩充　数据库系统允许多个应用程序共享相同的数据，而不需要冗余存储。这减少了数据存储的空间占用。此外，扩充数据库

系统的容量相对容易，与扩充多个独立的数据“仓库”相比更加便捷。

③ 数据的独立性高　数据库系统的独立性意味着更改数据的物理存储结构不会影响外部应用程序对数据的访问。这种独立性有助于保持逻辑独立性，使用户应用程序与数据的物理存储分离。

④ 数据由数据库管理系统统一管理　数据库管理系统负责数据的加载、卸载和管理，统一控制数据库的操作。

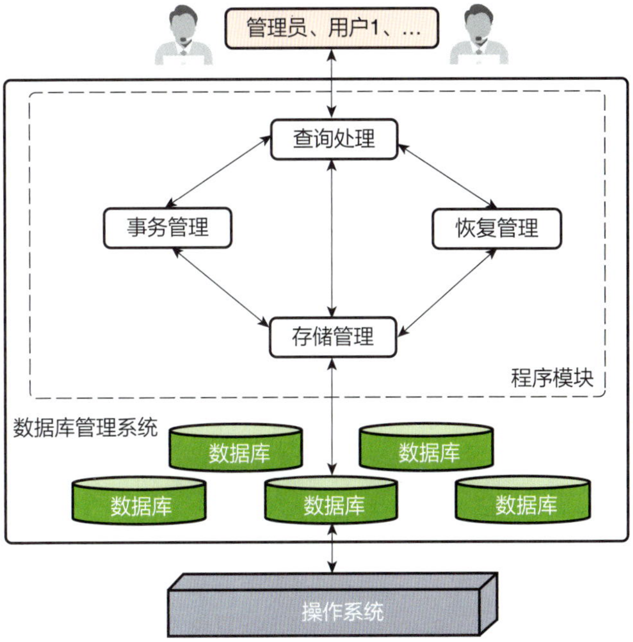

图 13-9　DBMS 架构

13.4.1.2　数据库中的 SQL 语言

结构化查询语言（structured query language，SQL）是一种用于程序设计以及数据查询、存取、更新的语言。它具有多种特点，包括操作一体化、使用方式灵活、非过程化，以及简洁的语言和简单的语法格式。SQL 语言主要由以下 6 部分组成。

① 数据定义语言（DDL）　DDL 包括 CREATE、ALTER 和 DROP 等语句，用于操作数据库和表的结构。它主要用于创建和修改数据库，增加或删除表，以及修改表的列或字段等。

② 数据操作语言（DML）　DML 包括 SELECT、INSERT、UPDATE 和 DELETE 等语句，用于操作表中的数据。INSERT 语句用于向表中插入数据，UPDATE 语句用于修改表中数据，DELETE 语句用于删除表中的一行、多行或全部数据。

③ 数据控制语言（DCL）　DCL 包括 REVOKE、DENY 和 GRANT 等语句，用于管理数据库用户的权限。REVOKE 语句用于回收用户或角色的权限，DENY 语句用于禁止用户或角色的权限，GRANT 语句用于分配用户或角色的权限。

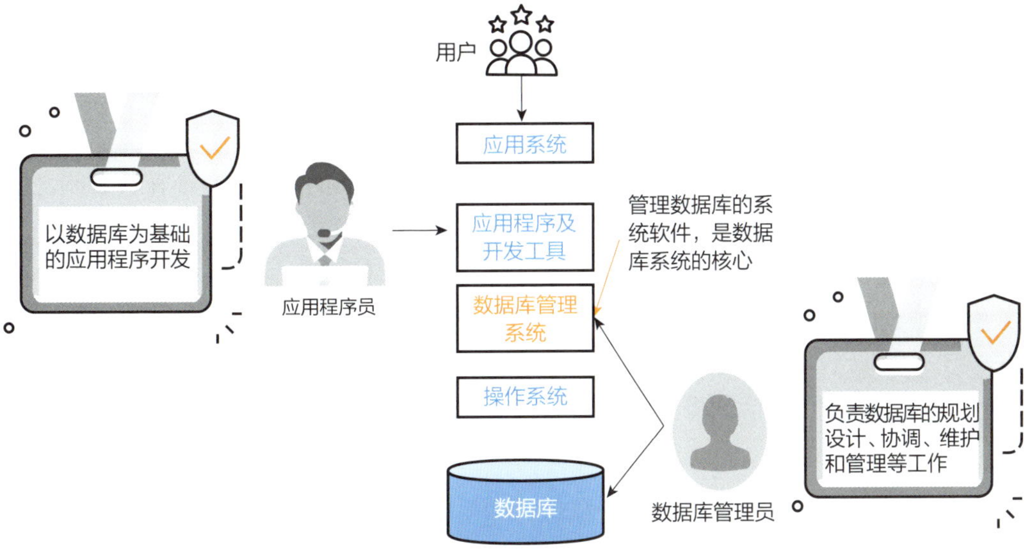

图 13-10　数据库系统的构成图示

④ 数据查询语言（DQL） DQL 主要包含 SELECT 语句，通常与 FROM 和 WHERE 子句组合使用，用于查询表中的数据。

⑤ 指针控制语言（CCL） CCL 包括 DECLARE CURSOR、FETCH INTO 和 UPDATE WHERE CURRENT 等语句，用于对一个或多个表进行单独的操作。

⑥ 事务处理语言（TPL） TPL 包括 BEGIN TRANSACTION、COMMIT 和 ROLLBACK 等语句，主要用于确保每一条 DML 语句成功执行，以确保事务的完整性。

这些不同部分组成了 SQL 语言的核心，使其成为广泛用于管理和操作数据库的强大工具。

13.4.1.3 数据库中的数据模型

数据模型是数据库系统的核心，它在数据库管理系统的设计中扮演着关键角色。数据模型通常包括三个主要部分：数据结构、数据操作和完整性约束条件。这些组成部分在描述数据库的不同方面起着重要作用。

（1）数据结构

数据结构涉及数据的类型、内容、特性以及数据之间的关系。它主要用于描述数据库的静态特性。数据模型通过数据结构来定义数据库中存储信息的形式和组织方式。

（2）数据操作

数据操作指的是数据库中的对象可以执行的操作，如对数据表执行查询、删除、新增、修改等操作。这方面规定了数据库的动态行为，即对存储的数据如何进行操作和处理。

（3）完整性约束条件

为了确保数据的准确性和相容性，完整性约束条件规定了数据库的状态以及状态变化时所必须满足的条件。这有助于维护数据的一致性和完整性。

根据数据模型的特性，可以将数据模型分为以下主要类型：

① 网状型数据模型 最早用于数据库管理系统的数据模型之一。它采用网状结构来表示实体以及实体之间的联系，这些联系通常是多对多的关系（$m:n$）。网状型数据模型常用于处理节点之间复杂的关系。

② 层次型数据模型 位于网状型数据模型之后，采用树状结构来表示实体之间的联系，通常是一对多的关系（$1:n$）。层次型数据模型包含一个根节点以及多个子节点和叶节点，其中每个节点代表一个实体。删除根节点会导致子节点和叶节点的数据也被删除。

③ 关系型数据模型 目前最常用的数据模型之一，它使用数据表来表示实体之间的联系，操作对象是二维表。关系型数据模型被广泛应用于数据库管理系统，如 MySQL、Oracle、SQL Server 等。

④ 面向对象型数据模型 这种数据模型以面向对象的方式设计数据库系统，包括类和继承等特性。它的数据结构面向对象，以对象为单位进行存储，每个对象包

含属性和联系信息。

这些不同类型的数据模型为数据库系统提供了不同的工具和方法，以满足各种不同的应用需求。关系型数据模型因其广泛的应用和灵活性而成为最常见的选择，但其他模型在特定情况下也有其用武之地。

13.4.2 关系型数据库介绍

在生物信息学的广阔领域中，数据的收集、存储和分析是关键的任务之一。随着生物学研究的不断发展，日益积累了大量的生物学数据，涵盖了基因组、蛋白质、基因表达、代谢通路等众多方面。这些数据不仅对基础生物学的研究至关重要，还在药物研发、疾病理解和医疗决策等领域发挥着关键作用。

为了有效地管理和利用这些海量生物信息学数据，关系型数据库成了不可或缺的工具之一。本章将介绍关系型数据库为生物信息学研究提供的强大支持。

13.4.2.1 关系型数据库概念

关系型数据库是指采用了关系模型来组织数据的数据库，其以行和列的形式存储数据，以便于用户理解。关系型数据库这一系列的行和列被称为表，一组表组成了数据库。用户通过查询来检索数据库中的数据，而查询是一个用于限定数据库中某些区域的执行代码。关系模型可以简单理解为二维表格模型，而一个关系型数据库就是由二维表及其之间的关系组成的一个数据组织，如图 13－11 所示。

同样，关系型数据库作为一种常用于存储和管理结构化数据的数据库系统，除了表格外，它还包括以下要点：

① 主键（primary key） 每个表格通常有一个主键，用于唯一标识表中的每一行记录。主键确保数据的唯一性和一致性。

学生信息表

学号	姓名	性别	联系电话	<其他>
2409001	张一	男	025－1256	…
2409002	王二	男	025－1268	…
2409003	李三	女	025－1279	…
2409004	刘四	女	025－1272	…

教师信息表

工号	姓名	性别	联系电话	<其他>
1706007	陈一	男	025－1299	…
1909005	杨二	男	025－1243	…
2003004	朱三	女	025－1280	…
2205014	卢四	男	025－1277	…

成绩表

学号	课程编号	成绩	是否及格	<其他>
2409001	1001	90	是	…
2409001	1002	88	是	…
2409001	1003	95	是	…
2409002	1001	75	是	…
2409002	1006	56	否	…
2409003	1006	78	是	…

课程表

课程编号	课程名称	工号	<其他>
1001	生物信息学	2205014	…
1002	生物统计学	1909005	…
1003	Linux基础	2101008	…
1004	R语言编程	2003004	…
1005	Python语言	1810006	
1006	基因组学	2205014	

图 13－11 关系型数据库中表的设计和联系

② 外键（foreign key） 外键用于建立表格之间的关联关系。它指向其他表格的主键，用于在不同表格之间建立关系，从而支持数据的引用完整性。

③ SQL SQL 是一种用于管理关系型数据库的标准查询语言。它允许用户执行各种操作，包括数据查询、插入、更新和删除。

从未来发展的角度来看，关系型数据库在生物信息学领域的优势显而易见。首先，它提供了操作方便的界面，通过应用程序和后台连接，使用户能够轻松地对生物信息学数据进行操作。这种操作便捷性对于生物信息学研究人员来说至关重要，因为需要频繁地查询、分析和更新大量的遗传信息。其次，关系型数据库在数据维护方面表现出色，具有良好的完整性，包括实体完整性、参照完整性和用户定义完整性。这有助于降低生物信息学数据中的冗余和不一致性，确保数据的质量和可靠性。第三，关系型数据库提供了多种便于访问数据的工具和对象，如视图、存储过程、触发器和索引。这些功能有助于研究人员更轻松地检索和分析复杂的生物信息学数据集。另外，关系型数据库在安全性方面也有显著优势。通过权限分配和管理，它们能够提供更高级别的数据保护，确保只有授权用户可以访问敏感的生物信息。此外，关系型数据库还具有较低的成本，因为它们允许根据业务需求即时开通所需要的资源，无须在业务初期采购昂贵的硬件。这有助于降低生物信息学项目的初始资本投入，同时避免资源的浪费。最后，关系型数据库具备高性能，能够快速高效地处理数据库查询和事务。这对于处理大规模生物信息学数据和应对高并发需求非常重要。此外，它们支持快速部署和弹性扩展，有助于加速生物信息学项目的上线，缩短项目周期。

因此，关系型数据库在生物信息学中扮演着不可或缺的角色，为研究人员提供了强大的数据管理和分析工具，可以帮助更好地理解和利用生物学数据。

13.4.2.2 关系型数据库中的数据检索和分析

在生物信息学研究中，使用关系型数据库进行数据检索和分析是一项关键任务。SQL 是一种强大的工具，用于从数据库中提取所需要的信息。下面首先介绍一些关于如何进行生物信息学数据检索和分析的基础示例。

① 基本数据检索 使用 SQL 进行基本的数据检索非常简单。例如，要查找特定基因的序列信息，可以执行以下 SQL 查询：

```
SELECT sequence
FROM genes
WHERE gene_name = 'YOUR_GENE_NAME';
```

这将返回指定基因的序列信息。

② 多条件查询 生物信息学研究通常需要根据多个条件来检索数据。例如，可能需要查找在特定组织中高表达的基因。以下是一个示例查询：

```
SELECT gene_name, expression_level
FROM gene_expression
WHERE tissue = 'brain' AND expression_level > 100;
```

这将返回在大脑组织中表达水平超过 100 的基因列表。

③ 连接表格　数据库中的数据通常分布在多个表格中，可以使用 SQL 的连接操作来检索相关信息。例如，要获取基因和蛋白质信息，可以执行以下查询：

```
SELECT genes.gene_name, proteins.protein_name
FROM genes
JOIN proteins ON genes.gene_id = proteins.gene_id;
```

这将返回基因和与之相关的蛋白质信息。

④ 聚合函数　在生物信息学中，可能需要计算数据的统计信息。SQL 提供了各种聚合函数，如 SUM、AVG、COUNT 等。例如，要计算某个基因表达水平的平均值，可以执行以下查询：

```
SELECT AVG(expression_level)
FROM gene_expression
WHERE gene_name = 'YOUR_GENE_NAME';
```

这将返回该基因的平均表达水平。

⑤ 子查询　子查询允许在一个查询中嵌套另一个查询，以便更复杂的数据检索和分析。例如，可以使用子查询查找在多个组织中高表达的基因：

```
SELECT gene_name
FROM gene_expression
WHERE expression_level > (SELECT AVG(expression_level) FROM
  gene_expression);
```

这将返回表达水平高于平均水平的基因列表。

以上示例说明了如何使用 SQL 进行生物信息学数据的检索和分析。根据具体的研究需求，可以进一步扩展和自定义查询以获得所需要的信息。掌握 SQL 查询技能对于生物信息学研究非常重要，因为它可以帮助有效地挖掘和分析大量的生物数据，同样可以和前端工程师一起开发更加快速和便捷的生物信息学平台。

13.4.2.3　关系型数据库中的数据管理和维护

在处理生物信息学数据时，必须认识到数据库的动态性。科学研究不断取得新的突破，实验结果也不断涌现，因此数据库的数据需要定期更新以反映最新的科学进展。这可能涉及基因组序列的更新、蛋白质注释的修订以及新的基因表达数据的添加。只有保持数据的及时性，数据库才能为研究人员提供有价值的信息。

数据丢失或损坏可能会带来灾难性的后果，因此定期备份数据库是维护数据完整性的关键。备份策略应该包括完全备份和增量备份，以确保数据可以在需要时进行可靠的还原。这样可以最大限度地减少因硬件故障、数据错误或其他问题导致的风险。当不可避免地发生数据损坏或丢失时，需要建立可靠的数据恢复机制。这包括使用备份进行数据还原，或者采用其他数据修复方法，以最小化数据不可用的时间。数据库性能对于生物信息学研究至关重要，因为这些数据库通常包含大量数据。性能优化可以通过各种方式实现，包括索引的优化、查询性能的改进和硬件升级。这确保了用户可以快速、高效地访问所需要的数据。数据安全性是不可忽视的因素，特别是在处理敏感信息，如个体基因组数据时。访问控制、数据加密和审计机制是确保数据不被未经授权的访问和泄漏的关键工具。最后，合规性和长期数据存储也是数据库管理的重要方面。确保数据库遵守相关法规，如 HIPAA、GDPR 等，以及制定适当的数据归档策略，以确保数据的长期访问性，有助于维护数据库的可靠性和合法性。

综合来看，数据库管理和维护是生物信息学研究的基础，它们确保了数据库的数据质量、可用性和安全性，为科研人员和医疗专业人员提供了可靠的数据资源，促进了生物信息学领域的不断进步。

13.4.2.4 关系型数据库管理系统

在生物信息学领域，合适的数据库管理系统对于存储、管理和分析海量生物学数据至关重要。不同的数据库管理系统具有各自的特点和适用场景，因此在选择合适的数据库时，需要考虑项目的规模、性能需求以及预算等因素。表 13-11 是关于常见的关系型数据库管理系统在生物信息学中的应用以及其优点和缺点的综合性讨论。

表 13-11 关系型数据库之间的比较

数据库管理系统	适用场景在生物信息学中的联系	优点	缺点
MySQL	存储和查询生物信息学数据，如基因组序列、蛋白质信息、实验数据等。适用于小型生物信息学项目，如基因分析和小规模实验数据的管理	高性能、易用简单、开发者社区活跃	数据安全性不够牢固、不支持分布式数据库实现、部分功能不如商用数据库完善
Oracle	支持大规模生物信息学项目的管理，包括基因组数据的存储、生物通路分析和大规模生物数据库的维护。适用于大型生物信息学研究中，如生物医学研究和大规模基因组学项目	丰富的特性、高性能、支持大型企业应用程序	昂贵的价格、不适用于小规模项目、性能不如某些开源数据库
SQL Server	用于中等规模生物信息学项目，如生物数据仓库的建设、实验室数据管理和生物信息学工具的支持。适用于中等规模的生物信息学应用，如教育、生物医学研究等	易于部署和使用、良好的数据恢复能力	适用范围较窄，不太适用于大规模企业
PostgreSQL	提供数据存储和管理的系统，适用于中大型的生物信息学应用，如生物信息学工具的开发和数据集成。适用于需要多版本并发控制和完整事务支持的生物信息学项目	开源商业集成、完整的事务支持、多版本并发控制	性能稍逊于某些其他数据库

总而言之，选择适合项目需求的数据库管理系统对于生物信息学研究的成功至关重要。不同的数据库系统具有不同的优势和劣势，因此，在想搭建生物信息学平台要做出选择时，需要根据具体情况仔细权衡各方面的因素。

13.4.3 非关系型数据库介绍

传统的关系型数据库（如 MySQL）以表格形式存储数据，并使用结构化查询语言（SQL）来管理和检索数据。然而，随着数据的不断增长和多样化，非关系型数据库（NoSQL）应运而生。非关系型数据库是一种更加灵活的数据存储方法，通常不要求固定的模式，适用于大规模数据和半结构化数据。非关系型数据库主要包括以下几种类型。

（1）文档数据库

① 概述　文档数据库以类似于 JSON 或 XML 的文档格式存储数据。

② 应用　用于存储和查询半结构化数据，如日志、博客帖子、文章内容等。

③ 例子　MongoDB、CouchDB。

（2）列族数据库

① 概述　列族数据库以列簇的形式存储数据，适用于高写入和高可扩展性的场景。

② 应用　用于时间序列数据、日志、传感器数据等。

③ 例子　Apache Cassandra、HBase。

（3）键值存储

① 概述　键值存储将数据存储为键值对，适用于快速的键值查找和存储。

② 应用　用于缓存、用户会话管理、用户偏好设置等。

③ 例子　Redis、Amazon DynamoDB。

（4）图数据库

① 概述　图数据库用于存储和查询图形数据结构，适用于关系复杂的数据。

② 应用　用于社交网络分析、生物信息学中的蛋白质相互作用网络等。

③ 例子　Neo4j、Amazon Neptune。

非关系型数据库在生物信息学中也有一定的潜在应用，包括：① 存储和查询生物学数据，如基因组序列、蛋白质结构、生物通路等。② 处理大规模的实验数据，如基因表达数据、DNA 测序数据。③ 构建生物信息学工具和平台，支持研究人员进行生物学研究和分析。

尽管本节不深入讨论非关系型数据库的细节，但非关系型数据库为生物信息学提供了灵活、可扩展、高性能的数据存储和查询解决方案，能够更好地应对生物信息学领域的数据特点和挑战。这些数据库系统在帮助研究人员存储、管理和分析生物学数据方面发挥了关键作用，推动生物信息学研究的进展。同时，读者也可以根据自己的兴趣和需要进一步学习有关特定数据库类型的深入信息。

13.4.4 生物信息学数据库应用开发

13.4.4.1 数据库开发简介

生物信息学数据库应用开发是一个综合性的领域，涵盖了数据库设计、前后端框架的构建以及可视化系统的开发等多个方面（图 13－12）。在这里，将简要介绍生物信息学数据库应用开发的主要内容和流程，以帮助读者朋友更好地理解这一领域。

图 13-12 生物信息学数据库开发基本组成部分

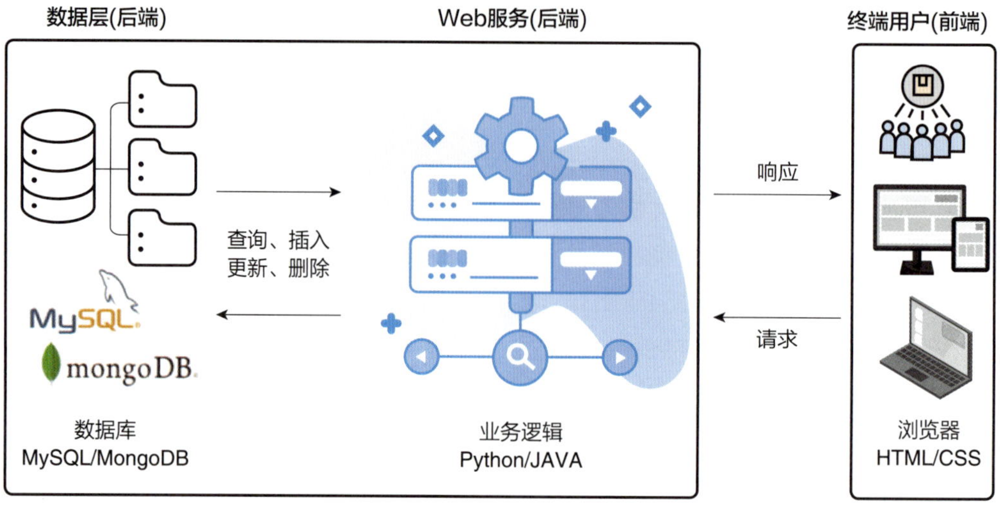

① 数据采集与处理　生物信息学数据库通常需要整合各种来源的数据，包括基因组数据、蛋白质信息、生物通路等。数据采集和处理包括数据获取、清洗、转换和标准化，确保数据的质量和一致性。

② 数据库设计　生物信息学数据库的设计是整个应用的基础。在这一阶段，开发者需要考虑数据的结构化和组织，以及如何存储和管理生物信息数据。常见的数据库类型包括关系型数据库（如 MySQL、PostgreSQL）和非关系型数据库（如 MongoDB），选择适合项目需求的数据库类型非常重要。

③ 后端框架　开发一个稳健的后端框架是关键。这包括选择合适的编程语言和框架来构建应用程序的逻辑部分。常用的编程语言包括 Python、Java 和 Ruby，而框架如 Django、Flask、Ruby on Rails 等可加速开发过程。

④ API 开发　提供合适的 API 接口，以便前端和其他应用能够与数据库交互。这些 API 应该能够支持数据查询、检索和更新等操作，同时保护数据的安全性和隐私。

⑤ 前端开发　前端开发负责创建用户界面，使用户能够轻松地访问和操作数据库中的数据。使用 HTML、CSS 和 JavaScript 等技术来构建交互式的界面，以提供用户友好的体验。

⑥ 可视化系统　生物信息学数据库通常包括图表、数据可视化和报告生成功能，以帮助研究人员更好地理解数据。使用图形库和可视化工具，将数据以可视化的方式呈现出来，有助于数据的解释和分析。

⑦ 在线分析软件　一些生物信息学数据库还提供在线分析工具，允许用户对数据进行实时分析和处理。这需要集成合适的分析算法和工具，并确保计算资源的可用性和性能。

⑧ 安全性和维护　确保数据库应用的安全性对于生物信息学非常关键。实施身份验证、授权和数据加密措施，同时定期备份和监测系统以保持应用的稳定性和可用性。

在开发生物信息学数据库应用时，理解生物信息学领域的特点和需求非常重要。这包括对基因组学、蛋白质组学和分子生物学等领域的基本知识，以便更好地满足研究人员和科学家的需求。总之，生物信息学数据库应用开发涉及多个关键步骤，从数据库设计到前端界面的构建，都需要仔细考虑。通过合理的规划和开发，可以为生物信息学研究提供强大的工具和平台，促进该领域的发展和创新。

13.4.4.2 数据库开发实践

下面以鸢尾花数据集 iris 为例，实现一个简单的在线数据库（只包含一个表格）展示鸢尾花数据信息。数据库端选用 MySQL、业务端和用户端采用 Shiny 技术。需要考虑数据库设计、数据处理和可视化三个主要部分。以下是一个基本的设计思路。

（1）数据收集

iris 数据集由英国统计学家和生物学家罗纳德·费希尔（Ronald Fisher）收集提供，包含 150 个记录，每条记录都有 4 个特征（萼片长度：sepal length；萼片宽度：sepal width；花瓣长度：petal length；花瓣宽度：petal width；均以 cm 为单位）和 1 个物种类别标签。

（2）数据库设计

首先，在 MySQL 中创建一个数据库和一个表来存储 iris 数据集。以下是创建表的 SQL 脚本：

```sql
CREATE DATABASE iris_db;
USE iris_db;
CREATE TABLE iris (
  id INT AUTO_INCREMENT PRIMARY KEY,
  sepal_length FLOAT,
  sepal_width FLOAT,
  petal_length FLOAT,
  petal_width FLOAT,
  species VARCHAR(50)
);
```

其次，使用 R 包将 iris 数据集导入 MySQL 数据库。以下是具体的 R 包代码：

```r
# 安装并加载必要的R包
install.packages("DBI")
install.packages("RMySQL")

library(DBI)
library(RMySQL)

# 连接到MySQL数据库
con<- dbConnect(RMySQL::MySQL(), user = 'root',
```

```
password = 'root', dbname = 'iris_db', host = 'localhost')

# 加载iris数据集
data(iris)

# 写入iris数据到MySQL表中
dbWriteTable(con, "iris", iris, row.names = FALSE,
   append = TRUE)

# 断开连接
dbDisconnect(con)
```

（3）构建 Shiny 应用

使用 Shiny 构建一个简单的交互式数据库，用表格和图表方式展示和分析 iris 数据集。数据库包括 UI 和 Server 两部分内容。

① UI 部分

```
library(shiny)

ui <- fluidPage(
  titlePanel("Iris 数据集展示"),
  sidebarLayout(
      sidebarPanel(
        selectInput("species", "选择物种",
        choices = unique(iris$Species)),
        actionButton("search", "搜索")
  ),
  mainPanel(
    tableOutput("iris_table"),
    plotOutput("sepal_plot"),
    plotOutput("petal_plot")
  )
 )
)
```

② Server 部分

```
library(shiny)
library(DBI)
library(RMySQL)
```

```
server <- function(input, output) {
  con <- dbConnect(RMySQL::MySQL(), user = 'root',
     password = 'root', dbname = 'iris_db',
     host = 'localhost')

  observeEvent(input$search, {
    species <- input$species
    query <- paste("SELECT * FROM iris WHERE species = '",
       species, "'", sep = "")
    iris_data <- dbGetQuery(con, query)

    output$iris_table <- renderTable({
      iris_data
    })

    output$sepal_plot <- renderPlot({
      plot(iris_data$sepal_length, iris_data$sepal_width,
        main = "Sepal Length vs Width",
        xlab = "Sepal Length", ylab = "Sepal Width",
        col = iris_data$species)
    })

    output$petal_plot <- renderPlot({
      plot(iris_data$petal_length, iris_data$petal_width,
        main = "Petal Length vs Width",
        xlab = "Petal Length", ylab = "Petal Width",
        col = iris_data$species)
    })
  })

  onSessionEnded(function() {
    dbDisconnect(con)
  })
}

shinyApp(ui = ui, server = server)
```

（4）部署

将 Shiny 应用部署到 Shiny Server 或其他支持 R Shiny 的服务器上，以便用户可以通过浏览器访问和使用该应用。

※ 推荐阅读

1. Alser M, Lawlor B, Abdill R J，et al. Packaging and containerization of computational methods [J]. Nature protocols, 2024, 19: 2529-2539.

点评：该文系统介绍了在计算生物学和生物信息学领域中，打包（packaging）和容器化（containerization）技术的应用与实践。这些技术通过整合软件工具及其依赖环境，简化了复杂计算方法的安装与部署，极大地提升了工具的可用性和可重复性。

2. Gentleman R, Carey V J, Huber W, et al. Bioinformatics and computational biology solutions using R and Bioconductor [M]. Heidelberg: Springer, 2021.

点评：该书深入讲解了如何利用 R 语言及 Bioconductor 工具进行生物信息学数据分析。书中涵盖了基因组学、转录组学和蛋白质组学的常见数据处理流程，着重介绍了标准化分析工作流的设计和实现，特别适合生物信息学领域初学者和中级研究人员参考。

3. Ma X K, Yu Y, Huang T, et al. Bioinformatics software development: principles and future directions [J]. The innovation life, 2024, 2(3): 100083.

点评：该文系统阐述了生物信息学软件开发的原则和未来的发展方向，强调了人工智能（AI）在加速和增强生物信息学软件开发过程中的重要性，并展望了 AI 增强的云计算如何为自主研究铺平道路。

4. Younens-Clark K. Mastering Python for bioinformatics: how to write flexible, documented, tested Python code for research computing [M]. California: O'Reilly Media, 2021.

点评：该书介绍使用 Python 进行生物信息学编程，除了编程本身，还涵盖了文档、测试可重复性等话题，并通过实例如解析 FASTA/FASTQ 文件来学习生物信息学编程技巧。

※ 思考与练习题

1. 为什么编程在生物信息学中扮演了重要角色?

2. 生物信息学数据分析流程的核心要素有哪些?

3. 构建生物学数据库时需要考虑哪些设计原则?

4. 思考如何将不同的组学数据类型存储在 R 或者 Python 对应的数据结构中。分别使用 R 和 Python 代码实现这些数据的存储和简单操作（如子集提取、聚合统计或可视化）。

5. 如何为大规模组学数据（如单细胞转录组数据）选择更高效的存储和处理工具（如 R 中的 Seurat 对象、SingleCellExperiment 或 Python 中的 AnnData 对象）?

讨论其优缺点，并实现一个简单的例子。

6. 结合 ChatGPT 或 DeepSeek 以及本章的编程基础知识，综合使用 Shell、R 和 Python 编程技术，尝试实现本书前面的章节中不同组学的基本分析流程搭建。

7. 借助 ChatGPT 或 DeepSeek 的代码生成能力，针对某个具体分析任务（如基因表达量化分析），实现一个 Nextflow 分析流程。

8. 基于 MySQL 和 Python 技术，尝试开发一个涉及多个表格的生物信息学数据库（辅助使用 ChatGPT）。

9. 在生物信息学数据分析中，常常需要使用不同的算法（如聚类、分类、降维等）来处理复杂的生物数据。请分析并讨论以下问题：

（1）如何选择适合不同类型组学数据的算法？

（2）对于高维数据（如基因表达数据），常用的降维算法有哪些？请分别简述它们的优缺点。

（3）实现一个基于 PCA 或 t-SNE 的降维过程，使用 R 或 Python 对基因表达数据进行降维并可视化。

10. 数据清洗和预处理是生物信息学分析中的重要步骤。请完成以下任务：

（1）选择一个常见的组学数据类型（如基因表达数据、甲基化数据等），进行数据清洗和预处理（如去除缺失值、标准化、去除低表达基因等）。

（2）使用 R 或 Python 代码实现数据清洗和预处理过程，并对结果进行可视化（例如，绘制标准化后的基因表达热图）。

※ 讨论题

1. R 和 Python 在生物信息学中的应用都很广泛。请分析两者在生物信息学中的优缺点，特别是在数据处理、可视化和算法实现方面的表现。在实际的生物学研究中，哪种语言更为适合？为什么？

2. 在生物信息学研究中，数据质量对分析结果的影响非常大。请讨论在基因组学和转录组学数据处理中，常见的数据质量控制步骤（如数据去除、过滤、归一化等）。哪些步骤是必不可少的，哪些步骤可以根据具体情况灵活调整？

3. 随着多组学技术的广泛应用，如何将来自不同组学（如基因组学、转录组学、蛋白质组学等）的数据进行有效整合和分析，成为一个重要的研究方向。请讨论多组学数据整合的挑战、方法和潜在的应用前景。

4. 开放源代码的生物信息学工具（如 Bioconductor 等）和封闭源代码的商业软件（如 GeneSpring 等）各有优缺点。请讨论它们在使用中的不同之处，包括其可访问性、可定制性、成本和性能等方面。哪种工具更适合大规模生物数据分析？

※ 参考文献

1. Di T P, Chatzou M, Floden E, et al. Nextflow enables reproducible computational workflows [J]. Nature biotechnology, 2017, 35: 316-319.

2. Gentleman R C, Carey V J, Bates D M, et al. Bioconductor: open software development for computational biology and bioinformatics [J]. Genome biology, 2004, 5: R80.

3. Harris C R, Millman K J, van der Walt S J, et al. Array programming with NumPy [J]. Nature, 2020, 585: 357-362.

4. Köster J, Rahmann S. Snakemake: a scalable bioinformatics workflow engine [J]. Bioinformatics, 2012, 28(19): 2520-2522.

5. Wratten L, Wilm A, Göke J. Reproducible, scalable, and shareable analysis pipelines with bioinformatics workflow managers [J]. Nature methods, 2021, 18: 1161-1168.

编者：陈迪俊（南京大学）
余光创（南方医科大学）
审读：章 张（中国科学院北京基因组研究所）

名词索引